U0922781

山西期刊史

1900-2008

山西出版集团
山西人民出版社

《山西期刊史》编纂委员会

序一

盛世修史是中国文化的一个传统。山西省新闻出版局和山西省期刊协会立足本业，组织有关专家学者，精心编撰了《山西期刊史》一书。该书较为全面系统地记述和反映了百余年来山西期刊发展的历程，是迄今为止第一部研究山西期刊史的著作，也是我国首部地方期刊史。它进一步深化和拓展了我省乃至我国期刊史的研究，为我们认识和把握山西期刊发展的历史脉络，研究和总结山西期刊发展的历史经验，探索和揭示山西期刊发展的历史规律，提供了珍贵的史料、全面的内容和深刻的启示，是一件功在当代、惠及千秋的文化基础工程。

期刊是社会进步的产物，是在人类社会物质生产技术和文字交流符号完善到一定程度后，适应人们表达精神文化的需要而产生的。期刊最早产生于17世纪的西欧，它是适应资产阶级反对封建统治阶级、传播新思想和新文化的需要而产生的。我国的期刊产生于19世纪，最初由西方传教士创办。在寻求救国救民的道路上，中国人开始自己创办期刊。期刊一经产生，就以自己的独特方式影响和促进社会的发展。尤其是在革命战争年代，代表先进思想的期刊成为革命的重要宣传工具，它宣传革命思想、传播革命消息、鼓舞革命斗志，成为团结和凝聚革命力量的有力武器。

清地方政府创办的《晋报》是山西最早的报刊，但代表时代潮流的是山西留日学生尤其是同盟会会员所办的宣传革命的刊物，如《第一晋话报》、《晋乘》、《汉帜》等。这些先进刊物为启蒙民众、凝聚力量、推进山西资产阶级革命的兴起发挥了重要作用。抗日战争时期，以山西为中心的华北各抗日根据地创办了特色独具的各类期刊，如《晋察冀画报》、《人民时代》等，在宣传中国共产党的主张和抗日政策，弘扬以爱国主义为核心的民族精神和抗战精神，引导、激励和团结全民不屈不挠英勇抗战方面发挥了积极作用，为夺取抗日战争的最后胜利作出了重要贡献。新中国成立60年来特别是改革开放30年来，山西期刊业长足发展，在传播先进思想文化、普及科学技术知识、促进学术交流、丰富人们精神生活、推动社会主义文化大发展大繁荣、服务经济社会发展等方面，扮演了重要角色，发挥了独特作用，产生了深远影响。

当前，我省的改革开放和现代化建设进入了新的历史阶段。落实转型发展、安全发展、和谐发展的战略重点，实现新基地新山西的战略目标，不仅需要强大的经济力量，而且需要强大的文化力量。文化是一个民族的精神和灵魂，是一个民族真正有力量的决定性因素，可以深刻影响一个国家、一个省的发展进程和命运。没有先进文化的发展，没有全省干部群众文明素质的提高，就不可能实现山西的转型跨越崛起。当前，文化产业作为朝阳产业，在山西经济社会发展中的地位和作用越来越重要，是推进山西转型发展不可替代的重要力量。期刊业作为我省文化产业的一支生力军，对促进文化事业和文化产业发展、推动文化大发展大繁荣、加强社会主义精神文明建设、提高文化对经济的渗透力和贡献率等方面都发挥着极为重要的作用。我们要深刻认识推进山西期刊发展的文化意义、经济意义和政治意义，认真总结百余年来山西期刊发展的历史经验，深入把握山西期刊发展的客观规律，着力推进山西期刊业的科学发展。

《山西期刊史》告诉我们，无论是什么时代、什么类型、什么读者对象的期刊，要想办出特色、办出水平、办出成效，都必须体现时代要求、遵循客观规律。当前，我省期刊业界担负着山西期刊大发展大繁荣的重要职责和神圣使命，我们必须从期刊发展的历史经验中和期刊发展的现实实践中，汲取智慧和力量。我认为，最重要的是要把握好这样四点：一是必须以科学理论为指导。就是要用科学发展观统领期刊工作，要把科学发展观作为期刊工作者的根本世界观和方法论，贯穿于办刊的整个过程和所有环节。二是必须以围绕中心为重任。就是要紧紧围绕经济建设这个中心以及中央和省委的重大决策部署办刊,努力为经济社会发展提供思想保证、智力支持和精神动力。三是必须以服务人民为宗旨。就是要把满足人民日益增长的文化需求作为办刊的根本出发点和归属，坚持贴近生活、贴近实际、贴近群众，努力使刊物成为群众获取知识的宝库、提升素质的桥梁、解疑释惑的师友。四是必须以改革创新为动力。就是要继续深化期刊体制和管理机制的改革，创新观念、创新内容、创新形式、创新方法、创新手段，努力使期刊工作体现时代性、把握规律性、富于创造性。

我相信，在新的征程上，山西期刊界的同志们，一定能够继承百余年来山西期刊业的优良传统，为推进我省文化强省建设、加快经济发展方式转变、实现新基地新山西的宏伟目标续写新的壮丽篇章，作出无愧于时代、无愧于人民的新贡献。

是为序。

胡苏平

2010 年 5 月

（胡苏平：中共山西省委常委、宣传部长）

序二

感谢《山西期刊史》的编者们，将一幅百年来山西期刊历史画卷展现在我们面前。这部期刊史史实丰富，其中不少是山西文化的珍贵资料；对史实编织得妥切有序，前后左右相呼应，令读者明畅而完整地把握到山西期刊百年发展面貌；“刊、文、事、人、论”俱有体现，褒贬基于事实，评述力求客观公允。《山西期刊史》在为期刊独立立史上，称得上是一部难得之作。

《山西期刊史》内容包括两大部分。前四章为第一部分，涵盖20世纪头50年，是1949年新中国诞生前山西期刊发展的历史记录。这部分写得实实在在，超出了我所想象。山西作为内陆省份，在旧中国，其文化活动会有多大动静，其期刊出版又能有几许，我是带着如此疑问阅读《山西期刊史》的。读过之后，我却感觉豁然明朗，它使我看到了：

第一，山西文化同样是组成中国近现代文化潮流的一个活跃部分。百年来山西知识界敏感于时代的神经以及参与社会进步运动的血性，在20世纪前半期此起彼伏的山西报刊出版活动中，有着十分生动而具体的历史记录。从立宪改良到资产阶级民主革命，从20世纪20年代的大革命浪潮到汹涌澎湃的抗日救亡运动，山西报刊在每个历史关键时刻都自觉地发挥了时代喉舌作用。《山西期刊史》通过大量的史料搜集与整理工作，记录下这一时期里一系列出色的报刊名字，让我们看到它们的宏论远旨，其中不少已因其时代前卫作用而载入中国近现代文化史册；记录下这一时期里一系列出色的报刊出版人的名字，让我们看到他们为社会进步、为实现理想而殚精毕力的足迹，其中不少人曾为此遭受迫害、被捕甚或被杀。《山西期刊史》提供的这一段史实，虽不能说极尽完备，但已足有说服力地显示出山西报刊在近现代中国历史变革中所发挥的既呼应全国又立足山西的舆论前锋作用，它们无疑是山西以至全国文化运动史中的丰碑。

这里需作说明的是，在《山西期刊史》前一部分中，往往将报刊并论，这是因为现代媒体出现于我国的早期时，屡见报纸形式、期刊性质的出版物，先行者们还顾不上报或刊的属性界定，只求自己手中的媒体能发挥战斗作用。对这样亦报亦刊的现象采取报刊一体来论是吻合历史本来面貌的。

第二，包括报刊在内的山西文化发展，曾有着不同于其他地区的曲折历程，表现出自己独具的发展特色。众所周知，山西省从辛亥革命开始，就逐步成为阎锡山政治军事集团的实力地盘。阎锡山在政治上翻手为云覆手雨，善于利用中国政治变化，涂抹各种色彩，以维护自己“治晋”的不倒地位，这一切也便形成了山西独有的错综复杂、诡谲多变的政治、文化大环境。处于这样环境下的山西报刊活动，往往能巧妙因应矛盾变化着的现实而取得自己的发展，例如借阎锡山作出的重视“理论”、“学术”的姿态而介绍马克思主义等学说，以“牺盟会”为保护而开展抗日救亡宣传，等等。《山西期刊史》紧扣这一特有的生态环境，生动记录了形形色色的进步、革命报刊是怎样利用当时错综复杂的政治制衡关系和诡谲变化的缓冲空间，争取生存发展，扩大自己的政治影响与文化影响的。读了《山西期刊史》后，对于山西报刊这一段耐人寻味的发展历程，对于山西报刊出版人在夹缝里拓生存的机智顽强精神，都留下了深刻的印象。就20世纪前半期中国进步报刊出版活动的总体看，山西报刊无疑是其中劲旅之一，但又体现着自己独有的发展态势。《山西期刊史》记录了这样一个特例、一个典型，也就是为中国期刊运动增添了一份可贵的历史财富。

第三，在20世纪前半期里，山西刊坛上出现过形形色色的刊物，它们各逞其能，此消彼长。《山西期刊史》通过对各类期刊命运的客观记录，向我们论证了一条不可抗的历史逻辑：只有站在社会进步力量一边，与时代发展方向相一致的期刊，才葆有生命力，成为与这块土地、与全中国凝成一体的长流不息的文化血脉。我们看到了阎锡山卵翼下的各种期刊，或倡学说，或振实业，或兴教育，虽曾活跃一时，但终结无不销声匿迹，或被分化瓦解，就因为它们是为阎锡山集团的统治目标服务的，这造成了它们骨子里的逆历史潮流本质与欺骗性。《山西期刊史》甚至给一些为日本侵略者和汉奸作梦呓的敌伪期刊设了专节，也让期刊史上的丑类曝光，为激浊扬清的历史洪流提供笑料式的佐证。《山西期刊史》的主要笔墨自然是用在倾全部热情记录的站在民主革命、无产阶级革命和民族革命战斗前列的一系列期刊活动上。这些期刊或办在阎管区，或出现在根据地，都是以担当文化前锋、点燃照亮中国人民前进的精神火炬为己任，对于逆历史潮流的反动黑暗势力发出痛喝。在这条战线上，我们看到诸如高君宇、贺昌、高长虹、高沐鸿、杜任之、赵树理、沙飞、罗光达、石少华、力群、韦君宜、莫耶、孟奚等老一辈期刊人在三晋大地活跃的身影，他们中间有人已为理想献身而英名永存，更有不少人成为后来新中国文化宣传工作的骨干或领导力量；也看到了由这些进步的、革命的报刊人先后创办的诸如《平民周刊》、《狂飙》（月刊）、《中外论坛》、《文艺舞台》、《中国青年》（晋西版）、《人民画报》、《晋察冀画报》、《人民时代》以及《晋察冀日报》等一系列在山西或全国文化史上垂名的报刊，这些报刊留下的优秀传统，至今被新中国的报刊工作者真诚地传承着。《山西期刊史》从山西报刊这一独特方位，意蕴深长地显示出新、旧中国出版事业的血脉关系，让我们看到一条薪火相传、生生不息的文化历史红线。

《山西期刊史》后六章为第二部分，是新中国诞生后至今天的山西期刊发展记录。这60年的期刊出版事业既繁荣兴旺，又经历过崎岖跌宕；既有一系列开拓创新，也积淀过不少因袭陈见。再加上它还是一部活着的历史，是不少人曾经亲历的，这些都给撰写者提出了相当的难度。如何遵循实事求是的历史主义态度，对60年来山西期刊发展作出有力度、有深度、有新意的描述，读过《山西期刊史》第二部分后，深感编者们为此做了精心研究与设计，付出不少心血。就自己的感受，在这一部分内容中，编者较好地掌握了如下几点编写准则：

第一，既重视写好面，更重视写好点，特别是做足山西重头期刊的文章。

山西出版的期刊现已达200种，期刊年发行总量近 4000万册，历年获得各类奖项的优秀期刊不在少数。全面描述山西期刊的好风景，树立山西期刊的整体形象，这是《山西期刊史》编者们不可懈怠的责任。从这一角度看，《山西期刊史》编者们做得是得力并较完善的。但纵观山西期刊60年来的发展，其精彩处更表现在它所独有的活跃性与开拓精神上，正因此，历年来不少出类拔萃、拓期刊文化先河的知名刊物，是在这块土地上诞生的。例如，以展现具有浓厚山西地方特色的“山药蛋派”文学而驰名全国，起到“山药蛋派”文学的阵地和旗帜作用的刊物《火花》；突破长期以来政治先行，阅读与欣赏文学作品必须政治挂帅的束缚，让读者真正体会到阅读所带来的审美愉悦与情感解放的刊物《名作欣赏》；在教辅报刊方面独领风骚的《语文报》以及《小学语文教学》、《语文教学通讯》、《新作文》等，构成了“中国第一教辅报刊群”，从20世纪80年代活跃至今，生命力不衰；颠覆了传统期刊出版定式，由一位作家的作品来支撑的《童话大王》，不仅其活跃的作品播撒到千千万万儿童的心灵之中，其独特的办刊方式也成为中外刊坛的佳话；另外，如在改革开放初期起过时代启蒙作用的《山西青年》、将编辑职业认定为“学”并发挥着从理论上和知识系统上建设编辑学科作用的《编辑之友》、孕育于山西故事之乡的以《山西民间文学》为首的一批“亦古亦新，有趣有益，雅俗共赏”的民间文化刊物；等等。这些不仅是60年来山西期刊的支柱，也是中国现代期刊的亮点。为此，《山西期刊史》编者以充足篇幅和热情笔力记录了它们的成就，总结它们成长的规律，力求将这些山西重头期刊的文章做精彩、做足。这就使得一部《山西期刊史》既有丰满的整体形象，又突现其中扛鼎者风姿，结构严实，尽显力度。

第二，直面历史，不避矛盾，写出曲折从而写出深度。

中国近60年来的社会进步发展，催生着中国的期刊事业，但无可讳言的是，中国社会发展中经历过的崎岖跌宕，也都在期刊发展中留下深深的烙印。一部新中国期刊史，既要写出60年的辉煌胜利，也要敢于剖析历史，探寻期刊发展曾有过的曲折与失误，总结值得记取的经验与教训，这样才能尽好以史鉴人的责任。《山西期刊史》的编者们，对于近60年来期刊经历的曲折，无论是在时代大环境下期刊业共同走过的难以躲避的弯路，还是某些代表性期刊自身所发生的起落跌宕，都力求作出直面现实、不避矛盾的客观记录，并在此基础上结合当时的主客观条件，作出公允的、能给人以启示的分析，总结其历史经验，以鉴来者。例如，对“文革”后期沸沸扬扬的“三上桃峰”事件，由于其源头在于山西期刊上刊载过的作品,《山西期刊史》自觉其责任,详尽梳理了这一事件的来龙去脉,既让人了解到《三上桃峰》这篇从生活中提炼出来的极为朴实的作品的原貌,也附录了"初澜"对此事件上纲上线以逞其政治目的的黑作原文,立此存照,是非自明,对后来人是很好的教育。又如,进入改革开放的历史转型期后,在如何探索和准确把握舆论尺度上经历了弯路的《山西青年》等等,《山西期刊史》并不讳言,简练的叙述中同样理出不同个案的曲折过程,并作出令人信服的分析。甚至个别刊物发展中出现的某些不足或偏失,《山西期刊史》编者们也乐于采用言短意长的方式,给予提示关注,如颇负盛名的《名作欣赏》,却在其品牌开发上尚欠力度,《山西期刊史》中以"仅是'守土'而未去'拓疆'"这样一句话,一语中的地作了积极提醒。《山西期刊史》对历史现象所持的这种豁朗态度,在总结正、负两方面历史经验时所付出的真诚努力,无疑都显示出这部史作的唯实精神与思想深度。

第三,突现山西地域的历史、经济、文化环境在期刊出版中的影响,探求期刊"晋军"的特色。

山西文化源远流长,积储深厚,"晋学"、"晋文化"等因此一直是中华学术文化之林中的挺拔大树。在这样文化环境滋养之下的山西期刊,不仅因之葆有生命力,而且处处透发着"晋刊"自有的风姿。重视地域影响,从这一角度探求期刊"晋军"的特色,便成为《山西期刊史》编者在编史中的一个重要取向。例如,曾经名噪一时的《火花》、《汾水》等期刊,之所以产生不泯的文学价值,《山西期刊史》告诉我们,在于它们在组织山西作家追求"乡土性、时代性、革命性"的写作风格,反对"'公式主义'和概念化",努力以"饱蘸着人民群众的生活气息与斗争血汗"的笔来写作等方面催生了以"山药蛋派"文学为首的充满沁人气息的山西乡土文学,中国现代文坛上因此升起了"晋军"这支队伍;《文化周刊》、《山西文化》、《山西民间文学》、《对联·民间对联故事》等期刊之所以具有独特的文化价值,在于它们让读者认识到构成"晋学"、"晋文化"之基本元素的山西民俗文化,这些刊物所记录的诸如民间故事、民间传说、民间民谣、楹联谚语、戏曲说唱及剪纸等民间文艺形式,让我们领略到山西民俗文化蔚为大观的活跃景象;《山西文史资料》、《山西革命根据地》、《山西地方志通讯》、《五台山研究》及《文物季刊》等期刊,则是以其对山西历史沿革和近百年革命斗争史、对山西文化的源流与发展、对山西商户和民族工商业兴盛繁荣等多侧面的历史记录，而成为全国史料学界认知山西的瑰宝；与此同时，我们还看到如《山西师大学报》（原名《山西师院》）、《晋阳学刊》等期刊在对“晋学”、“晋商”、“晋文化”等进行理论提升方面作出的贡献，它们因之成为学界中的一帜；等等。钟灵毓秀，山西期刊正是藉着自己地域的历史、经济、文化等优势而显示出自己的特色与成就。读过《山西期刊史》后，使我们看到了山西期刊与自己地域环境的血缘关系，并有一种“晋刊”特色呼之欲出的感觉。尚感不足的是，编者未能从这一角度再加提炼精思，把“晋刊”奥妙阐发得更透。

在这里让我再一次衷心感谢《山西期刊史》的编者们，当新中国成立60年之际，向本省、向全国期刊界及读者们奉献出这样一部难得的期刊史专著。由于我国期刊一直难以进入媒体视野的中心，对其史料的重视与整理存在着诸多不足，在此情况下，编写期刊史，特别是上百年的地方期刊史，真是一份艰苦的史海钩沉功夫。希望还有更多省、市、自治区的期刊同道都能热心开展这项工作，希望《中国期刊史》这样的大著也能有日开工并完成。

張伯海

2009年12月

（张伯海：原国家新闻出版署党组成员、中国期刊协会原会长）

目录

绪论

期刊属于出版物，期刊研究属于出版学范畴。期刊史是关于期刊发生发展过程的记录与研究，它是出版学的分支，也是历史学的分支。期刊史，就是利用已有的史料梳理期刊在某一区域和某一时间段内发展的轨迹，凭借一定的理论认知分析其过程和现象，作出科学的说明，其目的大致是留存史实，探求规律，给研究者以参考，给后来者以借鉴。《山西期刊史》的编纂，就是这样一种尝试。

一

期刊与图书、报纸是迄今为止最主要的纸质出版物，从传播的角度也称之为平面媒体。三者相比，期刊要“年轻”一些，世界最早期刊产生于1660年代，中国的期刊发端于1830年代，山西期刊则出现于20世纪之初——这也是《山西期刊史》起始定为1900年的理由。期刊从诞生以来，在形态、内容等方面不断变化，人们对期刊的认识也随之变化，这种变化至今仍在继续。例如近30年来的三种较权威的表述为：

期刊又名“杂志”，定期或不定期的连续出版物。每期版式基本相同，有固定名称，用卷、期或年、月顺序编号出版。（1979年版《辞海》）

期刊是一种定期出版的连续出版物，它按一定的方针编辑，刊登众多作者多样内容的文章，并以固定刊名、相对固定的形式顺序编号、成册出版。（国家教委“八五”规划教材——1995年版《期刊编辑学概论》）

本规定所称期刊又称杂志，是指有固定名称，用卷、期或者年、季、月顺序编号，按照一定周期出版的成册连续出版物。（2005年新闻出版总署《期刊出版管理规定》）

由于期刊特征有个显性化过程，概念形成也是一个活性演进过程，所以任何定义都不会完全固定乃至绝对准确，上述三个定义也体现了某些差异。期刊史既以期刊为研究对象，对期刊的界定就必须以历史演进的眼光，在参照各种定义的同时作出实事求是的灵活性认识，并限定于特定的历史时空框架之内。

从这一原则出发，结合中国现实状况，可以认为期刊大致具有这样几点特征：一、连续出版。这是与图书的最大区别。二、装订成册。这是与另一连续出版物——报纸的明显区别。三、形式固定。有固定的刊名，而且开本、页码、版式也相对固定。四、周期固定。根据出版者既定的出版周期出版。五、范围明确。有明确的编辑方针和内容的选择范围。以上五点，基本构成了期刊的理论特性，也是《山西期刊史》界定主体对象的基本依据。

形成上述认识，是因为在对《山西期刊史》的编纂与研究中特别关注了这样几点：

其一，注意到报与刊之间的变化。现代期刊出现于中国时，期刊并未形成独立的概念。康有为曾称其为“刊报”（见《上海强学会章程》），后来又被人称为“册报”，以区别于单张的报纸。1927年戈公振著《中国报学史》，仍认为杂志“终属报纸之一部分”。这种报刊不分的情况不仅在于人们的认识，而且也反映于出版实践，在相当长时间里，同一名称的出版物时而以刊形式时而以报形式出版的情况并不罕见。而一些报纸的“专刊”、“副刊”，更由于其具有内容上的相对独立性而近似于期刊，有的后来从报纸分出成为单独的期刊。这些事实，使得研究山西早期期刊时，不仅要关注具有明显特征的期刊，同时也必须关注报纸。影响较大的一些“专刊”、“副刊”则根据出版学术界的较普遍认识，视之等同于期刊。

其二，注意到期刊刊期之变化。期刊需固定刊期的认识是逐渐形成的，直到20世纪初，人们还认为期刊只需要连续出版，例如1925年北洋政府的《管理新闻营业条例》中就有“杂志，无论定期或不定期”的提法。以后较长时间，社会的动荡与变迁使期刊按期出版往往难以保证（鲁迅等人的办刊实践是典型事例），而办刊者为服从环境与斗争之需要，也不太关注期刊刊期的稳定。新中国成立后四五十年间，在相关规定中也只强调“成册的连续出版物”而未指明定期，到《期刊出版管理规定》明确了“按照一定周期”，才从法规层面对期刊的这一特征予以肯定。

期刊的刊期已呈现缩短的趋势，随着信息化时代来临，包括科学文化基础理论在内的信息迫切要求尽快传播，而技术的发展，也使出版物的速编、速印、速传成为可能，期刊已不再局限于较长周期。期刊加快出版的报纸化倾向正与报纸加厚的期刊化倾向同步加剧。

其三，注意到期刊内容之变化。期刊有“众多作者多样内容”的作品，曾是学界的共识，但这种观点已被办刊实践打破。山西在1980年代就诞生了一个只刊发一个作者作品的期刊《童话大王》，而且坚持20多年取得很大成功。尽管这在全国还是特例，但也表明期刊要有“众多作者多样内容”作品的界定不够全面。从某一期刊的单期看，只发一两个作者作品的情况也是有的。这表明，期刊发展中出现一种专著性，预示了与图书在某种程度上的融合。

其四，注意到期刊称谓之变化。将期刊等同于杂志，是当今的认识。历史地看，期刊概念的产生要大大晚于报纸和杂志。1920年出版的《汉英大辞典》中只有“杂志”条而无“期刊”条，查《鲁迅书信集》，1926年鲁迅第一次使用“期刊”一词，但这一词的使用当时还不普遍，1936年出版的《辞海》仍无“期刊”条。称谓的变化也反映在相关机构上，旧中国有“图书杂志审查委员会”、“上海杂志界联合会”等，新中国成立后出版总署设图书期刊司，1952年政务院颁布《期刊登记暂行办法》，此后“期刊”作为正式称谓逐渐取代着“杂志”。这也使得本书称为“期刊史”而不称“杂志史”。

山西期刊，自然是指在山西这一地理区域内的期刊出版传播活动。但是，期刊活动是一种人为的活动，期刊随着办刊人的足迹而流出山西甚至流寓海外的现象，在山西期刊发展的历史上多次出现过。对此，山西期刊史的研究确定为：立足于山西，主要面向山西，对山西的社会历史发展产生过一定影响的期刊皆纳入范畴之内。

二

山西处于中国中部黄土高原之上，是黄河流域的重要省份。山西有文字记载的历史长达3000年（从西周起），而考古发掘更证明，180万年之前山西就有古人类的活动，是中华民族发祥地之一。山西从先秦到晚清一直是各兄弟民族融合的前沿，对形成中华民族作用甚大。山西在历代军事斗争中具有重要的战略位置，多次成为兵家所争之地。山西资源丰富，经济发展曾雄踞于黄河流域。到明清两代，晋商崛起，商贸通及天下，曾执全国金融之牛耳。深厚的三晋文化及晋商文化发端于山西，流播全国，也对近代乃至于当代山西期刊的发展产生了深远的影响。

近现代的山西历史，既趋同于全国的大潮流，又呈现了独特的一面，尤其在民国时期，山西的政治统治和社会经济具有相对的独立性和浓厚的地域色彩，在某些方面甚至“标新立异”于全国其他省份。

20世纪中国社会风云激荡，其间有过不少影响极大的事件，但最为深刻、广泛的则是1911年的辛亥革命和1949年的新中国诞生，由此将1900年以来的历史分成三个阶段，即1911年之前的清末、1911年到1949年的民国时期和1949年以后的新中国时期。

辛亥革命之前为第一阶段。这是中国社会，也是山西社会发生巨变的历史节点。腐朽的清政府为挽救颓亡，开始倡言“立宪”，山西在巡抚衙门之外也成立了谘议局之类“代表”民意的机构。但反清的革命浪潮势不可挡，特别是同盟会成立后，不仅在留日的山西籍学生中形成较大势力，而且在山西也发动了争回矿权和反对清政府山西巡抚的斗争。一些同盟会会员潜入清廷军队，并逐步掌握了一定的武装力量。1911年10月武昌起义后不到20天，就爆发了太原起义，山西成为中国北方第二个由革命党人夺取政权的省份。在推翻封建社会的斗争中，山西进步期刊鼓吹共和、开启民智，发挥了很大作用。

第二个历史阶段由两个时期组成。民国建立到抗日战争前夕为第一时期。这是阎锡山“治晋”时期，这一时期又大致可分三个时段：1912年到1917年为第一时段。登上总统之位的袁世凯对山西这个革命省并不放心，一直蓄谋除去阎锡山的兵权。阎锡山采取韬晦之计，玩弄两手，一手向袁世凯讨好以保存实力，一手拉拢同盟会力量以牵制袁世凯，暗中扩充实力，不断剪除异己。袁称帝失败后，阎锡山以督军兼省长，将山西军政大权集于一身，从而形成了民国各军阀中颇有特色的阎锡山军政集团。1918年到1930年为第二时段。阎锡山实施其“治晋”方略，提出一套自己的“学说”和主张，如“中的哲学”、“用民政治”等等，建立“洗心社”，加强了在山西的思想控制。又一面以“保境安民”、“自存自固”为口号，在各军阀争斗中维持“中立”，一面扩充晋绥军兵力达到近20万人，借配合蒋介石北伐之机将势力扩至全华北。在山西境内则以军事工业为核心构建近代工业体系，从而不仅在政治上而且在经济上形成了半独立于中央政府的状态。1930

年阎锡山联合冯玉祥发动反对蒋介石的中原大战，失败后逃至大连。1931年到1936年为第三时段。日本侵略者发动了“九一八”事变，阎锡山趁机再次执掌山西大权。随着日本侵华步伐（政治、军事、经济并举）的加快，更由于中国共产党领导的革命根据地的扩大，阎锡山一面加紧防共，一面抵制日本资本的进入，提出“造产救国”的策略，推出《山西省政十年建设计划案》，使山西经济再度得到了发展。到1936年，山西四大银行资本总额一度相当于中央四大银行资本总额的1/5。

也就在这一时期，五四新文化运动和后来的左翼文化运动等在全国兴起，山西省也有反应，但较之全国沿海地区则弱了许多。1924年中国共产党在山西建党，第一次国共合作期间山西建立由国共双方组成的国民党山西省党部，但这些均未对局势造成多大影响。国民党“清党”之后，中国共产党在山西也一度发动武装暴动，1931年组织了晋西游击队，但不久即在阎锡山“围剿”之下西渡黄河撤到陕北。这一时期虽山西也有少量革命的或进步的报刊，但在省内占据主要地位的是为阎锡山的政治统治、思想统治、军事统治服务的报刊。

从抗日战争开始到1949年新中国成立是这一阶段的第二个时期。这期间又可分为抗日战争与解放战争两个时段。这是中国共产党领导的革命力量蓬勃发展，山西随同全国一道经历了两种命运的大决战，彻底推翻了阎锡山统治，走向新生的时期。

日本的侵华战争打破了山西的政治军事格局，阎锡山不得不接受国共合作建立抗日民族统一战线的主张，中国共产党领导人周恩来、朱德、彭德怀等先后来到山西。按照国共合作的相关安排，由红军改编成的八路军也编入以阎锡山为司令长官的第二战区战斗序列。

在整个抗日战争期间，山西所呈现各种力量矛盾斗争的错综复杂程度，可以说远超过全国其他地区。在山西产生了特殊的统一战线性质的组织“牺牲救国同盟会”和“战地总动员委员会”；在山西进行了平型关伏击战、忻口会战、百团大战等激烈战役；在山西集聚了晋绥军、八路军、牺盟会新军、国民党中央军以及其他地方军阀势力（如东北军、西北军、川军、黔军）等不同体系的军队；在山西建成了中国共产党领导的三大抗日根据地，为以后华北解放区的建立打下了基础。抗战初期，阎锡山尽管不直接提“抗日”，但还是维持统一战线的。1939年12月，阎锡山授意发动晋西事变，企图消灭新军，虽目的未达到，但1940年后的统一战线已大打折扣。中国共产党领导根据地军民开展独立自主的游击战争，极大地发展了抗日民主根据地，有力地打击和牵制了侵华日军。

抗日战争胜利后阎锡山迅速与日伪合流抢夺地盘，中国共产党领导下的根据地军民则坚决保卫胜利果实。1945年8月，上党战役以阎锡山失败告终，革命武装力量此役的胜利对国共重庆谈判起到了配合作用，也为中国共产党巩固华北、争取东北、坚持华中、夺取全国胜利的战略部署开辟了道路。面对人民力量的壮大，阎锡山彻底走向反共反人民的绝路，在统治区强化特务组织，实行法西斯统治，在经济上推行“平民经济”，掠夺财富以扩充军备。但这并未阻挡历史的潮流，解放区开展土地改革运动，翻身农民拥护共产党，积极支援解放军。在经过多次战役之后，1949年4月24日，人民解放军彻底消灭最后固守太原的阎锡山及国民党中央军武装，山西历史进入新的纪元。这是一个人民革命力量发展壮大的时期，也是山西革命报刊极大发展的时期，尤其是根据地军民办的报刊如《晋察冀画报》、《华北文化》、《党的生活》、《边区教育》等更在中国现代出版史上写下了十分辉煌的一页。

新中国成立后山西历史进入新的阶段，这一阶段又大致可分为三个时期。从新中国成立到1960年代中期是第一时期。山西政治、经济、文化等方面完全融入全国之中，在计划经济模式之下，山西的经济完全服从于全国的需要，煤、电等资源全列入国家统一规划之中。由于山西在全国属于老解放区，许多山西籍干部被派往新解放区，土地改革运动最早也在山西解放区推行，这对全国的发展起到了积极推动作用。阎锡山时期的工业基础、解放区建立的企业、第一个五年计划时期苏联援建的项目在山西合为一体，使山西成为全国重要的工业基地，山西的综合经济实力1950年代在全国各省份排名中保持在第七八位，1960年代也处于中上游水平。在农业合作化中，山西一直走在前列，1950年代出现过李顺达、申纪兰等全国知名的农业劳动模范，到1960年代更出现了大寨这面全国农业战线的红旗。

在创造出这些成绩的同时，山西受“左”倾思潮影响也较严重，在新中国之初的政治运动中，山西“左”的做法更为激烈。虽然后来都得到纠正，但在一定程度上也影响了山西进入改革开放新时期后的步伐。这一时期山西期刊曾一度繁荣，但由于时代所限，其中也刊发了不少极“左”色彩的内容。

“文化大革命”10年是第二时期。山西不仅与全国一样，经济、文化、教育都受到摧残，而且在某些方面更甚于其他省份。到“文化大革命”后期，又发生了晋剧《三上桃峰》事件，波及全国，使周恩来、邓小平抓整顿刚恢复一些生气的局面再次被破坏。在这一时期，先是大批期刊被迫停办，以后虽有所恢复但很快又陷入困境。

中共十一届三中全会召开，全国进入改革开放新时代，山西也步入了一个新的历史发展时期。这也是自山西现代期刊产生以来最好的发展时期。改革开放30年来，山西迈出了巨大的步伐，取得了前所未有的成就。1978年至2000年，全省地区生产总值由88亿元增加到1640.1亿元。但是由于各种原因，客观上有地理环境的制约等使山西无法享受国家给予的某些优惠政策，历史积淀使计划经济体制下形成的重型经济结构负担沉重等；主观上有思想不够解放，清除“左”倾影响不足，没抓好发展机遇等，致使山西与全国先进省份相比仍有一定差距。进入21世纪以来，山西省委、省政府进一步制定改革思路，明确发展目标，在全省人民的共同努力下，山西迎来了新的辉煌。

山西期刊就是在山西这块土地上，在山西特定的历史条件和人文环境中产生、发展的，并由此形成了丰富多彩的历史画卷。

三

期刊是人类文明的产物，它促进着社会政治、经济、文化、科技的发展，同时也受一定历史条件下政治、经济、文化、科技众多因素的制约。期刊的发展服从于社会历史的规律，又折射出社会历史变化的轨迹。

从山西期刊看，近代以来期刊的发展与社会发展同步，呈波浪式前进，百余年间大致出现了五次期刊出版高潮。所谓期刊出版高潮，其特征不仅是期刊数量增加、品种增多，还有期刊影响明显、编辑理念成熟以及品牌期刊出现等等。由于期刊与报纸几乎是相伴而生，所以这也大体是报纸出版的高潮。

为使叙述更加清晰，可以将某次高潮确定到某一年份，但这也只是相对的。正如1934年被称为中国出版史上的“杂志年”，但同时代的学者就认为：“（民国）二十三年之所谓杂志年，不过是个开端，二十四年而大进，二十五年则渐降而进入安定状态亦未可知。”（舒新城《两年来之出版界》）另外，与全国相比较，山西期刊出版的高潮未必与全国一致，有的即便十分接近，也由于山西的特殊情况而显得要慢一步。

1906年前后山西出现第一次期刊出版高潮。由于1905年中国同盟会成立，主张“君主立宪”的维新改良派与主张“民主共和”的反清革命派之间斗争更加激烈，尽管改良派以及清廷所办报刊仍在鼓吹“立宪”，但宣传民主共和的报刊已成为主流。山西以留日学生为代表的年轻的接受民主共和思想的知识分子也加入这一潮流，办报办刊，抨击清廷，鼓吹革命。这一时期出现的《第一晋话报》、《晋乘》、《汉帜》等旗帜鲜明，团结革命力量，启蒙广大民众，在山西期刊历史上写下精彩的开篇。

1938年前后山西出现第二次期刊出版高潮。这时日本侵略者已攻入山西，抗日救亡运动空前高涨，国共合作的统一战线已经建立，各类抗日报刊如雨后春笋，大量涌现。虽然在此前几年，山西也有一定数量的报刊，其中有代表阎锡山立场的，也有中国共产党地下组织的，但其规模、影响远不能与此时相比。这时的期刊出现了几个显著的特点：一是政治为主，且倾向趋于一致，抗日救亡成为主旋律；二是办刊主体多样化、层次化，既有政府办也有民间（群众组织）办，既有国民党办也有共产党办，既有地方办也有军队办，既有省级组织办也有地方县区办；三是办刊比较自由，已冲破了阎锡山和国民党政权的限制。按照国民党政府的有关“登记”、“审查”之类的法规，这时的期刊很多属于“非法”出版，但这是民族抗日战争的需要，丝毫不影响其为民族解放所起的重要作用。更值得一提的是，这一时期中国共产党领导的期刊更为中国革命的迅速胜利和人民新闻出版事业的壮大成长做了意识形态上的准备。这一时期的期刊中，最初有一些是借宣传阎锡山的名义宣传革命，典型者如《中外论坛》，到抗日统一战线建立则出现了大批为抗战呐喊的革命期刊，突出者如《西北战线》、《黄河战旗》、《边政导报》等等。

1959年前后山西出现第三次期刊出版高潮。新中国成立之初报刊出现了蓬勃发展的局面，但却谈不上高潮，究其原因，一是人民政权刚建立，巩固政权、修复战争创伤的许多工作摆在面前，相对于以文化建设为主的期刊，这些有关政治、经济的实际工作更为重要；二是办刊人才相对缺乏，解放区的报刊人当时多走上不同的领导岗位，旧政权留下者则正在学习改造，而年轻的新人尚未挑起重担。到1950年代中期情况发生了很大变化，1956年提出了“双百”（百花齐放、百家争鸣）方针，1958年提出了社会主义的“大跃进”，各行各业都开始“放卫星”，这种形势自然促进了期刊出版的高潮。尽管这种高潮有一些不太正常的繁荣，数量增加、品种增多的同时也刊发了一批“假、大、空”，违背马克思主义科学精神的文章，但当时这些期刊所产生的影响却是客观存在的。这一时期山西期刊丰富多彩，理论期刊《前进》、文学期刊《火花》、教育期刊《山西教育》等都颇有影响。一批行业性科技期刊也纷纷涌现，在推动山西社会主义建设方面形成了阵势。这次高潮为时不长，一年多后全国进入“三年困难时期”，大批期刊停办。

改革开放是中华民族伟大复兴的又一次启航，在进入新时代第五个年头的1983年，山西出现第四次期刊出版高潮。解放思想、改革开放使中国大地焕发生机，出版事业也出现了超常的发展。1983年，中共中央、国务院发出《关于加强出版工作的决定》，为新时期的期刊出版指明了方向。就在此前后，山西大批新期刊创办，数量上一度居于全国前列。多年后从这些期刊中涌现出了获得国家和地区期刊奖、进入全国重点期刊行列等荣誉的多种优秀期刊，与此同时，也涌现出一批优秀办刊人才。

在这一时期，山西期刊的影响力辐射全国，不仅有期发行量超过百万册的期刊，如《山西青年》、《山西民间文学》，更有期刊举办了颇有影响的活动，如首倡了刊授教育。一批在报刊出版方面有填补空白意义的报刊也出现于这一时期，如《语文报》、《名作欣赏》、《编辑之友》、《对联·民间对联故事》等。这是山西期刊的黄金时代，虽然以后山西期刊也不断发展，创造过佳绩，但从总体情况看，不曾超越这一时期，这与山西改革开放以来的总体发展态势是相一致的。

20世纪末到21世纪初山西出现第五次期刊出版高潮。一方面，以数字技术为代表的新兴媒体的快速成长给传统期刊带来了竞争压力；另一方面，经济体制改革已波及出版领域，应对挑战、寻找机遇成了所有期刊面临的新课题。为建立符合社会主义市场经济体制的期刊出版秩序，国家有关部门进行了报刊治理整顿，这使期刊的种类、结构、布局都有了较大变化。一些计划经济色彩较浓的行业性期刊与党政机关所办期刊大量退出市场；一些新的期刊种类得到政策性支持，如1998年建立学报序列，使学报类期刊大幅度增加；一些具有新锐办刊理念、涉足新的领域、针对新的读者群体、采用新的形态和新的运作模式的期刊不断面世，这些成了这一时期期刊发展的特点。

上述有关山西期刊出版高潮的分析只是勾画出了一点山西期刊发展的脉络。其实，作为一种连续性的出版活动，犹如一条波催浪涌的河流，它有时是急速的，有时是缓慢的；有时宽阔，有时狭窄；有时顺直，有时曲折。在这条河流中，不同的期刊扮演着不同的角色，在不同的领域发出了自己的声音。

四

所谓历史应有两种，一种是客观发生过的事实，可称之为真实的历史；一种是人们记录下的历史，可称之为文本的历史。前者是曾经存在过的现象，后者是经过人们思考后的认识与叙述。任何认识都无法排除主观的色彩，任何叙述都难以还原事实的原貌，录史者无不追求二者的统一，但所能做到的也只是游走于二者之间而已。

山西百年来的期刊活动纷繁复杂、扑朔迷离，它与时代的风云变幻紧密相连，要使之成为一个清晰、准确的文本，是件很不容易的事。期刊的活动归根结底是人（包括群体与机构）的活动，而这些活动必然体现为：在限定的时空中有过什么期刊，尤其是有代表性的期刊；在期刊上刊发过什么文章，特别是有影响的文章；期刊组织过什么活动，以及有哪些涉及期刊的事情；期刊的策划者、主持者；对这些期刊的适当分析与评价。概而言之，可谓刊、文、事、人、论五个要素。要素不能简单罗列，必须贯穿于期刊发展的脉络之中，于是以“编年”为经，以“分类”为纬，以某类期刊、某个期刊、某项问题“纪事本末”式的叙述为结，构成了《山西期刊史》的框架结构。历史的记录不能单纯记录史料，还应当探求和总结某些规律。前述山西期刊发展的几次高潮，就是一种尝试。尽管这只是某一角度所作的粗线条勾勒，但也可以从中发现社会变动与期刊的关系，体现了期刊与社会的某些有规律性的东西。

其实，期刊史中可研究或者说应该记述的内容还有很多，例如关于期刊的编辑思想。戊戌变法时期中国出现第一次报刊高潮时，严复就提出办报刊要“通上下之情”、“通中外之故”，梁启超提出“去塞求通”。到辛亥革命中国第二次报刊高潮时，更有孙中山“舆论之母”、“知难行易”，于右任“造成国民正当的言论”，章太炎“化合中西之言以喻民”等报刊主张。其后百年间，随着期刊实践的丰富，也不断产生有时代特色和切合传播规律的期刊编辑思想，其中应该不乏山西办刊人的贡献。

再如关于期刊文体。谭嗣同较早注意到报刊文体的重要，曾著有《报章文体说》一文；梁启超开创“时务报章文体”，不仅轰动一时，且影响后世甚多。从山西期刊发展看，也不难感受到文体的变化，特别是抗日战争时期的根据地期刊，在邓小平等人的身体力行下，形成了一种既有别于文言文，又有别于五四新白话文的贴近大众、畅达通俗的报刊文体，直接影响到新中国成立之后的山西期刊。赵树理等人的文学创作更形成了“山药蛋派”文学及其期刊。到改革开放新时期，在更广泛地吸收外来文化以及新词语中又形成了新的有鲜明现代特点的文体。

又如关于同类型期刊的变化。在相对稳定的社会环境中，即使是同类的期刊也会呈现不同的发展轨迹，很明显的如新时期以来的行业类期刊，就经历了一个兴盛、变迁以至蜕化的过程。在这一总趋势中，不同的期刊个案又各有不同，其间既有经济体制、行业状况的关系，又有其他因素的作用。

还如关于办刊人的具体活动以及一些期刊的曲折经历，这本是十分丰富生动的历史细节，也是时隔越久越不易留存的珍贵史料。例如在战争年代，投身革命的文化人如何既从事对敌武装战斗也办报办刊，在缺乏物质条件的情况下，如何直接进行印刷材料的筹集与自制等等都是十分精彩的。

期刊发展中还有一些看似细小的地方，如编辑机构的组织，在期刊产生后的很长时间里，编辑者未必如同现在一样有固定规范的编辑单位，而是以一个或几个人为核心的松散组织，所署某某社有的仅是虚名，但这并未妨碍推出好的期刊；又如编排方法，很长时间里（直到1940年代后期）很多期刊是每栏起从头排页码，与现在不同……

无论编辑思想、期刊文体还是编辑方式等，尽管在记述中有所涉及，但既缺乏资料上的深入挖掘，也缺乏理论上的深入探讨。所以，作为文本的《山西期刊史》即便完成，但作为真实的山西期刊史尚有许多需要挖掘、整理、研究和总结之处。

在完成这本《山西期刊史》的时候，山西的期刊甚至可以说全世界的期刊都在面临着一个前所未有的历史挑战，大众传播手段的日益丰富和发达，各种新兴传播技术的层出不穷，为传统期刊的生存和发展提出了新的课题。总结山西百年来的期刊历史，或许能提供一点历史的借鉴。希望山西的期刊和期刊人，当然也希望所有的期刊和期刊人，能创造超过以往的辉煌明天！

第一章
辛亥革命前的萌生

从鸦片战争的硝烟到辛亥革命的枪声，中国社会走过了一段艰难的历程。资本主义强国在军事、政治、经济、文化等方面的侵略与渗透，使中国一步步沦为半殖民地半封建社会。在列强的侵略和中国人民的抗争中，不同的政治力量争斗较量，不同的经济因素兴败消长，不同的思想文化起伏激荡，可以说，这是两千多年的封建王朝走向衰亡、近代社会启蒙生发的历史转折点。

在这一时期，许多具有现代文明特征的事物开始在中国出现，这些事物成了中国社会变化的催化剂，报刊就是其中之一。中国曾是世界上最早产生原始形态报纸的国家，官方的邸报从唐宋时起以不同形式延续至明清，但其性质基本是传播朝廷诏令，还不等同于现代意义上的报刊。鸦片战争之后，中国的大门被一点点打开，一批批外国外交官、商人、传教士、冒险家进入中国，其中尤以传教士为多。他们不仅散往东南沿海，而且深入中国内地，他们传播宗教，更传播西方的思想文化、科技知识、生活方式，他们建教堂、办学校，也编印报刊（最初主要是期刊）。中国近代期刊的历史，事实上是由这批外国传教士拉开了序幕。

传教士的办刊活动在鸦片战争之前就已经开始，只是当时还未形成规模。1833年（清道光十三年）8月传教士郭士立在广州创办了《东西洋考每月统记传》，新闻学家戈公振

中歷光緒十九年 三月

萬國公報

西歷一千八百九十三年 四月

上海美華書館印

APRIL, 1893.

萬國公報

WAN KWOH KUNG PAO.

A REVIEW OF THE TIMES.

NEW SERIES—EDITED BY REV. DR. Y. J. ALLEN.

CONTENTS.

1925年（民国十四年）所著《中国报学史》中称“此报发刊于中国境内，故我国言现代报纸者，或推此为第一种”。到鸦片战争前夕，传教士在中国共办10多种报刊，但是都局限于东南沿海地区，发行量有限，影响也有限。而形成规模和影响的则是鸦片战争后所办的一些，如1868年（清同治七年）由基督教传教士林乐知、慕维康等创办的《万国公报》在中国一度颇为风行。该刊先为周刊，后改为月刊，虽有几年休刊，但复刊后一直出至1907年，这时距武昌起义爆发已没有几年了。《万国公报》发行量甚大，在1903年（清光绪二十九年）时就有5.4万份，不仅在清朝官员、士大夫、商人中传播，也进入了宫廷，光绪皇帝就曾是它的读者。

在中国办报刊的西方人士中，有些确实是为基督教献身的虔诚教徒，也有些对中国怀有友好的感情，但他们办报办刊的目的性很明确，那就是“文字布道”。当时一位很有名的传教士李提摩太就认为，“别的方式可以使成千的人改变头脑，而文字宣传则可以使成百万的人改变头脑”（《给英驻上海领事白利兰的信》）。出于“改变”中国的目的，西方国家为他们提供了充足的传教经费，使之在书刊出版上也可投入很大力量。1860年（清咸丰十年）教会在中国办报刊32家，这比鸦片战争时已增加一倍，到1890年（清光绪十六年）时他们的报刊已发展到76家（其中以宗教为主的约40家，其余是以文化为主），这较1860年又增长一倍。这一期间还编印各种图书1000余种。通过这些书刊，西方的社会观念，诸如议会政治、市场经济、民主自由、男女平等之类，形成了对中国传统封建思想文化的冲击，影响了一批批怀有爱国忧民情怀的知识分子。从改良维新到共和革命，尽管他们改造中国的政见不同，但这不同群体的中坚分子无不接受过这种西方输入的新学的洗礼。

到1860年代，在香港、广州、上海、汉口、福州等地出现了中国人办的报刊，办报人有洋务派官员、商人与代表中国新生资产阶级的知识分子。这时的报刊鼓吹“广听远闻”、“开通民智”，很少涉及重大问题，更无什么政治主张，还不时出现“皇太后轸念时艰”之类的谀辞。直到1890年代资产阶级改良运动兴起，维新派政治团体形成，才出现了中国近代第一次创办报刊的高潮。当时有代表性的有《中外纪闻》、《强学报》、《时务报》。1898年（清光绪二十四年）戊戌变法前后，全国有期刊70余种，报纸80余种。戊戌变法的失败使改良派一度受挫，但并未能中止其活动，利用报刊鼓吹“保皇”、“君主立宪”仍是他们重要的活动手段。与此同时，资产阶级革命派也日益壮大，革命与改良两条路线的斗争，以及对清王朝的斗争和清政府对反清言论的压制，促成了中国近代第二次创办报刊的高潮。到1910年（清宣统二年）辛亥革命爆发前，全国报刊已达600余种，其中明确是革命派所办的有期刊122种，报纸216种，其中就有同盟会的“机关刊”——《民报》。当时的报刊中还有相当一些是官报，在清廷为挽救颓局宣布“新政”、“立宪”的情况下，地方政府也感到有必要通过报刊传达政令、控制舆论，当然这些报刊不代表历史前进的方向，更不是当时报刊的主流。

当近代报刊在中国萌生之时，对报与刊的界定是不明确的。但如果用现代标准衡量，当时创办更多的该是期刊，因为它们大多内容上不是以新闻信息为主，形式上多页成册，有封面，类似图书，为与报纸区别，称为册报。前述《东西洋考每月统记传》、《万国公报》、《时务报》等莫不如此。从这一意义上讲，中国近代报刊业的发展是从期刊开始的。

由于地理等原因，山西近代接受新潮流方面迟于沿海。到20世纪初的第二次报刊高潮中，山西才跟上了潮流，而其中影响较大者，当是山西留日学生所办期刊。辛亥革命时，山西是北方同盟会力量最大的省份之一，也是最早起义的省份之一，这和山西当时革命派报刊的活跃有着很大关系。

第一节 清末“预备立宪”中的山西报刊

中国社会是在动乱和屈辱中进入20世纪的。1901年（清光绪二十七年）签订的《辛丑条约》使中国实际变成了在资本主义列强“共管”下的半殖民地，封建王朝摇摇欲坠，民族危机日益加重。

1903年之后，出现了近代中国第二次报刊创办的高潮。这一高潮的产生有其特定的政治经济原因，还在与列强议和之时，慈禧太后控制的清廷就宣布要实行“新政”，1905年又开始“预备立宪”，其目的自然是挽救统治颓局，但客观上却助长了中国民族资本的增长。据后人的统计，以投资万元以上的企业计，1900年全国有104家，平均年投资380万元，而此后10年间就达到370家，平均年投资862万元。中国民族资产阶级不但在社会上形成一种新的经济力量，而且开始分化，形成了代表不同阶层利益与政治诉求的团体，如代表上层的主张君主立宪的维新改良派，代表中下层的主张推翻清廷的民主共和派。前者以康有为、梁启超及他们的保皇会为代表，后者以孙中山和1905年成立的同盟会为代表。在挽救中华民族的大目标下，各种政见的抒发、论争日趋激烈，这就必然会刺激报刊的发达，形成了创办高潮。在当时的报刊中，改良维新在相当一段时间仍是主流，这与民族资产阶级中下层在政治上成熟要晚于其上层有关，也与当时先觉悟起来的知识分子主要接受了西方改良主义思想有关。所以这一时期有相当一些报刊的立场是支持“新政”、主张“立宪”，当然其中还有一些是“官报”，本身就是清廷各级政府出面办的。

山西地处中国内陆，与东南沿海相比，不处于接受资本主义经济、文化的前沿，就是在几次资本主义国家的军事入侵中，山西也都是后方，所以在经济上保守性更强，在政治上也较为闭塞。中国近代第一次报刊高潮中，也即戊戌变法之前，尽管山西出现过与谭嗣同等一道为变法牺牲的“六君子”之一杨深秀这样的维新派人物，却没有诞生近代报刊。

目前可查到的山西最早的报刊是1902年（清光绪二十八年）创办的《晋报》。以后几年，山西陆续办起了一些报刊，计有1903年创办的《山西白话报》；1905年创办的《实业报》；1906年创办的《晋阳白话报》、《明义学报》、《晋阳学报》；1907年创办的《山西白话演说报》；1908年创办的《并州官报》、《晋阳公报》；1910年创办的《山西农业杂志》；1911年创办的《山西自治公报》以及山西新军起义后创办的《山西民报》等。但由于当时纸张、印刷条件有限，大多发行数量也有限，所以这些报刊留世实物存量极少，其中一些仅见于资料文献中提及名称而不见实物，它们的活动史实以及出过几期、何时终刊都难以了解。然而仅就这些报刊名称，也可反映出在全国第二次报刊高潮中山西也是有所作为的，尤其以1906年前后较为突出。1906年在近代出版史上是值得一记的一年。这一年清政府作为“新政”之一，颁布了《大清印刷物专律》，这是清朝政府关于出版的第一部律令，由商部、巡警部、学部共同拟定，内分“大纲”、“印刷人等”、“记载物件等”、“毁谤”、“教唆”、“时限”等六章四十一款。这一律令虽仍以保护“皇帝皇族或政府”，预防“煽动愚民违背典章国制”为出发点，但毕竟反映了在时代浪潮之下清政府也不得不对言论、出版予以放开的现实，也表明了当时书报刊出版活动在全国已成蔓延之势。

这一时期山西出版的报刊，较有代表性的为《晋报》、《并州官报》、《晋阳白话报》。从这三种看，有两点比较明确：一是基本立场均为“立宪”，只是表现形式以及认识程度有些差异；二是办报主体虽有官、民之不同，但读者对象相近，基本为当时的上层社会，还涉及不到一般平民，尤其是被称为“贩夫走卒”的下层百姓。

《晋报》是山西近代第一份报刊，按其形态讲应该是报纸。它创刊于1902年，即光绪二十八年。它的创办与当时在中国活动的一个知名传教士李提摩太有很大关系。

李提摩太（1845—1919），英国基督教（新教）传教士，1870年（清同治九年）受教会派遣来到中国，1916年（民国五年）回伦敦。从25岁到71岁，他在中国生活了46年，其间先后在山东、东北和山西等地传教，并结交了一批清政府官员。1890年（清光绪十六年）应李鸿章之聘去天津任《时报》主笔，1891年起出任广学会督办（总干事）。广学会是1887年在上海成立的专门针对中国传教、出版的机构，最初是39名不同国家的传教士发起，后来参加者发展到西方国家驻华外交人员、洋行老板等。李提摩太主持广学会之后，大力推进与中国上层的交往以及书刊的出版。李提摩太本人积极参与康有为等人的维新活动，还多次向李鸿章、张之洞、翁同龢等人提出“新政策”建议。在他的主持下，广学会出版业务迅速扩大，平均每年出版和再版图书100种，1896年时销售额5900多元，到1902年达到4.4万多元。广学会还吸收《万国公报》作为机关刊，使之成为它的舆论阵地。

光緒念玖年拾壹月初陸日 西壹千玖百零叁年拾貳月念肆號 禮拜肆

晉報

催收報費告白

本館寄售各種最新出版書籍價目

政法學部 史學部 教育部 地學部附地圖 理學部 生理學部 小說部 書札部 兩論部

京都榮興恆號書店

山西機器印書局重印節本泰西新史攬要發批出售

本省轅門抄 拾月二十九日

《万国公报》广泛介绍西方的思想文化，李提摩太在《万国公报》上译介西欧各种学说时也讲了马克思及《资本论》，这是中国刊物上最早对马克思的介绍。1902年，李提摩太提议从山西庚子赔款中取50万两兴建一所中西大学堂，经李鸿章与山西巡抚岑春煊同意，扩充山西大学堂为中西两斋，由此开创了山西的新式教育。也就在此时，李提摩太支持办起了《晋报》。

《晋报》主持人程淯，江苏阳湖（今常州市武进区）人，担任过李提摩太中文秘书。戊戌变法失败后，曾参与李提摩太和上海英领事在吴淞口载走康有为的活动。1900年清朝官员沈仲礼奉命来山西主持洋务，程淯与沈仲礼有裙带关系，就随之同来，附名于洋务局。李提摩太来山西后支持程淯创办《晋报》，程淯任主笔，在衙门中挂职为“补用知府”。

《晋报》编辑部设在太原缉虎营，报纸注册号为：大清邮政局挂第13号之新闻纸。规格为长79厘米，宽55厘米，和现代对开报纸差不多。分四折八版，报纸用铅字印刷，当时这种印法是最先进的，字体大致与现在三、四号宋体相同，从右向左竖排。《晋报》创刊时间，有不同的说法，但从两份现存世的《晋报》看，一为光绪二十九年十一月初六日第101号，一为光绪二十九年十二月初一日第106号（均为太原王海勇所藏），都刊有《催收报费告白》，其中有“本报自二十八年七月初一至本年闰五月三十日止，为出版一年期”之语。光绪二十八年七月初一为1902年8月4日，可确定为《晋报》创办之时。

《晋报》创刊后，其他报刊上曾对此有报道。上海《中外日报》1902年8月28日关于山西的新闻有一条，为：“此间近日设报馆一处，名曰《晋报》，以红纸印刷其第一期，业已发行。该报五日出一期，每年报价三两。除上谕、邸钞、京内及外洋新闻外，尚有新学一门，如耕田新法及天文地理格致等类。第一次新闻亦颇佳，倘能照此办法，当亦可有用之报也。”香港《中外新报》1903年1月3日报道：“《晋报》之设，本为开通风气，启佑民聪，各州县承领分销多多益善，现在大处不过三十份，小者仅二十份或十份，为数无多，于转移风化之机尚难递有裨益。”从这两条报道，也反映出《晋报》当时的一些情况。尤其是《中外新报》还有“《晋报》自七月初一开报以后”之语，更可旁证其创刊日期。

《晋报》报头为隶书，在一版上方居中处。一版除“紧要告白”和“本省辕门钞”两栏外，其余是广告，广告有粮价、银价，学校的考题、榜标，教科书价目等。“辕门钞”是本省和中央官员到职、出差、值日、请假、谢恩、禀见上司等的报道。其他版上有“上谕”、“宫门钞”、“专件”、“京省新闻”、“京报选录”、“各国新闻”、“西学辑存”等。“上谕”自然是皇帝的诏书，“专件”是工、农、商、学等方面的论文，其他新闻都是从京沪各报采集而来。因报馆并无专人担任访员（即后来的记者），消息时效性并不强。

《晋报》的经营是得到官方支持的，初办时采用集股方式筹款，但由于报费不能及时回笼，经济上发生困难，于是有停刊半年之事。复刊后程淯通过关系先从藩库中借垫，年底各州县衙门缴上报费时再还藩库。销量也是通过官方力量往州县派销。尽管如此，总销量大致也就500份。《晋报》的立场是完全站在清政府及西方资本主义国家（传教士就是代表）方面的，这是主办者的政治态度决定的，也是它可以得到官方支持的原因。

对《晋报》的性质，有两种说法。一说是“官报”，根据是发行靠官方派销，主持者也有政治身份。在方汉奇等所撰《近代新闻事业史编年》附表中即将其列为“官报”（中国社科院《新闻研究史料》第19辑）。一说为“民报”，根据是初办时由个人集股，官府与传教士只是扶持而已。当时山西地方政府也是这样认为，山西巡抚衙门对《文水县请援晋报津贴详文》的批复说：“查《晋报》虽附有官款，究仍为商报性质，与本报不同……本馆一切系仿政治官报办理，纯属官报性质。”这是刊在《并州官报》1908年（清光绪三十四年）第8号上的，“本报”指《并州官报》。戈公振在《中国报学史》中就将《晋报》划在民报之内。就以上情况，《晋报》其实可以算一种民办的“官报”，或者说有官方背景的“民报”。

1907年（清光绪三十三年）7月，《晋报》又增办一份《山西白话演说报》。同年程淯前往日本游学，当时留日学生中倾向革命者颇多，程淯不受欢迎，只得怏怏而归，不久离开山西，两种报纸均于1907年12月终刊。《晋报》停办的次年山西出现《并州官报》。

《并州官报》完全是官报，可以说是山西巡抚衙门的“机关报”，是山西巡抚宝棻责成浚文书局出版的。《并州官报》创刊于1908年（清光绪三十四年）5月15日，16开本，装订成册，每期连封面封底共32页，用三、四号宋体字竖排，五日刊，形式上可以说更像现代期刊。宝棻是蒙古正蓝旗人，以后还任过江苏、河南巡抚，参与过对武昌起义的镇压，他在山西任上办报，政治立场可想而知。《并州官报》的负责人是李庆芳，身份是筹备中的山西省谘议局议员，报馆设在太原桥头街浚文书局。

《并州官报》的宗旨，从所刊载的《本报凡例》中可见一端。凡例中说：“本报抄录宫门钞、谕旨并本报所撰论说等为先，而继以政治、教育、外交、商务、农林、实业并中外文牍、本省文牍为各栏，而以奏折、路透电各栏终之。其余来稿来函概不选登。”“凡政治等项均先列圣谟并名人论说或中西往事及新旧政策以至禀牍各陈，皆分类附登。”“官报本不选录新闻，兹拟略为变通，择各报之有益见闻者，录于封面之背作为附件，审慎采择。”“晋俗朴厚，志在开通，怪力乱神孔子不语，凡兹之类易瞀心目，本报概无取焉。”这些声明，凸显了《并州官报》的官报性质：一是概不登来稿来函，说明就是传达朝廷政令、宣传官府意见的；二是“先列圣谟”，就是要选发历代皇帝的谕旨，搞“传统教育”；三是对各报新闻，基本不选登，必要时也要“审慎采择”；四是对那些有可能引发读者心生邪念的东西则坚决不登。

《并州官报》及时传达清廷“立宪”的政令，如1908年8月27日所刊上谕就是慈禧太后关于“制宪”的意见。其中说：“所拟宪法及议院选举各纲要，条理详密，权限分明，兼采列邦之良规，无违中国之礼教，要不外乎前次迭降明谕，大权统于朝廷、庶政公诸舆论之宗旨，将来编纂宪法及选举各法，即以此作为准则。”“宪法未颁、议院未开之前，悉遵现行制度。……自本年起，务在第九年内将各项筹备事一律办齐，届时即行颁布钦定宪法，并颁布召集议员之诏……”

大清宣統元年八月十六日

西曆一千九百零九年九月二十九號 星期三 第九十六期

并州官報

目錄

宮門鈔 上諭 交旨 電報七條 奏摺錄要六件 論說 各省文牘三件 本省文牘四件 各省聞見錄九件 本省聞見錄六件 轅門鈔 告白

價目

一外府廳州縣每年庫平銀二兩二錢
二遇閏加增銀一錢八分三釐三毫
三派送每月省錢三百五十文
四自取每月省錢三百文
五本櫃零售每本省錢六十文

宮門鈔

大清郵政局特准掛號認爲新聞紙類

本館設立太原橋頭街

《并州官报》的栏目与《晋报》差不多，内容基本上是朝廷文书。在办报一年后，发表《本报改良之大旨》，对内容做了些调整，说《并州官报》要“以行政官府、审判厅、谘议局及筹办地方自治等事件为报之主要部分，中央、外省及各国有关政治之新闻公牍，间亦摘要登载。此外则农工商界之有兴味者录为报余，以助读者之趣。具有涉刺讥倾之电函风说，概不登载，以符官报性质。本报间有撰论，悉照大清光绪新法令或著表彰之说，或为解释之文，仿各国法学家注释体裁，以期新法典之易施行”。除重申官报性质之外，与创办时有所不同的是要摘登一些其他方面的新闻，包括读者感兴趣的社会新闻，还要刊登本报自己的言论，主要是解释新法，其目的仍是推行立宪新政。

在该报的这篇声明文章中还说：“晋省既专办教育官报，又广销政治官报，故本省学务详情及中央之宫门钞概从省略，以为多登政治文牍之地。惟谕旨乃当择要恭录而餍臣民之心。”这里本意是表示要少刊登或不刊登某些内容，但从中也反映出当时北京的《京报》在山西发行不少和当时山西还有个教育方面官报的情况。

关于《并州官报》的发行，通过该报所刊登的有关内容可以推论出一个大概。一是发行渠道是由政府派销。前述《并州官报》1908年第8号刊载《文水县请援晋报津贴详文》，是文水县衙请示按《晋报》先前的方式给予发行费用的公文。此文说：“为详情事，光绪三十四年四月二十二日，蒙宪局札发第一期《并州官报》仍照上年《晋报》六十份之数，每份通年拟定报费二两八钱，按季汇解等因。蒙此，卑县查上年《晋报》例以十份加一份作为送报人酒资，前经遵办有案。此次《官报》价目内开代派处提出二成作为酬劳等语，是否由报费内扣提，给发送报人作为津贴之资，理合详请宪台查核批示……”其意思是，1908年农历四月二十二日，收到了谘议局发下来的报60份，这与以前《晋报》数量一样，报款为全年银二两八钱，要求按季汇上。本县上年《晋报》是发行十份另加一份作为投送人员的酬劳，现在《并州官报》价目表中说提二成作为发行费，是否可以从报款中扣除……对于这一请示，巡抚衙门的批示除强调《并州官报》为官报性质外，指出“提出二成作为酬劳系指商家代售者而言”，“该县有代派之责，即有应尽之义务，所有送报人之津贴亦应由该县另行酌筹”。也就是说，那二成是给那些零售商的，县衙有义务派人投送报纸，这些人的报酬由县里自己想办法。因为还有襄陵等县也有类似请示，所以报上刊登这一批复就是让他们照此办理的。二是发行数量。文水县派销60份，襄陵县派销40份，当时山西有105个县，再加上归绥道，以及“省垣官署堂不收费”（就是省级机关赠阅），还有部分零售，总量约为4000份。三是报价。在《并州官报》上有价目表，初为全年库平银2两8钱，后降至2两2钱，外省另加邮资，本地如自取每月可省钱350

文。从实际发行情况看，报费并不能按时收回，据1909年农历五月初一报上公布的欠款数字，42个州县共欠银1427两多。《并州官报》存在三年多，出版230期。它是山西境内官办性质的第一份期刊，是巡抚衙门的“山西政报”。随着辛亥革命的爆发，《并州官报》也就终刊了。说其是第一份官办期刊，是指在此刊创办前的1905年5月山西还创办过一个月刊《实业报》，主持人姚观察，但该刊只在有些资料上提及（如《太原新闻史》山西人民出版社2000年版），而具体情况不详。

与《并州官报》几乎同时期的还有一份民办报纸《晋阳白话报》，创办于1906年（清光绪三十二年）10月9日。这是一份报纸，用有光纸单面印刷，四号字竖排铅印，六个版，可以折叠成大约12开大，每张零售钱30文，每月10张，全年库平足银二两。报馆设在太原贡院东栅门，报纸自办发行，本埠由报馆直送，外埠寄发。《晋阳白话报》的创办者是山西大学堂毕业的郭象升、梁硕光等人。这份报纸实际上是革命派办的，由于办在山西，自然还是以拥护立宪面孔出现。《晋阳白话报》的主张，在创办之初的《紧急告白》中就说：“现在是我们中国不久就要立宪；这改良社会讲究自治的一切事情，都是要紧得很。但是我们山西外州县里，还是风气不开。学界同人没有法子，所以才编这个白话报。但是一人的见识，总不胜众人的见识，少数人的力量，总不胜多数人的力量。本馆因此特告请热心的君子：如有一切益国益民的言论演说，及有关系的事情，或用白话，或用文辞，均请随时函赐本馆，以便陆续登报。”

Registered at the Chinese Imperial Post Office as a Newspaper

晋阳白话报

中历 光绪三十二年九月二十八日

本报价目 每三日一张 售大钱三十文 每月九张售库平足银二钱整 全年共售库平足银二两整 每半年收报费一次 闰月加增 外埠酌加邮费

第一年第十二号

本馆告白 本馆开设山西省城贡院内东栅门内 凡欲订购本报者可先投函于本馆 本馆即按期送报 惟报价须按期寄到 不得拖欠

西历 一千九百零六年十一月第十四号 礼拜三

紧要告白 现在我们中国不久就要立宪。这改良社会讲究自治的一切事情都是要紧的很。但是我们山西外州县里还是风气不开。学界同人没有法子。所以才编这个白话报。但是一人的见识……情或用白话或用文辞。均请随时函赐本馆。以便陆续登报。如已经本报登报以后。本馆奉送本报一份以作谢仪。本馆谨白

汉口汉报馆广告 本馆开设汉口……所有陕甘云贵川湘等省俱设有访事 为上海各报未有之特色……托山西白话报馆代售 每月收费五角 不独湖北同胞不可不阅 即隶籍云贵陕甘川湘诸君子亦当各购一纸 俾知梓里之近事也 此启

△上谕

《晋阳白话报》也讲“立宪”，但在讲“立宪”中开始尝试用通俗的方式唤醒民众的民主意识。如它在“演说”栏刊发《论立宪》一文，文中先讲一个道理，即认识世界上的一切事物，是好是坏，是长是短，只有经过比较才能得出结论。

接着把外国的立宪制与中国的帝制作了比较，讲立宪制的优点。为使人好理解，又作了这样的比喻，把皇帝喻为“家长”，百姓喻为“子弟”。结论是要治理好家，只靠家长不行，要子弟都出力才行，所以只有立个宪法，“家长”、“子弟”各尽其责，才能兴国。

《晋阳白话报》很注重言论，即便是在报道新闻时也往往加一点评论。以第2期《晋阳白话报》为例，第三、四版上本省新闻共七条，有一条报道平定州“两月的工夫，集了两万来股，开办矿务”，然后说“中国有力量开采自己的矿产，本省的绅民都知道这矿产的事情，关系我们的身家性命，不需要福公司（英国）插手”。第五版是本国新闻，共五条，有一条报道英、法两国开办天津至镇江的铁路，然后说，“中国上了外国的当”，“近来民智大开，深知自己的铁道，要使外国人办了，那个祸害，实在大得很”。第六版是各国新闻共七条，有一条报道俄国某人对中国人的评价，然后说：“不论是何等人，但给点小便宜，便可以俯首帖耳的（地）归附他了，难道诸位同胞听到这话能不生气？既然生气，就应该大力振作精神，结合团体，预备自强才是，千万再不要占这样的便宜了。”另一条报道俄国不承认中国政府调整了黑龙江涉外总办，然后评论：“中国派官员的权，俄国人也要干预吗？可叹！”

《晋阳白话报》终刊时间不详。从有关资料估计，它存在大约三年。停办的原因，一说是“因言词激烈被当局查封”，一说是“未几报费延欠，股本亏赔，经费拮据，营业几至停顿”。查封之说旁证资料不足，但这批书生办报拙于经营倒有可能。《晋阳白话报》的言论既敢切中时弊，关注国是民疾，又能倡言白话，用百姓之话语来表达自己的主张，在山西本地所创办的报刊中，能做到这两点的它是第一家。也正因为此，后人称其曾“著称一时”。

第二节　山西留日学生的期刊启蒙活动

清末曾兴起出国留学热潮，其中尤以赴日留学者最多。据有关资料，在1905年（清光绪三十一年）前后，中国留日学生达到8000人。这些留日学生，对中国近代社会产生了广泛深刻的影响。他们中的一些人后来成为在某一方面左右中国命运的人物，蒋介石、阎锡山等都是这一时期的留日学生。

留日学生的骤增虽然同当时清政府推行“新政”，作为“新政”之一的组织出洋留学有关，但是实际上官费生不过十分之一二，多数为自费。由于到日本留学费用相对较低，中国富裕一些的地主、富农子弟为寻求出路，在废科举后只得选择新式学校及赴日留学。他们在日本亲身感受到日本明治维新后的巨大变化，接受了资产阶级自由平等、天赋人权等学说，激发了变革中国现实的热情。他们中的一些人先投身康梁的改良运动，后来逐步转变为共和革命的拥护者与参与者。1905年同盟会在东京成立后，许多青年学生积极投身其间。

留日学生对中国的第一贡献是在日本办期刊，对中国国民进行新学启蒙和革命宣传。清末留日学生在日本刊行的期刊先后有62种。最突出的是在1906年，国内及海外中国人创办报刊25种，其中14种为留日学生所办。由于日本与中国在文化上相近，同时日本较之欧美距中国近，留日学生的刊物不仅易送往国内，而且在内容上更容易为中国民众所认同，所以起到了很大的宣传作用。留日学生的期刊活动，从总体上可分为两个时期：从1899年到1902年为初创时期，这一时期期刊数量还不多，内容以宣传爱国图强为主，所刊文章观点驳杂，虽不乏对清政府腐败的批判，但还未公开提出推翻清政府的主张，基本上属于改良主义。从1903年到1910年为激进时期，这时留日学生中已有革命组织，并以省为单位形成区域性团体，期刊活动成了革命活动的一部分，期刊表现出的反清意识逐渐明确，其政治主张与孙中山倡导的资产阶级共和革命趋于一致。

1905年7月，中国同盟会在东京成立，参加正式成立大会的有几百人，除甘肃外各省的人都有，同盟会选孙中山为总理，诞生了中国近代第一个全国性的资产阶级革命政党。山西留学生当时加入同盟会者有谷思慎、荣福桐、荣炳、王用宾、温寿泉、赵戴文、阎锡山、乔煦、景定成（景梅九）、景耀月、井介福等53人，同盟会设立山西分会，总干事为谷思慎。当时山西留日学生同乡会已办有一份期刊《第一晋话报》，主持者为会长景定成，这时《第一晋话报》自然成为同盟会山西分会的宣传阵地。1906年，加入同盟会的景耀月以"太原公子"的笔名在同盟会机关报《民报》上发表《山西宣告讨满洲檄》，既向国人宣传推翻清廷，也表明了当时山西同盟会员的斗争决心。以后，同盟会内秘密组织铁血丈夫团，训练军事干部，山西同盟会的阎锡山、温寿泉、乔煦等参加了该组织。

当时各省留学生都积极创办刊物，宣传革命主张，在日本形成了一批很有影响的期刊，如《湖北学生界》、《浙江潮》、《云南》、《河南》等，这些刊物除有共同的反清主张外，还结合各自省份的反清反帝斗争发表政见，动员民众。山西留日学生所办《晋乘》也曾以很大篇幅报道当时山西的收回矿权运动，即抵制清廷将山西采矿权卖给英商的行为，在这一运动中山西留日学生发挥了舆论的宣传、组织作用。由于1906年之后为发动起义，同盟会员相继回国，所以山西留日学生的期刊活动又可分为在日本办刊向国内（山西）秘密发行，和回国后创办报刊直接推进革命这样两个阶段。

《第一晋话报》是山西留日学生创办的第一份期刊，创办于1905年4月8日。山西留日学生同乡会主办，32开本，月刊，每月望日（农历十五日）出版，每期60页。由日本东京翔鸾社印刷，运回太原发行，山西师范学堂及教育研究会为总发行所。编辑人员有景定成、王用宾、刘绵训、景耀月等。初创时主要栏目有"社说"、"地理"、"历史"、"教育"、"实业"、"紧要新闻"、"本省"、"各省"、"各国"等。以后又增加"时评"、"小说"、"卫生"等。

《第一晋话报》的政治主张是明确的，就是改变君主专制，建立民主政体。如该报载文称："如今地球上立国的只有两个法子：一个民主国，君由民举；一个君主立宪国，兴起民权，限制君权。君主专制国万万不能成立。那日俄战争胜败，是最近最新的镜子。"这时的认识基本上仍局限于实行改良、君主立宪方面。如何使国家强盛是《第一晋话报》讨论的又一重点，该报认为要使国家强盛，重要的一件事是教育。第6、7期连载《教育说》一文，文中说："一国中最要紧的是政治和教育两件事，政治为国家的机关，教育为人民的根本。这两件事不能相离相二，也不能偏轻偏重，是世界的公理。”文章提出，要挽救亡国灭种的危机，一要实行“实用的普遍教育”，使人人能读书写字，明白事理，忠实国家；二要有“救亡的教育”，其办法有三，即明国耻，雪国耻，讲求地方事宜。《第一晋话报》还从多方面进行启蒙宣传，这反映在它所发表的一系列论说文章上，如《尚武说》、《斯巴达之教育》、《尚轻视军人耶》等文章鼓吹尚武精神与强兵御侮之策；《日本维新之活动历史》、《菲律宾独立战史》、《越南亡国惨话》等篇借邻国近代兴衰史警示国人斗争自存；《危于山西之矿》、《说矿务》等则直接就山西矿权问题发表意见，主张山西人保存矿权，反对卖给洋人。

《第一晋话报》注意采用多种通俗形式来增强宣传力量，如第三期就以歌谣形式教育民众奋起抵抗帝国主义侵略。歌谣说：“如今中国愈益危，军国大事日日非；安南台湾原我有，不见黄龙上国旗。还有租界地日宽，胶州威海大连湾，香港澳门旅顺口，暗射图中齐变颜。黄河流域德人据，长江流域英人盘，惟有山西称最僻，尚在俄人势力圈。况且辽东日俄战，堂堂三省遭糜烂，战后情形不可知，大约不出洋人算。……古来中国强如虎，洋人闻之舌也吐，如今东方一病夫，倒卧床头任人侮。……中国于此将不国，山西因之亦不省。”

《第一晋话报》虽存在时间不长，约为一年，但在宣传资产阶级民主思想，对山西民众进行启蒙教育方面作出的贡献是很大的。随着形势的发展，刊物的倾向逐渐从君主立宪走向共和革命。《第一晋话报》的终刊时间有资料说为1906年4月，并说共出9期，但现存世实物有1906年7月6日的第7期，可见终刊时间要晚于此，是否仅出9期待考。

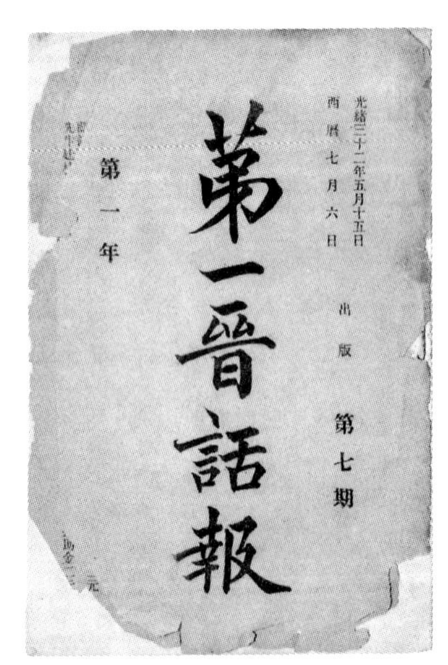

《汉帜》创刊于1907年（清光绪三十三年）1月25日，这是山西留日学生参与创办的另一期刊。它的基础是1906年10月创办的《洞庭波》，《洞庭波》由陈家鼎、景定成、宁调元等编撰，只出版了一期。陈家鼎，字汉元，是湖南官费留日生，也是同盟会员。关于《汉帜》的创办过程，后来景定成在《罪案》中作过描述：“《洞庭波》用极显豁痛快的文字，写出革命宗旨来，所以欢迎的很多，大家和克强诸友商量，似嫌《洞庭波》名字限于一方，于是另想一个名称，叫做《汉帜》。立时组织起来，请太炎做了个发刊词，甚是冠冕堂皇，起句是‘日本以太阳得名，中国以大汉立称’，同志诸人见了，莫不叹绝。于是汉元自撰‘论说’，我担任‘译述’，并作了一篇《清快丸》的小说，小友等担任‘文苑’，由同人捐助了些钱印出来，却也合一般社会的心理，所以销售甚广，不敷分布。出了一两期，因经济困难停刊，大家都道可惜。”《汉帜》撰稿者多为湖南、山西留日学生，第一期上的小说《清快丸》暗指清朝快完蛋了。此外各篇言辞也颇为激烈，如《驱满酋必先杀汉奸论》（锄非）则如此。

《汉帜》的宗旨可见于其在《复报》（1907年3月30日）上刊的广告，广告说：“《汉帜》杂志出现。此报宗旨在光复祖国，防护人权，唤起黄帝种魂，扫除白山鞑虏，建二十世纪民国，还五千年神州，而尤以维持各国公共安宁，鼓吹汉人实行革命为最大要素。现已出版，发行所：东京神田表神保古今图书局，其余《民报》社、留学生会馆、东京各书店及内地各书店，均有寄售，每部一角六分。”《汉帜》初定为月刊，但仅出两期即停刊。

《晋乘》创刊于1907年9月15日（农历八月初八日），由谷思慎、景定成、景耀月、王用宾、荣炳、荣福桐等在日本东京创办。这些人都是同盟会成员，所以政治立场是明确的。它的创办过程后来景定成在《罪案》中曾有这样一段记述：“因《第一晋话报》出到第九期，同乡会分裂（不过几个人闹地方意见，甚么南路、北路、中路的分起来），不能续出，于是我又邀集几个同志，商议另组织一种杂志。大家想名目，我以浙江有《浙江潮》杂志，湖南有《洞庭波》杂志，陕西有《夏声》，四川有《鹃声》，皆就地理、历史立名，想到《孟子》说的‘晋之乘，楚之梼杌，鲁之春秋’，这《晋乘》与《春秋》并列，亦是一部光荣历史，何妨用这个名称组织起来，大家很赞成。于是友人只君作了一篇《晋乘解》……痛快淋漓，万余言，很有些道理。我担任‘杂俎’、‘小说’，曾著一篇《情园》，写段香儿与杨翠喜的事情。大家凑了些钱，出了三期，因为经济缺乏停刊。”景定成的回忆基本是符合实际的，但也有误记，如《夏声》实际创办于《晋乘》之后。

《晋乘》发刊时就讲“本杂志以晋人组成之”，以“发扬国粹，融化文明，提倡白话，奖励实业，收复路矿，经营蒙盟为主义”，“本杂志旨取通俗，文皆演为普通用语，但特别论著或函稿体仍不限”。《晋乘》设有“论著”、“文艺”、“杂俎”、“图画”、“附录”等栏目，“论著”是其核心栏目。《晋乘》为24开本，原定月刊，自第2期起改为不定期出版。创刊号共82页，主要文章有发刊词《晋乘说》（大招）、《晋报宜改为山西政教官报说》(晋仍)、《设铁道必先讲经费备人才说》(古唐)、《国民团结力之养成法》(易滔)、《实业与山西的关系》(SV生)、《晋语——三晋方言》(大招)、《正山西学界怪状之谬》(王用宾)等。《晋乘》对当时山西的《晋报》及其主编程淯大举批判,发表了《程淯之丑历史》、《与程淯书》、《斥晋报记者程淯之谬妄》、《解庶常致晋报馆主笔程淯书》等文章。从某种意义上说,1907年9月创办之《晋乘》促成了《晋报》在1907年底的终结。

纵观《晋乘》上的文章,可以看出《晋乘》所持的态度与主张,这实际也代表当时年轻的资产阶级革命派的思想。

在政治方面,《晋乘》认为国家的强弱取决于国民的民族自觉力和竞争力。认为清政府已是"亡中国者"的政府,主张推翻清朝统治,而要使国家富强还必须反抗帝国主义的侵略,争取民族独立,保卫国家主权。当时,全国范围的"收回利权运动"如火如荼,1904年鄂、湘、粤三省要求收回美国取得的粤汉铁路权;1905年川云吉等地成立保路会要自办铁路;1907年江浙两省民众组织"国民拒款会",拒借英款修路。山西也在1905年之后爆发反对英国福公司买去山西平定、盂县、潞安、泽州等地采矿权的斗争,1907年晋商联合成立保晋总公司力争矿权。《晋乘》从创办起就态度鲜明地支持山西的保矿运动,发表多篇文章揭露帝国主义掠夺山西物产的本质,如《留英山西学生争矿报告书》(第2期"附录")、《晋人争矿之最后》、《讨晋人公仇梁敦彦》(第2期)等文都尖锐泼辣,为保矿大造舆论。《晋乘》还就"收回利权运动"宣传国民团结共御外侮的道理,在《国民团结力之养成法》(第1期)一文中,说"请看抵制美约,收回粤汉铁路与吾晋人之拒福公司,凡此数件事,哪一件不是我政府诸公再三与人交涉自觉无效,反吓退国民,看其勉从。到我国民竭力抵抗",才使"外人无不却步"。作者据此启示人们,倘若"今后遇事,合十八省举四万万,都能照这样",就能"使外人瞠目结舌、胆战心惊"。要使民众动员起来,《晋乘》呼吁"开启民智","教我邦伯叔兄诸姑姊妹,一个个晓得爱国、晓得好学、晓得尚武",就是要"激发人们爱国的热情,开浚人们的知识,增强人们的体质,养成人们独立之精神、合群之性质、自主之品质、进取之能力、协图公利之思想、不受外界抑制之气魄"。

《晋乘》宣扬革命,对当时的"立宪"则予以否定、抨击,并从多方面给以讽刺。如第三期《笑话集》中,莫愁(景定成)有一文:"有几个人,在一处闲谈时务。一人道:现在人都好谈立宪,有许多宪政令,有许多立宪党人,到底都是什么宗旨?一人道:孔子宪章文武,怕是学圣人的。又一人道:诗云宪宪令德,怕是学贤人的罢。一人独摇头道：都不是，诸君不通《小学》故耳。憲（宪的繁体）字本是个象形兼会意字。众问何解，他道：宝盖头像红顶，丰像花翎，四为横目，心即心，合而言之，就是心儿、眼儿都用在红顶花翎上。”看似笑话，却揭露了当时一批倡言立宪者意在谋官位的本质。

经济方面，《晋乘》主张振兴实业，使国家富强。创刊号就有专谈实业的文章，文章认为：“实业两个字，为现今世界上生存的一个大要素，不研究实业的国家，万不能独立；不研究实业的人民，万不能生活。”文章说，世界已是实业竞争的世界，如果实业不能发展，国家的路权、矿权、专卖权、制造权就会丧失，这样“国家不能独立”，人民也要做“外人的奴隶”。“中国现在是危到十分十厘了”。据此情形，愿大家赶紧“合而设立工厂”，“广置机器”，外国人“有何物，我即仿造何物”，外国人“有何能，我即仿学何能”，“直至我们的货物，能抵住洋货之来方可”。而光有此仍不够，还必须发展实业教育，培养自己的技术与管理人才，“我们同蒲铁路若要兴筑，不可不急急的（地）先设一铁道学堂，养成一班管理人员”，对于铁道学堂的毕业生“量其程度授职业”，做到“所用即其所学”。认为这些人是自己培养的，有一定专长，有爱国思想，经营铁道“不用问这营业情况，一天是比一天发达的”。这些“实业救国”的主张，显然是受了日本的影响，尤其是在中国土地上进行的日俄战争，对当时爱国的青年学生心理影响很大，像日本那样发展实业从而富强起来，成了当时不少人的共识。

文化方面，《晋乘》则提出“发扬国粹”的主张，宣称其“发扬国粹”之意，就是章太炎提出的“用国粹激励种姓，增进爱国的热肠”。于是刊物上有文说：“今日者，国家丧乱，种姓式微，不有怀旧之德，其何以振励国人？”“夫自当代，上讫五帝，四千余年，得二十四代之史，于世极为邃古，伟大美富，他族未之有也。幸前民殚精修述，守此不逾，至今未尝废坠，虽逸闻古事，不无淹没史实，少经割裂，自传记、书、表，旁及稗官外史，可得数十体数百家之大纲巨体，尤复备具。用以见前王先哲之成绩，俾人民不忘太古，理乱存亡盛衰兴废之故，人物制度风纪学术文章语言地理土宜，皆足兴士民怀故之思，明民生日用之事，此历史之道不可废也。”这种强调学习历史，用历史来保持民族传统、发扬民族精神的主张有其道理，但一味以国粹为先，则体现了一种复古倾向。当时《晋乘》的办刊者其实也正是如此，他们在民族危亡之际除希望从西方学

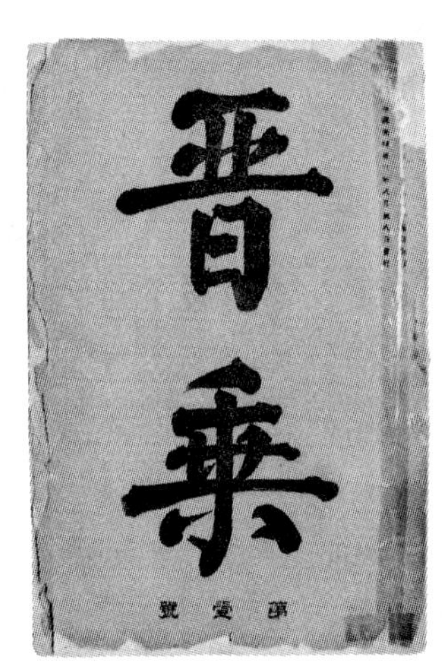

得知识之外，还设想从中国传统中去寻找思想武器。就在办刊的同时，景定成、景耀月等六人还发起成立了“复古社”，在《复古社广告》中宣称：“本社同人，闵国粹之陵夷，古典之不振，组为此社，广延同志，专研究古学，以与新说相融会。”他们对中西文化的态度，基本上仍是“中学为体，西学为用”的基调，“盖一国之学术文章，本乎其历史地理，限乎其风俗民性，不可易也。故有国学既通，而后能兼通他国之学，以资辅益者，未有不自修其学，而能取他人之学，贯穿以为用者也”，反映的就是这种认识。

关于《晋乘》的情况，1907年在《天义》第15期刊发的广告也可作参考。广告说：“本社六大主义：一、发扬国粹；二、融化文明；三、提倡白话；四、奖励实业；五、收复路矿；六、经营蒙盟。……第一、二、三号出版后大受社会欢迎，四号现已付梓，不日出书……日本东京神田区仲猿乐町五番地晋乘杂志社。”《晋乘》的第4期是否如期出版了，尚待考证。

山西留日学生还办过另一种刊物《国报》，在《晋乘》第2期上曾刊登该刊创办之广告。现存世有《国报》创刊号。但该刊创办的情况及创刊后是否继续出版等问题也尚待考证。

山西留日学生的期刊活动不仅限于自己办刊，还积极与其他省份联合，除前述合办《汉帜》外，参与《夏声》则是另一类型。

《夏声》是同盟会陕西分会在1908年2月26日创办的，它终刊于1909年9月，先后出版9期，是北方几省留日学生所办刊物当中寿命最长的一份。它的总编辑为赵世钰，发行人为杨铭源。由于豫、晋、秦、陇四省的学生曾有过四省协会组织，所以他们之间一向比较接近，山西晋南籍的景定成、景耀月等与这一刊物来往更多，经常参与编撰。在《夏声》创刊号上，有景耀月《祝〈夏声〉发刊序》、景定成《〈夏声〉发刊祝辞》。祝辞为：“禹凿龙门，始通大夏，辟土绛汾，毗连潼华。晋之与秦，唇之与齿，愿赋同仇，长城共倚！诸君奋志，光显皂旂，关山百二，万祀千秋。”在以后各期中，景耀月用“大招”的笔名发过不少借古讽今的旧体诗，景定成发表过现实题材的小说《一夕雨》。关于山西的情况，《夏声》也给予关注，先后刊发的有关文章有《织布厂自制棉纱》、《同蒲铁路筹股本公牍录要》、《对于正太铁路之野心》、《山西拟组织银行》、《新军之怪现象》、《豫皖鲁人谋占芜湖山陕甘会馆》等。《夏声》在当时影响较大，通过《夏声》使山西问题与北方这几省联系起来，也使几省的同盟会成员更加同声相应，同气相求。

与同一时期的其他革命报刊相比，包括《晋乘》、《汉帜》、《夏声》在内的留日学生期刊表现出三个突出特点：第一，强烈的爱国色彩。由于远离祖国，更能体会到祖国之地位和更便于拿其他国家和自己的祖国比较，所以自然产生一种对国家“哀其不幸”的感情，从而转化为对故园的无限情思和对祖国繁荣富强的无限向往。这种爱国情感渗透于反帝反封建的宣传之中。第二，浓厚的地方色彩。从刊名到内容，从编辑出版人员到经费筹集及发行渠道，都明显与所属省份有关，这种地方色彩使这些期刊与本省的革命运动和革命党人保持了密切联系，有些刊社本身就成为革命党人的据点之一。第三，热忱的理想色彩。这与当时办刊者的身份还是青年学生有关，尽管他们中的多数都已加入革命党，但还缺乏更实际的斗争锻炼，而是一种理想化的革命，在充满革命理想的同时也往往表现为一种情绪上的极端。这些特点无论如何评价，这批期刊作为辛亥革命时期资产阶级革命派舆论阵地的作用是不可低估的，尤其在中国内地一些省份出版革命报刊还有较大困难的情况下，这些期刊的输入做了播撒革命火种的工作。

1906年，同盟会分别派人回国，进行革命活动，准备武装斗争，其总方针是：“南方交通便利，距北京远，满清控制力较弱，革命应由南方发动，革命努力到达武汉后，北方山陕等地适时相（响）应。并以注意陆军及学校学生及参军运动为中心工作。”这之后山西留日学生，尤其是同盟会会员陆续归国，归来后多以不同身份做掩护，从事革命活动。如在日学军事的温寿泉、阎锡山、张瑜等设法进入山西新军，逐步掌握了一定权力。在日本创办期刊的王用宾、景定成等人也回到山西，一方面仍办报刊，另一方面创办一些输送和代销书报的机构。这时因形势变化，为更迅速及时地传达信息，再办的不是刊物而是报纸了，如《晋阳公报》。至于输送书报的机构，则先后有南桂馨在太原创办的振华派报社、景定成在运城创办的回澜公司、李岐山在运城办的汇文书局等，这些机构同时也是革命党人的秘密联络机关。

《晋阳公报》1908年（清光绪三十四年）2月14日在太原创办，三日出一报。报纸版面高34厘米，宽20厘米，竖排，每期6页，第1页有“本号要目”、“电传谕旨”、“代论”、“辕门钞”，第2页有“本馆专电”、“本省纪闻”、“省垣新闻”，第3页有“专件”、“来件”，第4页有“紧要新闻”，第5页有“白话汇栏”、“杂俎”，第6页是广告。《晋阳公报》名为留日学生回山西集股所办，实为同盟会山西支部的报纸。与当时国内其他进步报刊一样，在清朝政府统治下办报，不可能公开亮出旗帜，进行革命宣传，表面上拿拥护“预备立宪”为招牌，但又用各种曲折手法揭发清政府腐败，以唤起民众。《晋阳公报》总编王用宾，经理刘锦若，编辑记者有武缵绪、仇元梼、张树帜、蒋虎臣等。该报对山西发展教育、创办实业、集资修铁路、禁种鸦片、破除迷信等方面都作了大量报道，一时行销各州县，影响颇大。王用宾后来所写《记山西辛亥革命前后的几件事》，称当时“同志间互通声气，结纳豪俊，皆以报馆为总机关。而山西痼蔽空气之开通，亦以此报为嚆矢”。

1910年（清宣统二年）春，山西发生“交文惨案”。起因是鸦片传入山西后，交城、文水等县逐步成为烟苗种植地区，一些财主商家也在此置地种烟，以谋巨利。清廷发出六年分期禁烟令后，山西巡抚丁宝铨虚报成绩，说山西已禁绝。1910年初清廷派员巡查，丁宝铨为遮盖实情，强行派人铲烟，种烟农民串联近万人到文水开栅镇开会，请求准许再种一年。丁宝铨派兵镇压，4月2日向聚会者开枪毙伤百余人。当时全省舆论哗然，《晋阳公报》派员采访，对屠杀经过及伤亡情况连续报道，同时还在北京的一些报上发消息，引起更大反响。清廷山西衙门遂向清廷报告王用宾等“簧鼓革命，摇动人心”，对《晋阳公报》予以查封，记者张树帜、蒋虎臣、张士秀被捕入狱，遭放逐与监管者多人。王用宾和报馆发行人尚德事先得到消息，连夜逃脱。《晋阳公报》虽被勒令停刊，但这一事件却给山西革命党人的发展创造了机会。正如王用宾日后所说：“经过此案，山西革命稍有挫顿，然民情激愤已极，尤以青年起而加盟者日多。”在邹鲁所著《中国国民党史稿》一书中，亦称山西“辛亥起义，遂胚胎于此”。

辛亥革命之后，《晋阳公报》又复刊，具体时间不详，从现存该报看，这时是对开四版，每日一期，报头字与前不同。复刊后出至1913年6月，因宣传黄兴，反对袁世凯，被当局勒令停刊。

除在山西办报，留日学生有的还参与北京及外地报刊活动。景定成就在北京参与创办了《国风日报》和《国光新闻》，这两种都是日出一张的报纸。《国风日报》表面也为“扶持宪政”，实质在宣扬革命，一时在同情革命的人士中很有市场，不少人将它与同盟会机关报《民报》并列，认为在辛亥革命运动中，两报“都可抵十万大军”。

第三节　山西近代报刊业之先驱

辛亥革命之前，也即20世纪之初，是山西近代报刊的萌生时期。这一时期涌生了一些开始具备现代特征的报刊，也出现了一些投身报刊事业，为山西乃至中国近代报刊业作出极大贡献的才俊精英。他们利用报刊启蒙民众、宣传革命，在推动中国社会从封建走向共和、从资产阶级改良走向资产阶级民主革命的过程中发挥了自己的作用。张瑞玑、王用宾、景耀月、景定成可谓他们的代表。

张瑞玑（1872—1928），字衡玉，号窟野人，晚年人称“老衡”，山西赵城（今洪洞县赵城镇）人。1903年中进士，以后十年间在陕西为官，先后任韩城、兴平、长安、临潼、咸宁五县知县。任上他认真做事，官声甚好。《兴平县志》中称他“天才卓越，双目炯炯，豪于文，廉于吏，不避权贵，敢作敢为”。张瑞玑早年诗文中有“披我二千余年旧历史，一读一哭泪滂沱”，可见其忧国忧民意识十分强烈。他任官后以启发民智为己任，躬身力行，不同于其他因循承命混取俸禄的官吏。

甲午之后，风雷激荡，风气大开，这种局面同学堂、学会、报刊这三者的出现关系极大。张瑞玑深感这是启蒙之利器，所以在陕十年，对兴办新学堂、学会和报刊倾注了极大热情，在自己的职权范围内不遗余力而为之。在韩城时，支持创办了当时陕西第一份州县级的报纸《龙门报》。这一报实为期刊形式。他自己曾说：“韩城之有《龙门报》，玑实倡之。”但此报刚步入轨道，他就调往兴平。他走后，《龙门报》将白话又改为文言，体例混乱，编校差劣，名存实亡。张瑞玑到兴平，又倡办了《兴平报》，不久他被调往长安，为不使“人走报废”，他又将报社移至西安，改为周刊《兴平星期报》。1910年，张瑞玑又与郭希仁在西安创办期刊《声铎公社新言》，他撰发刊词，其中讲到“数十年来官失其政，师失其教，闭听塞明，官与民相隔，政与教相离，语言与文字相歧，学问与经济相分”，而天下学者“争摭拾华靡陈腐之旧语，以为弋名钓利之具，遂不屑下接于吾民，而吾民也无从而解之”。这种状况造成了“上下各不相谋，以致壅塞隔阂，养成今日暗哑聋瞽之天下”，因此本刊“不曰文而曰质，取其通俗易晓也；不曰报而曰言，不欲自居于报，亦不敢以报自命也。今者第一期出版矣……呜呼！铎无声久矣，有之请自今始”。这里既有对时弊的观察，更宣扬了自身的报刊观与编辑观，体现了一种改革时弊也改革文风报风的态度。

张瑞玑早就倾向于革命，与景定成等多有往来，虽身为清政府官员但秘密支持同盟会。1937年出版的《民国名人图鉴》（杨家骆编）中提到：“同盟会成立，衡玉亦慨然与焉，不计其为官也。”张瑞玑不光亲自倡办报刊，还资助革命党人办报刊。景定成曾回忆，《国风日报》开办之初，费用不够，第二个月就维持不下去，于是先向京中诸友借款，然后又向外省去讨，“凡有和我交识的，没一个躲得过去，近而陕西作（做）知县的张老衡，远而云南作（做）讲武堂堂长的李协和，都打到了，幸不脱空”。张老衡即张瑞玑，李协和是李烈钧。

辛亥革命后，南北议和事成，张瑞玑应邀到太原担任山西省财政司司长。1912年（民国元年），袁世凯以大总统名义任命其为山西民政长，张未担任。1913年春在北京成立国会，张瑞玑以国民党员身份被选为国会参议员。1913年5月19日，《国风日报》因刊《忠告政府与军警同胞》一文被袁世凯政府的京师警察厅以“煽惑军警，妨害治安”罪查封，张瑞玑挺身而出，写出《檄〈国风日报〉告封阅〈国风日报〉者》，从标题到正文通篇都是反讽笑骂，痛斥了袁世凯政权的独裁黑暗，为新闻监督、言论自由执言，给《国风日报》以有力支持。1923年曹锟贿选，张瑞玑发动山西议员坚不受贿，为世人敬重。孙中山去世，张瑞玑遂绝意政治。晚年返乡，专心于学问，著有《谁园集》。逝世后，章太炎为其撰写墓表。

王用宾（1881—1944），字太蕤，又字利臣，理成，号鹤村，山西猗氏（今临猗县）人。他1901年考入太原府办学堂，1902年调入山西大学堂中斋，1904年官费赴日留学。1905年10月加入同盟会，不久任山西分会负责人。在东京参与创办《第一晋话报》、《晋乘》，进行革命宣传，并积极参加山西争矿权运动。1907年回山西后创办《晋阳公报》，任总编辑，但因学业未完，又赴日就读。1909年毕业回国。当时日本欲谋取安东至奉天的铁路建筑权，王用宾撰写《为安奉铁路敬告国人抵制日货书》万余言，发表于北京、武汉五家报纸，引起很大反响，日本公使提出抗议，王被迫离京返晋。返晋后继续在《晋阳公报》工作，因报道“交文惨案”而遭到山西地方政府通缉，遂流亡日本。辛亥革命前夕，回到北京，秘密从事革命活动。太原起义后，他回运城策划起义，运城光复后任兵马节度使兼民政长。民国初年到太原，任山西省临时议会副议长，1913年当选第一届国会参议员。1917年追随孙中山南下开展护法斗争，任孙中山大元帅府参议。1924年参加国民党“一大”，受任北方特派员兼军事委员，策划成立国民军。1928年任国民党北平政治分会秘书长，多次赴东北，在张学良“易帜”中起到了不小的作用。以后还任过国民政府司法行政部长等职。王用宾尤善诗词，著有《半隐园侨蜀诗草》、《中国历代法制史》等。1944年在重庆病逝。

王用宾与景耀月、景定成三人都曾留学日本，又都是山西河东地区（晋南）人，早期一起从事同盟会宣传活动，多次创办报刊，在山西辛亥革命时期有很大影响，当时被人称为“河东三杰”。

景耀月（1882—1943），字瑞星，号大昭，山西芮城县人。在参加辛亥革命时期，使用笔名颇多，有大招、秋陆、迷阳、秋阳、帝召、太原公子等，朋友们常因其籍贯而称之“景芮城”。景耀月自小勤勉好学，曾写诗“胸藏块垒谁能见，襟有风云众岂知”，可见少即有大志。后入山西大学堂，1904年留学日本，在早稻田大学获法学士。1905年加入同盟会，并成为山西分会主盟人之一。他和于右任等发起成立豫晋秦陇留学生协会，担任过会长，在东京留日学生中是活动骨干。参与创办《第一晋话报》、《晋乘》等报刊，还担任过《汉帜》、《夏声》的编辑，写过很多极富鼓动性的文章。《民报》上的《山西宣告讨满洲檄》即出自其手，《晋乘》的发刊词也是他所写。1909年于右任的《民呼报》被勒令停刊后，景耀月由日本归国协助于右任创办《民吁报》，并一度主持工作。还与柳亚子一起创办南社。柳亚子有赠诗，称其“太原公子倾心久，意气如虹盘马来”。因受通缉曾流亡安南（越南），结识胡志明等革命人士。后转日本与孙中山、黄兴等筹划起义。武昌起义后作为山西代表之一去南京参加各省代表会议，并任议长，参与了《临时约法》等重要文件的起草。当孙中山就任临时大总统时，举行典礼当天，原由林森起草的就职宣言未获在场诸同志认可，而这时中外记者已至，大家公推景耀月重新起草《中华民国大总统孙文宣言书》，他遂去旁室，执笔疾书，文不加点，一挥而就，大家阅后均表赞同，即以此稿发表。在孙中山就职典礼时，他以议长身份代表全国民众向孙中山交付大总统印绶并致贺词。袁世凯任大总统后，他出任大总统府高等政治顾问兼全国土地经界局督办。袁称帝，景耀月转入教育界，曾任辅仁大学、北京大学、东北大学等多所大学教授并任国会议员。后国民政府主席林森邀其南下合作，景耀月因不满蒋介石专制回绝，并回诗云："共谓谋邦无善策，岂知息党是康庄。"

景耀月一生写作不下数千万言，其中包括许多重要的历史文献。他在学术上也有很深造诣，鲁迅在北京执教时曾称他是"当代古典文学的最佳学者"。1936年西安事变发生，景耀月曾致函张学良、杨虎城及毛泽东、朱德等，主张"息党争，顾大局，止内战，团结御侮，共挽危亡"。1937年抗战爆发，他一家困于沦陷后的北平，日本人强邀其主持华北教育，他敷衍不就。1943年遭日本人迫害去世。重庆得讯后召开追悼会，由于右任主祭，蒋介石赠"松柏不凋"横匾。延安《新华日报》也发文悼念。

景定成（1882—1961），字梅九，号无碍居士，山西安邑（今运城市）人。一生以字行世，著述等均署景梅九，后半生多用老梅笔名。1903年官费赴日留学，接触无政府主义、社会主义学说。1905年入同盟会后回国，与李岐山等办回澜公司，从事反清活动。1906年复至日本，参与《天义报》活动。《天义报》最初是女子复权会之"机关刊"，由刘师培助其妻何震创办，声称"以破坏固有之社会，实行人类之平等为宗旨，于提倡女界革命外，兼提倡种族、政治、经济诸革命，故曰天义"。该刊曾译载《共产党宣言》的部分内容，但它推崇的社会主义实际是无政府主义，更多介绍的是蒲鲁东、巴枯宁的学说。景定成参与其间时也深受其影响。景定成参与创办《第一晋话报》、《晋乘》，宣传革命。1907年从日本本乡第一高等学校毕业回国在青岛任教。后因母病返家，接着又去陕西，在教育界进行革命策划工作。1909年再赴日本，与宋教仁、章太炎、景耀月等人接洽。1910年回国在北京办《国风日报》，与山西《晋阳公报》配合，对"交文惨案"多方报道，终于迫使山西巡抚丁宝铨离任，为同盟会骨干进而夺权提供了条件。辛亥革命太原起义时，他回晋参与筹划起义军对付清军的军事活动。

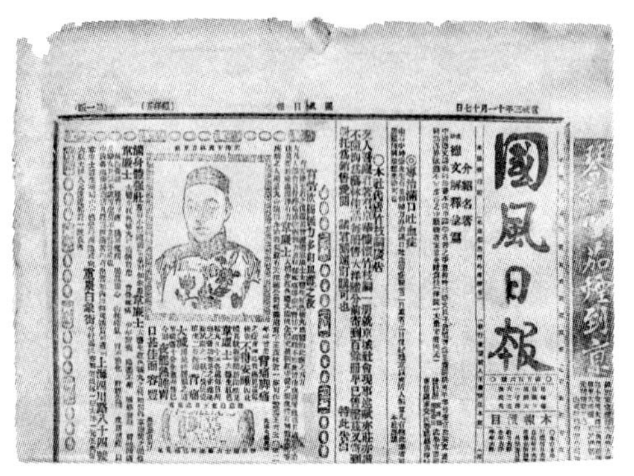
國風日報

民国成立后，景定成当选国会众议员。1915年袁世凯称帝，景定成出《国风日报》无字白报以示抗议，报馆遭查封。景定成流亡至西安策动倒袁，亲自撰写讨袁檄文，其中说："本绍、术之余孽，袭莽、曹之故伎，谋破五族共和之钧势，希图万世一统之帝业，讽令二三奴儒，上表劝进，赂遗各省代表，奉请愿书。藉共和以推翻共和，假民意以摧残民意。称帝称皇，有腼面目；误国误民，全无心肝。”随之被袁党逮捕，押北京入狱，袁世凯称帝失败后获释。此后张勋复辟，景定成又在复刊后的《国风日报》上加以抨击，该报再次遭查封。1917年赴广州参加孙中山领导的“护法运动”。后转上海创办《国风日报》。1926年国共合作北伐，景定成赴陕西策划响应，后因不满蒋介石“四一二”屠杀共产党而回太原参与北方反蒋活动。中原大战阎锡山、冯玉祥反蒋失败，景定成潜居故乡编修县志，后不满阎锡山统治转赴西安从事教育工作。抗战期间，在西安又办《国风日报》和《出路》杂志，宣传抗日，并不断发表抨击蒋、阎之言论。阎锡山因景定成系山西辛亥革命元老且在晋陕名望甚高而多次送款接济，但他从不为所动。1948年加入国民党革命委员会，任中央监察委员。至新中国成立，董必武、林伯渠、李济深等电邀赴京，但他因病未成行。后被选为陕西省政协委员。1961年病逝于西安。

景定成一生创办报刊十多种，通日、英、俄、世界语，于文理学科均有涉猎，著有《罪案》、《石头记真谛》、《驳胡适之中国哲学史大纲》、《相对论质疑》、《文学源流概说》、《诗经贯注弁言》、《戏曲说略》等，还用骚体诗译但丁《神曲》。近代山西籍文化名人石评梅、高长虹、阎宗临、李健吾等均受其影响。

综观这几位先驱者的业绩，有两点十分明显：一是与政治关系密切。他们是为政治目的而办刊，期刊于他们来说只是政治斗争的一种工具，他们本身就是政治活动家，有的更是前半生办刊，后半生从政。二是他们不是“空头革命家”，参与政治革命的同时在治学上也极下工夫，终在不同的学术领域多有建树，对中国文化发展也有一定贡献。在20世纪后期，出现了“政治家办报”和“编辑学者化”的提法，而在这几位先驱者的身上，似早已有所体现。

附录一

晋矿合办之骇传

——晋民争矿的恶结果 政府卖矿的好手段

本报探得商部近来与山西巡抚下了一个扎（札）子，内边说山西的矿务，经盛宣怀争执三年，才得合办，前派晋绅董崇仁到晋购买矿地作为股本，并非开采。虽说合办仍不失自办宗旨，又既与福公司合办，自不得再许本地方绅民自办等话。咳！这就是我山西二千万同胞费了一年多的心血、许多少的辛苦，巴巴结结争来的什么自办矿务的结果！你道恶不恶哩，原来我同胞争的是收回自办，并不是争的和人家合办。怎么山西矿是山西人的矿，想自办就自办，为甚同人家争呢？这事怕大家都明白的，就因从前总理衙门和福公司订了一张开采晋矿的章程，里边有准山西商务局专办晋矿、然后专请福公司办理各事、以六十年为限等话。大家以为这章程订的事权在人，年限不清，且商部已定新律，旧章诸多不妥，曾要求政府作废。不意那盛宣怀认定前章已经把山西全省矿务尽让福公司办理，转求和福公司合办，于是福公司乃说出前章的专办乃是独办，就是不许别人再办，种种的不通的话来，就派人到山西禁民自己开矿。当时晋民动了公愤，向外商两部力争，外部虽然替福公司说了些说（话），却都被前张抚驳倒，也就不好意思再和晋民反对了。商部呢，那时尚有主持公道的好名声，不替外人说话的样子，且派来的董崇仁到晋办通济公司圈买矿地，口口声声说为晋民自办作地步的，且和平定绅民定下合同说：所购矿地，绝不转售于外人。于是晋民大为悦服，说：政府若替我作主保护我们生命财产，那就不怕什么福公司了。呀！我的愚直的同胞，你是被人骗弄了。不信，请看那个札子罢，通济公司购的矿地并不是为晋民自办买下的，是为合（和）福公司合办买下的，合办并不是说晋民和福公司合办的，是说政府和福公司合办的。看这些矿地并不是晋民的生产，那是政府的私土，可以作成本钱，没有百姓一毫利的，所以购买将来，把晋矿全和福公司合股，说什么合股，分明是作一幅嫁装（妆）赔送福公司就是了。还有脸说不失自办的宗旨。唉！依我说乃是不失福公司独办的宗旨，你看自己单购矿地专教外人开采，不但教外人开采且禁止百姓开采，比从前订的章程还凶十倍，这不叫让人独办什么才叫让人独办呢？我怪政府不明（明）白白告诉晋民说，我们的国原来是一种专制政体，所以一切土地矿山虽说和你们生命有关，却是我政府的私产，让也由我让的，卖也由我卖的，现在我特派这董某到晋圈地要转送福公司，你们只得俯首听命就是了，老老实实这样说尚不失这专制政府卖送江山的本来面目。那知我们政府别有肺肠，偏要拿甜话儿诳骗无知的百姓，教他把矿地全送入为虎作伥的通济公司里边，生后方将这假面去了，说出本心话来。还怕那张安帅在晋不识好歹，替百姓再说起话来，事情又闹糟了，预先把他调到河南。等的现在恩抚到山西，才把这合办札行下去。若是安帅在晋，自然要痛痛快快驳他一番，这恩抚是不会驳的了，就把他扎到商务局，山西的矿产从此算全完了，二千万同胞是没有命的了，政府的志愿是已往遂了的了。我于是就不能不痛我晋民争矿的恶结果，我还不能不佩服我政府卖矿的好手段。

（注：本文刊载于1906年（清光绪三十二年）《第一晋话报》第7期，署名闷久）

附录二

晋人争矿之最后

人人尝说，现在的世界上只有强权，没有公理。不知世界上仍然是有公理，但是有强权的人就不会讲什么公理了，所以有强权无公理两句话是一连的说，不是分开说的，那么现在的晋矿问题便可作这两句话的铁板柱（注）脚。一个福公司，什么英国商人拿着一张无名的合同，足（居）然要到山西开矿，又要禁我山西人自行采掘，这也就不讲公理到二十四分了。我晋人死力和他相争将及二年，近来又公举两位代表，一齐到北京在外务部衙门和福公司开了几回谈判。那福公司的代表讲出许多无理话来，被我两个代表驳的一干二净，令彼无一言可答，乃自己承认合同可以作废。你看他素不讲公理的福公司竟肯这样的服从公理，也算是奇怪的事情了。你想，他果然是良心发现，自己瞒不过自己了么？还是被这理字压倒了么？还是别有什么计算么？要论他的良心，还在苏伊士河里放着呢，论这理字恐怕还压不倒他的强权主义，一定别有计算了。其实也没有别的计算，仍然是要想到山西开矿，被这理字一时挡住了，便想要用强权打过这理字去，又苦于老虎吃天，没处下爪，便一面暂且答应废约，赶紧一面提出一条无名种毒赔款来，要求晋人什么要赔款，分明是对着我山西下宣战书就是了。他想晋人要是答应他的赔款，他可以白得一千五百万磅金，比开矿得的利益还大。要是晋人不承认，他就可以说晋人情愿决裂，便可以用他的强权了，他的鬼胎不过这样。但是有人说，他要求赔款别有理由，那么我们可以把他的理由讲一讲。譬如，有甲乙两人兴了辞讼，甲的理直乙的理曲，经那官吏判断下来，也说甲比乙有理，那乙也自己承认自己无理，这场官司便是甲赢乙输。甲应无事，乙应该受罚。现在乙不惟不受罚，且要向甲要求罚金，世界上有这样的颠倒的理由么？再说，中国对外人赔款向来只有两种理由：第一种是教案。不过因中国人毁了他的教堂，杀了他的教士，有时是民间自己闹起来的，有时是他们教士逼起来的。譬如，南昌教案因为教士逼杀中国县官才闹的，不论那一边有理，总是中国人赔款时候多。这也不必去论说，到底是杀了他的人少有点理由。现在山西人并未曾杀福公司一人，赔款何从说起？第二种，中国和外国打仗战败的时候，赔偿军费，这是现在野蛮时代的定的什么国际公法，也没有法子说。不过山西尚未曾与福公司起什么国际交涉，说不到战争上去。要说谈判，就是口舌战争，那么福公司就是战败之国，还能够向战胜的晋人要求赔款么？又见内地各报载着福公司要求赔款，不过要求从前向山西绅士行的贿赂金，这话越发可笑，先不用说晋人受贿赂与否，且问他福公司对晋人使贿赂的意思岂不是要买通几个绅士骗晋人的矿产么？这样说起来，受贿赂的和他订合同卖矿产便可作为提刀杀人的。但是使行贿赂教人与他订合同卖矿产岂不是递刀与人的人么？俗语说，不怨杀人的，但怨递刀的，受贿固然有罪，行贿者岂能说无罪么？要是英国宪法上或是那一国法律上有奖励公行贿赂这一条，不但晋人受你的贿赂，就是外务部的官吏现在受你贿赂，不论多少请你福公司一一报告出来，我山西人就替他们还你这一笔肮脏帐也罢。又有人说，他要求的赔款不过是运动开矿往来的盘费，想你福公司往来山西运动开山西矿山和那偷儿强盗钻穴跳墙算偷人东西一样，现在东西偷不到手却向被盗主人索酬劳金，这不成了今古奇谈了么？又有人说，他为生意折了赔本所以要赔款，这更奇了，他做他的生意或是折本或是赚钱与旁人有什么关系？山西人又不是他的保险公司，管他折本不折本。说了半天赔款的理由并没有一点，他偏要许多赔款，岂不是无理取闹么？倒不如直说他的英国灭埃及、亡印度、攻杜兰斯洼都是用野蛮行动，若晋人不许开矿，仍是这样办法还光（明）正大些，何必一定使这样的手腕呢？但是外国各国报上多载福公司在中国办矿名声最坏、信用最少，不但为中国所深恶且为英国人所最耻，一旦和晋人决裂，无论私人交涉不能起公际的战争，即说英国的国家是资本家的国家，英国政府是资本家的政府，英国的军队是资本家的军队，可以听资本家任意指挥，恐怕他这种不顾名誉，资本家运动不来，即使能运动的来，我晋人据我的河山险要誓以死守，即弱如杜兰斯洼也要和他战三年看看，或者说福公司要用强权，并不到英国要求出兵，但要求中国政府派几支兵保护着，就可以无事到山西开矿。噫！既然是中国政府吃中国人的血税应该保护中国人，怎么去保护那外国资本家，断无此理！且南北洋军队多受新教育，也断不至于替洋人杀自己的同胞，万一天下事有意想不到的，中国的政府忽然派起中国兵去打中国人，为那外国资本家出死力，那个时候我们山西人就认中国政府是英国的政府，就认中国兵都是外国兵，仍是以死抵抗的。人言现在外务部逼着山西的代表人承认赔款，我代表答以我只代表“废约自办”四字，赔款绝不承认，否则只有继之以死而已。外务部有梁敦彦者，遂说我两个代表是义和团的首领，且说山西人都是义和团技俩（语详后讨梁敦彦文中）。我听这几句话便不是中国外部的声口，简直是英国外部的声口了。怪！怪！福公司和我晋交涉以来尚没有说我晋人野蛮，我堂堂中国外部人员乃加我晋人以这等名目，家必自亡而后人亡之，国必自侮而后人侮之，亡六国者六国也，非秦也；亡中国者中国政府也，非外人也。谓予不信，请看山西争矿最后的结果。

记者草此文未毕，日本各报忽传晋矿谈判着落，令晋人以二百七十五万金赎归云。呜呼！晋矿果如斯结局，可谓山西大辱矣，亦中国之大辱也。噫！试思想我晋人果有为彼福公司出此巨额赎金之理由乎？依然强权之结果而已。虽然，吾不曰外人之手段之强硬，而曰外部外交之无能噫！

（注：本文系1908年（清光绪三十四年）《晋乘》第2号首篇之文，署名猛蹴）

附录三

中华民国大总统孙文宣言书

中华民国缔造之始，而文以不德，膺临时大总统之任，夙夜戒惧，虑无以副国民之望。夫中国专制政治之毒，至二百余年来而滋甚，一旦以国民之力踣而去之，起事不过数旬，光复已十余行省，自有历史以来成功未有如是之速也。国民以为于内无统一之机关，于外无对待之主体，建设之事更不容缓，于是以组织临时政府之责相属。自推功让能之观念以言，文所不敢任也；自服务尽责之观念以言，则文所不敢辞也。是用黾勉从国民之后，能尽扫专制之流毒，确定共和，以达革命之宗旨，完国民之志愿，端在今日。敢披沥肝胆，为国民告：

国家之本，在于人民。合汉、满、蒙、回、藏诸地为一国，即合汉、满、蒙、回、藏诸族为一人。是曰民族之统一。

武汉首义，十数行省先后独立。所谓独立，对于清廷为脱离，对于各省为联合。蒙古、西藏，意亦同此。行动既一，决无歧趋，枢机成于中央，斯经纬周于四至。是曰领土之统一。

血钟一鸣，义旗四起，拥甲带戈之士遍于十余行省。虽编制或不一，号令或不齐，而目的所在则无不同。由共同之目的，以为共同之行动，整齐划一，夫岂其难？是曰军政之统一。

国家幅员辽阔，各省自有其风气所宜。前此清廷强以中央集权之法行之，遂其伪立宪之术；今者各省联合，互谋自治，此后行政，期于中央政府与各省之关系调剂得宜。大纲既挈，条目自举。是曰内治之统一。

满清时代，借立宪之名，行敛财之实，杂捐苛细，民不聊生。此后国家经费，取给于民，必期合于理财学理，而尤在改良社会经济组织，使人民知有生之乐。是曰财政之统一。

以上数者，为政务之方针，持此进行，庶无大过。

若夫革命主义，为吾侪所昌言，万国所同喻，前此虽屡起屡踬，外人无不鉴其用心。八月以来，义旗飙发，诸友邦对之抱和平之望、持中立之态，而报纸及舆论尤每表其同情。邻谊之笃，良足深谢。临时政府成立以后，当尽文明国应尽之义务，以期享文明国应享之权利。满清时代辱国之举措与排外之心理，务一洗而去之。与我友邦益增睦谊，持和平主义，将使中国见重于国际社会，且将使世界渐趋于大同。循序以进，不为幸获。对外方针，实在于是。

夫民国新建，外交内政百绪繁生，文自顾何人，而克胜此？然而临时之政府，革命时代之政府也。十余年来从事于革命者，皆以诚挚纯洁之精神战胜所遇之艰难。即使后此之艰难远逾于前日，而吾人惟保此革命之精神，一往而莫之能阻，必使中华民国之基础确定于大地，然后临时政府之职务始尽，而吾人始可告无罪于国民也。今以与我国民初相见之日，披布腹心，惟我四万万之同胞共鉴之。

大中华民国元年元旦

（注：1912年元旦，孙中山在南京就任中华民国临时大总统，其就职宣言，为早年参与创办《第一晋话报》、《晋乘》的山西代表，当时担任“组织中华民国会议”议长的景耀月执笔，孙中山审定。此文旋即刊布于各报刊）

第二章
民初政局下的混沌

1911年的辛亥革命与1912年中华民国成立，标志着中国社会结束了延续两千多年的封建社会。但是，资产阶级革命的不彻底性使中国并未走上真正的共和之路，袁世凯的称帝丑剧、北洋军阀的争战蜂起，使以孙中山为代表的资产阶级革命派认识到，“革命尚未成功，同志仍须努力”。

从民国建立到抗日战争爆发，一般被称为民国初期，这是中华民国史上事变迭出、风云变幻的时期。这些年所发生的大事，就有袁氏称帝、二次革命、直奉大战、五四运动、中共建党、北伐战争、国民党“清党”、土地革命、红军长征、东北沦陷、西安事变等等。革命与反革命、进步与反进步、人民与反人民的种种力量在中国的舞台上演出了一幕幕惊心动魄的“大戏”。而与此同时，代表不同社会力量的各种主张、各种学说、各种思潮也纷纷登台亮相，堪称驳杂。作为传媒的报刊也就五花八门、色彩斑斓、光怪陆离。

纵观这一时期，在中国大地上主要有三股力量在反复斗争，此消彼长：一是代表封建地主阶级及封建专制势力的北洋军阀，他们后来分化为直、奉、皖三大派系，武装割据，连年混战；一是代表新兴资产阶级的国民党革命派，他们在孙中山的领导下坚持斗争，终于发动了以推翻北洋军阀为目标的北伐战争，继承其后的蒋介石集团则与帝国主义势力、封建地主阶级合流，形成新的军阀专制；一是代表无产阶级和广大人民的共产党人，他们以马克思主义为武器，不断探索中国革命的道路，虽历经艰险，但最终形成以毛泽东为领袖的人民革命力量，为夺取革命的全国胜利奠定了基础。正是不同力量的集聚与斗争，使这一时期历史的发展形成三个不同阶段：从辛亥革命到1919年五四运动可谓第一阶段；从五四运动到1927年国民党反动派在上海开始“清党”，镇压共产党人和工农革命可谓第二阶段；从1927年起到1937年日本侵略军发动卢沟桥事变则是第三阶段。在每一个不同的阶段，呈现了不同的政治局面、经济形态和文化表现，这也就使期刊出版呈现出不同的态势与特点。

然而，上述是就全国而言，至于山西却有其特殊的一面。这种特殊在于从太原辛亥起义开始，就形成了以阎锡山为首的政治军事集团，并在一个较长时期统治着山西。与其他军阀相比，阎锡山不仅懂得抓“枪杆子”，更懂得创造统治的“学说”和建立自己的“根据地”。他将全国形势变化对山西的影响减至最小，从而使山西成为他的“独立王国”、“世外桃源”。由于他同时抓了山西的实业建设，使山西的经济力量也一度较强，这种状况一直延续到日军入侵山西之前。但山西的局势也是有变化的，从阎锡山统治的角度划分，这一时期也可分为三个阶段：第一阶段是从1911年的太原起义，28岁的阎锡山任都督到1917年阎锡山作为督军又兼省长，集军政大权于一身；第二阶段为1917年到1931年阎锡山联合冯玉祥及其他小军阀发动反对蒋介石的中原大战，失败而下野；第三阶段是借“九一八事变”之机阎锡山就任太原绥靖主任到抗战开始。在第一阶段，阎锡山周旋于北洋各派之间，使战争不发生在山西境内，千方百计达到称雄山西之目的；在第二阶段，阎锡山以保境治晋为名，扩大军事力量，提出“中的哲学”、“物产证券”、“按劳分配”、“村本政治”等一套理论，发展实业，将山西变成有相当军事、经济实力的“独立王国”；在第三阶段，则是以经济建设为幌子扩大官僚资本，重建军队，并组织团体反共防共，但最终在抗日形势发展、山西难以自保的情况下不得不接受统一战线。

山西的这种状况，使得全国的一些进步思想与革命高潮虽也冲击与浸入，但在抗日统一战线形成、八路军进入山西之前并没形成大的浪潮。当共产主义在中国兴起时，追随李大钊的优秀马列主义战士高君宇就来山西传播革命的火种，山西也出现了最早的共产党报刊，但与其他一些省份，尤其是南方相比，山西的革命组织与革命力量一直相对较弱。不仅共产主义在山西的传播如此，由于阎锡山同时“拒蒋”，国民党在山西的活动也不顺利，宣传蒋记三民主义的报刊也没在山西发展起来。所以这一时期的山西，是各种报刊都有，所反映的主张也五花八门，但影响都相对有限，也都难以形成引导舆论的局面。这就使得对这一时期的山西期刊，很难归结出某些特点。其实，没有特点本身就是一种特点，它是在民国时期这一特定的时间、山西这一特定的区域和阎锡山统治这一特定的环境中形成的现象。它反映了山西的期刊出版在20世纪的发展中，曾有过这么一段特殊的历程。

第一节　民国初期山西报刊的驳杂

民国初期，指1912年中华民国宣告成立之后的约十年时间，这是以袁世凯为代表的北洋军阀集团窃取辛亥革命成果，从实行专制到分裂割据的年代，也就是历史上所称的北洋政府时期。这期间，在帝国主义支持下的北洋各派系争权夺利，政府更迭，社会动荡，战火不断。与全国其他省份相比，山西的社会秩序相对来说显得稳定，阎锡山逐渐取得了山西的军政大权，实施了他的一套“治晋方略”：政治上突出村政建设，推行“六政三事”；思想上宣传“洗心、从善”，成立洗心社进行思想控制；经济上制订“厚生计划”，发展实业；军事上扩充军队，号称“保境安民”，保持了山西没有战祸。由于这些举措，山西一度给人以平稳建设的印象，北洋政府甚至授予山西“模范省”的称号。

这一时期，西方思想学说继续传入中国，而新军阀旧官僚所提倡的尊孔复古的论调也喧闹一时，各种观点纷呈，各种思想混杂，这为报刊出版提供了内容基础。当时的出版控制还相对宽松，报刊创办比较容易，在《中国近代出版史料》中曾收有《三十年前之期刊》（秋翁）一文，这样记述了民国初年的情况：“正值国家鼎革之际，社会上一切都呈着蓬勃的新气象。尤其是文化领域中，随时随地在萌生新思潮。即定期刊物，也像雨后春笋般出版，因为在那时候，举办一种刊物，非常容易，一、不须登记；二、纸张印刷价廉；三、邮递利便，全国畅通；四、征稿不难，酬报菲薄；真可以说是出版界黄金时代。”这虽是一家之言，但也足以反映当时的一些情况。当然，由于各地经济、资讯等的不平衡，这种期刊出版活动更多集中于北京、上海等地区。由于办刊较易而政局不稳、思想多元，所以这时的期刊是方生方死、起伏不定，在出版形式、内容以及整体运作上则五花八门，堪称驳杂。

这一时期全国及山西期刊之状况，有一些数据可以作为说明。据研究考证（见任定华《1815—1949年我国期刊演化、分布的某些特征》，载《编辑之友》1998年第4期），1911年至1920年全国先后有期刊971种，这是上一个十年272种的3.5倍。这971种里面，北京、上海及无地址者有533种，约占总数的55%。其余在10种以上的省份有13个，最多者为江苏80种，刚达到10种的有陕西、山西、安徽。如果以南北区分，北方在10种以上的则有北京、天津（33种）、山东、陕西、山西五个省市。

如果把期刊与报纸相比较，民国初期的报纸比期刊数量更多也更活跃，这与整个国家的局势有关，也与报纸本身的特点有关，全国如此，山西也不例外。太原辛亥起义是在1911年（清宣统三年）的10月29日（农历九月初八），此后山西军政府出版了“机关报”《山西民报》。该报由张起凤任报馆馆长，主笔是越南籍的革命志士阮尚贤（鼎南），编辑有薛笃弼等。这一期刊发《山西讨满洲檄》，全文用大赋体裁写成，朗朗上口，各界人士传诵一时，以致有人达到可背诵之程度，后凭回忆尚可大致录出原文（见刘存善《山西辛亥革命史》，山西人民出版社，1991年）。文中称：“自太平以后，满奴凶焰更炽：以为中华国土，乃彼亿年独占之家私；中国人民，乃彼万世不易之奴隶。骄奢不道，委任非人，政事乖张，仕途塞才。割土地赠诸列强，全无爱惜之心，借外债以饱私囊，遗我生灵之累，而且假名立宪，肆意横征。……今者，大总统孙公文，已由美国返驾亚洲；副元帅黄公兴，亦自两湖移戈南下。马蹄袖，大命不长；猪尾辫，元气将绝。……袁世凯无心效死，纵作下车冯妇，亦无救于败亡。人心所向，大势所趋，彼胡儿之灭亡，乃指日间事耳！”此篇文章足见革命党人此时之豪气，而以种族划线的反清思想则显示了当时认识上的历史局限性。

关于《山西民报》的创办及终刊时间，学界一般认为创于太原起义之后（有1911年10月30日即起义次日和1911年11月5日两说），而终刊于1911年12月12日之后，因这时清廷派军队进攻山西，起义军失利撤出太原，《山西民报》随之终刊。但现在有出版于1912年9月之《山西民报》存世（太原王海勇藏），按期号推测应为1912年7月创办，这是否系《山西民报》在辛亥革命后复刊，尚待考证。

起义军撤出，原清廷地方官员李盛铎出来主持山西政务，他当即安排出版《并州日报》，石荣璋任经理，《并州日报》于12月13日创刊。这时山西局势趋于复杂，清政府军队进入，旧官僚纷纷活动投靠袁世凯，袁世凯也不想承认同盟会员的山西起义，安排李盛铎任山西民政长。《并州日报》站在了山西旧官僚的立场，是并不赞同起义的，但还是较客观地报道了这一时期各方的消息。这份报纸存在时间较长，大致维持到1915年或

1916年。

在上述报纸之后，山西先后还有过《河东日报》（1912.3—1912.8）、《公益报》（1912）、《民隐报》（1912）、《大声报》（1913）、《共和白话报》（1912—1913）、《山西法政经济日报》（1912.8）、《晋阳日报》（1914—1937）、《晋绳报》（1914）、《并州新报》（1916.8—1937）、《唐风报》（1916）、《政法五日报》（1917）、《桐封报》（1917）、《山西日报》（1918.6—1937.10）等，其中多数停刊时间不详。

《山西实业报》是进入民国后山西办的第一种期刊，也是山西第一本经济类期刊。它创办于1912年5月，在太原出版，初为旬刊，从第15期起改为半月刊，先后由傅汝枚、陈锦主编，山西实业报社出版发行。当时阎锡山正着手经营山西的工业，构筑较系统的近代工业体系。1912年8月，孙中山以筹划全国铁路总监的名义来山西，山西各界竭诚欢迎，孙中山考察山西实业，提出建设大钢厂等建议。在1912年至1939年间，阎锡山的“厚生计划”包括炼油、炼钢、机器、电气、农业、林业六个方面，其中前四项包括设工厂44处，总经费投入1128.8万元，这在当时是很可观的。除官办外，还提倡民办，其时私营工业也得到较大发展。这些为《山西实业报》的生存与发展提供了很好的条件。《山西实业报》辟有“论说”、“时评”、“调查”、“著译”、“纪闻”、“公牍”等栏目。该刊主要刊载有关工商业发展方向的论文，商业、盐政等发展情况的调查报告，以及中央、本省与外省政府关于发展实业措施的大事记等。如“论说”、“时评”有《中国蚕丝业有蹂躏世界社会之实力论》、《论山西振兴实业急应因时制宜》、《竞争宜善图锐进说》、《门外汉与专门家之比较》、《论振兴实业之大计划》、《轻便铁路之利益》、《论晋省实业之现状》、《振兴实业之人才难》等。“调查”有《中国近年间实业情形》、《中国茶之产出及输入》、《我国铁道现状》、《各县五谷调查表》、《晋北归包铁路之调查录》、《太原商会情形》等。“纪闻”、“公牍”栏有《运粮出境之制限》、《同蒲铁路急需干员》、《水利公司成立》、《绒帽业之大发展》等。

《山西公报》是山西省长公署编发的，基本为每日刊，16开，8页，报馆设在太原桥头街。创刊于1912年7月，是专门刊发政令的，主要栏目有“紧要公布”、“临时大总统令”、“部令”、“山西都督长官公布”、“民政长公布”等。从形式上看，《山西公报》有封面，居中有隶书刊名，还

中華民國四年五月二日星期日第一千九十號
巡按使公署發行
太原省城橋頭街路南
電話第三十九號
山西公報
本省價目（外省與本省同）
一定購一月者收回大洋八角
一定購半年者收回大洋四元
一定購全年者收回大洋八元
本埠價目
一零售每號收回銅錢二十文
一定購一月者收回大洋五角四分
一定購半年者收回大洋二元八角
一定購全年者收回大洋五元四角

有发行者、刊期、出版日期、本省及本地价目等文字。虽成册，但页数少，是典型的册报。《山西公报》虽内容为各项政令，但最后两页也常刊发广告。《山西公报》停刊时间不详。到1932年（民国二十一年）时山西又办过同名的刊物。

《宗圣汇志》与《宗圣学报》，这是同一期刊前后两个不同的刊名。1913年（民国二年）5月创办时为《宗圣汇志》，1915年3月第15号起改名《宗圣学报》。该刊由宗圣会社编辑发行，在太原出版。这是一份宣传尊崇孔子、弘扬儒学的期刊，刊物以孔子生年为纪年，创刊之年标示为“孔子二千四百六十四年五月”。刊物在政治上主要反映资产阶级立宪派的立场，强调孔子为中国之圣人，“孔教乃中国之基础，孔教宜定为国教”。

《宗圣汇志》的创办有其特定的历史背景。1913年袁世凯镇压了革命党人的“二次革命”后，进一步走上破坏共和、恢复帝制之路，于是指使或纵容封建复辟势力利用结社、讲学、办报刊宣扬尊孔复古，诋毁共和民主。袁世凯本人则摆出一副中华道统最高维护者的姿态，也提倡尊孔读经，一时在全国形成这样一股逆流。康有为、劳乃宣、沈曾植、梁鼎芬等一批保皇分子和清朝遗老相继在各地成立孔教会、孔社等复古团体，办起了《孔教会杂志》（上海，1913）、《不忍杂志》（上海，1913）、《孔社杂志》（北京，1913），山西也成立了宗圣会，出版了《宗圣汇志》。这批期刊总的观点是辛亥革命后出现的混乱局面在于共和制度，主张以孔子学说为根本，恢复封建礼教制度，而把恢复礼教的希望寄托在袁世凯身上。

《宗圣汇志》创刊号上有大总统袁世凯、都督阎锡山的祝词，有康有为的《孔教会序》、梁启超的《国性论篇》、李提摩太的《孔教论序》等文章。栏目有“通论”、“经术”、“著作”、“史案”、“杂录”、“图经”、“宗圣记载”等。创办时为月刊，出至第7号改双月刊，第15号起更名为《宗圣学报》，栏目调整为“论界”、“经苑”、“理窟”、“史乘”、“艺林”、“纪事”等。山西当局提倡尊孔读经，其政治目的十分明确，当时就遭到了进步报刊的批评，北京《平民教育》杂志第13号就有文章揭露：“山西的孔教完全是政治的附属品……宗的并不是孔二先生的圣，实在就是督军兼省长的圣！”《宗圣学报》的内容，以1918年12月出版的第21号为例，报道了以阎锡山为社长的洗心社的活动，还有阎锡山、赵戴文、梁启超、徐世昌、蔡元培等人的演讲。有常赞春《汉族通常礼服

从玄冠深衣请愿书》、胡远睿《论孔子立人道之教》、梁士贤《孔教万古不易论》、曹焕犹《敬告同胞保存国粹书》等论述文。有《阎督呈政府拟建自省堂》、《林琴南先生维存古文》、《洗心社推广纪盛》等报道。改名后的《宗圣学报》也刊发一些关于西方学说的译著，如第 23、24 号合刊（1920 年 12 月）到 26 号（1923 年 9 月）连载过《社会主义评议》。五四运动爆发所产生的影响从这一期刊也可看出，第22号于1920年2月出版，与前一期相距有14个月之长。在这一期上对五四运动实际是不赞成的，有阎锡山的演讲词《不适时之理想言动愈觉着好其害愈大》、赵戴文的演讲词《修养》。《宗圣学报》停刊时间不详。

《山西教育报》是1912年10月创办的一种期刊，大32开本，在第1期封二就载有《山西教育报简章》共11条，对该刊诸方面作了说明，如：“一、定名：本报由山西教育公报改组定名为山西教育报”；“二、宗旨：本报以选登教育行政文件，研究教育学理，并改良社会开导人民智慧为宗旨”；“三、限制：本报系由本司署编发，概不登载新闻函件，以免标榜倾轧之习”；“四、期限：本报按月编发三册，于每月一号、十一号、二十一号出版”。这里明确说明《山西教育报》之前曾有一《山西教育公报》，这与某些资料所讲《山西教育公报》是《山西教育报》改名而来不同。《山西教育报》是旬刊，是关于教育的专业性期刊，不涉及新闻。它的编辑者为山西省行政公署山西教育司。

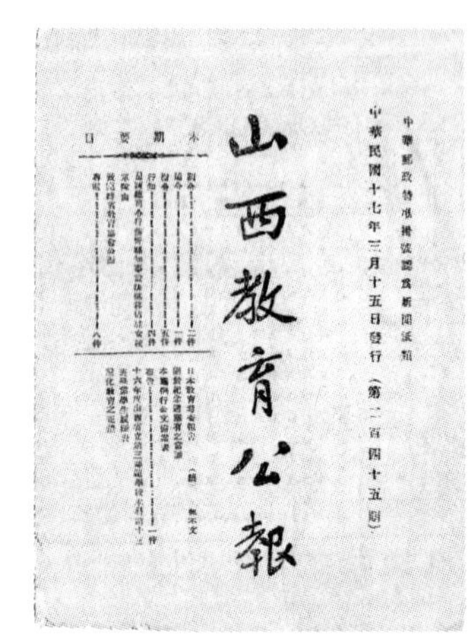

《山西教育报》第1期有64页，但排序方式为每栏从首页起页码从1排序，这似乎是这一时期一些期刊的编排循例。在这一期上还用折页形式附有长子县、清源县、潞安县的三所学校学生毕业成绩表。《山西教育报》设有“法令”、“公牍”、“教案”、“撰著”、“调查报告”、“教育成绩”、“宣讲资料”、“改良戏曲”、“理想小说”等栏目。《山西教育报》比较引人注意的是每期有附录，名为教育讨论集，实际是演讲选登，这一附录先后辑录了一批当时知名教育家、学者的演说词。如章太炎《学当有独立精神》（在江苏省教育会上的演讲），蔡元培《对于我国教育界之感想》

（在定县中学校的演讲）、《中国教育界之恐慌及救济方法》，梁启超《学生之自觉心及其修养方法》、《人格之养成》、《对北京中学高中生的演说》，以及汤化龙（字济武，曾任众议院议长）、范源廉（字静生，曾任教育总长）、袁希涛（字观澜，曾任教育部视学）等的演讲词（当时文章以字署名）。《山西教育报》从1914年（民国三年）11月起改为月刊。

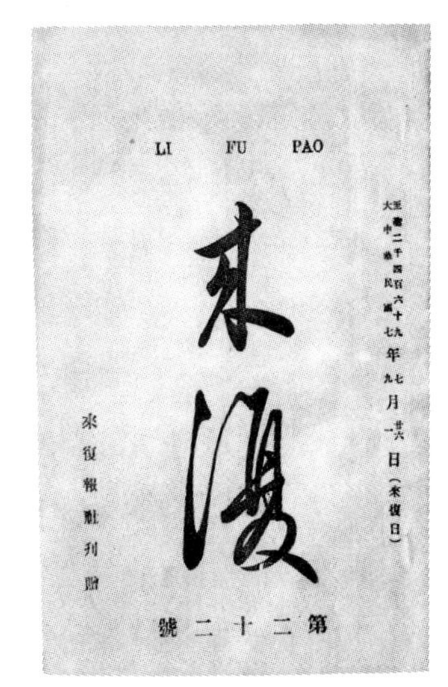

1918年《山西教育报》停刊，山西省教育厅（这时教育司已改为教育厅）重新出版《山西教育公报》，先为半月刊，主要刊发教育行政命令、文件，出版344期，1932年后改周刊，另计期数，1936年终刊，共出224期。

《来复》是“洗心社”办的周刊，每逢星期日出版。之所以取此刊名，在于《易经》上有“七日来复，利有攸往”之句，后人谓七日为一来复，星期日为来复日。其创刊时间，学界有不同说法，但据现所见存世《来复》有第34号出版时间为1918年11月24日推算，当为1918年4月。《来复》开始页数较少，后增到40页至52页，封面印有“中华民国邮政特准挂号立卷之报纸”字样。设有“政闻”、“时监”、“论坛”、“文苑”等栏目。这一刊物是为思想控制服务的，经常刊发洗心社社长阎锡山的讲话和洗心社的活动。该刊1930年12月出第606号，大约也就在这时终刊。

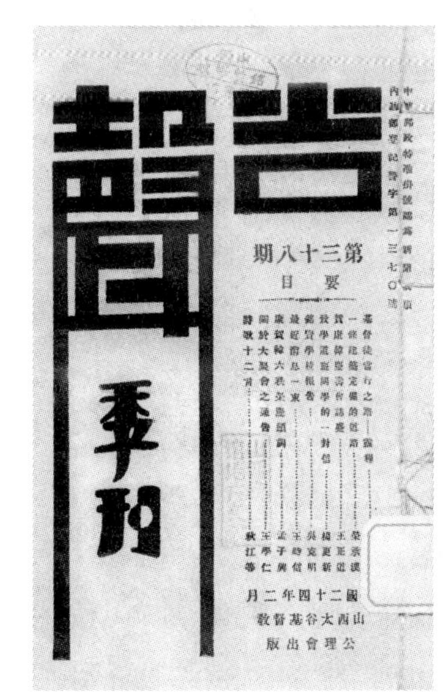

《谷声》1922年创办，季刊，山西太谷县基督教公理会所办。这是一份宗教文化刊物，由公理会所属文字委员会编辑，这一委员会的任务是收集整理公理会牧师们的讲经文稿和教徒信众的修道体会，起草公理会文件，记载各种重大活动，《谷声》是它最直接的宣传工具。这一刊物除登讲经文稿、修道体会外，也发一些文艺作品，故其不仅在基督教徒内，在太谷社会上尤其是知识阶层中也广为流传。著名书法家、太谷籍人士赵铁山曾为其题字。从《谷声》上看，当时基督教在山西很活跃，太谷是山西中部的富裕县，教会结合当地风俗创造了多种宣传教义的形式，如利用庙会搞“庙会布道”，利用春节搞“新春布道”，开设社交堂、英文夜馆吸引社会人士，还组织了万国读经会、佩戴圣经会等团体进行基督教义的研究与普及。《谷声》出版50多期，一直坚持到1937年日军发动侵华战争才停刊。

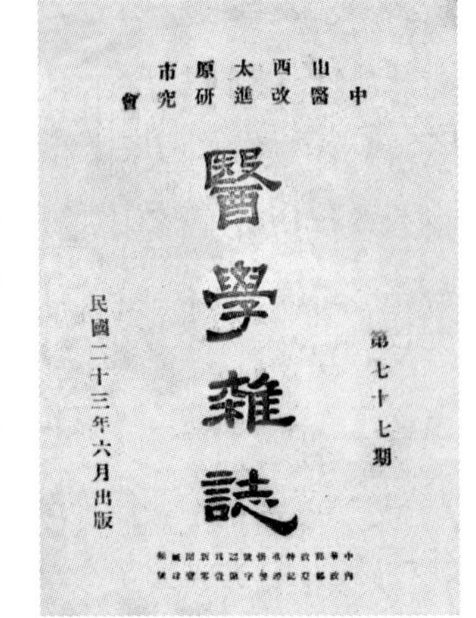

《医学杂志》是山西创办最早的科技期刊，1921年7月创刊于太原。值得注意的是同一时间在北京也创办了一份同名期刊。二者不同的是，山西这份是研究中医的，主办者为太原中医改进研究会；北京那份是研究西医（当时称之为新医）的，主办者为国立中央大学医学院医学研究所。《医学杂志》（山西）为双月刊，重点研究针灸技术，介绍中医秘方。设有“医务纪要”、“论说”、“纂述”、“医案”、“杂俎”等栏目，刊发过大量介绍内科、外科、妇科病理、病例及治疗研究的文章，也介绍过一些药物与中医常识。《医学杂志》一直坚持出版到1937年6月，共出95期。这份杂志从另一侧面也反映了当时中医学在社会上的地位及受重视的情况，它在山西医学期刊发展史上是很重要的一页。

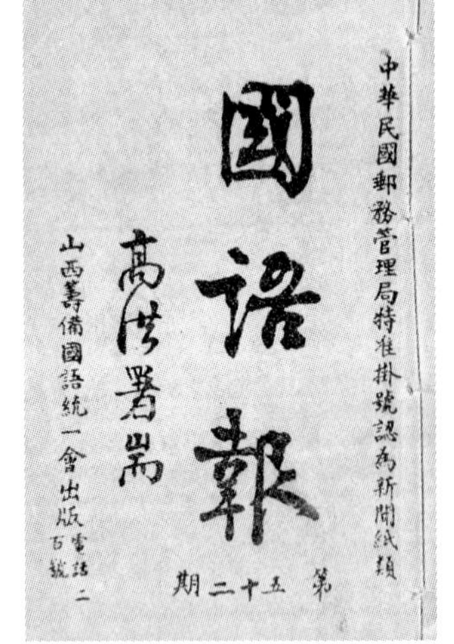

《国语报》是一份文化教育半月刊，1920年5月创刊。出版者署为“山西筹备国语统一会”，内容是关于汉语教学和推行汉语注音字母的，32开，右边线订，封面为楷书“国语报”三字。栏目有“论说”、“注音字母”、“各县方言方音”、“国民须知”、“实业浅说”、“中外故事”、“家庭谈话”、“格言”等。现存世的有1926年（民国十五年）12月1日的第156期。终刊时间不详。

应该说，这一时期报纸与期刊的区别还不是十分明显。由于时局的变化不定，报纸本身又具备方便灵活的特点，当时从全国来讲，报纸无论是数量增减还是每一报纸从诞生到消亡的速度都是甚过期刊的。在这些报纸中，从原先也刊发一些议论文章、文艺作品到划出一定版面，有时冠以突出的栏目名来专发某一类文章，从而形成了报纸的副刊。

副刊与期刊十分相近，在内容上都是以“杂”见长，副刊对于所在报纸而言有相对的独立性，有的后来从报纸中分离，单独成册独立发行。在中国近代史上更有些文化团体既办期刊又办某一报纸的副刊，这样使二者联系更加密切，所以在关于期刊的研究中多同时涉及报纸副刊。

当时山西的一些报纸也开始办有副刊，只是与全国当时一些名气大的副刊，如《申报》的“自由谈”等相比，在质量和影响上要差得多。1912年，山西临时省议会成立后创办了一份《共和白话报》，省议员赵鸿逵任社长，马鹤天任主编，该报辟有文艺时评专版，景定成曾用白话文写了许多诗歌、小说在此发表。专版同时也发表白话小品文，主题多为改良社会，反对不合理的礼教风俗，其间太原女子师范学校的女学生投稿者不少，如陶玄、陈竹漪就发表多篇，陶玄后来曾为南京政府参议员。《共和白话报》在1913年冬停刊。以后在副刊上较有作为的是1916年8月创办的日报《并州新报》，主持该报的是乔景山，主编先后为郭乾甫、郭秀峰，张友渔曾被聘为特约记者。该报有副刊“旬草”，刊发文艺作品，曾连载牛锦章写的《千里云山记》和《孤魂录》等，还发表过郭秀峰写的《机器面奸杀案》，当时很吸引读者，报纸日销3000余份。《并州新报》出版到抗日战争开始太原沦陷而停办。

第二节　五四运动催生的新文化期刊

1919年的五四运动以及新文化运动，标志着中国近代革命发生了质的变化，以无产阶级为主体的新民主主义革命开始取代资产阶级民主革命。1921年中国共产党的成立，更是近代中国历史的一个重要转折点，从此开始了以共产主义为目标、以马克思主义为指导的新的革命运动，这一运动最终改变了中国的命运。

五四运动很快影响到山西，山西学潮迭起，新期刊出现。到太原社会主义青年团成立，更有了宣传、介绍马克思主义思想和政治主张的报刊。在这一过程中，一些山西籍的早期共产党人发挥了很大作用，其中最突出的当数高君宇、贺昌、王振翼。

高君宇（1896—1925），原名高尚德，字君宇，又字锡三。山西静乐县岭底村（今划入娄烦县）人，五四运动时是北京大学学生会负责人之一。1921年加入中国共产党，同年赴苏联出席远东共产党和民族革命团体第一次代表大会。1922年任中共中央机关报《向导》周刊和中共北方区机关刊物《政治生活》编辑、记者。在中共第二、三次全国代表大会上当选为中央委员，1924年赴广州参加国民党第一次代表大会。1925年出席孙中山在北京召开的国民会议促成会全国代表大会。同年3月5日在北京病逝。

贺昌（1906—1935），原名贺颖，字伯聪，又名其颖。山西离石县柳林镇（今柳林县）人。1922年加入中国社会主义青年团，1923年转入中国共产党。1927年出席在武汉举行的中共第五次全国代表大会，当选中央委员。后参加南昌起义。1928年参与重建中共湖北省委的工作，1930年任中共中央北方局书记。1931年调入中央苏区，后任中国工农红军总政治部副主任。1934年红军主力长征后留在根据地坚持斗争。1935年3月5日在江西会昌突围时牺牲。

王振翼（？—1931），字壮飞，又名仲一，山西天镇县小盐场村（今划入河北阳原县）人。1922年加入中国共产党，同年5月出席在广州举行的中国社会主义青年团第一次全国代表大会，1923年参加“二七”罢工领导小组，同年6月出席中共第三次全国代表大会。大革命期间任京绥铁路总工会负责人、中共张家口地委书记等职。1927年在第二十军参加南昌起义，1928年赴莫斯科出席中共第六次代表大会，当选中央候补委员。1930年因“顺直错误，反对中央路线”（顺直指北京、河北）被开除党籍。1931年在天津法租界被捕，10月底病死于狱中。

高君宇是中国最早的马克思主义者之一。1920年3月，在李大钊帮助下，邓中夏、黄日葵、高君宇、罗章龙等人组织了北京大学马克思学说研究会。10月，北京共产主义小组成立，他是成员之一。高君宇还是中国最早接受现代新闻教育者之一。1918年10月北京大学成立新闻学研究会，发起人有邵飘萍、蔡元培、徐培璜等人，蔡元培任会长。研究会随之举办讲习班，1919年10月第一期期满，蔡元培亲自颁发听讲一年与听讲半年之证书，获证者55人，高君宇获半年证书，同获半年证书的还有毛泽东、罗章龙等人。

1919年五四运动发生后，山西进步学生也成立了山西学生联合会，各学校也组织宣传队、检查队，进行演讲，抵制日货，掀起一股反对帝国主义的浪潮。随后不久，高君宇从北京返回太原，他与山西学联及进步青年联系，积极推动山西学生运动，支持创办了政治倾向明确的新文化期刊《平民周刊》。

《平民周刊》1919年8月在太原创刊，由王振翼主编，主要编辑有贺昌等。《平民周刊》提出的办刊目标是“抱定为人民奋斗之宗旨，不断以山西实况报告世人，代人民呼号；且不断将世界思潮输入娘子关内，供给晋民以奋斗有效之途径”，主要内容是反映山西社会现实，揭露社会黑暗与弊端，宣传科学民主新思想。太原社会主义青年团成立之后，这一刊物成为团的刊物，这使刊物的政治目的更加明确，也因此而受到阎锡山政府的注意与干涉，1922年5月出至第78期后被迫停刊。

《山西平民周刊》是1923年11月问世的，这是《平民周刊》在山西停办之后经高君宇、贺昌的策划在北京复刊的，为半月刊，编辑部设在北京大学和北京师范大学，出版后通过铁路工人秘密运回太原发行。复刊号为第79期，《本刊复刊宣言》中表示“仍抱定为我晋民利益奋斗宗旨”，“扫荡一切不准科学的因袭观念及弥漫社会的混乱思想”。在第80期上，贺昌以“其颖”署名发表《山西的学生运动》，分析了当时学生运动的形势，指出山西学生运动的不足是“少联合协作”、“偏重于出版物”，提出学生运动今日的主要方向是“往民间去”，去揭露军阀的罪恶和列强的侵略，“使民众知道乱源之所在，奋起而争自由，以造成团结的努力，推翻两重压迫”。在1924年第1期上，刊发了高君宇的《对列宁主义的误解》一文，宣传苏俄十月革命，介绍了列宁主义的革命学说。《山西平民周刊》复刊出版12期后停刊。从《平民周刊》到《山西平民周刊》，前后存在近五年时间，作为山西第一个由信奉马克思主义的进步青年所办的期刊，它为山西社会主义青年团及共产党组织的建立做了思想上、舆论上的准备和支持。面对阎锡山的专制统治，它犹如革命的火种，后来有人说它“因之而博得社会之赞许，独夫之忌恨”。

1920年11月，高君宇当选北京社会主义青年团书记，同时负责团刊《先驱》的编辑工作。1921年高君宇又来太原帮助建立团组织，5月1日在山西省立一中秘密集会，成立了太原社会主义青年团，第一批团员有王振翼、贺昌、李毓棠、贺凯、武灵初、梁震、姚錞等人，王振翼被选为领导人。在第二次团组织会上确立了以“唤醒劳工，改造社会”为宗旨，草定了章程，确定《平民周刊》为团刊。同年冬，因王振翼受到山西当局监视，根据高君宇的意见离开太原，太原团的工作交贺昌负责。太原社会主义青年团在各学校积极活动，并开始深入工人群众，1922年在太原大国民印刷厂发动了以提高工资为目标的罢工斗争，在斗争中发展10多名青年工人加入团组织，建立了印刷厂团支部。1922年，全省团员发展到41名，支部17个，贺昌当选为团太原执行委员会书记。

1924年5月，高君宇又接受中共北京区委指派来山西组建党的组织，将此前后陆续由团转党的人员组织起来成立了中国共产党太原支部，受中共北京区委领导，支部由李毓棠、傅懋功（彭真）负责。中共太原支部先后领导了促进国民大会召开、反房税、太原国民师范学生争民主、声援“五卅”运动等一系列斗争。

除《平民周刊》之外，山西在1920年前后还出现了一些新的期刊，大多不同程度地表现了进步的政治倾向，对于唤醒民心、揭露山西新军阀的专制统治发挥了作用。

《新共和》1921年（民国十年）12月10日在太原创刊，是山西大学“新共和学会”创办，这一学会是1920年4月13日由山西大学的20名学生发起成立的。《新共和》为不定期期刊，宗旨是“研究学术、宣传文化，以期创造新人生、新社会、新共和”，这是一份综合性文化刊物。从现在可见到的三期刊物看，该刊16开本，篇幅较大，最少的一期在150页。刊物设有“评论”、“小说”、“新诗”、“随感录”、“新共和学会记事”等栏目，刊发过介绍和讨论共产主义、无政府主义和社会主义各流派的文章。总的来讲，这是一份有进步倾向的刊物。它的主要撰稿者站在改良主义立场，虽对推翻私有制的武装革命持冷漠态度，但仍流露出对当时人剥削人制度的不满和对劳动人民命运的同情，尽管对阎锡山的统治心怀恐惧，很多地方表现得难以畅所欲言，可是也以亲见亲历暴露了当时山西许多方面的黑暗，这对于破除一些人对阎锡山的幻想有积极作用。《新共和》出版至1923年7月停刊。

《法政月刊》1921年1月创刊，是山西法政专门学校（后改为山西省立法学院）所办，由冯纶主持，以“受课之暇研究介绍并交换法律政治经济各学说为目的”，主要登载本校学生关于政治、法律、经济、道德等问题的研究文章，同时附录学校校务及学生会会务状况。该刊曾连载李存浩的《中国政党史》长文，在研究民国初年各党派的产生发展方面有一定价值。该刊共出9卷，1934年5月停刊。

《青年报》是山西省立第一中学青年学会1921年10月创办的。青年学会是当时由社会主义青年团领导的进步学生组织，宗旨为“研究学术，服务社会”，学会及刊物负责人为贺昌、刘挺英。该刊影响相对要小，终刊时间不详。

《新觉悟》是一份半月刊，创刊于1922年，主编马鹤天。期刊以山西学术研究会名义出版，这是教育界人士的一个组织，主要活动者是邓初民。邓初民青年时在李大钊影响下接受马克思主义，后来是著名的民主人士。当时他在山西进山中学任教，组织学术研究会时还在太原办了工人夜校。在《新觉悟》创刊号上有邓初民写的《怎样改造中国》、《半年来吾国劳工运动见闻》等文章。《新觉悟》终刊时间不详。

《新声周刊》1922年创办于山西临汾，是省立第六中学学生张振山、吉振华等人办起来的，宗旨是传播马克思主义。张振山1925年春由团员转为党员，并担任临汾第一个中共支部的书记，后又任临汾中共地委书记，《新声周刊》实际成为中共刊物。1927年在阎锡山进行“清共”时张振山被捕，《新声周刊》也停刊。

1922年创办的还有张育麟主编的《见闻》、《中学生半月刊》，耿俊震、白勤之主编的《好友周报》，苗培成主编的《晓报》等，但存在时间都不长，影响也相对小。时间不长而影响颇大的则是《五一特刊》。

《五一特刊》是期刊，但也像是一本图书，1922年5月出版，它是《平民周刊》停刊之后，为庆祝“五一”劳动节和纪念太原社会主义青年团成立一周年而编辑的，应该说是《平民周刊》的《五一特刊》。在之前的1920年，中国就有过“五一”国际劳动节的庆祝活动，但主要发生在工人比较集中的大城市，并没波及山西。山西庆祝“五一”始于1922年。《五一特刊》的《发刊旨趣》中说，出版这期特刊，“一为庆祝无产阶级的胜利，一为唤醒内地无产阶级同胞，一为庆祝本团一周年纪念”。它疾呼：“无产阶级同胞们！醒来吧！不要怕资本家和他们的走狗威胁我们，压迫我们，只要我们团结得坚坚固固，为自己的利益奋斗，为新的社会奋斗，最后的胜利，看谁得着！”在《五一的教训》一文中更明确指出，无产者所向往的，要努力争取的是那种“土地社会化，资本国有化，消灭阶级……‘各尽其能，各取所需’，全人类才是真正的解放”的社会。这期特刊共刊发10篇文章，其中《庆祝全国劳动者的大团结》等两篇是贺昌所写。

高君宇等除帮助山西策划期刊外，在山西之外也从事了多项报刊出版活动。高君宇担任中共北方局负责人时主管宣传工作，主编过《政治生活》、《工人生活》。1922年9月13日中共中央第一个机关刊《向导》周刊在上海创办，16开本，每期8到10页，蔡和森、陈独秀主编。高君宇先后在《向导》上发表25篇文章，积极宣传马克思主义和党的路线。1925年3月5日高君宇积劳成疾去世，年仅29岁。《向导》发表《悼念我们的战士》一文，说：“本报记者高君宇同志，忽于本日病殁于北京！君宇不再能以文字与读者诸君见面了，但他那热烈的革命精神永留本报，也便永留在读者记忆之中！”（《向导》第106期）

贺昌在负责太原社会主义青年团工作时的1922年8月，写了《太原青年运动总评》一文，发表于团中央机关报《先驱》上。文章尖锐地指出：“‘不干内政’是太原青年失败的原因。”“在我们山西，书报往来，常被检查扣留；印刷出版等物，时常禁止递送；集会结社，无时不受干涉；学校受制于军阀，灭绝个性，纯讲服从；在这种军阀统治之下，必须谈政治、干内政。”文章还针对当时无政府主义在青年中的影响，指出：“迷信绝对自由，不赞成集权的组织以致四分五裂，一切运动，同归泡影。”在《五一特刊》上，他撰文强调：“只有实现世界革命，无产阶级掌握了政权，那时，全世界劳动人民才能得到真正的解放！”“无产阶级的同胞们，组织起来，联合起来！”“成立工会”、“组织同盟罢工”，“改善经济生活条件”、“争取政治权利”。文中还对帝国主义分子利用宗教使人们相信上帝主宰一切、福祸穷富命中注定的说法予以批驳。

贺昌后被中国劳动组合书记部和团中央派往安源，到安源路矿工人俱乐部（这是刘少奇领导下的工会组织）工作，负责文书股工作，同时编辑《安源旬刊》。此期间在《向导》上发表《萍矿工人的奋斗》一文。1925年贺昌任团中央工农部部长，仍重视利用报刊进行革命的总结、宣传和指导，在《中国青年》上发表《中国社会主义青年团五年来的奋斗》、《青年运动与职工运动》、《调查农村经济情况》等文章。1932年贺昌任红军总政治部副主任后，直接负责红军军委机关报《红星报》的工作，多次为其修改、审定或撰写社论及其他理论文章。贺昌的革命精神与工作热情深得战友称赞，他1935年牺牲后陈毅写《哭阮啸仙、贺昌同志》一诗，悼念牺牲的这两位战友：“环顾同志中，阮贺足称贤。阮誉传岭表，贺名播幽燕。审计呕沥血，主政见威严。哀哉同突围，独我得生全。”

第三节　大革命浪潮中的微澜

1920年代的中国时局，是国民革命的兴起和北洋军阀统治的倾覆。1922年中共提出了“组织民主的联合战线，以扫清封建军阀，推翻帝国主义的压迫，建设真正民主的独立国家”的路线，1924年在孙中山主持下的国民党第一次代表大会上实现了国共第一次合作，国民革命进入新的阶段。这时在北方则发生了第二次直奉战争和直系冯玉祥的北京政变，皖系乘机进京，段祺瑞就任临时政府执政。革命力量在南方聚集，在广东组建了以黄埔军校师生为骨干的国民革命军，共产党在各地广泛发动了工人运动、农民运动，1926年国共联合打响了推翻北洋军阀的北伐战争。这一时期后来被称为大革命时期。

阎锡山1913年（民国二年）宣布脱离国民党，并解散国民党在山西的各级党部，所以在国民党第一次代表大会前后的一段时间，国民党在山西也处于秘密状态。到大革命浪潮掀起，山西才公开成立了国民党山西省党部，委员9人，其中国民党方面有韩克温、苗培成等5人，共产党方面有彭兆泰等4人，省党部相应组建了组织、宣传、工人、农民、商民等部。但党部并没达到可左右山西局势的地步，军政大权仍掌握在阎锡山集团手中。阎锡山对北洋各派争战的态度是周旋其间，谋求己利，对国民革命也是持观望态度，这就使大革命浪潮虽冲入山西，但又受到遏制，与奔腾于南方的大潮相比，山西也有波澜，但相对不够汹涌。到1927年蒋介石开始“清共”时，阎锡山马上与其合流搜捕共产党，革命转入低潮。这种形势及其发展，自然也反映在山西的期刊出版上。

1924年《狂飙》月刊创办，这是一份文艺期刊。《狂飙》在现代文学史上是很有名气的，不仅因为它代表了被称为“狂飙运动”的一股文艺思潮，更因为其领军人物高长虹先追随鲁迅，参与莽原社工作，后与鲁迅反目，进而自立团体、自办刊物攻击鲁迅。在鲁迅很长时间内被推崇为文艺革命方向唯一代表的时代，对高长虹其人其事的评价不言而喻。《狂飙》是同一人以同一宗旨在不同时间办的几种刊物。有三个阶段:《狂飙》月刊 1924 年 9 月在太原办，出 3 期;《狂飙》周刊附于景定成的《国风日报》，在北京办，从 1924 年 12 月至 1925 年 3 月，出 17 期;《狂飙》周刊 1926 年 10 月在上海恢复，由光华书局出版，期数另起，到 1927 年 1 月出 17 期后停刊。

《狂飙》月刊1924年9月1日在太原创刊，以平民艺术团的名义编辑，每期8页，发行者署“太原桥头街少年书社”。这是高长虹与狂飙社开始发展的时期，其成员以山西文艺青年为主，其中有高长虹二弟高歌、三弟高远征（后二人都参加革命，高远征在南昌起义中牺牲）。高长虹，山西盂县人，他除主编《狂飙》外，还编过《弦上》。这是一份开本很小的袖珍期刊，取“箭在弦上，不得不发”之意，以“现代评论派”为攻击目标，1926年2月14日创刊，每周出版，大约出20多期，是在他为《莽原》撰稿的同时编的，参与编辑者还有郑效洵与高歌。后来还一度办过《长虹》周刊。高长虹本人思想受尼采影响颇深，其作品及所办期刊也都露出这一痕迹。到上海办《狂飙》周刊是狂飙社正式成立并最活跃的时期，这一团体还组建过出版部、演剧部，出版过“狂飙丛书”三四十种，主要成员有高歌、高远征、高沐鸿、向培良、尚钺、柯仲平、郑效洵等。高长虹在抗战开始后到武汉、重庆参加抗日救亡宣传工作，在中华全国文艺界抗敌协会会刊《抗战文艺》上发表过诗歌、评论。1941 年秋高长虹到陕西宜川县秋林镇，这里是阎锡山第二战区司令部所在地，他在此处写出《我们为什么还没有胜利》一文，对国民党政府的腐败予以谴责，并找到二战区重要人物赵戴文，要求印刷其著作，遭到拒绝。后高长虹辗转赴延安，在延安曾任边区文协筹委会副主任。1946 年转东北解放区，1954 年去世。

高长虹及其狂飙社的活动发端于山西，参与及支持者又多为山西籍青年，起于山西而形成气候于省外，也从一个侧面反映了山西当时的政治、文化生态环境。狂飙运动主流是进步的、革命的，是新文化思想影响下，在大革命洪流中产生的反帝反封建、反对旧礼教的文艺活动。从创办《狂飙》月刊开始，高长虹们就宣称其主旨是“用大胆无畏的态度，发表‘强的文艺’”、“我们尊崇科学，尊崇艺术”，“我们要为科学艺术而战”!《狂飙》上也确实发表了一些有影响的作品，对当时的社会人生持批判态度。到上海后，则由反抗黑暗走向反抗一切权威，呈现一种无政府主义倾向。鲁迅在《中国新文学大系·小说二集·序》中对狂飙社及其刊物作了较为客观的评价，在肯定其优点之后说，这时该刊编者“尚未以‘超人’自命，还带着不满的声音”，“不过后来却日见其自以为‘超越’了，然而拟尼采样的彼此都不能解的格言式的文章，终于使周刊难以存在”。

《铁血周刊》是最能代表山西当时革命斗争状况的期刊，它创刊于1925年6月，当时是以“太原市民沪案后援会”的名义办的。1925年5月30日，上海发生“五卅惨案”，日本纱厂老板杀害工人代表顾正红，英国巡捕开枪屠杀游行群众，死十余人，伤数十人，由此激起了全国的反帝斗争。在山西，中共太原支部领导全市学生联合会联络各界数十个团体组成沪案后援会，6月6日举行第一次反帝大游行，6月10日举行三万人的第二次游行，要求政府与日、英经济绝交，募捐援助上海失业工人，抵制英货日货。6月25日又举行第三次集会游行，全国学联代表到会报告了惨案经过。会后运动向大同、汾阳、临汾、洪洞等地蔓延，一时在全省形成反帝高潮。当时后援会执行委员会成员有李墨卿、傅懋功（彭真，共产党）、苗培成（国民党）、纪廷梓（共产党）等人，下设机构负责人中多为共产党员及青年团员。6月30日《铁血周刊》创刊，负责编辑者为中共太原支部的张叔平、纪廷梓。《铁血周刊》发刊词说：“本刊出世的原因，就是本着天良来发表政论，撕破帝国主义的黑幕，唤醒民众，大家准备实力，向侵略压迫我们的帝国主义宣战。”刊物在出版四期之后，7月23日，太原市民沪案后援会改组为“山西为帝国主义惨案同胞雪耻大会”，简称雪耻会，《铁血周刊》也更名为《雪耻周刊》，并在8月1日刊登了《太原市民沪案后援会改组宣言》，宣布本会任务是“领导民众，促成全国工农商大联合，打倒列强帝国主义及媚外军阀，组织民众，集合在本会旗帜下，废除一切不平等条约”。《雪耻周刊》以后又出版几期不详。五卅运动在山西的发动是当时声势最大、影响最广的群众运动，《铁血周刊》存在时间虽短，但作为中共直接主持的刊物，较之山西建党初期的《平民周刊》目标更明确，与实际斗争联系更密切，所发挥的作用也更大。1926年后，中共太原支部根据中共北方区委指示改为特别支部，并组织党员下厂下乡发展组织，党员人数从1926年6月的80余人到10月发展为117人。

五卅运动促进了太原工人运动的发展，1925年8月19日太原总工会成立，1926年5月总工会创办《太原工人》，这是山西最早的工运报刊。1927年夏阎锡山开始清查共产党，太原总工会活动停止，《太原工人》终刊时间不详。

在大革命期间，山西一批进步的知识分子和青年学生（其中有些人当时已是中共党员）也开始通过报刊来宣传、动员民众，这些报刊为时都不长，却起了播撒火种的作用。

《锐锋》是太谷县中共党员组织领导的进步刊物，创办于1925年6月，是由太谷铭贤学校党小组成员张维琛、赵品三、郝金和联合创办的，张维琛任主编。刊物上介绍《向导》、《马克思主义浅说》等革命书刊，油印散发。期数及终刊时间不详。

《星光月刊》1926年秋在太原创刊，它是在太原学习的山西武乡籍进步学生组织的"星光社"的刊物，负责人为国民师范附小教师高沐鸿，国师学生李逸三。刊物传播民主和科学思想，提倡新文化运动，揭露山西封建官绅的丑行，尤其是针对武乡现实公开抨击封建势力鱼肉乡民的事实，如直接揭发当时的县长吕绍岩贪污腐败，以及武乡民众受压榨的情况。这一期刊引起当地反动势力的惶恐，1926年冬趁武乡籍学生返乡时以政治嫌疑的罪名将高沐鸿等十余人逮捕。后经武乡籍在外地学生武光汤、武济川等发动群众奔走营救，高沐鸿等才被释放。《星光月刊》也随之停刊。

《滂沱》1926年由滂沱社创办，不定期出版，名为文艺期刊，实际宣传革命思想，主要筹办者为梁园东。梁园东是山西忻州温村人，在北京大学读书期间加入中国共产党，曾赴武汉从事农民运动，后奉命回山西，任教于国民师范，暗中发展革命力量。他联系梁春霆、赵镜如、续俭等人组织滂沱社，吸收进步青年，倡导新文化新思想，滂沱社社员发展到百余人。《滂沱》先后出版4期。

当时在青年学生中还办有一些刊物，但基本局限于本校等较小范围，如太谷铭贤学校就有过《晨曦》、《海涛》、《火花》、《半夜钟》等。

第四节 阎锡山“治晋”局面下的存在

1920年代之后，阎锡山在山西逐渐建立和巩固了其统治，这种局面基本上维持到抗日战争爆发之前。其间阎锡山因发动针对蒋介石的中原大战失败而被迫下野过，但一来时间较短，也就1931年一年时间，二来即便阎锡山避居大连，暗中仍操控着山西军队与政府，所以并没影响到他继续统治山西。

与其他同时代的新老军阀相比，阎锡山有两点要更高明一些：一是懂得“根据地”的重要，从最初提出“保境安民”开始，就周旋于各派军阀之间，使战祸尽量不在山西境内发生，所以与其他省份相比，当时山西相对要安定一些。二是他虽然也十分注重发展军事力量（最强盛时晋绥军有10个军20万之众），但同时注重政治、思想，尤其是经济上的控制，提出一套“治晋方略”，其中以“中的哲学”、“用民政治”、“村本建设”、“造产救国”等较为突出。阎锡山时期使山西在经济上初步建成了有近代意义的工业体系，矿产、冶炼、机器制造、兵工、化工、火药、铁路都有了一定规模，而且在金融方面，也积累了相当可观的实力，抗战爆发之前山西四家银行的资本总额竟相当于南京国民党政府中央控制银行资本总额的1/5。阎锡山的势力一度从山西扩展到绥远（现内蒙古自治区的一部分）、河北，甚至察哈尔（现河北及内蒙古自治区的一部分）以及北平、天津。当时阎锡山成了国内极有实力的军阀，以1928年蒋介石领导国民军北伐奉系军阀时为例，当时蒋把军队编为四个集团军，蒋自任第一集团军总司令，阎为第三集团军总司令，另两个集团军总司令分别为冯玉祥、李宗仁。

在阎锡山“治晋”的这种环境里，山西的期刊出版呈现出一定的多样性。大致讲，当时能较长时间持续出版且有一定影响的有四类期刊：一类是为阎锡山政权服务的期刊，其中有的本身就是官方所办，或是有官方背景与支持。这类期刊是维护与服从阎锡山当局

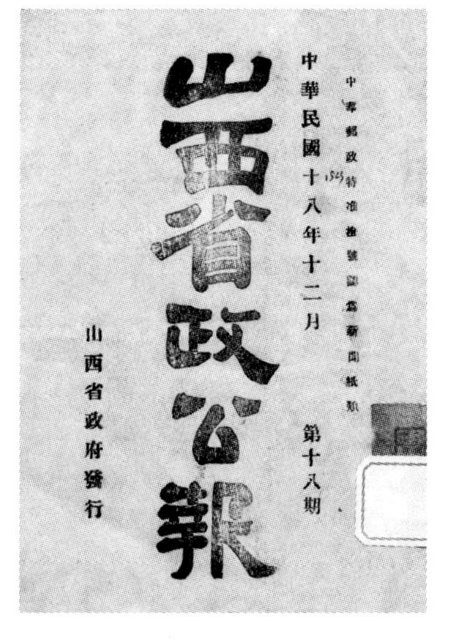

统治意志的，地方立场鲜明，虽有的貌似公允反映山西现状，但政治目的明确，如《山西省政公报》之类。第二类是实业或技术类期刊，实业主要是指工商企业。这类期刊虽也有政治倾向，但总体上是研究发展实业和技术的，在推进山西经济发展方面发挥了作用，客观上有利于国计民生，在当时来说直接有利于阎锡山在统治山西中增强实力，代表性的有《中华实业季刊》。第三类是表面为宣传阎锡山治晋理念及哲学主张服务，并借此以学术为标榜的刊物，它的办刊者有进步人士甚至中共地下党员，他们借这一阵地来介绍进步思想，实际为革命做准备，如当时的《中外论坛》。还有一类则是知识性的文化期刊，政治倾向不明显，也缺乏刊物自己的主张，尽管有的发刊量不小。如果分析其性质，可以说是大众通俗文化刊物，如《晋民快览》。

《山西省政公报》1928年7月创刊，山西省政府编辑出版。初为月刊，到1937年1月改为周刊，期数另起。该刊性质是传达政令，所以比较全面地反映了当时山西的政治状况。刊物设有“中央及本省法规”、“命令”、“公牍”、“例行文件”、“诉愿”、“公告”、“特载”、“政闻政要”等栏目。

《山西财政月刊》1928年7月创刊，山西省政府财政厅主办。这是一份反映山西财政情况的公报类刊物，主要报告山西省每月全面的收支状况，有详细的各种捐税收入统计表、经费开支表和主要县的税捐包额分月解款表。刊物也设有栏目，有“统计报告”、“规例特刊”、“公牍撮要”、“杂件附录”等。该刊1929年5月停刊。

《山西财政公报》是1930年1月创办的，其实也可看作是上一刊物的复刊，也是月刊。有“法规”、“公牍”、“统计”、“调查”等栏目，内容比上一刊略有拓展，主要表现在公布当时中央政府和山西地方政府颁布的有关财政法令法规以及有关的会议纪要等，在刊载省内财政计划和收支情况的统计资料方面基本延续了上一刊物的做法。为何停办上一刊物后半年又改办这一刊物，原因不详。《山西财政公报》共出11期，当年11月停刊。

《山西实业公报》1931年10月创刊，月刊，山西省实业厅主办。设有“法规”、“命令”、“公牍”、“计划”、“调查”、“统计”、“记录”、“专载”等栏目。内容包括政府法规，有关农林牧副的规则、命令、训令，各机关财政预算等件，实业厅月行政计划和铁矿税

额等项统计等。这一公报出版至1934年8月，共出27期。

有些在民国之初创办的期刊仍在继续，如《来复》，这是阎锡山建立“洗心社”时的刊物，虽“洗心社”活动已较弱，但《来复》追随阎锡山的态度没变。1930年12月1日，《来复》还刊发八条标语，表明了阎锡山发动倒蒋战争的“决心”，有“拥护中央扩大会议”、“拥护党团领袖汪精卫先生”、“拥护阎、冯总副司令”、“不打倒蒋介石誓不罢休”等词语。

以上这些期刊都为中原大战之前创办，这是阎锡山统治山西前期。1932年2月29日，阎锡山再次上台，就任太原绥靖主任，重掌山西军政大权。而这时中国的形势也发生了变化，1931年发生“九一八”事变，日军侵占了东北三省，民族矛盾开始突出。1932年1月国民党中央机构重组，蒋介石被推举为军事委员会委员长兼军事参谋部参谋长，汪精卫被推为行政院院长，国民政府统治中心基本确立，形成了蒋主军、汪主政，蒋汪共管党的局面，新军阀混战阶段结束。阎锡山此时也没有了再扩大势力的实力与时机，于是以更多的精力来重新巩固在山西的统治。山西也有了为其统治目标服务的新办期刊。

《山西公报》1932年7月创刊，月刊。这是一个全面反映当时山西政治的文件汇总性质的刊物，由山西省政府秘书处发行。主要刊载国民党中央法令以及山西省政治、军事、财政等方面的法令、命令，亦常刊载政府告民众书、阎锡山的训话等。栏目基本根据行政机构来设立，有“中央法规”、“本省法规”、“太原绥靖公署命令”、“山西省政府命令”以及本省各职能机构的命令，如“山西省政府查禁毒品委员会命令”、“山西省民政厅命令”、“山西省教育厅命令”、“山西省建设厅命令”、“山西省高等法院命令”等，其他内容则归于“政闻”、“特载”等栏目。《山西公报》共出版53期，1936年10月停刊。

《山西省政府工作报告》1933年5月创刊，月刊。山西省政府秘书处编印。设有“奉行中央法令事项”、“颁行本省单行法规事项”、“省政府委员会决议事项摘要”、“民政”、“财政”、“教育”、“建设”、“实业”、“附表”等栏目，系统地介绍山西省政府施政的各个方面。1936年9月号出版后停刊。此刊与上刊性质相近，创办此刊以至两刊并行的原因不详。从当时情况看，其余各省都有相类似的期刊，名称也大同小异，都由地方政府秘书处编印。如《北平市市政公报》(1928年创办)、《河南省政府公报》(1931年创办)、《甘肃省政府工作报告》(1934年创办)、《江西省政府行政报告》(1930年创办)。

以上这些期刊可以说是承继了清末《并州官报》的性质，只是在内容及编排上具备了一些现代特点，它们基本是政令的汇编，在实现政权的统治中有其他报刊所不具备的功能，但从出版的角度看，它们还算不上完全意义上的期刊。这种期刊以后因政治的需要而一直延续下来，政权的更迭只是造成主办者的不同和内容上的变化而已，由此形成期刊中的一个特定门类。

《中华实业月刊》是中华实业协会的会刊，这一协会是山西实业界人士发起组织的，宗旨为“促进实业之发达”，协会常务委员系彭士弘、郭风朝、曾静沂三人。协会成立即决定办刊，协会研究股马开衍为编辑主任，曹焕文为副主任。刊物创办时为季刊。1934年1月1日创刊，当时称《中华实业季刊》，自第2卷第3期起改为月刊。1937年7月出4卷7期后停刊。

《中华实业月刊》倡导“实业救国”，在其发刊词中说：“我自民国成立，二十有二年矣！国民经济，日益贫蹙；外货进口，年复增多。迩来举国人士虽已间有觉悟，大声疾呼，提倡建设，然皆徒托空言，不求实际，长此以往，恐救国之声愈喧，富强之望愈远。今日东北之河山易色，数千万民众为奴。造成此五千年来未有之奇耻大辱者，原因固多，然实业不兴，非其主要之原因耶？晋省有鉴及此，乃有山西十年建设计划之制订，力求实行，其他各省或三年或五年者，亦接踵而起；中国不亡，固可由此征之矣。”创刊号有阎锡山戎装照及山西军政要人的题词，阎锡山题“富国之基”，赵戴文(山西省政府主席、第三集团军总参议)题“正德利用厚生”，徐永昌(后任过绥远省政府主席)题“实业救国”，傅作义（后任过天津警备司令）题“利用厚生”，贾景德（省政府秘书长）题“兴业救国”等。

《中华实业月刊》设有“专载”、“论著”、“实用新闻”、“常识”、“会务”、“杂俎”等栏目。刊物有几个特点是很明显的：一是以造产实业为主题，但也充溢一种救亡图存的忧患意识；二是立足山西经济建设，坚守山西地方当局的立场；三是对经济的研究强调从实际出发，对世界各国的介绍（包括社会主义的苏联）比较客观。刊物的许多文章有相当深度，如《欲发达产业应阐究科学管理法与产业合理化》（张之杰）论述了科学管理在发展实业中的重要性，指出古今中外产业之发达“第一莫不得力于经营之得法与合理”，产业之迈进“良以经济上之合算与否，关系于经营方法者，固至重且巨”。文章说现代科学管理发端于19世纪末的美国，产业合理化运动兴起于第一次世界大战后的德国，并介绍了这两者各自的对象、内容和方法，最后告知人们实业救国必须注意经营合理，管理得法。

对于中国当时面临的危机，刊物上多有文章论及，类如“救国当在国未亡之前努力”、“望我同胞群起群策，同舟共济，夫然后我黄胄民族，或可免于经济沦亡也”的话语多处出现。《日本侵略中国的总账》一文，从同治十三年（1874年）的《中日和约》算起，一直到1933年的《塘沽协定》，共罗列了14项日本侵华及对华缔结不平等条约的内容，证明日本对中国鲸吞蚕食之野心始终不灭。该文的第15项即最后一项直指当下，说：“中日直接交涉，闻在半进行之中，结果如何，不难预测！”

《中华实业月刊》在研究报道山西经济建设方面，重在对现状的分析和对发展思路的探讨，如《晋绥工业之出路》、《复活农村为救国先务之我见》、《绥远宜注重工业性农业》、《整理河东解池盐务私见》、《发展西北毛业刍议》、《晋华纺织公司年来改进概况》、《西北实业公司之进行概况》等，从题目即可见一斑。刊物坚持阎锡山的地方经济政策，并多方对不同意见进行反批评。1934年6月11日《大公报》发表社评《山西经济统制问题》，对山西的经济多有批评，认为山西经济“真相不传于全国”，“采孤立经济主义，一切措施，以省为限。如全国提倡国货，山西则进一步提倡土货，不惟无益，反有大害”，山西“统制商业之结果，徒使商业凋敝，阻止流通……今本省商业先限于不振，晋民在外经商者，遂亦大受影响”，“山西经济最急之症在农，故一切建设，应以救农为前，而山西近年救农无确当计划，却先集中省内仅余之余力办工业”，山西的建设缺乏“分别缓急以为之”。《中华实业月刊》第1卷第3期就刊载《驳大公报社评〈山西经济统制问题〉》，说《大公报》之文“倒果为因，错乱事实”，文章对《大公报》的评析全面予以反驳。

《中华实业月刊》报道美国、德国、日本等国经济状况，同时也报道苏联的情况，尤其对苏联第一个五年计划完成也予以赞扬。《现今山西之经济情势与实施统制贸易之必

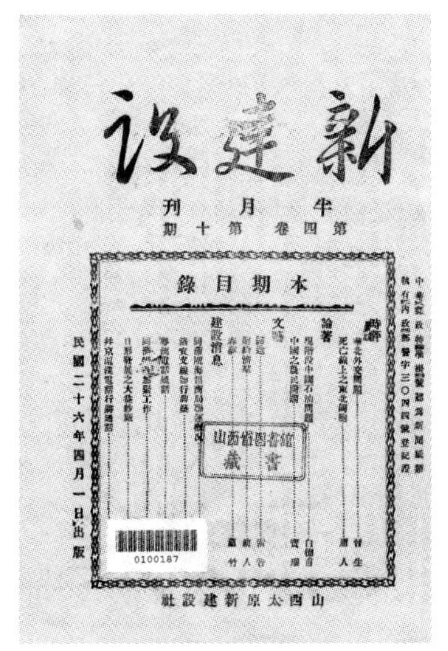

要》一文肯定苏联的成绩，说：“近年全球经济恐慌，劳工失业，而苏俄独产业兴旺，建设蔚然，人各有业，生活向上。”并认为这是由于苏联“首先厉行统制贸易”，建议学习其做法：“此事在中央固应及早注意，积极筹划，整个施行统制政策。”《苏俄建设》一文对苏联第一个五年计划完成情况与第二个五年计划主要项目详细介绍，发感慨说：“苏联十月革命成功之后……全国人民减衣缩食，刻苦奋勉。迄今十六年间，第一次五年计划已告成功，第二次五年计划伊始实行，俨然蔚为东方富强之国。彼我相形，能不慨然！方今我国难当前，强敌迫境，生死关键，一发千钧，救国之道非徒空言，所可济事，窃莫若效苏联之造产建设，以救国于富强，埋首十年，再与强邻抬头相见。”以苏俄为榜样的言论在当时尚属难得。

《新建设》是有关经济的另一种期刊，1934年12月创办，半月刊。由山西省立法学院阎云溪等人创办。该刊分量与影响不及《中华实业月刊》，每期8至16页，印发300份，主要是赠阅。该刊有“时评”、“论著”、“文艺”、“建设”等栏目，内容围绕经济和建设。到1936年时，民族危机日重，北平发生学生抗日爱国运动，该刊发表《宋哲元居心何在》、《北平当局异想天开之水龙妙用》等文，对学生运动予以声援。《新建设》每年一卷，共出20期，1937年日军入侵时停刊。

教育方面，当时民众教育是各省都实施的一项工作，这一工作由地方设立的民众教育馆承担，各地民众教育馆办有相应期刊，如上海市立民众教育馆1936年创办《上海民众》，山东民众教育馆1930年创办《民众教育月刊》，福建省立民众教育馆1934年创办《大众之路》，山西省立民众教育馆1934年4月创办《山西省立民众教育馆月刊》。1936年1月《山西省立民众教育馆月刊》改名为《山西民众教育》（第三卷第1期）。

《山西民众教育》设有“论著”、“报告”、“调查”、“特载”等栏目，主要研究民众教育的理论和实施方法；

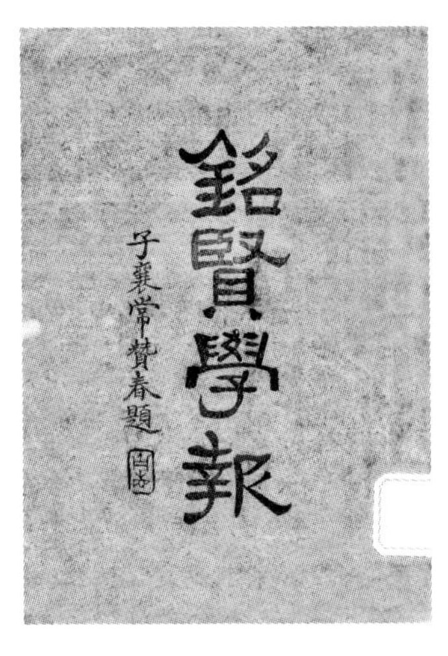

辅导本省各县的民众教育工作；报道国内有关民众教育的动态。该刊1937年6月出第4卷第3期后停刊，共出版33期（其中1—3卷各为10期）。

1907年孔祥熙在山西太谷创办铭贤学校。1936年学校创办《铭贤学报》，创刊号有文章19篇，其中理科方面有论文、试验、调查等9篇，文科有诗词研究、散文、游记、故事等10篇。后由于局势动荡，学校南迁，《铭贤学报》未再出版。

在科技方面，山西在抗日战争之前仅有1921年创办的《医学杂志》出版。

《中外论坛》创办于1935年4月1日，双月刊，是以在山西成立的中外语文学会名义创办的，实际操作者为杜任之。杜任之系山西万泉（今万荣）人，中共党员，1928年在德留学时加入共产国际的反帝同盟，1933年回国，受上海反帝大同盟（宋庆龄主持）总部指示，回太原策动阎锡山抗日，杜任之其时已秘密担任共产国际远东局通讯员。返太原后担任了太原绥靖公署主任办公室秘书，兼山西大学讲师。这时阎锡山在“治晋”中提出了他的“学说”、“理论”，为传播这些东西，主张借鉴参考外国的学说、资料，阎锡山还提出了“学术自由、真理战胜”的口号。这给杜任之提供了一个机会，于是他便向阎锡山建议组织些人翻译资料，出版一个刊物。于是成立了中外语文学会，请阎锡山任名誉会长，请当时驻防在绥远的傅作义任名誉副会长，请当时有相当名望的国民师范学校校长冯司直任会长，杜任之为秘书主任。学会建立了三个部门：一是《中外论坛》编辑部，周北峰任主编，杜任之为副主编；二是编译部，由日本留学生宁起武任主任；三为校务部，这是办外文补习班的，由也是日本留学生的薛效文任主任。《中外论坛》主管发行和联络的是中共地下党员翟新亚。

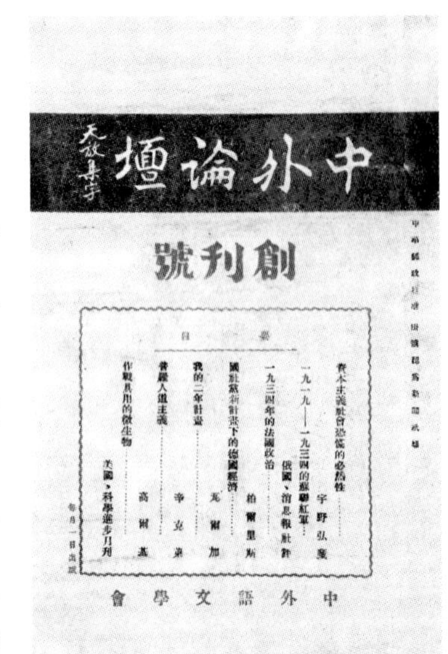

《中外论坛》先刊登宣传阎锡山理论的文章，同时刊发其他翻译文章，这些文章不少取自俄、英、德、法、日共产党、工人党的书刊，在学术研究的幌子下实际

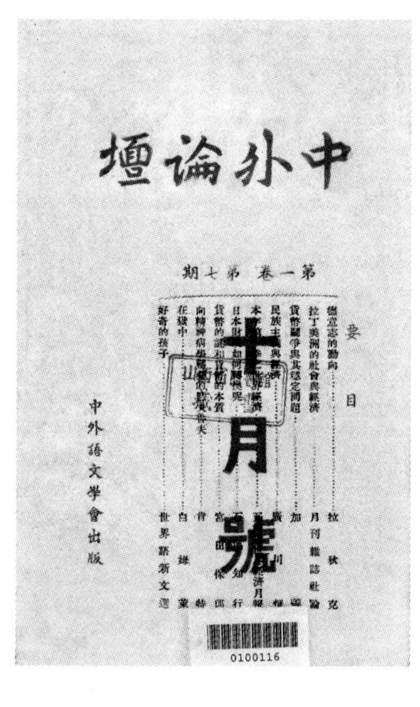
中外論壇
第一卷第七期
十月號
要目
德意志的動向……拉狄克
拉丁美洲的社會與經濟……月刊雜誌社論
貨幣鬭爭與其穩定問題
好奇的孩子……世界語新文選
中外語文學會出版

介绍和宣传马克思主义。学会组织的译作者多是进步人士，其中有不少是通过地下党的关系从北平请来的，从而也保护了这些在危境中的同志，如侯外庐、张友渔、邢西萍（徐冰）、温健公、李毓珍（余振）、孔祥桢、高叔康、焦敏之等。这些人当时积极参加《中外论坛》的工作，以后也都为中国革命作出了贡献，其中有的献出了生命，如温健公牺牲于山西吉县抗日前线；有的成了著名学者，如历史学家侯外庐、法学家张友渔、翻译家余振；有的成了中共高级干部，如徐冰1949年后担任过中共中央统战部副部长，孔祥桢担任过全国政协常委。《中外论坛》开始印3000册，在北平、上海、太原等地销售，后来影响扩大，印数曾增到8000册。

中外语文学会和《中外论坛》还组织了其他进步活动，如红军东渡黄河后回师陕北，毛泽东、朱德发表《停战议和，一致抗日》的通电，学会就翻印了通电，广为宣传。北平发生“一二·九”运动，学会组织大型报告会，请参加运动的温健公作报告，学会还邀请美国记者安娜·史沫莱特作报告、讲国际问题。

《中外论坛》的活动引起了国民党政府的注意，1936年4月，南京政府来文致山西当局，“查《中外论坛》专门翻译外国共产党的文章，宣传共产主义，混淆视听，应予查办”。阎锡山批示“照办”。此前，阎锡山为实行“民众防共”成立了“主张公道团”（又称“好人团”），省、县、区、村建立了相应组织，成为阎锡山控制山西的又一组织网络。在阎锡山对《中外论坛》问题批示后，1936年5月，“主张公道团”秘书主任薄毓相来到中外语文学会宣布：“你们的学会一味宣传共产主义。既然你们不宣传阎主任的学说，那学会也要停办了。”随后山西省政府正式通知学会停办，财产移交“主张公道团”。《中外论坛》1936年3月在出版12期后停刊。

除《中外论坛》外，中共地下组织和进步人士还利用其他被当局认可的报刊进行隐晦的革命宣传，例如《山西党讯》的副刊。这在另节专述。

《北方快览》是山西当时比较特别的一个期刊，一来它是年刊，每年出一期；二来内容较杂，是一种通俗大众文化，在某些方面像是百科全书式的历书。它的开本为竖长

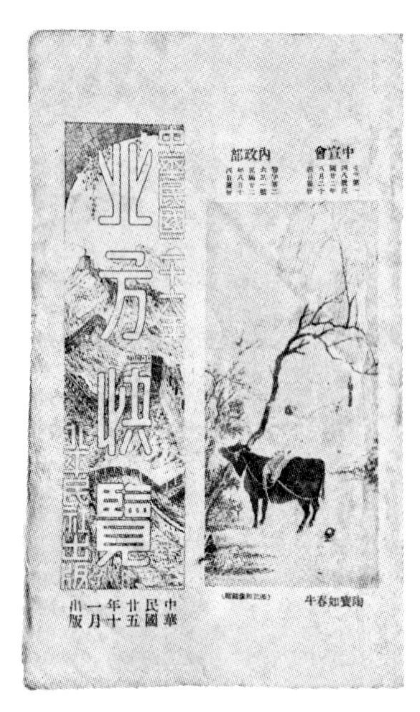

型，大致相当于24开本，右边线装，因一年一本，所以也比较厚。它由山西民社主办，后来山西民社与北平民社合并，刊名由开始时的《晋民快览》改为《北方快览》。它创办于1922年，每年6月出版，1937年出版第15期后正值“七七”事变，刊物也就停办了。它的出版者署名晋民快览社，名誉社长赵戴文，社长赵丕廉，主持者为李炳卫，职务为编辑主任。

《北方快览》栏目有“论著”、“法令”、“岁时”（日历）、“实业”（介绍各种工农业生产知识）、“村政”、“警察”、“礼仪”、“楹联”、“文艺”、“余兴”等。它的主要订阅者是小学教师，这一群体人数很多，与基层群众联系密切，是中国农村的文化人，常参与民间风俗、文化活动，所以《北方快览》就成了一种日常应用手册。《北方快览》也及时刊载当时的政府法令，如1932年（民国二十一年）第10期就刊有当年中华民国政府颁布的《著作权法》。在创办十周年和十五周年时，刊物曾请社会名人题词，如十周年有韩复榘（山东省主席）、杨虎城（陕西省主席）、张学铭（天津市长）等人的题词。

《北方快览》也刊发文艺作品，其中以小学教师所写的诗词为多，由于小学教师的社会地位，决定了所见所闻所思所想在相当程度上表现了现实老百姓的生活。这类诗多为旧体诗，但又较通俗，在内容上主要有这样几方面：一是抒写世相。如《山陕甘连年荒年有感》（李春芳）开头几句是：“连年天旱谷难收，草舍萧条野外游。春色亦知民惨苦，满川黯然实含愁……”二是反映小学教师的心境，如《偶成》（牛硕人）：“不求权利不求名，寄此身心潇洒中。偶遇强横欺诈事，处之坦然含笑容。”《题校内乘凉亭》（郭进德）：“每日公事唯上堂，暇时只在此乘凉。世人笑我无远志，我笑世人奔波忙。”《涉县进香途中兴败而归》（巩恰）：“历尽山程复水程，绿杨深处子规声。小驴倒比诗人懒，卧向溪边不肯行。”三是表现对青年学子的期望，如《山柏》（张珏）：“惟爱池中柏，何人信手栽。莫嫌枝叶短，终是栋梁材。”《拟游东洋》（李子贞）：“数载遨游学未成，安排行李赴东瀛。欲为世上奇男子，须历人间万里程。”

《北方快览》上还刊发一些对人有教育、劝学意义的歌赋，如《八好歌》、《劝业歌》、

《惜时铭》、《劝勤学赋》等。在“余兴”栏有时还刊发儿歌。一些国民政府要人游山西的诗作也在这本刊物上出现过，如1931年刊过汪精卫的《晋祠周柏》、《雁门关》诗两首。《北方快览》还有个特色就是发表组字画，这是将一句话（大多为口号、成语等）用图表现，而图是由这句话的文字变形扭曲组成，读者从图中逐个找出字来连成句子，这种组字画有智力游戏的意味。组字画后来一直流传到新中国成立之后，1950年代初时报刊上还经常出现。

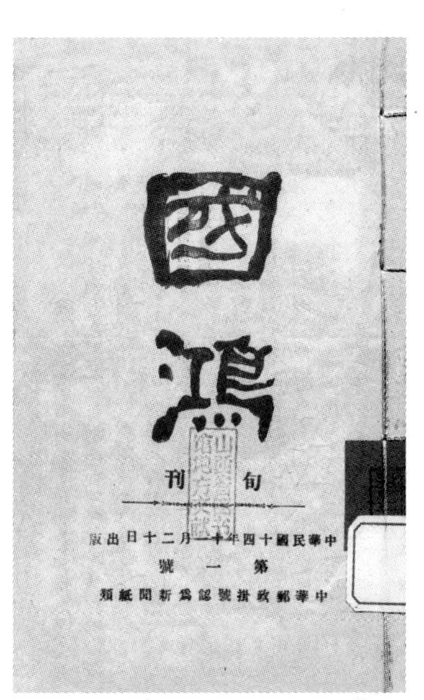

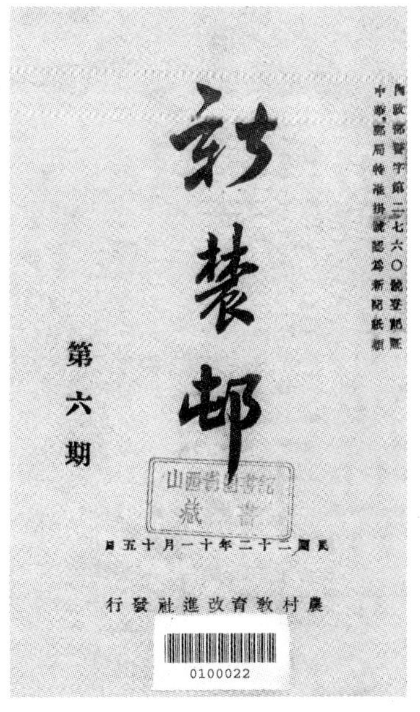

这一时期也出现过以中华传统文化为内容的期刊，这类期刊多辑录古代典籍，有些小型文选的感觉，如《国鸿》。

《国鸿》，旬刊，1925年11月20日在太原创刊，大32开，铅印，用传统右侧线订，由国鸿社编辑出版，晋新书社印刷、订购和代销，主要读者对象为中等知识分子。一则《本社欢迎投稿》的启事是这样写的：“启者鄙同人等，欲本尊崇国粹之心，作挽救社会人心之计，爰不揣陋劣创设斯社，惟所集书籍有限，诚恐搜择不当，不足以引起爱读诸君兴味，各界大雅如有合于敝刊无论任何栏之稿件投掷敝社者，不胜欢迎之至。”该刊所设栏目有“插画”、“书法”（名人作品）、“诗词”、“文章”、“史事”、“子集”、“书牍”、“兵法”、“杂俎”、“小说”、“谐文”等。所刊文章多为古文经典篇章、名段精选、名句典故等，还先后刊登过何绍基、曾国藩、傅山、郑板桥、刘墉、恽南田等著名书画家作品及事迹介绍。目前见到第12号之前刊物，何时停刊不详。

山西还有过另外的综合性文化期刊，其中出版时间较长的有《新农村》和《文化与社会》。

《新农村》1933年6月创刊，出版至1936年6月第29期后停办。太原农村教育改进社编，月刊。刊物针对农村，以建设新农村为号召，涉及农村教育、农村经济、农村自治、农村文学、农村科学等各个方面。第3、4期为合刊“调查专号”，较客观地记载了当时农村的实际状况。

《文化与社会》1934年6月创刊，出版至1937年第3卷第2期停刊。该刊以促进中国文化、发扬民族精神为宗旨，对中国新文化问题的主张基本反映国民党当局的认识。刊物设有“时评”、“专载”、“论著”、“文艺”等栏目，国民党要员如国民党中央宣传委员会主任委员、党史编纂委员会主任邵元冲，国民党中统要员陈立夫等都曾在该刊发表多篇文章。

第五节　报纸副刊与左翼文化在太原

报纸的副刊是报纸中相对独立的结构单元。

中国报纸副刊起于清末。1897年上海《字林西报》(公共租界工部局办)另办了一张小报，刊登休闲文字，这种小报随大报附送，被称为附刊，以后多家报纸效仿，只不过不一定是另一张，而是在报上辟一版面。1921年北京《晨报》为这种版面请人题写刊头，写者书为“副刊”，主事者觉得也有道理，于是采用，“副刊”之称渐被人认可。

副刊虽附之于报纸，但又不体现新闻性，更多是反映某些文化。在1920至1930年代，中国报纸的副刊十分活跃，当时还形成一些很有名气的副刊，如《申报·自由谈》。一些报纸的副刊还委托给其他文化团体来办，有的副刊先是单页，后又装订成册发行，这就使得这一阶段的副刊更类似于期刊。在左翼文艺运动兴起时，一批报纸的副刊成为这一运动的主要阵地。

左翼文艺运动的发动以大革命失败后撤下来的共产党人以及其他进步人士(包括当时归国的留学生)为主体，运动从文艺发端延伸到文化的多个方面。其标志性事件是1930年3月2日由潘汉年、沈端先(夏衍)、冯雪峰、鲁迅、田汉、柔石、冯乃超等50余人发起成立中国左翼作家联盟(简称“左联”)，1930年5月20日又由左联、中国社会科学家联盟、中国左翼新闻记者联盟等8个团体联合成立中国左翼文化界总同盟(简称“文总”)。左翼文化运动的中心在上海，他们的活动针对当时已经建立起来的国民党南京政府的反动统治，倡导“无产阶级文化”，成为文化战线上接受中国共产党领导的一支生力军。毛泽东后来在《新民主主义论》中说，从1927年至1937年，“这一时期，是一方面反革命的‘围剿’，又一方面革命深入的时期。这时有两种反革命的‘围剿’：军事‘围剿’和文化‘围剿’。也有两种革命深入：农村革命深入和文化革命深入”。“其中最奇怪的，是

山西日報

Shansi Daily News

共产党在国民党统治区域内的一切文化机关处于毫无抵抗力的地位，为什么文化‘围剿’也一败涂地了？这还不可以深长思之么？而共产主义者的鲁迅，却正在这一‘围剿’中成了中国文化革命的伟人。”

与全国相比，山西这一时期的革命形势发展是迟缓的，农村革命基本未波及山西，文化革命的波及也比较弱。只有一些进步人士（以革命青年为主）冲破山西保守、封闭、统治严酷的环境，在山西也点燃了左翼文化的火种，其阵地主要是几种报纸的副刊。

《山西日报》是山西的老牌报纸，1918年创办，从阎锡山任山西督军兼省长起，就是军政两署的机关报，一直是阎锡山当局的主要舆论工具。负责人先后有王青田、赵望生、赵效复、张夷行等。1933年5月，日本帝国主义势力大举向华北渗透，时局紧张，平津各学校提前放假，山西在平津的学生赵宗复、唐诃、贠宪千、赵健等返回太原后商议要办一种文艺刊物，“用我们的文笔抨击日本军阀的侵略暴行，揭露卖国政府的妥协投降，唤醒更多的民众起来共同抗日救亡”（唐诃《鲁迅先生与太原的文艺运动》，载《汾水》1981年）。赵宗复是赵戴文之子，经他的交涉，《山西日报》同意划出版面作为副刊，供他们编文学周刊。

副刊定名为《榴花》，取“五月榴花照眼明”之意，编辑者组成榴花艺社。1933年6月出刊，每月一期，以文学为主兼及艺术，有评论、散文、小说、诗歌、论文等体裁。每期除随报刊发行外还加印若干单页。《榴花》内容上与当时的左翼文化运动相一致，发表了一些“激进”的作品。当时正是中国现代木刻产生并出现一批优秀作品之际，《榴花》也想发表木刻作品，然而山西无合适作者，于是榴花艺社给在上海的鲁迅寄上《榴花》，并求其代为征稿。

鲁迅1933年6月20日给“榴花艺社诸君”复信，不仅就榴花社的请求做了回答，还对左翼文艺在太原的开展提出了很中肯的意见（《鲁迅书信集》，人民文学出版社），信原文为：

十一日信及《榴花》第一期，今天都已收到。征求木刻，恐怕很难，因为木版邮寄，麻烦得很。而且此地盛行白色恐怖，仅仅主张保障民权之杨杏佛先生，且于前日遭了暗杀，闻在计划杀害者尚有十余人。我也不能公然走路，所以和别人极难会面，商量一切。但如作有小品文，则当寄上。

新文艺之在太原，还在开垦时代，作品似以浅显为宜，也不要激烈，这是必须察看环境和时候的。别处不明情形，或者要评为灰色也难说，但可以置之不理，万勿贪一种虚名，而反致不能出版。战斗当首先守住营垒，若专一冲锋，而反遭覆灭，乃无谋之勇，非真勇也。

该信虽针对山西情况，但也反映了鲁迅对左翼文化运动的一些看法，可以看出，当时某些“左”倾人士是反对“灰色”，主张“冲锋”的，这种做法完全不适宜在国民党统治区的文化斗争。《榴花》按鲁迅的意见对照了所编内容，也做了相应的纠正，但即便如此,仍遭到山西顽固的旧文化势力的反对，遭到山西统治当局的注意，在《榴花》出版7期之后，当局方面认为有共产党嫌疑而迫其停刊。

《民报》是有阎锡山当局背景的另一张报纸，1927年创办。它有两个阶段：从1927年5月1日办到1930年10月，随阎锡山中原大战失败而停刊；从1932年1月1日复刊到当年4月26日停办。创办之初由樊象离任董事长，王尊光任编辑主任。他们二人同时还在省公署内任职。该报日出四开一张，四版为副刊，名称先为《瀚舟》，后易名为《落叶》和《飞絮》。最初多为市井趣味的文字，后来进行了改革，吸引了一批学校师生，当时太原学校中有石燃社、青春社、红雨社、蝴蝶社等文学组织，都在该报上刊发各自的作品。

1932年《民报》复刊时政治倾向有所变化，负责人为周宜，复刊时为四开，2月8日起扩为对开。报价每月本埠8角，外埠9角5分。《民报》副刊由史纪言、杨蕉圃编辑，提出副刊上的文字要：“一、集团的；二、生命的；三、活力的；四、深刻的；五、讽刺的；六、辛辣的；七、短峭的；八、趣味的。”《民报》副刊办得很有生气，一时间发表了不少足以反映山西左翼文化水平的作品，如王中青（署名飘泊）的诗《我有一个心念》、《雪夜怀梅》，赵树理（署名野小）的诗《歌生》，高沐鸿的散文《苦力与妄想》、《改造自己》，杨蕉圃的诗《一座寂寞荒凉的古城》，巩廓如的剧本《一口鲜血》、《哭着的蝴蝶》，庸麟的小说《静淑》等。

1931年12月18日，太原学联组织学生示威游行，要求允许学生有爱国救亡的自由权，要求撤省教育厅厅长苗培成的职，学生队伍冲击国民党省党部，省党部纠察队开枪，致使学生穆光政身亡。事件发生后迫于压力，山西当局扣押省党部凶手四人，两月后解往洛阳移地审理。《民报》披露此事，引起各界反响，学联组织120人的“太原一二·一八惨案请愿团”赴洛阳向汪精卫、蒋介石请愿，《民报》副刊史纪言以记者身份随行，在副刊上连续发14篇《洛阳之行》，报道请愿过程及沿途见闻。

1932年2月南京政府任命阎锡山为太原绥靖主任，阎锡山得以重操山西大权。2月25日《民报》发表社评《阎先生东山再起》，文中对阎锡山过去政绩多有批评，阎锡山颇为不满，曾企图以重金收编，改《民报》为官办，但遭拒绝。当时山西倡行“禁烟（鸦片）”，实行的是阎锡山的主张“改变禁烟办法，改猛禁为渐禁，先把金丹料面驱逐出去，然后逐渐戒除烟瘾”（金丹料面是日本人在天津、河北等地设厂生产的毒品），由官府组织生产戒烟药饼（药饼含有鸦片）销售，事实上形成官卖鸦片。

《民报》于1932年4月中旬就此事大做文章，其中副刊更是活跃。4月18日刊发署名土炮弹的《我来瞄瞄省政府的戒烟药饼》，对公卖鸦片暴利害民予以揭露。以后又连续发表针对这一情况的文章，矛头直指山西当局。1932年4月26日，山西省政府下令查封《民报》，负责人被扣押。从复刊到被封，新《民报》存在不到4个月，出版107期。

《太原日报》1932年2月1日创办，初名《山西正报》，1934年2月1日改名《太原日报》。该报的背景是阎锡山的叔丈人徐一鉴，改名后由阎锡山的秘书方闻接办，社长先后为赵正楷、方闻、徐培峰，总编辑先后为张慎之、吴晓芝。《太原日报》日出对开八版，六版有一半为副刊，副刊名《唐风》，内容有故事、小说、戏曲、杂谈等，多数为文言文，发表过《北京三十年前之“混混儿”》、《晚晴楼旧话》、《历代循吏事迹辑要》、《内功丛谈》、戏剧《牧羊记》等，当时也就是供读者消闲的一些文字。《太原日报》副刊的变化发生于1936年，与一个“狂飙”文艺运动干将高沐鸿有关。

高沐鸿，山西武乡人，“五四”运动时，与张友渔、张彝鼎等学友组织共进学社办《共鸣》刊物，开始文学创作。1920年代参与高长虹狂飙社活动，创作长篇小说《少年先锋》、长诗《湖上曲》等。1930年到绥远省立图书馆工作，其间主办《绥远日报》副刊。1933年回家乡与李逸三、武光汤等办《武乡周报》，发动群众抗租抗债，1934年《武乡周报》被查封。1936年在北平加入中国共产党，同年回太原从事革命文艺组织工作，随即获得主编《太原日报》专刊的机会。

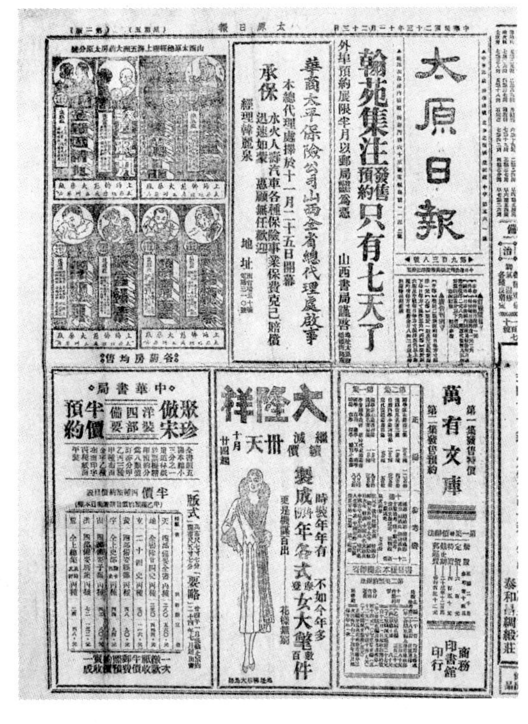
太原日報
翰苑集注 發售預約只有七天了
外埠預約展限半月以郵局戳爲憑
山西書局謹啓
華商太平保險公司山西全省總代理處啓事
本總代理處擇於十一月二十五日開幕
承保 水火人壽汽車各種保險事業保費克己賠償迅速如蒙惠顧無任歡迎
經理韓麗泉
地址
各薬房均售
中華書局
聚珍倣宋 四部備要 洋裝 半價預約
大隆祥
繼續減價卅天 十月廿四起
時髦年年有 不如今年多
摩登 年年式 女大氅 數百件
花樣翻新 更是別出心裁
萬有文庫 第一集發售特價 第二集發售預約
商務印書館印行
泰和昌綢緞莊

《太原日报》新辟的专刊名为《开展》，1936年10月29日出刊，当时《唐风》仍存在，但不久就悄然结束，《开展》成了《太原日报》的副刊。当时全国抗日救亡呼声日趋高涨，太原政治形势开始好转，《开展》又创办于鲁迅刚逝世十天之际，左翼文化运动在纪念鲁迅之中也掀起一股高潮，这就为《开展》的“开展”提供了极好的机会，于是在一张并非进步的报纸上出现了一个进步的、充满活力的副刊。《开展》每期刊名下都标有主编姓名，它的主要撰稿人还有赵树理、王玉堂（冈夫）、卢梦等人。王玉堂、卢梦都创作诗歌，他们的诗战斗性强，很有时代特色。《开展》第九号为“歌曲专号”，第十号为“弹词专号”，把群众喜闻乐见的说唱文艺搬到了报纸上。在第11、12号上，发表了赵树理（署名常哉）的有韵小剧《打倒汉奸》，高沐鸿也亲自写了一些尖锐的评论文章。《开展》一直出到1937年8月下旬。

在办《开展》的同时，高沐鸿等文艺青年还酝酿成立了“全国文艺界抗敌后援会太原分会”，这是一个松散的统一战线组织，其中包括一些政治倾向和文艺观点与他们不同者，那些人另有一个“青年文学研究会”的组织，也参加了进来。后援会成立后，曾利用《山西党讯》出过会刊《笔阵》。1937年以高沐鸿为中心还办了一份文学期刊《太行》，但仅出两期。这时抗日救亡运动已迅速升温，革命文艺青年忙于其他实际工作，这一刊物也就停办了。

《山西党讯》创办于1932年3月，是国民党山西省通讯处的机关报。太原1931年“一二·一八”惨案发生后，全省学生群情激愤，阎锡山借此排斥蒋介石的势力，查封国民党省党部，扣押了省党部头面人物。为抵制南京再派人重组省党部，阎锡山授意李冠洋成立了“中国国民党山西党员通讯处”，以该处名义办起《山西党讯》。《山西党讯》为四开日报，总编辑为关民权。报纸的宗旨是及时报道阎锡山的政令及活动，反对共产主义，维护阎锡山的统治。编辑部人员复杂，其中有一批地下共产党员和进步青年，如史纪言、王中青、朱宝善、张国声、杨蕉圃等，由于他们的作用，使这张报纸主要版面的内容为吹捧阎锡山、攻击共产党，而文艺副刊却不断刊发左翼文化的进步作品。

二十六年九月十日　山西黨訊　（第一版）　星期五

山西黨訊

第一一四一號

虬江碼頭敵軍潰退

觀音堂敵我對峙中

敵進襲我寶山路被擊退

淞江難民七百被敵炸死

蘇聯照會英法 接受地中海會議

敵援軍開進浙江

日內恐有強暴行為

敵機九架昨飛浦東投炸被毀傷逃去

寶山縣血戰兩晝夜城雖陷戰氣猶存

京市難民救委會 召開會議

津浦綫我軍挺進甚迅 兩翼已完成包圍之勢

平綏綫敵我相持中

《山西党讯》的副刊名为《最后一页》，为其投稿的有中共地下党员、进步人士、爱国青年，如亚马、卢梦、鲁木、行者（樊希骞）、赵树理等。赵树理的《铁牛之复职》、《盘龙峪》、《有个人》等早期作品就是在该刊登载的。该刊还发表过力群、鲁木等人的木刻作品和有关版画的评介文章。还在副刊上发过关仲平的《世界语》、《拉丁化》等关于世界语的文章。《山西党讯》副刊最突出的一次活动是1936年鲁迅逝世后组织的悼念活动，使之成为山西左翼文化运动的一次集结与激励。当时中共党组织对纪念鲁迅有明确的原则：一是使之成为争取、团结、教育广大群众的活动，最好能公开举行追悼会；二是发动面要广泛，以此推进太原的民族解放运动和新文化运动；三是讲究方式方法，注意当局态度。《最后一页》的编辑杨蕉圃及主要投稿人亚马等很好地把握了这些原则。10月21日《最后一页》刊发《追悼鲁迅先生逝世专刊征稿启事》；10月22日刊出太原市文学青年发起追悼鲁迅大会的消息；10月25日“太原市追悼鲁迅大会”在山西党员通讯处大礼堂举行，签到者约700人；10月24日到10月31日，《最后一页》上连续刊发纪念专刊7期（25日未发），共刊载文、诗30多篇，还有阎丽川、赵枫川的鲁迅木刻像，专刊每期还增印单页若干。《山西党讯》成了全国刊载悼念鲁迅消息、诗文最多的一家报纸。山西当时较活跃的文学青年大多参与了这次活动。

1933年到1937年，太原也有过文艺期刊，但大都寿命不长，往往只有一二期。出刊时间相对较长，影响也较大的当属《文艺舞台》。

《文艺舞台》1935年10月创办，以艺术通讯社名义主办及出版，内容以戏剧为重点，兼及文艺的其他领域。杜任之任主编，副主编有张季纯、王毅哉等，后来则由常艺青任专职副主编。刊名是从碑帖上辑书法家何绍基的字而成。后来画家郝力群加入艺术通讯社，封面图案就由他设计。《文艺舞台》先为半月刊，次年改月刊，到1936年夏，共出两卷12期。

《文艺舞台》的创办缘于阎锡山的"动议"。据杜任之的回忆，1935年他去阎锡山的故乡五台县河边村参加对阎锡山"学说"的研讨，临完时他去见阎锡山，阎锡山对他说："我的讲话，归纳起来就是两点，物产证券与按劳分配，我看作为一种学说，必须广泛地宣传，才能人人知道，最好能编成故事，编成戏剧，通俗易懂容易宣传出去。你看怎么样？"杜任之答应回太原后想办法，可心里也有了主意，阎锡山想通过文艺方式宣传其主张，也就给了我们利用文艺的可能。

杜任之回到太原即四处联络网罗人才，做了五方面的事：一是成立艺术通讯社，自任社长，请梁化之、薄毓相为名誉社长；二是创办期刊《文艺舞台》；三是成立戏剧编审会，编新剧本；四是办研究班培训演员；五是筹备成立话剧团，为取得西北实业公司的支持，定名为西北剧社。

《文艺舞台》在1935年发表的论文有杜任之《艺术的任务是什么》、《争取民族的生存与文艺应有的方向》，文艺作品有他译的小说《蜘蛛与苍蝇》（作者李卜克内西为德国共产党员）、剧本《机器破坏者》（作者陶勒为英国共产党员）、小说《他是怎么死的》（苏联小说，描写沙俄军队中士兵的苦难）。其他还有张季纯的论文《戏剧事业的瞻顾》、王毅哉的《戏剧运动者与戏剧从业者》。新创的剧本是张季纯执笔、集体修改的四幕话剧《醒来吧》等。《文艺舞台》提倡演新戏，借机介绍苏联戏剧，对话剧的演出也进行多方面介绍与探讨，作者也并不限于山西，如在刊物上发表《舞台及其所属部分之建筑》、《布景的用具》等文的贺孟斧就在上海。

由于《文艺舞台》与艺术通讯社、戏剧研究班、西北剧社等在一起运作，所以使戏剧的创作、演出、宣传形成"一条龙"，直接使戏剧在社会上产生影响。如《醒来吧》作为西北剧社的首演剧目，多次演出。此剧假托一个傍海的国家受到侵犯，全国民众振奋起来，清除内奸，协力抵抗的故事隐喻抗日形势，给观众以很大震撼。《文艺舞台》在近一年的时间内推出新创作的话剧有七八个，虽没有全部上演，但也说明当时它在组织戏剧创作上是卓有成效的。当然，在《文艺舞台》上也刊发了一些灰色调子的东西，这是为适应环境生存而必需的。这种做法与鲁迅给榴花社所提建议的精神也是相符的。

《文艺舞台》的读者以大、中学生为主，除在太原销售外，还委托北平、上海的书店代销。由于经费紧张，所以对作者以多赠刊物为酬。作者对《文艺舞台》是很支持的，如前述的贺孟斧，怕太原制版不便，对文中的插图往往先在上海制好锌版，随文稿一并寄来。《文艺舞台》也引起山西当局一些人的注意，认为没有好好宣传阎锡山，尽刊发有共产倾向的内容。到1936年夏，在太原加强“防共”时，《文艺舞台》以及通讯社、剧团等就被迫停办了。《文艺舞台》既是抗日救亡文艺在山西的开始，也是左翼文化运动在山西的一个反映。

第六节　中国共产党地下组织之“红旗”

1927年中国共产党的“八七”会议，纠正了陈独秀右倾机会主义错误，但纠右的过程中“左”倾路线抬头，它的表现是：不顾敌人的强大和大革命失败后的群众情绪，要组织全国性的暴动起义。中共山西省委按照这一路线把全省划成七个暴动区，即祁介（祁县、介休）、灵汾（灵石、汾阳）、赵霍（赵城、霍州）、河东（运城）、晋城、阳泉、太原，准备组织武装暴动。结果是全省党组织十之八九遭破坏，许多党员被捕。在这种情况下，党的一些组织仍散发传单，提出“打倒国民党和阎锡山”，盲动使党组织进一步陷入困境。

1929年3月25日，周恩来为中共中央起草了给顺直省委并汪铭同志的指示信。顺直是指北京（曾名顺天府）和河北（曾名直隶省），顺直省委当时领导河北、山西、北平、天津、绥远、察哈尔等中共北方地区的工作，汪铭是中共山西省委书记。信中阐述了正确的组织路线，并具体明确地给山西以指示：

……

二、依照上项说明组织路线运用到北方党部，山西省委便成为目前最不必要的组织。如强行组织起来，必成为一空架子机关。……故中央决定，目前山西可不成立省委，先着手于地方工作的恢复和建立，山西的工作改归顺直省委兼管。

整顿工作的程序，应先从中心区域做起，如太原、阳泉、绛州、榆次、河东等地（大同由京绥路方面建立关系）。目前第一步工作，便应先在这些地方寻找有社会关系的同志，建立党的基础。工作恢复开始，党员的线索并不求多，重在质量的选择，要有一人能得一人之用……

假使我们能在每一地方，得到几个能深藏在群众中能领导群众斗争的同志，则便是仅仅这几个同志，便是仅仅一两个工人支部，也会使这一组织成为山西工作发展的核心……

三、根据上述的办法，目前山西实无集中一部分同志到太原的必要。便是太原的工作，也只能设法在当地找有社会职业或下决心找社会职业的同志，去开始恢复党的工作和建立党的基础。（《在白色恐怖下如何健全党的组织工作》，见《周恩来选集》上卷）

汪铭根据中央指示，先在织布工人中找到四名党员，组织起一个支部，不久恢复中共太原市委，汪铭任书记。为配合组织工作，创办了党内刊物《太原工农兵红旗》，油印，不定期，大致创办于1929年4月，出版期数及终刊时间不详。这年夏党员人数回升到30名左右，但也就在这一年汪铭被捕（1931年就义），党的组织工作再次受到影响。

这时在全国，中共领导的土地革命取得很大发展，革命根据地开辟了15块约300个县，红军扩大到10万人。红军利用新军阀蒋、阎、冯大战之机打了一些胜仗，这使党内“左”倾路线再次膨胀，1930年6月11日中共中央政治局做出《新的革命高潮与一省或数省的首先胜利》的决议，制订出全国组织中心城市武装起义的计划。中共中央北方局指示山西党组织立即组织武装暴动，以习静波为首的山西特委提出异议，北方局不仅批评“山西是例外主义者”，而且派坚决执行“左”倾路线的王青士来山西任特委书记（王青士1931年在青岛牺牲）。1930年8月20日山西特委给省委（北方局又改为河北省委）的报告称，“客观形势正在向着武装暴动途上走”，当前要“太原工人总同盟罢工”，“每天上街写标语，写传单，8月17日散发了五百多张传单……计划隔一日散二千张传单”。在组织太原暴动之外，还组织河东暴动，“改变过去向陇海发展的路线，向太原进攻，以会合太原暴动”。但这一切其实全是空谈，以河东地区讲，当时只有30个党员，绝大部分是学生，没有群众基础，加之当时阎锡山统治严密，这种空想式的革命不仅是说大话，而且实际结果是1931年党的组织遭到更大破坏。

1930年9月，中共中央召开六届三中全会，纠正了“左”倾路线，停止了全国总起义的计划。河北省委派刘天章、魏文伯、谷雄一等来山西领导党的工作，改山西特委为山西省委，刘天章任书记。这时省委编印了《山西红旗》（省委宣传部主办，魏文伯编辑）、

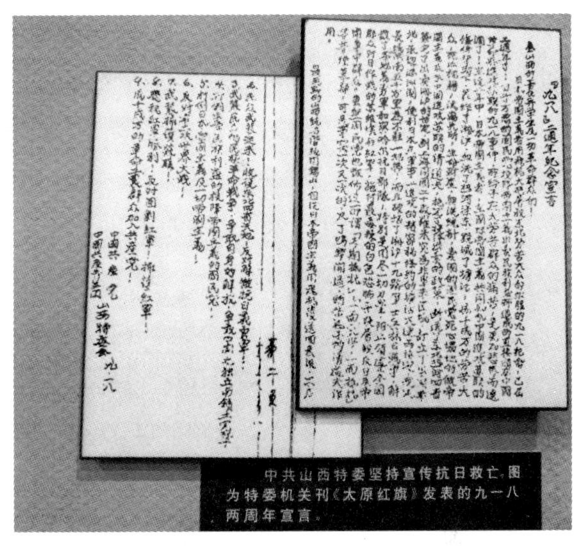
中共山西特委坚持宣传抗日救亡，图为特委机关刊《太原红旗》发表的九一八两周年宣言。

《工农兵小报》（中共太原市委主办）、《士兵之友》（省委军委主办，谷雄一负责）等小报，这几种都创办于9月以后，都是油印，发行几百份，主要在工人和军队士兵中进行宣传。因为经费困难不能按时出版，各出几期不详。11月23日，中国共产主义青年团山西省委办了《太原青工小报》，当时太原有8名团员，这张报纸主要是对全省团员进行教育，旨在提高团组织的战斗力，所出期数及终刊时间也不详。在当时的条件下，这些报刊的出版都是很艰难而危险的。

稍后出现的中共报刊中，办得较好的是《太原红旗》，创办于1933年6月，这时东北已发生“九一八”事变，革命形势有所变化。《太原红旗》是中共太原市委所办，16开，每期若干页，用有光纸单面油印，定价4分。第1期《本刊的使命》一文说：“本刊是太原市共产党的机关报，代表工农及一切劳苦大众言论的刊物。她的主要任务是推翻帝国主义、国民党的统治，争取苏维埃中国的胜利，为山西苏维埃政权而斗争。”“更具体地说她应该是：一、反对日本帝国主义及一切帝国主义瓜分中国，支持武装民众的民族革命战争。二、推翻出卖民族利益，投降帝国主义的国民党统治。三、批判一切反革命派别的理论及其实质的揭发。四、宣传苏联社会主义经济建设。五、宣传中国苏维埃的建设与劳动生活的改善，及工农红军的胜利消息，粉碎国民党的造谣政策。六、指导工农讲斗争，并介绍各地工农斗争的经验与教训。”

在第1期上有《四川红军大胜利》、《工人反对阎锡山的呼声》、《太原抗日救国会内部冲突的一幕》、《第二教导团过大同的实际情况》、《悲壮热烈的张垣民众抗日大会》等消息。在第三、四期合刊（1933年9月23日）上，有《“九一八”宣言》、《察哈尔民众抗日运动的经过和意义及其前途》、《反对国民党的法西斯教育》、《援助第二监狱罪犯要求改善伙食的斗争》、《河东二师驱逐校长的学潮经过及检讨》、《正太铁路工人斗争高潮》、《红军作战经过》、《一个觉悟了的白军团长揭露国民党罪过的一封信》、《山阴通讯》等。《太原红旗》当时以新闻报道为主，所报道的内容很广泛。《太原红旗》终刊时间不详，但从山西档案馆藏有的部分稿件抄件推估，该刊出版当在10期以上。

当时全省其他一些地方也办过秘密期刊，如中共武乡县委1933年8月出过《上党红花》，办刊人有李炳泉、李逸三、史怀璧。后因中共地下组织遭到破坏而停办。除了秘密报刊，山西党组织和党员还利用其他社会关系，较合法地出版报刊，用隐晦曲折的方式进行革命宣传，其中较典型的是《武乡周报》和《垣民之友》。

《武乡周报》1933年5月在武乡县创办，每期印500份，共出过40多期。这是由高沐鸿、武光汤倡议，经县长吕日薪同意创办的。高沐鸿利用与吕日薪的师生关系去呈请，取得吕日薪的同意，吕日薪为周报题了字，还拨了一笔款。周报社成立时高沐鸿为名誉社长，武光汤为社长，编辑有李逸三、武骏图，缮写为史怀璧，还成立了石印合作社解决印刷问题，由李三牛负责。《武乡周刊》以反映现实、议论时政的方法揭露农村的阶级矛盾和农民的苦难，如武光汤写的通讯《锁锁的死》就写了他本家一个哥哥，给地主家扛活最后死于山洪的遭遇，令人激愤与同情。当时盐价波动，周报就发表评论，指出官盐店剥削的真相，以致引发了在县城及几个集镇民众与官盐店的斗争。《武乡周报》及中共在武乡的活动引起当局注意，武乡被划为山西“四大赤县”之一。一年后的1934年夏，《武乡周报》被查封。

《垣民之友》创办于1934年元旦，是山西垣曲籍学生在北平创刊的，月刊，32开本，到1935年5月被阎锡山当局查封，历时15个月，出刊17期。1933年秋，毕业于清华大学的中共地下党员裴毓华（裴丽生）联络在北平的王心清、姚藩南等人成立同乡会“垣民之友社”，然后创办《垣民之友》，提出的口号是“追赶新时代，创造新垣曲”。经费靠同乡捐赠，当时的县长周其昌也捐了五块银洋。《垣民之友》是办给垣曲的青年知识分子的，以小学教员为主。所设栏目有“时事评介”、“读者论坛”、“要闻简报”、“名人小传”、“垣民消息”、“科学小常识”、“两地信”、“小朋友园地”等，所刊文章活泼生动，一问世就引起注意。《垣民之友》发行从400份发展到2000多份，在垣曲更是小学教员几乎人手一册。不少热血青年不仅为之撰写文章，还捐钱寄往北平，以支持《垣民之友》的出版。在垣曲县成立了“垣之友分社”，相邻近的县都有人与该刊建立联系，太原、绥远也有《垣民之友》在传播。

1935年1月10日出版了《垣民之友》“新年周岁纪念特大号”，一篇署名“新铁”的文章《〈垣民之友〉一年来的奋斗史》这样写道：“它是一种时代的产物，它是一种由社会需要而产生出的青年行为，它是垣邑大多数的青年，为了解放自己和为了改造自己现有的不合理环境而发起的呐喊与运动。……垣友的真正精神是在于站在新的合理的人生观的观点上去反对一切旧的‘合理’的制度……这些不景气的痛苦的客观条件，一种一种地压在北平学友各地旅外青年同乡及全县大部分的青年的心身上，使他们早就闷得要呐喊一个痛快，要改造一下环境，要把自己灵魂上的绳索挣断几根……”

由于《垣民之友》锋芒太露，影响扩大，北平当局开始对它监视。在山西，当局也认为《垣民之友》系共产党所办，在垣曲县开始追查搜捕。1935 年 5 月，当局派宪警到北平查封了该刊，主要办刊人和作者一部分被捕扣于太原监狱，一部分转移到外地从事地下革命工作。

第七节 冲破黑暗的救亡号角

1931年日本侵略军在沈阳发动“九一八”事变，三个月内占领了东北全境并向热河省进攻。1932年1月28日日军又发动了对上海的进攻，同年3月7日，傀儡政权“满洲国”成立，日本侵华行动加剧，中国民族危机日趋严重。

1935年，日军策划华北五省防共自治，扶植组织汉奸政府。长征中的中国共产党发表《为抗日救国告全体同胞书》(即《八一宣言》)，开始提出建立全民族抗日统一战线的主张。12月，北平爱国学生举行“一二·九”爱国救亡大游行，掀起了全国抗日救亡运动的高潮。

在这样的历史关头，山西的形势也急速变化。从1935年冬到1937年春，山西整个形势可分为三个时期：1935年12月到1936年初，是山西抗日救亡运动迅速升温时期。太原各校学生走上街头，贴标语、散传单，声援北平学生，成立了太原中等九校学生抗日救国联合会和太原大专八校抗日救国联合会，中等九校为第一师范、第一中学、国民师范、太原女师、进山中学、成成中学、三晋中学、云山中学和友仁中学；八校是山西大学、法政专门学校、教育学院、工业专门学校、农业专门学校、商业专门学校、川至医专、并州学院。时隔不久又联合成立太原学联，学联办了多种宣传报刊，组织各种集会，使抗日救亡被越来越多的人所知晓。这时中外语文学会还请“一二·九”的参加者温健公(中共党员)在太原作报告，进步学生二三百人到场。

1936年初到1936年秋是阎锡山加紧反共，救亡运动被残酷镇压时期。2月份，工农红军渡黄河入晋，一路直逼汾阳、交城，另一路直通临汾。阎锡山当局为对付红军，加强了反共，实行白色恐怖，太原紧急戒严，禁止一切群众活动，勒令解散群众团体，取缔进步报刊，捕杀共产党人，还公布了《查禁共党入晋法》。从山西出走的作家宋之的曾写出《一九三六年的太原》的报告文学在上海发表，描述了当时的情况。3月1日警宪包围太原国民师范，抓捕学生百余人。以后几个月间，一些共产党员被杀害，其中有主编《乡村建设通讯》的冀云程。

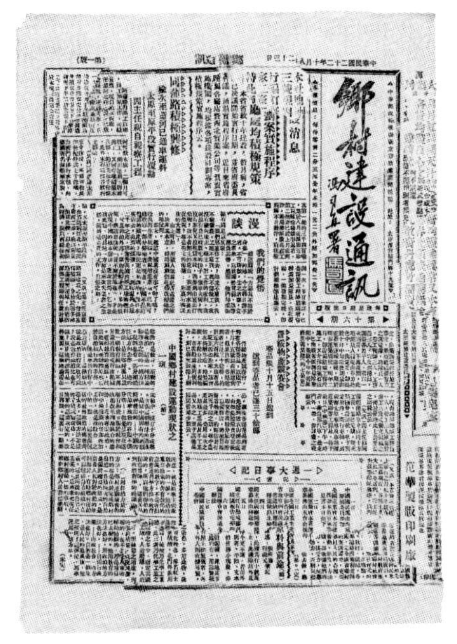
鄉村建設通訊

《乡村建设通讯》1933年6月25日创刊，是经过正式注册出版的4开4版粉连纸铅印周报，发行各县乡村，到1936年3月已出版107期。据宋希川《对太原〈乡村建设周刊〉的一点回忆》所记述：“1936年秋的一天（记得在枪杀国师学生曹津等四人之前），军警多人包围了这座院子，绑架了一位年约三十许，面庞清癯的矮个子中年人，当时公布的罪状是：‘潜伏太原图谋不轨的共产党员冀云程，按紧急治罪法立即执行枪决。’在绑赴刑场的囚车上，冀云程面不改色，形容自若，表现了一个共产党员大义凛然的风度。”

1936年秋到1937年夏是山西形势陡然转变，抗日统一战线开始形成的时期。红军东征之中，毛泽东、周恩来、彭德怀分别写信给阎锡山、赵戴文等人，希望与阎锡山达成联合抗日的协议。红军5月回师陕北后，毛泽东等人再次致信阎锡山，重申中共主张。阎锡山召集其军政要员研究数日，最后以表决方式通过了“联共抗日”的决策。阎锡山的代表梁化之与中共代表朱蕴山达成三条协议：一、取消山西以反共为宗旨的组织（如防共保卫团）；二、取消对陕北苏区的封锁；三、组织抗日民众团体，开展抗日运动。10月，中共代表彭雪枫秘密来太原，阎锡山也同意了成立山西牺牲救国同盟会等组织，并邀请山西籍共产党员薄一波回山西“共策保晋大业”。抗日救亡热潮再度掀起。

由于山西形势的变化，太原学生的抗日活动突转顺利。各校学生参加集会或街头宣传活动，学校当局完全放任，不再刁难，所需笔墨纸张，校方亦适当供应，借占教室亦慨予答应。太原学联决意出版《太原学生导报》周报，孙方山任总编辑，张中唐等七人组成编辑委员会。报纸的印刷所需款项，教育学院结账付款。山西教育学院原有《教育季刊》，现也改为《新教育月刊》，内容上完全以抗日救亡为主题，并号召实行抗日教育与大众教育。外地宣传抗日救亡的报刊，在太原书店里也开始公开出售。其他救亡出版物也纷纷出现，以小报为多。

1936年9月18日，太原召开“九一八”五周年万人纪念大会，同时宣布牺牲救国同盟会成立。11月，晋绥军在绥远取得百灵庙大捷，重创日本所扶植的伪“蒙古军”，全国为之一振，中共中央致电祝贺，南京政府派团慰问，全国一些作家、学者、演员等也赴前线慰问，有刘半农、谢冰心、雷洁琼、吕骥等，全国捐款120余万元。山西一时成为全国抗日进步青年向往之地，数百名北平青年学生涌来太原参加牺盟会的工作和训练。救亡报刊更为活跃，其中突出的当数《牺牲救国》(具体介绍详见第三章)和《政治周刊》，以及为期不长的《突击》。

《突击》创办于1936年11月，主编杜任之。这时杜任之担任山西新生活运动委员会书记，利用合法身份创办了《突击》这一政治性月刊。刊物以鲜明的立场宣传抗日，为推进抗日统一战线，编发了“西安事变”专号，详载了事变经过和张学良、杨虎城的八项主张。杜任之以“仁一”为笔名，温健公以“天行”为笔名，加上徐冰，三人分别写了《停止内战，一致抗日》、《对内团结，对外抗战》、《对内和平，抗日救亡》三篇文章一起刊发出来。一次印出3000份，结果一下售出2500份，在山西军政训练委员会办的军政训练班里，学员们更是人人抢购。阎锡山对张、杨的行动是不赞成的，马上下令不准这一期发行，但结果还是有300余份被秘密转送到北平，对正搞“华北自治”的北平产生了不小的影响，尤其是在学生之中。

《政治周刊》创办于1937年春，以山西军政训练委员会名义出版发行。创办之初，发表的文章多为宣传阎锡山“物产证券”、“按劳分配”、“中的哲学”、“大同主义”等，所以在读者中未产生多大影响。《政治周刊》当时的主编思想倾向进步，是一位留学过日本的知识分子，他接触到当时任军政训练委员会编审室主任的杨献珍，便拉杨献珍为其写社论，一二次交稿他颇为满意，便要求杨献珍为其多写稿。杨献珍是中共地下党员，他觉得这是一个很好的机会，要利用这一阵地宣传中共中央和北方局的方针、政策，使抗日民族统一战线深入人心，就欣然答应做周刊的特约撰稿人。他积极撰稿，用恰当的语言来曲折表达思想。后来作家王玉堂曾回忆当时的情况，“我从北平草岚子监狱出来后，党让我回山西后，即被分配到军政委员会编审室工作”，“那时杨献珍既要搞军政训练班工作，又要翻译马列主义著作，还要为《政治周刊》、《牺牲救国》两家刊物写文章，一天到晚没有一点空闲时候”，“有时他为了能够集中精力写文章，避免外界对他的干扰，便幽默地对我说：‘小老弟，请你再把我关起来吧！’这时我便心领神会地先给他把茶水准备好，然后从外边把办公室的门锁起来”。

《政治周刊》在日军进攻太原时停刊，1938年7月又复刊。复刊后仍有杨献珍的文章，1938年9月出的第一卷第6期上有杨献珍的《军事与政治的关系》一文。全文约7800字，分为八个部分，分别为：一、对于军政关系的一般误解；二、战争是政治的继续发展；三、什么东西决定战争；四、政治在战争中仍然继续着；五、抗战的最后胜利，需要依靠正确的政治领导；六、政治与战术的关系；七、军事政治必须融合为一体；八、培养文武兼备的干部。这是全面分析战争性质，用马克思主义原理阐述战争观的一篇文章，它的主要观点与1938年5月毛泽东在延安抗日战争研究会上的讲演《论持久战》是一致的。

1936年下半年到1937年上半年是抗日救亡报刊一个短暂的活跃期，它是与当时中国共产党对抗日民族统一战线的推动分不开的，也是与山西抗日救亡运动的整体高潮分不开的。抗日救亡报刊对民众的宣传和动员，为山西以后的抗日斗争尤其是敌后根据地的开辟起到了一定的舆论引导作用。

附录一

《中华实业季刊》发刊词

窃维天下大利，莫过于利用厚生。故一切富国、裕民、建设、生财之道，实业而外，别无途径焉。

孙总理建国方略，谓建设之首要在民生，故对于全国人民之衣、食、住、行四大需要，政府当兴人民协力共谋。谋农业之发展，以足民食；谋织造之发展，以裕民衣；谋建大规模之各式房舍，以乐民居；谋修治道路，开浚运河，以利民行；此数事者，要皆造产救国，利用厚生之基础也。旷观欧美各国，其所以富且强者，亦皆于实业提倡辅导之不遗余力。我自民国成立，二十有二年矣！国民经济，日益贫蹙；外货进口，年复增多。迩来举国人士虽已间有觉悟，大声疾呼，提倡建设，然皆徒托空言，不求实际，长此以往，恐救国之声愈喧，富强之望愈远。今日东北之河山易色，数千万之民众为奴。造成此五千年来未有之奇耻大辱者，原因固多，然实业不兴，非其主要之原因耶？

晋省有鉴及此，乃有山西十年建设计划之制订，力求实行，其他各省或三年或五年者，亦接踵而起；中国不亡，固可由此征之矣。同人等从事实业者有年，闻风兴起，愿效前驱，期以切磋供参考，以新知供实用。惟兹事体大，无人不办，无财亦不办；有人且有财，而设计不适于当地之客观环境，不适于民众之生活需要亦不办矣。故其措置施为，必须脚踏实地，精密研究，庶可使工艺实际化、平民化，工厂科学化、合理化。否则，浮沙之上，何以建桥，朽木之材，难施斤斧。此岂数声口号，一纸标语，所可成事者哉？故知识之交换，计划之商榷，实地之调查，新知之输入，皆为实业建设期中之当前要务。而提高国民对建设事业之兴趣，杜绝国民对建设工作之怀疑，亦皆于此是赖矣。今也中国实业建设，方在萌芽，后知后觉者，亟宜研究工作于先，宣传推行于后，使全国人士翻然领悟，一致努力于实业救国，国家前途，庶乎有望。

同人等知其然，于是成立中华实业协会，以促进中国实业之积极发展，并编印定期刊物，命名为《中华实业季刊》，以为从事实业者之借鉴。凡关于实业原理方法，及其他种种问题，将次第加以论列，知必尽言，言必共喻，俾国人彻底了解实业建设之必要，群起以赴，挽国家今日贫弱之局。发刊伊始，用赘弁言，惟关心实业者，进而教之。同仁幸甚！国家幸甚！

附录二

《中外论坛》刊言

人们都知道，现在世界是动的世界！放眼一看，冥心一想，何处不是如走马灯电影片底一般在那里动作呢？那们，我们在此动的氛围当中，应该持一种什么态度呢？无疑地，不能尽管静着；至少，需要了解他们各式各样的动向是怎么样。

在此百忙的动的世界当中，无论何人，当然闲暇优游的时间；雍容典雅的态度，是根本没有了。那们，好读书的人们，几乎没有很长的时间，来读整本大套的书，自然需要一种最经济而最简要的方法，来供给人们，使之在最短时间内，能得到最紧要最丰富的常识。

现代生活中，一点一滴一丝一缕之微，也没有不和世界发生关联的。尽抱住古死书本找营养料，是不够应用；而且不适应用的。所以就不能没有一种最敏快最新鲜的移译介绍，来供给一般不通各国文字而关心世界的人们的脑力贫乏的粢粮，以共策智域之扩大了。

本会同人，有鉴于以上所说“动”、“简”、“新”等的需要。因此敦请并集合留学各国专门学者，依据最新出版的有价值的书报，不论时事，主义，制度，学理等等，尽量提前翻译介绍出来，每月刊行一册，以飨读者。

最后，还有一句声明的话：就是吾们抱定“述而不作”的宗旨，“无偏无党”的态度，赤裸裸地，坦白白地，择他们各国的现成东西，忠忠实实的翻译出来，摆在大众面前。至于批评与论断工作，那就让读者自身担任好了。

三、三十

（注：此文载于1933年4月1日《中外论坛》创刊号首篇，原题为《刊言》，署名天放）

第三章 抗日烽火中的“聚”“变”

从1937年7月7日卢沟桥事变发生，到1945年8月15日日本宣布投降，这一时期是中国现代史上的全民抗日战争时期。“七七”事变后一个月，日军就进攻山西，山西成了抗日战争中最早成为前线的地区之一。在整个抗日战争期间，山西也是全国形势最复杂、条件最艰苦、斗争最卓绝的地区之一，这种复杂、艰苦、卓绝表现于诸多方面。

在政治方面，1936年初中共中央就派彭雪枫为代表秘密与阎锡山接触，宣传建立抗日民族统一战线的主张。1937年7月中旬，国共两党宣布合作之后，7月31日中国共产党与阎锡山达成合作协议，接着，周恩来、刘少奇、彭德怀、徐向前、肖克等相继来太原。8月20日南京政府任命阎锡山为第二战区司令长官，朱德、卫立煌为副司令长官，并将由红军改编成的第十八集团军（八路军）纳入第二战区战斗序列，八路军三个师开赴山西抗战前线，八路军总部也设在了山西。可以说，山西是较早建立起抗日民族统一战线的省份。但是，山西统一战线中的斗争也是复杂的，阎锡山多年反共，现在合作只是他生存的需要，所以当抗日战争进入相持阶段，日军“诱降”之势加剧之后，他就发动了“十二月事变”（1939年），领头掀起了抗战时期的第一次反共高潮。中共对这次事变采取了灵活的策略，提出“拥阎讨逆”的口号，给阎锡山留下余地，避免了统一战线破裂的后果。但斗争并未结束，阎锡山随之在晋绥军中建立专门对付共产党的秘密组织“铁军”，千方百计破坏共产党抗日力量的壮大，山西统一战线一直在摩擦与反摩擦、倒退与反倒退中发展。

在军事方面，抗日战争爆发以来的第一个大胜利平型关大捷就发生在山西，以后又发生了忻口会战、百团大战等一系列艰苦战役，重创了日军。当时山西的抗日军队事实上存在四支力量：一是八路军；二是阎锡山晋绥军；三是部分蒋介石的中央军；四是牺盟会和战地总动员委员会组织起来的新军，包括四个决死纵队、暂一师、工卫旅等。各部队名义上都隶属阎锡山的第二战区，但各自性质不同，战斗力不同，在抗日的态度与战绩上也不同，互相之间有协调有斗争，错综复杂。

在政权方面，山西在抗日战争期间由阎锡山政权、日伪政权和共产党政权三方分治，均具有独立性。八路军以及牺盟会新军在敌后战略展开，建立了晋察冀根据地、晋绥根据地、晋东南根据地（太行、太岳），总共有90个县；阎锡山在晋西吉县周围有23个县；日伪政权有74个县。当时山西共105个县（日伪将大同、浑源等晋北13个县划归伪蒙疆联合委员会管辖），许多县分为几片，各有不同的县长、县政府。

在经济方面，不同区域有不同的经济政策，也造成了不同的经济发展状况。共产党控制的地区实行减租减息，废除苛税，征收爱国公粮，建立地区银行，发展了农业生产。阎锡山统治区实行“新经济政策”、“兵农合一”，推行“合作券”，以抗日的旗号加重了对人民尤其是对农民的盘剥。沦陷区则是日本侵略者为东亚“圣战”而大肆掠夺各种资源。

在文化教育方面，不同的政治区域呈现了不同的形态。抗日根据地是中国共产党在抗日民族统一战线旗帜下教育与发动群众，追求进步与民主；阎锡山统治区是在抗日的口号下加强对民众的管制，宣传阎锡山的学说，继续封建、专制的教育；在沦陷区，则是日伪政权进行“东亚共荣”的欺骗宣传和奴化教育。

这诸多方面，使山西在这一时期的报刊出版出现了数量之多、变化之快、情况之复杂都堪称空前的局面。报刊数量多的背后是人才的集聚，它不仅有编辑者，还有供稿者，这在山西历史上也是空前的。这一时期的抗日报刊发展大致经过了“喷发，沉寂，稳健”这样一个“马鞍形”历程。早在1936年，山西就成立了牺牲救国同盟会，吸引了全国四五千进步青年，这些人以后大都成了抗日战争中的军政骨干。有这样的人力基础，再加上抗日统一战线初成，在1937年冬到1939年形成了抗日报刊的第一次创办高潮。随着抗日战争进入相持阶段，顽固派发动反共高潮，根据地发生经济困难，抗日报刊数量一度大为减少，进入低谷。在中国共产党领导下，根据地得到了巩固和发展，人民武装力量在游击战中得以壮大，抗日报刊数量、质量都逐渐回升。关于这一时期的期刊数量，有研究资料表明，山西1931年到1940年为95种（上一个10年仅为31种），这还不包括部分根据地内难以确定是在山西还是在别省出版者（见任定华文，载《编辑之友》1998年第4期）。综观抗日战争整个阶段，报刊的特点和历程似可用"聚"、"变"二字形容。

更具体地说，这一时期的报刊还有其他一些特点：

一是这一时期报刊之间界限不太明确。当时一切从战争需要出发，形式服从于需要及条件。如果尝试区分的话，报纸明显多于期刊，这与战争环境更需要信息的快速传递有关，也与当时的物质条件有关。由于战争原因，不少当时的报刊仅有名称留存于某些记载而没有留存下实物，而记载中又往往有不一致之处，这不仅使总体数量的统计十分不易，也使报与刊的区分更为困难（报多于刊只能仅就现在可区分者而言）。

二是这一时期报刊的印刷方式多样而质量又相对粗糙。印刷有油印、石印、铅印的不同，纸质普遍较差，这与当时条件有关，也与当时报刊出版既无严格管理，又主要是服从于斗争形势的需要，只求很快发挥作用有关。

三是这一时期报刊内容以政治宣传为主，学术科技等根本谈不上。虽有文化（或文艺）刊物，但也多以普及文化、宣传民众为目标。

四是这一时期许多抗日报刊的编辑、记者往往同时是军政干部，是抗日战士。他们或是从事报刊出版兼顾其他工作，或是从事其他工作而兼顾报刊出版，办刊人员的变动性、流动性极大。

总之，这一时期的报刊出版体现更多的是战争规律而不是报刊规律，但这些报刊，当然是指革命的抗日报刊，为夺取抗日战争的胜利作出了贡献，在提高革命队伍的素质，动员人民群众，从而形成强大的支持革命的力量方面发挥了积极作用。由这些报刊传达的革命的、大众的、战斗的精神，更成为人民革命斗争乃至建设新中国的宝贵精神财富。

第一节　中国共产党对抗日报刊的领导

抗日战争爆发后，中国共产党领导的抗日武装力量向敌后进军，开展游击战争，最终在华北形成晋冀鲁豫、晋察冀、晋绥、山东四个抗日根据地，这是全国最大的根据地，其中三个都是以山西山地为依托开辟的。

抗战时期，出于宣传和动员群众的需要，抗日报刊在各敌后根据地如雨后春笋般涌现，大约有几百种之多。这些报刊主要是各级抗日组织、军队政治部门以及群众团体所办，以宣传抗日为宗旨，基本是通俗的、民众化的，大多为油印，少量铅印或石印，规格上以小型为主。严格地说，这些报刊的质量良莠不齐，但在那特定的年代，它们在动员广大群众以各种方式参加抗日、支援抗日方面是发挥了巨大作用的。

中華民國三十七年十月二十三日　（部隊報紙，對外秘密）　星期六　第一版

戰鬥報

第五五九期　（五日刊）　晉綏軍區司令部政治部編

提高戰術改進指揮

貫澈階級意識和戰術思想
開展「周黑子英雄班」運動

中国共产党对报刊工作非常重视。西安事变后，为领导新的民族革命斗争，中共中央1937年1月13日组成由总书记张闻天及秦邦宪、凯丰等人组成的中央党报委员会，统一领导新闻宣传工作。在抗日战争新的历史条件下，1938年4月2日中共中央向各级党委发出《关于党报问题给地方党的指示》，要求：“每个同志应当重视党报，读党报，讨论党报上的重要论文。党报正是反映党的一切政策，今后

地方党组织必须根据党报、杂志上重要负责同志的论文当作是党的政策和党的工作方针来研究。"这就高度肯定了党的报刊对现实斗争的指导意义，明确了充分利用报刊来传达中共中央及各级党组织的方针、政策、工作重点，是所有党的宣传部门以及具体报刊编辑人员的职责。

1939年5月，中共中央发出《关于宣传教育工作的指示》，其中特别提到报刊工作，要求"从中央局起一直到省委、区党委，以至比较带有独立性的地委、中心县委止，均应出版地方报纸。党委与宣传部均应以编辑、出版、发行地方报纸为自己的中心任务"。这一时期，中国共产党内出现了以毛泽东为代表的正确路线与以王明为代表的"一切经过统一战线"的右倾投降主义路线的激烈斗争。1938年9月至11月，中共中央在延安举行了扩大的六届六中全会，基本上纠正了王明右倾错误，统一了全党的步调，会议也强调了党对新闻宣传工作的领导，强调要办好党报党刊，上述指示就是在这一背景下发出的。此后一两年内，山西各抗日根据地普遍在省委一级办起了报刊，军队旅团、军分区和少数县委也有了自己的报纸或刊物。

大批报刊的创办，固然极大地加强了党的宣传工作，推动了根据地的文化教育，但也带来一些分工不明、彼此重复、数量多而质量差、形式铺张内容贫乏的问题，这不仅是山西，也是其他根据地的问题。为解决这些问题，中共中央于1941年3月26日作出《关于调整刊物问题的决定》。中共中央宣传部根据中央意见发出《关于各抗日根据地报纸杂志的指示》，要求各地整顿报刊，集中力量办好几种重点报刊。中宣部的指示十分具体，首先明确了报刊的数量种类：

> 中央局、中央分局和地域上有独立性的区党委，可办一种政治报纸（三日刊、隔日刊或日刊），作为党及党所领导的党、政、军、民的共同言论机关，其任务是及时报道时局的动向，具体的（地）解释党、政、军、民各方面的政策。具体的（地）反映当地的各种情况与实际工作，尤其是每个时期的中心工作，并指导之。其读者对象是区级以上的干部、小学教员与一般知识分子。
>
> 上列机关可办一种政治杂志（月刊），其任务是论述国内重大的时事政治问题，系统的（地）深入的（地）解释党、政、军、民的各种政策，反映当地各种情况，总结工作经验，宣传马列主义，用马列主义解释中国历史与现状，并指导干部的学习。读者对象同报纸。

上列机关可出版一种党内刊物（月刊），任务是在不妨碍党的秘密工作的原则下，着重于党的建设、党的教育、党的政策的党内传达和解释，及各种实际工作之党内的检讨等。读者对象为区级以上党的干部。

上列机关可出版一种在党指导下的综合的文化文艺性质的杂志，作为各种学术研究与文艺活动的理论和实践的指导刊物，及文艺作者发表作品的园地；可出版一种作为社会教育工具的通俗报纸，担负政治的、社会的、科学的和大众文化的有计划的启蒙任务。

除政治报纸和通俗报纸及党内刊物各地必须办外，政治杂志和文化文艺杂志可依人力物力决定。

中宣部的指示又明确提出了办报办刊的原则：

报刊内容必须注意掌握中央的政策与党的原则，为它们的贯彻而进行各方面的斗争，防止任何违反政策与原则的言论；反映现实，反映当地社会情况与工作情况，反映大众呼声，依此来进行自己的宣传鼓动工作，激励纠正那种主观的、表面的、教条的、公式主义的、无的放矢的和空谈的缺点；善于使用批评的武器，表扬各种工作中的成绩，揭发其错误，但在表扬与揭发时，都必须是实事求是的老实态度，纠正那种夸大、铺张、虚伪、掩饰的恶劣作风；力求内容充实，具有多方面性，改正空虚、单调的毛病。

中宣部还对报刊的编辑出版及组织机构提出要求：

各报刊力求文字生动简明，编排活泼明显，标题明确有力，印刷明洁精良。要求建立健全编辑、通讯、出版、发行的组织及工作。报刊都必须建立编委会，统一由党的宣传部领导。在抗日民主原则下允许其他党派或非党人士出版报刊，共产党经过抗日民主政府进行监督。

中共中央这次对报刊的整顿，不只是一般意义上的改进报刊出版情况，而且对革命根据地战胜所遇到的严重困难有极重要的意义。1941年到1942年，中国人民的抗日战争

抗敌报

反对官僚主义

ZHAN CHANG BAO

战场报

进入最困难的时期，尤其是华北各根据地更出现了严重困难局面。1941年日军发动太平洋战争，为建立支持战争的后方基地，加紧了对华北抗日根据地的“扫荡”，投入的总兵力比前两年增加一倍。1940年汪精卫等一批国民党高级政要投敌建立伪政府，直接进攻根据地的伪军增加到55万多人。华北地区又连续发生严重的自然灾害，造成经济困难。根据地面积缩小，人口从1亿下降到5000万以下，八路军人数从40万减少到30万，财政经济、军民生活都发生极大困难。中共中央为战胜困难，坚持抗战，制定了十大政策。1942年9月1日，中共中央发布了《关于统一抗日根据地的领导及调整各组织间关系的决定》，从组织调整入手贯彻党的政策，以战胜困难。山西几个抗日根据地也进行了很大调整，1942年8月成立中共晋绥分局，9月成立中共中央太行分局，10月成立太岳区党委，以后随形势发展又有几次变动。在这一过程中，各级党委利用报刊来宣传、贯彻中央决定，指导本地区工作，报刊成了抗日斗争和抗日根据地建设的重要武器和工具。

敌后抗日根据地的报刊出版事业是在极其艰苦的条件下生存和发展的。它之所以能生存和发展，除了中国共产党的正确领导之外，广大报刊工作者的艰苦奋斗和广大群众的支持帮助也是决定性因素。编辑、记者本身就是抗日革命战士，他们在残酷的战争环境中办报刊，在贫困落后的农村环境中工作，不仅要迎击日本侵略者的“扫荡”，还要对付国民党顽固派的反共摩擦；不仅要应对敌伪的经济封锁，还要克服自然灾害带来的困难。他们中许多人是一手握笔，一手握枪，在战火中坚持报刊的出版，他们不惜流血牺牲，有的甚至献出了生命。他们一边办报刊，一边参加大生产，甚至想方设法自己生产纸张、油墨及其他器材。在敌后能坚持报刊出版，还在于报刊社及其编辑人员与广大群众的密切联系。根据地军民从通讯、发行、保卫等方面大力支持和帮助了抗日报刊的出版。这种种方面，都使中国共产党领导下的进步报刊出版事业不仅不断取得新的进展，而且丰富和积累了新的斗争经验，在为抗日战争取得胜利作出贡献的同时也为以后的革命和建设做了准备。

在敌后根据地，中共领导的抗日报刊蓬勃发展，尤其是报纸。在太行山，中共中央北方局有《新华日报》（华北版）和党内刊物《党的生活》；在五台山，中共中央北方分局（晋察冀分局）有《抗敌报》（1940年11月改为《晋察冀日报》）；在吕梁山，中共晋绥分局有《抗战日报》。在武装力量方面，一一五师有《战士》，一二〇师有《战斗报》，一二九师有《战场报》，晋察冀军区有《抗敌三日刊》。

根据地各抗日民主政府和群众团体也办有各种各样的报刊。鉴于当时部队与民众在参与抗日中也急需提高文化水平，所以根据地内文化类刊物也很多，如晋察冀边区的《边区文化》、《五十年代》、《晋察冀文艺》、《边区诗歌》，晋冀鲁豫边区的《华北文艺》、《文化哨》、《文化动员》，晋绥边区的《西北文艺》、《吕梁文化》等。随着形势的发展，根据地成立了中国共产党领导的出版社，如太行文化教育出版社等，这些出版社在出版图书的同时也出版报刊。

第二节　牺盟会与新军的报刊宣传

1936年9月，山西成立了一个抗日救亡组织——牺牲救国同盟会（简称牺盟会）。此前阎锡山已组织有自强救国同志会，但成员成分复杂，不少是其公道团的旧人，号召力不大，于是他采纳了杜任之的建议，新建立一个组织，但他不同意把“抗日”明确地提出来，改为“牺牲救国”。阎锡山任会长，成立之初梁化之任总干事。10月薄一波应阎锡山之请回太原担任牺盟会常务秘书，又取得阎锡山的同意，从京、津等地召集一批工作骨干。于是中共干部杨献珍、韩钧、董天知、周仲英、王鹤峰、傅雨田、牛荫冠、廖鲁言等约30人来到牺盟会，加上原先的杜任之、宋劭文、戎伍胜（戎子和）等人，牺盟会核心成员中共党员占了相当比例。薄一波又改组了牺盟会的领导机构，使牺盟会成为名为阎锡山领导，实际贯彻中共路线方针的抗日群众组织，成为抗日战争开始时山西统一战线的特殊形式。

牺盟会机构健全之后，首先大力开展抗日宣传与培训干部工作。1937年1月，创办了《牺牲救国》，由宋劭文、裴丽生、傅雨田等编辑。《牺牲救国》为四开四版周报，创刊时报头为楷书，后来换成由阎锡山题写并落款的报头。主要栏目有“社论”、“救亡言论”、“救亡情报”等，在每版版心边框外两侧都有救亡标语，这是与其他报纸不同的。报上的重要言论当时以薄一波起草的居多。《牺牲救国》很注重发表言论，如第28期出版于1937年7月8日，这正是“七七”事变的次日，两篇评论占了一版的绝大部分，题目分别是《反汉奸运动的重要意义》和《为保卫华北而奋斗》。《牺牲救国》还办了《大众园地》（不定期），牺盟会同时编印了《亡省后的东北》等一批小册子。《牺牲救国》在1937年11月8日太原沦陷前停办，1939年初在陕西宜川复刊，主编赵石宾，同年12月晋西发生“十二月事变”后终刊。《大众园地》停刊时间不详。

牺盟会的宣传工作是很特别的，政治上运用了“戴山西的帽子，说山西的话”的策略，一些政治口号的提出和具体政策的制定，一般要与阎锡山协商，征得同意，把共产党的提法换成阎锡山的话讲出去。阎锡山不接受的，则实行必要的等待，或改变一下形式，争取阎锡山的同意，如把共产党的“停止内战，一致抗日”、“抗日救亡”、“抗日民族统一战线”等口号，改为阎锡山认可的“动员民众，守土抗战”、“抗敌救亡”、“民族革命统一战线”等口号。又如把共产党的“抗日救国十大纲领”的主要内容，用“山西民族革命十大纲领”的形式表现出来，并由阎锡山批准颁发。这样做，一方面使中国共产党取得在山西发展群众抗日运动的合法权利；另一方面还可利用这些口号和纲领，批判各种危害抗日的言论，打击各种破坏抗日运动的行为。《牺牲救国》始终按这一方针办刊，在牺盟会存在期间坚持了抗日统一战线的正确方向。

中華民國二十六年七月八日　犧牲救國　第一版

犧牲救國　閻錫山

要加緊準備收復失地的一切條件！

為實現抗敵救亡統一陣線而鬥爭！

反漢奸運動的重要意義

工作的中心

為保衛華北而奮鬥

1939年阎锡山顽固势力配合国内一股对日本妥协的逆流，策划消灭牺盟会，于是制造种种谣言。《牺牲救国》及时发动舆论攻势，连续发文从多方面揭穿顽固派的两面派伎俩，将这种行径归纳为“团结的说法，摩擦的做法；统一的说法，分裂的做法；进步的说法，倒退的做法；民主的说法，专制的做法；抗战的说法，投降的做法”，使广大群众分清是非，动员起来与顽固派进行斗争。

牺盟会的工作在抗战全面爆发后有了极大进展，主要表现在：

一、广泛发动和组织了群众。牺盟会在工人、农民、职员、教师、学生中大力发展会员，并层层建立牺盟会组织，到1939年9月，全省会员发展到89.3万人，在绥远省还建立了“绥盟会”，通过集会、训练班、报刊、演剧等多种形式宣传抗日战争的形势及任务。1939年9月25日召开第一次代表大会，决定按职业和群众特点成立不同的救亡团体，到1939年11月，仅全省农民救国会成员即达116.2万人。

二、组建新的政权。在日军侵入山西后，旧政权纷纷倒台，牺盟会通过阎锡山批准，委派了不少牺盟县长（又称抗日县长或游击县长），建立抗日县政府。到1939年，牺盟会掌握的县政权达到62个。

三、组建各种形式的人民武装。在许多县建立了人民武装自卫队配合正规军进行游击战争，维护地方治安。尤其是以“军政训练班”和“国民兵军官教导团”等为基础成立了山西青年抗战决死队等部队，为与晋绥军相区别，称之为新军。

太原沦陷后，牺盟会主要负责人薄一波、戎伍胜等人率决死一纵队、三纵队进驻晋东南，薄一波直接领导上党中心区。初期，中心区由陈大东任宣传部部长，宣传部下属有宣传科，周化南任科长，宣传科下有报刊编辑室，由王世荣、郑笃负责。郝汀负责美工人员培训，张焕文等负责刻版、印刷、发行。当时就出版了油印小报《每日电讯》和《上党战旗》期刊。

《上党战旗》是工作指导性刊物，名义上由牺盟会和公道团主办，1938年秋创办于山西沁县，刊物上主要发表薄一波等领导人的文章、牺盟会总会的文件、各地抗战工作的经验总结，也有介绍形势发展方面的内容。该刊主要用于指导推动牺盟会在晋东南的抗战工作，对外及更大范围的宣传鼓动工作则由《战斗日报》承担。

《战斗日报》是牺盟会上党中心区的机关报，创刊于1938年秋，是决死三纵队进驻长治，戎伍胜任五专署（当时大多中心区另设专署代表政府，长治中心区为五专署）专员、杨献珍任秘书主任后创办，戎伍胜题写报头。《战斗日报》每天出石印四开四版一张，社长秦春风，总编辑魏克明，定价每期二分，每月五角。在相当一段时间内，《战斗日报》担负了五专署、三专署（沁县中心区）、七专署（夏县中心区）这个范围的宣传报道任务，这几个专署涉及晋东南、晋南以至晋中39个县。1939年4月，《战斗日报》奉命停刊改出《黄河日报》。从创办到停刊，《战斗日报》历时11个月，出版270多期。《战斗日报》最高发行量曾达5000多份，影响较大。1939年3月13日《新华日报》（华北版）副刊《战地报人》发表了陆定一的文章《回答一个问题》，谈办报方向，认为地方报纸要“把注意力

戰鬥日報

放在具体化、地方化、通俗化的工作上”，并特别提到：“例如《战斗日报》的‘民革室’，讨论问题非常切实具体，是我们各地报纸应当仿效的。”

《黄河日报》仍以牺盟会名义主办，但完全在中共领导之下，邱吉夫为社长，魏克明、高沐鸿先后担任总编辑。《黄河日报》改为铅印对开，每期由交通员分送各县发行站。1939年秋，《黄河日报》分为路东版（太行）和路西版（太岳）。路东版由杨献珍领导，王春任总编辑，副刊编辑为赵树理。当时副刊名为《山地》，每周一期，副刊特别注意大众化和通俗化，它发表抗日快板、鼓词、故事，很受欢迎，当时是“诗能唱，小说能说”，报贴到什么地方，总会挤满人，有的念有的听，常引发哄堂大笑。赵树理以“本鄙人”笔名在《山地》上发表了不少杂文，当时已引起各方面注意。当年12月发生“十二月事变”，决死纵队第八团叛变，与阎锡山的晋绥军捣毁《黄河日报》路东版，报社编辑史曼林等多人被害。1940年2月，根据薄一波的指示，《黄河日报》路东版在沁源县正沟村复刊，史纪言任社长兼总编辑，复刊后为石印四开四版，发行千余份。《黄河日报》的副刊比较多，有文艺副刊《燎原》，还有《战时妇女》、《军政周刊》等。当时报纸还负有和晋绥军及中央军搞统战工作的任务，在报上刊发过对这些军队长官的采访，其中如十四军的陈铁、二十七军的范汉杰、晋绥军的邢肇棠等。1940年4月《黄河日报》路东版与《太南日报》等合并改为《人民报》，《黄河日报》路西版改为《太岳日报》。

XUANGXO RHBAO
黃河日報
國內新聞

除了中心区牺盟会办的报纸外，晋东南地区各级牺盟会也办有种种油印、石印小报刊。据《战斗日报》1939年3月9日报道，当时这类报刊不下数十种，其中较好的有阳城的《奋斗报》、《新中国报》，晋城的《民革导报》（后改为《洪流报》），高平的《抗战导报》，陵川的《抗战日报》，沁水的《洪流小报》，平顺的《挺进报》，屯留的《吼声》等。这些报刊名义上是牺盟会所办，实际上都在各县中共县委领导下，以县村干部、小学教员和部分群众为对象，各发行二三百份不等。虽然都是些小报刊，但在宣传、动员、组织、指导民众方面都发挥了不小的作用，为新民主主义新文化的发展做了准备。

在牺盟会建立抗战政权之处，教育也得到恢复和发展。一些有战时性质的学校建立起来，如在长治就出现了五区民族革命中学（当时长治为五区）。五区民族革命中学1938年8月招生，第一期招300名学员，编为一个高中队、两个初中队，在原长治四中的校址上开课。该学校也办了期刊《民中》。

《民中》1938年12月创刊，创办时定为半月刊。创刊号由戎伍胜题刊名，封面有一木刻图，为掷弹之战士。刊物为16开本，麻纸，石印。在创刊号上有“专论”《目前抗战形势》，“短论”《十七个月的神圣的抗战》、《怎样把握现实来积极工作》，还有“纪念专辑”，是就纪念“一二·九”运动三周年、“双十二事变”两周年等的几篇感言。刊物还有民中教学及师生活动的介绍等内容，从中也反映出当时学校的情况及师生的抗日热情。在当时牺盟会的宣传、组织之下，可以推测，类似《民中》这样的期刊当时绝不会仅此一家。

早在牺盟会成立之时，中国共产党就希望通过统一战线，向阎锡山要武器、要装备，组织真正的抗日军队。“七七”事变之后，牺盟会主要负责人薄一波、张文昂、戎伍胜、雷任民等就把主要精力放在组建新军上。到10月新军组成，共6个团，约2万人，阎锡山为之配备了武器装备，支付了薪饷。1938年4月，日军进占晋南大部城镇后，新军大力扩军，4个总队发展为4个纵队（旅），到1939年已发展为有22个团，约六七万人的军队。活动在晋东南、晋中、晋西北等敌后，其番号有决死纵队、工卫旅、政卫旅、暂一师等。新军参照八路军政治教育工作的做法，注重宣传教育工作，旅、团一级多办有报刊，连、排也出墙报板报。其中决死四纵队较为出色与典型。

决死四纵队在1938年办有《前线报》，三日刊，以新闻为内容；《前线》月刊，登载专论、评论、经验交流；《前线生活》月刊，刊登小故事、谜语、智力测验等。1939年决死四纵队改编为独立第七旅和二〇三旅，第七旅办了《挺进》月刊、《挺进报》和《挺进生活》；二〇三旅出版《西北线》、《西北线报》和《西北线生活》。这些报刊虽都是油印，但在抗日战争以及与阎锡山顽固派的斗争中，刊发过许多富有战斗力的文章。如《西北线》针对顽固派对牺盟会与新军的挑衅，就刊发了《论三反主义》、《再论三反主义》、《三论三反主义》、《坚持我们的阵地》、《明抢与暗夺》等文章。“三反主义”是指“反牺盟会、反民族革命青年团、反政治工作”的逆流。《挺进》与《西北线》还出版专刊，印发《告全体官兵书》、《告社会人士书》，坚定地维护了抗日民族统一战线，声讨了顽固派的倒退行径。

“十二月事变”后，独七旅和二〇三旅番号撤销，恢复第四纵队，恢复后的第四纵队出版《新前线报》。《新前线报》第一期就刊文揭露有人企图组织“中国抗日忠勇先锋军”以分裂新军的阴谋。随后又刊发多篇文章，向群众通告事变的前因后果，宣传反顽固派斗争的胜利。

因当时日本侵略者占领着中国大片国土，面对主要敌人，牺盟会及其他革命力量在反顽斗争中采取了克制态度。1940年初在晋西北建立人民政权——晋西北行政公署时，施政纲领称“抗日拥阎讨逆施政纲领”，表示还承认阎锡山为抗日领袖、牺盟会长。牺盟会和新军通过无线电向阎锡山报告活动情况，阎锡山采取收而不复的态度。到1940年夏，牺盟会结束活动，它的机构和工作转入中共领导的各救国会之中。

第三节　战动总会的抗日动员

第二战区民族革命战争战地总动员委员会简称战动总会。

在“七七”事变后，阎锡山就成立了以他为主任委员，上有绥靖公署、省政府、牺盟会、公道团，下至各县县长等组成的“总动员实施委员会”，但日军入侵后，旧官旧军纷纷弃地逃跑，这个总动员委员会成了空架子。面对广大的敌占区，为组织抗战，在周恩来建议下，阎锡山同意成立战动总会，由老同盟会会员、著名山西籍爱国将领续范亭任主任。这是一个由各军政机关、各民众团体的代表共同参加的抗日民族统一战线的具体组织形式，1937年9月在太原成立，直辖第二战区司令长官行营。它的骨干成员有不少共产党员，最初成立的五个部中四个部长是共产党员。战动总会随军情的变化，从太原转汾阳、离石，最后驻岢岚。所谓“战地”实际是指已失去的地区，但随着失地增多，“战地”增加，战动总会的范围从最初的雁门关外18县、绥远全省、察哈尔省南5县扩大进入到晋北10多个县。阎锡山恐其势力过大而多加限制，使战动总会最后主要集中于晋西北工作。1939年秋，在反共逆流掀起之后，阎锡山最终下令取消了这一组织。

战动总会仅存在两年时间，但它对动员民众作出了很大贡献，它组织过宣传队、剧团、运输队、慰劳队、救护队、劝募队等组织，组织了情报网、除奸网和难民收容所。尤其到晋西北各县后，建立县、区、村级动委会，为晋西北抗日根据地的开辟起了奠基作用。它动员组织的游击队，达到8个支队1.5万人，最后这些游击支队改编为暂一师，续范亭任师长，与八路军一二〇师配合作战。“十二月事变”之后，这支部队并入八路军。

战动总会成立时发表宣言，指出“决定抗战到最后胜利的条件是充分执行民族革命的一切政治的民主的任务，只有全面全民族持久抗战，才能取得抗日战争的最后胜利”。并提出三项原则作为奋斗目标：一、积极组织民众，武装民众；二、实行真正的合理负担，改善人民生活；三、实行民主政治，扶植并保障抗日言论、出版、集会之自由。

战动总会把动员、组织民众作为工作的核心任务，十分注重报刊的传播作用。在两年之内，由战动总会直接或参与创办的抗日报刊甚多，主要的有：

動員
DUNGYAN
第廿二期
國內戰況
晉南軍事大轉機
殘敵不難殲滅
晉東戰事頗為順利
津浦路北段又趨緊張
我頗佔優勢
海寧已克復
杭州敵軍甚恐慌
敵以主力進攻晉南及平汗綫之企圖顯已失敗

《总动员》，这是在《山西党讯》上办的副刊，第1期于1937年9月20日发刊。在发刊词中写道："在这伟大的时代，一方面在血淋淋的抗争，一方面却沉沦在迷梦中。我们要发扬民族意识的积极性，批判一切歪曲的理论，报告抗战的实际情况。为了上述的使命，我们的《总动员》就仓促的诞生了。"《总动员》三日一期，在太原共出7期。

除了《总动员》，战动总会包括其下属组织还以《总动员》或《动员》的名称出版过一些小报或者号外。

《战地动员》，创刊于1937年秋，是《太原日报》的副刊，也是由战动总会宣传部编辑（宣传部最初部长为赵宗复）。这是一个专论性质的副刊，讨论抗日斗争中各方面的问题。每周2期，第1期上就刊登有周恩来的报告。出八九期后太原沦陷，副刊停办。总会转移到离石、岢岚后单独出刊，半月刊，铅印，出5期后因日军进犯，印刷厂受损，一度改油印小报《战动周刊》，最多时印1000份，出11期后，又改《战地动员》刊物，发行过12期，每期几百份，最多时印到1200份。

《战动通讯》，也是战动总会宣传部编辑出版。创办时间大致在1937年秋冬，每日一期，每期印200份。编载总会电台每日收录的外地广播消息，还登载各县送来的消息，主要是在各地动委会和各支队处于敌后看不到报纸的情况下，通过《战动通讯》及时传达抗日战况、国内外新闻，交流本地情况。

多年之后，段云曾写有《我在战动总会宣传部》一文，回忆道："我到总会后，《战动通讯》和《战地动员》半月刊即由我负责，除了组稿外，我自己也写过一些文章，多半是经济方面的东西。记得写过关于执行合理负担，保障抗战需要，调节各阶层利益的问题，写过如何管理战时经济，发展生产，统制贸易，组织商品供应的问题等等。延安和外地的个别同志看到这些文章后，曾写信来联系和讨论过。”

西北戰线

鄭州穩定敵走鹿邑

轉移目標猛攻安慶

蘇北各地仍為我軍固守

為喚醒日寇鐵蹄下民衆

我神勇空軍征日創偉舉

《西北战线》创刊于1938年，是为统一宣传、节省财力而将一些报纸合并而来，两日刊，由总会宣传部和二区专员公署、保安司令部、牺公岢岚中心区、八路军一二〇师民运部等共同主办。共出120余期，当时二区专署辖岢岚、河曲、五寨、宁武、保德、偏关、神池共七个县。牺公是指牺盟会与公道团。《西北战线》是一个综合性时事刊物。参加编辑工作的先后有刘轲、吉喆、饶斌、卢梦等。

1939年1月28日，《西北战线》改名《新西北报》，人员、资产转至牺盟会岢岚中心区，由牺盟会岢岚中心区承办。该报先为周刊，后逐渐改为三日刊、间日刊，每期出版四开一张，吉喆任主编。当年夏，牺盟会在兴县设晋西北办事处，统一领导岢岚、临县、太原三个中心区工作。《新西北报》于6月也迁往兴县，成为办事处的机关报。就在《新西北报》到兴县不久，阎锡山的干将赵承绶当了山西第二游击区行署主任，他创办《晋西北报》，鼓吹阎锡山的理论，企图抵消《新西北报》的影响。《新西北报》坚持统一战线的立场，发表了一系列文章，坚持进步，反对倒退，进行了针锋相对但又策略灵活的斗争。1940年秋在《抗战日报》创刊后，《新西北报》停刊。

《老百姓周报》是向普通民众进行宣传的，共出21期，每期印1000余份。这一刊物用通俗生动的语言，登载一些国内外大事、战时常识，讲述老百姓的义务，有时还登载一些抗战故事、鼓词小调等，在当时晋西北群众中甚受欢迎。

《战动画刊》是个不定期刊物，也是战动总会宣传部编。与上述刊物相同，也是油印的，但作为画刊，要编辑人员直接用铁笔、蜡纸刻出图画，所以编印难度更大些。《战动画刊》当时刻印质量很好，所以出版后也很受欢迎，每期几百份，出版过20期。

战动总会在晋西北的活动也促进和带动了当地文化教育的发展。这一地区是山西文化相对落后的地区，战动总会的到来使文化工作者也聚集于此，在此编印出版各类报刊的同时也编印各种宣传抗日的小册子，大大推进了晋西北的文化进步。当时在动委会建立组织的各县，也大都办起了自己的报刊，如临县的《红旗》、五寨的《动员》、岚县的《岚动》、岢岚的《抗战建国》、宁武的《汾源怒吼》、神池的《火花》、河曲的《雪耻》、兴县的《抗战》、忻县的《战声》、静乐的《战潮》、保德的《自卫》、偏关的《怒吼》、右玉的《抗日先锋》、雁北办事处的《炸弹》、五台中心区的《动员》等等。

各县的报刊中有的办得是很出色的，如介休的《动员五日刊》创办于1937年11月，是各县抗日报刊中创办最早的，由动委会秘书宋涛负责，刘石生编辑，此刊石印，公开发行。1938年2月日军侵入介休，该刊停办。随后，介休抗日力量组成的山西游击第五支队又创办《游击五日刊》，主编仍为宋涛，此时他是这支部队的政治部主任。此刊的刊头用红油墨套印，当时印刷质量是较好的，发行对象为各游击中队及游击区各村。《游击五日刊》出至1938年底停刊。

与战动总会有些关系的还有另外一个刊物，即《黄河战旗》，最初名为《政治周刊》，它不是以战动总会名义办，但刊物的立场与主张与战动总会是一致的，它所刊发的文章可以说是这一时期抗战工作的最好反映。

《政治周刊》是一个时事政治评论刊物，1937年春在太原创办，当时是以“山西军政训练委员会”名义出版的，太原失陷后停刊。1938年7月7日在吉县复刊，由第二战区政治部出版。半年后黄河出版社成立，1939年2月该刊改为出版社编辑出版，1939年9月中旬改刊名为《黄河战旗》，仍是周刊，麻纸铅印，出版到12月，“十二月事变”后停刊。

从归黄河出版社到停刊，《政治周刊》及后来的《黄河战旗》刊发了大量有分量的文章，仅从这些文章的题目就可折射出这一刊物的立场及影响。

政治方面有：《牺牲救国有真有假》（韩钧）、《团结进步抗战到底》（一波）、《巩固并扩大群众运动，肃清汉奸卖国贼》（岱峰）、《新形势下我们奋斗的基本方针》（韩钧）、《揭穿汉奸伪装，巩固团结阵营》（黄一然）、《再斥汪兆铭》（何香凝，转载）、《解散群众团体能争取胜利吗》（荷）、《取消进步力量能克服困难吗》（蔚文）、《从反牺盟到汉奸》（翔）、《抗日、反顽固分子、战斗中的决死队——为决死队诞生二周年而作》（薄一波）、《战胜艰苦，战胜饥寒，战胜日寇》（韩钧）、《坚持革命阵地，为粉碎顽固分子阴谋而斗争》（廖井丹）等。

军事方面有：《决死队应起的模范作用》（一波）、《粉碎敌人二次窜扰晋西南的经验教训》（石宾）、《粉碎敌寇进攻和顺辽县的经验教训》（书良）、《论罗汉战役》（韩钧）、《山西的光荣战绩，出击声中伪军大批反正》（苏）、《政卫某队在汾西的几次战斗和经验教训》

（孙定国）、《山西抗战二年的总结提纲》（薄一波）、《如何努力抗战的效用工作》（牛荫冠）、《敌寇在晋东南怎样进犯、怎样失败》（榜米）、《蔡雄飞投敌经过——被俘十九军政工人员归来谈》（筱峰）、《青年抗敌决死第二纵队二年来工作经验教训的总结提纲》（韩钧）、《新军二周年纪念大会在兴县》（韩钧）、《论决死队》（梁膺庸）、《敌伪工作在汾南》（萧平）等。

经济方面有：《抗战二年来敌经济危机严重》（侬）、《抗战以来山西财政经济政策》（章柳）、《游击式的工业制造厂》（一农，通讯）、《上党区的生产建设》（可亭）、《晋西北经济状况》（加森）、《敌我经济阵容与我们今后的对策》（胡仁奎）、《法币战胜日圆》（翔）等。

政权建设方面有：《百倍努力完成我们的任务和工作》（戎伍胜）、《抗战以来山西行政演变与实施》（雉翔）、《健全村政权的实际问题》（胡仁奎）、《平山的村长是怎样改选的》（全江）、《论政权机构》（宋时昌）、《建立平川抗日游击根据地的经验教训》（顾永川）等。

民众运动方面有：《山西农民的参战及其经验教训》（思行）、《晋察冀边区工人是怎样和敌人斗争的》（郝桐生）、《对农救工作贡献几点意见》（雨秀）、《为巩固农村组织而奋斗》（力之）、《山西工会干部访问记》（范琦）、《训练民运干部的经验及教训》（继潜）、《抗战以来山西的农救组织》（斯兴）、《反对非法解散民众团体阻挠民众运动》（转载）、《晋西南青运的几个问题》（尹苇）、《灰色组织的中间作用——夏县区敌区工作概况》（裕民）等。

文化教育方面有：《建设随营总校诸问题》（梁膺庸）、《关于干部教育的经验教训》（亚谟）、《怎样在领导工作中培养干部》（献珍）、《开展并统一敌人后方的文化运动》（石宍）、《怎样解决文化食粮的饥荒》、《抗战以来山西的鼓词宣传运动》（思进）、《一年半的“民大”与怎样巩固与壮大“民大”》（梁膺庸）、《奋斗中的抗敌演剧第三队》（吕光）等。

文艺方面有：《井圪塔的血》（萧英，报告文学）、《出现在西线的〈西线〉》（高亮，书报评介）、《汉奸与汉奸之间》（侵窃，报告文学）、《在一个优待抗属大会上》（则民，速写）、《日本反战兵士之家的来信》（王克西译）、《军学与文学》（允中，评论）、《困死敌人》（安克，诗）、《专等你》（冈夫，诗）、《古城的战斗》（岗，诗）、《给过路的战士们》（骆方，诗）等。

透过这些题目可以感到，在抗日民族统一战线形成之后，民众的动员是比较充分的，抗战激情是高昂的，抗战工作的内容是丰富的，同时也可感受到当时山西敌后抗日前线人才是聚集的，从报刊来说稿源是充足的。

这一时期，即1937年秋到1939年秋，是抗日报刊发展的高潮时期。

第四节　晋察冀抗日根据地的期刊

抗战爆发，八路军一一五师挺进晋东北，开辟了雁北察南游击区。1937年11月7日晋察冀军区成立，聂荣臻任司令员。1938年1月，在河北阜平县召开晋察冀边区军政民代表大会，成立边区政府，这是中共领导的华北敌后第一个抗日民主政权，下辖3个行政区36个县政权。

晋察冀根据地与同在山西的另两个根据地相比，文化教育包括报刊出版相对活跃与平稳。这是因为：第一，晋察冀根据地是中国共产党独立建立的，而晋西北、晋东南（太行、太岳）根据地是八路军、阎锡山、国民党军政势力三方面以抗日统一战线形式开辟的，各种力量交错使政治军事态势动荡较大，尤其是反共逆流破坏统一战线的行径，如"十二月事变"都曾给根据地造成损失；第二，晋西北是华北通往延安的要道，晋东南是八路军总部所在地，战略地位决定了战争的激烈性略高于晋察冀；第三，晋察冀包括冀中和热河等地区，这里的自然条件、交通状况与经济文化的发达程度均优于其他两地。

晋察冀边区最早的报刊是《抗敌报》，1937年12月11日由军区政治部在阜平县创办。《抗敌报》初为石印三日刊，次年8月16日改铅印隔日刊。1938年4月改为中共晋察冀省委机关报，邓拓任报社社长。中共中央北方分局（晋察冀分局）成立后改为分局机关报，1940年11月7日改为《晋察冀日报》，它一直坚持到1948年6月14日终刊，共出2854期。后与晋冀鲁豫《人民日报》合并，改组出版中共中央华北局《人民日报》。从《抗敌报》算起，它是中国共产党在华北敌后创办最早、存在时间最长的党报之一。彭真曾为该报题词："《晋察冀日报》是统一边区人民的思想意志和巩固团结共同抗日的武器，也是边区人民忠实的言论代表和行动指针，它将成为边区文化战线上铁的正规军。"

《晋察冀日报》为指导各方面的工作，办有很多专栏和副刊，这些专栏、副刊各有主

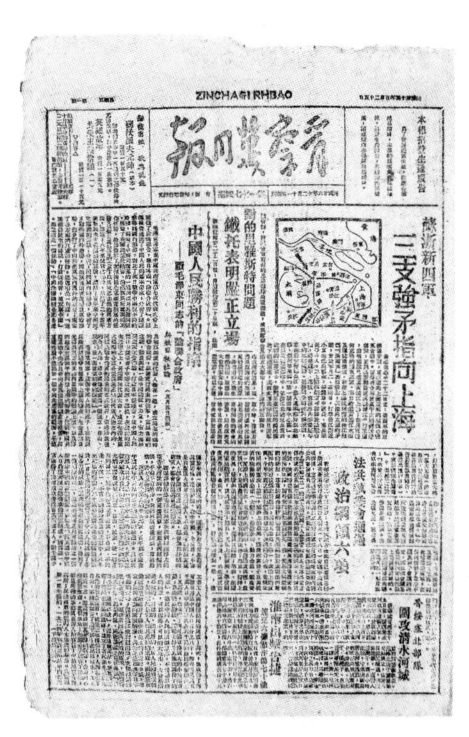
ZINCHAGIRHBAO
晉察冀日報
蘇浙新四軍
三支強矛指向上海

办单位，如军区政治部办《子弟兵》，工救会办《工人先锋》，农救会办《抗战农民》，青救会办《边区青年》，妇救会办《边区妇女》，文救会办《文化界》等，报社自己也办有《老百姓》。《晋察冀日报》最高发行量达2万多份，为加强对敌占区和游击区群众的宣传，报社在1941年还办过《实话报》。《晋察冀日报》在《抗敌报》时期影响就较大，以致敌人曾伪造《抗敌报》来破坏其声誉。报纸的各个副刊为创办期刊打下了基础，使晋察冀的期刊一度发展到五六十种之多，其中一些更是不仅影响到晋察冀，而且辐射全国的抗日战区。

《晋察冀画报》1942年7月7日创刊于河北平山县碾沟村，由军区政治部主办，铜版摄影刊物。政治部下属画报社，社长沙飞，副社长罗光达、石少华。《晋察冀画报》创刊号94页，刊照片160余幅，中英文对照，16开本。聂荣臻为画报创刊题词：“五年的抗战，晋察冀的人们究竟做了些什么？一切活生生的事实都显露在这小小的画刊里，它告诉了全国同胞：他们在敌后是如何的坚决英勇保卫着自己的祖国，同时也告诉了全世界的正义人士，他们在东方在如何的艰难困苦中抵抗着日本强盗！”当时为画报题词的还有边区其他领导人宋劭文、朱良才、肖克、程子华等。如肖克题词为：“这是晋察冀边区苦战了五年的伟大收获的真实反映。我们再苦战两年，必然会有更美丽更可贵的一页（抗战胜利）展开于我们的眼前。”

画报共出版8期，出版《时事专刊》1期，出版单张的增刊1期。

《晋察冀画报》是当时八路军面向边区、面向全国乃至世界进行宣传的一个最生动、最直观的窗口，每期都有数十幅新闻照片，并以当时能达到的精美程度印刷出版，同时配有美术作品、散文、歌曲等，全面反映八路军的战斗、根据地的建设，揭露敌人的凶残和张扬人民的革命战斗精神。画报辟有一些有特色的栏目，如“八路军战术介绍”，通过图片生动地介绍了八路军平原游击战、坑道围攻战等新战术。画报还组织专辑，如第5期为北岳区“反扫荡”战役战斗英模大会专辑，刊载了12篇关于战斗英雄与模范人物的特写，有战斗英雄邓世年、爆破英雄李勇、子弟兵的母亲戎冠秀等。

《晋察冀画报》引起了日本侵略者的恐慌，当他们在保定发现被秘密传来的这一画报时，立即严密搜查保定所有印刷厂，他们认为八路军在山区绝不可能印出这种出版物。当确知是根据地出版后，立即加强了对摄影器材的封锁，并在1943年秋季“扫荡”中将画报社列为军事目标。

画报的出版是沙飞等同志克服重重困难的结果，第1期出版后铜版没有了就改用铅皮代替，为防日军袭击，先后转移到曹家庄、上家村、柏崖村。1943年12月，日军“扫荡”，画报社在突围中遭到了重大损失，掩护突围的军区警卫连战士死伤大部。但这并未阻挠画报的继续出版，以致后来国内外进步人士将它与延安口语广播誉为八路军宣传的两大创造。《晋察冀画报》也引起了其他地区抗战力量的注意，重庆《新华日报》和《国讯》杂志都发文予以评介。《国讯》1944年12月15日发表穆欣《敌后报业散记》，文中说《晋察冀画报》“是一种奇迹”，“清晰而秀丽的图片，比之于战前上海出版的最好的画报也不逊色。而它活跃在纸上的人民的姿态、丰富的敌后斗争内容，则更非那些兴趣放在‘大腿’、‘曲线’上的消遣品所能及”，“在那画面上呈现出烈士的血、军民的汗……二千五百万获得自由解放的人民的民主生活”。

《晋察冀画报》出版以后，晋察冀的摄影和出版工作者还以丛刊（如《民主的晋察冀》丛刊）、季刊、号外等形式出版多种宣传画册，在中国共产党领导的革命根据地出版事业上添加了嘹亮的乐章。

《新长城》1939年7月31日创刊，月刊，由晋察冀边区新长城社编辑出版，是一份综合性理论期刊。先后出版2卷，第1卷1—12期（1939.7—1940.6.30），第2卷1期（1940.7.30）。刊物为竖排，16开，铅印。

《新长城》的出版宗旨，创刊时有明确的表述，抗战两年来，在根据地“逐渐实现着民族的独立，民权的自由，民生的幸福”，“千百万人民动员和组织起来，在全民生死存亡的斗争中，表现了空前伟大的力量”，这一刊物“要把边区这些斗争的史实和宝贵的经验教训，加以科学的检讨”，“把全国许多关于当前政治方针与实际政策的正确主张和重要的经验教训”介绍到边区，把“边区的无数宝贵的经验教训有系统地提供给全国同胞以及全世界爱护和平正义的人士，争取友邦的同情及援助，加强我们反抗侵略的力量，以奠定最后胜利的基础”，以便“建立起光辉的新中国和新世界的长城”。

《新长城》内容十分丰富，它不仅刊登晋察冀边区党政军负责同志的报告和文章，还刊登毛泽东、朱德、彭德怀等中共中央和八路军负责同志的报告和文章；它不仅刊登中共中央的重要指示，也刊发苏联共产党以及其他反法西斯国家的重要文章；不仅刊发抗战各方面的研究文章，也刊发缴获的敌军文件资料。总之，它在提高抗日根据地党政军各级干部的认识水平与理论修养方面起了很大作用。

《抗战建设》半月刊，1939年6月1日创办，由边区行政委员会实业处编辑出版。1940年2月（第2卷第1期）起改为边区行政委员会公报性质，仍由实业处编辑。这是关于经济建设的指导性期刊，16开本，石印，先后出版3卷，第1卷1至15期（1939.6—1940.1），第2卷1至23期（1940.2—1940.12），第3卷1至16期（1941.1—1941.8）。后经晋察冀边区行政委员会会议决定，从1942年起《抗战建设》并入《边政导报》。

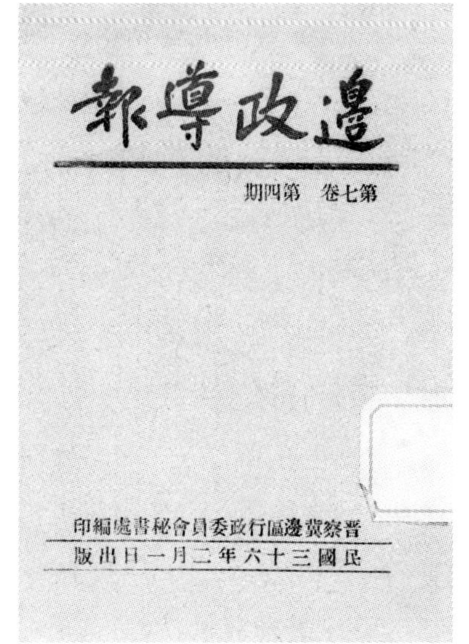

《抗战建设》第1期《写在前面》一文表示，这一刊物的目的是提高建设理论，研究生产技术，探讨生产计划，交换工作经验，成为“领导边区建设的中枢，使边区的建设走上更能适应抗战更加具体实际的道路上去”。它的内容，可分为四部分：一是政府的有关法令、指示、方案；二是论文，对农业、工矿、渔牧、水利、贸易等的倡导与研究；三是报道，有现状、经验及数字；四是文艺，主要是漫画与木刻作品。

《边政导报》1938年6月13日创刊，是晋察冀边区政府的公报。它的存在，分为两个阶段：抗日战争时期从1938年6月到1944年5月，是周刊；解放战争时期从1946年8月复刊到1947年6月终刊，为月刊。前后九年共出7卷186期，另外还有若干增刊。《边政导报》形态及印制根据需要及条件几经变化，先是四开报纸，石印，后改为八开铅印，后又改16开石印杂志，作为刊物后又改为32开油印，以后又改32开铅印。

《边政导报》由边区行政委员会秘书处编辑，开始为赠阅各级军政机关，1941年后因需求量增大、费用紧张改为订阅。原为公开刊物，因对敌斗争日益尖锐，一些内容不宜公开，自1942年4月第4卷第15期改为政府内部秘密刊物。《边政导报》除刊发政府法令外大多是论文，以讨论抗战形势及一切行政、军事、教育、经济、司法、公安等方面的实际问题为主。它的针对性很强，并根据形势不断进行调整，如第2卷第6期开辟“工作问答”栏，“凡各级政府各直属机关工作上发生之问题有一般性者，均在此栏解答，不另作复”。在遇有战事来不及汇编成册时也间以零篇印发，以发挥及时指导之作用。

为集中力量充实《边政导报》的内容，边区政府决定从1942年1月（第4卷第1期）起将《抗战建设》与《边区教育》并入，1943年2月（第5卷第1期）又将《边政往来》并入，使《边政导报》成了边区政府综合性、权威性的领导工作刊物。在“扫荡”和反“扫荡”的战争环境中，依靠十分落后的物质与技术条件，《边政导报》坚持九年时间，它不仅现实地为根据地建设作出了贡献，也成了研究晋察冀人民抗日斗争史的重要文献。

《边区教育》1939年4月1日创刊，是边区关于教育的期刊，从创办到1942年并入《边政导报》，《边区教育》的主办者、性质和内容三年都不一样，也可说是经过三个阶段。1939年创办时是不定期出版，第1、2期由边区行政委员会教育处编印，第3期起改由晋察冀边区教育社编印，这时是群众性的自由研究刊物，不代表政府。当年为第一卷，共出9期。1940年定为半月刊，又改为教育处编印，增加了政府法令的内容。这年为第二卷，共出24期。1941年改为晋察冀边区行政委员会编委会编印，内容转为供各级教育干部和小学教员阅读，出版15期，为第3卷。

邊區教育

半月刊

BIANKY GIAOY 第3卷·第3期

1941.2.15.

四中在工作上的幾個問題

本期目錄

《边区教育》的规格，创刊到第8期（1939年9月）

是32开油印，第9期起改为16开石印，第三卷第13期（1941年10月），又改为32开。开本无论大小，都是装订成册的。它的发行在油印时印数小，改石印后发2000多份，可发至中心小学。《边区教育》的办刊目的，创刊号《写在前面》中阐述过，它将边区的教育归结为两个方面："提高民族文化与民族觉悟，动员全国人民致力于长期的解放战争"，"而培养第二代国民，使之能肩负起将来建设新中国的神圣任务，也是抗战教育的使命之一"。它的内容，在第一时期多为关于某些个别问题及教学法、管理法等业务问题的讨论，涉及方针、政策及教育理论的较少；第二时期偏重于对法令、政策的宣传、解释，具体问题的研究少了；第三时期则既有政策的介绍，又有理论与实践的研究，还有各地的情况报道与经验介绍，可以说，成了综合性的教育类刊物。1942年起《边区教育》并入《边政导报》。

《战线》1938年2月20日创刊。《战线》也是历经抗战与解放两个时期的，它最后出刊至1948年5月（中间曾一度停刊过）。《战线》创办时是中共晋察冀区党委的机关刊，不定期出版，开本有时32开，有时16开，油印。1940年7月改铅印，从第39期起由战线社出版。晋察冀边区党委1941年改称中共晋察冀北岳区党委，1942年9月，根据中共中央调整各组织间关系的决定，北岳区党委改组成统一领导党政军民的机关，1943年1月将军内刊物《熔炉》并入《战线》，按原序数《战线》合并后从第100期续出。1944年2月，从第116期起，《战线》由中共晋察冀中央分局接办。5月出第120期后一度停刊，1945年6月复刊不久又停，再复刊则是1947年了，后出版至1948年5月晋察冀、晋冀鲁豫两中央局合并为中共中央华北局之时。《战线》读者对象为县级干部，这是一份政治刊物，或者说是党和边区工作的指导刊物，内容是关于政治形势、边区建设、党的组织、地方武装等问题。该刊还注意每期的侧重，尤其在贯彻党的重要会议精神和新颁发各项政策方面。《战线》对提高干部的水平和统一党的步伐发挥了重大作用。

《熔炉》是晋察冀军区党的机关刊，由军区政治部编印，创办于1940年3月，32开本，铅印，月刊。历时三年，共出版29期。《熔炉》由朱良才撰写《发刊词》，提出刊物的任务是"巩固党，发展党，进一步加强党在部队中的绝对领导"，并认为"它是集体的宣传者，集体的鼓动者，同时又是集体的组织者"。《熔炉》介绍各级党组织工作和创建模范党员和集体的经验，刊登党员思想意识锻炼与开展反对错误倾向斗争的典型事迹。随着党组织系统的调整，1943年起《熔炉》并入《战线》。

《边政往来》最初是作为《边政导报》的副刊创办的，从1940年7月25日至1941

年5月为1—6期，作为副刊随导报附送，形态为16开杂志型。第一卷第7期为革新号（1941年8月13日），从此期起脱离副刊单独作为32开小册子发行。《边政往来》为不定期刊，初始由边区政府编辑室编印出版，从第一卷第4期（1941年3月1日）起改由边区政府即行政委员会的编委会出版。前后出两卷共17期，另外还有一期专辑“平山县司法工作专辑”。

关于《边政往来》的任务，《发刊词》这样说：“《边政导报》过去在政治的领导上较多，由于篇幅的限制，未能更多反映各地工作的经验教训，因此另行发行本刊，其首要任务，即在补助其不足”；“经常反映各地工作的实际情形，交换各地的工作经验，藉以互相观摩，互相砥砺，展开竞赛，应为本刊任务之二”；“经常讨论有关干部学习与生活的诸问题，应为本刊任务之三”；“以较通俗易懂的文字，作为教育区级干部的工具，特别要成为教育区级干部学习技术、掌握技术、提高技术的指导刊物，此为本刊任务之四”。这里既讲任务，也讲了做法和读者对象以及办刊目的，在实际办刊中也这样做了，例如在文字上就很注意短小、浅显、通俗，使区级干部看得懂，用得上。

《边政往来》开始时是公开发行，由于对敌斗争的需要，经边区行政委员会会议决定，自第二卷第5期（1942年7月）起改为内部秘密刊物，并通过各级政府将该刊列为干部教育材料。1943年2月，又决定将《边政往来》并入《边政导报》。

《抗日战场》1941年3月1日创刊，是晋察冀军区的军事刊物。不定期，但1—5期是每月出版的，32开本铅印，先由抗日战场社出版，第6期改军区司令部出版，先后共出7期。创刊号有《本刊组织及内容》一文，讲创办的目的是“为统一和提高整个军区战术观点和军事理论与实际的研究，提高全军区干部战术素养和指挥掌握以及管理部队的能力，有系统地研究介绍抗日战争中建军与作战的经验教训，把平原游击战争与山地游击战争的珍贵经验结联起来，成为晋察冀军区军事理论上的指导中心”。在当时抗日战争进入相持阶段的困难时期，这一刊物对提高晋察冀八路军的部队素质、增强必胜信念是发挥了作用的。

《教育阵地》1943年1月1日创刊，是关于教育

的综合性普及刊物，主要针对小学教育工作者。从创刊到1947年11月共出版八卷45期（6期为一卷）。它最初为32开本，先是石印，后改为铅印，1946年起（第七卷）改为铅印，16开本。创刊之初按月出版，但以后则视条件而定，第二卷（1943.7—1944.3）就跨了9个月时间，第三卷（1944.4—1944.9）才5个月时间。它的出版单位前后也有变化：第一卷第1期至第二卷第3期为晋察冀边区点滴社；第二卷第4期至第三卷第3期为晋察冀边区教育出版社；第三卷第4期至第八卷第3期为晋察冀边区新华书店。

《教育阵地》创刊号有何干之的题词：“教育阵地即是抗战的阵地。”《教育阵地》的内容很丰富，有专论、工作研究、通讯，还有文艺作品，它为适应读者需求，栏目也在不断增减，第一卷第2期增加“名词浅释”与“信箱”，第5期又设“游戏唱歌”。第二卷第1期辟“儿童俱乐部”，给教师提供教学及组织学生活动的材料，不仅有儿童故事、游戏、歌曲，还介绍社会和自然的常识。第三卷第1期又新添“反法西斯参考资料”、“敌伪奴化教育的透视”等栏目。第六卷第1期又开设“教材研究”栏目，加强了对教师的辅导。1946年7月即第七卷起刊物进行了较大革新，扩大了版面，增加了有关中学教育的内容。刊物的变化也可看出边区教育事业的进展。《教育阵地》当时在边区是发行比较广泛、很受欢迎的一个刊物，尤其在当时根据地遭到敌人围困，在其他书刊难以进入的情况下，对边区的初等普及教育很有作用。刊物上刊发过读者来信，阜平一读者说：“《教育阵地》是我们的一个好朋友，我天天都盼望着它早点来。”灵寿的一读者说：“它不光使我知道了过去许多不知道的事，同时还指导我改造了自己的工作。”

第五节 晋绥抗日根据地的期刊

1937年9月，贺龙、关向应率八路军一二〇师赴山西与绥远相接地区，收复了宁武、神池等七个县城，初步建立了晋西北抗日根据地。10月，中共晋西北区党委成立，赵林任书记。与此同时，八路军一一五师的一部分和决死二纵队进军吕梁山，开辟了晋西南根据地。此时这些地区除八路军外，还有晋绥军、中央军、牺盟会的新军，地方上则有牺盟会和战动总会建立的不少县级抗日政权。1939年冬，阎锡山挑起"晋西事变"("十二月事变")，抗日力量受挫，晋西南的抗日武装转移到晋西北。为整合抗日力量，中共中央决定建立晋西北军政委员会，贺龙为书记，合并晋西南、晋西北两个区委，成立中共晋西区党委，林枫任书记，同时将晋西新军纳入一二〇师。1940年1月又成立晋西北行署，设于兴县蔡家崖，续范亭任主任，牛荫冠任副主任。至此，晋西北结束了两种政权并存的局面，晋西北抗日根据地（也即以后的晋绥边区）得以确立和发展。

由于晋西北斗争的复杂，所以它的报刊出版与其他根据地有所不同：一是抗战前期报刊众多，但主要是牺盟会、战动总会所办；二是这一地区也有国民党军队所办的报刊，在立场与主张上与中共领导的报刊有别；三是晋西北经济、文化条件较差，办报刊困难要多，晋西南较好些，但受反共顽固派的破坏也较重；四是晋绥与陕甘宁根据地相邻，成了延安文化人士赴抗日根据地的首到之处，这给晋西北创办文化期刊提供了方便。

抗战开始，八路军一二〇师的挺进带来了由政治部主办的《战斗报》，这是一份有光荣传统的报纸，原为红军二方面军1935年创办。晋西北军区成立后，成为军区的机关报，每周一期，4开4版，先是油印，条件好些后改为铅印，在部队内发行，每期印1500份。社长由军区政治部宣传部长汪小川兼任。除报纸外，还一度出版过《战斗月报》杂志。1939年春，一二〇师民运部（即中共晋西北区党委）创办《战地烽火》刊物，它与

Kangzhan RHbao

抗戰日報

爲加强晉西北等地的領導

中共中央晉綏分局成立

政治攻勢引起重大反響

敵僞兵員紛謀自拔

慶祝中共中央晉綏分局的成立

《战斗报》一样，高举团结抗日的旗帜，宣传共产党的主张，在抗日反顽中起到从思想上动员和武装群众的作用。

《抗战日报》是“十二月事变”后创办的晋绥抗日根据地最重要的报纸，1940 年 9 月 18 日创刊于山西兴县，由《五日时事》、《新西北报》、《黄河日报》等合并而成。始为中共晋西区党委机关报，1942 年 9 月改为中共中央晋绥分局机关报，4 开 4 版，铅印，先为三日刊，1944 年创刊四周年时改为日报，发行量最高时达 6000 份。1946 年 7 月改为《晋绥日报》，出至 1949 年 5 月终刊。创办时社长廖井丹，总编辑赵石宾，后来负责人有郝德青、常芝青、周文等。

《抗战日报》是根据地办得较好的报纸之一，创刊时就提出了“抗战到底，团结到底，建设晋西北”的口号。1942 年 10 月，晋绥分局决定，要求“各级党委团委，要把帮助和利用《抗战日报》的工作，当做自己经常的业务之一，定期检讨自己对《抗战日报》的工作”。在各级组织的支持下，报纸有了很快的发展。以通讯队伍为例，1941 年 1 月全边区只有经常写稿的通讯员 50 人左右，这个月收到的来稿只有 37 件，到 1945 年 4 月，通讯员达到 1000 人，其中 1/3 是工农，当月来稿约 1500 件。

中共中央很重视这一报纸，1944 年 12 月 20 日毛泽东曾对《抗战日报》的改进作过指示：

> 本地消息，至少占两版多至三版，排新闻的时候，应以本地为主，国内次之，国际又次之，对于外地与国际消息，应加以改造，对新华社的文章不能全登，有些应摘要，有些应印成小册子。不是给新华社办报，而是给晋绥边区人民办报，应根据当地人民的需要（联系群众，为群众服务），否则便是脱离群众，失掉地方性的指导意义。（见《毛泽东新闻工作文选》《怎样办地方报纸》一文，新华出版社）

五日時事 毛澤東題
第八六号
廿八年八月一日
五日時事社編行
社論 論蘇德互不侵犯協定
蘇德條約內容公佈

《抗战日报》据此进行了改版，贯彻“地方化、通俗化、杂志化”的编辑方针，促进了报纸质量不断提高，影响不断扩大。

《五日时事》是晋西南根据地的一份很有特点的报纸，1938年5月创刊于山西孝义，4开油印，是中共晋西南区党委主办，晋西南区党委宣传部部长张稼夫直接负责，北方局负责人杨尚昆、林枫等也亲自指导该报的编辑工作，具体办报人有王修、曹速。这虽是一份油印小报，但曾创造了一张蜡纸印5000份的奇迹，编辑人员连编带刻印，摸索出一套保护蜡纸、增加印量的“绝活”。1939年初，这一报纸在延安举办的各抗日根据地报纸展览中，受到中共中央领导同志的称赞，毛泽东还给题写了报头，这个报头用刻印的方法出现在1939年2月15日以后的《五日时事》上。

像这样的油印报纸，当时晋西北是很多的，1944年冬有个统计，共有60种，其中能坚持经常出版的有44种。《五日时事》后迁至晋西北连续出版，共出150余期，直至《抗战日报》创办。

中共晋西区党委成立后，局面趋于相对稳定，区党委着手抓文化建设，重要内容是对文化工作者进行组织，对宣传力量进行整合。其举措有：把分散在各地区委的报刊集中于兴县，创办可以代表根据地的报刊《抗战日报》；建立各种文化团体，1940年5月晋西文化界救国联合会成立，同月中国青年新闻记者学会晋西分会成立，作为1938年在武汉成立的中国青年新闻记者学会的下属组织，并很快与总会建立了联系，接着文学、音乐、戏剧、美术等各类文化团体也相继成立；文化工作者的待遇得到重视，1941年10月27日，晋西北行政公署颁布《文化工作者待遇办法》，从政治上、工作上、待遇上都做了规定。这些使边区的报刊出版乃至整个文化工作有了一个较好的环境。1942年边区召开临时参议会时，记者分会负责办理新闻界参议员选举，先是推出新闻界候选人4名，随后又在《抗战日报》上发表候选人的竞选纲领，历时半年，廖井丹、穆欣当选为边区参议会参议员。

1940年之后，晋西边区的报刊出版有了新的面貌，尤其是一批刊物的创办，加强了党的政策宣传，推动了文化建设。1941年12月《中共晋西区党委宣传教育工作报告》中特别提到了刊物的组织与作用："刊物的创刊出版有力地巩固了文化组织，刊物实际上成为文化组织的外在表现形式。在此之前，在整个文化运动工作的发展中，因为负责干部对文化统一战线的认识不够，以及客观物质条件的困难和文化干部调整得不好，在具体执行文化政策、团结文化者的工作上，形成了单独的组织工作，而刊物的出版，使文化工作有了固定的阵地和定期的活动。通过刊物有组织有系统地推动了知识分子中的学习。"

这一时期出现的刊物有《中国青年》(晋西版)、《战斗月刊》、《行政导报》、《西北文艺》、《大众画报》等20多种，开本有16开的，也有32开的，印刷则是油印、石印、铅印都有。

《中国青年》(晋西版)是延安《中国青年》的分版，1940年10月在兴县创刊，铅印，月刊，发行1400份。出满两卷后，1941年9月停刊。先后负责编辑工作的，有韦君宜、黄照、周群、伊同等。《行政导报》是晋西北行政公署的刊物，秘书处编印，主编高虎如，这完全是一份指导各级政权工作的刊物，内容是政令以及关于政权建设的研究和经验，出版时间较长，但创刊终刊时间不详。《战斗月刊》是军区司令部、政治部联合创办的。《大众画报》创刊于1940年10月，月刊，是晋西美术工作者协会创办，石印，发行1500份。稿件大都是会员作品，后来成立美术工厂，画报改为美术工厂主办，主编李少言。成立美术工厂是想使美术独立发展，所以它是一个既创作又制作美术作品的单位，它供给几种报纸、刊物的封面与插图，出品领袖挂像，还举办展览会(1940年到1941年两年举办了4次)。《大众画报》成为发表作品、进行宣传、推动美术事业和培养美术人才的阵地，主要读者为部队官兵、中小学师生及其他集体生活之机关、团体的成员。《晋西歌声》1940年10月创刊，油印，晋西音乐工作者协会出版，主要为学校、机关的歌咏活动提供材料。

《西北文艺》1941年7月创刊，是中华全国文艺界抗敌协会晋西分会所办。第一卷为32开本，第二卷起改为16开本，铅印，开始印800册，后发展到1000多册。《西北文艺》有编辑委员会，由亚马、卢梦、丁基、莫耶、田家五人组成，主编是卢梦。刊物出版到1942年2月停刊。

《西北文艺》的作者，基本上是地方与部队的文艺工作者，所刊作品大部分是反映根据地农民和战士生活的，它的读者却基本是在有一定文化的干部和其他人员中，极少有农民和战士的读者。

《西北文艺》当时在抗日根据地文艺界有影响的一件事是围绕女作家莫耶的小说《丽萍的烦恼》而展开的文艺思想论争。

莫耶（1919—1986），福建人，“八一三”事变后参加上海中共地下党领导的救亡演剧队，后投奔延安鲁迅艺术学院文学系学习，其间创作《延安颂》歌词，由郑律成谱曲。后随一二〇师转战晋绥，是师战斗剧社的编剧。在根据地创作了大量戏剧作品，20多岁就成了有影响的作家。1942年2月《西北文艺》第二卷第1期发表她创作的小说《丽萍的烦恼》。小说大意是：丽萍是城市女知识青年，与男友林昆投奔革命来到根据地，到了剧团，她经受不了困难的生活和紧张的军旅活动，以及男同志的“包围”和“进攻”，结果与一个“坐过牢，挂过彩，轰轰烈烈地在战场奔驰的”“三四十岁的老革命”结婚了。婚后物质的享受使她满足，但精神却无限抑郁烦恼。丈夫“有军人的暴躁脾气”，认为“妻子服从丈夫是一种天职”，女人要工作是“小资产阶级搞的名堂”，丽萍的前男友又常引起丈夫的嫉妒。丽萍得不到丈夫、剧团的同志以及往昔男友的理解与关心，陷入深深的苦恼。

小说的发表引起强烈的社会反响，“连平素对文艺没有什么兴趣的人也找这篇来读”，甚至榆林国民党特务机关也出高价购买。一二〇师政治部张非垢首先在1942年6月11日《抗战日报》上发表《偏差——关于〈丽萍的烦恼〉》一文，文中肯定了这篇小说使晋西北的文学创作上了新的水平，认为它不再是泛泛地讲些听来的故事和自己狭窄的经历，而是在一个更高水平上的创作。作者企图给她所写的事件和人物以艺术的形象，同时加以尖锐的批评，从那激愤的态度上表现出作者希望根据地和革命应当更进步，更适合作者的理想，小说触动了在实际斗争中虽然不大却存在于很多人心里的一个问题。非垢的文章同时也认为作品出现了偏差和失误，认为作者把军阀主义的打骂、物质生活的奢欲、人与人之间的猜疑、无组织无纪律的行动、悲戚忧伤的情调不加区别地放在了人物身上，这就"违背了事情自身发展的规律，而代之以作者主观的安排，单纯的感情激动代替了对于客观事物冷静的观察和研究，挖苦代替了教育，鄙视代替了同情"，从而损坏了作品应有的价值。

莫耶随后也在《抗战日报》上发表文章，承认作品的某些缺陷，但也不完全同意非垢的批评，认为不能不顾作品是描述落后人物形象的事实而主观上给作品中的人物定出一个正确的模型。她强调了自己的创作意图，谈了关于人物塑造，认为写人物不一定都要选取占大多数的一种人，同一阶层的人物也有各种不同的典型，人物的性格也会按其家庭社会环境、时间、地域而有区别，因而具有复杂多样的性质。张非垢与莫耶的文章引发晋西北文化界理论探讨的热潮，随后有叶石的《关于〈丽萍的烦恼〉》、沈毅的《与莫耶同志谈创作思想》等文章。1942年6月以后，毛泽东《在延安文艺座谈会上的讲话》精神传到边区，一些文章开始运用其中的文艺观点对这一小说进行剖析，大家意见逐渐趋于一致。

晋绥边区的领导关注了这场论争，并以此为契机进行了马克思主义文艺思想的教育，同时做了很好的团结教育工作。莫耶后来曾撰文回忆了军区政治部主任甘泗淇安慰受到批评的莫耶，勉励她克服缺点努力工作，并把争论双方拉在一起真诚沟通，握手言欢。这次文艺论争成为根据地报刊界与文学界整风的开始与内容之一，它对文艺工作如何更好地为争取抗日战争的胜利而创作优秀作品有极为重要的意义。

1942年是根据地大大缩小，情况异常困难的一年。到夏天，出于经济上的原因，几个铅印刊物相继停刊，改在《抗战日报》第四版出副刊。先后出版的副刊有《文艺之页》、《青年》、《卫生》、《敌情》、《教师之友》、《村选》、《战斗》等。

在晋西北根据地还有一份针对沦陷区同胞的报纸《正义报》，后改为杂志《祖国呼声》，先是报纸后改为期刊。《正义报》创刊于1942年春。当时日本侵略者在其占领区大搞"治安强化"，在残酷镇压反日力量的同时加强"奴化"宣传教育。

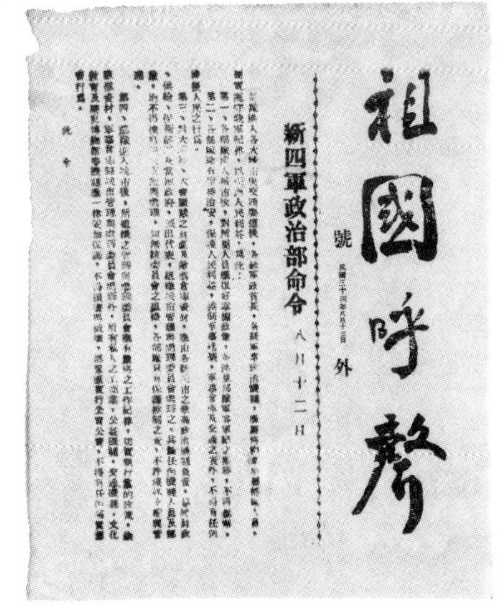
祖國呼聲
號外
新四軍政治部命令 八月十二日
此令

为了揭穿敌人的欺骗宣传，向沦陷区人民报道国际国内反法西斯斗争的真相，中共中央晋绥分局宣传部决定创办这一刊物。起初是8开小报，铅印，半月一期，由毛大风主编。报纸在根据地印好，通过秘密交通系统穿过游击区向敌占区分发。主要对象是可以联系的具有爱国抗日倾向的知识分子（如小学教员），通过他们再把报上的内容传播出去。

当时根据地物质条件很差，一般书报都用土造的稻草纸印刷，但对《正义报》则给予特别重视，专门搞来一批白报纸和连史纸供其印刷。《正义报》后来改为32开，每期二三十页，以便承载更多的内容。1943年改为《祖国呼声》，由张友主编，仍为32开铅印，但页码随内容而变，多时可达七八十页。

《正义报》及《祖国呼声》的内容基本为四大部分：一是国际形势，如苏联红军反击德国法西斯的情况；二是国内动态，报道抗日战争的真实情况；三是抗日根据地的政策及成就；四是针对敌占区斗争的策略及号召。这一刊物前后出版30期，日军宣布无条件投降后终刊。1946年《祖国呼声》停办后在此基础上新创办《人民时代》，在根据地内和敌占区同时发行。

晋绥军区政治部在1945年春还办过一种专门针对伪军的刊物《出路》，也是32开铅印，在抗战胜利的前夕起了瓦解敌人的作用。

第六节 太行、太岳抗日根据地的期刊

太行、太岳根据地也就是晋东南抗日根据地。从地理位置及地形特征上看，它的东部是纵贯山西之东的太行山脉，西部是纵贯山西中南部的太岳山脉，中间为盆地，又沟壑甚多，向东与华北平原相连，是极好的游击地形。抗战期间，八路军总部及中共中央北方局就驻扎在这里。晋东南根据地不断向四面发展，最终形成了晋冀鲁豫边区。

1937年日军攻入山西后，牺盟会及新军向晋东南转移，薄一波率决死一纵队到沁县，戎伍胜率决死三纵队到长治。同年10月，刘伯承率八路军一二九师挺进晋东南，中共冀豫晋省委随一二九师行动。11月，根据中共中央洛川会议“独立自主的山地游击战”的决定和中共中央关于“分散兵力，发动群众，创造根据地为主，而不以集中兵力打仗为主”的指示，一二九师在辽县西河头村集中培训游击战骨干，随之将全师三分之二兵力分散各地，与牺盟会及中共地下组织联合发动群众展开抗日救亡斗争。1938年春，日军三万人分九路进攻晋东南，抗日军民奋起反击，敌人不仅未摧毁根据地，反而丢失已占领的县城18座，太行根据地得到了稳定。与此同时，一二九师徐向前、陈再道、宋任穷、陈赓等各部也在河北、河南乃至山东展开游击战，扩大了根据地。1940年4月，中共北方局在黎城县召开会议，成立太行军政委员会，邓小平任书记。

太岳区以沁源为中心，主要由牺盟会及新军控制，抗战开始成立了薄一波为首的军政委员会，领导岳南、岳北的工作。1939年12月，阎锡山晋绥军一部进攻决死队，捣毁沁水、阳城、晋城的民主政权，一二九师陈赓旅与决死队联合，击退了晋绥军的进攻，迫使阎锡山部只得与八路军协商，重新划定了防区，太岳根据地得以存在。1940年1月，中共中央北方局决定成立太岳区党委，安子文任书记。1941年7月，经民主选举产生了晋冀鲁豫边区民主政府，下辖太行、太岳、冀鲁豫、冀南四个行政区。1940年百团大战时，一二九师与决死队破袭正太铁路，在狮瑙山与敌激战七昼夜，以后又在黎城、高平等处多次重创日伪军。1942年后太岳区又进行了沁源围困战等一系列战斗，使日本侵略者摧毁晋东南根据地的企图始终未能得逞。

由于八路军总部与中共中央北方局一直转战于晋东南，所以这里是华北敌后游击战的指挥中心，在整个抗日战争中有特殊的地位。到1945年，敌后游击战争取得了重大进展，八路军从3万余人发展到80余万人，山西敌后根据地人口达到8000余万。

太行、太岳根据地先后也创办了多种抗日报刊，与其他根据地类似之处是：抗日报刊初期数量众多，进入抗日相持阶段（即困难时期）后数量有较大下降；报刊主办者既有中共地方组织和八路军，也有牺盟会与其他救亡团体。但这一根据地还有其不同于其他地方的特点，主要反映在两方面：一是由于中共中央北方局的直接领导，所以一些报刊坚持时间较长，而且质量较高；二是在抗战后期文化类期刊比较活跃，在创建新民主主义新文化方面成绩比较显著。

在晋东南报纸中最突出的是《新华日报》（华北版）和《太岳日报》。

《新华日报》（以下均指华北版）是中共中央北方局的机关报，1939年1月1日在沁县后沟村创刊，铅印，4开4版，双日刊。《新华日报》创办之前，中共晋冀豫区委1938年5月在屯留县创办《中国人报》，年底并入《新华日报》。中共晋冀特委1938年5月在和顺县创办《胜利报》，1941年改名《晋冀豫日报》，年底也并入《新华日报》。《新华日报》创办之初，中共中央北方局组成了党报委员会，成员有杨尚昆、彭德怀、左权、陆定一、傅钟、李大章、何云、陈克寒。何云为社长兼总编，陈克寒为副社长、副总编。

《新华日报》在战争中多次迁移，先后在山西沁县、武乡县、辽县（今左权县），以及河北涉县驻过。1939年7月报社还化整为零，出版东线版、西线版、南线版、北线版共四个版。1942年夏反“扫荡”中，社长何云等46人在战斗中牺牲。1943年中共中央北方局撤销而成立太行分局，《新华日报》华北版也改为太行版。《新华日报》培养了一批优秀的办报人才，以后充实于华北其他新闻单位，如1946年晋冀鲁豫中央局创办《人民日报》时，从《新华日报》（太行版）就调去不少干部。

《太岳日报》的前身是牺盟会主办的《战斗日报》，1939年4月改为《黄河日报》，1940年6月在沁源县正沟村改为《太岳日报》。社长兼总编魏奉璋，副社长史纪言。1943年10月反“扫荡”中魏奉璋牺牲。1942年3月到1943年5月，中共晋豫区委还办有《晋豫日报》，后也并入《太岳日报》。《太岳日报》为4开4版，石印，三日刊。1944年4月《太岳日报》改为《新华日报》(太岳版),双日刊,社长兼总编魏克明。至1949年4月又改名《太岳日报》,社长梁涛然,总编徐一贯,出版至当年8月终刊。

晋东南抗日根据地期刊中最重要的是政治性期刊,尤其以中共中央北方局创办的《党的生活》为突出,它刊发了许多由中共和八路军负责人所撰写的文章,对指导党组织的发展和正确坚持抗日统一战线,夺取抗战的最后胜利,发挥了十分重要的作用。它和中共冀晋省委的《战斗》等刊物形成抗日根据地出版的一个特殊的期刊群体。

晋东南在山西原本是文化教育相对滞后的地区,抗日根据地的建立给这里带来了发展文化教育的契机。在兴办各类教育的同时也创办了一批有普及文化意义的期刊。与和平年代不同,这些期刊无论在形式、内容还是刊期上,都更为灵活,有的办几期后即限于条件而停办,或另办一种新刊,充分体现了一切服务于民众实际需要和服从于战争实际环境的特点。

《青年与儿童》1940年创刊,华北青年社主办,是太行根据地的知识性综合性刊物,华北新华书店出版,32开本,铅印,半月刊。内容包括社会、自然、军事、文艺等多方面的知识。编辑有孟奚、郑笃、杨俊等。主要作者蒋弼负责历史、写作,张秀中负责社会科学,孙久青、方思远负责自然科学,杨角负责艺术。1941年出版革新版,1944年停刊。

《胜利周刊》1941年春创刊,胜利报社主办,32开本,石印,是由《胜利报》的增刊演变而来。《胜利周刊》侧重于经济，可以说是个经济方面的普及期刊，有“经济讲座”、“经济动态”、“经济常识”等栏目。其中由徐平、肖风执笔的《抗日经济讲座》，从抗日根据地的经济发展方向谈到新民主主义经济的相关问题，深入浅出，极具说服力。该刊共出版十二三期，同年6月因报社忙于改《晋冀豫日报》而停刊。

勝利週刊

克服今年春耕勞力缺乏的困難

《光明报》1941年春创刊，中共晋豫区委所办。该刊专向国民党统治区域发行，虽名为报，实际为刊物，石印，不定期。具体由区委宣传部编辑，负责人先后为刘峰、徐一贯。内容是讲时事政治，但多用文艺形式，有评论、通讯，也有杂文、随笔、诗歌。发行对象由地下党组织提供名单，然后通过河南林县邮局投寄。为应付国民党特务的破坏，后改换封面为《大时代》，放在旧的灰色书报中夹寄。当时也曾征求订户，但在当时政治环境下，实际征到的订户极少。该刊终刊时间不详。

与这些普及型期刊相近的是一些文化期刊，其中包括文艺性期刊，它们虽也有普及的一面，但更多是反映了根据地文化研究与文艺创作的水平，反映了这一时期的文化倾向以及新民主主义文化兴起的趋势。

《文化哨》是太行区在抗战期间的第一本文化期刊，1982年《新文学史料》曾刊发《太行文联回忆鳞爪》(宇堂)一文，文中说《文化哨》“成为这个区域文化运动的第一只响箭并成为其组织的基础”。《文化哨》1938年10月在沁县创办，油印出版，创刊时定为月刊。是由高沐鸿、王玉堂、王书良、陈大东、周化南、郝汀、郑笃、王振华等人创办的，这些人既是编辑，又是主要作者。出刊三期后成立编委会，由郝汀、王玉堂、王振华等人组成。当时敌后抗日根据地刚开辟，物质条件极困难，办刊没有经费，是靠经营文化食堂赚来的钱维持的。后来移至长治，部分编委又捐了几十元钱，在长治也办起了文化食堂，刊物才算坚持下来。这一刊物前后出版8期，印数最初只有700份，后增至1800份。

1939年5月，晋东南文化教育救国总会（简称文总）在沁县成立，这是中共领导的整合根据地文化教育资源，团结一切文化人，推进抗日进步文教工作的团体。负责人为徐懋庸。当时有全国性的文化组织中华全国文艺界抗敌协会，简称文协，但它不是设在晋东南抗日根据地的。晋东南根据地成立类似团体后，在根据地内也简称"文总"、"文协"等。1941年文总更名为"晋东南文化界救国联合会"（简称文联）。文总下面又分别有不同的协会。文总成立时确定了六项工作任务，并通过《新华日报》公之于众：一、促成文化统一战线，使本区文化人、知识分子团结起来，群策群力，以特殊武器贡献抗战；二、推动组成各文化团体、各级文化组织，以组织力量进行推动工作；三、对敌进行有计划有领导的宣传战；四、发动深入的大众文化运动，提高大众文化政治水平，推动识字运动，提倡义务教育，辅助政府实施文化教育政策；五、提倡理论研究；六、沟通敌后方与我后方的文化工作。文总成立之初及时提出面临的任务，如1939年6月3日在《新华日报》上发表了《反汪除奸宣传周宣传要点》。

《文化动员》是文总成立后出版的机关刊，大约在1939年6月创刊，油印，32开本，出版5期后改为16开本，当年出版9期。编辑有陈默君、蒋弼、王博习等。1940年3月，文总转移到辽县麻田镇，刊物也移至此处出版。《文化动员》主要发表政论文章，对文总确定的任务做进一步动员与阐述，同时也针对当时汪精卫成立伪国民政府，日本加紧对重庆诱降以及国民党顽固派继续反共等情况予以分析和揭露。主要撰稿人有杨献珍、张磐石、李伯钊等。重点文章如第10期（1940年3月）有《开展广泛而深入的团结文化人运动》、《为统一太北区文化运动而斗争》，第11期有《加强抗日文化运动——热烈响应中共中央对文化运动的号召》、《纪念"五四"开展新民主主义文化运动》等。1940年1月，毛泽东发表《新民主主义论》，这是总结革命的历史经验，系统地提出中国共产党在一个较长时期应该遵循的理论、路线和纲领的重要著述。尽管对这一著述的学习、领会才刚开始，但《文化动员》就明确表示了对这一理论的响应，立即举起"新民主主义文化运动"的旗帜，在1940年5月刊物上号召："我们从事于新民主主义文化运动的文化工作者，应该不断地努力，从各方面提高中国文化，为建立民族的、民主的、科学的、大众的中华民族的新文化而斗争。"

文总下属有一些协会和文化团体，这些组织大都办过一些报刊，其中文协办得较为出色，文协全称为"中华全国文艺界抗敌协会晋东南分会"，1939年11月28日成立。成立后先办了一个以传达文协精神、报道文协活动为主的《文艺轻骑》，由王博习编辑，共出2期。以后办了具有相当规模的综合性文艺期刊《华北文艺》。

《华北文艺》创刊于1941年5月1日，当年10月停刊，共出6期。以华北文艺社名义编辑，主编蒋弼，由新华书店出版。《华北文艺》当时是文协成员积极推进新文化的象征，1941年8月5日文协在辽县桐峪镇召开第二次会员大会时，晋冀豫边区政府主席杨秀峰参加了会议。他讲话中特别提到了《华北文艺》："我今天用一个文化人的资格来参加这一个会。半年来，太行山的文艺工作在边区表现了显著的进展，文协出版的《华北文艺》就是一个证明。"

抗日根据地的建设在中国历史上开创了一种新的政权模式，它不同于土地革命时期的红色根据地，它所实行的是新民主主义的政治、经济、文化、教育，与之相适应的就是新民主主义文艺的建设。但是面对这一新的课题，在文化人中是有不同认识的，对于新从国统区来到根据地的年轻文艺工作者来说，虽有满腔的革命热情，但在理论上与行动上还有很多迷茫。即便是大后方重庆，在新的形势下文艺如何发展也成了文艺界需要思考与解决的问题，这些后来在1942年毛泽东《在延安文艺座谈会上的讲话》中得到了回答。而在这一讲话之前，全国文艺界就几个问题曾展开争鸣。《华北文艺》创办后就积极参与其间，并刊发了一些有分量有影响的文章。

文艺论争中首先是关于文艺民族形式的论争。《华北文艺》创刊号发表《谈谈文艺的民族形式》（流焚），此文是针对重庆《大公报》所载《论"民族形式"的中心源泉》（向林冰）等文章而写的。文章批评了"民间形式是民族形式的中心源泉"的观点，认为新的文艺"应该是从民族的旧形式，五四以来的新文艺，世界文学的宝库当中去摄取其精华，扬弃其糟粕，同时，主要的要求作者从伟大的现实当中吸取其创作的源泉"，"绝不是机械地照抄一遍，把新的现实削足适履地硬往旧形式里套"。并以根据地为例批评有人套老调子创作章回小说、大鼓、弹词、蹦蹦戏的现象。

《华北文艺》第3期（1941年7月）刊发《民族形式，现实生活》（刘备耕），针对前文进行了补充，批评了"旧形式是民族形式的主体"与"新形式是民族形式的主体"两种观点，认为"民众所喜爱、所熟悉的形式"就是民族形式。《华北文艺》第4期（1941年8月）发表《关于"民族形式的主体"》（张秀中），批评了上述观点，文章分析了新旧形式的政治经济基础，认为今天的"新形式"就是"五四以来的新文艺"。民族形式不能像刘文所说的是大众所熟悉的形式，更应该是"民族形式可以代替大众所熟悉的旧形式"，因为"新鲜活泼，为中国老百姓所喜闻乐见，有中国作风中国气派"的民族形式文艺是融合了古今中外的优秀成果，是通过现实生活与作家的创造熔炉以后的新的创造。在随后的讨论中，徐懋庸、任白戈、蒋弼等都发表了意见，写出了讨论文章。

《华北文艺》除“文艺形式”的讨论外，还发表了涉及新文艺运动其他方面的文章。创刊号上《群众是我们的导师》（野蓟）是参与当时的文艺大众化问题讨论的。第5期（1941年9月）《我对于华北敌后文艺工作的意见》（徐懋庸），从理论上估计和检讨了根据地文化艺术的建设发展，尤其指出了前进中的不足，如戏剧活动中的“演大戏”，造成了攀比风，农民群众和广大战士反而没有戏可看，“以为农村剧不新了，便要演大后方的戏，演外国戏才有意思”。文章也批评了文艺工作者组织与领导的薄弱，“就是我们文艺界抗敌协会——边区最大的文艺团体，领导与推动的作用，也是起得不够的。在各部队里、各机关里，有些文艺研究会等等是成立起来了，比如抗大的文艺研究会，有了领导机关，但是否对它的全体会员，起了领导作用，帮助了他们的发展呢”，这种批评是很有现实意义的。

《华北文艺》仅出了6期，但它在引领晋东南革命文艺的发展上是发挥了不小作用的，也反映出当时根据地的文艺工作者从抗日战争期间就开始为新民主主义文艺建设所进行的努力。

《华北文化》创刊于1942年1月25日，是综合性刊物，16开。当时根据地已建立新华书店，这一刊物以新华书店名义出版，主编先后为张秀中、王春。它创办在《华北文艺》停刊之后，是由《抗战生活》合并而来，出至1945年2月25日（第三卷第5、6期合刊），延续两年多一点，共出25期（内有合刊两期）。其间在1943年4月出版革新号，开本改成32开，内容也改向通俗，改刊后又出16期。《华北文化》的主要撰稿者有袁勃、陈默君、蒋弼、杨献珍、任白戈、孙健秋、王玉堂、高咏、王春等。

《华北文化》创办正值当时的文艺思想论争，自然也发表了参与论争的文章，它不仅只关注文艺，也涉及包括社会科学在内的文化的诸多方面，发表了一些进行宏观研究以至有指导性的文章。创刊号上《对文艺上主观主义的二三零感》（袁勃）、《眼睛向下》（赵守攻）都批评了文艺创作上的主观主义和脱离群众的倾向。袁勃的文章指出，在一个长时期里，“流行文艺工作者以到敌后跑跑，看看，溜一圈儿为满足的风气，结果收获并不怎么好”，“‘找故事’的风气，浪费了不少人的精力”。赵守攻的文章更尖锐地指出：“我们出版了百余种杂志，可是通俗的大众读物只有三四种……在广大农村、工厂、兵营中苦叫着没有文化食粮，或是有而看不懂，而在上层机关中则一月可以收到几十种刊物报纸。至于敌占区的人民，更是无文化生活可言了。”在《华北文化》第2期（1942年4月），杨献珍发表《数一数我们的家当》一文，全面地检讨与评论根据地文化的多个方面，批评有的文化工作者“喜欢写大题目，泛论一般，如‘论马列主义的正确性’、‘社会科学的重要性’等等，看不起写小文章，村子里开一个春耕会议，也要从太平洋谈到太行山。愿意写一篇‘论自然科学的重要性’，而不愿意写一篇小文章说明地球是方的是圆的”。“个别木刻工作者不愿意为小学教科书刻插图，说那是刻字匠的事情。说艺术不能作婢女，不愿意刻报头，说方寸之木限制了木刻艺术的发展。”杨献珍还论述了根据地在对敌伪的宣传中是“最坏”的，他引用了朱德、邓小平等中共党政军负责同志的批评来提醒大家，朱德曾强调“敌人的一切宣传是尽量利用艺术的”，“在军事上，我们的武器比敌人差，但我们却打了胜仗；在政治上，我们掌握真理，但我们却打了败仗”；邓小平说，“在文化斗争上，比起敌人，我们是占了下风”；李雪峰也说，“在对敌斗争上计算文化的出入口，我们是入超的”。这些批评，在文化界起了振聋发聩的效用。

在《华北文化》发表这些文章的同时，根据地的报纸上也发表了相关文章，引深了对文化运动的讨论。1942年1月晋冀豫边区文化人座谈会举行，450多人参加了会议，一二九师政委邓小平、晋冀豫区党委书记李雪峰、八路军野政宣传部长王东明等在会上作了报告。这次会议历时四天，解决了文化工作应该围绕党的中心工作，紧密结合形势为抗战服务、为人民服务的重大课题，讨论了文艺运动中提高与普及、民族形式、面向大众等问题，为此后根据地的整风学习和改变文化队伍面貌打下了基础。座谈会后，《华北文化》专门请李雪峰写了《关于文化战线上的几个问题》，刊发于1942年6月第3期上。

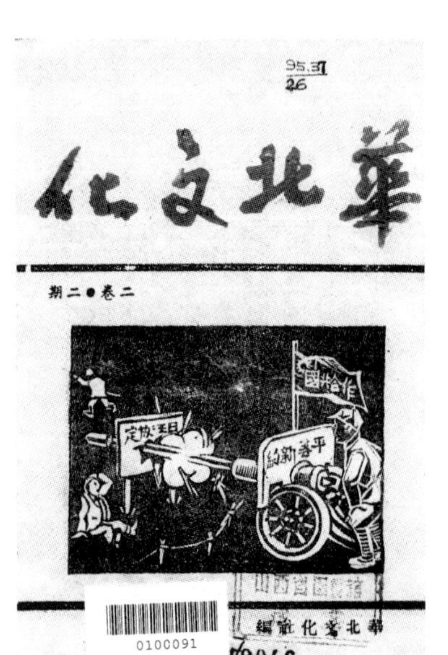

在太行抗日根据地，中国共产党曾建立过一个以出版图书杂志为主，兼搞其他文化教育工作的出版机

构——太行文化教育出版社。

1938年4月，太行山抗日军民粉碎日军“九路围攻”后，八路军总部、一二九师师部、中共中央北方局等都进驻晋东南。6月，中共北方局和冀豫晋省委召开会议，研究坚持和巩固根据地等问题，会议决定建立一整套新闻、出版、文化机构，其中包括在长治创办太行文化教育出版社，并责成北方局组织部部长朱瑞负责。

当时，在屯留县东固村的“八路军晋南干部学校”刚好结业，就从那里抽调了一部分人员来筹备出版社。1938年8月1日，太行文化教育出版社成立，王振华为社长，但王振华在沁县工作未能到任，不久就由张伯园任社长。以后，从国民党统治区、延安抗大和鲁迅艺术学院来了一些同志，如张磐石、陈岱、谢丰、王默馨、黄君珏等，充实到出版社，全社人员达80余人。出版社下设编辑、文化教育和出版后勤三大部，编辑部陈沂任总编（部长），李竹如任副总编（副部长）。

太行文化教育出版社在艰苦的环境中起步。1938年5月，黄镇率八路军民运部到长治后曾将两个私人小石印印刷厂组织起来，为八路军印刷文件。年底民运部转赴冀西，印刷厂转给出版社。出版社又请来些木刻雕版工人，使印刷工人达到近30人，开始印书籍、期刊和宣传画。1939年7月，日军发动第二次“九路围攻”，长治被占领，太行教育出版社分两部分撤离。1940年初两部分在武乡县安乐庄会合，根据北方局指示与《新华日报》合并，合并后改为两个编辑部分别出报刊出图书，所出图书在一个时期内仍沿用太行文化教育出版社的名称。

《抗战生活》1939年4月在长治创刊，最初半月一期，石印，以抗战生活社名义出版，实际是太行文化教育出版社编辑的。主编张磐石。这是一个反映根据地军民斗争生活，并针对根据地军民（主要是各级军政干部及其他知识分子）的综合性期刊，创办时设有“时事述评”、“经验教训”、“信箱辞典”、“文艺”等栏目。出至第6期即遇日军“扫荡”，于同年6月停办。

1940年5月《抗战生活》复刊，这时出版社已与报社合并，刊物仍署抗战生活社主办。复刊时的“启事”称，复刊后的《抗战生活》是“以更光辉更新颖的姿态，出现于敌后的文化堡垒”。复刊后为16开，铅印，栏目有“专论”、“时事展望”、“学术讲座”、“学习经验”、“文艺”、“书报介绍”、“信箱”等。仍为月刊。这时还组成了由何云、张磐石、韩进、李伯钊、林火、杨献珍、孙泱、王玉堂、陈默君等参加的编委会。1941年3月（3卷4期）刊物出革新号，改为月刊，两色套版，栏目改为“短论”、“杂感”、“专论”、

“古与今”、“国际间”、“随笔”、“通俗读本”、“苏联故事”、“人物介绍”、“读书笔记”、“工作经验”、“通俗文艺”、“生活修养”等。1941年12月，该刊并入《华北文化》。《抗战生活》的主要撰稿人有袁勃、赵守攻、何云、张磐石、韩进、李伯钊 、王博习、匡亚明、王玉堂、华山、王铁、流焚等。

《太行文化》是太行文化教育出版社南区分社创办的一份刊物，从1939年5月1日创刊，到当年6月15日终刊，共出4期。《太行文化》为32开本，石印，编辑者署为太行文化社。

从《太行文化》第4期即终刊号看，这一刊物的内容还是较丰富的，这一期有“社论”《反汪除奸 消除摩擦——迎接敌人新进攻》。文中分析了当时抗战军民面临的形势及任务，其中在讲到晋东南时这样写道：“在晋东南，我们在政治上、军事上、民众运动上，以及文化教育工作上都有了极大的进步，这是华北抗战的先进区域，三民主义在这里有很好的推行。然而晋东南既不是孤立的晋东南，民众的落后性也非一蹴就可克服，因此，某些不利抗战的现象也还存在，例如汪派托派汉奸，至今尚藉着某种掩护，依草附木，在晋东南继续活动，制造摩擦，破坏抗战，策应敌人的行动。而我们落后的群众，竟至为汉奸们所利用，参加敌方所组织的‘道门’，甚至秘密参加新民会、皇协军。这些怪现象，都是我们今后应当以更大的努力加以克服的。”从这些表述也可看出，当时抗战斗争的艰巨与复杂。在这一期上还有一些文艺作品，如通俗唱词《捉拿汪精卫》、小话剧《芙蓉队》。《芙蓉队》的剧情是日本侵略军在中国领土上欺凌中国妇女，但其家属也被日本政府征来到战场上为侵略军“服务”，从中揭露了日本军国主义给中日人民都带来了灾难。

在终刊号上，《太行文化》预告将改为《战地文化》继续出版，并在《告别的话》中说：“……这四期是始终在困难中支持着，那么是不是因了这种折磨而停刊的呢？不是的，它还有更新的发展，以后改由战地文化社主编更活

泼、更大众化的《战地文化》，这个刊物打算造成在晋冀豫边区的一份有独特风格的刊物。"《战地文化》的出版情况尚待进一步考证。

《新华日报》（华北版）是太行太岳根据地最重要的报纸，也是整个华北敌后根据地发行量最大的报纸，期发三万至五万份。《新华日报》创办后就积极设置副刊，有的副刊发展成为另外的小报。《中国人》就是《新华日报》另外办起的8开周报，专向沦陷区和游击区散发，宣传抗日民主根据地情况和发动抗日救亡。这份小报由王春、赵树理编辑，当时办得很活泼生动。但多数报纸副刊仍用与主报一起编辑、印刷的方式，只是相对完整，相当于一个独立的期刊。《新华日报》先后办过的副刊有：

《新地》旬刊，由新地社编，这是一个文艺副刊，首发于1939年1月9日，当年3月29日终刊，共出5期。

《战地报人》，由中国青年记者学会太行分会编，1939年1月13日首刊登载与新闻事业有关的论文、工作经验、讨论抗战宣传工作的文章。不固定刊期。

《华北青年》，创刊于1939年2月15日，动员根据地青年团结抗敌，反映青年生活的各个方面。刊期不定。

《卫生常识》，1939年2月17日创刊，刊载战时卫生知识、疾病防治、外伤救护等内容，为抵御日军"细菌战"，特别刊发了这方面的有关文章。不固定刊期。

《戏剧》，由戏剧社编辑，首刊于1939年2月27日，是文艺副刊之一。重点是戏剧理论文章。共出两期，主要撰稿人有李伯钊、唐恺、伊林等。

《抗日军人》，创办于1939年3月1日，主要针对部队指战员，反映军队的军事与政治教育，宣传抗日战士的模范，鼓舞士气，也反映部队生活的不足及意见。刊期不定。

《日本研究》，1939年3月3日创办，目的是揭露日本侵略者的虚弱本质，通过对发动侵略战争之后日本各方面情况的分析，以增强中国军民抗战必胜的信念。不定期。

《回民》，1939年2月25日创办，是体现抗日统一战线中的民族政策的副刊。长治是山西回族群众较集中的居住地之一，所以在根据地工作中促进民族团结十分重要。期数不定。此副刊由长治回民救国会负责编辑。

《敌后方》，1939年4月23日创办，是内容比较广泛的一个副刊。

这众多的副刊，基本都创办于《新华日报》创办之初，而且涉及的领域十分广泛。这既反映了当时根据地抗敌斗争的千头万绪、军民生活的丰富多彩，也折射出当时办报人的高昂热情和积极心态，体现了作为革命队伍成员的新闻出版工作者的奋斗精神。当时的副刊编者有些是实有某团体，有些则是虚拟的某某社，这与以后尤其是新中国成立后不同，明显带有战争时代的特点。

在办副刊之外，《新华日报》还办过一些增刊，或者称为专刊，它们另外印制，随报附送，在形式上几乎可看做是另一种报刊。这些专刊有《新华文艺》、《学习》、《新华增刊》、《敌后方木刻》等。

《新华文艺》由新华文艺社编，1939年7月1日创刊，同年9月15日终刊，共出4期。

《学习》1943年2月1日创刊，所出期数及终刊时间不详。

《新华增刊》1941年3月25日创办，作为周刊，每期两版，由林火、石蕾等编辑，每期约万字。同年12月23日停刊，共出32期。1941年太行根据地戏剧界演出《雷雨》、《巡按》等名剧，《新华增刊》组织了关于戏剧运动以及演大戏问题的讨论，发表过张秀中、戈红、乔秋远等人的文章。

《敌后方木刻》1939年7月1日创办，由鲁迅艺术学校木刻工作团编辑，同年9月15日因反“扫荡”斗争激烈而终刊，共出5期。《敌后方木刻》发表过不少木刻作品，代表了当时华北敌后美术运动（主要是木刻）的水平，也刊载了罗工柳、华山等人写的有关木刻运动以及创作理论的文章。

鲁艺木刻工作团是抗日期间在敌后活动的一个美术团体。1938年秋中共中央号召延安的干部到敌人后方去，到对敌斗争前线去。1938年11月，鲁迅艺术学院木刻艺术班骨干成员组成鲁艺木刻团随延安干部队渡黄河来到山西。延安干部队由中共中央北方局宣传部部长李大章带队，鲁艺木刻团由胡一川带队。从晋西到太行，木刻团举办展览、开座谈会，也对群众的意见进行反思，终于从原先的欧化倾向中走出来，走上发展中国新兴木刻和直接以美术服务抗战的道路，比如创作和组织刻印新年画等。出于工作的需要，木刻团分成两部分：一部分到《新华日报》做美术工作，一部分集中创作连环画、漫画。《敌后方木刻》就是在这一情况下办起来的，它虽时间不长，但对发展抗日根据地以及后来解放区的美术创作起到了旗帜的作用。

《鲁艺校刊》是太行根据地出现的一个特别刊物，从某种意义上是太行根据地的第一种院校学报。鲁艺是1940年在武乡县下北漳村成立的晋东南鲁迅艺术学校，这是“以养成具有革命思想，为大众为民族国家而服务的艺术工作者为目的”的学校，性质上与延安鲁迅艺术学院一样。校长罗瑞卿兼，副校长有从木刻工作团来的陈铁耕，师资中有部分是原木刻团的成员。成立时学员有280余名，是从六七个省份来的学生、士兵、小学教员及其他知识青年，教学实际上是一种短期（三个月）培训。学校成立后，1940年4月15日出版《鲁艺校刊》。

《鲁艺校刊》为32开本，油印，封面为白报纸，内文为有光纸，48页。创刊号封面红黑套印，刊名系朱德所题，中心图案由地球、红旗和战士组成，右下有鲁迅头像。封面系木刻家彦涵设计。鲁艺的成立是关系晋东南抗日根据地文化发展的大事。《鲁艺校刊》发表了当时五位军政领导人的题词，彭德怀题"为人生的艺术本质是战斗的，不是拥护就是反对，别的力量是阻挠不住的"，杨尚昆题"一切艺术作品应该适合民众的需要及为民众所了解"，陆定一题"艺术的真价值在于它能以革命精神教育劳动大众"，罗瑞卿题"敌后艺术运动的推进机"，赵品三题"揣摩世事，体验生活"。

创刊号上发表的文章有《略讲艺术与政治生活》（李伯钊）、《从一般到深化》（蒋弼）、《对敌后歌咏的一点意见》（朱杰民）、《冀中区戏剧运动》（王林）、《鲁艺概况》（牛犇）、《鲁艺教职员生活片断》（雷力）等。《鲁艺校刊》共出版8期。主要作者还有洪荒、伊林、常苏民、海啸、李季达等，编辑有李伯钊、王玉堂、陈默君、蒋弼、肖芒、高鲁等。在编刊的同时，对一些较长的文章，编辑部还将之作为《鲁艺丛刊》若干种印行。

在晋冀鲁豫根据地也出版过一些画报画刊之类的美术出版物，由于是从抗战的宣传工作和群众需要出发的，所以形式多样，有的甚至单面印刷，便于张贴。与过去以及以后的做法不同，根据地还往往将美术创作与作品的大量复制集于一体。如1940年秋，木刻工作团在太行与冀南就办了木刻工厂，1941年在晋绥也办了木刻工厂，专业美术工作者与刻版工人相结合，直接印制出画报或者宣传画、年画。这些工作是卓有成效的，1940年朱德在延安鲁艺作了题为《三年来华北宣传战中的艺术工作》的讲演，其中就说："在图画木刻方面，有鲁艺派到前线去的木刻工作团创作的年画，极受群众欢迎，一出版，群众马上买光。"

由于条件所限，根据地的画报往往难以持续出版，有时出一两期，几近于画册。但即便这样，其效果仍是极其明显的，它直观地反映了抗日军民的面貌，对根据地以外的民众有文字难以取代的宣传鼓舞作用。太行区出版的较重要的有《华北画报》，1941年创刊，由晋东南文联主办。此前是《新美术》画刊，1941年5月由美协晋东南分会编印，油印，出版3期后改为《华北画报》。八路军一二九师政治部也出过画刊《战场》，1943年1月发行，主编艾炎。8月出版的第12期除木刻、绘画外，有照片21幅，内容有师首长活动、百团大战、八路军总部等。从1944年起《战场》由晋察冀画报社代为制版，但不久就停刊了。

太行根据地的通俗画刊，还有由太北胜利报社出版的《胜利报画刊》，这个画刊以连环画为主。在《胜利报画刊》上，寒声创作了多幅连环画，尤其是塑造了“毛三爷”这样一个参加抗战的群众艺术形象，在根据地民众中颇有影响，刊物的发行量也逾7000份。积极参与连环画创作的还有鲁艺陈铁耕等，陈铁耕用国画形式创作了连环画《黄阿福》（48幅），内容是富裕农民黄阿福因日军侵略而破产，村中恶霸做了汉奸，欺侮黄妻，使其受辱致死，抗日政府建立，恶霸被处决。李伯钊1941年在《中国文艺》上发表《敌后文艺运动概况》，评述了根据地画家们的创作，推崇陈铁耕的连环画“奠定了运用国画技巧来绘制抗战题材的基础”。与画报出版同步，在太行根据地也形成了一支美术创作队伍，有罗工柳、苏光、李济远、胡一川、彦涵、蔡九昌、艾炎等等。

晋东南根据地1941年左右是各种文化书报刊很活跃的时期，1941年8月晋冀豫边区的一份文件曾罗列了当时的报刊出版情况，原文如下：

1.华北文艺社出版有《华北文艺》，现已出版有3期（铅印）。

2.华北妇女社出版《华北妇女》，现已出版有2期（铅印）。

3.华北画报社《华北画报》，正计划中（铅、石、木）。

4.抗战生活社《抗战生活》，现出至4期（铅印）。

5.华北青年社出版有《青年与儿童》，现已至3卷1期（石印）。

6.敌伪研究社出版有《敌伪研究》，现已出2期（铅印）。

7.教育生活社出版有《教育生活》，现已出2期（石印）。

8.抗建知识社出版有《抗建指示》，已停刊（石印）。

9.光明社出版有《光明》（石印）。

10.新华增刊社出版有《新华增刊》，随报约20期（铅印）。

11.青记学会出版有《辑文》，5期（油印）。

青记学会出版有《北方记者》（油印）。

12.中国人报社出版有《中国人》报。

胜利社出版有《胜利周刊》，现停印（石印）。

13.文联主编的副刊《通俗文化》，本月出刊（石印）。

文联主编的《文化报》，已出1期（油印）。

文联主编的丛书《文艺理论》、《文化运动》，现出12种（油印）。

14.华北书店出版的有《世界文学丛刊》，现出5种（油印）。

15.美协分会出版的有《新美术》，已出2期（木刻）。

16.鲁艺木刻工厂出版的有《五月画刊》，已出2期（木刻）。

17.太岳文教会出版的有《太岳文艺》，已出至3期（石印）。

18.冀南文联出版的有《新文艺》，已出至2期（油印）。

19.经济战线社出版的有《经济战线》（油印）。

20.新华日报出版的有《通讯与读者》（油印）。

21.民革社出版的有《敌后通讯》（油印）。

民革社出版的有《每日通讯》（油印）。

据该文件称，所列的只是公开的，并不包括各机关的内部刊物，可见当时刊物之多，这也印证了前文所提及的“出版了百余种杂志”。如果用以后的标准来衡量，这些刊物不少是简陋的、不标准的，但在太行太岳山区，在敌人的“扫荡”和根据地反“扫荡”的环境中，这些出版物却显示了中国人民民主革命力量的生机与活力，昭示了中国人民必然胜利的前程。

第七节　统一全党步伐的中共内部期刊

抗日战争是中国革命进程中的一个重要时期，也是中国共产党发展壮大的一个重要时期。随着抗日民族统一战线的建立和敌后抗日根据地的开辟，不仅党领导的武装力量迅速发展，党的组织与党员队伍也在不断扩大。但是抗日根据地与党的组织又长期处于被日伪分割封锁状态，战争形势也在经常变化。以太行根据地为例，尽管全区有几十个县，党组织曾建有八个地委，但日军没有长期占领的完整县只有黎城、平顺、涉县三个，各县之间联系十分不便。为适应战争造成的种种变化，党的组织系统也在不断调整。仍以太行根据地为例，中共中央1937年秋以山西为中心成立四个省委，太行根据地为晋冀豫省委。1938年秋又将省委改区委，太行根据地为晋冀豫区委领导六个地委，1940年春又将其中三个地委也改为区委，1942年秋成立中共太行分局，同时新合并成立了太岳区委。在这种形势下，各级党的组织和党的干部听取党中央指示十分重要，但传达这种指示，一般用两个办法：一是开会，二是文件。文件包括党内报刊，所以不仅省委、分局，连地委或区委的中共组织都办有内部期刊，用它来传达中央精神，统一全党思想，保证党的思想建设，完成党所肩负的种种任务。可以说，这一阶段党内刊物所起的作用十分重要，它对于夺取抗战的胜利乃至以后全中国的解放，都功不可没。

在山西的中共内部报刊中，最有影响和办得较好的有中共中央北方局的《党的生活》，太行区的《战斗》和《支部通讯》。

《党的生活》创刊于1939年11月15日，是中共中央北方局的党内刊物。1939年1月1日，中共中央北方局机关报《新华日报》（华北版）在山西沁县南部后沟村筹划和创办，后因日军进攻迁移到武乡县东部，后又迁到辽县（今左权县）东南部。《党的生活》与《新华日报》同在一处。

《党的生活》创刊时为32开油印，第11期起改铅印，先为半月刊，出至50期后改月刊，终刊于1944年1月5日。《党的生活》每期刊载文章五至八篇，也有只刊一份文件或一篇文章的情况。从创办到终刊，共刊发文章293篇，其中有97篇是文件，其余则多为党的领导同志对某项工作的指导性论述，这一刊物上就刊发过毛泽东、刘少奇、彭德怀、邓小平、杨尚昆等人的文章。

《党的生活》的《发刊词》对它的宗旨做了明确的表述："第一，它将努力阐述马列主义的原则，批评一切资产阶级小资产阶级的错误理论，使自己成为在思想上、政治上巩固布尔什维克党的武器"；"第二，它将努力解释马克思列宁主义政党的布尔什维克组织原则，使自己成为在组织上巩固党的队伍的武器"；"第三，它将努力使自己成为华北各地工作经验交换的园地，帮助各地同志解决工作困难，成为对各种工作实际指导的刊物"。《发刊词》还指出，"必须使《党的生活》成为全华北党集体的刊物。只有在全党同志，首先是各级干部关心、帮助、爱护与扶植之下，才能使它强健和发展起来"。

《党的生活》创刊号是"巩固党专号"，刊有5篇文章，2个文件。文章有杨尚昆的《华北党目前的任务》、刘锡五的《巩固党的任务在华北》、傅钟的《论新阶段中部队的党政工作》、李大章的《从思想上来巩固党》、张友清的《巩固党加紧反奸细斗争》。"巩固党"以后也一直是《党的生活》的重点，此后陆续刊发的较重要的文章还有陈云的《巩固党与战区的群众工作》（第4期）、北方局的《关于调整党的成分的指示》（第65期）、张箴的《华北巩固党的几个问题》（第41期）、赵守攻的《整理党的成分问题》（第12期）等。

《党的生活》还刊发了一些分析政治形势与党的工作的文章，其中最重要的有邓小平的《反对麻木，打开太行区的严重局面》（第36、37期合刊）。这期出版于1941年5月15日，这时革命根据地的发展进入困难时期，1941年1月发生皖南事变，国民党发动的第二次反共高潮达到顶点，日伪军加紧了对抗日根据地的"扫荡"，在南京汪精卫伪政府成立后，一批国民党军投敌，其中高级将领就达67名，而华北又发生了严重的自然灾害，这些都使太行区的形势空前严峻。邓小平的这篇文章对应对局势有极强的现实指导意义，在《党的生活》刊出的同时，晋冀豫区党委机关报《战斗》也以增刊形式刊出。

《党的生活》另外的重点是政治工作、群众工作、党风党纪。这方面的文章刊发过的有：傅钟的《论目前政治工作的几个基本问题》（第11期），罗瑞卿的《政治工作》（1940年10月6日在北方局高干会上的报告，第25期），张闻天的《略谈党与非党员群众的关系》（第6期）、《深入敌后群众工作》（第2期）、《提倡朴素与切实的工作作风》（第22期），陈云的《开展群众工作是目前地方工作的中心》(第5期),李雪峰的《党与群众工作》(第29期),刘锡五的《关于敌占区大城市中的群众工作问题》(第18期)、《论党团》(第12期),杨献珍的《介绍北方局地委会议整风学习的经验》(第66期)。

1942年,中共中央决定在全党开展整风运动,内容为:“反对主观主义以整顿学风;反对宗派主义以整顿党风;反对党八股以整顿文风。”北方局按中央布置也开始整风,《党的生活》刊发了毛泽东关于整风的报告,随后《党的生活》组织了“整风专辑”,刊发《北方局整风通报》以及彭德怀、张际春、龚子荣等同志的文章,以后又刊发过《北方局党校整风学习的总结和经验》等材料,有力配合了北方局各级组织的整风运动。《党的生活》所刊载过的内容,涉及抗日根据地的方方面面,如根据地建设、对敌斗争、锄奸工作、宣传工作、青年工作、妇女工作、统战工作、支部工作、秘密工作等等。

《战斗》是中共晋冀豫区委宣传部主办的对内刊物。1937年11月7日(一说为10月16日)创刊于山西平定县,32开本,同年12月25日出至第四期后因战事激烈紧张而一度停刊。《战斗》主要刊载党内文件,介绍马列理论,传达省委指示,报道各地经验,有时也登载一些短小精悍、鼓动性强的文艺作品。《战斗》的栏目有“短评”、“专论与基本问题”、“经常工作”、“通讯”等,每期有特约文章,一般是北方局至少一篇,区党委至少三篇。

关于1937年冬《战斗》停刊的有关情况,1938年6月22日冀豫晋省委(1938年8月19日之前称冀豫晋省委)给北方局并中共中央的报告中曾有说明:“从二月直至五月这一个长时期中,由于省委组织的不健全,能力和领导方式的缺陷,特别是巨变的战争经验的缺乏,工作常常感到顾此失彼,上下不接气,《战斗》没有继续出版,没有切实总结过二月以来的工作。二月时由彭真同志帮助组织起的省委,实际做省委工作的只有三个人。宣传部长率工作团到晋东南后,只留两个人(组织部是新提起的工人同志)。各部重要干事都到下边帮助工作去了,内部很不健全。这与(予)工作的推动和严格分工与领导以很大困难。”“数度企图复刊,都因人力和客观变动关系没有成功。”这里主要讲省委的情况,从中也可见《战斗》当时出版的不易。

1938年8月16日,《战斗》复刊,省委要求《战斗》要普遍分发到每个支部、小组,各级党委和每个党员都要把讨论《战斗》上的重要文章当作严格的组织生活。《战斗》在全区起到了指导斗争的作用。1940年3月,《战斗》第30期刊出革新计划,刊物改由区党委主编(这时省委改为区委),内容除刊登中央的有关文件、指示外,着重解释当前工作问题及党的建设方面的实际问题。文字力求通俗易懂，一般不发三四千字以上的长文，必要时出增刊或专册。读者对象主要为分区委和支委。也就是说，从这时起更突出《战斗》的干部教育作用。同年11月，《战斗》又变更编辑方针，将对象集中于县级工作人员，而另外创办《支部通讯》，专门针对分区委和支部。

邓小平的《反对麻木，打开太行区的严重局面》一文，《战斗》就以增刊形式专门刊发，并加了编者按："邓小平同志这篇文章严重地指出本区目前的严重形势，并明确地指出克服这种严重局面的条件与方法。希全党同志，特别是各级负责领导同志，能于接于本刊时，立即联系当地具体情况组织讨论，动员全党为打开目前的这个严重局面而斗争。"（原文如此——编者注）《战斗》在一定意义上还发挥着区党委下发文件的作用，如1941年7月7日，区党委的机关报《胜利报》改版为《晋冀豫日报》，《战斗》第60期就刊发了关于这一改版区党委给各级组织的通知。

1943年6月，《战斗》改版为64开，铅印，仍半月一期，但形势变化使之不久又按月出版，出版88期之后还曾停刊。到1945年1月20日后复刊，不定期出版。1948年6月15日（这已是解放战争时期），《战斗》从第115期改为32开本，铅印，一直出版到1949年区划组织变更，太行区党委建制取消。从1941年之后，它的读者基本固定在地方县级以上、军队独立营以上的党员干部。它的栏目有过"政治与工作论文"、"短评"、"工作讨论"、"问答与通讯"等。由于党的组织建制不断变动，《战斗》的主办者从最初的冀豫晋省委（1937）依次变动为晋冀豫区委（1938）、太行分局（1943年6月）、太行区党委（1943年10月）。

《战斗》一直保持了它的战斗风格和编辑方针，用来指导根据地工作的特约文章是刊物的主要内容。如第80期，1943年7月5日出版，这册《战斗》期刊刊登的主要文章有三篇：《为进一步建设布尔什维克化的党而努力》（大章），是为纪念建党二十二周年而作，文章回顾了党的发展历程，指出目前华北敌后区存在的问题，要求大家在思想上、行动上统一起来，为加强党的布尔什维克化而努力。《建立劳动观念，反对寄生意识》（雪峰）批评了部分党员搞特殊化，要求广大党员建立劳动观念，与人民群众紧密结合起来，战胜当前的严重困难。《一个县委的开会》（若愚）从一个县委开一个会用了一个多月的事例，告诫部分干部要改进领导方法，抓好中心工作。另外还有《群众工作指示》、《关于共产国际解散问题的解答》等文。在这期杂志的封二还刊登有《改版启事》，指出《战斗》自正刊78期、增刊15期起由晋冀豫区党委刊改为中共中央北方局太行分局党刊，由分局负责主办，其“内容与读者，将以晋冀豫区为基础，扩大至分局所属地区，及全面党政军民工作的反映、经验交流与指导。在内容的分栏方面，暂拟定为政治与工作论文、短评、工作讨论、问答与通讯等”。

《支部通讯》创刊于1941年1月1日，中共晋冀豫区党委内部刊物，64开本，油印，半月刊，以战斗社名义出版。1941年时晋冀豫区党委组织经过三年多的锻炼，队伍发展了，支部建设成为全区党组织的一个中心任务。当时区党委已有《战斗》，但这主要是供县级同志阅读的。为对分区和支部进行指导，决定再办此刊。

在创刊号上，《支部通讯》就明确表示这一刊物“必须成为支部的读物，为支部同志解决问题”。所以刊物上主要刊载有关支部建设的简短论文，反映支部工作的经验教训，介绍一些模范支部、模范党员的事迹，也刊发一些有教育意义的小故事之类。1941年11月出版第21期后，因环境条件的变化而一度停刊，直到1942年8月。1942年8月15日出第22期，以后大致每20天出版一期。这一时期《支部通讯》的内容主要是反“扫荡”、反“维持”以及反映执行土地政策方面的情况。到1942年9月，《支部通讯》改为64开石印本，但出版几期后又停刊。

抗战胜利后，随着解放区的扩大，太行区党组织有了更大发展。为吸取老区的经验，指导新区的工作，《支部通讯》在1946年后半年再次复刊，不定期，64开本，铅印，仍是太行区党委内部刊物，大约出版至1947年8月。

第八节　国民党政府对进步报刊的压迫

在抗日战争之前，国民党反动势力对进步报刊的出版就进行了反革命的“围剿”，其手段集中表现于三个方面：颁布法规，查禁书刊及书店，迫害甚至残杀进步报刊的编辑出版者以及作者。例如在法规方面，南京政府1929年1月公布《宣传品审查条例》，同年6月公布《取缔销售共产书籍办法》，1932年11月公布《宣传品审查标准》，1933年1月公布《新闻检查标准》。这些法规构成了国民党各级政权对付进步报刊的依据。

抗日战争开始，抗日民族统一战线的建立使中国共产党“合法化”了，以抗日救亡为主旨的报刊及其他宣传活动如火如荼，出现了从未有过的活跃局面，但这并未能改变国民党政府敌视、压迫进步报刊的根本态度，以种种手段压制、打击乃至取消革命的进步的报刊仍是其基本政策。

1937年7月，就在“七七事变”爆发之后，国民党政府就公布了修订的《出版法》和《出版法施行细则》，以后又公布了《检查书店发售违禁出版品办法》。在这些法令、法规中规定，凡出版品“意图破坏中国国民党或违反三民主义者”，“意图颠覆国民政府或损害中华民国利益者”，都要予以处罚，包括罚金、拘役与徒刑。

为进一步控制出版、控制舆论，1938年又公布了经国民党五届中常委通过的《修正抗战期间图书杂志审查标准》和《战时图书杂志原稿审查办法》，这是更严格的对出版的限制，矛头直指进步的图书、期刊。

在《审查标准》中罗列了国民党政府不准许出版者及其罪名：

> ……曲解、误解、割裂本党主义及历来宣言政纲、政策与决议案者；记载革命事迹，叙述中央设施，诸多失实，足以淆惑听闻者；立论态度完全以派系

私利为立场，足以妨碍民族利益高于一切之前提者；

……言论偏激狭隘，足以引起友邦反感，妨碍国防外交者；

……恶意抨击本党、诋毁政府、污蔑领袖与中央一切现行设施者；鼓吹偏激思想，强调阶级对立，足以破坏集中力量抗战建国之神圣使命者；鼓吹在中国境内实现国民政府以外之任何伪组织、国民革命军以外之任何伪匪军，及其他一切割裂整个国家民族之反动行为者；挑拨中央与地方感情，或离间党政军民各方面之关系，以逞其破坏全国统一之阴谋者……

1939年1月，国民党召开五届五中全会，会议的中心议题是抗日和防共。在抗日战争的条件下，会议将反共方针更具体为“限共，溶共”。针对有的委员关于“异党假借抗战之名，阴分壁垒，分化统一，破坏团结，谋夺政权”的提案，蒋介石在会上讲：“我们对中共不好像十五、十六年那样，而应采取不打它，但也不迁就它，现在对它要严正管束教育保育，现在要溶共，不是容共。”会议之后，下发了一系列秘密文件，如《异党问题处理办法》、《限制异党活动办法》等。“异党”就是指共产党，当时中国还是有其他政党的，如中国青年党，但只要追随国民党，则不是异党。

对中共领导的报刊，国民党中央是千方百计去取消的。1939年9月，蒋介石直接下令：“第八路军所出《军政杂志》，有否经正式机关批准，否则应即政治部负责取缔，不准发行。”（上述引文均见中国第二历史档案馆藏国民政府档案）但是国民党政府的势力根本无法达到敌后抗日根据地，它可以做的只能在其统治区查禁进步书刊。据国民党中央图书杂志审查委员会1941年7月5日印发的《取缔书刊一览表》，当年被查禁、扣减、停发的书刊就达961种。

在山西，虽然也执行重庆国民党政府的法令，但更有其特殊性。这主要表现在：一是阎锡山自身就有其一套“学说”，要贯彻这套东西，共产主义是其首要之大敌，所以他的反共更是十分坚决，手段也花样繁多；二是阎锡山在抗日战争期间大肆建立、整顿其特务系统，其任务有抗日的名义，但最根本的想法还是防共，还在于破坏共产党地下组织，遏制共产党的影响，例如扣捕了抗敌演剧宣传第二队的主要负责人和演员，使这个在抗日宣传上卓有成绩的单位瘫痪；三是阎锡山在抗日战争期间还进行了“开展政权”工作，这种“开展”不是面向日伪占领区，而是面向敌后抗日根据地。山西的进步报刊，尤其是抗日根据地的报刊，就是在既与日军侵略者斗争又与国民党政府以及阎锡山当局的斗争中生存与发展并走向胜利的。

第九节　第二战区报刊的衍变

第二战区是抗日战争期间出现的一个概念。

1937年8月，在日本侵略军占领北平、天津后，中国国民政府宣布进行抗战，建立了战时机构，以军事委员会为抗战最高统帅部，并将全国划分为五个战区（后又增至十个战区）。山西、察哈尔和绥远为第二战区（今山西全境及内蒙古自治区、河北部分地区），阎锡山为司令长官。工农红军改编后的八路军（后称第十八集团军）也被纳入第二战区序列。随着日军侵入山西，第二战区的城市和主要交通线变成了沦陷区。八路军和中共领导的抗日武装在农村开辟了抗日根据地，名义上这些根据地仍归第二战区领导。1939年阎锡山的晋绥军发动“十二月事变”之后，根据地建立了独立自主的由中共领导的民主政权，第二战区司令长官部失去对所辖战区的操控权，能控制的仅限于以山西吉县克难坡和陕西宜川县秋林镇为大本营的晋西南部分地区，“二战区”这时变成了仅仅是阎锡山军队的占领区。由于阎锡山这时口头上仍讲“抗战高于一切”，但行动上却是恢复封建势力，排斥进步力量，所以“二战区”也成了这股势力及行动的代名词。

从二战区含义的变化也反映出山西抗日形势的变化，明显地成为两个不同的时期。二战区报刊的不同也就既有时期的不同，也有区域的不同。从时期上看，前期与中共结成统一战线，抗日色彩较浓；后期则以阎锡山的立场、学说、主张为标准，事实上是在“防共”、“反共”了。从前期延续办下来的报刊是如此，后期新创办的报刊更是如此。二战区报刊主要是指在阎管区办的报刊。

《阵中日报》是二战区中办报时间最长的报纸，二战区司令长官部所办。创刊于1938年1月1日，这时二战区司令长官部已撤至临汾地区，该报社社址设在襄陵县温泉村。当时全国各个战区司令长官部的报纸多以《阵中日报》为报名，仅有位于江西上饶的三战

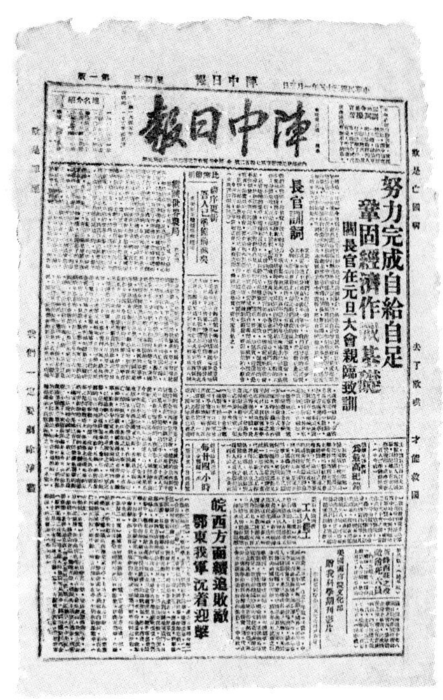
陣中日報
努力完成自給自足
鞏固經濟作戰基礎
閻長官在元旦大會親臨致訓
長官訓詞
每廿四小時
皖西方面繼續追敗敵
鄂東我軍沉着迎擊
工人鐵工

区司令部为《前线日报》。二战区的《阵中日报》由阎锡山任社长，薄毓相任经理，牛青庵任编辑主任。《阵中日报》日出八开两张，发刊40天则因日军进逼临汾而停刊。1938年9月在陕西宜川县骠骑村复刊，日出四开一张。当时报社有人员百余名，设编辑、总务、工务三部，经理、协理、总编辑均为少将军衔。报纸主要报道全国及第二战区的军事新闻，供军队长官阅读，印数不多。1941年，《阵中日报》开辟了文艺副刊，取黄河大瀑布所在地之名《壶口》，副刊由刘克主编。1943年后，该报移至克难坡出版。在抗战期间，这是代表二战区的唯一报纸。

《自由中国》是二战区在省外办的刊物，该刊当时影响较大，但为时不长，出至1938年6月第3期后停刊。有些资料上称其为文艺界主办的救亡刊物（如《中国报刊辞典》，书海出版社出版），这是不确切的。1937年12月南京沦陷，汉口成为中华民国政府的“行都”，各党派代表人物、各界知名人士一时聚集于此。阎锡山也在武汉设立第二战区办事机构，任务是宣传自己的抗日主张，壮大自己的力量，联络学者名流，并为办在临汾的民族革命大学招收爱国青年学生。办事处计划办报，由梁綖武、阎云溪等负责，梁綖武是阎锡山的五妹夫，毕业于清华大学并曾留学日本。但办报在人员、设备、经费等方面困难较多，于是请示阎锡山之后决定改办杂志。阎锡山命以阎云溪为发行人向国民政府内政部申请登记，刊名定为《自由中国》。

《自由中国》的筹办得到郭沫若、邓初民、李公朴、张申府等知名学者的大力支持，尤以郭沫若为最热心（郭沫若当时任军事委员会政治部第三厅厅长，陈诚、周恩来为政治部正、副部长）。郭沫若为《自由中国》组织了编委会，由臧云远、孙陵任编辑。梁綖武也找了其朋友陈北鸥等帮助，还拜会了不少文化界人士征询意见。经国民党中央委员王昆仑介绍，阎云溪和二战区汉口办事处秘书阎采真拜会了八路军驻汉口代表叶剑英，拜会了当时在武汉的冯玉祥，他们都对办这一杂志表示了赞许与支持。《自由中国》还联系上了在延安的毛泽东。

《自由中国》于1938年4月10日创刊，16开本，50多页，创刊号先印500余册。办刊经费由阎云溪从山西省银行驻汉口办事处要士先经理处支取。创刊号在汉口几个书店上市后反响很好，供不应求，于是又再版重印，一期刊物重印的情况无论是当时还是以后，都是不多见的。

创刊号上有毛泽东的题词“一切爱国人民团结起来为自由的中国而斗争”，冯玉祥题词“《自由中国》创刊纪念”，郭沫若题词“建设自由的中国”。封面由画家金明设计。创刊号上刊载有歌曲《毕业上前线》（成仿吾词，吕骥曲），重点文章有：《关于写实主义》（田汉）、《争取中国的自由与创造自由的中国》（陈伯达）、《抗战时期的文学》（周扬）、《哲学的现状与任务》（艾思奇）、《从历史发展中看中国应走的方向》（何干之）、《哲学的必要》（张申府）等。刊物设有“论坛”、“创作”、“散文”、“报告”等栏目，从创刊号看，作者都是当时的著名人士和学者，是支持和赞同抗日统一战线的，有的还是中共人员。

《自由中国》寄回山西后，在二战区高层中引发一片争论，有的惊奇，有的叫好，但更有人说不对头，阎锡山也不高兴，但又不好出面反对，就让阎云溪退出刊物工作，经费也停发了。1938年6月之后，日军向武汉方向进攻，二战区驻汉口办事处等相关人员西迁重庆，阎云溪同行离开汉口。《自由中国》出版3期后停刊。1940年11月在广西桂林又有人办起《自由中国》，卷期另起，一直出版至1942年5月，但这时的同名刊物与二战区已没有什么关系了。

阎锡山是被逼上抗日之路的，他提出的口号中有“抗敌”却没有“抗日”。尽管如此，阎锡山作为司令长官的二战区抗日前期却在全国造成了抗日、进步甚至自由的印象，之所以如此，很重要的原因在于山西有个牺盟会，有个民族革命大学，还有个民族革命通讯社。活跃的群众团体、颇有进步朝气的战时大学、在全国数得上的新闻机构，这三者影响颇大。从期刊角度看，这三家都办有期刊，只是不如《自由中国》有那么轰动的效应。

民族革命大学（简称民大）1938年1月成立于临汾。当时是在一些共产党员与进步人士的倡议下成立的，以太原失守后聚在临汾的抗日救亡青年为主体，是一个统一战线性质的进步学校。校长由阎锡山兼任，代表阎锡山的是二战区司令部政治部副主任梁化之，但他并不实际在学校负责，实际主持的是民大政治处主任杜心源和教务处主任杜任之，他们都是共产党员。民大创办时学生有5000人，除本校外，还设一个分院、四个分校。民大成立颇具号召力，学生来自18个省份，还有归国华侨，学校请了许多民主人士和知名学者来任教和讲学，如江隆基、侯外庐、李公朴、何思敬、陈唯实、施复亮、徐懋庸、萧军、萧红等。1938年2月28日，临汾失陷，大部分民大学生分散于敌后，投入抗日，校本部和一、三分校学生过黄河到宜川继续学习。到“十二月事变”，在民大工作的共产党员及进步人士逐渐离开，1940年之后民大即成为完全为阎锡山服务的学校了。

民大成立之初创办《民大校刊》，由杜任之主持，创刊号上发表了杜任之对《民族革命大学纲领》逐条阐述的文章。民大转至陕西后于1939年10月在陕西宜川创办《文化前锋》，作为校刊，按月出版，出版到1940年1月停刊，共出4期。《文化前锋》虽为校刊，但实际以时事评论为主，关注现实，直接对抗战的各方面发表意见。曾在民大工作的梁膺庸后来在《在牺盟会和决死队工作的片段回忆》一文中这样评价《文化前锋》：“我们利用校刊《文化前锋》宣传阐述党的坚持抗战，反对投降；坚持团结，反对分裂；坚持进步，反对倒退的主张，教育和团结师生员工同反共顽固派展开斗争。当然，为适应阎锡山的要求，这个刊物也刊登过一些不算好的文章，但这不占重要位置。”

民族革命通讯社（简称民革社）1938年成立于山西吉县，是山西官办的新闻机构。抗日战争时期，除国民党的中央通讯社外，当时全国其他通讯社尤其是民营通讯社，纷纷停办，剩下来能继续活动并有影响的除范长江主持的国际通讯社外，就是民族革命通讯社和另一家全民通讯社。

民革社1938年初成立，社长梁綖武，因他在第二战区还有多项职务，民革社工作由总编辑曲咏善主持。1938年4月15日民革社开始发稿，社址设在山西吉县古县村，组织上设编辑、采访、电务、总务四部。1939年初自设无线电台，并陆续在各地设分社。在第二战区内有岢岚、上党、五台、吕梁、平陆、榆林、河口、雁北等分社，另在重庆、成都、香港等地也设有分社，总共达到12个。

梁綖武这时思想上还较开明，所以能本着抗日统一战线的方针，提出“巩固团结，抗战到底”的总原则和“在各战区、各地方、各抗日根据地，以及各沦陷区建立缜密的通讯网”的计划，并且同意由山西各地新政权自行组织分社，岢岚、上党、吕梁等分社都是在八路军、牺盟会等帮助下筹建起来的。1940年后由于山西政治形势逆转，民革社也受到严重影响，总社萎缩，分社解体，根据地的分社人员大多转入中共的相关单位。总社直接领导的分社仅剩绥蒙、平陆、重庆、香港四处。1942年后，政治形势更加恶化，民革社业务几近瘫痪，到1946年，民革社正式结束。

在民革社活跃时期，民革社香港分社创办了《大地画报》，创刊号封面上有阎锡山、朱德骑马的彩色照片，内容中有山西民众的抗日活动以及八路军、新军的作战照片。《大地画报》推出后反响不小，在向全国及海外宣传第二战区抗日斗争方面发挥了不小的作用。这一画报出版期数及停刊时间不详。民革社1939年迁至陕西宜川秋林镇，并组建了民革出版社，除出版第二战区的宣传资料和阎锡山的著述外，还办过《西线》与《西线文艺》两种刊物，前者为综合性刊物，后者为文艺刊物，都由胡采主编。为这两份刊物撰稿的有胡采、仓夷、乔穗青、陈北鸥、秦丰川、张季纯、陈鲤庭、瞿白音、任桂林、沈浮等，这些人中不少是秘密共产党员和进步文化人士，所以这两份刊物在倾向上是维护统一战线的，是进步的。两刊物创停时间也不详。民革社总社还曾办有内部业务刊物《互励》和《民革通讯》。《互励》是促进各分社之间、通讯社工作人员之间沟通情况、交流经验的。《民革通讯》作为民革社的工作期刊，每三四日出一期，分发军政、文化以及各群众团体，也分送各报社及新闻单位。《民革通讯》上有专论性的评述，也有关于战局及长官部各系统的动态反映。

第二战区还有过一个出版社——1939年成立的黄河出版社。该社由第二战区政治部筹办，负责人为政治部宣传科副科长赵石宾。出版社1939年2月正式成立，设在陕西宜川县秋林镇石窑库村，距当时的第二战区司令长官部所在地秋林镇不远。这个出版社名义上是第二战区的，实际是在中共控制之下，当时二战区政治部与绥署政治部有一个中共秘密党组织，赵石宾是这个党组织的宣传委员。出版社除做图书外，也编期刊，首先就是接过《黄河战旗》，改由出版社出版，《黄河战旗》成了当时山西抗日统一战线的一个重要舆论阵地。

在办《黄河战旗》的同时，出版社还创办了《黄河文艺》，月刊，创刊号出版于1939年2月。主要编辑人员有姚青苗、冯牧、邢立斌、刘漠冰。创刊号的内容十分丰富，重点文章有文艺专论《建立西战场文艺底（的）堡垒》（陶然）、《五年来德国反法西斯作家的斗争经过》（A. 康图罗维支作，温剑风译）；小说有《黄河的激流》（青苗）、《老鼠夹子》（雷加）、《烟》（邢立斌）等；速写有《第三号防塞》（柏达柯夫作，白澄译）、《塞外的英雄》（雨霞）、《老舍会见记》（刘漠、邢立斌）等；散文有《无言之献》（吕光）、《山下》（林间）等；独幕剧有《炸弹》（颜一烟）。还有曹葆华、杜尼、沙金等人的诗及力群的木刻讲座《论刀法》。同时刊物还开始连载苏联小说《钢铁是怎样炼成的》（第二部）。从这些作品可以看出，在抗日统一战线旗帜下当时第二战区的文艺创作还是很进步也颇有成绩的。《黄河文艺》出版期数及终刊时间不详。

二战区还有一些期刊是由政府或某些组织办的，主要出现在二战区所辖仅仅局限于阎锡山统治区之后，其中一些和阎锡山的政治活动密切相关。

《革命动力》大致创办于1939年夏，这是阎锡山的政治组织民族革命同志会所办，被称为基干（“同志会基本干部”）刊物。抗战前夕，阎锡山采取联共、抗日、拥蒋的路线，但这些都是有条件的，联共又准备暗中反共，抗日又准备降日，拥蒋又竭力拒蒋（如国民党的山西省党部就好长时间未恢复）。抗战开始，虽有了牺盟会，阎锡山当了会长，但他深知这里有共产党员活动，于是便想建立一个强有力的直接听命于他的组织来维持和巩固其统治。1938年2月，他在临汾襄陵县的温泉村召开了第二战区抗战工作检讨会议，参加者都是二战区的军政民高级干部。在这个会上，经阎锡山授意，由108名高干签名发起成立民族革命同志会，阎亲自拟订了这一组织的公约，确定该会是一切团体的统一领导组织，指派了杨爱源、贾景德、梁化之等13人为第一届高级干部委员，阎锡山任会长，赵戴文任副会长。同志会成立不到半月，临汾沦陷，直到1938年四五月间，才在吉县左贤村成立了同志会的临时执行部，完成了同志会的内部组织。

同志会起初是不公开的，阎锡山实际是要使它变成他的“党”，既对付共产党，也对付蒋介石。于是，便借国民党中央成立国民抗战精神总动员委员会之机，在1939年7月成立了山西省精神建设委员会（简称精建会），用此名义层层建立基层机构，对内即是同志会干委会。《革命动力》就是在此背景下办起来的同志会会刊，其宗旨是发展和巩固同志会，也就是维持和巩固阎锡山的统治。到1945年夏，这一刊物与其他几个刊物合并为《革命政治》。

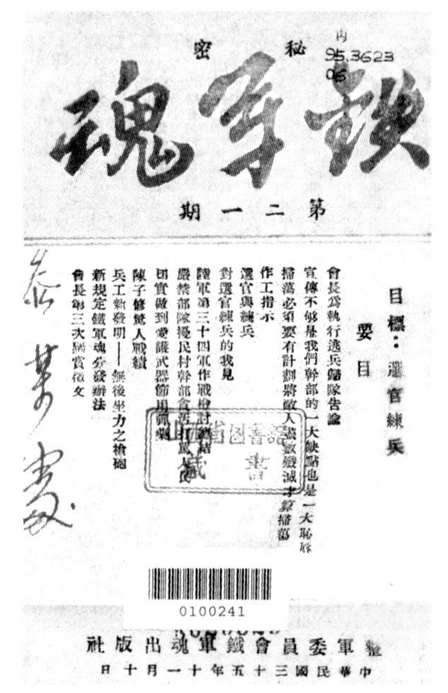

《铁军魂》是阎锡山另一秘密组织“铁军”的刊物。1939年在宜川秋林镇，二战区举办了晋绥军军官集训，阎锡山授意集训团副团长王靖国在受训军官中秘密策划建立反共核心组织。经过约两个月的准备，11月15日夜，28个发起人在阎锡山家里歃血为盟，成立了“三三铁血团”，即铁军组织。这个组织提出要有“钢的志气，胶的团结，铁的纪律”，并规定了八条纪律，违纪一条者就给予“自裁处死”的处分。铁军内部按一人介绍三人递层发展，仿照封建帮会的排字法，各层的人均给予化名，横分为层，纵分为系。发展成员要经过短训、传见、宣誓、按血指印等程序。铁军是阎锡山为控制军队而建立的一个法西斯式的组织，对外的名称是整军委员会。铁军组织先发展上中级军官，1941 年后发展到政工人员，1946 年才发展到部分士兵，被发展者都成为所谓的铁军基干。在铁军成立的第二年，阎锡山开始扩充军队，而军队的整编、人事、训练等均由铁军组织控制，但是以第二战区司令长官部名义颁布实行。《铁军魂》是这一组织的刊物，由于其性质特殊，具体办刊人员及创停时间不详。

抗战后期，二战区也加强了文化教育上的控制，出现了文化教育报刊，例如《战教月刊》和《物劳学报》。

《战教月刊》创刊于 1941 年 2 月 25 日，办刊经费由战区教育委员会拨付。办刊地点在宜川秋林镇，主编郝树侯。《战教月刊》以"建组、彻政、精兵、严教"作为办刊方针，每年出四至五期，内容有国际常识、国内大事、教育情况、补充教材等，因当时沦陷区日伪进行奴化教育，所以刊物也多有抨击奴化教育的文章。刊物多次刊发赵戴文等关于教育的讲话。因当时学校学生缺乏课本教材，所以刊物上的内容也常被作为教材使用。1943 年刊物改名为《严教月刊》，办至 1945 年停刊。1943 年，迁至陕西宜川县的山西大学还出版过《山西大学校刊》。

为了统一二战区内的思想，1939 年 2 月阎锡山在秋林镇成立了民族革命研究院，后又改为民族革命理论及实施研究院。1940 年 1 月研究院毕业生组成理论宣导团，到各处宣讲阎锡山的"物产证券"、"按劳分配"等理论。1941 年在吉县克难坡搞"洪炉"训练时又将研究院和宣导团改为理论委员会，同时还组织避难于晋西南的山西大学一些人组织学术团体"物劳学会"，来研究推广阎锡山学说。这一团体曾办过《物劳学报》、《虎啸》等刊物，但都为时不长，影响就更谈不上了。

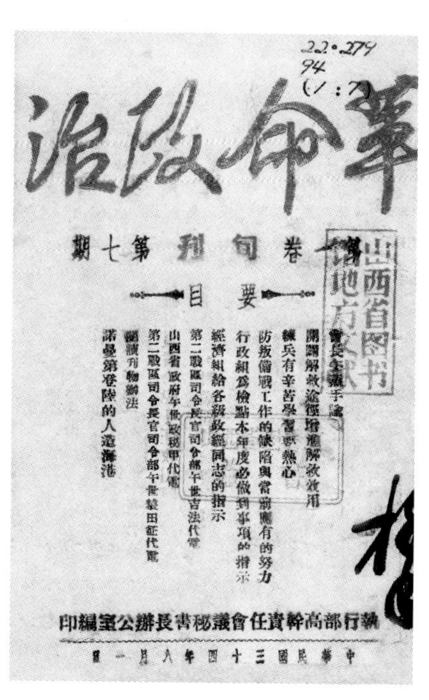
革命政治

第一卷 旬刊 第七期

要目

開闢解救途徑增進解救效用

練兵有辛苦學習要熱心

防叛備戰工作的缺陷與當前應有的努力

行政組為檢點本年度必做到事項的指示

經濟組給各級政經同志的指示

第二戰區司令長官司令部午世吉法代電

山西省政府午世政秘甲代電

第二戰區司令長官司令部午世驗田征代電

諾曼第登陸的人造海港

執行部高幹責任會議秘書長辦公室編印

中華民國三十四年八月一日

《革命政治》1945 年 6 月 1 日创刊，这时由于世界反法西斯战争的节节胜利，使抗日战争看到了曙光，阎锡山集团急需统一政令，整肃思想，健全组织，准备与共产党争夺胜利果实。《革命政治》就是在这一背景下出现的，由国民党山西省执行部高级干部责任会议秘书长办公室编印，系由《革命动力》、《经济动力》、《建军传热》、《兵农合一动力》等几个小刊物合并而成。这一刊物以“实现兵农合一，建设新经济制度”为标榜，辟有“长官训示”、“工作指示”、“法令专载”、“报道介绍”、“每周动态”、“小统计”等栏目，初为旬刊，出至1946年5月起改为周刊，改由国民党山西太原军政联合办公室秘书处编印。刊物的内容主要为三方面：一是国民党中央及山西地方的军政法令、长官手谕、讲话、工作计划；二是研究阎锡山“兵农合一”、“物劳学说”等理论的文章；三是各市县推行“兵农合一”方面的总结报告、经验交流。这一刊物从抗战末期一直出版到解放战争开始之后，具体终刊时间不详。

第十节 侵略者和汉奸报刊的梦呓

日军1937年9月向山西发动进攻，到1938年3月，山西铁路、公路干线及沿线地区全部沦陷。1942年，据日伪省公署统计，除晋北将13个县划归伪蒙疆联合委员会晋北政厅管辖外，全省所辖92个市县中，74个市县在日伪政权之下。但实际情况是，日伪所控制的主要是县城的主要乡镇，广大农村形成了抗日武装力量的敌后根据地和游击区。

日本侵略者在大肆破坏中国原有的文化教育、新闻出版事业的同时，迅速建立殖民地性质的文化教育与新闻出版系统。日本华北支那派遣军报道部和联络部（陆军特务机关）是日军在华北对新闻界的最高统治机构，并由日本在华北扶植的伪北平特别市政府警察局情报处第二科具体控制。日军攻占太原后就扶植了伪政权山西省公署，汉奸苏体仁、冯司直、王骧等先后任省长。1940年3月底，汪精卫投敌，在南京建立汉奸政府，日伪的华北临时政府改为华北政务委员会。华北伪政府设宣传指导司、宣传事业司等伪机关，直接管理包括书报刊出版在内的日伪宣传工作。

日伪在山西沦陷区先后也出版了一些报纸，这些报纸的论调、立场都是"东亚圣战"、"建立东亚新秩序"、"中日提携"、"和平救国"之类，在所谓的新闻、政论之外也配一些常识、小说等等。这些报纸中最主要的是《山西新民报》，创刊于1937年，四开四版。一版为日军侵华新闻；二版是国际新闻，主要是法西斯同盟国的消息；三版是本省、市消息；四版为副刊。此报后来曾与北平的日伪报纸《新民报》合办"山西版"，大约出至1944年4月底。另外有《太原新闻》，为日文报，是办给侵华时期来山西的日本人的，1938年创刊。其他还有《新山西报》，创办于1942年；《爱路时报》，创办于1943年；《华北新报》，创办于1944年。《山西合作》，1943年2月创刊，主办者是日伪的"山西省合作社联合会"，这是关于经济的报纸，尤其二版是介绍各业经营现状的。在太原之外日伪政

权还有大同的《蒙疆日报》(晋北版)、临汾的《晋南晨报》、运城的《新民五日报》、榆次的《榆次新民导报》等。

日伪山西省公署也办过期刊,而且经历了一个从"内部"变公开、由专业性期刊向大众性期刊的演变过程。日伪山西政权最初成立情报室,编印了一种《情报月刊》。发行19期之后,情报室改为情报处,《情报月刊》从第20期改名《晋铎》,这已不是内部情报性质了。《晋铎》出版到15期时,改出《新唐风》,这时的情报处改成了宣传处,其任务是解决"出版界寥落沉寂,舆论界缺乏统制力"的问题(见《新唐风》第1期《改刊辞》)。

日伪政权对《新唐风》是抱有幻想的,日伪山西省省长苏体仁在《新唐风新年号勖词》中说:"今值共匪肆虐,和战对立,新旧秩序决胜交替之际,树立舆论,肃正思想,介绍真知,排除邪说,发扬正义,纳民轨物,所赖于新闻杂志者至重且大,而在晋之新闻杂志,惟有《山西新民报》与《新唐风》而已。"

《新唐风》1943年1月25日出版"新年号",也是其改此名后的第1期,这是"一二月合刊"。16开,74页,以后各期则为50余页。在该期《编后记》中称"新唐风是本省唯一的刊物",这个"本省"是指他们所谓的"和平区",也就是日军所占领的沦陷区。《新唐风》的《改刊辞》由冯司直所写,署为本社社长。《新唐风》的编辑出版,由日伪《山西新民报》办理。《新唐风》以一个综合性期刊的面貌出现,其目的在于欺骗、麻醉沦陷区民众。它的栏目有"社论"、"论著"、"杂文"、"日本介绍"、"时事写真"、"地方介绍"、"文艺"、"娱乐与体育"、"剧评"、"日语讲座"等,虽有些知识性与消遣性内容,但重点在政治方面。它完全体现日本侵华驻军与南京汪精卫伪国民政府的立场,鼓吹"日中亲善"、"和平建国"。《新唐风》"新年号"的社论是《中国参战的意义》,文中竟说:"汪主席因鉴于此,毅然脱离重庆,倡导和平运动,组府还都。……大东亚战争爆发,保卫东亚之呼声,震撼全球,日本兴正义之师,奋战与(于)第一线,一年之内,胜势已成,吾人在感佩之余,益觉惭愧,'同甘共苦'似有不足。""中国对英美宣战,则中日协力之体制因此完成,由'同甘共苦'进而'同生共死',加强东亚轴心实力,美英溃败,指日可待。"

《新唐风》创办之时,正是日伪对阎锡山诱降之势加紧,阎锡山对抗日动摇之际。1942

年夏，日阎在山西吉县举行了"安平会议"。这一背景使《新唐风》上少见对阎锡山二战区的攻击，而对共产党的污蔑则屡见于文字乃至漫画。"新年号"上有一漫画，就是蒋介石一臂被铁镣连接于有"共"字的木桩，而另一臂在挥舞抗战，其后是有"伪府"字样的房屋。《新唐风》也刊发图片，"新年号"有"和平区域共匪敛迹农民秋收归来渡河之情景"、"太原市中小学日语演艺会盛况"，"三月号"有"护卫大东亚之日军战车队"、"参战意志下新民会临时联协会"等。

《新唐风》刊载的所谓"文艺"作品，虽粉饰"和平"，但难掩日伪统治下卖身投靠文人的心灵空虚，如"四月号"的一首《陶然亭畔》的小诗为："这不是秋天，/我独自无语惆怅而往，/看城壁皆灰，/看草儿哭丧，/看芦花枯，/看墓碣颓唐，/看穷妇人的脸面，/风吹零乱的发白；/一切都在凋落中呵！/这不过仅仅是秋天？"

其实，《新唐风》并不是日伪时山西唯一的期刊，如现存的就有在太原出版的另一日伪刊物《建设周刊》，此刊1939年创刊，出过几期不详。但其投靠日本，反对抗日、反对中共的立场是十分明确的。曾发表的一篇《劝告晋绥将士青年归顺书》，署名是"山西灭共青年同盟"。这一刊物多为转摘，同一期另外有两篇长文，一是《周佛海回忆与前瞻》，是"录新亚杂志"；另一是《苏省长拥护和平讲演词》，是"录情报月刊"。文中无非是鼓吹日本并非要灭亡中国，所以要与日本实现和平，只有如此才是中国走向新生的道路等等。日伪政权还办过一些专业的或内部的期刊，这些期刊有《山西警政月刊》（1944年3月到1944年6月）、《山西通讯》（1940年）、《山西省公署法令专刊》（1943年到1945年）、《教育季刊》（1940年到1944年）等，不论其是否偏重于某一方面，其为日军侵华服务的根本目的是相同的。

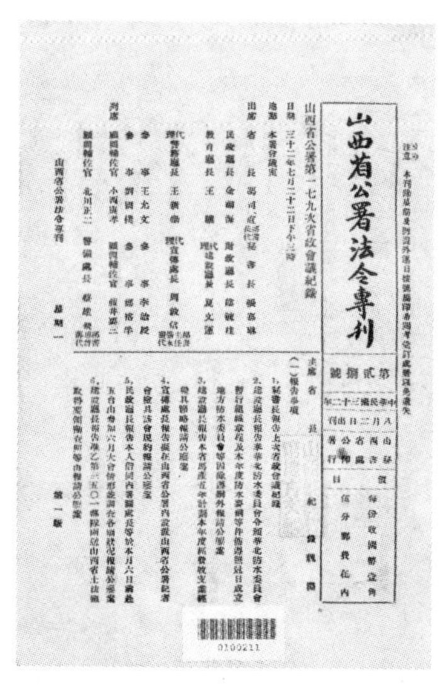
山西省公署法令專刊

日伪的这些报刊，针对的是中国人，也就是沦陷区有一定知识的小学教员及其他人士。但这类报刊是没有读者的，真正死心塌地要当汉奸，与日军“同存共荣”的只有极少数，即便在伪政府、机关和伪军中，混饭吃者是多数，他们也并不真相信这套宣传。这类报刊印出来后只能“奉送”、“追订”、“散发”、“张贴”。

日伪的报刊出版是日军侵华行动的一部分，是推行奴化教育的行为，但它的非正义性决定了它的欺骗性，这些报刊传达出的只能是侵略者和投靠他们的汉奸的梦呓而已。

附录一

为保卫华北而奋斗

据报道：在卢沟桥演习之日军一中队，约六百余人，于七日晚十二时，突向二十九军驻卢队部射击，华方为自卫计，遂起而抵抗，华方死伤甚重，现在日军已占据卢沟桥车站及附近所有煤厂，并包围宛平县城，刻二十九军，仍在永定河，与彼方对峙中（北平八日电）。

“事变发生后，我方驻军坚决表示，愿与卢沟桥共存亡，申称和平固所愿，但日军要求我军撤出卢沟桥，则有死而已。卢沟桥可为吾人之坟墓，士气激昂，均抱宁为玉碎，勿为瓦全决心！”（北平八日又电）

敌人向我们的新的军事进攻，又开始了——我们曾经一再的指出，“第二次的九一八事变就要在华北开演了”，现在不幸而言中。明显的，敌人这次向我们的进攻，是有计划的预定的，而是为了实现其大陆政策，完全吞并全中国的必然步骤，现在我们应该指出的是，为什么敌人要选择，而且突然要在今天爆发呢？第一，是敌人为了要转移其国人对内的视线以对外；因为敌人自二二六事变以来，好久就蕴藏了一种内在炸毁的因素，广大的人民反对庞大的预算以及军部的统治，敌人的军阀用此可以转移其人民的视线，第二，是敌人乘着我们内部尚没有巩固的团结，尚未能加紧自强，而乘虚进攻；虽然我国在三中全会，实现了和平统一，然而内部团结的伟大力量，终于是没有表现出来，相反的还有许多不争气的，为仇者所快，亲者所悲的事实发生，反正在这一点上来说，是不能怪怨谁的！第三，是敌人为了实现其最无理的要求——沧石筑路，龙烟煤矿……以及其他的种种要求而爆发的，本来敌人对我们的进攻是多方面的，这一切的无理要求，都是为了实现其总的目的：实际的控制华北，更进一步以统治全中国……根据以上分析，我们可以说明，敌人对我们的侵掠，是预定的，这只不过选择了一个机会而已。

这次事件，既然有如此的严重性，我们同志及全中国的人民，就不应该丝毫的忽视，而应提高我们的民族警觉性来认识这一问题。首先，我们应指出，这绝不是一个地方事件，而是有其全国性的意义的，我们绝不要把这看成宛平日军的个别行动。秦德纯质问的两点："(一)日方此举是否对中国整个举动,(二)是否如丰台模样，欲将卢沟桥占领。"(见北平八日电余市长质问今井的话)不是杞人忧天，而是真实的道破了，敌人此次进攻的目的，我们在上边已指出，这次敌人进攻卢沟桥，主要在控制华北全局，是完全真确的！所以敌人这一行动是绝对不会中止的，除非我们有一个坚决的自立的抵抗。其次，我们应指出，这绝不是一个偶发事件，而是一个有计划有步骤的举动；敌人企图占据平津，统治整个华北，已非一朝一夕的筹画(划)，这是为全世界人士所共见。几月来，关东军的移动，华北驻屯军的增加，到处汉奸的活动，特务人员遍于各地各省，走私，毒化……都表帜(标志)着一个新的军事行动，行将开始的指标，所以在上月二十八号北平的惊恐，实际上已走入了这一新的军事阶段了，此次卢沟桥事变不一日之久，而敌军则完全配备于平津平汉各军事根据点了。这难道能说是偶然的么？不能的，绝对不能的，最后，我们应指出，这是中华民族生死存亡的一个决定关头，它不能与以前任何一次事件相比拟，因为，过去敌人占领了我们的东四省、冀东、察北，那是(时)候我们的国家，尚没有一个绝对抵抗的国策，敌人能够在各个击破，以华制华的策略下，战胜我们。现在呢？三中全会后，我们已走向精诚团结的大道，敌人再不把我们完全看成四分五裂的国家，因此，他们在这次进攻之前有更充分的准备，此其一；同时这次进攻，是在去年进攻绥东失败后的又一次进攻，敌人在去年绥东的侵掠战争中，的确得到了不少的教训，半年多以来，每天在抹(秣)马厉兵，集中了比绥东侵掠战事更大的力量来向宛平及北平进攻了，此其二；再加上敌人为了要逃脱国内的深的矛盾世界，所以更注其全力向我们进攻，此其三。这一切说明了，我们几年以来并没有增厚了多少国力，而敌人进攻的力量却与日俱增了。因而，这次敌人的进攻，其炮火的力量将要更凶猛一些，这确是我们生死存亡的一个最决定的关头！

在我们认识了此次事件的严重性及全国性之后，我们应明确的估计这次事件发展的前途。我们认为，此次事件要就是在我全体军民，一致的为保卫华北，牺牲一切奋斗到底，这样暂时的挫败敌人的锐气，得到一个好的解决！要就是我们依然采取退缩政策，或虽非退缩政策而坐视其局部抵抗的成败而不顾，这样一定得不到一个好的解决！二者必居其一，我们当然是要争取第一条路子的。我们十分相信，只要在我军民的铁一般的团结与抵抗下，胜利是可能的。

我们的任务，既然在于取得前者，我们就应加紧努力去作（做），但是怎样去作（做）呢？方法上是应该研究的，我们依然是要估计到我们所处的具体的特殊的环境：因此，我们认为今天应作下列几件工作：

一、我们应坚持在民众面前，提出保卫华北的方案，全国的民众应该知道，这是一个决定的关头，抵抗尚是一条生路，退让则无条件的是一条死路。全国的民众应坚持，在此次事变中，绝不作任何领土主权的丧失。

二、应广泛的作一宣传鼓动的工作，唤起民众，乘着这一时候，把群众组织起来，武装起来，准备随时开赴前线，牺牲救国，这绝不是空谈，而是有其实际意义的！

（注：此文为1937年7月8日《牺牲救国》专论）

附录二

反对麻木，打开太行区的严重局面

邓小平

(一九四一年四月二十八日)

（一）

百团大战给了晋冀豫边区各方面工作以最大的考验，也给了一二九师工作以最大的考验。百团大战证明了晋冀豫边区无论在军事上政治上以及党和群众工作上，都有了相当基础，足使敌伪胆寒，足使全体军民具有充分的信心走向抗战胜利的道路。但百团大战同时也暴露了我们工作上的一些弱点，使得我们在百团大战之后，虽在主力兵团方面得到一些补充与休整，但在根据地的巩固上，则甚为严重。这表现在，敌占区日愈扩大，抗战区日愈缩小。如果继续下去，必将影响到抗日根据地的人力物力财力的枯竭，而遭致不应有的恶果。革命者的责任，不是掩饰局势的严重性来麻痹自己，而是以足够的警惕性去认识这种严重性，寻求形成严重性的根源，并提出克服严重局面的办法。

（二）

形成严重局面的原因是什么呢？

首先，由于敌寇汉奸从各方面加紧对我们进攻，敌人的囚笼政策有了进一步的成就，铁路公路和据点加多了，正在逐步地侵入我们抗日根据地的内部。敌人善于总结自己的经验和教训，及时改进某些战术上宣传上特务工作上等等的弱点，大胆地抛弃不合用的东西，一点不守旧不顽固，所以最近一时期敌人无论在军事上或在经济、政治、文化、特务上对我们进攻的方式都更加巧妙而毒辣了。特别指出的是，敌人弱点很多，但它非常善于利用我们的弱点去弥补它自己的弱点，善于针对着我们来进行各种破坏工作。如我们进行归队运动，敌人则提出"保护逃兵"的口号；我们进行屯粮工作，敌人则破坏屯粮；我们进行春耕，敌人则破坏春耕；我们提出在敌占区采取革命两面派政策，敌人则提出在我抗日根据地内采取"汉奸两面派政策"(在某地已发现)；我们提出南援新四军的口号，敌人则抓紧造谣说八路军退出华北了。即以游击战术而论，敌人尽力学习，并善于组织游击集团的活动。在军事上说，敌人在这一点也有许多比我们还要高明的地方。这些都是值得我们严重警惕的。

其次，由于大地主大资产阶级顽固反共派在亲日派何应钦辈的策动之下积极挑动内战，也从各方面向我们进攻。的确，要承认这般亲日派顽固派是"外战外行，内战内行"的。抗日根据地也时刻在他们的破坏与威胁之中。无论在太岳或太南，都曾几次遭到他们的袭击与扰乱；几百个特务人员位置于我们附近，专门进行对我党我军及根据地的破坏，积极实行其内奸政策，叛徒阚兴学、聂庆云就是他们勾结跑的；同日寇一样，派遣武装便衣队到根据地内部，破坏抗日秩序。特别是这般 "内战内行"的家伙，也善于利用我们工作上的某些弱点来弥补其自己的弱点。如在茂林事变后，好几处都发现了国民党特务机关的活动，冀西有破坏分子大肆宣传所谓"国法军纪"，西井发现"巩固团结扑灭叛乱"的标语，武乡有若干村在县领导之下破坏屯粮，此类事实发现不少。最近庞炳勋在何应钦的指示与强迫之下，已开始东进，向冀鲁豫区和冀南鲁西区进攻。以目前局势而论，反共大内战的爆发，在国际国内条件下，是要受到限制的，但这不是说某些地区的寇奸夹击局面都没有了，更不是说反共行动放松了。这也是值得我们严重警惕的。

但是，形成严重局面的主要原因，不在于敌人和顽固反共派的进攻，而在于我们自己工作上的弱点。事实证明，敌人并不特别厉害，敌人的弱点比我们多得多，敌人的战斗力也较前薄弱，在我们周围一般是日军减少伪军增多，敌人没有多大社会基础，我们有一切把握能够战胜敌人。问题在于我们自己工作还差，以致敌人能够利用我们的弱点，而我们不会利用敌人的弱点，我们在对敌斗争上，不少地方表现无能，所以形成了严重的退缩现象，右倾情绪和恐日病大大增长起来。谁要忽视了这个事实，那不仅是麻木，而且是罪过!

（三）

那么，我们的弱点和错误表现在什么地方呢?

第一，在武装政策上，我们犯了一些原则上的错误，就是对地方武装的并吞主义与放任主义。因为并吞游击队的结果，地方武装始终建设不起来，当地群众的武装领袖也培养不起来。因为放任主义的结果，游击队的党政工作、作战训练、供给卫生都不去管，结果许多严重现象发生，有了武装也无力量。所以并吞主义和放任主义都是忽视地方武装的倾向，都是违背“基本的游击战”的战略指导的原则错误。这个错误主要是军队党负责，首先是我们领导同志要负责，地方党在放任的错误上也要负一些责任。特别要指出的，我们这个区域在武装建设上，缺乏长远打算的精神，对地方武装培养得极差，尤其是长期忽视民兵自卫队的建设，结果群众游击战争发展不起来，正规军又不得不分散打游击，兵员补充困难，使我们在武装建设上兜了一个大圈子，这不能不说是一个对过去错误的处罚。

因为百团大战后把一部分游击队补充正规军，正规军集中整训，于是敌人趁虚而入，大肆摧残，增设据点，根据地缩小，地方党政机关和群众失去依靠，悲观失望情绪大大增长。所以说武装政策的错误是形成严重局面的基本原因。

第二，在本区内存在着“关起门来建设”的倾向。以太行区而论，我们在基本区的建设和巩固工作的确是有成绩的，但在总的对敌斗争方面，我们则太缺乏能力了。地方党、政府、群众团体如此，军队党亦如此。我们的地方工作，在基本区都还热热闹闹，但在接敌区和敌占区则是严重的退缩，甚至对敌在根据地内的内奸政策和破坏活动，也表现麻木不仁，失掉知觉。不少地方误解保障人权法令，明知敌探汉奸活跃也毫无办法。我们的军队在集中整训方面有了不少成就，但不幸各分区的地方武装也集中整训，而放松了对敌武装斗争，结果敌人步步逼近，休整也困难了。经验告诉我们，不把对敌斗争放为一切工作的中心，不把对敌斗争与根据地的建设密切联系起来，其结果将是一无所成。敌人在根据地横冲直撞，人心不安，说得上完成春耕任务吗?人口众多、物产丰富的地区被敌人占去了，说得上经济建设有成绩吗?兵员补充不发生困难吗?敌人由点线到面，把我们各个根据地隔断，还能说得上各个根据地之间的联系与配合吗?最近一时期物价高涨，冀钞跌价，敌探奸细到处活跃，晋中区春耕消沉，不是偶然的。

第三，“面向敌人面向交通线”，一般还停在口号上，而缺乏真正的细密的组织工作。就连宣传工作我们都做得很少。不能认为我们的组织工作只是在巩固党建设根据地方面需要，而应了解，在各方面，在对敌斗争，伪军伪组织工作，土匪会门工作，敌占区接敌区的政策运用，文化宣传工作等等，都需要有坚强的组织工作。没有坚强的组织工作，任何响亮的口号都会变成空话。口号喊了几年了，成绩是不多的。要是研究一下敌人破坏我们的方法是何等精细何等巧妙，真令人惭愧无地。特别在敌占区、接敌区的政策运用上，我们各地都很差，不懂得敌占区的长期的隐蔽精干政策和接敌区策略的灵活运用，所以在那些地方说不上多大工作成绩，即建立好的部分工作，也很快被敌破坏。这类血的教训已经不少，可惜至今没有足够认识与应有转变。

第四，在我们一部分干部中，存在着严重的失败情绪，恐日病也在发展。不敢到敌占区和接敌区活动，不敢到那里去做工作，武装部队不敢接敌，不断向后退缩，这是恐日病的具体表现。一切感觉无办法，不相信地方武装，军队同志与地方同志的互相埋怨，这是失败情绪的具体表现。有一种人，口里说得非常勇敢，实际上毫无办法，不是说干部困难，便是说别人不对，不研究敌人，不研究对策，一到敌情严重环境困难，便束手无策，这也是失败情绪的另一种表现。一个真正勇敢的人，真正不怕敌人的人，不仅表现在个人不怕死，主要表现在敢于同敌人作各方面的斗争。还有一种人，一提到对敌斗争，只知道一个打字，如何打，如何斗争，他是不想的，局势如何严重，他都觉得不在乎。这种在政治上害麻木病的人，其前途也必然是悲观失望的。

第五，党政军与群众的联系都非常不够，群众一般感觉到军队、政府无力量，不能保障他们，失望情绪大大发展起来。邢西群众大吃大喝，二分区群众大用大赌，有些村干部把春耕贷款拿去吃喝嫖赌，都是“得过且过”的失望表现，也是敌人腐蚀民族的成绩。我们军队党地方党对这种现象，也表示无能，不懂得从加强对敌斗争中去领导群众、兴奋群众、教育群众，细心了解他们的痛苦，及时为他们解决疑难。敌人加紧活动，我们要是没有办法，群众一定不满和不安。事实证明群众是抗日的，是拥护抗日政府和军队的，只要我们军队一活动，不断地打击敌人，军队、政府处处关切他们，他们就马上起来积极参加斗争了。

第六，党政军民的配合很差，这是影响对敌斗争的主要原因之一。敌人的总力战，军事、政治、经济、文化、特务配合得很好。我们则零乱分散与各自为政，所以表现不出大的力量。至若某些地区发生一些不融洽，互相埋怨，闹无原则的小资产阶级的意气之争，那更是自杀。

（四）

因此，在百团大战后，尽管我们在基本区收到多少成绩，但在整个区域来说是严重的。我们不应过高地估计工作成绩，而应清楚地看到目前太行区的严重局面与工作的弱点。麻木不仁是非常危险的。

全区同志必须以高度的警觉性，用一切努力来克服目前的严重局面。我们有足够信心与充分条件来转变这个局面。

甲、我党中央及军委给我们指示的路线策略和战略战术指导原则，是绝对正确的，只要我们细心地研究切实地执行，就一定能战胜敌人。这在过去我们是不够的。

乙、敌人的弱点是根本的，无法补救的。基本是一个民族问题，中国人是不愿当亡国奴的，敌人的残暴压榨，引起了群众的仇恨与愤怒。敌人兵力不足兵力分散，不能不大量利用伪军，而伪军是中国人，只要我们执行瓦解争取伪军的正确政策，将给敌人以致命的打击。敌人要南进，脚踏两只船，国力日益削弱。日本必败，这是肯定的真理。

丙、我们的弱点是前进中的弱点，是能克服的弱点，而且我们总在不断克服自己的弱点。如果我们弱点减少，工作加强，正确执行政策，宣传教育深入，党政军民团结一致，敌将无隙可乘而束手无策。

丁、我们有几年艰苦创造出来的基础，有大批干部作骨干，只要我们不骄傲，不老大，不麻木，有前进精神，没有困难不能克服的。

戊、根据最近一个多月的经验，也证明我们能够打开严重的局面。冀南在认识了严重局面之后，积极加强各方面的斗争，收复了十个据点，消灭了一些敌人，争取了几股伪军反正，展开了游击战争，结果群众兴奋起来了，局面有了初步的转变。我们太行区，在三分区由于给了敌探奸细伪组织以大的打击，使敌人失去爪牙，目瞎耳聋，而不敢横行无忌了，群众斗争也活跃起来了。三分区这个初步胜利是因为党政军民密切配合的结果。一分区一部分地区由于武装斗争的一些小小胜利，也大大发动了群众。这证明只要我们执行正确的政策，积极对敌斗争，任何严重的局面都是能够打开的。

（五）

但是，我们太行区的局面，还没有渡过困难的关头，许多地方还是很严重的。即以一、三分区而论，也仅是展开斗争的开始，成绩也还不大，只能证明我们有条件去打开严重的局面，而不能有丝毫的满足与松懈。

如何打开严重的局面呢？

首先，最中心的是武装斗争，没有坚强的武装斗争作核心，其他一切都困难。因此必须：

甲、党政军民以一切努力完成每县一个独立营、每个接敌的区一个游击队的武装建设计划。确定这些地方武装是在任何情况下坚持当地斗争的武装，不得再有并吞行为。为使某些地方的武装能够顺利地建设起来，并能完成自己的任务，必须从积极袭扰、封锁、打击敌人的行动中去建立与扩大，保证这些地方武装成分的纯洁性和党的绝对领导。最近某些县份把地方武装用去为机关磨面、打柴、守卫，重复过去纠正过的地方武装“保安队化”的错误，或把逃兵当干部等等现象，必须立即纠正。

乙、野战军在地方武装尚未培植起来时，应分散一部领导现有地方武装，积极向敌活动，从积极行动中打击敌人，保护群众，掩护春耕，以提高群众斗争热情，提高地方武装战斗能力，并号召群众加入地方武装。过去正规军同志不会诱导、帮助、接近地方武装的错误必须纠正。

丙、积极组织广泛的人民武装，特别是民兵。最近某些地区民兵活跃的模范，应发扬到各地去。有了正规军、游击队，没有普遍的民兵自卫队，还是不能打下武装建设的基础，也还不能进行长期坚持有力的对敌武装斗争。同时必须指出，冀南某些县份的党，最近集中力量组织模范班(即太行区的基干自卫队)，而放松县区基干游击部队的建设，这又是另一偏向，其来源是怕组成之后又编了。这个偏向是很危险的，必须克服，太行区也必须防止。因为只有民兵而无游击队，则游击集团永远不会形成起来，武装斗争永远表现没有力量。

丁、地方党必须学会管理武装领导战争。我们早已确定军分区要受地委的政治领导，县、区基干队要受县委、分区委的政治领导，但是这一时期是执行得不好的。有些县干队独立营还在军分区、县委之间钻空了，对县委则说军分区有任务，对军分区则说县委有任务。这种干部，除了教育之外，还须加以纪律的裁制。同时为了避免这一现象起见，特别是为了便利武装建设与武装斗争起见，确定接敌的县和区由县长、区长兼基干队队长，县委、分区委书记兼政治委员，另设副的军事政治干部，进行日常作战管理教育等军政工作。对地方党政同志不兼军职的县区，上级的命令应同时通知地方党，以便实际起到监督指导的作用。地方党、政、群众团体必须把爱护党军爱护武装成为自己的责任，只会埋怨军队是不能解决问题的。如冀西同志，只埋怨某团不打仗，纪律不好，不了解该团生活极苦，极大部分时间背了粮食，同时由于借不到席子和麦草，睡在湿地上面，很多人生病生疥疮，这样部队不会提高与巩固战斗力的。我们固然主要责备军队同志管理教育太差了，但如地方党政能在可能范围内给部队以多少帮助，使之能以更多时间积极作战，不是合算得多吗？

戊、武装斗争不是打一两次仗就能解决问题，而是坚持不断的努力。我们常常看到有些地区打了一两个小胜仗，就松懈下来了，这是错误的。军队党地方党对武装斗争的指导要作到认真地组织游击集团，把正规军、游击队和民兵结合起来，进行不疲倦的扭住敌人的据点交通线活动。这样，没有较固定的游击集团是不可能的。

第二，要环绕着武装斗争，展开全面的对敌斗争。武装斗争能够打开局面，但要巩固与深入斗争，就必须从各方面去努力，而且只有全面斗争的配合，武装斗争才能取得胜利，否则是孤掌难鸣的。在目前，我们尤要加强下列工作：

甲、根据北方局的指示，加强敌占区与接敌区的工作。对敌占区、接敌区政策，党已有不少指示，可惜我们同志不研究，执行马虎，所以局面开展不起来。因为不懂得运用隐蔽精干政策，不懂得秘密工作，甚至暴露夸张，我们同志在敌占区牺牲的何止一二百人。干部不断牺牲，工作基础也不断被敌摧残，这是很大的损失。在接敌区，一般不懂如何去领导群众斗争，如何为人民着想，如何打下长远的工作基础，如何坚持那里的武装斗争，如何采用必须的革命两面派政策，而且不少地区把根据地一套搬去，结果反为敌所乘，我们工作开展不起来，反日益退缩。我们的部队不断受袭，干部牺牲不少，都证明我们在那些地方还没有与人民建立血肉不分的联系，自己变成了孤家寡人。没有群众作依靠，要想不受袭击，不遭损失，是不可能的。

乙、利用一切线索、一切机会，加紧争取与瓦解伪军伪组织。敌人强化伪军伪政权，我们则应强化瓦解、争取工作，这是具有战略意义的事，不可马虎、敷衍。冀南在这一工作上有了初步成就，我们太行区还要切实努力。

丙、展开强烈的文化斗争。敌人的奴化教育与造谣宣传，是收到部分效果的，其原因是由于我们的宣传教育工作太少太弱了。我们过去的宣传品不仅数量少，而且质量也差，我们有真理说不出。敌人则数量多，方式灵活巧妙，且善于针对农民落后性进行宣传，善于说假话，故能收到一些效果。今天必须动员一切文化机关，改善与加强文化工作。要研究敌人，揭破敌人的造谣欺骗，要利用沦陷区的具体事实，指明亡国奴的惨痛，要利用一切生动例子，指明日本必败中国必胜的真理，要善于传播斗争经验和教训，教育群众以斗争的方法，特别要提倡民族自尊心自信心和斗争顽强性，启发人民的民族觉悟、民族气节与爱国热情。要把文化宣传工作做好，首先要教育我们作文化工作的同志去了解群众，针对敌人，按照群众的水准，去进行我们的宣传。过去我们宣传教育老百姓的东西太少了。

丁、加强锄奸斗争，有计划有步骤地打击敌探奸细，严厉镇压秘密维持会等活动，对这些混蛋的容忍等于自杀。在进行这个斗争时，必须要有很好的侦察工作、周密的计划，不放松一个汉奸，不冤枉一个好人。在处置时对首要分子要严办，对协（胁）从者要宽大。最近三分区在严密侦察之后，把汉奸敌探秘密维持会一网打尽(自然还有未发觉的)，结果敌人失掉耳目手足，群众情绪大大提高，各种工作开展起来，这是很好的教训。有些地方还存在误解保障人权法令，放纵汉奸活动的现象，应即纠正。

戊、要展开对敌斗争，必须开展根据地内和敌占区、接敌区的统一战线工作，要采取一切步骤去团结一切可能团结的人。能如此，我们便会增加许多瓦解争取敌伪军的工作员，进行群众教育的宣传员和了解敌情的侦察员，而且我们可以得到更多机会去建立点线工作。

第三，要有细密的组织工作，只说是没有用的，主意打定之后，就要继以组织工作。如对敌伪军，必须指定专门干部负责，一定对象要有一定的同志负责，并及时检查其工作，给以具体的指导和帮助，不可因一时工作无成绩而轻易调动，只要坚持做去，一定能收到效果的。

第四，要克服失望情绪和恐日病的心理。古人说，“哀莫大于心死”，这是值得我们警惕的。必须指明抗战胜利条件，艰苦道路与光明前途，提倡卧薪尝胆的工作以克服失望情绪和恐日病。一方面从耐心教育着手，着重激励政治节操，同时对那些把贷款拿出吃喝嫖赌，贪污腐化，恬不知耻的人，还必须加以适当的纪律裁制。

（六）

党政军民的同志，一致警觉起来，在党的正确政策之下，以坚强的意志，奋勇的精神，不疲倦的工作，克服当前的严重局面。如果因为我们的麻木不仁或因我们的张惶(皇)失措，而使根据地遭到不应有的损害，那我们的罪过太大了。

几年的实验证明，只要我们认识了困难，我们就能够克服困难，只要我们懂得了局面的严重，我们就能够改变这个局面。

今天我们需要从展开对敌斗争中来进一步地巩固抗日根据地，并大大地发展根据地，我们要把“面向敌人面向交通线”的方针变为实际。

（注：此文原载1941年5月《党的生活》第36、37期合刊及《战斗》增刊）

附录三

七月献刊

七月来了，带着强烈的太阳光，带着一切生物的繁茂的生长，带着山脉、河流与土地的灼热的蒸发，带着中国人民英勇而坚韧的战斗。

七月来了，这是伟大的五十年代（原文如此——编者注）第二个年头的七月，是中华民族抗战第五周年的七月。

整整五年了，晋察冀边区的人民与八路军，站在抗日的民族解放战争的最前线，和日本法西斯匪徒进行血肉的搏斗，从极端混乱与危难之中，从日寇的铁蹄践踏之下，收拾起这一片祖国的山河，揭去暗淡的颜色，重使它发出灿烂的光彩，晋察冀的军民，热爱祖国的军民流着血，流着汗，保卫着这块新的土地，垦殖着这块新的土地；用最大的劳力,最高的智慧与无畏的牺牲，不断的斗争、建设，使这根据地成长壮大，矗立于北方山岳与平原之间，使它成为华北敌后抗战的坚强堡垒，走向新民主主义的社会之路。在这个新型的社会里，将真正的建立新民主主义的经济，新民主主义的政治，和新民主主义的文化。晋察冀的建造，是中华民族抗战建国伟业的一部分，是边区广大军民劳绩的结晶，在激烈的艰苦的丰富的斗争过程中，他们写下了可歌可泣的辉煌瑰丽的史诗。

这是伟大年代的斗争的史诗！

这是伟大人民的斗争的史诗！

我们需要把这些现实的运动、现实的生活，记录出来，反映出来，用以激发战斗意志，坚固胜利信心，尤其当此日寇对我中国正面发动新的军事攻势，与对我华北抗日根据地加紧空前残酷的扫荡之际，出版这一刊物，是怎样迫切需要，怎样适当其时的工作呵！

让悲观失望的人们在它面前自惭无知吧！

让动摇妥协的份子在它面前销声匿迹吧！

是抗战的第五周年了，这是接近胜利的最后两年，也是斗争最激烈最艰苦的两年，这是要咬紧牙关坚持斗争的时期，也是要动员一切力量，积蓄一切力量，发挥一切力量的时期。所有抗日岗位上的战士们！拿出一切武器一切力量，准备作最后的决斗吧！

在文化艺术的战线上，边区的摄影工作者、美术工作者、文艺工作者以及科学技术专家们，五年来，与军民大众共同生活共同战斗，出入于枪林弹雨中，奔驰于烽烟硝雾里，用不息的劳作，创制了不少的历史画幅与诗篇。现在让我们向全中国，向全世界，展览它们，朗诵它们吧！让人们透过这些细微的沙粒来认识晋察冀的精神与风貌，来看出晋察冀过来的道路与行进的方向吧！它这道路与方向也正是新中国的道路与方向呵！

让法西斯匪帮望着它发抖吧！

让反法西斯的战士们握着它兴奋鼓舞的前进吧！

在这黎明前的黑暗时期，在这民族抗战的节日，我们献出这第一件礼物，为着迎接胜利的到来，我们欢呼吧：

万岁，战斗的新中国！

万岁，战斗的晋察冀！

（注：本文为《晋察冀画报》创刊词）

附录四

1941年之晋西北根据地报刊

种类	名称	出版与主编机关	创刊与现状	分（份）数	印刷
报纸	抗战日报	抗战日报社	1940.9	3500	铅印
	晋西大众报	吕梁文化教育出版社	1940.10	4000	铅印
	洪涛报	洪涛报社	1940.5		油印
	团结报	团结报社	1941.1，现停	500	油印
刊物	中国青年	中国青年晋西分社	1940.10，现出2、3	1400	铅印
	西北文艺	晋西文联	1941.7，现出1、6	800	铅印
	大众画报	美术工厂	1940.10，现出2、3	1500	石印
	行政导报	晋西北行署			铅印
	工作通讯	晋西北行署	1941.11		铅印
	通讯生活	抗战日报采访部	1941.1，现出2、5	500	油印
	晋西群众	晋西抗联	1940.6，现暂停		油印
	文化导报	晋西文联	1940.3，现出14期	200	油印
	晋西歌声	晋西音乐工作者协会	1940.10，现出2期	200	油印
	新文字通讯	新文字促进会	1941.8，现出4期	300	油印
	青年与教育	行署教育处与青联	1941.4，现出4期		石印
	洪涛	洪涛社	1940.5，现不详		油印
	习作	晋西文联文艺小组	1941.5，现出2、3	200	油印
	试笔	区党委机关文艺小组	1941.8，现出2期	150	油印

注：1. 本表摘自1941年12月中共晋西北党委《宣传教育工作报告》。

2. 表中所列某期原文如此，为何，不详。

第四章
解放战争时的较量

从1945年到1949年，也即从日本侵略者投降到中华人民共和国诞生，为解放战争时期。

抗战结束，中共就团结各种民主力量为争取国内和平和组建联合政府而努力；而蒋介石及国民党反动集团则妄想独占胜利果实，以统一的名义取消解放区和人民军队，建立大地主大资产阶级的独裁统治。两条路线、两种命运形成尖锐的对立。1946年夏之前，这种矛盾还主要表现于政治上的较量，而从1946年夏开始，这种矛盾就变成了军事上的直接斗争。在广大人民的支持下，在各种民主力量的配合下，中国共产党领导的人民武装力量历经三年的艰苦战斗，最终完全摧毁了国民党的统治，建立了新中国。

解放战争时期，革命与反革命的斗争在山西尤为尖锐、复杂，革命力量面对的是一个具有长期反动统治经验，其他军阀极少可以与之相比的反共老手阎锡山。抗战一结束，阎锡山返回太原就立即与日军勾结，阻止日军向八路军投降，随后又将大批投降日军编入自己的军队来对付中共武装力量，同时与汉奸政权合谋，控制了原先的沦陷区。为抢占地盘，阎锡山1945年8月就派军队进犯晋东南根据地（这里史称上党），结果惨遭失败。上党战役，成了国民党反动势力发动内战的第一仗，也成了人民解放军在解放战争中的第一个胜仗。以山西为基础，抗战结束时中共三个根据地已连成一片，形成完整的华北解放区，人民军队空前壮大，解放区普遍建立了新的人民政权。到内战全面爆发，山西境内形成了对比鲜明的两种区域：在解放区是人民翻身做主，实行土地改革，扩大民兵，支援前方，一派兴旺发达；而阎管区则是特务横行，民众受压，反动政府横征暴敛，民不聊生。随着解放军的节节胜利，解放区不断扩大，阎管区缩小在几个大城市与铁路沿线，一步步陷入混乱之中。1949年4月24日，阎锡山的最后据点太原被解放，山西迎来了新生。

这样一种局势使山西境内的报刊出版有了自身的特殊之处。首先是报刊的主体简单与明确化了。抗战期间，由于统一战线的存在，尤其是山西有其他省份没有过的几种统一战线组织，所以报刊的主办者身份是多样化的。而在解放战争时期，则明确为共产党领导的人民革命力量和阎锡山代表的反动势力。就全国而言，在国民党统治区尚有民主党派和所谓“第三种人”所办期刊，但山西基本没有这一情况，偶有以民主党派身份所办小报刊其实也是中共地下党员在起作用。其次是双方对垒，旗帜鲜明，针锋相对。这一时期的报刊尤其是政治类报刊呈现了两种完全不同的态势——欣欣向荣和垂死挣扎，在这一时期的报刊上完全体现了毛泽东1945年在中共七大上所指出的：“在中国人民面前摆着两条路，光明的路和黑暗的路。有两种中国之命运，光明的中国之命运和黑暗的中国之命运。”解放战争时期的报刊就是这两条道路、两种命运之间最后较量的真实写照。再次是这一时期的报刊虽仍体现了战争的规律，但已大不同于抗日战争时期，革命报刊已冲破艰难，大步走向迅速发展。当华北解放区形成之后，尤其是解放张家口和中共中央进驻西柏坡之后，原先在山西根据地编辑出版的报刊已经向外转移，张家口一度成为解放区报刊出版的中心。第四则是从全国来说，这一时期不少报刊是创办很快消亡也快，后来的研究者曾称之为杂志的“短命年”（参见《编辑之友》1991年第5期），这一情况在山西也有所反映。在解放区是由于胜利形势的迅速发展所造成，如颇有影响的《人民时代》仅办一年；在阎管区则是黑暗统治在黎明之前愈发加剧，各种条件急速恶化，即便反动报刊也难以持久。当然，如果从数量、影响、作用上衡量，这一时期报纸在这些方面仍是大大优先于期刊的。

随着解放战争的胜利结束，一个新的时代即将开始。解放战争时期革命期刊的出版不仅为新中国成立后的期刊出版奠定了基础，而且还为新中国包括新山西的期刊出版培养和造就了人才，一些在人民革命斗争中战斗在新闻出版战线的同志在新中国成立后走上了新闻出版事业的领导岗位，为新中国也为新山西报纸、期刊的诞生、发展、繁荣，开始了新的征程。

第一节　走向胜利的人民期刊

抗战胜利之时，山西的三大抗日根据地不仅在山西境外扩大了许多，在山西境内也基本连成一片，阎锡山势力虽使用种种手段抢占地盘，但结果也只是控制了铁路沿线的主要城镇。解放战争全面打响之后，1948年5月，中共中央决定将晋察冀中央局与晋冀鲁豫中央局合并，成立华北局，这标志着两个根据地合并为华北解放区。

形势的发展造成了新闻出版工作的相应变化，以两根据地原有的最重要的报纸为例，原晋冀鲁豫的《人民日报》与《晋察冀日报》合并，1948年6月15日创办新的《人民日报》，社址最初在河北平山县。毛泽东为《人民日报》题写新报头，《人民日报》成为华北局的机关报。到1949年8月，中共中央决定将《人民日报》作为中共中央机关报，一直出版至今。

形势的发展也造成了新闻出版中心的转移，以晋察冀为例，1945年8月23日，原察哈尔省的首府张家口市被解放，这里很快成为晋察冀的新闻出版中心。不仅《晋察冀日报》等报纸迁至该市出版，在根据地很有影响的《晋察冀画报》也于1945年10月从阜平迁来。在这里还接连创办了一些其他期刊，其中有些可称大型期刊，如1946年3月1日创刊的《北方文化》，综合性半月刊，主编成仿吾，以北方文化社名义出版；1946年7月2日创刊的《长城》，文学月刊，主编丁玲，以长城社名义出版，实则为中华全国文艺协会张家口市分会编；以及同年创办的《时代

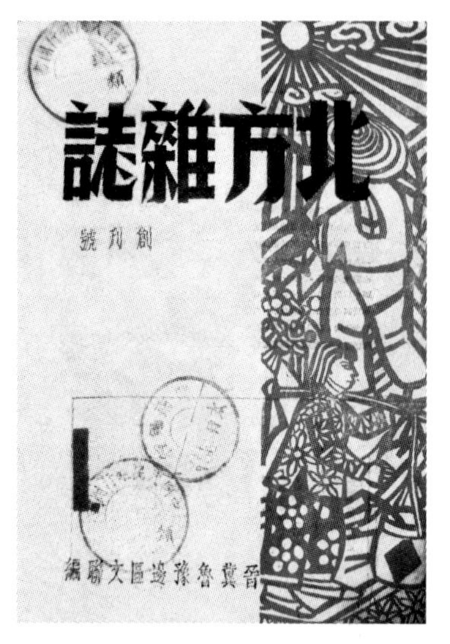

妇女》、《民主青年》（后改名《时代青年》）等刊物。尽管这些期刊都有影响也大有可记述之处，但它们已不能称之为山西期刊了。也有些在抗日战争时期创办的期刊继续了下来，如晋察冀边区的《边政导报》、《战线》、《教育阵地》等，都出版到1947年底甚至1948年春。

在晋冀鲁豫，这一时期也出现过一些期刊。《北方杂志》，1946年6月15日创刊，是晋冀鲁豫边区文联主办的综合性月刊，创刊号上发表有论文《关于文艺工作者若干问题的商榷》（陈荒煤）、《继续向封建文化夺取阵地》（王春），小说《雇工》（葛洛）等。出版期数不详。《太行文艺》1948年11月4日创办，当时名为《文艺杂志》，是太行文联改为太行文协时所办，1949年5月改名，改名后出3期，1949年7月停办。《太行文艺》虽在战争时期创办，但内容还是很丰富的，以第2期为例，这期封面彩色，封里有“太行文艺社出版，太行文协编辑部编，太行新华书店发行”字样，16开，30页，文字竖排，刊发了《剜谷》等六篇短篇小说和一个秧歌剧本《绑住结婚》，封底是一首歌曲《矿工曲》。本期还有两首快板书，与其他作品不同，这两篇作者名字前署有身份，一是“检查员”，一是“翻砂工人”，反映出当时从事文艺创作的还有工人中的业余作者。该刊还曾发表过长诗《漳河水》（阮章竞）、小说《老仁栓》（韩文洲）等。《新大众》是新华书店编辑出版的通俗大众读物，1945年6月1日创刊，32开本，月刊，出至1948年1月后改为报纸，月刊，共出45期，主编有冯诗云、章容等。在太岳区也有过《太岳文艺》，太岳文联办，主编江横，1946年10月创办，1947年9月终刊。出版一年，期数不详。《工农兵》是《太岳日报》出版的大众刊物，1944年5月创刊，1947年终刊，主编高志军。限于当时的条件，这一刊物内文使用的是麻纸，开本也小，64开。以1947年7月1日出版的这一期为例，封面是刊名，并标明半月刊，这一册是四卷七期。有“工农兵杂志社编，太岳新华书店发行”字样。打开扉页是红色的毛泽东木刻像，全本期刊正文的字号不一样，大

的是三号字，小的是五号字。第一篇是署名金火的《学习毛泽东——纪念“七一”二十六年》一文，其他有《感谢毛主席》(散文)、《共产党是靠山》(诗)、《防旱备荒弹词》、《白玉兰怎样领导妇女纺织》、《谁不参加互助组是傻瓜》等文，这后两篇是通讯。较特别的是有署名七十团战士白德龙的快板书《马先胜记了特等功》，可见当时解放军部队业余文艺创作还是很活跃的。由于华北解放区的成立，晋冀鲁豫的新闻出版工作并入华北区，也就自然没有以晋冀鲁豫根据地名义出版的期刊了。

在解放战争时期，山西有代表的期刊当属晋绥解放区的《人民时代》和虽为报纸形态但具有期刊性质的《人民画报》。

《人民时代》1946年1月1日创刊，综合性期刊，半月刊，是晋绥边区创建后篇幅最大的期刊，署名人民时代社编辑，由晋绥新华书店发行，定价零售每本边币（边区货币）200元。最初为24开本，第2期改36开本，出到12期，第二卷从1946年下半年起又改为24开本，出至年底，共出24期后终刊。《人民时代》的编辑出版者人民时代社也只是个名义，它的实际操作者是以晋绥日报编辑部为中心，吸收晋绥《大众报》、新华社晋绥分社、晋绥文联、晋绥抗联、七月剧社等单位的人员共同写稿、编辑的。这个刊物当时办得是很好的，终刊的原因全在于人力不足。1947年边区全面开展土地改革运动，大批干部被派往农村，宣传文化部门基本停止工作，晋绥日报除留少数人坚持报纸出版外其余全都下乡，《人民时代》也就停办了。

《人民时代》在编辑工作上有一些颇具特色的做法，如卷首的处理就很体现编辑者的匠心。卷首初为“瞭望哨”栏目，每期四五个小题，每题是一短评，最初由杨效农、田允中执笔，到第8期后为使之更通俗，改为“时事漫谈”，仍是四五则，执笔者又加上了马烽。

《人民时代》的内容从形式上大致可分为专论、报道、文艺三类，从对象上看除面向解放区外有些还针对解放区之外读者，所以内容上有的是介绍解放区情况或解释中共的主张、政策。

在专论方面，《人民时代》充分利用报社和新华社的信息资源，既谈国内也论及国际，这一年之中发表的重要文献有《中共中央对目前时局的宣言》、《国民政府与中共代表会谈纪要》、《周恩来报告停止军事冲突商谈经过》、《董必武在政治协商会议上提出的中共对施政纲领的主张》、《高树勋将军反内战起义通电》等。

评论有《蒋介石的内战政策一定失败》（效农）、《独霸世界，美国反动派的幻想》（黄操良）、《和平民主的苏联外交政策》（秋生）、《晋绥边区概述》（高丽生）、《晋绥解放区民主政治实施之一——三三制地方联合政府》（狄民）、《盟国舆论关心中国和平民主》（宗谷）等。值得一提的是《人民时代》还编发与历史有关的研究评论，目的自然也是为现实服务，如《李自成是怎样失败的》（卢梦）、《齐国军民是怎样打败燕国收复失地的》（叶石）、《太平天国革命运动记》（林容）等。

对解放区的报道是《人民时代》的另一重头戏，这方面一是报道事，二是报道人，从而全面反映中共领导下解放区军民的进步及成就，反映蒋管区各种民主力量的抗争与呼声。如《自卫战争的辉煌胜利》、《解放区人民呼吁与捍卫和平》、《大后方反内战的烽火》、《记王震将军》（穆欣）、《记续范亭先生》（穆欣）、《记陈瑾昆先生》（纪希晨）、《旁人谈续范亭》（何其芳）、《劳武结合的英雄张初元》（邵挺军）、《劳动模范温象栓》（束为）、《女英雄张秋林》（西戎）等。

文艺创作与文艺评论在《人民时代》上也占了不少篇幅，在这份刊物上发表过的小说有《土地和它的主人》（束为）、《好夫妻》（西戎）、《一个雷雨的夜里》（马烽）、《捞饭

盆》（胡正）、《村东十亩地》（孙谦）等；报告文学有《子弟兵与老百姓》（莫耶）、《麦收时节》（生本）等；剧本有《往哪里跑》（秧歌剧，兴县胡景沟剧团集体创作）、《杨满仓办喜事》（秧歌剧，兴县杨家坡剧团集体创作）等；散文有《东北人》（方唯若）、《烛奸录》（樊希骞）等；文艺评论有《谈李有才板话》（力群）、《〈王贵与李香香〉读后记》（常芝青）、《读〈白毛女〉》（敫白）等；还有诗歌、歌曲等作品。

为使读者了解战后的山西政局，揭露阎锡山为挽救失败而推行法西斯式统治的情况，《人民时代》也刊发了一些来自阎管区的材料，如《兵农合一血泪仇》（卢日涵）、《太原魔影》（金孟君）、《阎锡山的特务统治》（白冷）等。

1946年8月，边区隆重举行了追悼关向应的群众大会。关向应是八路军一二〇师政委，是开辟晋绥根据地的主要领导人之一，1946年病逝。边区在兴县举行三天公祭，四乡赶来公祭的军民有3.2万余人。《人民时代》刊发了长篇纪实文章，文章题为《生的伟大，死的光荣》，发表了关向应的生平简介，报道了边区悼念活动的情况，刊物同时刊出关向应的木刻像（力群作）。这种专题性质的报道，在解放区报刊中是罕见的。“生的伟大，死的光荣”也由此成了对革命先烈的最高评语，1947年1月12日文水县年轻的女共产党员刘胡兰就义后，毛泽东为之题词，就用了这八个字。

为《人民时代》写稿的作者，骨干是晋绥日报社和晋绥大众报社的编辑记者，但也不乏边区军民中其他方面的精英，例如有边区的开明士绅牛友兰、王缮等人，牛友兰在刊物上发过《新旧议会的比较》，王缮在刊物上发过《为挽救孙中山先生三大政策而奋斗》。还有战斗在抗日前沿的指挥员，如刊物上登过诗歌《祭歌》，编者为此介绍说："这是一首人民英雄的颂歌，作者磊生同志原名王淦，山西定襄人，民族战争兴起，投笔从戎，曾任山西新军决死二纵队教导员，不幸于1942年1月15日病逝，享年27岁。诗中的队长乃决死队的一个大队长何金明同志，是一个经过二万五千里长征的老战士，骁勇善战，深得全队官兵爱护。两人均为共产党员。"由此也可看出《人民时代》当时作者、读者之广泛及在边区民众中的受重视程度。

在这一时期，全国还有一个同名刊物，1945年2月在重庆创刊，两个《人民时代》创办时间相距极近，重庆这个刊物由民主党派所办。

《人民画报》是中共晋绥分局领导的通俗美术刊物，从1946年1月5日创刊出版至1947年5月，共出32期，在晋绥边区办刊时间较长，影响也较大。这一刊物在形态上是报纸形式，这完全出于解放区实际需要，不仅印刷上可以相对快捷，发行上较为方便，而且可以张贴起来以扩大其社会效果。它创刊时是由《抗战日报》美术组兼办的，组长为李少言。创办之后负责人先后为李少言、苏光、力群。

《人民画报》为半月刊，四开单张套印，前三期是木刻，铅印，再套石印，第四期开始全部用石印并加了网线，1947年改为彩色石印。每期一部分赠送各解放区文化部门，其余由晋绥边区新华书店发行。据1946年9月14日人民画报社致各地工作同志的信中提供的数字，《人民画报》发行量为3700份。

《人民画报》的编辑思路前后是有所变化的，创刊号到第6期完全为中心工作服务，可以说是一种图画式的宣传品。从第7期起改变方针，在配合中心工作的同时，注意发表质量较高的美术作品，提高画报的艺术水准，虽然连环画仍占多数，但基本上像一个美术刊物了。许多农村把《人民画报》上的作品复制为大型壁画，大大增强了这些作品的感染力。在编辑中，《人民画报》还结合节日出专号，如"纪念中共诞生二十五周年专号"、"苏联十月革命节专号"。为满足边区人民对中共领袖人物的热爱和解决当时边区摄影作品印制技术不具备的困难，《人民画报》从第9期开始有计划地刊登人物像，多数用木刻，个别石印绘画，其中既有列宁、斯大林、毛泽东、朱德这些中外共产党的领袖人物，还有晋绥边区的领导人，如贺龙、关向应、续范亭、武新宇等，也有英雄劳模。这些人物像很受欢迎，在兴县北塄村共28户就有24户买上画报贴在家里，有一个老汉对书店的同志说："毛主席帮助咱们翻身发财，比供神仙也好。"（见1946年10月8日《晋绥日报》）在一些小学校，《人民画报》成了教员们上公民课的教材。《人民画报》还越过黄河，传

入了内蒙古蒙古族同胞中。

《晋绥日报》也发表过多篇文章，评介《人民画报》，进一步扩大了画报的影响。其中有宋萍《把〈人民画报〉送到群众手中》（1946年10月8日）、西戎《利用〈人民画报〉加强时事宣传》（1946年11月13日）、苏光《〈人民画报〉在杨家坡》（1947年1月6日）、雷行《蒙古兵和〈人民画报〉》（1947年1月6日）、力群《〈人民画报〉教育着我》（1947年1月6日）。《人民画报》充分发挥了美术这一艺术形式在政治斗争中的独特作用，尤其是面对文化水平相对不高的基层干部、群众更起到了文件所不能起的作用。《晋绥日报》1946年9月14日有评论说，这个画报“内容适合群众需要，能配合时事、配合工作。如中共七七宣言，解放区自卫战，蒋军反内战起义等，都在画报上画出来了，群众很感兴趣，帮助认识了时事；关于各区的各种工作，如减租、冬学、春耕、种棉、除油汗（指除北方农田一种害虫）、纺织、儿童、妇女、反迷信、讲卫生、除奸等等，每期占据相当大的篇幅，群众不仅感觉到红火热闹，且有指导意义”。

就美术本身而言，《人民画报》推动了解放区的美术创作，也锻炼与造就了一批人民艺术人才。一些木刻作品，如力群的《毛泽东主席》、《朱德总司令》、《公祭关向应同志》、《送马》；一些连环画，如李少言的《攻城》、《高树勋起义》、《阎锡山与苏体仁》、《黄河渡伤员》，苏光的《翻身》、《摘棉花》、《穷人翻身》，牛文的《丈地》、《阎锡山的“兵农合一”》、《领回土地证》，陈岳峰的《关向应政委》，吕琳的《送别》，安明阳的《参军图》等都达到了相当水平，成为优秀作品。至于对美术工作者自身修养的提高，力群曾这样写道：“因为要画政治漫画，就逼我要钻研时事；因为要从群众中寻找画材、典型示范，就鞭策我多了解边区的实际；因为要发表群众自己的作品，就引起我从他们的作品中发现优点，向他们学习；因为要表现群众的生活，因此就不得不多体会他们的生活，多观察他们的面貌，并了解他们的思想感情；因为要使自己的作品为群众所喜爱并发生好的作用，于是就不得不主动地搜集群众的意见，继续不断地改进自己的作品。”

1947年5月，晋绥地区土地改革全面展开，大批党政军干部下乡参加运动，美术工作者也都加入工作团，《人民画报》遂告停刊。但在以后，美术工作者仍以画报社名义创作印发了许多年画、宣传画。

第二节 反动政权覆灭前的阎管区报刊

从日本战败投降到1949年4月人民解放军解放太原，对于阎锡山统治区来说，是最黑暗的一段时间。在抗日战争之前，阎锡山曾标榜进步，在抗日战争时期，阎锡山也被迫抗日，而从1945年8月30日阎锡山返回太原开始，则彻底推行反人民的法西斯特务统治，妄图以此在山西重建其独裁统治，阻挡中国人民解放的步伐。

经过抗日战争，中共领导的解放区已在山西农村连成一片，阎锡山为尽快从日伪手中接受沦陷区，到太原后首先做的就是与日本驻太原司令部商谈让日伪军就地驻防，不向八路军投降；与汉奸省长联席开会，安排伪政权转化为阎锡山政权。但尽管如此，阎锡山最终可以统治的也只是沿铁路线的一些城市、县份而已。

在阎管区，阎锡山成立特种警宪指挥处，监控民众，搜捕共产党员和进步人士，三年时间捕过3300多人，处死370多人。在太原及晋中推行“兵农合一”政策，大量征收农产品，强抽壮丁从军。为防止民众反抗和清除共产党力量，又开展肃伪运动，搞“自清、自治、自卫”的“三自传训，自白转生”运动，从机关、军队推行至街道、农村，受到迫害者难计其数。在经济上是以“戡乱”为名，扩充官僚资本，掠夺民营工商业，军事上则大修碉堡群，建立所谓的“战斗城”。但这一切并未能实现其重新统治山西的企图，到1947年下半年，人民解放军在晋中战役歼灭晋绥军十万人之后，太原成了阎锡山政权的最后孤城。

三年多的时间里，阎管区的新闻出版也呈现了与其政治、经济相一致的特点：一是报纸（当时期刊极少）基本为阎锡山势力控制，以鼓吹阎锡山的政策、反对共产党、千方百计欺骗民众为目的；二是成立或是支持了五花八门的通讯社，发布各种有利于其统治的消息，而其中直接由其控制的华北通讯社与黄河通讯社则兼具特务组织的性质。这一时期在山西冒出来的有民族革命通讯社、国民通讯社、大同通讯社、青年通讯社、正义通讯社、建国通讯社、晋民通讯社、建设通讯社、民众通讯社、军闻通讯社、西北通讯社、战斗通讯社等等。

復興日報

東北兩執行小組
定今日出發工作

四平共軍向南移動
北上國軍疾進中

同时，也有一些五花八门的报纸，其中最主要的有《阵中日报》、《复兴日报》、《民众日报》、《太原晚报》。

《阵中日报》原为第二战区长官部的“机关报”，随抗战结束改为太原绥靖公署机关报，发行对象为阎属各部队和中央军驻晋部队，该报反动立场最为坚决。1948年12月在太原被围的情况下仍发社论谓“太原保卫战粉碎共匪五次攻势”。当时的社长是王藩城，总编辑关煌炎，王藩城令报纸“坚守岗位，奋斗到底”。直到1949年4月24日解放军攻入太原的当日，该报还在地下室编发“首都南京沦陷”的消息。

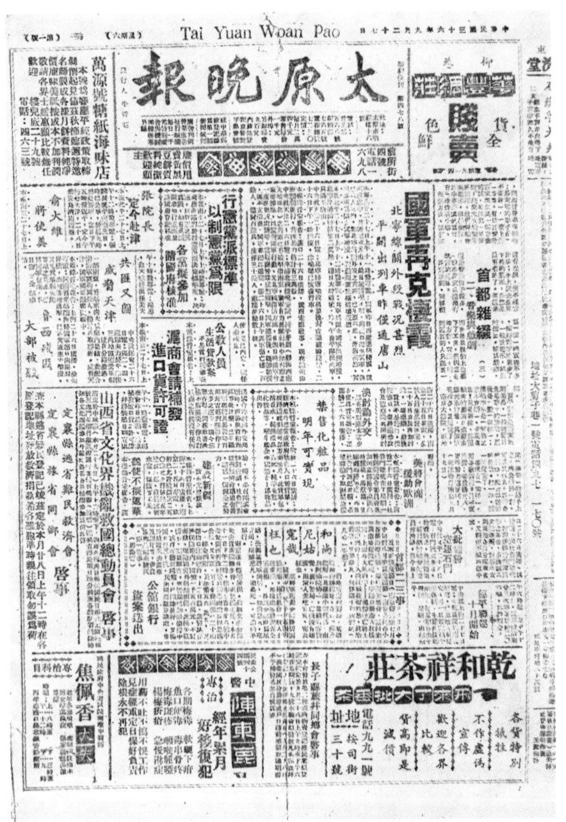
Tai Yuan Woan Pao

太原晚報

山西省文化界戡亂救國總動員會 啓事

乾和祥茶莊

《复兴日报》由接收日伪《新民报》而来，规模最大，设备齐全，是当时的山西省政府“机关报”，社长梁綖武，总编辑刘志弘。经费全靠政府拨款，1948年夏刘志弘和《民众日报》郭今之专门飞南京申请到黄金若干条以维持生存。

《民众日报》是民族革命同志会的“机关报”，直接领导人是特种警宪指挥处处长梁化之。由于有特务系统的背景，总编郭今之等人专横跋扈，人不敢惹。郭今之从南京申请到的黄金竟纳入私囊。

《太原晚报》是原报社同仁在返太原后利用各种关系筹集资金办起来的，当时多发社会新闻，发行量曾达

8000多份。起初负责人牛青庵，他此时已任《阵中日报》总编，但又热心晚报，积极组织了晚报的募股活动。后牛青庵离去，董事会改选梁化之为董事长，王正平为社长，贾秉之为经理。

这些报纸连同当时还有的《山西国民日报》、《正义报》、《兵农导报》、《山西合作通讯》、《青年导报》（后改为《平民日报》）、《民主文化日报》、《工商日报》、《晋强报》、《民众晚报》等都随着反动政权的覆灭，在人民解放军的炮火中走向消亡。

在阎管区的期刊数量是不多的，这自然与局势有关。仅有过的则大致可分为三类：一是为国民党及阎锡山政治服务的，如《太原青年》；二是一些经济和学术类期刊，虽也有政治倾向但主要还是经济及学术内容，如《西北实业周刊》、《山大学报》；三是为赚钱而办的灰色期刊以及一些报纸的副刊，其中有的寿命极短，如《孤岛旬刊》。

《太原青年》是三民主义青年团的刊物，月刊，1945年10月10日创刊于太原。三民主义青年团是国民党的外围组织，1931年国民党山西省党部制造了压制学生抗日运动的“一二·一八惨案”后，阎锡山趁机将其驱逐出省，以后七八年间山西无国民党的活动，三青团的活动也就同时被停止了。抗战爆发，阎锡山为了与蒋介石搞好关系，1939年春同意了在第二战区恢复国民党山西省党部，三青团在阎锡山统治区内也有了活动空间。1946年2月，阎锡山成立党、政、军、团、会（同志会）的联席会议，三青团也回到太原，发展到区团部两个、分团部70余个，团员3万多人，郭澄为书记。但不久后也即1947年，国民党中央决定党团合并，山西的三青团组织自然也就不存在了。《太原青年》就是在国民党山西省党部返回太原后为三青团开展活动而创办的，但仅出至1946年2月，存在时间并不长。

太原青年
民國三十六年六月十五日出版
第三期
要目
個人消息
夜校消息
書報介紹
太原中華基督教青年會編

《太原青年》曾登载三民主义青年团的团章，报道山西三青团的活动和所谓的太原青年运动的动态，反对共产主义，宣传蒋介石所阐述的三民主义，转发过蒋介石的讲话，阐释过国民党政府的政策法令，用蒋记三民主义来研究青年问题，指导青年生活，同时也有一些科学、艺术（如音乐）常识。辟有“法令讲习”、“团长训词”、“读者信箱”、“杂俎”、“小说”、“科学常识”、“音乐常识”等栏目。终刊号上载有冯玉祥的作品《胜利劳军歌》。

与《太原青年》性质相同的还有抗日期间在晋西、陕北就办起来的《革命政治》、《铁军魂》等。这些刊物沿袭了创办时的宗旨，如果说当时还不便公开反共的话，这时就明确打起反共“戡乱”的旗号了。

在阎管区还出现过一些所谓的青年刊物，有的表面上以民主青年的面貌出现，实际都有三青团背景，如1947年出现的《呐喊月刊》。这一刊物公开署编辑者是“青年军通讯支处太原分处”，16开，只有18页。在1947年1月的创刊号上，编者自诩是“分散在各个角落的小伙子，共同的正义感纠结在一起，为欲团结更多的同感者，向现实的黑暗奋斗，产生了呐喊社”，在刊物中还选登有鲁迅的语录。刊物有“论著”、“散文”、“诗”、“杂文”等栏，首篇是转发《自由评论》上的文章《论民主》。文中虽未明说但暗含有指责人民革命力量破坏民主之意，而在其他文章中则有“笃信力行三民主义，统一我们的意志，集中我们的力量，来铲除建国的障碍”，“尤以中共党徒，蓄意破坏社会基础，挟其邪说，所到之处，在物质方面焚烧毁坏……”等等，足见其“正义感”之类的本质。

《光复月报》1946年8月1日创刊，光复文化社出版，16开本，20页左右。该刊发行人樊自新。创刊号上，《开场白》中说：“光复月报，既定为光复，要叫它光复些什么事情，要光复中国旧有的文化，要光复中华民族固有的道德，要光复中国民族的精神，要光复中国的领土主权，要光复中国的社会秩序，既叫它作到如此有用的一个东西，必须……”完全是一种抗日胜利后“重建”的姿态，而且还把文化与民生联系起来，有“文化之外无民生，民生之外无文化”的议论。刊物有“短评”、“专论”、“杂谈”、“文艺”等项。在“文艺”中有《戏剧漫谈》、《怎样指挥唱歌》等文章。但其反共立场很明确，在“短评”就有“今天共产党拥兵作乱，阴谋百出，是为的实现共产党专制……”等语。这一刊物共出几期不详。从以后有一期“因物质条件困难，又脱期了”的告白看，并未正常出版。

阎锡山重返太原之后，在加强政治控制的同时也摆出了一副重建山西的姿态，要发展山西的实业。尤其是加紧了对军工以及与军工相关工业的操控，以支持其扩大军事实力来对付解放军、对付共产党。这种形势，使1946年的太原相继创办了几种与经济相关的期刊。

《文化与建设月刊》，1946年1月16日创刊。这一刊物带有明显的政治性质，刊物有“特载”、“论著”等栏目，主要内容一是刊登国民党政府的声明、文告及蒋介石、阎锡山的讲话；二是评论时事，为国民党的种种政策、行为做解释；三是讨论民族文化及国家建设，以文化的面貌反对共产主义，宣称共产主义破坏国家建设；四是报道山西及全国各地的经济动态，也介绍国外的经济建设情况。《文化与建设月刊》共出了3期，1946年3月停刊。

《山西合作通讯》，1946年6月1日创刊，不定期。山西经济管理局编辑发行，总编辑谷偶。刊物以“办理山西省合作事业，推进民生政策，发展经济”为宗旨，虽也有贯彻国民政府命令的内容，但以经济为主，研究合作理论及合作业务经营，涉及工业、垦荒、修路、办学校等内容。该刊出至1948年4月，共出92期,该刊的价值在于保留了一批研究山西省经济发展历史的可参考资料。

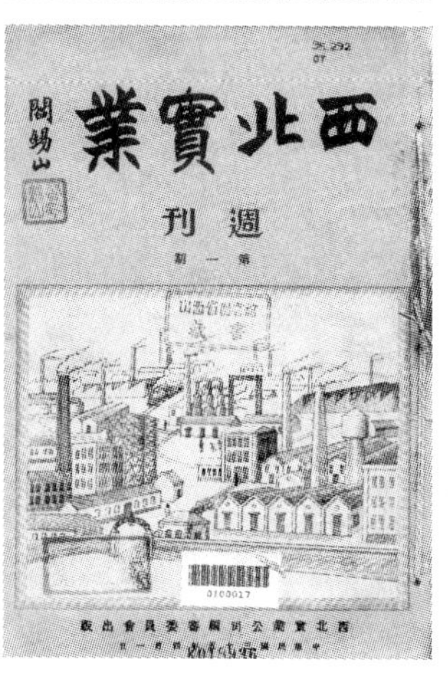

《西北实业周刊》，1946年4月1日创刊，由西北实业公司编审委员会编辑发行。这是一本以经济为主兼技术研究的期刊。刊名为阎锡山落款名章的“西北实业”四字，“周刊”二字放下方。开本为16开，每期页数不同，最少为8页，多则20页左右。西北实业公司是阎锡山在山西最大的官僚资本实体，成立于1933年8月，是依照阎锡山所谓“山西省政十年建设计划案”而建立的对官办各工矿企业总管理的机构，阎锡山自任总理。由于阎锡山的势力当时扩至山西之外，故称西北而不称山西。抗战之前已发展到相当规模，1937年时经理梁航标，协理彭士弘、张书田，总资本2000万元，有工厂17个（有的还下辖若干小厂），工人约1.2万名，职员1398名，涵盖了采矿、冶金、机械、电力、建材、化工、纺织等诸多领域。抗日战争中公司迁晋西，抗战胜利返太原后仍成为阎锡山的经济基础之一。《西北实业周刊》以“实写与报道建设开发西北的工作动态，并提供有关建设西北的各种研究资料”为宗旨，创刊号首篇为阎锡山《兵农合一下之工业计画》(原文如此)，这是某次会上讲话的节录，代发刊词是彭士弘《为山西工业再创崭新的前途》一文。《西北实业周刊》设有“长官训示”、“经理训示”、“议述”、“技术经验交换”、“每周一厂”、“工作检讨与报告”、“特载”、“法令章则”、“消息”等栏目。《西北实业周刊》所刊发文章侧重研究工业发展(当时重点是复兴)及工业技术理论，探讨战后开发西北的种种问题，同时汇集山西省及西北各省的工业资源及工矿企业的统计资料。该刊终刊时间不详。

阎管区的报纸也多办有副刊，但这些副刊的目的却只在于吸引读者，报纸的消息之类已难以使人相信，就只有凭副刊上的东西了。这时的副刊也有栏目，如《平民日报》就有“人物”、“风俗”、“平民看”、“小说连载”、“戏影消息”、“民间文艺”、“新时代”、“春天”、“新学生”等等。但内容上没有什么质量可谈，各报的副刊中奇闻逸事、市井世相，以及武侠、言情小说、无聊抒情的旧体诗等占了不少篇幅，好的是借副刊发点牢骚，差的就是粉饰已不太平的“太平”了。其中个别的也有些值得一读，如《太原晚报》连载《黄河两岸度春秋》(曲紫祥)是专记抗战期间二战区在陕北、晋西期间的一些逸事的，有点野史的味道。至于小说如《太原晚报》连载的《人寰侠影》(陈过)、《晋强报》连载的《赛贵妃》(多人合作，轮流写)则更多是一些消闲文字，给在苦闷中的读者取乐而已。

当时，也有些新闻界的从业者为谋钱而办期刊的，但都难以为继。1948年时，在《民众日报》任编辑主任的冯育栋，利用报社印完报的新闻纸边角料，请工友帮助排印，请人木刻了个封面，弄出个24页的小刊物《孤岛旬刊》，由他一人编排。开卷是“十日谈”，基本依照《大公报》的观点，写出一些具有民主气息的东西，露一点民众希望和平的空气。其余则是转载外地的趣闻逸事和自己写的一些文艺性小品，是想将学生作为主要读者的。原认为这一刊物不花工料费，卖出所得即是利润，但出了两期，由于物价飞涨，纸张来源无保证，刊物也没卖出多少，只得停刊。

与这些刊物不同，一些进步人士在中共地下党的影响下也办过一些报刊。1947年，在山西大学任法学院院长的杜任之与民盟主席张澜联系，在山西建立了民盟山西组织。杜任之抗战期间以民族革命大学教务主任之身份率千名师生至陕西宜川，后任二战区长官部干训办主任，其间因与王若飞、王世英等联系被宪兵逮捕，经赵戴文出面担保，杜任之在被监禁十个月之后获释，被释后应山西大学校长徐士瑚之聘来校任教。民盟组织秘密建立后，民盟成员王文光、李毓珍、杜任之创办小型诗刊《北风》，单页印刷，1948

年春创办，夏天停办，共出7期，以24节令作期号，有“立春号”、“雨水号”等。李毓珍主编，学生马作楫协助编辑并负责发行。《北风》基本调子是以诗的形式争取民主，反对内战，在刊物上发过俄国著名诗人普希金的诗（李毓珍译），还有牛汉、际康、张白、寒风等人的诗以及杜任之、郝树侯、王文光等人的文章。

1947年，山西大学校长徐士瑚还主持创办了《山大学报》，并写了创刊词。创刊号刊出文章（包括新旧诗）24篇，其中学术论文14篇，内容主要在文史哲方面，当时是有一定学术水准的。如《大学新诂》（朱君哲）、《知识论》（王文光）、《马霞尔均衡价格论之研究》（陶达）、《由原始民主到终极民主》（杜任之）、《晋阳城史征》（郝建樑）、《小说的故事》（常风）等。学报16开本，封面有要目，封二为目录，但无页码标示，正文中每篇页码都从1开始。从整本看是学术为上，政治倾向不明确的。只是从个别字句中可看出当时的时代背景，如创刊词第一句为“在这极度不安的局势下”，在《大学新诂》中例句有“今俗语‘共党自首’”字样。而作为补白的一首诗《寒春感》中则有“兵火烧原天地红，流亡不若去从军，杀来杀去竟杀谁，只余老弱田里耕，宫中日日宴桃园，村野时时吊孤魂”之句。因为时局的急速变化，太原政治环境恶化，学报已无法再出，创刊号即成为终刊号。

附录一

《人民日报》发刊词

（一九四六年五月十五日）

本报——人民日报，晋冀鲁豫边区广大人民的报纸出版了。

晋冀鲁豫边区的人民、八路军、共产党在为驱逐日寇，挽救全中华民族危亡的八年过程中，曾经表现了无限艰苦英勇牺牲的精神，粉碎了敌伪八年来无数次野蛮的蚕食、进攻和扫荡，坚持了敌后的艰苦抗战。日寇投降以后，在肃清敌伪，制止内战，争取和平的五个月的斗争中，晋冀鲁豫的人民、八路军、共产党，继续表现了无限艰苦英勇牺牲的精神，大量的肃清敌伪残余，扩大了解放区的领土，严重地打击了侵入解放区的反动派内战挑拨者，配合全国和平民主的斗争，争取了全国和平建设阶段的开始到来。晋冀鲁豫边区的人民对于民族、和平、民主是曾经有过极大贡献的。本报的出版，在于发扬晋冀鲁豫边区人民驱逐日寇，热爱民族，热爱和平民主的传统精神。

现在晋冀鲁豫的人民、八路军、共产党，正在为着巩固国内和平，坚持政治协商会的三大协议，及其全部决议的实现，而继续深入广大群众反奸诉苦复仇运动、减租减息运动，深入生产练兵运动，开展整编复员，经济文化建设各方面的工作中。然而我们感觉到：全国和平民主事业的胜利实现，这一工程是异常艰巨的，反动派内战挑拨者，正在酝酿着全国规模的内战，东北的内战在继续扩大，包围新四军五师的国民党反动派的军队，正在企图围歼第五师；我晋冀鲁豫四周的国民党反动军队，亦在忙于调动和积极的进攻准备中。这就是说内战正在威胁全国和平民主事业，同时也在威胁我晋冀鲁豫边区和平民主建设的工作。本报的出版，它将要动员和组织全晋冀鲁豫边区的人民，起来坚持政协决议的全部实现，坚持群众性的自卫斗争，特别是加强边沿地区群众性自卫战争的领导与组织，准备随时击破反动派的进攻，保卫晋冀鲁豫解放区。

为着贯彻政协决定的全部实现，和晋冀鲁豫边区的进一步巩固，我晋冀鲁豫边区正在展开反奸诉苦复仇运动、减租运动，这一运动还须进一步求得普遍开展和深入；今天主要的缺点不是什么左，而是不够大胆放手，而是少数人的蛮干，而是还有很多空白，和部分的不注意掌握对于中农及其他阶级的政策。生产运动有些区域并不深入，还须（需）及时检查，求其深入，保卫边沿区的麦收，及麦收后的耕种，目前即应加以准备。练兵与整编复员工作，已在所有部队中进行，但这一工作必须与自卫斗争的准备密切结合起来，自然我们是不愿意内战，坚决主张和平的，但是一旦内战挑拨者逼迫着我们接受内战，只有起来坚决自卫，给反动派以坚决的还击，决不能因为练兵整编复员而松懈我们自卫作战的准备。我们的民主、经济、文化、交通等各方面的建设工作，虽然已经在积极进行之中，但我们认为还不够，还须（需）进一步的展开。推动这许多方面的工作，并求其进一步的开展深入，以达到晋冀鲁豫边区进一步的巩固，将是本报出版十分繁重的任务！

我晋冀鲁豫边区的山地和平原，过去曾经被敌人长时期的分割，山地和平原的联系受到不少限制，在肃清敌伪的胜利进军中，已经把四个地区、山地和平原联成一片了，今后经验的交换和沟通，虽然增加了许多的便利，然而由于几个地区七八年来受敌伪不断封锁分割，和各地区工作基础、环境、历史、经验等的条件不同，工作上还存在许多差别。今后如何更广泛的、更充分的、更经常的，交换这个地区和那个地区、山地和平原各方面斗争的经验和工作的经验，以达到各地区步骤的更加齐一，工作的更加平衡发展，力量的更加集中，亦将是斗争赋予本报非常重要的使命！

本报——人民日报，晋冀鲁豫边区广大人民的报纸，在大家热烈期待和鼓励之下，在极不完备的条件之中出版了，这是值得庆幸的一件事情！关于它的发展、壮大、坚强，我们热烈希望全边区党政军民及广大读者同志们的扶植与帮助！我们的口号是毛主席昭示我们的：全心全意为人民服务！这也就是本报的方针和宗旨。

（注：1946年中共晋冀鲁豫中央局创办《人民日报》，此报1948年改为中共华北局机关报，1949年8月改为中共中央机关报）

附录二

《山大学报》创刊词

在这极度不安的局势下，极度困难的条件下，人力不足，物力不足，工具不够，时间不够，创刊山大学报，确非易事。只因同人的努力，精神战胜，能于五月一日，本校四十五周年校庆纪念日出刊，是一件令人兴奋的事！

为了建立研究风尚，为了加强研究兴趣，去年开学的时候，研究第一，学术第一，就成为我们全校师生共同的目标。研究求方法的正确，学习有适当的途径。在此八个月的过程中，虽谈不到有什么大的进步，优良学风的建立，学习进步的开始，却也不无相当的收获。继续研究，继续学习，建立良好校风，复兴山西大学，这是今后努力的方针。

山西大学，是创立在四十五年前的五月一日。当时欧风东渐，国内正是废科举、立学堂的时候。四十五年期间，学术演变，思想进步，不无成绩可观，未可一概抹煞。不过在四十五年后之今日，看此四十五年间之事实，检讨过去，策励将来，前事不忘，后事之师，接受以前的经验，作为今后的教训，是负担时代任务的必要准备，是完成历史使命的必要手段。

过去四十五年间，学术界、思想界，存在着守旧的潜势力，呈现着模仿的新趋势。中学为体，西学为用。东方的精神文明，西方的物质文明。两种力量的矛盾斗争，两种力量的相反相成。守旧的极端，故步自封；模仿的极端，尾随人后。国内学术思想，就在这种情形下演变，这种情形中发展。守旧终归淘汰，模仿势必落伍。守旧与模仿，均是创造的梏桎，进步的障碍。身体上挣不脱枷锁，得不到自由。精神上去不了束缚，得不到解放。思想上没有坚决的否定性，学术上不会有伟大的创造力。这是经验所得，事实证明，有其普遍的妥当性。过去学术思想，受此影响不浅。

世界今日，国际性大于国家性。中西文化，已由沟通文化，进而为文化交流；文化交流，更进为相互渗透。学无分此疆彼界，术无分古今中外，惟善是遵，惟对是从。全部世界的文化，形成整个人类的文化。各民族间，固有其文化特质的存在，而人类文化的主流，却发展到世界每个角落。今日文化的主流，事实说明，是科学的文化。

世界已成科学化的世界，而我学术思想，犹有迷信渣滓的残存，玄学遗毒的潜伏。思想不清，学术不纯，形成今日自然科学的落后，社会科学的落后。即曩自诩的精神文明，亦日渐沦丧。文明古国，如此其衰！

今日学术界，整理国故，保存国粹，接受前人的遗产，发扬光大，这是历史的使命。学习先进，效法先进，吸收今人的结晶，融会贯通，这是时代的任务。历史的使命，非发扬光大不可，守旧就要灭亡。时代的任务，非融会贯通不可，模仿等于自杀。消除不了守旧与模仿的意识，不会有创造发明的开展。去了守旧与模仿的意识，才能有创造发明的新生。我国学术思想，政教文物，数十年间，在此中演变，此中发展。学术贫困的今日，科学落后的中国，又当世界文化，互相交流，互相渗透的时代，其学术思想，政教文物，必有突变的发展。是有其历史的背景，与时代的要求。今后飞跃的进步，已育孕在过去的数十年间，中国今后的进步与发展，应该是科学路线，也惟有科学路线，才能实现其进步与发展。因为人类知识的发展，是宗教而哲学，哲学而科学。历史的发展如此，先后的次序分明。虽然是三种不同的知识体裁；但为找求宇宙，人生，自然，社会的说明，却是一样。不过方法不同，结论不同。今日是科学时代，应该走科学路线。一切同可以作科学的研究。凡用科学方法研究的结果，同可以称为科学。科学研究的结果，比较可靠。科学说明的道理，比较真确。一种方法，能为人类发现真理，当然受人类的推崇。科学能完成这个使命，科学能负担这个任务，科学能使中国的学术思想，进步发展。中国今日，当然要推崇科学。发展自然科学，提倡社会科学。学术思想，均应受科学洗礼。不然，迷信心理，形成民众的普遍意识，玄学气味，发生很大的反动作用。提倡科学，推崇科学方法，是时代的要求，历史的使命。学报在今日创刊，不可避免的要负担这种任务，完成这种使命，向这个目标前进！

（注：本文为山西大学校长徐士瑚1947年所写，原文标题为《创刊词——发展中的中国文化》）

第五章
新中国之始的勃发

随着中华人民共和国的诞生，出版事业步入了一个崭新的时期，山西期刊出版也揭开了新的一页，出现了新中国成立之始的兴盛。

1949年4月24日太原解放，5月1日大同和平解放（当时大同属察哈尔省，1952年11月察哈尔省撤销后大同及雁北地区重新划归山西省），8月1日，按照华北人民政府令，确立山西省建制。9月1日，中共山西省委、山西省人民政府、山西省军区宣告成立，当日的《山西日报》发表社论——《为新山西的建设而斗争》。社论传达了中共山西省委的部署："我们今后的中心任务必须是生产建设——工业、农业和手工业，国营的和私营的，合作的和个体的，统统都要发展。""第二个基本任务，应该是大力发展文化教育事业，不疲倦地教育工人和农民。""第三个基本任务是治安工作。"4月26日，解放军进入太原城的第三天，由毛泽东题写报头的《山西日报》就创刊了。从此时到1949年底，一些期刊的雏形先后以《山西日报》专版的形式陆续问世：1949年6月6日《新教育》创办，6月23日《青年》创办，10月16日《文艺》创办。这些专版都有固定的编辑单位，如《新教育》是太原市教育局，《青年》是中国新民主主义青年团太原市工作委员会，《文艺》为山西省文联筹委会。这些专版存在时间不长，但作为新时代的号角，在宣传群众、教育群众、巩固新生政权方面还是发挥了不小作用的。

期刊的编辑出版不仅关系到文化传播，更与意识形态、政治宣传、思想教育有密切关系，所以党和政府对期刊发展十分重视。新中国成立之后，首先恢复某些被国民党政府封禁的期刊，对私营单位和个人所办期刊进行登记，同时创办了一批代表新政权、宣传新思想的期刊，如《新华月报》、《学习》等。1949年11月，中央人民政府出版总署成立，1950年9月15日至25日第一届全国出版会议召开，胡愈之代表中央人民政府作了《论人民出版事业及其发展方向》的报告。会议通过《关于发展人民出版事业的基本方针的决议》等五项决议，其中一项为《关于改进期刊工作的决议》，提出着重解决期刊出版中重复浪费、缺乏特性、无计划性等问题，明确统筹兼顾、专业分工的原则，并强调增加通俗期刊和少数民族期刊以及健全编辑机构等问题。同年10月28日，中央人民政府政务院发出《关于改进和发展全国出版事业的指示》，其中提到期刊时指出："出版期刊是出版工作中最重要方法之一，应予重视。""政务院责成出版总署会同各有关方面将现有期刊逐渐调整，并改善他们的编辑状况。与这些期刊有关的机关团体也应重视期刊的工作，把出版期刊当做指导工作的经常性的和锐利的武器，按时给以具体的指导。"1952年8月16日，政务院又颁布了新中国第一个关于期刊的法规——《期刊登记暂行办法》。在当时政治稳定、经济发展、文化教育繁荣的条件下，全国期刊有了很快发展，1949年全国期刊为257种，总印数0.2亿册，1955年达到370种，总印数达2.88亿册。山西的期刊虽不能与北京等政治文化发达地区相比，但发展也是很显著的，1949年10月1日到年底的三个月间，山西新办的期刊即有《前进》、《山西新教育》、《山西政报》、《太原市政》、《工作通讯》几种，到1955年时山西期刊达到20余种。

这一时期的山西期刊发展是迅速的，一批从根据地来的新闻出版工作者带来了战争年代形成的优良传统与工作作风，使山西新期刊一开始就把握住了时代的脉搏，紧跟政治，贴近群众。当时一些重要期刊都先经过在报纸上定期办专版的过渡形态，这不仅保证了期刊内容的时效性，而且培养和锻炼了期刊编辑对形势的敏感与反应能力，使得当时的山西期刊达到了相当的质量水准。由于当时巩固和建设新的人民政权和恢复生产建设是压倒一切的首要任务，所以这时的山西期刊门类尚不多，自然科学类、生产技术类几乎还处于零的状态，已经出版的其他期刊在编辑出版方面也不乏不成熟之处，如一些期刊页码不固定，出版时间也不固定，印装还比较简陋。尽管如此，这些期刊当时在推动革命与生产方面所发挥的重大作用还是不容置疑的。

第一节　巩固新政权的政治期刊

从山西全境解放之初的恢复生产、文化教育、维护治安，到逐步进行社会主义改造，很重要的工作就是向群众宣传方针政策，教育、组织和动员群众在中国共产党的领导下投入各项政治运动和经济建设中。正因为如此，这一阶段山西期刊中很大一部分是以宣传为第一任务的政治综合类期刊，这类期刊实际上是指导工作的，所以也可说是工作指导类期刊，如《山西政报》、《工作通讯》、《山西青年》、《太原市政》、《太原工运》、《宣传手册》、《山西税务通讯》等。

《山西政报》创刊于1949年10月10日，比新中国第一本综合性时政类月刊《新华月报》(同年11月15日创刊)还早一个多月。当时《山西政报》由山西省人民政府（1955年2月改为山西省人民委员会）秘书厅（1950年6月改为办公厅）编印，月刊，16开本，页码不固定。主要内容为山西省人民政府发布的各种重要政策、法令、指示、命令、通令、训令、指令、通报、重要决定、各种工作部署、工作制度及政府领导同志具备上述性质的讲话、报告等。主要栏目有农业、财政、政法、教育、工作报告、人事编制、民政工作等。创刊号有毛泽东肖像，有中华人民共和国国旗及其制作说明，有山西省人民政府成立的第一号布告，山西省人民政府成立之初的一系列重要决议、决定、章程以及领导讲话，并附有山西省人民政府处长、秘书主任以上干部名录，山西省辖市长、局长及各专署专员以上

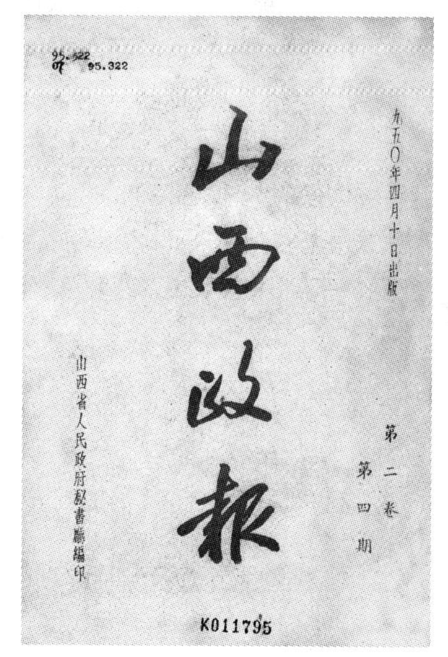

干部名录，山西省新行政区划图等，这一切较完整地记录了新中国成立时山西的省情。《山西政报》当时为内部刊物，赠阅给全省县以上各级政府部门、县级以上中等学校以及其他有关单位。

《山西政报》创刊后十多年中，在基本宗旨不变的情况下不断调整。1951年9月10日曾奉命停刊，1952年初省政府又决定复刊，并改为半月刊。从1955年第10期起改为不设栏目，但内容、发行范围不变。到1957年7月又决定改为旬刊，并扩大内容，新增了工作经验、批评建议、调查报告等。1959年又改为只登文件的公报性质类期刊，并变成半月刊。1962年再次改为月刊，1967年10月停刊。

《前进》创刊于1949年11月，是中共山西省委主办的第一份党刊，由中共山西省委会前进编委会编印（原件如此——编者注），属党内刊物，发至区级、营级干部。为什么要办这个党内刊物？又为什么叫“前进”？省委第一副书记赖若愚在《创刊的几句话》里说得很清楚：“在艰巨的建设任务面前，正如毛主席所指示我们的：‘我们熟习（悉）的东西，有些快要闲起来了；我们不熟习（悉）的东西，正在强迫着我们去做。这就是困难。’‘我们必须克服困难，我们必须学会自己不懂的东西。’但是我们党内某些同志中，也正如中央曾经指出过的：‘因为胜利，党内的骄傲情绪，以功臣自居的情绪，停顿起来不求进步的情绪，可能生长。’这种情绪，和‘革命成功’的思想、‘贪图享乐’的思想是相联系的。为要唤起全党同志前进的朝气，去掉这种不正确的思想情绪，以便使我们的同志真正能够虚心学习，克服困难，完成建设任务，我们的党刊，请毛主席题了‘前进’二字作为这个刊物的名称。希望这个刊物的实际效果，能够名符（副）其实，使全党同志永远在毛主席的旗帜下，不停顿地前进！前进！前进！”

关于《前进》的宗旨和任务，《前进》的“征稿启事”作了较明确的说明：“其主要任务是：加强全省党员干部马列主义及毛泽东思想的教育，提高干部的政策与策略水平，巩固党的建设；交流各地工作情况与经验。”《前进》没有设置专门的栏目，但内容十分丰富，举凡中央和华北局以及省委的指示、部署、工作安排都要刊登，也有外省及基层党组织的经验，还有政策说明。在创刊号上就有《中共中央华北局关于建立村、区、县三级人民代表大会或各界人民代表大会的决定》、《山西省人民政府关于召开县及工矿区城关区各界代表会的决定》、《省委盂县整党实验小组向省委一个月的综合报告》、《对山西公学毕业生的认识及分配工作问题》等。“征稿启事”希望读者特别是各级领导干部本着“全党办报”的精神，就党的各种工作尤其是中心工作的情况与经验，党员和干部的思想动态、各种倾向及解决办法，支部教育、干部学习情况，党内民主生活的情况与经验，典型事例的批评与表扬，建设性意见的提出与疑难问题的解答等撰写稿件。启事提出：“稿件形式不拘，报告、总结、论文、通讯皆可。”“来稿一经刊登，均致薄酬，每千字以小米十五斤折价致酬。”

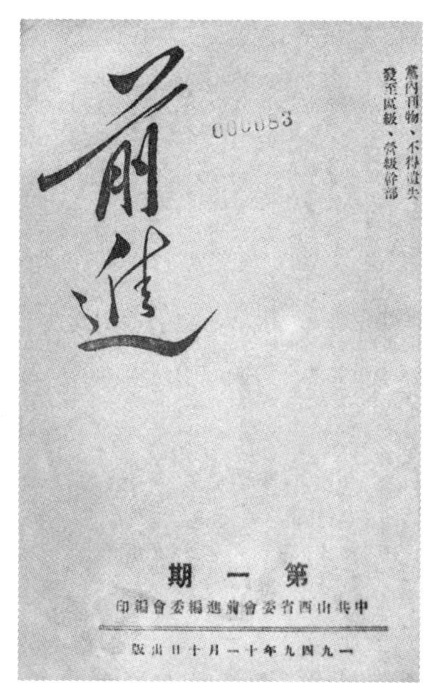

《前进》最初为32开本，不定期出版。从1949年11月出版第1期到1951年8月，22个月共出32期，后因人力不足等困难，于1951年8月25日暂时停刊；1952年1月10日继续出刊，这一时期每月出刊较多，最多时一月出刊8期，1952年全年共出刊47期；从1953年1月开始，《前进》改为16开本，一直到1958年6月，每年出刊都在40期以上。1958年6月18日，《前进》第320期刊登了《〈前进〉终刊的话》，文中说：“根据省委指示，党内刊物《前进》出了这一期就不再出版了。中共山西省委《前进》编辑委员会这个机构也同时撤销。党刊《前进》从1949年11月创刊，出版到现在（1958年6月），已将近八年（原文如此——编者注）。在这八年中，《前进》总共出了320期。在出刊期间，由于省委的具体指导，各级党组织的大力支持，全体党员干部的热爱与关怀，《前进》已克服了各种困难，完成了它一定的历史任务。”

《工作通讯》是山西省人民政府办公室（后改为办公厅）于1949年12月创办的。它内容更丰富，编排上更像期刊，性质上更凸显工作指导，封底标明经过邮政登记为“第一类新闻纸类”，可见当时《工作通讯》出版发行是比较正规的。新中国成立之初，各级政权刚刚建立，如何巩固政权并推进社会的变革是各级干部面临的新课题，《工作通讯》的作用就是指导政权建设以及培养干部。《工作通讯》的内容大致为四类，用当时编辑部的说法是：“1.关于一个时期或一个专门工作问题总结之富有政策性、思想指导性者；2.关于执行政策方针的心得、体会及经验之带有普遍意义者；3.关于工作动态、专门经验、典型材料之具有指导作用者；4.关于执行政策方针的研究讨论之有益于当前工作者。”在这四方面刊物都组织编发了不少很有分量的文章，如1950年春发表的榆社县指导农业生产的经验介绍《着重检查春耕准备 争取生产运动平衡发展》、长治专区农业试验场的工

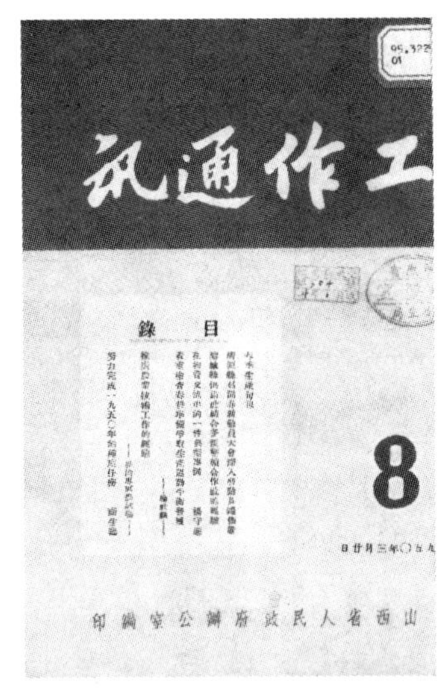

作分析《推广农业技术工作的经验》就是写得比较好的研究报告，分析了问题，谈了解决问题的方法及经验，对其他地区具有借鉴意义。又如，当时天花在农村还是很严重的流行病，1949年下半年在山西的高平、长子、平顺、太谷等十余县发生天花疫情，有很多儿童感染，造成残疾，严重者甚至丧命，长治竟然发生80岁老人感染天花的病例。新中国成立后，中央人民政府决定在三到五年内在全国根治天花，山西省人民政府决定在1950年春、秋两季使种痘人数达全省总人口的1/4，即260万人。这是直接关系到群众疾苦的大事，不只是要动员卫生部门，各级政府也必须做很大的努力。《工作通讯》围绕此项工作连续发表文章，其第一篇就是工作动员《努力完成一九五〇年的种痘任务》。

从1950年下半年起，《工作通讯》进行改刊，目标是办成“干部学习政策和研究工作的手册”，内文由原先的12页增至40页左右，分设了专栏，在各专署以至县政府设兼职联络员，加强了刊物的通联工作。并在7月、8月两次以省人民政府办公厅名义发出给省直各厅局、各级人民政府征求意见的信函，通过种种方式扩大《工作通讯》的发行量及影响，借助行政使其在推动全省工作中发挥作用。《工作通讯》创刊时为半月刊，16开本，1951年一度改为月刊，1952年又改回半月刊。在1949年到1951年时连续排期（不按年度月份），到1952年后才按年度月份排期。从当时刊物上发表的读者来信看，刊物在基层机关很受欢迎。左权县一封来信说，刊物一到，“不论科长、科员，都抢着去看，并已有部分同志开始向《工作通讯》写稿，每个干部同志都把《工作通讯》变成自己工作的得力助手”。

《工作通讯》的编者特别注意刊物内容的群众化、通俗化，而且在与读者平等的地位上来加强与读者的交流，这在刊物上一些“编者的话”中就有所体现。如1950年10月出版的第25期“编者的话”中这样写道：“一、这一期的中心及目的请阅短论《学会财贸工作》。二、省府财委会物资交流座谈会，是省财委为顺利开展各季物资交流工作，广泛的（地）听取工商业界的意见，以便制订领导计划的参考和根据。其中的意见，当然不一定都正确，只是为了帮助大家了解情况及工商业界的反映。三、本期所转载的文章可分两类：第一类《为什么粮价低布价高？》是转载《人民日报》的，大家应作为学习文件；《克山县农村购买力调查（摘要）》与《发展中的农村购买力给我们提出了什么新的问题》两文，是转载《东北日报》的，前者所说的情况与省府武光汤厅长的《武乡农村生产及互助运动考察报告》中所说的情况类似，所以后者（社论）所提的问题也一般适合于本省，大家除应仔细学习外，还应该注意做同样的调查工作。第二类大部分是转载《天津进步日报》，只有一篇《农业品和工业品价格的差距》是转载《大公报》的。其中除了河北省府商业厅的《工农业产品交换中的几个问题》系该厅对该省情况较成熟的分析和估算外，其余都是经济学者、教授、专家们的个人论文，因而也是他们在理论上的个人意见，仅作为大家研究问题的参考。同志们一方面应该虚心学习这些理论，一方面还应该根据本地实际情况，对这些理论加以考验，千万不要当教条去乱搬乱套。”（原文如此——编者注）。从这里，不但可以看出编辑的态度与作风，还可从文中体悟出当时的政风、学风、文风、民风，以及党的各级干部与人民群众的精神风貌。《工作通讯》当时是有稿费的，例行报告与行政公文之外的稿件按每千字5斤至8斤小米折价付酬金。这也表明，这份期刊当时的整个编辑出版发行是相对成熟的。

《山西青年》最初也是《山西日报》的一个专版，创办于1949年6月23日，这时太原解放刚两个月。专版名为《青年》，编辑者是中国新民主主义青年团太原市工作委员会，第一期上有《创刊词》，另外刊有谷文波的《暑假期的学生会应当做些什么》、丁玲的《同青年朋友们谈旧影响》、李崇级的《我走上了革命路》、苏星的《老师！我要求退出人民助学金》等文章。专版的创办体现了刚建立的团组织十分重视对青年的宣传教育工作，当时青年工作的主要对象是青年学生。在第15期上转载了《中国青年》的社论《中国人民政治协商会议万岁》和综合报道《各工厂加紧生产》及《全太原市学生活跃起来了》。第16期有金凤的《冯文彬同志的战斗生活》、王晋的《柴福贵怎样团结教育青年》、段成明的《把我们不懂的东西学会》等文章。随着山西团组织的建立与健全，团太原市工委完成了它的历史使命，《青年》也于1949年10月13日，在出版了第16期之后停办。

1949年10月27日，中国新民主主义青年团山西省工作委员会创办《山西青年》，仍是《山西日报》的专刊，每周一期，但这时团山西省工委已组建了相应的编辑机构——山西青年社。《山西青年》的创刊号上发表了中共山西省委宣传部部长陶鲁笳的《把青年运动在全省广大地开展起来！——为〈山西青年〉创刊纪念而作》、王中青的《发挥学校青年团的核心作用》、康永和的《庆祝〈山西青年〉的创刊》、曹瑛的《知心的朋友与敬爱的教师》、洛风从莫斯科的来信《从哈尔滨到莫斯科》等文章。同时该期还刊登了《青年团山西省工作委员会关于出版〈山西青年〉周刊的决定》，充分体现了团省委对出版《山西青年》的重视和对这一周刊寄予的厚望。在作为《山西日报》的专刊出版24期以后，1950年6月24日，《山西青年》作为报纸正式单独出版，仍为周报，为4开4版。这时的社长兼总编辑是苏平，副总编是马万程。从这时到1961年1月31日，《山西青年》一直是报纸形态，其间在1950年11月曾增加学校版和工厂版，分别出版过5个月与13个月。1956年4月5日《山西青年》正式改名为《山西青年报》，出周双刊。在形态上1958年时还一度改4开4版为对开两版出版一个多月，当时最多时发行28万份。1961年困难时期，根据中共山西省委的决定，《山西青年报》休刊。《山西青年报》是以后的《山西青年》杂志和《山西青年报》的前身，它的办刊宗旨、编辑经验直接影响到后来的这份杂志和报纸。《山西青年》改出杂志是在1964年，到1980年代，这份杂志曾创下了在山西乃至全国颇有影响的辉煌成绩。

太原市人民政府办公室（后改办公厅）于1949年10月15日创办了《太原市政》，这也是一份公报性质的期刊。1950年、1951年出版时有四封，1960年后取消四封，内容基本延续。创刊时在《前言》中说："本府创刊《太原市政》，目的是为了交流经验，加强政策研究与工作指导。是凡重要的法令、条例、命令、指示、通报、工作总结、典型材料，均将有系统的汇集与刊登。深望所有政权工作同志注意研究，多提意见，供给材料，以便充实它的内容，发挥它应有的效能。"在创刊号上，刊有《韩市长在太原市第二届第一次各界代表大会上关于太原市人民政府今后三个月的工作任务的报告》、《太原市私营工商业恢复和发展的情况》、《太原市私营织布业初步研究》、《太原市棉织业劳资集体合同》、《太原市九月份金融工作综合报告》、《太原市九月份税收工作报告》、《太原市农民服务所八月份工作报告》、《太原市人民法院三个月司法工作总结》、《太原市三区政府八九月份安置阎匪游散官兵的工作的报告》、《太原市四个月市政建设报告》。在"专载"一栏中刊出了《裴副主席在全省产销会议上的总结报告》。这期刊物编辑出版时，太原市才解放半年，正是处于百废待举、百业待兴的时期，这些文章反映了这半年来各项任务迅速完成，经济生产快速恢复，整个社会生机勃勃的局面。这份刊物不仅指导工作，而且对各级政府工作人员也有一种鼓舞士气、促进团结的作用。除刊载太原市的内容外，《太原市政》也转发一些全省乃至全国的重要政治文献，如转发过《中国共产党中央委员会发布庆祝"五一"劳动节口号》、《刘少奇副主席在北京庆祝"五一"劳动节干部大会上的演说》等。《太原市政》编排上有时分栏有时不分栏，页码大都在40页以上，初办时标有“对内刊物，注意保存”，1951年后“经中国人民邮政登记认为第一类新闻纸类”，正式通过邮政发行。《太原市政》大约在1961年时停刊。

太原是全国工业较为集中的城市之一。1950年1月21日，太原市总工会办公室编印出版了《太原工运》。《太原工运》可能出版了一年多，32开本，1950年出版8期，其中有一期为“五一劳模大会纪念专号”，有一期为“整风专号”。值得注意的是“五一劳模大会纪念专号”，这期有100多页详尽地记载了新中国成立初期工会组织的活动，工人群众在恢复与发展生产中的努力情况以及先进典型的业绩、劳模表彰大会的实况（甚至详尽到奖品情况）。山西全境解放之后，立即开展了没收官僚资本和扶持民族工商业发展的工作。军事管制委员会接管了阎锡山政权的西北实业公司、晋兴机械工业公司、晋兴企业股份有限公司及其所管工矿企业65个，中共党组织在工矿企业中发动工人组织工会，工会普遍开展了政策宣传、轮训学习和文娱活动，同时救济困难者与失业工人，极大地团结组织了工人群众，一年多时间涌现出一批抢修、献交器材，改造废旧机器、废旧原料用于生产，厉行节约努力高产等方面的积极分子。到1950年5月1日，太原市隆重召开“五一”劳模表彰大会，共表彰特等及甲、乙、丙等劳模221名，模范集体11个。其中特等劳模为太原炼钢厂王贵英、第二发电厂王凯山、太原铁路局李凤山，每人各奖自行车一辆，毛巾两条，袜子两双。其他各等级劳模也都有奖章和奖品，《太原工运》对此都做了全面反映。同时本期还附有太原市一年来工会工作介绍及相关图表，形象地展示了新中国成立之初太原工人运动的情况。

1951年2月，《山西税务通讯》由山西省人民政府税务局创办。最初也是“对内刊物，注意保密”的，1951年起才“经中国人民邮政登记认为第一类新闻纸类”。《山西税务通讯》为月刊，16开本，每期16页左右，主要内容是对税收政策的宣传，对税收工作的研究与报道，基层税务工作的经验、调查报告等。《山西税务通讯》除关注税务工作之外，还注意时事宣传，出版有“附刊”《时事宣传学习参考材料》，该“附刊”曾刊载过《为什么要抗美援朝？》、《美国过去是怎样帮助日本侵略中国的？》、《反对美国利用日本进行侵略》、《彻底肃清反革命的破坏活动——北京市公安局罗瑞卿兼局长在各界人民代表扩大联席会议上的报告》、《一贯道罪恶史》、《第一届世界和平理事会的成就》（郭沫若）等。《山西税务通讯》停刊时间不详。

在教育广大党员干部和群众方面，中共山西省委宣传部还办过一份《宣传手册》。这一刊物办办停停，经历过三个阶段：1951年创办，1953年停刊，主编为江萍。1955年4月20日复刊，到1957年3月停刊，王丕玉任主编，从1956年1月起署名是省委宣传部编辑，山西人民出版社出版。1961年再次复刊，以工矿企业职工为读者对象，到1964年初停刊。这段时间编辑组负责人为王维。1952年山西省文教厅所办《文教通讯》第5期的《编后的话》写道：“这一期正逢‘八一’出刊，我们写了《纪念‘八一’，开展爱军优属宣传教育》的短论，希各级领导及宣传机构，立即按所提内容及办法并参照《宣传手册》第九期进行工作。”由此可见《宣传手册》在当时是发挥了极重要的宣传甚至指导功能的，它的发行量一度达到10万多册。

第二节 歌颂新社会的文艺期刊

新中国成立之后，中国社会的经济基础发生了根本的变化，于是必然产生适应新中国的新文艺，这种新文艺首先反映在文艺期刊上。歌颂新社会，歌颂新生活，自然成了这一时期文艺期刊的主要内容。在山西最具代表性的就是由山西省文学艺术界联合会（省文联）办的《山西文艺》。

1949年10月16日，山西省文联筹备委员会编的《文艺》以《山西日报》专版的形式问世了。《发刊词》中说："新的山西，是属于人民的，新山西的文艺也是属于人民的。因此，我们的文艺方针，也应是为人民服务的，为广大工农兵群众服务的，这一方针是毛主席指示给我们的。过去各个老解放区的文艺工作者，因遵循这一指示，已经做出了很多光辉的成绩，今后希望全山西文艺界同仁，也能仍然遵循这一英明指示，多多熟悉和了解工农群众，并多反映他们的生活和思想感情，使我们的文艺运动获得更大的成绩。"这既是当时《文艺》的编辑方针，更可以看做是新中国成立后党和政府的文艺方针，它直接秉承毛泽东《在延安文艺座谈会上的讲话》精神，其核心是文艺为政治服务、为工农兵服务。这其实也是新中国一切文艺期刊的指导方针。在《文艺》第一期上发表了高沐鸿《我的希望》，罗仁佐的小说《鞋》，张修的小说《申刘保送公粮》，怒涛译的苏联诗歌《旗帜》，骆玲《关于戏剧工作意见》，王仲元、李青萍《走向进步的曲艺界》，力群《论我们的美术阵容》等文章。《文艺》存在时间不长，从形态上讲还不是期刊，但它却是解放后山西最早的具有期刊性质的文艺阵地，为以后文艺刊物的创办做了准备。1949年12月，成立山西省文学艺术界联合会，选举高沐鸿为主席，力群、卢梦为副主席，同时组建了文学工作者协会山西分会（即后来的作家协会）、美术工作者协会、音乐工作者协会等专业协会，并决定出版一份刊物。1950年5月1日，《山西文艺》创刊。卢梦的《我们的希望》作为代发刊词，文章写道："把这个时代中的现实生活正确地写出来，是我们的文艺所担负的一个重大责任、光荣的责任。"在这一期上还发表了文联、文协的《一九五〇年创作号召》。文中说："一九五〇年是中国开国后的第一年，也是我们集中力量开始进行大规模生产建设的第一年。这是我们取得胜利后巩固胜利的必要步骤，也是我们变农业国为工业国的必要步骤。""文艺应为当前现实服务，我们文艺工作者和热心写作的朋友，在今天就应毫无例外的（地）积极和自觉来反映与推进生产建设这一伟大任务。""把广大人民的生产热忱与生产战线上的模范人物及其英雄事迹加以表现……为当前的生产建设服务。"

《山西文艺》16开本，42页，定价0.30元。由新华书店发行。创刊号上发表的作品有李束为的《春秋图》、郝廷俊的《工厂纪事》、洪飞的《为建设新山西而奋斗》(歌曲)、力群的《教耕田》(美术)等。《山西文艺》从创刊到1956年因省文联要新办《火花》而停刊，其间经历了三个时期，中间一度又改以《山西日报》副刊形式出版。

第一个时期为1950年5月—1951年7月。1950年创刊后当年出6期，从11月份按月刊出版。从第3期起刊物上列出编委和主编姓名，编委15人，有高沐鸿、力群、卢梦、王中青、史纪言、李束为、唐仁钧、郑笃、王玉堂、汪洋、青苗、洛林、洪飞、高首善、赵维廉，主编为郑笃。这一时期的《山西文艺》设计风格较为稳定，封面为一幅版画衬底配以书法"山西文艺"，封底为每期一首歌曲，中间有一美术作品插页，内文为40页。在这一年多时间里发表了大量文艺作品，尤其是小说创作发扬了解放区作家赵树理、马烽等的写作风格，这是现代文学"山药蛋派"形成的源头。如李束为的《春秋图》、《整顿互助组的故事》，韩文洲的《浸种记》，李逸民的《捐粮》，冈夫的《歌唱我们的共和国》(诗)等都是这一时期发表的。刊物上的许多作品被收入出版社所出图书中，有的在群众文艺活动中被改编表演、广为传播。1951年2月召开的山西省首届文艺新闻评奖大会上，省人民政府代主席裴丽生在讲话中肯定了山西的文艺创作，认为这些作品"加上工人、农民自己的各种形式的创作，已形成了一个伟大的运动。而这些作品又都是配合着当前的政治斗争任务与经济建设任务等进行的，特别是与抗美援朝运动、工农业生产运动、新婚姻法、反

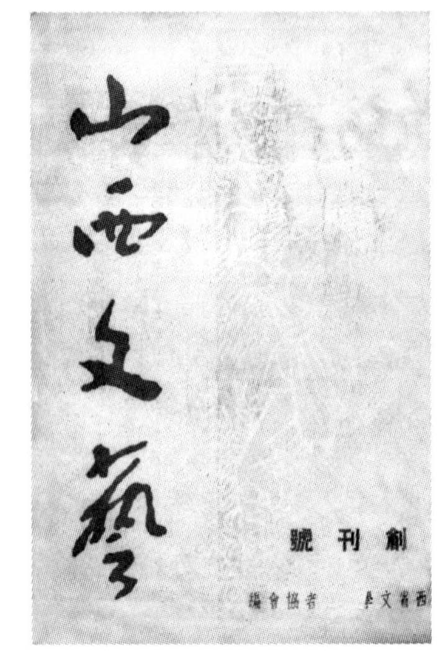

一贯道等工作，有着最密切的结合”。《山西文艺》积极致力于培养文艺创作骨干，在这一时期进行了发展工农兵文艺通讯员活动，并制定了奖励办法，每三期评奖一次，第一次评奖评出特等奖2名，甲等奖3名，乙等奖4名，丙等奖5名。各等奖品从特等的相当于150斤小米到丙等的相当于20斤小米不等。在发行上，“订阅三个月者九五折优待，半年九折，全年八折”。办刊之初就把培养作者与推广发行作为办刊的重要方面予以关注，表明当时《山西文艺》的编者是有远见的。1951年7月25日出版第12期之后《山西文艺》宣告休刊，在这期《本刊启事》中说：“由于本刊同仁能力所限，在已出版的十二期刊物中，缺点错误定会很多。今后为了尽可能予以改进，以便使我们的刊物更能直接为广大群众服务，并起到它应有的作用，特决定自本期以后，暂时休刊一个时期。”

第二个时期为1951年9月—1952年3月。这一时期《山西文艺》又恢复以《山西日报》文艺副刊的形式出版，每周一期，每期占报纸的一版，在刊期上与原先的刊期相接。在报上出现的第一期为《山西文艺》总第13期，作为原刊的延续，仍由原编辑部编辑，主编还是郑笃，此阶段共出21期。这一时期文联人事有所变化，高沐鸿调中共山西省委宣传部任副部长，《山西文艺》又调韩文洲、魏永安与原先的陈志铭、李霞裳、卢玲、尉致中、周笙桥等来做编辑工作。“三反”、“五反”运动结束后，中共山西省委宣传部和省文联“组织作家、艺术家深入生活”，刊物再次停办。1954年《山西文艺》复刊时，在《复刊的话》中提到了这次停刊，称这一时期的《山西文艺》“或多或少发表了一些作品，因此对我省的创作运动（原文如此——编者注），也起了一些推动作用。但经过一九五二年春季的‘三反’、‘五反’和文艺整风运动，我们却发现我省文艺界存在有脱离群众实际和不很重视创作的严重错误倾向。当时为了克服这一严重错误与倾向，我们除号召我省所有从事创作的同志全身心的深入实际以外，并于一九五二年三月，暂时忍痛的停刊了《山西文艺》”。文中也承认这一停办，“使大家的创作热情，受到了不少影响，这的确是一个很大的损失”。

第三个时期为1954年4月—1956年9月。这是《山西文艺》又一次复刊，是与《山西画报》合并为《山西文艺》，恢复了期刊形式，但开本有所改变，由原先的16开本改为20开本，每期40页，1956年增至60页。就在前面提及的《复刊的话》中，讲了复刊的原因，指出经过文艺整风运动，“我省所有从事创作的同志，不但从思想上已深刻的认识到了深入群众和深入实际的重要，而且已把这一认识变成了自己的实际行动，和作为自己从事创作所必须遵守的规律了”。这样就需要有一刊物，“因为作品的增多和创作运动的开展，一方面需要靠大家的刻苦努力与艰苦锻炼，另一方面也需要有必要的帮助和鼓励……就是要使大家既有发表创作的园地，也要有试手练笔的园地”。对于这一刊物的定位，则指出“复刊后的《山西文艺》是一个有图有文和图文并重的综合性的文艺刊物，它的任务主要是供给群众各种通俗文艺读物和各种演唱材料”。

复刊后《山西文艺》的任务自然是表现新的时代，当时编辑部提出要多反映三个方面的内容：“特别注意反映与描写那些新的气象和新的人物，以便更加鼓舞群众生产热情，并使群众把那些新的先进人物作为自己仿效的榜样。”“多多反映与描写我国人民社会主义觉悟大大提高，和生产热情更加高涨的情况以外，更要多反映与描写广大群众如何与各种困难作斗争以及克服各种困难取得胜利的情况。”“多反映与描写这一伟大斗争（指社会主义因素与非社会主义因素之间的斗争——编者注），在反映与描写这一伟大斗争中，必须显示出社会主义因素是不可战胜的，非社会主义因素的被削弱，或被消灭，是一种历史的必然性。”在复刊一年之后即1955年4月15日，山西省文联召开了“《山西文艺》复刊一周年座谈会”。会议对《山西文艺》的复刊情况进行了回顾，在当月的刊物上，发表了本社编辑部的文章《〈山西文艺〉复刊一周年致读者》，文章比较中肯地对一年来的刊物出版进行了总结和分析。关于成绩这样写道：“在这一年当中，由于党的正确领导，广大读者、作者的亲切关怀和积极支持，《山西文艺》才能胜利地执行了她的任务，在‘供给群众各种通俗读物、各种演唱材料，以及培养与发现新的作者特别是工农兵作者’方面，在‘满足我省广大群众日益增长着的文化需要，和更加提高他们建设社会主义的热情’方面，以及在贯彻总路线总任务的工作中，都起到了一定作用。”在具体讲述成绩时说：“首先，是本刊发表了一些比较好的作品。如复刊第一期上胡正的《摘南瓜》，第二期上绿山的《金圪瘩》，第四期上贾炳智的《警惕》和李逸民的《浇地》、《教训》等，这些作品在群众中已产生了一定的影响和作用。……还有《小算盘》、《李婶子摘瓜》、《买粮》等小歌剧，春节期间在长治、榆次、大同等地上演时，都受到了群众欢迎，起到了一定的作用。”“其次，以来稿方面看，一年来共收到稿件3449件，刊物上发表了共1172件。这些来稿，在去年七月份以前平均能收到200余件，七月份以后每月便增加到300件左右。……除一般写稿者外，本刊共发展了36名通讯员，共拥有经常为本刊积极写稿的作者40余人（其中6人系工人、农民、战士）。”文章还分析了缺点与不足：“首先是《山西文艺》缺乏战斗性。刊物的内容不够充实，反映的生活面过于狭窄”，“其次，在我们的工作中也严重地存在着脱离实际斗争的情形”，“在我们的工作中，也表现了群众观点薄弱”。此外,《山西文艺》“在编排上的呆板、不活跃,在校对上的粗枝大叶,在语法修辞上的混乱,以及某些插图的草率从事……”

从实际出版的30期刊物看(两年半时间),这一时期的《山西文艺》不仅注重了文字,也在美术方面做了不少努力,刊物中间加上了彩色插页,而且还刊登连环画,如复刊号上连环画《农业社就是好》就占了8页。这一时期也发了一些有影响的文学作品,如《摘南瓜》发表不久就被收入由中国青年出版社出版的《青年文学创作选集》之中。这一时期文艺界发生了批判胡风文艺思想的运动,后来又升级为与“胡风反革命集团”的斗争。这一政治形势在《山西文艺》上也有所反映,如1955年6月号有15页是此项内容(1955年全刊40页,1956年后增至60页),先是两篇社论《清除反革命阴谋家胡风》、《深入工农兵生活,反映社会主义的斗争》,然后是山西省文联召开会议“揭露胡风反革命阴谋”“拥护中国文联和作协开除胡风的决议”,以及文艺界各方面人士的表态文章。

这一时期文艺界屡屡发生抄袭现象,《山西文艺》也不例外。为此,《山西文艺》多次就此组织稿件进行批判,其中突出的是1955年5月号的编辑部文章《向败坏道德的盗窃行为作斗争》,和1956年8月号仍用同题的读者来信综述。

《山西文艺》从1950年创办到1954年,一直由郑笃任主编。1955年郑笃调山西人民出版社任社长,胡正接任《山西文艺》主编至1956年9月。

郑笃(1914—1996),山西洪洞县人,曾先后在《晋冀鲁豫日报》、太行区《文艺杂志》等党的新闻出版机构工作。他不仅从事编辑工作,而且从事文学创作,他写的报告文学《英雄沟》曾获晋冀鲁豫边区政府文艺作品甲等奖,以后又入选新中国成立后出版的“中国人民文艺丛书”。新中国成立后,他担任山西省文学艺术界联合会副主席并主持刊物工作。据当时《山西文艺》编辑部的陈志铭等在多年后的回忆,郑笃在《山西文艺》的编辑工作中,很突出的有这样几点:一是坚持党性原则,坚决贯彻党的文艺方针政策,有很强的阵地意识与园地意识。他认为刊物是党的宣传与文艺阵地,要体现党的路线方针,当时具体为坚持文艺的大众化、通俗化,为政治服务,为工农兵服务。为此,他放弃了自己的创作,把精力全部放到编辑工作以及文艺评论上。二是他严格要求,在编辑部培养了一种敬业、认真的工作作风。他要求编辑在看完来稿后要写看稿笔记,能用的要写推荐理由,需修改的,要写出修改意见,不能用的要写退稿信。看稿笔记连同原稿最后送他审阅,退稿信每封他都要审阅参与,甚至往往亲自回复。三是特别注重文艺刊物培养作者的工作。他经常讲:“要花时间做普及文学创作知识的起步工作,这如同十年树木百年树人一样，过几年后能出现三五个有才能的作者，就是很大的收获。”他在编辑工作中处处体现这一理念，除了通过退稿信等方式与作者沟通外，还经常结合实际在刊物上增加有辅导性质的内容，刊物初创时所刊发的《写什么，怎样写》一文就是郑笃综合回复读者（作者）来信而写的。四是提倡编辑也动笔创作，他认为编辑写文章可以提高业务水平，也可以体会到作者的苦衷，只要完成编辑分内的工作，应该趁年轻多多创作。青年编辑写出文章，他都要找来看一看，往往还提出详尽的意见和建议。郑笃很长时间从事文艺方面的编辑出版工作，1992年离休，同年在纪念毛泽东《在延安文艺座谈会上的讲话》发表50周年之际，他以文学编辑与文学评论的业绩与马烽、西戎、胡正、李束为、孙谦、冈夫一起被中共山西省委、山西省人民政府授予“人民作家”称号。

在山西省文联成立之后，各专业协会积极开展工作，其中省美协、省音协都曾办过报刊。1950年2月5日《山西画报》创刊，这是省美协筹办的，可以认为是晋绥革命根据地《人民画报》的延续，主编为省美协主席力群，副主编赵枫川，编辑人员基本是从解放区来的画家。《山西画报》算不上期刊，但是具有与期刊类似的性质与作用，它是8开单张胶版彩印的，每期发行一万份，主要内容是结合形势讲解时事，用连环画、年画、漫画等形式，配以通俗易懂的文字，向群众进行宣传。例如1950年12月第22期，大栏题目是“抗美援朝 保家卫国”，内容有《麦克阿瑟“总攻”的破产》、《美帝是纸老虎》、《巩固人民民主专政、严厉镇压反革命分子》、《美帝在中朝的血腥暴行》等等。《山西画报》是当时国内为数不多的群众通俗读物之一，在中共中央宣传部召开的通俗读物会议上，《山西画报》曾受到表扬。1954年3月20日，《山西画报》出版第99、100期合刊之后与《山西文艺》合并。

在这一时期，省音协也办过几种刊物，但都坚持时间不长，主要有:《山西人民歌选》，1950年1月创刊，16开本，以发表群众歌曲为主，也发少量的音乐理论文章，不定期地出过2期。《创作歌选》，1953年5月创刊，32开本，不定期，除刊发歌曲外也发音乐知识辅导文章，先后出过8期。《山西歌选》，1955年9月创办，不定期，共出过4期。

在共和国成立的最初几年中，山西文艺期刊的代表是《山西文艺》，《山西文艺》刊发了大量老作家、艺术家的作品，也培养与扶植了一批新的作者。尤其是在文学创作上，不仅服务于当时的政治形势，而且也切实推出了一些有较长生命力的作品，为以后中国当代文学中“山药蛋派”的形成奠定了基础。

第三节　推动新建设的教育、经济、科技期刊

山西省人民政府成立之初就把发展经济与教育列为当时的重要任务，与此相关的期刊出版也受到了高度重视，其中教育类期刊由于涉及面广、任务重，既有普通教育，又有工农教育及干部教育，所以表现为不同阶段办不同期刊，在内容上既有连续性，更有各自的侧重点。

1949年6月6日，就在太原解放尚不到两个月时，在《山西日报》上就出现了《新教育》专版，署名为太原市教育局新教育社编。第一期发表了王中青的《实施新型正规化的学校教育》、谷文波的《对当前社会工作中的几点意见》等文章，王中青、谷文波后来都是省市主管教育工作的负责同志。同时发表的还有周幼农的《人民文化馆一月工作片断》、林琳的《新生路在成长》等文章，这也表明教育的概念从开始就不仅指普通学校的教育，也是包括社会教育的。1949年10月1日，在省人民政府委员兼教育厅厅长赵宗复、副厅长王中青的支持下，《山西新教育》创刊。《山西新教育》为16开本，由新华书店太原分店发行，76页，定价2000元（旧币，相当于改制后的0.20元），当时编辑负责人为霍善青，编辑有黎声、刘永德、叶迪甫、金戈等。《山西新教育》以宣传党的教育方针政策，提供教学业务资料为宗旨，不定期出版，到1950年4月，共出版4期。从出版的这4期看，是很好地贯彻了办刊宗旨的。以1950年4月的这期（即最后一期）为例，该期封面为宣传画《发展工农教育，改造旧教育》，封底为地图《黄金遍地的中国》和《世界上最大的国家——苏联》，重点文章有陆定一的《中国的教育与文化》、钱俊瑞的《当前教育建设的方针》、徐特立的《普通学校的思想教育》以及王中青的《关于中等学校领导上的几个问题》、丁浩川的《教师怎样看待工作、学习和自己》、金灿然的《中学地理

教本中的几个政治思想问题》。在"计划和经验"栏中有《山西省立工农速成中学第一学年第一学期学校工作方针、任务和要求》、《解放一年来太原市小学教育工作》等4篇文章；在"教学研究"栏中有刘松涛的《教成人识字的几点经验》、董纯才的《改革我们的中学国文教学》等6篇文章，另外还刊有《苏联概况介绍》、《高小国语第一册教学参考》等资料以及一些文教动态。从这些内容不难看出，在新旧教育方针、内容更替的年代，这份刊物对当时教学工作的意义是十分重要的。

1950年春，山西省教育厅改为文教厅，《山西新教育》也随之改名为《文教月报》，办刊宗旨和编辑人员基本未变化，总负责人为冯瑞如。在《文教月报》出版14期后于1951年初停刊，山西省文教厅新办了《小教通讯》和《农教通讯》两份刊物，前者霍善青任主编，后者黎声任主编。1952年5月，山西省文教厅决定将上述两刊合并为《文教通讯》半月刊，主编黎声。《文教通讯》为大32开本，封面彩印，内文40页。封面上署有"山西省人民政府文教厅文教通讯社编，山西人民出版社出版，新华书店山西分店发行"。每册定价1200元（旧币，相当于新人民币0.12元）。

《文教通讯》从1952年6月到1952年12月，存在了半年多，共出14期。创刊时编者在刊物上讲这是在1951年创办的《小教通讯》和《农教通讯》的基础上创办的，是"全省文教工作综合性的指导刊物"。刊物宗旨是"及时反映情况，广泛交流经验，指导工作前进"，报道范围"主要是小学教育和农民教育工作，以及农村的各种文化活动"，读者对象主要是"广大的小学教师和民校义务教师"。《文教通讯》常设栏目有"小学教导工作与教学经验"、"大力推行速成识字法"、"文艺宣传活动"、"教师修养"、"问题讨论"、"批评建议表扬"等。当时为配合全省教师思想改造活动，解决"大家找不到文件的困难"，刊物"将省府文教厅指定的几篇文件分期登载"，先后刊发的有毛泽东的《中国社会各阶级的分析》、刘少奇的《人的阶级性》等文献。为指导大家阅读以及加强与读者的沟通，《文教通讯》还常以"编后"的形式表达编辑的意图。例如1952年第5期的《编后的话》中说："'小学教导工作与教学经验'栏，本期发表了几篇文章，虽系点滴经验，但颇有研究与参考价值。特别是太原市三完小《积极在准备实行五年一贯制工作中的体验》一文，望大家认真阅读。”“推行速成识字法的实验工作，全省大部分单位均已进入突击生字、阅读、写话阶段。故本期开始转发《人民教育》七月号上的《速成写字法介绍》，供各地在教学写字时作参考。我省较好的实验单位文水县西峪口的经验，本期全部报导（道）完毕，希联系本刊二、三、四期进行阅读研究。”“本期发表了关于临晋县文化馆如何组织领导农村文艺宣传活动的经验，望文化馆同志们研究参考。另远展同志写的《赵城县文物工作的初步成绩》一文，除希文化馆干部研究外，各级文教行政干部及小学教师同志亦有必要研究，以树立爱护祖国文化遗产的观念，并认真向群众进行宣传，加以整理保护。”“小学教师的思想改造暂不进行了，并立即转入经常的政治学习一事，省府文教厅早已电告各专。故本期‘教师修养’栏解县与壶关县四家池中心学区加强教师在职学习的两篇报导（道），希各级领导注意并参考。”“‘通讯往来’一栏刊登了《本刊阅读通讯小组组织办法》与《通讯员聘请办法》，希读者注意并大量组织。”从这些编者写的文字中，不仅可以反映当时刊物的内容及编辑工作的取向，也可看出当时山西文教方面的状况以及当时文教方面的中心工作。《文教通讯》不论是内容质量还是编辑水平，当时都是较高的，它存在时间不长，但确实发挥了指导工作的功能，也为后人留下了新中国成立之初山西文化教育方面的真实资料。1952年12月6日第14期出版时宣布终刊，据《终刊的话》讲，终刊的主要原因是中央人民政府教育部创办了《小学教师》月刊。但据其他资料，这与当时的机构变化也有关，文教厅又恢复为教育厅，部分人员调出，编辑部撤销。以后4年间，山西教育系统再没办过刊物。

1950年代初期，党和政府把很大力量放在恢复生产、发展经济上，因为这是关系到新的人民政权是否可以巩固的大问题。在经济方面山西有过一份期刊《山西经济资料》，这是由山西省人民政府财政经济委员会组织人力调查、统计、编辑的。从内容及编排上看，这本《山西经济资料》其实更像图书。之所以把它归为期刊，是基于这样三点认识：一是它类似于以后的《山西经济年鉴》，只是《山西经济资料》是不定期的，不是按年度出版；二是它不是有计划地一次出齐的，而是连续编连续出，使用同一名称；三是它也自认为是期刊，在有的期上就标有“对内刊物，注意保存”的字样。

《山西经济资料》16开本，每期集中一个主题，在封面上有刊名及副标题，并配有一幅相关图片。每期根据主题之不同按不同类别编排。如第3期1950年2月出版，为“农业概况”。这期扉页印有《山西省行政区划图》，当时山西省辖区范围较小，北面以长城为界，只到偏关县、神池县、代县、繁峙县一带，再往北尚属绥远省和察哈尔省。该期正文分为十二部分，汇集了山西省解放初期的调查统计资料，这十二部分分别为：（1）气象与土壤；（2）面积与耕地；（3）粮食作物；（4）经济作物；（5）劳力与畜力；（6）耕作与施肥；（7）生产互助；（8）水利；（9）牲畜；（10）林业；（11）灾情及防治；（12）农场。除了文字，还附有大量统计图表，这期共152页。第4期出版于1950年5月，为“矿业概况”，分为两辑，第一辑为“煤”，第二辑为“铁与金、银、石膏等四十二种地下资源”。这一期的编排比较混乱，显得仓促，但每辑页码均在200页以上。

比较典型的是第6期，1951年3月出版，主题为“一九五〇年农业概况”。全刊分四编，第一编为山西省1950年农业成绩，分为粮食作物、经济作物、耕锄施肥情况、组织起来、优良品种、病虫防治、水利、林业、家畜家禽、秋播秋耕、各专区农业生产总结（摘要）、劳模村及典型村这样十二部分。第二编为山西省1950年自然情况，分自然灾害和气象两部分。第三编为武乡农村生产与互助运动的考察报告。第四编为山西省11个生产模范村介绍，这是在山西省首届劳模大会上受到表彰的，分别为平顺之西沟、川底、界畔，陵川之原庄，黎城之霍家窑，武乡之窑上沟，榆社之大寨，左权之丈八，兴县之白家沟，昔阳之白羊峪、三教河（畜牧模范）。这一期编排有序，内容丰富，具备一种“经济年鉴”的基本样式，但是没有坚持办下来。《山西经济资料》停刊时间不详。

1954年11月，新华书店山西分店（即后来的山西省新华书店）创办了一份业务刊物——《竞赛》，目的是为指导和推动全省书店系统的劳动竞赛，不定期出版，内容类似于简报，有消息动态，也有经验介绍，是山西较早的一份行业刊物。

随着国民经济三年恢复时期的结束，大规模的社会主义建设开始了。在这个时期，科学技术的重要性逐渐凸显出来，在当时的政治气氛下，科学技术发展的首要途径就是学习苏联的理论、技术。正是在这一背景下，山西医学院创办了一份科技期刊《译著丛刊》。

《译著丛刊》是1955年10月出版的，关于它的创办目的，《发刊词》说，“在过渡时期总路线灯塔照耀下，国家建设事业正沿着光辉的社会主义大路胜利前进；几年来，高等教育事业取得了很大成绩”，为了今后“继续深入地、全面地学习苏联先进科学理论，大力进行教学改革，积极提高我们自己的教学质量”，所以“出版大家渴望已久的《译著丛刊》”。创刊号的“编后记”中，指出当时山西医学界的知识分子对提高科学水平、对学习先进技术是抱有极大热忱的，“很久以来就酝酿着要出版这样一种刊物，但是决定着手进行只是今年四月份的事，短短的两个来月就集了将近二十二篇稿件，其中包括原著、综说和绝大部分的俄文译文。如果不是全体教师的热心支持，要在今天出版是绝不可能的”。但是，当时国家的“一边倒”政策使得在科学领域也排斥“资本主义国家”。《译著丛刊》关于组稿的要求是“本刊今后的内容已经编委会初步决定：以苏联医学科学论文的译文，教师们的研究原著、文献综论，医疗技术改进的经验为主……另外资本主义国家的文献也是欢迎的，不过必须作者及其所属教研组详细讨论、分析，慎重地批判其错误观点后才可刊登”。一提“资本主义国家文献”就认为有“错误观点”，这种认识的局限是1950年代中国政治形势的产物。

《译著丛刊》宣布是“不定期刊”，原因是稿源“还不畅旺”。第1期有108页，15万字，计“原著和综说”7篇，“译文”15篇。前一栏中有倪江林的《论婴儿死亡率的计算》，马景昆、曲克的《克罗氏痔截除术治疗环状痔》等；“译文”有《手掌正中神经和尺神经间连结的外科解剖学》、《论勒柏辛斯卡娅学说对胚胎学的意义》、《用米丘林生物学观点来看纤毛虫的有性生殖》等。《译著丛刊》第2期出版于1956年9月，这期有“特稿”一篇，是邵象伊的《关于青年教师如何向科学进军的一些问题》。邵象伊为山西医学院教授，是当时在全国有一定知名度的专家，这篇文章是响应这一年中共中央提出“向科学进军”的号召而写的。另外有“综著”2篇，“综述”1篇，“译文”8篇，“学生著作”1篇，全刊约有8万多字。这期刊物特别之处是油印本，由此可知印量不会很多。在《致读者》中是这样讲原因的：“由于国家书报用纸处于供应的困难时期，在本市书报纸不易获得，只有一种单面纸无法铅印，同时为了响应全国节约用纸的号召，我们采用了油印的方法，以后一旦情况好转，仍然恢复铅印。”这表明当时印刷物资已出现紧缺状况。大约这以后这一期刊就没再出版了。《译著丛刊》虽只存在了很短时间，但反映了当时科研工作者建设新社会的热情，它是目前所知的山西在1949年后创办最早的科技期刊。

附录一

新中国初期山西部分期刊简介

序号	刊 名	创办时间	编 辑 者	简 况
1	山西新教育	1949.10.1	山西省教育厅	不定期，16开本，到1950年4月共出4期
2	山西政报	1949.10.10	山西省人民政府秘书厅	月刊，16开本，1952年改半月刊；1957年7月改旬刊；1959年恢复半月刊；1962年改月刊；1967年10月停刊
3	太原市政	1949.10.15	太原市人民政府办公室	初为“对内刊物”，16开本，先不定期，1960年后半月刊，1961年停刊
4	前进	1949.11.10	中共山西省委	不定期，32开本，1953年改16开本
5	工作通讯	1949.12	山西省人民政府办公室	不定期，16开本，1951年改月刊，1952年又改半月刊，停刊时间不详
6	山西经济资料	1949.12	山西省人民政府财政经济委员会	不定期，16开本
7	太原工运	1950.1.21	太原市总工会办公室	不定期，32开本
8	山西人民歌选	1950.1	中华全国音乐工作者协会山西分会	16开本，共出2期
9	山西文艺	1950.5.1	山西省文学艺术界联合会	月刊，刚创办时不正规，16开本，一度休刊，后出版至1956年9月
10	文教月报	1950.5	山西省文教厅	月刊，16开本，共出14期

序号	刊 名	创办时间	编 辑 者	简 况
11	良师良友	1950.9.17	山西省中苏友好协会	不定期
12	山西税务通讯	1951.2	山西省人民政府税务局	月刊，16开本，停刊时间不详
13	小教通讯	1951.3	山西省文教厅	月刊，存在一年
14	农教通讯	1951.3	山西省文教厅	月刊，存在一年
15	宣传手册	1951	中共山西省委宣传部	月刊，32开本，曾休刊复刊，到1964年停刊
16	文教通讯	1952.6	山西省文教厅	半月刊，大32开本，出过14期，1952年12月停刊
17	创作歌选	1953.5	山西省音乐工作组	不定期，32开，出版8期
18	竞赛	1954.11	新华书店山西分店	不定期
19	山西歌选	1955.9	山西省音乐工作组	不定期，共出4期
20	译著丛刊	1955.10	山西医学院	不定期，共出2期

附录二

《工作通讯》稿费分配办法

一、为奖励各级政权工作干部经常向政刊写稿并提高稿件质量，凡来稿一经采用，均须按本办法发给稿费。

二、所有稿件一律按篇分等计算稿费，其标准如下：

（一）社论、专论、短论依内容分甲、乙、丙三等。

社论、专论：每篇甲等小米一二〇斤，乙等一〇〇斤，丙等八〇斤。

短论：每篇甲等六〇斤，乙等五〇斤，丙等四〇斤。

（二）政策研究，典型调查，经验介绍，情况汇报，总结、法令、指示等，依内容分为甲、乙、丙三等。

政策研究、典型调查：每篇甲等一二〇斤，乙等一一〇斤，丙等一〇〇斤。

其余各种稿件：每篇甲等八〇斤，乙等六〇斤，丙等四〇斤。

（三）解答问题之稿费，分别按左列情况发给：

1．照法令原文解答者，每条小米五斤；

2．根据政策法令精神，作理论性的解答者，分甲、乙、丙三等；每条甲等三〇斤，乙等二〇斤，丙等一〇斤。

（四）小言论、批评、建议及读者来信等，视内容分甲、乙、丙三等。每篇甲等三〇斤，乙等二〇斤，丙等一〇斤。其有特殊好内容者，得按本办法（二）项规定执行。

注：1. 本办法刊登于1951年《工作通讯》

2. 原文为繁体竖排，故称左列。“〇”原文为“零”

第六章
曲折时期的前行

1956年至1965年，是我国政治、经济、文化发生巨大变化，全面建设社会主义的一个阶段，但又是曲折发展的时期。与此相对应，山西期刊出版事业也经历了一个在曲折中前行的过程。

1956年春，中共中央向全国发出“向科学进军”的号召，4月，毛泽东在政治局扩大会议上提出把“百花齐放、百家争鸣”作为指导科学文化工作的重要方针，随后，中央又进一步明确“百花齐放”是发展艺术的方针，“百家争鸣”是发展科学的方针，为此广大知识分子大受鼓舞，作为与科学文化密切相关的出版事业也空前活跃。但时隔不久，1957年就在全国范围开展了反右派斗争，这场斗争的扩大化，给社会主义建设带来不少损失，“左”的倾向蔓延到各个领域。1958年是提出“大跃进”的一年，试图加快社会主义建设的良好愿望成了不切实际的指标，演变为虚假、浮夸的“放卫星”之风，钢产量2月份在全国计划会议提出是620万吨，比上年的535万吨提高19%，3月份提高到800万吨至850万吨，到8月份，毛泽东又提议为1070万吨。农业上水稻亩产3万斤、4万斤，最后广西竟然“放”出亩产130 435斤的“卫星”。在这种形势下，在期刊上也发表了不少“假、大、空”的作品。1959年的庐山会议又发动了反右倾斗争，“左”的错误影响更加严重，直接导致了从1960年起的全国性经济困难。这一时期期刊纷纷停刊、休刊，仍继续出版的印装质量也大为下降，用纸粗糙低劣，全国期刊种数减少，总印数下降。从期刊种数看，1957年全国有634种，1958年膨胀至851种（这还不包括数以千计的非正式期刊），1960年锐减为410种。为了解决由“大跃进”引发的经济困难，中共中央开始强调恢复实事求是与调查研究的传统，对国民经济提出了“调整、巩固、充实、提高”的八字方针，并在调查研究的基础上于1961年到1962年陆续制订了一系列纠正“左”倾错误的工作条例。这些条例后来被称为“农业六十条”、“工业七十条”、“商业四十条”、“手工业三十五条”、“科研十四条”、“高教六十条”、“文艺八条”。贯彻这些条例的同时又采取了一些特殊的措施，如1962年进行了大规模的精简职工和城镇人口。经过这些努力，国民经济有了很大好转，在某些方面还取得了显著成绩，如中国石油实现了自给、第一颗原子弹爆炸成功等等。1964年以后党中央又在全国开展了“工业学大庆、农业学大寨、全国学人民解放军”的运动，使举国上下政治空气愈加浓厚，接着的“学雷锋”活动和社会主义教育运动，又极大地振奋了全国人民的精神面貌，“革命化”成了各行各业的工作目标。在这种条件下，期刊出版得以恢复发展，1965年全国期刊种数达到790种，总印数达到4.41亿册。这一时期山西也新办了一些期刊，如《支部建设》、《山西青年》等，这些期刊紧跟政治形势，在国民经济调整、社会主义教育运动等方面做了不少工作。但由于总的形势是过分强调阶级斗争，同时在国际上反对修正主义，期刊编辑中“左”的色彩再度浓厚。

山西期刊的情况与当时山西新闻出版业的发展态势是相吻合的，《山西日报》1958年组织三次“跃进高潮”，3月份向全国各省报纸发出挑战书，到8月，《人民日报》连续两次介绍山西经验。从1958年8月到1960年4月，全国有110家报纸计300余人来《山西日报》取经学习。在“大跃进”、出经验的氛围下，山西期刊顺势而上是顺理成章的，自然形成了山西期刊“大跃进”阶段的一度“繁荣”和困难时期的萎缩。而在国民经济调整恢复之中，山西期刊才又出现了一个短暂的稳步发展时期。

这10年中，1959年是期刊发展的高潮，这一年山西正式发行的期刊由1950年的5种上升到23种，总发行数达到553万册，门类涉及政治、理论、文化、艺术、教育、工业、农林、财贸、科技、医卫等十多个行业。其中如政治理论类的《前进》，文艺类的《火花》，美术类的《天龙画刊》，科技类的《山西医学杂志》、《山西冶金》，教育类的《山西教育》等，不仅在山西，而且在全国也有一定影响。

第一节 高歌“前进”的政治理论期刊

1956年，随着生产资料私有制的社会主义改造基本完成，我国开始转入全面建设社会主义时期。毛泽东关于正确处理人民内部矛盾理论的提出和反右派斗争的开展，使宣传、学习马克思主义、毛泽东思想成为中共各级党组织的重要任务，全党和广大干部群众学习理论的热潮开始兴起。1958年6月，中共中央主办的理论刊物《红旗》创刊，它的基本任务正如在发刊词中讲的：“就是要更高地举起无产阶级在思想界的革命红旗，毫无疑问，任何地方如果还有资产阶级的旗帜，就应当把它拔掉，插上无产阶级的旗帜。”

随着《红旗》的创办，各省、市、自治区纷纷办起了各自的理论刊物，如上海《解放》、北京《前线》、广东《上游》、江苏《群众》、河北《东风》、内蒙古《实践》等，山西则创办了《前进》。此前山西就有党内刊物《前进》，但基本属于工作指导性质，且不公开，新的《前进》是中共山西省委的理论期刊，公开发行。旧的《前进》在1958年6月停刊。《前进》1958年7月创刊，主编由中共山西省委第一书记陶鲁笳兼任。

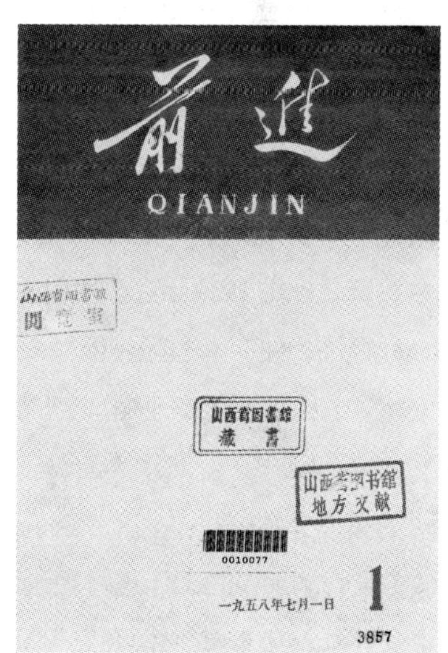

《前进》创刊号刊载陶鲁笳的文章《把丰富的革命实践提高到应有的理论程度》作为代发刊词。《前进》按照《红旗》的模式，把进行党的理论建设、对党员干部进行理论教育作为办刊宗旨，在以后的实际办刊中也充分体现了这一点。《前进》针对当时政治、经济、文化各方面的现实，发表了一系列理论文章，其中不少是当时的省市领导干部撰写的。如黄志刚的

《论党的政治思想工作的新阶段》(1958年第1期)，王大任的《坚持为政治服务、同劳动结合的教育方针》(1958年第2期)，王谦的《论农业工具的改革问题》(1958年第3期)、《农业改造的道路》(1959年第10期)，贾俊的《坚持肃清党内右倾机会主义》(1958年第5期)，卫恒的《发扬实事求是的科学精神》(1959年第2期)，武光汤的《利用价值规律的作用为人民公社的巩固和发展服务》(1959年第4期)，朱卫华的《论干部参加体力劳动》(1959年第1期)，赵树理的《谈谈“文艺卫星”》(1959年第2期)，赵宗复的《自然科学工作者要不要学哲学》(1960年第4期)等。这些文章对推进山西省党员、干部的理论学习和思想建设，发挥了相当大的作用。当然，由于当时的历史局限性，《前进》也发表了不少带“左”的错误理论观点的文章。

《前进》配合并反映了当时的“全民学理论”热潮。1958年第6期有文章谈《红旗》及《前进》在全省的发行情况，文中称，《红旗》全省发行34万多册，平均每47人就有一份；《前进》创刊号发行15万册，1958年第6期发行280 964册。并举临猗县临晋乡为例——“高举《红旗》，永远《前进》”，“订《红旗》229份，《前进》275份”。在《前进》上还发表过这样的民歌：“白天务作麦豆瓜，晚上讨论辩证法，文盲帽子早摔掉，还要当个理论家。”这些都反映了那个特定年代在理论学习上也存在狂热情绪与浮夸之风。

《前进》辟有杂文栏目，发表过许多有见识的文章，如史纪言的《从南包公——海瑞说起》(1959年第5期)、郝树侯的《一个人的意见有时却是正确的》(1959年第7期)等等。但随着“左”的泛滥，这些文章受到不同程度的批判。

《前进》为月刊，16开本，除创刊号为56页外，每期均为40页，定价0.15元。1960年12月在出版总30期之后停刊。

这一时期山西一些地市也办有理论刊物，其中影响较大的有中共晋北地委办的《星火》。当时晋北地区包括现在的大同、朔州、忻州三市范围，普遍属于山西较贫困地区，中共晋北地委1959年在全区开展了“穷赶富、富帮穷、穷促富”运动，其目的是“壮大公社经济，使穷管理区（即后来的生产大队——笔者注）的生产迅速赶上富管理区的生产水平，积极而逐步地缩小穷区与富区的差别”。《星火》结合这一运动发表了一批文章，1960年初刊出了晋北地委对这一运动的总结《晋北区的穷赶富运动》以及几篇这一运动中的典型介绍——《山区牧业展翅飞》、《一个办了五年的公共食堂》、《养猪之乡》，可以说，结合本地中心工作进行理论研究和经验总结是《星火》的特色。它既是理论期刊，也是工作指导类期刊，还发表一些学习辅导、运动报道以及歌颂“大跃进”、人民公社的民歌民谣。总体看虽不乏“左”的倾向，但作为一个地区刊物，在促进本地各级干部水平的提高以及“全民学理论”方面是有成绩的。

《星火》每期36页至48页，16开本，定价每册0.15元，从1958年8月创办到1960年底停刊，共出版29期。

这一时期，还有一份与政治密切相关但并非研究理论的期刊，这就是《山西政报》。《山西政报》创办于1949年，1951年短期休刊之后一直出版。从1955年第10期开始，《山西政报》不设栏目。当时政报的任务就是为了传达政府的各项政策、法令、方针、任务，提高各级政府工作人员的政策水平。1957年7月，为适应当时形势需要，中共山西省委决定将《山西政报》改为旬刊，由省政府办公厅文秘处编辑，而且增加了六个方面的内容：一是对法律、法令、方针、政策的阐释；二是政府各部门的工作安排、情况和经验；三是有关政府工作的研究和批评建议；四是有关政府工作的视察报告、调查报告等；五是机关工作经验；六是政府各部门的工作动态等。这种内容上的扩展使《山西政报》更像一份期刊。从这年的第13期（7月份），《山西政报》改由邮局发行，凭介绍信团体订阅，定价每册0.20元，不接受个人订户。到1959年，根据省人民政府关于《山西政报》改为公报性刊物的决定，《山西政报》又恢复为半月刊，而且只刊登政策性文件，这时虽说是刊物，但与行政简报相差无几了，定价也改为0.10元。1962年《山西政报》又改为月刊，出至1967年10月停刊。1965年起，《山西政报》除赠阅省领导外，还赠阅山西的全国人大代表和省人大代表。《山西政报》的经费由省政府办公厅财务统筹解决。有些文件通过《山西政报》传达后就不再另行发文。《山西政报》的印数维持在6000份左右，最高时达到7368份。这一期间，《山西政报》还出版过秘密版，该版不公开发行，仅发至县政府以上相关单位。

第二节 “建设”基层的思想教育期刊

1958年，党中央提出了“鼓足干劲，力争上游，多快好省地建设社会主义”的总路线，各行各业开始了“大跃进”，在城乡实行“人民公社化”。在总路线、“大跃进”、人民公社这当时被称为“三面红旗”的指引下，“一天等于二十年”、“跑步进入共产主义”的狂热席卷全国。然而国民经济不久就出现了严重问题，物资短缺，全国进入长达三年的困难时期。在这种形势下，动员和教育全党和全国人民，团结一致，树立信心，艰苦奋斗，渡过困难，成了摆在各级党组织面前的首要任务，于是，一批以思想教育为宗旨的期刊应运而生，在山西最有代表性的是《支部建设》与《团的工作》(后改名《山西青年》)。

《支部建设》由中共山西省委创办，创刊于1961年建党40周年之际，它一开始就明确办刊宗旨是“面向基层，围绕党的中心工作，向党员进行毛泽东思想教育”，在发刊词中，强调“在党中央和毛泽东同志的正确领导下，积极地加强党的支部建设，使党的支部更好地发挥它的纽带作用、核心作用和战斗堡垒作用，我们就能够迅速地克服当前的困难，把社会主义建设顺利地推向前进，获得更伟大更光辉的胜利”。在实际办刊中，《支部建设》形成了两个鲜明特点，一是始终紧跟形势，突出党的中心工作；二是注意通俗易懂，用群众便于接受的方式宣传党的方针政策，回答基层党员及群众关心的问题。

以1961年第3期（1961年9月10日出版）为例，该期主题是党支部的政治思想工作，先是署名文章《加强支部建设，提高基层干部的领导水平》，还有编辑部短评《做好思想政治工作 增强支部战斗力》，接着是典型经验《后山大队党支部做好思想政治工作的经验》，介绍陵川县附城公社后山生产大队党支部。后面是两篇反映抓活的思想进行活的教育的小通讯，一篇是《"一只粪桶"的座谈会》，讲平顺县底河生产大队社员杨来福往地里送粪，碰散了一只粪桶，他怕耽误自己挣工分，就把这只散了的桶踢在路边走了。共青团员杨永昌发现后，主动把桶板收拾起来擦干净，利用中午休息时间修好交回生产队。大队党支部抓住这件事召开座谈会，进行了一次爱社如家的教育。另一篇《回忆昔日苦 更知今日甜》是讲长治惠丰机械厂四车间党支部组织忆苦思甜教育，解决在困难面前一些职工情绪悲观、劳动纪律松弛、干劲不足的问题。通讯中说："76名老工人发了言，其中27名用自己辛酸的经历，作了新旧社会的对比"，"参加座谈会的94个新工人很受感动"。

这一时期党中央、省委的一些重大决策，《支部建设》都及时做了不遗余力的宣传，国民经济执行调整的方针，城镇大力精简压缩"非农业"人口，加强人民公社的集体经济，推动农业机械化电气化，整党整社、开展社会主义教育，学雷锋运动以及后来的"四清"运动等都在刊物上有所反映。比如对于涉及面较大，与基层城镇职工关系密切的压缩"非农业"人口问题，1961年第1期有《正确认识和对待动员城镇人口回乡参加农业生产的工作》，第2期有《三个党支部做好动员职工返乡工作的经验》，第3期有《让返乡人员个个成为好社员——新路大队党支部安置返乡人员的经验》，第5期有《有关安置返乡人员的几个问题》，第6期有《全面关心妥善安置——介绍三个大队党支部安置返乡人员的经验》。可以看出，《支部建设》在配合中心工作进行宣传教育时既注意了每期突出某一重点，又坚持了对一项任务的连续深入报道，同时配以政策的介绍与说明。这种编辑思路不仅在当时较好地体现了刊物的宗

旨，而且在今天看来也是可取的，体现了思想教育类刊物的办刊规律与编辑特点。

《支部建设》为做到通俗易懂，扩大刊物宣传效果，除了内容选择是大家关心的问题之外，在形式上也采用了许多生动活泼的做法。常设的栏目有“支部生活”、“党的基本知识讲话”、“好党员、好干部”、“大家讨论”、“政策问答”、“批评建议”、“百花园”等。每期不仅有文字、图片，还用当时群众普遍喜爱的连环画形式来介绍先进典型，其中有先进个人，如《模范支书田来保》（1961年第2期）、《配种姑娘杨小凤》（1961年第4期）；也有集体，如《胡村商店“三姐妹”》（1963年第1期）、《崇高的风格》（1963年第4期，介绍榆次的杨盘大队支援受灾村的事）。更值得一提的是，《支部建设》1963年时就宣传昔阳县大寨大队，第5期发《陈永贵卖谷草》；第7期封二发整版陈永贵与社员劳动的照片，第10至15页发长文《同社员一起劳动》，介绍大寨大队干部。后来经过毛泽东的亲自倡导，大寨名气越来越大，成了全国农业战线的榜样。受时代的局限，《支部建设》也留下了“左”的痕迹，尤其到后期，阶级斗争的“火药味”越来越浓。但从总体上看，这份期刊在当时山西的期刊中还是办得很好的，可以说，它是那个时期山西政治气氛与政治生活的历史记录。

《支部建设》为月刊，刊名由省委书记处书记郑林题写，每期32页，定价0.10元，由邮局发行，由于标明“内部刊物”，所以最初需持党组织介绍信订阅。从1961年创刊到1964年1月停刊，两年半时间出版30期。

这一时期共青团山西省委也办有一份思想教育刊物《团的工作》，后来改名为《山西青年》。1950年之后团省委办有《山西青年报》，1961年1月31日，根据中共山西省委的决定，《山西青年报》休刊，5月1日创办期刊《团的工作》，总编辑为董艺。新创办的《团的工作》为半月刊，32开本，每期32页，定价0.10元。它延续了《山西青年报》“团的工作”专版，所以创刊号标为“总第83期”。《团的工作》明确提出刊物的主要任务是“宣传马克思列宁主义、毛泽东思想，宣传党的政策，交流工作经验，指导团的工作，提高干部水平，教育团员”。《团的工作》一直受到当时中共山西省委的重视，创办后两年之中，省委第一书记、省长等主要领导都曾为之题词。第一书记陶鲁笳在1962年五四青年节时题词：“继承五四精神，发扬革命传统。要在困难中经得起考验，要在风浪中学会游泳。雄心壮志道路明，实事求是方法精。学习，学习，再学习，准备当个才德兼备、智勇双全的社会主义接班人。前进，前进，再前进，不愧为毛泽东旗帜下的新青年！”1962年第6期刊发了中共山西省委书记处书记、山西省副省长郑林《在一个共青团员入党会上

的谈话》，要求青年“必须有为共产主义奋斗到底的觉悟和决心”，“要自觉地克服缺点，提高思想”，“应当见义勇为，临难不苟”。该文随后被《中国青年报》转载。

《团的工作》围绕党各阶段的中心工作，密切结合青年的思想和工作实际，组织了典型宣传和专题讨论，如宣传回乡知识青年，开展“老实人吃亏吗”的讨论，都在山西广大团员青年中产生了影响，它的一些专栏如“学政策”、“大家谈”、“是非集”、“照镜子”、“长知识”、“漫谈天下事”等都体现了面向青年读者的办刊态度，整个刊物办得生动活泼。从1961年到1963年12月，《团的工作》共出版64期，每期发行4万份左右。

1964年1月，《团的工作》改名为《山西青年》，为半月刊。改刊后的宗旨与读者对象都明显发生了一些变化，比《团的工作》面更宽了。在总第1期《山西青年》上发表了《告读者》，文中说：“《山西青年》以农村团员和青年为主要对象，兼顾城市青年。《山西青年》的任务，是用毛泽东思想武装青年，帮助青年做到工作好、学习好、身体好。”而且特别说明“订阅《山西青年》，不要介绍信，团员和青年都可以自愿订阅”。《山西青年》从创办起就把宣传毛泽东思想放在了突出地位，紧密结合了当时全国开展的学习毛主席著作活动。创刊号封面是毛泽东的大幅照片，封二有1/4的版面是毛泽东语录，该期刊登的是：“社会主义制度的建立为我们开辟了通往理想境界的道路，而理想境界的实现还要靠我们的辛勤劳动。有些青年人以为到了社会主义社会就应当什么都好了，就可以不费气力享受现成的幸福生活了，这是一种不实际的想法。”这种摘录毛泽东语录的做法一直贯穿到了以后的各期。在创刊号上，发出了对全省青年的号召：“沿着雷锋的道路，听毛主席的话，学毛主席的著作，按毛主席的指示办事。”创刊号上还集中版面宣传了陈永贵及大寨大队的模范事迹，有通讯《毛泽东时代的人——记大寨党支部书记陈永贵》、《大寨的年轻人》、《陈永贵赞》等文章。当时的大寨，已被树立为自力更生、艰苦奋斗的典型。1963年大寨遭遇了特大洪涝灾害，庄稼、房屋都受了很大损失，但是陈永贵带领的大寨党支部提出了“三不要，三不少”：不要国家的钱，不要国家的粮，不要国家的救灾物资；年终口粮不少，分红不少，卖余粮不少。经过全体社员的艰苦努力，大寨当年粮食产量达到42万斤，比大丰收的1958年还多1万斤，每个社员平均留粮400斤，每个劳动日分红一元，交售国家公粮24万斤，上冻前各户社员都解决了住房问题。陈永贵和大寨受到山西省委的肯定和表彰，大寨的事迹经过当时传媒宣传传遍全国，《山西青年》在宣传大寨方面是大张旗鼓走在前面的。

在以后的办刊中，《山西青年》不仅把大力宣传先进典型作为刊物的一项重要任务，而且以此形成了鲜明的弘扬时代英雄人物的特色。在一年多的时间里重点宣传过的就有:

王玉峰，农村女青年，担任原平县轩岗大队团支部书记。在刊物第2期上刊登了共青团山西省委号召团的基层干部学习王玉峰的决定，王玉峰谈当好团支部书记的体会，转发了《中国青年》上的评论《光荣的岗位》以及基层团干部的讨论稿件。

孟凤鸣，曲沃县白店大队团支部书记。刊物第8期发表通讯《优秀共青团员孟凤鸣》。

张瑾瑶，平定县山区神峪口的小学教师。刊物第21期发表通讯《人民教师张瑾瑶》。当时《山西日报》、《山西教育》都刊发了内容相近的通讯，称之为“红色的山乡教师”，分管文教的省委候补书记王大任也撰写了《人民教师的好榜样》的文章。

薛安福，回乡知青，万荣县王信大队的小学教师。刊物第25期发表通讯《一心为贫农办学——记山区教师薛安福》。

李枝荣，回乡知青，偏关县庄子寺大队技术员。刊物第29、30期合刊发表通讯《农业生产战线上的一个红色技术员李枝荣》。

《山西青年》“特别注意对回乡下乡知识青年锻炼成长的指导”，开设“上山下乡谈心会”专栏，组织“知识青年该不该当农民”的问题讨论，这一讨论共收到500多封来信，在第17期发表了共青团山西省委书记仝云的讨论总结，题为《知识青年革命化的根本道路——代“知识青年该不该当农民”的讨论总结》。这充分反映了当时党对青年及青年工作的要求和培养青年成为革命接班人的时代特点。1964年共青团召开第九次全国代表大会，《山西青年》7月推出第14、15期合刊“九大”专辑。这本专辑发行20万册，“永济县六千多名团员就订购了七千四百多册”。

随着“以阶级斗争为纲”的全面贯彻，国内政治气候越来越“左”，阶级斗争的字眼在《山西青年》上开始频繁出现，全国在思想、文艺等领域批判资产阶级的斗争开展之后，《山西青年》也积极投入其中，1964年第21期起开设“把冯定的《共产主义人生观》曝晒在阳光之下”专栏，又刊发了《〈早春二月〉是株毒草》、《〈三家巷〉和〈苦斗〉都是坏作品》等综述批判这一部电影和两本小说的文章。《山西青年》在1965年出版第5、6期合刊后宣告停刊，停刊原因说是为了恢复《山西青年报》。这一时期《山西青年》共出30期。《山西青年报》恢复后仍为周双刊，4开4版，到1966年9月“文革”全面开始后停办。

早于《团的工作》的还有山西省妇联办的《山西妇女》，它创办于1960年1月，是山西第一份妇女期刊。它的《创刊词》说：“在继续跃进的1960年的开始，《山西妇女》诞生了。”“它的根本任务是向全省广大城乡妇女进行以社会主义教育为纲的两条道路的教育，继续宣传总路线、‘大跃进’和人民公社及其对妇女解放的关系，以提高妇女的社会主义觉悟，使她们明辨大是大非，在两条道路的斗争中站稳立场，并坚定妇女走社会主义道路的决心。”不难看出，《山西妇女》从诞生起就有着强烈的时代印迹，它给自己定位为“以妇女问题为中心的综合性刊物”，但无论从办刊宗旨还是实际出版的刊物看，仍是一种思想教育类刊物。《山西妇女》为月刊，16开本，页码开始不固定，以后基本稳定在24页，印数最高时为2.4万册，最低时在5000册左右。《山西妇女》实际只办了一年，1961年在经济困难、大批报刊下马时也停刊了。

在《山西妇女》出版的12期中，每期都有妇女模范人物的介绍，其中有公社社员，也有工厂女工，有普通妇女，也有基层妇女干部，既有现实生活中的典型，也有革命战争时期的英雄，如曾连续发表刘胡兰的入党介绍人——时任新疆维吾尔自治区妇联副主任的吕雪梅写的《刘胡兰烈士生平事迹》。这些在一定程度上反映了当时妇女的精神风貌和革命热情，也体现了大树先进人物，以活典型对全体妇女进行思想教育是各级妇联的重要任务。

这一时期有些组织的机关刊实际上也担负着思想教育的任务，如中国人民政治协商会议山西省委员会当时所办的《山西政协》。《山西政协》是由山西省政协的《促进》报改刊而来，创办于1959年9月20日。它是16开本，但页码不固定，每年出版2至4期，一直出版到“文革”开始。《山西政协》除刊登省政协的重要文献外，主要是反映各民主党派、工商联、宗教团体及侨联等组织成员及所联系的各界人士进行服务与改造的情况及经验，发表了不少政协委员、民主党派成员及其他人士的感想、心得，也介绍一些这类人士中的先进人物。从中可以看出这一阶层在当时的活动以及思想，也反映了政协工作的概貌。

第三节 “大跃进”中的行业期刊

1957年11月13日《人民日报》社论号召“来一个大的跃进”，第一次提出了“大跃进”的口号。在此之后，以高指标和浮夸风为主要特征的“左”倾思想泛滥，“总路线、‘大跃进’、人民公社”被概括为指导一切的“三面红旗”，全国进入“大跃进”的热潮中。

在这一形势下，山西期刊急速发展，众多行业性期刊纷纷创办，这些期刊在促进经济建设、科学技术的发展上产生了一定作用，反映了当时不同领域的状况以及群众运动的开展，但也深深涂上了“左”的色彩，到“文革”前夕，这类期刊专业内容越来越少，几乎成了以政治宣传占主导内容的期刊。

“大跃进”中提出“以钢为纲”，开展了全民大炼钢铁运动。1958年10月，《山西冶金》创刊，该刊由山西省冶金厅主办，不定期出版，到1959年7月共出版12期，虽只存在了10个月时间，却记录下了当时工业生产“大跃进”的情景。

1958年第2期《山西冶金》为“土法炼钢专号”，开篇是中共山西省委书记处书记池必卿在“全省钢铁生产现场促进广播大会”上的讲话《把钢铁丰产红旗插遍全省》。讲话中谈到，为“提前和超额完成国家分配给我省的1958年全年生产钢55万吨、铁68万吨的任务……我们必须用最大努力提前到11月底使钢的生产达到63万吨、铁的生产达到120万吨”，为完成这个任务，“首先必须继续坚持党委领导、政治挂帅和全党全民办钢铁生产的方针”，“必须继续坚持小土群的炼钢炼铁的办法”，讲话号召“把钢铁生产跃进的红旗高高地插在太行山上，插在吕梁山上，插在中条山上”。接着是冶金厅厅长曹普从技术角度谈“又多又好地炼好铁出好钢轧好材”的文章，后面用三个专栏介绍“比较成熟的几种炉型”，三个专栏分别为“煤炭气焰炼钢”、“木柴炼钢”、“炼钢新法”。在每栏中有二至四篇文章，并附有必要的技术性平面与剖面图，这些文章有的是经验总结，有的是技术介绍，还有的接近于新闻报道，从题目就可看出，如《太行山上的一面红旗》、《商城土法热装炼钢的经验》、《用坩埚炼优质钢的办法》、《三梯炼钢小转炉》、《阶梯流水式固定侧吹炉试验总结》。

《山西冶金》还有部分内容是生产进度的反映以及大炼钢铁中的消息。如《我省一天产钢八万九千多吨 产铁六十九万四千多吨》，报道说："10月31日，我省四百万钢铁大军打了一个很大的漂亮仗，巨型卫星直冲九霄，钢铁生产大报捷音。这天钢产量……超过1949年全省实际产钢量的6.3倍，生铁产量……超过全省1949年实际产铁量的15.9倍。"还以"比比看，谁领先"为题，列表刊出1958年1—10月份全省及各专区、市的钢产量与完成计划的百分比。并且特别刊出，在10月31日这天，即钢铁"关键月"最后一天的生产突出单位。刊物上还用文艺形式（如新民歌）来歌颂这种"大跃进"。《山西冶金》集政治宣传、新闻报道、科学技术以及文艺为一体，是那个年代一份典型的行业刊物。

在农业方面，当时较有影响的是《山西农业建设》。这是山西省农业建设厅1958年5月创办的，也是在"大跃进"中应运而生的，在创刊号上发表有副省长刘开基的文章，明确说明"在这样一个史无前例的全面大跃进的新形势下"，"出版这个刊物，是为了实现第二个五年计划发展农业生产的规划"，"把群众创造的日新月异的先进经验及时总结起来加以推广；把经过实践考验的农业科学技术及时传播加以普及，不断克服保守思想，掀起技术革命高潮，推动生产跃进再跃进"。《山西农业建设》的内容，主要在于农业技术和农业管理，围绕当时所谓的农业"八字宪法"（水肥土种密保工管），发表了大量文章，包括农林牧副渔以及植物保护、气象知识、机具改革、人民公社财务等诸多方面。比如关于小麦生产方面，仅1959年就发表近60篇稿件，《冬小麦丰产栽培技术》（第2期）、《从冬小麦生育要求谈早春麦田管理》（第4期）、《从多方面防止小麦倒伏》（第8期）、《小麦的后期加工管理》（第8期）、《棉花套种小麦的经验》（第16期）、《小麦越冬期间的田间管理》（第19期）等，这些内容涉及小麦生产的各个方面和各个环节。对于其他农作物及畜牧、养殖等的知识介绍也大都如此。

在进行农业技术普及教育的同时，《山西农业建设》也报道农业"大跃进"的情况，体现了当时的虚假浮夸之风。在大放"卫星"时，《山西农业建设》1958年第16期介绍了几个山西的粮食卫星：屯长县长子镇水稻亩产11 147.3斤；洪赵县赵城乡玉米平均亩产30 648.5斤；五台县羊圈沟山药亩产62 000斤；平遥县星火社的妇女种10亩谷子产10万斤，平均每亩实产10 360斤；河津县建光农业社黍子每亩产3805斤；昔阳县西寨乡莜麦“不是低产作物”，一亩试验田实收3080斤；武乡县贾豁乡一亩豆子产量4015斤。这种高产是“人有多大胆”的结果，而绝不是“地有多大产”的实际。同时《山西农业建设》还介绍外省的“大跃进”成果，如1958年第13期以《今古奇观》为题，介绍安徽太和县“打破几千年的陈规，使母骡子怀了驹”，并叙述了“用孕妇尿给15头母骡注射，促使母骡发情排卵，使12头怀胎”的操作方法，说“安徽省已把这项先进经验向全省推广”。这些数字与事例，只能产生于那个荒唐的年代。

《山西农业建设》为半月刊，16开本，每期平均为40页，定价0.15元。从1958年5月到1960年底宣布“经研究暂时停刊”，在近三年的时间里共出版66期（有增刊两期），1960年时标有印数，每期大致在3000至5000册。

这一时期，医药卫生方面较重要的有《山西卫生》。《山西卫生》创刊于1959年6月，到1961年2月由于纸张紧缺而宣布“暂时休刊”。1964年1月复刊，以后出版到1966年8月“文革”开始之后。《山西卫生》为16开本，基本为32页，定价0.10元。创刊号印18 250册。

《山西卫生》创刊时就表明有三个任务：一是“宣传党对卫生工作的方针政策，加强政治思想，借此不断地提高每个医药卫生人员的政治思想和政策水平”；二是“反映各地医药卫生工作情况，广泛系统地介绍和推广各地医药卫生工作的先进经验”；三是“提供卫生科学知识的宣传资料”。全省卫生工作的各项重点在《山西卫生》上都得到了及时反映，如爱国卫生运动，消灭致病媒介蚊、蝇、鼠、雀、蚤、虱、臭虫和白蛉子（后来取消麻雀）；妇幼保健工作，推行新法接生；厂矿建立医院、门诊部、保健站、卫生所；建立农村基层卫生保健组织，开展地方病防治等。而最突出的则是对全国农村卫生工作旗帜——山西稷山县太阳村的宣传。1959年11月，全国农村卫生工作现场会在稷山召开，会议号召“让稷山卫生之花开遍全国”。1960年的山西省卫生工作以“稷山化”为中心，《山西卫生》从第2期起推出6篇社论，《群众自觉是实现稷山化的基础——一论实现全省卫生工作稷山化》、《标本兼治 治本为主——二论实现全省卫生工作稷山化》等。“六论”

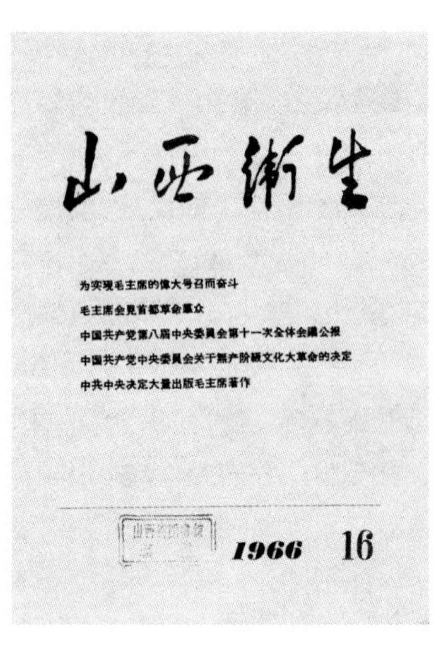

从不同层次探讨稷山经验的精神实质，同时又用较大篇幅来详细介绍稷山经验，报道各地“学、赶、超”的活动。《山西卫生》还开辟了“灭病指导”、“保健员”、“中医中药常识”、“答读者问”等栏目，向基层普及医药卫生知识。

1960年，山西平陆县发生了工地农民集体中毒事件。《山西卫生》除转发《中国青年报》的通讯《为了六十一个阶级弟兄》和社论《又一曲共产主义的凯歌》之外，还组织多篇文章，从多个角度进行宣传，重点不在医药卫生，而是“伟大的共产主义精神”。

1964年1月，《山西卫生》在休刊近三年之后复刊。复刊后仍坚持以前的办刊宗旨，当时较固定的栏目有“当前问题与工作研究”、“经验交流”、“通讯报告”、“科学文摘”、“技术指导”、“农村医生基本功”、“新闻简报”等。另外，每期根据工作重点，设立专题性栏目，出现过的有“学稷山赶稷山，深入开展爱国卫生运动”、“把解放军经验学到手，办好社会主义卫生事业”、“办好社会主义保健组织”、“加强计划生育的技术指导”等等。这时，强调阶级斗争的政治空气越来越浓，《山西卫生》从1964年下半年就有了“火药味”，关于开展爱国卫生运动的评论员文章，题目上也强调“以阶级斗争为纲”，原来的“办好保健组织”也改为“依靠贫农下中农，办好农村保健组织”；消灭鼠害的消息报道在1964年第24期上也成了“依靠贫下中农消灭鼠害”；到1965年，更开辟“读毛主席的书，听毛主席的话，照毛主席的指示办事”、“掀起更大更广泛的学习毛主席著作新高潮”、“兴无灭资讨论会”等栏目，政治口号或者说政治学习的内容占了主流，《山西卫生》完全变成了卫生界的政治读物。《山西卫生》创刊时标为半月刊，但1960年只出了19期，到休刊时共出34期。1964年复刊后按半月出版，到1966年8月共出67期。

大约在1958年夏，中共山西省委财贸部主办的《山西财贸》创刊。创刊时是半月刊，到1960年8月改为月刊，其原因是“为进一步提高质量，节约纸张，根据省委整顿报刊的指示”。改刊后没坚持一年，1961年出版第2、3期合刊后宣布休刊。当时的财贸是一个庞大的概念，它涵盖商业、服务业、粮食、财政、税务、金融等系统，所以《山西财贸》内容比较杂，涉及的面比较宽。以1960年秋季的几期看，其中心工作是为全省抗旱保苗、夺取丰收服务，这方面的报道与经验是刊物的重头，其余内容则有在城市人民公社化形势下财贸部门为生产、生活服务；以食堂为中心组织人民经济生活方面的财贸工作；支援社办工业和小商品生产；贯彻全省企业财务管理会议情况；农副产品收购任务的完成；帮助人民公社发展多种经营，采集野生植物、生产自救节约度荒等，显示了财贸工作当时的各个不同方面。

在行业期刊中，较有特色的还有《新闻战士》。该刊创刊于1959年1月，16开本，每期一般32页，到1961年2月停刊，共出版25期。《新闻战士》是在1958年“大跃进”中“全党办报、群众办报”的高潮推动下创办的。当时各县基本都有自己的小报，全省“建起4座广播电台，72个县、市（包括3个市郊区）建成75座较为正规的广播站”。作为山西第一大报的《山西日报》，当时是全国新闻工作“大跃进”的典型，《人民日报》曾发文章《报纸工作的高速度》，推广《山西日报》的经验。《新闻战士》创刊号发表史纪言的《几点希望——代发刊词》，史纪言当时任中共山西省委秘书长兼《山西日报》总编辑，随后，1959年7月成立中华全国新闻工作者协会山西分会（即记者协会）时当选为会长。他在文章中希望新闻工作者“是一个又红又专、红透专深的红色政治战士和红色新闻专家”。“怎样使自己成为一个名副其实的并且不断地提高的党的新闻战士呢？那就是：辛勤地实践，辛勤地学习，并且把实践和学习很好地结合起来。”创刊号同时发表了《山西日报》编辑部的《一九五九年再来一个大跃进》，山西人民广播电台、太原人民广播电台编委会的《一九五九年广播宣传工作纲要》，《山西农民报》的《新的一年新的要求》，《山西青年报》的《决心与希望》等文章。《山西日报》编辑部提出1959年的跃进主要是过三关：思想水平关、语言文字关、群众运动关。在论述群众运动关时说，要走“报社内部的群众路线与群众运动，和全党办报的群众路线与群众运动，即报社内部专业新闻工作者办报与全党办报相结合的两条腿走路的路线”。

《新闻战士》的内容，充分体现了各级党委对新闻工作的高度重视。中共山西省委第一书记陶鲁笳的《党委要把机关报紧紧地掌握在自己手里》、副省长刘开基的《进一步发挥广播工作的威力》、副省长贾俊的《对待通讯报道的态度就是对待新生事物的态度》等文章，陶鲁笳、卫恒（省长）、黄志刚（省委宣传部部长）等给《山西日报》、《山西农民报》、《山西青年报》、山西人民广播电台、《山西注音报》等的题词都曾在《新闻战士》上发表。《新闻战士》还刊发了大量新闻工作经验总结的文章，其中既有对报纸和新闻机构较长时期经验的回顾，如《〈山西日报〉十年》(1959年第9期)、《〈山西农民报〉十年来的基本经验》(1959年第10期)、《跨马飞跃的山西人民广播事业》(1959年第9期)、《全省地方报纸的回顾与展望》(1959年第9期)等；也有就某一专栏专题进行的总结，如1959年第2期介绍《山西农民报》走通俗化道路的经验，1960年第8期发表的《山西日报》经济部的10条“保险”、“放心”活经验等内容。

《新闻战士》还用较大版面(每期约占一半)来进行新闻业务的介绍与辅导，目的在于提高新闻工作者以及通讯员的业务水平。先后发表了《读报道和工作的关系》、《谈谈漫画》、《用群众的话写群众的事》、《读报谈文》、《拍摄思想性强的新闻图片》等许多联系新闻工作实际的文章。

当时山西新闻事业发展很快，以报纸来说，除去省报及高等院校的报纸，全省地方报纸有97种，其中地市报9种、县报56种、厂矿报32种，报纸每期发行量在50余万份。这样全省就有一支相当可观的从事新闻报道的专业队伍，如加上业余通讯员，数量更大，所以《新闻战士》发行在5000份以上。1959年刊物上曾报道说闻喜小报编辑室11名同志订《新闻战士》，人手一份。虽然当时刊物内容不可避免地有“左”倾问题，但总体上应该说它还是办得较成功的。

第四节　“火花”起伏的文艺期刊

1956年后的10年间，山西的文艺类期刊经历了一个起起落落，甚至是大起大落的过程。“起”是从“百花齐放”方针的提出到文艺“大跃进”“放卫星”，各种文艺期刊起码从数量上曾呈现一派繁荣；“落”则是随着困难时期的到来以及阶级斗争的展开，一批文艺作品遭批判，一批刊物“下马”停办。文艺作品是生活的反映，而作品问世的一个重要途径是发表于期刊，所以这一时期的文艺期刊较之于其他类期刊更真实清楚地记录了这一时代的轨迹。

一、《火花》十年

1956年9月，从1950年4月创刊断断续续出版了63期的《山西文艺》宣布停刊。山西省文学艺术工作者联合会“为了更好地适应现实需要，为了更好地反映我省广大人民在社会主义建设中的生活和斗争，为了更好地繁荣文学艺术创作和培养业余作者”，决定将《山西文艺》与《太原画报》合并，创办《火花》月刊。10月份出版的《火花》创刊号上有高沐鸿写的《前言》。高沐鸿当时是中共山西省委宣传部副部长，也是一位有影响的作家，20世纪30年代曾参与文艺领域的“狂飙运动”，后投身抗日根据地的工作，可以说是一名老革命、老作家。当时正值“百花齐放，百家争鸣”的方针提出不久，政治空气较宽松民主，高沐鸿在这篇《前言》中谈了关于文艺创作的观点，反对公式主义和概念化，认为作家

手中的笔“必须饱蘸着人民群众的生活气息与斗争血汗”，以便“自己也能开出一朵可观的花，也能鸣出一点可听的声音”，表示“《火花》欢迎那种新鲜独创的东西，欢迎那种对人民生活不作机械和片面的了解的东西，尤其欢迎大家来齐放，来争鸣，从竞赛中来求得共同的提高”。与后来充斥于中国文坛的“左”的文字比较，这篇文章可以说是比较中肯客观，真诚地号召作家按艺术规律来创作。

在当代革命文学发展中，“山药蛋派”是一个重要的文学流派。它虽是后来的研究者命名的，但是在1940年代后期特别是到50年代已实际存在。在赵树理的影响下，山西一批作家形成了追求乡土性、时代性、革命性的写作风格与创作群体，其代表作家有马烽、西戎、李束为、胡正、孙谦，较年轻的则有韩文洲、李逸民、杨茂林、义夫等人，他们的作品多以山西农村为背景，人物也多为农民，在这一文学景观形成的过程中，《火花》发挥了无可替代的作用。在《火花》存在的10年中，赵树理在刊物上发表了他的著名小说《锻炼锻炼》；马烽在刊物上发表作品14篇，其中有电影剧本《我们村里的年轻人》、长篇传记文学《刘胡兰传》（连载）以及《我的第一个上级》、《三年早知道》、《四访孙玉厚》等短篇小说；西戎发表《冬日的夜晚》、《姑娘的秘密》等9篇短篇小说；孙谦发表报告文学《大寨英雄谱》、短篇小说《伤疤的故事》等16部作品；胡正发表长篇小说《汾水长流》（连载）、短篇小说《七月古庙会》等6部作品；李束为发表《好人田木瓜》等11篇短篇小说，其中，为辅导新的小说作者，《火花》还将李束为的小说《于得水的饭碗》的最初稿与修改稿分两次发表。前面提及的山西其他作家也在《火花》上发表了许多有分量有影响的作品，可以毫不夸张地说，《火花》是当时“山药蛋派”文学的主阵地。《火花》的办刊方针与编辑追求，实际上正是山西作家群的长期追求与艺术方向，二者的一致性是显而易见的。《火花》在选稿上注重和突出农村题材，强调为农民写作；在风格上主张通俗易懂，贴近群众，具有浓郁的生活气息。《火花》不仅在发掘和团结山西文学力量方面作出了突出贡献，而且还组织和吸引了当时全国不少知名作家，康濯、林斤澜、浩然、张志民、雁翼、魏钢焰、柯蓝等都曾在《火花》上发表新作，这大大扩大了《火花》在全国文学界和文学爱好者中的影响。

体现《火花》文学主张与编辑选择的代表性言论有两篇，一是创刊时高沐鸿的《前言》，强调“认真生活、认真研究、认真工作的风气”，反对“公式主义”，提倡“新鲜独创”，要来源于生活，为大众的文学。另一篇有影响的是1960年6月号《火花》社论《为短篇小说的新、短、通而努力》。这篇社论指出：“短篇小说要表现新的时代、新的群众、新的生活"，"其精神实质，就是要表现共产主义的新事物和人们的共产主义新风格、新思想"。"短篇小说应该写得短些、精悍些，便于群众能够很方便地阅读。""要写得通俗易懂，平易近人，结构顺当，语言能念出口，听得懂。"这两篇文章在论述时虽带有那个时代的一些语言色彩，但其基本主张是切合实际，符合文艺创作规律的，所以得到了当时新老作者的一致赞同，也构成了《火花》的办刊思想与编辑理念的基础。在提出"新、短、通"的目标之后，刊物又发表了马烽的《谈短篇小说的新、短、通》，进一步阐述了这一主张，接着还发表了赵树理在全国第三次文代会上的发言《谈"久"——下乡的一点体会》，用亲身实践论证了这一理论。短篇小说是文学创作中最主要的体裁，应该说这一理论的提出为短篇小说的发展提供了一条美学道路，为"山药蛋派"的更加成熟提供了理论支持。即使在几十年后来看，其核心主张仍是可以立得住脚的。为贯彻这一主张，培养青年作者，《火花》开设了"文艺信箱"、"文艺随笔"栏目，针对创作中的问题，请老作家传经验，请专家作分析，前后发表了60多篇指导性、实用性都较强的文章，甚至有意编发一些作品的初稿与修改稿，作为分析、评论、学习的范本。这种种努力，使《火花》在较长时间内呈现出一种繁荣发展的景象。

文学艺术与政治的关系较之其他行业要更为密切，所以政治运动不仅会波及《火花》，而且其冲击更为迅速与明显。1957年上半年《火花》出版尚处于正常的气氛中，这可以从文学批评中得到反映。6月号刊物上发表了7篇文学评论文章，编者将其归入"读者对本刊发表过的作品意见"专栏。其中有3篇是评唐仁钧的小说《笑荷花》的，有三种意见，一种认为"基本成功，有缺点"，一种认为"人物形象成功"，一种认为"不够合情合理"。另有4篇是评李束为的小说《过时的爱情》，意见有"较好的短篇小说"、"违反现实的作品"、"一篇不够真实的作品"、"对生活不忠实、不深入"等。当时李束为任省文联主席，唐仁钧任《火花》主编，都是山西有影响的作家，对他们的作品如此评头论足，足见当时思想文化环境比较宽松，文学批评也没有与政治搅在一起。然而，这种环境到1957年下半年则被打破了。反右斗争开始后，编辑张晓宇、青年作者范彪先被打成小集团，后又被打成右派。《火花》连篇累牍地刊发批右派的文章。《火花》编委、老作家姚青苗被打成右派，在《山西日报》公开作检讨，《火花》则配合发表揭发批判文章，一期就达5篇。形势的变化使人眼花缭乱，高沐鸿1957年9月份还在《火花》上发表声讨右派的诗歌，但几个月后，高沐鸿也成了右派，1958年1月号刊出《高沐鸿向何处去？》，2月号刊出《揭露高沐鸿 批判高沐鸿》，3月份刊出《对高沐鸿反党、反马列主义思想的批判》。在这些批判文章中，说高沐鸿“在资产阶级右派向党进攻的时候”，“也加入了反党的行列，和右派一起，向党进行了恶毒攻击，写了很多反党反马列主义的文章”。

1958年《火花》则积极推动文艺“大跃进”，在4月号的社论《我们的希望》中说：“在文艺战线上，北京、上海等地起了带头作用。我们山西文艺界也不落后，急起直追，在很短时间内，许多文艺单位和文艺干部，已经提出了‘大跃进’计划。”在这种“大跃进”中，文学创作都被贴上了政治标签，一批批概念化、公式化、图解政治口号的作品占了刊物的主流。为了体现“大跃进”精神，《火花》编辑部在宣传山西文学创作成果方面做了很多努力，1957年5月27日，《火花》与全国权威文艺评论刊物《文艺报》联合举办了山西短篇小说研讨会，促成在当年11月《文艺报》11期上刊出“山西文艺特辑”，发表12篇评论文章。1961年后，党中央对“左”倾思潮有所纠正，《火花》又开始出现一些较好的作品，但是突出英雄人物，把英雄人物高大化的倾向在作品中也显露苗头，同时开始刻意去描写所谓的阶级斗争，原先“山药蛋派”的特点渐渐淡化。所幸的是，《火花》未在“三年困难时期”停刊，一直出版到“文革”开始，1966年7月号是它的最后一期，这期基本上成了政治读物，成了“革命大批判”的学习材料。

《火花》1956年创刊后，当年出版3期，以后按月刊出版至1964年，1965年改为双月刊，1966年出版到7月号，这样，10年间出版109期，加上1965年出的一期“戏剧、演唱材料专辑”（增刊），实际出版110期。1966年还出版两期增刊，但已与《火花》宗旨无关，其内容是转发姚文元的《评“三家村”》、戚本禹的《评〈前线〉、〈北京日报〉的资产阶级立场》等在《红旗》、《解放军报》上发表的大批判文章。《火花》的页码不固定，创刊时为42页，以后曾增至56页、72页，最多时为“国庆十周年特大号”，104页。其定价最初每册0.15元，1957年增至0.20元，1958年后一直保持0.25元。在1958年8月号之前，《火花》每期刊有“印数”，如创刊号为25 005册，以后不断有所增长，1957年12月号为54 280册，1958年8月为63 645册。《火花》主编，始终没在刊物上标出。在创刊之后第2期曾透露：“编委会已组成，并召开了第一次编委会。”当时的编委有：西戎、江萍、汪洋、李束为、李济远、青苗、郑笃、胡正、郝汀、马烽、唐仁钧、陈志铭、高沐鸿、张万一、张玉田、寒声、药恒、黎军。据有关资料，主编先后有西戎、唐仁钧、郑笃、高鲁。副主编先后有黎军、陈志铭、李济远、韩文洲、李太和等。编辑部分为小说、诗歌、评论、美术、行政等组，每组少则2人，多则10人，编辑阵容还是很可观的。

二、小刊起伏

“大跃进”的热潮中，山西一批市、地区、县甚至公社也办起了文艺刊物，尽管各自力量有限，水平不等，但一度也形成了可称“百花齐放”的热闹局面。与代表全省文学水平的《火花》比，只能称这些刊为小刊，尽管其中有些质量并不差。这些地方文艺刊物中，《太原文艺》（太原市）、《云岗文艺》（大同市）、《晋中文艺》（晋中地区）、《平型关文艺》（灵丘县）是办得比较好的。

《太原文艺》创刊于1959年1月，先是月刊，到1960年7月时因纸张缺乏而改为双月刊，但在出一期之后仍未摆脱停刊的命运，所以一年半的时间出版了20期。虽说《太原文艺》存在时间不长，但由于地处省会城市，办刊条件相对优越，所以还是办得很有声色的。在办刊头一年，作者既有本省的也有外地的，有专业作家也有工人作者，在1959年7月号上还推出了郭沫若的诗《颂太原》。在内容上既有传统的小说、散文、诗歌，还有当时兴起的公社史、工厂史，体现着文艺为现实服务的时代要求。《太原文艺》很体现城市特点，太原是工业城市，刊物分别组织过“晋西机器厂工人创作专辑”和“西山矿史专辑”。为培养工人作者和推动厂矿文艺活动，刊物还刊发了《略谈文学创作的质量和提高问题》（胡正）、《谈小说的结构》（唐仁钧）等不少有辅导性质的文章，甚至还有当时还是青年相声演员的马季所写的《学习相声的体会》。

政治形势的变化同样造成了《太原文艺》的起落。1960年第一期上，登出《敬告读者》一文，说：“我们很抱歉地向读者告罪。我们在这个刊物的第12期里，发表了艾真同志写的《看人看同志》的杂文，这是一株毒草。它露骨地宣传了反动的资产阶级的观点，肆无忌惮地污蔑了党，污蔑社会主义社会和工农兵劳动群众，在广大读者中散布了不良影响。”然后检讨本刊编辑人员“阶级观点不明确，缺乏政治警惕性”。从这一期起连续几期发表了十多篇批判文章，其中一篇后来还在省委办的《前进》上同时刊登。在这种情况下，1960年，整个刊物内容、倾向、面貌的变化则不言而喻了。

《云岗文艺》由大同市文联主办，1958年9月创办，双月刊，出版至1961年3月。

《云岗文艺》更多地着重于培养本地作者和反映当地工矿生活。后来在山西文艺界成名的作家、编辑，如后担任山西省作协主席的焦祖尧、后担任山西省民间文艺研究会主席的刘琦等都是刊物的骨干作者。大同拥有全国闻名的煤矿，反映煤矿生活的作品在刊物上占了很大比例，一些优秀的作品如报告文学《同家梁上大团圆》在《云岗文艺》发表后立即被《人民文学》转载。

《晋中文艺》1959年创办，一度是以报纸形式不定期出版，到1964年改为期刊，重点也是发表本地作者的作品，也出过一些专号，如“民兵模范事迹专号”等。《晋中文艺》共编印26期，到“文革”时停办。

在县级文联办的文艺刊物中，灵丘县的《平型关文艺》较为引人注目，因为灵丘是抗日战争初期八路军一一五师取得平型关大捷的所在地，所以县里找到当年一一五师的首长为刊物题写了刊名，一个县办刊物找到党的高级领导人题刊名的情况在全国也属少见。1959年2月发刊，到5月就接连推出4期，显示了“文艺大跃进”的特点，创刊号上由县委书记写的《发扬平型关战斗精神，广兴共产主义文艺之花》为代发刊词，文章批驳了“小小的灵丘敢办一个文艺刊物”的观点，认为“大跃进以来，广大人民……不仅要求识字、有文化，而且要求用高度的文学艺术手法，反映时代的特点，反映人们建设社会主义、共产主义的干劲和具有共产主义思想因素的新人新事，从而丰富每个人的精神生活”。文章号召全县13万人民特别是文艺爱好者“奋之以美好的共产主义实现，勉之以平型关战斗的精神”，“来培育、灌溉这个共产主义文艺的蓓蕾”。从这一发刊词可以看出，当时“文艺大跃进”普及基层，迎接“共产主义”的狂热已弥漫城乡。《平型关文艺》发表了

一些有一定质量的作品，更多的则是歌颂“三面红旗”的“新民谣”之类。这种跃进式办刊的做法开始时轰轰烈烈，但事实证明难以长久。

在地、市、县办文艺刊的同时，还有的人民公社也办起了文艺期刊。1958年12月7日《山西日报》上就报道了运城县卫星人民公社办起文艺刊物《奔马》，文章称其为“农民办起了文艺月刊”，说“农民的作品清晰朴实、题材新颖，富有浓郁的地方色彩”。这种评价其实更多包含的是政治上的肯定与渲染。这种不符合文艺创作规律的“文艺放卫星”结果都是昙花一现，随着1960年进入经济困难时期，这些刊物都销声匿迹了。

三、“文化”历程

文艺不能仅是文学创作，对更广大的群众来说，文艺其实意味着种种民间的文化活动。为指导和反映这些活动，山西省文化局创办了《文化周刊》（后来改名为《山西文化》）。《文化周刊》诞生于1957年4月，开始是4开小报，断断续续出版过38期。1958年3月以刊物形式出现，期号与小报连续，内文为16页，每周日出刊，定价0.05元。《文化周刊》是面向“广大农村群众、文艺骨干、俱乐部活动积极分子和基层文化干部”的，所以内容比较杂，其中有些是供阅读与欣赏的，如随笔、特写、故事、传说、游记以及国画、漫画、剪纸、连环画等；有的是为了使读者开阔眼界与提高业务水平的，如评论、文化工作经验、学术争鸣介绍、文化活动报道等；更多的则是提供给基层群众文化活动的资料，如小话剧、小演唱、评书、鼓词、快板、群众游艺作品等。对于自身的这一特点，《文化周刊》曾刊文借读者之口说是：“文化周刊，宝藏似山；文字浅显，意味深远；内容丰富，活泼新鲜；多翻多看，获益无边。”

《文化周刊》从指导与推动农村群众文化事业和文化活动出发，在编辑上经常推出特辑、专辑，1958年就出过“大跃进歌曲特辑”“总路线演唱特辑”“曲艺专辑”“长治专区专辑”“晋南专区专辑”“昔阳县专辑”“诗画专辑”。这些专辑、特辑虽带有那个时代浮夸风的印迹，但还是在一定程度上反映了当时群众文化活动的情况，也体现了刊物服务基层的宗旨。如“晋南专区专辑”中，有地委负责同志撰写的指导性文章《再接再厉把文化运动推向新高峰》，有反映全民炼钢，发展人民公社等的剧本、演唱、歌谣、诗画，有介绍翼城县火炬四社俱乐部种“文化试验田”的报道。《文化周刊》刊登了大量的“大跃进歌谣”，其共同特点是极富夸张，这在当时被认为是革命的浪漫主义，与当时现实中的浮夸之风甚为吻合；而有的则是标语口号式，完全是特定年代的产物。如一首《凑上太阳抽袋烟》是这样写的：“黄金谷子圆又圆，社员堆谷上了天。撕片白云擦擦汗，凑上太阳抽袋烟。”又一首歌颂“文艺放卫星”说：“抓住太阳不许落，万马奔腾搞创作。一天等于二十年，乘上东风奏凯歌。敢想敢干敢创作，千古文豪不如我。工农文化大跃进，跨上火箭过天河。”当时，一些作家也参与了这类歌谣的写作，有的还把它与宣传农业政策和农业知识结合起来，虽有其时代局限性，但这种面向农民的态度和形式仍有可取之处。在《文化周刊》第21期上就刊登了长篇快板书《谷子好》，这是著名作家赵树理参加农业部在山西高平县召开的北方10省谷子、高粱、玉米现场会时写的。其开头是："谷子好，谷子好，吃得香，费得少，你要能吃一斤面，半斤小米管你饱。爱稀你就熬稀粥，爱干就把捞饭捞，磨成糊糊摊煎饼，满身窟窿赛面包。”接着讲谷子的多种用途，批评对种谷的不重视，认为谷子也能高产，关键是如何种植、如何管理。最后结尾说：“也深翻，也保苗，追肥浇水样样到，你和玉茭一样待，看看它能打多少？”

《文化周刊》在出版104期之后，1959年6月，改名为《山西文化》，半月刊。改刊的原因，“编者的话”说：“在文化革命迅速发展，广大群众要求日益提高的形势下，《文化周刊》就显得容量上和质量上都赶不上客观的需要。”改名后的《山西文化》定位于“综合性的文化艺术杂志”，从实际出版的刊物看，它基本承袭了《文化周刊》的办刊方针（在期号上也是连续的，创刊号为总第105期），内容上的变化则一是加强了指导性内容，通过省有关部门领导的文章以及评论传达政策和当时任务，帮助文艺工作者提高政治与业务素质；二是突出了戏曲、演唱方面的内容，既有作品，也有评论及辅导。关于前者，在创刊号上就有省文化局副局长寒声的文章《提高艺术质量 为国庆十周年演出好戏》；有艺术杂谈《谈谈青年演员的身心修养问题》；有著名晋剧演员丁果仙的经验介绍《我演〈卖画劈门〉中白茂林的体会》；有编辑部文章《戏剧劳动要有节奏地前进》，这是谈演出要劳逸结合，说许多剧团一年演450到500场，使演职人员负担过重，影响健康和业务提高。还有郑笃的《让戏剧艺术全面开花——看西安市越剧团演出有感》和唐仁钧的《创作要“有人”“有戏”》等。关于后者，1959年第6期作为山西省第三届戏剧会演专辑，1959年第7期作为庆祝国庆十周年特大号，都刊登了优秀剧目、剧照、艺术探讨、老艺人谈艺等内容；在1960年第1期上发表了说唱作品《写对联》、《登甲老头》，小歌舞剧《赶花船》、《新春乐》等，在“平陆事件”发生后，及时发表了鼓词《天降“神药”》和新戏曲《为了六十一个阶级弟兄》。1960年，文化部副部长钱俊瑞在全国人大二届二次会议的发言中，以山西昔阳县和临猗县为例，讲农村文艺活动对促进生产的作用，谈到了《山西文化》上刊登的多篇作品。全国农村文化工作会议1960年也在山西召开，这表明，当时山西的农村文化工作在全国是领先的，《山西文化》对此起到了不小的作用。

《山西文化》每期32页，32开本，定价0.18元，发行量在5000册到10 000册。到1961年，在出版137期后停刊。

群众文化还有个重要方面是歌咏活动，为推动与服务山西的群众歌咏活动，山西省文化厅音乐工作组1957年1月创办了一份32开本、24页、定价0.08元的小刊物《激流之歌》。这份刊物每逢单月出版，当时是由音工组编，山西人民出版社出版。内容主要刊登群众歌曲。随着1958年"大跃进"，许多省区都办起了歌曲类刊物，一时间《苗岭歌声》（贵州）、《西南音乐》（四川）、《群众歌声》（天津）、《黑龙江歌声》、《浙江歌声》、《音乐生活》（吉林）、《上海歌声》、《解放军歌曲》等如雨后春笋，于是山西的《激流之歌》也于1958年10月改为《山西歌声》月刊。《山西歌声》第1期（标为总第11期）发表《为钢铁而战》、《人民公社好》、《跃进路上比英雄》、《台湾一定要解放》等歌曲19首，仅从歌名就可看出这是特定年代的创作。《山西歌声》利用四封刊登山西"优秀民歌手"的演唱照片，第1期就登了6位，以后各期延续了这一内容，较好地宣传了山西民歌手。《山西歌声》在两年多时间里出过好几次专辑，既有地区性的如"晋北专区专辑"，也有节令性的如"春节演唱专辑"，还先后组织过歌曲评选和群众歌咏比赛等活动，也推出过一些受欢迎的歌手与歌曲，如农民史掌元的《唱得幸福落满坡》就是在刊物上推出，之后在全国流行一时的。《山西歌声》也在消息报道中记录下了当时山西音乐界的一些活动，如开座谈会大放音乐"卫星"为国庆十周年献礼，"发动群众坚决为完成十万件音乐作品，放射出我省的音乐'卫星'而努力"，有人当场交上创作计划等等。

《山西歌声》1961年2月停刊。

四、"画报"前后

我国当代画报大致有两种类型，一类是以发表摄影图片为主，如《人民画报》；一类是以发表美术作品，尤其是连环画、组画为主，如《连环画报》。1956年到1965年间山西出版的画报都属于后一种类型。

山西这一时期画报的发展脉络是：1957年7月创办《天龙画刊》，1958年7月改名为《山西画报》，1960年10月又改名为《山西群众画报》，1961年2月停刊。这三种前后相承，名称变化了，但都是期刊形式，刊登画作。1963年10月又创办了《群众画报》，名称上似乎与前有联系，但形式上不同，不是期刊，而是4开4版的报纸，这份“报”出版到1966年3月停办。

《天龙画刊》存在了一年，出版了12期。这12期有三点是很突出的：一是主要作用是宣传，内容一直紧跟政治形势；二是主要对象很明确，针对农民，以反映农村生活为主；三是对一些主要的美术形式都采用了，像国画、雕塑、漫画、速写、连环画、木刻等都有。如1958年第3期，有一组漫画歌颂“大跃进”，其中苏光的《1972年见高低》是表示1972年时我国钢产量超过了英国，这实际上是图解当时的口号。石兵的《前进，再前进！》是表现壶关、高平、平顺三县亩产超过400斤，群众欢呼实现了“跃进目标”。还有一组速写式组画《太阳村》，反映全国农村卫生模范旗帜稷山县太阳村。更多的篇幅是连环画，有反映群众入社的，有反映和地富分子斗争的，有反映农业社新人物的。为了集中报道“社会主义建设各个战线的新成就、新人物”，刊物还开辟了一个“处处开花”专栏，用美术作品来实现类似新闻报道的作用，这一期就有《老农献计》、《要让洪水听我们话》、《变碱地成水地》、《安邑水库》、《芝麻多了也能顶西瓜》、《文水城南自流井》等。

《天龙画刊》每期内文20页，定价0.15元。当时每期标有印数，准确到个位数，1958年第1期6341册，第6期7309册。《天龙画刊》在全国还是有较大影响的，从刊物发出的征求意见表反馈情况看，有的甚至来自海南岛、新疆、黑龙江等边远地区。

1958年夏，《天龙画刊》改名为《山西画报》。改名的原因，“编者的话”是这样讲的：“《山西画报》这个名字，对本报的读者并不是陌生的。从太原解放的初期起，大家知道，就曾办过一个单张的《山西画报》半月刊，这个画报，直接接受了老解放区办画报的经验，从它开始创办就一直和群众紧密地联系在一起。我们为了发扬以往的优良传统，进一步发挥画报的战斗作用，同时也接受了读者的要求。在今天《天龙画刊》创刊一周年之际，仍然换上了这个深受群众爱戴和更为响亮的名字——《山西画报》。”改为《山西画报》之后的第1期是7月号，但标为总第13期，直接延续了《天龙画刊》的编序。编辑风格上没有大的变化，明显的倒是印刷质量大为提高，内文总页码一半以上改为套色，加了彩色插页，而且是折叠形式，方便读者取下来张贴，插页的内容多为“大跃进”宣传画。内容编排保持了浓郁的时代特色和乡土气息，与《天龙画刊》时期不同的，一是增加了“特辑”或“专号”，在1959年12期中，1月是“阳泉矿区人民公社专号”，5月是“大同专号”，10月是“国庆十周年特大号”。这些“专号”特色鲜明，如“大同专号”反映的是大同地区的生活或是大同作者创作的作品。二是增加了连环画的分量，特别是把当时山西较有影响的小说改编为连环画发表。如赵树理的《锻炼锻炼》，马烽的《我的第一个上级》、《我们村里的年轻人》，孙谦的《新麦》，李束为的《于得水的饭碗》等，都以连环画形式出现在《山西画报》上。尤其值得一提的是，对这些作品的改编速度之快几乎达到了同步，即文学作品刚有反响而连环画的创作已在进行。如《我的第一个上级》是1959年7月在《火花》上发表，10月在《山西画报》上就刊出连环画；《于得水的饭碗》1959年12月发表，1960年2月发表修改稿，而连环画则在1960年第2期就开始连载。从这里反映出当时画报编者和画家们工作的热情与效率，正是这些努力，使《山西画报》在当时全国出版界和美术界也产生了较大影响。1960年5月在全国美术家协会办的《美术》杂志上发表了《山西画报》编辑部的长篇文章《高举毛泽东文艺思想的红旗，办好地方画报》，这篇文章可以说是当时《山西画报》编辑部编辑理念、编辑方式的一次回顾与总结，文章中肯定“坚定不移地贯彻执行毛泽东文艺思想，为工农兵服务，是办好地方画报的决定性关键，如果稍有背离，就会造成错误，使工作受到不应有的损失”。画报“以农民为主要的服务对象”，最基本的任务是“向农民进行社会主义、共产主义教育”，宣传重点是“新人新事”，因为他们是“党的方针政策的主要体现者，是我们新时代精神面貌的重要标志，也是广大群众学习的榜样”。文章用较大篇幅阐述了“为政治服务和政治标准第一的原则”，批评认为配合政治运动是“赶浪头”、是“应景”的思想，表示“大跃进以来的许多作品是‘赶’出来的，是‘应’出来的”，“而思想性、艺术性都比较高”。这篇文章也反映了当时的一些工作方法与编辑程序，如文中说“付印时将稿件分为三批发：先发时间性不受限制，加工较多，思想性和艺术性高的作品，如革命斗争故事等；后发及时配合政治运动和有季节性的生产运动的；最后在版

面内留下一定篇幅，发时间性最紧急的，以力求使画报与当前的政治运动和生产运动紧密结合”。这种做法与后来期刊付印要求一次“齐、清、定”明显不同，在当时排版技术并没应用电子计算机的情况下这样做是不容易的。对于如何编辑专刊专页，文章也做了总结：“如1959年1月号画报，整个篇幅都是反映阳泉市矿区大规模调整职工宿舍这一组织人民经济生活的革命创举。这种形式的好处是中心突出，气魄大，引人注意，极为当地群众所欢迎。另一方面，因为画报是全省性的地方刊物，反映面不宜过于狭窄，这种形式只可适当采用。专页形式，也是如此。”可以看出，《山西画报》当时能办得较有影响，是与编辑部不断探索、不断思考分不开的，这份画报以至这篇文章留下了可贵的期刊研究资料。

1960年10月，《山西画报》更名为《山西群众画报》，当时“启事”说是“上级指示”，“为了与新出版的以摄影图片为主要形式的《山西画报》相区别”。改名后的《山西群众画报》在又出版5期之后，到1961年3月也停刊了。《山西画报》存在期间，发行量总体上还是可观的，1958年7月号印数为8561册，1959年1月份为40 010册，1960年10月改名前为10 003册。《山西群众画报》停办后两年多，1963年4月，美协山西分会又创办《群众画报》，但这已是一份报纸了。

就在上述《山西画报》改名的同时，另一份新的《山西画报》创刊。1960年10月出版创刊号，开本为8开，40页，是以摄影图片反映山西情况的，它不是文化期刊，是新闻期刊。《山西画报》当时定为双月刊，全国发行。

新《山西画报》的创刊词，为史纪言所写，文中说：“在这样伟大的人民时代里，《山西画报》创刊了。《山西画报》的任务，就是高举毛泽东思想伟大旗帜，配合已有的兄弟报刊，宣传党的路线、方针、政策、作风，宣传社会主义革命和建设的光辉成就，向群众进行社会主义和共产主义教育。《山西画报》的主要形式是艺术形象——摄影和美术，在这一点上讲，它有更多的生动活泼性和广泛性。”创办的意图及时代特征在这里已很清楚。这份新创办的画报编辑者是山西画报社，出版者为山西日报社。1961年初，《山西画报》出版1月号，即总第2期，这时已是困难时期，就在这期面世后，中共山西省委决定《山西画报》休刊。这一刊物的恢复时间是23年之后的1984年。

第五节　艰难奋进的科学期刊

科学是关于自然、社会和思维的知识体系，从这一认识出发，可以将研究自然科学或社会科学的一类期刊统称为科学期刊。科学的发展是社会走向文明进步的重要动力，科学期刊的发展又是科学发展重要的“催化剂”，然而，反右斗争使科学研究受到了冲击，这以后科学研究中又掺进了政治上“左”的影响，而“大跃进”更是以群众运动的狂热取代了科学精神，在这种环境中要办出真正科学的科学期刊自然困难重重，当时山西的一些科学期刊所走过的道路莫不如此。

《学术通讯》是一份社会科学期刊，它创刊于1959年11月，是由当年10月成立的山西省经济学学会主办的。最初它只是一份“反映学会的组织活动和学术研究动态，介绍全国各地学术讨论的论点”，“供学会会员及有关部门同志参考”的内部材料，所以页码不固定，出版时间也不固定。但是这份“内刊”还是尽其所能，就当时经济学界的研究做了反映，第一期介绍关于社会主义制度下价值规律问题的一些讨论，重点是国民经济有计划按比例发展的问题；第二期转载了有关社会主义制度下商品生产的一些论点。到1960年年底，《学术通讯》共出9期。从1961年第1期（3月30日出版）起改由中国科学院山西分院哲学社会科学研究所主办。《学术通讯》突破了先前的简报模式，内容也扩展至哲学、历史、经济、教育、文学评论等方面，研究所所长葛莱直接负责刊物的工作。改刊后的《学术通讯》担当起了山

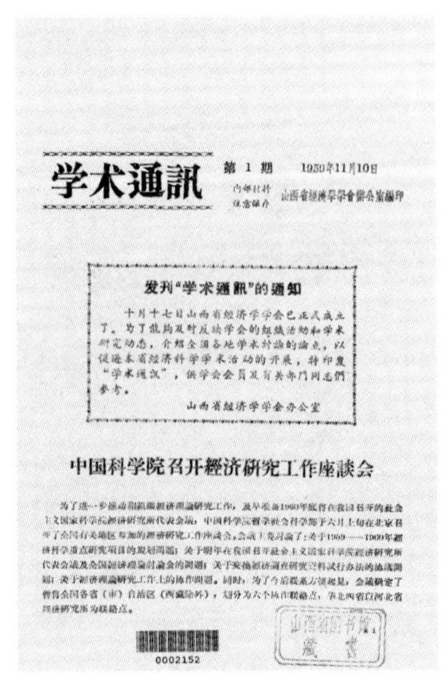
学术通訊　第1期　1959年11月10日
内部刊物　注意保存　山西省經濟学学會辦公室編印

发刊“学术通訊”的通知

十月十七日山西省经济学学会已正式成立了。为了能够及时反映学会的组织活动和学术研究动态，介绍全国各地学术讨論的論点，以促进本省经济科学学术活动的开展，特印发“学术通訊”，供学会会員及有关部门同志們参考。

山西省经济学学会办公室

中国科学院召开經济研究工作座談会

西哲学社会科学重要学术阵地的作用，刊发了一些有相当分量的文章，在1961年第2期上就有《试谈社会主义经济运动中螺旋式上升和波浪式前进的客观必然性》（李瑞芳）、《对农村集市贸易性质的一点看法》（荆苗）、《关于武则天的两个问题》（山西师范学院历史系中国古代史教研组）、《元朝对西藏地方的统一》（任茂棠）等学术论文。这时的《学术通讯》仍保持了原先提供社科信息的特点，在这一期的“学术动态”栏目简要报道了三条：一是学术界关于事物发展动力问题的讨论，二是中国近百年经济史的分期问题，三是山西艺术学院关于历史剧性质的讨论。

1964年，《学术通讯》发表了一篇《谈分析——关于辩证分析、历史分析、具体分析、阶级分析的一些初步理解》，署名“模苏”，实际作者就是葛莱。此文提出了“一分为三”的观点，但很快这一观点就遭到批判，认为这是反毛泽东思想的（毛泽东讲过“一分为二”），学术问题变成了政治问题，刊物受到牵连。《学术通讯》改刊后头两年每年出3期，1963年改为双月刊，1964年受到批判后不久停办。

新中国成立时，山西现代农业科研十分薄弱。1955年建山西农业科学研究所，1959年改所为院，专业研究体系初步形成。当时，大部分科技人员下乡蹲点，主要精力是研究总结农民群众的生产经验。《山西农业科学》是山西农业科学研究院创办的，始于1961年1月，这时已是经济困难时期，生不逢时注定了命运多舛。本来是出月刊，但当年出第2期之后就由于纸张紧张等原因而中断，到10月份才又出第3期，在这期的《编后语》中说是“复刊了”。到1962年坚持了半年之后终因难以为继，只得改为双月刊。

《山西农业科学》是一本综合性的农业科技期刊，创刊号上说它的主要任务是“报道研究成果，普及科学技术，推广先进经验，指导生产实践”。但是它似乎还不只是反映科技，在创刊号的“稿约”中列为第一项的是“党和政府在农业生产与农业科学研究方面的方针政策的阐述和贯彻执行情况”，这就有些近于行业期刊了。在后来出版的《山西农业科学》中，最初重点还是在科学研究上的，只是更多关注于应用，创刊号上有山西农业科学院院长武藻的《动植物远缘杂交的展望》，有翻译苏联学者库律的《关于种子播种前照射法在农业上的应用》，还有涉及小麦、谷子、玉米、棉花、枣树、苜蓿、畜牧等方面的科研论文11篇。在“复刊号”上，则以磷肥为主组织了一组文章，另外还结合当时生产，刊登了有关秋种、秋选、秋耕以及甘薯贮藏、豆麦轮作等内容的稿件。

1960年代初是山西涌现劳动模范和先进典型较多的时期，《山西农业科学》也突出与此有关的总结报告，如曲耀离、吴春安、王继成等人的植棉高产经验，壶关县晋庄、汾阳县贾家庄、文水县开栅等人民公社组织农作物高产的经验等。科技人员的研究成果在刊物上的分量小了。类似的内容坚持了有两年，以后则渐渐加重了政治色彩，卷首开始刊登毛主席语录，一些谈论毛泽东思想指导农业生产的文章也出现了，到“文革”开始前则达到了顶点。1966年第3期，转载了《人民日报》社论《农民自觉掌握农业科学和哲学的时代开始了》，刊发了省农科院向阳店样板田工作组写的《我们是怎样用毛泽东思想指导样板田工作的》。而到第4期，多半篇幅成了政治运动的内容，有《红旗》杂志社论《无产阶级文化大革命万岁》、《人民日报》社论《横扫一切牛鬼蛇神》，以后是表态性文章，有陈永贵、李顺达的表态言论，还有农科院职工声讨“三家村”大会的通讯等等。虽说积极投入了这场“文化大革命”，但刊物还是走向了停刊的结局。从1961年1月到1966年8月，《山西农业科学》共出刊36期。

1958年9月，太原市科学技术委员会创办了月刊《技术研究》，这是一份涵盖面较宽、存在时间也较长的科技期刊。它是综合性的，涉及工业、农业、医疗卫生等领域，但以工业为主，更出于山西特别是省城太原的特点，主要涉及采矿、冶金、机械、轻化工等专业。它从1958年起一直出版到1965年5月，跨进了第8个年头，是山西唯一没有在三年“经济困难”时期中断过的科技刊物。

《技术研究》的编辑方针是“紧密地结合工农业生产发展需求和工农业部门每个时期的中心任务，报道各专业的生产工艺、理论研究、新产品研制、新技术成就、经验交流以及国内外各种先进技术成就和发展情况”。当时提倡科学技术的群众运动，具体讲就是被简称为“双革”的技术革新与技术革命运动，《技术研究》以很大的篇幅反映了这一运动。这一刊物当时还是有不小影响的，以1965年的统计，全年发表的文章有冶金、机械方面的46篇，轻化工方面的23篇，煤炭方面的1篇，建筑工程方面的13篇，电力技术方面的8篇，医疗卫生方面的3篇，总数近百篇。在近8年的办刊中，共出版《技术研究》94期。这一刊物充分展示了当时科研人员、工程技术人员在社会主义建设中付出的辛勤劳动，反映了他们的聪明智慧，记录了知识分子尤其是工作在生产第一线的知识分子为推动我国技术进步所进行的努力。到1965年出版第4期后，宣布停刊，“停刊启事”表现的态度也很平静，只说是“根据我市最近整顿内部刊物的精神”而停，同时宣布一并撤销编辑委员会。《技术研究》曾成立过编辑委员会，成员有近20位省城知名的技术专家，主编（即编委会主任）为任太原市副市长的工程技术专家曹焕文。所谓内部刊物是因为当时订阅该刊是要“持单位介绍信”的。

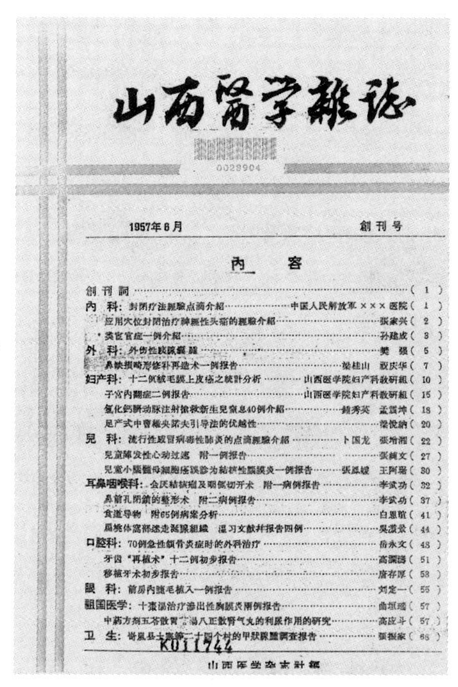
山西医学雜誌

0028904

1957年6月 創刊号

內 容

創刊詞……(1)
內 科：封閉疗法經驗点滴介紹……中国人民解放軍×××医院(1)
应用穴位封閉治疗神經性头痛的經驗介紹……張家兴(2)
类宦官症一例介紹……孙建成(3)
外 科：外伤性[illegible]……樊 强(5)
鼻缺損畸形修补再造术一例报告……梁桂山 殷庆华(7)
妇产科：十二例絨毛膜上皮癌之統計分析……山西医学院妇产科教研組(10)
子宮內翻症二例报告……山西医学院妇产科教研組(15)
氯化钙脐动脉注射搶救新生兒窒息40例介紹……鍾秀英 孟震坤(18)
足产式中會陰央紧夫引导法的优越性……梁悦納(20)
兒 科：流行性感冒病毒性肺炎的点滴經驗介紹……卜国龙 張增湘(22)
兒童陣发性心动过速 附一例报告……張純文(27)
兒童小脑髓母細胞瘤误診为結核性脑膜炎一例报告……張慕媛 王阿瑞(30)
耳鼻咽喉科：会厌結核瘤及咽侧切开术 附一病例报告……李武功(32)
鼻後孔閉鎖的整形术 附二病例报告……李武功(37)
食道异物 附65例病案分析……白思寬(41)
扁桃体窩部迷走涎腺組織 温习文献并报告四例……吳滋泉(44)
口腔科：70例急性頜骨炎症时的外科治疗……侯永文(48)
牙齿"再植术"十二例初步报告……高鳳语(51)
移植牙术初步报告……唐存厚(53)
眼 科：前房內睫毛植入一例报告……刘定一(55)
祖国医学：十棗湯治疗滲出性胸膜炎兩例报告……曲祖贻(57)
中药方剂五苓散胃苓湯八正散腎气丸的利尿作用的研究……高应斗(57)
卫 生：昔阳县大寨等二十四个村的甲狀腺腫調查报告……張振家(66)

山西医学杂志社編

在这一时期，山西还有过一份质量较高的“综合性高级医学杂志”《山西医学杂志》。它1957年6月创刊，季刊，1961年时曾一度休刊，1962年又正常出版，坚持到1966年9月，先后共出版了36期，平均每期页码为90多页。发行量大致在3000至4000册。《山西医学杂志》有一个由医学专家组成的编委会，创刊之初共有22人，总编辑为邵象伊。邵象伊（1909—1990），浙江杭州人，德国柏林大学医学博士，1956年后任山西医学院院长。他为山西医学期刊的创办作出了很大贡献。《山西医学杂志》在内容上包括临床医学、卫生学和基础医学等各个方面，所刊发的研究论文的水平代表了山西的最高水平，有的在全国也有一定影响。邵象伊是中国卫生学专业的奠基者，山西卫生学方面的研究当时更处于全国领先地位。从1957年到1966年10年间，《山西医学杂志》发表近千篇论文，对促进山西医学的发展发挥了相当大的作用。在刊物编排上，最初按医学科目如内科、外科、妇产科、儿科、祖国医学、卫生等分栏目，以后改为著述、病例报告、综述、译文、文摘等栏目。在政治形势“左”倾加剧的情况下，这样一份科学技术期刊也受到冲击，1965年第3期就在出版时抽去若干页，使期刊开了“天窗”，对读者的交代是：“本期第51—56、91—96页因故删去，请原谅。”到“文革”开始，《山西医学杂志》同样用30多页转载《人民日报》、《解放军报》的社论和批判文章，每篇前也加上黑体字的“毛主席语录”，这成了这份期刊停刊前的最后表现。《山西医学杂志》的副总编最初为于载畿、何其英、樊清江、魏调。副总编以后多次变动，这自然与政治形势有关，一直没变动的只有于载畿（妇科专家）一人。

当时，山西还有一份普及性质的科技期刊《山西科技》。《山西科技》由山西科学技术协会主办，1959年1月创刊，半月刊，每期24页，在1961年出版4期之后于3月份休刊。《山西科技》的“创刊词”就明确刊物是“面向群众、面向基层、面向生产”的，要成为“促进工农业生产与科学技术工作大跃进的有力工具”。《山西科技》刊载的文章一般均短小精练，每期24页要刊发30篇以上，涉及工农业的创造发明、科技知识、医卫知识，甚至生活小常识，内容还是比较丰富的。创刊时设立七个栏目，有“创造与发明”、“科学知识”、“地方工业”、“经验交流”、“农业技术”、“科技通讯”、“生活小常识”。刊发的文章有《土电气仪表的制造》、《机械识图基础知识》、《介绍几种土制化肥》、《阳高县大闹菌肥》、《治烧伤的妙方》、《寒潮》等。

1960年《山西科技》曾以编辑室名义写过一篇回顾文章，文中说：“在年初的几个月里，我们根据钢铁工业的生产需要，介绍了有关炼钢炼铁方面的许多技术知识；稍后我们转为大量地介绍有关土机械、土车床、土电机、土铁路的‘四土化’技术知识；以后我们又围绕着粮棉等主要农作物在生产中的技术问题进行了大量的比较系统的介绍。最近，我们又把党提出来的加速农业技术改造，实现农业‘四化’的任务作为刊物的主要内容；而我们在全年都以钢、煤、粮、棉四大项为刊物的中心内容。”从这里可以反映出刊物当时的编辑思路和选稿的价值取向。在以后的办刊中基本延续了这一思路。当然，由于“大跃进”的影响，也报道过一些带有滑稽色彩的“大跃进”发明，如关于“母骡怀胎”的“新事物”。

这一时期也有过很专业的科技期刊，如《山西果树通讯》。它是山西省果树科学研究所主办的，研究所设在山西省太谷县北梁村，刊物在这里编辑出版，这是与其他科技刊物在省城办不同的。这一刊物的前身是1958年3月开始的油印小报，8开单页，半月一张，第10期后改为铅印，到1959年10月改为杂志形式，按月刊印。这一改变当时出自省级领导的关注，在刊物上曾这样表述：“果树通讯光荣地得到了中共山西省委的支持，正式批准发行。”《山西果树通讯》面向全省果树工作者，也兼及果农，内容为有关果树的各项实验研究、果树资源的调查利用、果区高额丰产经验、先进栽培管理技术介绍以及果树科研情报动态等。办刊之初赠阅数量居多，1960年交邮局发行，但到当年7月则因进入经济困难时期而停刊。虽总共只出版了10期，但作为一个十分专业而涉及面相对小的科技期刊，还是发挥了其应有作用的。

在科学期刊之中还有一类是高等院校所办的学报，这类期刊在三四十年之后有了很大发展，在期刊之林中自成一族，但当时还远非如此。1953年时，全国进行高等教育学校的院系调整，山西大学这所中国创办最早的高等学校之一也进行了改组，一部分迁北京并入别校，留在山西的则分别组成了山西师范学院、太原工学院、山西医学院、山西农学院，1958年后还分出来组建了山西艺术学院。1957年时，这几所高校为推进教学和科研，相继创办了学报，这些学报都是综合性的，社会科学与自然科学在同一学报上，出版不定期，有的标有刊期，可事实上出版也不正常，每期页码不固定，在一定程度上类似于论文汇集形式的图书，只是均采用16开本而已。到“文革”开始也全都停办。

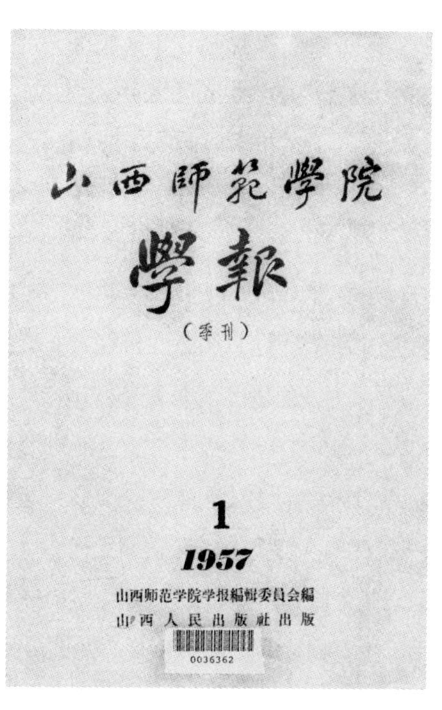

《山西师范学院学报》创刊于1957年，季刊，从1957年到1959年都是山西师范学院编辑，山西人民出版社出版，1960年后才改由该院学报编辑委员会出版。山西师范学院实际上就是留在太原的山西大学，所以这份学报应该是1947年《山大学报》的延续，也是后来《山西大学学报》的前身。创刊时未标明创刊号，未标总期号，也无发刊词，完全不像以后那么正规。直到1958年才标总期号，每期页码在128—188页之间，定价0.60元。《山西师范学院学报》的学术质量当时还是较高的，以1957年第1期为例，共刊有11篇论文和两篇补白，依次是初鸣译的马克思、恩格斯《德意志意识形态》一书中的一节《评“真正社会主义”》、俞静安《大克鼎铭文之研究》、贺凯《论诗经小雅》、梁园东《关于诗经“噫嘻”篇的解释问题——周代史料解释问题之一》、姚奠中《司马迁的传记文学》、罗元贞《论均田制的产生和解体》、刘秉义《关于〈西厢记〉和有关西厢记的评论》、李西成《〈金瓶梅〉的社会意义及其艺术成就》、乔志强《一八三五年山西赵城曹顺起义事略》、江地《太平军北伐战争始末——兼论初期捻军的抗清斗争》、王伯伦《巴甫洛夫高级神经活动类型的学说在研究学生个性特征方面的运用》。两篇补白是《山西最早的共产党人——高君宇》和《山西左云县戚鲁乡新出土的秦权》。无论是作者的学术地位还是论文的研究水平，在当时是处于全国上等水平的。虽为“综合性的学术刊物”，但《山西师范学院学报》还是偏重于哲学社会科学，自然科学方面的每期未超过三篇，唯有1960年第3期作为“生物学专刊”是个例外。

当时的政治形势在这种学术刊物上也同样有所体现。起初学术争鸣还是较正常的，在1957年第3期“批评与讨论”栏目中就发表有对第1期王伯伦的观点提出质疑的文章，基本上属于学术争鸣的范畴。但是“反右”斗争开展之后，学术问题与政治联系起来，不仅发表了类似《批判冯雪峰对苏联文学的反马克思主义观点》这样针对全国“右派分子”的批判文章，而且更直接组织了对本校“右派”的批判，如《对右派分子姚奠中资产阶级文艺思想的批判》(1958年4期)、《批判梁园东秦末农民起义问题上的反动观点》(1959年第2期)，这是一方面。另一方面，《山西师范学院学报》也较早倡导了对毛主席著作的学习，这对于在高校中加强马列主义、毛泽东思想的教育是有促进作用的，典型的是1960年第2期“学习毛主席著作专号”，该期“委托政治系编辑”，共发表13篇文章，这些文章虽个别有“左”的倾向，如对人民公社的歌颂等，但总体上还是客观、恰当的。这一年学报用纸质量已逐渐下降，“困难时期”直接影响到学报，到1961年时只好停刊。

从1957年到1960年，《山西师范学院学报》共出16期，发稿180篇。学报编委会设主编，开始时由梁园东院长兼任，校党委副书记周秀清为副主编，无编辑部建制，由秘书长江地（编委）主管学报工作。

《太原工学院学报》创刊于1957年11月，创刊号上院长赵宗复的“代发刊词”的题目就表明了办刊的宗旨:《为增强服务于人民的科学技术实力而奋斗》。《太原工学院学报》与众不同之处是创刊时就刊出了《〈太原工学院学报〉出版条例》，并标明为“1957年4月23日院长集体办公会议(扩大)通过”，可见当时学院对办学报是十分重视的。到1961年7月，这个条例修订为《太原工学院学报出版暂行规定》，系“7月21日第一次学报编辑委员会通过，院长批准”的，发表于1961年第1期封三。这一规定对稿件处理设了专条，阐述了当时编辑工作的一些程序及要求，如：来稿“由机械、无线电、电机、土木、数理、力学各学报编审小组分别负责审阅，或交投稿者的教研组对有关稿件认真审定，必要时得退回原作者再加整理编写。编审小组有删改之权，不登稿件酌予退还。稿件审查后，送交编委会经有关编委阅后决定付印”。“稿件付印后，最后一次校样由投稿人校对，投稿人于接到校样后，应迅速校对，并以不改原文为原则。”这些规定对研究那一年代的编辑工作是很有用的资料。《太原工学院学报》创刊号刊登机械、化工、土建、数学等方面的论文19篇，以后曾有过将不同内容分为几版各自装订成册的情况，如1959年第2期分为“机械热加工版”、“电机版”、“土木版”，第3期分为“基础理论版”、“防水专号”。这些不同版仍用原期号，但页码少了，每版在60页左右，而创刊号为202页。这两期实际上等于5期，编号却分别为2、3期。《太原工学院学报》最初出版周期也不正常，1957年出1期，1958年就未出版，1959年出2期，1960年又未出刊，1961年出版的第1期标为“总第4期”，到1962年开始才基本按季刊出版，但页码不固定，如第1、2期合刊116

页，第3期128页，第4期98页。到1965年第4期出版之后已是“文革”前夕，也就停刊了，共出版21期。在这份学报存在期间，最有分量的是1963年出过一期“纪念建院十周年专号”，刊发27篇论文，页码比平时增加一倍以上，达到250页。《太原工学院学报》1961年刊出过编委会名单，系赵宗复、郑文华、朱景梓等19人，以后有过少量变动。

与上述两份学报相比，《山西医学院学报》则创办较迟，坚持时间短，出版也显得更不正规。山西医学院本来有办刊的历史，它办的《译著丛刊》出过两期，第2期在1956年，但办学报却是三年之后的事 了。《山西医学院学报》正式创办于1959年11月，这一期上有以编委会名义写的《创刊词》，但是在此前的1959年6月，已经出过一本专辑，名称为《山西医学院学报·西医学习中医研究班内经论文专辑》，这个专辑有29篇论文，是刊也是书，在“前言”中称“这个专刊是我院西医学习中医研究班学习内经后的论文选集”。《山西医学院学报》创刊后，1960年出了2期，因纸张紧缺，有一期使用的是黄麻纸，到1961年又出一期是《山西省西医离职学习中医班专业论文选辑》，以后则再未出版。

前述学院和学报都在山西省会太原，而山西农学院则位于山西中部的太谷，它的前身是1907年创办的铭贤学校。1960年5月《山西农学院学报》第1期出版，当时定为季双刊，封面署有山西农学院学报编辑委员会和出版者山西人民出版社。这期学报共刊载19篇文章，除发刊词外，有一篇科研号召性文章《利用烟草特点，推广烤烟杂交第一代优势种，更快更好地为生产服务》(康兴卫)，其余全是科研报告及论文，涉及玉米密植、棉花密植、小麦早期管理、熟化土壤、猪饲料、细毛羊培育、猪病手术、喂牛、兔病诊疗、梨树挂果、麦园蜘蛛防治等项目。这些文章的作者都是当时国内农业科研方面有影响的专家学者。这期学报的具体负责人是张孔彰。当年11月出版第2期，但不再是出版社出版，版权记录出版者为山西农学院，这期设“农业”、“畜牧兽医”、“蔬菜”、“同位素”、“教学改革专论”5个栏目，共发文章15篇。据现有资料，没发现该学报以后还继续出版。

第六节 坚持发展的“教育”期刊

教育类期刊一直是期刊中的一个重要门类。教育类期刊伴随着教育事业的发展变化而发展变化，它一般由省教育主管部门主办，面向广大教师及其他教育工作者，在传达教育方针与政策、指导教育工作实践、交流教育经验、促进教师队伍提高素质等方面发挥着很重要的作用。虽然刊名曾有过不同，但这一办刊宗旨是贯彻始终的。山西的教育类期刊最主要的是《山西教育》，从1956年到1966年，《山西教育》大致经历了三个不同时期。

一、初创时期

《山西教育》是山西省教育厅主办的，1956年11月创刊，月刊，从创办到1961年出版第2期之后休刊，这一时期可谓初创阶段。《山西教育》的创办最初源于基层教育工作者的建议。1956年暑假期间，山西省首届优秀教师及优秀教育工作者表彰大会在太原五中召开。大会期间，不少老资格的专署教育局长、校长和教师提出应该办一份教育期刊，这一呼吁引起了教育厅的重视，分管教育的副省长王中青知道后积极支持，并自告奋勇来当这个刊物的主编，这样就促成了《山西教育》的诞生。《山西教育》创办时为32开本，内文34页，定价0.20元。出版8期后，从1957年7月改为半月刊，改半月刊后正文为26页，定价0.12元。在创刊号上山西省教育厅厅长解玉田撰写了代发刊词《大家动手办好〈山西教育〉》。文章根据中共“八大”精神，阐述了教育事业在扫

除文盲、普及小学义务教育、发展高级中学和初级中学、开展工农业余教育等几方面的任务，分析了山西省教育工作存在的问题，认为要完成以上任务，提高教育质量，关键在于“提高领导，提高教师”，而《山西教育》的出刊就是“为了指导大家的工作、教学和学习”，“不断提高自己”，同时学习教育理论，“开展教育科学研究”。《山西教育》创办后影响达到海外，印尼华人中竟有相当订数，华侨领袖陈嘉庚也曾来信订阅。

《山西教育》创刊时刊名用鲁迅的字辑成，具体编辑者是山西省教育厅编审室，在刊物上则署为“山西教育编委会编”，山西人民出版社出版。当时省教育厅与出版社签订合同，纸张、印刷、发行及在报上刊发每期目录由出版社负责，教育厅每期要150本样刊，并负责发稿酬。创刊号的封面是一位戴红领巾的小女孩捧一个大向日葵，表达了创办者把这份杂志作为丰收之果送给教育工作者的愿望。

这一时期的《山西教育》呈现出两个特点：一是紧密结合教学实际，二是紧密配合政治运动。这从不同方面反映了山西教育界，特别是中小学教育当时的状况。《山西教育》很注意总结山西教育界的典型经验，及时予以宣传，如1959年国庆十周年之际，在刊物上连续发表了《山西教育十年》、《万紫千红的稷山教育》、《阔步前进的太原五中》、《蓬勃发展的晋北教育》、《在斗争中成长起来的范亭中学》等文章。在平时则把很大篇幅用于教学辅导、教材分析，从中学（含师范）到小学，各学科的内容都有涉及，每年度开始之前还及时刊出该年度中学（含师范）、小学的“教育工作计划要点”，这是省教育厅制订的，对全省各地市乃至各学校都有实际指导作用。结合山西特点，搞好复式教学也是刊物关注的重点。复式教学就是在农村小学学生少的情况下，把不同年级的学生安排在同一教室上课，这是当时很普遍的一种教学方式。《山西教育》坚持设专栏对此进行辅导、研究，对提高广大农村小学教育的质量是有很大促进的。这一时期的各种政治运动自然在教育界会有所反映，这点在刊物上也有体现。1957年初开始“大鸣大放”，《山西教育》设“正视矛盾，大胆争鸣”栏，6月号上刊有邓初民的《如何认识和正确地处理学校内部矛盾》、贺逸民的《省教育厅开门整风》及《大胆“鸣”大胆“放”——长治专区中学教师初谈学校内部矛盾问题》等文章。夏天“反右”开始，9月号《山西教育》发表社论《加强学校中的社会主义思想教育》，文中说：“……右派，趁着党整风的机会，对党对社会主义发动了猖狂的进攻。他们企图首先夺取知识分子和工商界的领导权……学校是知识分子比较集中的地方，我省右派分子×××（原文点名——编者注）就是把学校当作进攻的主要目标的。在反右派斗争中各地学校已经揭发出一批右派分子，如太原四中的……因此，我们说在学校中的反右派斗争，也是一场关系着社会主义学校生死存亡的严重斗争。”在以后的刊物上，火药味更浓了，不仅刊发了《我们绝不能容忍右派分子毒害青年》、《教师中的牛鬼蛇神》等一批反右派文章，还披露当时右派分子占教师总数的比例。被打为右派分子的作者所写的文章自然是不能刊登了，由于形势变化快，来不及换的甚至裁去相关页码，出现了“开天窗”现象，8月号出版后刊中夹一小条“本刊声明”，说“第7页刊登的文章，选择得不合适，临时裁去”，因为这样第8页一文的前半部分也裁了，所以只得表示在下期将另一文重新发表。而被裁去的是山西师范学院姚奠中写的一篇教材辅导文章，分析唐诗的。1958年搞“大跃进”,《山西教育》又及时发表了《教育事业在哪些方面跃进？怎样跃进？》(第3期),《太原市南城区发动群众十天办学八十座》、《平遥综合大学方案》、《平顺县五天办起六十一座学校》(第5期）等文章，这在当时是歌颂了教育的“放卫星”,但也真实记录了那个荒诞年代的“教育大跃进”。1959年是“反右倾，鼓干劲”，1960年“大搞文化革命，实现工农群众知识化、知识分子劳动化”,《山西教育》的主要栏目与内容都是围绕这些中心进行的。1961年,《山西教育》同样停办，而且这种停办显得十分仓促，是在当年第2期出版后在刊物中夹了个“紧急启事”的小条，未讲原因，只说“《山西教育》(半月刊）从1961年第3期起休刊，凡订阅本刊者请到当地邮局办理退款手续”。

《山西教育》创刊时由省教育厅教研室主任贺逸民兼主任，董锦章为副主任。最初工作人员两人，以后逐渐调入一些，反右后又下放来几位，都是在新华社、教育部重要岗位上工作过的，使《山西教育》一度人才济济。从创办到休刊,《山西教育》共出版82期，这期间页码、定价都曾变化，发行量开始时6500册，以后上升至2万份左右，最多时达到4.5万份。

二、简报时期

在《山西教育》休刊近两年之后，省教育厅又出版了《山西教育简报》，宗旨仍是指导工作，提高教育工作者水平。《山西教育简报》在形式上与一般工作简报类似之处是封面与内文用纸一样，但是封面套红印制了刊名，封底标注“山西教育简报编辑室编辑出版”，32开本，每月10日、25日出版，由太原市邮电局总发行，定价0.08元。这就与一般简报有所不同，事实上是《山西教育》的一个新样式。

《山西教育简报》1963年1月出版，第1期刊载9篇文章，有评论《做一个无产阶级的教育战士》，有通讯《女教师张玉杏》、《优秀辅导员郭翠珍》、《一颗红心为孩子》，有教学研究《漫谈语文教学》(张志公)、《作文教学中的“五结合”》(侯马小学六年级语文考研组),在“教师信箱”里有两封来信《应该用教育方针衡量教学质量》、《师范学校应加强汉语拼音教学》,还有一条消息《贯彻党的方针提高教学质量——长治县组织中小学领导干部学习党的八届十中全会文件》。从这一编排看,完全是一种期刊形式,虽容量小些,但承袭了《山西教育》的思路,以后各期也基本上如此。

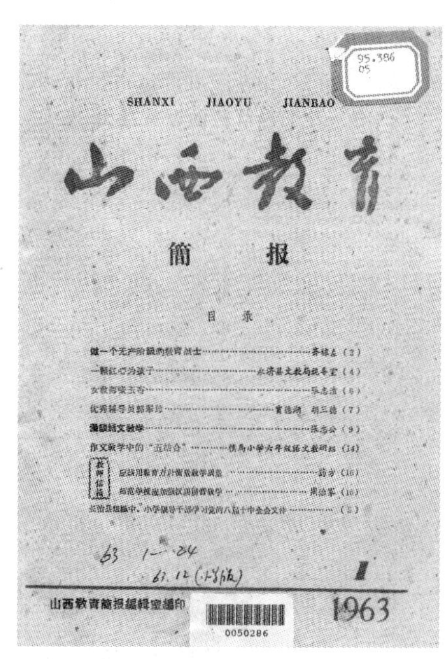

《山西教育简报》从当年1月到4月出版了7期,到4月下旬即第8期时,恢复了《山西教育》原刊名,到第9期更标上了总期号:1963年第9期(总第84期),这与1961年停办时的总期号连了起来。恢复刊名后,封面用纸质量提高了,页码也增加了,封面刊登彩色美术作品,封底刊登一首歌曲,在内容上则集中宣传报道这一年在全国范围开展的“学雷锋”运动,陆续刊登了毛泽东的题词“向雷锋同志学习”,刊发了中共山西省委第一书记陶鲁笳的题词“响应毛主席号召,在山西全省范围内开展一个向雷锋同志学习的运动”,省委书记处候补书记王大任的《热烈响应“向雷锋同志学习”的号召》一文,以及全省各地教育系统“学雷锋”的报道、经验和体会文章。

三、“三版”时期

恢复刊名之后的《山西教育》在突出“学雷锋”中心的同时仍注意山西教育事业的全面情况,编辑部曾提出要报道五个方面的经验,即加强思想品德教育方面的经验;改进教学提高教学质量的经验;组织学生参加生产劳动的经验;帮助教师提高思想觉悟和业务文化水平的经验;加强学校领导,正确贯彻党的教育方针的经验。

1963年6月《山西教育》第12期出版时,刊名有所变化,成了《山西教育(小学版)》,总期号仍连续排为第87期。这表明从这时起这本期刊的内容将集中于小学教育。在这一年的7月、8月和12月出版了三期简报式的《山西教育(中学版)》,页码分别为10、12、20页。到1964年1月,正式创办了《山西教育(中学版)》与《山西教育(业余教育版)》,《山西教育》开始分成三个版本出版,其中小学版为半月刊,每期20页。另两个为月刊,每期32页。

《山西教育（小学版）》编辑宗旨、方针完全沿袭了原先的《山西教育》，根据各时期中心工作的不同而有所侧重。尤其是关于模范教师张瑾瑶的宣传报道，是从1963年到1965年刊物的一个突出重点。张瑾瑶是平定县东北山区神峪口小学的教师。他1952年从部队转业到家乡的黄统岭乡担任神峪口、神水泉、白石头三个山庄小学的教师，他先是在三个山庄巡回教学，后来又把三个山庄交界处的一个破羊圈改成了学校。他一面教书一面学习，自己也从初小水平达到了初中文化程度。12年里，他一个人在“从没出过一个秀才”的山沟里，教出了114名学生，除升学的外，其余80多名都成了农村的生产骨干，其中4名当了生产队长，6名当了会计和统计，有4个学生后来成了全县劳动模范。12年来张瑾瑶连续10次被评为县先进教育工作者，1960年还参加了省文教群英会，1961年加入了中国共产党，1962年获得“县模范教师”的光荣称号。《山西教育（小学版）》1963年第18期发表长篇通讯《献身山区教育事业的张瑾瑶》，同时配发了编辑部文章《向张瑾瑶同志学习》，在全省教育战线大力宣传了这一优秀典型。王中青副省长对报道张瑾瑶的文章亲自修改，并明确指示：“要大张旗鼓地宣传。”他亲自安排出专刊，并约请省委书记处候补书记王大任写评述文章。1964年9月，省教育厅、省总工会和共青团山西省委联合发出通知，号召全省教育工作者和师范学生及共青团员向张瑾瑶学习，“走又红又专的道路，当教育革命的促进派”。1964年9月15日出版的《山西教育（小学版）》第13、14期，中学版第8期，业余教育版第7期，合刊推出学习张瑾瑶专辑，发表了省委书记处候补书记王大任的《人民教师的好榜样》一文，社论《学习张瑾瑶，做无产阶级教育战士》，通讯《红色的山乡教师——访张瑾瑶同志和神峪口小学》以及《张瑾瑶日记摘抄》等一批材料，集中力量再次宣传张瑾瑶，学习张瑾瑶的活动轰轰烈烈地在全省推开了。接着，《山西日报》、《人民日报》、《光明日报》、《人民教育》等纷纷转载了介绍张瑾瑶的通讯，《山西日报》还同时刊发了王大任的文章，张瑾瑶的事迹由《山西教育》的宣传而传遍全国。这以后，《山西教育（小学版）》又不断从不同角度推动学习张瑾瑶活动的深入，在1964年后半年即发了40多篇相关稿件。小学版共出版三年半，到1966年12月出该年第24期（总第147期，实际是与其他版合刊了）后停刊。

《山西教育（中学版）》是1964年1月创办的，在此前的1963年分别在7、8、12月出过三期简报式的《山西教育（中学版）》，在正式出版中学版之后将这三期也连续计入总期号。从3期简报算起，到1966年底停刊，中学版共出28期，其中有1965年5月的一期增刊。《山西教育（中学版）》在存在的两年内主要内容是按照“教育为无产阶级政治服务，教育与生产劳动相结合”的方针，积极宣传“教育革命”。当时“教育革命”的内容主要有四点：一是思想革命，“就是用无产阶级思想来批判与克服资产阶级教育思想”，解决“是为工农办学还是为资本家地主办学，是办社会主义、共产主义学校还是办资产阶级那样的学校，是把学校办在三大革命运动（指阶级斗争、生产斗争、科学实验——编者注）之中还是把学校办在四堵墙里面”的问题；二是大抓半工半读、半耕半读教育；三是改革全日制学校的工作，处理好德育、智育、体育三者的关系；四是“把教育行政部门和学校机关革命化”。《山西教育（中学版）》围绕这四点从多方面组织稿件，编辑思路是很明确的。当时在全国范围内有两个很普遍的口号，一是“学毛著”，二是“革命化”，在中学教育中尤其突出，《山西教育（中学版）》也充分高扬了这两方面，在推动学习毛主席著作方面连续发表有关文章，还设了专栏。在坚持政治导向的同时，《山西教育（中学版）》也关注中学教育的方方面面，如全日制学校的改革、半工（农）半读教育的发展、学校的政治思想工作等等，刊物在当时全省中学教职工中还是很有影响的。

《山西教育（业余教育版）》是针对工农群众业余教育而办的，创办于1964年，在此前山西教育编辑部还编印过一期《山西教育业余教育版》，但内容较少，只有8页，后来正式创刊后并没把这一期计入总期数。当时，全省的工农业余教育发展形势是很好的，据后来《山西教育（业余教育版）》所发过的社论介绍：1964年在厂矿中有10.5万人参加业余学习，比上年增加3万人；在一些厂矿实行了扩大的业余教育制度，举办了半工半读性质的“七一”、“六二”乃至近乎“四四”制的学习班（指八小时中工作与学习时间的分配——编者注）。在农村坚持常年学习的达60余万人，到1964年年底，3市89县中有2.3万多个生产大队恢复了冬学，入学人数达370余万，其中贫下中农占70%以上。“毛主席著作学习小组大量涌现，短期的技术训练班日益增多，包教包学的扫盲活动比往年更为活跃。”这些正是办这份刊物的需求和基础。《山西教育（业余教育版）》的任务是推动工农业余教育的发展，两年之中主要刊发了这样几方面的稿件：一是学习毛主席著作；二是扫盲工作；三是技术教育；四是半工（农）半读教育；五是冬学民校工作；六是回乡知识青年教育。其他如教学经验、教师培训、辅导员工作、先进人物、业余教育动态等也做了大量报道。

进入1966年后，《山西教育》的编辑出版已不能像以往一样了，3月份三个版合刊出版“学习毛主席著作专号”，这期首篇是省委宣传部部长卢梦的《文教战线上职工学习毛主席著作的重大意义》一文，接着是张瑾瑶等一批先进典型的学习体会。这一期标出“小学版4、5期，中学版3期，业余教育版2期合刊”，自此后当年连续有几个合刊，尤其是6月号以后，关于“文化大革命”的重要消息（如改组中共北京市委）、重要文章（如《横扫一切牛鬼蛇神》）等都集中在“合刊”上发表，而且这些合刊封面已改为简报式的，上有红色刊头，下有本期要目。到1966年年底，最后出版“小学版23、24期，中学版12月号，业余教育版12月号合刊”。

除去《山西教育》之外，在1960年时，山西省教育厅还办过另一期刊《山西工农教育》，这份刊物1月创办，到7月停办，共出9期。这一期刊的出现和当时山西省扫盲和业余教育在全国是先进典型有关，特别是万荣县的注音扫盲工作，得到了国家文字改革委员会的重视与肯定。1960年4月，中共中央批转了《山西省委关于在全省推广万荣县注音识字经验，争取提前使山西成为无盲省向中央的报告》，《人民日报》也发表社论《大力推广注音识字 争取提前扫除文盲》，推广“万荣经验”。《山西工农教育》全面报道了“万荣经验”推向全国的过程。《山西工农教育》还积极报道了工厂办学的典型晋西机器厂，刊登了中共山西省委第一书记陶鲁笳的《工厂大办学校的伟大意义——祝贺晋西机器厂大办业余学校和半工半读学校取得巨大成就》，此文后来在《前进》杂志和《人民日报》上再次发表。在刊登这篇文章的1960年第7期上，同时刊发了晋西机器厂《我厂是怎样培养出第一批工人大学生的》经验介绍。这些典型经验的核心意义，在于宣传当时教育提倡的目标——“工农群众知识化，知识分子劳动化”。

第七节　积累“资料”的特殊期刊

《山西文史资料》是这一时期创办的一种特别期刊，它的诞生有全国性的时代背景。1959年4月29日，兼任全国政协主席的周恩来，在全国政协60岁以上委员茶话会上提出了整理文史资料的倡议，指出戊戌以来是中国社会变动极大的时期，有关这个时期的历史资料要从各方面记载下来，希望这些政协委员把“亲历、亲见、亲闻”的资料记录下来。这一倡议得到积极响应，7月，以范文澜为主任委员的文史资料研究委员会成立，制订了《中国人民政治协商会议全国委员会文史资料研究委员会工作办法》，对计划、组织和推动近现代史资料的搜集、撰写和研究做了较详细的部署。1960年1月，全国政协创办《文史资料选辑》专刊，全国各省市政协也相继开展了这项工作。

山西是较早开展文史资料搜集、撰写工作的省市之一。1959年9月，在全国政协文史资料研究委员会成立不久，山西省政协就开始组织中华民国政权时期的高级军政人员撰写、口述、笔录自辛亥革命以来山西的有关史实资料，为后来编写《阎锡山统治山西史实》一书进行准备。1961年7月正式成立山西省文史资料研究委员会，同时成立《山西文史资料》编辑室，设在省文史馆内，负责人是有多年办报经历的田际康。1961年10月，《山西文史资料》创刊，中共山西省委书记处书记、副省长兼省政协副主席郑林题写刊名并撰写《发刊词》。《发刊词》中明确办刊目的是“广泛地搜集和积累地方文史资料、推动资料撰写和研究工作，为将来准备编写地方志准备条件”，提出“以近代史资料为主，同时也征集历代有关资料”，“从清末到解放前夕，亲身经历过重大事件的人们是越来越少了，而他们知道的事情，又远远丰富于文字记载，所以本刊特别欢迎有关这个时期的回忆录、访问记、日记、信札、文稿等等”。后来出版的《山西文史资料》就是按照这一方针编辑的。

与同期的其他期刊相比，《山西文史资料》堪称特别，其特别之处：一在于内容，如上所述，它的内容不是关于当前，而是记述过去，属于资料性质；二在于作用，不是指导或者推进当时的工作，而是为当时和以后研究积累史料；三在于作者，为其写稿者均是年龄偏大而且在旧时代曾居于一定地位的人员；四在于编辑方法，它不称“期”而称“辑”，编排上不像期刊，而更近似于图书；五在于出版方式，它每辑页码不固定，每年辑数不固定，完全视情况而定。从1961年到1965年8月共出12辑，其中1961年出1辑，1962年出3辑，1963年出4辑，1964年出2辑，1965年出2辑，页码最多时210页，少时110页；六在于影响，所出各辑在20年后又多次重印，这是一般期刊不可能有的。

《山西文史资料》第1至5辑由山西人民出版社出版，封面署“中国人民政治协商会议山西省委员会文史资料研究委员会编”，以后才改为“山西文史资料编辑委员会编印”。当时虽由田际康具体主编，但终审最初是卫逢祺，后张友接任，这也可见这一期刊的与众不同。《山西文史资料》第1辑出版时为“纪念辛亥革命五十周年专辑”，发表了17篇有关辛亥革命在山西的回忆文章，如《同盟会在山西的活动》（樊象离整理）、《辛亥太原起义追记》（叶复元遗稿）、《辛亥革命经历记》（刘精三）、《辛亥山西革命军记录》（姚以价遗稿）等，还在《人物简志》一篇里介绍了姚以价、杨彭龄、张煌、温寿泉等11位“太原起义时几个重要的”人们“不太熟悉的”人物。这一辑共印5240册，大部分用于赠送。在第11辑出版时曾刊载一个《第一辑至第十辑分类总目录》，这一目录对所刊文章进行了分类，计有山西辛亥起义39篇、政治57篇、军事20篇、经济23篇、文教5篇、社会生活4篇、人物6篇、其他3篇。这些资料对研究山西近现代史都是很珍贵的。

《山西文史资料》1965年8月出版第12辑之后停刊。

附录

1956年至1966年山西部分期刊存在时段示意图

年份 刊名	1956	1957	1958	1959	1960	1961	1962	1963	1964	1965	1966

前　进 58.7 60.12

星　火 58.8 60.12

支部建设 61.7 64.1

团的工作 61.5 64.1

山西青年 65.6

山西妇女 60.1 60.12

山西政协 59.9 66.4

山西冶金 58.10 59.7

山西农业建设 58.5 60.12

山西卫生 59.6 61.2 64.1 66.8

山西财贸 58 61.3

新闻战士 59.1 61.2

火　花 56.10 66.7

太原文艺 59.1 60.8

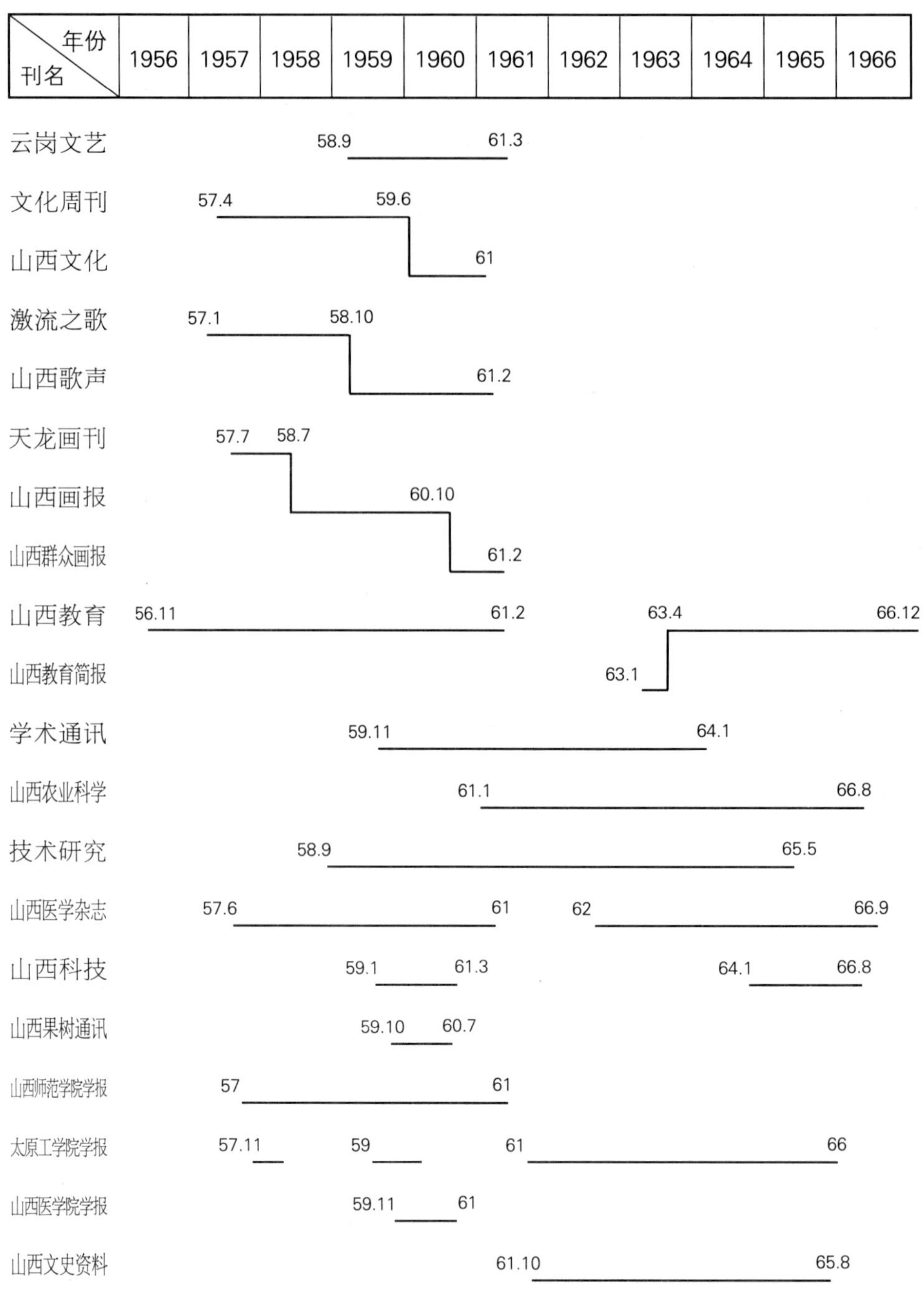

备注：1. 由于出版周期不同，存在时间与期数及影响无关。

2. 未注明月份者系月份不详。

第七章
"文革"十年的消长

1966年5月到1976年10月，是"文化大革命"的十年。

对于这场革命的性质，1981年中共十一届六中全会通过的《关于建国以来党的若干历史问题的决议》指出："文化大革命"的理论和实践都是完全错误的，它不是也不可能是任何意义上的革命或社会进步，而是一场由领导者错误发动，被反革命集团利用，给党、国家和各族人民带来严重灾难的内乱。

1966年6月20日，山西省省会太原的高等院校贴出第一批批判校党委、批判"反动学术权威"的大字报。此后不久，副省长王中青等被报纸公开点名，揭发他们所谓推行"反革命修正主义"的罪行。接着中共山西省委主要负责人卫恒、王谦、王大任等也遭到"革命群众"的"炮轰"，这种形势下，山西学术界、文化界、新闻出版界、教育界等都受到严重冲击，工作陷入混乱和瘫痪状态。1967年1月12日，山西"造反派"实行对中共山西省委和山西省人民政府的夺权，在全国创造了所谓"革命干部"、"造反派"和解放军"三结合"夺权的经验，中央文革小组予以支持，《人民日报》发表社论大加称赞，山西成了继上海之后"在一个省的范围内向党内一小撮走资本主义道路的当权派取得夺权斗争伟大胜利"的省份。与全国一样，山西省当时的期刊大多都已停刊，少数即便仍勉力维持，也都服从形势需要，用很大版面转发中央报刊上的"文革"文章。即使如此，到1966年秋冬也都停刊了。在1966年年初时，山西还昙花一现般出现过一本《火花戏剧专刊》，它由山西省戏剧工作者协会所编，以《火花》名义出版，第1期刊登“两个中型戏曲《三下桃园》和《山村供销员》”，封面上是《三下桃园》剧照。《三下桃园》后来改编为《三上桃峰》，在“文革”后期参加华北戏曲调演时被诬为“为刘少奇翻案的大毒草”，而最早刊发这一剧本的就是这本《火花戏剧专刊》创刊号。

“文革”期间，出版业百事皆废，只剩下一项任务，就是印发毛主席著作。在1969年2月16日的全国计划工作座谈会上规定了1969年的五项任务，其中第一项即为高质量地全力保证毛主席著作的出版发行，要求年内出版四卷本《毛泽东选集》2000万部，《毛主席语录》和《最高指示》3亿册，准备和出版《毛泽东选集》第五卷和第六卷。全国期刊出版则一片凋零，1965年时全国期刊790种，1966年年底降到191种，到1969年只剩下20种，其中还有6种是经周恩来竭力干预才保留下的对外发行的外文期刊。从1966年到1969年，其他读物的出版除了红皮小本《毛主席语录》外，几乎一片空白，社会上随处可见的是各种“红卫兵”和群众组织印发的报纸、传单。

1970年，周恩来努力恢复全国经济生产秩序，在他的过问下，成立了国务院“出版口五人领导小组”（简称“出版口”），1971年3月召开了全国出版工作座谈会，周恩来两次接见会议领导小组和会议代表，纠正“怀疑一切，打倒一切”的极“左”思潮，要求尽快使出版工作恢复起来。他说：“1971年再不出书，不像话了。”出版工作座谈会后，经毛泽东“同意”，中共中央于1971年8月16日向全国有关部门批转了《关于出版工作座谈会的报告》，文件中对期刊工作做了规定：“根据需要和可能，逐步恢复和创办一些理论、文学艺术、科学技术、学术研究、文教卫生、体育等期刊，属于社会科学方面的期刊，报中央组织宣传组批准；属于文学艺术方面的期刊，报国务院文化组批准；其他方面的期刊，报国务院有关部门批准。”在这种形势下，山西一些期刊陆续复刊，也有新办期刊问世，但名称上都带有“文革”特点，如1971年创办的《红小兵》、《革命文艺》，改名后的《教育革命》（原《山西教育》）、《山西农业科学实验》（原《山西农业科学》）等。

这一时期由于工业生产以及科学技术急需发展，所以科技类期刊更多些，不仅山西省各相关部门办刊，一些设在山西的中央直属科研单位和军工单位也创办了科技期刊。这些"文革"后期办起来的期刊，不仅要辟出一定版面转发所谓的重要批判文章，使科技内容受到挤压，而且由于受到频繁到来的"批修整风"、"批林批孔"、"反击右倾翻案风"等各种政治运动的冲击，机构与人员均难以稳定，所以往往不能按时正常出版。到1976年10月时，仍坚持办刊并较有影响的社科类期刊有《山西群众文艺》、《红小兵》、《山西师院》、《山西教育》、《汾水》等，科技类有《农机动态》、《果树工作通讯》、《山西医药杂志》、《电子技术》、《山西水利科技》等为数不多的一些。

第一节 “革命”的文艺期刊与《三上桃峰》事件

1971年1月，由山西省革命委员会政工组文教办公室编的《革命文艺》问世了，这是自“文革”开始后山西出现的第一种期刊，出版这一期刊的目的，“编者的话”中作了交代：“推动和繁荣我省工农兵业余文艺创作活动，充分发挥革命文艺‘团结人民、教育人民、打击敌人、消灭敌人’的战斗作用，让毛泽东思想牢固地占领社会主义文化阵地。”“革命”、“战斗”、“阵地”、“占领”这些词汇表现了“文革”特征，表明了当时文艺以为政治服务为唯一目标与取向。这份刊物存在了两年，不定期出版，32开本，每期40页到96页不等。其主要内容是给各地剧团、乡村文艺演出活动以指导，提供材料，介绍经验。以1971年第2期为例，有介绍潞城县红旗剧团经验的《红灯高举闪闪亮——坚定不移地走政治建团的道路》，还有欢呼中共山西省第三次代表大会召开与新省委成立的表演唱、诗、对口词、歌曲。1971年、1972年每年各出5期，其中1972年又分为“演唱材料”和“歌曲特辑”两种版本，前者5期列入总期号序列；后者仍用刊名，但单独成册。

1973年《革命文艺》改名为《山西群众文艺》，形式未变。主办者改为山西省文化馆，改名后出版较前正规，当年就按月刊出版，由文化馆负责内部发行。1973年第1、2期合刊相当于《山西群众文艺》创刊号，这一期发表昔阳县文化馆《当好农业学大寨运动的促进派》一文，介绍了他们“紧跟形势，服务中心”、“面向农村，扎根基层”、“发动群众，繁荣创作”的经验。这里介绍的三条实际上也是《山西群众文艺》办刊的方针。《山西群众文艺》1973年的主要内容就是“学大寨，赶昔阳”，当时大寨已成了全国农业战线的红旗，各方面都出了经验，文艺工作自不例外，所以这一年发表了大寨大队党支部的典型经验《执行毛主席的革命文艺路线 加强对农村文化工作的领导》(1973年第4

期），转载了《人民日报》的调查《一条必要的和重要的战线——昔阳县农村群众业余文化活动调查》（1973年第9期），而且设了“学大寨 赶昔阳”的专栏，刊发所谓的群众创作，这些创作多为快板式的“新民歌”，如其中一首《大寨红花分外鲜》的新民歌为：“梯田层层砌上天，战歌阵阵彩云间，根在社员心头扎，大寨红花分外鲜。”1974年《山西群众文艺》则紧跟开展“批林批孔”，除第1期是“批林整风学大寨”，第2期是“批林批孔斗志昂扬”之外，还特别出了“批林批孔特刊”，在这份特刊上转载了《人民日报》社论《把批林批孔的斗争进行到底》，接着是以大寨大队大队长贾承让署名的文章《孔老二是贫下中农的死对头》和一批“批林批孔”的文艺作品。这些“文革”式的创作充斥着标语口号，从一些标题就可看出这一年代的所谓艺术，如诗歌《砸烂“林家铺子”“孔家店”》、歌曲《批林批孔掀高潮》、对口词《批林批孔战旗红》、民歌《批林必批孔》等。到4月份时又出版“批林批孔特刊之二”，这时发生了“四人帮”在文艺界搞的批判晋剧《三上桃峰》的事件，因为是山西的晋剧，所以更需要跟风组织声讨，算是结合实际“批林批孔”，《山西群众文艺》完全成了文艺大批判刊物。

1975年，《山西群众文艺》改为16开本，公开发行，定价每期0.15元。改刊后仍沿袭原先的办刊宗旨和编辑方针，组织过反映“农业学大寨”的征文，在“批林批孔”运动中又以《水浒》作为反面教材时，发表过评《水浒》的文章，还出过“普及大寨县”的增刊。随着1976年以后政治形势的变化，《山西群众文艺》在内容上也不断变化，直到1980年年底改名为《晋阳文艺》。《山西群众文艺》存续期间，在群众文艺生活极度贫乏，山西省文艺工作者没有多少活动空间的情况下，该刊是产生过相当影响的，当时它是山西省唯一关于文艺的期刊，所以在全省文艺界乃至基层宣传部门、文化部门都引起过关注。

自“文革”肇始，全国文艺期刊只剩下两种，一是解放军总政治部办的《解放军文艺》，另一是上海的《朝霞》，后者完全为“四人帮”所控制，是“文化大革命”文艺的典型代表。当1971年有中央精神可以恢复期刊之后，首先活跃起来

的是文艺界，在山西一些地区，也出现了地方性文艺期刊，其中较有成绩的当数1971年创办的《榆次文艺》，1972年创办的《大同文艺》，1973年创办的《上党文艺》、《吕梁文艺》，1975年创办的《春潮》。

《榆次文艺》由晋中地区文化局创办，榆次市文化馆具体编辑。关于这份刊物，五年之后该馆王松山写了一篇《发展创作队伍 办好文艺刊物》（发表于山西省文联的内部通讯1976年第1期），对《榆次文艺》作了回顾总结，从中可以看出当时这份刊物的一些情况。与当时“文革”的氛围相一致，文章说：“我们的笔是对资产阶级实行全面专政的战斗武器，要为巩固无产阶级专政勇敢地拿起笔来。”“文艺阵地，我们不占，谁去占？毒草，我们不除，谁去除？无产阶级新文艺，我们不创，谁去创？”《榆次文艺》创办时以转载外地作品为主，以后发展了本地三百人的工农兵业余文学作者队伍，收到两万多篇稿件，五年中出刊24期，发表了524篇作品。文章还讲了办刊是与错误思想斗争的结果，纠正了文艺创作“可有可无”的错误思想，克服了文艺创作“危险”论，批判了文艺创作“需要天才”的谬论。文章也介绍了在办刊同时举办“全市工农兵赛诗会”、举办每月一次的“业余作者活动日”等情况。

《大同文艺》是大同市革命委员会政工组文教办公室办的，是在纪念毛泽东《在延安文艺座谈会上的讲话》发表30周年之时，即1972年5月试刊的。从试刊开始，该刊都是在先刊登几条“毛主席语录”之后转发一篇“两报一刊”的社论或评论，后面是本地作品，有小说，也有话剧、朗诵诗、歌曲等。

《上党文艺》创办于1973年1月，由晋东南地区革命委员会政工组文教办公室编印，当年出3期。

《吕梁文艺》创刊于1973年5月，是吕梁地区革命委员会文化办公室所办，创办时就标明为“不定期内部刊物”，该刊第1期发表了“八场革命现代戏曲《三上桃峰》”，创作者为“吕梁地区《三上桃峰》创作组”，这就是后来惹出大事端的那个戏的剧本。

《春潮》比上述刊物要迟，是1975年才由忻县地区革委会文化局创办。它出现得晚，结束得也快，在当年出过2期后就不见了。

这些地方文艺期刊基本都是过眼烟云，难以坚持下来，其原因有多种，但当时社会严峻的环境无疑是因素之一，“《三上桃峰》事件”就是最实际的例证。

《三上桃峰》被作为大毒草在全国范围内遭批判，是“文革”后期与文艺及出版有关的大事件。1974年2月28日的《人民日报》和当年3月号的《红旗》杂志用显著位置刊发了大块批判文章《评晋剧〈三上桃峰〉》，文章说《三上桃峰》是“否定无产阶级文化大革命，为叛徒刘少奇反革命修正主义路线翻案的大毒草”，说它鼓吹刘少奇的阶级斗争熄灭论，“在这个戏里，没有阶级矛盾，没有阶级斗争和路线斗争，你好我好，大家都好”，是“君子国”。“狂热地宣扬刘少奇、林彪贩卖的‘孔孟之道’，把剥削阶级的意识形态冒充为共产主义风格和无产阶级思想”。还说：“60年代初，有人抛出《海瑞罢官》为彭德怀翻案，如今又冒出个《三上桃峰》为刘少奇翻案，就是这一阶级斗争规律的生动例证。”在“四人帮”的高压下，文章发表后全国32家大报予以转载，一时阴云密布，批《三上桃峰》成为各报刊必不可少的内容。中共山西省委1974年3月1日也发出通知，说：“对大毒草《三上桃峰》进行全面的深刻的批判，我们完全拥护，诚恳接受。”“省委和全省各级党委，要带领广大干部和群众，认真学习《人民日报》《评晋剧〈三上桃峰〉》这篇重要文章，并衷心欢迎广大群众继续揭发和批判省委的这一严重政治错误。”

《三上桃峰》的剧情梗概是：1959年春耕期间，河北某公社杏岭大队社员老六隐瞒实情，把本大队的一匹病马冒充好马卖给了桃峰大队。杏岭大队大队长李永光得知此情后，先是责备老六弄虚作假，后听老六说用卖马款买回一匹大红马并订下运输合同后，有本位主义思想的李永光转怒为喜，夸奖了老六。杏岭大队党支部书记春兰是回乡知识青年，她发现这一情况后，亲自三上桃峰大队，赔礼道歉。通过春兰与老支书做工作，李永光也转变了思想。最后杏岭大队不但向桃峰大队退还了马款，还无偿赠送了一匹大红马支援春耕。

这个剧目的创作经历了一个漫长的过程，实际上体现了“从生活中来”、“源于生活，高于生活”这样一个毛泽东在延安提倡的艺术创作方法。1965年年初，晋中青年晋剧团编导许石青根据在山西祁县赵城大队搞“四清”时遇到的兽医站发生的一匹病马的故事，先创作了活报剧后又改编为晋剧《一匹马》。后来根据当年7月25日《人民日报》的同名通讯又作了修改，该剧在晋中青年晋剧团首先排练。省文化局戏剧创作室杨孟衡等人看过排练后，根据《中国青年报》1965年10月5日一篇通讯《三下桑园赎马记》又做了修改。这篇通讯讲的是河北抚宁县大刘庄大队与刘义庄大队桑园生产队之间“卖病马”之事，修改后的剧本定名为《三下桃园》，并于1966年年初在《火花戏剧专刊》上发表。这出戏公演后受到广泛赞誉，“文革”期间仍在省内外广大城乡多次演出。吕梁柳林县晋剧团又对此剧进行了修改，“桃园”改为“桃峰”，“杏园”改为“杏岭”，剧名改为《三上桃峰》，在《吕梁文艺》发表了这个修改本。以后在山西省委、省文化局重视下，杨孟衡等人再次对剧本进行修改，六易其稿，1973年山西晋剧院组织强大阵容排演，然后在1974年1月去北京参加华北区文艺调演。就在调演中，江青的亲信、国务院文化组副组长的于会泳却从中“发现”了该剧的“政治问题”，认为这是为刘少奇夫人王光美在“四清”中的“桃园经验”招魂，为刘少奇翻案。在江青的支持下，他们“考证”剧中的人名、地名，硬把剧情与王光美的“桃园经验”捏在一起。在组织这篇大批判文章时，姚文元亲自作了修改，并加了关键性的一句：“‘三上’被揭露，会不会搞‘四上’、‘五上’呢？值得我们深思。”最后文章经江青、张春桥阅后定稿，以“初澜”名义发表。

“初澜”文章发表后，于会泳一伙又以国务院文化组名义电催各省、市、自治区详细汇报批判《三上桃峰》的情况，于是，1974年春天，批判《三上桃峰》犹如瘟疫蔓延全国。不到两个月，各地报刊登出500多篇批判文章，各大中城市都召开了批判大会，到处抓“三上”、“四上”、“五上”，批“回潮派”、“复辟派”、“翻案派”。周恩来主持中央日常工作后刚使文艺工作、新闻出版工作出现的一丝转机很快被抹去了，所有写出批判文章的作者几乎没人看过《三上桃峰》的演出或剧本，凭的就是“初澜”文章所谈的内容和所定的调子来上纲上线，表态声讨。由于批《三上桃峰》，一时间全国冤案迭出，一大批剧目被打成毒草，凡沾“桃”的边，有王姓的女干部，以至后来有马有牛都成了问题。湖北有个儿童剧《桃山新苗》，县委地委专门开会重新审查，湖南花鼓戏《还牛》也成了为刘少奇翻案的大毒草。山西则更为严重，省革委会主任被免职，各报刊连篇累牍地发表批判文章，全省文艺工作者与领导干部受株连者达90余人，省委副书记王大任被迫检讨，省文化局副局长贾克被撤职，剧作者杨孟衡等被审查批判，《吕梁文艺》停刊。省文化局的文艺理论工作者赵云龙写了一篇对当时的文艺路线稍有不同看法的文章，并未发表，但这时被作为《三上桃峰》的理论基础而狠遭批判，赵云龙本人在猛烈批斗中自杀身亡。

这一事件对山西期刊的影响是很大的，除了文艺刊物，当时仅有的少数社科刊物如《山西教育》、《山西师院》，科技刊物《医卫通讯》等都刊发批判文章，其署名作者有工人、干部、农民、军人，甚至还有小学生。批《三上桃峰》带来的是文艺界人人自危，出版界风声鹤唳，“双百”方针被严重破坏，文艺刊物以及所有社科期刊的编辑与创作人员因而战战兢兢，一些刊物停办，稍稍出现的复苏又变为萧条。至此，稍有些生活气息的文艺作品都消失了，而那种呐喊口号的所谓创作更加充斥期刊。例如在1975年《春潮》上一首《伟大指示传四海》的所谓诗歌有两段为：“读呀读，眼更亮，心更红，/听呀听，志猛长，力猛增。/对资产阶级实行全面专政！/革命者，反修防修责任重：/攀登理论山，咱定打冲锋！”“马列主义武装咱，/毛泽东思想来指引。/任资本主义幽灵换头脸，/任资产阶级分子抹脂粉，/一眼看穿，不容假混真！”

《三上桃峰》事件造成了一片肃杀气象，但无论是社会生活本身还是出于政治需要，总还是得有文学的，于是在《三上桃峰》事件两年之后的1976年1月，山西又出现了一份文学期刊，这就是中国作家协会山西分会办的《汾水》。筹办时曾有人提到山西原先的《火花》，但沿用此名则有“文艺黑线复辟”之嫌，体现不了“无产阶级新文艺”，于是比照当时外地的做法，如陕西《延河》、内蒙古《草原》，而取名为《汾水》。《汾水》没有发刊词，只是在《稿约》中表明了“以阶级斗争为纲”，“学习革命样板戏的创作经验”，“把刊物办成无产阶级专政的工具”的宗旨。与“文革”中其他刊物不同，《汾水》没有用扉页刊发毛主席语录。《汾水》内容还是广泛的，体裁包括文学的几个主要类型——小说、散文、诗歌、评论、剧本等。题材则集中于“评《水浒》”、“反击右倾翻案风”、“文化大革命好”、“学大寨”等方面。自然也离不开塑造“高、大、全”式的人物和“直、露、粗”地图解政策。这种情况持续了两三年，到党的十一届三中全会之后才有所变化。1982年作协将《汾水》改名为《山西文学》。尽管以后省文联方面有人又办了新《火花》，但从刊物的编辑思路和内容倾向看，《汾水》是沿袭了《火花》的传统的。《汾水》的主编是曾在1956年到1966年任《火花》主编的老作家西戎，《汾水》也保持了原《火花》发表农村题材短篇小说为主的做法。《汾水》的创办团结与联系了当时山西的文学创作力量，从其第一期的作者阵容看，也体现了当时提倡的老、中、青三结合，有解放区时就知名的老作家马烽、孙谦等，也有“文革”前就发表作品的中年作者杨茂林、王文绪、侯桂柱等，还有当时所谓“工农兵作者”沈豪、孔祥德等，这些“工农兵作者”比较年轻，当时大都还在基层工作。在文艺被禁锢到只能按“样板戏”模式存在的年代，《汾水》为保存与延续、团结与组织山西的文学创作力量是作了贡献的，也为1980年代以后新时期文学的发展和后来被称为文学“晋军”的形成做了准备。《汾水》创办时为双月刊，第1期120页，以后保持80页，1978年1月改为月刊。

第二节 《红小兵》《教育革命》及其他

“文化大革命”中，除了被称为红宝书的毛主席著作之外，以前出版的书刊几乎都在“扫荡”之列，到1970年，不仅成年人无书可读，少年儿童读物更是呈现零状态。1971年，当一本以儿童为读者对象的《红小兵》在山西省城出现时，马上受到了小学生、老师、家长的欢迎，尽管最初只有薄薄的16页，还是横32开本，像一本放大了的“小人书”。

《红小兵》是太原市少年宫编辑出版的。太原市少年宫是全国建立最早的少年宫之一，是1957年时学习苏联的模式办起来的。十余年的经营使太原市少年宫在组织少年儿童活动方面积累了很多经验，但办刊物却从没做过，更何况无论是过去的惯例还是后来的管理规定，一个市少年宫都是不具备办刊资格的，所以它的创办是特殊年代的一个特例。这本小杂志的诞生源于两个热心儿童教育的人，其一是以军宣队身份进入太原市革命委员会，当时任宣传处负责人的杨作植；另一个是从事儿童美术教育多年，当时在少年宫任辅导老师的张连瑞。正是由于他们的努力，市革命委员会核心小组才决定由宣传处办一份儿童刊物。随后，此任务具体交给少年宫落实，少年宫党支部则确定由张连瑞、张仲两人来筹办，这是1970年的事，于是造就了由一个党支部来办一份刊物的事实。当时全国着手办儿童期刊的已有三地，上海、广东都办了《红小兵》，天津办了《接班人》，山西是第四家。山西《红小兵》1971年6月出版试刊，连封面封底共16页，全彩印，首期印刷8万册，主要在太原市发行，从第4期起标出定价0.06元。这个小刊物影响不断扩大，一年后订数增至14万册，1972年“经山西省革命委员会政工组研究决定”，从7月份起，“《红小兵》改为山西人民出版社编辑出版，在全省范围内发行”。自此，一直出版到1978年9月总第88期时，刊物向读者告知，“根据中共山西省委指示，本刊从今年十月份改名《山西少年》，并由共青团山西省委领导的《山西少年》编辑部负责编辑出版”。

《红小兵》的办刊宗旨很明确，在“试刊号”上讲明是“遵照伟大领袖毛主席关于‘培养和造就革命事业接班人’的伟大教导，为了进一步学习和宣传毛泽东思想，宣传毛主席革命路线的伟大胜利，对广大少年儿童进行毛泽东思想教育”。在转给出版社的“启事”中讲是“为了更好地对我省广大少年儿童进行思想和政治路线方面的教育”。“思想”、“路线”是当时办一切事当然也是办儿童期刊的根本目标。《红小兵》在内容上第一个特点是一直把宣传共产主义英雄人物作为重点。创刊之初，太原市正在树立傅春华这个先进典型，傅春华是解放军某部副营长，“三结合”时到太原市手工业管理局以军代表身份担任革命委员会副主任，在任上英年早逝。傅春华生前曾是山西省活学活用毛泽东思想积极分子，这是那一年代不小的荣誉。他去世后受到表彰，称其“为革命读书读到生命的最后一刻，为捍卫毛主席革命路线站完最后一班岗，为巩固无产阶级专政战斗到最后一口气，用光辉的一生谱写了一曲为共产主义奋斗终身的壮丽凯歌”。《红小兵》积极参与了对傅春华的宣传，不仅连续报道，而且在形式、角度上都注意了从儿童易接受出发。第2期用连环画介绍傅的事迹，第3期讲傅的童年故事，第4期又刊发傅春华上小学的女儿写的《忆爸爸》。类似的英雄人物还宣传过不少，除大家熟知的雷锋外，还有因抗洪救灾牺牲的解放军副班长詹佑轩、黑龙江珍宝岛反击战英雄孙玉国等等。《红小兵》在内容上的第二个特点是紧跟形势，开展各种“批判”运动，并且把政治内容儿童化。“批林批孔”时刊发《孔夫子是个什么人》(1973年11期)、《孔子反动在哪里》(1973年12期)，在“评《水浒》”时刊发《宋江是个两面派、阴谋家》、《〈水浒〉是株大毒草》(1975年11期)，其他如批“修正主义教育路线”，学黄帅“反潮流”精神，批判“右倾翻案风”等都在刊物上有所体现。《红小兵》内容上的第三个特点是结合山西，突出学大寨，专门辟有“农业学大寨”栏目，无论是政治运动还是儿童生活，都经常从大寨找典型材料，也经常用儿歌之类的形式歌颂学大寨。

《红小兵》在移交山西人民出版社之后，在各方面有些调整，在编辑形式上出现了与其他单位合编的情况，也就多了合编方的内容。如1974年第1期是与临汾地区革委会教育局合编，第2期是与运城地区革委会教育局、共青团运城地委合编，1975年第9期是与昔阳县革委会教育局合编，第10期是与太原钢铁公司政治部合编。从当时的计划经济体制以及刊物发行量最高时达40万份看，这种合编应该不存在经济上谋求合作方支持的情况，这与进入1990年代以后一些期刊寻找合作方是不同的。在形式上，1975年下半年内文由彩色改为黑白，页码增至32页，定价调至0.08元。1977年秋又改为套色印刷，定价调至0.10元。1976年粉碎“四人帮”之后，《红小兵》逐步增大了“学科学”的分量，但在当时条件下，仍没有走出“以阶级斗争为纲”的窠臼。《红小兵》从创办到1978年10月改名《山西少年》并转至共青团山西省委，前后有7年多时间，虽产生于那个特殊的年代，但是客观地讲，还是为当时的少年儿童提供了一份课外读物，影响是不小的。另一方面，它的存在也培养了一批作者，还在《红小兵》由少年宫编辑时，就因组织稿件而集结了太原市一些热心作者，并由此组织了一个“工农兵创作组”，负责人是当时在少年宫工作的高义诚。这个组有30多人，其存在一直持续到1974年《三上桃峰》事件之后。当时参与活动的一些成员后来进入文艺界、新闻出版界，十多年后不少人成为骨干。以期刊来讲，就有高义诚后任《法制文摘》主编，赵福民后任《中学课程辅导》主编，沈豪后任《北岳风》主编，孔祥德后任《太行山》主编，孙琇后任《编辑之友》主编等等。《红小兵》还培养了一批美术作者，在当时美术园地匮乏的情况下，山西1980年代后较有成就的美术家们，如后来任中国美术馆馆长的杨力舟，在全国美展获金奖的赵益超、张明堂等，当年都为《红小兵》作过插图或在《红小兵》上发表过画作。

1973年1月，山西省革命委员会教育局创办了《教育革命》，刊名用毛泽东手迹辑成，封面白底上有四个红字，完全是模仿当时《红旗》杂志的样子，正文前两页是大字号的毛主席语录。这实际上是1966年年底停刊的《山西教育》的复刊，次年即1974年恢复了原刊名，并沿用了辑鲁迅字的刊头。《教育革命》为月刊，当时是免费赠阅的。恢复《山西教育》的当年未按时出版第1期，第2期到4月份才出版，并在刊物中另夹一纸“启事”说：“《山西教育》第一期，因故停发，第二期延期出厂。特此说明。”到1974年第6期（10月20日出版）时才由邮局发行，16开本，48页，定价0.15元。1976年调为0.18元。

从《教育革命》到《山西教育》，其基本办刊宗旨、编辑方针是相承的，当然仍是“指导全省教育系统的各项工作”，不过与“文革”后期所有的报刊一样，各项工作之首就是“革命”，就是不断出新名堂的“大批判”。《教育革命》全年共出12期，但主要是政治内容，如第9期时全部为中共十大的内容，这一期封面用了毛泽东的大幅彩

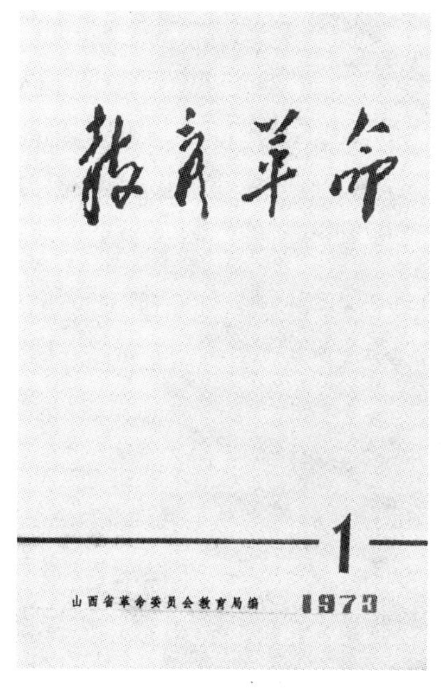

照。综览1973年到1976年这四年间的刊物，“抓革命”的脉络是很明确与清晰的。如果更具体些看，这一时期的《山西教育》大致有这样一些做法：

一是紧跟形势搞“大批判”。这种“大批判”无一例外是统一在当时的“战斗部署”之下，完全用同一个调子，其表现形式大致是先转载“两报一刊”社论或其他所谓的重要文章，然后从山西教育界组织一些表态性质的跟风文章，再以后是开辟专栏，继续发批判文章，以体现“深入批判”和“结合实际批判”。接下来就报道若干在大批判中出现的典型，反映“教育革命中的新生事物”。如批晋剧《三上桃峰》时，《山西教育》转载了“初澜”的文章，然后又发了两篇批判文章，一篇是《换马是假 复辟是真》，署名为朔县师范批判组；一篇是《我们红小兵也要挥戈上阵》，署名为太原市五一路小学的一名学生。在“四人帮”树立“反潮流的小闯将”时，《山西教育》先后转载《一个小学生的来信和日记摘抄》、《黄帅的一封公开信》，而后在相应的专栏里发表绛县张上七年制学生学习某革命小将“顶风战浪反回潮”的事迹以及其他典型的介绍。1975年是以“学习无产阶级专政理论”、“批林批孔反修防修”、“评论《水浒》”为重点，1976年则以“批邓、反击右倾翻案风”为中心。而且批判的火力越来越猛，在“反击右倾翻案风”方面，1976年第2、3期合刊发10篇文章；第4期转载5篇，发表4篇；第5期发表5篇；第6期又发6篇。这从一个侧面反映了当时政治上的高压气氛，一个教育类期刊也必须把主要内容放到“四人帮”掀起的“大批判”上来。

二是突出大寨的“先进经验”。当时大寨作为全国的一面红旗，也是山西一切工作的榜样，任何运动、任何工作都要从大寨找经验，教育革命自然也不例外。于是无论是“革命大批判”还是教育的其他方面，大寨是经常出现在《山西教育》上的。1973年在为中共第十次全国代表大会召开组织的专题中，昔阳县大寨学校的文章《乘十大浩荡东风奋勇前进》排在显著位置；1975年刊物上专门开辟“学习大寨教育革命经验”专栏，连续发表文章40多篇，同年中共山西省委在大寨召开教育工作现场会，《山西教育》第6期则编辑为“昔阳县教育革命经验专辑”，提出了“教育也要学大寨”的目标。在1976年“反击右倾翻案风”时，第5期刊发了署名为大寨学校的文章《彻底批判邓小平搞翻案复辟的罪行》。

三是在编排形式上与当时为数不多的报刊一致，都要突出毛泽东思想。每期扉页是大号字体的“毛主席语录”，文章几乎每篇都要引用毛泽东的论述，并且用黑体字加以突出。为了体现刊物紧跟毛泽东的革命路线，甚至偏离刊物的基本宗旨与对象来选发文章，比如就曾发一些“批林批孔儿歌”、“革命儿歌”等，而这些所谓儿歌则是大人腔、“文革”腔的顺口溜，像“儿童团出了兵，批林批孔大事情，挥起革命铁扫帚，横扫坏蛋害人精”（1974年第6期）之类。

虽然这一年代的《山西教育》不得不服从于大形势，但是在广大教师没有什么业务报刊可读的年代，《山西教育》还是发表了一些与教育业务相关的文章的，如在刊名为《教育革命》的1973年，就发过关于“开门办学”的19篇，“勤俭办学”的6篇，“加强教师队伍建设”的4篇，“教学改革”的12篇，“编教材制教具”的5篇，“汉语拼音教学”的9篇。这些内容对于当时在第一线的教师来说，还是起到了一定的交流经验、提高业务水平的作用。

1973年《教育革命》出版时，封面上标有“山西省革命委员会教育局编”，改为《山西教育》后，版权记录处改成了“编辑者山西教育编辑部”。当时编辑部是教育局的一个组，成立时由局教材组组长于忠厚兼主任，辛亮任副主任。1975年郭允昌任主任，副主任又增陈远，编辑共6人。据辛亮回忆，当时的编辑工作是战战兢兢，如履薄冰。有一期选了样板戏《智取威虎山》中的一幅剧照放在封底，有人提出质疑：剧照反映的剧情中有一句控诉反动派的唱词“八年了，别提它”，而当时正是“文革”第八年，会不会被认为是影射什么？编辑部赶紧把此图换掉。从这一小事也反映了当时的工作状态。

和教育有关的期刊当时还有1973年12月创刊的《山西师院》，这是设在山西临汾的山西师范学院（1964年时由晋南师范专科学校升格而来，即后来的山西师范大学）的院刊，它是“文革”中期山西出现过的两种高校学报之一（另一个是山西医学院的《医卫通讯》）。《山西师院》的创办与当时被“结合”到山西师范学院任革委会副主任的王中青是分不开的。王中青曾任分管文教的副省长，“文革”开始即被“打倒”。他到师院后很快就抓院刊工作，成立了院刊办公室，周敬飞任主任。《山西师院》在创办时就明确是“综合性的不定期内部刊物”，主要“发表革命大批判文章”，“反映科学研究的成果”，“总结教育革命的经验”，“反映工农兵学员的学习生活”（见《编后记》），这自然也有浓厚的“文化大革命”色彩。从实际出版情况看,《山西师院》的综合性实际体现在哲学社会科学和文艺上,很少有自然科学方面的内容。虽原定“不定期”,但基本上是按季出版,只是页码不固定,不过都在80页以上。《山西师院》的栏目较少,而且名称都是题目式的,不但各期不一致,也不像栏目名,创刊时有三个:“学习十大文件 落实十大精神”、“继续搞好批林整风”、“深入开展无产阶级教育革命”;1974年第1期也是三个:“批林批孔反修防修”、“彻底批判大毒草《三上桃峰》”、“把无产阶级教育革命进行到底”。以后各期也基本如此,不同之处是随各阶段“大批判”重点而变化。与当时的其他期刊一样,《山西师院》也对当时的“重要文章”进行转载,如1975年第1期转张春桥《论对资产阶级的全面专政》,1976年第1期转《人民日报》社论《翻案不得人心》。在编排形式上也同样是扉页为毛主席语录,选登偏重于和教育有关的语录。

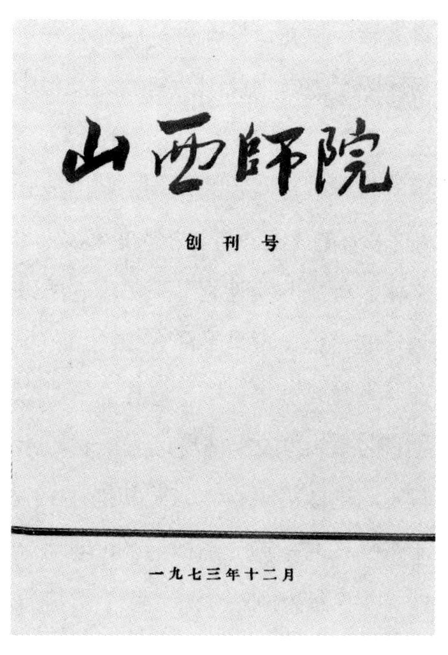

作为一所高等院校的期刊,有其他刊物不太具备的知识资源,所以《山西师院》也在“大批判”中刊发了一些知识性的文章,如评《水浒》时介绍《水浒》的版本演变等,这些还是有价值的。为了“反击右倾翻案风”和“迎接‘文化大革命’十年”,《山西师院》还在1976年提出搞“文化大革命好”的征文与专辑,但由于“四人帮”的倒行逆施已经风雨飘摇,所以这些活动也只是草草开场而已,从创办到“文革”结束,《山西师院》共出11期。1975年该学报负责人是王正萍。

“文革”的后五年间山西还有一份类似于政府公报的内部刊物,它的全称是《中国共产党山西通讯》(以下简称《山西通讯》),创办于1971年4月25日,中共山西省委所办,主要刊登党内重要文献、典型经验及其他理论文章,发至基层党委或党支部。《山西通讯》封面为白底套红印刊名与期号。“山西通讯”四字辑毛泽东字迹,有时封面加印彩色领袖像,每期前面有“毛主席语录”,而且不止一页。《山西通讯》为16开本,不定期,1972年出10期,1973年出14期,1974年出30期,最后一期是1976年9月20日出的“毛泽东逝世特刊”,总第86期。这份刊物1974年时形式有所改变,取消了四封和扉页,目录直接置于封面，是一种“内部参考”的样式。这份刊物是指导全省工作的，由此也记录与保存了当时中共山西省委以及与山西有关的一些政治文件。

1976年5月，《山西青年》杂志创刊。《山西青年》是共青团山西省委主办的面向青年的思想教育性质的期刊，它也是1965年停办的《山西青年》的延续，或者说是1966年9月停办的《山西青年报》的延续。但当时“文革”还未结束，一切都要作为“无产阶级文化大革命的新胜利”来体现，所以1976年5月的《山西青年》强调为创刊号。这期创刊号的首篇文章是毛泽东36年前（1939年）写的《青年运动的方向》一文，这篇文章收在《毛泽东选集》第二卷中，长期以来是作为关于青年工作的经典著述的，《山西青年》创刊时重发此文，体现的是一种政治上的表态。创刊号以“致读者”的形式代替发刊词，在当时的政治气候下，尤其是在1976年“四五”天安门事件之后，自然是用“左”的调子来喊些时髦的政治口号。而创刊号及以后的几期，在内容上也只能是“紧跟形势”。《山西青年》创办刚四个月，政治形势急剧变化，11月份出版第6、7期合刊，这期全文转载《人民日报》、《红旗》、《解放军报》社论《亿万人民的心愿》、《伟大的历史性胜利》，同时刊发了揭批“四人帮”的一批文章。

《山西青年》创办时负责人为杨宗、王新民、王大高。1978年年底，团省委才组建山西青年社，正式任命了领导班子。《山西青年》还保持了1965年时的样式，即32开本。创刊初发行量1.5万份。

第三节　非常状态的科技期刊

"文革"后期，在周恩来的亲自过问下，中央批转了全国出版工作座谈会的文件，出版科技期刊得到许可与肯定。正是在这种形势下，山西陆续出现了一批科技期刊。但是这种形势没有维持多长时间，1974年1月，在全国掀起了"批林批孔"运动，来防止"右倾翻案"，防止资本主义复辟；"四人帮"则借此加紧"左"倾做法，使全国稍有好转的经济形势又陷入了混乱。

在这一时期山西出现的科技期刊，实际上是一种非常状态的科技期刊，称其为"非常"：一是处于一个非常的时代背景下。当时山西共出现29种期刊，从创办时间看，1971年有5种，1972年有8种，1973年有11种，1974年有3种，1975年有2种，主要集中于1972、1973两年，这与全国及山西的政治经济形势是一致的。二是在形式上也是一种非常状态。这些科技期刊大多明确把"宣传战无不胜的毛泽东思想"、"活学活用毛泽东思想"作为办刊宗旨之第一条，在刊物上遵从当时报刊的"规矩"，前面要加"毛主席语录"，文中要用黑体字突出"领袖"的教导。三是期刊出版活动也不正常。受政治运动的冲击，期刊的编辑队伍与作者队伍都不稳定。这些期刊大都刊期不定，页码不定，而且大都为内部期刊，限于行业内、系统内交流，发行量一般也不大。在性质上虽以科技为主，但也常报道行业情况，所以兼有行业期刊的特点。尽管如此，这些科技期刊当时的作用还是不小的。在"文革"之中，各种科技书刊、科技资料严重缺乏，经济与生产活动一度停滞，在这种情况下，尽管这些期刊数量不多，内容也未必是最先进或者一流的，但对于第一线的科技人员乃至技术工人来说仍是弥足珍贵的，一些在刊物上介绍的技术、经验也在一定范围内得到了推广和应用。

根据办刊单位的不同，这些期刊可分为四种类型：第一种是"文革"以前曾办过，改名再办或者直接用原名恢复的；第二种是由驻晋的中央直属科研院所或者国防工业系统所办；第三种是山西的一些科研单位所办；第四种是由较有科技实力的国营大中型企业所办。在每种类型中都有一些办得相对较好的。

一、原有刊物的恢复

《山西农业科学》1961年1月创办，1966年8月停办。1971年5月，这一刊物复刊，但刊名改成了《山西农业科学实验》。这一刊名的提出，是颇具时代色彩的。在"文革"前夕，毛泽东曾提出"阶级斗争、生产斗争和科学实验"是三大革命运动。《山西农业科学实验》是内部刊物，它的主要内容是经验报道和科普宣传，先后印发59期。这一时期的刊物反映出的是当时农业战线而不仅是农业科学技术的情况，如刊物集中报道了大寨"海绵田"的高产经验，而且还有农业科技工作者为此所作的研究报告等等。刊物当时的主办者仍是山西农业科学院。

《果树工作通讯》1971年5月创刊，山西省果树科学研究所主办。1959年时，果树科学研究所曾办过《山西果树通讯》。《果树工作通讯》虽未说是过去那一刊物的复刊，但从内容上看除加上"毛主席语录"外，其他相差不多，所以实际是旧刊的复刊。因为处于当时的时代氛围，所以《果树工作通讯》发刊的《前言》中突出了政治，在讲了形势一片大好之后表明了办刊的目的是"为宣传战无不胜的毛泽东思想，贯彻党对果树工作的方针政策，交流先进经验，推广先进技术，及时指导生产和推动科学实验的大力开展，适应新形势的需要，我们遵照伟大领袖毛主席'互通情况'的教导，从五月份起，正式编印《果树工作通讯》"。《果树工作通讯》提出要做到"突出政治，内容丰富，生动活泼，通俗易懂"。因为要突出政治，所以在期刊上还是要发一些"批林批孔"的文章以及"两报一刊"社论之类代表当时革命大方向的文章，但较多的篇幅还是介绍先进的果树种植技术。以1974年为例，关于"苹果栽培"的文章发表37篇，涉及苹果生产的各方面，有《苹果矮化砧及矮生苹果苗繁殖方法》、《果树的接根插条育苗法》、《苹果树人工授粉》、《控制与调节国光苹果"大小年"的修剪》等；关于"梨、桃、葡萄栽培"的5篇；关于"木本粮油果树栽培"（枣树、柿树、梨枣、核桃等）的12篇；"植保"19篇，主要是介绍病虫害防治技术；"其他"8篇，有《果树的邻居》、《果树花期冻害调查》等；"国外科技参考"19篇，有《世界水果生产的趋势》、《美国华盛顿的苹果栽培》、《B-9对元帅系树体的影响》等。从这些篇目可以看出，当时这份期刊的编辑人员是十分努力的，也想尽可能多地提供各方面的知识与技术，以促进全省果木培植水平的提高，所以这一期刊在当时深受基层农业技术人员与果农的欢迎。

《果树工作通讯》创办时称为"不定期出版"，实际上基本按双月出版。16开本，不定页码。1972年时还出过第7期。当时的发行是各县报来数字，根据报数邮至各县林业局，林业局再转送各果树生产队和有关单位。这份刊物一直坚持办到1980年，正式改名为《山西果树》。从1971年到1980年5月共出版52期，主编是陈克亮。

1971年，根据毛泽东和中共中央的指示，大中专学校"停课闹革命"的局面终于结束。高等院校开始由"工农兵学员"来"上大学，管大学，用毛泽东思想改造大学"。1972年，山西省各高等院校陆续开学。1973年4月，山西医学院首先恢复学报，但名称改为《医卫通讯》，作为内部期刊按季出版。一直到1981年时才恢复了《山西医学院学报》的刊名。《医卫通讯》除了例行的扉页放置"毛主席语录"外，首篇都用政治文章，而且多为转载，像《评晋剧〈三上桃峰〉》这样与医卫不搭界的"重要文章"也曾刊发过。至于其他类似"批林批孔"的《人民日报》社论等更是要转发的。之后才是由医学院教师写的专业论文。《医卫通讯》页码不固定，但均在60页之上，还有超过100页的，在当时的条件下还是刊发过相当一批医疗卫生方面的研究文章的。

1966年9月，《山西医学杂志》停刊，1972年初，山西省革命委员会卫生局创办了《山西医药》。《山西医药》在创办时确定为"内部资料，不定期出刊，赠阅，不征订"，是有行业简报性质的期刊，或者说兼有行业简报的作用。如1972年第5期上，有灵石县革命委员会的《我们是怎样抓赤脚医生队伍的培训和提高工作的》，有阳泉市化工公司荫营硫铁矿的《回收磺烟 兴利除害》，这两篇是行业经验交流。其他如稷山县革委会卫生办公室的《用"母痔基底硬化疗法"治疗450例三期内痔的初步体会》、省中医研究所内科的《中医药治疗肾盂肾炎的初步探讨》、国家建委七局职工医院革委会的《耳针穴位注射治疗菌痢62例》则属于医药科技方面的探讨。这种格局在《山西医药》办刊期间大致如此。当时的文章大都是以单位署名，这是当时报刊的通行规矩，那时是不允许"宣传"个人的。《山西医药》当时要求发至公社卫生院，可见其目的还在于行业内交流及普及一些医药卫生技术。1974年2月，《山西医药》更名为《山西医药杂志》。1976年10月，刊物确定为双月刊，每期60多页，栏目也相对稳定了，有"防治经验"、"讲座"、"综述"、"学术讨论"、"文摘"、"报道"等，每册定价0.20元，交邮局发行。

二、由中央科研机构所办刊物

山西原先就有一些地处山西而直属于中央部委的科研单位，"文革"中从备战出发，提出加强三线建设，又有一些单位迁入山西。这些单位有较强的科技研究力量，有些担负着与国防科技有关的项目，在“文革”后期，从恢复科研秩序、提高科研水平出发，有些科研机构也办起了期刊。

《燃料化工》于1972年创办，是太原燃料化学研究所办的，这是中国科学院所属的研究所。《燃料化工》在第1期《致读者》中说：“《燃料化工》将以战无不胜的毛泽东思想为指针，报导（道）我省化工战线上广大革命职工学习马列主义、毛泽东思想，用政治统帅生产、科研的先进经验；在生产和科研工作中，大搞技术革新和技术革命，开展资源综合利用等方面所取得的新成果；并结合本省化学工业的发展需要，报导（道）一些国内外化工科技动态等。”在第一期上重头文章是燃化所与上海溶剂厂关于低压羰基合成丁醇的试验技术总结和太原化工厂关于综合利用的一组经验总结文章，这些都是从生产实际出发介绍先进技术的。这份刊物也是内部刊物，不定期出版。

也是在1972年，根据兵器工业部的批示，为加强行业指导和学术交流，紧盯国外车用发动机技术，以山西车用发动机研究所名义创办了一份《国外柴油机》，主要报道国外有关大功率高速柴油机的先进技术、发达国家的先进机型以及出国考察的报告等，以译文为主。刊物基本为季刊，每期48页以上，16开本，内部交流。1978年改名为《车用发动机》。

1975年7月，一份研究核辐射防护理论的内部期刊《核防护》创刊了，主办者署名“太原120信箱《核防护》编辑组”，这一信箱即设在太原现在名为“中国辐射防护研究院”的单位，是隶属于核工业部的权威研究部门（当时为华北辐射防护研究所）。由于这一研究的特殊性，此刊的创办是经核工业部批准的。《核防护》与当时的其他科技期刊一样，虽基本按季出版，但页码也不固定，少时为80页，多时达140页。《核防护》发表的文章数量不多，但都是研究性著述，没有行业报道，而且直署论文作者姓名，这与“文革”初期科技期刊的做法是不同的。创刊号只有3篇文章，分别是吴伟民的《放射性废液的处理和处置的现状与发展》、李树德的《辐射防护标准》、黄宝详的《固体放射性废

物的处理和处置》。第2期是8篇，还有更少的，1976年第2期是王鹤滨的《人体辐射损伤》，这是一篇文献综述，长达20万字。这些著译的重要性不言而喻，是当时中国辐射防护研究的最先进水平。《核防护》1978年被批准为正式期刊，1981年改名为《辐射防护》继续出版。

1975年12月1日，国防工业火控技术专业科技情报网成立大会在南京召开。会议决定出版内部季刊《火控技术》，并由第四机械工业部指定编辑部设在207所，所址在山西祁县。《火控技术》主要介绍和交流火控专业范围内的技术资料，在《创刊词》中表示："采取国内外结合以国内为主、当前与长远结合以长远为主的原则，坚持'独立自主，自力更生'的方针，急部队之所急，想部队之所想，大干快上，为促进科研生产的发展而贡献力量！"这表明刊物就是为军队、为国防服务的。在最初两期上就刊发了《国外舰用射击指挥系统发展概况》、《国外航空火力控制系统介绍》、《浅谈野战炮兵射击指挥仪的教学方案》、《772指挥仪动态补偿》、《意大利P36类型测速瞄具介绍》等有相当分量的文章。《火控技术》出版至1987年改名为《火力与指挥控制》，该刊是国防工业系统的一份重要期刊。

在科技期刊中还有一些是国防工业系统与地方结合的，如山西省电镀新工艺实验交流站办的《电镀经验交流》，编辑部设在国营汾西机器厂科技办公室。《电镀经验交流》不定期出版，1973年1月创刊，当年出3期，1974年出1期，1975年出3期。创刊号主要是山西省无氰电镀经验交流会的材料，以后各期则分省内经验介绍、国内试验报告或外省经验介绍、专题讲座、国外情报等几部分。这份刊物作为内部期刊在行业内交流，进入改革开放时期以后仍出版过，但一直没有公开发行。

三、山西科研单位所办刊物

山西科研单位在"文革"后期办刊最早的是山西省水利科学研究所，1971年后半年创办了《山西水利科技》，先不定期出版，1974年改为季刊，1971年到1980年出刊44期，每期在100页左右。当时是内部印行的。《山西水利科技》主要反映水利建设，农田灌溉，水利工程勘测、规划、设计、施工与管理，水资源综合利用，水利科学技术试验等方面的成果。这一刊物自创办以来一直延续下来，是办得较稳定的科技期刊之一。与水利有关的还有一个山西省水土保持科学研究所，1974年也办了一个《山西水土保持科技》，是内部不定期交流的刊物，目的是宣传水土保持方面的先进事迹、科研成果，普及水土保持的实用技术。

毛主席语录

路线是个纲，纲举目张。

农业的根本出路在于机械化。

通过农具改革运动逐步过渡到半机械化和机械化。

农机动态 1/1972

山西省农业机械化科学研究所 （内部参考资料）

小手扶连着大方向

浮山县东张公社朱村大队革委会

我们朱村大队位于浮、翼交界的南岭山上，是一个单村队，全大队共有五十七户、二百四十五口人，集体耕种的一千零五十亩梯田，纵横在一条七里长的大坡上。长期以来，由于刘少奇一类骗子反革命修正主义路线的毒害，思想上没有革命化，物质上缺乏机械化，因而，土地不能翻身，粮食产量不能翻身，集体经济也不能翻身，年年都吃供应粮、贷国家款，一顶落后队的帽子死扣在我们头上。一九六九年我们从磨面、碾米、弹花、轧花等机器操作中，初步尝到了一点机械化的甜头。一九七一年我们遵照毛主席关于"农业的根本出路在于机械化"的教导，从大办小机械抓起，开始了向农业机械化进军，新购了一台"工农——11型"手扶拖拉机，进一步在农田耕作、田间运输、场院作业、饲草粉碎等方面实现了机械化

—1—

山西省林业科学研究所1972年创办了一份16开本、44页的刊物《林业科技资料》，1973年改名为《山西林业科技》，属于内部交换，赠阅性质。每期印3000册，免费赠送省内各区、县，以及一些公社和重点从事林业的村庄。刊物内容是反映山西林业科技成果，报道科技信息，普及科技知识。这个刊物当时负责人是张辉、曹亚宁。《山西林业科技》以后一直坚持出版，后来获准为正式期刊，公开发行。

1972年6月，山西省农业机械化研究所创办了《农机动态》，这是一份不定期的内部参考资料，最初没有四封，16开16页，第一页是“毛主席语录”和刊名套红印刷，1972年共出5期。由于中共山西省委在1972年1月召开了省委扩大会议，落实各项农村经济政策，开展了以农田水利建设为中心的农业学大寨运动，所以这份资料对基层还是及时的。创刊时，农机研究所在所属的情报资料室内专设了刊物编辑组。创刊号头篇刊发《小手扶连着大方向》一文，报道山西浮山县东张公社朱村大队从一台手扶拖拉机开始大办农业机械化的事迹。此文后来被《人民日报》摘要转发，在全国农机战线引起不小反响。从1973年起《农机动态》加上彩色四封，按期刊样式出版，印数增至1万份，发至各县农机局。第一个彩色封面是摄影图片《陈永贵和解放军在工地上》，内封则是关于乡宁县交口公社农机流动服务队的摄影报道和若干种农田基本建设机具介绍，封底是关于农田基本建设的摄影《移山改河》。《农机动态》刊发过编者的这样一段话：“为满足我省公社农机站的要求，我刊决定自本期起给各县农机局或农机办公室增寄数十份，望每个公社农机站、山区流动服务队和大型机械站，到你县农机局去索取（各两份）。有些生产大队及个人要求订购《农机动态》，经研究暂不予订购，请待通知。”这从侧面反映出当时这份刊物的发行状态及社会反响。到1977年年底，共出版32期，累计印发40万册。《农机动态》一直办到1978年改名为《山西农机》正式公开发行。

机械行业在工业中是基础行业，山西省内分布着数量众多的机械、冶金企业，但各企业之间信息交流不畅，“文革”中更甚。到1972年要恢复生产秩序，迫切需要进行技术的交流，在这种形势下，由当时山西省机械设计研究所情报室的胡玉魁发起，李丕义具

体承办，创办了一个内部刊物《山西机械》。当年出了两期，内容上是本所和其他兄弟单位科研小组的成果，这也成了当年山西省机械情报交流会的材料之一。这份刊物当时刊期不稳定，但它是《机械工程与自动化》的前身。

1966年河北邢台地区发生大地震后，防震抗灾被空前重视，1970年山西省革命委员会成立山西省地震队。1973年山西省地震队创办《山西地震通讯》，目的是报道和总结全省地震监测预报、群测群防的情况，促进防震工作的开展。第一期为油印，第二期起铅印，当时不定期，也不定字数。1973年出刊2期，1974年出刊3期，1975年出刊2期，1976年、1977年各出4期。这时的负责人是办公室主任戴云蒸。1977年《山西地震通讯》更名为《山西地震》，作为内部发行的季刊，并成立了编辑室，王汉甫为主编，齐书勤为编辑室主任。

与前述期刊相比，《电子技术》最初的办刊“规格”要高，它是山西省革命委员会电子工业局创办的，由该局科技处具体负责。创办于1973年，也属于内部资料性质。创刊时有《前言》，指出“我省电子工业经过短短八年发展已初具规模”，“为了加强技术情报交流工作，及时传播先进经验”而创办这个刊物。在创刊号上有山西无线电厂“电子管输出变压器扩音机”，太原无线电六厂“DJ-3型煤矿顶板安全警报器”等4个厂家新成果的介绍文章，有介绍国外“光电器件的应用”等3篇文章，还有介绍一些电子技术应用的文章。创刊时的主要负责人是赵沂湘，他本人也翻译了一批英、日、苏的最新电子技术资料发表在刊物上，为技术人员开阔眼界起了不小的作用。创刊一年后，刊物即由原先的印制300册增加到2000册。1974年后成立山西省电子工业科学研究所和山西省电子技术应用推广领导小组，这份刊物也受到重视，成立了专门的编辑室，改由山西省电子工业科学研究所主办。1978年刊物由半年刊改为季刊，1979年更名为《山西电子技术》。

与《电子技术》类似的还有山西省冶金工业局冶金技术情报站创办的《山西冶金》，创刊于1974年4月，16开本，50多页，不定期出版。没有固定的编辑人员，由局钢铁处工作人员兼任。这一刊物后来也几经变动，终于成了正式刊物，坚持办了下来。

1973年《山西发酵》创刊。关于这个刊物的由来，在第1期的“征稿启事”中做了交代：“根据我省发酵工业日益发展的需要，经上级决定，山西省轻工业局发酵工业科技情报站于1972年12月27日在汾阳杏花村汾酒厂正式办公。本站为了能够准确地及时地提供省内外和国内外的有关发酵工业科技动态，拟不定期地编印《山西发酵》的技术资料。”可见这也是一份由科研部门编的不定期资料，它的对象是全省各酒厂、烟厂、糖厂、蛋厂和其他发酵食品厂。当时的主编是徐惠珍。在实际编辑中，以酒厂的内容居多，其中也有非科技的内容，如第1期就有杏花村汾酒厂的《以批修整风为纲 狠抓企业管理 提高产品质量》的文章。1973年2月，全国名白酒技术协作会议在山西杏花村汾酒厂召开，《山西发酵》当即在第3期编辑了会议专辑。《山西发酵》办至1976年停刊。

在卫生系统，山西省卫生防疫站1972年也创办过一个内部刊物《山西卫生防疫》，1973到1975年每年出4至6期，一般发至公社一级。这个刊物更像一种扩大了的简报，在创办时的“编后话”中也自称是“特此汇编了《山西卫生防疫》”。从内容看，有国家的有关文件，有会议报道，有领导讲话，有先进单位的经验总结，也有部分科研成果。如1974年第6期集中反映防止矽尘和有毒物质危害问题，有中条山有色金属公司卫生处的《五八后接触矽尘作业工人X线胸片所见初步分析》、晋东南地区卫生防疫站的《中西医结合治疗34例矽肺患者疗效观察》、山西省卫生防疫站的《矽肺患者226例心电图分析》等文章。

1973年，山西省公路局科学研究所创办了《公路科技情报》，16开本，季刊，属于情报交流性质。负责人为潘建中。1976年时交通部要修订《公路路面设计规范》，山西这一刊物为此编辑一期“黄土片区路面调研资料专辑”，为修订规范提供了支持。1980年后刊物改名为《山西交通科技》。

山西的化学工业有相当规模，1958年10月山西省石油化学工业厅就创办《山西化工》，但仅出一期。1973年，山西省轻化研究所情报组再次创办《山西化工》，作为科技资料内部交流，但也仅出两期。1975年，山西省化肥农药研究所再次复刊《山西化工》，当年出3期，1976年改名《化肥与农药》，当年出3期，到1980年共出11期。

四、大中型企业所办刊物

山西省是全国工业基地之一，尤其是煤炭、钢铁、机械等在全国工业中都占有相当重要的地位。相应地，在山西的大中型企业中也拥有较强的科技力量，这是办科技期刊的重要资源。太原钢铁公司于1972年、1973年两年分别创办了《太钢科技》与《钢铁译文》。虽然在1958年全民大炼钢铁，但是后来实际情况是“钢铁工业十年徘徊”（见《太钢科技》第1期“编后语”）。为了在钢铁生产中“进一步推进技术革命和技术革新运动的深入发展”，《太钢科技》应运而生。《太钢科技》第1期发了5篇科研论文，11条“双革”简讯，前2篇为第一轧钢厂《对新轴承钢若干问题的看法》、第二炼钢厂《三孔喷头在氧气顶吹转炉上的应用》，其余3篇为太钢生产组科技组、耐火材料厂、动力总厂的，可以看出刊物集中反映本公司的科研，而且都是以单位署名，这虽不是以后各期的循例，但也表现出编辑取向，这与“总结和推广太钢生产科研中的新成果和双革活动动态”的办刊初衷是一致的。

《钢铁译文》的内容则如“征稿启事”所言，其内容为：1. 有关国外钢铁工业方面的先进技术和发展动态；2. 国外有关钢铁工业方面的科研成果及技术论文等；3. 国外有关钢铁生产方面的经济技术指标。这份期刊具体由公司科技处情报科编辑。《钢铁译文》后来更名为《太钢译文》。这两份刊物主要为企业服务，也未能如正规期刊那样按期出版，但总体上看还是从实际出发，办刊目的明确，在企业刊物中还是属于上乘的。

企业科技期刊中另一种办得较好的是《液压技术通讯》，1971年发刊，署名为“榆次液压件厂液压元件研究所主办”，但从所刊稿件看，实际上相当于国内液压技术行业的刊物，一些高等院校相关专业教研人员也提供过论文。它的容量也较大，每期在60页以上，一般每年4期，而且年底能提出下年的报道提纲。刊物的编辑方针及读者对象是：“本刊是贯彻‘群众办报’、‘理论与实践相结合’、‘普及与提高相结合’和‘洋为中用’等方针的技术交流的桥梁，普及提高的工具，理论探讨的园地。主要面向液压元件和系统的设计、工艺技术人员，兼顾加工和操作工人以及科研人员的需要，同时有重点地刊载一些分析性资料，供领导人员参考。”一个中型企业能牵头办起这样一份刊物，说明山西当时在此技术领域还是处于领先水平的。

附录一

“文革”时期山西科技期刊简介表

（以创办时间为序）

序号	刊 名	创办时间	创 办 者
1	果树工作通讯	1971	山西省果树科学研究所
2	山西农业科学实验	1971	山西省农业科学院
3	山西水利科技	1971	山西省水利科学研究所
4	电力技术通讯	1971	山西省电业局中心试验所
5	液压技术通讯	1971	榆次液压件厂液压元件研究所
6	林业科技资料	1972	山西省林业科学研究所
7	燃料化工	1972	太原燃料化学研究所
8	农机动态	1972	山西省农业机械化研究所
9	山西机械	1972	山西省机械设计研究所
10	山西医药	1972	山西省革命委员会卫生局
11	国外柴油机	1972	山西车用发动机研究所
12	太钢科技	1972	太原钢铁公司
13	山西卫生防疫	1972	山西省卫生防疫站
14	电镀经验交流	1973	山西省电镀新工艺实验交流站（汾西机器厂）
15	医卫通讯	1973	山西医学院
16	煤炭化工设计简讯	1973	山西省化工设计院
17	山西造纸	1973	山西省造纸行业科技情报站
18	钢铁译文	1973	太原钢铁公司

序号	刊 名	创办时间	创 办 者
19	山西化工	1973	山西省轻化研究所情报组
20	山西塑料	1973	山西省塑料工业科技情报站
21	电子技术	1973	山西省革命委员会电子工业局
22	山西地震通讯	1973	山西省地震队
23	公路科技情报	1973	山西省公路局科学研究所
24	山西发酵	1973	山西省轻工业局发酵工业科技情报站（杏花村汾酒厂）
25	山西冶金	1974	山西省冶金工业局冶金技术情报站
26	山西水土保持科技	1974	山西省水土保持科学研究所
27	临床医药	1974	山西医学院第二附属医院
28	核防护	1975	华北辐射防护研究所
29	火控技术	1975	国防工业火控技术专业科技情报网（207所）

附录二

评晋剧《三上桃峰》

初　澜

当前，文艺战线的形势同各条战线一样，一派大好，欣欣向荣。在毛主席无产阶级革命文艺路线的指引下，在革命样板戏带动下，群众性的革命文艺创作运动蓬勃兴起，好的和比较好的作品越来越多，受到了广大工农兵群众的热情鼓励和欢迎。最近，在北京举行的华北地区文艺调演，反映了社会主义文艺事业迅猛发展的趋势，体现了毛主席的革命路线在文艺战线取得的新胜利。但是，文艺战线从来不是风平浪静的。文艺，作为阶级斗争的工具，总是敏锐地反映着社会上的政治斗争。在大好形势下，冒出个把毒草，这也是不足为怪的。

由山西省文化局创作组集体创作的晋剧《三上桃峰》，就是一株否定无产阶级文化大革命，为叛徒刘少奇反革命的修正主义路线翻案的大毒草！

《三上桃峰》的故事情节并不复杂，说的是某公社杏岭大队，以欺骗手段把一匹病马当作好马卖给了桃峰大队。杏岭大队党支部书记发现此事，亲自三上桃峰，退款道歉。

该剧的炮制者和鼓吹者声称："一滴水可以见太阳嘛！""《三上桃峰》就是要通过小题材表现大主题"。好吧！让我们来看看《三上桃峰》的"大主题"究竟是什么？

一

《三上桃峰》的出笼，是阶级斗争、路线斗争在文艺上的反映。

在我党的历史上，毛主席的革命路线同刘少奇反革命的修正主义路线进行了长期的激烈斗争。党的八届十中全会上，毛主席发出了"千万不要忘记阶级斗争"的伟大号召，提出了"要进行社会主义教育"的战斗任务。一九六三年五月，毛主席亲自主持制定了《中共中央关于目前农村工作中若干问题的决定（草案）》（即十条），在广大农村开展了轰轰烈烈的社会主义教育运动。其后不久，刘少奇抛出了一条形"左"实右的资产阶级反动路线，镇压人民群众，保护牛鬼蛇神。刘少奇指派他的老婆王光美窜到河北省抚宁县的桃园大队，以"四清"为名，行复辟之实，炮制了一个旨在对抗毛主席革命路线的"桃园经验"。王光美狂妄地说："全国都在学大寨，桃园要在政治上超过大寨，叫全国也要学习桃园。"妄图用桃园对抗大寨，用刘少奇反革命的修正主义路线取代毛主席的正确路线。一九六五年一月，毛主席亲自主持制定了《农村社会主义教育运动中目前提出的一些问题》(即二十三条)，批判了刘少奇的反动路线以及"桃园经验"，将社会主义教育运动引向深入。

但是，刘少奇一伙贼心不死，负隅顽抗。王光美不得不从桃园撤退以后，还留下一个"巩固组"，送去一匹大红马，死守桃园这块阵地。他们不仅在桃园附近立起了一块高达丈余的石碑，上刻"永不忘记"四个大字，为她树碑立传，王光美还亲自跑到旧文联礼堂作报告，策动文艺界运用文艺形式来为她树碑立传，歌功颂德。

就在这样的历史政治背景下，一九六五年夏天开始，在被旧中宣部这个阎王殿控制的舆论阵地上，围绕着通讯《一匹马》和故事《三下桑园赎马记》，掀起了一股宣传热潮。主持宣传的人特意提醒说：这个"故事发生在经过社会主义教育运动的地方——河北唐山地区抚宁县，更加引起人们深思"。"深思"什么？就是要人们看清楚这故事是为王光美涂脂抹粉的，是为刘少奇的资产阶级反动路线和他导演的"桃园经验"翻案的。

在这场阶级斗争中，以周扬为首的"四条汉子"及其同伙，倾巢而出，喧嚣一时。在当时被反革命的修正主义文艺黑线统治的文艺界，以《一匹马》的故事为题材的报告文学、连环画、纪录影片和各种样式的戏剧、曲艺，纷纷出笼。旧中宣部的一个副部长，指令在北京的某一话剧院赶排同一题材的《春风扬柳》，叫嚷"要搞出样板，起示范作用"。旧文化部的一个副部长，计划亲自带领一个文化工作队去抚宁县，把王光美蹲点的这个地方搞成群众文化活动的"样板"。

紧步周扬之流的后尘，一九六六年一月，山西省的《火花》戏剧专刊，以卷首的显赫位置，发表了根据上述通讯改编的大型晋剧《三下桃园》。一字之易，点在题上，更为醒目。剧中大唱什么"社社队队全一样，唯有桃园大不同"，用反动的"桃园精神"，对抗毛主席发出的"农业学大寨"的伟大号召！他们唯恐观众看不清楚这个戏的政治意图，还煞费苦心地设计了一个原通讯中没有的人物——一个姓王的女县长，让她从幕后走到前台，颐指气使，招摇过市，用她之口点破这个剧本的主题在于歌颂桃园"社教运动的胜利果”。这是在文艺舞台上为刘少奇、王光美树立起的又一块“碑”。

无产阶级文化大革命中,《三下桃园》受到了革命群众的批判,这块“碑”被推倒了,打碎了。事隔八年,在某些人的指使和鼓励下,《三下桃园》改名为《三上桃峰》,又被重新搬上舞台,把这块被推倒了、打碎了的“碑”又树了起来。这是多么触目惊心的阶级斗争啊!从《三下桃园》到《三上桃峰》,中心事件没有变,故事情节没有变,基本的人物关系也没有变。惹人注意的三处改动是:一、“桃园”变为“桃峰”;二、时代背景从“四清”运动后的一九六五年推到了一九五九年;三、那个姓王的女县长不见了。然而,越描越黑,欲盖弥彰。这些改动,除去说明炮制者完全知道一匹马的故事的政治背景,完全知道《三下桃园》的政治要害,做贼心虚,害怕马脚太露以外,丝毫不能说明别的。

人们不禁要问《三上桃峰》的炮制者和支持者:既然明明知道无产阶级文化大革命中批判了《三下桃园》,明明知道这个毒草剧本的要害所在,为什么现在又为它改头换面,乔装打扮,迫不及待地搬上舞台?

《三上桃峰》的炮制者曾经说过:“要不是无产阶级文化大革命,这个戏早就红了!”一语泄露了天机:他们这个戏跟刘少奇是同命相连的。“一损俱损,一荣俱荣”。刘少奇垮台了,他们如丧考妣,于心不甘。经过几年的炮制,他们认为时机成熟了,就明目张胆地把《三上桃峰》抛了出来,大喊大叫什么“《三上桃峰》是山西的代表性剧目!”“《三上桃峰》是经过七年锤炼的。别的戏不上,行;《三上桃峰》不上,不行!”当演员表示不愿排练这个戏时,他们竟威胁说:“是毒草也要演”,不演就“以破坏革命现代戏论处”。看,他们要用这个戏来为刘少奇反革命的修正主义路线翻案的气焰何等嚣张!可是,当革命群众揪住了他们的狐狸尾巴之后,他们又装出一副可怜相,说什么“没有看过原来的报道”呀,“不知道这个故事有什么政治背景”呀,等等。躲躲闪闪,支支吾吾。事实胜于雄辩。白纸黑字,铁证如山,《三上桃峰》是经过精心炮制,有人批准,有人支持抛出来的。《三上桃峰》为刘少奇翻案的事实,是任何人也抵赖不掉的!

二

从《三上桃峰》的政治背景看,是为刘少奇翻案的。从《三上桃峰》所表现的政治内容上看,也是为刘少奇翻案的,是为刘少奇、林彪他们所推行的反革命的修正主义路线翻案的。

第一,《三上桃峰》的炮制者,竭力鼓吹刘少奇、林彪的“阶级斗争熄灭论”,反对党的基本路线。

党的基本路线告诉我们：社会主义社会是一个相当长的历史阶段。在这个历史阶段中，始终存在着阶级、阶级矛盾和阶级斗争，存在着社会主义同资本主义两条道路的斗争，存在着资本主义复辟的危险性，存在着帝国主义、社会帝国主义进行颠覆和侵略的威胁。《三上桃峰》却千方百计地掩盖社会主义时期的阶级矛盾和阶级斗争，大搞资产阶级和无产阶级、资本主义和社会主义的“合二而一”。对农村资本主义势力的代表人物老六，杏岭的贫下中农和党员不反击，不斗争。剧中还将老六美化为想为集体“办好事”的人。对农村资本主义势力在党内的代理人、杏岭大队的大队长李永光，不仅不去表现党员、群众对他的斗争，反而为他开脱罪责，把他的错误性质说成是什么“本位主义思想”，还为他评功摆好，故意回避这场尖锐激烈的路线斗争。

在这个戏里，没有阶级矛盾，没有阶级斗争和路线斗争，你好我好，大家都好，可真是人人“忠恕”、个个“礼让”的“君子国”呵！当年大刮吹捧“桃园经验”的妖风时，报纸上不是有人通过讲述小说《镜花缘》里“君子国”的故事，号召人们在创作中表现现实生活中的“君子国”吗？《三上桃峰》的炮制者果然把一个“君子国”搬上了舞台。这个“君子国”不是别的，就是刘少奇、王光美在桃园已经建立过的地、富、反、坏、右重新上台，劳动人民重新受压迫的资产阶级专政的王国！

第二，《三上桃峰》的炮制者，狂热地宣扬刘少奇、林彪所贩卖的“孔孟之道”，把剥削阶级的意识形态冒充为共产主义风格和无产阶级思想。

风格是观念形态，是客观实践的产物。在阶级社会中，风格是有阶级性的。《三上桃峰》所宣扬的这种不讲阶级、不讲路线、互相“礼让”的“风格”，根本不是无产阶级的意识形态，而是剥削阶级的意识形态。两千多年前，反动奴隶主阶级的代言人孔丘之流鼓噪什么“忠恕”、“克己”，什么“礼之用，和为贵”，目的是“复礼”。刘少奇、林彪继承了孔老二的衣钵，也大讲什么“以德报怨”、“忍辱负重”，什么“两斗皆仇，两和皆友”，目的是复辟。《三上桃峰》所宣扬的“风格”，就是这种主张倒退、反对革命的孔孟之道，是束缚革命人民斗争意志的精神枷锁。剧中的“风格”体现者、主要人物青兰，就是奉行孔孟之道的典型人物。她在全剧中的行动，就是往来奔波于杏岭、桃峰之间，忙于补过失、堵窟窿。这是个只抓小事不抓大事、只顾“马情”不顾敌情的政治庸人。炮制者把这样一个依照黑《修养》的规格铸造出来的人物，冒充为无产阶级革命事业接班人，赋予她一个“青出于蓝而胜于蓝”的名字，就是要人们学习青兰，做孔孟之道的忠实信徒，以便推行他们“复礼”、复辟的反革命政治路线。

第三,《三上桃峰》的炮制者，采用含沙射影的卑劣手法，使用刘少奇、林彪的反革命语言，诬蔑社会主义制度，对毛主席的革命路线进行诋毁和谩骂。

全剧结构的中心是马。戏的开头，作为主要人物的青兰，在初上场的唱段中唱道:“持续跃进，万马奔腾”;接着，在同一场，她又唱道:“他扬鞭催马猛驰骋，菊花青怎经得猛烈奔腾”，于是，全剧就围绕着这匹病马兜起圈子来。剧本告诉人们，这是一匹患有“脑迷症”、“病了好几个月”的病马，此马“千万不能猛骑快跑”。后来，它被猛骑了一阵，由于“快速奔跑使猛劲”，就“浑身淌汗，四肢发抖”，卧倒在地，终于死去了。对此，剧本叫嚷“要接受教训”。好一个“接受教训”！须知这个剧本是把故事的发生年月别有用心地改在一九五九年春天的。这时，正是我国人民在毛主席的革命路线指引下，高举总路线、大跃进、人民公社的革命红旗高歌猛进的年代。在这样的时代背景下，剧本刻意讲述了一个“跑死病马”的“寓言”，它的矛头所向难道还不清楚吗？这种咬牙切齿的咒骂，和赫鲁晓夫对我们的诬蔑有何不同？和刘少奇攻击大跃进是“搞的太猛，出了毛病”的黑话，有何不同？和林彪一伙攻击大跃进是“凭幻想胡来”的黑话，有何不同？我国社会主义建设的成就是否定不了的，人民群众的劳动所结出的胜利果实是抹杀不了的，这种咒骂只能暴露出这个戏的炮制者完全站在地、富、反、坏、右的立场上。更有甚者，当剧本写到病马累死之后，另一匹马就立即登场了。这匹大红马是由剧中资本主义势力的代表人物老六牵上台的。这匹象征着资本主义“胜利”的马一上场，就博得了满台人物的一片喝彩:“好马！好马！好马！”连用三个“好”字。无需再做解释了，作者的用心已十分明白。他们就是要通过这两匹马的对比，咒骂党的正确路线，呼唤资本主义复辟。

晋剧《三上桃峰》大肆兜售刘少奇、林彪反革命的修正主义黑货，对毛主席革命路线进行肆无忌惮的攻击。他们叫嚷这出戏表现的“大主题”，就是反党、反社会主义、反毛主席的革命路线，为刘少奇、林彪和他们反革命的修正主义路线翻案。有人还叫嚷这出戏“好就好在突破了样板戏的框框”，这就赤裸裸地暴露了他们与毛主席的革命文艺路线为敌、与革命样板戏为敌的反动面目。《三上桃峰》正是顽固地坚持刘少奇反革命的修正主义文艺黑线，集“无冲突论”、“中间人物论”、反“题材决定”论、“人性论”、“时代精神汇合论”之大成的大毒草。

三

利用小说进行反党活动，是一大发明。阶级斗争的历史告诉我们：每当一次伟大的革命运动过去之后，总是伴随着一场复辟与反复辟、倒退与反倒退的激烈斗争。一切被打倒的剥削阶级决不会甘心于他们的失败，总要作垂死的挣扎，妄图复辟他们失去的“天堂”。他们进行复辟的一个常见方式，就是利用文艺为历史上被打倒的剥削阶级的代表人物进行翻案。六十年代初，有人抛出《海瑞罢官》为彭德怀翻案，如今又冒出个《三上桃峰》为刘少奇翻案，就是这一阶级斗争规律的生动例证。

从《一匹马》、《三下桑园赎马记》，到《三下桃园》，再到《三上桃峰》：桑园改桃园，桃园变桃峰；一匹病马上台又下台，下台又上台。这说明了什么？说明了在整个社会主义历史阶段，无产阶级同资产阶级的斗争是长期的、曲折的，有时是很激烈的。不管革命的阶级怎样事先警告，把根本的战略方针公开告诉自己的敌人，敌人是一定要寻找机会表现他们自己的，还是要进攻的。阶级斗争是客观存在，不依人的意志为转移，要想避免，也不可能。它说明了文艺战线上的斗争从来就是政治战线上阶级斗争、路线斗争的反映。某些地区、某些部门修正主义文艺黑线回潮的现象，就是政治上那股妄图否定无产阶级文化大革命的翻案风在文艺上的表现；这也是和国际上阶级敌人反华、反共、反革命的反动逆流相呼应的。它还说明了当前深入开展的批林批孔运动，击中了国内外阶级敌人的要害，他们必然要跳出来进行破坏和捣乱。

因此，我们对大毒草《三上桃峰》的批判，不是一般的文艺论争，不是什么创作问题，而是保卫无产阶级文化大革命胜利成果的大是大非问题；是捍卫毛主席革命路线的大是大非问题；是深入开展批林批孔运动、把上层建筑领域里的革命进行到底的大是大非问题。这是一场你死我活的阶级斗争。这样的斗争，今后还要长期地进行下去。

毛主席教导我们：“不要以为有一二次、三四次文化大革命，就可以太平无事了。千万注意，决不可丧失警惕。”“三上”被揭露了，会不会搞“四上”“五上”呢？值得我们深思。我们一定要以党的基本路线为纲，深入开展批林批孔运动，重视意识形态领域里的阶级斗争，密切注视思想文化战线阶级斗争的新动向和新特点，反击一切开倒车、搞复辟的逆流，击退反革命的修正主义文艺黑线的回潮，进一步发展无产阶级文艺革命的大好形势，夺取新的胜利！

（新华社北京一九七四年二月二十八日电）

第八章
改革新时期的激增

从粉碎“四人帮”到1980年代中期，中国在思想、政治、经济、文化诸多方面都处于一种急剧变化之中，作为与思想、政治、经济、文化都有密切联系的出版业也呈现出历史上从未有过的超常发展状态。

1978年开始的关于真理标准的大讨论，是“文革”后一场打破个人崇拜和教条主义枷锁的思想解放运动，它促使人们重新审视过去已经习惯被奉为天经地义的东西。当年12月召开的中共十一届三中全会，从根本上冲破了长期“左”倾路线的严重束缚，实现了党在政治路线、思想路线上具有深远意义的转折。以这次会议为标志，中国进入改革开放的新纪元。邓小平关于建设有中国特色社会主义的理论逐步形成并成为党和国家的指导思想。1981年中共中央作出《关于建国以来党的若干历史问题的决议》，从而完成了在政治思想上拨乱反正的任务。1984年，中共中央颁布了《关于经济体制改革的决定》，从指导理论上突破了把计划经济奉为社会主义，把计划经济与商品经济对立起来的观点，使经济体制开始向社会主义市场经济过渡。伴随着政治经济的变化，文化教育等领域也在急速变革，中国社会真正出现了改革开放、全面发展的大好局面。

种种变革为出版业的发展创造了前所未有的极好环境。“文革”的精神禁锢一旦被打破，人民群众中渴求知识、渴求进步的激情迅速释放，于是，1978年到1979年出现了群众在书店开门之前就排长队等待购书的场景，出现了任何期刊都不用担心订数、一些大众文化期刊与科普期刊供不应求的情况。读者的需求推动出版的发展一下子进入了“快车道”。1983年，中共中央、国务院联合发布《关于加强出版工作的决定》，它分五部分分别阐述了出版的形势和任务，出版工作的性质和指导方针，出版队伍的建设，改变印刷、发行的落后现状以及加强与改善对出版工作的领导。读者的需求、中央的支持，使出版工作一再突破原有的纪录，出现了史无前例的超常式发展。

这种发展首先显示为数量的大幅增长。图书出版方面，从1977年到1985年，全国图书出版总印数由33.08亿册增加到66.73亿册，图书总印张数由117.71亿印张增长到282.75亿印张，这两项指标每年的增长率平均为9.1%和11.6%。期刊出版方面，1977年年初全国有期刊542种，总印数5.58亿册，1978年就增加到930种，7.62亿册。到1985年，期刊的种数猛增到4705种，总印数达到25.60亿册，这两项指标每年的增长率平均为25.67%和20.15%。全国人均期刊数1977年为0.6册，1985年达到了2.4册，整整翻了四倍。相对于图书出版，期刊种数的增加基本都伴随着期刊从业队伍的扩大，这一时期期刊从业者队伍的扩大完全可以用膨胀来形容。从图书到期刊，如此之长的增长时期、如此之高的增长速度、如此之大的增长规模，不仅在中国，就是在世界出版史上也是罕见的。这一时期期刊的创办程序比以后要简单得多，期刊的发行比以后要容易得多，所以大批新创办的期刊形成发展的主力。多年之后，当回顾起这段时间时，有人说那时的期刊界是肥得流油的沃土，“插上根烟管不是冒烟，而是会往外冒油”。

在这种大环境下，山西期刊的发展同样也呈现超常状态。更具体地说，这一时期山西期刊的辉煌，表现为三个主要特征：一是期刊种数大幅上涨，在全国各省市中名列前茅。中宣部出版局曾有个统计（见《新中国的期刊出版事业》，载《出版工作》1989年第1期），1987年时全国各省市中期刊种数在200种以上的有上海、湖北、山西等六个（查有关资料，山西当时正式期刊未达此数，此数当是连内部期刊统计在内的——编者注）。据对山西2006年时期刊的不完全统计，其中创办于1977年至1985年间的有112种（包括先是内部期刊后成为正式期刊的），“文革”中停办在这一时期又恢复出版的有14种，改变刊名重新定位的有8种。这还不包括有些在这一时期办起来而且反响也好但又在这一时期停办的期刊。二是涌现出了一批优秀期刊和优秀的办刊人才。如《山西青年》、《山西民间文学》当时在全国都有很大影响，期发行量都曾达到百万册以上。多年后获得国家期刊奖的《名作欣赏》、《新型炭材料》等也是创办于这一时期。后来因办刊业绩突出而获得全国“五一劳动奖章”的刘琦、赵岩平等也都是在这一时期开始了创业，而1990年代以后山西一些知名期刊的负责人中有不少也是在这一时期进入期刊界的。三是山西当时创办了一批在某些领域有填补空白性质的期刊。《名作欣赏》开辟了文学赏析期刊之先河，《语文报》创出以报刊来普及一个基础学科教育的先例，《对联·民间对联故事》首家使对联这一中国特有的文学品种与期刊结缘，《编辑之友》最早倡导了新时期编辑学、出版学的研究，《党史文汇》第一家用大众化期刊来宣传党史知识，《思维科学》则代表了一门新学科的建立，《童话大王》更是在出版史乃至文学史上创出了以一个作家的作品支撑一份刊物的特例，等等。山西期刊这一时期的迅速发展，当然得益于全国的大氛围，但是与山西当时的环境也有极大关系，尤其是当时山西的有关领导对期刊出版很是关注与支持，办刊突出者能获得表彰和奖励，办刊有失误能得到宽容与帮助，这就为山西期刊创造了一个较好的发展条件，使山西期刊工作者在这一时期写下了光彩的一笔，留下了闪光的足迹。

第一节　春潮中的“民间”奇葩

进入1980年代，在全国出版业迅速发展之时，山西一批新期刊乘势而生，它们解放思想，锐意改革，自觉奋进，勇立潮头，很快创出了骄人的业绩，其中《山西民间文学》尤为突出。

《山西民间文学》创刊于1980年12月。1980年4月，中国民间文艺研究会山西分会（后改名山西省民间文艺家协会）成立，开始时无资金、无办公室，工作人员只有刘琦一人。1980年秋，在省文联党组书记李束为与省文联常务副主席郑笃的支持下，找了一间6平方米大的废弃了的卫生间改为办公室，并筹措了8000元经费来创办一份刊物，起名为《山西民间文学》。当时从组稿、编稿到排版、校对、宣传都是刘琦一个人干，遇到实在干不过来或不会干时就请人义务帮忙，在1980年年底印出了创刊号1.4万册。兼任刊物主编的郑笃给刊物提出了“汲取营养，丰富知识，陶冶性情，培养美德”的方针，并写了《几点意见与建议》。李束为也为刊物写了《民间故事的搜集与整理》一文，还提出了“亦古亦新，有趣有益，内容丰富，色彩缤纷，图文并茂，雅俗共赏”的办刊要求。创刊号的内容很丰富，有山西民间传说、民间故事、民歌、谚语，还有国外（波兰、土耳其）的民间故事以及关于民间文学的评论和资料。创刊号还注意了突出地方特点，比如关于傅山的传说《写中堂》、《奇方》、《嫁妆》等，生动而有趣地表现了明末清初山西这位著名文人高洁的品格、潇洒的风度以及他在书法、医学上的过人之处。又如《杨六郎的神箭》是从山西雁北山阴县采录的关于宋代杨家将的传说。创刊号上市后反响很好，刊物很快销售一空。后来又加印一部分在一些县和公社试销，情况也很好，在山西石楼县小蒜公社和方山县马坊公社分别售出400多册。

山西作为有悠久历史的中华民族发祥地之一，民间文学的蕴藏极其丰富，《山西民间文学》积极承担起了对民间文学的搜集、整理、抢救工作，它不仅为民间文学的采录、发表提供了阵地，而且以此团结、培养了一批民间文学工作者与爱好者。在延续民间文学传统的同时，《山西民间文学》还注意积极联系现实生活，用民间故事的形式宣传社会主义精神文明。1987年起，全国开展了“五讲”（讲文明、讲礼貌、讲卫生、讲秩序、讲道德）、“四美”（心灵美、语言美、行为美、环境美）、“三热爱”（热爱祖国、热爱社会主义、热爱中国共产党）活动，这是改革开放新时期群众性社会主义精神文明建设的重要开端。《山西民间文学》对此予以积极配合，从1981年第3期起就陆续开辟了“精神文明传统故事”、“革命领袖礼貌故事”、“文明风尚故事”等专栏，将群众中流传的褒善贬恶、代表我们民族道德精神的传说故事整理发表，用生动形象的方式宣传社会主义应有的道德风尚。刊物得到了读者的广泛认可，山西平遥县有一位老农民看到刊物上有孝敬老人的故事，就一下买了五本分送自己与亲友的孩子。陕西扶风县城关公社南台大队还集体组织青年读刊物上的《老桃花的故事》，其中有个叫陈克正的青年还专门给刊物写来信，说这个故事对他触动很大，使他认识到自己过去不孝敬老人的做法太不对了。

《山西民间文学》编辑部经常去农村调查民情民风，根据群众需要来组稿、选稿。当发现一些群众对计划生育不够理解、重男轻女思想大有市场时，刊物就有意识地发表一些“聪明女子的故事”、“巧媳妇的故事”。当随着开放而有人盲目崇尚西方现代文艺时，刊物就发表“赵树理的传说故事”等来宣传民族化、大众化的中国文学传统。编辑人员还到大同电厂等大型厂矿，搜集整理了全国劳模的新故事，直接反映新时期优秀人物的事迹。1983年春，山西洪洞县发生了一起较大的迷信活动，上千人敲锣打鼓“迎神亲”、“接娘娘”。《山西民间文学》编辑人员立即下去随县委调查情况，当发现这起活动的根源在于有些人借神话传说搞迷信活动，就立即在刊物上发表《神话与迷信的区别》等文章，并请当地县委领导也在刊物上发表看法，通过刊物发挥匡正民风、讲究科学、提高群众文化水平与道德素养的作用。为了使刊物更贴近读者，编辑部还多次把公社文化站的代表请来，共同审稿编稿。由于社会、历史等方面的原因，民间文学中往往良莠混杂，《山西民间文学》对此保持了清醒的认识，凡格调低下、情趣庸俗、怪诞离奇、凶杀色情的作品都坚决予以剔除，一些类似看风水、打卦算命的稿件也一律不登，坚持把刊物办成宣传精神文明的阵地。《山西民间文学》从1981年起发行量直线上升，1982年上升到20万份，1983年上升到70万份。《山西民间文学》1980年到1983年为季刊，16开本，定价0.30元。1983年起改为双月刊。1986年后刘琦任《山西民间文学》主编。

《山西民间文学》之所以取得这些成绩，主要基于三方面的原因：一是刊物本身的读者定位比较准确，它以乡镇及农村人口为主要读者群，这一群体是民间文学流传、承续、创造的主要土壤，他们文化程度中等甚至偏低，对乡土味浓重的故事有着天然的亲切感，《山西民间文学》正好适合他们的需求。二是“文革”对文学包括民间故事的封杀在群众中造成精神生活的苍白与对文艺作品的渴求，“文革”后图书出版虽重印大批名著，但对中国绝大多数农业人口来说，读中外名著不太现实，也与自身生活不太贴近，而《山西民间文学》的出现填补了这一空白，可谓正逢其时，正中其怀。三是编辑者对办刊投入了极大的热情和干劲，在当时的印刷条件下努力做成精品，例如从一开始就注意了图文并茂，在一些文学书刊还极少有插图的年头，这一做法自然成了吸引读者的一个重要因素。《山西民间文学》请画家来画插图的做法被继承下来，以后坚持了20多年。客观地讲，当时办刊还不懂或者说不会搞什么营销，刊物的发行途径也主要靠邮局订阅，所以发行量基本上是自然增长，是刊物质量与读者需求相吻合的结果。

《山西民间文学》的努力也逐渐引起文化界的重视。刘琦多次被安排在有关会议上介绍办刊思路和办刊经验。中国民间文艺家协会的一位负责人在一次会上讲：“民间文学工作怎么办？就照《山西民间文学》这样办。”中国社会科学院院长马洪特地将这一刊物推荐给老一辈革命家薄一波，当时正值全国人大开会期间，许多代表提到了文艺工作如何为“两个文明”建设服务的问题，薄一波在翻阅这一刊物后于1983年6月10日为之题词：“办好《山西民间文学》，促进精神文明建设。”随后不久，中共山西省委书记李立功也题词：“愿《山西民间文学》为祖国四化和两个文明建设做出更大贡献。”《人民日报》、中央电视台、《光明日报》、《文学报》、《山西日报》等一批传媒都先后报道了《山西民间文学》，介绍了刊物主编刘琦的事迹。

刘琦，1935年生，河南舞阳县人。1949年参加中国人民解放军，先在军宣传队，后到总政军乐团，1954年转业到山西忻州地区搞教育工作，1978年调山西省文联。从1950

年代起，刘琦就发表文艺作品，长诗《黄连歌》完成于“文革”之前，1980年获山西省第一届文学艺术创作银牌奖。他直接主持了《山西民间文学》的创办工作，在刊物得以迅速发展之后又率先进行期刊社的体制改革。

1980年代初期，对各种文化单位、新闻出版单位来说，还都是事业性质，即便有的已基本不再靠国家拨发经费，但长期以来的计划经济思维模式使得极少有人愿意脱离现体制，丢掉“铁饭碗”。在这种背景下，《山西民间文学》1984年开始的改革之举就大有一种“第一个吃螃蟹”的悲壮精神。这一企业化管理的改革主要包括这样几个方面：第一，改变依赖国家补贴办刊物的状况，不要国家拨发人员工资、事业费、行政费、刊物补助费等，实行独立核算，自收自支，自负盈亏。第二，刊物盈利要兼顾国家、集体、个人的利益，15%上缴能源、交通、重点建设基金；25%上缴省民间文艺研究会；60%留编辑部按比例分配，其中六成作为刊物发展基金，两成作为集体福利基金，两成作为对工作人员的奖金。第三，个人所得随工作表现和刊物盈亏状况而上下浮动，超产与其他贡献另奖，并有必要的经济处罚制度。第四，对担任各级领导的人员和中级以上知识分子给予一定的职务补贴。第五，加大发行工作力度，通过奖励等经济手段扩大发行范围。这一方案首先得到了省文联党组的同意，随后省委宣传部、省政府办公厅、省财政厅等上级和相关部门也给予支持，并从1984年1月起实行。改革使《山西民间文学》更增活力，在提高刊物质量的同时经济效益也更为明显，实行改革的当年到10月份就达到纯利润19.7万元。发行量突破100万册，1985年发行量达到顶峰116万册。1985年12月24日，在全省期刊工作会议上，中共山西省委宣传部授予《山西民间文学》“再展宏图”的匾额，以表彰他们改革的成绩。1987年，刘琦获国家“五一劳动奖章”，当年山西获此奖者28人，文化界仅有刘琦。

在办好《山西民间文学》的同时，刘琦又办起了另一个故事类期刊《故事精选》，1984年10月出创刊号。《故事精选》作为省民间文艺家协会的另一刊物，同样实行了《山西民间文学》的改革措施，很快也收到了成效。《故事精选》创刊时发行了30万册，以后两年不断上升，1986年第5期时邮局征订87万册，如果加上自办发行零售等则接近百万册。《故事精选》的创办反映了创办者对媒体规律的把握以及对读者市场的敏感与眼光，它与《山西民间文学》似乎相似，但在读者定位、内容把握、外观形态上又都有差别。《故事精选》的读者定位是城市青少年，包括中等文化的社会青年与一些在校学生，而《山西民间文学》更侧重于农村；《故事精选》在内容上不是以民间故事、民间传说为主，而是精选中外文学名著故事、电影故事、探险故事、推理故事、情爱故事、案例故事、古代笔记故事等，涉及的面更宽，而且偏重于当代。在形态上它不用16开本，而采用书本大小的32开本，页码64页，定价也偏低，为0.25元，更适合于读者购买和携带。这一系列做法符合现代传媒细分读者的原则，所以很快就在市场上占了相当份额。

《故事精选》在这一时期也由刘琦主编，主办单位后来加上了山西省故事学会，主管单位始终为山西省文学艺术界联合会。1988年《故事精选》改名为《中外故事》，当年曾改为16开本，但第二年起就又恢复为32开本。《故事精选》编辑工作由编辑部主任张继锋负责。

《山西民间文学》与《故事精选》的创办及改革，使山西民间文艺家协会有了两个活动阵地与两个经济支柱，在省文联当时的11个协会中成为最有活力也最有经济实力的协会。改革也促进了刊物自身的发展，为1997年成立山西省民间文艺开发公司奠定了基础。

2007年，中国文联、中国民间文艺家协会在全国民间文艺最高奖项“山花奖”中增加“民间文艺成就奖”一项，已经离休多年的刘琦成为山西获得此奖的第一人。

第二节 创造“青年”的辉煌

1980年春某日，太原市五一广场又出现了排队购物的长龙，然而人们争购的不是什么日常商品，而是一份新出的期刊。在报刊零售大厅内，有人甚至一买几十本，说是要送亲友。几天后这种景象在北京等一些城市也上演了。这本期刊上写了刘少奇子女，因为涉及十多年前被宣判为“叛徒、内奸、工贼”、“党内头号走资派”而被打倒并悲惨离世的原国家主席的家庭，自然引起了轰动，人们关注刘少奇子女的同时也注意到了这份期刊——《山西青年》。

《山西青年》是在这一年由32开本改为16开本的。改版后，逢单月48个页码，双月32个页码，全年平均每期40页，定价0.20元。1981年每期改为48页，定价0.25元。《山西青年》复刊于1976年，头两年，杂志社提出《山西青年》要做“三碗饭”，也就是说要把三方面的内容作为宣传的重点和《山西青年》刊物的特点：一是刘胡兰，二是大寨，三是华国锋。于是在1979年之前，刘胡兰精神的宣传是每年必搞；大寨团支部的经验几乎是每期必上；华国锋是山西人，宣传他的稿件也占了不少篇幅。中共十一届三中全会的召开，改革开放东风的吹送，使这种“三碗饭”的做法日显危机，形势逼迫期刊去寻找新的办刊思路。1978年冬，原由山西人民出版社编辑的《红小兵》划归山西青年社，杂志社拥有了面向青年和少年的两份期刊(《红小兵》后改为《山西少年》，最后定为《小学生》)。1978年年

底，团省委任命杨长青为山西青年社总编辑，杨宗为副总编辑，不久又任命杨小池为副总编辑，此后又调进一批年轻的编辑与工作人员。1979年9月，由《山西青年》与《广东青年》发起的全国地方青年报刊经验交流会在广州召开，团中央书记高占祥到会，广东省党政领导杨尚昆、习仲勋接见全体与会人员。这次会议对《山西青年》解放思想、拓宽办刊思路起了很大促进作用。

当时，全国已大规模开展了对冤假错案的平反工作，而刘少奇这一最大冤案成了广大群众极关心的事。山西青年社领导于1979年秋找来一本“文革”中幸存的刘少奇所著《论共产党员的修养》一书在社内组织阅读，大家认为书中所讲的是对的，“文革”中对该书的批判是错的。最后将大家的共识汇成一篇短文《决不能因人废言——从能不能学习〈论共产党员的修养〉一书谈起》，发表于1979年第11期《山西青年》。在改为16开本的1980年第1期上，又选载了刘少奇这本书中的一节《党员个人利益无条件地服从党的利益》。这一行动深受读者欢迎，也引起了国内外的注意，日本共同社据此发出了中国将会为前国家主席平反的消息。在广州会议期间，《山西青年》编辑室主任赵政民从香港报刊上发现了介绍刘少奇悲惨遭遇的文章，便摘抄了有关其子女的内容，在此基础上采访了王光美的亲属、同事，最终完成了近两万字的《刘少奇长子之死》（赵政民、杨新华），刊发于1980年《山西青年》第2期上。紧接着，第3期又推出《笑在最后的家庭——访王光美同志》（赵政民、杨新华、王兴旺），第4期推出《少奇同志过晋中》（成克），第5期发表《斩不断的怀念——回忆爸爸刘少奇对我的教育》（刘爱琴）、《把群众的疾苦挂在心上——刘少奇同志在安泽的故事》（梁娟）。中共中央是在1979年2月开始由中央纪律检查委员会和中央组织部复查刘少奇一案的，1980年2月中共十一届五中全会决定为刘少奇平反。《山西青年》在刘少奇平反前后组织的系列报道，撞击了全国民众的敏感神经，披露了一些不为人知的情况，展示了刘少奇思想和人格的光辉，给读者带来的震撼是巨大的。一个地方期刊在有全国意义的重大选题上进行如此集中而深刻的报道此前几乎没有，所以一时间《山西青年》成了读者关注的“抢手货”。《山西青年》在1979年发行量曾达30万份，改刊后价格由0.10元上调为0.20元，订阅数下降至17万份，但从1980年第1期始，每月订数都以几万、十几万的增幅上升，到1981年第1期时，邮局订阅达到61.2万册，其中省内25万册。1980年是《山西青年》产生轰动效应的一年，也是办刊风格初步形成的一个重要阶段。

期刊，尤其是以大众为对象的社会期刊，推出尖锐、引人的文章是取得成功的唯一选择。而尖锐、动人、有棱角的文章，大抵都是触及社会神经的。也就是说，它的材料应是从尖锐的社会矛盾斗争中发现的，它是在社会矛盾的夹缝中诞生的。对一些重大的问题，如何将敏锐的发现科学地甚至是机智地表现出来，就成了一个十分需要谨慎、准确、妥善把握的问题。在涉及刘少奇子女问题的报道上，当时《山西青年》的领导及编辑部反复考虑，最后在两个方面达成共识：一是对题材进行衡量，认定该题材有价值、有意义，会引起社会各阶层人士的关注；二是对文章主题进行推敲，确定在表现刘少奇一家的遭遇时以描写其子女的遭遇为主线，在揭露极“左”思潮的危害时以揭露和批判“血统论”为重点，不涉及刘少奇事迹及评价。这样就给文章以出世的机会，使之能合理合法地出现于报刊。然而，尽管如此，对刘少奇问题的公开提出早于中央的平反决定也是有欠妥之处的。

刘少奇问题系列报道的成功，极大地鼓舞了《山西青年》编辑部的工作人员，也由此逐渐形成了《山西青年》敏锐、尖锐、新锐的刊物风格。《山西青年》继续关注社会热点与青年问题，不断推出重大报道。1980年9月中央作出对胡风错案的平反决定。胡风一案发生于1955年，距此时已20多年，胡风的主要文学和政治活动则年代更早，社会上的不少人尤其是青年对胡风一案是十分陌生的。《山西青年》及时采访了胡风的夫人梅志（胡风已病重），又查阅了大量相关资料，在1981年第1期上刊出长篇报道《胡风先生出狱前后》，较客观翔实地介绍了胡风一案的过程，刊出后不仅在青年读者中，在文化界、学术界也引起了一定反响。

青年问题始终是青年刊物关注的重点。还在32开本时期，《山西青年》就注意对青年进行人生观教育，多次约请省领导撰稿与青年谈心，开辟“谈理想接好班——关于青年应该树立什么样的理想”专栏，这一专栏延续近一年，推出10组文章。同时还报道过李四光、陈景润等著名科学家的事迹。这些做法虽有一定效果，但在贴近青年生活、深入青年思想上显然是不够的。1980年之后，《山西青年》深入社会，抓住典型，在服务青年、反映青年、引领青年方面积极探索新的途径。当时改革开放刚开始，社会上各种阻挠改革的思潮和论调还很有市场，《山西青年》旗帜鲜明地宣传青年中锐意改革的先进典型，推动十一届三中全会精神的贯彻执行。1980年代初报告文学一度成为读者欢迎的体裁，《山西青年》也充分利用这种体裁推出许多力作，在社会上形成较大反响。如1980年第11期《人生道路的强者》（陈黎曙），1983年第2、3期连载《“野心家”内阁》（张不代）。前者描述了一位青年因家庭出身问题进不了大学，但在逆境中自学完大学相关课程，在改革开放新时期办起养猪场，并研发出四个饲料发酵新品种的事迹；后者描写了襄汾县轧钢厂一位青年工人冲破阻拦承包企业，带领一批支持者使这个濒于倒闭的企业焕发生机的过程。这类文章见刊后影响很大，《工人日报》就分两天用两个版面全文转载了《“野心家”内阁》一文。

为了推动青年人解放思想，清除“左”倾思潮的枷锁，《山西青年》还组织了一场“红”与“专”问题的讨论。这场讨论由山西医学院要取消一名研究生的录取资格引发，当时取消的理由是这名学生“只专不红”。讨论开展前，《山西青年》总编杨长青带领记者与医学院领导进行了接触，还召开了从院系领导到系班学生的座谈会。然后从1983年第6期起发起讨论。先刊发了该学生的申诉《为什么把我定为“只专不红”的典型？》、学院党委《关于不录取××为我院研究生的报告》以及该院7位同学的来信摘要。在“编者的话”中就此事提出了三个方面的问题，其要点为：一、如何全面、准确地看待80年代青年的优点和缺点？二、如何在政治思想工作中继续拨乱反正，清除“左”的影响？三、工作重点转到“四化”建设上之后怎样认识“红”与“专”问题？讨论开展后，仅50天就收到读者来信1000多封，到第9期发稿时医学院党委态度有了转变。这一讨论到当年第11期结束，连续6期刊发文章25篇。最后刊发了省教育厅的文章、该学生自我认识的文章和学院党委的文章，院党委的文章是《坚持实事求是精神，认真清除“左”的影响》。同时发表了中纪委张黎群写的总结文章《培养目标与教育方法》。在这场讨论进行中，《人民日报》就此发表了《“专案”遗风在山西医学院》的报道，并加了编者按。

在对压制青年的错误行为进行批评，维护青年尤其是女青年的合法权益以及在可能条件下为蒙冤青年伸张正义等方面，《山西青年》更是旗帜鲜明，挺身而出。几年中刊物多次发表与此相关的通讯、记者调查、读者来信，如《为青年药师鸣不平》、《沉冤六年何日雪》、《谁之罪》、《是谁把她逼上绝路》、《谁是悲剧的导演》等，在舆论上支持了被压制者与受害者，促进了问题的解决，也用这些事例引发了读者的思考，对社会的进步发挥了积极作用。对于其中一些典型案例，《山西青年》更是派出记者多次参与调查，以催促相关部门甚至公检法予以处理，如山西灵丘县一名强奸少女的犯罪嫌疑人在某些公安人员纵容包庇下对上告之受害人家庭多次打砸而无人过问,《山西青年》记者三赴当地调查，最终使此案在拖了三年后终将犯罪分子绳之以法。

鼓励和帮助青年学习、成才是所有青年期刊的主要任务之一,《山西青年》也不例外。1978年时《山西青年》就开辟了“自修大学”、“高考辅导站”等专栏，“自修大学”到1980年时已出刊34期，历经2年零10个月，发表101篇文章。然而,《山西青年》在1980年代初所作的具有全国轰动效应的则是在此基础上的创举——创办“刊授大学”。

1980年10月，杨宗作为中国青年代表团成员出访日本，在当时出国还是颇为新鲜的事，尤其是对一个地方刊物的编辑来说更是难得。杨宗出访中注意到了日本通过电视等手段进行公民继续教育的情况，就萌生了利用刊物创办大学的想法。山西青年社领导集体酝酿后决定起名为刊授大学，招收学员，在刊物上开辟相应专栏，同时设立实体，并计划不定期组织面授。1981年第1期《山西青年》刊登了消息《本刊“自修大学”建立大学中文专业刊授、考核制度》，这一消息并未在刊物上做特别突出的处理，但刊出后反响极为热烈，来访者、电话、信函、电报蜂拥而来。1981年第2期公开打出了“刊授大学”的旗号，发表了《就创办“刊授大学”答读者问》。为了使刊授大学的发展能健康稳定，山西青年社的领导去拜访了主管文教工作的山西省副省长王中青，并提出请他担任名誉校长，但王中青却说：“面对这么多渴望求知的青年，我不要‘名誉’，要当就当校长，当真正的校长。”并且在他著名的《论自学与辅导——祝刊授大学创办成立》的文章前面，把“山西省副省长”的职务放到了“刊授大学校长”的后面，说：“副省长是山西的，刊授大学是面向全国的，刊大校长的头衔应放在前面。”王中青的支持大大地鼓舞了山西青年社的同志。随之，团省委专门就此事召开常委会，决定团省委书记路正西任副校长，杨宗任常务副校长兼秘书长，并聘请了顾问，组织了办校工作人员，租借了办公场所。在第3期上辟出了“刊授大学”专栏，刊出了“报名人学登记表”，还刊发了路正西的《要把“刊授大学”当作一项事业来办》一文和刊授大学的“教学方案和教学课程设置表”。

刊大的消息迅速传开，每天都有几麻袋信件邮来，虽组织社里和团省委机关人员帮忙仍难以应付，于是请部队支援，一度每天有几个排的战士帮忙拆信造册。最后，报名

的学员达到67万余人。1981年9月20日，刊大在太原举行开学典礼，团中央书记处书记陈昊苏专程前来表示支持和祝贺。刊大也得到了中共山西省委乃至中央领导同志的关心，陈云、薄一波、胡耀邦等先后为刊大题词，省委、省人大、省政府的领导李立功、阮泊生、赵雨亭、贾俊、王中青等都多次过问刊大情况。“刊授”成了一个新的名词，1983年国务院总理在全国人大、1984年山西省省长在省人大所作的政府工作报告中都提到了刊授教育问题。1983年8月21日，《人民日报》发表了薄一波的文章《造就大批又红又专的干部》，文中有很长篇幅谈到了刊大，他说：

> 现有的职工业余大学、电视大学、函授大学等等，都是好的自学进修方式，这已为多年的实践所证明，而刊授大学则是个新创造。据我所知，刊授大学最早是《山西青年》在两年多以前开始创办的，我曾为他们题过“刊授大学”四个字。当时对这个办学形式是否有生命力，《山西青年》的同志们能否真正把“刊大”办好，我心里是没有底的。但我赞赏这个形式，还是给他们题了这四个字。全国共青团十一大期间，他们来谈过一次，我询问了情况，并给他们提了些意见，希望他们注意总结经验，虚心听取批评意见，以高度的责任感不断改进工作，提高教学质量，注重实效，取信于青年，取信于社会。
>
> ……教学质量能否切实得到保证，是刊大这种办学形式能否取得成功的决定性因素。为了保证刊大的教学质量，我认为担任实际教学任务的，参加编写教材的，从事教育行政管理的，都应当固定或相对固定一批专业力量，组成一支专业队伍；否则，如果主要靠临时找些人兼差，作为“第二职业”附带来办，他们的教学和办校时间又得不到切实保证，那恐怕是办不好的，不是长久之计。这个问题值得注意，但也不难解决，因为有中国社会科学院这个雄厚力量作后盾嘛！有教育部门和各地社会科学院的支持嘛！有些退休离休的教学人员，他们有经验，身体还可以，也愿意在晚年继续做些事情，请他们来帮助办校，既不占编制，又不发工资（适当给些报酬是应当的），何乐而不为呢？！当然，搞教学行政管理的，总还要些年富力强、有志于此的同志。
>
> ……
>
> 刊授大学是个新事物。我赞助它，但并不怎么熟悉它。那末为什么要赞助呢？除了前面说的理由外，还从历史的回忆里得到启发。记得，在1925年开始

的大革命前夜和大革命当中，有许多青年追求真理，渴求革命的理论和方法，当时的革命刊物就如雨后春笋，应运而生。许多革命者从这些刊物中间吸取了丰富的政治理论营养和在中国土地上进行革命的方法，再结合革命实践，他们很快成长起来了。在我们投身革命和逐步成长的过程中，就得到过不少进步刊物的帮助和引导，例如《新青年》、《向导》、《中国青年》等等，当时都是我的良师益友；我们还经常看瞿秋白、蔡和森等同志为上海大学编写的讲义，从中学到不少的革命道理。所以在这种意义上说，我也可以算作一名革命刊授大学的学生，从中受过教益；当时，受到这种教益的有成千上万的革命青年。因此，我对刊大有一种朴素的亲切感。当然，如今时代不同了。但我想，只要认认真真去办，今天在社会主义的中国办刊大，更可以在建设时期起到当年进步报刊在革命时期所起的某种相似的作用或者更大的作用，使比以往多得多的干部从中学到和进一步充实从事建设的本领。

刊授大学创办后，《山西青年》每期用十多个页码刊登刊授内容，这样从1981年第3期到1985年第1期坚持47期。这期间刊大先后办起了内部报刊《刊授导报》和后来的正式期刊《我的大学》，《山西青年》的刊授内容后来全部转到《我的大学》中。刊大从一开始就独立核算，每年向学员仅收3元学费，主要经济来源是社会捐赠和教材发行。三四年间，刊大有了一座16层的大楼及其他房产等固定资产。但是，刊大这种办学形式事实上是难以长期坚持的，它只能是特定时代的产物。几十万的学员坚持学习下来的可能性不大，学习中的自然淘汰率极高，对于学员关注的考试与学历问题，刊大限于条件和国家政策而无法满足，原先预定的“本社签发准考证件，参加指定的大专院校中文系专业毕业考试，凡符合标准的，发给毕业证书，并按大专院校毕业生同等待遇对待”（1981年第1期《山西青年》），可在实际操作中并不容易。而在此期间，国家的成人教育有了广泛迅速的发展，很多报名刊大的学员逐渐转入国家相关成人教育体系之中。刊大终于在坚持几年后完成了自己的历史使命，刊大机构更名为山西省青少年科教文中心。刊授大学是《山西青年》在改革大潮中的创新，它只能产生于“文革”结束之后，大批青年面临升学难、成才难的特殊时期。它轰动一时，红极一时，在很大范围内促进或营造了学习的气氛，鼓舞了一代青年追求知识奋发努力，从这个意义上讲它的作用是巨大的，它的兴衰给历史留下了很多值得思考之处。而对《山西青年》来讲，这一创举极大地增加了它在社会上的美誉度，它的发行量持续上升，到1984年9月达到118万余册，成了当时全国最有影响的几个青年期刊之一。

《山西青年》受到党和国家领导人以及社会各界知名人士的重视与关怀。先后为其题词的有陈云、徐向前、王震、薄一波、姬鹏飞、许德珩、赵朴初等人。而更值得一提的是老一辈革命家彭真的亲笔来信。《山西青年》1983年第4期在刊发此信的同时，配发了编辑部文章《青年共产主义者成长的共同道路——读彭真同志来信》。

彭真在信中说：

你们要我回忆童年时代在山西的生活，给你们刊物写点东西。我是在山西受的党和马列主义启蒙教育，我应该写，也想写。但提起笔来，又觉得没有多少话可写。因为那时我如获至宝的新思想，有些早已成为党团员的常识或政治生活准则了。因此，总没有写。可是，内心终觉“却之不恭”，现在把当时党团的教育留给我的一些印象写出来“交卷”。

（一）粗浅的唯物史观知识，使我确信：人类历史发展的必然性是最后进入共产主义社会。这是历史自己的道路，无产阶级的道路，也是中国唯一的出路。自己决心走这条路。

（二）要走这条路，必须接受无产阶级先锋队——共产党的领导。服从党的纪律，为党为革命牺牲个人的一切。自己决定这样做。

（三）这就必需（须）用无产阶级思想马列主义不断改造自己，清除各种非无产阶级思想；必需（须）“深入群众”，当时，实际是深入工人中去锻炼改造。那时，在太原，要求加入党团组织的，要先到工人中去工作一段时期，接受锻炼考验——现在回想起来，在长期斗争过程中，产业工人群众在这方面给我的帮助、教育是很大的。同时，党团组织生活、批评和自我批评是很严格的。这些对于我和一些同志的思想改造起了很大作用。

现在简单写给你们供参考。

当时彭真任全国人大常委会副委员长，正主持宪法修正工作，十分忙碌，加之已是八旬高龄，在这种情况下，不忘给《山西青年》写信，既体现了对青年、对家乡的关爱，也折射出《山西青年》当时在社会上的影响与地位。

《山西青年》创办时是享受财政补贴的，最多时每年要补40万元。随着刊物的发展、发行量的增加，编委会决定逐年减少补贴，到1984年山西青年社实现自负盈亏，不再从省财政要任何经费，实行了事业单位企业化管理。刊物的高质量使其拥有了很大的市场，取得了很好的社会影响，期刊社本身也获得了很好的经济效益。以1984年为例，《山西青年》每月发行量都在110万份以上，全年利润31.5万元；《小学生》月发行量都在50万份以上，有几个月达到75万份以上，全年利润6.8万元，两刊利润合计38.3万元。1985年后两刊发行量有所下降，但由于单价调整，利润合计仍有39.5万元。

由于实行企业化管理，山西青年社也适当加大了内部奖励和福利，尝试通过一些分配制度的改革激励员工的积极性。这些改革力度尽管不大，但在当时已属十分大胆的举动，有人对此质疑，1983年有关部门组成的调查组开始对山西青年社进行调查，经过反复查证，终于澄清了情况。这时已到1984年8月。

1984年6月，山西青年社领导班子调整，赵政民任总编辑，杨长青任社长，组成新的编委会。新班子加大了改革力度，在保持原有风格、质量，办好《山西青年》和《小学生》的同时，抓了内部管理的健全和《山西青年报》的复刊工作。首先是完善企业化管理的相关手续和具体规章办法，得到有关部门的批准。社内修订和补充了"管理章程"，加上附录，印制了有16万字的小册子，成为社内的"法"。在《山西青年报》复刊过程中又抓住一个机会申办了《法制文摘》杂志，1985年1月《山西青年报》复刊，2月《法制文摘》创刊，因为拥有了一报三刊，山西青年社也更名为山西青少年报刊社。

1986年5月，《山西青年》复刊十周年。十年之间，《山西青年》及山西青少年报刊社在改革大潮中实现了报刊事业、职工队伍、经济效益、基本建设四个方面的大发展。在期刊出版上，《山西青年》从1976年起共出版121期，总印数达5280余万册，发行量在全国地方青年刊物中第一个突破百万册。《小学生》从1978年起出版92期，总印数达到3410余万册，发行量也曾一度居全国同类期刊第一。新办的《法制文摘》1985年创刊以来共出版16期，总印数也达420余万册。

《山西青年》创造了自身历史的辉煌，也创造了山西期刊出版史的一个辉煌。

第三节 社科学术期刊的复苏

作为社会科学学术研究成果展示与传播的主要载体，学术期刊是学术研究状态的直观反映。社科学术期刊是期刊中独特的一类，其独特性在于这类期刊是传媒，但不是大众传媒，它刊载的主要是研究成果，亦即通常所说的学术论文，它面对的是具有某一专业学养而且具有相应水平的读者群，与其他一些大众化刊物相比，它是“小众刊物”。

然而，虽为“小众刊物”，却承担着十分重大的社会责任。首先，它是学术成果传播的渠道，又是学术传承的工具。通过它，学术成果得以积累和延伸，文化精华和思想资源得以保存和发展。其次，它对学术研究有引导作用。学术刊物通过选择推出研究成果，是根据社会需求以及政治方针的，它无形之中起到了导向作用。同时它在倡导良好的学风、规范学术行为中也有表率与引导作用。当然，学术期刊的质量以及发展还必须依赖于学术研究的状况及水平，二者是相依相存的。

“文革”之前，山西的社科学术在全国处于中等水平，虽有过《学术通讯》和几份社科类学报，但总体上讲数量不多，影响也不够大。到“文革”时期，社科学术基本上被取消了，学术期刊更是无从谈起。学术的重新繁荣和学术期刊的复苏是“文革”结束，进入改革开放新时代之后的事。重新登上政治舞台的邓小平对学术期刊给予了关注，1977年8月，他在全国科学与教育工作座谈会上讲话时最后特别提到学术期刊。他说：“学术刊物要办起来。要解决一下科研、教育方面的出版印刷问题，并把它列入国家计划。……有价值的学术论文，刊物一定要保证印刷出版。现在有的著作按目前的出版情况，要许多年才能印出来，这样就把自己捆死了。”邓小平的指示对全国包括山西学术期刊的新办和复刊无疑起了十分关键的作用。

在报刊管理与统计中往往把学术期刊与理论期刊合为一处，称之为学术理论期刊，这有一定的道理。学术探讨与理论研究在不少情况下确实不易严格区分，即便在同一本刊物中也难以准确地说出哪些为学术文章，哪些为理论文章。同时社会科学各学科发展历史的长短有别，进展程度有异，所以不同学科的学术论文也无法以同一标准衡量。但学术期刊与理论期刊也并非完全不可区分，有两点或许可以作为二者的不同之处：一是从功能上讲，学术期刊是对社会的某个领域及人的认识进行研究，从而寻找规律的，它基本上是一种探索，而理论期刊除有探索功能外，往往还兼有就某种意识、思想、理论进行宣传和普及的功能；二是学术期刊可涉及社会科学的各个方面，内容比较广泛，观点比较多元，而理论期刊大多集中于社会的主流意识形态方面，与现实政治的关系较之于学术期刊要更紧密。

新时期山西的学术理论期刊有一些是高等院校的社科学报。除这些学报外，其他社科学术期刊主要是各类研究机构所办，其中有综合性的，一个期刊就囊括文史哲等多个方面，如《晋阳学刊》；还有的是关于某一学科的，如《晋图学刊》是图书馆学的。单学科的以经济学方面的居多，这自然与改革开放以来对经济的重视大大超过以往有关。由于本书将经济类期刊另作记述，这里只列述其他门类的一些社科学术期刊。

山西的社科学术期刊有代表性的当数《晋阳学刊》。它是综合性的，也是"文革"后山西创办最早的学术刊物之一，在全国也属这一时期创办较早的。它的主办者是山西省社会科学研究所，该所1979年建所，实际上是恢复1970年撤销的中国科学院山西分院哲学社会科学研究所。建所不久就筹办期刊，1980年7月《晋阳学刊》问世，内容是综合性的，刊期双月，16开本，112页。当时封面刊名系薄一波题写，扉页刊名张茂森题写。初创时未设栏目，仅是大致按文章分为政治、历史、哲学、文学等几块。创刊号上发表的有薄一波《尽快把山西建设成一个强大的能源基地》、马洪《关于山西经济结构的研究》、王茂林《建设山西煤炭能源基地的几个问题》、刘锦棠《试探生产力运动规律》、张友渔《关于法律的稳定性问题》、张海瀛《论清代前期的奖励垦荒和蠲免田赋》、温端政《引注语（歇后语）探讨》等。1983年社科所改为社科院，《晋阳学刊》就成了山西省社科院主管、主办。

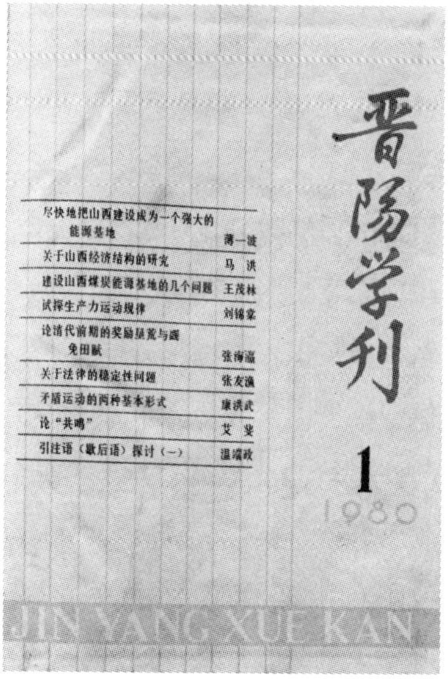

从创刊到1980年代末，《晋阳学刊》处于一个蓬勃发展时期，也可说是这一刊物的黄金时期。其突出表现是吸引了一批高水平的研究成果在刊物上发表，在某些领域的研究处于全国领先水平，在学术界曾被誉为与吉林《社会科学战线》、上海《学术月刊》、山东《文史哲》并列的四大社科刊物，发行量曾超过两万份。这一时期由于《晋阳学刊》某些论文的推出而引发的相关课题的探讨，促进了学术的繁荣。1981年第2期历史地理学家谭其骧的《山西在国史上的地位》、1982年第1期古文字学家张颔的《要重视对晋国历史及晋国文化的研究》两文的发表，引发了晋国文化研究的高潮，《晋阳学刊》也开设了“晋国史研究”栏目，而且经久不衰，坚持20多年。1982年第3期发表历史学家侯外庐《傅山〈荀子评传〉手稿序言》，由此引发对傅山的研究，不仅在《晋阳学刊》上开设了“傅山研究”专栏，而且在1984年由学刊与太原市有关部门共同举办了“傅山学术讨论会”。当时中国哲学及哲学史界许多知名学者如任继愈、蔡尚思、贺麟、张岱年等都应邀到会，一时成为学术界的盛事。除了与地方文化密切相关的研究外，《晋阳学刊》也积极参加了国内学界热点问题的讨论，例如关于历史唯物主义研究、社会主义改革理论的讨论，中国封建社会长期延续问题的探讨等等。《晋阳学刊》还在全国独家组织了现代社会科学家传略，以后又结集出版，共出10辑，收录有600位学者的学术传记。到1980年代末，社会经济发展出现了许多新的情况，社科学术也遇到了一些新的问题，《晋阳学刊》积极应对，曾组织山西企业家和社会科学家恳谈会，促进沟通与合作，共同为山西的发展出谋划策，会后还聘请了12位企业家作为《晋阳学刊》的顾问。

《晋阳学刊》这一时期的发展，与当时的办刊环境有很大关系。当时的环境可谓天时、地利、人和。“天时”体现于“文革”结束，思想解放之风初倡，社科学术界空前活跃，学术泡沫现象还未出现。“地利”表现于《晋阳学刊》创办较早，当时报刊总量还不多，更无以后的数字化新媒体，社科期刊易受关注。“人和”则在于《晋阳学刊》办刊条件优越，当时省财政直拨专项办刊经费每年8万元，这相当于社科院全院科研经费的总和。编辑人员从全院范围内选调，选来的多为科研骨干，这就在财力、人力上为《晋阳学刊》提供了难得的资源。当时办刊人员也十分敬业、奋力，《晋阳学刊》一时间可谓成绩斐然。《晋阳学刊》从1980年一直到1989年主编为高增德。

《语文研究》是汉语言文字方面的学术期刊，创刊于1980年6月，山西省社会科学研究所（后改所为院）主办，由该所语言研究室（1983年后改为语言研究所）编辑。创办时为半年刊，156页，16开本；1983年后改季刊，64页。办刊动议源于山西省语言学会，学

会1978年10月成立，后在一年多的时间里与社科所的语言室合编一种油印的《语言学通讯》。1979年11月在扩大理事会上大家一致认为该办个刊物，会后就筹办了创刊号。创刊号印3000册，100册赠送，其余的竟然销售一空，这给办刊者很大鼓舞，也促成了刊物获准正式出版发行。但学会本身没多大力量，所以第2期拖了一年，到1981年6月才出版，而且将办刊的事从学会转交给社科所语言室。由于十年动乱，语言学的研究停滞了，所以尽管《语文研究》是学术期刊，还是受到读者关注，其中不少是大中学校的语文教师。《语文研究》创刊头几年发行量一直在上升，1984年第3期起出版者改为语文出版社，影响进一步扩大，到1985年达到了最高峰1.1万册，其中国外发行200余册。

《语文研究》的主编是温端政，他同时任语言所所长。语言所有国家“六五”重点课题“山西省各县市方言志”等一些项目。语言所人员编刊几乎是业余，所以编辑力量不足是《语文研究》办刊中的一大困难。编辑部多方借助外力，中国社科院语言所、《中国语文》编辑部、国家语委、语文出版社、北京大学中文系等单位的专家都给了《语文研究》很多帮助，特别是北大的胡双宝多年帮助组稿、编辑，有时还亲临太原帮助处理积稿。《语文研究》学术质量与编辑质量一直较高，1992年被列入《中文核心期刊要目总览》，成为语言学和汉语类核心期刊。

《科学技术与辩证法》是关于哲学特别是科技哲学的学术期刊，创刊于1984年。当时由山西省自然辩证法研究会和山西大学、太原工业大学共同主办。1994年后由山西大学和山西省自然辩证法研究会主办。它的内容包括关于科学技术的哲学、历史学、社会学研究，其前身是创办于1981年的不定期内部刊物《自然辩证法学习与探讨》。正式创刊时改为现名，双月刊，16开本，64页，后几次扩版达112页。刊物设有“自然辩证法理论”、“科学方法论”、“科学哲学”、“技术论”、“思维科学”、“科技史”等栏目。创刊头几年发行量维持在2500册以上，最高年份达到过

5400册。《科学技术与辩证法》从1992年起被《中文核心期刊要目总览》列为哲学类核心期刊。主编先后为张家治、邢润川、郭贵春。

《教育理论与实践》是教育方面的学术刊物，1992年起进入《中文核心期刊要目总览》。它是由一份小“通讯”发展而来的，1980年山西省教育科学研究所成立，1981年4月创办了《山西省教育科研通讯》。主要内容是教育信息、科研报道，页码少，容量也小，免费赠阅。1982年改名，刊名中去掉“省”字，并将此通讯明确为由教科所理论研究室编辑。1985年更名为《教育理论与实践》，双月刊，正式发行，但仍未摆脱“通讯”时的习惯，没有栏目。1986年《教育理论与实践》设置栏目，逐步按刊物的规范编辑出版，到1980年代末在业内已有相当影响。这一刊物的成长与主管教育的副省长王中青关系很大，他直接批示、过问，要求把原先的《通讯》办成杂志，而且要求办成全国一流的杂志。在划归理论研究室编辑后，所长李岚任主编，室主任肖垠具体负责，将刊物从主要为刊发信息改为发表理论文章、经验总结、调查报告以及其他省市的教研信息，并通过刊物给读者提供学习参考资料。改为《教育理论与实践》之后，主办者改为山西省教育学会和山西省教育科学研究所，刊物设立了“教育基本理论”、“教改实验”、“教育管理”、“农村教育”、“教育与社会”等栏目。在初办通讯时印发300余份，到1988年发行1.2万册，在当时全国各省所办同类期刊中发行量居于前三名。《教育理论与实践》1989年发起第一次全国教育理论刊物协作会，以后协作会发展成中国教育学会下属的教育理论刊物专业委员会。

《城市研究》是有地方色彩的社科期刊，它兼有学术期刊与理论期刊的特性。它从其前身《并州论坛》算起到停办，共存在15年时间。1984年7月，太原市社会科学研究所（筹）办起了《并州论坛》，16开本，64页，当年试刊两期。创办这一刊物是根据邓小平“理论工作要为社会主义现代化建设服务”的指示（1983年给《红旗》的题词），为研究、解决太原市经济和社会发展中的理论问题与实际问题而办的。在试刊第一期上，中共山西省委副书记、太原市委书记王建功发表《加强城市社会科学研究，为社会主义现代化建设服务》一文，提出要在建设坚强的理论队伍的同时，拿出优秀的研究成果，推动改革，为把太原建成一流城市服务。《并州论坛》设有“社会科学面临新的挑战”、“城市经济改革”、“社会问题研究”、“思想政治工作研究”、“太原文史研究”、“太原党史研究”等栏目。1985年2月，太原市社科所停办《并州论坛》，创办《城市改革理论研究》，获得正式期刊登记，定为双月刊，每期80页（创刊号92页），总期号与《并州论坛》连续，主编陈坤石。创刊时表述的办刊宗旨与以前基本一致，只是较前明确提出了“以研究现实问题为主，同时重视社会科学基础理论的研究和马克思主义的普及工作”。中共太原市委副书记谷文波在创刊号上发表《理论研究工作要为改革服务》。1989年《城市改革理论研究》改名为《城市研究》，仍为双月刊，16开本，64页。办刊宗旨在原先的基础上略有发展，“主要研究城市全面改革和社会主义精神文明建设中提出的理论问题和实际问题，同时，进行哲学、历史学、文学、社会学、法学等方面的研究”。可以看出，这一表述暗含了突破太原市一地的局限，把中小城市的相关研究都纳入刊物视野的意向，使刊物成为城市研究，而不是太原市研究。在栏目设置上也体现了这一倾向，如新栏目有“城市改革”、“城市经济学”、“社会问题”、“古都研究”等。在改刊名后还根据不同时期城市工作的重点进行跟进式研究，临时另设专栏，如“治理整顿深化改革”（1989）、“国情教育”（1990）、“社区研究”（1998）等。虽然《城市研究》在贯彻办刊意图上做了多方努力，但以太原市主办的刊物来完成城市研究这样大的课题毕竟难度较大，加之随着改革的深入，城市变化迅速，发展程度差异较大，城市问题也呈现复杂多元态势，在这种情况下，《城市研究》在改名的第10个年头1999年5月停刊，改办《城市周刊》。《城市研究》主编为杨光亮。

《城市周刊》的主管为中共太原市委宣传部，主办为太原市社会科学院和太原市新闻出版局，原定是办一份走向市场的综合新闻性期刊，出版第1期后因违反出版管理规定被停办。

《理论探索》是中共山西省委党校主办的综合性社科理论刊物。它计算办刊年限是按1984年4月创办，但实际上是到1986年才确定为季刊，1988年才获准公开发行。在此之前只是一个简报式的内部参考资料，不定期编印，每期万余字，一至两篇文章，还不具备期刊的基本要素。虽然当时所选文章有一定质量，作者也是相关领域的专家，但这种很小的篇幅与有限的发放数量，发挥的作用是有限的。1986年扩大篇幅，明确为每季一期，初步具有了期刊形态，适应了党校教育正规化的需要。《理论探索》在定位上不同于政策性、工作性刊物，又不同于高校或社科机构的学术刊物，而是反映现实政治、实际问题的理论研究性综合刊物。《理论探索》最初由党校理论研究室具体编辑，正式公开发行后，编辑部与研究室仍是一体，编辑人员同时也是研究人员，也承担研究课题。从1984年内部资料算起直到2000年，主编先后为周学曾、马原生。

《五台山研究》是山西省社会科学院主管的一份期刊，它的主办者是五台山研究会。这个研究会是一个科研事业单位和群众性学术研究组织联合的社会团体，它以研究、宣传、保护、利用、开发五台山文化资源为己任。五台山是以佛教圣地而广为人知的，但它还是抗日革命根据地，是中国地质早前寒武纪代表性地层，所以具有人文与科学的多重价值。正由此，《五台山研究》就成了一份集自然科学和社会科学于一体的学术期刊。《五台山研究》1985年9月创刊，当年仅出创刊号，以后连续两年为双月刊，16开，48页。由于编辑力量不足，遂自1988年起改为季刊。

《五台山研究》栏目众多，与宗教相关的有“五台佛教”、“佛教研究”、“佛教艺术”、“五台高僧”等；与环境有关的有“五台风光”、“五台山生态环境”等；与五台山历史有关的有“五台山历史”、“五台山革命史”、“名人与五台山”等；与五台山文化有关的有“五台山古建艺术”、“五台文苑”等。创办之初发行2000册，最高时达到过5000册。五台山研究会会长最早由山西省社会科学院院长刘贯文兼任，《五台山研究》的主编先后为宋玉岫（1985—1990）、刘贯文（1990—2000），具体编辑工作由崔正森负责。

《晋图学刊》是关于图书馆专业的学术刊物，主办者是山西省高等学校图书馆工作委员会和山西省图书馆学会。这一组织成立后曾办了一份小报《山西高校图书馆学报》，但容量有限，作用也有限。几名积极分子王永安、安银海、关荣昌等在1985年夏就倡议办一份刊物。他们的倡议促成了图工委办刊的决心，1985年12月《晋图学刊》推出了创刊号，当时编辑部设在了太原工业大学图书馆。创刊号为16开100页，定为季刊。创刊之初编辑部特别注意了两点：一是与国内这一领域的专家、学者联系，争取他们的支持，通过他们在业内打开局面；二是注意了对作者队伍的培养，通过短期培训、小型研讨会、就热点问题提前“吹风”等方式来提高作者的写作积极性和论文的水平。这两方面的工作都有了成效，保证了稿源的充足与质量的上乘，终于使局面得以较快打开，几年之内刊物就发行到全国各地（除西藏、台湾以外）。由于这一刊物创办时已是“文革”后出版高潮趋于衰退，学术期刊的订数都在下降，所以这样一个专业面狭窄的学术期刊能取得如此进展很不容易。《晋图学刊》立足于图书馆学、目录学、情报学、图书馆现代化等方面的研究，以后则随形势发展而由图书情报扩展为更广泛的信息管理。《晋图学刊》首任主编为柴作梓（1985—1986），编辑部负责人为刘宛佳。

在1980年代末还有过一份短暂一闪的社科杂志，就是《竞争与超越》。1987年，山西一些分布在高校、新闻出版单位、文化单位甚至企业的对社会科学有兴趣的青年人成立了山西省青年社会科学工作者协会，协会活动得到太原重型机器厂的支持。1988年，这一协会与太原重机厂联合创办了《竞争与超越》。在创办时提出的刊物宗旨有两条：一是反映以企业为中心的改革进程，二是推动社会科学的理论繁荣。在内容上则是三个层面：一是当代中国变革中的观念与思潮（理论研究部分），二是以企业为中心的全方位改革实践探讨（实践研究部分），三是社会热点问题专论（社会问题研究）。该刊1988年11月创办时就取得了正式刊号，创刊号上有协会顾问、重机厂厂长汝慰曾的《卷首语》，有协会顾问、山西省新闻出版局副局长卢昆的《发刊词》。《竞争与超越》16开本，80页，定价1.50元。由于形势的变化，这一刊物创办时的雄心和设想并未实现，加之联办企业经济上支持也出现困难，没坚持多久，到1989年初夏就停刊了。从现在可查到的两期看，当时曾刊发了一些观点新颖的文章，如程志明《人格·制度·生产力》（创刊号）、王鲁湘《现代文艺学的宏观描述》（创刊号）、程光炜《新生代诗论》（创刊号）、杨矗《中国，选择的困惑及出路》（1989年第1期）等。从编辑角度看，这一刊物有着明显的急就而成不顾规范的缺陷，没标明出版时间，也没总期号，栏目两期之间全不一样，尽管文章颇有锋芒，但偏激之处也不少，而且编排随意性过强。在协会与刊物存在的短暂时间里，最大的成绩是聚集了一些山西当时活跃的青年学者，增加了这一群体的沟通与联系，他们中许多人在以后成为有成就的学者、专家。该刊主编张文忠，编辑部负责人蒋泽新。

山西是一个文物大省，1980年代起与文物有关的期刊先后有《山西文物》、《山西文物通讯》、《文物季刊》。

《山西文物》是1982年5月由山西省文化厅文物局创办的，当时定为综合性刊物，既宣传政策法令，又反映文物工作成就；既交流动态，又表扬模范，批评破坏文物行为。刊物没有专职人员，由文物局工作人员兼办，每期50到80页，32开本。这份刊物出至1983年第2期停刊，共出5期。虽是按综合性刊物来办的，但实际在这5期上留下了不少当时及后来都有影响的关于山西文物的研究成果。如创刊号上《山西古建筑概述》（柴泽俊）、《青铜器与山西古代史的关系》（李学勤），1982年第2期《离石县两处汉代石室残石画刻之介绍》（崔斗辰）、《匏形壶与"匏瓜"星》（张颔）、《"许家窑人"的生活环境》（卫奇）。在报道考古新发现方面，如1983年第1期向文瑞的《黄庭坚的〈薄酒丑妇歌〉》，介绍襄汾县发现石刻拓片上有"江南黄庭坚述怀"题款的两首诗。这几期中还介绍过平遥文庙、大同九龙壁等古迹及博物馆的珍品。

《山西文物通讯》是在上述期刊停办一年多后，1984年10月仍由省文物局创办的，32开本，每期32至136页不等，不定期，到1985年年底出版5期后停刊。这一刊物是工作指导性质的，创办时省文物局局长贾立业的代发刊词《加强文物工作队伍建设，开创我省文物工作的新局面》就表明了这一点。在一年多的时间里，主要反映文物和博物馆工作动态，在研究方面鲜有涉及。

《文物季刊》是1989年3月创刊的，但是鉴于种种原因，刊物未能正常刊行，定为季刊，1989年到1991年只出了三期。1992年第1期"编者的话"表示了歉意，从此才正常出版。刊物为16开，内文用纸也较好，内容为文物考古方面的学术研究。《文物季刊》在其后几年中刊发了大量山西文博研究成果，以1993年为例，共发表文章51篇，研究类有15篇，如《下川楔形析器研究》（王益人）、《论山西出土的青铜戈、矛》（李继民）、《山西龙山时代考古遗存的类型与分析》（宋建忠）、《晋与晋文化的年代问题》（刘绪）；考古调查类有11篇，如《山西侯马褚村遗址调查试掘简报》（山西考古研究所）；古建筑类有11篇，涉及定襄洪福寺、丁村明清民居、代县鹿蹄涧杨族祠堂等。《文物季刊》出版至1999年，后改为《文物世界》。主编先后有张颔、王建、杨富斗，具体负责人先后有张中良、张庆捷、赵曙光等。

第四节 春暖花开的新时期文坛

文学艺术领域是“文化大革命”的“重灾区”，“文艺黑线专政论”将新中国成立以来的文艺成绩一笔抹杀，文艺领域百花凋残，一片荒芜。“文革”结束，文学艺术成了急需恢复和重建的领域。1979年10月召开的中国文学艺术工作者第四次代表大会，面对经过“文革”，伤痕累累的文艺工作者队伍，发挥了团结起来、正本清源、拨乱反正的伟大作用。中共中央对这次大会十分关注，胡耀邦亲自参与会议的筹备，为妥善处理各种情况确定了若干极其重要的原则。会议规模空前，代表3200人，邓小平代表党中央、国务院在大会致辞，华国锋等党和国家领导人接见了全体代表。这次会议标志着新时期文学艺术的历史性转折。春风吹过，冰河解冻，作为文艺发展象征之一的文艺期刊也纷纷破土而出，伸枝吐绿，构成一派春色。于是与全国一样，在1970年代末1980年代初，山西的文学艺术期刊也呈现了前所未有的景象，不仅品种、数量超过以往，而且发行量之大也达到了空前的地步。这时的山西文艺刊物有20多种，从类别上分大致有四类：一是综合性的纯文学期刊，如《汾水》；二是某种文学体裁的专门性文学期刊，如《童话大王》；三是对文学进行评论或赏析的期刊，如《批评家》、《名作欣赏》；四是关于某类艺术的专门刊物，如《蒲剧艺术》。如果从主办单位的不同来分，又可分为三种情况：一是省直文艺单位所办，二是地市文艺单位所办，三是某一系统的相关单位所办。前两者多为文联或作协，后者则如国防工业系统的《太行山》、临汾蒲剧院的《蒲剧艺术》。

山西的文学期刊有代表性的当数《汾水》，主办者为中国作家协会山西分会。《汾水》创刊于1976年1月，当时为双月刊，没出几期就到了形势突变的10月。以后的两年间，《汾水》虽也积极揭批“四人帮”，但并未摆脱“左”的阴影，在内容上也就是“紧跟英明领袖”、“抓纲治国”、“普及大寨县”之类。1979年之后，随着思想解放新时期的到来，《汾水》有了明显的变化。一是有了明确的办刊思路，这就是恢复《火花》的传统，多发短篇小说（尤其是农村题材），保持地方特色（如“山药蛋派”）。二是从公式化、概念化回归到生活本身，从只是服从政治、服务政治回归文学本身。三是加大了编辑工作力度，从被动编稿到有意识地策划，如组织专辑。在推出农村题材小说方面，《汾水》尤为突出。以1979年、1980年为例，1979年共发表短篇小说67篇，其中农村题材30多篇；1980年发表短篇小说74篇，其中农村题材40多篇。这些作品有的在全国产生了影响，1978年后全国举办几次新时期短篇小说评奖，山西获奖的《顶凌下种》（成一）、《镢柄韩宝山》（张石山）就分别发表于《汾水》1979年第2期和1980年第8期。这两年中《汾水》可以说是佳作迭出，“山药蛋派”的老作家也纷纷在这时推出新作，如孙谦、马烽的《高山流水》（1976年第5期），西戎的《春牛妈》（1979年第5期），马烽的《典型事例》（1981年第2期）、《山村医生》（1981年第9期），冈夫的《杂咏五首》（1980年第9期），韩文洲的《秋收时节》（1981年第11期），焦祖尧的《凉粉摊上》（1981年第10期）等。《汾水》这时也注重现实文艺创作，倡导艺术的多样化，鼎力扶植文学新人，刊物周围形成一个生机勃勃的青年作家群。这一群体中既有众多的本土青年，也有不少“插队”或分配来的知识青年和大学生。他们思想敏锐，创作勤奋，在解放思想的大背景下逐渐形成了一个浓郁而活泼的创作氛围，张平的《祭妻》、李锐的《丢失的长命锁》、周宗奇的《新麦》等都是这一群体在这一时期的代表性作品。

从1980年第8期起，《汾水》开设“创作通信”栏目，对新作者进行辅导，1981年第2期起又增设“编稿手记”栏目，编辑与读者、作者进行交流与互动。“编稿手记”是编辑在编发稿件时的某些感受，“这种感觉有深有浅，也间或有不确不妥之处，但由于编者对原稿反复阅读，又同作者常有交往，因此这些意见对作者读者可能有益处”。“编稿手记”不是全面评论，也并不代表编辑部意见，所以比较少拘束，也比较亲切。这种做法成了《汾水》的一个亮点，很受欢迎。《汾水》还几次策划组织了“小说专号”、“青年作家专号”等，集中展示某一方面的作品。为鼓励创作，还从1979年起每年搞一次优秀小说评奖。1980年代初文学在社会上广受欢迎，《汾水》躬逢其盛，曾达到期发行17万份。1976年创刊时《汾水》为双月刊，80页，定价0.35元，1978年改为月刊，定价0.30元。这一时期主编为西戎。

1981年底《汾水》决定改名《山西文学》，刊发启事说是“为适应新形势的需要”。改名后第1期于1982年元旦出版，在《卷头短语——致读者》中说：“《山西文学》的前身是《汾水》，再往前说就是‘文革’以前的《火花》了。《汾水》和《火花》都曾以较浓郁的生活气息和健康的思想情调引起文学界和广大读者的注意。现在，《山西文学》的编者深知这一点，在今后的编辑工作中要更好地发扬这一点。”《山西文学》由曾任山西省政府领导的书法家郑林题写刊名，第1期封面刊发了山西籍老书画家董寿平的《梅》，在内容上仍分传统的小说、散文等若干版块。这一期小说有王东满《柳大翠一家的故事》，韩石山《绿锈斑斑的铜锣》，张枚同、程琪《深深的大山里》，刘作舟《我和“老希尔”》，周宗奇《母亲，你为什么不走》等；散文有胡正《初升的圆月》、孟凡通《家乡的塔火》等；评论则有马烽、西戎、曲润海、丁国成、董大中等所写的文章。《山西文学》稿源相当充足，1982年当年短篇小说稿收到10 213篇，刊用110篇，其中新人处女作33篇。《山西文学》沿着《汾水》的方向，倡导农村题材，并提出“新乡村小说”的概念，在全国独树一帜，其影响不仅在国内文学界，而且波及亚洲东方文化圈。日本出版界曾连续几年组织翻译《山西文学》上的作品出版，书名为《中国农村百景——〈山西文学〉短篇小说集》，1982年选了《镢柄韩宝山》(张石山)、《赵三勤》(贾大山)、《秋雨漫漫》(郑义)、《酒醉方醒》(杨茂林)、《第二十八号人物》(田东照)、《秋收时节》(韩文洲)、《大同世界》(赵新)。

《山西文学》延续了《汾水》的一些编辑成例并有所发展，“编辑手记”一直坚持十多年，发表200多篇，构成了文学研究及文学编辑工作的宝贵资料，《光明日报》曾载文予以高度评价。从1982年7月起，《山西文学》又新设“我的第一篇小说”栏，先后发表杨沫、贾植芳、康濯、冯德英、王蒙、刘真、从维熙、刘绍棠等知名作家的文章，这既是文学史料的积累，又给后来者提供了有益的借鉴，中国文联出版公司后来结集出版。《山西文学》还通过多种举措，不断发现和扶植山西一批批青年作家，使他们的作品迅速走向全国，成为文坛上的一支劲旅。其代表性的作家有成一、李锐、郑义、柯云路、周宗奇、张石山、韩石山、张平、王东满、钟道新、燕治国等。1985年，大型文学期刊《当代》编了山西作家作品专号，在全国文学界引起较大轰动，被誉为“晋军崛起”，这标志着山西的文学创作已出现新中国成立以来的第二个高潮，而《山西文学》对这一高潮的形成起了很大作用。到1980年代中期,《山西文学》曾创下期发行20万份的佳绩。从创办到1980年代末,《山西文学》的主编先后为李国涛（1982—1985）、周宗奇（1985—1986）、张石山（1986—1988）。

就在文学界称誉“晋军崛起”的1985年，山西省作家协会主办的大型文学期刊《黄河》问世。这一期刊的创办有两个因素：一是已有的《山西文学》月刊，无论是容量还是功能，都无法适应当时山西文学创作的空前高潮，尤其是代表全省文学创作整体实力的中长篇小说创作的形势；二是当时全国不少省市都有了大型文学刊物，如《当代》、《长城》、《花城》、《清明》等，它们在原有的《收获》之后成为一道文学繁荣的景观，山西办一个类似期刊当也在情势之中。《黄河》创刊号于1985年1月25日出版，16开本，256页（第2期起为240页），定价1.50元。《发刊词》中说：“历尽沧桑的黄河流域，可以说沉淀着我们民族的魂魄。近代的落后与今日之奋起背后那悠远的历史，更蕴藏了诱人的文学富矿。《黄河》理当为开发这座文学富矿，播扬民族精神，塑造民族之魂，以雄浑刚健、生机勃勃的艺术风采，振兴当代文学，作出自己的贡献。”创刊号发表了柯云路的长篇小说《孤岛》，作品借一个突发事件，描绘了一幅浓缩的社会画面，将维系社会所需要的权威、秩序、公德以及爱情、友情、善恶斗争，比较简明地凸显出来。它的整体构思有一种象征色彩，而细节描写则是现实主义笔调。创刊号上中篇小说有成一《泥房子》和钟道新《历史的十分钟》，短篇小说有西戎《难忘的一幕》和杜埃《这里阳光满地》，报告文学有焦祖尧《火》，诗有红河的组诗《太阳和他的反光》，还有几篇理论文章。在刊物的《编后》中，编者对创刊号自我评价说：“勉力以求者，不是奢望‘打响’，仅想能有新刊该有的些许生气和新意而已。”

《黄河》创刊以后，发表了许多在社会上引起反响的作品。如路遥的《平凡的世界》（第三部）获茅盾文学奖，马烽、孙谦的电影文学剧本《咱们的退伍兵》拍成影片后获三项国家奖，杨志军的《海昨天退去》获首届“文汇杯”长篇小说奖，阎连科的《夏日落》获《中篇小说选刊》优秀作品奖，许建斌的《乡村豪门》和钟道新的《特别提款机》获“恒泰杯”长篇小说奖，王永泰的长篇小说《绝代廉吏》被改编为电视剧《一代廉吏于成龙》，获“五个一工程奖”。《黄河》特别注重关注和发现文学新人，也特别注意“吸引、团结黄河之滨的作家群”（发刊词），上述获奖作品中有些就是省外作家创作，至于省内一批文学新秀如葛水平、王保忠、高菊蕊、杨遥等，更是从《黄河》走向全国。

《黄河》创刊时为季刊，1989年改为双月刊，页码减至224页，以后刊期未变，页码、定价有所调整，发行量创刊时3万册，最高时曾达7万册。随着1990年代文学在社会生活中走向边缘，《黄河》的发行量逐年锐减。《黄河》主编先后为成一（1985—1986）、周山湖（1987—1998）。

《晋阳文艺》与《山西文学》一样，是历史较长的文艺期刊，但它不是纯文学期刊，而是群众文艺期刊。《晋阳文艺》由1971年创办的《革命文艺》演变而来，此前还曾叫过《山西群众文艺》，1980年4月起更名为《晋阳文艺》。它的主办单位为山西省文化馆（后改为山西省群众艺术馆）。改《晋阳文艺》时没有发刊词之类，只是在1980年第3期发了一则"更名启事"，改名后总期号连续为"第93期"。《晋阳文艺》的栏目有"小舞台"、"阅读与欣赏"、"游艺晚会"、"山西风物"、"山西文化人物"、"文艺小品"、"文艺随笔"、"公社文化站"、"文艺常识"等。它的读者是各级文化馆、文化站工作人员及业余文艺爱好者，所以除刊发少量文学作品外，更多的是刊发群众文艺活动资料，如曲艺方面就刊登过小歌剧、单弦、山东快书、相声、数来宝、快板等。由于当时同类刊物较少，《晋阳文艺》在全国群众文艺活动方面还是办得较好也较有影响的。1987年是它"建刊三十周年"（从1957年的《文化周刊》计起），文艺界许多知名人士如孟伟哉、刘绍棠等都为之题词祝贺。较早时刊物未设主编，负责人有郭曾慰等；1985年设主编，当时为薛麦喜。1989年以此刊为核心成立山西群众文化杂志社，社长荀子义兼任，主编钮宇大。1991年，《晋阳文艺》由齐陶、于秀芳任主编。此后由于管理不善等原因，这一刊物质量下滑，发行量严重萎缩。1994年，《晋阳文艺》又将刊物的编、印、发等业务委托给社外人员，刊社收取费用。随之在刊物封面上出现"南方娱乐卷"来超过原刊名，以"名流夜总会专号"来集中介绍港台明星的生活，背离了办刊宗旨，并形成变相出卖刊号，严重违反了期刊出版的相关规定。经新闻出版署批准，《晋阳文艺》1994年12月被注销刊号。

《通俗文学选刊》是1982年由山西人民出版社文艺读物编辑室创办的一个文学期刊，

16开本，双月刊，与山西其他文学刊物不同，它不注重山西的作品而是面向全国，它不发表原创作品而是从已发表的作品中选择，然后二次发表，类似于文摘。1980年代初，以评书为代表的通俗文学一时走红，广播电台的评书连播一度达到万人空巷的程度。在这种情况下，通俗文学的作品在很多报刊上成了吸引读者的卖点，《通俗文学选刊》的创办正好顺应了读者的这一需求。1985年北岳文艺出版社成立，《通俗文学选刊》的主办单位改为北岳文艺出版社，这一出版社也以通俗文学为初建时的主打图书，这就与《通俗文学选刊》形成了书刊互动、相辅相成。《通俗文学选刊》以中等文化程度甚至偏下的读者为对象，在当时影视作品尚不够发达的情况下，刊物发行量相当可观，效益明显。《通俗文学选刊》内容上以中篇通俗小说、传奇故事、古今评书为主，每期有三四篇重头作品，较之一般文学期刊要更厚重一些。《通俗文学选刊》主编林友光，编辑部负责人王海燕。1987年在报刊治理整顿中，要求减少文摘性报刊（即选刊），北岳文艺出版社将此刊停办，改办《北岳风》。

《太行山》是行业系统的文学期刊。中国的国防工业是一个较大的系统，山西是国防工业企业较多的省份，由山西省国防科技工业办公室作为政府主管机构。国防工业企业（俗称军工企业）在1970年代是很兴旺的，企业文化活动也很活跃。1983年，在国防部部长张爱萍的倡导下，国防工业系统成立了群众性的文艺组织——中国神剑文学艺术学会，学会办了刊物《神剑》，随之山西成立了分会，并决定也办一份刊物，于是有了《太行山》。《太行山》从1984年10月创刊到1992年，共存在8年时间。《太行山》刊名由张爱萍题写，创刊号上发表了神剑文学艺术学会主席周一萍的贺词《巍巍太行永放光彩——祝〈太行山〉创刊》。贺词中说，太行老军工是“国防科技工业的摇篮，《太行山》将进一步繁荣国防工业的文学艺术，使太行老军工的优良传统得到发扬光大”。创刊号还发表了张爱萍的《清平乐·我国远程运载火箭发射成功》、《采桑子·海上特混编队凯歌还》、《诉衷情·赠远洋测量舰队》、《破阵子·我国同步卫星发射成功》等8首词。张爱萍的这些词气势磅礴、雄壮豪放，是当时我国国防成就的艺术反映。《太行山》也得到了国防科工委领导以及文学界知名人士的支持，聂荣臻、艾青、马烽等都曾题词予以鼓励。

国防工业虽是很庞大的系统，但对文艺期刊来说，读者群毕竟有限，于是1993年《太行山》改名为《人间方圆》，由行业性文艺期刊转变为面向社会的文化生活期刊。《太行山》创刊时为季刊，16开本，80页，创刊一年后公开发行，但主要读者仍在省内外国防工业行业之内。它共出版45期，发表了一批小说、散文、报告文学、诗歌，作者基本是山西国防工业系统的业余作者。《太行山》1984年至1988年由田凯、孔祥德任主编，1989年至1990年由武冲、孔祥德任主编，1991年后由李文明（闻鸣）任主编。

《火花》是山西省文学艺术工作者联合会主办的文艺月刊，创办于1986年1月。策划创办这一刊物的是董耀章等人。山西曾有一份《火花》，存在于1956年到1966年，是一本纯文学刊物，“文革”以后恢复文学刊物，没再用《火花》这一刊名。现在再办《火花》，办刊者称这是复刊。新《火花》16开本，80至96页，刊名由中共山西省委书记李立功题写，经费靠财政补贴。《火花》定位是综合性文艺月刊，最初的栏目设置也比较杂，如有“影视剧坛”、“文艺社团之页”、“大中学生创作选萃”、“文艺大观”等。《火花》的发展从创办到20世纪末大致可分为两个阶段，以1991年为界，之前综合性并不强，实际是以文学性为主，之后则转为综艺月刊。

1990年第1期《火花》，曾综述了四年来所刊发作品的社会反响，所列举的全是文学作品。其反响可归于四个方面：一是所刊发作品被转载，其中有小说，也有诗歌、评论。短篇小说如田东照《凡人》（1988年第1期）被《新华文摘》（1988年第3期）转载，程琪、张枚同《冷雾》（1988年第4期）被《小说选刊》（1988年第9期）转载；中篇小说如高翔《人格的倾斜》（1988年第11期）被《人民日报》海外版（1989年2月2日）转载；陆棣《一个精神病患者眼里的世界》（1989年第1期）被《小说月报》（1989年第4期）转载；评论如长沱《弘扬理性、着意启蒙——当代中国报告文学的灵魂》（1989年第6期）被《人民日报》（1989年8月2日）文艺评论版转载。二是所发作品引起评论或争鸣。如高翔《铁一中的“第三世界”》先后有《红旗》（1987年第19期）、《光明日报》（1987年9月4日）等发表文章予以好评。三是所发电视剧本被拍摄为电视剧并受到好评，如董耀章、郭秋池的《双流合抱》被拍摄为电视剧《忻口战役》，华而实的《鲜卑骄子》被拍摄为同名电视剧。四是刊物组织了有一定规模的作品讨论会或笔会。所有这些都表明这一时期刊物的重心在文学上。

1991年5月，《火花》编辑方向作了调整。第6期的卷首语中说：“为充分体现刊物对文联及文联所属各协会、各文艺社团及广大文艺爱好者的服务意识，为各艺术门类出人才、出作品提供园地，本刊决定从1991年8月号起不再发表小说、诗歌纯文学作品。”以后的《火花》突出“综艺”。凡文联系统的各协会如影视、戏剧、美术、书法、摄影、音乐、舞蹈、曲艺、杂技、民间文艺等都尽力涉及与反映，这种状况持续有五六年之久。《火花》的改变固然有文联内部各协会都需要有一平台的因素，但也与它走不通文学期刊之路有关。它创办时已错过了文学在社会上“显赫”的年代，尽管它也推出了一些不错的文学作品，但刊物发行量已难以上去，在这种情况下，新办时宣称的继承老《火花》传统的雄心在事实上已无法实现。《火花》主编先为董耀章、王中干，后王中干离任，留董耀章主编。1991年起赵望进任主编。

在山西的各个地区（曾称为专区）和市，基本上都有由当地文联主办的期刊。这些期刊强调地方特色，一般来讲，水平不及省级单位所办的同类期刊，但也不可否认曾发表过一些有影响的作品。由于区域所限，发行量相对不大，经济上要靠地方财政支持。但这类期刊有个重要的任务，就是发现、培养和扶植本地文学新人，后来有较大成绩的作家不少是从在这些期刊发表作品起步的。

省以下地区性的文学（或称之为文艺）类期刊，最初几乎都是先以内部期刊形式创办的，由于创办时间早晚相差较大，随着报刊管理政策与形势的变化，它们的发展也呈现为四种不同状况：一种是始终为内部期刊，如临汾的《平阳文艺》、吕梁的《吕梁文学》、朔州的《朔风》，它们创办相对较迟；另一种是创办较早，也较早获准成为正式期刊，如阳泉的《阳泉文艺》、忻州的《五台山》、雁北的《北岳》、长治的《长治文艺》；再一种是曾获准成为正式期刊，但办刊中出现某些问题，在报刊整顿、结构调整中被改为内部期刊，如晋中的《乡土文学》、运城的《河东文学》、晋城的《热流》、大同的《云冈》；最后一种是较早就是正式期刊，中间曾被停刊，改为内部期刊，以后又恢复为正式期刊，即太原市的《城市文学》。无论是哪一种情况，作为当地文联的一项工作和地区文学活动的一个平台，这些刊物自创办以来还都是坚持出版的。

《太原文艺》由太原市文联主办，中共太原市委宣传部主管。它在1959年就创办过，但后来坚持了不到两年。1978年12月15日，《太原文艺》复刊，复刊号为总第24期，表明了与以前的连续。复刊时为双月刊，16开本，80页，刊名由郑林题写。当时办刊的目标是“办成一个既有时代精神，又有地方色彩、城市风貌的综合性文艺刊物”。创刊时汪洋任主编。1983年10月，刘作舟任太原市文联副主席，并兼任《太原文艺》主编。1984年7月改刊名为《城市文学》，随之成立城市文学社，实行主编负责制，薛苾任社长。同时改为月刊，16开本。这次改名在全国文坛率先打出“城市文学”的旗帜，刊物鲜明地提出：“现代城市是周围地区的政治、经济和文化中心，是物质文明和精神文明最发达的地方，它是社会各种复杂矛盾的交会点，因此最集中地体现历史的风貌和时代的精神……这些便是‘城市文学’赖以发展的立足点和支撑点。”（改刊号上刘作舟所写卷首语《为文学，也为时代……》）以这种认识提出自己的文学的和期刊的主张有其创新意义，也体现了《城市文学》编者的雄心与热忱。《城市文学》吸引了全国众多作家，一年之内就发表了王安忆、周梅生、叶延滨、魏继新、姜天民、毛志成、陈村、储福金、邹志安、梁衡、周大新等当时全国较活跃的作家的作品，《城市文学》发行量也达数万份。

1985年10月，梁志宏、孙涛担任主编（双主编制）。《城市文学》按其既定的文学主张做了多方努力，在编发一批可归于城市文学范畴的各类作品的同时，举办了三届“中国城市诗展”，吸引了省内外一批新老诗作者参与；又召开“城市文学理论研讨会”与多次文学笔会来扩大影响，组织稿件；还招收“城市文学社社员”，以营造氛围，扶植新人。然而，即便《城市文学》的主张有其合理性和可行性，那么能体现与实践这一主张、举起这面大旗的也该是现代化大都会的文学期刊，以太原这样一个在全国处于中等地位，而且改革开放以来因种种原因又未走在全国前列的城市要挥舞这面大旗，则注定会十分吃力。1989年在全国报刊整顿中，《城市文学》被转为内部期刊。

《阳泉文艺》由阳泉市文联主办，创刊于1978年12月，其后曾两改刊名，1983年10月改为《红与黑》，1985年1月改为《娘子关》。《阳泉文艺》创刊时为16开本，64页，未定期，刊名由书法家朱焰题写，创刊号由阳泉市文化局创作组编辑，编辑负责人王孝先。创刊次年没有出版，到1980年阳泉市文联成立，《阳泉文艺》从第2期起由市文联主办，定为季刊，主编一直由市文联主席兼任，第一任为陈霈。1983年《阳泉文艺》改名《红与黑》（当年第4期）。编辑部表示这是“突出煤矿题材，把刊物办出特色”，阳泉是煤炭

基地，“红”与“黑”既表明煤的燃烧本色，也象征矿工的内心世界与外在形象。改名是很郑重也很热闹的，煤炭部顾问、中国煤矿文化宣传基金会会长张超题写刊名，并祝贺说：“……千万煤矿职工将为你们的创举而欢呼、庆幸！”湖南省文联、四川省白皎矿工会、阳泉矿务局党委宣传部等都来信赞扬。然而，愿望不能代替规律，煤矿方面的文学作者队伍并不强大，煤矿系统的读者也不只是喜欢煤矿题材。另一方面，只关注煤矿题材又限制了作者的创作，也很难得到本地其他领域作者和读者的支持。结果是《红与黑》的改名并不成功，1983年出1期，1984年出2期，连季刊都没办到。

1985年1月《红与黑》改名《娘子关》，仍为季刊。1988年获准在国内公开发行。娘子关是阳泉市著名古迹，是自古以来山西通往华北平原的重要关口，取名《娘子关》表达了这一刊物重新回归本土的取向。改名当年，《娘子关》上发表的短篇小说《明珠放彩》(张旺模)、《为我们干杯》(许元上)、《噶蹦豆》(王孝先)均获山西省首届“赵树理文学奖”三等奖，孟宏儒获首届“赵树理文学奖”优秀编辑奖。《阳泉文艺》与《红与黑》期间主编为陈霈，改名《娘子关》后主编为胡士英，编辑部负责人张旺模。

《五台山》是忻州地区文联主办的文学月刊，它的前身是《春潮》。《春潮》创办于“文革”后期邓小平主持整顿的1975年，是忻县地区革委会文化局局长郭开科主持办起来的，在当时的形势下只出了2期。1978年忻县地区文联成立，当年10月，《春潮》复刊，改由地区文联主办。《春潮》复刊时，系内部刊物，只赠送。1984年《春潮》改名《五台山》。《五台山》1984年第1期为总第25期，发表了中共忻州地委书记阎广洪撰写的《让改革的旗帜高高地插在五台山》一文，也就在这时获得正式刊号公开发行。1985年又由季刊改为双月刊。1989年根据忻州地委的决定，建立五台山杂志社，单独建制。《五台山》一直以培养本地区文学作者为主要任务，兼及介绍五台山地域文化，作者均在本地区。《五台山》扶植了一

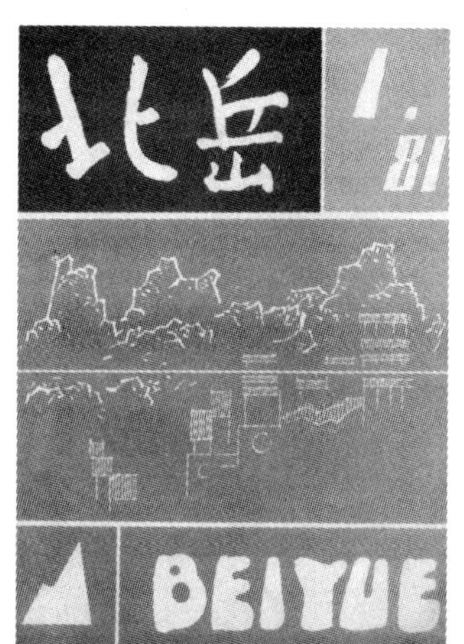

批文学新人，形成了忻州地区作家群。《山西日报》1990年为忻州作家群出过专版，《黄河》杂志也为忻州地区作家出过中篇小说专号。《五台山》主编先后为杨茂林（1984—1989）、李文田（1989—2000），1989年《五台山》杂志社单独建制后杨茂林任社长。

《北岳》由雁北地区文联主办，创刊于1981年9月，1984年12月获准向全国公开发行，双月刊。《北岳》创刊时刊名由知名学者萨空了题写，后又由知名作家丁玲题写。《北岳》主要刊发本地区作品，力求一种朴实庄重的刊物风格，1989年曾被评为山西省优秀期刊。主编先后为马骏、于振华、李秀峰、王祥夫。社长先后有谢庆荣、于振华、王巨台。

《长治文艺》创刊于1978年1月，当时是由长治市文艺工作室办的内部刊物，刊名由西戎题写，创刊号有84页，内容甚为丰富。到1984年年底，共出刊28期。1985年1月，《长治文艺》更名为《飞霞》，季刊，并获准公开发行。1987年1月，《飞霞》又改名为《漳河水》，以源于长治地区的主要河流取名，刊期改为双月刊。改名后除刊发文学作品外，还尝试用报告文学（或通讯）形式介绍改革中的先进人物。这一刊物的主编先后有禹晓元、刘国英、苗挺、秦月新。

《乡土文学》前身为《晋中文艺》，创办于1962年。《晋中文艺》复刊于1978年5月。《晋中文艺》复刊时登载有中共晋中地委宣传部副部长张羽天的“代复刊词”《文艺工作者要紧跟华主席进行新长征》，当时为双月刊，每期多时112页，少时90页。出版38期后，1984年10月改名为《乡土文学》，并公开发行。第1期《乡土文学》发表了一批知名作家的贺词，如魏巍“爱我乡土”，刘绍棠“中国气派、民族风格、地方特色、乡土题材”，石英“乡村大道阔且长，土浸风露纳艳阳，文贵质朴亦为美，学海无涯帆可量”。新改名的《乡土文学》连续8期刊出刘绍棠的自传性散文《蒲柳人家子弟》，很受读者欢迎。改名《乡土文学》后发刊即发行3万份，以后一度还有上升。《乡土文学》举办过全国乡土文学大赛，并汇集出版过《乡土文学选萃》和《全国乡土文学大奖赛获奖作品集》，在国内文学界有不小影响。《乡土文学》的负责人有刘思奇、高厚等人。1989年在报刊整顿压缩中，《乡土文学》被改为内部期刊。

《河东文学》由运城地区文联主办，1980年创刊，内部发行，每季出版。1984年获准公开发行成为正式刊物，改为双月刊，每期页码不定，最多时64页。《河东文学》所刊作品以农村题材为主，这与该地区的经济状况（运城是山西粮棉产区）、作者队伍有关，所以读者也是以农村干部和文艺爱好者为主。后由于主办单位的问题影响了期刊的健康出版，1989年11月在报刊整顿中被停办。《河东文学》主编叶汝莪，编辑部负责人王自强。

《热流》1985年成为正式期刊，月刊，64页，其前身是创刊于1972年12月的内部刊物《上党文艺》。《热流》主办者为晋城市文联。晋城古属泽州，曾是抗战时期的革命根据地，在改革开放新时期又迅速崛起成为一个能源化工产业较发达的经济强市，《热流》以这一地方特色为依托，推出一些反映现实和重现历史的作品，既有小说也有报告文学。1986年《热流》获中国作家协会与国家煤炭部颁发的"乌金刊"奖。1989年11月在报刊整顿中被停办。《热流》初期主编郭中群，后主编崔巍，社长张文德。

《云冈》1980年办，当时称为复刊，其依据是1958年时大同有过《云岗文艺》，复刊时取大同市著名的古迹云冈石窟作刊名，双月刊，56页。《云冈》为大同市文联主办，内容以刊发反映大同这一煤炭重工业城市的文艺作品为主，尤其是一些报告文学。1988年底刊物决定按纯文学与通俗文学的区别，分不同的期数出版，到1989年秋共出刊4期为通俗文学，其余为纯文学。1989年11月在报刊整顿中《云冈》被停办。《云冈》主编应化雨（兼），编辑部负责人郑宝生。

几乎是与这些文学期刊同一时期，山西还有过一个作者与读者都是特定群体的文学刊物，即《中学生文学》。由于它是语文报社所办，在《语文报》相应一节记述。

专门性艺术期刊是山西文艺期刊的一个门类，属于这一门类的有《美术耕耘》、《蒲剧艺术》、《黄河之声》、《戏友》。

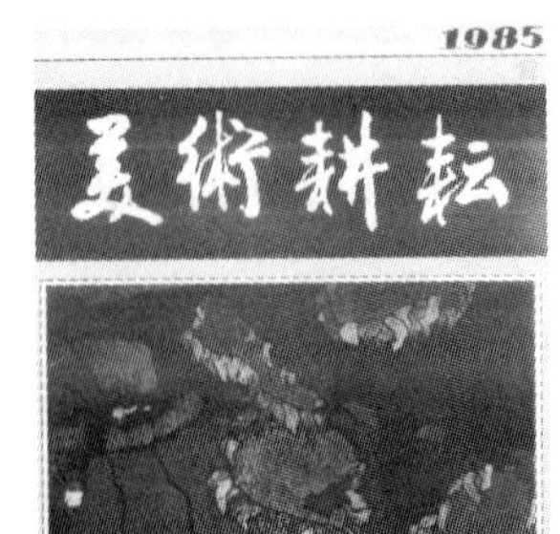

《美术耕耘》是山西美术院（后改名为山西画院）1985年8月创办的 。当时山西美术院刚成立，要发展山西的美术事业不仅需要作品，也需要加强理论研究，于是以山西省美术工作室（山西省美术院前身）与山西省美术家协会合办的内部刊物《山西美术》为基础，创办了《美术耕耘》，定为季刊，16开本，48页内文，附12页图。刊物分文字版与作品版两部分，文字栏目有"美术论坛"、"美苑人物"、"古代美术"、"民间美术"、

“美术史话”等，作品栏目有“名家作品”、“新人新作”等。书画家董寿平、美术理论家王颂余先后题写了刊名。《美术耕耘》在国内首次介绍毕加索早期作品，并发表专题研究文章，在艺术界引起很大反响。《美术耕耘》还参与主办了“张彦远画论全国研讨会”、“当代中国美术发展趋向研讨会”、“山西青年美术创作研讨会”等学术活动，推动了美术界的理论研究。几年中，在刊物上推出的研究成果涉及古代壁画、石刻、民间剪纸、面塑、刺绣、现代艺术流变、当代优秀作品等多个方面，不仅为山西而且为黄河流域美术的研究积累了资料。从创刊到1995年，《美术耕耘》主编为赵荆，编辑部负责人为王永豪、杨进升。1995年末，山西画院成立，《美术耕耘》由王朝瑞任主编，编辑部负责人为周洪海、杨进升。从1996年到2000年，《美术耕耘》先后组织、编发了“山西青年美术家专号”、“山西工笔花鸟画专号”、“96方向油画艺术展专题”等有影响力的专题，收到较好的社会效益。

《蒲剧艺术》是1980年10月创办的，季刊。蒲剧是我国现存历史最久的两大梆子戏之一（另一为同州梆子），起源于山西南部古蒲州一带，主要流行于晋、陕、豫、甘、青、蒙、冀的部分地区。“文革”后戏剧也迎来了春天，1979年秋，山西临汾蒲剧院在北京庆祝30周年国庆文艺汇演中演出《麟骨床》，荣获创作与演出两个二等奖，《人民日报》等多家报纸发表了评论。其后全国有20多个剧种移植此剧上演，一时蒲剧声名大振，临汾地委和行署为发扬蒲剧艺术，支持临汾蒲剧院创办了《蒲剧艺术》。《蒲剧艺术》遂成了全国二个以剧种命名的刊物之一。刊名为著名戏剧家田汉所题，创刊号上有王朝闻的《中看不中用——看蒲剧〈徐策跑城〉引起的感想》、李健吾的《漫谈〈麟骨床〉》、孟伟哉的《看〈麟骨床〉谈牛文嫣》、唐达成的《小析文嫣》等文，同时发表了赵乙、杜波、李安华等创作的《麟骨床》剧本。

1984年，蒲剧青年演员任跟心、郭泽民、崔彩彩等在北京庆祝35周年国庆的演出中再次引起轰动。这年《蒲剧艺术》创刊四周年，林默涵、周而复等题词祝贺，曹禺撰写了《回忆蒲州梆子——〈蒲剧艺术〉四周年纪念》，对这一剧种、几位青年演员的表演以及这份刊物都充满激情地予以肯定。在全国首届戏曲“梅花奖”评选中，15朵梅花中山西蒲剧院任跟心、郭泽民就摘取两朵。这是蒲剧的黄金时期，也是《蒲剧艺术》的黄金时期，发行量近万册。但是随着现代影视剧的兴盛，舞台艺术市场滑坡，戏剧尤其是地方古老剧种更丢失了大片发展空间，到1990年代之后，《蒲剧艺术》发行量大幅下降，一直减至几百册。而与此同时，刊物的编辑质量也出现下滑。《蒲剧艺术》的负责人先后有赵乙、杜波、任重远、李安华、任跟心。2002年，该刊因连续三年被评为山西省三级期刊被停办。

《黄河之声》是一个综合性的音乐月刊，由中国音乐家协会山西分会主办。其前身是1979年复刊的《山西歌声》。《山西歌声》复刊时编为总第31期，这是与1961年停刊时相接。复刊后为32开，月刊，每期32页。它的内容大致为三部分：歌曲、音乐知识、音乐消息。1985年1月《山西歌声》改名《黄河之声》，第1期为总第94期，改为16开本，月刊，但很快又改为双月刊。《黄河之声》改刊时，音乐界一些知名人士如李焕之、李凌、时乐濛等均题词祝贺，《黄河之声》编者也表示“力求《黄河之声》能发出时代之声、民族之声、人民之声”。《黄河之声》最初设立的栏目有“歌苑新声”、“音乐教育”、“音乐评论”、“创作探索”、“农村新歌”、“乐坛人物”等。1988年，《黄河之声》和省音协举办首届“黄河杯”征歌活动，共收到应征歌曲近千首，评出17首获奖。当时的发行量在4000册左右。它的主编先后有夏洪飞、王盛昌、张一非、李和平、李京利。

《戏友》是山西的另一份戏剧刊物，由山西省文化局戏剧工作研究室1981年11月创办，当时是不定期内部刊物，1984年获准作为双月刊公开发行。彭真为之题词：“祝山西戏剧百花齐放，为社会主义现代化做贡献。”《戏友》既发表戏剧文学作品，又发表戏剧研究论文；既面向专业人员，又面向一般戏剧爱好者。它的栏目有“戏剧研究”、“剧本园地”、“剧团改革与管理”、“艺术教育”、“剧与史”、“戏剧故事”等。它一直是16开本，64页左右，但刊期几经变化，1984年至1985年为双月刊，1986年至1991年为季刊，1992年至2000年为双月刊。从内部刊物时计起，《戏友》共出刊20年，计85期，这正是戏剧艺术发生巨大变化的20年。新艺术形式对其形成很大冲击，戏剧团体及戏剧本身在冲击面前不断探索改革前进之路，在这样的过程中，山西年轻的戏剧演员不断成长，先后涌现出几十名“梅花奖”获得者，《戏友》见证和记录了这一时期的变化，并为促进戏剧的改革做了积极努力。然而由于市场的原因，刊物在经济上一直要依靠补贴，2000年它改刊为另一性质的期刊《娱乐》。从内刊起《戏友》主编历任为王世荣（1981—1988）、罗仁佑（1989—1991）、石绍勋（1992）、赵华云（1993—2000）、李运启（2000）。

这里所列举的只是前面分类中的一、四类，二、三类即某一专门文学体裁的刊物和文学评论赏析的刊物则在其他相关章节中记述。但仅就这两类看，在1980年代尤其是1980年代前期，山西的文艺期刊色彩缤纷，堪称繁荣。

第五节　让“名作”滋养心灵

“文革”中，中外文学名著几乎全被打入“封、资、修”毒草的行列，除了毛主席诗词、“革命样板戏”和鲁迅的作品，人们再难见到其他的文学作品，更不要说经典名著了。“文革”结束，尤其是十一届三中全会从思想政治领域开始拨乱反正之后，文学也一度成为社会的热门，在年轻人尤其是青年学生中，“爱好文学”也成了时髦。一批被禁锢的文学名著逐步出版，一批冲破“禁区”的新文学作品被竞相传阅，一批大大小小的文艺期刊都不愁发行，这些构成了1970年代末1980年代初两三年中的一道特别景观。但精神荒芜不是很快就可以改变的，辅导读者理解文学名著，正确认识和利用文学名著的思想和艺术价值，用名著中丰富的养分滋润读者饥渴的心灵，成了教育工作者和出版工作者的历史使命。正是在这一背景下，《名作欣赏》期刊应时而生、应运而生。《名作欣赏》的刊名准确而鲜明地体现了它的本体定位，“名作”界定了欣赏的主体，“欣赏”规范了探索和认识主体的独特方式，对作品赏析的文章在其他文学报刊中并不鲜见，但以此作为一种期刊的内容，在中国期刊发展的历史上却是破天荒的。

《名作欣赏》由山西人民出版社文艺组编辑出版，开始是以图书丛刊名义出版，使用的是书号，通过新华书店系统发行。1980年出试刊号和创刊号，分别为16开160页和16开176页，定价0.90元。1981年4月正式改为期刊，双月刊，每期为128页，定价0.65元，交邮局发行。1985年北岳文艺出版社成立，《名作欣赏》也就改由北岳文艺出版社主办。《名作欣赏》初始由罗继长任主编，张仁健为编辑部负责人。后张仁健任主编。

张仁健，1938年生，江苏南通人，毕业于北京大学，先后在山西省文化局戏剧研究室、山西人民出版社工作。曾著有《丁果仙评传》、《咏史诗评析》，主编《唐诗精品》、《中国游记散文大系》等，北岳文艺出版社成立后担任出版社副总编，并一直担任《名作欣赏》主编至2002年。1982年荣获“山西省劳动模范”称号，2000年荣获第三届“全国百佳出版工作者”称号，2001年山西省期刊协会成立后当选首任会长。

《名作欣赏》的性质介于文学期刊与学术期刊之间。它做的是文学的普及工作，在学者、作家和普通文学爱好者及大专院校文科学生之间架设了沟通、交流的桥梁，使名作走近读者，使文学贴近民众。鉴于中外名著的出版物在“文革”中多被销毁或者封存，读者一时难以觅取，《名作欣赏》就尽力在赏析文中或文后附载名作的局部乃至全文，填补读者阅读中的空白。这种编辑方式受到了读者的欢迎，老读者倍感亲切，新读者耳目一新，刊物的影响也迅速扩大。在1980年第1期（试刊号）上，编者就提出刊物内容要“偏重于艺术分析，做到观点明确，分析精到，文笔活泼，深入浅出，雅俗共赏”。这对作者、编辑都是很高的要求，编辑要有选择名作的眼光，还要有选择作者的技巧。作者不仅要有相当的学术造诣，还必须善于写出赏析性文章。当时刊物设立的栏目有“阅读与欣赏”、“作家与作品”、“世界文坛之窗”、“赏芳杂议”、“珠玉珍言”、“文苑花絮”等，在创刊当年的两期上，就推出了一批知名学者的文章，如施蛰存的《韩愈〈华山女〉串讲》、钱谷融的《陀思妥耶夫斯基和〈舅舅的梦〉》、萧军的《鲁迅先生书简注释及其他》、王瑶的《〈过客〉略说》、李健吾的《一个有血有肉的包公》、吴小如的《说张先〈大仙子〉》、程千帆的《唐绝偶评》、柳鸣九的《〈头七年〉·阮克大夫及其他》、刘逸生的《似花还似非花》、谢冕的《美好的山水美好的歌》、程代熙的《罗丹和他的巴尔扎克塑像》、方平的《〈十日谈〉和它的时代意义》等。《名作欣赏》的高质量为它赢得了市场，创刊当年发行量就达到3万份。

1981年11月5日，《名作欣赏》诞生一周年，共出刊7期。刊物编辑部在北京约请首都文艺界的60多位领导、学者和中青年专家举行座谈。所有受到邀请者都对这一刊物表示出了极大的热情。文化部副部长、全国文联副主席林默涵在出席另一重要会议之前赶来参加座谈；文化部副部长、著名诗人贺敬之在主持另一会议的同时，委派秘书与会并代为致意；正在病休的国家出版局代局长陈翰伯扶病与会并作了热情恳挚的发言；中宣部出版局局长边春光参加了座谈会；年逾或年近古稀的李健吾、王瑶、戈宝权、周汝昌、屠岸、常任侠、苗培时、李荒芜、邵宇、王琦等老前辈欣然应邀与会；肩负工作重担的中青年专家李希凡、蓝翎、蒋和森、唐达成、刘梦溪、袁行霈、朱虹、张英伦、徐刚、邵大箴等撇下各自的工作到会。会上共有17位同志热情发言。大家对刊物的路子、刊物的特色和刊物的格调给予了好评。陈翰伯说，我是《名作欣赏》的忠实读者，每期我都仔细阅读，刊物确有自己的特色。刊物在进行美育、智育的同时，可以担负起潜移默化地进行思想教育的任务。王瑶说，浏览《名作欣赏》如同进王府井的工艺美术商店，给人以高雅的美感享受。常任侠说，我常读的刊物有二：一是《读书》，一是《名作欣赏》。李希凡、徐刚说，《名作欣赏》连载的张英伦写的外国大作家传记《大仲马》，他们一直很有兴致地连续阅读，连人民日报社的工人们都争相传阅。李健吾形象化地赞誉《名作欣赏》说："黄土高原的山西，枣树繁茂。我爱枣花甚于桂花，因为枣花不仅清芬沁人，而且能结出养人的佳果，《名作欣赏》就如同香而有实的枣花。"

这次座谈会被《人民日报》、《光明日报》、《文汇报》、《中国青年报》报道后，进一步扩大了刊物的知名度。作者纷纷来稿，读者竞相订阅，发行量直线上升。在此起彼伏的好评声中，著名剧作家曹禺和著名美术家叶浅予对《名作欣赏》所作的自发性好评，可以说又在一定程度上将刊物的影响面扩展到文学艺术的创作界。1984年初春某日，《老人》杂志特约编辑施琦民来到上海华东医院看望病中的曹禺。施琦民向曹老介绍到当时一些与老人健康有关的报刊时，对精神营养深为关注的曹老突然想到了山西的《名作欣赏》，热情夸赞说："我看到了《名作欣赏》，这个刊物办得真不错！内容丰富，文章也写得充实、有水平；有些评论文章颇有深度，很有研究价值；有些文章深入浅出，适合各种不同文化程度的人尤其是文学青年阅读。"并说："山西人民出版社的编辑同志真有办法！他们虽说身处边远地区，但不受条件所限办出这样一个有质量、深受广大读者欢迎的刊物是很不容易的。"此前，叶浅予在1984年《读书》杂志第1期上撰文谈及当时文艺刊物的封面设计时说："其中成功之作，当推山西的《名作欣赏》。该刊评介分析古今中外文学名著，选刊的文章有较高的学术水平，是国内研究古代和近代文艺作品的专刊之一。封面图案集敦煌飞天、汉画像石、希腊美人、罗马武士、星云舟车等艺术形象于一图，排列有致，布色单纯，'名作欣赏'四个字居于中间突出地位，像一枚篆刻图章，字体是老宋方笔，通俗醒目而有分量，切合刊物内容。"以叶老在全国美术界的资历、声望，对《名作欣赏》封面设计的赞扬自然会格外引人关注，对于扩大《名作欣赏》在文学、艺术圈中的影响力是大有裨益的。

《名作欣赏》在编辑工作中形成了自己的办刊理念，这一理念集中表现于恪守“三高”原则。“三高”为高洁、高雅、高质。“高洁”是编辑要有高尚的操守，要在办刊中不断坚持与提高自身的品格修养与学识水平；“高雅”是刊物的风貌要不媚俗、不庸俗，从内容到外观都保持一种“书卷气”；“高质”则是选稿绝不降格以求，严把编辑工作各个环节，保证每篇、每栏、每期的质量。

1980年代中后期是《名作欣赏》最为鼎盛的时期。随着我国高等教育事业的迅猛发展，以大专院校文科师生为核心读者的《名作欣赏》的发行量逐期稳步攀升，1985年10月，已达12万册。该刊创办五周年之际，有的放矢地选择北京、上海、南京等作者与读者的资源群体最为密集的地区召开了多种形式的座谈会，搜集宝贵的信息资源，进一步沟通作者、读者与编者三者之间的紧密联系。声势与实效并重的座谈活动被各地的媒体报道后，《名作欣赏》在高校读者群中的根基可谓越扎越深。上海《文学报》会后在头版头条以《建议为〈名作欣赏〉发奖》为题发表了由该报主编亲自撰写的专题文章，对《名作欣赏》作了较为全面的介绍。

随后两年，《名作欣赏》吸取各方意见，通过栏目的局部性调整，适当地加强了对当代文学精品的关注，加强了对文艺鉴赏理论体系构建的关注，加强了对中学语文课本中选收的文学名作艺术欣赏的关注，进一步开拓了作品选择的新范畴，开拓了文艺鉴赏学的理论与方法的新视野。到1988年前后，《名作欣赏》的发行量一度突破了20万册。

《名作欣赏》的另一大贡献是开创了以文学鉴赏为内容的出版物的产生，在《名作欣赏》风行几年后，以上海辞书出版社为首推出各种文学鉴赏辞典，到1980年代末1990年代初形成了鉴赏辞典的出版热，全国相当多的出版社参与其中，一大批文学鉴赏辞典进入市场。尽管学术界乃至出版界对这类辞典是否可算辞典一直存在争议，但这类出版物被读者接受却是一个不争的事实，也是一时间出版社乐此不疲的直接原因。这一出版现象的出现在客观上对《名作欣赏》造成了竞争，挤压了它的发行空间，这是《名作欣赏》创办者始料不及的。从另一方面来说，如果在这一现象露头时，《名作欣赏》利用其已有的品牌无形资产、作者及资讯资源以及身在出版社的先天优势而抢占这一阵地，那将不仅会扩大刊物的影响，而且会直接带来可观的经济效益。然而由于种种原因，《名作欣赏》未能这样做，仅是“守土”而未去“拓疆”，从出版经济的角度看，不能不说是一种遗憾。

第六节 报刊新物种的诞生

1980年代山西新办报刊中，最值得称道的当属《语文报》，它不仅在以后的20来年中常盛不衰，更在2006年时，作为报头标志的“语文报”（文及图）被国家工商总局认定为“中国驰名商标”。在中国的所有媒体中，《语文报》是获此荣誉的第一家。

《语文报》是报纸，然而在期刊史上却不能不提及它。这是因为：一、《语文报》创办之时是以期刊申报登记的，在出版管理上它一直以期刊号出版，直到1991年时才转到报纸系列，改用报号。它最初的形式是16开16版，半月一期，颇具期刊性质。二、《语文报》不同于一般被称为“新闻纸”的报纸，性质上不是新闻报道，它的内涵不是信息而是文化，所以它始终更接近于期刊。创办者们也并不是把它完全当做报纸的，他们当时就提出了“杂志化的报纸，报纸化的杂志”的标准。

《语文报》的贡献是多方面的。人们注意最多的是它对中国语文教育事业改革的推动，对不止一代读者语文素养提高的促进；但从出版史或者说报刊出版史的角度看，《语文报》的功绩在于它开创了一个以基础学科为内容办一份报纸的先河，正是在它之后，关于数学、英语、理化、史地、生物、德育乃至美术、书法等等学科的报纸纷纷创办，形成了过去从未有过的报纸类型。从这个意义上说，《语文报》标志了一个报刊“新物种”的诞生。

《语文报》的创办者是山西师范大学（当时还称山西师范学院），但最初的倡议筹备并不只是这一个学校，而是一群对新时期的语文教育抱有责任、勇担使命的中青年教师，他们来自不同的城市，分属不同的学校。1980年秋，全国中学语文教材编写工作会议在北京香山举行，山西师院《语文教学通讯》主编、刚过不惑之年的陶本一参加了会议。在会上他结识了杭州大学《语文战线》的主编张春林，会议期间他们谈到语文教育的现状，谈到当时提高全民族文化素质的口号,两人有太多的共同想法。就在香山洒满残落红叶的小路上，他们迸发了创办一份报纸的想法。隔天，他们又约来北京西城区教研室的陶伯英，三人在北海公园一直讨论到新月初升。以后他们分头联络了各地一批热心的语文教师，不但进一步完善了办报的设想，也为以后建立编辑分部做了准备。按照大家的意见，这份报纸的总部设在山西师院，由陶本一来具体牵头筹备。申办报纸首先需要学校支持，可开始并不顺利。因为之前不久，山西师院中文系编印的一本资料汇编有批判周扬文艺思想的文章，书出版时周扬已经平反，于是此事被上纲为“政治问题”，当时山西省委还通报全省，不仅中文系相关人员被处分，师院的领导也受到处理。当人们仍心有余悸之时，对再办报纸的提议，否定意见一时占了上风。面对这一困难，陶本一找到新来的党委书记郭璞，郭书记听了汇报，在院党委会上力主支持，并说了“出了问题，我负责！”这掷地有声的话。正是郭璞书记的力争，正是他的勇气与魄力，最终决定了这份报纸落户山西，并得以成长、壮大的命运。

1981年春，报纸的筹备工作迅速展开。上海的第一次编务会议对这份报纸的办报宗旨、版面划分、栏目设置、外观形态、编辑组织、工作程序等一系列问题进行了详尽讨论，取得了共识，并很快得以落实。其中重要的有：报纸名称定为《语文报》，既大气、响亮又避开了《语文周刊》等名称隐含的限制；报纸定位确定了以中等文化程度的读者为主要对象，以传播语文知识、促进语文教育、弘扬祖国优秀文化、提高全民族文化素质为宗旨；确定了编辑组织采用总部加分部的形式，组建了北京、上海、杭州、武汉、长春五个编辑分部（后又建苏州分部、南京分部），并分配了最初几期各分部的任务。在山西师院，则由陶本一以《语文教学通讯》编辑部为基础，吸收年轻教师与刚毕业的大学生参加编辑工作。

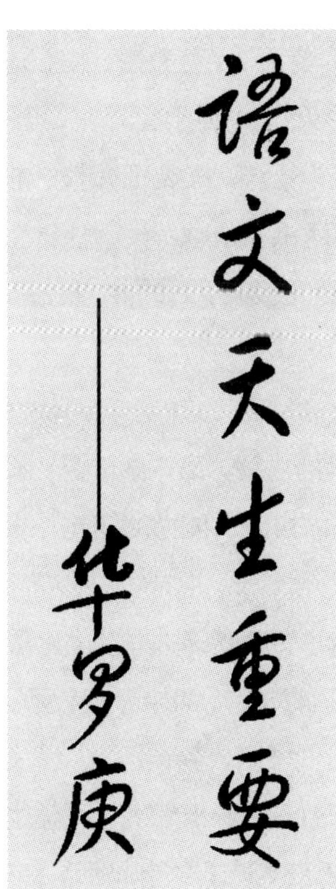

1981年10月5日，《语文报》创刊号出版，头版发表了叶圣陶、苏步青的题词。叶圣陶还担任了《语文报》的名誉顾问，他的题词为：“练习作文首先要注意实用。”数学家苏步青的题词为：“人在青少年时期，精力最旺盛，记忆能力、吸收能力都很强，希望你们趁这个良好时期，多学点语文，练习作文首先要注意实用。
叶圣陶

打好基础，将来为实现社会主义祖国的四个现代化做出应有的贡献。”创刊就以一位语文大家和科学大家的两帧题词来说明语文的重要，足见编者之匠心。接着，在新华社山西分社社长马明的努力下，新华社发了关于《语文报》创办的新闻通稿，全国一些重要媒体纷纷予以报道。创刊号销量很快达到78万份，真可谓一纸风行，首战告捷。接下来几个月内，《语文报》销量飙升，次年就达到100万份，1984年达到198万份，成为当时中国发行量最大的10种报纸之一。1980年代初，全国学习空气十分高涨，《语文报》的发行当时远远不止在中学，而是进了工厂、进了机关、进了农村、也进了军营。

《语文报》创刊时设有“半月谈”栏目，对语文教育发表短评。创刊第2期刊发了张春林执笔的《从“大粮食”到“大语文”》，文中第一次提出了“大语文”的概念。陶本一随即把“大语文”确定为《语文报》的办刊理念。这一理念的雏形为：语文学科的终极目标是育人益智，语文的外延与生活的外延相等，生活中时时有语文，处处有语文。这一理念在承续中不断发展。到进入21世纪，《语文报》的读者主要集中于学生时，“大语文”则是：既要尊重语文学科的基本特点，熔工具性与人文性于一炉，又要把握教材的学习方法和考试的命题走向，做到源于教材，高于教材，研究考试，超越考试，让学生在丰富多彩的语境中和机动灵活的生活实践中学会语文。在《语文报》不断的导扬之下，“大语文”已经成为语文教育界的共识。

《语文报》从创办起就坚持了内容为王、质量至上。它提出的编辑方针是“高品位、高质量，实用性加可读性”，它不仅将目光投向字、词、句、篇的讲解，语、修、逻、文的辅导，听、说、读、写的训练，而且重视知识的积累、方法的点拨、能力的建构、思想的感悟和情感的熏陶。相对于同类报刊只重视阅读与写作，《语文报》视野宽广，内容丰富，实用性、可读性都很明显。它的栏目有的属于介绍基本知识、训练基本能力的，如“识字辨词”、“新千字文”、“古诗文助读”、“作文小医院”、“黑猫警长”、“同题三重奏”、“能说会道”、“思维体操”等；有的属于增长见识、提高素养的，如“当代新诗百家”、“文学形象画廊”、“大语文看台”、“花季悄悄话”、“文史札记”、“我的少年时代”等。《语文报》还请专家主持一系列专栏，如“于漪信箱”（语文教育家于漪主持）、“方老师信箱”

（语文专家方仁工主持）、“跟李老师学汉语”（语文专家李裕德主持）、“教你学口才”（徐州师大汪缚天教授主持）、“作文红茶馆”（上海大学李白坚教授主持）等等。给《语文报》写过文章的当代学者、专家、作家、科学家则更是数不胜数，一篇篇精彩的稿件大大提升了报纸的美誉度和影响力。

《语文报》面市不久的1981年冬，陶本一便提出“用活动走向全国，树立《语文报》形象”的主张，当时无论是陶本一还是其他同人，在这刚刚开放的年代还未必知道“活动营销”的理论，但这种“用活动走向全国”的思路却在不自觉中拉开了《语文报》“活动营销”的序幕。《语文报》在1981年年底就启动了“中学生读书评书活动”，其宗旨是“读优秀的书，做高尚的人”。新中国成立以来，在中学生中组织如此大规模的、以投票方式评选自己最喜欢的书这还是第一次，广大师生反响热烈，参加者达上千万之众，活动影响甚大。这次获奖的有王蒙的《青春万岁》，王蒙获奖后说：“我以前得过的奖都是领导发的，还从来没有得过学生给发的奖，这是我得的最重的奖！”这一评书活动从1982年到1991年共举办五届，学生评出的图书共57种，全国人大、全国政协、中宣部、团中央的领导以及一些老革命家、作家、教育家等分次出席了每届的颁奖活动，其中就有团中央书记处书记李克强。1984年，《语文报》又与中央电视台联合举办了16城市中学语文邀请赛，近百名代表在中央电视台大演播厅参加了现场竞赛。各种活动取得了极大的社会效益，越来越多的读者知道了《语文报》，也增强了学好语文的自觉性。

语文报
YUWEN BAO 创刊号
练习作文首先要注意实用。
叶圣陶
我们的希望
用高士其的韧劲学语文

《语文报》起步是自办发行的，1982年交邮局发行的同时仍坚持抓自办发行，以后又在各大中小城市建立发行分部和工作站200多个，从业者达到3000人。从编辑到发行，《语文报》创办之初就走出了一条开放式办报之路，走上了一条社会化、科学化的发展之路，《语文报》凭自身的力量在市场经济的大潮中从容应对，与时俱进，壮大发展。

1985年3月，中共山西省委宣传部向全省宣传系统、各大中专院校、各大新闻出版单位下发《关于〈语文报〉坚持正确办报方针的通报》，同年12月，向《语文报》颁发了“精神文明之光”奖匾。《语文报》1983年起改为周报，版面由16开16版改为16开8版，后又改为8开16版，1989年又改为4开8版。山西师范大学在《语文教学通讯》、《语文报》的基础上成立了语文报社，2002年，语文报社从临汾迁至太原。1980年代时，《语文报》的历任主编为陶本一、李文儒、李文锦。

在《语文报》形成一定规模之后，1986年语文报社又办了《中学生文学》，起初作为从刊由陕西人民教育出版社出版数期，主编陶本一。1988年取得国内统一刊号，月刊，16开，48页，以后又改为16开6版的杂志化报纸。《中学生文学》正式发行时一度由语文报社总编徐同兼主编。《中学生文学》提出了"中学生写，写中学生。集当代中学生的热血豪情、理想追求、烦恼苦衷、探索奋斗于一刊"的编辑理念，在内容上大致可分为中学生文学习作与中学生文学活动两部分，前者的栏目有"小说"、"散文"等，后者的栏目有"从作文到文学"、"文学社之花"、"让我们相识"等。《中学生文学》在中学生文学爱好者及老师、家长中引起过较大反响，《中学生文学》上的作品也被多种媒体转发，1987年中国青年出版社出版《中国中学生优秀作文选》作为与《美国中学生优秀作文选》对等交流读物，其中选入《中学生文学》作品多篇，作家冰心为之所写序中，五次引述这些作品给予热情评价。《中学生文学》还举办过"中学生文学新星奖"。1987年《中学生文学》发行量达到13万份。1989年在报刊压缩整顿中《中学生文学》停办。《中学生文学》共计出版刊物39期、报纸12期，主编先后有王宇鸿、赵建功、蔡智敏。

《语文报》是在《语文教学通讯》基础上发展起来的。语文报社的历任社长为陶本一（1978—1994）、齐峰（1994—2001）、靳保太（2001—2006）、蔡智敏（2006—　）。历任总编为陶本一（1978—1986）、徐同（1986—1990）、齐峰（1994—2001）、蔡智敏（2001—　）（其中一段时间无总编——编者注）。

第七节　处女地上的垦荒

改革开放的大潮催动着期刊业的发展，1980年代初在一批老的期刊恢复出版的同时，许多新刊纷纷面世，这些新办期刊不仅在内容上、形式上有新的气息，更重要的是领域的拓宽。在山西就出现了一些堪称开风气之先的期刊，它们或是开辟一个新的领域，或是在一个人们熟知的领域中创造一种新的期刊表达方式。它们的创办不仅增加了期刊对社会生活的覆盖面，甚至可以说还造成了新的期刊种类的诞生。

这些成绩或者说这一现象的出现与当时政治、经济、文化大背景有关，也与全国期刊管理的相关规定有关。1983年，中共中央、国务院《关于加强出版工作的决定》提出："要进一步办好各类期刊，认真总结经验，提高质量。中央宣传部、文化部和国家科委要负责指导，对全国期刊分别进行必要的调整。"之后文化部就发出通知，在一两年内除面向农村和少儿以及填补缺门的新兴学科、指导读书的刊物外，一律不再批准创办新的刊物。这一规定来自于全国期刊发展的现实，它规范和限制了一段时期的期刊创办——没有新意就别办刊；要办，就必须标新立异，去填补别的刊物尚未进入的空白，做处女地上的垦荒者。

山西在这段时间创办的一些刊物正是这样去做的，其中好多种都可称得上是全国第一家，这也形成了山西期刊在1980年代前期的重要特点之一。这些刊物中有的办几年后因其他原因停办了，但能坚持办下去的还是多数，尤其是这些刊物基本是通过市场而不是靠行政或其他手段发行的，它们的社会影响相对也就更大。比较有代表性的除去前面所述的《名作欣赏》之外，还有《党史文汇》、《编辑之友》、《对联·民间对联故事》、《青少年日记》、《童话大王》、《山西地方志通讯》等。

《党史文汇》创刊于1985年，当时全国的党史资料征研工作在党的十一届三中全会

不同的角度对编辑提出要求，反映群众的呼声，从中也学习到知识。”创刊号上还有伍杰《关于建立编辑学的意见》一文，具体指出了“建立中国式的社会主义出版编辑学”的方向。1985年第2期上刊发了李荣生、高文超《建立中国编辑学刍议》，此文很快被《新华文摘》转发，不仅使编辑学研究引起更广泛的关注，而且也扩大了《编辑之友》的影响。《编辑之友》创办的次年即1986年订数达到1.2万份，这是最高峰，以后虽发行量下降，但与同类专业期刊相比发行量仍在前列。《编辑之友》创办时张安塞任副主编主持工作，后任主编至1993年。

《对联》是中国第一份以“对联”这一中华文化特有景观为内容的期刊，它的全名是《对联·民间对联故事》，创刊于1985年1月，双月刊，到1994年时改为月刊。

《对联》的创办缘于山西日报社筹办出版社之事，“大跃进”年代山西日报社有过一个出版社，还出过十来种书，1980年代报社又准备恢复这一机构。但按照当时中央的有关规定，省级报社不得再办出版社，出版社筹划不成了，原先参与筹办的几个人就琢磨起办刊物来。他们认真调研了一番，在1983年11月形成了“小报式的《青少年日记》半月刊和活页式的《对联艺术》月刊”的设想。经过反复酝酿，在1984年7月正式提出了办《对联》杂志的方案，山西日报编委会认可了这一方案，《对联》进入筹备。这年11月，中国楹联学会成立，《对联》筹办负责人郭华荣在会上介绍了筹办刊物之事，与会代表纷纷赞赏，并倡议把它作为楹联学会的会刊，学会会长魏传统随即题写了刊名。《对联》创办在山西也得到了许多响应，赵云峰从16岁就学习楹联而且热爱了大半生，这时正好退休，就赶来“加盟”，担任了刊物副主编，主编则由郭华荣担任。

《对联》从问世就显得与众不同，尤其是它的装帧形式，可谓别具一格。它采用普通32开本，但横向装订，64个页码一分为二，向右翻是《对联》，向左翻是《民间对联故事》，分界之处是对联书法插页，翻口处标有刊名，插页处加有“鱼尾”。《对联》一半五号字竖排，《民间对联故事》一半小五号字横排，抚刊展卷有一种近乎线装书又近乎大连环画的感觉。这种设计是匠心独运，仅此一家的。《对联》问世，贺信、贺联、贺诗蜂拥而至，如贺联“小开本装帧一奇，中国风味道十足”、“古香古色古国古艺，新风新

貌新刊新人”，贺诗“盘古开天第一家，风姿卓莹出红霞。书山有幸添楹树，学海无私纳对花。联峰凝冰因日化，对程铺锦更光华。神州破格兴殊艺，地笑河欢举世夸”，都反映了楹联界以及其他读者对刊物的欢迎程度。武侠小说家梁羽生也在香港《大公报》发表文章，热情推荐“中国第一个专门谈对联的刊物”。国家新闻出版署办的《新闻出版报》几年内三次发表对《对联》评价的文章。

《对联》的创办不仅在期刊史，而且在文学史上都有特别的意义，《新闻出版报》1988年1月2日《〈对联〉与对联》一文对此作了精要的阐述：

> 《对联》是专谈对联的，对联也称楹联，是中华文学遗产中特有的一种现象或者说形式。与其他文学形式相比，其读者面之广、覆盖面之大、应用性之强可称得上首屈一指，从山庄窝铺到皇室宫廷，从名胜山水到庙宇殿堂，几乎都有它的踪迹。我国的老百姓有不知道什么是小说、诗歌的，但绝无不知道对联的，至于过农历正月，则更是普天之下皆春联了。说对联是中国特有，还与它离不开汉语，离不开方块汉字有关，起码至今还没听说用何种文字可以把对联译出而不失或者基本不失原貌。然而，千百年来，对联被人认为是雕虫小技，笔墨游戏，这实在是很不公平的。著名学者程千帆先生1981年曾在一篇文章中说：“(对联)本应该在文学史当中占有一席之地，但不知为什么，却被我们的文学史家们一致同意将它开除了。这恐怕也是文艺界应当平反的错案之一。”而《对联》杂志在某种程度正做着这“平反”的工作，在为填写中国文学史上的一页空白而努力。

《青少年日记》的筹划，大致与《对联》同步，负责人也是郭华荣，正式问世是1984年10月6日，最初形式为16开8版报纸形式，半月一期，定价很低，每份仅0.04元。

写日记是历史悠久的一项很普遍的人类活动，它与写作密切相关，但其意义又不仅限于学习写作，一些著名的日记甚至成为历史档案或者说经典，如鲁迅日记、雷锋日记都有很大影响。而以日记为内容办报刊还是前所未有的，《青少年日记》为第一种。一份报刊成功与否的一个重要环节是定位，《青少年日记》创办中在定位问题上是下了工夫的。作为一份日记报刊，如何既区别于一般的文化类报刊又区别于其他写作类报刊是问题的关键，而解决这一问题则体现为宗旨的确定与读者对象的确定。《青少年日记》在这两方面都经过了一次认识的深化与飞跃。在宗旨上，他们原先确定的是“广录博闻，增长知识；练习写作，提高文采；自我修养，立志成材”。这一宗旨是从日记的功能出发的，但与其他刊物相比，特点不突出，这几句话像文摘刊，又像作文刊，还像教育刊。最后修订的宗旨为“既教你作文，又教你做人”则特点鲜明，既体现了日记的作用，又体现了刊物的作用，这两句话同时也可作为刊物的宣传语。在读者对象上，开始是从日记这一形式出发，力图涵盖不同层次的读者，于是提出“做到三个面向，办在读者心上”。三个面向为“面向学校，兼顾社会；面向青少年，兼顾中老年；面向国内，兼顾海外”。这样一个读者群设计显然过于宽泛，作为一份刊物实际很难办到。而最后修订为“以中小学生为主的广大青少年”则实际多了，针对性也强了。这就使《青少年日记》有了较大的发展空间。

《青少年日记》创办之后得到老一辈革命家、知名作家、教育家以及广大教师的关注与支持，薄一波、徐向前、邓颖超、王光美等都为其题词、题字。这些词字洋溢着对青少年一代以及刊物的希望，王光美的题词“最好的日记，是用最美好的心灵写成的”即是代表。当时胡锦涛任共青团中央第一书记，当《青少年日记》将样报寄上，并汇报了要举办向边防战士赠刊的活动后，1985年7月20日团中央“胡锦涛同志处”来信。信中说：胡锦涛同志认真阅读了贵报，他说《青少年日记》办得是好的，对培养“四有”新人起到了积极作用，感谢贵报为青少年做了一件十分有意义的工作。并祝向边防战士赠刊活动成功。

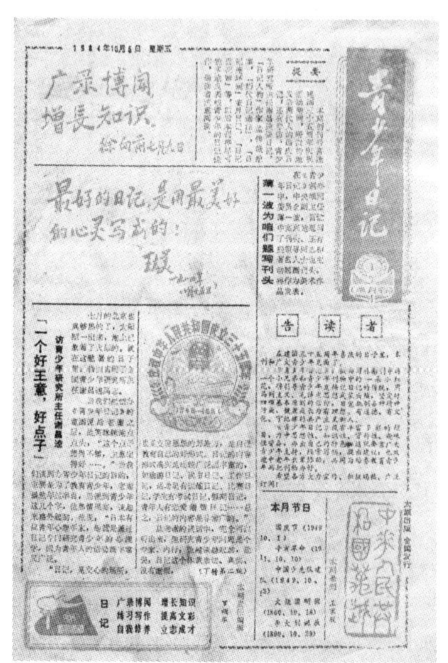
广录博闻 增长知识
最好的日记，是用最美好的心灵写成的！
薄一波为咱们题写刊头
告读者
“一个好主意，好点子”
访青少年研究所主任谢晶涂
本月节日
日记 广录博闻 增长知识 练习写作 提高文彩 自我修养 立志成才

《青少年日记》创刊时发行3万份，三个月后即增到24万份，1986年1月改为周刊，1987年1月又改为杂志形式，最后确定为32开，48个页码，定价为0.25元。

《童话大王》不仅在山西，而且在全国都是独特的，“独”在无类似之刊，“特”在只发表一个作家的作品。尤其是后者，更颠覆了关于期刊是“发表众多作者不同形式作品”的传统定义。它创办于1985年5月，普通32开本，创刊时为双月刊。《童话大王》的创办源于一份刊物和一个人，这就是《山西青年》与它的副总编杨宗。在1980年代初，《山西青年》曾办了一件颇有影响的事，就是办“刊授大学”，虽然这一“大学”并未真达到最初的预定目标，可当时却曾轰动一时，尤其在青年人中间。刊授大学的学员中有一批有一定基础并热爱写作的人，郑渊洁是其中之一。郑渊洁出生于一个军队干部家庭，他本人上小学时虽然很聪明，但在学习上不太用功，上到四年级就辍学了，在家自学几年后参了军，后复员到工厂当水泵工，业余开始写作。1978年写了第一篇童话《黑黑在诚实岛》，投给上海某出版社，遭到退稿，后来杨宗将此作品推荐给北京《儿童文学》发表了。自此，郑渊洁认定了写童话，到1984年时，他的作品先后在全国六家少儿刊物连载，其中有的刊物因登了他的作品而增加了发行量。郑渊洁要求刊物为此而提高稿酬，但被婉辞为“没有先例”。于是他萌发了自己供稿独办一刊的想法，这种想法当时就像童话。

1984年10月，刊授大学在西安召开优秀学员代表大会，郑渊洁到会了。刊授大学当时办了一个内部刊物《刊授导报》。在这里工作的有一个20岁出头的高中毕业生赵岩平，他出生于一个老报社记者家庭。赵岩平去采访郑渊洁，在采访中两个年轻人（郑渊洁当时不满30岁）谈到了办刊的想法。1985年春节期间，两人找到杨宗谈了想法，杨宗十分赞同，并商定了刊名为《童话大王》，由杨宗兼任这份刊物的顾问。以后，杨宗积极协调各方面的关系，使刊物的申办工作在较短时间内完成。创刊号终于在1985年5月面世。对于郑渊洁的童话，多年之后赵岩平在一篇《乐与童话结良缘》的文章中这样评价：“郑渊洁是一位想象力特强、思维能力特棒、出手特快、潜力特大的著名多产青年童话作家。”“郑渊洁的童话作品，立足于当代少年儿童的现实生活，注重塑造具有中国特色、中国性格和中国气魄的艺术形象。他的作品非常适合孩子们的审美趣味，又能显示出童话色彩浓郁的神奇魅力。”也许正是有这些特点，《童话大王》在小读者中很快打开了市场。

《山西地方志通讯》是全国第一份关于地方志编修工作的指导性刊物，创办于1980年。创刊之初仅是一份16开油印不定期的接近于简报的内部资料，从第3期改为铅印。它的创办是全国性地方志编纂工作启动的产物。

盛世修志是中国历代的传统。中华人民共和国成立之后并未启动大规模的修志工作，社会主义第一代新方志编纂是在进入改革开放新时期后开始的，而且应该说是从山西发祥的。1979年7月，山西临汾一名叫李百玉的干部给胡耀邦写信，建议修地方志，胡耀邦专门作了批示，这引发了全国的修志工作。山西省地方志编纂委员会正式成立于1980年5月10日，主任由中共山西省委第一书记王谦兼任。下设办公室，主任由李志敏兼任。这在全国也是最早的，首届地方志学术讨论会就在太原召开。当时虽已有中国地方志指导小组这样的机构统管这项工作，但还没有专门为地方志服务的刊物，《山西地方志通讯》的创办就有了领先意义。它最初创办的宗旨就是“为了省直各供稿单位和各县（市）的县（市）志编纂单位及人员互通情况、交流经验”（创刊号《编后语》）。一开始基本按月出版，每期页码不固定，一般为16到32页，主要登载一些会议报道、修志动态、方志编写知识及参考资料等。从1980年第6期起陆续开设了一些栏目，有“工作研究”、“调查材料示范”、“县志篇目初稿选登”、“老区史料”、“史料考订”、“旧志新评”等。登载了一批有关编纂志书的问题探讨与经验交流的文章，更针对史志编写队伍的实际介绍志书的体例和修志方法。这些对这一届修志的前期宣传、动员、组织工作以及搜集资料、拟定篇目都起了积极作用。由于是全国最早创办的方志业务指导类刊物，所以各地要求订阅者甚多，这样一份内部专业期刊最多时发行达到一万多份。

1983年起，刊物加上彩色四封，每月出版，页码从56页到84页不等，当时标为“工本费0.40元”。1984年起改为双月刊，每期固定为64页，栏目也相应固定下来，从创办到此四年的不正规状况有了根本性转变。1986年更明确提出了要把刊物办成“研究方志理论，指导修志实践，交流修志经验，传达修志信息，考证历史陈迹，探索沿革流变，挖掘文化遗产，反映民俗风情，介绍地方物产，褒扬人杰地灵”的地方历史文化研究的阵地。这表明办刊者已经有了较为清晰的办刊思路，这种思路还具体体现在当时刊物负责人路成文的《专谈办〈通讯〉》（1986年第2期）一文。在此文中，提出三点办刊指导思想：“第一，树立用‘三新’原则办刊物的思想。”“第二，树立详今略古，立足当代的思想。”“第三，树立实事求是的思想。”这里讲的“三新”，是指胡乔木1980年4月所说的“要用新的观点、新的方法、新的材料，继续编写地方志”。文章还论及了编辑工作的几个方面，提出了关于刊物的要求和设想，如编排上“栏目设置，应不断充实，不断更新”，文章“体裁可以多样化，贵在出新”，“文字可长可短”，“版面必须美化”等等，并提出要加强“刊物评论工作”、“通联工作”和“编辑部的自身建设”。这些编辑观念的提出，保证了期刊质量的提高，在全国29种省级以上的同类刊物中，《山西地方志通讯》在相当长的时间内处于领先地位。到1987年第3期时，刊物已出版（包括增刊在内）67期。从1987年开始明确主编负责制，路成文任主编。当年第4期起更名为《山西地方志》。

属于全国创办最早的还有一个《地名知识》，它第1期出版于1978年10月，当时是内部发行本。这一刊物定位是政治性、政策性、专业性、知识性、普及性的地名类刊物，这一表述代表了当时的认识水平，但它的实际发展在事实上成了一份地名学期刊。

地名学在我国过去比较薄弱，1970年代后期，我国地名工作与联合国地名协调工作接轨。1977年7月中国地名委员会成立，中国派员参与“联合国地名专家组”工作，研究和推进地名的国家标准化和国际标准化，中国的地名学研究从此有了很快发展。各省、市、自治区也相继成立了有关地名的相应机构。山西省于1977年成立了山西省地名领导组，由省测绘局、民政局、公安局等九单位组成，办公室设在省测绘局。主要职责是根据有关规定，组织调查、搜集、整理、审定、储存全省的地名资料，进行全省地名普查，编制地名标准化地图、词典、索引等相关资料。1978年地名领导组创办《地名知识》。创刊号的主要内容有《联合国第三届地名标准化会议关于中国地名拼写法的决议》、《中国地名汉语拼音字母拼写法》、《中国地名委员会工作规划》等一批相关文件。这时为季刊，从创办到1979年年底，这种以政策指导为内容的内部期刊共出6期。这一时期由陈公善负责编辑。

1980年起，《地名知识》公开发行，主办为山西省地名领导小组、山西省测绘局。1981年5月，省政府决定《地名知识》移交山西省文史研究馆，同年改季刊为双月刊，48页，王定南任主编。这时《地名知识》成了我国地名领域第一个在国内外公开发行的刊物，内容方面改变此前政策指导的面貌，真正在促进地名学研究、普及地名知识、宣传地名工作和传递国内外地名信息方面发挥了作用。《地名知识》多次借专业会议如1985年的全国历史地理学术会议、北方八省区地方志研究班、1986年的全国地名辞典工作会议等来组织座谈，邀约稿件，吸引和团结学者专家，由此刊发了一系列在地名学领域有影响的文章。先后开设的栏目有“地名学论坛”、“地名与建设”、“地名考释”、“地名小志”、“历史文化名城”、“地名与姓氏”、“地名与生态”、

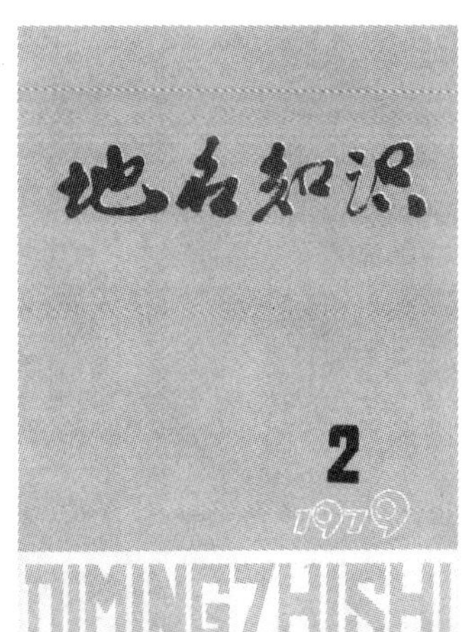

“地名与文学”、“地名工作”等80余个。

1988年，《地名知识》出版至52期，为庆祝创刊十周年，刊物编纂了十年总目录，经统计共13类、1723篇文章和406幅图片。《地名知识》在业界引起较大关注，1986年城乡建设环境保护部叶如棠部长（兼任中国地名委员会主任委员）在第三次全国地名工作会议的报告中提到：“这几年来，各地办起了不少地名刊物（大多是内部刊物），山西办的《地名知识》发行国内外，有一定影响。”浙江大学地理系陈桥驿从国外学术交流回来也说：“我出访期间，有三四个国家的朋友谈及这个刊物，在国外地名学界，中国的《地名知识》和《地理知识》是一样有名气的。”国家测绘总局地名研究所牛汝辰发表《〈地名知识〉与我国地名学的发展》一文，对这一刊物也给予了高度评价。

第八节 曾经有过的风景

与1990年代以后相比，1980年代创办一份期刊要容易得多，申报手续也简单得多。刊号变成了一种资源，申办一种新刊很不容易是在期刊管理上实行总量控制、结构调整后的事。办容易停也就容易，1980年代初办起来的期刊有些存在几年后就停办了。这些期刊尽管类别不同、性质不同、影响不同，停办的原因也不同，但都是山西期刊界曾有过的客观存在，曾有过的几道风景。这里记述的几种，都是在1985年前创办而又在1980年代之中停办的。这些期刊作为消逝了的风景，进入了历史的档案，也留存在社会的记忆之中。

《夜读》是山西人民出版社创办的一份读书刊物，问世于1980年底。创刊号80页，定价0.45元。关于它的特色只要与1979年夏北京创办的《读书》相比就很清楚了。《读书》说是读书，实际是“以书为中心的思想评论刊物”，它针对的是知识界的高层，或可称之为精英阶层的读者群。《夜读》也是读书，但实际是“以书为中心的业余文化刊物”，它面向的是中等以上水平的青年人和干部，这是一个更为庞大的平民阶层的读者群。当时“文革”的“伤痕”正在修复，读书求知的欲望在群众中尤其是青年人中空前强烈，这就形成了一个与书有关的很大的市场需求。提出办刊方案的是出版社政治理论编辑室的水天生，以后他也就具体负责这份期刊，可以说是事实上的主编，不过按当时的惯例，在书刊上是不出现编辑者的名字的。

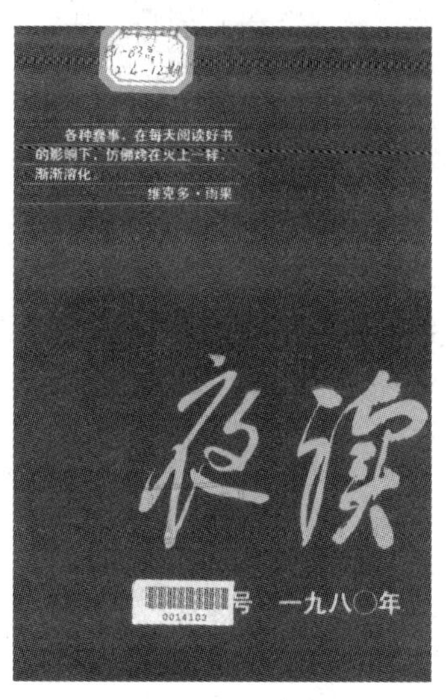

《夜读》刊名用的是邓拓的遗墨。邓拓在“文革”开

始就被打为“三家村”黑帮，随即遭迫害致死，“夜读”二字是由其遗孀丁一岚在知道山西要办这一名称的刊物时提供的。邓拓的字自然使刊物有了特别的意义。《夜读》除创刊号外，均为64页，定价0.35元。它设有“灯下漫话”、“成功之路”、“人物春秋”、“文史丛谈”、“书林漫步”、“自学顾问”、“古今文选”等栏目，组织了一些不同领域的知名人士的文章，以1983年为例，就有苏步青、张乐平、董其武、杨振宁、谈家桢等。《夜读》还利用封底刊发美术名作，同时配发介绍文章，使一些“文革”中被禁锢的优秀画作重新被读者所认识。《夜读》也引起了中央顾问委员会副主任薄一波的关注，他与《人民日报》记者申明河谈话时提到《夜读》，认为这个刊名好，提出这个刊物“要把好的精神食粮献给读者”，新华社报道了这一谈话。《夜读》最初是以丛刊形式出版，书店发行，1981年出2期，1982、1983两年各出4期，到1984年明确为双月刊并交邮局征订，但时间不长，于1984年6月停刊。前后四年共出版13期。停刊的原因是由于编辑力量不足，而更深的根源在于当时出版社以出版图书为主，尽管《夜读》当时社会反响很好，创刊号即发行8万册，经济效益也行，却很不在意地就停办了。

《并州文化》是1980年7月创办的一种综合性文化期刊，月刊，64页。并州是太原的别称，在《周礼》中就记载并州为九州之一，但当时所指范围很大，宋以后逐渐定为太原府。《并州文化》最初由太原市群众艺术馆主办，当时的宗旨为辅导太原市群众文化活动，同时也刊发一些太原作者的文艺作品。1983年后《并州文化》改由太原市文化局主办，同时对刊物的机制尝试改革，由编辑部自负盈亏。刊物的宗旨也向地方文化扩展，以地方民俗民风、历史名人、历史事件、文化古迹、地方特产等为内容。当时正是改革开放的初期，随着对“文革”的拨乱反正，许多历史特别是革命斗争史的真实面貌需要恢复，读者也有这方面的需求，《并州文化》加强了这方面的内容，很快扩大了影响，刊物订户从本市走向全省及省外。1980年代初《山西青年》创办刊授大学，《并州文化》在刊物上开辟“刊大学员作品”专栏，更吸引了一批年轻读者。当时全国文化类期刊数量尚少，《并州文化》的发行量在1984年时达到17万份。1985年出版12期后因主办单位人事变动等因素，刊物停办。《并州文化》创办时负责人岳华，1983年后孙涛任主编。

1985年1月山西还出现过一份期刊《大陆·台湾》，它的编辑者署为《大陆·台湾》编辑委员会，出版发行者为山西人民出版社，月刊，16开本，48页，定价0.55元。它创办时就取得了山西期刊正式登记，并提前印制了大幅海报进行宣传，结果第1期发行就达100万份，当时是通过书店、邮局两个渠道征订的，第2期已上升到130万份。

由于历史的原因，自1949年之后，中国大陆对台湾的消息基本上是遮蔽的，所以一旦有这样一种期刊来传达有关台湾的信息，它在大陆读者中引起轰动是十分自然的。这份期刊是中央人民广播电台对台广播部与山西人民出版社合作的，台播部提供资讯支持。刊物主编为温磊，系台播部主任。副主编有山西出版总社卢昆及台播部的计三猛、金丽红。《大陆·台湾》的办刊宗旨在封面上以六句话概括："弘扬一国两制，沟通两岸共识，面向世界华人，坚持客观公允，展示台湾大千，首辟两岸热线。"《大陆·台湾》辟有"统一论坛"、"海外交流"、"和平之友"、"两岸名人"、"台港大千"、"台湾歌星"、"小说连载"等栏目。其中港台方面的内容占了较多篇幅。以第2期为例，《风靡世界的功夫影星——成龙》占3页，《台湾1984年大学入学考试数学试题》占4页，《在水一方》(琼瑶小说连载)占8页，《可悲可叹的蒙面大盗》(台湾一宗银行抢劫案连载)占3页。刊物同时也有大陆方面的内容，如该期就有《郭德洁女士之死》，是由全国政协副秘书长、曾任过李宗仁秘书的程思远所写，真实介绍了李宗仁夫人从患病到去世的过程。《大陆·台湾》有彩色插页，第2期上用较多图片介绍香港影视演员成龙，这在当时中国内地期刊中还是首次。《大陆·台湾》的封面封底均用港台明星彩照，第1期即为邓丽君。封三刊发企业广告，这在当时期刊中也是不多见的。1980年代中期，虽已进入改革开放时期，但当时思想领域"左"的东西还很占优势，《大陆·台湾》以停办结束。

1986年9月17日，一篇报告文学《"康乐"协奏曲》占据了《太原日报》的多半个版面，这篇作品有一个副题是《张勇进、李和平创办〈康乐〉记略》，这里提到的《康乐》是当时一本发行30万份的医学科普期刊，它的主办单位是中华医学会山西分会，而实际从事编辑工作的就是上面提到的那两个并没有主编名分的年轻人。

1982年，在省卫生厅工作的张勇进、李和平被当时建设四个现代化的热潮所鼓舞，为提高人们的科学文化素质，他们设想办一份医学普及刊物，于是利用一间只有10平方米的储藏间，搬来两张桌子开始了期刊的筹办。1983年编出了试刊，1985年正式获准创刊，国内公开发行。《康乐》为双月刊，16开48页。虽容量不算大，但内容很丰富，文章短小而且切合普通读者的实际，所以投入市场极受欢迎，到1986年就成为全国发行量最大的医药卫生科普刊物之一，在有的零售摊点，甚至出现了只有买一本别的刊物才卖给《康乐》的"搭配"现象。

《康乐》在编辑工作上很下工夫，首先是主动大胆地向各方面的知名人士组织稿件，例如编辑人员找到中国科协副主席吴阶平，不仅请这位医学专家当了刊物的顾问，还请他为刊物写文章。吴阶平为刊物写了《健康的性生活》，这对当时在医学科普上还设有“禁区”的现象是一个有力的冲击。又如找到了摄影家吕相友，得到了《小平与儿童》的摄影作品，照片中慈祥的邓小平、天真的儿童在刊物登出后极受欢迎。其次是精心设计栏目，甚至选择当时社会上有影响的报刊名称作为《康乐》的栏名。于是有了“父母必读”、“青年之友”、“女子世界”、“祝你健康”等等。第三是坚持了图文并茂，除了配插图外，每期都有一批文章的题目是专门设计了题图的。第四是积极与读者进行互动，吸引读者对刊物的参与，如组织过“假如我是《康乐》总编”的征求意见活动，进行过刊徽设计的征集，还设立“康乐大家庭”的小栏目，在这个栏目里，由读者提供有“康乐”字样的地名、单位名、产品名等，极具趣味。

《康乐》的创办得到了社会各界的支持，除吴阶平外，知名科普作家高士其等也担任了刊物顾问，他们不仅积极给刊物出主意、推荐稿件，有的还亲自撰稿。1986年3月，《康乐》发起的中国卫生报刊研究会第一届会议在烟台召开，张勇进被推选为研究会副会长。在此前后，《中国报刊报》(《中国新闻出版报》的前身)也多次刊文评介《康乐》。《康乐》办了两年，1987年在机构变动中停办。

《批评家》是由中国作家协会山西分会主办的文学评论期刊，双月刊，1985年4月创办，当年出版5期。1989年底因报刊结构性调整停刊。五年间，共出版29期，另出增刊2期。发行量最初2万份，最高时达到6万份，作为一个文学评论专业刊物，能达到这样的发行量很不容易。

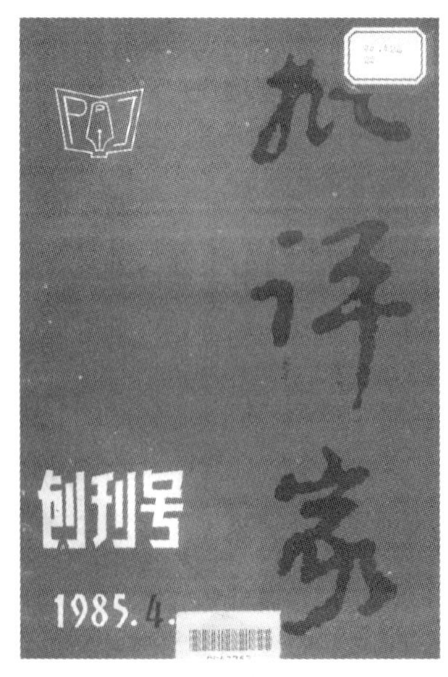

1984年11月时，作家协会召开了一次文学评论工作会议。会上省委宣传部领导在讲话中说可以办一份评论杂志，这让所有参会者为之一振，大家鼓掌欢迎。随后筹备刊物，定名为“批评家”，辑鲁迅的字作了刊名，还设计了刊徽印在封面。《批评家》具体由董大中与蔡润田负责，两人分任正、副主编。他们办刊的思路有两点较突出：一是站在潮头，那就是发掘具有前瞻性和苗头性的重要课题，注意文艺批评和批评方法的更新；二是立足山西，强调要“对山西的作家和作品，自然要给予较多的重视”。这从山西作协的角度来说自然不错，也可认为是特色，但对一份要走向全国市场的期刊来说，则有些自我局限，放弃了一些可发展的空间。

在《批评家》创刊号上，“代发刊词”《我们的想法》和《文艺批评的危机与生存》两篇文章有开场锣鼓的性质，其余17篇分为5大块，即“理论探讨”、“作家与作品”、“评论家与评论”、“文艺批评的理论与方法”、“国外理论批评界”，这种结构一直延续到停刊。在每一板块都编发一些很有创新精神与研究深度的文章，如创刊号的“理论探讨”一块，发了三篇，即《文学的审美特性与文学欣赏的方法》、《论文学产品的生产－消费控制系统》、《试论纯文学与通俗文学的分野》。当年夏天，《批评家》又在太原召开了全国文学评论刊物座谈会，有18家刊物来人参加，会后还发表了《联合倡议书》，中心内容是推动新时期文学批评的发展。《批评家》的办刊思路是始终坚持的，如“站在潮头”，当1980年代后期大陆与港台交往增加后，刊物分三期介绍了台湾的批评家颜元叔、龙应台、余光中等9人，又用两期连载陈映真《四十年来的台湾文艺思潮》，约香港批评家黄继持等介绍香港文艺界现状，这在全国文学批评界都有一定的引领风气作用。又如“立足山西”，更是利用期刊着意团结与发现山西批评界新人，设置了“评坛新人园地”、“大学生研究生论文选萃”等栏目，在1987年、1989年又分别出了“山西作者专号”与“山西青年批评家专号”。还为当时文学评论教学开展较活跃的吕梁师范专科学校与晋东南师范专科学校各出了专号（增刊）。

《思维科学》是一本关于一个新学科的期刊，它的出现有其特定的时代背景。1978年邓小平关于“科学技术是生产力”的深刻阐述解放了科学界的思想。进入1980年代后各种新思想、新学科、新技术的引进更促使了科学界的活跃，于是一些有中国特色的新兴学科被提了出来，并很快形成热潮出现成果，思维科学就是其中之一。思维科学的倡导者是著名的科学家钱学森，思维科学的研究涉及认知科学、逻辑学、语言学、情报学、计算机科学、人工智能和认识论等学科及分支，全国有一批学者进入这一领域，而山西当时走在了前列，山西省社会科学院还成立了思维科学研究所。1984年8月在北京举行了全国首届“思维科学学术讨论会”，产生了中国思维科学学会筹备组，并议定出版一份学术刊物，这一任

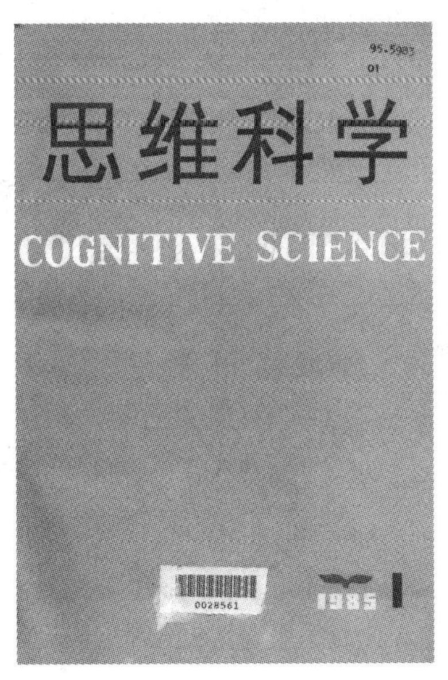

务落到了山西。

1985年1月《思维科学》创刊，主办者为中国思维科学学会（筹）和山西省社会科学院思维科学研究所，主编张光鉴，具体负责人李明温。《思维科学》定为季刊，16开本，96页。创刊号上发表了钱学森《开展思维科学的研究》和《关于思维科学》两篇文章，同时选登了一批首届学术讨论会的论文。从1985年到1988年，《思维科学》出版4卷16期，共发表论文、综述等165篇。这些内容代表了这一学科当时的最新成果及研究水平，涉及思维科学的体系、内容、基本概念及范畴、研究方法及意义，还有形象思维、逻辑思维、灵感思维、社会思维等分支的探讨，在国内外产生了较大影响。然而，这样一份纯学术期刊，尤其是很专业的期刊在经济上是需要相当支持的，1989年起，主办者“为了减轻刊物经费补贴的压力”，决定将其“由季刊改为丛刊”（见于终刊号），以后的成果将用图书形式结集出版。《思维科学》存在了四年，它为这一新兴学科的创建完成了奠基，留下了探索者最初的足迹。

《新农家》是面向农民的一份期刊。农民是中国人口最多的群体，关注农民问题是党和国家的一贯政策，《新农家》的创办应该是好事，而且也该大有作为，然而事实并非如此。它1985年3月创刊，1986年5月停刊，仅存在一年多时间。

《新农家》是在中国经济改革逐步深入的背景下创办的。中国的经济体制改革从农村开始，1980年，中共中央在《关于进一步加强和完善农业生产责任制的几个问题》的文件中对包产到户作了肯定。随后在越来越多的农村实行了以包产到户、包干到户为中心的联产承包责任制，农业生产力得到解放，农业经济有了极大发展，一批从事各种农副业生产的家庭带头走上致富之路，成了被称为“专业户”的农村经济主体。正是在这种形势下，《新农家》酝酿创办，而且更明确地确定读者对象不仅是农民，更是农民中的“专业户”。《新农家》最后确定由山西省农牧厅、山西省出版总社、山西省农村发展研究中心合办。这三家主办单位最初责、权、利并不太明确，这就为这一刊物的实际运作埋下了隐患。

《新农家》定为月刊，封面彩印，16开，48页，定价0.40元，创办时请了王庭栋、张长珍、郭裕怀等6名

山西省委、省政府领导做顾问，主编由山西省农牧厅厅长苗佩芳担任，副主编有山西出版总社副总编姚文锦等人。期刊具体工作则由编辑部主任巩其耀（农牧厅人员）负责。在创刊时，国务院副总理万里题词："多为农民提供知识和信息服务。"原中国科协党组书记裴丽生题词："为八亿农民服务，把科学技术知识送到千家万户。"省委书记李立功题词："办好新农家，建设新农村。"从这些题词可看出刊物的主旨是提供科学技术和信息。这一点在发刊词《一点希望》中表述得更为明白，发刊词是由曾任山西日报社总编辑、时任国务院农村发展研究中心副主任的吴象所写。文中说："我国农村当前正处在'从自给半自给经济向着较大规模的商品生产转化，从传统农业向着现代农业转化'。这是一个大趋势，也是八十年代中国农民从事经济活动的一个总的背景。专业户就是顺应这一历史潮流而涌现的新生事物，又有力地推动着农村商品生产的发展。……为'专业户'服务，向他们提供信息，提供知识，提供经营管理、改进技术的经验，帮助他们学习政策，解除思想顾虑，用文化、科学武装他们的头脑，使他们能够放开手脚致富，这无疑是很值得下工夫去做的意义重大的工作。"发刊词中还提出把刊物办成"专业户"的"良师"、"益友"、"智囊"、"谋士"。

按照发刊词的规划，《新农家》设置了一些栏目，有"说大事识全局"、"能人谱"、"新风录"、"技术传授站"、"养殖天地"、"农机纵横"、"起房盖屋"、"生儿育女"、"看案说法"、"生活顾问"、"万花筒"、"饭后茶余"、"万国农情"等等，力图从多方面给"专业户"提供精神食粮。但是在实际编辑中，这些良好的意图并没能得到较好的实现，由于编辑力量不足等原因，未能较快地建立起刊物的作者队伍，所以自组稿欠缺，而较多地依靠文摘。由于编辑人员几方组合，在知识结构、工作方法等方面的差异以及对刊物总体把握缺乏共识，以致工作难以形成合力，也未能把握好期刊上信息、科技与其他内容的恰当比例，这样，就使刊物原定的宗旨无法得到体现，形不成自己的特色和吸引读者之处。加之刊物的宣传、发行也没跟上，一直达不到预期的市场份额，初创刊印1万册，以后则渐渐下滑。在期刊自身质量出现问题的同时，期刊的经济状况也出现麻烦，由于开办时资金没有认真筹划，为了解决办刊所需经费，编辑部负责人又把主要精力放于搞其他经营上，结果是经营不成功而期刊质量更受了影响。在这种情况下，上级有关部门决定，《新农家》停办。停办后为解决遗留的经济问题，有关几方耗时好几年。

《山西工艺美术》1981年6月出试刊号，1982年又出1期并办理了期刊登记，从1983年起作为季刊出版至1985年底。《山西工艺美术》登记时主办单位为山西省工艺美术学会，但出版时又加上山西省工艺美术工业公司、山西省工艺美术研究所、山西省工艺美术科技情报站作为合办单位。

《山西工艺美术》是个综合性刊物，栏目较杂，工作动态、学术研究、工艺介绍等方面的内容都有，从趋势上看初期以动态报道居多，后期转为以学术研究为主。这一刊物发表过一些有学术分量和工作指导作用的文章，学术方面如《从光色规律到光色的艺术语言》（陈光华，1983年第4期）、《工艺美术的社会功能与发展基础》（张道一，1984年第2期）；工作方面如《1984年秋季广州交易会漆器、红漆木家具调研报告》（李保健、马刚，1985年第2期）。《山西工艺美术》影响曾达到省外，上述两学术论文作者就一在苏州，一在南京。《山西工艺美术》编辑方面有一些特色，如刊名在封面上用美术字，目录页则请艺术界人士题写，其中就有吴作人的。它的发行量在1983年第3期上曾标出“印数3000册”。《山西工艺美术》主编先后为郑明、朱同，具体负责人先后有唐关仁、郭肖晨、杨伯珠。因刊物无固定的办刊经费，以后几年未出刊，1990年被新闻出版管理部门注销。

《大众气象》是山西出现的为数甚少的向大众传播某一学科知识的科普期刊之一。它存在了4年，1980年为试刊，出版3期，1981年和1982年为季刊，1983年和1984年为双月刊，从创办到停办共出23期。《大众气象》16开本，32页，定价0.20元。

《大众气象》主办单位是山西省气象学会。作为一个学会而且是研究相对不太为更多人关注的学科的学会，办这样一份期刊在当时应该说是很有魄力的。创刊号上学会理事长田铮的文章《普及气象知识，为“四化”服务》，阐述了气象科学的重要和普及的必要，“气象科学是从劳动实践中，不断总结、不断提高而汇集起来的，它既没有什么神秘的地方，在人们的日常生活中也并不陌生”，然而“气象科学理论的建立，又是近百年的事，从这一点上讲，人们对气象这门科学，确实还不甚了解”，所以有必要“普及气象科学知识，让广大群众了解它、运用它，更好地为实现四化服务”。《大众气象》把读者对象定为“广大群众和基层干部”，表明它针对的是非专业人员，这种办刊愿望是很可贵的，但是在当时的背景下，关注经济正逐渐成为社会上越来越多的人的选择，这就使得这样一份内容专一的科普期刊很难得到较多的阅读人群，无法实现大众传播的目的。

《大众气象》在编辑上还是下了一番工夫的。创刊之初栏目不多，以后逐渐增加，有“应用气象”、“气象知识”、“气象随笔”、“气象珍闻”、“考察报道”、“医学气象”、“农村气象顾问”、“科学文艺”等，而且也注意了增加图片的比例，还刊发与气象有关的连环画，尝试增加可读性、趣味性。然而由于前述的原因，这份期刊未能发展起来。1984年，根据国家科委《全国性自然科学技术期刊管理办法》的精神，决定停刊。《大众气象》的意义更多的是反映了在进入改革开放新时期之后，科学工作者为科学技术的现代化、科学知识的大众化所表现出的热情与曾做过的努力。

按期刊界的一般看法，只出过一期的刊物是算不上期刊的，但山西1984年底出现的《消费者画报》却有值得注意之处。这是一本颇具超前意识和时尚意识的读物，1980年代，不少人还把“消费”视为与勤俭不相容的概念，所以它的刊名就具有一种市场冲击力。它的整体设计也与常见期刊不一样，采用了竖条16开本，长26厘米、宽12.5厘米，大致为普通16开本的2/3大小。在内文多处设计不同方式的折页，依照现代平面视觉理念安排图片与文字。全刊48页均为彩印。它的内容涉及物质生活与精神生活这样两方面的社会消费。具体栏目则有“新闻人物”、“家庭相册”、“赶时髦”、“推销员”、“古城旧闻”、“当今世界”等，而所刊文章如《家庭主妇难、难、难！》、《我的博物柜》、《秋风中的烧土场》等都尽力体现一种短小、隽永、风趣的风格。刊物上还刊发了上海第一百货商店、北京大华百货公司、太原五一百货大楼的祝贺与介绍，这在当时都是颇有新意的。它的别致显示于不少地方，如第一页是1985年头两个月的月历与一位穿蝙蝠衫女士的图片，并配有一首小诗：“美啊美，什么是美？！/人体美、服装美、神态美……/倘若世界成一色，/寂寞、清冷、淡如水！”

《消费者画报》出版者是山西画报社，实际是画报社的几个年轻人又联系了一些热心朋友办起来的，组织者丁允衍。刊物共印5000册，印出后这些办刊者趁太原举办香港歌手张明敏演唱会之机，在现场销售，当场售出大半，十分火暴。由于上级方面要求集中力量办好《山西画报》，而具体办刊者也缺乏一种很适宜的编辑机制，所以虽试刊号上已登征订启事，但并未继续出版下去。

第九节　走向思想解放前沿

进入改革开放新时代的初期，即1970年代末到1980年代中，山西高校学报中最有影响的当属《山西师大学报（社会科学版）》。

山西师范大学地处晋南临汾，其前身是晋南师范专科学校，1958年建校，1964年改为山西师范学院，1984年升格为山西师范大学。1980年时山西有本科院校10所左右，其名称为大学的只有山西大学和山西农业大学，所以无论是资历、规模，还是地理位置、办学条件，山西师院在山西都不在前列。然而就是这样一所“小”院校，几年之内办出了一份“大”学报，不仅在全国教育界、学术界受到关注，而且影响传至国外。1980年日本的中国研究所（国立机构、社团法人）编辑出版了一本《中国各大学学报总目录》，此资料虽称中国各大学，实际上只选了中国17种大学学报的文章目录，这其中就有《山西师院学报》，除山西师院外，其余入选的全是山西以外的重点大学。1983年《大学图书馆通讯》（该刊设在北京大学）第2期发表《关于高等院校社会科学学报核心期刊》的长篇文章，这是中国最早引进核心期刊概念并倡导进行核心期刊遴选的文献之一，其中列出了该研究认为的核心期刊42种，《山西师院学报》名列第12位。

《山西师大学报》（1985年1月更此名）能在不长的时间内异军突起，独领风骚，原因是多方面的，而根本的一点则在于山西师大的领导及该学报的负责人能贯彻中共十一届三中全会精神，解放思想，积极改

革，在学报工作中大胆创新，做到了以小胜大，以弱胜强。

《山西师大学报》的前身《山西师院》创办于1973年。1979年1月，也就在中共十一届三中全会召开之后，《山西师院》更名为《山西师院学报》，并在封四与目次页标出“社会科学版”，当时还是内部发行。1980年10月被批准为正式期刊。这时的学报由副校长杜石坞负责，尹世明先任编辑部副主任，后任主任兼主编。

1978年，一场关系到改革开放前途的思想大讨论在全国掀起，这就是关于真理标准问题的讨论。5月11日，《光明日报》发表《实践是检验真理的唯一标准》一文，在邓小平等老一辈革命家的推动下，由此开始的讨论在全党和全国人民中迅速展开，其矛头直指当时禁锢人们思想的“两个凡是”。就在这一讨论刚一兴起，不少人还犹豫观望之时，《山西师院学报》就与学院政治历史系、马列主义教研室联合组织了两次研讨会，并在当年的第3、4期上连续发表文章12篇，旗帜鲜明地支持了真理标准的讨论。《山西师院学报》成了这一讨论中山西态度鲜明、发表文章也最多的媒体。

解放思想不是一个空泛的概念，它更多表现在突破“左”的禁区，在学术与理论上回归实事求是的行动。1978年时“农业学大寨”还叫得很响，大寨的经验还被奉为经典，在这种情况下，《山西师院学报》1978年第4期推出了《试论农村人民公社定额记分制度》一文，它的作者是该院经济学教师冯子标，他在调查的基础上思考了大寨记工法对发展生产力的阻碍作用，在文章中不点名地批评了大寨的做法。《光明日报》很快转载了此文，接着在全国经济理论讨论会上，此文被列为重点文章。《山西师院学报》又连续发了冯子标《马克思的生产劳动理论和经济学界生产劳动问题的论争》等文章，引深了对极“左”行为的批判。在文艺美学领域，学报也发表了许多冲击“左”的模式的文章，1985年第1期梁衡的《文章自然相似论》一文，对杨朔散文模式化提出批评，认为杨朔式的“物—人—理”三段论作文法，是直接将内容与思想定死，逼人去虚构、拔高、说假话，是新八股。这是最早批判散文创作形式主义的，发表后反响强烈，十多家刊物予以转发或介绍。

要解放思想，还要敢于打破一些传统和框框，例如学报“要内稿为主”问题。学报要以反映本校的科研成果为主被视为学报的一条规则，而且写在了1978年教育部《关于办好高等学校哲学社会科学学报的意见》中。然而对于一个校龄不长、重大科研项目少、中青年教师多的高校，仅靠内稿很难保证较高的学术水平，于是，《山西师院学报》打破这条规矩，通过各种途径向学术界、文化界的一些名家约稿，每期都以名家文章开篇，为中青年教师的研究成果打头阵。用当时编辑部的说法，是借船出海、借鸡生蛋。在1980年代初期，先后发表了贾兰坡、白寿彝、侯外庐、任继愈、李健吾、王瑶、马少波、贾植芳、周振甫、杜任之、启功、吴世昌、端木蕻良、霍松林等几十位不同学科知名学者的文章，大大提高了学报的学术地位和影响力。

解放思想还要敢于自觉地走出1949年以后历次“左”的运动造成的阴影，恢复党的实事求是的传统。对于当时仍戴有“胡风分子”、“右派分子”等帽子的知名学者，学报大胆组织与刊发他们的文稿，在学术上给他们事实上的平反，这在学术界也引起不少反响。

学报是刊登论文的，但是在1980年代初，一些新的学术论著出版得还少，一些旧的著述也多有不适合之处。为给中青年作者的论著提供问世机会，也为了给更多的读者提供新的教学研究参考资料，《山西师院学报》还首创以讲座形式连载专著的做法，陆续推出陆一帆的《美学》、张钦尧的《外国文学》、傅毓钤的《训诂学》、王济亨的《诗品译析》、李孟存的《晋国史》、卫文选的《历代官职》等。这些讲座扩大了学报的读者群，也使这些中青年学者的研究成果较快进入教学领域，对推动学校提高教学与科研水平发挥了积极作用。

这一时期的《山西师大学报》取得了令人瞩目的成绩，主要表现为四个形成：一是形成了一些独特的办刊理念，二是形成了自身的刊物特色，三是形成了一套较严格的编辑制度，四是形成了一支高素质的编辑与作者队伍。如在形成办刊理念方面，该学报提出四个结合：校内校外相结合，以提高本校科研水平；推出成果与组织争鸣相结合，以繁荣学术研究；单项研究与系统配套相结合，以扩大学术影响；面向全国与突出地方相结合，以形成领域优势。学报在推出不同专题的研究成果时尽可能组织争鸣，把内容相近的文章编组发表，先后组织了文学上“山药蛋流派”的讨论、艺术生产与物质生产不平衡规律的讨论、晋国国都的讨论、张良籍贯的讨论等；在突出地方特色方面，先后就山西戏曲、太岳解放区历史、牺盟会与决死队、晋国史、山西农业经济地理等开设专栏专题。如山西戏曲方面，1982年第一期发表黄竹三、窦楷等写的《元初戏曲演出的重要史证——山西新绛元墓戏雕考述》，论证了元初戏剧已从城市走向晋南广大农村，角色行当有了变化，唱堂会之风已十分普遍，晋南是全国戏曲艺术最繁荣的地区。以后又发表了上述作者的《从北宋舞楼的出现看中国戏曲的发展——山西中南部三通舞楼碑刻考述》、《试论山西锣鼓杂戏》等论文，引起全国戏曲研究界的高度重视，吴晓铃、郭汉城、李健吾、马少波等戏剧界专家纷纷予以肯定，并由此而促成了山西师大戏曲研究所的成立。在晋国史研究上，同样以一批高质量的研究成果促成了晋国史研究所的成立。这些研究所后来都成为山西师大在全国有影响的重点学术机构。

在形成高素质的编辑与作者队伍方面，当年学报编辑部的骨干有的成了某学科的带头人，有的在别的媒体当了负责人，还有的到了党和政府的某些部门成为骨干。学报团结与培养了一批作者，一些中青年教师（包括在校学生）在学报上发表了他们最初的成果，以后不断进取，成了某些领域的知名学者、专家。冯子标在学校创办之初还是讲师，学报先后发过他关于社会主义初级阶段经济问题研究的一系列论文，若干年后他成为经济学家，担任了山西财经大学校长。张平是山西师大学生，1983年在学报上发表了对他文学处女作的评论，20年后他发表《天网》、《抉择》、《国家干部》等作品，成为知名作家，任山西省作协主席，后任山西省副省长。

从1979年到1986年，据不完全统计，《山西师大学报》所发文章被省级以上报刊转载或摘要共295篇次，其中中国人民大学书报资料中心全文复印210篇，《新华文摘》转发14篇，《高校文科学报文摘》摘要28篇，《文摘报》介绍14篇，《光明日报》、《文汇报》、《解放日报》等介绍29篇。1979年，山西省人民政府授予山西师院学报编辑部“先进集体”奖，1985年山西省劳动竞赛委员会给学报二等功嘉奖。

《山西师大学报》迅速崛起，成为山西高校学报中的佼佼者，原因是多方面的。山西师大党政领导充分认识到学报在提升学校教学科研水平和塑造学校形象中的作用，几任校领导干增谦、郭璞、陶本 等都十分重视和关注学报工作。他们支持编辑部放手工作，对重大问题敢于表态，肯承担责任，而且想方设法解决学报的许多具体问题。在1980年代初，许多院校对学报的建制，学报的经费，学报人员的职称、待遇等问题因种种原因未能解决，而山西师大则克服各种困难，解决了这些问题。学报人员在职称、待遇上与教学人员同等对待，学报每年有几万元固定经费，对作者的文章都支付稿酬。1984年开过一个华北地区高校学报会议，与会者有华北及华北之外的高校87家，山西师大办学报的经验以及解决上述问

题的做法一度成为会议代表关注的热点。

《山西师大学报》的成功与学校的基础条件也很有关，该校资历不长，但是由于地理偏僻，在极“左”时期一度成为历次政治运动中安置受批判的“白专”教师学生、“右倾”干部之所，这就使这里集中了一批业务素质较高、来自全国各重点大学和中央文化机关的人员。与在省城的高校相比，这里学术上“近亲繁殖”的因素甚弱，“文革”派性影响也相对小，这些在进入改革开放新时期后则成了有利于学校迅速发展的条件，当然也成了学报迅速发展的原因之一。

从1980年代开始，《山西师大学报》一直保持了较好的发展态势，虽人员有所变动，但认真严谨的作风仍得到继承发扬。1993年，在山西省开展期刊等级评比以后，《山西师大学报》历年一直被评为一级期刊，直至2008年。

《山西师大学报》1980年时为16开本，96页，季刊，定价0.35元。以后定价不断有所调整，1986年提到0.45元。2005年起，改为大16开，页码增至148页，出版周期改为双月。发行量在1980年代多在1500份上下，最高时曾达2700份。进入1990年代后，在市场大环境影响下，发行量降至1000份。

第十节　高校学报群之发轫

高校学报是期刊中的一个特殊类型。学报虽然有一般期刊的共性，但更具有其个性，亦即其特殊性。这种特殊性主要体现为高校性与学术性。高校性是指学报由高等院校主办，它反映的主要是高等院校教学科研的成果；学术性是指学报是高校学术研究的反映，学术包括两个方面，即学理与方术。学理方面讲究渊源、承继、发展、创新，自成理论体系，具有科学的严密性；方术方面讲究方法、技术，资料的搜集、整理、分析和综合，具有一定的应用价值。学术性就是体现学理与方术的总和。学报的存在与发展是以高等教育为基础，是与高等院校科研兴衰密切相关的。

1977年8月，邓小平在中央召开的科学和教育工作座谈会上，彻底推倒了“四人帮”否定“文革”前17年教育工作的“两个估计”，1978年3月，又在全国科学大会上强调“科学技术是生产力”，指出知识分子是工人阶级的一部分。这为高等教育的恢复发展清除了障碍，也为高校科研和高校学报的复兴创造了条件。1978年6月，全国高校学报工作座谈会在武汉召开，会后教育部下发了《关于办好高等学校哲学社会科学学报的意见》，总结了1973年以来高校学报的成绩，批判了“文革”对学报的否定，提出了办好学报应明确与解决的一系列问题，这为学报的发展进一步指明了方向。到20世纪末，中国的高等院校几乎都办有学报（有的还不止一份），从数量上讲，学报占到全国期刊总量的1/5以上，各省都形成了一个学报群，而这些学报群的形成则开始于1980年代之初。

山西的高等教育在全国处于中等水平，1980年代初山西有高等院校20所左右，其中本科院校与专科院校大约各占一半。“文革”结束时，山西的高校学报只有一份，即设在临汾的山西师范学院主办的《山西师院》。其他院校的学报则是在1978年之后才逐渐复刊或创刊的。这些院校所办学报有两种情况：一种是正式取得刊号，公开发行的；另一种是属于内部期刊。这类内部期刊又分两种情形：一种是已取得山西省内部期刊准印证，经过省新闻出版管理部门批准备案的；另一种是还没有办理山西内部期刊登记手续，只是院校自己在编印。因为后来这两种情况几乎都取得了正式刊号，所以当回顾创办时间时各学报都会把这段内部期刊也计算在内。查1985年时的资料，山西院校学报属于正式期刊的有10家，它们是：

《山西大学学报（哲学社会科学版）》1978年复刊；《山西大学学报（自然科学版）》1978年创刊；《山西师大学报（社会科学版）》1973年创刊；《太原工业大学学报》1979年复刊；《太原机械学院学报》1979年创刊；《山西医学院学报》1981年复刊；《山西农业大学学报》1981年创刊；《山西财经学院学报》1980年创刊；《太原重型机械学院学报》1980年创刊；《山西矿业学院学报》1983年创刊。

当时作为内部期刊存在，现在可以查到的有8家，它们是：

《运城师专学报》1983年创刊；《晋东南师范专科学校学报》1984年创刊；《忻州师范专科学校学报》1985年创刊；《吕梁师专学报》1985年创刊；《晋东南医专学报》1985年创刊；《雁北师专学报》1985年创刊；《太原教育学院院刊》1983年创刊；《中共太原市委党校学报》1985年创刊。

应该说，1980年代中期之前，高等教育在消除"文革"后遗症的过程中恢复整顿，稳步发展，当时还没有扩大招生、院校升格等情况，学术腐败等问题还没出现或者说还不严重，还处于一种"自然生态"环境。而学报在这一阶段也处于一种"自然经济"状态，学校以及教师对学报还没有像后来那么重视，大规模的职称评定尚未开始，为职称而发文章的问题还未出现，期刊要评定"核心期刊"也未开始，发表文章学报要收版面费等当时还未形成"循例"，这些使大部分学报没有太多的压力，自然也很难有什么明显的改革举措。只有极少数的学报解放思想迈出了较大步伐，有了突出的表现，如前面所述的《山西师大学报》。

山西大学是山西历史最悠久的高等院校，建校于1902年。"文革"后的1977年后半年，山西大学由副校长王耐群筹备学报，组建了学报编辑部，分文科、理科两版。1978年《山西大学学报（文科版）》出2期试刊，1979年正式按季刊出版，16开本，每期96页，定价0.35元。1980年公开发行，当时发行量达2500册。

《山西大学学报（文科版）》恢复出版以后，办刊方针明确为"两坚持、三为主"。"两坚持"是坚持四项基本原则，坚持"双百"方针（百花齐放、百家争鸣），"三为主"是

"以内稿为主，以学术为主，以提高为主"。《山西大学学报》坚守学报是"面向全校哲学社会科学各专业学科的、以反映本校教学科研成果为主的学术刊物"的原则，在稿件上以本校稿件为主，1988年复刊十周年时曾有过统计，十年刊发文章933篇，约750万字，其中内稿742篇，约600万字，内稿占80%。1983年到1987年五年间内稿率分别为70%、72%、85%、88%、87%。这种以内稿为主的做法，较好地发挥了学报作为学校科研"窗口"的作用，但从另一方面来说，这种原则使学报水平完全依附于学校的教学科研水平，学报的地位只能和学校在全国高校中的地位相对应，不利于学报在同类学报中争取在质量水平上占据领先地位，不能不说是一种局限。

1988年第3期《山西大学学报（哲学社会科学版）》（由文科版改来）有《回顾与展望》一文，对复刊10年的情况进行总结，其中有段话体现了《山西大学学报（哲学社会科学版）》的地位，也代表了当时编辑部的认识。

> 比较是认识事物的方法。为了较客观地评价《山西大学学报》（哲学社会科学版），适当地做些比较是有益的。为此，我们选择了性质、刊期、页码同《山西大学学报》大体相似的西北大学、四川大学、内蒙古大学、河北大学、苏州大学、江西大学、安徽大学、郑州大学、杭州大学、贵州大学、湖南师大、山西师大、广西师大、北京师院、沈阳师院、福建师大的学报作对比。从在全国理论界、学术界颇有声誉的《新华文摘》1987年全年选稿来看，我校学报被选文稿和苏州大学、江西大学、郑州大学相等，在17家学报中大体在第5名，选目在八九条。再从"集诸家之所长"的《全国高校文科学报文摘》来看，1987年全年选用我校学报文稿8篇，选目14条，在17家学报中分别列为第4名（和《四川大学学报》并列）和第3名。我校学报的这种地位和山西大学在全国高校和省属高校中的地位是大体相应的。

在“以学术为主”方面,《山西大学学报(哲学社会科学版)》在保持“文史哲”学科传统优势的情况下,逐渐扩大稿件的专业领域,增加了财经、政法以及某些新型专业论文的发稿量。在论文选择上提出“三新”的要求,即新观点、新材料、新角度。在“以提高为主”方面,特别注意了对青年作者的扶持。1984年学报所发文章中的校内作者,从不同年龄所占比例看,60岁以上的12%,35岁至60岁的67%,35岁以下的21%,到1987年,这三项比例分别为15%、37%、48%,青年作者逐渐成为学报作者的主力。编辑部还在1982、1983、1986三年进行过三次优秀论文评奖,来推动作者的科研热情和论文质量的提高。1985年还破除了按字付酬的稿酬制度,短稿从优,优稿加奖,迈出了学报改革的步伐。

《山西大学学报(哲学社会科学版)》的主编同时是编辑部主任,1978年至1980年为吴家瑾和江地,1980年至1985年为方绪源。

《山西大学学报(自然科学版)》1978年8月创刊,是作为试刊内部交流的。1979年办理正式登记后,1981年公开发行。《山西大学学报(自然科学版)》主编一直是兼职,先是张永仑(1979—1981),后为刘波(1981—1998),而且在1987年前也无专职编辑,编辑工作从各院系聘请教师兼做。所以严格讲,刊物当时还处于很不正规阶段,刊物每期印1500册,但印制较粗糙。

这一时期的《山西大学学报(自然科学版)》呈现了这样几个特点:一是内容基本上与校内各学科的发展同构、同步;二是没有明确的栏目设置(仅在1980年第3期有过一次简单的栏目尝试),文章按数学、物理、化学、生物的学科顺序排列;三是文章模式开始向规范化发展,一些作者开始自动模仿国外的做法,加上摘要、关键词等。从1978年到1987年共发表文章526篇。这一时期学报最大的成绩是把一批优秀青年教师的科研成果推向了全国,使这批教师成为科学界的精英,如申泮文、彭堃墀等后来都成了中国科学院院士。《山西大学学报(自然科学版)》为季刊,16开本,每期100页,定价0.45元。1981年时发行1500册,以后有所下降。

太原工学院是山西一所历史较久的工科大学,它是由山西大学的理工科专业1953年分出来成立的。1957年

时曾创办过《太原工学院学报》，1963年学报出版过“纪念建院十周年专号”。1979年4月，《太原工学院学报》复刊，当时是季刊，16开本，120页，但是没有定价，属于内部交流。1980年经过正式批准后向国内公开发行，仍是季刊，定价0.50元，发行量有2500册，主编为程高楣。主要刊载电子、机电、机械、化工、土木、水利及基础理论、应用科学方面的学术论文、科研成果报告以及新技术、新设计、新工艺的实验研究、专题论述等内容。1984年随学校升格，学报更名为《太原工业大学学报》，仍为季刊，主编为陆文雄，编辑部负责人吴敦礼。

太原机械学院是一所军工学科专业的高等学院，1979年创办《太原机械学院学报》，为内部刊物。创刊号上有院长厉瑞康写的发刊词《祝愿与期望》，副院长高猷春是常规武器方面的专家，他在创刊号上发表《略论“口径序列”》，综合评述了以口径为序列分类的轻重常规武器的性能状况及发展趋势。创刊号还有其他资深教授的相关专业论文。学报1979年、1980年各出一期，1981年改为半年刊。学报的主要内容有轻武器、引信、炮弹、火炮、材料力学、自控测试、机械零件、切削刀具、铸造、基础理论，基本是以学院的学科专业为依托的。1986年学报改为季刊，栏目改为“科学论文”、“综述”、“研究简报”、“教学研究”等，稿件来源也扩大至兄弟院校与相关单位。1987年成立学报编辑部，隶属于学院科研处。1988年，太原机械学院已发展为一所多学科的国防工业院校，为适应教育的发展，学院决定把学报办成公开发行的刊物，申请了正式刊号。学报的学术水平、印装质量开始有了显著提高。学报创办到1980年代历任主编为武治郡（1979—1986）、潘德恒（1986—1988）、王德祥（1988—1989），编辑部负责人赵纪兰。

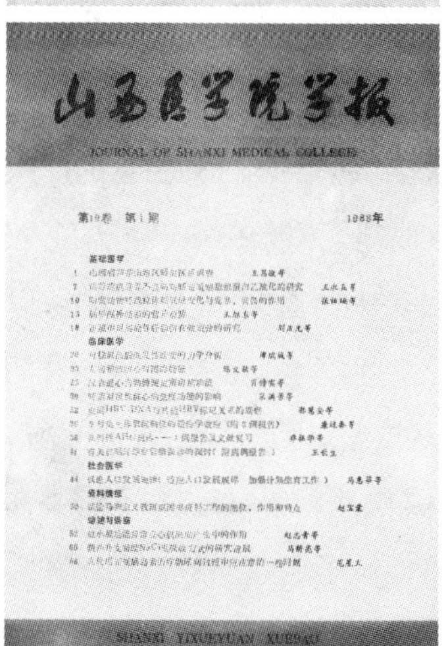

山西医学院在1959年时曾办过学报，1981年《山西医学院学报》恢复，1982年办理申请登记手续，16开本，季刊，每期印发约500册。当时主编为韩德五，编辑部负责人杨鲁第。

山西农业大学是山西农学院1979年将大寨农学院并入后更名而来，此后运城农学院、雁北农学院也并入山西农业大学，合并后就被列为全国重点大学。成立当年10月就组建了山西农业大学学报编委会筹备学报，主编由副校长李焕章兼任。1981年6月出版第一期学报，为半年刊，1989年后改为季刊。《山西农业大学学报》主要围绕农林牧发表学术论文、经验总结、研究报告、专题论述等方面的文章。具体来说包括栽培育种、植物保护、土壤农化、果树蔬菜、畜牧兽医、农业机械、农业经济、食品科学等科目。《山西农业大学学报》在1980年代作为山西农业科研的重要阵地，刊登了一些在全省甚至全国有领先意义的论文，并形成了较有影响的科研成果，如“果树矮砧机理研究”开拓了矮砧果树砧穗组织解剖学和营养生理学两个研究领域，其中“矮砧果树营养生理学研究”获山西省科技成果一等奖。在学报1983年第2期发表的《苹果异属矮砧毛叶水枸的解剖构造研究》、1986年第2期发表的《矮化中间砧红星苹果幼树碳素代谢研究》均属于这一成果。又如人工合成培育复合染色体组“亚比棉”，集棉、油、蛋白质为一体，是高抗病虫的多元化作物新种，该成果为国际首创，获国家发明三等奖（1995）、山西省科技进步一等奖。该成果的部分论文《四倍体陆地棉与二倍野生瑟伯氏棉杂交的研究》刊于学报1981年第1期，《棉花种间杂种后代育性的研究》刊于学报1985年第1期。《山西农业大学学报》1980年代主编为李焕章（1981—1985）、陈震（1985—1990），编辑部负责人贺来星。

山西财经学院是中华全国供销合作总社主管的财经类院校，主要培养农村商业管理干部。1978年经国务院批准，将学院改为由全国供销总社和山西省双重领导，以总社为主。改制后由总社牵头，学院承办了数个全国性的经济研讨会，汇总会议成果的工作促成了要办一份学报的想法。1979年下半年筹办《山西财经学院学报》，并在当年年底出版一期试刊。1980年不定期出版，到年底共出4期。1981年正式获得批准登记，作为季刊在国内发行。1982年改为双月刊。《山西财经学院学报》从创办开始就注意发挥本院的学科优势，突出在全国有影响的商业、供销、财政金融、会计审计等学科理论的研究，同时注意了对于在改革中出现的热点经济问题的研究，加强了对实际工作的关注。随着社会对经济发展的重视，《山西财经学院学报》也争取到了更多读者，1984年发行量增至4000册。1980年代初全国经济类学报尚少，《山西财经学院学报》稿源十分充足，来稿采用率仅为3%。学报与中国社会科学院《财贸经济》杂志建立了合作关系，《财贸经济》经常转来一些有较高水平的文稿，这也有助于学报保持较高质量。学报还与《财贸经济》联手编辑出版了《成本管理文集》、《商业经济与管理论文集》，当时都发行40多万册，取得了很好的社会效益与经济效益。《山西财经学院学报》创刊时由院党委书记李进挂帅组成了编委会，院办公室主任孟克宽担任主编，具体工作则由院办公室负责，编辑由教学一线的骨干教师兼任。1980年成立编辑部，仍属办公室，1983年将学报编辑部调整到院科研处，由科研处副处长褚高峰负责编辑部工作，直到1987年。

太原重型机械学院在1972年时曾创办《重院科技通讯》，这可以说是太原重型机械学院办学报的早期准备。《太原重型机械学院学报》创刊于1980年11月，当时是不定期内部刊物。创刊号有120页，刊登了机械、力学、数学等方面的论文11篇，印1000册供内部交流。1985年办理正式登记，定为半年刊，每期100页，国内发行。《太原重型机械学院学报》主编先后为郭占春、朱永昭、彭瑞棠。

《山西矿业学院学报》1983年3月创刊，当时为内部刊物，刊期为半年，无定价。1984年办理了正式期刊登记，仍是半年刊，限国内发行，每期100页，定价1.00元。《山西矿业学院学报》重点反映该学院的教学科研及基础理论研究水平，报道学院学术活动的动向及科研成果，内容涵盖煤矿工程、企业管理、矿井建设、矿井通风、矿山测量、矿山机电、煤田地质勘察、工业电气自动化等方面。学报主编为尹清泉，发行量最高时达到1500册。

就以上这些学报可以看出，在1980年代中期，山西的学报数量还不很多，但已初步形成一个群体。当时主要高校都办了学报，而且取得了正式刊号。但学报的发展是不平衡的。这不仅表现在各个学报质量、影响有较大差距，而且在学报的管理、建制、编辑程序上也有较大差别，一些较重视学报的学校在这方面已做了不少工作，使得部分学报在全国学术界、教育界有了相当影响。这一时期，对学报的规范化问题还未提上日程，但是一些办得较好的学报已开始了在这一方面的探索，为以后的发展打下了基础。1980年代中期以后，学报成了发展最快的一个期刊品种。从山西来看，主要表现为四个趋势：一是有条件的学报开始分版，如《山西师大学报》在1986年就创办了自然科学版；二是一些已经办起来的内部形式的学报在以后的报刊整顿中取得正式刊号；三是原先只是中等专科或其他类的学校升格为高等院校后也申办了学报。四是出现了一些过去没有的学报门类，如由13所理工科高校联合办起了《山西高等工科学校社会科学学报》(后改名《山西高等学校社会科学学报》)，专为这些工科院校的政工干部及从事人文社科教学的教师提供发表研究成果的平台。到2005年之后，山西的学报已达到近50种，在山西期刊出版界形成了一个可观的高校学报群。

第十一节 “犹如润滑剂”的大众文化期刊

大众文化期刊是一个较新的概念，出现于2000年之后，此前被称为文化生活综合类期刊，再前还有过称之为社会文化期刊的。1990年代中期，文化生活综合类的名称开始广泛使用，同时在全国期刊中也形成了一个被归入这一类型的期刊群体，总量大致在200种以上。中国最具代表性的大众文化期刊是《读者》、《知音》和《家庭》，它们都创办于1980年代，但称雄于受众市场是1990年代中期的事。

大众文化期刊具有一些共同的特征，它的受众市场或曰读者市场广阔，中等经济状况和中初等文化水平者构成它的核心读者群；它的内容广泛，但基本不涉及时政或社会重大事件、重大选题，主要围绕普通读者的生活取材，有的更集中在友情、亲情、爱情上做文章；它的表现形式灵活，内容不拘一格，有的宣称追求文学性、纪实性、知识性、趣味性，但实际编刊中又不拘泥于某一点。大众文化期刊多是从原先的其他期刊，如青年刊、妇女刊、文学刊等转化而来，如《知音》、《家庭》以前是《湖北妇女》、《广东妇女》。大众文化期刊以其与百姓的亲和力而受到读者青睐，它在陶冶情操、疏导人心、安定社会、促进和谐等方面可以起到其他类刊物难以起到的作用。期刊界专家曾将其比喻为“犹如精神上的润滑剂，能够起到使整个社会机器更好运转的作用”(张伯海《文化综合类期刊刍议》，载《江淮论坛》1995年第1期)。

与全国一样，1980年代中期之前，山西也没有大众文化或曰文化生活综合类期刊这种称谓，但历史地看，实际存在一些具有这类期刊特征的刊物，有的还在全国颇有市场，可以说这一时期是山西的大众文化期刊发展最好的时期。1980年代时山西可归于大众文化的有《山西青年》、《山西老年》、《山西民间文学》、《故事精选》、《青少年日记》、《小学生》、《柔道与摔跤》、《搏击》、《法制文摘》、《电影介绍》、《新电影》、《对联·民间对联故事》等。这些期刊“出身”不同，“经历”不同，“表现”也不同，甚至可以说到2000年之后“处境”也不同。

《山西民间文学》、《故事精选》是当时山西发行量很大的期刊，由于主办者是山西省民间文艺家协会，属于文联系统，所以一直被归于文学艺术类期刊之中。但是客观地讲，这两刊所载的故事还不能就认定为文学，它更多的是一种民间的通俗文化，所以本质上讲是一种大众文化期刊，或者更准确地讲是大众文化期刊中故事类期刊。故事期刊在全国有一些，最著名的是上海的《故事会》，山西在这两种之外2006年又办了《百姓故事》。这类刊物有一行业组织——中国故事期刊协会，隶属于中国期刊协会，1998年6月成立，到2006年时会员单位有32个，其中就有山西的这两刊。1987年时报刊管理政策对文摘类报刊的过多出现实行限制，《故事精选》本来不是文摘，但也被要求更名，1988年《故事精选》改名为《中外故事》，改名同时开本由32开改成16开，内容沿袭以往，开本改大后市场认可度未明显变化，一年后恢复32开本。

《对联·民间对联故事》与上述两刊有相近之处。对联本身是一种文学形式，但由于这种文学形式有极强的实用性，在应用到现实中时就成了极具汉民族色彩的文化形态，它更多反映的不是创作者的思想，而是世风民俗、大众文化心理。这一期刊的另一部分则完全是民间故事、传说、典故、逸闻之类，所以无论是刊物内涵还是其读者群体，都表明更该归于大众文化期刊之中。

《山西青年》与类似期刊一样，很长时间是列入“青年与妇女期刊”之中的，因为是共青团组织所办，主要任务就是团结教育青年为完成党的各项任务而奋斗，从这一意义上讲，有工作指导或者时政性质。青年是社会上最趋新潮也最具有朝气的群体，在社会生活中他们又处于不同的层面上，对他们的团结教育必须首先与为他们服务结合起来，必须贴近生活而且要采用灵活生动的形式，青年刊要这样做，事实上就具备了大众文化期刊的特点。只是在1980年代初期，《山西青年》在社会新闻上倾注了过多的热情，一时给人以时政期刊的印象。

《青少年日记》和《小学生》的读者对象是很接近的，也就是初中与小学学生，也许是因为这一原因，无论是1980年代还是以后，在期刊管理中都被列入教育教学类，但这两刊与教育教学类中的其他期刊实际有很大的不同，它们的内容并不直接与学校教育挂钩，而是针对小读者的文化生活，或者可以说，它们所发挥的作用更接近于“素质教育”，而与“应试”则关系不大，所以应该是青少年文化期刊。

《小学生》的前身是1970年办起来的《红小兵》。1978年10月《红小兵》由山西人民出版社转至山西青年社，随之改刊名《山西少年》，为普通32开本。当时山西青年社一个编辑部办两种刊物，人员紧张，编辑思路也不够清楚。到1979年3月，专设了《山西少年》编辑室（初为组）。有了组织上的保证，加之山西青年社当时制定了内部稿酬制度，在经济上也有了激励，《山西少年》质量迅速提高，“走向创造”、“队旗飘飘”、“学习辅导”等栏目渐具特色。1981年《山西少年》更名为《小学生》，这一更名更突出了读者特点，而且淡化了地域限制。在1930年代和1960年代，中国就有过《中学生》杂志，论《小学生》这应该是第一本。《小学生》明确是综合性月刊，“配合小学教学进行小学生德智体全面发展的教育。启发学生求知兴趣，扩大知识面，丰富课外生活，进行革命传统教育和榜样教育，传播少先队活动经验”。在改名的同时在版式设计上也进行了相应变革。改名后反应很好，发行量大为上升，到当年5月份，本省已发行21万册，省外发行4万册。发行达到了覆盖全省各县，2000册以上的有22个县，多者如盂县高达5917册，以后几年在省外的发行数也稳步上升，到1984年稳定在75万册以上，最高时达到77.3万册。从《山西少年》到1980年代的《小学生》，历任主编为沈闰祥、段展样。

《法制文摘》也是山西青年社办的期刊，创刊于1985年。1984年11月，香港歌星张明敏来太原演出，陪同者是《北京青年报》记者关键。在临走前夕，山西青年社赵政民等前去与关键告别，关键讲到他和北京一些同志拟办一份《法制文摘》杂志，问山西青年社是否有意合作，赵政民等当即同意。次日上午，青年社就向省委宣传部汇报，宣传部十分支持，两天后刊号手续办完。这么快决定了一份期刊在山西是罕见的。12月初，山西青年社组建《法制文摘》驻京编辑室，成员系一些在首都几种媒体和宣传部门工作的同志，大家热情很高，立即投入工作。主编由赵政民兼任，高义诚任编辑部主任。《法制文摘》定为16开，月刊，创刊号为1985年第1、2期合刊，投入市场后发行量达到15万册。1985年12月中共中央办公厅和国务院办公厅就改进机关作风、清除腐败问题作出了有关规定，中共山西省委宣传部对出版问题也提出了新要求。根据这些精神，原先的办刊方式需要改变，加

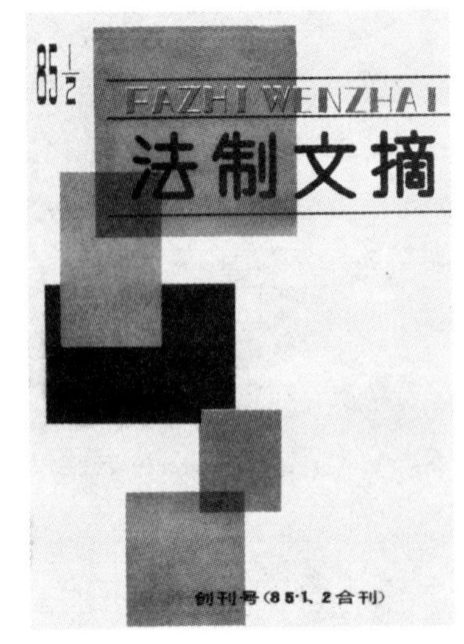

之北京方面也出现了不协调的情况，于是，山西青年社在1985年底决定撤销驻京机构，原在京人员聘为特约编辑，改为以个人名义联系及投稿。1986年在太原健全了《法制文摘》编辑部，承担了全部编辑出版任务。《法制文摘》创刊起就注重了自身的格调与特色，主要表现在：一、紧扣法制建设脉搏，集纳最新信息，如“改革与法制”、“法制新论”都能使读者感受到我国法制建设前进的步伐；二、汇集有价值资料，教人以各种法制知识，这在“司法之页”、“普法信箱”、“案例分析”等栏目中都有体现；三、摘编法制文学与通讯，使读者从轻松的消遣性浏览中获得教益，为此开设了“刑侦通讯”、“法制万象”等栏目；四、注意装帧设计，从视觉上给读者以美的愉悦。《法制文摘》在1989年之前发行量一直在30万册上下，社会效益与经济效益都很明显，如1986年利润达28.8万元。1989年《法制文摘》被评为山西省首届优秀期刊，并在全国“青岛杯”我最喜爱的百种刊物评比中获法制类刊物第三名。1993年被中国文摘研究会列为“全国十大文摘刊物”之一。《法制文摘》的创办使山西青年社在两刊一报后又拥有了一刊。1985年8月24日山西青年社更名为山西青少年报刊社。

山西省体育报刊社是山西另一个以期刊出版为主的报刊社，它先后办过几种体育类杂志，在1980年代一度也很红火。

《柔道与摔跤》是1983年5月创办，双月刊，当时由山西省体育运动委员会主办、主管，后来在这一期刊的基础上成立报刊社。柔道和摔跤都是与中国有着悠久渊源的体育运动，柔道1964年已成为奥运会项目，这一运动来自日本。日本的柔道是由柔术发展而来，柔术是明末清初中国浙江人陈元赟在日本创建的。摔跤起源甚古，中国西周时就有，称之为“角抵”，山西忻州地区更盛行摔跤，有“跤乡”之称。《柔道与摔跤》立足于中华民族传统技艺的挖掘和整理，放眼于国际体坛的柔道与摔跤状况，服务于群众体育运动中相关项目的普及与提高，创刊不到一年发行量就攀升到60万份。创刊号上由中国柔道协会主席李凯亭写了代发刊词，开设了“本刊专访”、“摔跤技法”、“柔道技法”、“擒拿防卫”、“民族摔跤”、“杨氏太极拳”、“学术研究”等栏目。后来，中国柔道协会亦参与成为《柔道与摔跤》的主办单位。

1990年北京举办亚运会，《柔道与摔跤》派出六七人的火线采访组，当年第6期推出“亚运会专辑”，在介绍亚运会盛况中尤其报道了柔道、摔跤36块金牌的争夺情况。在备战1992年巴塞罗那奥运会时，又辟“奥运大风”专栏，介绍世界柔坛情况，报道中华健儿搏击风采，都产生了良好反响。在几年的办刊中，《柔道与摔跤》不断调整栏目，后来“再回首”、“技术课”、“讲道馆”、“训练场”、“护身宝”、“千家言”等都成为读者关注的栏目。《柔道与摔跤》主编先后有张大康、王长有。1992年，在出版总第51期后改刊为《体育文化月刊》。

《搏击》是1984年8月创办的，当时主办、主管者都是山西省体委，后来主办自然成了山西省体育报刊社。《搏击》原是《柔道与摔跤》杂志的副刊，是关于武术的，后来将其分离出来单独办刊。1980年代初，电影《少林寺》、电视剧《霍元甲》以及金庸武侠小说等在中国大地引发了一股武术热潮，当时全国体育方面特别是关于武术的书刊还较少，而音像等传播手段还不普及，这为《搏击》提供了一个发展机遇。《搏击》将当时习武热潮中对武术技术的关注与追求作为办刊的出发点，抓住适合初习者的简单实用技法为内容核心，这就找准了武术市场的脉搏，较好地满足了习武者的需求。《搏击》开设了“真功秘技”、“功法修真”、“海外格斗”等栏目，以中国武术为主，兼及国外搏击技术。杂志社一面抓刊物质量，一面组织人员奔赴各地大抓发行，使刊物影响迅速扩大，到1980年代后期一度发行100多万份，成为国内知名的体育期刊，在武术期刊中更是跃至领先地位。《搏击》刊期不断缩短，创刊为季刊，1986年改双月刊，1988年改月刊。《搏击》还连续举办三届“全国实用武术技法有奖征文”，这不仅得到专业和业余武术工作者、爱好者的支持，还吸引了一些武术界老前辈的关注与支持，挖掘到一些珍贵的传统搏击术，当然，同时也大大提高了刊物的质量。《搏击》还成立“搏击武馆联谊会”，沟通各地武术馆校的联系，促进武林朋友的交流。“武技征文”的获奖作品还整理出版了《实用武技精粹》。1989年，《搏击》被评为山西省首届优秀期刊。这一时期，山西体育报刊社社长先后有李文华、张大康。《搏击》主编先后有张大康、任国维。

看电影曾在相当长的时间里是中国民众重要的文化活动方式，也是大众业余文化消费的主要方面，山西有

过两本与电影有关的期刊，即《电影介绍》和《新电影》。

《电影介绍》是1977年7月创办的，由山西省电影公司、中国电影家协会山西分会主办，山西省文化厅主管。电影公司统管着全省的电影发行，这一刊物创办动机就是配合发行工作，引导观众更多、更好地看电影，受教育。为方便读者携带，规格为小32开本，月刊，32页，创刊时每册定价0.10元。1980年取得山西期刊登记，公开发行，但主要还是在全省通过电影发行系统发行，最高时每期发行30万册。《电影介绍》的重点是宣传新影片，但也围绕影片发表其他文章，可以称之为是在倡导电影文化。当时所设栏目有"新片介绍"、"电影故事"、"电影评论"、"编导演之页"、"电影创作论坛"等。《电影介绍》主编先后为冯超五、华中奘。到1990年代，群众文化生活日渐丰富多样，电影在民众业余生活中所占地位日趋下降，以电影为依托的报刊失去了往日的优势，在这种情况下，《电影介绍》于1993年10月改刊，新办《影视圈》。

《新电影》1980年创办，1981年办理正式期刊登记。月刊，小32开本，定价0.15元。这是一本被中国对外文化交流协会副会长王阑西来信称为"小《大众电影》的刊物"，主办、主管者为太原市电影公司，由各电影放映点代销，1980年代前期每期印28万册，最高时达33万册。刊物虽小但有几点较为突出。一是组织影评。配合电影故事的介绍帮助观众看好电影、看懂电影，当时的说法是"充分发挥电影的宣传教育作用"。刊物上既发过从文化部电影局、中国电影发行总公司以至电影制片厂约来的稿件，也发过太钢工人影评组、太原小井峪农民影评组、解放军影评组的文章。作者既有李准、吴祖光等作家，也有省市党政领导如史纪言、王茂林等人。二是多方面介绍电影的导演、演员、作曲家、歌唱家，有时还直接请他们自己写文章，如孙飞虎《谈谈我扮演的角色》一文就讲了他在《西安事变》等三部电影中扮演蒋介石的不同之处。三是为满足读者需要每期用10页左右刊发剧照以及演员彩照，还编发电影歌曲专辑。四是每期刊发太原市的各影院、剧场、俱乐部的影片时间表。

《新电影》也受到了电影界的关注，谢添、凌子风、许还山、斯琴高娃等二三十位电影界人士以不同方式表示了感谢，如王丹凤题词"借九米谢幕，表万种深情，谢我知音"。

西安电影制片厂厂长姜应宗率《丝路花雨》创作人员来太原时专门到《新电影》编辑部访问。《新电影》编辑部负责人前后有曹慧升、张素芳、张小平。随着电影市场的变化，《新电影》1989年停刊。

进入改革开放新时期之后，中国还出现了一类专门针对老年群体的大众文化期刊，而且很快形成了各省、市、区都积极创办的局面。

《山西老年》创办于1984年11月，主办者为中共山西省委老干部局。1980年8月，中共中央政治局扩大会议上邓小平就党和国家领导制度的改革作了重要讲话，1982年2月中共中央作出《关于建立老干部退休制度的决定》，各级党委设立老干部局，专门承担安排照顾好退下来老同志的任务。山西省委老干部局就是在这一形势下，创办这一刊物的。《山西老年》创刊号由薄一波题刊名。老干部局调研处处长朱嘉峰兼任主编。《山西老年》创办当年就获准公开发行，双月刊，16开，48页，定价0.35元。1985年第1期起，省委、省政府、省顾委领导同志连续在刊物上发表文章，祝刊物创办并对全省老干部工作提出要求。

《山西老年》从创办到1980年代末是初创时期，这一阶段《山西老年》主要面对的是离休老干部，这是解放战争及以前投身革命的老同志，为他们服务，帮助他们度好晚年成了《山西老年》的中心任务。于是，《山西老年》特别突出了两方面的内容：一是追述，回忆老一辈革命家及众多老同志的业绩，以彰显老干部保持革命传统的精神；二是报道，宣传一些老同志退而不休，继续为改革开放奉献力量的典型，以激励老同志永葆革命精神。前者刊发了《徐帅与山西解放》、《薄专员奖我们一支枪》、《战斗在敌人心脏》等一批作品，回忆了徐向前、薄一波、南汉宸、赵宗复等革命家。还组织“南下作战回忆”系列文章，展现当年大批山西籍干部、战士南下解放全中国的战斗风采。这些内容，不仅在省内而且在省外的山西籍老同志中都大受欢迎。后者如太钢退休

老工人李双良组织老工友治理渣山，变废为宝，为改善环境作出了巨大贡献；原省林业厅厅长刘清泉退下来走遍全省调查古稀树木，最后写了巨著《山西古稀树木》，为科研工作提供了宝贵资料的事迹。除此之外，《山西老年》还依托山西省悠久的历史文化、名胜古迹刊发文史作品、记游文章，这既使刊物增加了知识性、可读性，又适应了老同志对这方面知识渴求了解的愿望。

《山西老年》创办之初发行量有4万份，4年之后突破10万份，1990年，改为自办发行，大大降低了发行成本，同时改双月刊为月刊，成立了山西老年杂志社，《山西老年》开始进入稳步发展时期。《山西老年》主编在这一时期先后为朱嘉峰、张纪仲。

第十二节 科学春天里的萌生

“文革”期间，科学的发展严重受阻，虽然在1972年和1975年时，周恩来、邓小平先后主持“整顿”，一度对科技工作有所推动，但总的形势并未改观。与整个科技的形势相一致，科技期刊在那两个年头略有复苏，但随之又进入严冬。1977年7月，邓小平复出，他主动提出要当教育、科研的“后勤部长”，因为这两个领域事实上正是恢复国民经济的基础。在他的推动下，1978年3月在北京召开了全国科学大会，会上，邓小平着重阐述了“科学技术是生产力”、“中国知识分子是工人阶级的一部分”这样两个观点。中国科学院院长郭沫若在闭幕时作书面发言，他满怀激情地说：“科学的春天来到了。”一时间，“科学的春天”成了这次大会以及这一时期的代称。也就在这春天里，科技期刊真如“春风吹又生”般发展起来。

科技期刊是期刊中极重要的一翼。1950年代美国学者门泽尔曾将科技信息的传播分为“正式的”和“非正式的”两种，前者指利用科技文献所进行的，后者指通过诸如对话、演讲、书信、参观所进行的，这虽是一家之言，但也可反映出科技期刊在科技传播中的“正式”地位。科技期刊不仅在推动科技发展上有重要作用，而且在确定和保护知识产权等方面也有无可替代的意义。科技期刊往往是一个国家、一个社会、一个时代科学发展水平和文明程度的反映。

科技期刊有其自身的特点。一是较强的专业性，它的内容一般固定于一个学科或一个特定的技术领域，读者群相对较小。二是编辑技术有特定的要求，专业术语、专业符号以及公式、图表多，所以强调规范化。三是科技期刊大多难以靠发行量与广告来保证经济上的支撑，需要有一定的经费保证。在我国主要由主办者提供，国外多由各种基金会予以资助。

按照1991年国家科委和新闻出版署颁布的《科学技术期刊管理办法》，科技期刊分为五大类，即综合性、学术性、技术性、检索性、科普性这样几种。山西的科技期刊中没有检索性期刊；综合性科技期刊因多有科技政策、科技管理等方面的内容而带有较多的行业色彩，可归入行业期刊；科普性期刊则因有大众传媒的一些特性而与其他纯科技期刊不同，更接近于走向市场的社会刊物。所以在本节中仅就山西科技期刊中学术性、技术性两类予以梳理，这些期刊也足以反映当时山西科技界的活跃和科技期刊进入"春天"后的勃勃生机。

一、中央部委驻晋单位的科技期刊

山西一直是全国的工业基地之一，在"文革"中又被划为"三线"地区而迁进一批科研单位与企业，这就形成了在山西有一批隶属于中央部委的单位所办的期刊。它们中有中国科学院系统的，有国防工业系统的，有机械电子工业系统的，等等。这些期刊与山西其他科技期刊相比，一是创办较早，1970年代的居多，有的还是1960年代就办起来的；二是涉及的多为国家重点科技项目和高端科技；三是这些期刊学术含量较高，往往是某一科研领域的国家水平；四是虽都由编辑部运作，但有些则是以某些科技出版社名义出版（这与中国科学院与科学出版社之间的关系有关，也与以前中国科技出版的习惯形式有关。有些学报早年也是以出版社名义出版的）。这类期刊在以后的发展中有些更有了不凡的表现，如《新型炭材料》不仅在中国科学院系统内获得好评，而且在第三届国家期刊奖评比中还获得提名奖。

与核研究有关的期刊山西有两家。《辐射防护》1981年由《核防护》改名而来，双月刊，16开本，每期80页，是中国核学会辐射防护学会的会刊，由中国辐射防护研究院（设在太原）承办。属于学术类科技期刊，出版者是原子能出版社。创刊初期1970年代发行约2000册，到1980年代初增到3500册。后来到1990年代末下降到1200册。它在内容上涵盖辐射防护领域的各个方面，既有基础理论，如辐射防护的原理、概念、标准等，也有应用研究，如核设施与核电厂运行辐射防护、辐射环境保护、放射医学、辐射流行病学等。由于它在这一研究领域的权威性，1992年被列入《中文核心期刊要目总览》（第一版）。《辐射防护》主编先为蒋本沂，后为李德平（中国科学院院士）。编辑部负责人先后为傅铁城、胡逢金。

中国辐射防护研究院还办有另一份科技期刊，与《辐射防护》不同的是，这一期刊是该院主办而不是承办，这就是《辐射防护通讯》，一个关于辐射防护研究动态的期刊。1981年创刊时名为《辐射防护通讯》，当时研究院还称核工业部第七研究所，该刊系双月刊，内部发行，每册定价0.68元。1985年获得期刊登记证正式出刊。1991年国家科委批准公开发行。1988年定价调至0.80元。1980年代初发行量为1200份，最高达1500份。在办刊的前10年之中，《辐射防护通讯》注重的是科研性兼情报性，它的内容一是科研论文，二是研究动态的报道，在某些方面与《辐射防护》比较接近。到1990年代中期之后随形势变化调整办刊宗旨，突出了动态报道，以传播科技信息为主。创办时主编为秦苏云，从1981年一直负责到1994年。

与中国辐射防护研究院一样也办有两种类似期刊的还有设在太原的中国日用化学工业研究院，这两种期刊为《日用化学品科学》和《日用化学工业》。不过二者的主办、主管在名义上不同，从2006年看，前者是研究院主管，主办是中国日用化学工业信息中心，而后者是山西省科技厅主管，主办是研究院。这两刊的运作是基本在一起的，具体负责人也是同一个人。但在1980年代时并不是如此，两刊各有其发展历程，走到一起是由于我国科技体制的变化和中国日用化学工业研究院的演变而形成的。

《日用化学品科学》的历史可追溯到1950年代末一份由上海油脂肥皂工业公司编辑、食品工业出版社出版的《油脂工业译丛》，这一“译丛”从1957年办到1959年。1963年12月到1966年6月，又复刊为《油脂化学工业译丛》，由第一轻工业部食品工业科学研究所油化室编辑，中国科技情报研究所出版。这个油化室后来演变为轻工业部日用化学研究所，再后来又演变为中国日用化学工业研究院。

1978年国家科委批准这一“译丛”复刊，并启用新刊名《日用化学工业译丛》，季刊，内部试刊。到1979年则正式内部发行。主办单位为轻工业部日化研究所，出版单位为科技文献出版社。1988年获国内统一刊号公开发行，1989年改为双月刊。《日用化学品科学》这一刊名是1995年才改的。从刊名的变更可看出这一期刊内容上的扩展，从最初只是介绍国外科技发展到发表国内科技成果。1978年复刊时主编为张余善，从1988年起主编为王懋椿。历任编辑部负责人刘有才、罗希权、王林梅。

《日用化学工业》的前身为《日化情报》，于1971年创刊，当时是按季出版、油印的

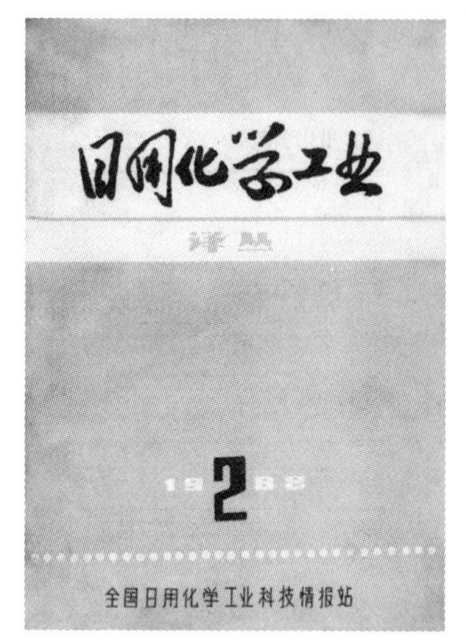

内部刊物，主要是报道合成洗涤剂、合成脂肪酸、肥皂、甘油、硬脂酸等方面的科研与生产信息。主办单位为山西省革命委员会轻工业局日化试验厂（这也是中国日化院的前身），出一期后改由日用化学工业科技情报站编辑出版。到1972年第6期改铅印。1979年国家科委批准更名为《日用化学工业》，这时在太原出版发行。1980年出版单位又改为轻工业部科学技术情报所，改在北京出版发行，2004年又改回太原。所以在一个较长时间里，《日用化学工业》是北京地区的刊号，2004年后改为山西地区刊号。《日化情报》阶段，主编为肖安民，1988年后主编为王懋椿。《日用化学工业》创办初发行1200册，以后有所增加，最高时达3600册。在这一行业中，《日用化学工业》是重要期刊之一，它也较早注意了与国际上同行间的交流，1985年在刊物封面就加了英文刊名，目录也加了英文目次，当时就已经被美国《化学文摘》（CA）收录。1986年《日用化学工业》获轻工业部科技一等奖和国家科委科技二等奖。

《火力与指挥控制》原名《火控技术》，为季刊，1976年创刊，是国务院国防科工办批准的。当时我国有一个国防工业火力与指挥控制专业情报网，成员单位有科研单位、院校、生产企业等80多个，分属国防科工委、电子部、航空部、航天部等多个部门，这份期刊就以这一情报网为主办单位，并在这一网内发行，编辑者为第五机械工业部第二〇七研究所。1984年底在山西办理期刊登记证，成为山西地区科技期刊。1986年经国防科工委科技情报局批复，“火力与指挥控制专业情报网”开展学术活动以“国防工业火力与指挥控制研究会”名义，《火控技术》也改为该研究会主办。编辑单位二〇七所后在机构变革中归属机械电子工业部。1987年时《火控技术》更名为《火力与指挥控制》。

《火力与指挥控制》由于内容是一个特定的科技领域，发行空间相对狭小，创刊初期只发500册，但反映了该领域的发展方向和技术水平，体现了科学研究的前沿性，一直受到相关院校、科研院所的关注。1985年创刊十周年时，海军司令员刘华清为之题词：“发展我国火控事业，为国防现代化服务。”在办刊实践中，《火力与指挥控制》以学术上的指导性、技术上的交流性、情报上的及时性、传播上的普及性为目标，保持了较高的编辑质量。1992年获机械电子工业部期刊规范化奖，同年被选为全国武器工业类核心期刊，入围北京大学等编制的《中文核心期刊要目总览》。从《火控技术》起到改名后的1991年，该刊主编先后为邓少甫、胡晋礼。

《兵工安全技术》也是国防工业技术期刊。最初限于与火药、炸药有关，所以1983年10月作为内部期刊创办时就起名《火炸药安全技术》。1984年正式办理山西期刊登记，刊名未变，直到1991年更名为《兵工安全技术》。1998年1月刊物迁往北京。这一刊物联系生产、科研、贮运等方面的实际，以安全为中心，研究与普及并重，设有“安全技术”、“典型事故剖析”、“安全系统工程”、“安全管理经验”、“安全技术讲座”等，在国内是唯一关于这一领域的期刊。它的主办单位最初为太原工业学校，1988年后改为太原机械学院专科部；主管单位则几度变更，最初为兵器工业部第四管理局，后改为国家机械委员会质量安全监督司，又变更几次，到1998年时为中国兵器工业总公司。迁北京时主办也作了变更。这一刊物主编先后有王恩垺、刘镇宁，编辑部负责人先后有刘震寰、阎增华、王文佑。

1978年，兵器工业部对部内期刊（绝大部分是内部期刊）进行了一次审核，实际也是整顿，对审核后批准继续出版的，规范刊名，规定封面式样，同时申请正式出版刊号。在这种情况下，山西在1972年办起的《国外柴油机》遂更名为《车用发动机》，1978年出试刊1期，1979年按季刊出版，仍是内部交流。1980年经中国科学技术编译出版委员会批准，《车用发动机》正式出版，全国发行，并在山西办理期刊登记。1981年改为双月刊，每期64页，定价0.50元，自办发行，当时发行量500册。刊物栏目有“出国考察介绍”、“样机试验分析”、“工作过程研究”、“发动机零部件”等。1984年，兵器工业总公司对本系统期刊进行评比，《车用发动机》名列第二名。《车用发动机》在内燃机专业影响日盛，1992年被中国内燃机学会定为核心期刊，1993年名列1992版即第一版《中文核心期刊要目总览》，中国科技信息研究所将其列入中国科技论文统计源期刊。1978年更现名后组建编委会，主任朱大鑫，主编先后为曹连璧、高锦昌。

《新型炭材料》（初期刊名为《新型碳材料》）创刊于1985年，它的创办与以炭纤维为重要标志的新型炭材料的发展以及相关材料科学的迅速兴起有关。1960年代世界上开始研究炭纤维的应用，到1980年代

已经飞速形成一个新型材料群，它的应用领域已大大拓宽，遍及航天、航空、核能、电子、机械、冶金、建筑、交通、化工、生物、医学、体育等诸多行业，在难以找到适用材料的特殊环境中，新型炭材料都可作为一个强有力的候选材料，由此而带动起来的是一批高新技术产品。正是在这种形势下，为了尽快使我国在这一领域也能较快地赶上世界先进水平，中国科学院及时确定了一批有关炭材料的“六五攻关项目”，山西煤炭化学研究所取得了其中的“通用级沥青炭纤维的研制”项目。为促进这一项目的完成，并提供可持续发展的研究项目，所里办了一份反映国外有关科技信息和动向的简报式油印小刊物，即每季一册的《国外碳纤维》。内容上是对国外一次文献进行编译，作者以担任上述项目的科研人员为主，而整个编辑、印刷等工作全由科研人员业余完成。这样一份油印小册子，在当时大大活跃了本所以及国内相关机构的学术风气，开阔了科技人员的视野，国内同行发现后纷纷来函索取。

1985年，《国外碳纤维》扩大了报道范围，除报道国际上炭纤维及其复合材料外，还增加了对国际上新出现的新型炭材料研制和试探方面的介绍，并组织国内专家对某些新型炭材料进行评述分析。刊名也更改为《新型碳材料》。1988年申办了国内统一刊号，改为铅印，仍为季刊，出版者为中科院山西煤炭化学研究所（1998年改为科学出版社出版，同时刊名改为《新型炭材料》）。《新型炭材料》创刊之初是以科技信息报道为主，继续了以往的国外文献编译，但随着改革开放以来我国科技的迅速发展，《新型炭材料》的内容也逐步转变为以研究论文为主。这一刊物在较快的时间内成为中国该行业的三个主要专业期刊之一（另两刊为《炭素》、《炭素材料》），以《新型炭材料》为载体的“炭纤维信息研究”课题也获中国科学院1986年度“炭纤维科技信息研究”科学进步三等奖。刊物上80%的论文被《中国化工文献数据库》等文摘、索引类刊物收录。从1985年到1997年，《新型炭材料》主编为钱树安、李仍元，编辑部负责人高瑞林。

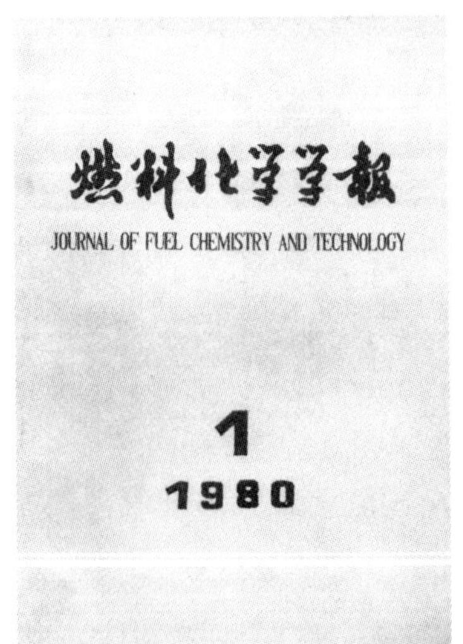

山西煤炭化学研究所还办有另一份知名的科技期刊——《燃料化学学报》。这是一本历史较长而且几起几落的期刊。1956年在我国著名化学家张大煜倡导下，位于大连的中国科学院石油研究所创办了季刊《燃料学报》，中国科学院院长郭沫若写了创刊词。这一期刊

1956年（第一卷）出2期，1957年到1959年出12期（二至四卷），1960年出2期后停刊。1965年复刊并改名为《燃料化学学报》，但1965年出4期（第六卷），1966年出2期后停刊。这一停就是近14年，1980年12月是第二次复刊，为季刊，改在位于太原的山西煤炭化学研究所出版，当年作为第八卷出刊1期。这时由彭少逸任主编（直到2004年），刊物的主管者为中国科学院，主办者为中国化学学会（2001年增加）和中科院山西煤炭化学研究所。

《燃料化学学报》主要刊载我国燃料化学、燃料化工及其基础研究的前瞻性、原始性、首创性研究成果，涵盖了煤炭、石油、油页岩、天然气和生物质转化等与燃料化学相关及其交叉学科的内容，所设栏目有“研究论文”、“研究快报”、“述评”等。《燃料化学学报》以其较高的学术性受到科技界重视，1992年被遴选为中文核心期刊，列入北京大学等编制的《中文核心期刊要目总览》（第一版）。

《煤化工》是化学工业系统的一份关于煤炭化工的科技期刊。煤炭化工包括煤的气化、液化及焦化，电石及乙炔化工，煤基合成气化工等多项内容。《煤化工》的前身可追溯到1973年，当时虽在“抓革命，促生产”的口号下开始恢复被“文革”破坏的生产秩序，但信息闭塞，国内外技术交流渠道极其不畅，为了把一些新的技术成果、现场设计经验及时推广，也及时介绍一些国外的新技术新工艺给煤化工的生产、设计、研究单位，山西省化工设计院煤炭综合利用化工设计建设组的一些人，创办了一份《煤炭化工设计简讯》。这份小刊物除了交流国内煤化工行业生产、设计技术外，还在可能条件下报道了国际上的一些先进技术，如鲁奇加压气化技术、德意志联邦共和国煤焦油加工技术等。这在“文革”阴影尚未消除的环境里，给煤化工行业打开了一扇窗口，为1980年代初我国引进国外先进的煤化工技术、设备起了先导作用。1977年这一“简讯”改名《煤炭化工设计》，1978年底国家科委批准作为季刊内部发行。在办了8年之后，1987年又经国家科委批准，再次改名为《煤化工》，仍是内部发行，16开本，64页，定价1.25元。到1988年获得国内统一刊号，1995年时定价上调为4.00元。

刊名的变化反映着这一期刊在内容上、质量上、影响上的变化。从《煤炭化工设计》到《煤化工》，国内很多具有学术价值和工业应用背景的煤化工方面的论文和报道均在这一期刊上率先推出。它从信息的报道转变成了科研成果的发表与交流，从原先主要着眼于设计而扩展至整个煤化工领域的各个方面。改名为《煤化工》之后，栏目有了“综述与专论”、“研究与开发”、“设计工作”、“生产技术”、“技术经济”、“化工环保”、“化工设备”等，在促进科技成果向生产力转化方面发挥了更大作用。

这一期间，《煤化工》的主管、主办单位也有所变化，1979年主办改为化学工业部煤化工设计技术中心站，1982年改为化学工业部第二设计院。1987年改现名后主办单位增加化学工业部煤化工科技情报中心站，主管单位为化工部科技情报研究所。1990年主办单位又增加化学工业部煤化工设计技术中心。在“简讯”时期未设主编，1980年起主编为杨学仕，直到1992年。编辑部负责人柴克锐。

以计算机为内容的期刊山西有两种，创办时间也相差不多，一是《电脑开发与应用》，一是《微计算机信息》。《电脑开发与应用》是兵器工业部系统的，《微计算机信息》是山西地方科技部门的。计算机技术是在1980年代初开始陆续在中国铺开的，国防工业是较早引入计算机的领域。在1985年，由兵器工业部的光电行业微电脑开发与应用交流协作中心与同属兵器部的第二〇七研究所创办了《电脑开发与应用》，头三年为试刊，1988年正式获得国内统一刊号，也就从这年始，刊物实行卷期制。季刊，16开，64页。1989年9月该刊划归中国兵器工业总公司主管，并被列入兵器行业计算机应用“八五”规划。同年10月又由二〇七所、机电部计算机应用技术研究所、兵工经济信息中心、国营曙光仪器厂、海南省电子计算机公司签订了联合办刊协议，成为较早探索横向联合、协同办刊之路的期刊。随之刊物也改自办发行为邮政发行。《电脑开发与应用》创办时，全国电脑类报刊还不是很多，而以后电脑的发展催生了大批与之相关的报刊，在这一新类群中，《电脑开发与应用》是唯一带有兵器和军事控制色彩，具有军用计算机开发内容的杂志，在兵器行业里又是唯一的电脑类杂志。1990年，该杂志编辑部承办了“中国兵器工业总公司计算机应用学术交流会”（苏州），大大推进了兵器工业的计算机应用水平的提高。《电脑开发与应用》1985年到1989年主编为王德钧。

《电子工艺技术》是我国电子工业生产技术方面的综合性科技期刊，1980年创刊。关于它的创办和作用，在其创刊15周年时，电子工业部工艺研究所原所长、中国电子学会生产技术学会名誉主任委员陆崇真写过《祝贺与希望》一文，文中说：“《电子工艺技术》

是根据生产技术学学会第一届年会委员的建议，于1980年10月与广大读者正式见面的。该刊自创刊以来，受到全国电子工业生产技术工作者的热烈欢迎。为《电子工艺技术》撰写稿件，订阅《电子工艺技术》在当时电子工艺界曾掀起一股热潮，这是全国广大电子工艺工作者对刊物的支持，也是对学会工作的支持。生产技术学会拥有17个专业委员会……其讨论情况主要论点必须通过刊物对全国工艺界进行传播……会议规模虽大，参加人数虽多，但就全国来说，终究还是少数，会议的优秀论文仍然需要《电子工艺技术》传播出去，使工艺成果在全国推广应用。”生产技术学会主任委员郭桂庭在题词中说："……十五年来，《电子工艺技术》在学会挂靠单位——电子部工艺研究所的大力支持下，在学会历届委员会、各专业委员会与广大会员的共同合作下连续出版，成绩卓著……”这表明了这一刊物创刊时的学会背景。当时全国有电子学会，挂靠在电子工业部，电子学会下有二级学会，即电子生产技术学会。这个期刊是这个二级学会的会刊。《电子工艺技术》是委托设在太原的电子工业部第二研究所（后改为中国电子科技集团公司第二研究所）主办的。创刊时为月刊，64页，到1987年改为双月刊，仍为64页。改双月刊的原因是由于研究所同时还要办《国外电子工艺技术》、《电子工艺简讯》两刊，根据国家科委关于人员编制的精神，为提高刊物质量而减少期数。《电子工艺技术》涉及的面很广，凡是与电子产品生产过程相关的技术，都可称为电子工艺技术，尤其是在改革开放初期，电子工业一度发展迅速，人们认为四个现代化似乎就是要电子化，在这一环境下，这一刊物在业内颇受欢迎。而当时主办方也十分重视这一期刊，编辑部人员多，专业分工很细，编辑人人都有机会去参加专业学术会议，办刊经费足，稿件也充足，刊物的发行量一时不断上升，曾高达万份以上。这段时间，刊物的主编是宗上惠。

《电子工艺简讯》是一度在山西出版的另一份电子工业类期刊。1985年在山西办理期刊登记，当时的刊名是《工艺简讯》，电子工业部工艺研究所主办，山西省科学技术委员会主管，月刊，16开，16页，国内发行。因刊名不够明确，1988年更名为《电子工艺简讯》，页码也增到24页。这是一种以信息为主的刊物，以信息新、文章短、实用性强为特点。1988年办理国内统一刊号公开发行，1991年时主办单位变更为机械电子工业部工艺研究所，主管单位变更为机械电子工业部科技司。1998年，这一期刊迁至北京，更名为《IT经理世界》。它的负责人前后有刘习圣、孙凤阁、何胜君、胡志纯。

1971年时，山西榆次办起一份《液压技术通讯》，1981年它与《华东液压通讯》合并，创办《液压工业》，季刊，16开本，64页，在山西办理期刊登记手续。它是为我国的液压气动和密封技术的发展服务的，主办单位为中国液压气动密封件工业协会，主管单位为国家机械电子工业局。但具体承办者为位于山西榆次市的液压元件研究所。1992年刊物改名为《液压气动与密封》，1999年改为双月刊，向国内外发行。从1981年起，这一期刊每三年左右举办一次全国性的液压气动与密封技术研讨会。每次与会者百人左右，论文130篇左右，会后除刊物上刊发一批成果外，还出版论文集，这种研讨会举办过五届。刊物创刊时发行4000份，后来有所下降，到1990年代末大致在3300份。这一期刊在2002年迁往北京。它的主编前后是黄谊、范崇托。

二、省属科技期刊

山西科研单位及企业也办有一些科技期刊，这些期刊在名称上多数冠以“山西”，在内容上主要反映山西科技工作者的成果，尤其在1980年代时更是如此。这些刊物有的是在1970年代创办而延续下来的，但更多的是在“文革”结束后创办的。由于各刊的主、客观条件不同，这些期刊在发展中也呈现出相当程度的不平衡。

关于农业方面的山西省属科技期刊主要有6种：

《山西农业科学》创刊于1961年1月，“文革”中停刊。1979年《山西农业科学》复刊，当时是双月刊，第二年改为月刊。它继承了1961年创办时的方针，积极推动农业科研，立足山西面向全国。复刊第1期，即抓住太谷核不育小麦这一重大发现，在全国第一次公开报道了太谷核不育小麦的发现经过及早期研究成果。后来全国太谷核不育小麦研究协作组建立，又与协作组密切配合，开设专栏，从1982年到1992年，在显著位置发表了全国各地60多篇研究论文，为此项科研的全面开展起到促进作用。筹备复刊之时，中共十一届三中全会开过不久，为了恢复知识分子的地位和形象，调动科技人员的积极性，刊物开设“农业科学家小传”专栏，经过两年多的策划，冲破重重阻力，组织到30多篇专稿，陆续发表之后，受到国内许多科技工作者的关注。旱地农业是山西农业生产与科研的一大特色，《山西农业科学》1981年开设“旱地农业”专栏，至1988年共刊登250多篇文章，除本省研究报告、经验总结外，先后到中国农科院、北京农业大学、西北农业大学向全国知名的旱农专家采访与组稿，又约请中国科学院西北水保所专家撰写“旱农生理生态专题讲座”十余篇，以促进旱农研究的深化与提高。这些文章凸现了《山西农业科学》的特色，因此被列为全国旱农核心期刊之一。《山西农业科学》的内容、论文质量是与整个山西农业科研的方向、水平、成果相适应的。山西农业科研的所有重大科研成果，《山西农业科学》都及时作出报道。为了提高论文质量，编辑部十分重视科技人员的写作水平，编印了《农业科技论文编写规范》，大量散发给作者，并举办过几次专题讲座。《山西农业科学》由山西省农业科学院主管、主办，复刊以来刊期、页码几经变化。1980年改刊期双月为月，48页；1993年为季刊，增至64页；1997年后又调至96页，定价调至4.00元。复刊时发行量4500册，1984年达到最高，发行至1.5万册。从复刊到1998年，主编一直为张亮。1992年《山西农业科学》入围北京大学等编制的《中文核心期刊要目总览》。

还有一本与山西农业科技有关的刊物。1986年，山西、北京、天津、河北、内蒙古、河南六地农科院合办《华北农学报》，办刊方法是：经费分摊，版面分占，河北注册，轮流主编。《山西农业科学》承担了山西方面的这一任务。若干年过去，《华北农学报》在农业科学界已形成较大影响。

《山西水利科技》1971年创办，以后一直坚持下来，成为山西省集中反映水利行业规划、工程设计、施工建设、水利管理、水利科研的一份学术性、技术性期刊。1978年之前，刊物上曾刊发过若干篇省里有关领导的讲话等指导工作的文章，以后则全部刊发科技论文或译文，它所报道的水利科技成果一般都以山西的实际水利建设为基础，所以它也是山西水利事业及水利技术发展的历史记录。《山西水利科技》最初由山西省水利科学研究所创办，以后主办改为山西省水利学会、山西省水利科技情报中心站、山西省水利科学研究所三家。具体编辑印刷一直由水科所承担，而且更多的是返聘退休的老科技人员来担任编校工作。发行主要依托学会系统。它的发行量一直保持在3000册左右。1982年到1989年，刊物的主要负责人为曹素滨、赵耿忠。

《山西林业科技》是由1972年创办的《林业科技资料》发展而来，1973年改为现名，但刊期、页码不固定，当时是每期印3000册，赠送省内各地区、县，乃至公社、生产大队。这种状态持续了9年，到1981年时固定为每季出版，仍是内部期刊，但改赠阅为订阅，全年收工本费1元，发行2000余册。主办单位原为山西省林业科学研究所，1986年后增加山西省林学会。1988年取得国内统一刊号，公开发行，页码固定在48页，定价0.50元，整个编排印装开始走向规范，设立了“试验研究”、“调查报告”、“专论与建议”、“技术与方法”等栏目，较好地体现了报道科研成果、传达技术信息、推广先进技术的办刊目标。这一时期的负责人为金佩华、饶九欢、吕赞韶。

《山西水土保持科技》创办于1974年，是全国水土保持方面创办最早的专业期刊。创办者是山西省水土保持科学研究所，该所并非设于太原，而是设在吕梁地区离石县。

创办之初属于内部交流，编排不规范，刊期也不固定。1982年刊物改名《山西水土保持》，当时有加强宣传先进、指导水土保持工作的意思，但1984年又恢复了原刊名，季刊，仍以科技内容为主，而且是将先进技术的经验交流与普及推广两者并重。恢复刊名后主办方加强了编辑部的工作，稳定了编辑人员，建立了全省通讯员网络（通讯员曾达80多人）。在编辑上注意了规范化和质量提高，启用了刊标，置于封面左下角，开始对正文分设栏目，刊物由此面貌大变。1986年经批准正式出版发行。《山西水土保持科技》1982年改名后马国顺、郜志峰先后任主编，1984年恢复刊名后由王福堂任主编。编辑部负责人梁象武。

《种子科技》也是一份农业期刊，它成为正式期刊是在1992年，但其前身《种子通讯》创办于1983年。1982年10月山西省种子协会成立，为加强会员之间的学术交流创办了这份通讯，由山西省种子公司承办，季刊，16开本，48页，每期2500册无偿赠送会员单位。1987年起向全国各地种子系统发行，订户一度发展到29个省、市、自治区，1991年发行量达最高峰，有6000册。改刊名为《种子科技》后是双月刊，16开本，48页，主办单位为山西省种子协会，编辑部设在山西省种子公司（后改为山西省农业种子总站），由山西省农业厅主管。创刊时农业部部长刘中一题刊名。这时《种子科技》发行每期有7100册。

《种子科技》是技术性期刊，面向基层与种子有关的生产者、经营者、管理者，刊物提高与普及并重，主要刊登种子管理、品种审定、良种繁育、良种检验、种子贮藏等方面的研究成果与操作经验。刊物创办时主编由张亨禄兼任，1989年改由姚庆儒任主编。

《鸡鸭鹅鹁鸽》是一份名称就很别致的刊物，属于专业科普性质，1984年1月起试刊，每月一期，到当年4月获准创办，为半月刊。1985年改为周刊。虽1988年获得统一刊号，但这一刊物从试办起就是报纸形式，先是8开版，到周刊时为16开8页（16版）。《鸡鸭鹅鹁鸽》主管主办单位为山西省科学技术委员会，实际操作在山西科技报社，主编王重一，编辑部负责人赵国旗。该刊的口号为“促五禽兴旺，为四化献宝”，内容围绕禽业的孵化、饲养、饲料加工、防疫以至相关机械、销售、运输等方面宣传科技知识、交流先进经验，它的读者是与禽业有关的人群，其中主要的是1980年代农村出现的养禽个体户、专业户。1990年根据国家压缩调整报刊的精神，国家科委此批对54种期刊进行了调整，这一周刊用刊号出版报纸不符合相关规定，被停办。《鸡鸭鹅鹑鸽》出版至1990年底。

省属科技期刊中工业方面的主要有18种：

《山西化工》是综合性化工科技期刊，复刊于1981年7月，由山西省化工学会和山西省化工厅科技情报中心站主办，主管单位为山西省化工厅（后化工厅撤销，改为化工行业管理办公室）。它由《化肥与农药》更名而来，季刊，1985年办理山西期刊登记。《山西化工》创刊号上有编委会主任牛项良《为办好一个有自己特色的刊物而努力》一文，文中说“一个刊物的出版，所以有自己的生命力，就在于它有自己的特色”。文章指出，《山西化工》应该追求地方性、科学性、情报性、群众性、思想性，并具体对每一特性进行了分析。在办刊之初就有“特色意识”是很值得肯定的。《山西化工》最初栏目有“生产与科研”、“化工论坛”、“工业分析”、“企业管理”、“化机与设备”等，这一时期有一定的行业指导色彩，以后则减弱了这一色彩，把内容完全转移到科技方面。《山西化工》1980年代主编先后为杨芙初、陈传江，编辑部负责人曾令福。

《公路科技情报》在1979年改刊名为《山西交通科技》，分为公路版和汽车版，刊期为季。初创办时比较简陋，封面就是黄白两色底上印了几个大红字。1986年将两版合并，封一到封四改用了彩色图片，刊物大为改观。1992年又改为双月刊，每期确定为64页。《山西交通科技》从1973年到1986年间刊出的论文中有多篇在业内引起较大反响，其中获得省公路学会优秀论文一等奖的有28篇，二等奖35篇，获省科协优秀论文三等奖的8篇。由于历史的原因，我国公路建设在较长时间是落后于发达国家的，为了缩短差距，促进我国公路建设的发展，《山西交通科技》有意识地组织翻译介绍国外科技资料，1987年、1988年分别出版了译文专辑。《山西交通科技》主编先后为潘建中、虞文景。

山西是我国机械、冶金企业较集中的省份之一，在国家的工业化建设中一直处于比较重要的地位。由于历史的原因，过去缺乏这方面的科技刊物，各企业之间以及与科研

变压器时截流过电压及其限制措施》（罗国祥），对太原钢铁公司电炉热损问题的解决帮助很大，太钢电炉变压器以前每年要烧损20多次，采用该项限压技术后未再发生烧损，每年仅变压器修复费用就节约100多万元。《山西电力技术》的主编均由电试所总工程师或所长担任，第一任为祝平，以后有王绍武、皮建国、王明仁等。编辑部负责人从1971年起到1995年为郭顺全。

山西是煤炭大省，每年产煤量占全国产煤总量的1/4，但过去煤炭在山西几乎谈不上综合利用，所以长期以来资源丰富而经济收入不高，环境破坏又甚为严重。这一现状早已引起有关科技工作者的关注。到“科学的春天”来临时，山西省科学技术情报所的有识之士“为了‘洋为中用’，便于从高起点奋起直追，赶超世界先进水平”，于1978年创办《煤炭综合利用译丛》，当年出版两期。次年3月，国家科委批准为公开发行的科技情报刊物，按季出版。这时的刊物内容如刊名所示，是翻译介绍国外这一领域的新发展和新技术。当时的主编是栾茀，他身患癌症而心系科研，1980年代初被树立为优秀知识分子的代表，在山西乃至全国广为宣传。1988年，为积极配合山西能源基地建设，山西省科委决定将《煤炭综合利用译丛》的主办单位增加太原工业大学，编辑部也设在该校。1980年代负责人曾有马禹行、赵振本、杨志明、谢克昌。这一刊物到1990年代后更名为《煤炭转化》。

《建筑技术通讯》是1975年4月由山西省建设委员会建筑技术情报中心站创办的内部刊物。1985年改名《山西建筑》，并增加山西省建筑科学研究所为主办单位，主管单位为山西省建设委员会（后改为山西省建设厅），16开本，48页。当时主编为傅昆岩。《山西建筑》一直是山西省内部期刊，直到2000年8月才获得国内统一刊号。主编先后为傅昆岩、刘旋金，编辑部负责人韩定国、魏荣祯。

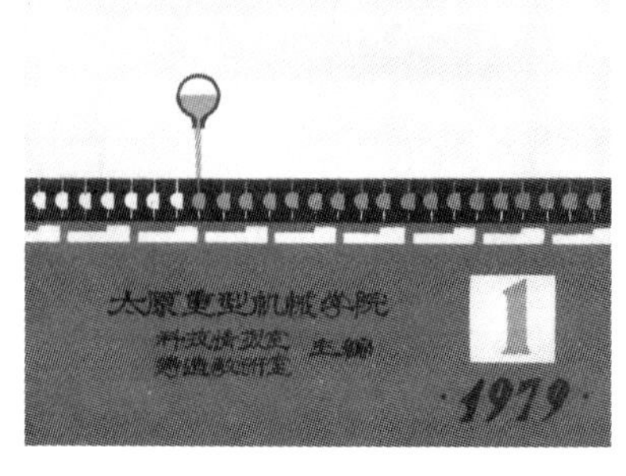

《铸造设备研究》创刊于1979年6月。1970年代末，全国高校教学得以恢复，设有铸造专业的有59所高校和29所中专。1978年12月在昆明召开铸造专业的教材审稿会时，铸造专业的教学人员普遍希望能建立一个交流科研成果的园地，以推动铸造行业及教学的发展，最后推选全国（高校）铸造设备教学研究委员会的秘书长贝彦良主持此事。1979年第一辑《铸造设备通讯》编印完毕。1980年又编了三辑，反映很好，于是纷纷建议变成期刊，同时因名称中的“通讯”已与内容不相符，大家提议更名为《铸造设备研究》。1981年启用新名称的刊物出版，定为季刊，内部交流与发行。贝彦良为主编，办刊经费由各高校从技术咨询费、科研费中筹集。1986年，刊物已突破高校、中专范围，在全国设计院系统、研究所、企业界也拥有了相当数量的读者，公开发行势在必行。因为铸造设备教研会秘书组挂靠在太原重型机械学院，因此教研会商请太原重院作为刊物主管、主办单位，并在山西申办刊号，遂取得山西期刊登记证并公开发行。《铸造设备研究》16开本，56页，平均期发2000册，最高时发行到3200册。

1980年5月，山西省硅酸盐学会也办了一份综合性科技期刊《山西硅酸盐》，季刊。1981年取得山西期刊登记证，主管单位为山西省建筑材料工业局，主办单位为山西省硅酸盐学会和山西省建材科技情报站。当时这一刊物为16开本，54页，定价0.60元，在国内公开发行，创刊时发行量为700份，主编李发根，实际负责人陈晋生。1985年因机构改革、人员变动等原因在当年出版第2期后休刊。1990年复刊时更名为《山西建材》。

《电子技术》创刊于1973年，1979年后更名为《山西电子技术》，季刊，由山西省电子学会和山西省电子工业科学研究所主办。1980年代初，电子技术在全国飞速发展，《山西电子技术》不失时机地对全省电子技术的开发应用和最新成果进行报道。先后发表的论文中有近百篇获国家、省、部以及其他各类奖项，刊物质量及社会影响也是很好的。当时主编为赵沂湘。到1980年代中期，山西的电子工业因种种原因在全国落后了，处于全国中下水平，这自然影响了刊物。《山西电子技术》从兴旺走向低潮，一度处于维持出版状态，直到1990年代中期。

《山西节能技术》是1983年10月创办的，主办者为山西省节能研究会，山西省经济委员会主管。《山西能源》1985年5月创办，主办者为山西省能源研究会，山西省科学技术协会主管。这两刊创办后都取得山西期刊登记证，但办刊背景相似，主办人员与作者队伍也多有交叉。前一刊主办者是为贯彻国家节能要求、应对全国能源紧缺问题而成立的学术团体，后一刊主办者是在国务院批准山西为能源基地后为能源建设进行研究的学术团体。《山西节能技术》主编曾有祝平、潘荫棠，《山西能源》主编先后有陈中北、祝平。

两刊创办之初，因有全国经济发展形势及山西能源基地战略刚提出的大环境，所以来稿较多，其中不仅有很好的节能技术、经验，还有不少对山西能源基地建设进行研究的学术理论文章以及政策性建议。但随着形势、政策的变化，两刊并存产生的问题日益突出，两刊在编校方面也存在不少缺憾，到1995年，两刊连续三年被评为山西省三级期刊，终被注销刊号。

《农机化技术推广通讯》创办于1985年8月，它与前述《铸造设备研究》类似，从一开始就是面向全国的。1985年6月，农牧渔业部农业机械化管理局向各省、市、自治区和计划单列市发出文件，决定创办《农机化技术推广通讯》，由山西省农业机械化技术推广站、山西省农机学会普及工作委员会承办。当时，正值全国各地农机推广机构恢复或建立，迫切需要一个发挥联络、沟通、交流信息作用的媒体，而山西这方面相关机构成立较早，技术力量较强，所以接手了承办这样一份期刊的任务。《农机化技术推广通讯》1985年出版2期，1986年出版6期，1987年第1期（总第9期）起改名为《农机推广》，双月刊，16开本，32页。创办的这头三年中，刊物发行量逐步上升，从1000份达到6000份，编辑部形成了一些较完备的内部制度，也刊发了一些较有影响的稿件，如跟踪报道了山西省农机推广站组织推广的玉米地膜覆盖机械化技术推广项目，该项目后获1988年农牧渔业部科技进步二等奖。从创办起始，主办单位就是部属农业机械化管理局，1997年又增加农业部农业机械化技术开发推广总站。主编由省农机推广站站长郑大敏兼任。

《机械管理开发》创刊于1986年5月，季刊。当时名为《管理开发》，山西省机械工程学会主办。这一期刊的出现行政因素很小，它以学会名义创办，实际上是学会下属的一个管理专业委员会牵头，找了太原重型机器厂、榆次经纬纺织机械厂、榆次液压件厂、长治轴承厂等大型国营机械企业来支持才搞起来的，或者更实际地说，是这个委员会的一些热心的科技工作者联合发动起来的，为首的是王丁凤、韦守仁。后来王丁凤（太原重型机械学院教授）担任主编近10年，韦守仁负责编辑部工作达15年。

《机械管理开发》的名称是1988年第3期时改的，与前刊名相比，显得内容更专业，目标聚焦在机械行业的企业管理上。在进入改革开放以后，要把经济搞上去，学习国外先进管理理念与经验，传播现代管理知识，总结我国企业管理中好的传统，以及培养管理人才，就显得十分重要，加之当时这些大型企业在经济上也都有能力给办刊以支持，于是，社会需求、办刊经费和办刊人员这三个期刊创办中的重要因素得到了很好的结合，催生了这一期刊。更可贵的是，这一刊物在1980年代后期就提出了“依托企业，联合办刊，自负盈亏，办刊为主，多项服务”的办刊之道，进行了科技期刊市场化运作的创新探索。在《管理开发》阶段内容以学会活动和企业管理杂谈为主，栏目不固定，形式也不规范，但能按期出版，为后来的发展打下了基础。

《互感器通讯》是研究工业某一类产品的专门性期刊，1983年3月创刊，公开发行，季刊。由山西省机械设计研究所主办，山西省机械工业厅主管。互感是电学中的概念，指电流的变化引起相近电路产生感应电动势，互感器是机电产品中的重要配件。《互感器通讯》的宗旨是发挥山西在互感器研制方面的优势，努力提高互感器的理论水平与生产水平。读者为与此有关的研究、设计、生产、使用、教学人员。1991年主办单位变更为山西省机电设计研究所。这一刊物办了十多年，后因人力、财力不足及稿源不足，报请批准后于1999年停刊。《互感器通讯》主编赵修民。

1980年代太原市也办过一个科技期刊，就是太原市科学技术协会主办的《技术研究》，因为它在1966年前曾办过同名刊物，所以1983年3月出刊时称为复刊。《技术研究》主要报道太原市的科研成果，交流太原市科技工作经验，同时也提供一些国内外科技动态，介绍一些新的科技理论。由于太原市工矿业门类众多，加上医疗卫生农林牧等诸多方面，所以涉及面多且杂，读者对象难以相对集中，刊物主要通过科协系统发行，经济上靠太原市科协支持。由于经费无保障等原因，1988年改为季刊，但1989年后仍未能正常出版，按期刊管理有关规定，该刊1990年8月停刊。当时省科委拟用此刊号改变为另一医药科普刊物，未获批准，1993年1月国家科委正式批复《技术研究》停办。这一期刊主编先后有任银虎、齐韵琴、杜先训。

山西省属科技期刊中还有4种比较特别的，所谓特别，是它们与工农业有关但还不能归于其中，这就是《山西地震》、《山西地质》、《山西气象》与《山西地图》。

《山西地震》的前身是创办于1973年的《山西地震通讯》。《山西地震》在1978年山西省地震学会成立后被确定为学会会刊。从这时起，《山西地震》刊物性质开始转变，由“技术、科普两兼的综合性季刊”改为以全省地震监测预报、群测群防、防震抗震、科研探索、业务技术管理等方面为主要内容的学术刊物，也开始向山西以外地区征稿、发行。1978年国家地震局召开全国地震工作书刊编辑工作会议，《山西地震》在会上介绍经验并获得好评。1980年《山西地震》封面改彩印，1985年获准公开发行。

从这时到1980年代末，《山西地震》有了较大发展，最主要表现于：一、编辑部列入编制，从机构上保证了刊物的正常运作，建立了征稿、审稿、编辑、校对、稿酬、发排、发行等方面的制度，从程序上保证了刊物的质量；二、在编辑中严格执行有关科技期刊的编排标准和规范，在某些规范不健全的情况下参考有关文献工作标准探索期刊的编排规范化，在全省科技期刊中起了带头示范作用；三、认真研究全国地震系统的期刊，从中寻找自己的发展空间和特色定位，从栏目到内容既体现专业性又体现地方性；四、配合不同时期防震减灾工作，编辑出版多种专辑和增刊，尽力扩大期刊的作用与影响。先后出版有《台网专辑》(1982)、《地震观测手段发展情况与建议》、《地声专辑》(1984)、《地学数据处理常用BASIC程序及其应用》(1986)、《中国地震预报工作20年专辑》、《地震科普知识画册》(1989)。《山西地震》早期的主编为王汉甫（1977—1978）、武烈（1979—1983）、孙国学（1984—1997）。1983年起袁正明任编辑部负责人。

1985年山西省地质矿产勘察开发局创办了一份《山西地质》，编辑部设在山西省地质科学研究所内，刊物主要发表山西地质科技的研究成果与学术论文，也报道一些相关科技信息。创办当年为试刊，刊期半年，1987年改为季刊。《山西地质》1994年改名《华北地质矿产杂志》，到2001年又改为《华北国土资源》。在2000年前刊物主编为沈永和。

1979年，山西省农业委员会批准山西省气象科学研究所创办《山西气象科技》，每季出刊，内部发行。这一刊物在1988年时改由山西省气象局与山西省气象学会主办，并改名《山西气象》，取得国内统一刊号，仍为季刊，64页，主要栏目有“气候分析”、“大气物理”、“专业气象”、“科技扶贫”、“气象服务”等。主编先后为王余初、周一鹤、宋宏。

《山西地图》1988年1月创办，当年获准为正式期刊，季刊，16开，70页。由山西地图集编纂委员会主办，山西省测绘局主管。初办时这是一份关于地图编制的专业技术刊物，所以栏目以各类地图（如能源地图、历史地图、国土地图、旅游地图等）的编制技术为名，以后逐渐变更为“专业论文”、“专业译文”、“地图资料”、“地图知识”等，体现了一种研究与普及并重的编制思路，但这一专业从业者与研究者较少，而地图使用者又不太会关注地图具体编制技术，所以刊物后来向行业期刊转化，页码也减至48页。到1994年则更名为《三晋测绘》。《山西地图》主编先后为蒋耘、谢鸿喜、谭曙方。

三、企业所办科技期刊

在山西还有部分由大型企业所办的科技期刊，其中较突出的自然是占山西经济首位的煤炭开采行业的期刊。

西山矿务局1977年创办《西山科技》，为内部不定期刊物。当时主要是宣传科技发展的方针政策，报道西山矿务局生产建设成果，介绍一些投资少、见效快、效益高、易推广的技术革新经验。实际上是一个综合性的科技刊物，有一些企业刊物的色彩。《西山科技》出版6期后到1979年更名为《西山科技与经济》。刊名反映了当时刊物在内容上的扩展及走向。1986年8月申办了期刊登记，成为正式期刊，季刊，自办发行，16开本，64页，定价0.60元，主编为李文英，编辑工作由梁树人具体负责。成为正式期刊后时间不长，自1987年第1期（总第22期）恢复《西山科技》刊名。这一刊物十多年后又更名为《山西焦煤科技》。

办得很有声色的是《同煤科技》，这是1979年1月由大同矿务局科学研究所创办的，当时作为内部期刊，主要在本局内发行并与全国有关单位交流。起初刊期不定，页码不定，栏目不定，信息量也不够大。到1984年第1期共出刊17期。1984年《同煤科技》改由大同矿务局主办，当年8月成立了编委会，矿务局还以文件形式下达了《关于办好〈同煤科技〉杂志的几项决定》，对办刊方针、组织领导、稿件来源、期刊质量要求、稿酬标准、办刊条件等作了明确规定。这显示了矿务局对此刊的重视，也为办好此刊打下了基础。中国科协原党组书记、在1950年代任过山西省省长的裴丽生1984年8月听了大同矿务局领导的汇报后十分赞赏此事，为刊物题词："大同煤矿地位重要，在目前国家能源事业中具有重大的战略意义，办一个相应的科技杂志，以改革的精神，总结经验，开创新路，奋勇前进，非常必要。"山西省副省长阎武宏写了《致〈同煤科技〉》的文章。大同矿务局局长刘书贵写了《为推进科技进步努力办好〈同煤科技〉》的文章。改版后的头一期即1984年第2期于10月出刊，在内容与形式上焕然一新，封一到封四均改为彩色印制。从1984年第2期到1985年第2期共4期仍为内部期刊，但1985年已按季出版，整体质量也大为提高，印数由改版前的800册增至3000册。

改版后的《同煤科技》在全省煤炭系统内的影响很快扩大。1985年3月全省煤炭科技大会上，大同矿务局以《注重广中求专，办出本局特色》为题介绍了办刊经验，在大会上介绍办刊经验者仅此一家。改版之后的《同煤科技》提出了“广中求专，专中求精，精中求新，办出本局特色”的办刊方针，很快进入煤炭系统的先进行列。1985年，《同煤科技》编辑部被评为山西省煤管局8个先进集体（县处级单位）之一，主编陈志清被评为先进工作者。也在这一年7月，山西省科委批准《同煤科技》公开发行，省出版管理部门为其办理了期刊登记，《同煤科技》成了全省、全国由煤炭企业办的第一份正式科技期刊。

山西潞安矿务局1985年10月也办了《潞煤科技》，属内部刊物，编辑工作由局科技处承担。到1989年底共发行17期。1990年《潞煤科技》改为《潞安科技》，并成为省内正式刊物，季刊。改革开放以后，企业由生产型向生产经营型转化，煤炭工业企业内逐渐形成生产、建设和多种经营三大主体，科技已不仅限于煤炭生产技术本身的开发与利用，而是扩展到多种领域，改为《潞安科技》是希望适应这一变化，并突出刊物的地域性和现实性。《潞安科技》办到1992年更名《煤》杂志。刊物先后由陈永谦、张起库任主编，编辑工作由王国洪具体负责。

山西科技期刊中还有一些医学类期刊，因为其中大多创办于1990年代，所以对少数1980年代就存在的医学期刊也与其他期刊一样另作记述，不再列入本节。

综上所列，在1980年代山西科技期刊呈现了一派发展景象，虽有的在发展中也出现波折，但总的趋势是前进的。这些期刊中相当一些经历了从内部期刊起步的阶段，走过了从有行业刊色彩向完全的科技期刊转变的路程，它们为新时期山西的改革开放、经济发展和科技进步发挥了不小的作用。

第十三节　为行业发展领跑

有一种期刊是针对某一特定行业的，可称之为行业期刊。又因为这类期刊往往负有指导这一行业的使命，又被称之为工作指导类期刊。从传播学的角度看，期刊是传播媒体（简称传媒）的一种，传媒的产生大致有两种需求：一种是传播者的需求，即传播者通过传媒实现某些意图，比如宣传思想、主张、散布信息，以此影响受众；一种是接受者的需求，比如受众有希望获得某些信息，了解某些事物或达到自身愉悦的某些愿望，此种需求促使传播者来提供满足。一般来看，前一种需求产生的传媒在经济上往往是由传播者来支持，而后一种需求出现的传媒在经济上则是接受者支撑。行业性期刊基本上属于前一种类型，从它的产生基础和运营方式都体现了这类传媒的特点。在一个行政体制积淀深厚而且长期主导民众生活，经济运行又是由行政力量予以规划和实施指挥的社会形态中，具有管理职能的部门通过主办报刊来辅助其实现对管辖领域进行管理是顺理成章的事，这是行业性期刊产生与存在的社会基础。这类期刊过去也有过，在新中国成立之后曾形成三次创办高潮。一次是1950年代末“大跃进”时期，另一次是1970年代初邓小平复出抓生产整顿的几年。在进入改革开放新时期之后，1980年代初形成了第三次创办行业期刊的高潮，不但一些停办了的期刊纷纷恢复，新的也纷纷创办。这一高潮的出现有其现实的思想基础与体制基础。一方面是在“文革”结束后，各行业都呈现了一种百废待举的形势，党中央提出“建设社会主义现代化强国”的号召鼓舞了全国人民，希望尽快地把国民经济、科学技术搞上去成了广大群众与各级领导干部的共同愿望。另一方面是中共十一届三中全会虽已开过，但改革还未深入到社会生活尤其是经济活动的方方面面，改变社会主义单一计划经济模式更是几乎没人敢想的问题，沿袭过去的做法加强对本行业的规划与领导成了各级政府机构的必然思路。第三方面是当时出版业也在大发展，报刊的申报创办和获得批准还容易得多。这种时代氛围与认识上的趋同为这类期刊的生长准备了适宜的土壤。

在各个行业中，社会覆盖面最大、涉及人群最多的当属教育行业，由此也造成教育期刊在行业期刊中历史最长、发行量最大、影响最广。例如《山西教育》就是如此，它在新中国成立不久创办，“文革”初期停刊但到后期就恢复，进入改革新时期更是壮大发展。因为它发展上的某些特殊性，所以另设“从教育期刊到教辅期刊”专节记述。

由于不同行业与科学技术（指自然科学）的关系在密切程度上有所不同，所以1980年代形成的行业期刊群也大致有不太着重于科学技术和着重于科学技术之分，这也就形成了后来都是行业性质但被归属于社科类与科技类的不同。如果再作更细的分析，就会发现，即使都是社科类期刊也有不同，有的以传达有关政策、方针，进行经验交流，表彰先进、批评后进，解答本行业的相关问题为主要内容的，其指导性较突出；有的则偏重于对本行业具体业务的理论探讨，在某些方面接近于学术期刊，其研究性较突出；当然也有的二者兼顾，或此时倾向于某方面而彼时又倾向于另一方面。在被归为科技类的行业期刊中，情况也不同，一些是对本行业科技发展的报道，科研动态的反映，而科技论文不占主要比例；另一些则主要集中于对科技的具体研究，发表的主要是科研论文。如同为水利行业，前者有《山西水利》，后者有《山西水利科技》，而后者基本上是一个科技期刊了，虽然也有行业的特点。本节提到的主要是社科性质的行业期刊与科技性质中的前一种。

1980年代这类期刊诞生之初，是按照各自的办刊宗旨发挥了很大作用的。这与当时的经济运行模式有关，也与当时的传媒还不像后来那样发达，这些期刊所提供给相关企业及读者的信息还较受欢迎有关。但是随着改革的深入，市场在经济运行中的作用加强，行政管理影响力减弱，这类期刊中有一些没能紧跟形势的变化，渐渐失去了对读者的吸引力。而与此同时，主办单位财政支持的力度也因压缩行政开支而减小，依靠行政力量摊派发行报刊甚至拉取赞助又加重了基层的负担，于是在后来的几次全国性报刊整顿中，这类由行政机关所办的行业刊就成了治理的重点之一。其中一些保留了下来，另一些完成了历史的使命而退出了。从期刊发展的规律看，任何期刊都应该有其生长期、成熟期与消亡期，只有如此才是正常的，报刊的治理整顿在某种程度上顺应了这一规律。从历史的角度看，无论是后来仍坚持办的还是后来消失的行业期刊，都在一个特定的时代发挥过积极的作用，都在各自所属行业的改革、发展、繁荣中充当过先行者、领跑者。

1980年4月，山西省财政厅办起一个内部不定期的刊物，名为《山西财政参考》，16开本，44页。具体编辑工作由厅科研室承担，刊物在系统内交流赠阅。1981年更名为《山西财政研究》，当年出了20期。1983年国家在国营企业开始实行“利改税”，以前向企业要利润的相对单一的经济管理体制被打破，这一政策通过税收的调节作用来调节国家与企业、企业与企业之间的关系，减少部门、地方对企业的行政干预，给企业较大自主权，同时保证国家财政收入稳定均衡。新的政策给财政管理带来了新的问题，在这种情势下，《山西财政研究》1985年更名为《山西财税研究》。更名后的刊物取得了山西省正式期刊登记证，虽然这时仍是内部交流，开本页码都没变，也无定价，但已设置栏目，有“税收研究”、“乡镇财政”、“干部教育”、“工作研究”、“问答园地”等，不过刊物特色并不明显，还类似于简报。

1986年《山西财税研究》改名《山西财税》，开始按刊物的形式来办了，并请中共中央顾问委员会副主任薄一波题了刊名，页码调整为48页，公开在全国发行，定价0.50元。刊物定位为综合性业务刊物，目标是“密切配合省财政与税务的各项工作与改革措施，在理论上、实践上进行探索、分析、总结、交流，使财税工作更好地服务于稳定经济与深化改革”，实际上体现着一种对财税工作的指导性作用。最初的主要栏目有“理论探究”、“企业管理”、“调查报告”、“税收征管”、“行政事业财务”、“农业财务”等。当时全国财税方面的期刊还不多，《山西财税》很快在全国有了影响，1992年入围北京大学图书馆等遴选的第一届中文核心期刊。自改名为《山西财税》后，历任主编为侯效忠、唐执升等。

山西是煤炭大省，山西国民经济总收入有一半以上来自煤炭工业，抓好煤炭生产、推动煤炭工业的科技发展在山西显得尤为重要。进入改革开放新时期不久的1981年，《山西煤炭》创办。《山西煤炭》的管理模式比较特别，名义上是山西省煤炭学会创办，实际是三家合作，由煤炭学会出面，山西煤炭工业管理局出资，山西矿业学院出人。编辑部归山西矿业学院领导。参与刊物创办的主要是山西矿业学院院长郑翔和教师尹清泉、胡广权。刊物最初以科技内容为主，出刊后向相关院校、煤炭行业的技术人员、科研机构等

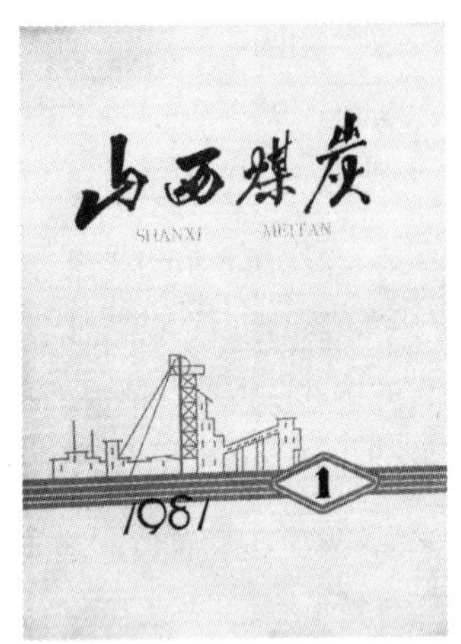

赠阅。1988年山西省煤炭工业厅也列为《山西煤炭》的主办单位，同时刊物的宗旨也作了调整，由反映技术成果改为宣传党和国家发展煤炭工业的方针政策，反映煤炭企业深化改革、科学管理、提高经济效益和两个文明建设的成果，传递生产、经营、安全、技术等方面的信息。这样就使《山西煤炭》成了包括科学技术内容的行业性期刊。发行也改为主要靠订阅。由于山西煤炭企业众多，发行量很快达到5000册以上。

《山西煤炭》刊期在1980年代改过几次，先是不定期，后变为季刊，1988年改月刊，1989年又改为双月刊。改月刊是由山西煤管局提出的，其思路是经费不足，希望通过广告与发行量增收，但运行两年效果不佳，只好又改为双月刊。这一时期，《山西煤炭》主编先后为郑翔、任秉钢，编辑部负责人先后为尹清泉、胡广权。

1981年12月，山西省统计局与山西省统计学会办起了内部刊物《山西统计》，1983年经批准公开发行，这是全国第一家省属的关于统计科学和统计工作的期刊。1983年公开发行时为双月刊，16开，48页，定价为0.30元，发行量当时为1.3万册。《山西统计》在以后的办刊中一直是兼顾两方面，既有统计科学的研究又交流统计工作的经验，发行量曾一度超过2万册。1980年代它的历任主编为马振东、张塞、薛军等。

《山西劳动》是1983年由山西省劳动局和山西省劳动学会创办的，初为内刊，后取得国内统一刊号，刊期为月，页码40，主编先后为王民、宋守慧。1980年代初还是计划经济一统天下的时代，政府掌控着大小企业的招工、分配、工资、福利等大权，劳动部门作为直接的管理机关，对企业有绝对的权威与影响，这使得《山西劳动》拥有了很强的指导性和针对性。刊物最初的主要栏目就是“文件刊登”、“理论研究”、“安全之页”、“案例分析”等。中国劳动学会会长康永和为刊物题了刊名并题词：“我们要把工资、劳动、福利三个制度改革好。”这一题词也反映出这一领域的改革方向和《山西劳动》当时关注的主要方面。

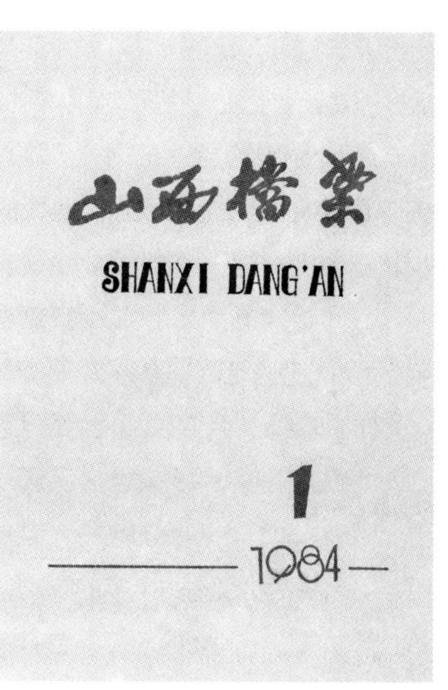

1984年2月，山西省档案局、山西省档案学会将一份《档案工作简报》改为内部交流刊物《山西档案》，目的是贯彻中央关于恢复、整顿档案工作的通知精神，推动山西档案工作尽快走上正轨。当时刊物不定期，铅印，印发2000册。1984年实际出7期，封面白色，内文用四号字排印，所以更像是一份厚厚的文件，内容是有关政策、工作动态与一些经验体会。1985年，《山西档案》从内文到印刷装帧质量有了显著提高，封面套色彩印，出刊周期固定为双月，页码相对稳定为48页，定价0.30元。在内容编排上设立了十多个固定栏目，可以说具备了期刊的基本特征，这为《山西档案》以后的发展打下了基础。但这时的《山西档案》在编辑机构上还不完善，到1986年才组织编委会，并明确由当时的山西省档案局副局长赵巨华任主编，由省档案馆副馆长张锦屏任副主编。以后《山西档案》不断努力，多年后连续4次被列入《中文核心期刊要目总览》，影响超出山西，成为全国档案学、档案事业类核心期刊。

《人事》是1985年7月试刊的，策划此刊的是山西省人事局杜振民、袁胜利与中国劳动人事报社谢树自。《人事》是全国首家省级人事部门办的杂志，创办后受到国家人事部及全国同行的赞誉，并引发了兄弟期刊如《北京人事》、《现代人事》等的问世。1986年中共中央组织部副部长王照华来山西调研时专门接见了《人事》的编辑们。《人事》由山西省人事局主办，月刊，16开，40页，最初定价0.25元。它一直以推动人事制度改革、服务干部“四化”建设为目标，曾开设“人事论坛”、“人才研究”、“人生百味”、“业务辅导”等栏目。

1982年2月，山西省新闻工作者协会主办的《新闻战士》复刊。这次复刊距1961年停刊已整整过了20年。复刊时是双月刊，16开本，48页。复刊词《要无愧于战士的称号》为刘贯文所写。文中说：“《新闻战士》毫无疑问应该高举无产阶级新闻学的旗帜，从无产阶级报刊的历史经验中，从对资产阶级新闻学及其报刊资料的介绍和批判中，特别是从报道建设社会主义物质文明和精神文明的丰富实践中，研究新闻工作的客观规律，不断丰富无产阶级新闻学的内容。”在新闻研究领域中，强调与资产阶级的斗争在1980年代初是很典型的话语，带着那个时代的明显印记。在复刊词中也提出《新闻战士》要成为“园地”和“渠道”，发挥交流经验、学习业务以及通讯员与新闻媒体沟通的作用。

1986年，《新闻战士》改名《新闻采编》，主编赵秉英。关于改名的缘由及设想，1986年第1期《努力把刊物办得更精彩些——本刊更名为〈新闻采编〉致作者、读者同志们》一文作了阐释：“我们并不是觉得《新闻战士》这个名称有什么不好，也并不是要改变刊物的性质、任务和服务对象，我们只是想通过这样一个名称的更改，使刊物的编辑方针更加明确，思想内容更加集中，形式也能更加为广大读者所喜闻乐见。从这个角度上来说，更名决不仅仅是两个字的改动，它意味着这个刊物的编辑工作需要进行多方面的改革，意味着这个刊物的面貌将会有新的改观。”

《山西水利》是山西省水利厅的机关刊物，属指导类科技期刊。1984年开始试刊，当年出5期。当时水利厅成立了编辑室，任务是编辑这份期刊和着手研究与编纂山西水利志。1985年2月，《山西水利》经批准正式创刊公开发行，在创刊号上提出刊物要“面向基层，面向群众，面向科学技术，面向不断深化的改革大局”。创刊后的《山西水利》16开，48页，双月刊。刊物设了30多个栏目，内容上有领导的指导性文章、全省水利建设的报道、调查报告和典型经验，也有科技人员的专论，其行业特点与机关刊特点都比较明显。发行量创刊时只有500份，以后逐渐上升至2000份。从试刊到1991年主编为张荷。1987年《山西水利》编辑部经省编办批准为自收自支事业单位。从1985年到1991年《山西水利》出刊42期，又出版《山西水利·史志专刊》24期。将编辑出版期刊与编纂史志结合是《山西水利》编辑机构上的特殊之处。

山西远古时期森林极为茂盛，但到近代已是植被稀少，水土流失严重，中华人民共和国成立时，山西只有34万平方公里天然林，森林覆盖率为2.4%。发展林业是山西经济发展和环境建设中的重大课题。1978年省林业厅成立，1979年由省林业厅办公室资料室组成《山西林业》编辑室。1980年创刊，当时为16开本，32页，双月出版，免费赠阅，发行2000份。1982年由双月刊改为季双刊，即每季2期，全年8期，并开始征订，每册0.20元。1986年，中共中央总书记胡耀邦视察河北易县，提出“绿化太行山，黄龙变绿龙”。1986年《山西林业》更名为《绿色天地》并改为月刊，定价0.30元。几年后，有关方面认为缺乏山西特点和行业期刊特点，所以1994年又恢复《山西林业》的刊名，双月刊，16开本，32页。《山西林业》以宣传林业方针、法律、法规，交流林业先进经验，普及林业技术知识为办刊宗旨。《山西林业》创办时主编刘清泉（兼），编辑部负责人李慧培。1985年后主编刘先成（兼），编辑部负责人先后有姚惕生、丁文学。

《山西科技研讨》创办于1986年，它与山西省科技发展战略研究所的筹建几乎同步，这一研究所是省科委就科技体制改革以及对科技与经济进行调研的机构，研究的是软科学。《山西科技研讨》就由该所承办，刊物的创办为科技人员开辟了传递软科学研究成果、交流科技管理经验的园地，当时的主要栏目有“科技发展战略”、“软科学论坛”、“科委工作”、“科技与经济”等。创刊之初为季刊。1988年取得国内统一刊号，1990年改为双月刊，16开本，48页，定价为0.80元。《山西科技研讨》创刊时省科委系主管主办单位，1989年时主办单位曾增加山西省科学学与科技政策研究会，但不久又改为省科委主管、主办。

《山西科技研讨》最初以学术性研讨为主，侧重于宏观管理即软科学方面，但由于刊物也是省科委的服务窗口与宣传园地，所以渐渐地，指导全省科技工作的内容成了刊物上的重点之一，其行业刊的性质还是很明显的。1992年后此刊更名为《山西科技》。从1986年《山西科技研讨》创办，何吉成为主编。

1979年5月，太原市科学技术情报研究所成立。1980年该所创办《科技情报反映》和《科技参考》，都是不定期内部刊物。1981年太原市科学技术委员会决定将两刊合一，先为《科技情报》，1985年又更名为《太原科技情报》，月刊，16开本，20页，定价0.30元。当时发行2000份。刊物除反映太原地区科技成果和科技动态外，还报道与介绍国内外实用新技术，主要为中小企业引进新技术、开发新产品服务。主要栏目有“太原地区科技动态”、“技术市场”等。1988年时该刊曾改为季刊，1989年又改为双月刊。1989年前主编为邓东东，1989年3月包浦英接任主编。该刊在1994年后改名《太原科技》。

《神州犬业》是一份短暂存在的期刊，这可以说是一个行业性期刊但又兼有科普性质。主办单位是山西临汾地区神州犬业公司，主管单位为山西省旅游局。1985年这一公司就办了个同名的内部期刊，到1988年3月取得国内统一刊号，双月刊，16开48页。当时的栏目有“专论专访”、“犬的驯育”、“人犬之间”、“疫病防治”、“犬的业绩”、“国犬标准”、“犬料配制”、“犬的故事”等。但成为正式期刊后并未打开市场，在经济上、稿源上也无法保证，终使其根本不能正常出版，1989年7月被省新闻出版局注销刊号。《神州犬业》主编梁拯。

第九章 社会转型中的调适

1980年代后期与1990年代前期，世界发生了极为深刻的变化。在国际上，东欧剧变，苏联解体，两大阵营不复存在。在中国，改革开放不断深入，渗透到社会生活的方方面面，人民群众在普遍享受生活质量提高的同时也感受着新的观念、新的规则、新的潮流的冲击。整个中国社会处于一种转型之中。

这一时期，中国共产党召开了十三大（1987年）、十四大（1992年），先后提出了中国正处在社会主义初级阶段的论断和确立了社会主义市场经济体制的改革目标。在一些人对改革开放出现的新问题感到困惑，再度引发姓“社”姓“资”争论的时候，1992年春，邓小平视察南方，发表重要谈话，再一次解放了人们的思想，推动了改革开放与现代化建设的加速发展。

社会的转型，必然带来新的情况和新的矛盾，向社会主义市场经济的过渡也造成了不同领域、不同行业发展中的不平衡。出版业在经历了前一时期的超常发展之后，进入低谷，在长达9年中处于徘徊与调适。1986年，全国图书出版出现危机，新出图书总印张和总印数同时猛跌，分别比上年下降22.03%和22.08%，以后虽有回升，但在这一时期始终未达到1985年时的最好水平。期刊出版方面，1986年时全国期刊5248种，总印数24.02亿册；1990年种数上升到5751种，而总印数下降到17.90亿册，到1994年种数又上升到7325种，可总印数才回升到22.11亿册。1994年与1986年相比，在期刊种数增加39.57%的同时总印数下降8.63%，形成种数增加近40%与印数下降近10%的巨大反差，反映出当时每种期刊发行量的大幅度减少。当时一些传媒上出现了“出版业大地震”、“出版业大滑坡”等刺目的词句。

探索形成这一现象的原因，表面上看：一是高通货膨胀率显著削弱了消费者购买书刊的能力，二是出版业外的资本开始浸入出版以牟取利润，书商出现了，买卖书号刊号、非法出版、盗版也出现了，严重扰乱了书刊市场。而深层的原因是中国书刊市场随着社会主义市场经济的逐步建立而由卖方市场转为买方市场，中国的出版业长期以来的计划模式与前一时期高速增长带来的乐观使其对此毫无应对能力，既没有能在出版内容、形式上很快适应变化了的情况，又不会在营销上灵活多样打开局面。当然这也有体制上管理上的原因，或者说出版业还未能跟上社会的变革，还没建立起新的适应市场经济的出版体制与发行机制。

虽然几乎所有期刊都遇到发行数下跌的困境，但就全国来说，还是有部分期刊较快地调整好了状态，不仅适应了市场，而且有了发展。这表现为三个现象：一是部分期刊集聚人才、集聚资金，抓住时机抢占市场，并初步形成品牌；二是涉外期刊即与国外合作出版的期刊进入期刊市场，并很快站稳了脚跟；三是一些思维新、视野宽、能迅速掌握媒体运作规律的人才产生了，他们办出一些很新锐的期刊，并占了一定的市场份额。山西的期刊虽仍有发展，但总体上迟缓了。品种、数量上增加不多，而发行量与影响力却下滑较快。即便如此，山西期刊这一时期还是有突出之处的。一是出现了一批教辅类期刊，它们适应教育发展趋向，较快打开了市场；二是一些期刊社成为自负盈亏的独立法人，具有了企业性质，运作相对灵活，作为市场主体得以发展；三是山西的科技期刊在全国较早开始实施编排的规范化、标准化，为适应社会信息化、数字化和国际交流打下了基础。

这一时期，山西期刊界影响较大的有两件事：一是新成立了山西省新闻出版局，设立期刊处，对期刊的管理、引导、服务方面做了很多工作。山西的期刊管理在1992年首创评比分级，这一管理方式很快收到成效。以后这一办法不断完善，到2008年已坚持16年之久，成为有全国意义的对期刊质量进行评估和建立期刊退出机制的一种积极探索。二是在1986年成立了山西省科技期刊编辑学会（在成立之初有一些边缘性的社科刊物也加入其中），1988年山西省高校学报又成立了山西省高校学报研究会。这两个组织在不同方面和不同程度上发挥了学术社团的作用，在推动科技期刊与大学学报提高质量和加强编辑队伍建设方面都作了不少贡献。

总之，这一时期的山西期刊经历了一番从外到内的蜕变，在社会转型中积极进行自我调适，总结了经验，也吸取了教训，为逐步适应社会主义市场经济的环境，为以后的健康繁荣作了准备。

第一节　一个“童话”的奇迹

《童话大王》的创办与发展，本身就像一个童话，一个延续了20年的童话。

1985年，两个年轻人，一个是30岁的童话写作者（当时还称不上作家）郑渊洁，一个是刚过20岁的编辑（其实只编过几天内部小报）赵岩平，联手打造了这样一份小刊物。在1986年开始的全国性期刊订数萎缩、市场疲软中，《童话大王》发行量却不断攀升，最高峰时达到70多万册。《童话大王》成了中国著名的儿童刊物之一。这期间，通过《童话大王》，皮皮鲁、鲁西西、舒克、贝塔和罗克等童话人物伴随了不止一代小读者的成长，影响了他们的观念，影响了他们的成长。与此同时，郑渊洁从一个青年文学投稿者成了专业作家，名列“北京十大杰出青年”，多年过去，已成了在中国很有影响的高产作家，而且是不靠国家工资而拥有相当财富的作家，20年后，在中国作家富豪榜上连续几年名列前茅。虽然这期间郑渊洁也有书出版，但从传播速度和范围来讲，作为期刊的《童话大王》要远远胜过任何童话图书。与此同时，赵岩平从一个高中毕业的“待业青年”成为出版业的知名人士——全国劳动模范、全国“十大优秀青年”之一。

赵岩平，1963年生，高中毕业后到山西青年杂志社办的刊授大学参与校刊工作，1984年秋与郑渊洁筹办《童话大王》，以后一直在该杂志社负责，先是副主编，后是主编、社长。由于在主持《童话大王》中的业绩，他获得了一系列荣誉。1989年在山西省首届优秀期刊编辑评奖中被评为优秀编辑，以后又荣获“山西省先进出版工作者”、“山西省优秀共产党员”等荣誉。1993年名列“山西省首届十大杰出青年”，1994年获“全国五一劳动奖章”，1995年获“全国劳动模范”荣誉，1996年名列“全国十大优秀青年”。《童话大王》在市场上站住脚之后，他又被推荐到山西大学学习四年，在校期间，还担任过山西大学学生会主席、山西省学联主席、全国学联副主席等职。

《童话大王》从一开始就显示了它的与众不同，在应试教育的气氛弥漫在中学、小学、幼儿园，抓孩子学习成了众多家长的头等大事的情况下，《童话大王》创刊号却提倡要“玩得痛快”。它的发刊词《致小读者》中说：“首先，我们要绞尽脑汁让你们在《童话大王》里玩得痛快！我们的小读者每天玩的时间和地点太少了，功课和作业把你们压得喘不过气来。孩子不玩怎么行呢？为此，《童话大王》将任导游，领你们到各种神奇的地方去好好玩玩，消除上课和写作业的疲劳。第二，人身上最宝贵的东西是想象力，它是开发型和创造型人才必备的素质。童话是一种能刺激和发展小读者想象力的文学体裁。我们希望，本刊的小读者通过和《童话大王》交朋友，想象力与日俱增，将来成为能进行创造性劳动的人才。最后，你们的爸爸妈妈和教师可能会说：‘光让孩子玩怎么行呢？’请不必担心，《童话大王》能使你们在玩的过程中，不知不觉地增长各种知识，多好啊！”这种谈心式的表述表达了编者对儿童教育的认识，是一种冲破常规回归儿童天性的认识，这种认识迅速取得了孩子、家长和老师的认可，创刊号8000册销售一空，随之很快就发行到7万册。在创刊号上主编署名为“广大小读者”，对此《致小读者》中说：“一个刊物，没有主编哪行呀！想来想去，最后决定由你们担任本刊的主编。”这种做法，在期刊界大概也是没有先例的，其中固然有“作秀”、“炒作”（当时中国内地尚未引进这类词语）的成分，但更深的原因应该是中国当时出版体制下还不可能安排一个资格、身份都不够的年轻人来当主编，所以副主编署名才是赵岩平。

《童话大王》的主办单位当时是刊授大学，以后改为山西省青年教育科技文化服务中心，这是隶属于共青团山西省委的一个服务性组织，到2005年后主办单位改为山西省青年联合会。由于主办单位的特殊，所以《童话大王》从创办之初就有了不同于计划经济体制的特征，这为赵岩平及其同伴办刊带来了困难，但也为他们大胆改革，闯出一条新的办刊之路创造了条件。当刊授大学申办这样一份刊物获准后，赵岩平找贾丽英、罗加等几个志同道合的同伴靠刊授大学投入的5000元资金，租赁了一间10平方米的旧房，在没有国家投资、没有行政编制的情况下，成立了《童话大王》杂志社。

《童话大王》1985年5月创刊后一直坚持了32开本，1990年前为双月刊，1991年起改月刊，页码1985年为64页，次年改为48页，1992年改64页，1999年改80页，后又增至96页。定价最初为0.28元，后逐渐提高，当页码增到80页时，从0.80元逐年涨至3元。刊物内容上虽是一个人的作品，但也是设了栏目的，最初的栏目有“中篇童话”、“短篇童话”、“系列童话”、“童话连载”等，1998年之后改用一些象征性词语为栏名，有“正餐”、“开胃酒”、“冰激凌”、“长寿面”、“自助餐”等。2008年又改用“幻影号新闻快车”、“五角飞碟探险馆”、“红塔乐园游艺场”等以郑渊洁作品命名的栏目。

作为一个只有一名作者的期刊，除保证每期要有足够的篇幅以外，还必须顾及一个作家的作品对读者是否有持久的吸引力。郑渊洁的童话做到了这一点。他的作品有极其丰富的想象力，又能贴近儿童心灵、贴近现实生活，这就保证了刊物创办以后的经久不衰。如果说远离现实的想象还较为容易的话，要结合现实写出引人入胜的童话就难多了，但郑渊洁同样做到了，他的作品中经常出现与现实颇有些关系的内容，而这些内容又自然巧妙地镶嵌在充满童趣的故事之中。这种风格与叙述方式不断创新，到2000年之后更为精彩，例如《皮皮鲁和419宗罪》就是按照我国刑法中规定的419项罪名，每项用一个童话来讲给儿童的，这种做法史无前例，但确实引起了孩子甚至家长的极大兴趣。《童话大王》自1985年到1988年摸索前进，1989年走向正规和稳定，在1990年代前期达到了成熟或者说是成功，这一时期刊登的作品《熊猫鲍尔叛逃记》、《黑黑在诚实岛》、《红沙发音乐城》、《蛇王淘金》、《奔腾验钞机》、《五个苹果折腾地球》等在国内外一些童话作品评选中屡屡获奖。1990年，《童话大王》又与台湾牛顿公司签约，由其印行繁体字本，《童话大王》在台湾、香港以及东南亚其他华人群体中也落了户。

《童话大王》杂志社还注意了利用各种机会，直接与读者接触。1990年9月全国期刊展期间，该社在北京举行了与北京小读者见面联谊会，除了为刊物撰稿的郑渊洁外，还请了中央电视台少儿节目的主持人鞠萍、董浩一起与200多名小读者联欢。该社还积极参加各种公益活动，出资赞助希望工程，赞助高速公路建设，在回报社会中也同时树立了自身的品牌形象。虽然《童话大王》只是每期大约6万字的小刊物，但编辑工作做得还是十分认真的，1992年底省新闻出版局组织抽查了全省期刊的编校质量，《童话大王》是唯一无差错的。1986年后大多数期刊面临订数下跌的问题，而《童话大王》始终保持了相对稳定，1991年时发行54.5万册，1992年发行63万册，这一年就增长了16%。以后有所下降，但到1995年仍有43.1万册。《童话大王》的成绩得到了新闻出版行政管理部门及期刊同行的肯定，1992年中国期刊协会成立时，代表山西当选的4名理事中赵岩平是唯一以期刊社代表身份列入的。

20年的发展，《童话大王》堪称奇迹，它不仅在文学史、传播史、期刊史上创造了由一位作家供稿，支撑一个面向大众的期刊出版20年，达到每期几十万份发行量的先例，成就了一个当代有影响的童话作家，而且创造出了一个长期稳定在五名工作人员的期刊社没要国家投资却累计上缴税金120余万元的出版团队。这个团队精干、稳定、节俭、高效，在创造社会效益的同时创造了很好的经济效益，团队成员的经济收入达到了本地区本行业的较高水平。团队的领头人成了全国优秀青年的代表。

《童话大王》的成功，似乎有其偶然性，它的模式也难以复制，但是综观它走过的道路，在对人才成长规律、大众传播规律以及市场运作规律的认识、把握和运用上，在冲破传统思维与固有体制，积极创新和科学发展上，都可以给人们很多值得深思的东西。

第二节　从教育期刊到教辅期刊

以教育事业的相关内容为内容，读者群为学校教师和其他教育工作者的期刊习惯上被称为教育期刊，它是自期刊出现以后最早形成的一个重要门类。在近代中国，1898年（清光绪二十四年）清政府推行包括教育改革在内的“新政”，就催生了一些教育期刊，如1901年创办的《教育世界》。新中国成立后，山西最先办起来的期刊就有教育类的，《山西新教育》就创刊于1949年10月。以后，随着共和国走过的道路，教育期刊也经历了曲折的历程。1977年邓小平重新回到中央领导岗位，他首先抓的就是科学和教育的拨乱反正。1977年8月，召开了全国科学与教育工作座谈会，1978年4月召开了全国教育工作会议，教育事业迎来了新的时期，教育期刊也揭开了新的篇章。1978年，《山西教育》编辑部由山西省教育厅的一个处（室）变为一个独立单位，并更名为山西教育杂志社。1981年，山西教育杂志社在已有《山西教育》月刊的基础上又创办了《成人教育》（后改名《山西成人教育》）和《小学语文教学》，1985年又创办了《山西教育报》，1987年山西教育杂志社更名为山西教育报刊社，成为山西教育类报刊出版的“排头兵”。

在以《山西教育》为代表的教育期刊发展的同时，山西的教育期刊还衍生出一个新的品种，即教学辅导类期刊，因为属于这一品种的还有报纸，后来统称为教辅类报刊。虽都有“教”字，但教辅类报刊与传统的教育报刊却是有明显不同的，主要表现在五个方面：一、对象不同。教育类面向所有的教育工作者，教辅类则面向教师或者主要面向学生。或者可以再细分为教学类是面向教师，教辅类是面向学生。二、作用不同。教育类是推动整个教育的发展，教辅类是促进教学的改进与学生学业（成绩）的提高。三、内容不同。教育类可涉及教育的方方面面，教辅类基本是围绕教材做文章。四、基础不同。教育类以教育为基础，教辅类尤其是面向学生的实质上是以“应试教育”为基础，虽然它也有提高师生素质的作用，但其所以受读者欢迎，根本原因还是因为它有利于“应试”。五、编辑不同。教辅类在编辑上一般要与教学进度“同步”，与教材“一致”，而教育期刊则不必如此。基于上述特点，在教育迅速发展，家长、学生及教师普遍重视考试成绩，而整个教育体系又在总体倾向上没脱离“应试教育”和“学历教育”的条件下，教辅类报刊顺应了社会的需求，不仅正式期刊发行量大大增加，一些盗版的甚至非法出版的教辅类报刊（以至图书）也一度十分猖獗，在山西这类出版物曾成为“扫黄打非”、报刊市场治理整顿的重点。山西的教辅类报刊总体上讲是数量不断增加、质量不断提高的，一些创办较早而且发展较好的形成了品牌，在全国占有了很大市场，以山西这样一个教育非最发达也非最先进的内陆省份，却拥有了在全国极具影响力的教辅类报刊。

就教育期刊来讲，仍可再分为两类：一类以宣传教育方针、教育思想、教育理念、教育方法为目标，它也具有行业期刊的特征；另一类则以对教育的学术研究为内容，以探索教育规律为目标，实际上具有学术期刊的特征。在山西，《山西教育》为前一类的代表，《教育理论与实践》则为后一类的代表。不过习惯上人们所指的教育期刊仅指前一类（后一类则归于学术类）。这类刊物就全国的布局来说，中央有《人民教育》，各地则基本为“某某（地名）教育”。1980年3月，在教育部领导下，《人民教育》编辑部组织召开了“文革”后第一次全国各省、市、自治区教育期刊会议。这次会议对各地教育期刊的性质、任务形成了一个意见，即“各地教育刊物是本地教育厅、局的机关刊物，主要面向广大中小学，面向广大中小学教师（特别是广大农村的中小学教师），宣传党在教育方面的方针、政策，贯彻本地教育厅、局领导意图，总结宣传教育教学的先进典型和先进经验，提供教师所需要的教学资料，为提高广大教师的思想、业务水平，为全面提高教育教学质量服务，并逐步使刊物形成自己的特色”。这一表述体现了在当时的条件下对这类期刊的认识与要求，有其时代特征，也是各地教育期刊的共性所在，《山西教育》自然也不例外。

《山西教育》从1977年到1980年是一个复苏回归阶段。当“文革”后期《山西教育》得以复刊后不可避免地有那个年代的“左”倾印记，思想禁锢，刊物内容多是空洞的说教。当“文革”结束，在教育界逐渐走出“文革”阴影的过程中，《山西教育》也开始恢复生机，从政治味十足的说教模式回归到立足教育、立足教师，为教学（尤其是广大农村的中小学教学）服务上来。这一变化尤其在1978年建杂志社后更为明显，这时郭允昌任社长兼总编辑。刊物的栏目与内容都体现着这种转变，当时还谈不上有现代期刊意义上的栏目，而多是沿袭“文革”中形成的用标语口号来将若干文章予以归拢。这种“栏

目”在1977年前期是这样一些:“中央报刊社论”、“狠批‘四人帮’搞好教育革命”、“教育学大寨”等,1978年是“落实知识分子政策,调动教师积极性”、“提高全民族的科学文化水平,大力发展各级各类教育事业”等,以后才出现了“教育理论讲座”、“教学研究”、“园丁赞”等。

这一时期《山西教育》主要出现了三方面的变化:一是注重了杂志社内部管理,建立了一系列工作制度,编辑工作较前效率提高,程序规范;二是注意了刊物与外部的联系,尤其是扩大了省外的作者、读者队伍,刊名也请新中国首任文化部部长、著名作家茅盾题写,从1979年第5期起启用;三是开始了编辑的主动策划,使刊物的内容不断有了相对集中的专题。《山西教育》与北京师范大学教育系联系,由北师大厉以贤等人组织撰写教育理论系列文章,在刊物上开设了“学习马、恩、列、斯、毛教育理论”专栏,每篇文章阐述革命领袖一篇与教育相关的经典论著,每期若干篇。这一专栏从1978年第6期始到1979年第8期毕,历时一年多。然后将专栏文章汇编为增刊《马克思主义教育论著讲座》出版,极受欢迎,全国各地都有索购,甚至成为当时一些师范院校的辅导教材。这一讲座的推出可谓适逢其时,它针对了经过“文化大革命”造成的中小学教师尤其是校领导学历低、基础欠厚实的情况,也针对了在教育领域需要用马克思主义原著来清除“文化大革命”中极“左”灾害的需要。这是一次成功的策划与组稿,大大提升了《山西教育》在读者中的影响。1979年,《山西教育》还在太原召开了“中学语文教学座谈会”,这是改革开放新时期较早的促进语文教学改革的一次会议。

1981年后的10年时间是山西教育报刊社快速发展阶段。1983年6月,山西高教厅与教育厅合并,山西教育杂志社各项工作继续蓬勃发展,这时辛亮任社长、总编。在杂志社内部,各项制度不断健全,编辑工作的“10·1·1”制度(每一个编辑一年有十个月编稿,一个月到学校听课,一个月学习),即发端于这一时期。这一时期,杂志社人员增加,在办好《山西教育》的同时,又创办《成人教育》杂志和《小学语文教学》杂志以及《山西教育报》,杂志社也更名为山西教育报刊社。《山西教育》继续加大策划力度,1982年,在全国同类刊物中率先开设“学校管理”专栏，介绍科学的管理思想和管理方法，从1982年10月到1984年12月，在两年多时间里推出一批有深度的文章，直接促进了全国学校管理研究会的成立（1983年10月）。当时学校管理在中国还是一个新课题，专业研究人员很少，组稿难度较大。为使这一专栏办好，北京师范大学陈孝彬、华中师范学院肖宗六、华东师范大学张济正、太原教育学院杨国杰等给予极大支持。以这一专栏为基础，《山西教育》组织编写了《小学行政管理讲话》，于1983年在刊物上连载，后又单独出版，受到全国小学校长们的欢迎。在此前后，还利用作者资源，先后编写过《古诗文成语典故》、《初中语文古代作品译注》、《中学物理习题集》、《中学化学习题集》等，给杂志社带来可观的社会与经济效益。

1982年，山西教育杂志社与省工会、省文教委员会、山西人民广播电台联合举办了全省教工“五讲四美”有奖征歌活动，又与太原市群众艺术馆联合举办了“园丁书画展览”，展出20天，有200多件作品参展。作者包括从大学到小学的教育工作者，省委、省政府的一些负责同志也参加了书画展的相关活动，展览同时还出版了作品选集。1988年又举办了教师、学生、教育工作者的“硬笔书法大赛”，参赛作品近万件，还组织了全国中小学生“心灵深处的秘密”同题作文大赛。

1985年12月，在全省期刊工作会议上，山西教育报刊社受到中共山西省委宣传部的表彰，荣获“再展宏图”奖匾。1989年6月，省委宣传部、省新闻出版局、省出版工作者协会联合举办了山西省优秀期刊、优秀编辑、优秀美术设计评奖活动，《山西教育》是评出的15种优秀期刊之一，而且在另两个奖项中也有个人名列其中。1989年，山西教育报刊社领导班子调整，实行了总编辑负责制，这时的总编辑为张秉谦。从1973年复刊以后，《山西教育》历任负责人为于忠厚（1973—1975）、郭允昌（1975—1983）、辛亮（1983—1986）、张秉谦（1986—1994）。

《山西成人教育》是山西教育杂志社1981年7月创办的，创办时名为《成人教育》，此前《山西教育》曾创办过《山西教育（成教版）》。“文革”结束后，特别是中共十一届三中全会之后，教育在整个社会生活中的地位及作用日益突出，社会对教育的关注达到空前程度。由于十年“文革”的耽误，一批人错过了接受正规教育的最佳年龄，补充知识成了他们的迫切愿望，这使成人教育空前兴盛起来，形成了创办成人教育有关报刊的特定的时代基础。山西教育杂志社敏锐地看到了这一形势，于是创办了《成人教育》这个全国最早的成人教育期刊。在创刊号的《致读者》中说：“成人教育是国民教育体系中的重要组成部分。它教育的对象多、战线长、涉及面大、办学情况复杂，任务更为艰巨。如果说学校教育培养的是祖国未来的建设者，那么成人教育面对的就是现在战斗在工农业战线的主力军……”而创办这个刊物就是“为各条战线广大成人教育工作者和教师服务，以工农教育为主，兼顾干部教育、职工学校教育”。《成人教育》创办之时为16开本，48页，季刊，定价0.25元。创办当年出两期，1985年第1期起改月刊，根据当时报刊整顿要求，1988年1月改名为《山西成人教育》。刊物主要栏目有研究成人教育的“理论纵横”、“工作研究”、“经验交流”、“调查报告”等；根据成教对象的不同还有“职工教育”、“农民教育”等栏目；针对不同层次教育需要有“成人高考复习专栏”、“成人中考复习专栏”；还有一些较活泼的专栏，如“教育波声”、“名人治学”、“能人办学”、“名著欣赏”。

1990年，《山西成人教育》编辑部一行五人骑自行车赴太行山区考察成人教育情况，途经13个县（区），行程1200公里，历时22天。通过这次考察，使编辑部对基层成人教育更有了切身了解。1991年，《山西成人教育》举办“庆祝创刊十周年暨首届全国成人教育研修班”，这是一次大规模的活动，参加者2800人，不得不分在两处进行。1993年改铅印为胶印，刊物印装质量又上一层，并在中国成人教育协会举办的首届成人教育期刊校对评比中荣获第一名。也就在1992年，《中文核心期刊要目总览》第一版中将《山西成人教育》列为核心期刊。1995年，《山西成人教育》参加了山西省科委组织的“三晋扫盲行”记者采访活动，并在同年11月到1996年3月间承办了“山西省扫盲知识竞赛”，三万余名读者参加了活动。1996年刊物改为大16开本，同时为配合全省“扫盲”验收工作，刊发了《扫盲千字文》。仅从刊物本身看，《山西成人教育》已逐渐形成快（反映动态）、实（实用性）、大（信息量）、活（灵活、活泼）的风格，成为全国成人教育方面有影响的媒体。但是，随着时代的发展，成人教育的市场需求减少，刊物的发展受到了制约，加之报刊整顿等因素，1998年经省教委研究，决定1999年起停办《山西成人教育》，有关成人教育的内容并入《山西教育》。在18年的时间里，《山西成人教育》为山西教育事业的发展尽了力，它出版了182期，为那段历史留下了忠实的记录。《山西成人教育》的主编先后为张秉谦、夏立纯、王冬生。

《语文教学通讯》创办于1978年2月，它是我国创办较早的语文教育杂志，后来成为中国教育学会中学语文教学专业委员会会刊。在山西来说，它是新中国成立以来除省教育行政机关办的《山西教育》以外的第一家教育类杂志，而且与过去的教育期刊不同，它是教学研究和教学辅导性质的，虽然它的读者对象是中小学语文教师，还不是学生，但从辅导意义上讲，已经开创了教辅类报刊的先河。1978 年，教育部重新制订了《全日制中小学语文教学大纲草案》，也在此时，著名的语文教育家叶圣陶发表《大力研究语文教学，尽快改进语文教学》，语言学家吕叔湘发表《语文教学中的两个迫切的问题》，揭开了新时期语文教学改革的序幕。《语文教学通讯》正是在这一背景下酝酿创办的。

当时，山西师范学院中文系主任阎宪康、教师陶本一等感到要贯彻语文教学大纲，必须提高语文教师的业务水平，尤其需要切实帮助农村语文教师解决教学与进修中的困难，一个较方便的途径就是办一份杂志，而且设想了将杂志取名为《语文教学通讯》。陶本一抱着试一试的想法给叶圣陶先生去了信，谈了办刊设想，希望能题写刊名。叶老在 1978 年 11 月 30 日亲笔回信，并题了两张刊名。叶老对办刊还提出了他的想法，信中说："出版刊物，促进语文教学，诚有必要。鄙意以为刊物所载文篇，宜多及于如何启发学生善于阅读书报，善于表达其所思所感方面，而少载某课某文之解析与注释。即谈某课某文，亦须注意如何启发学生，庶使任课教师知一反三，不断改进教学，而使学生受到实益。"叶老的支持给山西师院中文系办刊教师很大的鼓舞，其后，吕叔湘、张志公等语文界知名学者也都为刊物撰稿，使《语文教学通讯》1978 年一问世就达到了国内一流水平。当时为双月刊，16 开，88 页，1980 年后改月刊，64 页，定价 0.34 元。发行量连年上升，1985 年达到 12 万份。

《语文教学通讯》从创办到 1990 年代初大致可分为两个发展阶段。1978 年至 1982 年为第一阶段，这一阶段中随着真理标准的讨论和对"两个估计"错误论断的否定，语文教学改革在全面认识过去的成绩与教训的基础上迈开了新时期的步伐。《语文教学通讯》这一阶段的内容主要集中于四个方面：一是针对学生语文能力下降、基础知识薄弱的状况，大力进行语文基础知识的普及推广；二是宣传贯彻语文教学大纲，清除"语文是阶级斗争课"的影响，研究语文"双基"（基础知识、基本技能）的教学与训练；三是为各地师资培训机构提供鲜活素材；四是推广语文教学实验典型。以实验典型为例，这一时期全国的有名实验，在刊物上都有过较深入的介绍与报道，如北师大附中、华东师大一附中"三年语文过关"的实验，北京景山学校"以作文训练为中心组织教学"的实验，北京月坛中学刘朏朏"作文三级训练"实验，重庆一中黎先明"语文导读与创造学法"实验，上海钱梦龙"三主四式导读教学"实验等等。

1983 年到 1992 年为第二阶段，这一阶段教育改革力度加大。1983 年 10 月邓小平为景山学校题词："教育要面向现代化，面向世界，面向未来。""三个面向"从战略高度提出了教育事业长期的历史任务，也指明了教育改革的发展方向。1985年中共中央颁布《关于教育体制改革的决定》，指出我国传统教育思想和教学方法是一种封闭型的教育思想和教学方法，“从小培养学生独立生活和思考的能力很不够”，“不少课程内容陈旧，教学方法死板，实践环节不够重视”，认为教育不同程度地脱离了经济和社会发展的需要。接着，教育部在1986年修订《全日制十年制中学语文教学大纲》。与上述形势相适应，《语文教学通讯》的重点则是：1.宣传“三个面向”，结合语文教学实践促进教育观念的转变。2.根据新修订的大纲，研究除培养语文运用能力、阅读现代文能力和初步阅读文言文能力的教学外，如何在教学中增加听说能力、文学鉴赏能力和发展智力的要求。《语文教学通讯》还以“专号”形式集中为中学语文教学提供参考，如“古典文学作品教学专号”、“鲁迅文学作品教学专号”、“高考作文研究专号”、“高考语文‘状元’专号”等。3.继续推广语文教学实验的成功案例。尤其是设立“封面人物”栏目，将优秀教师推向前台，使之成为“教学明星”。这一时期推出的有上海于漪“提高语文教学综合效应实验”、辽宁魏书生“自学能力培养实验”、北京宁鸿彬“课堂三三制原则”、河北张孝纯“大语文教学实验”等。这些研究课题及成果，后来在全国中小学语文教学中都产生了积极影响。

《语文教学通讯》充分利用刊物影响，组织各种活动。与刊物的读者定位有所不同的是，这些活动虽也针对语文教师，但更针对学生，在这一点上更体现了它的教辅特性。1990年代之前，较大的活动有1982年起连续五届“中学生所喜欢的十本书”读书评书活动，累计有几百万师生参与，活动的主旨“读优秀的书，做高尚的人”一时成为校园流行的口号。1982年与杭州《语文战线》和上海教育学院联合在苏州召开“叶圣陶语文教学思想讨论会”，以个人语文教育思想为专题研讨，这是新中国成立以来的第一次。《语文教学通讯》和《语文报》1983年在江苏太湖举办第一届全国中学生语文夏令营活动。1984年在南京中华中学举办“青春诗会”，著名诗人艾青题词“忠于祖国，忠于人民”为之祝贺。1986年，由刊物牵头成立“全国中语会农村中学语文教改研究中心”。

1982年，语文教学通讯编辑部被山西省人民政府授予“先进集体”称号。这个“集体”的成员为：陶本一、张发、李文锦、靳保太、秦溱、赵建功。从创办起到1990年代初，《语文教学通讯》历任主编为阎宪康（1978—1980）、陶本一（1981—1983）、徐同（1984—1985）、靳保太（1986—1987）、孙全生（1987—1997）。

《小学语文教学》与《语文教学通讯》类型相近，但它读者对象更明确，完全对准小学教师。《小学语文教学》是山西教育杂志社创办的，创刊号1981年4月22日以《山西教育》专版的形式出版，语言学家王力题刊名。王力还为刊物创办题词说：“小学语文教学是语言修养的基础，小学语文教学好了，中学的语文课就省力了。”刊物创办后第1期、第2期在省内发行，第3期起在全国发行，当年发行量达到了3万份。这时是双月刊，16开，32页。编辑部工作由季恒铨负责。

1982年，全国小学语文教学研究会第二届年会在太原召开。会上山西教育杂志社负责人辛亮提议研究会把《小学语文教学》作为会刊，得到与会者的赞同，当年小学语文教学研究会确定了将这一杂志作为会刊，1982年12月叶圣陶题写刊名，小语研究会副理事长袁微子出任主编，由研究会常务理事组成编委会。袁微子对《小学语文教学》提出了办刊理念，这与研究会的中心工作是一致的。他在刊物上发表《关键在于教学思想》，文中说：“从小学语文教学看，核心的问题是摆好教与学的关系，其次要切实抓好听、说、读、写的基本功训练，再次要扎扎实实注意总结教学经验。”这也成了《小学语文教学》以后多年坚持的办刊方向。小语界的一些专家和优秀教师如郭林、高惠莹、斯霞、袁瑢、霍懋征、李吉林、丁有宽等纷纷为刊物提供自己的研究成果与实践经验，使刊物质量不断提高。1985年改为月刊，1986年又将页码增至48页，发行量跃至15万份。

在《小学语文教学》创办的头十年里，它的办刊宗旨也在不断调整充实，最初只是为普及小学教育，提高小学语文教学质量，给小学语文教师提供教学参考资料。在办刊实践中涉及领域扩大了，刊物宗旨也充实为：反映全国小学语文教学先进经验，促进小学语文教材教法改革，提高小语教师科学文化素养，报道小语教育优秀人物事迹，提供小语教学备课参考，介绍国内外有关动态，推动小语教育理论研究。主要栏目有“教学研究”、“新大纲学习”、“学法研究”、“实验园地”、“教材分析”、“备课资料”、“板书研究”等。《小学语文教学》的主编由袁微子担任到1989年，1990年后改由高惠莹担任。具体编辑工作由山西教育杂志社领导负责，身份为副主编。

与上述期刊不同，《中学课程辅导》是完全办给学生的，它的刊名准确地反映了教辅期刊的性质。而更与前述期刊不同的是，这份刊物是改革的

产物，它由一个公司所办，是办刊者自筹资金办起来的。

1980年代初，改革大潮开始涌动，改革激发了许多有志之士的创业热情。当时《光明日报》驻山西记者站的负责人梁衡通过工作结识与联系了一批这样的有识有志之士，经过他的联络筹谋，成立了山西省晋光人才开发公司。这一公司作为山西省首批改革试点单位，聚集了一群囿于传统体制在原单位感到难以发挥才智的人才，并尝试自主开发一些项目。《中学课程辅导》第一任主编赵福民就是其中之一。他原在山西人民出版社少儿编辑室工作，辞掉"铁饭碗"到晋光公司创业。在筹办这一刊物时，没有任何地方来投资，完全是白手起家，赵福民自己掏钱去印订单和样刊。当时刊物主办者为晋光人才开发公司，主管者是山西省科委。刊物于1984年9月创刊。

《中学课程辅导》最初是报纸形式，半月刊，每版16开16页，为发行方便而装订成册，名称则是很直白的一组：《初一课程辅导报》、《初二课程辅导报》、《初三课程辅导报》、《高一课程辅导报》、《高二课程辅导报》、《高三课程辅导报》、《小学课程辅导报》。也就是说是分年级分版出版的，这种做法在全国是首创，也是这一刊物的主要特征之一。刊物的第二个特征是紧扣教学大纲和全国统编教材，随每一年级的教学进度对中学各年级的各门课程进行全面辅导。按赵福民的说法，是要办一个实用性很强，没有一点花架子的刊物，实实在在地为学生服务，帮他们提高知识水平和学习成绩。这份刊物"与教学同步辅导"、"分年级办刊"的两大特征使其一问世就受到学生及家长的关注，也受到报刊经销商的欢迎，在当年秋天，晋光人才公司院内排队订刊取刊的长龙成了一道引人注目的风景。

从1984年到1987年，是《中学课程辅导》的创业期。当时的条件很艰苦，除赵福民以前干过编辑外，其余都是刚毕业的大学生或者是其他的"知识青年"，有的人甚至连校对符号都不知道。没有自己的印刷设备，为了节约成本，找一些条件很差的小印刷厂印刷。而每月七个版，每个版16开16页的工作量由三四个编辑承担着。校对错误、误期等问题成为当时困扰刊物发展的最大难题。虽然条件艰苦、环境简陋、人员素质不算很高，可是由于刊物是一种没有“大锅饭”、“铁饭碗”的新体制，所以大家有一种奋发向上，不干出个名堂来誓不罢休的劲头。就这样，在学中干、干中学，一边发展一边改善，闯过道道难关。

为了弥补期刊社自身的不足，赵福民采取了聘任兼职编辑的办法，每个年级每门学科都找重点中学的名师来编。当时老师们的工资还很低，在外面兼职的机会少，聘来的教师都把这份工作很当回事，认真对待，他们最了解学生的需求，又有丰富的教学经验，编出的东西深受学生喜爱。他们的参与在提升刊物质量方面很起作用，也是这份刊物迅速崛起的一个重要因素。随后，又以期刊名义搞了“全国辅导大赛”等活动，把这份刊物的知名度和影响力扩大到全国。1987年，通过邮局在全国发行之后，各版总数加起来有上百万份，成为山西省当时发行量最大的期刊。

从1988年到1990年，是《中学课程辅导》的发展期。随着刊物发行量扩大，条件有了改善。在刊物质量提高的基础上，期刊社办起了自己的印刷厂，整个期刊社经济实力已经有了相当基础。

随着改革的深入发展，“草莽英雄”的弊病越来越多地暴露出来。晋光人才开发公司于1987年解体，同年7月，《中学课程辅导》主办单位改为山西省出版工作者协会。1988年主办单位又改为新闻出版报社山西办事处。由于创办开始就对报纸进行了简单的装订，后来又对封面进行了套色印刷，在1990年期刊整顿中把凡是装订的报纸都归为刊物，《中学课程辅导》明确进入期刊管理序列。这时，由于发展太快，摊子铺得太大，人手难以顾及，刊物质量开始出现不稳定现象，在此情况下，小学版、高中版先后停办。而草创时的“游击风气”、不正规作风也干扰了刊物的发展，1990年刊物交由山西省新闻出版局主管、山西省出版工作者协会主办，主编改由李强担任。

《教学与管理》是山西省另一份重要的教育期刊，它创刊于1984年11月，创刊号16开，92页，当时为季刊。《教学与管理》既有教育理论研究内容，属于学术性质，又有教学辅导内容，属于实践经验交流。读者对象是中小学教师和管理人员。1984年到1988年为初创阶段，创刊时由时任山西省教育学院院长的陈茂林写《发刊词》。文中讲，办刊目的有三：一是总结和推广成功的教学与管理经验，二是建立具有中国特色的教育体系，三是造就符合时代要求的建设人才。这与教育学院的任务是吻合的。“文革”之后，培训中小学师资的任务很大，山西省教育学院是山西省教育系统的培训中心，为全方位配合培训工作，学院决定申办一份学报。但是与一般高校的学报不同，这一学报要针对全省中小学师资，本身有培训性质，于是没有选择如“山西省教育学院学报”这样的刊名，而定名为《教学与管理》。这样一个刊名的选择当时未必有更长远的考虑，但却为这一期刊以后的发展奠定了基础，使其从创办伊始就没有走上高校学报的传统道路。

这一期刊的内容如刊名所示，由两大范畴组成：一为中小学教学，一为中小学管理。其中尤其是学校管理方面，由于全国这类期刊较少，使之在这一方面形成了特色与权威。创刊时发行量只有500份，以后不断上升。《教学与管理》1986年改双月刊，1997年后改月刊。主编前期为陈茂林（1984—1987）、辛亮（1987—1995），编辑部主任赵汝泳（1984—1989）、冯文成（1989—1995）。

还有两种教学辅导期刊曾经有一段时期是在山西编辑出版的，这就是《中华珠算》与《中华会计函授》。

《中华珠算》1981年到1988年是在山西登记并在山西出版的。它的前身是《珠算》，1979年6月在广西桂林出试刊号，第2期于1980年8月在北京出版。这份刊物由中华珠算协会筹备委员会主办，主编为蒋畅行。试刊号载有周恩来关于“要告诉下面，不要把算盘丢掉”的指示，这句话出自《周总理等会见美籍华人物理学家李政道博士和夫人的谈话记录》，在刊发周恩来指示时配有相关图片。试刊号有发刊词《“不要把算盘丢掉”》，还有中国珠协筹委会在北京召开第一次会议的相关报道。在第2期上则发表了薄一波在1979年12月26日给《珠算》杂志的题词：“算盘是我国的传统计算工具。一千多年来在金融贸易和人民生活等方面起了重要作用。用算盘和用电子计算机并不矛盾。现在还应充分发挥算盘的功能，为我国经济建设事业服务。”从1981年5月起《珠算》改由中华珠算协会和山西省珠算协会合办，编辑部设在山西财经学院，王令九任主编，刊名改《中华珠算》。当时全国珠算方面的报刊还有《新珠潮》、《珠算教育》、《珠算研究》。

《中华珠算》从1981年5月起按月刊出版，当年就出7期。出版5年后到1986年改为双月刊。现可查到的最后一本为1987年第6期。《中华珠算》设过“珠算讲座”、“珠算文摘”、“珠坛人物”、“算具小史”、“知识之窗”等栏目，主要刊登算经、算法、算史、珠算教学、心算技巧等方面的内容。以后为适应财会人员的需要，又增加了“财会基础”、“企业管理”等栏目。《中华珠算》还连续举办过全国学生珠算通信比赛等活动，在推动珠算教学、提高青少年对珠算的兴趣及水平等方面发挥过不小作用。

《中华会计函授》是1984年到1993年间在山西出版的，1994年初迁至北京。1984年，山西省财政厅和山西省会计学会联合办起了山西省会计函授学校，随之就创办了教学辅导刊物《会计函授》月刊，当时是内部期刊。创刊号上编辑部的文章《为培养更多的会计人才而努力》，即明白地表示了刊物的宗旨与作用。会计函授学校创办目标是要办成一所正规化、大规模、开放性的中等会计专业学校，当时经济体制改革开始起步，实现四个现代化的口号振奋人心，经济建设急需大量财务方面的专业人员，这使得会计函授学校生逢其时。会计函授学校由山西省人大财经工作委员会副主任、省会计学会会长栗茂林和省财政厅厅长阎元锁任名誉校长，李玉生任校长。它的成立，在全国财政理论界及财经教学界都引起关注，全国政协常委、财政部顾问戎子和题写了校名，中国人民大学、复旦大学、山东大学、兰州大学、山西大学、山西财经学院、江西财经学院等一批院校的专家担任了顾问或指导教师。1984年第1期就招收学员1万余名。第二年起在省外招生，又在北京、内蒙古、贵州、新疆、宁夏等地招生近万名。学校的发展、学员的增加为《会计函授》提供了稳定的读者基础，从1986年起更名为《中华会计函授》，1988年经国家科委批准正式登记出版。《中华会计函授》初期完全像是辅导资料，每期刊号都标明是给哪个年级的，如1988年第1期就大字标明“八七级总第七期”。到1990年后逐渐完善栏目，规范编辑，形态上成了期刊。1994年6月，会计函授学校迁往北京，《中华会计函授》也随之迁京。与其他教学辅导类期刊不同，《中华会计函授》是完全与函授教育密切联系的，它所辅导的教材是固定的，完全是函授教材；它的文章作者也是相对固定的，基本上是学校的指导老师；它的读者也是相对固定的，基本是函授学员。它在山西出版10年共出刊100期，直接影响了数十万学员，曾经是成人教育中很有影响的一份期刊。它在山西出版期间社长为范宝元，主编先后为张乃萍、丁允衍。

山西还有过一个特别的教学辅导期刊，即《我的大学》，它的特别在于一是与1980年代初山西出现的一种新的教育形式“刊授教育”有关，二是它并非标准的教学辅导期刊，而是兼有文化期刊的内容，尤其当“刊授大学”的热潮逐渐减退之后。

《我的大学》创刊于1984年1月，由刊授大学主办，初名《刊授导报》，是内部期刊。1985年取得正式登记，刊名改为《我的大学》，主办单位成了刊授大学和中国电影刊授学院，主管单位为中共山西省委宣传部，月刊，16开48页。主编杨宗，编辑部负责人冯培毅。刊授大学是山西青年社办起来的，原先计划在《山西青年》上开辟 一定数量的版面刊载教学辅导内容，但在实际操作中难以行通，根本矛盾在于《山西青年》的读者不全是刊大学员，《山西青年》也不能只为刊大学员服务。于是另办一个专门对刊大学员进行辅导的期刊成为必然选择。

尽管当时报名参加刊大学习者众多，但刊大学员并不等同于在校大学生，这就使得《我的大学》在承担学习辅导任务之外，还必须有反映学员生活、要求，帮他们开阔眼界、沟通情况、提高素质、增强能力的作用。于是，当时刊物也设了一些与此有关的栏目。刊物办两年之后，坚持刊大学习者锐减，国家其他成人教育学校及方式（如成人自学考试）等兴起，《我的大学》面对这一形势调整方向，变为更广泛意义上的帮助青年人自学成才的期刊。这一变化最明显的反映是在栏目上，如1987年时的栏目为“精读”、“文化茶座”、“文学沙龙”、“现代人”、“自学者”、“环球大学生”、“书友”等。1988年刊物主办单位变更为山西省青年教育科技文化服务中心，主编改为张小川。由于刊物创办时的基础发生了变化，刊物的发展也遇到很多困难。1988年刊物因违反有关管理规定被停办。

第三节 围绕“中心”推进经济改革

新中国成立后，以经济问题作为研究对象的期刊是1980年代尤其是1980年代中期以后发展起来的。在1950年代曾有过为经济建设服务的期刊，但那主要研究建设中的具体问题，多属于行业性质。当时对经济理论的研究较少，有点此类文章也只是发表于综合性理论报刊上。这种情况的改变源于中共十一届三中全会，源于党在社会主义初级阶段的基本路线（即“一个中心，两个基本点”)。基本路线提出“领导和团结全国各族人民，以经济建设为中心，坚持四项基本原则，坚持改革开放，自力更生，艰苦创业，为把我国建设成为富强、民主、文明的社会主义现代化国家而奋斗”。在中国共产党领导的革命与建设史上，把经济提到如此重要的地位是前所未有的，这为经济类期刊的创办提供了需求与条件。而随之在经济理论领域，过去从苏联照搬来的一套被冲破，如何吸收世界发达国家经济科学中的有益成分用于我国现实成了亟须研究的问题。在经济实践方面，从有计划的商品经济到建立市场经济、从多种所有制经济的共同发展到多种分配方式的共存、从一部分人先富起来到共同富裕等一系列新情况出现了，这为经济类期刊的存在提供了资源与可能。

正是在这一时代背景之下，山西出现了一批经济类期刊，有学术性的，也有应用性的，其中有的在全国的经济学领域影响逐渐扩大，成为同类期刊中的优秀者。当然也有的由于种种原因办得不够成功，甚至失败。

这类期刊中创办最早的是1979年8月由山西省哲学社会科学研究所（1983年改为山西省社会科学院）办的《经济问题》。它是这个研究所在新时期主办的第一份期刊，创办时先是内部资料，当年到年底出4期，每期少则32页，多则56页。第二年出版10期，都是64页。《经济问题》经批准1981年正式作为月刊发行，48页，定价0.20元。随着社科所改为社科院，《经济问题》也在1985年改为64页，面向国内外发行，成了一份较有分量的经济理论刊物，初期所设的主要栏目有“理论经济学”、“生产力经济学”、“消费经济学”、“体制改革”、“能源经济”等。当时全国经济理论刊物还较少，《经济问题》及时抓住经济改革中的热点难点问题发表了不少文章，一些国内知名的经济学者如于光远、孙冶方、薛暮桥、孙涛、卫兴华、马洪、厉以宁、卓炯、周叔莲、孙尚清、肖灼基、杨坚白等也相继给刊物撰稿，使刊物的学术影响大大提升。《经济问题》在编辑中坚持了求新、求深，鼓励和支持学术争鸣，在经济体制探索和改革中发挥了积极作用，在省内外都引起较大关注，发行量最高年份达8万份。

1989年11月23日至25日，山西省社科院举行《经济问题》创刊十周年理论研讨会。中共山西省委副书记王茂林，山西省人大常委会主任王庭栋，中共山西省委常委、宣传部部长张维庆等到会，不仅肯定了《经济问题》的办刊方向，而且分别作了有学术主题的长篇发言。王茂林所讲为《关于经济形势和经济研究的几个问题》，王庭栋所讲为《稳定第一及大局为重》。省党政领导参与学术研讨，反映了当时对经济理论的重视，也从一个侧面反映了这一刊物当时在山西学术界的重要地位。

1991年，中南财经大学图书馆中西文经济学核心期刊测定课题组对全国1502种经济学期刊采取多项指标加权综合评定，将测定结果的前100种进行排名，《经济问题》名列第13位。同时该研究还进行了经济学分支学科的排名，《经济问题》在政治经济学中排第16位，国民经济管理与计划中排第11位，农业经济中排第13位，农村经济管理中排第16位，工业经济中排第18位，城市经济中排第6位。这表明在不同的经济学分支学科里，《经济问题》也都排在前20名之内。这是一个高校较早对核心期刊评估的尝试，在一定程度上反映出《经济问题》当时在中国经济研究领域的地位。1992年由北京大学图书馆等单位组织了第一届大规模的中文核心期刊遴选，这是全国影响最大的一次核心期刊评定，《经济问题》在中国经济类、农业经济类、工业经济类、财政类、金融类等5个类别中都被列为核心期刊。从这一届起直到2008年第五届都保持了核心期刊的地位。《经济问题》的影响也逐渐到达国外，例如1996年时伦敦欧罗巴出版有限公司主动联系，要在《工商与经济学研究指南》上详细介绍山西的这一刊物；1997年泰国的《华人月刊》泰文版全面译载了《经济问题》1997年第4期刊发的《未来15年的世界贸易发展与中国》一文。

《经济问题》自创刊到2000年一直是16开本，64页，2001年起改为大16开，页码也随之增加到128页。《经济问题》的编辑人员虽多次变动，但编辑工作一直比较认真，曾多次被评为山西省一级期刊。它的历任主编为唐晓梅（1979—1985）、陈典模（1985—1990）、赵文生（1991—1994）、刘文芳（兼，1994—1996）、董继斌（兼，1996—2001）、孙小勇（2002— ）。从1994年到2001年，编辑部负责人为翟胜明。

山西省社科院主管主办的还有另一份经济期刊《经济师》。它与《经济问题》的不同之处除了定位、特色上有所区别之外，还有三点：一是它并非社科院创办，是1990年由山西经济管理学院转过来的；二是它从创办之初就不靠财政拨款，是办刊人自筹资金、自担风险的；三是从创办起它的负责人一直没变，经历了20年发展过程。

《经济师》创刊于1986年初，当时国有企业的改革已经全面展开。1982年到1984年完成了国有企业"利改税"的第一步，即税利并存的过渡阶段；1984年起进入第二步，国有企业将不再向国家财政上缴利润，而完全按税法纳税，企业拥有了更大的自主权。企业的管理开始面临新的形势，企业必须探索从计划经济中的生产型向商品经济中的经营型转变的新课题，企业的改革使管理人才、经济人才成为可贵的资源。也就在这一时期，全国经济系列的专业职称评定开始，处在企业一线的经济工作者希望有学习经济管理知识的园地，有交流工作经验、探讨企业改革问题的阵地，有发表见解、展示成果的窗口。这种种信息引起了山西经济管理学院科研处副处长廉钢生的思考，他向分管副院长冯子标汇报了想法，认为我国将出现一支庞大的具有经济师职称的管理队伍，他们的需求及素质将对我国企业改革乃至经济建设的成败起到相当重要的作用，办一份直接面向他们的刊物，会有广阔的市场前景。在冯子标的支持下，这份定名为《经济师》的期刊由廉钢生、王治国等几人开始筹办，冯子标兼任主编。但当时山西经济管理学院也正在初建时期，经费紧张，几位办刊人员提出不吃财政、自筹资金、以刊养刊，这在当时还是一个超前的有改革精神的做法，学院予以同意，《经济师》也就走上了一条改革传统办刊模式的路子。

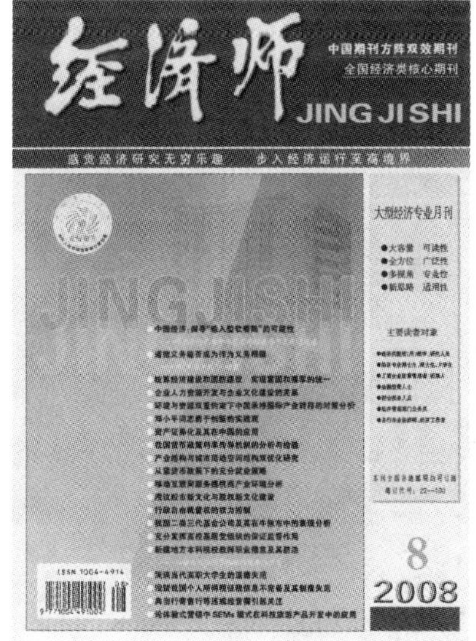

《经济师》的办刊宗旨，当时确定为四句话："传授经济师必备知识，服务经济师职称考评，交流经济师工作经验，发表经济师观点文章。"这一宗旨设定了刊物的内容与目标读者，有些提法虽未必准确

妥当，但也显示出了创办者品格的真诚与作风的实在。

当时办刊没有专门的办公室，一间平房就成了学院科研处、《经济师》编辑部和正在筹办的学报的“三合一”工作间。经过一番努力，1986年初第1期《经济师》印出来了，刊名由中顾委副主任薄一波题写，代创刊词是国家经委副主任、清华大学经济管理学院院长的朱镕基所写的《祝贺与希望》一文。原国家经委主任袁宝华题词：“实行理论与实践相结合，坚持改革创新精神，为经济工作者和企业管理人员提供学习与研究的园地。”著名学者于光远来信说：“经济师有广狭二义……我认为你们办这个刊物不能不以狭义经济师为对象，但是眼界还要放宽一些，要在创新上也下一番功夫。”国务院发展研究中心主任马洪和山西省委常委、副省长白清才应邀担任了《经济师》的顾问。

《经济师》创办20多年，大致经过三个阶段：创办伊始至1992年起步创业，打开局面；1992年至1999年体现特色，提高品位；2000年后坚持创新，不断进取。创办之初，只有几十份的订户，几名编辑人员就去各地各单位上门推销、宣传。1986年时上门推销者还极少，他们的行动使人感到新鲜和感动，所以上了门就有成效。稿源匮乏，经费不足，他们就广泛发信联系，上企业揽广告，使刊物初步站住了脚。当偶然得知武汉有个特约书稿编辑部，是当时“下海”进行市场化运作，从事选题策划、合作出版、书刊发行的文化企业，人才聚集，机制灵活，很有活力时，《经济师》负责人找到这家企业，多次登门虚心求教，终于感动了这一企业的负责人张元奎。在他们的帮助下，《经济师》从内容到形式进行了调整，也开始找到了发行渠道，迈出了《经济师》发展中关键的一步。1988年刊物由季刊改为双月刊，开设了一系列为经济师服务的栏目，如“经济师论坛”、“经济师工作研究”、“经济师自学导引”、“经济师特写”、“经济师基础知识”等，在刊物的内容上初步形成了“经济师写，写经济师”的特殊模式。

1991年，经山西经济管理学院与山西省社科院商定，《经济师》改由社科院主办。1990年代初期，形势发生了极大变化，随着经济由计划向市场的转变，社会转型、读者动荡、社会报刊格局与出版市场环境改变，对刊物最直接的影响是物资涨价造成印刷成本加大，市场疲软导致发行萎缩，这给所有靠自身市场能力运作的期刊造成极大困难，《经济师》也不例外。原先一起办刊的人有的另谋了出路，也有人提议放弃办刊去经商谋利，少数坚定者经过反复思考，最终还是选择了面向市场，改造刊物，继续创业。1992年起，刊物再次进行内容上的大调整，提出了“大容量、可读性；全方位、广泛性；多视角、专业性；新思路、适用性”的办刊思路。面对我国经济运行与改革开放中出现的热点、焦点、难点问题，刊物组织探讨，针对性地解决读者的疑点、盲点、探索点问题。先后开辟“热点经济专访”、“学者论坛”、“行业经济”、“网络经济”、“新视点”等多个专栏，使刊物从“经济师写，写经济师”的模式上升一步，加入了“写给经济师”的成分。

这时，我国的社会主义市场经济开始建立，这是一个全新的经济问题，也是一个全新的社会问题，《经济师》就这一课题从两方面着手：一是组织对政府和相关部门领导及专家的专访，先后有雷洁琼、陈俊生、马洪、薛暮桥、刘国光、厉以宁、晓亮等接受专访，通过《经济师》发表看法；二是组织经济学界知名学者的文章，如董辅礽《建设社会主义市场经济是中国改革的大趋势》、马洪《建立市场经济应该认真研究解决六大问题》、鲁从明《市场经济是法制经济》、胡乃武《政府要学会宏观调控市场经济》、于祖尧《建立社会主义市场经济道路并不平坦》等都在刊物上陆续刊出。《经济师》在经济学界的影响大大提高了，1992年5月22日《人民日报》理论版上有文章对《经济师》进行了赞许，说这一期刊“既有一定的理论深度，又紧密联系经济生活实际，具有较强的可读性……深受读者欢迎”。《新闻出版报》也发表了题为《实中见真，其品自高》的文章，对《经济师》予以评价。为了充分利用刊物的资讯资源，《经济师》又在1998年编辑了一本图书《跨世纪的“隆中对”》，将60多位经济学家的研究汇编其中，一些读者关心的问题如我国经济方式怎样转变，经济结构怎么调整、优化，怎样从整体上搞好国有经济，怎么搞好小企业，怎么引导民营企业发展等都有专家的解答，图书的出版发行再次扩大了《经济师》的影响。

1993年《经济师》被评为山西省一级期刊，而且从此时到2008年共15次保持了这一荣誉。1998年《经济师》被中国期刊协会经济期刊联合会评为“首届全国优秀经济期刊”，1999年被选送参加澳门期刊展，2000年入选北京大学图书馆等遴选的第三届“中文核心期刊”，并被评为第一、二届中国北方优秀期刊。进入21世纪，《经济师》从分析经济全球化与知识经济将改造传统经济的大趋势出发，适应中国全面建设小康社会的时代特点，坚持创新进取，努力打造一本大容量、全方位、多视角、高品位的综合性经济期刊。在作者队伍及目标读者群方面都进一步拓展，在刊物栏目上既有面向基层的“调查与思考”、“工作研究”，又有注重学术的“理论探究”、“经济观察”；既有针对特定群体的“财税经济”、“金融研究”、“博士硕士论坛”，又有针对普通读者的“经济管理”、“市场营销”；尽力体现广泛性、兼容性。同时在刊物形态上也进行创新，如封面采用“经济师风采”的人物介绍，加强了刊物的广告征集与设计等等，保持了期刊持续发展的势头。

2008年,《经济师》被武汉大学中国科学评价研究中心(RCCSE)评为“RCCSE中国权威学术期刊”。

《经济师》从创刊起，一直在不断扩大容量，初为季刊，48页，1988年改双月刊，64页；1992年改月刊，80页；2000年后又增页码，从112页逐步增至296页。在办刊的同时还举办了多种活动，其中规模较大的有：1989年底有26个省、市、自治区100多名代表参加的“全国经济师联谊会第一次大会”；1991年的“理想之光”音乐会，参加演出的有赵本山、巩汉林、那英、杭天琪等演艺界明星；1992年在山西电视台举办经济师专场晚会以及在《山西日报》设专栏开展经济知识竞赛等等。《经济师》创办时由冯子标兼任主编，改由省社科院主办后张巨功兼任主编。从刊物创办起廉钢生实际主持编辑部工作，1996年起担任主编。

与《经济师》杂志相似的还有另一份期刊《会计之友》,山西省社会科学院主管主办，但也并非社科院创办，而是1995年转归社科院的。它的创办单位是山西省会计学会。1983年12月出版创刊号，由盛传泽任主编。1984年获得批准公开发行，并于同年9月22日召开了《会计之友》杂志社成立大会。《会计之友》由财经界前辈段云题写刊名，在创刊号上全国政协常委、财政部顾问戎子和为之题词：“会计之友要为提高经济效益、维护财经纪律做出贡献。”

《会计之友》的历程大致也可分为三个阶段：1984年至1989年摸索式前进，1990年到2003年自主式成长，2004年后跨越式发展。创刊伊始，作为一本明确服务于会计事业的期刊，当时是为了适应经济建设需要和提高财会人员素质，以“宣传政策法规，传播会计知识，服务财会人员”为宗旨。1985年5月《中华人民共和国会计法》颁布，《会计之友》在随后的几年之内以宣传、贯彻《会计法》为主要内容，在业内产生了较大影响。当时刊物提出“三结合”的编辑思想，即理论与实践相结合、普及与提高相结合、知识性与趣味性相结合。这一编辑思想从理论上看是不错的，但实际操作对于一本刊物来讲几乎不可能如愿实行，所以在这一时期，《会计之友》只能不断摸索，去寻求自己的定位与特色。

1987年,《会计之友》的主管主办单位由山西省会计学会变更为山西省人大财经工作委员会，江维洲出任主编，之后不久李万才任主编，刊物进入第二阶段。这时刊物基础薄弱，处境艰难，杂志社提出“艰苦办刊，内部消化，战胜困难，争取好转”的倡议，在杂志社内实施了一系列改革，明确了不向国家要一分钱，走“独立核算，自主发展，自负盈亏，自我繁荣”之路，这是《会计之友》在体制上的一次改革 。1992年11月，国家财政部颁布了《企业财务通则》和《企业会计准则》，趁此时机《会计之友》改版，在形式上改为大16开，与国际通行的规格接轨；在组织上争取外援，聘请国际会计学会前主席保罗·加纳、中国会计学会副会长葛家澍为名誉主编 ，请海内外专家16人担任编委(其中有国家财政部、审计署负责人，也有日本北九州大学、香港中文大学、台湾大学教授)；在内容上则开拓视野，从会计国际化角度组织文稿，这些变化使刊物面貌为之一新。从1994年到2008年先后12次被评为山西省一级期刊，1994年一年中刊物所发文章被文摘类刊物转载和列入索引的就突破200篇。1999年又由双月刊改为月刊，以会计学界名家作为封面人物，加大了策划力度，推出了“做会计白领的挚友，财务主管的高参”的宣传语，而且以刊物为依托与学术界、实业界、中介机构的各种会计活动相融合，拓展发行渠道，走出了一条市场化的经营之路。发行量保持在2万册以上。2004年之后李笑雪继任社长兼主编，刊物在创造精品和“刊企联动”上迈出新步。在版式上加大了图片的运用，每期在出版普通本(定价5元)的同时出版一定数量的彩印豪华本(定价12元)，而且还与大型企业结合推出理财专栏或专刊。如先后出版“山西省总会计师论文特刊”、“太钢(集团)有限公司论文特刊”、“河北省建设投资公司理财者园地”等。刊期也进一步缩短，由月刊改为半月刊、旬刊，页码扩至96页。

《会计之友》自创办以来，一直重视通过各种活动加强与读者的联系及扩大刊物的品牌效应，1990年在全国期刊展期间，曾开展“千金买错”、“来言必酬”活动，引起轰动。2004年后更多次承办业界相关学术会议，如“首届现代预算管理与财务控制研讨会”(2004)、“中国会计学会第四届全国会计信息化年会”(2005)、“第七届全国无形资产理论与实务研讨会”(2006)。《会计之友》2005年应邀派代表去台湾参加了“第九届两岸会计与管理学术研讨会”。

《财金贸易》是山西省另一种颇有特点的经济类期刊，它的主办单位曾经是一些而不只是一个与经济相关的部门和单位，这种情况是少见的。

《财金贸易》1984年11月创办，创刊时为双月刊，16开本，64页。1986年后改为月刊，主管主办者为山西省财金贸易咨询研究中心，刊物定位是“财金贸易战线综合性理论研究刊物”。1988年，山西省人民政府办公厅发文撤销山西省财金贸易咨询研究中心。刊物的主办者不存在了，《财金贸易》交由山西省供销社代管，而主办单位则改成了25个之多，计有：山西省经贸委、山西省财政厅、山西省供销社、山西省国税局、山西省地税局、中国人民银行山西省分行、中国工商银行山西省分行、中国农业银行山西省分行、中国建设银行山西省分行、中国银行山西省分行、山西省工商行政管理局、山西省信托投资公司、山西省商业厅、山西省粮食局、山西省外贸厅、山西省商检局、山西省旅游局、山西省审计厅、山西省物价局、山西省贸易促进会、中保山西省财险公司、中保山西省寿险公司、山西省石油公司、山西省烟草专卖管理局、太原海关。这么多单位来主办，有些特殊但又没有违反规定。1988年11月24日，新闻出版署颁布《期刊管理暂行规定》，其中第十一条规定“两个以上单位合办的期刊，须确定一个主要主办单位和主管部门，由一个部门报批。”这一规定出台于《财金贸易》变动之后，又未限制合办单位的数量，所以并未影响到《财金贸易》的既成状况。

《财金贸易》早期栏目有“经济体制改革”、“经济战略研究”、“经营管理之道”、“第三产业”、“问题探究”等等，由于内容涉及财政、金融、贸易、税收、物价、审计等方方面面，所以办刊几年中栏目也在不断变化，它采取行业分栏与专题、专论相结合，既兼顾了财贸的各个方面，又突出每期重点。在相当长的时间里，《财金贸易》以其内容丰富、学术水平领先而在全国经济学界有不小的影响，一个明显的例证是在北京大学图书馆等发起的中文核心期刊评选中，《财金贸易》从第一届至第三届连续名列其中，这表明在它存续期间，一直为核心期刊。在其他一些核心期刊遴选活动中，《财金贸易》也受到关注。中南财经大学图书馆1991年编制《中西文经济学核心期刊测定报告》，列出全国百家经济学核心期刊，《财金贸易》在名单之内；1997年中国社会科学院完成“中国人文和社会科学论文统计与分析研究”课题，其中列出了他们选定的核心期刊，《财金贸易》也在其内。1994年《财金贸易》同美国《美中商报》结为友好期刊，并受委托成为《美中商报》在中国的采编业务代理。《财金贸易》在整体编辑上也是较好的，这在山西的历次评选中得到了验证，从1993年到停刊，它连续9年被评为山西省一级期刊。1994年、1996年在华北地区第二届、第三届期刊评比中还获得“优秀期刊”称号。

《财金贸易》经营上最初由研究中心给予财政拨款，后来转到省供销社主管主办后逐步改为差额补贴。它的主编先后有赵承亮、韩秋云、孙涛、王玺、陈德贵、史超书、曹慧升、刘向东等人，其中曹慧升主持工作时间最长，先是副主编后为主编，从1988年起有十余年时间。《财金贸易》出版至2000年停刊，利用此刊号改办了豪华型期刊《银行家》，主办者是山西省供销合作社联合社与华夏银行太原支行。

1979年，山西省成立了技术经济与管理现代化研究会，随后筹办了一个会刊《技术经济与管理研究》，1980年12月出创刊号，当时为季刊，16开本，64页。不久山西省人民政府成立了山西省技术经济研究中心，刊物的主办者又加上中心，成了中心与研究会两家。技术经济在中国是个新概念、新领域，对它的重视是改革开放以后的事。1980年代有这样一个刊物来提供一个技术经济与管理的科研园地，自然得到了国家有关部门如国务院经济技术社会发展研究中心、国家体制改革委员会、中国社会科学院等的肯定与鼓励。许多经济学界人士如马洪、刘国光、费孝通、于光远、周叔莲、王念祖等也纷纷投稿支持，一时稿源及发行量都大增，发行一度突破了3万册。当时主编由省科协副主席兼秘书长郭雁声担任，办刊经费在科协费用中支出。随着形势变化，刊物的经济支持出现问题，刊物的发展受到影响。后来朱关鑫出任主编，在刊物内容上进行了调整，加强了为企业和地方行政服务，在“技术经济”、“管理科学”、“改革论坛”等原有栏目之外增加“市（县）长园地”、“厂长（经济）论坛”、“国际市长论坛”、“跨国公司总裁论坛”等栏目，同时利用研究会开展活动，从企业界争取赞助等等，使这份期刊坚持办了下去。北京大学图书馆等组织的核心期刊评选中，这一刊物曾4次入围。但该刊的总体编辑水平与前述其他经济类刊物相比尚有差距，以致自1993年山西实行期刊评级管理以来这一期刊从未达到过一级。2007年后刊物主编为章亚南。

《山西农经》是一份研究农业经济的期刊，主办者是山西省农业经济学会。它正式创刊是1985年第三季度，季刊。创刊时有“农村社会主义现代化”、“农村经济理论”、“农村经济体制”、“农村经济结构”、“农村经济管理”、“农村经济信息”等栏目。在1983年时曾出两期试刊，主要发表了省农经学会的一些研究成果。1989年改为双月刊。《山西农经》办刊中一个最突出的地方，是根据每个阶段农村的中心工作设置栏目、编发稿件，所以它的内容实际是广义上的农业经济，涵盖和反映了农村工作与农业状况的各个方面，如1989年设置了“粮食问题”、“消费与农业”、“驱穷致富”、“乡镇企业”等栏目；1990年设置“发展农村集体经济”、“完善双层经营”、“合作经济”等栏目；1991年设置“土地制度”、“开发战略”、“技术经济”等栏目；1995年设置“农村市场经济”、“共同致富”、“产业结构调整”等栏目；2005年设置“农民增收”、“扶贫开发”、“人力资源”等栏目。

历任山西省委、省政府主要负责人尤其是分管农业的负责人几乎都在这一刊物上发过文章。2000年则集中篇幅反映农村结构调整的内容。《山西农经》的第二个特点是降低了研究的门槛，发表在刊物上的不仅有理论性很强的论文，也有实践性很强的经验介绍文章，努力使杂志上关于农业经济的研究与农村发展现状同步。《山西农经》曾入选北京大学图书馆等评选的第一届中文核心期刊。《山西农经》试刊时史迁臻任主编，创刊后历任主编为陈国宝（1985—1987）、张沁文（1988—1999）、徐廷柱（1999—2007）、陈克毅（2008— ）。编辑部负责人先后有吕凤祥、陈克毅。

在经济学领域有一门学科为生产力经济学，是研究社会生产力的发展和运动规律的科学，这是一门新兴的经济学科，它的基本任务是为合理地组织社会生产提供理论指导，以最小的生产消耗取得最大的生产成果。由于在“左”的路线下只强调思想意识的重要，“文革”中更是大批“唯生产力论”，所以这一学科在新时期一旦冲破禁锢，很快就有了较大发展。1980年中国生产力经济学研究会成立，一批研究成果相继问世，其中有的直接被国家制定经济发展规划时采用。1986年，由山西省生产力经济学研究会发起，得到中国生产力经济学研究会的赞同，共同出版会刊《生产力研究》，当年出一期创刊号。当时世界上同类组织和刊物已有一些，如“世界生产力科学联盟”、“亚洲生产力组织”、《战略生产力杂志》（台湾）、《香港生产力通讯》等。而《生产力研究》则成为中国大陆第一种这一领域的期刊，创刊时设置了“生产力发展战略”、“生产力发展与体制改革”、“生产力发展史”、“生产力理论史”、“生产力知识讲座”等栏目。

1987年1月，《生产力研究》公开发行，国务委员谷牧题写刊名。全国人大常委会副委员长王任重题词：“促进社会生产力的发展，是我们一切工作的出发点和归宿。”一些著名经济学家如于光远、许涤新、马洪等也纷纷题词表示祝贺，并担任了刊物顾问。1993年刊物在宗旨、内容、形式上进行了很大的调整，用刊物自己的表述是：“从过去单独面向学术界，服务学术界，转变为面向产、官、学，服务产、官、学。”在管理体制上，由中国生产力经济学研究会委托山西来主办，主管单位改为山西省人民政府经济研究中心。以后的几年内，《生产力研究》作为一门新学科的平台不断推出新观点、新成果。1992年起四次被选入《中文核心期刊要目总览》（北京大学图书馆等编制）。1995年还被评为山西省一级期刊。2000年起《生产力研究》改为大16开本，页码增至150页，在内容上每期分为“学术界”、“党政界”、“产业界”、“编辑部”几大板块，下设栏目。《生产力研究》创刊之初冯子标、薛永应、孔祥毅先后任主编，周学曾为编辑部负责人。

1991年后张奎任主编，徐则林主持编辑部工作。

山西还有5种经济期刊是出版多年后停刊的，这就是《社会经济导报》、《经济与社会发展》、《能源基地建设》、《城市经济》、《集体经济》。它们与《财金贸易》类似，然而不同之处是，它们虽也不乏可称道之处，但总体上未能达到《财金贸易》的影响，没有进入核心期刊与山西省一级期刊的经历。《社会经济导报》1984年底创办，1988年底停办。《经济与社会发展》1987年秋第3期起公开发行，1998年改刊为《都市生活》。《能源基地建设》1987年底创刊，2002年5月改刊为《旅游时代》。《城市经济》1992年5月创刊，1998年7月停刊。

《社会经济导报》是民主党派办的一份社会经济类刊物，它存在时间不长，共出版16期（其中最后为第16、17期合刊）。它的主办者是中国民主同盟山西省委员会。创办时提出这是"在全国公开发行的，研究与应用并重，学术性和知识性兼顾的综合性杂志"，"内容包括论文、动态和文摘三类文稿"。创刊号于1984年12月出版，当年出1期，以后按季出版，16开本，48页。刊物设有"农村发展"、"系统工程"、"经营管理"、"技术经济"、"经济信息管理"、"科学学"等栏目。创刊号刊有钱学森（国防科学技术工业委员会）《创建农业型的知识密集产业——农业、林业、草业、海业和沙业》、宋健（国家科学技术委员会）《系统工程、新技术革命与领导机关的改革》、吴敏达（浙江省政府）《运用系统方法指导城市经济体制改革》、张沁文（山西省农村发展研究中心）《试谈山西农村经济发展战略》等文。其中钱学森一文尤其引人注目，这位科学家用散文般的语言表述了他对中国农业发展方向的思考。他认为农业型产业是指如同传统农业一样以太阳光为直接能源，靠地面上植物的光合作用来进行产品生产的体系，他认为中国有发展这一体系的必要与条件，并饱含激情地展望在世界历史已有过五次产业革命以后，这一生产体系和经济结构的变革会在21世纪的中国出现第六次产业革命。在以后的各期中，《社会经济导报》还刊发过一些对某一地区或某类企业进行报道、分析、研究的文章，如在1987年开辟过"天津市产品夺魁企业专访"、"河北二轻企业典型专访"、"企业改革与发展策略"等栏目。《社会经济导报》还借助于主办单位的组织力量组织过相关的研讨会，其中影响较大的有1987年10月在南京举办的"长江密集产业带发展战略暨横向经济联系研讨会"，到会各方人士70余人。民盟中央副主席冯之俊在会上作了《论产业政策》的长篇学术报告，民盟江苏省主任委员陈敏之等都在会议上发言。当年12月26日，全国政协副主席钱伟长为刊物题词："社会经济的综合研究，尤其是发展战略的研究，对国民经济的建设，有重要的指导作用。社会经济导报应该担负起这个时代所赋予的任务。”（刊于1988年第1期，总第14期）但到1988年之后，这一期刊在编辑机制上出现问题，期刊重新登记中改为内部刊物。虽坚持出了1988年第3、4期合刊，但印刷十分粗糙简陋，估计这一期没印多少。它的主编为任伯平，编辑部负责人赵淑贞。

《经济与社会发展》是太原市政府经济研究中心主办的，创刊于1984年，先是内部期刊，创刊时的主办者为太原市技术经济研究中心。1987年取得统一刊号，公开发行，季刊，16开本，64页。1989年改为双月刊。《经济与社会发展》把刊物的重点放在“发展”二字上，所以刊物的宗旨是“发展理论的学术研讨，发展问题的措施探索，发展政策的重点阐述，发展新貌的专题选介”。创办之初它的栏目也多以“发展”命栏目名，如“发展理论”、“发展探索”、“企业家论发展”、“发展对策”、“改革与发展”等，而且每个栏目所包含的内容也是明确的，如“企业家论发展”——“反映现代企业发展趋势；探索企业发展战略以及提高经济效益的有效途径；透视企业发展中突出问题、热点话题；倾吐企业界心声，展示企业发展历程”。刊物的编者在突出刊物特点、重点上是下了工夫的，而且以理论性、政策性、指导性、实践性、知识性作为追求目标。但从实际操作看，刊物对自己的读者群研究似乎不够，定位也欠准确，所以发行量长期只有1500份。1998年12月，刊物停办，用此刊号改办《都市生活》，改成了一份综合性文化生活刊物。《经济与社会发展》主编曾有翟立功、白益进、曹忠、杨凯山、王建设、孟海贵。编辑部负责人先后有王迎顺、田奇达。

《能源基地建设》是十分体现山西特点与1980年代初期时代背景的一份期刊，是当时全国经济发展战略和山西经济建设定位的产物。1979年8月，国务院副总理薄一波视察山西，提出了“尽快把山西建设成为一个强大的能源基地”的建议，随后山西省委、省政府确立了“能源基地建设”的发展战略，并制定了《山西能源基地建设规划纲要（草案）》。1980年5月20日，《人民日报》发表社论《尽快把山西建设成强大能源基地》，7月30日，山西将《规划纲要》上报国务院，由此全面开始了建设煤炭能源重化工基地的步伐。当时作为能源基地的还有其他地区，但山西最具代表性。随着改革开放的推进，能源基地建设中也出现了一些深层次问题，1987年在宁夏银川召开了全国能源基地发展战略研讨会，会后中国能源基地研究会（筹）和山西省社会科学院共同创办了《能源基地建设》双月刊。薄一波题写了刊名，创刊号发表了马洪《重视对能源基地发展战略的研究》、郭钦安《能源基地发展战略研究中的几个问题》、王燕鑫《论宁夏在能源基地中的战略地位和作用》等文章。

《能源基地建设》开始时计划办成“集社会科学和自然科学为一体的大型综合性刊物”。1996年改版，以“探索理论，服务实践，拓展视野，传播信息”为旗帜，开本也由16开改为大16开，并试图使刊物走向市场。2000年刊物编委会改组，刊物也进一步改版，页码增至96页，提出将刊物办成“理论与实践相结合的桥梁，连接学者和政府官员、企业家的纽带”，在栏目上设“专论与综述”、“能源战略与政策”、“区域经济”、“西部开发”、“上市公司透视”、“世界能源”等，但仍未能取得理想效果。从期刊规律上讲，适合的定位、足够数量的读者与作者、必要的经济支持是一份期刊成功的先决条件。《能源基地建设》起点较高，研究的是战略性或者说宏观规划方面的问题，这一层面上的读者与作者数量有限，办刊的经济来源又没有切实保障，加之刊物是为某一特定战略服务，战略与政策的调整都直接影响刊物，所以尽管几任编者都在尽力，也难以克服日渐凸显的困难。2002年该刊停办，用此刊号改办《旅游时代》。《能源基地建设》初创时徐寿波、吴德春任主编，董继斌为编辑部负责人；1996年李怀璧任社长兼主编；2000年雷仲敏任社长兼主编，王龙、张成龙为编辑部负责人。

《城市经济》是山西省城市经济学会主办的，创刊于1992年6月，它在创刊时设定的目标是“综合性城市经济双月刊，兼有理论学术性、工作指导性和经营服务性”。初为16开，96页，1996年改为大16开，64页。刊物请了费孝通、汪道涵、王茂林、孙尚清等8名顾问，并在宣传语中称要做“城市领导者的真诚知音，城市工商界的经营参谋，城市理论家的言论园地，城市市民的生活益友”。这样的刊物定位与读者群预设看似有理，但实际上因过于宽泛而难以操作。1998年7月在对期刊治理整顿中，《城市经济》被注销。《城市经济》先后由毛月平、白益进任主编。

《集体经济》于1988年创刊，1989年11月在报刊整顿中被注销，存在时间不足两年。《集体经济》是四个单位联合主办的：山西省社会科学院经济研究所、山西省集体经济协会、山西经济报社、晋城矿务局劳动服务总公司，主管单位为山西省社会科学院。《集体经济》为双月刊，16开，64页，它的内容自然是围绕刊名所示做文章，创刊时设想从宏观上探讨集体经济的现状与未来趋势，为各级政府职能部门和企业提供决策咨询服务；在微观上宣传政策，介绍管理知识，汇集市场信息，维护企业权益，指导集体企业健康发展。它的社长为陈家骥、编辑部负责人张广柱，都是兼职。由于缺乏专职办刊人员等因素，这一刊物实际运作并未达到预设的目标。

《银行家与企业家》是1992年获准正式创办的，月刊，16开64页。当时主办者为太原市工商银行，主管者为山西省工商银行。但这一刊物作为内部期刊1988年就存在了，它的主办者那时不是金融单位而是记者企业家联谊会，以后几次变动，主管在内刊创办时也不是银行单位而是新华通讯社山西分社，以后也几次变动。从“出身”看，这一刊物与《企业家与记者》相似，在创办内部期刊时主编是新华社山西分社的尚代江。办刊的目的是“联系银企，服务经济”，发挥“联系”作用的是新闻单位。成为正式期刊后则完全成为银行方面所办的对企业有一定针对性的刊物了。所设栏目成了“银行家论坛”、“企业家论坛”、“热点透视”、“市场大观”、“营销策略”、“股海泛波”这样一些。《银行家与企业家》1992年后主编先后为胡以深、王佩琤，编辑部负责人王志一。1997年6月在期刊治理整顿中这一刊物注销。

在山西的经济类期刊中还有一个堪称大型的期刊，就是《山西经济年鉴》，与其他期刊不同，它是每年一卷，特别厚重，每卷页码也有变化。它本身不是新创办的，然而在期刊序列中还是“新兵”。

《山西经济年鉴》创办于1985年，历任主编为山西省省长或主管经济的副省长，编辑部原设在省统计局，1995年划转至省政府办公厅，2007年编辑部改为山西经济年鉴社。从1985年到2001年年鉴每年一卷，由山西人民出版社或山西经济出版社作为图书出版。2001年9月根据国家有关规定登记为期刊，2002年起作为期刊出版。1985年创办时，《山西经济年鉴》共设22个部类。随着计划经济向市场经济的转变和政府机构的改革，部类设置进行三次调整，到2006年卷共设27个部类，计有：特载；山西经济概述；固定资产投资；经济法制；宏观管理；农业；工业；交通、邮电；建筑业；测绘、地质、防震减灾；贸易；出入境检验检疫、海关；旅游业；财政、税收；金融业；保险业；证券、期货；科学事业；教育事业；文化、新闻、广播、出版事业；卫生、体育；人民生活；县域经济概况；国民经济统计资料；地方经济法规、规章；山西经济大事记；光荣榜。这与1985年创刊时的22个部类相比较，完全一样的仅有9个部类，由此也可见这20年中山西经济变化之大与《山西经济年鉴》变化之大。

《山西经济年鉴》2002年改为期刊时由山西省人民政府主管，山西省人民政府办公厅主办，2003年主办单位改为山西经济年鉴编辑部，2007年主办单位又改为山西经济年鉴社。杨汉城从2002年后先任编辑部主任，后任社长。

在经济类期刊中，山西有一种因违反期刊出版规定而被指令“停办”，这就是《农村发展探索》。

《农村发展探索》1985年由山西省农村发展研究中心申报办理成正式期刊，此前在1981年就办了同名的内部刊物，已出31期，当时送各相关部门，反响甚好，主编陈家骥。成为正式刊物后为季双刊，即每季2期，全年8期，16开本，每期180页左右。在内容上承续内刊时期，仍是致力于农村社会、经济、生态、科技协调发展和农村改革实践的研究，栏目主要有"农业经济问题"、"农村发展战略"、"农村建设"、"农村资源"、"农业系统工程"等。办刊经费由主办单位事业费补贴，主办主管单位均为山西省农村发展研究中心。主编由中心负责人张沁文兼任，编辑部具体负责人先后为杨宝荃、尚志斌、白益进。

1989年，《农村发展探索》编辑部以《发展探索》名义印制了"专为申报经济系列中高级职称者提供自费发表论文"的征稿函发往全国，函中说："每篇论文收费500元，代写论文每篇收1000元。"这一行为被安徽等地见到此函者举报至中央和山西有关部门。《山西日报》也披露了此事。经山西省监察厅和山西省新闻出版局进行调查，此虽系个别人所为，但事实属实，错误严重。同时该刊还有私自出版不同版本，向发表文章的县级干部索要"赞助费"，不向管理部门缴送样刊等问题。经国家新闻出版行政部门批复，给该刊以"停办"处理；省监察部门建议主管单位给予编辑部负责人行政记大过处分。

进入21世纪后，山西除原有一些较好的经济类期刊如《经济问题》、《经济师》等在不断调整内容与时俱进继续出版外，又出现了几种较新颖的也是直接与经济有关的期刊。它们一般集中于某一明确的经济领域（如金融业），而且多以豪华时尚型面貌出现。由于它们创办时间甚短，在具体运作上也有异于上述期刊，所以将它们与其他新办刊物归于一起记述。

第四节　让历史成为新的精神财富

1980年代山西对外宣传有三句话，说山西是“中华民族的发祥地，光荣传统的革命根据地，现代化建设的能源重化工基地”，可见山西的历史积淀十分厚重。山西在进入改革开放时期以后出现了一批历史类期刊，这批期刊又大致可分为两类：一类是以研究历史、积累资料为办刊目标；一类以普及宣传，通过历史教育群众为办刊目标。其中特别是后者，山西不仅有在全国开大众化宣传党史之先河的《党史文汇》，还有《山西革命根据地》这样独具山西特色的杂志。无论是前一类期刊还是后一类期刊，都体现着一个共同的特征，那就是古为今用，以史为鉴，借助于期刊这一传播媒介，让历史成为改革开放新时期精神财富的一部分。

《党史文汇》是1985年创刊的，创刊之初就显示了它与众不同的编辑思路与办刊方法，它没有按惯例登发刊词，而是用编辑部一篇《〈党史文汇〉创刊号的检讨》来“代创刊词”。文中交代了《党史文汇》的办刊方针是“解放思想，实事求是，严肃活泼，考史为今”，也表明了办刊宗旨是使该刊“成为发表党史研究成果的园地，汲取党史历史经验的文萃，进行党史传统教育的教材，开展党史征研工作的参谋”。然后对照方针宗旨，“检讨出创刊号的三个不足”：

一、思想还不够解放。读史明智，考史为今。征集、整理、研究、宣传党的地方史，最终是为了给今天和明天提供历史借鉴。这就必须从唯书唯上的禁锢中解放出来，求实、求是，总结历史的经验教训，探讨我党领导革命与建设的规律。在这方面，有许多很有现实意义的历史课题（尤其是建国后的重大课题），在创刊号上反映不多或没有反映，这有待于我们继续解放思想加以解决。

二、内容还不够全面。一期刊物不可能反映一份刊物的全貌，但作为创刊号，应当力求把《党史文汇》的主要内容、主要栏目体现出来，而摆在读者面前的创刊号，不仅没有建国后的史料和史论，也没有比较完整的党史人物传记，缺少与山西有关的党史材料，没有党史工作战线的人物、经验……这些缺陷只好在今后来弥补。

三、形式还不够活泼。办杂志是给人看的。要引人爱看，就必须在真实的基础上讲究表达艺术，做到“准确、鲜明、生动”，达到好的宣传效果。而创刊号的文章，由于编者选材、提炼、编排的原因，有的篇幅较长，有的文字刻板，影响了刊物的可读性。

这是一篇很值得一记的文章，在它之前没有期刊以这种形式来表示创刊。它用新异的形式表达了办刊者的意图，既显示了办刊者对读者真诚服务的态度，又披露了刊物的相关信息。这样的发刊词，体现了编者的策划意识（1980年代中期，策划一词还未以正面意义出现在社会上），这在当时是难能可贵的。在出版了4期之后，刊物又发出了《为设计一九八六年〈党史文汇〉告读者》的公开信，希望大家共同出主意，想办法，对新一年的刊物进行总体设计，也希望大家提供合适的选题。这其实是发刊词思路的延续和发展。

《党史文汇》创刊号出版之后，省委党史研究室与刊物编辑部进京广泛征求老同志们的意见，特别是拜访了薄一波。薄一波对《党史文汇》的出版情况进行了认真询问，并欣然答应了题写刊名的要求。从1985年第4期起，刊名改用薄一波的题签。在办刊最初的三四年内，彭真、徐向前、薄一波、程子华、王首道、秦基伟等都先后为《党史文汇》撰写了文章。

《党史文汇》严格遵守创刊时提出来的办刊方针（后来将其中的“考史为今”更改为“鉴史为今”），立足山西，面向全国，坚持“宣传党的真正优势，服务党的基本路线”，并把刊物内容具体把握为以下四个方面，即“重大事件决策背景，风流人物事迹写真，现实课题历史分析，珍贵史料拾遗补缺”，逐渐形成了自身的特色，影响力不断扩大。到1988年，不仅在党史界，而且在报刊界也有了一定知名度，它刊发的文章经常被其他书报刊转载。从创刊到1988年底，被转载的文章近90篇。仅1988年的第1至6期中，被全文或摘录转载的文章就达35篇次，其中如《毛泽东在庐山会议上是怎么误解彭德怀的意见的》被《文摘旬刊》、《党史文摘》压缩转载，又被全文收入湖南文艺出版社《毛泽东轶事》一书；《到了苏联不要吹“大跃进”——忆陈毅同志的一次谈话》被《山西政协报》等三报刊转载；《周恩来最后一次主持国庆招待会》被香港《文汇报》等三报刊转载；《最初的抗争——彭真在“文革”前夕》被《北京青年报》等三报刊转载。这一时期的《党史文汇》在披露历史的同时也刊发了一些从理论高度研究党史的文章。以1988年为例，就有《理想与空想之间——对建国后一种禁欲主义的考察与思考》、《试论“文革”前十年的逆转趋势》、《如何区分社会矛盾的主次——关于“9·18”后中日民族矛盾地位的探讨》等。

作为一个党史期刊，要做到大众化是很不容易的，“可信、可读、可鉴、可存”，每期印在刊物封面，这是编辑部提出的选稿、编辑要求，在这四点要求中“可读”很难，《党史文汇》为此作了许多积极的探索，也取得一些成效，使这样一个较专业的期刊发行量在创刊后不断有所上升，1991年改为月刊后，最高期发行量曾达4.5万份。

《党史文汇》十分重视举办与参与各种社会活动，利用活动加强与读者的联系，直接从读者中吸取意见，同时利用活动扩大刊物的社会知名度。1989年《党史文汇》组织了“请读者试读”活动，请一些读者先不订阅而先看刊物，充分利用了人际传播中的“口碑”效应扩大刊物影响。1990年11月中共山西省委宣传部、省委组织部、省委党史研究室、省委党校和山西省广播电视厅为迎接建党70周年发起中共历史知识学习和竞赛活动，《党史文汇》与《支部建设》连续刊出《中共历史知识学习和竞赛参考题》，为这次活动提供了舆论上与资料上的支持。1995年，又与《抗日战争研究》编辑部联合组织了全国范围的纪念抗日战争胜利50周年征文活动，同时在山西又策划和组织了在电视台直播的抗战史知识竞赛。无论是编刊物还是搞活动，《党史文汇》都把不断创新作为一个目标，在1991年改月刊时编辑部曾撰文《办一本普及宣传党史的大众化刊物》表示这种态度，文中把这种创新具体概括为“创坚持鲜明党性、正确反映党史、正确借鉴党史、正确引导舆论之新”，“创普及宣传党史的大众化、社会化之新”。

《党史文汇》1989年、1991年连续被评为山西省优秀期刊。1991年编辑部被评为全国党史系统先进集体。《党史文汇》的主办单位创刊之初为中共山西省委党史研究室，后机构变更，党史研究室与省地方志编纂委员会办公室合并为山西省史志研究院。《党史文汇》主办单位也相应改变，除主办单位外，1994年增加中共太钢党委为协办单位，1997年又增加中共晋城市委、中共长治市委为协办单位。从创刊到1990年，《党史文汇》均为双月刊，16开，64页。1991年改月刊，16开，48页。到2005年时，开本刊期不变而页码增至56页。

《党史文汇》的发展也并非一帆风顺。1994年曾因一篇稿件处理不当，造成失误，受到“停刊整顿”的处理（停刊两期）。

创办在山西、内容又限于山西革命历史的有另外一种刊物，即《山西革命根据地》。类似这种内容的期刊在全国是极少的。

《山西革命根据地》创刊于1984年8月，季刊，山西省档案局主办，主编范仁贵，编辑部负责人王玉声。它存在了七年多时间，1991年11月在出版总第30期后停办，有关内容延续到新创办的《山西档案》中。

《山西革命根据地》创刊时，徐向前为之题词：“在中国长期的革命斗争中，山西人民付出了巨大的牺牲，作出了重大贡献，他们的光辉业绩，永垂青史。”对山西革命根据地在中国革命中的作用及根据地军民的贡献作了高度评价。薄一波题写了刊名。《山西革命根据地》的创办目的与办刊宗旨在创刊号上罗贵波写的《祝贺〈山西革命根据地〉创刊》一文中作了精辟表述：

> 山西是抗日战争、解放战争时期全国革命根据地之一。在长期的革命斗争中，山西军民和来自全国各地的革命先驱者们，在中国共产党的领导下，为中国革命的胜利，在这块土地上前赴后继、英勇奋斗，开辟了晋冀鲁豫、晋察冀和晋绥各革命根据地，许多中华民族的优秀儿女为革命流尽最后一滴血长眠在这里，他们在我国新民主主义革命史上，建立了彪炳千秋的光辉伟业。……
>
> 为使……历史永昭于世，山西省档案局创办《山西革命根据地》，征集史料，公布一些历史档案，开展对山西各革命根据地历史的研究，宣传在我党领导下山西军民和来自全国的革命先驱者们在漫长的革命岁月里，为新民主主义革命的胜利所进行的英勇斗争和光辉业绩，真实地反映山西革命斗争的历史。……

《山西革命根据地》的创办，将为扩大革命历史档案的收集和利用，在档案部门与社会各方面之间架起一道桥梁，将为我省党史、革命斗争史、根据地史以及地方史的研究，开辟一个新的阵地。这个阵地，也将成为对年青一代进行革命传统教育的好课堂。

《山西革命根据地》利用档案局的信息资源和资料优势，很快办出了特色，许多独家专题是别的报刊无法企及的。它的内容大致可分为三大课题：一是历史档案，这是史料；二是回忆录，这类似于历史学界所提出的口述历史，是另一个角度的史料；三是建立在这些史料基础上的研究文章。其中尤以前两课题更为丰富而珍贵。《山西革命根据地》开设了一系列栏目，每个栏目都分别刊发过一批有分量的文章。

如"档案史料"栏，刊发过《反对麻木，打开太行区的严重局面》（邓小平，1941年4月28日，刊总27期）、《民主政治与三三制政权的组织形式》（彭德怀在北方局党校的讲话，1941年3月29日，刊总21期）、《上党战役总结》（刘伯承、邓小平，1945年10月13日，刊总28期）、《中共晋冀鲁豫区党委组织部给北方局的工作报告》（1940年8月，刊总19期）等。

"根据地研究"刊发的研究论文，内容涉及根据地的战略地位、根据地形成过程以及根据地的建设、统一战线、农业生产、工商业发展、科学技术奖励制度、文艺工作、妇女运动、禁烟戒毒等根据地工作的方方面面。

"人物篇"刊发过《开明士绅牛友兰》（总21期）、《冷楚传略》（总25期）、《刘少白传略》（总21期）、《忆李联奎烈士》（总29期）、《张秋林和她的纺织合作社》（总27期）等。

"史记篇"则刊发过《邓小平在战动总会》（总28期）、《太行区的一把枣运动》（总27期）、《朱总司令在沁县古堆》（总30期）、《太行革命根据地的公安保卫工作》（总19、20、21、23期）、《阳曲山战斗与六壮士》（总25期）等。

更值得一提的是该刊还设立了"根据地歌谣"与"当年木刻作品"的栏目，重温了当年根据地文艺活动的成果，再现了根据地的民众生活。

《山西革命根据地》从创办到停办，共发表文稿320万字，其中公布重要档案文献161篇，计94万字；刊发其他文章资料430篇，计220万字；发表各类图片281幅，其中包括较为珍贵的历史照片170幅。《山西革命根据地》为中国革命史的研究与宣传留下了宝贵的资料。

山西另一个有代表性的期刊是《山西文史资料》，这是纯粹以积累历史资料，为研究历史做基础工作的期刊，“文革”前夕停办。1977年山西省政协恢复，1978年6月省政协文史资料研究委员会也得以恢复，新的文史委员会由史纪言任主任委员，办公室由田际康任主任，于是，停刊12年之久的《山西文史资料》又终于在1979年2月复刊，复刊后的期号与“文革”前衔接，编为第13辑。

复刊后的《山西文史资料》刊名仍用郑林的题字，开本形式也一如其旧，但在内容上有了调整，在“亲历、亲见、亲闻”的原则下，以前是收集、整理清末以来旧政权时期的史料，现在增加了革命史料与统一战线史料。为了实现这一拓展，1980年9月15日，省政协文史资料研究委员会发出了《致山西籍和在山西工作过的老同志的一封信》，明确表示要广泛征集有关红军东征，八路军挺进山西，山西抗日统一战线，晋察冀、晋冀鲁豫、晋绥革命根据地，上党、运城、临汾、晋中、大同等著名战役的史料。同时又赴京走访老同志，争取各方面的支持。经过这些努力，《山西文史资料》内容更加丰富了，新出版的几期求购者络绎不绝，致使好几辑只得再次印刷，以满足需求。

《山西文史资料》1981年获得公开发行的期刊登记证号。但是，这时的刊物还没有真正按期刊来操作，基本还处于编资料图书的情况，主要表现为虽定为季刊，实际保证不了刊期，有刊号，但每辑页码不固定，而编辑工作也没有固定的编辑部来做，仍是办公室人员兼办（1983年第30辑起在刊物上由办公室人员轮流署责任编辑）。从第13辑到第30辑，历经五年，其间，1979年出1辑，1980年出2辑，1981年出5辑，1982年出4辑，1983年出6辑，页码从160页到192页不等。1983年起改为双月刊后，页码固定在192页。到1985年1月第37辑起开始署主编名字，可这一主编只是本辑的主编，由办公室主任、副主任轮流署名。这种状况到1988年有所改变，明确了主编由省政协文史资料委员会主任兼任，副主编由文史办主任、副主任兼任，并确定了编委会。这一时期主编为李蓼源。

1992年9月正式成立山西文史资料编辑部，刊物的编辑出版逐步正规化、正常化。自1992年6月的第81辑起，由赵政民担任主编，开始进行杂志化改革，新增“共和国的脚步”、“人物述林”等栏目，1987年左右开始的从单纯军政史料向经济文化史料拓展、从1949年前史料向1949年后史料的延伸在这时更加广泛与深入，《山西文史资料》面目一新。

1995年，《山西文史资料》出满100期，也是创办35周年。社会各有关方面纷纷表示祝贺，仅题词的老同志即有上百人，其中大都为省级以上老干部。钱伟长“存史求真，资政育人”和戎子和“以史为鉴，培育新人”这两幅，可以说代表了诸多的祝贺、肯定与褒扬。《山西文史资料》是山西文史资料研究工作的最全面真实的记录，35年来，尤其是复刊15年，山西文史资料工作所取得的成绩可归为六个方面：

一是征集文史资料的数量与质量在全国各省市区中居于前列。山西共征集戊戌变法以来的“三亲”史料万余篇，历史图片千余幅，发表在《山西文史资料》上的有1500多万字，同时还编辑出版了《阎锡山统治山西史实》、《续范亭生平》等图书。二是通过史料填补了不少空白，理清了很多历史真相，如阎锡山与辛亥革命、中原大战、晋绥军对抗红军东征的部署、阎锡山与侵晋日军的勾结等很多不太明确的史实。三是给编写山西近现代史、进行历史研究和教学以及文艺创作提供了大量印证史料。四是通过征集史料扩大了海内外的联系，尤其对树立党和政府的形象，推动统一战线工作，起了积极作用。五是为现代化建设提供了经济、文化等许多方面的借鉴资料。如《山西文史资料》刊载的山西民族工业发展资料、山西实业家办企业之路等，都有直接的借鉴作用。六是使文史资料工作加入政协参政议政序列。如1994年组织文史工作者和有关专家对临汾地区文物和文史工作进行考察，在去过山西、陕西9个市县后，给省委、省政府报送了关于尧文化群保护开发与维护国共合作抗战旧址克难坡的两份建议报告，得到有关方面的重视。

到2000年时，《山西文史资料》编辑部将历年出版的120辑刊物汇编为“全编”10大卷、精装16开本出版，以满足研究者及读者的需要。

与历史相关的另一期刊是《山西地方志》，它的前身是1980年创办的《山西地方志通讯》。从1987年第4期（总64期）起，为了同全国以及各省地方志刊物名称一致，更名为《山西地方志》。省人大常委会副主任霍泛题写了刊名。《山西地方志》仍继续了“通讯”时期的既定宗旨，刊期也是双月，但是从内容质量到印装质量都有了提高。为了保证刊物的发展，就在改名后的当年7月，在全省20个地（市）、县和省直修志单位聘请了21名通讯员，这批同志对修志热心，具备相当的专业知识与实践经验，他们成了刊物一支高质量的供稿队伍。1988年3月，《山西地方志》取得国内统一刊号。这使刊物更趋于正规，每期页码固定为64页，定价0.20元。

《山西地方志》为适应修志事业和山西政治经济发展形势，在1988年后曾多次调整栏目，设过的栏目有“史志论坛”、“工作研究”、“会议辑要”、“志苑信息”、“旧志辑览”、“史料考辨”、“志坛新人”、“史海钩沉”、“读史札记”、“人物春秋”、“三晋览胜”、“新志评介”等20余个，从多方面反映了修志工作，交流了经验，积累了史料。山西省修志事业从1980年起步，到1993年，整体上进入总纂成书阶段，在这一过程中《山西地方志》起到了它预定的作用。《山西地方志》刚改此名时主编为路成文，从1988年起主编为刘纬毅，1990年后主编为尹世明。

第五节　在时代的浪潮中“观察”

《记者观察》是一份新闻期刊，而且是山西唯一从完全意义上可以称得上的新闻期刊。

新闻期刊也被称为时政期刊，就是所谓的时事政治类期刊，可实际上目前被归入这一类的刊物与传统的或完全意义上的时政期刊仍有较大差异。中国现代最早的时政刊物可追溯至梁启超、黄遵宪等人1896年创办于上海的旬刊《时务报》，到20世纪初新文化运动中又以陈独秀、胡适等1918年办的《每周评论》为代表。这类刊物的特点是评析时事，议论政治，促进民众觉醒，推动社会改革。以后又出现了时政生活期刊，除涉及时事外还关注大众、关注民生，在一定程度上反映社会生活，典型的有1920年代邹韬奋办的《生活》以及伍联德办的《良友》画报。

1950年代以后，虽也有时政期刊，但数量不很多，即便是专讲时事的《时事手册》，也更多体现一种宣传教育功能。时事刊的再度活跃是进入改革开放新时期的事，先是出现了新华社办的《瞭望》周刊，到1990年代更出现了《南风窗》、《新周刊》等。它们往往集时事、资讯、评论、时尚为一体，在经营上完全靠市场生存，广告收益逐年增加，成了中国期刊市场的一支劲旅。在这一期刊群中，应该说也有《记者观察》的一席之地，而且从办刊历史讲，《记者观察》也是较早的。

在山西的期刊中，被归入时事政治类的还有其他几种，但因为这些期刊有的只是传达政令，有的主要是宣传山西，它们在内容范围上也基本限于山西，这就构成了《记者观察》与山西其他时政期刊迥然有异之处。

《记者观察》是1991年创办的，主办者是新华通讯社山西分社。创办以来多次获得过全国及地区性的奖励。1995年12月，在新闻出版署组织的首届全国优秀社科期刊评选

中，共评出优秀奖21种，提名奖48种，《记者观察》获优秀社科期刊时事政治类提名奖。1999年在第二届全国优秀社科期刊评选中，《记者观察》获得列为“全国百种重点社科期刊”的荣誉。从新华社系统看，这次获此荣誉的还有《瞭望》与《半月谈》，不过它们是新华通讯社主办的，与《记者观察》是分社主办不同。在地区性期刊评奖中，华北地区举办的优秀期刊评选从1992年到2000年共举行六届，其中有四次（二、三、五、六届）《记者观察》榜上有名，1996年第三届时还被授予“特别荣誉奖”。2007年在第二届北方优秀期刊评选中，《记者观察》又获优秀期刊奖。

十多年中，《记者观察》在时代的浪潮中“观察”社会，反映热点，记录改革的步伐，体现了“记者”的使命。它的成功主要源于三点：一是坚持放眼于国内外大事，坚守了要办成一本社会、经济综合性月刊的宗旨；二是坚持利用新华社及国内主要媒体的记者资源，形成信息上的优势；三是坚持以读者为本，注意从读者角度去思考去探讨，有效地避开了过去一些同类报刊说教式的误区。

《记者观察》的前身是1989年1月由新华社山西分社创办的《企业家与记者》，当时是省内刊号，月刊。1980年代后期，国有企业作为中国经济的主体开始进入改革，中小型企业试行承包，大型企业试行股份制，“国家调节市场，市场引导企业”的方针被中共十三大所确认，随之实行价格双轨，引发了通货膨胀，中国经济改革走到关键路口。对此感受最深切的是企业的负责人，而对此感受最敏锐的是新闻工作者，这种感受促成了企业家和记者的结合，记者及新闻机构需要加强与企业的联系和获取企业的支持，企业家需要利用新华社“新闻信息总汇”的资源了解情况，获取服务。然而，这时的企业家实际上还够不上现代社会的企业家标准，对绝大多数来说，只是企业（主要是国有企业）的厂长、经理，是还有行政级别的“国家干部”，他们的“改革”也只是时代的一个浪花，无论这批人当时的业绩还是后来的结局都证明了这一点。

《企业家与记者》创办时，山西省省长王森浩写了《把这座桥搭好》的创刊词。其中写道：“正是越来越多的企业家意识到了自己肩负的历史重任，正是越来越多的新闻记者敏锐地认识到了深化改革所提出的这一要求，联合起来创办了这样一份刊物，把企业家与记者连接起来。”全国人大常委会委员长彭真1988年12月为该刊创办题词：“向全心全意为建设具有中国特色社会主义事业艰苦奋斗的企业家和记者致以热烈的祝贺。”新华通讯社社长穆青题词：“开发经济信息，直接为企业服务。”新华社副社长郭超人题词：“把握改革开放主旋律，谱写振兴中华新乐章。在《企业家与记者》创刊之际，谨祝企业家们在改革开放中大显身手，祝新闻记者为振兴中华作出贡献，并愿以此自勉。”在办刊的同时，山西又成立了企业家与记者联谊会，1989年3月4日召开第一届理事会，理事有70多名，山西省省长王森浩担任了名誉会长，中共山西省委副书记王茂林担任了刊物的首席顾问。联谊会的成立为刊物的经营奠定了基础，但是也使刊物涂上了地域的与行政的色彩。以后两年中，通过刊物介绍了几十位企业负责人的改革业绩，为推动山西经济发展发挥了作用。至1990年底，《企业家与记者》共出版21期。然而刊物读者群有限等问题带来的制约也日益明显，主办者从1990年秋开始筹划改刊。《企业家与记者》创办时负责人有谈风（新华社山西分社社长）以及尚代江等。

1991年1月《记者观察》取代《企业家与记者》，在国内外公开发行，月刊。从这时到1994年是《记者观察》的奠基时期。最初的编辑方针是：“提供最新信息，观察改革趋势，弘扬企业精神，透视社会热点。”很明显，“信息”、“企业”还带着原先刊物的痕迹。《发刊词》中对刊物的任务也只是泛泛地提出“观察市场，观察经济，观察社会，观察世界”。但不久编辑部就意识到了这一问题，很快将原方针中的“热点”作为了“观察”的重点，并具体化为“追踪热点，分析焦点，探索疑点，解释难点”，第二年更将“难点、热点、疑点”字样印在了封面上。刊物随之也推出了一批符合这一方向的报道，如《人情经济》（1992年第7期）、《“面子”大赛》（1992年第9期）从较深的层次反映了陈旧的文化意识对经济改革形成的障碍，《南北观念差异录》（1992年第12期）挖掘了在经济发展差距背后的观念差异，其他如《“海南事件”主角——雷宇》、《中国大款爷》、《王朔现象与“海马影视”》等也都紧扣改革开放带来的社会现象，从多方面带给读者启示与思考。由于刊物上的不少文章被其他媒体转载或转摘，《记者观察》很快有了一定的社会影响。《记者观察》在调整刊物重心的同时也调整了自身与读者的关系，《发刊词》中说记者是站在时代“制高点”上的观察家，“通过记者的观察为你的成功作出贡献”。这一提法有一定道理，也有缺陷，从根子上讲是过去宣传工作中把群众置于下而把宣传者置于上的思维方式的流露。创办不到一年，《记者观察》也觉察到这一问题，从而提出了“《记者观察》和您一起探索、思考”（1991年第9期）、“在这个多变的日子，我们仍将和你一道肩并肩追踪世界”（1992年第1期）、“《记者观察》与你一起观察大千世界”（1992年第9期）等口号，这就改变了刊为人师的态度，与读者有了平等的关系，增加了亲和力和吸引力，提高了读者对刊物的信任。

1995年至1999年是《记者观察》迅速发展的时期，一些重要奖项的获得构成了这一阶段的成就标志。随着刊物声名鹊起，稿源有了充分保证。《记者观察》也引起了党和政府有关方面的关注，中共中央政治局委员、中宣部部长丁关根委托工作人员打来电话，说许多同志都愿看这份刊物，要求多寄些样刊给部里。新华社办公厅主办的内部报纸《前进》约《记者观察》介绍了办刊经验。1999年4月，《记者观察》出满百期，新华社社长郭超人为之题词："坚持党性原则，正确观察社会。”国家新闻出版署副署长梁衡题词："观察社会，研究问题，引导舆论，探求规律。”中共山西省委书记胡富国题词："纵观天下大事，透析改革风云。”山西省省长孙文盛题词："把握导向办出特色，让更多的读者认可和信赖。”

2000年至2004年是《记者观察》巩固特色、稳步前进时期。这一时期期刊市场竞争加剧，新媒体来势迅猛，步步侵吞着传统平面媒体的市场空间和稿件资源，《记者观察》同样遇到了前所未有的生存压力。为应对挑战，《记者观察》巩固已形成的特色，对内容及栏目进行调整，加大了策划与组稿力度，从过去的“等米下锅”向“找米下锅”转变。一支以新华通讯社及其他大媒体记者为主体的、对刊物特点非常了解、与编辑人员联系密切的作者队伍建立了起来；一些新的与时代适应的栏目逐步设立，并且从整体设计上加以强化，如“专题策划”栏目与每期的封面相呼应，一时间很引人注意。在突出特色上进一步紧扣“观察”二字，重点经营“本刊特稿”、“记者调查”、“热点透视”“特别纪实”等核心栏目。2002年又策划举办了“21世纪山西名牌发展论坛”，取得了较好的社会与经济效益。到2004年底，《记者观察》在确保自身运转的前提下，已累计为新华社山西分社上缴利润600多万元。

2005年后，《记者观察》进入了二次创业阶段。由于新华社报刊管理政策的调整，记者观察杂志社整体从新华社剥离，主办主管变为山西省文联，《记者观察》进入“文联时代”。体制的变动给刊物造成很大影响，从客观上讲，这时的刊物发行量下降，经济状况已无法与兴盛时期相比，杂志社只有二次创业。2005年，《记者观察》开通了网站，利用网络扩大刊物的影响。2006年又改刊期为半月刊，尽可能缩短刊物内容与现实生活的时差。在发行上则建立激励机制，以各种方法抢占市场。在经过一番积极准备后，于2006

年7月又推出改版试刊，请知名设计师对刊物进行全面包装，开本改为异型大16开（19厘米宽，29.5厘米长），在全国刊物中独树一帜。改版之际在京召开研讨会，听取了方方面面学者、专家的意见。改版后，在内容上以“生动、深刻、厚重、震撼”为风格追求，以“聚焦重大事件背后的秘情，告诉您新闻背后的故事”作为办刊方向和宣传语，在发行推广上更张扬了“平日里踊跃订阅《记者观察》，求助时记者就会来到您身旁”的广告词。为使杂志社保持活力，2006年6月还启动了记者招聘计划，经过考核，首批招录记者很快上岗。到2007年，《记者观察》全新改版，社会反响较好，仅太原邮局订阅就突破5000册，《记者观察》初步走出了困境。

《记者观察》自创办到2005年一直为月刊，16开本，每期48页，2003年页码增至56页。2006年改为半月刊，页码增至64页，2007年改版后刊期、页码未变。创办之初定价1.50元，以后几次上调，2003年后稳定为4.00元。《记者观察》实行主编负责制，历任主编为尚代江（1989—1994）、杨玉良（1994—1999）、武岚（1999—2004）、杨玉良（2005—　）。

第六节 “烹调”、“营养”之五味

饮食本是人类生存发展的大事，古人早有“民以食为天”的明训，中国在饮食方面自古以来形成了丰富多彩的技艺，创造了精深的饮食文化，但在儒家思想占主流的漫长历史中，却少有饮食方面的文献传世。当革命的政治被推崇到社会生活的顶峰，“谈吃”与“论穿”一起被打上“资产阶级腐朽思想”的标签，加之物质的匮乏，人们填饱肚子成为目的，自然无从再在饮食上做什么考虑。开始敢于去谈论、研究饮食，是改革开放以后，也就是大力提倡解放思想之后的事，进入1980年代，才有了这方面书刊得以出版的机会。而随着我国人民生活水平的迅速提高，这类书刊也呈现一派繁荣。山西的《烹调知识》与《中国保健营养》的创办与发展正是与社会的这一变化同节奏、共命运的。

《烹调知识》与《中国保健营养》在期刊登记和管理上一直被归于科学普及期刊，然而它们又与其他科普期刊有很大不同。所谓科普是指普及自然科学知识，这两种期刊其实不限于自然科学知识，特别是以后的发展趋向于饮食文化的研究传播，这就更走进了人文科学的范畴。再从它们的主办和主管单位来说，也不像其他科普期刊一样是科技单位，以2006年时的期刊登记状况为例，《烹调知识》主办为太原市商业经济学会，主管为太原市商务局；《中国保健营养》主办为全国卫生产业企业管理协会，主管为卫生部。从它们的办刊经历来说都有其独特性，也都比较曲折，与其他一些在计划经济体制内纯粹由行政拨款所办的期刊不同。基于上述种种原因，这两刊未与其他科普期刊归于一处，而是另作记述。

《烹调知识》创刊于1983年6月，是全国创办最早的此类期刊之一，在它创办之前，与吃有关的仅有《中国烹饪》、《中国食品》两刊。创办这一期刊的是太原市烹饪学会，这是一个由太原市服务局业务主管的学术团体，当时负责学会工作的是在服务局工作的李汉读，他提议办个刊物，服务局局长籍贵锁也同意，于是就由学会出面开始筹备。李汉读找了温作君（当时任市政府副秘书长）、徐中成（当时在市委统战部工作），以他们为核心又请了些人多次开会，定下了刊名《烹调知识》和刊物的编辑方针。筹办起来时由服务局批准李汉读借款支付印刷费，他们找了省委退下来的老领导刘舒侠帮助申办刊号，当时的中共山西省委常委、太原市委书记王茂林得知后也积极支持，甚至以个人名义捐款资助。

《烹调知识》的《发刊词》中，编者说办刊是出于四个需要："这是提高人民物质文化生活的需要"，"这是培训青年一代饮食工作者的需要"，"这是发展旅游事业和国际交流的需要"，"这是继承和发扬我国文化遗产的需要"。创刊号上有一些作家、画家也为其写了文章，如马烽《琐谈吃饭问题》、李束为《外行的祝词》、力群《〈烹调知识〉长命百岁》、华而实《祝〈烹调知识〉创刊》。由于办刊者缺乏经验，认为关心吃饭的人会很多，创刊号盲目印刷8万册，结果印出后虽利用各种机会宣传、推销，连卖带送才出手了3万册。好在这类刊物当时还很罕见，创刊号积压了，但以后的订数却节节上升。到1980年代末已近10万份。

《烹调知识》创办20多年来，主管主办单位几度变更。

1983年至1987年，主办为太原市烹饪学会，主管为太原市服务局；

1988年至1989年，主办为太原市烹饪学会，主管为太原市科协；

1990年至1991年8月，主办为太原市烹饪学会，主管为太原市饮食服务总公司；

1991年9月至2001年5月，主办为太原市财金贸易委员会，主管为太原市财金贸易委员会；

2001年6月至2002年6月，主办为太原市商业经济学会，主管为太原市财金贸易委员会；

2002年7月至2004年9月，主办为太原市商业经济学会，主管为太原市商贸委；

2004年10月至2008年，主办为太原市商业经济学会，主管为太原市商务局。

这些变更有机构变更（包括名称的变更）的因素，但更与这份刊物所走的坎坷道路相关。

《烹调知识》的历程可分为三个时期：1983年到1991年是艰难创刊和不正常发展，可谓第一时期；1992年到2001年是改革整顿，渐入正轨，可谓第二时期；2002年之后是积极改版，开创新路，可谓第三时期。在创刊之初没有固定的编辑，没有可保证的经费，没

有可依靠的作者，就全凭几位热心人“折腾”。1993年《烹调知识》出版过“百期纪念专号”，其中有温作君《跌跌撞撞的足迹》一文，回顾了创刊初期的一些情况。当年出一、二、三期，组织不来太多的稿件，就只好几个筹办人自己动手，“翻古书，访名厨，于似懂非懂中拼凑些谈吃论喝的文章装点门面”，“把自己还不太懂的东西生编硬造地写出文章来，还要讲得像模像样”，“好容易把几万字的稿子凑齐了，作者的名字又觉得太少，只好广布疑兵，乱起笔名”。这还只是一方面。另一方面则是当时虽说已是1980年代，但思想上仍顾虑重重。版画家力群是一个老革命了，他写来的文章题目是《〈烹调知识〉万岁》，“万岁”这个词自新中国成立以来是只有几个地方可用的，老前辈有勇气这样写，可编刊者却怎么也不敢用，斟酌再三，改了个“长命百岁”才刊发出来。刊物出版后社会反响不错，后来逐步在全国联系了一批烹饪界的专家作为顾问和特约撰稿人，刊物稿件数量和质量都有了保证。1989年6月，山西省首届优秀期刊评比中，《烹调知识》被评为全省15种优秀期刊之一。办刊之路是不平坦的，遇到一些麻烦，省商业厅退下来的老厅长李峰很为同情，为此，他给市委主要领导写了一封信。信中说：“我们的事情往往是这样，艰苦创业的时候，少数人在那里奋斗，周围作壁上观者有之，吹冷风、泼凉水者有之；一旦事业成功，它就变成了一块‘肥肉’，能插手的都来插手，直到把事情彻底弄坏，这才天下太平。”虽是激愤之言，但也可见办刊艰难之一斑。

《烹调知识》是以太原市烹饪学会会刊的名义办的，但没有正式编制，也不是正式机构，无法建立银行账户。在创办头几年中，经费靠借款及赞助，收支与学会共用一账，主要编辑人员都是业余兼职，每期出版后每人报酬仅15元。学会与刊物混在一处，这种状态下管理很不规范。1989年，主编李汉读以贪污罪被捕，太原市南城区法院认定其贪污1.85万元，判刑8年。1992年山西省高级法院改判，“撤销南城区法院刑事判决”，“宣告李汉读无罪”。在李汉读被判刑之后的1991年，杂志整顿重新登记时，《烹调知识》由于多项不符合要求而被“缓期登记”。当年8月，由太原市政府领导主持会议，决定将该期刊从学会分离出来划归太原市财委。

1992年2月，太原市财委派薛慧林来《烹调知识》任主编，从整顿内部、规范管理入手，使期刊步入一个稳步发展时期。1992年4月完成了在出版管理部门的重新登记，4月，由太原市机构编制委员会批准，成立杂志社，为自收自支的全民事业单位，编制7人。在期刊的编辑、出版等环节也制定相应制度，期刊整体质量有了明显提高。《烹调知识》1993年、1994年、1995年连续三年在山西省实行期刊分级管理后被评为一级。1994年在华北第二届优秀期刊评比中名列“十佳”，1996年在华北第三届优秀期刊评比中名列“优秀”。《烹调知识》在这一时期发行量突破10万份，还发行到18个国家和地区。国外一些同类刊物如新加坡《美食家》等也与其建立了联系。

《烹调知识》一直注重栏目的设置，不仅紧扣刊物宗旨，而且不断调整，使其成为刊物吸引读者的特色之一。在刊物出版百期时，有湖南读者黄鹰撰写《巧联〈烹调知识〉栏目》一文，发于该刊1992年9月号。该文为：

金秋的九月，是收获的季节。我从“烹饪自修学校”毕业了！又适逢《烹调知识》百期纪念，真是双喜临门。

我回到“职工食堂”，按照我们的“民族食风”，做了一桌“节日家宴”以示庆祝。饭后，拿了一份“刊中报”观看，从上面了解到“海外食经”和“西餐知识”。这时一庖丁来访，我又和“庖丁谈艺”，我们谈得很投机，从“烹饪史话”一直谈到“酒家管理”，他还说他正编一本“畜禽鸟兽篇”的书。送他时，我们又在“饮食天地”吃了几个“地方风味”菜，他也对我转述了“刀俎余话”。

送走客人，无事可做。我想：何不去“百蔬园”自己做几个“创新菜”，让家人尝尝。无奈刮起一阵“宗教食风”，只好作罢。忽然妻子跑来叫我说，“美食家谈吃”的电视讲座开始了，我又忙去看电视。这节课主要讲“烹饪科学”、“营养与健康”、“旅游与美食”，真是获益不浅。我把学到的知识在“青年厨师园地”“做做试试”，家人吃了都夸我手艺好。

到了晚上，我又到“烹饪卡拉OK”去潇洒，向朋友们朗读了一篇“炉边偶记”的散文，获得大家赞扬，歌厅老板还奖给我“品茗录”、“品酒录”两本书。回到家里累得筋疲力尽，我想，明天还得找个“食疗方”来治治。

2002年之后，杜力任社长、主编。为适应市场变化，《烹调知识》积极改革，一是改开本为大16开，调整栏目；二是联合山西省烹饪协会与山西省食文化研究会作为合作单位。刊物在内容上由过去以烹调技术和营养知识为主拓展到商业经济与饮食文化，提高了刊物的学术含量与文化品位，对一些有影响的栏目如“创新菜点”，加大了组稿、策划力度，还免费为作者刊出新菜彩图，免费上彩照推荐优秀厨师，对推动餐饮业创新起了积极作用。在各种期刊订数普遍下降的情况下，2006年《烹调知识》仍保持了5万余册。而且建立了网站，开通了电子邮箱，使期刊出版各个环节网络化、现代化。在发行上也调整策略，转“遍地开花”为发展中心城市、建立连锁分布的市场网络。杂志社经济效益不断提高，2006年创利10万余元。

烹调知识杂志社2001年被授予“太原市模范集体”称号，出席劳模大会。2004年被评为首届“北方优秀期刊”，同年被授予“太原市巾帼文明单位”称号，2000年后连续被评为山西省一级期刊。《烹调知识》刊期变化为：1983年至1985年季刊，1986年改双月刊，1987年改月刊，2008年改为半月刊。季刊时为32页，改双月刊后为48页（一度改为40页），2001年后改为56页。定价逐步上调，1985年0.32元，1990年时1.60元，2000年时3.50元，2005年时5.00元。历任主编为李汉读（1983—1989）、温作君（代理，1989—1990）、李淮（1990—1992）、薛慧林（1992—2002）、杜力（2002—　）。

《中国保健营养》创刊于1992年8月，创办者最初为中国保健营养学会。它的创办完全是一个偶然的契机。1988年春，中共山西省委邀请中央国家机关曾在抗日战争时期或解放战争时期在山西工作过的部分老同志来山西参观访问。应邀而来的有李雪峰、钱信忠、谭启龙、于若木、毛铎、荣高棠等十多人。这些老同志故地重逢，感慨万千。大家希望能在有生之年多参加一些增进友谊和健康的活动，能把一些有益于养生健体的经验互相交流借鉴。于是就提出成立一个老同志健康俱乐部。后来有的老同志提议不要局限在只关注退下来的老同志保健养生，更应该着眼于宣传发动广大人民群众都来关注健康问题，以期提高全体人民的身体素质和健康水平，不妨成立一个促进健康的协会，在老同志自身受益的同时，也让广大人民群众提高保健意识，增强自我保健的能力，使大家都受益。省委书记王茂林十分赞赏并积极支持这些老同志的意见。接待活动的工作人员起草了成立社会群众团体“健康促进会”的方案，后经老领导反复斟酌，协会名称定为“中国保健营养协会”。大家公推卫生部老部长钱信忠为会长，李雪峰、谭启龙、于若木、毛铎为副会长。中共山西省委书记王茂林，省人大常委会主任王庭栋、副主任李玉明，副省长吴俊洲等亦作为协会发起人，并分别担任协会的领导工作。

为便于协会联系和指导工作，协会决定出一本会刊，起名《中国保健营养》，1988年办理了内部期刊登记，主管单位为中国保健营养协会，主办则以这一学会情报部的名义。但这一管理体制是欠妥当的，于是1990年进行了内部整顿。由山西省人大常委会办公厅主管，中国保健营养学会主办。对一个冠有“中国”字头的期刊来说，这种管理仍不合适，于是钱信忠、毛铎等老同志出面，征得国家科学技术委员会同意，由国家科委科技成果管理办公室作为主管单位，1992年国家科委成果办又与山西省人大常委会办公厅商定，委托山西省人大常委会办公厅代管这杂志，主办单位同时改为国家科委成果办与山西省卫生厅。

1992年5月，国家科委同意《中国保健营养》正式创办，同时经过山西省编制委员会办公室批准成立杂志社，成为自收自支的事业单位。而在此前的1991年，高仰山已来杂志社任社长。

《中国保健营养》从1992年获得国内统一刊号之后，四年迈出四大步：由起步的季刊，1993年改为双月刊，1994年由16开版本改为大16开本；1995年由双月刊改为月刊。2002年之后，由64页改为80页，铜版纸全彩印刷，图文并茂，从内容到形式跃入国内同类杂志的精品行列。

《中国保健营养》期刊发展的路子也十分坎坷和曲折。1992年8月创刊，一年多后，便在国内医疗保健科普类杂志中崭露锋芒。1994年国内保健品行业蜂拥而上，大江南北“鱼龙混杂”，很多伪劣假冒保健品坑害群众。《中国保健营养》挺身而出，高举揭露伪劣战旗，直指当时生产规模最大、牌子最响的“圣达中华鳖精”。他们直接派记者到该厂进行采访调查，遭到蛮横拒绝后，采访人员在该厂门口和周边地区守候十日，调查采访该厂的30多名员工和6家供料商和经销商，并走访了群众，写出了《兵败圣达——中华鳖精调查访问记》，揭露了这个企业弄虚作假的行为，在消费者中引起很大震撼。1995年《中国保健营养》第6期又以《香功：雾里看花——田瑞生大师采访实录》的纪实文章，揭露了香功是愚弄群众的伪科学。直面现实，旗帜鲜明，使《中国保健营养》受到兄弟期刊的推崇和读者的赞许。

1995年由中国保健营养杂志社发起成立了“中国保健报刊联谊会”，1995年9月9日，在五台山召开了第一次全国保健报刊联谊会，通过了联谊会章程和活动内容。决定每两年由会员单位轮流担任东道主，进行工作交流，高仰山被推选为首任会长。1997年6月

15日，在广州市由《广东食品》杂志主办，召开了第二次联谊会，国家新闻出版署和国家科委、广东省委和广州市委的领导同志应邀出席会议。

《中国保健营养》由于办刊经费的“先天不足”，在发展中一直受到经济上的困扰。2003年赵文祥被聘为杂志社社长，加强了杂志社在经营方面的工作力度，把编辑业务与经营进行分离，引进了企业化管理的因素，从而逐步实现了刊物质量和营销水平相辅提升。

2000年之后，期刊受到严峻的挑战，新传播技术的兴起与新传媒的出现大大挤压了期刊的生存空间。《中国保健营养》积极进行多方应对。一是将刊物精品化、时尚化，如前所述改为全彩色铜版纸大型开本，使之与一些新办的“时髦”杂志有了“同台竞技”的可能。二是加大信息量，面对社会信息量剧增、信息更迭加速的趋势，提出了“信息含量是刊物的精髓，刊物的生命体现于它信息含量程度”的观念，对国外国内在医疗保健领域任何新潮、时尚、前沿、尖端的信息都尽力予以报道，使期期保证有读者的“兴趣点”。三是不断调整刊物内容，拓宽保健范围，不只限于饮食，而向健康的其他方面延伸。四是动员社会力量参与办刊。加强和学术团体如中国营养学会、中国医促会亚健康专业委员会等的联系，借助这些组织的专业力量合作办栏目，提高刊物的专业水准，对保健品企业谋求合作互动，优势相补，发展共赢。设立理事会，为企业提供展示产品的平台和获取信息的通道，为企业与专家搭桥牵线，促进保健品名牌的成长，维护保健品市场的健康有序，同时使刊物也得到企业的支持。2004年时刊物发行达到了3.8万份，而且还成为南方航空公司的“空中读物”上了飞机，2006年发行量上升到4.2万份。

《中国保健营养》在前进的道路上也有失误与教训，最主要反映在管理与用人上。刊物创办时人员入口关把得不严，导致一些素质不高，甚至品质欠佳的人进入杂志社，给杂志社工作造成过不小的损害。例如曾发生过有人与社会上发行商勾结贪污广告款，有人冒充刊物副主编与别人订立有黄色内容专刊出版合同等问题。虽都得到了处理，但毕竟影响了期刊的发展。

《中国保健营养》设立有编委会，第一任编委会主任为李玉明。杂志社社长、主编从创办到2002年为高仰山。2003年起赵文祥任社长，高仰山任主编。

第七节　期刊管理的改革——评比分级

1990年代初，中共中央宣传部出版局期刊调研课题组对中国期刊的历史及现状进行了广泛研究，课题组所写《中国期刊述评》中对期刊管理作了深刻的分析（载《中国出版》1992年第3期）。

期刊关乎意识形态，关乎民族文化，关乎科学技术，关乎社会秩序，作为新闻出版的一个重要方面，国家对期刊历来需要管理。从历史上看，国外的出版管理通常有两种主要机制：一是预审制，即出版物需经管理机关事先检查才能出版发行；二是追惩制，即出版物事先不检查，事后有争端依据法律程序提起诉讼。在资本主义发展的早期一般实行预审制，但随着资本主义制度的发展与完善，现在发达国家已用追惩制取代了预审制。从历史上看，我国是一个刑法比较发达而民法甚为欠缺的国家，现代出版业在中国出现之后，与出版管理有关的法律很不健全，这当然与进入现代之后中国社会动荡频仍有关。在国民党统治时期的1934年曾颁布《图书杂志审查办法》，1937年又进行修订，其内容主要倾向于预审制。

新中国成立后，一方面不能去再搞已落后于时代的预审制，一方面又不可能立即建立、健全民法，依法管理出版，这就使我国的出版管理，包括期刊出版管理在相当长时间是处于一种主要靠部门法规和行政文件来管理的局面。从1950年10月政务院《关于改进和发展全国出版事业的指示》、1952年8月《管理书刊出版业印刷业发行业暂行条例》，到以后陆续出台的众多文件与法规都反映了这一点。“文革”期间，连这种局面都被破坏了。进入改革开放新时期以后，在恢复过去做法的同时加速了向依法管理前进的步伐，1991年终于开始实施第一部关于出版的法律《著作权法》。虽然除了《著作权法》以外还有刑法等法律的一些有关条款可作为参照和依据，但总体上看，大量的出版问题还处于无法可依的境地，这种状况决定了在期刊出版上还不能实行追惩制。另一方面，中国的国情也使得有些方面还需要一点预审制，例如少数题材需要有关部门事先审核，即选题报批制度。这就形成了期刊出版管理机制上的中国特色，其特征为：以行政管理与行政处罚为主要手段；以期刊社的主管单位为依托；以编辑出版人员的自我约束为特色；与政治形势与政治气候相联系。有资料表明，从1978年到20世纪末，国家新闻出版行政部门陆续发布的有关期刊的法规法令有40多个，其中最主要的有1988年11月24日发布的《期刊管理暂行规定》和1989年9月1日起施行的《〈期刊管理暂行规定〉行政处罚实施办法》，这两个法规与其他法规一样，也基本是这一管理机制的体现。2005年9月，新闻出版总署公布了《期刊出版管理规定》，并从2005年12月起施行，这是迄今为止关于期刊的最基本的法规。

在这样一种管理机制下，新中国的出版管理机构也多次变动，1949年成立中央人民政府出版总署；1954年撤出版总署，由文化部设出版事业管理局；“文革”砸烂了文化部，1970年成立国务院“出版口五人领导小组”（简称“出版口”）；1973年成立出版事业管理局，直属国务院；1982年出版事业管理局又并入文化部；1987年撤出版事业管理局，成立国家新闻出版署。在山西，“文革”中成立山西省革命委员会出版局；1975年更名为山西省出版局；1984年撤出版局成立山西省出版总社；1987年撤山西省出版总社成立山西省新闻出版局。

山西省新闻出版局成立后，设立期刊处。期刊处当时的工作大致可以分为两个方面：一是行政性的日常管理，如期刊登记，期刊变更事项的审核或批准，处理期刊出版中的违法违规行为，贯彻上级有关期刊的文件、指示等等；二是规范山西期刊出版活动，用各种方式促进山西期刊的发展。如1989年组织了山西省首届期刊评奖，最后评出优秀期刊15种、优秀期刊编辑32人、优秀期刊设计者10人，同年还组织了山西省首届期刊封面设计研讨会；1990年9月组织山西期刊参加了全国期刊展，有117种期刊参展，有些期刊还在京组织了相关活动。《童话大王》搞了小读者联谊，《对联·民间对联故事》组织了书法家、楹联家为读者撰联写联，《科学之友》组织医生为读者义诊等，扩大了山西期刊的影响。尽管这些工作都取得了一定成效，但如何找到一种可长期持续实行、可覆盖全省所有期刊又可有效地使监管与服务相结合的期刊管理办法，却是期刊管理部门一直在思考的问题。

1992年春，期刊处广泛征求各方意见，反复酝酿后提出了一个对期刊分级管理的设想。1992年11月由中共山西省委宣传部、山西省新闻出版局、山西省科学技术委员会联合下发了《关于试行期刊划分等级、分级管理的通知》(以下简称《通知》)。对期刊进行评级在全国尚无先例，所以这一方案的提出可称为在期刊管理工作上的创新之举。

当时对期刊质量如何界定及管理尚无一个明确的标准，1995年国家科委颁布了《科技期刊质量要求及其评估标准》，1996年新闻出版署期刊管理司颁布《中国社会科学期刊质量标准》。山西尝试在质量上进行分级在时间上早于这两个标准，从这个意义上讲，山西进行的是一种有创新性质的探索。

山西当时实行的这一办法，有一些明显的特点，主要是：

一、提出了管理中的新机制和优胜劣汰问题。《通知》中讲这一办法的目的是“为改革和完善期刊管理工作，建立适合期刊出版事业发展的新机制，充分挖掘和发挥期刊社的内在潜力，调动一切积极因素，让所有的期刊在不同的起跑线上瞄准不同的目标共进，在竞争中优胜劣汰，全面提高期刊的质量品位，推进期刊出版事业的繁荣与发展，更好地为经济建设和改革开放服务，为社会主义物质文明和精神文明建设服务”。

二、确立了检验期刊的六项标准，并尝试将其具体化。期刊分级的标准分为六项，即政治标准、业务标准、编辑标准、出版标准、效益标准、管理标准，这六项涵盖了期刊的主要方面。对每项标准又提出了每一层级的具体要求。例如业务标准中，一级要求“在省级(含省级)以上的业务为主的评比中获奖的；被改编成电影、电视、广播、戏曲、剧本及其他传播形式的作品、文章占全年5%以上的；被列为全国行业核心期刊或每年所刊登的文章被国内外权威文摘、索引类报刊和文献数据库收录占10%以上的”。二级要求“在各种业务为主的评比中获奖或受到表彰的；作品、文章有被改编成电影、电视、广播、戏曲、剧本及其他传播形式的；被列为省重点联系期刊或省级以上协会、学会会刊的；每年所刊登的文章被其他正式文摘、索引类报刊、文献数据库收录占10%以上的”。三级要求“能体现本刊的类型特点，反映本专业、学科的基本水平，没有较大失误且未造成不良影响的”。这些要求在总原则不变的前提下，各级间有程度上的差别。由于当时还没有尽可能地科学量化各种指标，所以这种差别更多地要靠评委去实际掌握。

三、采用了地方性编辑规范。编辑标准一项中对科技类期刊提出“认真执行了”或“基本上执行了”《山西省科技期刊编排试行规范》。这一试行规范是山西省科技期刊编辑学会成立后的主要成果之一，1989年起试行。在1995年国家科委颁布《科技期刊质量要求及其评估标准》之前山西制订这一规范有其积极意义，山西实行期刊分级时采用了这一地方性规范。

四、设计了评级程序。当时的设计是"逐步评审确定"，具体做是三步评定：第一步是期刊社自评、自报，第二步是评审小组对每刊的每项标准提出意见和级别建议，第三步是评审委员会最后审定。这一程序在以后的逐年评级中有所调整和丰富，如刊社自评自报取消了，但基本框架是沿袭下来的。

五、划分了适合省情的期刊类别。期刊的分类是一项貌似简单而实际复杂的工程，而且随着社会的变化会出现先前类别难以归入的期刊。期刊的分类既反映当时期刊的实际状况，也反映分类者的认知。正是由于这些，1993年期刊评级时的分类就不仅有现实作用，而且有了历史的意义。在实行评级时山西有正式期刊143种，被分为两大类，其中有的又分成小类。具体分类为：社会科学期刊分六类，（一）社科综合（其中又分：1.学术研究；2.政治理论；3.管理；4.文史）；（二）社会文化；（三）经济；（四）教育；（五）新闻出版；（六）文学艺术（其中又分：1.文学；2.艺术）。科学技术期刊分四类：（一）综合性；（二）学术性；（三）技术性；（四）科普性。这里无论是类别划分还是具体刊物的归类，都有与此前及此后不一致之处，如《记者观察》不在新闻出版类中而在社会文化类中，《晋图学刊》不在社科综合而在新闻出版类中，《山西民间文学》、《晋阳文艺》在文学类，而《对联·民间对联故事》与《火花》则在艺术类。

六、体现了动态管理。期刊级别不是终身的，等级评审将每年进行一次，使期刊等级有升有降，在升降中给予各刊优惠或限制。尤其在这一方案中明确规定："对达不到三级期刊标准的，要吊销刊号或降为内部期刊。"这就在事实上已触及建立期刊退出机制的问题。随着期刊的发展以及社会主义市场经济体制的建立，在十多年后如何建立期刊退出机制成为一个各有关方面都在研究与探讨的课题。

《关于试行期刊划分等级，分级管理的通知》的附件部分公布了当时的评审机构及人员组成。具体为：评审委员会，由温幸任主任委员，张成德、张凤瑞、梅家篪任副主任委员。下设两个评审小组，即社科组与科技组，每组有成员6人。按照等级评审方案，1993年初对全省122种期刊进行了评审（1992年新办期刊及原登记项目变更较大的期刊未参加），《山西农业大学学报》和《科学技术与辩证法》未按要求参加评审，受到通报批评。最后共评出一级期刊40种（社科21种，科技19种），二级期刊65种（社科35种，科技30种），三级期刊17种（社科7种，科技10种）。在通报评审分级情况时，对三级期刊给予警告处分并通报批评，不允许出版增刊，同时限年内整改。

期刊评级管理在山西期刊界引起很大反响。期刊处编印的《期刊审读与指导》1993年第3期报道，绝大多数期刊在评级之后质量都上了一个档次，完成了一个从质量意识到质量提高的过程。尤其是级别较低的更是主动与管理部门通气，寻找不足，采取改进措施。例如，《关于〈山西劳动〉杂志整改情况的报告》中写道："接到……通报以后，在编辑部内引起很大震动。分管厅长兼主编李顺通同志先后三次召集编辑部开会，拿着杂志从封面到内文，从版式设计到内芯文章，逐项提出改进意见，并与先进期刊进行对照，开拓大家的眼界。"该刊最后提出了六条具体的改进措施。

1993年进行的首次期刊评级仍有很多欠缺之处，例如指标中可量化的较少、不同类别的差异如何区别要求体现得不够等等。这些在以后的逐年评级中不断改进，例如在1995年后采用山西省科技期刊编辑学会课题《山西省科技期刊管理系统》中的某些成果，对科技期刊质量中某些可量化的内容尝试了量化打分。在期刊管理部门的努力及几批办刊人的参与下，期刊评级管理终于在坚持十多年后形成了一套较完整的做法，成了山西期刊管理工作中的一个特色。

第八节 期刊社团的建立

1986年1月29日至30日，山西省科技期刊编辑学会在太原举行了成立大会暨编辑学术交流会。参加会议的有正式代表72名，他们代表着作为学会第一批团体会员的74个期刊编辑部。张沁文代表学会筹备组致开幕词，卫茂泉作学会筹备工作报告，代表们讨论通过了《山西省科技期刊编辑学会章程》，选出了学会第一届理事会。中国科技期刊编辑学会筹委会主任翁永庆在会上应邀作了《科技期刊编辑工作近况及其质量评价问题》的报告，会上还交流了编辑研究论文及经验材料30余篇。

山西省科技期刊编辑学会是山西第一个期刊团体。山西省科技期刊编辑学会的成立酝酿了不短时间，1981年11月时，中国科协召开了学术期刊编辑工作经验交流会，会议强调了编辑是一门科学，指出进行理论研究、探讨编辑规律，对于提高编辑工作者的水平十分必要。会上成立了中国自然科学学术期刊编辑协会筹备委员会，并建议各地根据具体情况成立相应组织。次年8月，山西召开类似内容的会议，成立了山西省自然科学学术期刊编辑协会筹备组，后改名为山西省科技期刊编辑学会筹备组。就在筹备期间的1985年，中共山西省委宣传部、省科委、省出版总社开始进行报刊整顿，下发了《重新审核登记报刊的通知》，筹备组配合进行了相关工作。重新登记后山西科技期刊为78种，其中国内公开发行的52种，内部发行26种；从类型上看，学报7种，专业技术55种，科普6种，综合性10种；从刊期看，半月刊2种，月刊9种，双月刊14种，季刊38种，半年刊8种，年刊1种，不定期刊6种。整顿后的全省科技期刊基本状况清晰，为学会的建立奠定了基础。

山西省科技期刊编辑学会章程中明确指出学会"是科技期刊编辑工作者自愿结合的学术性群众团体"，成立大会上卜颖所致闭幕词中也说"学会的成立，就意味着科技期刊编辑学作为一门学问，在我们山西开始起步”。但事实上它不完全是学术团体，而是还兼有一些协会性质，在章程中同时还有这样的表述：“它是党领导科技期刊工作的助手，是联系我省有关期刊编辑工作者的纽带和桥梁，是山西省科学技术协会的组成部分。”它的任务有：“向主管部门反映广大科学技术期刊编辑工作者的意见和正当要求，组织会员向有关部门推荐人才，献计献策。”类似的阐述在成立大会的相关文件中也有。这反映出学会筹办者以及各成员单位当时的共同认识,自觉不自觉地体现了学会的非纯学术倾向。这种倾向在学会的工作中也有体现，例如第二届理事会的工作目标是“建学术基础，开展编辑学研究；以学会优势，促期刊质量提高”，在1996年选出的第三届理事会的工作目标则是“促进科技期刊质量提高，充分发挥科技期刊的作用，加快科学技术转化为生产力的速度，为山西省的经济建设和社会发展服务”。工作目标自然会贯穿于实际工作中，学会也确实做了不少学术研究之外的工作。

从1980年代中期到1990年代中期，山西省科技期刊编辑学会经过了两届理事会，第一届学会理事会选出了常务理事8人，理事长张沁文（《农村发展探索》），副理事长卜颖（《科学之友》）、卫茂泉（《山西医药杂志》）、吴敦礼（《太原工业大学学报》）、张安塞（《编辑之友》），秘书长由卜颖兼任。1990年10月举行第二次代表大会，第二届理事会选出常务理事11人，理事长张沁文，副理事长杨广才（《山西地震》）、吴敦礼、张安塞、宋富盛（山西省新闻出版局），秘书长袁正明（《山西地震》）。学会成立时挂靠在山西省科协学会工作部，1988年6月起挂靠在山西省地震局，具体办公设在《山西地震》编辑部。

从1986年到1996年的十年间，也即在学会第一届、第二届理事会任期内，主要做了四个方面的工作：一是开展了对编辑理论的研究（亦即一般被称为编辑学的研究）；二是就期刊编辑工作的规范化问题组织了研讨并尝试了规范的制定；三是实施了在职编辑的继续教育，主要是培训工作；四是组织了对优秀编辑人员的评选与表彰。

在理论研究方面，先后于1986年1月、1988年12月、1994年8月、1996年12月组织了四次学术年会，出版了四个论文专辑，并从第二次年会起除会议交流外组织了论文评比与奖励。参加研讨的论文第一次有30余篇，第二次有40篇，第三次有40篇，第四次有30篇。第二次时评出优秀论文二等奖5篇，三等奖12篇（一等奖空缺）；第三次时评出一等奖1篇，二等奖10篇，三等奖22篇；第四次时评出一等奖2篇，二等奖8篇，三等奖14篇。这些论文从不同层次、不同方面对科技期刊编辑工作进行了思考，通过论文交流，拓宽了编辑人员的思路，调动了期刊编辑人员理论研究的积极性。

在编辑业务研讨方面，1988年5月、1989年7月、1992年3月、1994年8月等数次召开有关编排标准、规范以及期刊质量评估等专题研讨会。在1989年制定了《山西省科技期刊编排规范（试行）》，经常务理事会通过并报省新闻出版局、省科委同意后下发各期刊试行。

在编辑人员继续教育方面，1991年、1992年、1995年先后组织了四期编辑业务培训班，有170人次参加了培训，对山西科技期刊编辑素质的整体提高起到了促进作用。

在表彰先进方面，既进行了山西省科技期刊先进集体、优秀编辑等方面的评比，又推荐青年优秀编辑参加了中国科技期刊编辑学会的评奖。先后表彰了19家优秀期刊、17个学会工作先进集体，优秀主编19人次，优秀编辑55人次，优秀青年编辑38人次。还为20名编龄10年以上的老编辑颁发了荣誉证书。由学会推荐的孙健、李建新、张成龙分别在1993年、1996年被评为中国科技期刊优秀青年编辑。

山西省科技期刊编辑学会的工作得到了社会的好评。学会被山西省民间组织管理局评为山西省优秀社团，被中国科协两次评为学会之星。

比山西省科技期刊编辑学会稍后成立的期刊学术团体还有山西省高校学报研究会。它成立于1988年4月，在4月20日的成立大会暨学术交流会上，山西省属及部属的23所高等院校学报（含正式期刊与内部期刊）的代表36人参加，提交会议的有16篇论文，其中8篇在大会作了宣读交流。会议选举了第一届理事会，《山西大学学报》主编徐久刚当选为理事长。1992年5月4日，研究会在山西运城召开第二次代表大会，《山西大学学报》主编高仲章当选为第二届理事会理事长。

山西省高校学报研究会隶属于山西省高等教育学会。高校学报研究会在加强各高校学报之间的联系，推动高校学报的发展方面开展工作，发挥了一定作用。

附录一

关于正式期刊出版情况的调查报告

为了解期刊出版情况，加强管理，我们对全省141种正式期刊进行了调查，调查的主要内容是：发行数量与发行比例、发行方式、经费来源、出版情况及交送样刊情况、印刷情况。从综合调查情况看：

一、发行量普遍增加，但增加的幅度不大

在调查的141种期刊中，社科类占72种，科技类占69种。从统计情况看，社科类期刊92年发行数量普遍提高，科技类比较平稳。在社科类中面向学生的刊物增长幅度较大，如《童话大王》91年发行量为54.5万，92年发行量为63万，增加8.5万，增长率为16%。《中学生课程辅导》91年发行量为15万，92年为20万，增加5万，增长率为33%；《小学生》91年发行量13.5万，92年为17万，增加3.5万，增长率为26%，据了解最近搞了一次学生参与的活动，发行量增至30多万，能否保持还很难说。另外增长看好的是文化生活类、通俗文学类，如《太行山》由原文学刊改为文化刊后，发行量从不过5千份增至5万多份，《中外故事》和《山西民间文学》92年增加7千份左右。除此而外，多数刊物发行量增长的幅度均不大。

91年统计发行量超过10万的共12种，1992年统计共15种，比上年增加3种。

二、重点联系期刊和多数科技期刊省内发行量远远低于省外发行量

通过调查分析，十几家重点联系期刊的省外发行量都比较大，最多的占到99.5%，有4种在90%以上，一般都在70%～80%，而省内发行量比例最少的仅0.5%。尤其是科技期刊，从我们统计的10种看，省内发行比例最多的不超过4.7%，最少的仅有0.5%。

从订数、交换、赠送比例看，社科类期刊一般交换、赠送比例仅占订数的5%～8%，最少的仅占1‰。而统计的科技期刊中交换、赠送比例一般占到订数的400%以上，而最多的能占到1000%以上，甚至占到2900%。也就是说订数只有100份，而赠送交换就有2900份。《电力学刊》的订数只有3份，而交换、赠送就有330份。

三、邮发、自办并举，邮发仍然为主

从我们统计的情况看，邮局发行的共82种，占到期刊总数的58%，且主要是面向全国的外向型刊物。自办发行的共59种，占到总数的42%，主要是面向省内的刊物。据调查了解，自办发行的数量仍有可能增加。

四、经费来源拨款和单位列专项的仍占多数

在141种期刊中财政拨款、本单位列专项的共77种，其中社科类29种，科技类48种。差额补贴的共25种，自筹或自负盈亏的共39种，主要是面向社会大众的刊物。据调查了解，目前单位递减拨款，鼓励自负盈亏的越来越多。

五、绝大多数期刊能正常出版并及时交送样刊

据我们统计和了解，绝大多数期刊能按时正常出版，只有极少数期刊由于经费问题或人员机构变动等情况误期或脱期，《美术耕耘》季刊，1991年只出版1期，1992年出版1期，今年7月份又出版1991年第4期。既脱期又没有正常的出版秩序。

从交送样刊来看，经过对1991年交送样刊情况通报之后，今年有所好转，但仍有少数期刊不能按时按期交送，有的集中半年送一次，有的只送一期，有的从今年开始至今未交一期。尤其是《山西电力技术》、《山西节能技术》、《山西能源》自去年通报批评之后，今年仍不交送样刊。

六、期刊的印刷大集中，小分散

在调查的141种期刊中，集中在局系统印刷厂印刷的共33种，其中新华印刷厂30种。集中在太原印刷厂的15种，太原千峰科技印刷厂的8种，山西民间文学印刷厂的7种，山西体委印刷厂的5种。这5家印刷厂共集中印刷期刊68种，约占到正式期刊总数的50%。另70余种属在本单位印刷厂和其他社会印刷厂印刷的，70余种期刊分散在45个印刷厂。

在调查分析上述情况之后，我们认为，针对我省的期刊出版情况，应提出和解决以下几个问题：

1. 解决好期刊市场观念。在强调提高期刊质量，以质取胜、赢得读者的同时，下工夫抓一下期刊的发行量。这就要求做好外向型宣传工作，理顺发行渠道，有条件的组织好自办发行网落（络）。同时，加强省内订阅工作，尤其是重点联系期刊，要下大力气，争取为更多的读者提供优质的精神产品。

2. 解决好办刊经费问题。在当前改革开放的新形势下，办刊人头脑必须要清醒和思考，今后期刊的发展趋势将是逐步走独立自主、自负盈亏的路子。我们建议对省里确需拨款的期刊，要一次性拨足，把经费集中起来，不要相似地平均分配。对绝大多数期刊要鼓励自负盈亏，鼓励发展多种经营，壮大经济实力，以此促进办刊。

3. 要解决好优胜劣汰、批评与表扬问题。就目前我省期刊状况而言，要制定优胜劣汰的办法和规定，并且逐步实施，要下力气，千方百计努力争取优秀期刊的宽松政策，建立激励机制。对那些订数相当少，出版不正常，长期不交送样刊的，质量平平的，要采取相应的措施，进一步推动期刊的繁荣和发展。

4. 要解决好期刊印刷的集中与分散问题。就目前状况而言，期刊社必须注重印刷质量，在考虑比较印刷成本的同时，更要注意的是印刷质量，不能只图低价而造成印刷的低质。同时要与几个比较集中的印刷厂召开联席会议，研究了解期刊印刷质量和其他问题，尤其是重点联系期刊。造成一种同力协作的氛围是十分必要的。

（注：原文刊于1992年第3期内部简报《晋刊通讯》）

附录二

山西省正式期刊类别划分表

依据中国图书馆《期刊分类说明》和有关办法，结合我省期刊实际情况，将期刊分类如下：

社会科学类

（一）社科综合

1.学术研究

晋阳学刊、山西大学学报（哲社）、城市研究、语文研究、山西师大学报（社科）、五台山研究

2. 政治理论

前进、理论探索、支部建设

3. 管理

人事、山西统计、山西劳动、山西档案、中国方域——地名与行政区划

4. 文史

山西文史资料、山西地方志、文物季刊、党史文汇

（二）社会文化

山西青年、山西老年、生活潮、体育文化、法制文摘、政府法制、记者观察、人间方圆

（三）经济

财金贸易、山西财税、会计之友、经济问题、经济师、城市经济、生产力研究、山西农经、山西财经学院学报、技术经济与管理研究、经济与社会发展、能源基地建设、改革先声

（四）教育

山西教育、山西成人教育、小学语文教学、语文教学通讯、教学与管理、教育理论

与实践、中华会计函授、青少年日记、小学生、搏击、中学课程辅导（一、二、三）

（五）新闻出版

新闻采编、今日山西、山西画报、编辑之友、新闻出版交流、晋图学刊

（六）文学艺术

1. 文学

山西文学、黄河、北岳、北岳风、五台山、娘子关、漳河水、都市、山西民间文学、中外故事、晋阳文艺、童话大王、名作欣赏

2. 艺术

对联·民间对联故事、电影介绍、黄河之声、戏友、蒲剧艺术、美术耕耘、火花

科学技术类

（一）综合性

太原科技情报、山西科技、科学技术与辩证法、科技情报开发与经济、绿色天地、山西水利、山西建材

（二）学术性

山西大学学报（自然）、山西地质、山西地图、山西地震、山西医学院学报、山西中医、山西医药、实用中西医结合、中医药研究、山西白血病、种子科技、山西农业大学学报、山西农业科学、山西林业科技、山西果树、农机推广

（三）技术性

山西煤炭、煤、同煤科技、西山科技、山西冶金、山西矿业学院学报、山西气象、山西水土保持科技、山西机械、机械管理开发、太原机械学院学报、太原重型机械学院学报、太原工业大学学报、铸造设备研究、机电安全、车用发动机、液压气动与密封、电力学刊、山西电力技术、互感器通讯、电子工艺技术、电子工艺简讯、电脑开发与应用、微计算机研究、山西计量与测试、山西能源、山西节能技术、兵工安全技术、辐射防护、火力与指挥控制、山西核技术通讯、辐射防护通讯、山西化工、新型碳材料、日用化学工业译丛、燃料化学学报、煤化工、太化科技、煤炭转化

（四）科普性

科学之友、人人健康、烹调知识、山西农机、中国保健营养

（注：1992年11月4日《关于试行期刊划分等级、分级管理的通知》下发，此为附件之一）

第十章
面向市场经济的拓展

1995年前后，也即1990年代中期，是中国社会发展重要的历史节点。正是在这一时期，明确了建立社会主义市场经济是中国改革开放的方向，这之后，中国社会加快了改革开放、科学发展、迅速繁荣的步伐。

从1992年10月中共十四大将建立社会主义市场经济确定为经济体制改革的目标，到1997年9月中共十五大系统地论述了党在社会主义初级阶段的基本纲领，确定了以公有制为主体、多种所有制经济共同发展的基本经济制度。社会主义市场经济作为人类历史上新的创举从概念到内涵、从理论到实践逐渐清晰、逐渐完善。

进入21世纪，改革开放的指导思想及具体方针更是与时俱进、不断发展。2002年中共十六大将“三个代表”重要思想与毛泽东思想、邓小平理论一起确立为党的指导思想，提出了全面建设小康社会的目标。2003年中共中央提出科学发展观，2004年提出建设和谐社会，2007年10月中共十七大将党和国家当前的奋斗目标和前进方向概括为：“继续解放思想，坚持改革开放，推动科学发展，促进社会和谐，为夺取全面建设小康社会新胜利而奋斗。”

1995年后，中国社会开始了高速发展。这首先表现在经济增长上，1992年到1996年，中国人均GDP的年增长幅度按国际货币基金组织的统计，高达11.76%，被称为“中国奇

辅类与学术类，在被称为中国“第一教辅报刊群”的出版物群体中，固然以报纸为主，但期刊也占有相当比例。在学术类中有不少在各自的领域中都居于全国前列水平，山西一些知名期刊也进入了国家期刊评奖的行列。一批老刊重新设计，有了更明确的读者定位，新办期刊中也有了与国外合作的先例。期刊及办刊人才集结的情况也出现了，一位办刊人负责两种以上期刊的现象在山西已不下十例。在期刊管理方面更卓有成效，尤其是坚持16年的质量评估、分级管理制度更不断完善，受到社会重视，被认为是现阶段建立期刊退出机制的积极尝试。

“长风破浪会有时，直挂云帆济沧海。”改革开放30年中，山西期刊留下了足以自豪的足迹。回顾过去，放眼未来，前程会有风浪，会有险滩，但有了改革开放30年的历练，山西的期刊事业定会走向一个新的辉煌。

第一节 为党的先进性建设而努力

在建设中国特色社会主义的伟大事业中，中国共产党担负着前所未有的艰巨使命。中国共产党要站在时代前列，带领人民不断地开创事业发展的新局面，必须以改革创新精神加强自身建设，把党的执政能力建设与先进性建设作为主线，造就高素质的党员队伍和党员干部队伍。在完成这一使命的过程中，党刊发挥着极其重要的作用。

《前进》是中共山西省委机关刊，是新中国成立以后办得历史最长的党刊。1949年到1958年为党的内部刊物，1958年到1960年公开发行。无论是在党内发行阶段还是公开发行阶段，这一刊物对组织山西省全体党员尤其是各级领导干部学习马克思主义、毛泽东思想，贯彻中共中央的各项决策、部署，提高党员和干部的理论水平、思想素质发挥了重要作用。在改革开放新时期，中共山西省委再办《前进》，刊名仍使用1958年时毛泽东的题字。在新的《前进》的“代发刊词”中，没讲“复刊”，而称之为“省委决定创办《前进》杂志”。

1992年2月28日，中共中央将邓小平南方谈话作为中央当年第二号文件下发，3月9日到10日，中共中央政治局全体会议认真学习讨论邓小平的谈话。邓小平的南方谈话，是一次解放思想的再讨论，不仅为中国改革开放的顺利推进指明了方向，也为思想理论的繁荣发展注入了巨大活力。4月中旬，中共山西省委书记王茂林指示，尽快将省委讲师团主办的《理论教育》改刊为省委主办的《前进》杂志。由省委宣传部、省委组织部、省计委、省财政厅、省编办、省委讲师团等部门的负责同志就改刊事宜协商并提出具体办法后，经省委同意，从讲师团拨15个编制组成《前进》杂志社。杂志社实行编委会领导下的总编负责制，由省委宣传部代管。1992年8月8日《前进》正式出刊，月刊，16开本，48页。省委常委、宣传部部长张维庆写了《立足山西，研究山西，发展山西》的“代

发刊词”，指出《前进》是“省委主办的综合性政治理论月刊”，是要“以此为阵地，全面阐述中央和省委的路线方针政策，统一全省干部群众的思想认识；进一步探索、研究我省“两个文明”建设的客观规律，增强工作的科学性和预见性；及时回答广大干部所关注的热点、难点问题，发挥省委对理论工作的导向作用”。在这一期上，还发表了王茂林《努力探索山西改革与建设的客观规律——祝贺〈前进〉杂志创刊》一文，文中分“研究和探索山西改革和建设客观规律是兴晋富民的基础工程”、“当前研究和探索山西改革和建设客观规律的重点”、“研究和探索必须坚持群众观点和实事求是的思想路线”几部分作了阐述。

创刊之初，《前进》开设的主要栏目有“时政要论”、“兴晋专论”、“党建论坛”、“改革潮声”、“人物专访”、“探索与争鸣”、“民主与法制”等。在十多年的办刊中，《前进》始终以中央精神为指导，以省委中心工作为主线，以山西经济社会发展和干部群众需求为根本，注重“政策的阐发解释，理论的普及提高，经验的总结推介，典型的发掘宣传”，很好地体现了省委机关刊和山西的权威政治理论刊的作用，得到了省委的充分肯定，也得到了各级党组织的欢迎。

为扩大《前进》的影响，杂志社还利用刊物的品牌举办了一些有社会效益也有经济效益的活动，其中影响最大、效果最好的有两次。一是2001年建党80周年与大同铁路分局联合举办“快牛杯”征文，这次活动在一年时间内收到来自全国的270多篇稿件，多数稿件具有较高的学术价值、社会宣传价值和资料保存价值，最后评出了不同奖次的论文45篇予以奖励。这次活动提升了刊物质量，扩大了《前进》在全国的影响，也丰富了山西纪念中国共产党成立80周年活动的内容和形式，还密切了与企业的联系，为党刊与企业的合作积累了经验。另一次是2006年底与山西省国企党建研究会、山西省企业文化研究会、山西省社会科学界联合会等共同举办“加强国企党的建设，构建和谐社会——国企领导人高层论坛”，这次活动更是对促进国有企业的改革、党建和文化建设发挥了积极作用，也使刊物的影响深入全省大型国有企业。

《前进》作为代表中共山西省委的刊物，始终注意坚守阵地，办出特色，做到了五突出：一是突出政治性。《前进》不同于其他理论期刊，它有从理论、政策等方面指导全省工作的任务，因此要把突出政治性放在首位。始终坚持党的基本理论、基本路线、基本纲领、基本经验，与党中央和中共山西省委保持一致，而且把宣传党的精神与反映人民的心声有机结合起来。二是突出理论性。要以提高干部尤其是领导干部的理论素质为己任，不仅要深入学习与阐述马克思主义中国化的最新成果，还要从理论高度阐发与论证中央的精神与省委的决策，提高干部执行方针政策的自觉性。三是突出导向性。刊物指导工作的作用通过理论导向、典型导向和观念导向来实现。一方面，在对历次党代会精神进行全面系统宣传的同时，加大对中央关于某个领域、某个方面重要决议的深入宣传；另一方面，对中共山西省委、省政府每一次关乎全省改革发展的重大决策和部署，也进行全面深入的宣传。四是突出现实性。紧紧围绕省委的重大决策和战略部署，做好决策前的调研、论证，决策形成后的宣传、解释，决策落实中对问题及典型的发现、总结和推广。五是突出服务性。就《前进》的特定宗旨与性质，这种服务性为四方面：理论服务——将理论成果及时、准确、系统地提供给读者；政策服务——把方针、政策、指示、决策及时、完整、准确地告诉干部群众；信息服务——及时反映全国、全省改革开放、发展市场经济和“三个文明”建设中的新做法、新经验；解疑释惑——针对改革发展过程中出现的、干部群众关注的难点疑点进行讨论和解答，以减少改革发展中的思想阻力。

《前进》从1999年起到2008年连续10年被评为山西省一级期刊，在2004年开始的中国北方优秀期刊评选中，《前进》也蝉联第一届（2004）、第二届（2007）优秀期刊。《前进》杂志社总编、社长先后为智士才（1992—1996）、孟安邦（1999— ），其间任常务副社长的有徐炳林（1999—2002），任常务副总编的有张晋斌（1992—2002）、王毅鸣（2002— ）。

《支部建设》是中共山西省委办给基层支部的刊物。1961年创办，1964年停刊，虽只办了两年半时间，但在团结教育广大党员渡过困难时期，推进社会主义建设事业方面作出了应有的贡献。

在中共十一届三中会全之后，面临改革开放新的时期，中共山西省委决定《支部建设》复刊。1980年试刊三期，1981年1月正式复刊，并把总期号定为第34期，以表明与以前的延续关系。复刊号上，发表了《党的基层组织要切实抓好思想政治工作》的代复刊词。

到1995年，《支部建设》已经办得有一定影响了，这一年发行量达到26万份，这是前所未有的，在以后的岁月里，在发行量上都没有超过这一年。也就在这一年，中共中央政治局委员、中宣部部长丁关根来山西时，对《支部建设》的工作给予了肯定，并到编辑部视察。

从复刊始，《支部建设》一直以提高党的战斗力、提高党在基层的执政能力、提高广大党员的政治思想素质，以体现党的先进性为办刊目标。刊物根据不同时期党的中心工作以及党员群众中的现实思想问题，集中组织稿件，力求达到通俗易懂，针对性强，既可供党员学习，也给基层党支部提供了思想教育工作的生动材料。在每一年，《支部建设》都呈现出一个突出的主题和亮点，例如：

1980年，呼吁恢复党的实事求是的思想路线。当年发表《大寨经验的实质和宣传大寨经验的教训》、《对皋落党总支经验的剖析》(皋落党总支的经验是年年整党建党，天天反修防修)。

1981年，宣传农业生产责任制，号召解放思想。引导党员群众学习中共中央《关于进一步加强和完善农业生产责任制的几个问题》的文件。

1983年，开辟《认真学习〈邓小平文选〉》专栏，引导读者学习邓小平走中国特色社会主义道路的理论，认识“贫穷不是社会主义”，宣传党的富民政策。

1984年，出版《彻底否定“文化大革命”学习文摘》专辑，达129页，剖析和批判极“左”思潮的危害，引导读者认识中国社会主义的正确道路，坚定改革开放的信心。

1986年，宣传改革开放的丰硕成果。这年，《支部建设》分成农村版与城市版。农村版《我省农村经济建设成就辉煌》、《蓬勃发展的我省乡镇企业》、《我省农民生活消费的十大变化》，城市版《回首十年情满怀，高歌猛进向未来》、《“六五”期间我省城镇居民生活水平显著提高》等文章集中报道了改革开放带来的变化。

1988年，开展生产力标准大讨论。刊发省委《抓住实施沿海战略的机遇，加快我省经济的发展》的方案，发评论员文章《树立生产力标准观念，引深党的基本路线教育》，之后又开辟“解放思想发展生产力”专栏，发表了《正确看待雇工经营在社会主义初级阶段的作用》、《生产力标准也是检验组织工作的根本标准》、《坚持生产力标准 做好宣传工作》等文章，促进了进一步解放思想，更新观念。

1990年，学习李双良。李双良是太原钢铁公司退休职工，他主动承担了治理渣山的任务，创造了8000万元的财富。江泽民在山西视察时，号召“学习李双良同志一心为公、艰苦创业的工人阶级主人翁精神”。刊物连续就学习李双良进行宣传报道。

1992年，经济要上新台阶。这年中共山西省委决定在全省开展如何使山西经济上新台阶的大讨论，刊物及时发表《大学习 大引深 大讨论》等文章，引导大家从姓“社”姓“资”的困扰中解脱出来，换上适应社会主义市场经济需要的新观念，并以《大寨人下海》的通讯，报道这一老典型的新变化。

1993年，调动干部群众积极性。以中共晋中地委书记裴庆生的《最大限度地调动干部群众的积极性》一文为代表，大讲领导的根本责任就是对广大干部群众给予正确的引导、鼓励，使其气顺、心齐、劲足，使群众的社会主义积极性变为改革与建设的物质力量。

1995年，推出优秀领导干部典型裴庆生。原晋中地委书记裴庆生1994年11月病逝，刊物先后发表《政声人去后，民心树丰碑》、《无尽的思念》等专稿，大力介绍这一人民的好干部。

1996年，“双学”充当主力军。按照中共山西省委“学理论、学党章”活动的要求，刊物组织了“双学”知识竞赛和“双学”征文，还以特刊形式编印了辅导材料。全省有130多万党员和十多万积极分子参加了竞赛，有10万名干部群众写了学习体会文章，规模之大、人数之多，创山西历史之最。

1998年，贴近基层，贴近党建，贴近读者。比如处理党员集体上访问题、做好下岗职工的思想工作、对流动党员的管理、股份制企业中党组织如何发挥作用等问题都以专稿形式为基层解疑释惑，推动基层党组织的工作。

1999年，围绕“三讲”做文章。全年发表320多篇“三讲”教育稿件，发表7篇评论员文章，推动全省党组织“三讲”教育的开展。

2000年，贯彻“三个代表”重要思想。进入新世纪，中共中央总书记江泽民提出“三个代表”重要思想。《支部建设》组织了一系列文章积极宣传。

2002年，迎接十六大，宣传十六大。第11、12期合刊，推出“学习党的十六大精神专刊”，全方位报道了党的十六大的召开情况，刊发《沿着党的十六大指引的方向奋勇前进》、《伟大的事业 美好的前程》社论及《十六大报告名词解释》。

2003年，“非典”之年，党旗高扬。面对“非典”的狰狞和肆虐，刊物发表了《危难中挺起民族的脊梁——记奋战在抗击“非典”第一线的共产党员》等长篇报道，对在危急时刻用行动实践党的誓言的广大党员进行了深刻的记录。

《支部建设》从1980年试刊起沿用了原中共山西省委书记处书记郑林所题的刊名，1985年改用薄一波的题字，同时刊登了薄一波的题词：“培养青年党员成为有理想、有道德、有文化、有纪律的好的接班人。”《支部建设》自复刊起，历任省委领导和一些在京的山西籍革命前辈都十分关心，他们不仅为刊物撰稿，而且有时还参与策划与设计，给了编辑部极大的帮助与激励。《支部建设》1985年即被评为山西省优秀期刊，省委宣传部授予“再展宏图”牌匾。1990年在全国首届期刊展中获“印刷质量奖”，这是山西获得的两个仅有奖项之一。

《支部建设》复刊时为32开本，32页，发行量7.8万份。1982年1月增至48页，7月又扩为64页，发行量达到10万份。1986年分为城市、农村两个版本，同时改为16开本，发行量上升到15万份。1992年又由两个版合为一个综合版，发行量20万份。复刊时刊物负责人为刘克文，后李元林、贾卯清、边新文前后任社长、主编。2003年在全国报刊治理整顿中，《支部建设》被合并划转。

《正气》是中共山西省纪律检查委员会、山西省监察委员会主管、主办的，创刊于1994年1月。它的前身是内部刊物《山西纪检》和《山西监察》。进入改革开放新时期后，党的各级纪检机关逐步恢复和建立，1978年中共山西省纪委创办了以交流情况、指导工作为主旨的内刊《纪检动态》，1981年更名为《纪检通讯》。1986年《纪检通讯》改为《山西纪检》，主编曲补旺。此后，山西省监察厅成立，1984年也办起了内刊《山西监察》，先后由史超书、曹森林、郭振中负责。1993年，中共山西省纪委和省监察厅合署办公，《山西纪检》和《山西监察》合并，改为《正气》，作为正式期刊公开发行。

1994年1月《正气》创刊，16开本，48页。由中共山西省委常委、纪检委书记、监委主任冯芝茂撰写了《发刊词》，提出杂志要“以加强和促进党风廉政建设为己任，讴歌正气，鞭挞丑恶，为改革开放摇旗呐喊，为反腐倡廉鸣锣开道，为经济建设清道护航，更好地发挥其宣传、教育、指导、监督的作用”。《正气》开设了“要文指南”、“正气论坛”、“大案曝光”、“理论争鸣”、“公仆风采”、“乡村纪事”、“社会广角”、“焦点报道”、“刊中报”、“七色光”等30多个栏目，贯彻了既定的办刊宗旨，在全省纪检系统、政法系统以及其他读者中获得好评。1996年《正气》被评为全国纪检监察系统优秀期刊。《正气》的封面设计也很有特点，每期选一名纪检、监察或政法系统的先进人物为封面人物，请专业摄影人士去拍摄，摄影效果较好，每期一位人物的大半身照置于封面，展现了这些反腐倡廉战士的风采，也形成了期刊亮丽的风景。《正气》的发行量最高时突破15万册。创刊以后，先后由曲补旺、李光明、卢泽民任社长兼主编，其中李光明主持工作时间最长，从1995年到2000年。2003年《正气》被合并划转。

《形势教育月刊》是中共山西省委宣传部办的一本期刊，最初叫《形势教育》，创办于1985年。1992年后改名为《形势教育月刊》，在内容上、出版时间上相对固定了，主要围绕思想工作和精神文明建设刊发参考素材、先进经验，为各级党委及相关部门提供指导。主编为徐炳林。2000年6月，利用《体育文化月刊》停办后的刊号，《形势教育月刊》获准转为正式期刊。就在这此后不久，2003年《形势教育月刊》也被合并划转。

《支部建设》、《正气》与《形势教育月刊》，按中央关于报刊治理整顿的精神合并划转至山西日报报业集团后，创办了另一份也是山西后来唯一公开发行的党建期刊《先锋队》。边新文任社长、总编。

《先锋队》2004年1月创办，半月刊，16开本，64页。在办刊思路上，上半月继承了《支部建设》的办刊理念与编辑经验，侧重于党员教育和基层党组织建设，推进党的执政能力建设和党的先进性建设；下半月发展了《正气》的严谨作风与敏锐触角，侧重于党风廉政和反腐斗争的宣传。

创刊伊始，由于三刊合一，主管主办单位又发生变更，所以在人事、组织、财务、办刊理念、发行手段等方面都出现了一些不和谐之处。针对这种情况，《先锋队》杂志社做了几项大的工作：

一是理顺关系，解决内部管理与工作制度问题。由于归属变动，刊名变更，人员重新组合，法人资格证又因其他原因一时未能登记，所以工作一度受到影响。于是先从定编定岗做起，解决机构庞大、人浮于事、资金相对短缺问题，制定相应的制度，使工作尽快走上正轨。

二是强化先进的办刊理念。进一步加大策划力度，形成较强的视觉和社会冲击效应，扩大新闻舆论监督话语权。积极配合省委、省政府的重大工作部署以及为重大事件做好报道，同时改进版式，落实编、审、校责任制，尽快在读者中树立《先锋队》的形象。

三是积极组织征订、补订工作。克服由于是新刊而造成的发行困难，在保证原先三刊的发行渠道得以利用的情况下，努力挖掘新的征订资源，在发行较薄弱的地方狠下工夫。

四是加大经营力度，拓展广告收入，在内部则严格控制开支，做到开源节流。

经过一年多的努力，《先锋队》终于在市场上站住了脚。刊物上半月刊主要栏目有："特别策划"，围绕热点问题侧重基层党组织建设和党员教育；"时代先锋"，报道体现先进性的党员事迹，弘扬共产党人的人格精神；"组工园地"，刊发组织工作干部的工作研究、体会；还有"今日山西"、"政策吹风"、"党建热线"等。下半月刊主要栏目有："警钟长鸣"，通过案例揭示原因，以反面教材警示党员；"观察思考"，将最新理论成果与工作实践相结合，给基层工作以启迪和指导；"工作研究"，对党的纪律建设工作进行分析总结；还有"世象点击"、"重点快递"等栏目。遇到重大工作则集中力量开辟专栏，如2005年在保持共产党员先进性教育中，设立"党课参考"、"政策导向"、"先锋论坛"等栏目。到2006年时，《先锋队》发行量已上升到15万册。

《先锋队》创办几年来，也形成了每年的宣传重点，如：

2004年，是邓小平诞辰100周年，刊物连续推出纪念文章缅怀伟人。之后，围绕《中共中央关于加强党的执政能力建设的决定》，特别开设"时代的要求　历史的使命——领导干部谈执政能力建设”专栏，发表数十篇探讨文章。

2005年，在保持共产党员先进性教育中，全年刊登70多篇有较强指导性、理论性和说服力的文章，在保持党的先进性教育的不同阶段进行了很好的配合，受到中共山西省委领导的肯定。

2006年，倡导和谐。连续刊发《社会主义和谐社会概念的提出和六大特征》、《如何深入理解构建社会主义和谐社会》等文章，宣传和谐理念。年底，中共山西省九次党代会召开，刊物推出专辑。

2007年，老一辈无产阶级革命家薄一波逝世。山西为薄老桑梓故地，刊物发表《百年一波》，深情追忆薄老一生。之后，为迎接党的十七大召开，特设“代表风采”栏目，专访参加十七大的山西代表。11月，以专辑形式对十七大予以深入报道。

2008年，汶川大地震发生后，编辑部群策群力，从宏观到微观进行报道，引起了各方注目。后半年，在“深入学习实践科学发展观”活动中，以领导访谈、典型经验、心得体会等栏目形式刊发文章，较好地配合了全省学习实践活动的开展。

第二节 社科学术期刊的坚守

1990年代是社科学术期刊应对挑战、艰苦坚持、蜕变发展的时期，在改革深入进行的形势之下，以往的办刊体制与办刊方式都不再适应新的情况。对刊物的主持者来说，对办刊规则变化觉察时间的先后，对办刊资源掌握的多少以及改变刊物被动命运的决心与能力，逐渐形成了维持刊物以及保证刊物生存空间的决定性因素。

2000年以后的八年，对大多数社科期刊来说，都闯过了难关，找到了适合自己生存的办刊模式。无论是自觉还是不自觉，已经在客观上确定了各自刊物的定位，而且随着办刊的实践与参与各种培训与研讨，办刊人员对期刊规律及市场法则有了较前深刻的体悟，网络手段的普遍应用更使编辑工作迈进了现代化里程。

1990年代以来的若干社会现象对社科学术期刊的发展曾形成不小的影响。首先是1990年代初的“下海”。在政府及各事业单位的中低层干部中出现了下海经商热，据《中华工商时报》统计，当时全国至少有10万名人员“下海”。这些人中不乏有相当造诣也颇有成就的社科学术骨干。放弃专业，放弃学术研究，转而办厂经商，这固然是当时特定时代背景下的个人选择，对推动经济的发展也并非没有好处，但从社科学术研究来看，却必然有所影响，这种影响也波及学术类期刊。

其次是在各个专业领域逐渐铺开的职称评定。职称评定的条件中无一例外地要求有正式发表的论文，于是催生了大批达不到学术标准的所谓论文，这些论文中有相当一部分涌向社科学术期刊。伴随着其他因素，由此形成了学术泡沫，甚至出现了更为恶劣的学术腐败，这自然也波及学术期刊。

再次是办刊经费的变化。社科学术期刊按正常情况都不会有太大的发行量，所以刊物难以靠自身赢利，基本上是办刊单位给予经济支持，有的则直接由省财政给予专项办刊经费，如《晋阳学刊》。但随着计划经济体制的解体，由主办者在经济上大包大揽的情况难以为继，于是改为补贴，而且补贴款逐渐减少，这在1990年代初一度成为社科学术期刊普遍的困惑。这种情况后来有所改变，其中很重要的是社科学术期刊发表论文有了版面费、审稿费等向作者收取的收入。版面费作为科研项目研究与发表费用的一部分，最初是由科技学术刊物收取的，但社科期刊随之比照执行，成了一个重要的经费来源。

还有是期刊评估体系的建立与形成气候。从1990年代以后，首先从图书馆界开始，接着蔓延到期刊出版界的以文献计量为基础的一系列评估目标、方式以及结果出现，其中最突出的是“核心期刊”的遴选，并形成较完备的运作体系。对这些评估体系的优劣利弊，至今有不同的看法，但无法否定的是，因为这种评估与成果评定、职称晋升、期刊评奖等挂钩而直接影响到社科学术期刊的走向。

另外还有大批社科类学报的出现。1990年代末期，学报在管理与审批上被作为单独序列。与大学扩招、升格相伴随，大批社科学报创办，这一方面使社科学术期刊群落“热闹”起来，另一方面也加剧了原有社科期刊的竞争，直接表现为同类型期刊之间对作者及读者的争夺。

对于学报以外的社科学术期刊来说，在这种背景下，多数能不断改革前进，做到了坚持学术品位、坚守学术阵地。全国如此，山西也不例外，《晋阳学刊》就是一例。

《晋阳学刊》是山西重要的社科学术刊物，在经过1980年代从创办到“红火”之后，1990年代也进入一个艰苦维持时期，办刊条件恶化，刊物影响力也随之下降。“下海”之风刮起之后，学界研究人员流失，研究热情减弱，《晋阳学刊》稿源呈现萎缩之势，在最严重时刊物甚至没有备用稿件，临近发排还在等新的投稿。稿源严重不足，刊物选择余地自然大大受限，直接影响到刊物学术质量的提高。一直到1990年代后期，随着知识分子待遇的提高，学界研究热情重新燃起，稿源才再度充足。但伴随着学术刊物的增加，同类刊物竞争加剧，所以减少低俗稿件、争取高质量的研究成果成了编辑工作的重点。坐等来稿的编辑方式在形势逼迫下走向主动出击，积极组稿。以后的十年中，或由于人员退休，或由于调往院内其他部门，编辑力量的欠缺，也成了刊物发展的“瓶颈”。在这一时期办刊经费也趋于紧张，创办时财政专项经费每年8万元，这在1980年代初可谓之“巨款”，但以后几年办刊成本几度上涨，经费却几次削减，到1990年代，取消专项经费，改从科研经费中拨支，数额一度降至4万余元。由于经费制约，办刊不得不尽力从简，稿费、印刷费、编校费等都压至最低，外出组稿也基本取消，其后果是作者队伍萎缩，优质稿件不断减少。由于编辑人员苦心勉力，才使《晋阳学刊》保持在中国社科主流期刊的阵营之中，1992年、2004年被遴选为北京大学图书馆等发布的“中文核心期刊”。这一阶段主编为康文斌（1990—1994）、董晓阳（1995—1999）、降大任（1999—2003）。

进入21世纪，科学文化事业得到国家和社会的进一步重视，社科学术期刊的办刊环境也随之改善。在山西省社会科学院的支持下，《晋阳学刊》的发展有了新的契机。一是加强办刊经费的筹措。除院内增加拨款外，又争取到省委宣传部的支持，还开展了与院外学术单位的合作，从而也争取到这些学术单位的经费支持。二是健全编辑工作程序。在编辑力量难以一下增加的情况下，全面实施稿件匿名外审，形成责编、外审专家、主编各负其责又相互制约的机制，大大抑制了关系稿的干扰。三是突出学术创新，打造品牌。相继创办了“当代学术问题与学者访谈”与“人学研究”栏目，这两个栏目都吸引了学术界的目光，显著地提升了刊物的影响力，使它们与“晋文化研讨”一起，成了《晋阳学刊》的特色栏目。在社科学术期刊的主要评价指标“影响因子”上，《晋阳学刊》从2005年起，每年跃升，2005年为0.09，到2007年达到0.23，进入同类期刊的较高水平。2007年还被评为“北方优秀期刊”。2000年起，刊物开本由原先的16开改为大16开，页码保持112页，到2005年后又增至128页。从2003年起，孙晋浩任主编。

《语文研究》创办以来，以其学术质量在语文学界影响日增，取得了较好的社会效益，但其自身也一直有两大困扰，这就是编辑力量的不足与经费的欠缺。编辑部一直寻求外力的支持来缓解这两方面的困难。主办者对刊物后来实行经费包干，数额几年不变，随着印刷成本等的上涨，到1988年负债已超过万元，面临停刊危险。为维持出版，1990年刊物页码由64页减至48页，定价由0.45元提高至1.00元，同时征得省教委支持，山西省教育学院同意作为协办单位，每年支付两期印刷费。从1988年第4期实行后，刊物经济状况初步好转，1993年又恢复为64页。但教育学院后来也经济拮据，刊物又争取到汕头大学协议支持四年，每年2万元，使刊物得以维持。以后又相继取得南京师范大学、河北师范学院、暨南大学等院校的协办，山西省社科院也加大了投入，使刊物的经济状况有所改善。

《语文研究》一方面克服办刊中的困难，一方面保持了办刊时的初衷，坚持学术品位，不放松编校质量，不收取版面费，在语言学界赢得良好的声誉。2002年中国语文报刊协会组织了全国语文类报刊编校质量评比，《语文研究》获优良奖。在北京大学图书馆等组织的核心期刊遴选中，从1992年起到2008年连续五届将《语文研究》列入核心期刊。1998年、2000年被评为华北地区第四届、第五届优秀期刊，从1995年起到2008年连续被评为山西省一级期刊，同时被多家数据库定为收录期刊或来源期刊。《语文研究》主编先后为温端政（1980—1993）、沈慧云（1994—2003）、吴建生（2004—2006）、李小平（2006— ）。

《科学技术与辩证法》创办之初由山西大学和太原工业大学共同主办，1994年，太原工大不再参与办刊。1995年后山西大学副校长郭贵春（后任校长）对这一刊物给予了很多关心，在经费等方面予以保证，刊物情况有了极大改观。这主要体现于：一是逐步扩大了编委队伍。第一届编委会仅有8人，第八届已增至53人，分布范围由最初的4个省市扩展到22个省市自治区，涵盖了全国绝大部分院校的科技哲学博士点，编委中充实了一批青年学术骨干。二是成为中国自然辩证法研究会会刊。中国自然辩证法研究会1993年组织国内专家对该刊创刊以来的学术水平进行了系统审查，又经常务理事会投票通过，确定该刊为中国自然辩证法研究会会刊，委托山西主办，提高了期刊的权威性。三是改变杂志外观形态和容量。重新设计封面，并连续扩大刊物容量，2001年改为大16开，增至80页，以后又逐步增到112页。四是增强了编辑力量。

经过这些努力，《科学技术与辩证法》影响力扩大，来稿量逐年增多，2000年后尤为明显。2000年来稿385篇，2001年482篇，2004年近600篇，2007年800余篇。在各种社会科学的引文索引中也排在前列。以中国人民大学《复印报刊资料》转载量为例，哲学宗教类中该刊2000年排名第12，到2003年排名第4。1992年、2000年、2004年、2008年被列入《中文核心期刊要目总览》，1999年、2004年被列入中国社会科学院文献信息中心遴选的《中国人文社会科学核心期刊要览》。《科学技术与辩证法》对山西大学科技哲学与科技史学的发展也起了积极的促进作用，使山西大学1998年获得科技哲学博士学位授予权，2003年获得科技史学博士学位授予权，并成功申报教育部科技哲学重点基地。《科学技术与辩证法》在1990年代后发行量下降至1500册左右。主编先后为张家治、邢润川、郭贵春。

《教育理论与实践》的发展大致可分为四个阶段。1981年到1984年是草创时期，作为“通讯”还没成正规刊物。1985年到1994年为定位探索时期，这时已改为现刊名，也推出了一些有分量的文章，但刊物定位尚欠明确。1995年到2003年为定位形成期，2004年后为跨越发展期。在探索阶段，正值教育改革热潮不断掀起，教育教学热点、难点纷纷凸显之时，综观教改形势，比照同类报刊，《教育理论与实践》逐渐把定位移至基础教育教学理论的探讨，奠定了刊物在这一领域的学术地位，刊物影响日增，来稿量到1990年代末已达每月300余篇。在定位形成阶段，《教育理论与实践》两次扩大容量，巩固了自己的学术定位与刊物特色。1999年1月由双月刊改为月刊，2003年8月由月刊改为半月刊，上下半月又在内容上进行了细化，上半月保持原有定位，下半月侧重于教育教学实践，尤其着重在高等职业教育和高等师范教育方面，这就形成了与同类刊物有所区别的自身优势。刊物还多次组织相关活动，如2000年在忻州组织了“山西省高中课程改革的反思与前瞻”研讨会，与北京师范大学教育管理学院联合召开了“教育国际化与本土化”研讨会。经过不断努力，《教育理论与实践》已成为我国教育学术界有一定声誉的刊物，从1992年起连续入选《中文核心期刊要目总览》共计四版。在中国人民大学《复印报刊资料》的教育科学专题的转摘中，《教育理论与实践》的转载率在2002到2006年的五年间排名有两次第六、两次第三、一次第二，同时也被众多文献数据库列为来源期刊。《教育理论与实践》从创办起，历任主编为李岚、汪柏华、肖垠、荆世华、杨进发、温彭年。2007年后马玉玺任主编，李和平任常务副主编。编辑部负责人历任有张连捷、张启航、卢红。

《地名知识》在1980年代是有相当成绩的。到1990年代初，中央开展了对行政区划工作的研究，国务院总理李鹏指示，“对行政区划这个大问题，民政部要从战略上去考虑，要高度重视这一工作”。山西省文史馆与民政部有关方面协商，申请将《地名知识》更名为《中国方域——行政区划与地名》。1993年1月起，已出版82期的《地名知识》正式更名，仍接续总期数，但同时刊出了《发刊词》，更名后仍为双月刊，48页。《中国方域——行政区划与地名》主办单位由中国行政区划研究会、民政部行政区划和地名管理司、山西省文史研究馆三方组成，并由三方组成编委会，首届编委会主任张文范。

《中国方域——行政区划与地名》将内容结构划为四大块：行政区划、地名、资料、随笔，既突出行政区划的主色调，又保持了原地名学刊物的特色，主要栏目有“方舆纪要”、“体国经野”、“地名探赜”、“地名文汇”、“方域笔谭”、“疆史旧闻”等。一些重点大学有关历史地理专业的院系以及一些知名专家如葛剑雄（复旦）、周振鹤（复旦）、周一星（北大）、顾朝林（南京大学）、刘君德（华东师大）、胡序威（中科院）、刘伉（中科院）、朱铁臻（中国城市研究会）等都为刊物撰写了文章，使这一刊物达到本领域的较高学术水准。《中国方域——行政区划与地名》对我国城市化的推进、行政区划的科学调整作出了积极的理论支持，对我国千年一次的勘定省、市、县三级行政区域边界的伟大工程起到了应有的作用。2001年，根据报刊整顿的有关精神，刊物由三家主办改为由山西省人民政府参事室（文史馆）主办，山西省人民政府办公厅主管。2006年，国家提出建设社会主义新农村的宏伟战略，根据这一形势，《中国方域——行政区划与地名》进行了改版，页码增至80页。在保留原先内容的基础上，加大城镇建设历史和新成就的研究和反映，形式上改黑白为全彩，为这一刊物的创新作了新的探索。《中国方域——行政区划与地名》改名后主编为陈公善（1993）、李志刚（1994）、苏华（1995—2008）。

2008年10月，《中国方域——行政区划与地名》更名为《新晋商》，主管单位由山西省人民政府办公厅变更为山西出版集团，主办单位由山西人民政府参事室变更为山西出版集团和参事室两个单位。《新晋商》以“挖掘研究晋商商业精神，弘扬中国传统商业文化，倡导诚信、创新、和谐的现代商业文明”为宗旨。设置了“封面报道”、“商业前智”、“晋商研究”、“晋商史话”等栏目，每期112页，大16开本，彩色精印，定价60元。新晋商杂志社由席小强任社长、主编。

《山西地方志》在1993年改刊名为《沧桑》，仍为双月刊，刊名辑毛泽东手迹而成。这时全省修志工作整体上已进入总纂成书阶段，《山西地方志》原先的内容定位已不太适应现实，为了“面向社会，拓宽领域，更好地为修志事业和山西经济上新台阶服务”，在这年6月获准改名。改名时省领导相继题词祝贺，中共山西省委书记王茂林题“鉴古知今，面向未来”，省长胡富国题“改革起沧桑，开放展宏图”。副省长郭裕怀撰写了《立笔千秋，服务当代》的代发刊词。这时主编为尹世明。

《沧桑》在保留“史海钩沉”、“史志研究”、“史料考辨”等原栏目外，另辟“今日山西”、“传说故事”、“山西风物”、“双月纪要”等有现实性、知识性、资料性的栏目，尤其是新增“新志评介”，对新完成的志书进行评论，推动修志的完成和读志用志活动。与此同时，在版面设计上也进行了积极探索和尝试。改刊名后的六七年中，《沧桑》虽努力要走出一条新路，但《山西地方志》的“惯性”一直在起作用，刊物在很大程度上仍是以地方志为中心，只是在研究和宣传山西地域文化方面有所开拓。同时，由于受当时全省繁重的修志任务的制约和主办单位机构调整的影响，主持刊物的人员变动频繁，使刊物的整体发展不够理想，原定的走向社会的目标没有达到，只能依靠主办单位经费补贴来继续办刊。这段时间《沧桑》负责人极不稳定，一度设总编辑，由山西省地方志办公室主任兼任，又一度设主编、常务副主编。历任总编或主编的有杨志贤、侯文正、郭润林，历任编辑部负责人有任根珠、杨顺科、牛志霖、高生记。

进入21世纪，随着全省乃至全国第一轮修志工作的结束，刊物对地方志的工作指导职能日渐式微，《沧桑》遇到了能否生存的巨大压力。这时新成立的省史志研究院领导提出由工作性期刊向综合性学术期刊转型的办刊思路，此后《沧桑》开始了新的创业。新的做法主要体现为“一个核心、三个方面”。“一个核心”是弘扬史志文化。“三个方面”一是严格质量管理，从制度和程序入手提高自身；二是强化特色，开辟了一些新的有特点的栏目，如“桑梓英才”介绍山西籍院士等人的治学经历及业绩，“根据地研究”凸显山西抗战史的研究等，同时组织专号，如《中国地方志·三晋史志文化专号》、《晋商专号》等；三是加大发行力度，通过定向先赠后订、自我宣传，充分利用网络技术，开通“沧桑网”，多渠道发行等路子，使发行量有了明显增长。在山西期刊评级中，2000年起打破以往多年徘徊在二级的局面，以后连续进入一级期刊行列，杂志社获山西省劳动竞赛委员会集体一等功。到2006年刊物有200余篇文章被转载、转摘，刊物所载各级课题论文有50篇以上，《沧桑》在成为一个大型综合性社科学术期刊的路上走出了关键的一步。2004年后高生记任《沧桑》主编。

《文物季刊》在1999年第3期出版后决定改刊，从2000年起改名《文物世界》。当时改为大16开本，增加彩图页占1/4，当时的方向是办成走向市场的高档期刊。改刊时称要办成“注重学术性、艺术性、可读性完善结合的，雅俗共赏的综合性双月刊”，提出要“高扬传统文化旗帜，坚持大文物意识、全方位的视角，面向社会更多层次的读者”。从改刊后的第1期看，内容涵盖山西内外，如长沙马王堆、南京博物院、故宫、世界屋脊的古格王国、汾河之滨的虞弘墓等都有所反映。大量的彩图与较生动活泼的文字确实使刊物面貌一新，但它同时也淡化了山西色彩和学术色彩，而

是相当于普及性的历史期刊、地理期刊、旅游期刊了，这从栏目上也有所反映，刊物设有“学术论坛”、“新发现”、“大视野”、“人物广角”、“博物馆长廊”、“精品赏析”、“天下名城”、“收藏之友”等栏目。后来因为要满足山西文物考古界的要求，又加大了专业论文的比重，刊物成了专业与普及的组合体，虽说在专业方面仍反映了山西文物工作的面貌与水平，但这种不同层次的组合也给刊物的发展带来需要研究的新课题。《文物世界》改刊后郭士星、李福明先后任主编，后成立杂志社，许高哲任社长、主编。

《理论探索》在1996年后主办单位除中共山西省委党校外，又增加了山西行政学院。刊物坚持既定宗旨，研究和探索建设中国特色社会主义的各种理论问题和实践问题，力求追踪新趋势，开拓新领域。为提高刊物的理论水平与编辑质量，采取了一系列措施：首先是内容上的扩展与充实，从每期64页逐步增加，到2005年底稳定在160页，刊期从季缩短为双月，开本在2000年后改为大16开本。其次是树立刊物经营理念，2004年后学校每年削减2万元办刊经费，刊物组织理事会筹资，理事单位从最初的16家发展到38家。再次是建立了严格的管理制度，尤其是1998年后突出实行奖惩制，对差错率、转载率都定出指标，落实到责任编辑。最后是加强了刊物的规范化，从2000年起严格按学术期刊的编辑规范执行。

《理论探索》曾在山西期刊评比中被评为三级，但自2003年起连续六年进入一级。从1992年起到2008年连续进入《中文核心期刊要目总览》，被选为中国共产党类和政治类核心期刊。1997年被《人民日报》列为正确舆论导向重点刊物，要求每期头篇提前送《人民日报》总编室。《理论探索》创刊时发行2000份，最高时曾达4000份。刊物在2000年之前主编为马原生，之后主编为原方（2001—2007）、潘峰（2007—　）。

《五台山研究》从1985年9月创刊到2008年，总计发表文章在750篇以上。关于《五台山研究》，可以说其涉及的面是又“窄”又“宽”。说其“窄”，是因为它就是围绕一个五台山做文章；说其“宽”，是它涉及了人文、自然、历史、现实、宗教、世俗的许多方面，是山西学术期刊中很特殊的一种。20年的《五台山研究》反映了五台山研究的主要学术成果，这一成果可以归纳为12个观点：1.五台山是中国佛教四大灵境之首，是与印度灵鹫山“争峻”的佛教圣地，是古代佛教中唯一保存尚好的世界佛教圣地；2.五台山的佛教建筑是中国佛教建筑艺术的宝库和历史长廊（五台山宝塔是中国塔建筑艺术的展览馆）；3.五台山的佛教造像艺术以其历史的连续性和时代特色而堪称中国佛教造像艺术的画卷；4.五台山佛教音乐是中国佛教音乐的活化石；5.文殊菩萨是中国民众的保护神，五台山是镇国道场；6.五台山是中国封建社会的皇家道场 ；7.五台山佛教及其文化是中国佛教及其文化的缩影；8.五台山是世界佛教文殊信仰中心 ；9.五台山是国际佛教文化交流中心；10.从自然地理看，五台山是亚洲东经113° 以东最高的山峰；11.五台山的土壤、气候、生物有明显的垂直带谱，生物多样，并有濒危、稀有种类；12.五台山是第四纪典型的冰缘地貌及冰川遗迹，是中国早前寒武纪重大地质事件的命名地，五台山台顶的古夷平面是地学上北台期夷平面的命名地。

这些观点是五台山申报世界自然与文化遗产的资料文献基础。过去，五台山研究的中心在日本，并为此提出了“五台山学”的概念。《五台山研究》的持续出版与其他相关图书的问世，改变了这一状况，五台山研究的中心移到了中国山西。《五台山研究》推动了对五台山的研究，不仅在中国，而且联系和吸引了日本的五台山华严学研究所，韩国的国民大学、月精寺，美国哈佛大学梵文系，尼泊尔佛教协会等机构参与了此项研究。《五台山研究》2008 年改为大 16 开本，64 页。2000 年至 2008 年主编为崔正森，2008 年后崔玉卿任代理主编。

《晋图学刊》1987 年取得全国统一刊号。由于是山西省高等院校图书馆工作委员会主办，经费缺乏保障，起步设在太原工业大学图书馆，后因种种原因又迁到山西大学图书馆。1990 年代以来出版成本不断上涨，刊物只得压缩文章篇幅，改用小字号，上调定价，但仍难以解决经济上的困难。到 1998 年，经过几方协调，主办者又增加山西省图书馆，使办刊条件有了较大改善。2001 年时由普通 16 开本改为大 16 开本，2003 年又由季刊改为双月刊，同时在装帧、印刷等方面作了较大改进。刊物原先有“科学管理”、“研究方法”、“分类编目”、“读者工作”、“期刊工作”、“图书馆学教育”等栏目，在 1990 年代末顺应图书馆情报学现代化的趋势，及时设计新的栏目，如“博士论坛”、“世纪回眸”、“文献信息数字化”等，使刊物在追踪学术前沿、反映最新成果、引领研究方向上较前有了质的飞跃。其中有的栏目更是在同类期刊中领风气之先，如“学人传”从创办到 2008 年已介绍了近40位图书情报界知名学者的学术经历，既有史料价值，又有现实借鉴意义，在业界引起很大反响，广受好评。这些举措都使《晋图学刊》的学术品位得到社会的认可。《晋图学刊》相继成为一些文献数据库的来源期刊，2005 年影响因子达到 0.392，成为中国图书馆学会表彰期刊。1990年代后《晋图学刊》历任主编为冯锦生（1986—1997）、裴成发（1998— ）。

《系统辩证学学报》1993 年创办，2005 年更名为《系统科学学报》。这一期刊是原国家体制改革委员会副主任、中国系统科学研究会会长乌杰发起创办的。乌杰曾在山西省担任副省长。刊名由国务委员兼国家科委主任宋健题写。它的宗旨是以马克思主义的系统思想为基础，讨论自然、社会、思维以及管理系统方面的理论、方法和实践问题。创办时为季刊，16 开本，64 页，定价 2.00 元。1998 年底增至 96 页，定价也调至 3.50 元。创刊发行 1500 册，以后则保持在1000册，其中赠阅量占较大份额。创办之时，中国系统科学研究会就与太原工业大学商定，办刊经费由学会提供，工业大学提供人力及办公条件。2008 年入选《中文核心期刊要目总览》。从 1993 年到 1998 年底，《系统辩证学学报》由乌杰任名誉主编，杨桂通任主编，编辑部负责人冯宁昌。1999 年时主编一度改为乌杰，不久在报刊治理整顿中根据有关规定，又改为由乌杰任编委会主任，朱桂芳为主编。2005 年更名《系统科学学报》后乌杰任主编，朱桂芳、吴彤先后为编辑部负责人。

第三节　致力于“第一生产力”进步

“科学技术是第一生产力”是邓小平1988年提出的一个重要思想。建设中国特色的社会主义现代化国家，发展科技尤其是高科技占有极其重要的地位。从1990年代开始，山西科技期刊的发展变化超过了以往任何一个时期，这种变化不只是数量上的增加，而主要是质量的提高。在内容上，许多新的有前沿性质的科技成果在科技刊物上推出；在编排技术上，规范化成了这一阶段的主要标志；在装帧外观上，过去的简陋、单调被明快、亮丽所取代。

科技期刊的办刊理念也有了进步，科技期刊中的先行者开始遵循媒体传播规律，过去那种坐等来稿、不管市场情况、不重传播效益的做法在逐步扭转，各种科技期刊评估办法及评价指标的广泛建立，使科技期刊在纵向上、横向上都有了自我对照的坐标。科技期刊编辑队伍的结构也有很大变化，一批年纪轻、学历高、知识新的人员加入这一队伍，新的血液带来了科技期刊新的活力。对一些办得较好的期刊来说，国际化程度也在明显提高，这不单表现在被某些国外文献索引数据库所收录或刊物规范上的“与国际接轨”，更体现于这些期刊有了国外的编委和特约撰稿人，刊登了第一作者为外国学者的专业论文。在经济效益方面，部分科技期刊也逐步树立了经营意识，有的广告收入已相当可观，成为出版单位的一项经济来源。

在科技期刊普遍进步的前提下，山西科技期刊发展不平衡的态势也更加明显，同类的或类别相近的期刊之间在内容质量、社会影响、经济效益等方面的差距进一步拉大。有些在信息资源、编辑力量等方面占有优势的期刊集中于某一团队，出现了集群苗头，例如医学类期刊。尽管山西科技期刊发展很快，但与全国其他省、市、区相比，仍然处于中等水平，在世纪之交兴起的电脑、互联网等领域，山西尚缺乏可以占据一定市场份额的新兴科技期刊。山西的科技期刊基本上是创办于1980年代之前的，1990年代后办起来的仅有少量几种，有的还是非纯科技的科技刊物。

山西的科技期刊从主办者角度可分为不同情况，这里仍按这一分类予以梳理。

一、中央单位驻晋机构科技期刊

在中央机构驻晋科研单位所办科技期刊中，成绩突出的首数《新型炭材料》。2005年2月，第三届国家期刊奖揭晓，参评的976种期刊中评出获奖期刊60种、提名期刊100种，《新型炭材料》荣获提名奖。《新型炭材料》是1998年改版的，改版对刊物定位进行了调整，将一个以译文为主的不规范刊物改造为一个学术性科技刊物。配合刊物的改版，1991年、1995年和1997年，组织召开了三次全国性的新型炭材料学术研讨会，联系和凝聚了全国新型炭材料的研究开发力量，也提升了刊物的影响。1995年版《材料科学技术百科全书》（中国大百科全书出版社）中将《新型炭材料》列为材料类主要期刊。

1990年代高科技的突起，激发了全世界材料学各分支学科的发展，新型炭材料也是其中之一。作为主要标志，一是沥青系炭纤维的商品化和聚丙烯腈炭纤维以惊人速度更新换代；二是碳元素第四种同素异形体的纳米碳管的发现及迅速被开发。《新型炭材料》根据中国科学院关于“中国急需一批国际优秀科技学术期刊”的指示精神，决定第二次改版，目标为办一个炭材料领域的国际性刊物。1998年，刊物主管单位改为中国科学院，出版者由中科院山西煤炭化学研究所改为科学出版社，发行范围由国内发行改为国内外发行。要成为国际性刊物，其前提是：第一，中国在该学科的研究必须在国际上占一席之地；第二，主办者必须有被认可的知名度和学术造诣；第三，编辑工作必须有现代化设施与手段。这些条件有的《新型炭材料》已经具备，不足者依据上述标准进行了积极准备，组建了能发挥实质性作用的国际化编委会，一批国内外炭素界知名科学家对此给予了积极回应。

改版后的《新型炭材料》立即引起了国内外业界关注，1999年日本炭材料权威期刊《炭素》在1999（No.186）卷首语中介绍道：“……中国的学术类杂志《新型炭材料》，编委国际化，正在向国际性杂志迈进。”正在英国利兹大学的中国学者芦时林博士得知《新型炭材料》改版，立即将国外研究的最新成果撰文寄来，并表示了愿为刊物早日与国际接轨而出力的愿望。国内一些专家学者更是纷纷表示支持，高水平的论文接踵而至。改版后的1999年，《新型炭材料》在山西的期刊评比中第一次进入一级期刊，同时被列入科技部中国科技论文统计源期刊。《新型炭材料》在改版后每两年组织召开一次全国新型炭材料学术研讨会。几年来，这一会议已成为中国炭材料学科最权威的学术会议。从2003年起又设立中国炭材料杰出成就奖，每两年评一位科学家予以表彰颁奖。2005年起又设立《新型炭材料》优秀论文奖。

《新型炭材料》充分尊重国外编委，注意发挥国外编委的作用。一位编委是国际炭材料权威期刊*Cardon*（英国）的专职主编，2002年他主动表示愿意帮助审定《新型炭材料》的英文摘要，并不要报酬。这使刊物的英文摘要在学术上、语言上都有了很大突破，得到国际同行的认可。该教授还针对某些名词概念的不正确使用等问题多次为《新型炭材料》撰写“编者按”，极大地帮助了刊物编辑水平的提高。2002年《新型炭材料》入选SCI-E（美国科学引文索引扩大版数据库），成为全球入选的五种炭材料学科期刊之一。这标志着我国炭材料研究已进入国际先进行列，在2003年第二届全国新型炭材料学术会开幕式上，主持人将此作为该年中国科技界的大喜事，与“神舟五号”上天并提。2002年《新型炭材料》还组织申办了在中国召开的国际炭会议，这也是这一会议首次在亚洲召开。《新型炭材料》的影响逐步扩大，2005年美国科学信息研究所（ISI）发布2004年度自然科学期刊引证报告（2004JCR），《新型炭材料》影响因子为1.165。该报告中列入中国期刊71种，其中影响因子超过1的有10种，《新型炭材料》名列第7（10种里有8种系英文版期刊）。

在国内，《新型炭材料》2004年之后连年获得中国科学院科学出版一等基金，2006年又获国家自然科学基金重点学术期刊专项基金。同年还获第二届北方十佳期刊奖。据《2006年中国科技期刊引证报告》（中国科学技术信息研究所），《新型炭材料》影响因子1.587，这是连续5年处于材料学期刊之首。也就在这一年，《新型炭材料》与艾思维尔（Eisevier）出版集团合作出版英文网络版，进一步推进了刊物的国际化进程。《新型炭材料》自1998年后主编先后为刘朗（1998—2000，2004— ）、凌立成（2001—2003）、成会明（1998— ）（该刊为双主编），编辑部负责人陈玉琴。

中国日用化学工业研究院拥有两份期刊，即《日用化学品科学》和《日用化学工业》。《日用化学

品科学》是1995年由《日用化学工业译丛》更名而来。当时为双月刊，大16开，88页。2002年主管、主办单位进行调整，主管方改为研究院，主办方改为中国日用化学工业信息中心。日用化学品覆盖表面活性剂、洗涤剂及其功能性助剂、肥（香）皂、化妆品、口腔卫生用品及其他个人护理用品领域。这一领域的产业改革开放以来发展迅速、利润丰厚、市场广阔，这在一定程度上为《日用化学品科学》的发展提供了可资利用的舞台。《日用化学品科学》面向日化行业科技和经济，使刊物成为这一行业的重要传媒。刊物在经营广告业务以后，经济效益在几年之内有了大幅度提高，在山西科技类期刊中成为经济效益最好的几家之一。

为更好地面向市场，使刊物读者能扩大至科技人员以外的管理、营销等方面的人员，《日用化学品科学》从2000年起在出版形式上多次进行探索，例如在2004年改双月刊为月刊后，双月面向“行业”，单月面向“市场”，但并未达到预想目标。2006年又将内容集中于科技上。《日用化学品科学》一直保持了较高的技术含量，被俄罗斯《文摘杂志》、美国《剑桥科学文摘（材料信息）》等列为来源期刊。1996年获国家轻工业部科技期刊一等奖、国家科委科技期刊二等奖。2005年被列入新闻出版总署评出的“第三届国家期刊奖重点期刊”。1998年到2008年连续被评为山西省一级期刊。自1999年后历任刊物主编为张高勇、王万绪，编辑部负责人先后为王燕、程宁。

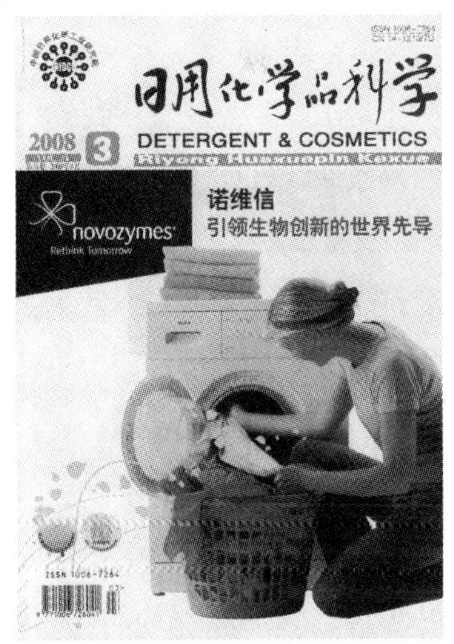

与《日用化学品科学》不同，《日用化学工业》更注重科技方面，它在1980年后曾改为由轻工业部科技情报所在北京编辑出版，2004年又改为由在太原的中国日用化学工业研究院主办，刊号改为山西刊号。《日用化学工业》1985年就增加了英文目次，1992年以来连续被列入《中文核心期刊要目总览》，1980年代就被美国《化学文摘》（CA）收录，2002年进入美国《化学文摘》摘引量最大的1000种期刊（简称“CA千种表”）。进入2000年后被俄罗斯、美国、波兰、日本等多个文摘机构收录。1997年获中国轻工总会科技期刊二等奖。《日用化学工业》自1999年起历任主编为张高勇、王万绪，历任编辑部负责人也为王燕、程宁。

《燃料化学学报》是1980年第二次复刊的，1996年改为双月刊。《燃料化学学报》坚持以创新性为选用稿件的最基本要求，自复刊以来，刊物稿源充足，稿件类型丰富，投稿数量逐年增加，主要投稿单位相对稳定。来稿最多的单位前三名2003年为中国石油大学（38篇）、浙江大学（34篇）、山西煤炭化学研究所（28篇）；2004年为中国石油大学（41篇）、浙江大学（38篇）、中国科学院大连化学物理研究所（35篇）；2005年为中国石油大学（49篇）、山西煤炭化学研究所（41篇）、浙江大学（38篇）；2006年为中国石油大学（58篇）、浙江大学（50篇）、清华大学（46篇）。稿件数量和质量上的保证使刊物的学术水平保持了稳定，从2002年到2006年，《燃料化学学报》"即年指标"和"基金资助论文比例"在全国化学类期刊排名中一直保持在前三名。影响因子从2002年到2006年则在前五名之内，2003年时曾排名第一。《燃料化学学报》较早就被一些世界知名数据库，如美国《化学文摘》、美国工程信息公司数据库（EI）、英国煤炭文摘、俄罗斯文摘杂志等收录。2006年后更与艾思维尔（Eisevier）出版集团合作出版了英文版。《燃料化学学报》从1993年到2008年连续16年被评为山西省一级期刊，达到这一荣誉的山西科技期刊只有三种。自创办以来，这一刊物所发论文转化为经济效益估算在千亿元以上，直接推动了科技成果的产业化。《燃料化学学报》从1980年到2004年由彭少逸任主编，其间1998年增加钟炳为主编，2001年又增加孙予罕为主编，编辑部负责人先后有徐晓、赵淑文、梁树保、刘启英、陈玉琴。

《火力与指挥控制》1995年创办20周年时，张爱萍将军为刊物题写刊名。此前的1992年，刊物已被列入《中文核心期刊要目总览》武器工业类核心期刊。1998年又获信息产业部"优秀科技期刊编辑质量奖"，同时也被中国国防、兵器、电子等国家数据库收录。2000年、2004年、2008年在《中文核心期刊要目总览》第三、四、五版中又连续被列入。作为火力与指挥控制研究会的重要期刊和主要发起者，刊物还利用传媒优势，组织行业的学术交流活动，在1990年代中期之后，这更成为刊物的一项重要工作。学术交流促进了刊物的发展，《火力与指挥控制》从2000年起改为大16开。2004年10月又从季刊改为双月刊，2005年9月又改为月刊，到2007年页码增至136页。刊物的发行量也由创刊之初的500册发展到2000册。进入1990年代之后刊物主编有王校会（1991—1999）、狄邦达（1999— ），编辑部负责人一直为刘义平。

中国辐射防护研究院也拥有两份刊物，主办有《辐射防护通讯》，承办有《辐射防护》，前者1981年创办，后者1978年创办。1991年《辐射防护通讯》公开发行，双月刊，定价1.50元，16开，64页。这时刊物的性质还是科研性兼情报性，刊物上发表一定数量的科研论文。1990年代国民经济调整，大批军工企业转向民用产品的生产研制，科技领域也受市场大潮冲击，这种以军工科研为主的科技期刊面临许多新的问题，稿源不足，经费不足，编辑力量也不足，刊物的发行量一度降至只有600册。针对这种局面，1995年主办单位决定改变办刊宗旨，突出动态性，办一个以报道辐射防护领域的研究动态、方法、资料为主的名副其实的"通讯刊物"。这一改变经过几年的努力，取得一些成效，刊物情况有所好转，《辐射防护通讯》这一时期的主编为陈明焌（1995—2003）、常学奇（2004— ），编辑部负责人先后为郝建中、郭鲜花、赵宁。

《辐射防护》作为中国核学会辐射防护学会的会刊，则坚持了学术性，保持刊物在这一领域的影响力。为了达到这一目标，首先是加强了编委会与编辑部的力量，第四届编委会发展到987人，中科院院士李德平为主编，副主编8人，其中有院士3名。其次加强了与国际同行的交流，陆续与世界上60多个国家及地区的学术组织和有关机构建立了资料交换关系，提高了刊物在国际同行中的知名度。经过努力，不仅被多家文摘杂志和数据库收录，而且在联合国原子辐射效应科学委员会向联合国提交的报告书（一般一两年提交一份）中，也开始引用该刊的资料及数据。国际辐射防护委员会（ICRP）的网站中也开始专门介绍这一刊物每期的内容。《辐射防护》多次获国防科技期刊奖，1992年获首届全国优秀科技期刊三等奖。这一时期主编李德平，编辑部负责人先后有胡逢全、李新邦、朱久法。

《车用发动机》也是一份兵工行业的期刊，主办者在山西大同市。时代的变化，使其同样面临军车的动力研究转向军民车辆动力研究并重的问题。1992年在刊物编辑工作会议上专门讨论通过了对办刊宗旨的修改与补充，明确提出"促进我国军民用车辆动力的研究水平和制造水平快速提高，促进我国军民用车辆动力领域的成果产生和成果转化"。与此同时，栏目也做了相应变动，这一改革很快见效，1993年发行量达到过去从未有过的4500册。以后刊物不断扩大容量，2000年改为大16开，48页，2002年页码增至56页，2005年又扩至72页。定价也由1993年的1.50元上调至2005年的6.00元。

《车用发动机》一手抓质量提高，另一手抓了经营管理。从1992年后4次被列入《中文核心期刊要目总览》，2001年后7次被评为山西省一级期刊。2005年承办了首届"内燃机企业才智领军人论坛年会"，内燃机行业近60家企业及科研院所的90多位专家和企业负责人到会。编辑部还组织了特邀编委会，2006年底发展到47家。开展了广告业务，2006年达到了彩插广告每期8版。《车用发动机》1992年起主编先后为任继文、段金栋。

《煤化工》是1987年由《煤炭化工设计》改名而来，它的主管、主办单位自2001年起为化工部第二设计院（设在太原）。此前，主管者曾为化工部科技情报所，主办者除设计院外还有全国煤化工信息站（前身为全国煤化工科技情报中心站）。1998年改为大16开本，2002年由季刊改为双月刊，2004年开始邮发。在进入1990年代之后，为适应煤化工行业的发展，在报道范围、栏目设置等方面都进行多次调整，明确提出了“促进科研成果向生产力转化及为生产企业决策提供参考”，兼顾“学术性、技术性、工程性”的办刊目标。进入21世纪之后，国际市场原油价格不断上涨，这为中国煤化工发展提供了机遇，煤化工行业先后出现一些科研开发热点，“焦化热”、“甲醇热”、“煤制油热”、“煤焦油加工热”等普遍受到关注。《煤化工》组织专家撰写一批具有指导性的文章，跟踪煤化工技术发展，起到了科技期刊的先行作用。2006年，《煤化工》被评为第六届全国石油和化工行业优秀期刊一等奖和发行单项奖，同时也进入美国《化学文摘》等文献检索系统的收录范围。面对市场经济的冲击，《煤化工》在经营上也做了很多工作，一方面找相关企业、公司商谈联合办刊，最终争取到五家合办单位和一些广告赞助单位；另一方面在刊物发行上广开渠道，使发行量在2003年到2006年间有了大幅增长。《煤化工》1990年代后历任主编有杨学仕、李大尚、梁正、阎少伟。编辑部负责人则先后有郭鉴、卫效莲、黄怡然、李好管。

《电脑开发与应用》是兵器工业系统亦即国防工业系统办的计算机杂志。1990年由编辑部承办了在苏州召开的“中国兵器工业总公司计算机应用学术交流会”，这次会议使兵工行业的计算机应用水平进入一个新阶段，也使《电脑开发与应用》的发展上了一个新台阶。第二年即获准国内外发行。以后编委会不断充实，并将期刊的编委会与学术交流会合并，从而开拓稿源，每年由原先的“等米下锅”变为有数千篇来稿可选，刊物的质量也随之提高。1994年和1996年连续两届入选华北优秀期刊。1999年由季刊改为月刊，大16开，48页，大大缩短了出版周期。编辑部还借助国家兵器系统在各区

域建立联系点，如在北京、海口、扬州等地，负责通讯、组稿。计算机的应用现在已普及到各个领域，《电脑开发与应用》虽也涉及别的行业，但仍是以兵器与军事控制为主，这是该刊在电脑类期刊中的一个特点。刊物的发行量最高时达到6000册，一般在5000册上下。《电脑开发与应用》主编先后为汤鹏飞（1990—1997）、李定主（1997— ），编辑部负责人一直为朱彦良。

《电子工艺技术》也是一份有国防工业背景的期刊，其主管单位原先为电子工业部（前身为第四机械工业部），后来在邮电部和电子工业部基础上组建信息产业部，这一刊物于是就成了信息产业部主管、中国电子科技集团公司第二研究所主办。1980年创办之后，这一期刊曾是整个电子工业部系统一份有影响的刊物，1980年代中期发行量达到过1万份。为集中力量提高质量，主办方1987年时将月刊改为双月刊。这以后开本、页码有所变化，2005年后为大16开，64页。1980年代末1990年代初时，《电子工艺技术》在当时部属系统内曾牵头组织“工艺突破口”活动，对提高全行业的工艺技术水平起了积极推动作用。1990年代前期由于行业形势变化，机构体制变动，办刊经费不足以及主办单位对办刊具体要求欠妥等原因，刊物的发展受到影响。经过有关方面的努力，这种情况在1990年代后期逐渐扭转。尤其是2005年之后，主办单位经济形势好转，新一届领导对期刊发展提供了方便，为其营造了宽松发展的环境，《电子工艺技术》开始走向新的发展。1996年到2008年，《电子工艺技术》已连续13年被评为山西省一级期刊，从1997年起，四次被评为信息产业部优秀期刊（评比每两年一次）。《电子工艺技术》到2000年底为创刊20周年，当时刊物编辑部做过统计，20年共出刊164期，发表1922篇文章。大致来分，其中电子装备机加工工艺有375篇，电子装联工艺679篇，热加工308篇，化工工艺296篇，控制自动化264篇。从创刊到1998年主编为宗士惠，以后主编先后有许宝兴、缪强。

《日用化学文摘》是创办较早的（1978年），1994年经国家科委批准登记地转山西。它的主办者为轻工部日用化学工业科学研究所，主管者为轻工总会经济科技信息中心。这一刊物以文摘、简介、题录三种形式来报道国内外日用化学方面的最新科技信息。美、英、俄、日、德和中国共69种专业期刊为它的取材来源。它以日用化学的主要门类分栏，为“表面活性剂”、“洗涤剂”、“油脂”、“化妆品”等，便于读者检索。这一刊物为双月刊，16开72页，主编王懋椿，编辑部负责人谭玉凤，1996年主办单位在整合所办期刊中将此刊停办。

二、省属单位的科技期刊

省属科技期刊是指山西省的科研单位、高等院校或相关行政部门主办的科技刊物。综观这些期刊，有几个明显的特征：一是大都创办较早，有的在1970年代，更多的是1980年代前期；二是多数都经过一个先是内刊用于内部交流，而后才获得正式刊号公开发行的过程；三是大致是以行业划分期刊内容，面向某些高新科技领域的相对较少；四是1990年代之后新创办的一些则主要是医学方面或者是科普类型的。这些特征的形成与山西这一时期的政治、经济、文化、教育的发展现状相关，也与期刊人才的分布与成长有关。

《科技情报开发与经济》是1990年代新办的一份综合性科技期刊，由山西省科学技术情报研究所主办，创刊于1991年8月。研究所是山西科技情报方面的领军机构，在办这份刊之前已有过办刊经历，如创办《煤炭综合利用译丛》、《山西情报工作》、《实用技术快报》等，但这些期刊与研究所的主体业务联系欠紧，覆盖面有限。于是所领导鲍运森、梁泽人等就筹划办一份与科技情报工作密切相关又有可能靠市场生存的杂志，并且为其确定了“与经济相结合、与企业相结合，不搞纯学术、纯理论”的办刊方针，《科技情报开发与经济》正是由此而生的。刊物主办单位为山西省科学技术情报学会和山西省科技情报研究所。刊期为双月，创办即取得正式刊号。经过头几年的摸索，到1990年代中期刊物逐渐找到了自己的定位与特色，开始突破本省局限，在组稿与发行上都向外省发展，刊物有了相对稳定的读者群。在内容上刊物也逐渐形成了三大板块：一是科技。主要是高等院校及企业科技人员的来稿，虽有理论探讨，但更多的是科技应用。二是图书情报。利用科技情报工作与图书信息之间的天然联系，使刊物在图书馆领域享有了较大声誉。以2006年为例，发表图书馆工作方面的论文1276篇，作者分布于全国近300家高校图书馆及公共图书馆。三是经济。主要针对企业经济管理、经济分析等方面。《科技情报开发与经济》办刊以来一直自办发行，所以十分注意刊物的宣传。1998年，参加了中国文化扶贫委员会、科技部科技扶贫办公室举办的“百家期刊送百县”活动，2003年又建立了网站。通过以上种种手段扩大刊物的知名度。2007年，外省作者的来稿已占总量的70%。刊物的发行量多年一直保持在4500份左右。

《科技情报开发与经济》问世以来不断扩大容量，缩短刊期。尤其是2000年后更加快了步伐，2005年改为半月刊，2007年改为旬刊。从1994年起这一期刊已连续15年被评为山西省一级期刊，1997年获第二届全国优秀科技期刊三等奖，1998年获华北优秀期刊称号。自创办以来历任主编为梁泽人（1991—1999）、白尚平（1999— ）。编辑部负责人张树梅（1991—1993）、白尚平（1993—1999）。

《煤炭转化》是1992年改为现名的，前身是山西省科技情报所创办于1978年的《煤炭综合利用译丛》。1980年就成为正式期刊，季刊，16开本，90页，每期发行5000册。从1989年起，期刊主办单位改为太原工业大学与山西省科技情报研究所，成立了由28位专家组成的编委会，谢克昌任编委会主任、主编，编辑部负责人先后为同小妹、吴敦礼。1989年到1991年间，在重点报道煤炭能源的洁净转化和综合利用的同时，完成了一个衍变，这在刊名上的反映是由《煤炭综合利用译丛》变成《煤炭综合利用（译丛）》。其实质是突破了原先的译文、编译、文摘的既定形式，每期保证发表一定数量的指导性综述和专题性评论。这类文章将国外论文的译文（二次文献）和国内论文（一次文献）结合起来，重点突出，选择了两种文献的精华，所以指导性、实用性明显增强。如果说1978年到1988年是这一刊物的起步阶段的话，1989年到1991年则是转型阶段，时间不长，但很重要。从1992年到1995年，改名后的《煤炭转化》又增加了中国科学院煤转化国家重点实验室为主办单位，在内容上延续已经开始的转变，以综述性论文为主，同时加强了编辑工作，在编排质量、编辑规范、印装质量等方面都取得了较大进步。1993年，在山西实行期刊评级后被评为一级期刊，并连续保持至2008年，成为山西连续16年保持一级期刊的三种科技期刊之一。

1996年后，《煤炭转化》提出了“跟踪世界发展动态，紧密联系国内实际，指导学科建设发展”的目标，逐步转向刊登一次文献（即国内研究成果）为主，为此实行优稿优酬，优先发表研究性论文，尤其是国家自然科学基金等重大项目资助的论文。又增聘了9位院士担任编委，为审稿组稿提供保障。到2006年，刊物上的综述性论文比例由1995年时的60%减至8.3%，研究性论文达到91.7%。1998年，被美国《化学文摘》列入“CA千种表”，此时中国（含台湾）被列入的有88种期刊，山西仅两种。《煤炭转化》被《中文核心期刊要目总览》第一版、第三版、第四版、第五版列为核心期刊。1996到2002年被评为第四至六届华北十佳期刊，2004年被评为北方十佳期刊，2006年被评为“全国能源刊物优秀期刊”。《煤炭转化》一直为季刊，从1992年起谢克昌兼任主编，刘振民为编辑部负责人。

《山西冶金》1992年向国内外公开发行。2000年，山西省冶金厅改为山西省冶金工业行业管理办公室，《山西冶金》的主管单位也随之变更。1989年4月，山西省金属学会二届四次理事扩大会在长治钢铁公司举行，通过了《山西冶金》经费包干办法，从此，编辑部业务经费（含员工工资）由全省各冶金企业单位筹集。2005年为推进《山西冶金》的市场化经营管理进程，成立了刊物的广告业务部。2007年1月《山西冶金》由季刊改为双月刊，同时在编辑部内健全管理，对栏目也进行了调整，加大了组稿力度，如请冶金行业的专家学者为“专家论坛”专栏撰稿，刊物面貌有了明显改观。《山西冶金》为季刊。1992年后主编先后为赵思瑶、王荣贵，编辑部负责人先后有郭晋萍、侯雪峰、胡玉香。

《山西地震》在1990年代之后不断有所变化，1991年刊物开始有英文目次和摘要，1999年改为大16开，2000年变更为山西省地震局主管、山西省地震学会主办。编辑部进一步规范编辑工作流程，规范刊物编排，在全省科技期刊中成了做得最好的几个刊物之一；及时报道省内外、国内外的重大抗震减灾事件，及时刊登与地球科学有关的新的科技术语，并利用多种手段（如制作纪念邮票、纪念封等）宣传防震减灾。这些措施使刊物在内容质量及编辑质量上保持了较好状态。在编辑专辑方面主要有1992年《山西地震灾害损失预测及减灾对策的初步研究》，1995年《山西清徐县地震灾害损失预测专刊》，1997年、1998年《山西卫星遥感地震信息处理交流技术资料之一、之二》，2003年《1303年山西洪洞大地震700周年专刊》等。

《山西地震》上刊发的研究成果，多篇获得省科技进步奖，如“山西地震综合数据处理系统”（主要论文载1991年第1期）获1993年山西科技进步一等奖；“山西地震分析预报信息网络系统”（主要载1998年第1期）获山西省科技进步（应用研究）二等奖。《山西地震》也被多家文摘、数据库收录。1993年到2005年连续被评为山西省一级期刊。1996年时获国家地震局第三届科技期刊优秀奖。《山西地震》一直为季刊，发行1000册，最高时突破过5000册。1990年代后主编先后为孙国学（1990—1997）、吴伯荣（1997—2004）、赵新平（2005—　），编辑部负责人2006年前为袁正明，后为阎民正。

《山西机械》是山西省机械设计研究所主办的，1992年又增加山西省机械工程学会为主办单位，并由内部刊物改为公开发行的正式期刊，当时为16开，48

页，季刊。2000年改为大16开，64页。从创办直到2002年办刊经费为全额拨款，刊物发行主要是赠送及交流。2004年《山西机械》更名为《机械工程与自动化》，刊期也改为双月。由于主办单位山西省机电设计研究院（研究所改制而来）由事业单位向企业型科研机构转型，也促使刊物开始走向市场化。从2003年到2008年刊物8次扩大容量，页码增至204页；同时加大发行力度，除邮发外又联系了三个发行机构代理发行，刊物的发行量到2008年达到4000册。刊物达到了经济上部分自给。《机械工程与自动化》1990年代后主编先后为陈泽苍、李生禄、孙凤熙、张保国，编辑部负责人先后有李生禄、白联英、梁秀春。

与上述期刊相近的还有山西省机械工程学会主办的《机械管理开发》。这一刊物是1988年由《管理开发》改名而来，改为现名后刊物内容更为集中，目标读者更为明确。《机械管理开发》特别注意发挥刊物在行业中的交流平台作用。在1993年到1999年期间，均由省机械工程学会管理专业委员会研究每期主题，7年间组织24次研讨会确定了24个主题，针对性地服务于企业。如“创造市场”的主题先后发表了民营企业万向集团董事长鲁冠球关于创新管理、走出国门的经验以及大同机车厂、太原重型机械（集团）公司、山西柴油机厂等单位的61篇论文。2002年之后，配合学会发起的全国十二省、市、自治区的学术研讨会，刊发会议评选出的优秀论文，刊物的内容更加贴近企业实际。据2003年到2005年的不完全统计，有52篇文章被有关单位作为信息参考和经验采用。如《提高钻头使用寿命探讨》（赵引良，太原一机床，载2005年第4期）、《过载检测与保护技术在深孔加工中的应用》（程峰高，中北大学，载2005年第5期）等在许多机械行业实践中得到了应用。

《机械管理开发》十分注重档案的管理，为读者提供查询服务。如中国北车集团长春机车车辆有限公司质量保障部为了解决美国铁路协会质量认证工作寻求帮助，该刊及时提供了2001年第4期刊发的《如何组织完成美国铁路协会（AAR）质量认证工作》的有关资料，帮其解决了问题。《机械管理开发》在2003年起开本改为大16开，刊期由季改为双月，以后又两次调整页码，到2006年时增至160页。刊物主编先后为王丁凤（1986—1996）、韦守仁（1997—2000）、王守信（2000— ）。

《铸造设备研究》创办之始就面向全国，1990年主编贝彦良调上海工作，于是在上海成立编辑分部，由上海市机电设计研究院做代办单位，这时刊物事实上编辑中心已移至上海，由上海市邮局发行，刊物自负盈亏。1998年根据全国期刊整顿中编辑部和其主办、主管单位均应和刊物注册地在同一行政区域的规定精神和编辑部人员老化的情况，杂志社各项工作迁回太原，主管、主办单位仍为太原重型机械学院，主编自此由王录才担任。2004年随学院的机构变更，改为太原科技大学主管主办。《铸造设备研究》为双月刊，16开，56页，内容如刊名所示，刊发铸造设备及其自动化方面的研究论文、技术动态、信息分析、教育教学及经验交流方面的文章。每期发行3000册。几年中该刊被多家文摘及数据库收录，在全国铸造行业中有一定影响。

《山西电子技术》很长时间是内部期刊，1995年6月才获准为公开发行的正式期刊。1997年实现了广告收入零的突破，由此广告收入成为刊物的主要经济支柱。《山西电子技术》为适应市场进行了三方面的改革：一是扩大版面，增加信息，从2000年起三次改版，改开本为大16开，页码增至96页；二是发挥编委会作用，重新设计栏目，增加了反映电子工业技术前沿的网络、通信、广播电视等内容的栏目；三是加强经营，主要是广告与发行。到2004年，发行量由2000册增至3000册，编辑部达到了办刊经费（含人员工资）的自给。《山西电子技术》由山西省电子工业科学研究院和山西省电子学会主办，主编为赵沂湘（1998年前）、王明明（1999—2002）、王建生（2003— ），编辑部负责人先后为关淑英、赵伟。

《建材技术与应用》是1990年复刊的，此前为《山西硅酸盐》，在1985年休刊。复刊时名为《山西建材》，季刊，48页，2001年变更为现名。2002年扩版为双月刊，2007年扩为月刊。《建材技术与应用》办刊之路断断续续，1990年复刊之后到1992年底又休刊，1994年再度复刊。但由于经营上的困难，1998年未出版，省出版行政管理部门责令“限期整改”，主管单位遂提出主办单位由山西省建材设计研究院、山西省硅酸盐学会变更为山西省建筑材料工业学校，获批准后从1999年实行了变更。2001年更现名时主管单位变更为山西省教育厅，以后在教育机构调整中，山西省建筑材料工业学校并入新组建的山西综合职业技术学院，主办单位又随之变更。其间1994年到2000年兼任主编的张维臣曾任山西省建筑材料科学研究所所长，后又任山西省建筑材料工业局总工程师，为解决办刊困难，协调各方面关系，做了很多努力。山西建筑材料工业学校接办《山西建材》后，第一步是在全国范围内约稿，三个月时间组织到40位专家的来稿；第二步是组建新的编委会，吸收清华大学、同济大学、中国地质大学、中国建材研究院等十余个单位的专家20余名；第三步是邀请了6个单位做协办单位；第四步是争取广告客户，终于使刊物的质量及运营走上了轨道。2002年又与山西省建筑材料工业协会共同举办“水泥生产新技术及废渣测定标准”讲座，请省外专家来传经，在业内影响较大。从2001年到2008年，连续进入山西省一级期刊行列，并开始进入一些文摘和数据库的入录名单。1990年复刊后，主编先后为李发根（1990—1994）、张维臣（1994—2000）、盛晋生（2001— ）。

与建筑有关的另一期刊是《山西建筑》，虽1975年就创刊，但一直是内部期刊，直到2000年8月才成为正式刊物，主管单位为山西省建设厅，主办单位为山西省建筑科学研究院。《山西建筑》正式公开发行历史不长，但发展较快，几年间刊期由季、双月、月、半月直到改为旬刊，并成立了杂志社。它的栏目基本是以建筑涉及的不同方面为依据设立的，有“建筑、规划、设计”、“结构、抗震、隔震技术”、“裂缝及防治”、“地基基础、基坑支护加固”、“建筑监理”、“工程造价与招投标”等20余个。在双月刊时，每期有160页。《山西建筑》2004年后一直被评为山西省一级期刊。刊物主编先后为于长泰、毕兴锁，编辑部负责人曹俊琴。

化工行业是改革开放以来变动较大的行业之一，2000年省化工厅建制撤销，改为山西省化学工业行业管理办公室。原先由省化工厅主管的《山西化工》也就归了省化工行业办主管，主办单位则是省化工信息中心和省化工学会。这一刊物是1988年后由内刊取得正式刊号的，沿袭过去的办刊思路。《山西化工》本着促进山西化工发展的目的，以大企业、集团为龙头，围绕“肥、醇、炔、苯、油”五条化工行业的主线设置栏目，内容基本为探讨热点话题、介绍技术成果、传递行业信息、分析发展趋势几个方面。到2003年，《山西化工》组建了首届编委会和理事会，探求市场经济新形势下科技期刊之路。理事会由十几家大企业组成，它在支持刊物发展、加强企业交流、宣传企业品牌等方面发挥了作用。随着刊物质量的提高，发行量也在扩大，在多年保持1000册之后2006年开始变化，到2007年增加到3000册。2006年由季刊改为双月刊。同年在第六届石油和化工行业全国期刊评比中获地方优秀期刊一等奖。《山西化工》1995年后主编先后为郭维民、王乐意、刘双林。

《山西电力技术》1995年改变过去页码不定的不正规状态，将页码固定为64页，并从季刊改为双月刊。1999年，版本又改为大16开，定价也调为6.00元。这一年《山西电力技术》纳入主要主办单位山西电力科学院ISO-9000质量管理体系，制定了相应的程序文件和作业指导书，编辑出版进一步走向规范化。2001年第3期起更名为《山西电力》，2003年将页码从64页增至72页，2006年又增加山西电力技术院为主办单位，加上原有的山西电力科学研究院、山西省电机工程学会，主办单位成为三家。现在刊物发行全国，发行量稳定在4000册。1990年代后担任刊物主编的有罗国祥、陈懋龙、史更林、杨杰。编辑部负责人为郭顺全（1995年前）、周命德（1995—2007）、张来福（2008— ）。

《山西能源与节能》创办于2000年，主办者是山西省能源研究会、山西省节能研究会。刊物根据山西经济发展的阶段性特点，及时配合主办单位的活动，宣传山西节约能源的成绩，向政府提供建议及参考。如连续发表一批煤层气方面的文章，促进了这一项目的广泛应用，节约了燃煤，减少了大气污染。有一时期煤炭滞销，有些人鼓吹水煤浆，夸大它的效益，山西省计委也将水煤浆列为重点发展项目，《山西能源与节能》2002年第2期刊发《发展水煤浆要慎之又慎》一文，此文引起省计委重视，专门请作者去座谈，后来经过多方论证取消了此项目，为国家避免了损失。《山西能源与节能》初期为大16开，48页。创办以来主编为祝平（2000—2007）、董小恺（2007— ）。

在行业性科技期刊中，《山西交通科技》是办得有特色的一个，从1997年到2008年先后11年获得山西省一级期刊称号。《山西交通科技》是1994年由季刊改为双月刊的，每期64页。1990年代以后山西交通事业发展迅速，省内几条高速公路建成，县以下实现了村村通公路，交通事业的发展促进了交通科技的提升，《山西交通科技》也很好地服务于交通科研和实践，体现了科技作为生产力的作用。1993年6月，山西第一条高速公路——太旧高速公路开始建设，《山西交通科技》编发了“太旧高速公路特辑”。1999年，刊物改为大16开，2003年又将页码从64页增至96页，刊期双月。刊物内容更丰富，印装也有很大进步。根据需要编发专辑，后来形成了《山西交通科技》服务交通建设的一个重要手段与特色，1990年代中期到2003年就为13条高速公路和3个科技力量较集中的单位出版专辑24期，发表相关科技论文570篇。

《山西交通科技》介绍推广了大量科研成果，不少很快进入生产实践，显示了科技推动经济的巨大作用。在刊物上发表的成果获得省级以上科技进步奖的有90项，如“高等级公路碾压混凝土路面施工技术的研究”是国家重点攻关项目，该成果获得世界发明大会金奖，刊物上发表相关论文后，很多地方联系索要资料。《刍议太原—古交高等级公路南线方案之优越性》（太原市交通局王玉林）在刊物上发表后引起上级高度重视，最后将原确定的北线方案推翻，采用了南线方案，从而节约投资2亿多元。该方案同时减少了对太原、古交两地由于交通大流量而造成的污染，每年可带来1亿元以上的经济效益。“武宿立交枢纽工程方案设计、结构设计和施工关键技术研究”的系列成果获国家鲁班奖和省科技进步一等奖。“丹河特大跨径石拱桥设计与施工关键技术研究”的成果获省科技进步一等奖并进入吉尼斯世界纪录，等等。这些技术成果转让后，在陕西、河南、山东等省都得到应用。

《山西交通科技》多次受到嘉奖，1996年到2003年先后被评为省交通系统先进集体、“文明班组标兵”、“质量信得过班组”等，2001年、2002年获得“全国交通行业质量信得过班组”称号。《山西交通科技》1990年以来主编由所（院）长兼任，先后有韩志强（1998年前）、赵队家（1999年后），编辑部负责人有何建平（1992年前）、张宁（1993—2002）、许艳红（2003— ）。

山西有一份创办较早的食品工业杂志（一度停刊过），其名称先后为《山西发酵》（1973—1979）、《山西食品发酵》（1980—1993）、《山西食品工业》（1994—2005），2006年改名为《食品工程》。它是1994年向全国发行的，从那时起一直为季刊，主办者为山西省食品工业研究所。1990年代时，这一刊物的内容已经基本上体现了国内食品行业的前沿科研成果，代表了食品行业的领先学术水平，这也正是改名的基础。改名后在保持原风格、水平、主体内容的前提下，加强了两方面的牵线搭桥：一是为创新成果与企业之间牵线搭桥，催化成果应用；二是为企业与市场牵线搭桥，加强了对本行业产品信息的展示。过去刊物内容在醋和杂粮方面占比例较大，现已扩展到果蔬、肉类、乳品、调味品、饮料等多方面。新产品的消息与广告也有了大幅增加，发行量也提高了56%，改名当年就达到3000册。2006年首次被评为山西省一级期刊。1990年代以来刊物主编为狄宏（1995年之前）、周晓理（1996—2002）、何于飞（2003— ）。

《量子光学学报》是有点特殊的一份科技期刊，按照期刊登记，它的主管者是山西省科协，主办者是山西省物理学会，但它实际上是中国物理学会量子光学专业委员会的会刊，具有全国性质。如果仅靠山西在这门学科方面的力量是难撑起这份刊物的，它的编委会现有37人，省外就有34人。量子光学是光学发展的新领域，1980年代，山西大学光电研究所在这一领域的研究进入前沿，1990年代初取得更大进展。正是这一背景下，学科带头人彭堃墀倡导办一份期刊，当时他是中国物理学会量子光学专业委员会副主任、山西省物理学会理事长。《量子光学学报》在1995年8月出版了创刊号。创刊号设有“光场非经典型”、“光场与原子相互作用”、“量子通讯与量子测量”、“电磁波传输”等栏目，刊出17篇论文，16开本，112页，刊期为季。正常出版以后页码有所减少，2000年起改为大16开，2008年时页码为80页。《量子光学学报》配合学会的学术交流，促进了光学领域研究队伍的扩大，尤其是年轻学者的成长，第八届量子光学学术会议有45篇论文，参会人数75人，到第十三届有论文192篇，参会人数257人。2004年起该刊被列入第四版、第五版《中文核心期刊要目总览》。《量子光学学报》自创办以后主编为彭堃墀。

《机电安全》是太原机械学院承办的一个专业期刊，1989年8月经国家科委批准创办的，主办者为机械电子工业部安全生产委员会与机械电子工业安全卫生协会。到1993年因机电部撤销，主办单位改为机械工业部生产与信息统计司及中国机电安全卫生协会。创办时国务委员、全国安全生产委员会主任邹家华题写了刊名与贺词。刊物的特点是指导性、应用性、专业性都较强，在机电安全与工业卫生技术方面有一定的权威性。所以它的发行量达到2.5万份，获机电部1989—1990年度优秀科技期刊三等奖，又在1992年经机电部同意建立杂志社。1995年3月这一期刊转至北京。《机电安全》初为双月刊，1991年改月刊。创刊以后主编为陆庆武，成立杂志社后社长阎增华。

《微计算机信息》进入1990年代之后变化较大，尤其是刊期上从创办时的季刊在1995年改为双月刊，2001年改为月刊，2005年改为旬刊。在山西省的科技期刊中成为刊期最短的少数几家之一。为提高刊物质量，组建了由28位专家组成的编委会和19位知名学者（其中7位是院士）组成的顾问组。在编辑部则加强管理，提高编辑工作质量，使刊物的影响有了很明显的扩大。2004年被列入第四版《中文核心期刊要目总览》。期刊社社长先后有庄梓新、马显斌、杨东生，主编綦希林，2004年后曲非非任社长兼主编。

《华北国土资源》是山西省国土资源厅成立之后，2002年底将《华北地质矿产杂志》更名而来的。新刊将目标定在传播国家相关法律、法规、政策，研讨国土资源管理工作，交流科研成果与管理经验，促进国土资源事业发展上。新的行政管理机构、新的业务内容在新刊物上得到了多方面的反映，几年来刊物的质量有所提高，来稿量及发行量也有所增加。2003年到2005年间，所刊发文章已有20余篇被其他刊物转载或被其他书籍收录，如收入《中国可持续发展文献》、《中国改革与决策科学理论文库》等。更名后刊物为双月刊，社长兼主编为秦小如。

《山西农业科学》从1979年10月复刊到1993年历经15年，它肩负着提高山西农业科研水平和山西农业生产水平的双重任务，所以是既发表科研论文也刊登科普文章的。随着时代的发展，这种格局与读者的需求越来越不相适应，于是1993年主办单位山西省农业科学院决定将原刊一分为二，《山西农业科学》改为学术性期刊，由月刊变为季刊，同时另创办《山西农业》，作为月刊，面向农村普及农业科技知识。《山西农业科学》则作为山西权威的农业学术期刊，在推动山西农业科研和培养农业科技人才方面发挥了更突出的作用。1994年，《山西农业科学》被评为华北地区优秀期刊。1993年到2008年有10次被评为山西省一级期刊。进入21世纪之后，《山西农业科学》的发展出现一些起伏，发行量也出现下降。经过主办单位以及编辑部的努力，情况有了好转。这一刊物在1998年之前主编为张亮，1999年起由阎文泽接任主编。

《山西水利科技》从1971年创办，一直延续出版，季刊。1993年获准为正式期刊，同年增加英文目次，到1999年改为大16开，96页，并全部增加英文文摘、英文关键词，逐步实现了编排的规范化。《山西水利科技》在完成刊物出版的同时，配合山西重点水利工程编辑科技论文集，如山西万家寨引黄工程（引黄河水进山西腹地）是全省乃至全国的重大水利工程，《山西水利科技》为此编辑了约200万字的《山西引黄工程科技论文专集》。论文涉及工程规划、设计、施工、监理等诸多方面，作者来自十余个工程参与单位，有中国水利水电科学研究院、天津水利勘测设计院、山西省水利水电勘测设计研究院、中国水电第六工程局、意大利CMC公司、中铁十二局集团、山西省万家寨引黄工程管理局等。该工程利用TBM隧洞掘进机开挖长隧道技术处于国内领先地位，总结类似工程经验的论文集，经《山西水利科技》编辑出版后，在全国水利行业备受关注。《山西水利科技》每期印2500册左右。历任主编有唐茂元（1990—1994）、张国祥（1994—1999）、栗丰涛（1999— ）。

《山西林业科技》1988年成为正式期刊，当时为16开，48页，2004年改为大16开，到2006年增至64页。1990年之前刊物曾设栏目，以后取消栏目，文章大致按类编排。《山西林业科技》在山西省期刊评级中曾有过三次被评为一级的情况，反映了它的总体质量，尤其是编辑质量不够稳定。1990年代后《山西林业科技》主编先后为吕赞韶、刘振良、周学仁、朱文精，编辑部负责人先后为饶九欢、郭美蓉、梁守伦、程丽芬。

《山西水土保持科技》进入1990年代后刊物质量不断提高，1990年发行量达到最高峰9000份。到1997年增加了主要文章的英文目录，2001年改为大16开本。2002年又增加山西省水土保持学会为第二主办单位，也就在这一年，正文中增加了摘要、关键词、中图分类号、文献标识码等科技期刊通行的规范标识，整个编排走上规范化之路。《山西水土保持科技》一直为季刊，在办刊中坚持了“综合性科技普及”的期刊性质，做到了与主办单位省水土保持科学研究所和省水土保持学会的工作密切配合。1990年代以后刊物的主编为王福堂（1996年前）、田玉龙（1997—2000）、张根锁（2001—2007）、卫正新（2007— ）。编辑部负责人有梁象武（1984—1997）、卫元太（1997—1999）、杨才敏（2000— ）。

《山西塑料》是1972年创办的一个刊物，当时是山西省塑料工业科技情报站所办，内部交流，出版也不正常。1985年经批准正式发行，主办仍是原单位，由山西省第二轻工业厅主管。《山西塑料》1988年取得统一刊号时主管变更为太原市塑料工业公司。但这一刊物编辑部长期不健全，也不能按时出版，1991年山西省科委和山西省新闻出版局根据有关规定注销其刊号。《山西塑料》主编先后为王盛江、单尚志。

三、企业科技期刊

山西还有由企业所办的科技期刊，大部分为内部期刊，作为正式期刊的是《同煤科技》、《山西焦煤科技》、《煤》、《太化科技》。

《同煤科技》主办单位为大同煤矿集团有限责任公司，其前身是大同矿务局。《同煤科技》在1980年代时办得很有影响，1990年代以后随着企业改革，刊物也在不断调整自身，但总体上仍坚持了“广中求专，专中求精，精中求新，办出本局特色”的方针。主要栏目有“问题探讨”、“经验总结”、“新技术”、“科学管理”等，刊期为季，主要发行于本集团各下属单位，内容上以科技为主，兼有一些企业管理性质。1998年时发行3000册。《同煤科技》主编先后为陈志清、刘继文、解景全、金智新、刘纯贵。编辑部负责人先后为赵军德、白居林、李庆华。

《山西焦煤科技》是2002年由《西山科技》更名而来，更名同时由双月刊变更为月刊，随着体制改革，主办单位成为山西焦煤集团有限责任公司。2003年后，刊物与太原市科协、霍州煤电集团建立合作关系，使稿源短缺、论文面窄、办刊经费不足、发行量有限的问题得到了相当程度的缓解。2006年又与中国煤炭加工利用协会合作出版“全国煤炭加工利用专刊”。《山西焦煤科技》从《西山科技》起主编为李文英（1993年前）、曹吉林（1994—1996）、李法科（1997—1998）、杨文洲（1999—2000）、李建胜（2001）、杨文洲（2002— ）。编辑部负责人前后有梁树人、张丽丽、王水泉、徐国萍。

《煤》是潞安矿业集团有限责任公司主办的科技双月刊，是在原先的《潞安科技》1992年停办之后创办的。《煤》一开始就取得国内统一刊号，向国内外公开发行，同时成立了

《煤》杂志社，刊物则定位为“全国性、综合性、技术性煤炭科技期刊”。在实际运作中，《煤》致力于两个方面：一方面是为煤炭行业提供学术和技术交流的园地，另一方面是宣传潞安集团，作为潞安科技进步的一个窗口。在后一个方面更是为推进“中国潞安”能源化工大集团建设而发挥着作用。1994年全国煤炭工业高产高效技术研讨会在潞安召开，《煤》为大会出版特刊，还为石圪节、五阳、漳村、王庄矿出版了论文集。2001年《煤》出版“潞安矿区煤巷锚杆支护成套技术”论文专刊，将这一相关技术研究成果进行集成，它不仅有助于开阔技术人员的视野，避免重复研究的浪费，而且为课题的深化提供了大量资料与信息。这一项目达到了国际先进水平，获得煤炭工业科学技术一等奖，列入国家重点科技推广计划。2001年、2006年两年潞安集团召开首次、二次科技大会，《煤》都及时组织编辑了大会特刊。2005年10月在北京举办第十一届中国国际煤炭采矿技术交流及设备展览会时，德国北威州政府经济和能源部长克里丝塔女士对《煤》给予高度评价，并把文章交给《煤》发表。同一年，《煤》对“十五”期间的论文组织了评选，共评出优秀论文140篇。从1996年起，《煤》在山西期刊质量评估中多次被列入一级期刊。《煤》发行量创刊时为3000册，1998年达到6000册。《煤》历任主编为穆荣昌、王成学（1992—1996）、段庆芳（1996—2006）、张明安（2001—2006）（有一段时间为双主编）、郭金刚（2006— ）。编辑部负责人先后有王国洪、王东飞、时加林。

《太化科技》原是太原化学工业公司办的一个内部交流刊物。1989年经国家科委审核，同意正式创办公开发行。主办仍为太化公司，主管为太原市经济委员会。太原市在第一个五年计划期间大力发展了化学工业，形成了很可观的化学工业区，后来主要企业组成太原化学工业公司。这一刊物初办时的宗旨是“在国内交流本公司科研、生产、管理等方面的成果和经验，促进本公司生产的革新改造，产品开发和产品升级换代。”可以看出是立足于主办方的，公开发行后虽范围有所扩大，但总体上内向的倾向仍难以有大的改观。《太化科技》一直为季刊，16开60页，随着经济发展及国有企业的改革，刊物在诸方面都出现困难，到1995年之后正常出版都不曾做到，山西省科委和山西省新闻出版局联合请示国家科委后于1998年注销了这一刊物。《太化科技》主编先后有沈潼、黄爱丽、赵占吉、刘成仁、张文智。

综上所述，从1990年代中期到2008年，山西的科技期刊在迅速进步，虽然发展有快有慢，变化程度有大有小，但前进的趋势是明显的，它们所传播的科技精神、科技思想、科技成果，在全面建设小康社会的事业中已经和将会发生积极的影响。

第四节　在“中国第一教辅报刊群”中

2005年，新闻出版总署发布《中国报业发展报告（2005）》。这种形式国际上惯称为蓝皮书，是权威研究机构就整个国民经济状况或就某一行业的发展态势进行分析之后发布的，它提供的情况与数据可靠准确，是国内外人士了解相关情况的十分重要的借鉴与参考，也是历史年度的客观总结。中国发布报业蓝皮书这是首次。在《中国报业发展报告（2005）》中，山西的教辅类报刊首次被称为“中国第一教辅报刊群”。报告指出，山西的教学辅导类报刊作为地方特色，定价总金额位居全国周报首位。《英语周报》期发行量经国家权威机构国新出版物发行数据调查中心认证，已达1638万份，位居全国首位。全国各类报纸平均期印数前三名均为山西省，分别为《英语周报》、《学英语》、《语文报》。报告中说：“从平均每种报纸的平均期印数看，2004年全国平均达到10.6万份。平均每种报纸的平均期印数在10万份以上的地区依次为：山西44.9万，广东18.6万，天津16.6万。”

在《中国报业发展报告（2007）》中，再次做了类似的表述。报告中说，“山西省成为教学辅导类报纸首屈一指的出版大省，并长期保持着强势地位。2005年，全国平均期印数超过50万份的7种教辅类报纸中，前三位皆分布在山西省，而且远远超过其他省的同类报纸”。

教学辅导类报刊独领风骚是21世纪初山西报刊业的一大特点。这其中报纸占了绝对优势，《英语周报》、《语文报》、《学英语》、《作文周刊》、《数理报》、《学习报》、《小学生拼音报》、《学习方法报》8种教辅类报纸的总发行量2006年占到全省报纸总发行量的68%，总印张的30.7%。这些报纸面对中小学生，在全国有很大的影响力。教辅类期刊虽不及报纸有如此大的发行量，但是发展态势也是良好的，涌现了一批品牌期刊，在教育行业也具有较强影响力。尤其是一些新创办的教辅期刊视角新颖，办刊起点高，进入市场后很快取得非凡业绩，如《新作文》平均印数已达到15万册。一些历史较久的教辅期刊也与时俱进，不断改革，山西教育报刊社所属的《小学语文教学》、《小学教学设计》分别获得第二届、第三届国家期刊奖重点期刊;《语文教学通讯》连续被评为华北地区优秀期刊，是全国中文核心期刊;《教学与管理》被遴选为综合教育类核心期刊，在中国人民大学《复印报刊资料》的“中小学管理”专题转载篇目连续10年排序在前两名。

虽然教辅类报刊已成为一个通称，但实际上可归入这一类的报刊仍有区别，其最重要的是对象不同，即主要面向学生还是主要面向教师，是辅导“学”的还是辅导“教”的。在教育界，也有将教辅报刊分为教学类报刊和辅导类报刊的说法。

《小学语文教学》到1991年时已创办10年，发行量也上升到15万份，在全国初等教育教学类期刊中已有相当影响。1992年被选入《中文核心期刊要目总览》，在入选的36种初教类期刊中排在第15位。这年，《小学语文教学》举办了全国小学语文阅读教学观摩研讨会，中青年教师不同流派与风格的教学得以集中展示和交流，在全国小学语文教师中产生了广泛的影响。《小学语文教学》在编辑中始终注意了两个围绕：一是围绕国家教育政策及教学大纲，二是围绕全国小学语文教学研究会的课题。无论是栏目设置还是文章选择都体现了这两点。例如对《九年制义务教育小学语文教学大纲》、《语文课程标准》以及不断出现的各种版本的教材都组织过深入的宣传、推广与研究。

作为全国小语会会刊，《小学语文教学》要体现方向性、指导性和权威性；作为一个面向大众的传媒，又要体现亲和性与实用性。两种体现的结合使《小学语文教学》形成了新、实、广、活、精的风格。刊物上开设“争鸣之页”，倡导百家争鸣的学术研究，通过研究使老一辈教育家如陶行知、叶圣陶的教育思想为青年教师所了解并在实践中吸收与发展；通过“教材分析”、“教学建议”、“课文作者谈课文”、“备课资料”等栏目，给小学语文教师提供实例进行参考；通过“专家访谈”等形式介绍了霍懋征、斯霞、袁瑢、于永正等一批特级教师的成果，提供他们的经验给其他教师借鉴。《小学语

文教学》还以刊物为桥梁，与台湾、香港、澳门小语界进行联系与交流，实现“小语同行，携手振兴”的目标。利用办刊中形成的资源，《小学语文教学》组织编辑出版相关图书资料，先后出版了《小学语文教学研究》、《小学作文整体教学优秀教案选》、《教师示范作文》、《小学语文教学手册》、《小学语文阅读教学获奖教案汇编》等，拓展了刊物的外延。

《小学语文教学》2000年被评为全国百种重点社科期刊，2000年获第五届华北地区优秀期刊评比“荣誉奖”，2002年获中国语文报刊协会“编辑质量优秀奖”，2005年在教育部中央教科所、中国考学网组织的“首届中国教育传媒调研、评选”中，被评为“读者喜爱的优秀教育期刊”。

《小学语文教学》的发行量曾达到过十余万份，但随着小学语文教学的改革和全国类似报刊的不断出现，《小学语文教学》的市场环境也发生了变化，直接表现就是2000年之后发行量急剧下滑。山西教育报刊社组织编辑人员认真研究，认为过去刊物有“顶天”（全国性学会会刊）、“立地”（实用性、操作性）的优势可以倚仗，而现在必须改变办刊思路，从改革刊物自身找出路，最终提出追求刊物的学术性、前沿性、经典性和权威性，提出“追求高度，探究精度，挖掘深度，拓展广度”的办刊目标，并细化了实施方案。2008年《小学语文教学》为16开本，64页，定价6元。《小学语文教学》从1990年代以来主编为高惠莹（1989—1998）、李衍黔（1999—2003）、崔峦（2003—2007）、张启航（2008— ）。

《小学教学设计》是个新刊物，山西教育报刊社2000年元月创办。它以小学教师和教研员为主要对象，以教学设计为主要内容，以“倡导教学新理念，彰显教学新特色，提供教学新设计，展示教学新成果”为宗旨。从创办起就紧跟基础教育的课程改革，根据读者的需求和课改需要，先是由以语文、数学为主向各学科扩展，然后又对刊物进行细化，使内容的指向性更加明确。在短短几年内多次改版，创办时为月刊，2003年改半月刊，2004年又改旬刊，每旬学科内容不同，期发行量由最初的4万份发展到12万份。

《小学教学设计》由于其独特的定位与风格得到了社会的关注，国家教委总督学柳斌题词：“展示教学成果，提高教师素质。”国家新闻出版署副署长梁衡题词：“精心设计教学就是为青少年设计一个理想人生。”全国小学语文教学研究会理事长崔峦题词：“体现先进的教学思想是教学设计的根基，展现高超的教学艺术是教学设计的追求。”特级教师斯霞等小教界知名人士也都曾为之题词、撰稿。《小学教学设计》在培养教坛新秀方面也显示了其作为专业媒体的作用，这些年经刊物宣传、推荐而成为小教“新星”的就有郭根福、宋运来（江苏）、华应龙（北京）、蔚永生（山西）、梅妙聪（浙江）等人。《小学教学设计》2005年被列入国家期刊奖中的“重点期刊”，连续被评为山西省一级期刊，第一、二届北方优秀期刊。《小学教学设计》主编先后有李衍黔（2000—2003）、李和平（2003）、王明光（2004）、张启航（2004—2007）、崔金辰（2008— ）。

《新作文》是2000年创办的，创办者为山西教育出版社。凭借多年图书出版与办报（《学习报》）的积累，教育出版社拥有了丰富的出版资源，也有再办杂志的考虑。1998年的报刊治理整顿、结构调整中，《城市经济》被停办，经有关部门协调，将此刊号于2000年7月划转至山西教育出版社。山西教育出版社决定办《新作文》。创刊前编辑部多次赴京、沪找专家、学者、优秀教师求教，反复论证后提出了一系列新的办刊理念、目标，也就有了全新的定位。

《新作文》的口号——我们坚信没有写不好作文的孩子！

《新作文》的理念——开放兼容的新作文思想，展现才情的新作文理念，尽显个性的新作文作者，别具一格的新作文文本。

《新作文》的目标——抛弃过去保守的、教条的作文评价观，注重学生作文的个性、才情、想象、思考、创造，建立21世纪崭新的作文评价体系。

《新作文》的市场——大中城市。

《新作文》的包装——拒绝传统，追求独特；回避单调，体现时尚；内文新潮，双色斑斓。

2000年9月《新作文》创刊号面世，其新颖的外观首先给读者以视觉上的冲击，它不是一般的16开或32开本，而是20开本，封面人物是从作者中选出的，内文是两色印刷，版式也十分新潮。

从2000年到2004年，《新作文》对既定的办刊主张不断落实、调整、摸索，其间在2003年底进行了大幅度改版：一是改半月刊为旬刊；二是对不同年级（年龄）段的读者群进行细分，并设计具体的刊物特点。上旬面向小学生，口号为“轻松好玩，童年的精彩，成长的作文”；中旬面向初中生，口号为“快乐人生，快乐作文”；下旬面向高中生，口号为“思想提升作文，智慧开创人生”。印装方面上旬、中旬为双色，下旬为单色。至此，《新作文》的定位基本稳定下来。

与过去的作文类报刊不同，《新作文》强调刊物自身的个性，也倡导自己的作文观。

几年过去,《新作文》在中国语文教学中形成了一系列鲜明的主张。例如作文的人文性,《新作文》认为现实的考试、升学压力,使作文教学与写作更多地注重文字表达而忽视了人的情感体验,在文章“漂亮”的背后是思想越来越浅、人越来越假,作文必须走出这一误区,从人文精神的培养入手改造作文教学。又如作文的个性,《新作文》将传统意义上的学生作文概括为“共性作文”,其最显著的表现是思想的政治化、情感的单一化。作文需要思想性,但作文的思想不应趋于理想的宣言、政策的宣传、道德的阐发,尤其是学生作文不需要负担如此沉重的使命。作文应是个性化的体验,如果说共性作文教育强调群体客观“观察生活”的话,那么个性作文教育则应突出个体主观“体验生命”的重要性。由此引发出对作文语言、作文形式的一些有颠覆性质的看法。《新作文》以其张扬的个性和刊出反映其主张的作文的实践引起了教育界、出版界的关注,各种媒体不断刊出对其评介的专题专论。如《新作文:赢在起跑线上》(《中国新闻出版报》,2001年10月22日)、《变变变,期刊走上不归路》(《中华读书报》,2001年11月14日)、《没有不会作文的孩子》(《中国教育报》,2001年11月29日)、《作文书:还有多少卖点可循》(《中华读书报》,2002年9月4日)、《新作文:三年构建作文杂志理想国》(《出版参考》,2004年第1、2期合刊)。

《新作文》不仅有自身的作文观,而且形成了自身的编辑观。《新作文》编辑部认为,作文观为编辑观的精神核心,编辑观则为作文观的表现形式,其编辑观主要归纳为:

心灵——期刊的精神指向。作文类期刊不能仅仅关注作文,停留在教好写好作文这一层面,而必须以此为切入点,深入地关注作文背后孩子的心灵,通过作文这一形式的引导,逐渐完成心灵的净化与塑造。

封面——期刊的抢眼点。期刊的封面必须形成视觉冲击,在同类刊或众多刊中“跳”入读者眼球。创刊头四年封面都是人物,是“写作新星”。但很快仿效者纷至,优势不复存在。同时封面人物照片的本身美感质量也难以保持稳定,于是从2004年起,又推出海报风格的封面设计,设计“封面文章”,根据文章绘图和设计,在目录处加上“封面物语”与之呼应。封面的变动使刊物常保持一种时尚、流动的新鲜。

栏目——期刊的注目点。《新作文》认为栏目的设置要把握三个要素:明确、灵动、创意。明确是从大版块到小栏目必须条理清楚,灵动是栏目的命名要与目标读者群的喜好结合,创意是一本期刊必须有三个左右有创意的品牌栏目。他们还提出“品牌生命度”的概念,认为学生期刊一个品牌栏目从成熟到衰落在两年左右,要按这一规律不断创新。

首篇文章——期刊的方向点。《新作文》一直注重对首篇文章的经营，力求都能反映作文写作的新认识、新方向。

内文——期刊的动情点和思辨点。《新作文》一再警惕自己不要成为一本“优秀作文选”的期刊。而是要求对每篇文章进行策划和“包装”。尤其是在期刊上开辟的编辑点评，已成为同类刊中个性最鲜明的亮点。这种点评既有助于品牌杂志、品牌栏目的形成，也有利于品牌编辑的成长。目前，点评已成为《新作文》的招牌之一，而且形成了一些不同风格的点评。

《新作文》从一开始就有意识地避免传统的计划经济出版体制的弊端，完全按新的文化产业的方向来经营，创刊之始就在经营上提出“市场化管理、多元化发行、品牌化活动”的模式，并坚持付诸实施。管理、发行、活动构成了《新作文》经营的三大方面。

《新作文》杂志社的管理有两大特征：待遇的市场化和管理的人性化。在杂志社内，打破了正式与非正式人员在待遇上的差别，所有人员每年度聘用上岗、就岗定薪、就业绩定奖金。同时建立和谐宽松、自主创新的人际氛围。这样就保证了员工主动性、积极性和工作效率的提高。在发行上，最初是全员搞发行，后来成立独立的发行部，再后来组建市场开发部和工作站，分块分地责任到人。发行量2001年为3.7万册（其中邮局发行2.1万册），到2003年达到8.1万册（其中邮发6.9万册），2006年达到13.6万册（邮发7.3万册）。在开展活动上，杂志社把握两点：一是吸取其他少儿报刊的经验，把举办活动作为重要的经营手段；二是强调计划性，量力而行。这些年所操作的较有影响的活动有：名师工程系列，从2002年起每年一届全国性的名师巡讲；放胆作文比赛，从2001年开始每年一届分小学、初中、高中三个组别进行征文比赛，2003年配合比赛增设“放胆作文夏令营”。

《新作文》从2002年到2008已连续7年被评为山西省一级期刊，2004年被评为第一届北方地区优秀期刊，2005年被中国少儿报刊工作者协会授予“中国优秀少儿报刊”称号。《新作文》主编先后为任兆文（2000—2002）、赵学文（2003— ）。

与《新作文》相比，《中学课程辅导》就是老刊物了，它在山西教学辅导类期刊中首创教辅与课程同步，在1980年代后期曾红极一时。《中学课程辅导》从1990年代以来大致经历了两个时期：从1990年到2000年的10年可谓巩固期。在创刊的前些年里，《中学课程辅导》聘用了一些学校的老教师来兼编辑，虽解决了初期编辑力量不足的问题，但这毕竟不是长久之计。《中学课程辅导》杂志社1990年后从建立健全规章制度入手，整顿队伍，开始吸收一些年轻的编辑人员。经过一段时间的新老交替，刊物进入了一个较长的平稳发展阶段。《中学课程辅导》以其鲜明的特色和对教育的影响得到许多学者的肯定与鼓励。1991年出版百期纪念时，刘复之、孙起孟、孙轶青、冯牧、萧涤非等纷纷题词。刘复之题："学生的良师、教师的良友。"孙轶青题："少壮应须努力时，强兵富国益相期。教学相长辅导好，接力新军贤且齐。"萧涤非题："循循善诱，面面俱到，启发自学，斯得其道。"从细分读者配合教学出发，在出版管理部门的支持下，1992年变更为三个刊号三个版，即《中学课程辅导（初一版）》、《中学课程辅导（初二版）》、《中学课程辅导（初三版）》，在装帧上也进行改进，增加了胶版纸彩色封面。

《中学课程辅导》从1993年起连续多年被评为山西省一级期刊，1994年、1996年两年在华北地区第二、三届期刊评比中被评为优秀期刊。1990年到1996年，刊物在邮局发行稳定在60万到80万册之间，是当时山西省屈指可数的"邮发大户"之一，杂志社取得了很好的社会效益与经济效益。到1990年代后期，教辅类书刊市场发生种种变化，出现许多无序行为，《中学课程辅导》的经营开始有了新的危机。

2000年之后，《中学课程辅导》进入变革期。在利益驱动之下，1990年代后期的教辅类书刊市场出现诸多问题，据一份市场调查，仅1999年以来全国新办或改版的中学教辅期刊（或期刊类型读物）就有近30种，其中一个最明显的特征是有十几种都没有合法身份。虽然在版权页处大都挂有正规出版社或期刊社的牌子，但业内人一眼便可看出，这里有的是租用刊号，有的是买书号然后以刊代书出版的，有的仅是个内部刊号就上邮局大单发行的，还有的干脆就没有刊号，随便编一个就非法出版了。如此众多的教辅读物进入市场，无疑对正式期刊带来极大的冲击。也就在这种情势下，新闻出版管理部门加大了"扫黄（淫秽及色情出版物）打非（非法出版物）"的力度，以整顿出版市场秩序，但即便如此，市场尤其是教辅读物市场的混乱也难以在短时间彻底改变。不仅如此，教材改革在全国也逐步铺开，原先使用人民教育出版社统编教材的局面被打破，多种版本的教材开始进入中学。这使《中学课程辅导》"紧扣教材，同步辅导"的优势在这种教材改革中迅速失去。如果分别按不同教材编辑不同版本则人力物力成本会大为增加，况且这必须有另外的发行网络。教育收费的治理整顿又使得过去由学校组织订阅的做法也中止了，这种种因素造成的后果是邮局的发行量连续几年每年以百分之二三十的比例下滑，迫使杂志社去寻求新的变革之路，去寻找新的资源和利用好旧的资源。

从2001年开始，杂志社进行了两方面的努力：一是继续办一种教辅刊物，其余两种则另行改办其他类型的期刊。经过市场调查，找到了有稿件、资讯来源的合作者办起了《母婴世界》和《NBA特刊》，用杂志社多年的积累去培育这两种刊物，争取几年时间在几个不同领域求得发展。二是用原有刊物与教育机构合作，以望取得支持。2002年与山西省教育科学研究所联合办刊，但几年成效甚微。2007年又与教育科学出版社合作，希望能有一个新的突破口。中学课程辅导杂志社自1990年之后一直由李强任社长、主编。

《语文教学通讯》从创办以来一贯与中国新时期语文教育的改革与发展息息相关，步步紧随。从1992年到2000年是《语文教学通讯》配合语文教学朝素质教育转向的阶段。在此期间，1992年、2000年刊物被遴选为中文核心期刊，1993年，被中国教育学会中学语文教学研究会（中语会）定为会刊。1993年2月《中国教育改革和发展纲要》颁布，在肯定教育改革取得成绩的同时，也指出了“应试教育”所造成的严重后果，明确提出“中小学要从‘应试教育’转向全面提高国民素质的轨道，面向全体学生，全面提高学生的思想道德、文化科学、劳动技能和身体心理素质，促进学生生动活泼地发展”。由“应试教育”向“素质教育”的转变被明确地提到教育的头等任务上来。1997年国家教委又发布了《关于当前积极推进中小学实施素质教育的若干意见》。

在这种大背景下，语文教育进入新的改革，《语文教学通讯》也积极为此而努力，主要做了如下工作：一是帮助语文教师提高对转变意义的认识，并研究语文教学如何实现从“应试”向“素质”的转变；二是深入推介本土的优秀语文教育理论，特别是诸如叶圣陶、吕叔湘、张志公等的语文教育思想，更把语文教学中如何提高学生自学能力作为研究重点；三是探索素质教育的规律在语文教育中的具体实施，交流优化教学过程、发挥学生主体作用的经验；四是依靠“全国中语会农村中学语文教改研究中心”开展相关课题的研究，先后于1996年、1998年在苏州、黄山组织年会，两次与会者1400余人。这段时间，《语文教学通讯》保持了月刊，16开，64页，邮局发行。

2000年之后，《语文教学通讯》进入一个全新的阶段：一方面是新一轮基础教育改革在世纪之交启动，另一方面是期刊生存空间受到空前挤压，《语文教学通讯》在应对形势中变更自身，开辟新路。1999年6月，中共中央和国务院作出《关于深化教育改革全面推进素质教育的决定》，提出“调整和改革课程体系、结构、内容，建立新的基础教育课程体系”。2001年6月，中共中央、国务院又下达《关于基础教育改革与发展的决定》，进一步明确了“加快构建符合素质教育课程体系”的任务。基础教育改革直接关系到语文教学的改革。在期刊出版方面，则是众多语文类杂志同质化倾向日重，新传媒的兴起使传统的期刊受到挑战，严峻的现实条件下，传统期刊要想生存与发展，细分读者、深化内容、明确指向是最可行的选择。于是，从2000年起，《语文教学通讯》连续进行了改版。2000年改为半月刊，大16开，48页。2004年，《语文教学通讯》改为旬刊，页码增至64页，每期面对小学、初中、高中语文任课教师。关于小学部分突出以“中国小学语文教学论坛”为宣传语和定位。高中部分通过“专家引领，理念创新；案例研讨，细节打磨；资讯播报，编读互动”等多个层面来推介大家、打造名师，提升教师。初中部分强调“以解读揭示课程理念，以个案透视课改纵深，以专题直击一线教学，以争鸣活跃课改氛围”。

《语文教学通讯》已创办30年，虽然主编和编辑都有变动，办刊理念不断创新，但主旨未变，它一直保持了在语文教学界的良好形象以及较大影响。30年历程，它积累了许多宝贵经验，主要有：1.构建学习型组织，催生创新型团体。创办以来，编辑部一直重视对编辑的培养，强调自身首先要成为人才，后来更将学习定为刚性规章制度，通过形式多样的学习，员工在编辑策划、活动营销、产业创新、制度建设和成本管理等方面形成了科学理性的认识，这大大提升了团体的凝聚力与创造力。2.紧跟时代步伐，调整办刊宗旨。创办之初的宗旨在时代发展中必然有不适应不协调之处，要保持刊物的生命力，必须与时俱进，不断调整宗旨，由宗旨去规范编辑出版活动。3.打造品牌栏目，兼顾稳定与创新。栏目要在常规中求变革，在变革中求创新，既要每期有新内容，每年有新气象，又要有相对的稳定，从而打造成名牌栏目。如“封面人物”已推出了300多位名师，在理论刊物中率先将学者名师从幕后推向前台，为读者树起榜样，在读者中已成为品牌。4.组织大型活动，增强编、读、创、研互动，强化期刊美誉度。多年来，《语文教学通讯》组织或参与了多项大型活动，这些活动在提升刊物影响的同时，打破了编、读、创、研之间的封闭，为刊物发展提供了源源不断的动力。5.严格质量监管，永葆期刊生机。严格、有序、科学的管理制度与机制是刊物发展的保证。6.以课题为抓手，传媒科研共赢。编辑部始终重视科研投入，以《语文教学通讯》为平台在国内产生广泛影响的课题已有“学堂·主人·训练”(国家立项课题)、“学长式教学理论与实践”、“语文研究式学习”等。编辑部现又开展了“教师主体发展”的课题研究。

语文报社是在《语文教学通讯》的基础上发展起来的,《语文教学通讯》后来的许多活动是与《语文报》结合起来进行的。这些活动在全国中学教育界有影响的有：从1995年起每两年一届的“全国中青年教师课堂教学大赛”；2001年起每两年举行的“语通杯”全国中语教改新星评选；从2004年起与团中央学校部、少年部、中国语文报刊协会等联办的中小学生作文大赛，每年有数十万学生参加；2004年起的年度“中小学教学论文大赛”；等等。《语文教学通讯》1990年代后期的主编一直为桑建中。

《教学与管理》也是创办较早的。1989年到1995年是该刊的发展阶段，这一阶段的目标是立足本省，辐射全国，建立刊物的作者群与读者群，同时开始注意社会效益与经济效益两手抓，摆脱高校学报的模式，办成一份教学辅导类期刊。到1995年，发行量达到1.5万份。1995年以后是该刊的提高阶段，刊物进行了扩版、扩容、扩编等一系列发展，刊期逐步缩短至旬刊，期发行量也创历史新高，达到3万册。2004年、2008年北京大学图书馆等遴选《中文核心期刊要目总览》,《教学与管理》被选入。2004年、2006年，连续两届被评为北方优秀期刊。2000年到2008年连续9年被评为山西省一级期刊。2000年、2004年、2008年连续三届被全国教育学院学报研究会评为优秀期刊。同时被《中文科技期刊数据库》等一些数据库收录，在中国人民大学《复印报刊资料》“中小学管理”专题转载量排名中始终处于前两名。

《教学与管理》自1995年之后有了更明确的办刊思路：两个坚持——坚持为基层教育服务，坚持为校长出谋划策，为教师答疑解难；一首——以教育思想教育理念为首；两翼——内容体现管理与教学两面，犹如两翼；两具有——具有学术价值，又具有实践指导意义。《教学与管理》在编辑工作中加大了主动策划的力度，2001年组织了“新世纪教育展望与思考”专栏，组织包括香港特区在内的全国一批学者、教授撰稿。2002年围绕“入世”，组织了“面对WTO，中小学应当如何……”征文；2003年举办“新课程·新理念、新方法·新实践”主题征文；等等，都取得了好的社会效果。

《教学与管理》在社会活动方面最有影响的有三项：1995年在全国开展“刊校协作”，由刊物为学校提供平台，加强教学与管理研究成果和经验的交流，扩大了刊物影响，也使刊物与一批优秀学校建立了联系。1998年，举办了全国“首届教学与管理学术研讨会”。

从1996年到2006年,《教学与管理》与全国教育学院学报研究会合作，举办了七届“教学与管理优秀论文评选”，在基础教育领域产生了广泛影响。自1995年之后，主编为邵璧华（1995—2001）、王尚义（2001— ），社长为古四毛（1995— ）。

山西教辅期刊中更晚的是《新课程》和《数学爱好者》，这是分别利用停办了的另外两刊的刊号创办的。《新课程》2004年6月利用原《人事》刊号创办,《数学爱好者》2006年5月利用原《山西气象》刊号创办。

《新课程》主办单位为希望出版社。在2003年报刊治理整顿中,《人事》停办，刊号划归希望出版社。希望出版社是一家少儿出版社，根据自身的出版特色，确定了办一份围绕教学的期刊。当时我国基础教育课程改革正全面展开,《基础教育课程改革纲要（试行）》开始实施，教育观念的更新、教材版本的开放、教学手段的多样带来了新问题、新形势，就此办一份杂志是必要且可行的，于是形成了《新课程》的办刊思路。《新课程》提出了“传递课改新信息，展示课改新成果，提供教研新材料，促进教师多交流”的办刊宗旨。《新课程》定为旬刊，8开，60页，版式类似报纸，但与刊物一样有彩色封面。

《新课程》联系了北京师范大学科学传播与教育研究中心作为协办单位，组织一批专家及一线教师组成顾问团。在运行体制上实行独立经营，自负盈亏，主编由希望出版社社长琚林勇兼任。2007年6月,《新课程》归入新组建的山西出版集团，主管、主办单位随之变更为山西出版集团，孙志勇任主编。《新课程》创办以后由常务副主编王建新主持具体工作。《新课程》还把现代双语学校和太航学校作为刊物的实验基地，从而获取新课程改革一线的第一手资料。从2004年创办，经过一年多的努力,《新课程》无论在编辑质量还是市场发行上都取得很大进步，2006年在山西期刊质量评估中进入一级期刊。

《数学爱好者》是2006年5月创办的，主办方为山西省期刊协会。刊物主要面对高中课程改革，创办时提出的口号是：让人人学有用的数学，让人人掌握数学，让不同的人学不同的数学。

《数学爱好者》由王建新任社长兼主编，对筹划资金、购置设备、招聘人员、组织培训等一直具体负责。《数学爱好者》创刊时为月刊，16开本，2006年10月变更为旬刊，刊期缩短后，刊物“实用、同步”的特色更容易体现，为下一步的发展开了个好头。

第五节　推进改革的时政期刊

时事政治类期刊是期刊中的重要一类。在现代中国期刊诞生之初，尽管大多为综合性的，但时事政治都是这些期刊内容中不可或缺的部分。随着新民主主义革命的兴起，一些专门性的时事政治期刊开始出现并产生了巨大的社会影响。

新中国成立后，这类期刊主要担负起了宣传党和国家的方针政策，动员和教育群众的任务。进入改革开放时期，一些发达地区开始出现一些新型时事政治期刊，或者称之为较完全意义上的时事政治期刊。相比之下，山西大多沿袭了以往的模式。这种模式主要表现为三点：

一是期刊主办者基本为省级党政机关；二是期刊的功能主要是宣传，导向性强，时事也是以宣传山西为主；三是期刊的运作基本上未市场化，行政影响与行政网络仍是这类期刊生存发展的依托。

山西的时政期刊相互之间差异也较大，大致有政治理论、时事宣传、鉴史教育、传达政策这样几种不同性质。当然，不同的时政期刊在社会上影响力与作用也不尽相同。从创办时间看，少数创办于1980年代，这时的创刊其实也多是复刊，多数则创办于1990年代之后。

创办或者说复刊于1980年代的是《山西政报》、《山西画报》、《改革先声》、《理论教育》和《乡镇论坛》。

《山西政报》是1949年10月创刊的，1967年10月停刊。1980年，山西省人民政府参照国务院恢复《国务院公报》的做法，于1980年4月恢复出版《山西政报》。复刊后仍为月刊，由省政府办公厅主办，办公厅文书组编辑，政报为16开，页码不固定，不设栏目，每月25日出版，定价每年2.40元。主要内容为四部分：一是省政府发布的决议、决定、命令、指示、通知、通报、条例、规定、办法等文件；二是省政府有关机构调整、行政区划变动和人事任免事项；三是政府所属各委、办、厅、局发布的重要文件；四是政府领导批准刊载的其他文件。《山西政报》的发行分赠阅与订阅两部分，订阅凭单位介绍信去邮局办理。1984年时印数曾达到10 600份，一般在4000份左右。

1992年，在报刊整顿中，《山西政报》经出版管理部门核准为内部期刊。1994年开始设立栏目，当时为“文件选登”、“机构设立”、“领导讲话”、“人事任免”四个。这一时期办刊经费由政府财政统包统管。可以说，从复刊到1994年为内刊摸索阶段。

从1995年起，《山西政报》进入又一发展阶段，其基本特征是向一个规范的正式刊物转变。这一时期全国兄弟政报都进行了从刊物到机构的改革，山西也与之同步做了一系列工作：其一是健全机构。1995年8月设编辑部，定为差额拨款事业单位，同时成立编委会，由省政府秘书长赵劲夫任主任，主编由办公厅主任李才旺担任，副主任赵命柱任执行主编，编辑部负责人魏晓梅。其二是明确定位。经编委会研究，明确了《山西政报》应是综合性政务月刊，宗旨为“传达政令，指导工作，交流信息，推进改革”。增设“政务动态”、“地县工作”、“省情采撷”等新栏目。其三是改变刊物形象。页码固定在64页，封面改彩印，并增4页彩色插页。其四是健全发行网络。使发行量增至万份。在改为彩封时，省长孙文盛为之题词：“溶理论实践为一体，倡睿智勤劳兴三晋。”

1998年，国家新闻出版署决定对全国政报、公报类期刊单编序列，《山西政报》也由此获得国内统一刊号，自此，《山西政报》作为公开发行的期刊进入新的阶段。在这以后，出现了许多变化：首先是刊物外观再次改变，2000年改为大16开本，2001年又改为半月刊，内容也进一步充实。其次是开始了经营活动，申办了广告手续。在1999年迎接创办50周年时在全省开展了“读政报、用政报”的政策法规知识竞赛，收到有效答卷625份，最后评出了三个档次的奖励30多名。再次是通过贯彻《中华人民共和国立法法》，经省人民政府办公厅下文规定了凡可公开的国家及省政府文件《山西政报》直接刊登，与正式文件具有同等效力，刊登的政府规章文本为标准文本。这就大大提高了《山西政报》的权威性和指导性。此外，还在人员编制、经费、赠送数量上都相应增加，到2004年，赠阅量达到9000多份，《山西政报》编辑部改变性质，核定为全额拨款事业单位。1998年后主编仍由省政府办公厅主任兼任。2000年起，李明为编辑部负责人。

《山西画报》是1984年筹备复刊的。《山西画报》在新中国成立后办过多次，但作为时政类的以摄影图片为主 、以宣传山西为宗旨的《山西画报》是1960年10月创办的，不过仅仅出版两期就休刊了。这次复刊，画报归中共山西省委宣传部领导，画报社成立时将原山西图片社机构及编制撤销，人员和资产划归画报社。

1985 年《山西画报》出版试刊号、创刊号，开本为 12 开，试刊 28 页，创刊 36 页。中共山西省委副书记王克文写了发刊词，说："《山西画报》作为反映现实的工具，将注重自己的新闻性、艺术性、思想性，以图像为主，图文并茂。"《山西画报》1986 年之后才正常出版，在刊物性质基本未变的前提下，宗旨、机构、刊期、容量等都多次变化，这在很大程度上是时势发展所形成的，总的趋向是质量逐步提高，内容逐步丰富。

在宗旨上，初创时为"反映山西面貌，记录山西腾飞，展望山西未来，荟萃山西文化"。1988年调整为"促进人生社会，展望时代风采，荟萃艺术精华"。在隶属机构上，1986 年省委宣传部决定，山西画报社划归山西出版总社，以后则随机构变更改为山西省新闻出版局主管。在刊期上，1986 年、1987 年两年为季刊，1988 年至 1993 年六年为双月刊，2003年之后为月刊。在开本上，1986年为12开，1987 年到 1992 年为 8 开，1993 年后改为大 12 开，1997 年改为大 16 开。在页码上，1986 年为 36 页，1993 年增至 40 页，2003 年增至 48 页，2005 年增至 64 页，2006 年增至 96 页。

在出版刊物的同时，山西画报社配合省委、省政府的中心工作，利用自身资源，多次举办活动。这些活动大体分为两种类型：一种是摄影赛之类，另一种是承办展览之类。前者较大的有 1991 年与中国摄影家协会等联办全国"华美杯"摄影赛等。后者较大的有 2000 年承办"纪念抗美援朝出国作战 50 周年图片史料展"；2003 年承办"万众一心，众志成城"山西抗击"非典"图片展；2004 年承办"辉煌岁月，壮美华章"山西庆祝新中国成立 55 周年图片展等。

作为山西重要的宣传阵地，山西省委、省政府对《山西画报》一直比较关注，领导同志多次题词，如李立功题"把握宣传导向，坚持四项原则"（1989），王森浩题"宣传四项基本原则，宣传改革开放，鼓舞人民斗志"（1989），胡富国题"了解山西的窗口，架起友谊的桥梁"（1994），张维庆题"画飘灵物外，诗入画图中"（1994），崔光祖题"改革岁月览新景，攀登历程展英姿"（1994）。《山西画报》复刊后狄森为负责人，1985 年刘域为负责人；1986年山西画报社刘域为社长，顾棣为总编辑；1988年王步贵为社长（后兼总编辑）；2000年王小军为社长；2007年后侯天祥任副社长并主持工作。

《改革先声》是山西省经济体制改革委员会主办的，这一机构被简称为省体改委，在1980年代中后期从中央到省相继成立。1988年6月，《改革先声》创刊，发刊词中称："我们将通过这块阵地，大造改革舆论。"《改革先声》为大16开，64页，定价8.00元。创刊发行1万份，最高时曾发行4万份。《改革先声》是围绕改革做文章的，到2000年时主要栏目有"改革聚焦"、"专家评点"、"经济前瞻"、"市场瞭望"等。《改革先声》注意突出改革的导向和主旋律。在一段时期坚持用评论员文章的形式表明刊物的主张，较好地体现了刊物推动思想解放、观念更新，配合省委改革战略部署完成的作用。如1993年第1期《全方位建设社会主义市场经济新体制》、第2期《改革要下真功夫，有大动作》、第3期《以改革推动山西经济上新台阶》、第4期《把握特点、稳步推进、健康发展——论股份制》、第5期《适应市场经济 建立现代企业制度》。《改革先声》在创刊时由宋守慧任主编，后由省体改委主任吕日周兼主编。1992年获得国内统一刊号后，樊碧先任社长后兼主编，1998年后陈岱任社长兼主编。2001年底，山西经济体制改革委员会办公室并入山西省政府改革与发展研究中心，《改革先声》也随之调整，改为《品牌》杂志。

《理论教育》是中共山西省委讲师团主办的，其内容与作用完全如刊名所示。它1984年9月创刊，1992年8月停刊，作为月刊共存在8年时间，出版96期。

《理论教育》创办的背景是1980年代初，中共中央决定对全体干部进行马列主义理论正规化教育，中共中央宣传部1984年6月下达了《关于干部马列主义理论教育正规化的规定》，从中央到各省、各地市都成立了专职组织和辅导理论学习的讲师团。在《理论教育》的发刊词中，表明刊物"是以各条战线的干部、高等院校和各级党校、干部学校的师生、中等学校的教师以及广大理论爱好者为主要读者"，"它将在几年时间内，以讲座形式，系统地辅导辩证唯物主义和历史唯物主义、政治经济学、科学社会主义和中国社会主义建设的基本问题等课程；刊载一些理论研究、调查报告、思想评论、学习体会等文章"。《理论教育》创刊号上，发表了中共山西省委副书记王克文《为振兴中华而奋发学习》，省委常委、省委宣传部部长张玉田《理论学习要为搞好整党和改革服务》，中共中央书记处农村政策研究室副主任谢华《谈农村改革的进程》等文章。在以后的几年中，《理论教育》除系统辅导外，还不断开设新栏目，使学习的范围拓宽，不仅从政治理论上还从多方面为提高干部素质提供学习资料，如1988年就开设有"改革探索"、"学术百花洲”、“厂长经理园地”、“法律世界”、“新学科讲座”、“学林揽翠”等众多栏目。《理论教育》主编蒋仲辉。

《理论教育》为16开本，48页，定价0.28元。在当时同类刊物中是办得较好的，所以不仅在省内，在省外也有订户。1992年第2期上曾发表湖南益阳市教师进修学校雷乃斌的来信，称在该校年终评价“我最喜欢的政治理论报刊”时，40人中有32人提名《理论教育》，信中还具体列举了大家感到实用的文章。1992年8月，中共山西省委决定停办《理论教育》，改办综合性政治理论刊物《前进》。

1980年代山西办起来的时政类期刊还有一个就是《乡镇论坛》，是1989年由另一刊物更名而来，在山西存在三年，1992年1月移至北京，归国家民政部主管主办，这一刊物后来发展很好，到1998年时，成为新闻出版署确定的全国百种重点社科期刊之一。

《乡镇论坛》也经历了几次更名和由内刊到正式期刊的过程。1983年1月，山西省社会科学院、山西省农村发展研究中心、中共忻州地委联合主办，全国农业投资效果问题研究协调组编辑出版了内部学术期刊《农业投资效果》，16开，64页，主要刊发研究论文、调查报告、相关信息等，陈家骥任主编。这一刊物1983年出7期，1984年出6期。1985年起，改由全国农业经济效果研究会（筹）和山西省社科院联合主办，更名为《农业经济效果》，主编等未变，刊物在内容上有所拓展，但基本宗旨未变，而且总期号也与前刊连排，到1988年底出至总第37期。

1989年《农业经济效果》更名为《乡镇论坛》，由农村读物出版社、全国农业经济效果研究会、山西省社会科学院联合主办，在性质上改变为面向基层、服务乡镇的综合性月刊。创办时提出要以“政策性、指导性、理论性、实用性、知识性、趣味性、综合性”为特色，直接面向全国乡镇基层。彭真为《乡镇论坛》题写刊名。中共中央政治局委员、组织部部长宋平为刊物题词：“努力办好乡镇论坛，提高基层干部素质。”《乡镇论坛》发表过许多重要文章，1990年上半年就先后刊发江泽民《要把农村基层政权建设成为有活力、有权威、有效能的政权》（第1期）、《宋平关于加强城市基层政权建设的重要讲话》（第4期）、《薄一波谈乡镇企业》（第5期）、《通过群众自治，实行基层直接民主》（第6期）等。1990年由《乡镇论坛》杂志和中国基层政权研究会举办了“中国乡镇百颗星”评选活动，经乡镇自荐、地县推荐、省级初评、全国评委会终评，11月6日在人民大会堂召开颁奖大会，中央顾问委员会副主任宋任穷、国务委员陈俊生、民政部部长崔乃夫以及党中央、国务院有关部门的负责人出席大会。这次活动在全国产生很大影响，《乡镇论坛》也大大提升了知名度，当年第12期《乡镇论坛》又组织出版了“中国乡镇百颗星专刊”。也就在这一年，刊物改由中国基层政权研究会、山西省社会科学院联合主办，并成立杂志社。1991年底，《乡镇论坛》改由民政部主管，中国基层政权建设研究会主办，并将刊物迁往北京。《乡镇论坛》历任社长有姬业成、李学举，主编陈家骥。

在1990年代山西新办起来的时政期刊有《政府法制》、《今日山西》、《山西内参》，新转为期刊序列的有《太原年鉴》。

《政府法制》是山西省政府法制局和中国经济法研究会山西分会主办的。1990年3月作为内部季刊创办，这时主编先后为刘新、段应基。1992年《政府法制》获准正式公开发行，1995年又改月刊。《政府法制》的任务是“宣传、贯彻国家法律、法规，促进各级政府部门及其工作人员依法行政”。为此开设了一批有特点的栏目，如“本刊视点”、“法治观察”、“立法信息”、“百姓呼声”、“主管秘笈”、“以案释法”、“领导谈法”等。《政府法制》上发表的作品，有不少被电台、文摘类传媒转播、摘发。在1993年9月召开的第二次全国政府法制工作会议上，《政府法制》被国务院法制局列为中国政府法制系统核心期刊。《政府法制》1996年由16开本改为大16开本。之后2001年底成立杂志社，2003年又改为半月刊，发行量达到5万册。《政府法制》成为正式期刊以后负责人为麦天骥（主编，1993—1999）、李玉忠（社长，2001— ；主编，1999— ）。

《今日山西》是一份直接面向海外宣传山西的期刊，由中共山西省委对外宣传领导小组主管，山西省人民政府新闻办公室主办，1992年底创刊。“向世界介绍山西，提高山西知名度，促进山西对外经济文化交流”是《今日山西》的办刊目标。所以在编辑上力求从海外读者的思维习惯和视觉角度出发，做到内容丰富而形式活泼。它的发行指向性较强，主要针对各国驻华使（领）馆、商务、旅行、新闻机构，中央新闻单位，与山西缔结友好关系的外国省、州、市等，省内则是各涉外厅、局、办，各市县主要领导，大中型企业等。每期发行5000册。1999年，《今日山西》通过中国国际互联网新闻中心北京主干线的主站点和位于美国主干线的主站点进入国际互联网，成为山西第一家上网刊物。《今日山西》主编先后为申存良、李宝善、袁升德、王建武。编辑部负责人先后有贾明生、申志纯、秦广胜。

《山西内参》的前身是创办于1994年的《山西内参信息》，由中共山西省委办公厅、新华社山西分社联办。1998年更名为《山西内部参考》，1999年按国家新闻出版署规定，列入信息参考类正式期刊，同时更名为《山西内参》。《山西内参》为秘密级内部发行刊物，发至乡科级，周刊，全年50期。主要栏目有“高层吹风”、“部委要情”、“省情聚焦”、“外埠传真”、“专题调查”、“行业动态”、“国际观察”等，利用新华社山西分社的通讯网络和记者队伍，利用省委办公厅的信息资源和行政信息渠道，为各级决策部门与领导部门提供信息参考，在推动改革、指导工作方面发挥作用。2005年根据报刊管理中新的规定，这一刊物注销。《山西内参》创办时发行500份，最高时发行3000份，主编先后为孔昭武、张运、杨玉良。

《太原年鉴》是1999年按国家报刊管理规定列入期刊序列，取得正式刊号的，并同时成立了太原年鉴社，但它的编辑出版却是从1990年开始的。首卷《太原年鉴》由太原市市长万良适任编委会主任，以后也由历届市长任这一职务，主编则由分管副市长兼任。《太原年鉴》已连续出版17本，每本字数在110万字左右。《太原年鉴》对上一年度太原市的政治、经济、文化及各项社会事业的发展进行综合全面的记述，对现行政策、法规及全市改革发展的总体规划实施情况及时记载，成为了解太原市情、掌握现情的资料文库。《太原年鉴》的质量水平一直比较高，在2000年、2003年、2006年三次被中国年鉴研究会评为全国优秀年鉴。《太原年鉴》一直由太原年鉴社社长戎晓波负责具体工作。

进入21世纪，太原市还创办了一份政报《太原市人民政府公报》。

《太原市人民政府公报》由太原市人民政府主管，市人民政府办公厅主办。2000年3月，《中华人民共和国立法法》明确和强化了政府公报传达政令的法律地位，对政府公报的出版也提出了新的要求。在这一形势下，太原市政府决定将两份内部期刊《太原政报》、《今日太原》合并，改为《太原市人民政府公报》，并在2002年8月获得国内统一刊号。2003年4月出版第1期，半月刊，大16开本，64页，每期发行2000册。《太原市人民政府公报》创办之初按成本价发行，后根据中央文件规定和山西省报刊治理协调领导小组的要求，从2004年起全部实行免费赠阅，还设立免费取阅点，较好地发挥了公报联系政府和群众、展示政务公开、促进依法行政的纽带与窗口作用。创刊以来主编为薛东晓（2003—2006）、崔树民（2006— ），编辑部具体负责人为宋文庆（2002—2005）、白秀珍（2005—2008）、郭小娟（2008— ）。

一些关于历史尤其是中国革命史和中共党史的期刊其实也是政治类的，这类期刊在1980年代时山西有五六种，后来坚持办下来的则是《党史文汇》和《文史月刊》。

《党史文汇》到1995年已办10年，前10年中《党史文汇》很注意刊物的主题，每栏有各自的主题，每期有一至两篇主题重大的挂帅文章，这样于整本刊物而言，每篇每栏相互独立，全本形不成突出主题，对全年而言则更是如此。从1996年起，《党史文汇》有计划地增加了全年集中一个重大主题的专栏，编发一组系列文章，以此统领整本刊物，同时辅以封面设计、扉页创意、彩页图片的配合。编辑部的主题策划意识使每期乃至全年都凸现了刊物的灵魂，大大增强了感染读者的效果。最先推出“新中国诞生前后的历史回答”专栏等，当代中国研究所副所长张启华为之写了《重现历史对于今天的意义》的“开头话”。此栏相继刊出《抗日战争的正义性和进步意义》、《孙中山和袁世凯历史作用辩》、《社会主义公有制是新中国社会发展的必然选择》等一批重头文章，针对性地批判了当时社会上否定人民革命战争、鼓吹改良主义和资本主义的暗流。以后几年这一做法得到坚持和强化，先后推出：

1997年——“新中国的脊梁”；1998年——“真理追求者之歌”；1999年——“社会主义与新中国”；2000年——“百年革命风云录”；2001年——“马克思主义与中国共产党”；2002年——“毛泽东与中国近现代社会变迁”；2003年——“毛泽东与中国社会主义建设”；2004年——“纪念山西建党80周年”；2005年——“纪念抗日战争胜利60周年”；2006年——“中国社会主义基本制度确立50年”。这一做法在同类期刊中独树一帜，扩大了社会影响。

《中国新闻出版报》1997年两次刊发对《党史文汇》的评介文章，其中《新鲜·凝重·动人——1997年上半年〈党史文汇〉简评》中特别肯定“新中国的脊梁”，“不仅本身是重要的党史资料，而且在当今社会主义精神文明建设中有极强的感染力和教育意义”。中国人民大学《复印报刊资料》“毛泽东思想”专辑将2003年《党史文汇》相关专栏文章全部转载。

《党史文汇》的办刊追求可以概括为三个“品”，即坚守品格、提升品位、锻造品牌。所谓品格，就是作为党史期刊要强化阵地意识，要保持鲜明的政治性，在内容上重引导而不迎合，求通俗而不媚俗。凡不合这一标准的稿件坚决拒发。有一次编辑部收到一篇谈毛泽东对彭德怀“八次误会”的文章，可读性很强，但它对历史事实的分析片面随意，违背历史唯物主义立场，尽管这位作者有一定地位，还是刊物的老作者，编辑部仍作了退稿处理。所谓品位，就是刊物从服务党的工作大局出发，从资政育人的角度切入，在刊物的主题文章上下工夫。例如组织中国社会主义基本制度确立50年专题，就编发了《近代以来中国道路选择历史的客观逻辑》、《顺利变革劳动者私有制的重大道路创新》、《中国三农问题逐步达成解决的制度基础》、《中国工业形成独立完整体系的制度根基》等系

列文章，引导人们客观公正地看待新中国建立之初的历史，从而深刻理解当前改革开放是党的社会主义实践的历史性发展。所谓品牌，就是在党史类刊物开拓市场困难重重的条件下，既要逐步扩大市场运作成分，还必须保持刊物的形象，坚定地把社会效益放在首位，靠刊物的质量去赢得读者的认可与欢迎。1990年代时刊物最高发行达4.5万册，后来有所下降，但仍保持了稳定。2006年《党史文汇》编辑部再次被评为全国党史系统先进集体。《党史文汇》2001年之前主编为郄智，之后为钟启元。

《文史月刊》是2001年由《山西文史资料》更名而来的。《山西文史资料》1992年后，在内容上进一步拓展。创办之初是以收集整理旧中国史料为内容，到1980年代末已逐渐顾及1949年后的史料，从原先集中于军政史料放宽到经济、文化、科技、教育史料。成为正式刊物公开发行后，更增加了全国名人在山西活动方面的内容，还就20世纪的重大历史事件组织亲历、亲见、亲闻的资料。2000年《文史月刊》从大32开本改为16开本，编辑部立足于将一本地方性期刊办为全国性历史期刊进行了整体策划，推出四句话"百年史记、人物画廊、社会实录、人生坐标"来概括刊物的宗旨、范围、特色和目标，开设了"文史聚焦"、"世纪回首"、"峥嵘岁月"、"共和国脚步"、"民国残页"、"考证与争鸣"、"文坛艺界"、"乡俗民情"等栏目。随之又在机构上予以充实，建立文史月刊杂志社，为全额拨款事业单位。《文史月刊》公开发行后发行量逐步增长，2006年已达1.15万份。从2002年起连续7年被评为山西省一级期刊，在龙源期刊网1300多种期刊阅读中被列为亚洲百强的第73位。《文史月刊》从改刊名以来由赵政民任主编至2007年，后王丽梅任主编。

第六节　文学期刊的突围

1980年代，曾是一个新时期的文学启蒙时代，一批在“文革”后出现的文学作品以及艺术作品，带来了文学期刊的辉煌，发行量达到几十万份者并不少见。然而一旦这一时代结束，文学期刊很快步入低谷，遭遇寒冬。

这是1990年代，特别是1990年代中期之后的现实，其原因是多方面的。

从社会来讲，民众已不仅仅满足于对历史的批判，急速进行的改革使经济成为热门，各种新媒体的崛起使人们的文化生活有了多种选择，工作生活节奏的加快和现实的需要使读者更垂青于其他实用类型的书刊。

从文学来讲，在资讯闭塞的年代，文学承载了新闻、时尚、教育等很多文学以外的功能，这超出了文学本身的内涵。当文学回归自身时，它天然注定不可能拥有以往那么多的读者。而随着国门开放，各种文艺思潮涌入，文学创作花样百出，繁荣与泡沫共存，除个别作品外，不少成为少数人的“圈子文学”而不被大众认可。

从期刊来讲，中国的文学期刊由于与意识形态的密切联系而从来没有市场意识，尤其是地方文学期刊更肩负着培养本地作者的责任，于是刊物往往形成以作者为中心的惯性思维，编刊者极少去注意读者的需求。全国文学期刊因主办者的不同而在客观上形成了国家、省（市、自治区）、地区（市）三级，其总数达800种之多，这种层次区别与数量规模是国内其他类期刊所不具有的，也是任何别的国家的文学期刊无法相比的。这众多的期刊在计划经济时期主要靠国家财政支撑，当改革的目标是建立社会主义市场经济的时候，这种国家财政的拨款开始削减乃至取消，这对于发行量上不去的文学期刊无疑是致命的。此外，中国的文学期刊具体主持者往往是作家，他们或许在个人创作上很有成就，但对期刊规律的关注几乎为零，对于办刊在传统模式下尚可应付，如要把文学期刊也作为媒体来运作则大多不知所措。

这种种因素以及除此之外的种种原因，使得如何改造自身，使之从困境中突围，成了1990年以后十来年时间里文学期刊共同的课题。山西众多的文学（含艺术类）期刊为此都进行了各种尝试。

《山西文学》在几度更换主编之后，仍无法遏制订数的迅速下降，2000年一度变相更改刊名，出版《山西文学·北方纪实》，但情况并未好转，反受到出版管理部门的批评。

《黄河》在同一时期也改变刊物定位，要办"大型知识分子读物"，开设"尘埃落定"、"口述实录"、"自由话题"等栏目，发表思想评述文章，这种偏离办刊宗旨的做法持续了不到两年。

《太行山》更早在1992年就彻底改为文化生活类期刊，更名《人间方圆》。

《北岳风》在长期亏损之后于2000年改刊为《通俗文学选刊》。

《火花》坚持到2005年后也与其他传媒合作，改出《火花·手机文化》，但没出几期也铩羽而归。

《娘子关》则进行了体制改革，改为全额事业单位。编辑部同时挂了阳泉市文学艺术研究室的牌子，一套人马干两类工作。

《漳河水》在2006年改变刊物性质，从纯文学改为故事类，更名为《百姓故事》，寻找新的读者群，走向市场。

当然还不止这些，为应对文学杂志面临的严峻形势，相关刊物的主办者想了多种办法，进行了不同的努力，尽管有些是既未达到预定目的又付出了代价，换来的更多是教训。

《山西文学》从1980年代到1990年代，经历了与其他文学杂志一样的命运。其间主编先后有李国涛（1982—1985）、周宗奇（1985—1986）、张石山（1986—1988）、冯池（1988—1994）、段崇轩（1995—1999）。他们虽都为这一期刊的发展做过努力，在倡导"新乡村小说"，发现和扶持本省青年作家方面也取得不小成绩，但始终未跳出中国文学期刊的固定模式，就是每期有小说、散文、诗歌等几个板块。到1990年代末刊物订数已降至1400份，这虽不是省级期刊中最低的，但实际上也基本陷于困境。

2000年夏韩石山接任主编。就在此后不久，原先由省政府给予的经费又政策性地停止了，这样刊物在经济上较前更为困难。形势逼迫《山西文学》自己去找一条走向市场的生路。经过一番抉择，认定了一个在纯文学的基调上，强化刊物的思想性、社会性、文化性，找回读者的改革方略。于是首先调整宗旨，新的办刊思路体现在刊物打出的宣传语“关心民瘼，开启民智，叙事文体，健朗风格”上。为向作者、读者宣示自己的办刊理念，主编从2000年8月到年底，以每期“卷首语”的形式连续发表文章。这些文章的题目是《我们在探索着》、《这是一个平台》、《文学的另一种诠释》、《江郎不尽编刊物》、《刊物也在挑选读者》。几篇连起来主编要表达的意思是：过去的路不走了，我们要走新路。刊物作为一个平台，我们愿和大家一起一显身手。文学不应该只是小说、散文、诗歌这些形式，文学应是文字的一种属性和品质，我们要让刊物体现这种属性和品质，我们要按这种理解来办这份文学期刊。作者能写到这个份上，才配叫文学。作为主编，现在没有创作的本事了，而是铁了心要办出这样的一个刊物。我们相信，这样的刊物会有读者，刊物也一定会找到这样的读者，但对于囿于成见抱残守缺而又来说三道四的所谓读者，我们并不打算迁就。这些表白，彰显了《山西文学》“变脸”的走向，昭示了新主编要改革刊物的决心，很快引起文学圈内外的关注。

从2001年起的以后几年中，《山西文学》的变革一步步推进。

一是对刊物的架构进行了调整，文学刊物通行的按体裁分类的做法被摈弃，取而代之的是仿照时尚大众杂志重新设计栏目。新栏目中较固定的有“特别推荐”、“生命记忆”、“现实体验”、“文艺沙龙”、“文坛剑戟”、“世相杂谈”等，较灵活的则如“演讲录”。这些栏目中仅在“文艺沙龙”发少量文学作品，一般是一篇小说和几首诗之类，其他栏目则贯彻对文学作新诠释后的主张，所发文章要有文学笔法，内容与文学会有些关联，但也不是传统意义的文学作品。有的更是以文学笔调写的直接关联现实的题目，如《我看太原市政府的执法能力》（2005年第5期）、《“左”倾风暴下的黑峪口》（2005年第10期）、《灵魂深处是怎样闹革命的》（2005年第11期）等等。这就使《山西文学》逐步呈现了与其他省级文学刊大为不同的个性。《山西文学》在整体形态上也做了变动，如封二辟为一个图文结合的专栏“民间精

神图录”，每期发大小两幅黑白照片与一篇相关短文，如《非正常经济环境下的身份存在》（2005年第9期）、《乡村文化凋敝的背后》（2005年第10期）。

二是在刊物内容上走大文学、泛文化之路，追求“更强的社会冲击力，更强的感情震撼力”（主编语）。这实际上是很难的，因为不能离开文学这个根本，不能办成一个思想类、纪实类或评论类杂志，《山西文学》在跌跌撞撞中走出一条基本可以说符合这一理念之路。这主要反映出两个亮点：一个是通过“特别推荐”、“现实体验”、“生命记忆”等栏目推出一批记录百姓所亲历的历史，反映民众切身的感受，又以叙述精彩而吸引人的作品。这类文章往往仅从题目看就有冲击力，以“特别推荐”为例，这是一个每次只上一篇文章的栏目。2005年下半年分别为《为了明天》（丹晨）、《锋芒就是光芒》（舒晋瑜、韩石山）、《杀人犯，但不是反革命》（孟昭民）、《跟活生生的人喝着咖啡交流》（[法]杜特莱）、《那年，那次换届》（杨肃）、《男人眼里的女人》（韩石山）。与内容相适应，《山西文学》推崇一种实话实说、入情入理、通畅圆润、尖锐泼辣的文风，这种文风与题材融合，形成这一时期《山西文学》的特有品格。另一个亮点是坚决实践真正的文学批评与文化批评，这在当代中国文坛十分难得。由于种种原因，当代中国文学批评几乎沦为“文学表扬”，评论成了吹捧。《山西文学》以“文坛剑戟”为代表栏目，高扬批评大旗，发表一系列一针见血的批评文章，挑战所谓的名家大师，在歌舞升平的文坛掀起一股波涛。《山西文学》坚持批评的自由与多元，有批评也可以有反批评，批评本刊主编的文章也照样发表，形成了一种自由的学术争鸣。这些作为给刊物带来生机，《山西文学》从一个边缘性的地方刊物，进入了中国文学与文化的主流视野。

三是突出主编，自我创造名人效应。客观地讲，由于各省都有一份文学期刊，《山西文学》与其他“同级”同类期刊相比并无多少突出之处，更谈不上名列前茅，加之文学期刊的不景气，就更难讲《山西文学》在业内有多大知名度。没知名度，当然难以吸引读者（订户）。而与之相反，韩石山作为个人，在1990年代中期以来却以其尖锐、刻薄、犀利、幽默乃至偏激的文学批评而在中国文坛有一定知名度，有人称其为“文坛刀客”。韩石山主持《山西文学》之后，突破中国当代办刊的普遍规则，突出个人，试图以个人带动刊物。在封面、扉页都标出“韩石山主编”，刊名改为他的题字。在《中华读书报》等媒体上做广告时，广告语是：“你要订一份刊物，只在乎它的名字，不在乎谁是主编吗？”“期期都有好文章，期期都有韩石山。”在刊物上开设“主编信箱”，每期直接署名答复来信（设此栏的这时只有《山西文学》与《上海文学》）。在内容上也同样突出主编，多次将主编的文章放于头条位置。2004年全年《山西文学》放在头条上的有“演讲录”五篇，其中韩石山占三篇。2005年刊物头条为“特别推荐”，全年中有四期是韩石山的文章。这种张扬个人的做法在全国期刊中是罕见的，加之对刊物取向的大幅调整，在引来读者的同时也引来争议。在刚这样做时，就有人反对，称刊物不是个性化，而是“韩石山私有化”了，还说“《山西文学》阵地丢了”，《山西文学》公开发表了这种来信，由此还在山西几家报纸上引发一场讨论。作协的领导支持了《山西文学》的改革尝试。在《山西文学》有所发展之后，主编文章在刊物上已明显减少。

四是着力于刊物的发行与经营。其中也带有很浓重的主编个人色彩。在扩大发行上除前述刊发广告外，还打出“订全年刊物，获主编赠书”的招数。随之，《山西文学》办了几期“韩石山文学写作函授班”，把扩大订户、培养新人、经济效益合为一体。主编个人更是凭各路朋友关系拉“友情”广告。对发行量不大的文学期刊来说，获得广告客户的光顾很难，但这时的《山西文学》却有了彩色插页广告，有的还是著名品牌（如汾酒）的连续广告。

经过四年的奋斗，《山西文学》实现了困境中的成功突围，走上了较平稳的前进之路。在社会影响上成了全国有相当知名度的文学刊物，订数逐步攀升，2004年就达到近8000册。在主要靠自费订阅的情况下，达到这一数量已很不易。在北京一些知名的高品位书店也开始零售《山西文学》。一些读书类、文学类报纸、网站上常有关于《山西文学》的资讯、评论。刊物自身也扩大了容量，提高了印装水平。《山西文学》的改革固然有很浓的个人因素，也很难讲有多大的可复制性，但有两点是值得注意的：一是突破文学期刊固有模式的尝试，这种尝试毕竟体现了一种创新精神；二是身为作家的主编在编辑期刊上有思想有措施是不容易的，不仅是山西，全国许多文学期刊缺乏的也正是这一点。《山西文学》2008年后由朱凡任主编。

《小品文选刊》是山西文学期刊中另一个成功的典型。它创刊于2004年1月，其前身是雁北地区文联办的《北岳》（撤地区建市后改为大同市文联主办）。这种地方性文学期刊虽也面向全国发行，但实际上主要还是在本区域有些读者，到1990年代，《北岳》发行量已只有几百份了。是像其他有些兄弟刊一样以培养本土作者为理由继续维持下去，还是通过改刊另辟新路走向市场？杂志社选择了后者。2001年全国书市在昆明召开，杂志社社长王巨台和其他编辑人员一方面去观摩研究参展的各种期刊，一方面积极向期刊界的专家、同行请教。专家们出了不少主意，其中有创见的有三点：一是坚持文学性质，二是采取文摘方式，三是考虑在小品文上下工夫。小品文是1920年代、1930年代很兴旺的文学品种，只是这一概念近30年已经很少提及了，对一般群众来讲，只知道电视中的戏剧、小品而不知小品文了，但实际上，小品文是中国有悠久传统的一个文学门类，历代优秀散文中不少即为小品文。广东办有《随笔》，在社会上有相当影响，可供仿照。杂志社对刊物的改革认真进行了论证，大同市文学艺术界联合会领导对改刊的设想给予积极支持，并进一步提出大同作为历史文化名城，应当有一份在全国叫得响的文学期刊。最后文联作出了“站在大同历史文化名城的高度，站在杂志社生存发展的高度，站在发展社会主义先进文化的高度”改办《小品文选刊》的战略选择。

《小品文选刊》创刊号印3万册，投放市场后反响不错。从创刊到2008年大致经过摸索期（2004年）、稳定期（2005—2006）、成熟期（2007年以后）三个阶段，取得明显的成效。2008年仅在大同地区发行量就达到了1.6万份。《小品文选刊》五年来在许多方面不断调整，逐步适应市场规律也适应出版规律，其主要方面有：一是在刊物形态上的调整。初创时采用32开本，72页，定价2.80元，原意是希望与文学书籍更接近些的，但读者对此却不认同。于是当年下半年改为16开本，64页。二是办刊理念上的调整。《小品文选刊》初期提出了“小品文大品位，小哲理大智慧，小故事大道理”的办刊理念。但后来觉察到这种提法有毛病，品位只有高低之分，哲理也无大小之分，所以更改为新的提法“小品文高品位，小故事大哲理，小刊物大气势”。三是在定位上的调整。《小品文选刊》创办之时，市场上已有很相似的杂志，典型的是《意林》。《意林》提出的理念是“小故事大智慧，小幽默大道理，小视角大意境”，这就存在一个如何使《小品文选刊》与之相区别的问题。《小品文选刊》认定了两点：首先是坚持文学性质，所选必须是地道的文学作品；其次是坚持品位要高，力求所选为精致佳作，这样就使其成为一个特定的文学品种的文摘刊物，而不是一般的文化生活文摘刊物。四是办刊模式上的调整。经过几年摸索，目前已经形成了社会化办刊、企业化经营、市场化运作的办刊模式。在编辑工作上编辑和作者、读者互动，社内社外选稿。每期稿件1/3由作者或读者推荐，1/3由网络和兄弟报刊

编辑推荐，1/3由本社编辑选择，这样达到由点至面既广又精。广告与发行由一家文化企业来经营。杂志社负责监督、检查其运作的规范化。期刊以市场为最终检验者，发行量以读者自费订阅为主。

《小品文选刊》2005年改为半月刊。上半月保持原风格，下半月面向中学生，侧重于知识性、趣味性，并推出了“中考出彩作文”和“高考出彩作文”专题。2004年，杂志社被中共大同市委授予“宣传思想工作成绩突出奖”；2005年被授予“发展文化产业工作成绩显著奖”；2006年又被授予“全市宣传文化事业创新奖”，《小品文选刊》被大同市工商局列入“大同市知名商标榜”。2006年之后连续进入“中文期刊网络传播全球阅读排行前100名”和“文学期刊国内阅读前10名”。王巨台也获2004年度至2006年度赵树理文学奖“优秀编辑特别奖”。2008年，小品文杂志社被授予“大同市文明和谐单位”称号。《小品文选刊》从一份区域性文学刊物成功转变为一份走向全国的特色文学期刊，成为历史文化名城大同的“一个亮点和名片”。《小品文选刊》创办至2007年王巨台任社长，王祥夫任主编。2007年10月后王兴德任社长兼主编。

其他文学类期刊虽也在不断进行着创新与变革，但成效则稍逊于上述两刊。省级单位所办的有五家，情况各不相同。

《名作欣赏》是山西的品牌期刊之一，它是2000年首届国家期刊奖评选中山西唯一获奖者，2003年又入围第二届国家期刊奖提名奖。在地区性评选中更是屡次榜上有名，如第二届（1994）、第三届（1996）、第四届（1998）、第六届（2002）“华北地区十佳期刊”，第一届（2004）、第二届（2007）“北方十佳期刊”等等。但是，《名作欣赏》的办刊之路也并非一路顺风，1980年代前期文学走红的浪潮过后，1990年代通俗文学甚至庸俗文学汹涌而来，各种纯文学书刊的生存空间大受挤压，《名作欣赏》自然也不例外，而更直接的是中外名作的无序出版和低折扣推销、各类鉴赏辞典层出不穷，这给《名作欣赏》形成很大压力，刊物订数连年下滑，从原先较好的经济效益跌至收支几乎难以持平。面对这一形势，《名作欣赏》坚持两条：一是不降低文化品位，强化精品意识，不为利忘义，刊物不发媚俗的作品，也不为经济利益而改变宗旨，甚至不为刊发广告而丢弃以往坚持美术名作欣赏的版面；二是努力求新求活，增加对当代优秀新作的推荐和赏析，拓宽刊物的范畴，引进文学及文学研究方面的新观念、新方法，以吸引一批年轻的新读者，本着这一原则新开了“欣赏探奥”、“名作求疵”、“海天片羽”等新栏目。到2002年之后，《名作欣赏》又做了更具体的调整：一是向教育靠拢，尝试配合大、中学语文素质教育，开设了“语文讲堂”专栏，以后又出版了“学生阅读专号”；二是适应“学术市场”，有意强化学术性，2003年改双月刊为月刊，2005年又改为半月刊，适应高等院校和科研机构发表研究论文的需要。这与“面向学生”两手并举，通过细分读者来应对订数的下降。为便于开展经营活动，在2002年又健全法人资格，完成了杂志社的法人登记，为“自主经营，自负盈亏，自我约束，自我发展”迈出重要一步。《名作欣赏》主编为解正德（2003—2006）、原琳（2007—2008）。

《黄河》作为山西的大型文学期刊，2003年对定位再次作了调整，摈弃虚幻的文学刊物大众市场，走出做成全国性文学刊物和以思想文化当主角来体现某一特色的误区，回归到发现和扶植本土作家，为省内作者走向全国搭建平台上来。经过几年的努力，在文学本土化上的成绩可以说在全国名列前茅。《黄河》新开了“晋军新锐”、“期期见”、“黄河出发”等栏目，在培养本省作者方面颇见成效，如长治市青年作家葛水平2004年上半年在《黄河》发表中篇小说《甩鞭》、《地气》、《天殇》，先后被《小说月报》、《小说选刊》、《中篇小说选刊》等多家选刊转载。到2007年上半年，该作者已发表中篇小说16部，山西省作家协会与《黄河》两度召开该作者的作品研讨会。《黄河》还在山西代县政府的资助下，从2003年起连续举办四届“雁门杯优秀小说奖”评选，获奖作者已有20人次。同时，连续四次举办“小说创作促进会”，惠及基层作者150人次。在此期间，《黄河》曾几次调整页码，1999年由208页减为192页，2000年为176页，2004年后为200页。《黄河》1990年代前期周山湖任主编，1998年之后张发任主编。

《开心世界》2006年7月创刊，主办者是山西省作家协会。省作协1993年就办了个内部刊物《笑话大王》，当时以幽默消遣文化为内容的报刊还不多，这样一个非正式的小32开本的杂志也就颇受欢迎，印上两三万册都有读者要。省作协很希望将它做成一个可以大量走向市场的刊物，从而成为作协其他纯文学刊物在经济上的补充点，但由于对期刊总量控制的政策限制，一直未获批准。为此，作协前后几任领导甚至退下来的老作家马烽都多方奔走呼吁。虽只是内刊，但这一刊物仍坚持生存着。2006年，经过多方努力，终于使《笑话大王》有了转为正式期刊的机会，《笑话大王》取得国内统一刊号的同时改名《开心世界》。

《开心世界》按原先的编辑思路进入市场，但情况并不乐观，与此前比较读者的文化需求有很大改变，传统的笑话类作品难以受到欢迎，类似的消遣类媒体也早已占了市场的很大份额，而互联网、手机等又可以轻易地“创作”许多新笑话，这都使得一个新入市场者如无新的创意又无雄厚资金进行营销宣传势必难被接纳。另辟新路以图生存成了《开心世界》唯一的选择。从2008年起，《开心世界》瞄住了在青少年中开始走红的“异幻”类文学作品，在坚持原先的消闲、娱乐、有益的原则下，将这类作品作为刊物的主体，同时对刊物外观重新包装，以异幻型动画人物为封面主题造型，以图开辟一个新的市场。《开心世界》先为月刊，2007年改为半月刊，32开本，96页。主编先后为王子硕（2006—2007）、李浩东（2007— ）。

《火花》在1991年调整方针后，不再发表纯文学作品，而为省文联所属各协会服务。但过分丛杂的内容并没能争取来更多的市场，刊物在困难中坚持多年。2000年10月进行改革，以“综艺月刊”定位，设立了“独家专访”、“火花故事”、“热点搜索”、“时尚前线”、“人生冲浪”等栏目，以“生活的火花，艺术的火花，爱情的火花，生命的火花”为宣传口号，实际走上文化生活刊物之路，但由于种种原因，情况并未有太大好转，于是到2005年出现合作出版《火花·手机文化》的不当举动。

《火花》2006年夏重新回归原路，当年第5、6期合刊，主编王作忠在该期发了《拿什么奉献给您——我的朋友》的卷首语，其中写道：“面对纯文学市场的疲软，面对办刊经费的严重不足，一个身处逆境的刊物又如何能拒绝改革这样一种时代潮流？这种尝试有时是一个非常艰辛而漫长的过程，而此中的苦涩唯有亲历者感受最深。”这时的《火花》设了“桃花依旧”、“往事如烟”、“大道如天”、“青春放歌”、“于无声处”、“乾坤万事”、“润物无声”等栏目。后不久又将内容调整为四大板块，即“情感的火花”、“人生的火花”、“心灵的火花”、“四季的火花”。在每一板块下再设小栏目，如“心灵的火花”下有“热点透视”、“经典回放”、“智慧讲义”、“心情盘点”等，这样的格局又恢复到文化生活类杂志了。然而由于原先的基础，所以在总体倾向上又偏于文艺，《火花》自身也在封面上标出“综合文艺”字样。从1990年代开始，《火花》主编先后有吕文幸、赵国荃、王作忠、尚随刚。

省级单位所办期刊，还有一个是创刊于1989年5月的《北岳风》，主办者是1985年成立的北岳文艺出版社。与前述期刊相比，主办者性质不同，其他期刊主办者是文学艺术创作者（或称其为文艺创作的组织者），而这一期刊主办者是出版单位。作为出版社，对出版物市场情况自然更为敏感，在创办《北岳风》时就已经有面对困难的准备。北岳文艺出版社社长罗继长为刊物写了发刊词，文中有两点格外突出。一是办刊目的，说“不是为名，也不是为利，而是为发展事业多铺一条路，多架一座桥。通过这路和桥，使我们同作者和读者联系更紧密”。二是对困难的认识，说“根据之一，如今刊物如林，竞争激烈，没有两下子，难以生存。根据之二，整个出版业正处于‘低谷’，图书和刊物的征订数字大幅度下降……根据之三，纸价奇涨，印刷工价一再上浮，再加上税项越来越多，资金已很难积累，周转也就十分困难”。《北岳风》定为双月刊，16开本，创刊时160页。主要发表中长篇小说，创刊号上刊发了秦兆阳、阿城、陈荒煤、胡正、梁衡、郑义、李瑛等知名作家的作品。以后也陆续发表过不少优秀作品，其中一些在刊物发表后又由北岳文艺出版社再作为图书出版。《北岳风》上发表的作品多次被其他报刊转载，如1991年第3期中篇小说《野村》、1992年第3期中篇小说《诱惑》都被《新华文摘》转载。它发表的其他作品也曾在文学界引起关注，《光明日报》、《中国青年报》、《北京日报》都发表过对《北岳风》发表的文学作品的评论。尽管如此，《北岳风》创办时已是1980年代末，已错过了文学期刊大受欢迎的黄金岁月，所以它的发行量一直较低。它创刊时印8000册，以后逐步下降，维持在两三千册，经济上长期处于亏损状态。这样坚持到1998年7月，在出版了61期后改刊。1997年底，《北岳风》出版中因违反有关规定，被省新闻出版管理部门给予定期停刊的处理。《北岳风》主编先后为沈豪（1989）、杨文彬（1990—1998）。编辑部负责人华丹。

1999年后郭天印任主编，《北岳风》改变方针，内容上改为刊发通俗文学，装帧设计上迎合市场需求。到2000年则正式改刊为《通俗文学选刊》，不再是大型文学刊物了。新办的《通俗文学选刊》从各种通俗报刊上选择优秀故事、武侠精品、侦探小说、名人传记以及热点纪实作品，来适应市场的需求，使发行量一度上升至3万册。然而这一状况难以稳定，所以编刊者尽管也千方百计希望打开市场，但终未能达到预定目标。到2004年，刊物停办，用此刊号改办《当代金融家》。

出版单位办的文学期刊还有希望出版社的《中外童话故事》。它是文学的，但又是少儿的，正因为如此，所以文学期刊所遇到的困境没有影响到它。《中外童话故事》是2000

年10月获得正式刊号的，之前是希望出版社从1994年起就出版的内刊《中外童话》。《中外童话故事》沿袭了《中外童话》的运作方式，充分利用社外专家的力量，委托他们组稿、编稿，由出版社审定出版。它采用32开本，64页，创办之初是月刊，后改为半月刊。《中外童话》变为《中外童话故事》之后，扩大了内容覆盖面，以童话为主又不仅仅限于童话，市场情况尚好，较长时间发行量在5万份。《中外童话故事》由希望出版社历任社长兼主编，先后为傅锦瑞、琚林勇。编辑部负责人曾有张秋怀、侯天祥、柴晓敏、李军。2007年《中外童话故事》归山西出版集团主管主办，赵梅生任主编。

地区所办期刊在1990年代大都坚持了原定宗旨，在困难情况下主要靠从当地财政争取经费来维持，尽管订户在普遍下降，但在培养本地作者，推出优秀文学作品方面是尽了很大努力的。而在进入21世纪之后，则寻求新的出路，改变编辑方针甚至刊物性质。

1990年时太原市文联的《城市文学》是内部期刊。1991年梁枫在太原市第四届文学艺术联合会代表大会后当选市文联主席，她兼任了刊物主编，重组编辑部，在原《城市文学》基础上重新申请创办《都市》。1992年《都市》获准为正式期刊，双月刊。改名《都市》之后，坚持纯文学、高品位、都市特点和现代意识，设置了“都市小说”、“都市人倾述”、“对抗与碰撞”、“都市文谭”等栏目，将全国一些著名作家聘为特约作家，使刊物视野投向全国，以名家佳作带动文学新人，保证了刊物的方向与质量，曾连续七年被评为山西省一级期刊。为应对纯文学市场持续低迷的状况，2007年《都市》改为旬刊。1995年后孙志坚（哲夫）任《都市》主编，刘亚瑜任社长。

《娘子关》在进入1990年代以后一直在发行与质量上下工夫，发行上做了一些尝试，也有所成绩，个别期曾发行到1万份，但总的趋势是发行量继续低迷，在质量上有所提高。短篇小说《花儿为什么这样红》（李月丽）获山西省赵树理文学奖，评论《一个值得纪念的人——高长虹》获全国文联文艺评论二等奖和山西省文联文艺评论一等奖。这一时期的主编为赵佩龙（1992—2002）、许元上（2002—2004）、侯讵望(2004—)。

《五台山》在1990年代成立杂志社，办刊上改变以往做法，不再单纯发表本地区作者的作品，开始向全国各地组稿，由此扩大刊物的影响圈。2000年后，改变原先刊物主要是赠阅的局面，改为邮局征订加自办发行。2006年又改双月刊为月刊，页码由72页增至80页，内容也突破文学而扩展到文化，开设“五台山地域文化”、“五台山史话”、“名人与五台山”、“五台山僧人”等栏目。1990年代后主编为李文田（1989—2000）、彭图（2000— ），社长为杨茂林（1989—1998）、田昌安（1998— ）。

《漳河水》作为纯文学刊物坚持到2006年，当年8月起改名《百姓故事》，旬刊，转变刊物性质走向市场。改刊后情况大为改观，发行量由《漳河水》时不足千册上升到一万多册。1990年代后《漳河水》时期历任主编是沈玉琨、王广元、李中林；《百姓故事》社长先后为李中林、王长青，主编先后为李中林、王照华。

在新的历史条件下，文学期刊如何走出一条既符合文学创作规律又符合期刊出版规律之路，仍是一个需要不断探索与解决的课题。

第七节 大众文化期刊的应战

山西的大众文化期刊在1980年代已形成阵势，其中主要有属于山西青少年报刊社的《山西青年》、《法制博览》、《小学生》，属于省文联的《民间传奇故事》《中外故事》，属于山西日报社的《对联·民间对联故事》、《青少年日记》，属于山西体育报刊社的《柔道与摔跤》、《搏击》。1990年代初又新创办了几种，有《生活潮》、《人间方圆》、《影视圈》、《体育文化月刊》等。

1990年代中期之后，大众文化期刊遇到了严峻的挑战。首先是受众阅读需求的减少。改革给人们带来多样的业余生活，新的文化场所（从歌厅到网吧）的出现，新的娱乐方式（从电视剧到网络游戏）的兴起，使人们对文化期刊的阅读需求大为减弱。其次是文化内容被瓜分。新媒体不仅夺去了许多本属于大众文化期刊的内容，而且以更直观多样的手段使这些内容比之在期刊上的表述更为吸引受众。再次是期刊市场空间的挤压。一些强势期刊已经形成品牌，占据了市场的大比例份额，读者个体几乎没有同时青睐几种同类杂志的可能，未达强势的大众文化期刊只能去挤着分割剩余的市场“蛋糕”。

对于大多数期刊来说，没有区域的、行业的或者行政的可供利用的资源，它们从诞生之日起就是在市场上找饭吃（虽有的主办单位曾先期投资，但难以持续补贴），上述形势自然对它们造成很大压力。这一时期，山西没有形成在全国具有强势地位的大众文化期刊，于是无论老刊新刊都只能在自我调适乃至蜕变中生存发展；自身力量不足时甚至通过借助外力、取得合作来寻求突破。面对困难顽强应战就成了这一时期山西大众文化期刊的共同特征。

在这种大趋势下，也有凭借种种条件及努力，发展仍相对平稳和健康的，例如《山西老年》。

《山西老年》到1990年代已进入稳步发展期。从刊期和容量看，1990年改为月刊，48页；2001年增到64页；2005年又改为大16开，页码增到72页。从发行量看，创刊初是4.5万册，1995年达到11.4万册，2003年达到14.2万册，2008年达到18万册。定价从1984年每册0.35元上调到2005年后的4.50元。从质量上讲，1993年山西开始每年期刊评级，到2008年共16届，16届全为一级的社科期刊只有4种，《山西老年》是其中之一。

《山西老年》能如此长青不衰有其特定的原因。一是其对象群体的发展。有统计资料称，到2007年，60岁以上人口达到1.53亿，占总人口的11.6%，这表明中国进入老龄社会的速度已明显加快。与此同时，社会保障体系的逐渐完备以及企业转型使退休人员增加并有了较安定的生活保障，老年群体成了社会中重要的组成部分。据2007年统计，全国老年报纸有24种，总发行量280万份；老年期刊有23种，总发行量305.8万份。《山西老年》作为其中一员，同样会有相当大的发展空间。二是国家对老龄群体各项政策的出台以及各级党委老干部局等机构的建立，形成了一个良好的环境，也构建了从事老年人工作的网络，这为《山西老年》的发展提供了可资利用的氛围和渠道。三是主办单位的重视以及几任《山西老年》办刊人的努力，他们不断调整办刊宗旨及内容，而且较好地利用了上述有利条件。

《山西老年》在不同的时期形成了不同的发展主题，如果用关键词来概括，1980年代为“摸索”，1990年代为“拓展”，2000年后为“提升”。

1980年代初“摸索”是面对一个新的领域和新的任务，摸索这一群体的关注点与需求点，摸索为这一群体服务的规律。

1990年代的“拓展”是读者群的拓展和刊物内容的拓展。读者群从最初集中于离退休干部，到向其他老年退休人员乃至整个老龄社会拓展。在内容上向当代老年人的多种需求拓展。这种需求有时又与社会形势的发展密切相关，如1993年新辟“大潮浪花”、“市场纵横”、“热门话题”等栏目，把开拓老年人视野、引导老年人认识和进入市场经济作为宣传主题。发表《关贸总协定知识问答》、《国内市场经济体制基本框架》、《老同志应该走向市场》、《老干部创办经济实体大有可为》等文章，还有《蒋老师“下海”》、

《大潮中的韶山冲》等典型实例，帮助老年读者对市场经济由陌生到逐渐了解与参与。为使一些有意愿也有能力的老年读者尝试创业，《山西老年》还刊发一些种植、养殖方面的技术与信息介绍。除与社会形势有关的话题外，针对不同年龄、不同文化层次的人的不同特点，分别就一些共性的问题，如老干部离退休后的失落感、老年人再婚难等，组织社会学、心理学方面的专家来参与讨论，进行引导，有的问题还会以不同形式反复涉及。再如对老年人业余生活、健康生活等也都予以关注，大大拓展了对读者不同需求的服务内容。

进入21世纪的"提升"则是努力提升刊物的质量，重点是文化品位。按老干部工作或老年报刊的一般说法，是要为"老有所养、老有所学、老有所医、老有所乐"服务。但《山西老年》认为仅有这种认识是不够的，当代老龄群体中蕴涵着一种求知、求新、求进、求上的愿望，他们中的相当一些人并不满足于安度晚年，其实仍在为社会和家庭做着奉献。老年期刊应当反映和诠释这种理念，演绎一种先进的老年文化。依照这一思路，《山西老年》精心设计栏目，从总体上提升期刊的文化品位。作为一种有特定对象的大众文化刊物，《山西老年》栏目设置和内容选择上力求体现广与杂，使刊物做到政策性、知识性、实用性、趣味性兼有。常设的栏目有"特别策划"、"人物春秋"、"真情人生"、"史海钩沉"、"往事漫忆"、"银海时空"、"金色年华"、"时尚生活"、"戏迷有约"、"读书茶座"、"文化长廊"、"难老泉声"、"学习论坛"、"养生之道"、"心理导航"等等。几批办刊人经过20多年的努力，《山西老年》与山西老年杂志社在省内外都树立了自己的形象。1993年、1995年、2005年杂志社均获得中共山西省委、省政府授予的"老干部工作先进集体"称号；1994年在全国老年期刊优秀作品评比中，有《今日申纪兰》、《弈海自有风流在》、《毛主席过岢岚》等5篇作品获一等奖；1996年、1998年获华北地区第三届、第四届优秀期刊奖，2007年获第二届北方优秀期刊奖。《山西老年》从1990年代以来的负责人为张纪仲（社长兼主编，1986—1996）、齐景忠（主持工作，1996—1997）、石跃峰（社长兼主编，1997—2001）、李树林（社长兼主编，2001—2003）、岳卫东（社长兼主编，2003—2006）、崔喜功（社长，2006— ）、张永利（主编，2006— ）。

《山西青年》是曾有过相当大影响力的期刊，但1980年代末却走了一段弯路。

《山西青年》在1980年代前期创造过不凡的成绩，但事物往往有其两面性，而且在一定的条件下会发生转化，成绩会掩盖不足，成功也会引来失误。在《山西青年》形成一种尖锐、泼辣的办刊风格，一些重大题材的报道又取得“影响”的同时，少数编辑记者中也滋生了热衷抓轰动性社会新闻、偏离青年报刊办刊宗旨的倾向，由此使1985年后刊物上几次出现不妥当的文章，例如对已经发生法律效力的案件公开批评和讨论等等。这些都受到了主管单位共青团山西省委及有关管理部门的批评。

1987年第1期《山西青年》发表报告文学《中国与龙》，这一作品的本意在于批判中国社会尚存的皇权意识等封建思想，但在情节叙述中不适宜地提到了已经离开领导职务多年的党和国家的高层领导人，在当时怀疑甚至反对解放思想、改革开放的思潮和势力还有一定市场的特定时代背景下，这一文章的发表极易产生负面影响，从而对政治大局造成损害。为此，有关部门进行了严肃的处理，《山西青年》停刊整顿。1987年5月，《山西青年》恢复出刊后第4、5期合刊，卷首发表编辑部文章《深刻记取教训，端正办刊方针》。

这次整顿使山西青少年报刊社提高了思想认识，端正了办刊方针，尤其是《山西青年》更明确了办刊指导思想，严格了编辑工作相关制度，在刊物栏目和报道方向上也作了调整。

《山西青年》1990年代进入平稳前行的状态，这种情况持续了十余年时间。这期间，《山西青年》曾提出“按照党对青年的要求影响青年读者，按照社会主义事业发展的需要指导青年读者，用祖国不断进步的主流鼓舞青年读者，用先进青年的创造与奉献精神激励青年读者”的办刊方针。也曾具体地把刊物内容归纳为“透视社会热点，突出现代观念、紧贴青年生活”，并为之进行了切实的探索，在一些新兴的大众文化期刊大举进军市场的情况下，《山西青年》发行量虽逐年下降，但仍在读者中保持了相当影响。1994年9月，中国新闻史学会、北京工人集报协会等主办的大规模读者评选“我们最喜爱的全国百家优秀报刊”活动揭晓，活动共收到选票6531张，《山西青年》得票2201张，进入“百家优秀报刊”之列。1995年9月，《山西青年》又被评为北方十省“读者最喜爱的报刊”之一。《山西青年》坚持了为青年服务的传统，如在1996年第7期刊出《爱心，托起一个战士生命的太阳》，介绍了曾获“优秀士兵标兵”称号的武警战士赵志军的优秀事迹以及他患上重病需要手术，而他不愿挤占战友的医疗费执意不做手术的情况，刊物同时举办《山西青年》万册义卖活动，以这万册杂志的收入补充这一战士的手术费用。

到1998年时，《山西青年》将内容固定为“青年实践”、“阳光地带”、“放眼世界”、

“生存智慧”、“娱乐广场”几大版块。1999年7月又改为大16开本，装帧设计也进行了很大改进，但市场情况并不乐观，发行量降至3万余份，进入21世纪之后，更徘徊在几千份上，广告经营量几近于零，刊物影响力已成明日黄花。

面对困难，办刊者进行了新的尝试，《山西青年》向经济领域靠拢，提出“通过关注经济界青年人物的方式切入社会经济生活”，办成“以观念为先，以青年为本，以成功者为主角”新潮期刊的办刊方针，并进行了积极尝试。首先，在内容上分为“观察”、“产经”、“论坛”、“人物”等板块，其次，在装帧上配以大量图片，采用全新平面设计理念编排，超大16开本，128页全部铜版纸彩色精印，定价60元。为体现时尚、财富、地域、成功，还仿照商业广告杂志的做法，将刊物陈放于消费场所，推动口碑效应。在具体运作中，从2004年起又将编辑与经营分离，加强了经营方面的市场化程度。这些做法取得一定进展，尤其是宣传在经济领域新崛起的青年财富创造者方面，更突出提倡“新晋商”的概念，引起社会各方面的关注。晋商曾是近代中国历史上经济方面创造过辉煌的几支重要力量之一，在新的历史条件下研究晋商的成功之道，挖掘和发扬晋商精神，正成为山西从政府到民间的共识。一些以晋商为研究对象的图书，一些以晋商为题材的影视、戏剧作品在2000年前后纷纷出现，《山西青年》在这一过程中也起了推波助澜的作用。随之，山西省商务厅、山西省贸易促进会、山西省企业上市办公室等共同发起成立了新晋商联合会，联络了一千余名山西籍的新创业者，发表了《新晋商宣言》，还在十多个省发动组织起了新晋商商会，并以此为基础举办了多次不同议题的论坛。

《山西青年》积极参与了论坛的活动。论坛范围也在不断扩大，最初是经济领域的山西籍人士予以响应，百度网总裁李彦宏、富士康集团董事长郭台铭、海航集团总裁陈峰等都参加过论坛，后来是一些知名经济学家如郎咸平等也应邀而来。论坛在推动山西经济发展方面产生了一定作用，《山西青年》由此也一度成为论坛的代言刊物。但这种成功也导致了另外的问题，《山西青年》偏离了办刊宗旨和刊物性质，受到了读者的质疑，同时也受到了主管单位及相关管理部门的批评。《山西青年》在2008年后期进行了从编辑理念到运作方式的调整，回归到青年刊物的道路上。

《山西青年》1987年前由山西青年社领导分管，历任为：杨宗（山西青年社副总编，主管《山西青年》，1976—1981）、杨小池（山西青年社副总编，分管《山西青年》，1982—1984）、陈黎曙（山西青年社副总编，分管《山西青年》，1984—1986）、张不代（山西青年社副总编，分管《山西青年》，1986—1987）。1987年后主编为：胡成海（1988—1991）、李坚毅（1991—2001）、苏彦（2002—2004）、宋耀珍（2004— ）。2004年后具体行政负责人席小强。

《法制文摘》是山西青少年报刊社属下的另一期刊，它的主办者为共青团山西省委和山西省青少年犯罪研究会。这是一份普法教育刊物。进入1990年代，法制类报刊市场呈现鱼龙混杂的局面，部分报刊以法制为名在低级、暴力甚至色情上做文章，引起读者反感。文摘形式的《法制文摘》也受到影响，加之社内投入不足等原因，《法制文摘》发行量逐年下滑。这时又发生了一件对其不利的事情，福建新创办的一个内部报纸也取名《法制文摘》，并进行了商标注册，山西这份《法制文摘》为不形成侵权只得无可奈何地选择更名。于是，1995年7月《法制文摘》更名为《法制博览》。

更名必然影响刊物的市场，它可能会造成发行量的攀升，但也可能会造成发行量的缩水。这往往出现于更名后刊物与原刊物性质、定位上均没有较明显差别，而且运行状况又欠佳之时。《法制博览》尽管改刊时做了不少工作，这在改名前夕刊物所发表的《心中一句话：成功在您——纪念〈法制文摘〉创刊十周年致读者》一文中讲得很明白。但刊物下滑的趋势并未得到遏制，1996年时发行量降至1.5万册。当年郑贺秀接任主编，虽在刊物思路及编辑上都进行了大幅调整，使发行量1998年时回升到3.88万册（其中邮发1.78万册，自发2.1万册），但要想使《法制博览》恢复往日的荣光已不再可能。对这种局势，《法制博览》的认识是 法制资源的非独立性，使法制专业类媒体已失去其生存特色。具体地讲，有几方面的局限：一是法律本身的抽象性和复杂性使法制类期刊极易走上说教式的歧途，这就难以被日渐成熟的读者所接受；二是“法制”极为宽泛的界定使这类期刊的读者定位较为棘手，过于专业，不为普通读者所欢迎，过于普及又失宠于法律从业者；三是法治体系的完备和法律门类的日趋完善，使普及任务变得既广泛又细化，1980年代中期以树立法律意识为目标的普及已不适应时代要求，要试图对各种法律细加普及，事实上也并不可能。正是在这种情势之下，一些名为法制类期刊者为追求市场效益而走上了以“腥、星、性”为主要内容的堕落之路。

本着这种认识，《法制博览》提出了“系统分析，市场调研，冷静思考，大胆创新”的改革方向，在办刊宗旨不变的前提下，从内容、风格、形式等方面加大调整力度。一是用“故事”让法律具备易读效能。刊物先是开设“市井故事”、“感情故事”等专栏，用故事来解说法律，使生硬的法律变得易读易懂。二是用“杂文”让法律具备共鸣效能。刊物设“法苑随笔”、“公民观点”、“道德审判”等栏目，采用杂文方式，与读者进行交流，形成共鸣。三是用“特色”去挑战市场。例如在众多期刊铜版纸彩色精印美女像时，《法制博览》却改为“漫画式”封面，用牛皮纸印制，在期刊市场上反众刊之道而行，形成特色。这些努力逐渐显出效应，2000年之后取得较平稳发展。2003年改为半月刊，2007年又改为旬刊，发行量上升至8万份。《法制博览》1987年后主编先后为黄冰东（1987—1988）、高义诚（1988—1991）、颜世平（1991—1995）、王丽萍（1995—1996）、郑贺秀（1997— ）。

《小学生》在1990年代影响日减，这有主、客观多方面的原因，学生课程负担的加重、网络等新媒体的兴起都使小学生的时间与兴趣转移而去，而山西青少年报刊社经济效益的低落与徘徊也势必波及这份期刊。2004年，《小学生》被确立为山西省首批文化产业体制改革的试点单位，由此开始了新一轮的改革。这次改革主要体现为三点：一是重新定位。分析中国少儿期刊的现状，主要为教辅、科普、文学和综合性这样几大类，《小学生》要跳出这几类的模式，以形成唯一，就必须找出市场的一个空白点。经过反复调研，最终确定办成一个小学生心理成长导刊，这既是目前小学教育中的缺项，也是少儿期刊中的缺项。二是重新组建团队。作为体制改革的重要内容，就是打破原先的人事制度。2004年4月，通过公开招聘三轮考试的办法，组建了新的编辑队伍。三是重新树立品牌。要让市场认识，这是一个新的《小学生》。经过一年的多方准备，2005年1月新刊推出，新刊从栏目到形态都体现了一种大气、洋气、童趣。与此同时，又在北京与新加坡设立工作室，以扩大信息管道，还建立了《小学生》的家园网站，刊物发展进入了一个新的时期。从1990年代始到改制之前，《小学生》的历任主编为丁圣仁（1990—1991）、叶荃（1991—1993）、梁凤梧（1994—1996）、王振华（1996—2003）。改制后主编为王保东，编辑部负责人宋毅。

《山西青年》、《法制博览》、《小学生》都属于山西青少年报刊社，该报刊社成立于1985年，此前是组建于1978年的山西青年社。报刊社初期为总编负责制，后为社长负责制，其历任负责人为：杨长青（总编，1978—1984）、赵政民（总编，1984—1987）、王石奇（社长，1987—1990；总编，1987—1988）、张不代（社长，1990—1994；总编，1988—1995）、丰小平（社长，1994—2000；总编，1997—2000）、杨力（社长，2000）、刘建林（社长，2005—2008)、杨治武（社长，2000—2005；总编，2008— ）、张智启（社长，2008— ）。

《对联·民间对联故事》和《青少年日记》是山西日报社创办的两种期刊，山西日报社先是成立期刊社统管两刊，后两刊分设杂志社。《对联·民间对联故事》从1985年到

1994年十年时间版本为横32开，1995年改竖16开本，整个装帧则保持了原先的独家特色，双封面，文字横、竖两排，刊中加书法对联插页。在刊期上，2001年前为双月刊，2002年至2005年为月刊，2006年起改为半月刊。《对联·民间对联故事》始终坚持了创办时的初衷，积极推动楹联的发展，在栏目上不断调整和丰富，其中如“联苑论丛”、“楹联史话”、“专题联话”、“对联新作”、“联墨双馨”、“联播新闻”等都成为受读者欢迎的保留栏目。在办刊物的同时，发挥资源优势，开展了经营活动，如春节印制春联销售、与旅游景点合作搞楹联征集与刻勒活动等。尤其是1996年后加强了经营管理，不仅不再需要山西日报社补贴，而且实现了连年盈利。据山西日报社有关资料，《对联·民间对联故事》“1996年到2001年，办杂志、售春联，共盈利94万元”。《对联·民间对联故事》自山西实行评刊以后除两年外均被评为一级期刊，从1996年起连续三届被评为华北地区优秀期刊，2004年又被评为首届北方优秀期刊。《对联·民间对联故事》历任负责人为郭华荣（主编，1985—1995）、刘伯生（社长、主编，1995—2003）、孙满仓（社长、主编，2003— ）。

《青少年日记》最初为半月刊，报纸形式，1986年改周刊，1987年才以杂志形式出版。改版当年组织一次中学生日记大赛，来稿3万余份，后选编成《生活本是七彩阳光》一书，先后印行5万册。

从1988年起，《青少年日记》保持32开48页的容量，但内容上不断创新。在栏目上，逐步增加了“卷首短笛”、“日记评点”、“校园新星”等更贴近读者的新栏目，封面封底与刊物性质及内容挂钩，封面为“校园新星”，内文有“我看封底”的栏目，让读者就封底图片写出日记。1995年时“我看封底”栏目获全国少儿报刊协会“优秀栏目奖”。除了办好刊物，《青少年日记》还不断举办活动，其中影响较大的有1997年“我的心事”全国中学生日记大赛，8个月时间刊发近百篇优秀日记，并评出了三个等级的奖次。2002年改半月刊。《青少年日记》从创刊起到1995年郭华荣任主编，1996年到2003年由山西日报期刊社社长刘伯生兼主编，其间从2001年起阎俊仙具体负责《青少年日记》。

2004年山西日报报业集团对《青少年日记》进行改革，这年刘创录任社长兼主编。改革主要体现于四个方面：一是理念的创新。提出了“质量是生存之本，活动是发展之基，发行是行动之的”并予以贯彻。从提高刊物质量、提升品牌价值、延伸主题活动这样三点上全面推进刊物的运作。二是建立品牌形象。设计了一个卡通化、人性化的毛毛虫形象作为刊物标志，寓意为《青少年日记》会破茧成蝶，成为漂亮的小蝴蝶。随后又成立了毛毛虫R小记者俱乐部，到2006年，会员发展到1000多名。三是对刊物本身进行改版，在稿件选择上坚持“趣”和“情”为标准，将原有栏目归为四大板块，取消一些不适宜的栏目，又新增英语日记和一些与日记接近的益智栏目，如“毛毛辞典”等。每一栏目均设计了以毛毛虫为主图的图标，在开本上改为大32开，页码增至64页。四是加大了活动的力度。如与上海教育报刊总社联办太原、上海百名小记者互动联欢等，而且还创造了一些为读者个性化服务的手段，如订阅者只要交一张照片，刊社就为其制作一个有本人卡通漫画像的书签。

《山西民间文学》和《故事精选》是山西省民间文艺家协会在1980年代初创办的两份刊物，1988年《故事精选》改名《中外故事》，1995年《山西民间文学》改名《民间传奇故事》。与《故事精选》改名不同，《山西民间文学》的改名是杂志社为应对市场竞争而采取的主动行动，目的在于淡化地域色彩，拓宽刊物的内容，同时将刊期由双月改为月。1990年代中期大众文化期刊市场变化极大，如何保持自己的优势和防止发行量的下滑成了《民间传奇故事》的首要问题。《民间传奇故事》在保持民间故事占主导的同时拓宽选稿视野，增添历史故事、影视故事等内容，在每期上注意古代和现当代题材的搭配比例，注意从内容和表达上新鲜、可读。同时还设置一些与读者有互动作用的栏目，使刊物活泼、有亲和力。在装帧设计上保持一定数量美术作品的插图外，也适当配以影视图片，特别是四封设计吸收时尚刊物的长处，与电视、电影制作单位建立联系，采用最新的图片，做到每期都鲜艳醒目，既传统又时尚。在经营方面从只靠邮发到尝试走民营发行之路，在杂志社内部则全体动员关注发行，逐步建立自己的营销网络，在一些城市建立代销点与送摊队，以最短的时间使刊物到达销售终端。在工作机制上也不断创新，1996年初就开始从社会上聘用业余编辑，在内部也加强了绩效考核。这几年，期刊的隶属关系等几次变动，杂志社都顺势而行，与时俱进，将体制变动对工作的影响尽力减少。1998年时山西省民间文艺家协会经省体制改革委员会批准，组建山西民间通俗文艺股份公司，《民间传奇故事》与《中外故事》成为主要股东。2004年，省文联又将杂志社从原主办单位——山西省民间文艺家协会剥离，主办单位改为山西省文联期刊中心。杂志社随之实行了全员岗位竞聘，择优录用，进一步强化了内部考核，提高了杂志社的合力。在种种努力之下，《民间传奇故事》在激烈的市场竞争中仍得以生存和发展。2002年将刊期改为半月，2008年再改为旬，每月三期内容上各有所不同，以针对不同的读者群。尽管刊期有变化，但始终坚持了开本不变，即16开，页码不变，64页。《民间传奇故事》杂志社历任社长、主编为刘琦（1995—1999）、常嗣新（1999—2004）、曲志榕（2004— ）。

《中外故事》是《民间传奇故事》的姊妹刊，它始终为32开本，主要面向城镇文化程度较低的年轻读者。它以通俗、新奇、有趣为特点，坚持原创故事为主，尽可能扩大故事涉及面，如古代的、当代的，中国的、外国的，社会的、自然的，智慧的、情感的……尽力网罗其中，从而形成了一些有个性的栏目，如“新故事速递”讲述都市生活前沿，“世界神秘故事”展示自然界之谜，“民间传奇”反映各民族各地域传说，“打工智囊”搜罗打工者的成功故事，“财富故事”呈现市场经济中创业案例，等等。在期刊市场竞争激烈的条件下，《中外故事》不仅从月刊办到了旬刊，而且保持了发行量居于全国故事类期刊中游偏上的水平。《中外故事》从创办到20世纪末刘琦任主编，进入新世纪后主编先后为张继峰（2001—2004）、连艳（2004— ）。

山西省体育运动委员会在1980年代先创办《柔道与摔跤》，后又创办《搏击》，在此基础上成立山西体育报刊社，报刊社的历任负责人为：张大康（社长，1984—1986、1989—2001；总编，1984—2001）、李文华（社长，1986—1989）、赵香荣（社长，2001—2008；总编，2005—2008），刘慧文（总编，2001—2005）、王基福（社长、总编，2008— ）。

《柔道与摔跤》出至1991年底，共出版51期，然后用此刊号改办《体育文化月刊》。

《体育文化月刊》创刊于1992年3月，大16开本，48页。山西体育报刊社主办。《体育文化月刊》的名称不仅表示了要从文化的高度来诠释体育，而且也昭示了它要为一门新的学科——体育文化学而呐喊的宗旨。当时，体育文化学刚刚兴起，这门学科对提升体育在人类生活中的地位，对于从超越体育的文化目光去分析人类的各种体育活动现象，从文化的意义上去把握体育行为，从而推动体育的发展有十分重要的意义。《体育文化月刊》创办之时也特别张扬了这些主张，它宣称：

> 《体育文化月刊》认为，体育是一种文化现象，更是人类文化的一个组成部分。对于《体育文化月刊》，体育将作为一种特殊载体，借此或由此从一个独特的角度了解、透视和认识人类精神现象，把握人类文明发展的趋势是其根本目的。《体育文化月刊》试图对所有从事体育事业和关注体育活动的人们都有文化思想上的启迪。《体育文化月刊》以不只是欣赏而且乐于在较高层次上

认识体育现象的广大体育工作者、爱好者为基础对象。

《体育文化月刊》设立了“大视角”、“热带语林”、“别样辉煌”、“外来风”等栏目。它追求一种文化品位，如“热带语林”按编者的表述，是对热门话题、热点人物的最具特色的点面进行叙述，并将其纳入人类文明的框架中进行剖析，探讨其对人类精神的意义和作用。《体育文化月刊》尝试把体育提到更高的层次去感受、去理解、去诠释，坚持体育文化学这面旗帜。这种立意或许是好的，但也付出了不小的代价。对大多数读者来讲，其他期刊提供的通俗的赛场报道、体育明星介绍等更具有吸引力。《体育文化月刊》较改刊前失去了不少读者，同时它的高雅与文化追求一时也难以组织到很多合格的作者。《体育文化月刊》曾得到体育界一些领导同志的关心、支持，国家体育运动委员会主任伍绍祖、前国家体委主任李梦华等都为之题词，但在市场的开拓上却困难颇多，这与其提出的读者“基础对象”本身数量有限也不无关系。2000年在报刊结构调整中，《体育文化月刊》停办。《体育文化月刊》的主编先后为申维辰、张大康。

山西体育报刊社还办过一个《中国群众体育》，它由国家体委群体司作为主办单位，山西是承办者。

《中国群众体育》1992年6月创刊，初为季刊，1994年改双月刊，16开本，56页，并有彩色、黑白各四个插页。这一期刊是作为实施全民健身计划的主要媒体出现的。创刊号为纪念毛泽东“发展体育运动，增强人民体质”题词发表40周年而重新刊发这一题词，并配发了一组纪念与回顾文章。《发刊词》由国家体委副主任徐寅生撰写，明确讲到刊物要“坚持以亿万人民群众为主要对象，以传播体育知识、锻炼方法，推广典型经验为主要内容，以发动群众办刊物为主要形式的办刊方针，努力推进体育社会化，实现群众体育向生活化、普遍化、科学化、社会化、产业化过渡，逐步由行政型向社会型、体委一家办向大家办、单一的事业型向经营型、福利型向消费型的转变，发挥体育的多元化功能”。这不仅是讲刊物，实际也是讲体育改革的战略方针，特别是群众体育运动的长期发展方向。《中国群众体育》宣传这一方针，也为推动群众体育沿着这一方向前进发挥了呐喊与向导作用。它设立了“每期一文”、“群体论坛”、“希望天地”、“生命之歌”、“职工体育”、“体育与经济”、“体育竞赛”等多个栏目，既重视发展竞技体育，更着力于群众体育。它反映群众体育工作的新观点、新见解，介绍群体工作方方面面的知识、经验、典型，成为推广全民健身活动的重要媒体。1997年8月，《中国群众体育》获得“全国群众体育先进集体奖”。1998年2月又获国家体育总局“’98全民健身宣传周优秀报道奖”。《中国群众体育》创办初期发行1.3万册，以后保持在1.5万册上下。2000年在报刊调整中该刊停办。《中国群众体育》主编先后有邱玉才、刘吉、朱琼，编辑部负责人先后有申维辰、邱玉才、景永魁。

《搏击》在经过1980年代的迅猛扩张以后，1990年代趋于稳定发展。这时民众的武术热潮逐渐消退，期刊市场竞争却在加剧，《搏击》坚持了“以实用为本，凭真功夫立足”的宗旨，突出功法类栏目的特色，并加大了对较大难度的武术技术的挖掘。这样除保持了中小学生及其他初习武者这一读者群体外，也在武术专业技术人员中争取到一批读者，大大减缓了期刊竞争的压力，保持了可观的市场份额。而且这一时期的广告经营有了大幅度增长，杂志社的效益也在增长。进入21世纪后，数字媒体快速崛起，声音图像的方便结合构成了传统期刊所没有的优势，对这样一份主要着力于动作技法的杂志是更严峻的挑战。《搏击》从两方面积极应对：一是增加了散打、跆拳道等对抗性强的国外技术项目的内容，二是通过新辟的“春秋”、“视点”、“时空”等栏目在传播技术的同时增添人文精神和武德教育。1984年创办后的20年间，《搏击》经历了中国武术的兴盛，也伴随了一代武术迷的成长。《搏击》历任主编为张大康（1984—2001）、刘慧文（2001—2008）、王基福（2008— ）。

《人间方圆》是1993年改为现名的，以前是《太行山》。改名的目的是改变刊物的文学性质（尤其是行业的文学），转为可以走向市场的大众文化性质。改名后刊物宣传要“瞭望世界，思考人生”。创刊词中说：“人间——汉字中一个包容量极大的组合；方圆——单纯中蕴涵着极深的内涵。上下五千年，纵横八万里，《人间方圆》所描绘的一幅幅生动的人间风景，将使你拥有一片憩息的绿地；大千世界，芸芸众生，《人间方圆》所演绎的一幕幕真实的人间戏剧，将使你得到一份生活的智慧……”创办头两年为双月刊，1995年后改月刊，开本先为16开，后改为大16开，64页。

《人间方圆》从1993年到2002年是不断摸索、调整并取得成绩与经验的阶段。改名之初，栏目设置有“人间箴言”、“潮头纪实”、“社会广角”、“风流春秋”、“夫妻之间”、“处世之道”、“青春热线”、“奇人怪事”、“人生百态”、“民族风情”、“历史一页”、“人与自然”、“康寿指南”等。从所刊内容看，可用“实、趣、奇、近”四字概括其特点。“实”是纪实性描述，如《股市不相信眼泪》、《中国女兵风情录》、《女监探访录》等；“趣”是消闲性文章，读来较有兴味，如《情感伊甸园》、《一半温柔一半智慧》等；“奇”是奇异性或惊惧性题材，如《巴比族人的新娘市场》、《超凡入圣的萨满》、《娶鬼妻》等；“近”是贴近百姓的生活，尤其在情感慰藉方面，如《找回婚姻的乐趣》、《节食延年话短长》之类。刊物涉及面很广，却不免庞杂，多方出击反而着力点不集中，虽希望很快打开市场但发行量仅达到3万份。之后刊物调整思路，突出之点是从“瞭望世界，思考人生”改变为“解读社会、解读人生、解读心灵”。从囊括万物万事收缩到围绕人的社会角色做文章，形成了以温馨感人的真情故事为主打的刊物特色，栏目也相应变为“第一视点”、“时代传真”、“真情备忘”、“家庭档案”、“苍生悟道”、“八面来风”等。与此同时，杂志社在发行上加大力度，使市场情况有了好转。同时这一时期也开始了广告经营，经济效益有了明显增长。

2003年后，《人间方圆》进入一个新阶段，即适应市场、细化内容的阶段。从这年起，刊物改为旬刊，三期各有主题：一期为“纪实”，保持原内容，还是“讲述百姓故事，演绎真实人生”；另一期为“温馨”，“聚焦人间至真至善，为读者营造一方浪漫的精神家园”，栏目有“树叶漏下的光阴”、“亲情无限”、“轻轻牵过你的手”、“温馨密码”等；再一期为“情侣”，围绕男女情爱做文章，栏目有“一见钟情”、“情感驿站”、“心灵独白”、“冲动时刻”、“命运悲欢”、“初恋情怀”等。到2006年，又将三期的主题改为“男人炫”、“女人秀”、“完美女人”，2007年又将“男人炫”改为“爱情秀”。为打开市场，刊物做了多种尝试。

《人间方圆》主管单位为山西省国防科技工业办公室，主办单位为山西神剑文学艺术学会，2006年这一期刊划归山西省文学艺术界联合会，主管、主办单位均改为山西省文联。2008年底《人间方圆》决定改名《走遍世界》，办一本以文化旅游为内容的新刊物，提出了“以旅游带动品质生活”，“全面展示科学、和谐的旅游生态，传播时尚主流文化”的办刊目标。自改《人间方圆》后，1993年至1996年李文明（闻鸣）任主编，1994年至1996年巩建国任杂志社社长，1997年后李文明（闻鸣）任社长兼主编。

《生活潮》是由山西省妇女联合会办的文化生活期刊，创刊于1993年1月。1980年代前期，一些省的妇联将原先的地方妇女杂志进行改造，于是出现了一些以女性为主要读者的大众文化期刊，在市场上占尽风光。1990年代初全国妇联副主席赵地来山西视察，提出山西妇联应该有一报一刊来作为自己的宣传阵地，于是省妇联副主席杨守真开始着手筹备此事。

《生活潮》1993年作为双月刊出6期，1994年改月刊，1995年改为大16开本。这三

年中，杨守真担任杂志社社长，而参与杂志运作的则主要是山西省城文学艺术、新闻出版、教育等领域的热心人士，他们对这份新刊物投入很大热情，从总体设计到栏目设置再到稿件征集都花费了很多心血。《生活潮》创刊之初提出“潮头冲浪、创意思维、微笑生活”的宣传语，注意体现“年轻女性的眼光和味道”，开设了“潮头曲”、“潮头写真”、“弄潮人生”、“青春潮汛”、“生活万花筒”、“夫妻内参”、“读友茶座”等栏目，推出了一批立意高雅、文笔清新的作品。一度更专设“尤今看人生”一栏，刊发新加坡女作家尤今的文章。《生活潮》受到了一些女作家的关注，如冰心、陈香梅（美国）、梁凤仪（中国香港）等都给予鼓励和支持。这一时期《生活潮》文学色彩较浓，1994年底在改开本前刊发的《〈生活潮〉改刊宣言》就体现了这一风格。

她（指刊物）的成熟，意味着——对纯感觉时代的告别；对感官之美的告别；对生活琐事的价值体系的告别；对市场的被动驱使的告别——她将从新旧生活水平接轨点和变化的生活方式这个“大生活”中寻找她生命的律动，并确立生存的意义……

她是新生活的情人，不拒绝任何真诚的爱意；她生活在新生活中，要一步一步走在生活的前头；她是一个过程，经常让人注目，也经常让人回头，或着眼她的足迹和背景向前眺望。她让人热爱生活，把爱和美送到人们心中；她将和大家一块唠叨：我们今天到底是什么样子，为什么是这个样子，这个样子对未来意味着什么，以及什么是快乐和幸福，什么是人最需要的东西……

她是一本充满年轻女性眼光和味道的月刊，也是一本为新生活服务的月刊……

《生活潮》创办时大众文化期刊的市场竞争已很激烈，为创造特色应对挑战，找准自己的市场定位，1996年进行了全新的改版，以读者“向往美好生活、渴望至爱真情、追求现代时尚”的阅读需求为切入点，重新设置满足这些需求的栏目。同时建立起一支年轻新锐的撰稿人组成的作者队伍，广告、发行也走上轨道。这一时期的负责人相继有骆士正（1993）、许大雷(1994)、阎电山(1995)、张寅荣(1996—2002)等。

2000年起，《生活潮》重新定位，开始走高档时尚之路。这年改为半月刊，全彩印刷，提出“生活潮，与你分享好生活”的口号，将读者目标移到城市中上层经济水平人士上。2003年，王丽峰任主编，《生活潮》又提出“我们不是最好，但我们是唯一”的办刊理念，确立了差异化生存的发展道路。2004年起，《生活潮》成为东方航空公司确定的“太原出港航班指定配送读物”，成了山西“上天”的期刊，以后又先后成为太原空港候机贵宾室、头等舱赠阅读物和普通候机区配送读物。2005年后的几年间，杂志社加大了社会活动的组织与参与。如2005年10月联合太原美丽家园资助革命老区154名孩子，并将50名孩子代表接来太原过国庆节，全国劳模申纪兰专程参加相关活动；2007年，《生活潮》改为旬刊，2008年与太原智海企业集团联合举行爱心活动，举资160万元资助山西18个县、1000名不同年级段的贫困学童，直到他们高中毕业。成为山西受益人数最多、持续时间最长的一次公益助学活动。

对于《生活潮》的公益活动，主编写了如此的“寄语”：

《生活潮》一路风雨，到了今天，身处日渐花团锦簇、也日渐繁杂浮躁而功利的期刊市场，我们坚守着自己的风格——真情、温暖、知性。

我们是分享主义者，把美好的生活与所有读者分享。什么是美好的生活？闪烁着智慧光芒的精神世界；柴米油盐酱醋茶家常而动人的生活细节；最纯洁热烈真挚的爱情、友情与亲情；白手起家或者胆识超前的创业传奇；健康的生活方式……还有你认为的所有真的、善的、美的，是我们所理解的美好的生活。

我们热心于公益事业。从我们为社会爱心人士和贫困儿童搭建起了“春蕾桥”的那一天起，这座爱之桥便从来不曾寂寞。数百名山西省各地区贫困家庭的孩子被资助和关怀……

我们为此感动，也很自豪，我们是一本杂志，我们也不再仅仅是一本杂志，我们把她延伸得很远……我们爱她，希望大家也爱她！

《影视圈》前身为《电影介绍》，1994年1月改名《影视圈》。这一改名顺应了电视普及以及电视娱乐节目在民众文化生活中占据重要地位的形势，当期就发行1万册。当时为大16开本，月刊，48页，定价2.80元。改名后主办单位仍为山西省电影公司，主管单位为山西省文化厅。《影视圈》编辑部按照主办单位的要求实行了经营体制的改革，负责人竞争上岗，编辑部人员双向选择，主办单位提供部分创办资金，不足部分编辑部自筹。由于原《电影介绍》人员不愿放弃“铁饭碗”而留在了电影公司，编辑部人员全为新招聘的大学生，形成一个团结、热情、敬业的团队，为新刊创办打好了基础。《影视圈》以青少年为主要受众，这一群体对影视明星比较关注，追星现象较为普遍，但刊物坚持不做“追星族”，要办成“读者参与中国影视活动的阵地”。于是在报道、追踪现代娱乐资讯的同时，发挥期刊可以深入挖掘的优势，全方位地引导读者正确认识影视歌星，力争在影视类报刊之丛中成为有特色的一家。1998年电视剧《还珠格格》在青少年中引发一股热潮，这直接带动了影视类报刊的销售，《影视圈》也抓住这一机会，发行量一度猛增到12万余册。《影视圈》始终注重开拓市场，在原先的邮政发行体制难以达到预期的情况下，通过民营发行商开辟发行网络，并摸索出一套对发行代理商既扶持又控制的办法，在发行量有所下降后仍保持了相对稳定，每年都可创造10万元以上的收益。《影视圈》1994年到1998年周爱萍任社长、常务副主编，李俊杰任主编。1998年到2000年李俊杰任社长、主编。2000年后杨红宇任社长，主编李文喆。

《都市生活》是由《经济与社会发展》改刊而来，改刊前是一个综合性理论刊物，改刊后变为新闻生活综合刊物。1998年9月改刊，当时是周双刊，在形态上综合报纸与期刊的特点，4开24版，它采用新闻纸，但又有彩印封面、封底，而且进行装订，封面亦即头版，是重点文章介绍。这种外观在山西是独树一帜的，一上市就很引人注意。《都市生活》有自己的一套办刊理念：创新、责任、合作、共进、差异。它提出，以“紧扣都市脉搏、关注民生民性”为主导思想，以“视角社会化、选题生活化、编排时尚化、服务资讯化”为编辑原则，使刊物从总体上呈现“民生、服务、休闲、资讯”的特色。创办之初有“关注太原”、“都市调查”、“特别报道”、“食为天”、“南北极”(男女之间)、“时尚”、“家电”、“通讯”、“车界”、“房地产”、“健康”等专栏或专版。《都市生活》以形式和内容的新颖、鲜亮闯入报刊市场，面对网络的兴盛和其他都市类、生活类报纸的竞争，打开了一片天地。

到2003年，《都市生活》在保持总格调的同时形成了“新闻周刊”、“生活周刊”、

“文体周刊”、“房产周刊”、“家电周刊”、“时尚周刊”以及“旅游专版”等几大板块，每期达到40页。2004年后，《都市生活》更致力于在差异价值最大化中争取市场的生存空间和位置，在服务功能、表现形式、视觉效果、阅读取向等方面追求周刊品质的唯一性和独特性。编排上由报纸版式过渡为周刊版式，用纸由新闻纸改变为轻质纸，基本上形成了主题化、生活化、休闲化的采编风格。在山西市场，《都市生活》与其他强势媒体已形成有机互补的格局。《都市生活》从创刊就实施市场化运作的管理体制，在经营上经历了由寻求广告公司合作、主营商业广告到寻找战略合作伙伴、主营品牌形象广告、建立网络资源的曲折过程。经营手段也由主要通过发行量来争取市场份额而转型为多元化开放、广告业务和企划活动并举，使《都市生活》自身的品牌影响不断得以扩大。《都市生活》由中共太原市委宣传部主管，太原市人民政府经济研究中心主办，社长先后为李仲年、王建设、李建基，主编先后有王建设、李仲年、田奇达。

第八节　编辑学研究之跋涉

1995年,《编辑之友》进入第十个年头。这时编辑学研究的形势、出版业的形势及主办单位自身的情况都发生了很大变化，出版社把经济指标提到了前所未有的位置，社会主义市场经济的运行规则已经影响到出版领域。

于是，1995年《编辑之友》进行改版，在内容上，一是集中，二是拓展。集中是集中于出版（书、刊）的编辑，拓展是拓展到学术之外的编辑文化及出版文化。虽仍以理论研究为主，但分为两大主题：一是编辑基本理论，一是出版现实对策。在形式上则改为大16开本，64页，定价4.20元。

《编辑之友》倡导编辑学，也一直被归之为学术期刊，但它与其他纯学术期刊不同：一来它在编辑学研究之外还有普及方面的内容，创办之初曾连载过“编辑工作讲座”，同时还有理论之外的内容，改版时更加大了这方面的比重。二来它的主办者不是研究机构或学术团体，而是从事图书出版的山西人民出版社。1990年代后期，国家新闻出版署曾倡导“社刊工程”，中心内容是要使期刊成为出版社新的经济增长点。当时全国出版社办有期刊374种，中央部委出版社办186种，各省（市、自治区）出版社办188种。而其中非消费类的（亦即学术理论类与少数民族文学的）只有18种,《编辑之友》就在其中，可见在“社办期刊”中它也是“少数派”。对它的性质，历任办刊者的说法是“编辑工作专业刊物”。

1995年之前的《编辑之友》大致可分为两个阶段，1985年到1991年可谓之“开局”。这一时期,作为新时期首家编辑学期刊直接推动了编辑学以及相关的出版学等的研究。当时有一种认识，说编辑学、出版学是改革开放以后出现的新学科，但随着研究的深入和资料的挖掘，发现早在抗日战争之前的1930年代就有过“出版学”的概念（杨家骆提出），在解放战争临结束的1949年也有过“编辑学”的专著（李次民），所以应该说是新时期重启了这些学科的研究和形成了新的研究规模。《编辑之友》在这一过程中发挥了较大的作用，一些编辑学研究中的主要课题和主要观点当时大都发端于这一刊物，一些后来在编辑学研究上有所成就的学者如刘杲、邵益文、戴文葆、阙道隆、徐柏容、吴道弘、林穗芳、赵航、王振铎、蔡学俭、蔡克难等在这一时期开始成为刊物的骨干作者。《编辑之友》带动了出版界对编辑出版工作的研究，其中尤其是以前很薄弱的文学编辑与书籍装帧的研究。过去文学编辑一般只关注文学创作与评论，《编辑之友》积极组织文学编辑研究方面的稿件，于是一些资深文学编辑，如责编过《林海雪原》的龙世辉、责编过《红岩》的张羽、责编过《朝阳花》的黄伊等开始给《编辑之友》提供文章与资料。在书籍装帧方面过去缺乏研究，也没有阵地，《编辑之友》开辟了“装帧艺术”专栏，刊发研究文章也刊发优秀书装作品，这得到了曹辛之、张守义等著名装帧艺术家的支持，由此牵动了对书装艺术的重视与研究。1989年，中国版协授予《编辑之友》装帧艺术特别贡献奖。在《编辑之友》创刊之后，1986年上海市编辑学会成立，1987年中国科技期刊编辑学会成立，两个编辑学团体分别创办《编辑学刊》、《编辑学报》，由此形成三家编辑理论期刊鼎立的局面，一直持续到2002年（2003年《中国编辑》创办）。

《编辑之友》这一阶段还做了两件重要的事。1986年经国家出版局批准，以《编辑之友》为基础成立了书海出版社，作为山西人民出版社的副牌，主要出版同一范围的图书。《编辑之友》1987年也改为以书海出版社名义出版。1986年《编辑之友》又与上海《书林》、北京《博览群书》、河南《新书报》等多家相近报刊联办了中国图书“金钥匙”奖，该奖仿照了当时《大众电影》“百花奖”的办法。这些报刊刊发各出版社推荐的书目，由读者投票，评出不同等级的奖项。该奖是面向各出版社的，奖发给出版社而不是发给作者。初期每年一次，后改为每两年一次，从1987年到1996年共举办八届，第八届由《新闻出版报》承办。后因国家有关部门政策原因以及通过报刊组织读者评奖出现一些新问题等因素而中止，但它十年间在引导出版社多出面向市场的图书方面是发挥了积极作用的。

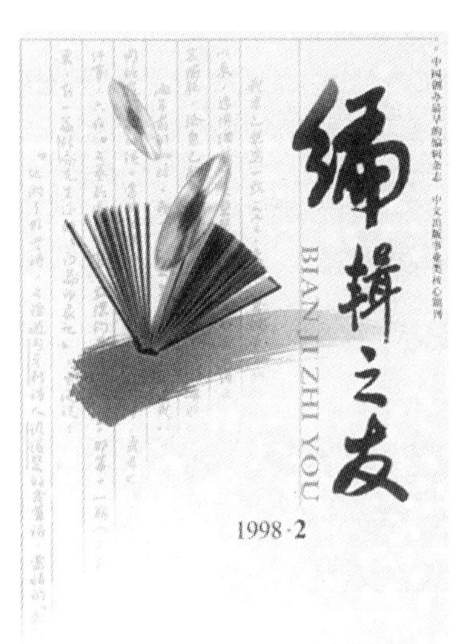

1992年到1993年可谓《编辑之友》的“坚守”阶

段。这时主编张安塞被调去筹建新获准成立的山西古籍出版社，山西人民出版社实行目标责任、竞争上岗、双向选择、部门重组，《编辑之友》不再作为独立单位而被并入一个编辑室中，印制发行统归出版社相关部门。一时间，《编辑之友》只留杜厚勤（任副主编）在负责编辑，坚持出版。尽管如此，《编辑之友》仍保持了编辑上的严谨，有意摈弃了当时出现的一些“罗列分支学科型”、“诠释其他理论型”、“漫议型”等学风浮躁的泡沫研究文章，保持了在编辑出版研究领域中的领先水平。《编辑之友》从创办到1993年，张安塞任主编。《编辑之友》1987年后一直为双月刊，16开本，80页，定价从最初的0.80元到1991年调至1.60元。

1994年起，宋富盛任山西人民出版社社长、总编并兼任《编辑之友》主编，当年决定重建《编辑之友》编辑部并筹备改版，出版单位改回山西人民出版社，由孙琇主持刊物工作，两年后任主编。从这时到2001年可谓《编辑之友》的“扩张”阶段。所谓扩张是主办方加大了对期刊的关注与投入，编辑部分设编辑、编务两室，待遇等同于出版社其他部室。编辑部在编辑、审稿、出版、发行、经营等方面有了自主权。对期刊本身则进行改版，全力来打造编辑出版研究领域的品牌期刊形象。

《编辑之友》提出了“保持学术品位，追求全国水平，贴近编辑生活，服务出版实践”的目标，加强了编辑部的主体意识和策划意识。鉴于第一线的编辑从业者对编辑学理论创建的兴趣有限，他们更关注出版形势的变化和现实对策，所以刊物有意识地加大了这方面内容的比重。在“专题访谈”栏目专发出版界某方面有影响的人物就某一问题的看法，改版后第1期就刊发了对国家新闻出版署署长于友先的专访，以后还发过对徐福生（上海市新闻出版局局长）、崔恩卿（北京青年报社社长）、胡守文（中国青年出版社社长）、刘杲（中国编辑学会会长）、梁衡（国家新闻出版署副署长）、王亚民（河北教育出版社社长）、邵益文（中国编辑学会常务副会长）等人的专访，涉及出版改革、编辑学建设、精品战略、报刊结构调整、出版产业化等多方面的问题。在“出版研究”栏中刊发对出版改革与发展有创新见解和深刻分析的文章，几年中有些形成较大影响。如1995年第1期《对中国出版业分流管理的战略构想》（郑俊琰）刊出后，《新华文摘》、《出版研究》等多家媒体很快予以转载或摘发，在当年的一次出版研讨会上成为关注点。又如1999年第4期《从选题竞争到价格竞争——论我国出版业的现状及发展》（李欣）刊出后也引起国家有关部门的关注，于友先署长到天津后专门提出约见作者（作者系南开大学编辑专业学生）。

在编辑学理论方面,《编辑之友》力争编辑出版最新研究成果在该刊首发，各种相关的学术研讨会上重点论文都成为被抢先约稿的对象。在论文的内容上,《编辑之友》坚持兼容并包的原则，有意识地同时推出不同观点以引发争鸣，推动研究的深化和细化。当时编辑学的研究在全国形成三个群体：一是出版社人员，二是各种学术期刊尤其是科技期刊人员，三是高校编辑出版相关专业人员。由于种种原因，三个群体之间沟通较少,《编辑之友》有意识地用自身的品牌优势促使三者之间建立联系，例如对“编辑学”的国际用语当时存在两个完全不同的英文词语,《编辑之友》就策划了《关于“编辑学”国际用语定名的通信》(1996年第2期)，联系各方面相关专家及不同用语的提出者发表看法。文章发表后引起学界的关注，不同学术团体间增进了交流,《编辑之友》也在这些不同群体中开拓了市场。

《编辑之友》通过不断推出新人新作来拓宽编辑学的研究范围，其间最典型的是对“编辑论”系列的推出。作者任火是一理科高校学报主编，1998年之后,《编辑之友》连续推出他的《编辑境界论》、《编辑人格论》、《编辑发现论》、《编辑质疑论》、《编辑权威论》、《编辑创造论》、《编辑忧患论》等。他的文章气势磅礴、视角独特、感情炽烈、文字奇崛，形成了编辑理论研究中的一道新景观。用中国期刊协会会长张伯海的说法是：“作者不仅把编辑活动社会化、学理化，也把编辑活动人格化、情感化，或者说，把编辑活动诗化了。”2003年作者结集出版为《编辑独语》(中国书籍出版社)，而后就此书的解读和评论又出现一本由70位作者的文章汇成的《走向编辑灵魂的圣坛——放谈〈编辑独语〉》(河北教育出版社，2005)。在中国期刊协会举办的一次社科期刊会议上，这两书被作为推荐读物。就一本书的研究而再出一本书的情况，在当代学术史和出版史上都是甚为罕见的。这两本书的问世在编辑学研究中开辟了一个新领域，此前的研究，可概括为“论”(学理、规律)、“史”(编辑史)、“术”(技艺、规范)、“德”(教育、素质)四方面，现在又增加“情”(人格、精神),“论、史、术、德、情”成为编辑学建设中的五大方面。

任何一门学科都应该有学术代表人物，他们的学术观点、治学方法、学术经历代表着这一学科的成熟程度。同理，学科走向成熟之时，也必然产生代表性学者。《编辑之友》从1998年起设“编辑学人”专栏，先后介绍了钱文霖、王振铎、刘光裕、任定华、宋应离等一批在编辑学领域辛勤耕耘并卓有成绩的学者,记录了他们的治学历程和学术观点。《编辑之友》同时也为中青年编辑提供展示、交流的平台。1995年起开“自题小像”一栏，几年间数十位编辑在此亮相，他们中间有曾当过飞行员的，有因公致残的，有从行政领导岗位转来当编辑的……尽管经历各异，所写文字风格也不同，但充分体现了当代编辑的精神风貌，也为历史留下了一份可贵的纪实资料。

对学术期刊的评估在1990年代中期形成体系，转摘率是主要指标。《编辑之友》转载率一直较高，以1999年的《新华文摘》为例，全年转载及摘录《编辑之友》文章达8篇。又如2000年第6期《新华文摘》上全文转载2篇，摘录1篇，同一期《新华文摘》摘转某一刊物三篇的情况是极其少见的。1999年夏，《编辑之友》搞了一次全国专家问卷调查，从反馈情况看，都给予了很高的评价。中国出版工作者协会副主席、原中宣部出版局局长伍杰说，《编辑之友》"为提高编辑的素质和水平作出了不小的贡献，为提高编辑理论做了应有的工作，这是一本名副其实、较好的刊物"。中国编辑学会常务副会长邵益文说："这是当前我国反映编辑理论和实践方面最有影响的刊物。"原湖北省新闻出版局局长蔡学俭说："在广大编辑人员中具有重要影响。至少在湖北，我听到对贵刊赞誉之词甚多。"原中国青年出版社总编阙道隆说："贵刊是一直保持高水准的编辑学专业刊物，对我国编辑学的创立、发展，对编辑人才的成长，均功不可没。"南开大学教授赵航说："作为地方刊物，却已走遍全国，是国内同类刊物中最有影响的。所发的大量稿件，对中国的编辑出版业产生了很大的推动作用。如需评分，则在优等。"

在办刊实践中，《编辑之友》形成一些独有的编辑理念，如相对于"图书编辑的最高追求是推出传世之作"（刘杲），提出期刊编辑的最高追求是推出领世之作；如学术期刊摈弃指导性建立权威性的思路；如期刊编辑应树立"平台、空间、形象"三种意识的观点；如学术稿件要坚持"新、深、实、耐"的选择标准等等。《编辑之友》也多次应邀在河南、广西、黑龙江等地的会议和培训（包括军队系统）中介绍编辑学研究和期刊编辑理论。1999年北京印刷学院建立出版系与期刊研究中心，聘了20名兼职教授，《编辑之友》主编列于其中。2001年10月在韩国首尔举行第十届国际出版学术会议，《编辑之友》主编作为中国代表团成员参加，并在会上宣讲论文《当代中国的出版研究》。《编辑之友》一直为邮局发行，作为专业性较强的"小众"刊物不可能有很大的发行量，但订户覆盖面很广，1998年时北京有1000余份，西藏有31份，其中阿里地区还有2份。

2001年，《编辑之友》主办者山西人民出版社受命与另外两出版社合并后，筹建山西人民出版集团，并拟以《编辑之友》之刊号另办他刊，于是《编辑之友》停止征订。但此举引起读者关注，询问者纷纷，其中有辽宁一资深编辑高起元直接上书新闻出版署署长，并引发新闻出版署相关部门的过问，《编辑之友》停办之事于是搁浅。

2002年起，《编辑之友》可谓“支撑”阶段。由于种种原因，编辑力量不足，虽曾有进行内容改革的设想，但难以付诸实施。邮局征订的中断又使发行量的恢复几乎不再可能。在这种情况下，只能对原有宗旨及风格进行调整而继续下去。在比较困难的条件下，《编辑之友》仍进行了多种努力，提出了“开辟思想领地，共享出版智慧，创建学术家园，伴随编辑成长”的口号，力图给读者以新的理念和信心。扩大了刊物容量，每期从以前的64页扩至80页，2007年又扩至96页；加强了与成绩突出的出版单位的联系，发表这些单位负责人的文章，将他们的思想与经验予以传播；加强了与作者的联系，在发表文章的同时刊发作者小照，在扉页与目录上再刊发十篇重点文章作者的语录与照片；加强扶植新作者，尤其是对年轻编辑写的论文给予关照，帮助他们出成果、评职称；主编也积极进行出版研究，多次亲自撰写卷首文章或重点文章。这一切的工作使《编辑之友》在业界仍保持了较高声誉。这一时期主编为庞沁文。

2008年，随着山西出版集团成立及机构调整，《编辑之友》改由集团主管主办，康宏接任主编。《编辑之友》以“前瞻、人文、务实、形象”为追求调整栏目，并精心策划推出了“改革开放三十年特刊”，展现和总结了编辑出版改革的历程和经验。

《编辑之友》自1993年至2008年一直为山西省一级期刊；自1992年北京大学图书馆等遴选中文核心期刊以后，至2008年连续五届入列《中文核心期刊要目总览》；1989年时曾被评为山西首届优秀期刊；1998年在山西首届期刊装帧评比中获优秀封面奖；在华北地区期刊评比中，首届（1991）、三届（1996）、四届（1998）、六届（2002）获优秀奖，五届（2000）获“十佳”奖；在北方期刊评奖中，第二届（2007）获优秀奖。

第九节 行业期刊的兴盛与变迁

在改革开放的30年间，有几类期刊的变化是比较大的，甚至是大起大落，这其中有一类就是行业期刊。这类期刊如何界定，实际上一直是不太明确的。2001年11月“中国期刊展”举办，当时曾公布了对全国期刊分类的统计资料。该统计将期刊分为哲学、社会科学，自然科学、技术，文化、教育，文学、艺术，少儿读物，画刊，综合七大类，行业期刊自然是归于综合类的。在这一统计中，全国综合类期刊总数占期刊总数的6.38%，而它的总印数却占到期刊总印数的18.96%。如果综合类中有相当一些是行业期刊的话，那也就意味着行业期刊在期刊市场上占了不小的份额，它的存在是不容忽视的。是什么时候形成行业期刊这一概念的，现尚未找到确切资料，但在1997年全国期刊治理整顿时，主要内容之一就是“压缩行业期刊”，这说明行业期刊这一概念是此前就存在和被广为认可的。

行业期刊的大规模出现是在1980年代中后期，这与当时提出实现四个现代化、重点抓经济的大形势有关，也与当时出版的管理体制有关（当时创办新刊在申报审批上相对简单）。这类期刊一般是由中央有关部委或省内负责某一行业的厅局主办，其中不少是某厅局与某协会共同主办。但由于我国的行业协会是由相关政府部门担任业务主管单位的，所以事实上的主办者仍是党政管理机关。2003年，在治理整顿报刊中所提出的“党政机关办刊”其实也是指这类行业期刊。这类期刊在名称上大都是地区名加行业名，在办刊宗旨上都是在党的指导思想下，贯彻有关本行业的方针、政策，对本行业进行理论研究、交流经验、传达信息、促进发展之类。这类期刊大都不太注重经营，在经济上由主办单位给予经费支持（包括办刊人员的工资等），发行上是依托行政系统的权力与渠道进行，所以在一定时期可以形成较可观的发行量（当然基本上是公费订阅）。这类期刊中有的办得很不错，也确实在推动经济建设方面起了很大作用，但也有一些办得一般，个别的甚至较差，山西期刊分级管理中被注销刊号的主要也是这类期刊。

行业期刊大致也经历了一个从兴盛到分化、变迁的过程，而这又是与这些年间整个经济体制的改革与各个行业的变化密切相关的。这类期刊创办的基础是社会主义计划经济，而改革要打破的恰是这种经济模式，虽然创办时的初衷是好的，也发挥过一定作用，但在社会主义市场经济体制建立的过程中，这类刊物存在的基础发生了动摇。计划经济时设立的一些中央部委撤销了，省里有的厅局也消失了，一批国企也在改制，原先行业刊的生存环境发生了变化，而行业期刊先天的“基因”使相当一些未能做到“适者生存”，于是分化、消亡或变迁就成为必然。与这类期刊办刊基础相伴而生的还有主办单位及具体办刊者大都对传媒规律既缺乏了解，也没有认真研究，在人事管理与办事方式上仍留存着很浓的行政色彩，也是最后造成这类期刊有些办得不成功的一个根源，尽管这是次要根源。1996年山西省在报国家科委后首次对连续三年评为三级的期刊予以注销，三种都为行业期刊，即：山西省计量局和山西省计量测试学会主办的季刊《山西计量测试》，山西省科协和山西省能源研究会主办的季刊《山西能源》，山西省科协和山西省节能技术研究会主办的季刊《山西节能技术》。2001年连续三年为三级而被停办及调整处理的《山西气象》也属于这类期刊。在全国性的对报刊整顿治理、优化结构中，这类期刊也往往成为重点的对象之一。尽管行业期刊有种种先天或后天的不足，但也并不是不可办好的，关键还在于人，在于办刊人的理念与策略。这类期刊中也有一些能不断调整办刊思路，努力适应市场需要，坚持办了下来而且办得比较出色的，如《山西教育》、《税收与企业》、《山西档案》等。

《山西教育》根据教育改革的推进而不断调整刊物方向，与时俱进地为全省教育事业服务，一直保持了一个老刊物的影响力，多次被评为山西省一级期刊。

《税收与企业》1992年创刊，2003年底停办，连续被评为山西省一级期刊，2000年还进入《中文核心期刊要目总览》。

《山西档案》不仅多年被评为山西省一级期刊，还在1992年、1996年、2000年、2004年、2008年连续进入第一至五届《中文核心期刊要目总览》。

《山西教育》创办40周年时是1996年，这一年山西教育报刊社编印了一本纪念册，其中提到《山西教育》“作为省教委的机关报刊”、“作为省教育厅行政部门的机关刊物”如何如何，这表明，《山西教育》在性质上属于行业期刊是有共识的。《山西教育》在进入1990年代之后，既继承了以往的传统又不断有所创新，是较好地实践了办刊宗旨的。这主要表现于三个方面：一是坚持调查研究，宣传有关教育的方针政策。例如农村教育的发展一直是山西教育事业的重头，《山西教育》在这方面的报道也一直作为重点每期必有。1996年，《山西教育》组织了对阳城县、晋城市城区实施素质教育情况的实地考察，并刊发了系列报告，对全省实施素质教育工作起了引导与推动作用。《山西教育》发现、报道的晋城李寨中学、方山县圪叉嘴小学、柳林县前元庄实验学校等结合经济发展办学的典型，在全国基础教育界引起关注。二是坚持联系实际，传播先进的教育理念。1990年代初，《山西教育》引进苏联合作教育学派的理论，开展以“没有学不会的学生，只有不会教的教师”为主题的大讨论，在中小学教育中倡导构建合作教育模式，为后来“愉快教育”、“成功教育”的实施做了富有实践意义的准备。接着开辟了“成功教育”、“教育评价”专栏，系统地介绍新的教育理论与方法。在新的课程改革开始后，又及时开辟“校本教材”、“教育叙事”等栏目，不断引领教师在课改中积极探索，用先进的理念去分析、解决遇到的新问题，在课程改革的同时促进了教师的专业成长。三是坚持组织活动，放大刊物的社会影响。《山西教育》多年来结合教育改革与刊物发展需要组织了多项活动，大到历时一个月的考察，小到一次座谈会，都收到很好的效果。如1991年《山西教育》与省教育管理研究会组织了“山西省中小学教学管理研讨会及讲习班”，1995年连续在太原市、晋城市、忻州市召开“减轻学生负担座谈会”，并刊发了综合调查报告，对推动“减负”起了积极作用。2000年之后，《山西教育》与其他纸质媒体一样，发行量萎缩，山西教育报刊社采取分小众、集专题的方式尝试应对，2000年改为半月刊，2005年改为旬刊。面对新形势，山西教育报刊社确立“服务教育，关注师生，读者至上，质量第一”的宗旨，围绕“提高刊物质量，扩大发行数量，追求最大的社会效益和经济效益”的工作目标，从调整刊物结构和内容、创造特色、提升水平入手采取了一系列措施。每月三期，各突出其主打方向，分别为“教育管理”、“教师教学”、“招生考试”，并从读者需要出发，开设新栏目，如“局长在线”、“校长手记”、“处长访谈”等，使各种信息的传达更直接、快速、透明。为调动教育第一线作者、读者的参与积极性，2007年、2008年举办两届全省通讯员集体采风活动，在建设通讯员队伍的同时也带动了地方教育改革成果的宣传和经验的交流。经过这些努力，山西教育报刊社走出一度亏损的困境，再次焕发了生机。

《山西教育》一直为16开本，但页码有所变化，2007年为56页，定价4.00元，2008年为64页，定价5.00元。

1987年以后，山西教育报刊社主要负责人为张秉谦（社长、总编，1987—1996）、李衍黔（社长、总编，1996—2003）、李和平（社长，2003—2006）、杜康宁（总编，2003—2006）、张启航（社长、总编，2006— ）。

《税收与企业》是1990年底试刊后于1992年1月创刊的，主办者为山西省税务局和山西省税务学会。1994年国家税务机构改革，国税、地税分设，《税收与企业》主办单位也相应变更为山西省国家税务局、山西省地方税务局和山西省税务学会，主管为山西省国家税务局。机构的变更没有给这份期刊造成不利影响，反而使之有了更大的运作空间。创刊时发行3000册，后来最高时发行达到7万册。《税收与企业》1993年获得国内统一刊号，当年开本从原来的16开改为大16开，页码从48页增至64页，定价2.00元，刊期由双月改为月。《税收与企业》将办刊宗旨定为“立足税收，服务企业”，并提出了办成“融工作性、新闻性、社会性为一体的综合性月刊”的目标。随着改革开放的深入，税务工作与国计民生的关系日益重要，与企业的关系也愈加密切。作为全省税务方面的刊物，《税收与企业》配合税务工作不同时期的中心任务，宣传国家税法，服务于广大纳税企业，起到了宣传主阵地的作用。刊物的质量也达到了当时的较高水平，1995年首次参加山西省期刊评级就进入一级，以后直到停刊，一直保持在一级期刊之中。

虽也是行业性期刊，但《税收与企业》在办刊中努力摆脱这类期刊容易出现的呆板、枯燥、说教弊病，力求成为以税务为中心的综合性月刊，使读者面不只限于税务工作人员。

这从它的栏目设置上就可以反映出来，它既有直接研究税收工作、理论性较强的栏目，如“理论之窗”、“探索争鸣”、“双塔随笔”等，又有反映实际工作的“一线传真”、“所长札记”、“税企金桥”等。它还专门针对企业设置了“企业论坛”、“经营之道”、“案例纪实”等栏目。为了增加读者的兴趣，还开设了“环球经纬”、“社会广角”、“本期焦点”，甚至有文艺性的“黄土风情”等栏目。这些努力都是围绕着它的办刊目的与特色追求而进行的。它在实现综合性的同时也保持了在理论与实践上的领先性，成为全国税务类期刊中引人注意的一家，2000年进入第三届“中文核心期刊”，是山西省该届入围的19种期刊之一。《税收与企业》创刊时由张潞生任编委会主任，张亮明任主编，1993年改由张华隆任主编，1995年后又由张亮明任主编，焦惠生为编辑部负责人。2001年起陈建中任主编。

2003年，中共中央办公厅和国务院办公厅联合下文进行报刊治理，治理的范围是党政机关及有关行业组织所办报刊。面对全局，《税收与企业》选择了停刊，在2003年底的刊物中刊发了《收获希望——终刊词》，文章说：

飘雪的季节，我们编辑部的全体人员向大家挥手道别了。

还记得十三年前，在那间旧办公室里，几个业余编辑在为山西税务系统第一本自己的刊物出版而忙碌的情景。

十三年了，我们的刊物由小开本到大开本，由素面到彩封，由业余办刊到专业办刊，由一本默默无闻的内部刊物到全国“中文核心期刊”和连续八年的山西省一级期刊，它被《中国期刊网》、《中国学术期刊》全文收录，它同时也是中国人文社会科学引文数据库来源期刊。

十三年了，我们的读者由税务干部到院校师生，由企业人士到社会各界，由一支队伍到一个群体，遍及大江南北、长城内外。

十三年了，我们的杂志贴近时代脉搏，关注社会经济发展态势，研究税收理论问题，探讨企业经营发展规律，展示成功企业风采，办刊水平由一个目标到一种理念。

是大家共同创造了这块园地。

正是这块园地，为我们共同探讨税收经济理论提供了平台；正是这块园地，成为宣传税收工作的重要载体；正是这块园地，见证了20世纪后十年山西税收事业跨越式发展的铿锵足迹，激扬了我省税务系统学习、探索、创新的氛围；正是这块园地，使我们结缘财税理论名家、企业管理专家，使我们有机会为企业改革发展献上一份绵薄之力。

走进新的世纪，我国的新闻出版事业改革潮起潮涌，即将迈入新的发展阶段，顺时而动，顺势而归，是时代发展的必然。学会放弃，服从大局是我们唯一的选择。《税收与企业》杂志即将完成它的历史使命，和大家挥手道别了。

“十年磨一剑，双刃业已试。”我们不能忘记，各有关部门、各级领导对刊物发展壮大的支持与帮助；不能忘记，专家、学者对提升刊物质量的谆谆良言；

不能忘记，热心的作者、读者给我们倾情的厚爱与鞭策；不能忘记，几代编辑人为杂志的品位提升付出的艰辛劳动。

历史将见证我们的合作与友谊。

路还长，风正急。我们只有只争朝夕，奋勇前行。

坚信未来，我们终将收获希望。

《税收与企业》从容、平静地完成了漂亮而完美的“谢幕”。

《山西档案》从1988年起进入一个较好的发展期。这年1月1日起，《中华人民共和国档案法》正式施行，宣传《档案法》，推动档案学术研究，提高档案科学管理水平成了《山西档案》义不容辞的任务，也促进了它自身质量的提高。当年开设的档案工作系统讲座，更得到基层读者的普遍好评，对档案知识的普及与档案工作业务的提高起了很大作用，受到省人大常委会、省政府领导的高度评价。发行量也很快上升，达6000册。1991年山西省档案局决定将《山西革命根据地》和《山西档案》合并，《山西档案》1992年以新面貌面世。新刊双月出版，16开本，56页，定价1.30元，1994年又获准向国外发行。内容上也做了较大调整，突出档案科学研究和档案史料研究两大主题。印装方面四封改彩印，内文改胶印，外观质量也同时大有提高。刊物不只反映山西的档案工作，而且凭借推出科研新成果吸引了省外的许多专家关注，中国人民大学、武汉大学、苏州大学、四川大学等在档案学科方面有相当优势的高校作者的文章也频频出现于《山西档案》之上。《山西档案》发行量一度在1.2万册左右。《山西档案》本是一份地域性的工作指导类刊物，但它以其较高的学科研究水平成了在全国档案学、档案事业领域的知名刊物，连续保持了“中文核心期刊”的称号。进入21世纪之后，《山西档案》在刊物定位上坚守“严谨、专业”；在质量上狠抓重点栏目与特色栏目，如“问题研究”、“馆室业务”、“史档杂俎”、“史海泛舟”等；在经营上瞄准发行这一薄弱环节，积极应对期刊出版环境的变化，保持了持续发展的势头。《山西档案》历任主编为赵

巨华（1986—1990）、石浒泷（1991—2003）、王玉声（2004）、赵跃飞（2005— ）。

《山西劳动与保障》是山西省劳动和社会保障厅、山西省劳动和社会保障协会主办的刊物。它的出版可分为两个阶段：1983年10月至1998年8月为《山西劳动》，1998年9月至2003年12月为《山西劳动与保障》。

在1980年代到1990年代前期，《山西劳动》凭借着计划经济时代形成的政府对企业劳动用工、分配、工资等的控制，而保持着它作为行业指导期刊的优势，影响还是不小的，发行量曾达到2.4万份。但是，随着社会主义市场经济体制的建立，国有企业的深层次矛盾凸显，一批企业生存都成了问题，政府对企业在劳动方面的掌控减弱，这就给《山西劳动》带来直接影响。为了应对形势的变化，1995年以后的《山西劳动》也进行了一系列变革，内容上调整栏目，扩大涵盖面，增加了劳动力市场、社会保障、劳动监察、工资改革等方面的内容，在发行上也狠下工夫，开始把触角延伸到民营企业。1998年国家有关机构改革，劳动管理部门的职能也随之变化，《山西劳动》更名为《山西劳动与保障》。开本改为大16开，页码增至48页。刊物以劳动和社会保障为中心，试图将读者对象扩展到劳动者个人，主要栏目有“社会写真”、“再就业工程”、“仲裁庭内外”、“社会经纬”、“工资纵横”、“一线传真”、“百姓话题”等。《山西劳动与保障》从改此刊名到停办共存在六年，一直被评为山西省一级期刊。2003年，在报刊治理中，《山西劳动与保障》作为机关所办期刊被划转至山西教育出版社，后此刊号用于改办《教育》。刊物在1990年代之后历任主编为袁子良、张立华、李顺通、常志峰、张煜、李晓东。

《山西财税》由山西省财政科学研究所主办，1987年成为正式在全国发行的期刊。在全国同类期刊中，《山西财税》当时质量和影响还是位于前列的，1992年北京大学等单位组织第一次遴选中文核心期刊时，《山西财税》就入选了，只是未进入以后几届。《山西财税》比较注重为山西省经济改革和财税工作服务，在这方面发挥了一定作用。刊物不断调整栏目，从财税理论和实践两方面努力使自身成为一份综合性业务刊物，栏目有“编者寄语”、“特快专递”、“财会纵横”、“财税传真”、“企业广角”、“基层财政”

等。1987年时为月刊，16开本，48页，定价0.50元。1999年改大16开本，48页，定价5.00元，发行量在2万册以上。1991年后主编先后为唐执升（1991—1995）、崔联会（1995—1997）、李浩（1997— ）、李晋中（2007— ）。

由山西省统计局、山西省统计学会主办的《山西统计》，1987年获得国内统一刊号。当时目标是办成一本集统计、经济、信息于一体的综合性刊物，但实际上仍没离开行业期刊的基本性质，主要还是面向统计工作者的。它的发行量较长时间在1万份左右，最高时突破过2万份。《山西统计》开设的栏目有“部门经济统计”、“改革之声”、“工作研究”、“经济问题”、“城乡调查”、“统计职教”等几十个。《山西统计》主编为张保，编辑部负责人为陈培文。2004年在报刊治理工作中，《山西统计》划转至山西科技出版社，此刊号后来用于改办《世界高尔夫》。

《山西统计》创刊以来页码保持在48页（个别期有变化），而定价不断调高的过程则记录和反映了20年来期刊成本的变化。0.30元（1982—1984）、0.40元（1985—1986）、0.45元（1987—1988）、0.70元（1989）、0.95元（1990）、1.10元（1991—1993）、1.50元（1994—1995）、2.80元（1996—1997）、6.00元（1998— ）。

《人事》是全国第一个由地方所办的关于人事工作的期刊。在1993年至1996年间连续被评为山西省一级期刊。1994年为推动全省组织人事部门的人员学习业务，推动改革，《人事》搞了“百题有奖征答”活动，最后组织专家评审，临汾市人事局薛璞玉等9名同志分别获一、二、三等奖，晋中地委组织部等12个地市县委组织部、人事局获组织奖。1995年《人事》又编发了《国家公务员制度知识竞赛专辑》，这不仅为组织人事部门而且也为全省国家公务员制度的建立发挥了推进作用。人事管理是一个外延广泛的概念，就中国的国情讲就包括干部的宏观控制、吸收录用、培训调配、任免奖励、工资福利、退职退休、机构编制、军队转业干部安置、人才交流等，《人事》在这些方面既宣传政策，又交流经验。尤其是在改革开放新形势下，更采取多层次、多侧面、多手法的策略加强了对新观念、新做法的介绍与引进，既发短小文章，也发系列讲座。2003年发表国家人事部行政科学研究所吴德贵《事业单位人事制度讲座》（共12期）就很受基层欢迎，到《人事》停办之后仍有读者索购该年合订本。《人事》发行量最高时达3.5万册，1999年底时发行1.4万册。《人事》主编先后是杜世清、韩国田。2003年在报刊治理中，《人事》作为机关刊物被划转到希望出版社，后用此号改办《新课程》杂志。

在金融行业山西也有过类似的期刊，这就是《投资导刊》，它存在了11年时间。它早先是1985年办起来内部交流的《山西投资研究》，改为《投资导刊》后，1993年10月出至总第49期时取得国内统一刊号，向全国发行。它面向的是“投资领域的广大理论工作和实际工作者”，希望能“理论与实际相结合，普及与提高兼顾”，设有“投资论坛”、“经济述评”、“证券市场”、“信贷管理”、“行长园地”、“企业天地”等栏目。出至1996年底总第70期时，封二刊出《重要启事》，文中说：“根据中国建设银行总行指示，中国建设银行山西省分行和山西省投资学会主管及主办的《投资导刊》从1997年起停刊。”启事中还说：“11年来，《投资导刊》宣传建行，宣传山西，发表了一大批金融、投资方面的优秀作品。对建设银行向商业银行转轨进行了有益的探索，既促进了建设银行业务的发展，也为山西经济的发展作出了应有的贡献。”《投资导刊》为双月刊，1996年时从16开改为大16开，页码从以前的48页扩至64页。主编先后为赵昆、王杰，社长先后有常胖来、李挺。

山西省新闻出版局也办过一份本行业的期刊。与上述各刊不同的是，它的主办者不是行政机关加行业团体，而是行政管理机关即省新闻出版局主管主办。这一刊物就是《新闻出版交流》。《新闻出版交流》1992年3月正式出刊，刊期为双月，页码48，1994年开本由16开改为大16开。《新闻出版交流》初办时机关刊的色彩较重，好多期的开篇都是局领导的文章。刊物主编先后为梁肇唐、张玉璞。《新闻出版交流》在办刊中紧密配合主办单位的中心工作与山西新闻出版界的重大活动，如参加全国书市、出版成就展、优秀图书评比等等都在期刊上有所反映。它设立的主要栏目有“观察思考”、“新闻广角”、“理论探索”、“史海钩沉”、“海外掠影”等，除了反映山西新闻出版形势外，也给山西新闻出版从业者提供发表研究论文的平台。由于省新闻出版局直属的是各图书出版社、省属印刷企业、省新华书店，所以该刊的整个内容倾向于出版，涉及新闻领域的相对较少。后来刊物由山西省出版工作者协会秘书长马森彪兼任主编，但具体负责编辑部的是康宏。这一阶段的《新闻出版交流》注意了向省外的拓展，尤其是在编辑理论、出版研究上主动约外地知名学者的稿件，刊物渐渐改变纯机关刊的面孔，使刊物的影响在出版界尤其是出版学术界有所扩大，文章被转摘、引用的频率增加。《新闻出版交流》创刊时采用邮局发行，发行量曾达2000多册，1996年后改自办发行。2003年，在报刊治理中《新闻出版交流》停办。

山西省新闻工作者协会也称为省记协，这一协会也办有一份行业性业务刊物《新闻采编》。与其他行业期刊相比，它更偏重于业务研究。改革开放的时代，新闻媒体多了，新闻形式多了，新闻的从业人员也多了，《新闻采编》紧扣新闻采访和编辑中的实际问题，交流新闻改革中的经验，探讨新环境下的新闻传播规律，努力从多方面向新闻记者、编辑以及通讯员提供有助于提高业务素质的营养。以1992年第1期为例，当时刊物的编辑取向与追求从“刊首语”就可看出，文中说：

今年我刊新开“最难忘的一次采编”栏目，意在通过这个窗口，使读者观赏到某新闻单位或某编辑、记者，采编某具有“轰动效应”或引起较大反响的文章、版面等的经过和体会，并附原文，恳请新闻界的朋友荐稿赐稿。

本期《众笔绘英雄》，惠金义等八同志给新华社山西分社去年的人物报道梳了辫子，扬长避短，还提了改进意见，观察细心，分析入微，您看了当会受到某些启迪。

实践出真理，耳闻不如眼见。时下不是又提倡现场新闻、现场短新闻吗？但如何“再现”目击新闻，确实是一门艺术，看了《目击新闻的再现艺术》，定会使你一睹了然。

现代社会、信息时代，超前思维日益重要，决策者需要超前思维，当记者也需要超前思维。记者有了超前思维，可以引导舆论，帮助决策者做出决策。超前思维是什么？商恺同志《记者的超前思维》回答得很清晰，甚至谈了他的亲身体验。

1966年2月7日，中央人民广播电台播出新华社记者穆青、冯健、周原合写的《县委书记的榜样——焦裕禄》，一个伟大的名字传遍了中国，山河为之动容，国人“泪飞顿作倾盆雨”。今又掀起电影《焦裕禄》热，发行拷贝创开国之最，观众看后“泪却千行更万行”。欲知当年记者如何采写焦裕禄，且看《泪洒中原》。

记者提问也是一门学问。在采访中，提问艺术好比是采访入门的钥匙，谁掌握了它，谁就能够单刀直入，控制局势，不至于像那几位记者那样聪明糊涂，浪费别人，尴尬自己。您想在采访中畅通无阻吗？那就请掌握《提问艺术——采访入门的钥匙》。

读罢“战地记者”和“报坛轶闻”两栏文稿，您可从中追寻名记者的成长轨迹，汲取成功经验，体味采访甘苦，也可窥见新闻幕后惊心动魄的场面。

在1990年代前期，《新闻采编》的栏目设置、稿件选择还是具有较高质量的。在北京大学图书馆等发起的中文核心期刊遴选中，第一届（1992）、第二届（1996）《新闻采编》都名列其中。20世纪90年代后期，为适应新闻专业职称评定的需要，论文篇数增加，这在一定程度上使刊物质量不够稳定。1999年《新闻采编》在山西省期刊评级中曾进入一级，但到2005年、2006年则连续两次降为三级。在有关方面的督促帮助下，《新闻采编》编辑部认真整改，刊物重新有了起色，受到有关部门和读者的肯定和欢迎。《新闻采编》历任负责人为赵秉英、赵新生、祝福训、张艾生。

与上述期刊比较，还有一些行业期刊在内容上科技成分相对多一些，所以一般把它们划在科技期刊中，其中有的归于指导类，有的归于技术类。但与其他科技单位所办的较纯粹的科技刊物有所不同的是，这类刊物的主办者是对某一行业或某一领域负有行政管理职能的政府部门，这类刊物在内容上也担负有宣传、贯彻有关本行业本领域的有关法律、法规、方针、政策的任务，所以仍应认为是行业性期刊，如《山西水利》、《山西科技》等等。

《山西水利》从1990年代起大致走过了两个阶段，前十年是稳步发展，进入21世纪是规范提高。这与山西水利建设的发展趋势是相一致的。1990年代，山西水利建设经历了由重建设轻管理到以提高管理效益为主，由工程管理向资源管理、由传统工程水利向现代资源水利的转变，形成了以不断提高水资源承载能力支撑经济社会可持续发展的水利发展思路。《山西水利》在这一转变中调整办刊宗旨，积极配合，发挥了其他媒体无法替代的独特作用。除及时对来自基层一线的科研成果及经验予以报道及介绍外，还有计划地组织专辑，汇集相关材料为科技人员推广先进技术提供帮助。如1997年时曾出版一期“人字闸工程专辑”，对山西新兴的人字闸工程的建设、使用、管理等方面进行了详细介绍，并列举了省内外的一些成功经验，成为建设和发展人字闸工程的“指导手册”。这一专辑受到广泛欢迎，推动了这一技术的快速发展，促进了山西小泉小水的综合利用，事后几年都有全国各地的读者来函索求该期刊物。1993年时，《山西水利》编辑部被省委宣传部、省农田基本建设指挥部办公室授予“农建先进宣传单位”称号。随着市场经济的建立与发展，《山西水利》作为专业性的指导类期刊也不可避免地受到冲击，虽然山西省水利厅给了不少政策与资金的支持，但杂志社仍难实现自收自支。编辑部在期刊经营上也进行了积极探索，1997年起改变了过去不抓广告的做法，同时从多方面争取全省各水利单位的经济支持，初步实现了从全部依靠省水利厅财政资助到略有盈余的转变，办公条件也有了很大改善。

进入21世纪，《山西水利》有了更大发展。在形式上改为大16开本，页码从2001年的48页逐年增加，到2006年第6期时增至144页。在体制上，2002年编辑部纳入新成立的山西水利发展研究中心，2004年实行管办分离，从原先的山西省水利厅主管主办调整为水利厅主管，研究中心主办。在编辑上，首先是严格实行了规范化编排，改进了版式，重新设计了栏目，使刊物面貌做到了与时俱进。其次是继续了集中专题出专辑的做法，突出工作重点，指导水利建设实践。2000年时农村饮水解困工程成为省长承诺解决的十件大事之一，《山西水利》不仅每期都有专门版面介绍工程实施情况，而且还出版了一期"农村饮水解困专辑"。第三是加大了对改革成果的宣传。晋中市的水管单位体制改革经验在《山西水利》上介绍后，得到上级部门的充分肯定，其经验在全省得以推广，并走向全国，成为水管单位体制改革的排头兵。《山西水利》还分期对全省十个地市的水利建设改革成就做了配以彩图的宣传，展示了各地市的特色与成果。截至2006年，《山西水利》出刊140期，发表文章5000余篇，各种图片3300余幅，较好地体现了刊物融指导性、思想性、政策性、行业性为一体的特点。2002年时山西省劳动竞赛委员会为《山西水利》编辑部记"集体一等功"。《山西水利》历任主编为张荷（1984—1991）、田玉龙（1992—1997）、张鹏（1997—2000）、郭天恩（2001—2003）、渠性英（2003— ）。编辑部负责人近年先后有高建民、武年丰。

《山西林业》从1994年第1期起将《绿色天地》改名，恢复原名《山西林业》。它的内容简单讲是三方面：一是宣传方针、政策，二是介绍先进模范，三是普及林业知识。主要栏目有"林业改革"、"工作研究"、"林区建设"、"林业科技"、"森林旅游"、"林业名产录"，还有副刊"五台山"等。每期发行近4000份，最高时突破过2万份。作为一份科技期刊，做到了不靠政府支持而在市场经济的大潮中有了立足之地。《山西林业》在山西林业建设中发挥了舆论支持作用，1994年国家林业部部长徐有芳为之题词鼓励："努力办好《山西林业》杂志，为林业建设服务。"山西省副省长王文学更以题词形式概括了《山西林业》的办刊方向，题词为："宣传政策，传播经验，提供信息，推广技术，开拓市场，兴林富民。"《山西林业》在科技普及上是做得比较好的，1996年刊发的《中条山猴头菇》和《核桃树高接换优技术》分别荣获山西省第四届优秀科普作品一等奖和二等奖。《山西林业》还利用媒体优势组织多种活动宣传林业建设，促进社会增强绿化意识，如组织庞泉沟自然保护区中学生野营活动，组织“林海漫游摄影绘画展”，组织记者、作家、书画家林区采访采风，组织野生动植物摄影大赛等，活动取得了很好的社会效果。1999年获国家林业局“首届梁希林图书期刊奖”。《山西林业》1990年后主编先后为刘先成、葛茂荣、原荣立（1995年后）。

1992年《山西科技研讨》更名为《山西科技》，由以学术性为主的科技期刊转变为具有引导性、信息性、综合性的行业期刊，同时发行改为邮发，并尝试做一部分科技宣传广告。2004年实行管办分离，《山西科技》由山西省科技厅主管兼主办改为山西省科技厅主管，山西省科技发展战略研究所主办，撤销编委会，实行主编负责制。2006年又经省机构编制委员会办公室同意，编辑部改建为杂志社。从1999年到2006年，在改为大16开本后页码也逐步增加，由1999年的48页扩充到2006年的128页。

《山西科技》在上述转变中也实现了从省科委的服务窗口和宣传园地转变为给各地科技工作服务的媒体。期刊栏目不断增加，除保留“科技发展战略”、“科技创新”等原有的宏观研究性栏目外，开设了一些为一线科研服务的栏目，如“管理科学”、“信息技术”、“基层科技”、“知识产权”、“科技与文化”等，涉及范围扩大，稿源也不断增加。适应社会上科技论文发表的需求，刊物扩大了科研论文在整体内容中所占比例，一些省级以上科研基金资助课题的成果也在《山西科技》上不断推出。《山西科技》的主编从1986年到2001年3月一直为何吉成，以后为马国英（2001—2003）、张放陶（2003）、程海明（2004—2006）、刘元力（2006—　）。

《山西煤炭》1981年创办。到1992年时，煤炭行业出现萧条，以后虽有所复苏，但总的讲有约十年时间处于不景气局面，这直接影响到《山西煤炭》，办刊经费难以保证，刊物发行也出现困难。《山西煤炭》采取了“适度发行”的策略，不追求发行量的增加，而是努力扩大覆盖面，争取期刊能到达全省每个煤矿。同时从执行科技期刊标准规范入手，在编辑部提倡“深思、细心”的作风，提高编辑质量。又在各大矿务局聘了特约记者，促进来稿水平的稳定和提高，使山西煤炭行业的现行技术和先进技术都在期刊上有所反映。经过种种努力，《山西煤炭》保持了在行业中的权威地位，发行量基本稳定在5000册。有5年在山西期刊质量评估中进入一级期刊。《山西煤炭》主编先后有苏燧（1992—1998）、元武昌（1999—2001）、张崇慧（2001—2004）、王守祯（2004—　）。编辑部负责人1997年前为胡广权，1998年后为徐树文。

《山西计量与测试》是一本兼有行业和科技特征的期刊。1990年创办，季刊，48页。

主办单位为山西省计量局、山西省计量测试学会。在此之前曾为同名内部期刊。当时的内容偏重于计量技术和检定测试方法，但成为正式期刊后加重了行业管理的内容，刊物自身表述其特点为“本刊集计量管理和计量技术两方面内容为一身”。到1991年主办单位改成上述学会一家，主管仍为山西省计量局。1995年又因机构体制改革，主管改为山西省技术监督局。在创刊时主编白瑞恩，编辑部由杨振源负责。1995年后主编为郭绍伦。这一刊物后期整体质量较差，在山西实行等级评比后连续被评为三级，1994年更严重脱期。1995年经国家科技期刊管理部门同意，此刊被注销登记。

《三晋测绘》是《山西地图》在1994年6月更名而来的，它仍然是山西省测绘局所管的期刊，但主办者改成了山西省测绘行业协会和山西省测绘学会。伴随更名，原先的科技专业性质有所减弱，而增加了行业管理和科学普及的比重，例如栏目有了“理论研究”、“行业管理”、“科普知识”、“测绘史话”、“新技术讲座”等。这种行业加科普的格局是难以协调的，加之对测绘关注的读者群有限，所以期刊的发展仍难如意，出版10年后在2003年10月又更名为《大地纵横》。在《三晋测绘》期间历任主编为谭曙方、秦炎平，编辑部负责人先后有张志滨、杜永刚等。

《太原科技》是1994年7月由《太原科技情报》更名而来。此前的1992年，姚真接任《太原科技情报》主编，当年以增刊的形式编了一期主题为“关税与贸易总协定”的专辑。当时中国正在申请加入这一协定（即以后的世界贸易组织），所以这一专辑备受欢迎，印了3万册尚供不应求。这给了编辑部很大的鼓舞与启示，在此基础上开始酝酿刊物的改版。1993年，刊物又增设了“决策参考”、“政策法规”、“咨询与建议”、“未来预测”等栏目，页码从20页增至32页，字号由5号改为小5号，印刷由铅印改为照排，字数从3万字增至6万字，刊物信息量大大扩充了，发行也由500份增至1000多份。

1994年7月刊名改为《太原科技》并办理了广告经营手续。与此同时，太原市科学技术委员会将原先不同部门办的一些内刊全部取消，集中力量来办《太原科技》，而那些内刊的刊名则成了新创办的《太原科技》的相关栏目，如“技术研究”、“科技消息”、“科技参考”、“科技情况反映”等等。《太原科技》仍为双月刊，16开本，32页，定价1.80元，印数增至1500份。一本科技信息性质的行业期刊至此转变为综合性科技期刊。《太原科技》充分发挥省会城市的信息、技术优势，以宣传有关科技发展的法规、政策，交流太原地区各企业、科研单位的经验，报道和反映太原市的科技成果为办刊目标，为落实中共太原市委、太原市政府“科教兴市”战略做出了努力。1998年，《太原科技》编辑部被市政府授予“先进集体”称号。《太原科技》不断加强内部管理，严格编辑制度，1994年改名后很快实现了标准化编排，在山西省期刊评级中受到肯定，1996年就被评为山西省一级期刊，而且从此到2008年保持了一级期刊的荣誉。在许多城市的科技情报所因经费等原因而停办刊物的情况下，《太原科技》努力探索出了一条适应市场经济的发展之路。2004年到2007年间，对太原市200多家企业、科研单位进行了产品宣传，对第一至三届太原科技发展论坛的论文集进行了编辑出版工作。这一时期侯红串任主编，编辑部负责人张玉平。进入2007年后陈培忠任社长，编辑部负责人王雅利。杂志社将刊物与市科技战略研究院、太原市民营企业促进会等机构合在一起，实现了自主经营，自收自支，刊物树立了“立足太原，面向全国；立足科技，面向经济”的新目标，初步实现了社会效益与经济效益的良好结合。

第十节　让科学点亮生活

社会的文明发展离不开公民科学素质的提高。科学素质的核心是科学精神与科学知识，精神的树立与知识的充实要靠宣传与教育，报刊特别是科普报刊则是宣传、教育的主要工具与手段。但是，近代以来社会的动荡、战乱影响了科学的发展，使得中国的科普报刊始终没有形成阵势，偶有的一些也未曾在读者中造成大的影响。进入新时期，特别是 1978 年全国科学大会之后，科技受到重视，科普报刊有了前所未有的发展。

1978年，《山西农机》更名为现名，这以前它是一份兼有行业和信息性质的刊物《农机动态》，而更名之后则走上了面向广大农村农机用户进行科普的专业期刊之路。在它以后，1980 年代陆续创办了七八家科普期刊，以后又发展至十多种。30 年来，在科普事业的土壤里，它们耕耘、播种，让科学走进基层，用科学点亮读者的生活。

科普期刊从性质上可分两类：一类是专业性的，它面对某一特定的读者群，传播的是这一群体共同所需的某一特定科技领域的知识技能；另一类则是社会性的或称之为大众性的，它当然也需要一定的读者群体，但相对较前者范围宽泛。它所传播的不是特定领域的知识，而是多领域多方面的，有的是就一个人类关注的大问题来划定范围（如健康）。二者尽管有上述不同，但有一点是相同的，即科普期刊基本上要依靠市场去发行，不可能如其他行业刊一样有行政系统可以利用，也不可能如其他纯科技期刊一样较容易获得政府经济上的资助。在山西，前者的代表如《山西农机》，后者的代表如《科学之友》，这两刊创办都较早，而且也都有过鼎盛时期。1992 年在中宣部、国家科委、国家新闻出版署组织的首届全国科技期刊评比中都进入优秀期刊行列，《山西农机》获“优秀科技期刊二等奖”，《科学之友》获“优秀科技期刊三等奖”。

山西的科普期刊在发展中还形成了两个特征：一是专业性的与大众性的两类科普期

刊种数大致相当；二是在专业性刊物中以与农相关的为主，而在大众性刊物中以与健康相关的为主，这大约与山西经济文化特点以及科技期刊发展特点（医学期刊较多）有关。

《山西农机》以前是《农机动态》，到1977年底累计出版32期（刊期不固定），一直为赠阅，累计赠刊40万册。1978年改名《山西农机》，1979年增加省农机学会为第二主办单位（原主办者为省农机化研究所），1984年省农机局也加入为主办单位，一度形成三家主办。1999年时根据报刊整顿的精神，省农机局作为主管单位，不再兼主办单位。在改名《山西农机》之初，除内容调整外有两点新措施：一是设立编委会，吸收了与农机化相关学科的专家参加；二是实行了支付稿酬制度。

1980年代初，农村开始实行生产责任制，成千上万的农民拥有了农机的经营使用权，学习农机技术的需求空前高涨，这给《山西农机》的发展创造了极好的机遇。这一时期，1982年到1984年为季刊，1985年起改为双月刊，页码在32页至40页，定价0.40元。从1984年第4期开始，发行由赠阅改为订阅，当时发行量2.6万份。以后连续几年每年以万份的速率递增，1992年达到13万份，也就是说，全省每三四名农机手就拥有一份刊物。后来发行量有所波动，但基本稳定在8万份以上。在办刊过程中，《山西农机》密切关注农村经济的形势和农业机械化的发展，及时调整办刊方针及核心内容，做到了刊物的发展与时俱进。1978年到2008年这30年间，大的调整有五次：一是改名之时，确立了科普与提高相结合，以普及为主的方针，使刊物由过去的面向农机科研拓展为面向整个农机化事业。二是在对基层读者的调查中，发现不少农机手收到刊物后越过前面的长文章，直接阅读后面的使用经验、故障排除方法等短文章，于是调整办刊策略，将刊物分为普及、学术和专辑三种不同范畴，这既体现了为整个农机化服务，也适应了不同读者的需求，对提高刊物的发行量有直接促进作用。三是1990年代中期，随着农村改革及农业结构调整，农机的使用不再主要是田间作业了，原先的农机手读者群发生了变化。刊物也进行了内容调整，由农机田间作业扩展到农机与农艺相结合，由较多关注拖拉机扩展到关注农用汽车、小型运输车及其他养殖机械设备；由主要是农机技术扩大到农机安全监理和相关法规等的宣传、教育。同时在编辑工作中注意了文字的可读、配图的趣味以及编排的规范。四是紧跟党和国家解决“三农”问题的部署，利用《山西农机》已形成的品牌资源、信息资源和人才资源，寻求更大的发展空间，先后在1992年底创办内部刊物《农村大市场》，2002年创办正式期刊《农产品加工》，实现了不同刊物资源共享、优势互补，更好地占领农村乃至农业机械与产品市场。五是2004年之后，农村经济变革更加深入，期刊市场竞争也日趋激烈，《山西农机》的发行量下跌到2万余份，坚持以山西为主的方针已无法适应时代的变化，于是在基本宗旨不变的条件下改变办刊思路，学习时尚期刊的一些长处，寻求与省外相关机构的合作，在2006年3月更名为《当代农机》。新的刊物从内容到外观都焕然一新，走出了再创业的步伐。

《山西农机》在存续期间除办好刊物外还与省农机学会、农机系统其他部门单位合作编辑出版图书及资料，除编辑专辑20余期外，还编辑了40余种图书，有《小四轮拖拉机配件通用互换手册》、《农机科技成果汇编》(共四册)、《农机驾驶人员培训资料》等，充分利用自身优势为山西农机事业的发展作出了贡献。杂志社自身也取得了明显的经济效益，办刊条件逐年明显改善。

《山西农机》摸索出了一套有自身特色的办刊格局，概括为“小编辑部，大发行部，大后勤部”。“小编辑部”是采编队伍一直保持精干、高效，虽然在1989年就成立了杂志社，但总人数才9人。“大发行部”是指刊物发行一直得到省、市、县、乡、村农机服务网络的帮助，在自办发行与邮发并行的情况下，可以顺畅地深入到各个农机站和有农机的农户。“大后勤部”则是有一个名副其实的编委会，不仅在办刊方针、选题策划、沟通各方面关系、大型活动等方面给予具体指导，而且在工作环境、办公设备等诸方面提供了很大支持。山西农机杂志社在1988年聘山西省副省长郭裕怀和国务院经济发展研究中心研究员姚监复担任顾问。《山西农机》历任主编1983年之前有张辅仁、尚玉立，1983年后负责人先后有王金玉、肖远鸣、樊亮云、韩晋生。其中肖远鸣任职时间最长，从1972年起任编辑负责人直到杂志社社长兼主编，达30年。

《山西农机》多次受到表彰，主要有：1986年获机械部工程农机局“农机科技情报优秀刊物奖”；1988年获机电部工程农机局“优秀刊物一等奖”；1991年、1996年、1998年、2000年、2002年分别获首届、三届、四届、五届、六届“华北优秀期刊奖”；1992年获首届“全国优秀科技期刊二等奖”；1993年到2003年一直为山西省一级期刊；2001年《山西农机》被新闻出版署列入全国“百种重点科技期刊”。

《科学之友》是山西较有影响的大众科普期刊，1980年创办。当时是山西省科学技术协会普及部筹办起来的，普及部负责人为史兴义，参与此事的还有该部的朱嘉峰、王和平等。办刊需要内行，史兴义等就找了一些热心此事的人如荣明礼、沈豪、宋富盛等业余帮忙，这种状况延续到正式成立编辑部。1980年编辑出版了两期，是以丛刊形式由山西人民出版社出版，由山西省新华书店发行，主办者是山西省科普创作协会，这个协会

就设在省科协普及部。1981年《科学之友》改为双月刊，4月份交邮局发行，16开本，48页。刊物的读者定位是青年科技工作者与科技爱好者、学生、中等以上文化的城镇青年，内容涉及面很广，栏目有"新潮探索"、"奥秘王国"、"智慧钥匙"、"幻想与发明"、"动物世界"、"珍闻趣谈"、"军事天地"、"祝您健康"、"科技人物"、"成才之路"等。从刊时期发行2万册，1985年改为月刊，发行达到8万余册。2001年改为大16开，2005年由月刊改为旬刊。

《科学之友》在1984年4月经山西省机构编制委员会办公室批准成立事业编制的编辑部，开始有了专职办刊人员。以后机构几次变更，1985年省科协批准成立科学之友杂志社。1988年与《科技信息报》合并成立山西科普报刊社。2006年山西科普报刊社更名山西科技报刊总社，科学之友杂志社成为总社下属单位。《科学之友》初办时刊名从鲁迅字迹中选辑而成，1987年8月请书法家沈鹏题写了刊名。

《科学之友》一直受到科学界以及社会各方的关注，先后有20余位著名科学家以及其他社会知名人士给刊物题词。1981年科普作家高士其题："为繁荣科普创作，壮大科普队伍，提高人民的科学文化水平多贡献力量。"1985年科学家周培源题："传递科技信息，开发智力资源。"社会学家费孝通题："成才之道、致富之道、生活之道。"1990年科学家钱三强题："人的知识愈广，人的本身也愈臻完美。——录高尔基的话为《科学之友》出版十周年致贺。"作家冰心题："普及科学技术是公民的神圣义务。"营养学家于若木题："科普是知识转化为力量的媒介。"2004年新中国首任驻美大使柴泽民题："让科学点亮生活。"等等。

《科学之友》不断推出佳作，有的在刊物发表之后又作为图书出版，如1981年6月到1985年9月连载梁衡《数理化通俗演义》，后由山东科技出版社1987年出书，书名《科学发现演义》。1985年1月到12月发表关原成《发明与革新技巧知识讲座》，后山西科教出版社1988年出书。1991年在成都举行世界科幻小说年会，《科学之友》推荐的王和平《世界足球的阴影》等两作品获白羊座银奖。《科学之友》还利用作者、编辑的资源，组织编写图书，如1987年组织编写了《中学生健康顾问》，出版后1996年获全国优秀科普作品三等奖。1991年举办“海、陆、空科普征文赛”，评出优秀作品108篇，出版《海洋奥秘》、《神秘太空》、《大地之谜》三期专辑。2003年在抗击“非典”时编写了《抗击非典完全手册》，通过科协系统发往全省各地。2004年编写《共和国领袖保健医生健康宝典》。2008年编辑《雨雪冰冻灾后农业生产自救实用手册》、《震后心理干预及疾病预防手册》发往灾区，并被“中国科普资源库”选录等等。这些都取得良好的社会效益与经济效益。

利用刊物不断举办各种活动是《科学之友》为科普事业做的另一项工作，其中有的颇有规模和影响。如：1986年4月，科学之友杂志社发起与山西电视台、省幼托工作领导组、省妇联、省教委、省总工会、省科协、省计生委等组织了全省“宝葫芦幼儿智力表演赛”，从6月起通过电视播放23场，闭幕式时省委主要领导出席。1987年，邀请日本创造学会几位学者在省科技馆举办创造学学术报告4场，听众计700余人。1989年，与太原市青年宫、金凤服装厂等联合举办“山西业余服装设计大赛”。1995年，通过中国科协向吕梁贫困地区赠阅全年刊物500份，《科技日报》、《新闻出版报》等十多家媒体作了报道。2003年与《科学导报》等单位联合在全省开展了“让科学点亮生活”新闻采风科普活动。2004年组织“共和国领袖保健医生健康科普教育报告会”，直接听众3000余人，发放资料20多万份。2006年，参与了平遥国际摄影大展的注册工作，将《科学之友》的英文刊名印在每个参展者的注册证上，宣传了《科学之友》品牌。2007年与省移动公司组织了全省百万农民电脑科普培训，这一活动被评为当年度“全国十大科普事件”。

《科学之友》2004年全面改版，借鉴时尚期刊的做法，在内容上设六大板块：视点、奥秘、资讯、自然、生活、文化。在装帧印制上改为全彩色铜版纸，内容更集中深入，以适应新一代读者的阅读习惯。如第1期从对印尼海啸报道入手，有原因分析，又有相关的逃生知识；第6期围绕数学奥林匹克竞赛，有活动介绍，有专家评析，有参与者的感受等，打破人们对“奥数”的盲目崇拜，并引申到科学的学习方法。从读者反馈看，这一改版初步取得成功。

《科学之友》的成绩受到了社会的肯定，多次获得各种表彰，主要的有：1985年在省委宣传部组织的评比中获“优秀期刊”称号；1992年获全国优秀科技期刊三等奖；1994年、1996年、1998年获第二届、第三届、第四届“华北地区优秀期刊奖”。曾有10次被评为山西省一级期刊。1991年科学之友杂志社被评为中国科协科普报刊先进集体，2003年在省科协、省新闻出版局、省广播电视厅等组织的评选中获“山西省科普宣传先进单位”称号。刊物历任负责人也多次获奖，如荣明礼被评为“山西十佳出版工作者”（1992

年），郝建新被评为“全国科协系统先进工作者”。获山西省五一劳动奖章（2006年）。《科学之友》历任负责人有：史兴义（1984年之前）、卜颖（副主编，主持工作，1984—1986）、荣明礼（主编，1986—1996）、牛二芳（主编，1996—2001）、郝建新（主编，2001—2005）、贾克义（主编，2005— ）。

由《科学之友》与《科技消息报》合并在1988年成立山西科普报刊社，2006年撤销山西科普报刊社成立山西科技报刊总社。自报刊社成立以来负责人为荣明礼（总编，1988—1996）、刘晋源（总编，1996—2001）、郝建新（社长、总编，2001— ）。

除《山西农机》以外，与农业相关的科普期刊还有《山西果树》、《农业技术与装备》、《山西农业》、《农产品加工》几种。

《山西果树》的前身是山西省农业科学院果树研究所1971年创办的《果树工作通讯》。1980年6月，《山西果树》正式创刊，由山西省农业科学院主管，果树研究所主办。新刊创办后明确以传播果树先进的科学知识和技术、交流果树新科研成果和管理经验为宗旨，以县乡指导果树生产和推广技术的基层工作者及从事果树生产的果农为基本读者群。在创刊之初发行量8000册，到1990年代中期超过5万册。1980年到2002年是季刊，2003年后改为双月刊，16开本，64页。1986年至1988年第1期，曾改刊名为《果树》，改名后效果不错，扩大了在全国的影响力，后来由于有关方面有不同意见，认为地方性杂志应有地方特色，而办刊者对期刊市场的发展及市场竞争的前景也估计不足，于是又恢复了原刊名。

《山西果树》的发展大致可分为三个阶段：1980年至1990年为稳定发展阶段。这段时间栏目经逐步调整后基本固定，内容上与读者要求比较吻合，刊物订数逐年上升，刊物在经济上从依靠单位拨款到自主经营自负盈亏并开始有所盈余。1991年至1997年为较快发展阶段。这段时间遇上了全国果树发展的高潮，果树栽培技术的需求随之增长，直接推动了刊物的发展，订数节节上升，在全国同类刊物中居于领先地位。同时刊物上果木供求信息广告增加，给刊物带来了可观收入，办刊经费不仅达到自收自支，而且年均创收在10万元左右。1998年后为综合实力全面提高阶段。这段时间通过岗位培训等手段提高了编辑水平，刊物综合质量有了明显提高，影响力也有所扩大，广告量显著增多，刊物初步做到了社会效益与经济效益的结合，年均创收20万元以上。

《山西果树》总结自身的办刊历程，认为主要经验是“靠特色求市场，靠精品求生存，靠效益求发展”。在特色方面，首先是读者定位准确，编辑部对读者进行过调查，符合其目标读者特征的订户占到80%以上。其次是科学设置栏目，几个核心栏目特点明确而且符合读者需求。如“试验研究”是新品种培育、栽培管理、土肥植保、贮藏加工等领域的研究、动态及成果；“经验技术”是果树生产各环节中的成功经验和技术；“综论指导”是对科研、生产的专题性、系统性论述，对基层有明显的指导作用；“咨询服务”直接回答读者的问题，突出对读者的亲和力。有了特色又在办刊中处处“严”字当头，刊物才能成为精品，才有竞争力。有了竞争力就要抓经营，把经营当做刊物成功的重要一翼来对待，保证了刊物具备一定的经济实力，有了发展的基础。2000年之后报刊订数普遍下滑，但《山西果树》仍维持在2万份以上。《山西果树》1996年被评为第三届华北地区优秀期刊，编辑部多次被评为山西省农科院先进集体。《山西果树》主编1980年至1995年先后为郜开基、陈克亮，1996年后为贺尔华（1996—2007）、田建保（2008— ）。

《农业技术与装备》是2007年问世的，第1期为总第133期，这是由于刊物是多次更名而来，总期数保持了连续。追溯刊物沿革，是这样一个脉络：《农机化技术推广通讯》（1985年8月创办）、《农机推广》（1987年总第9期起）、《农机推广与安全》（2002年3月总第99期起）、《农业技术与装备》（2007年总第133期起）。

《农业技术与装备》主办单位为山西省农业机械化技术推广总站，主管单位为山西省农机局。山西的农机推广机构成立较早，技术力量较强，也颇有成绩，办过一份小报《农机化技术推广》。农牧渔业部农业机械化管理局计划办一份杂志，将此任务委托给山西，由山西省农业机械化技术推广站与山西省农机学会普及工作委员会承办。1985年6月20日，农牧渔业部农机局专门给各地下发了一份关于办这一刊物的正式文件。山西在推广站成立编辑部，由站长郑大敏兼任主编，于1985年8月推出了《农机化技术推广通讯》创刊号。当年共出两期，16开本，40页，印5000份，向全国各省、市、自治区的农机推广站和全国8个技术联络中心免费发放。这时的刊物仍是内部资料性质，1985、1986两年出版8期。1987年农业机械化方面归农业部农机化司管理，这年刊物更名《农机推广》，1988年4月获得国内统一刊号，《农机推广》成为正式刊物。这时是双月刊，16开，40页，定价0.47元，仍以免费赠阅为主，开始有少量订户。

2000年之后，根据报刊管理规定，行政机构不能主办期刊，主办单位与编辑部必须在同一行政区域。《农机推广》创办以后的主办单位由农业部农机化司和农业部农机化技术开发推广总站移交到山西。同时由于农村经济形势变化，农用机械数量大幅增多，安全运用农业机械和生产安全的农副产品等问题日显重要。为适应以上情况，在《农机推广》移山西主办的同时于2002年更名为《农机推广与安全》。2007年《农机推广与安全》更名《农业技术与装备》，这时与山西省农业技术推广站合作，扩大了农业技术推广方面的内容，集农机、农艺两个技术推广于一刊。

这一期刊的发展也大致为三个阶段：一是奠基阶段（1985年至1993年）。这时刊物兼有行业指导和政策宣传的功能，创办时宗旨就有“当好农机化主管部门的喉舌，当好农机化技术推广工作者的耳目，当好农村经济组织、农机专业户、农机化技术示范户的参谋”的表述。这段时间完成了内部期刊向正式期刊的转变，完成了编辑及通联有关工作程序与制度的建立，完成了从内部赠阅向自办发行的过渡。在内容上技术普及逐步占了主流，刊物跟踪报道的山西省玉米地膜覆盖机械化技术项目1988年获部科技进步三等奖。二是发展阶段（1994年至2001年）。1993年7月《中华人民共和国农业法》和《中华人民共和国农业技术推广法》颁布，全国农机化发展再次出现高潮，农机化由单项技术向组合配套方向发展。《农机推广》1994年制订了改革方案并予以实施，其中有停止赠阅向全国征订、增加刊物信息量、提高用稿率、改进编辑工作、组织增刊等项内容。这一时期发行量大幅度增长，1995年底达2万份。围绕农业部大力推广的“农业节本增效工程”（节肥、节种、节水、节能、节药）组织了系列的宣传报道、技术推广、知识普及、经验介绍。三是创新阶段（2002年以后）。在农业结构调整的形势下，《农机推广》适时更名，体现了服务于大农机、大农业的气魄，农机化安全则包含机械的正常安全与农产品质量的安全两方面。2002年5月，农业部保护性耕作现场会在山西召开，因为山西省农机局承担了农业部中澳合作项目——玉米和小麦保护性耕作实验，这也是《农机推广与安全》跟踪报道的重点选题。这一项目后来在全国各地推广应用达到2000多万亩，在农业经济上起了不小作用。2006年期刊编辑出版“玉米收获机械化专辑”，集国内主要生产企业、主要产品、国内外发展动态、应用技术（机具特点、安装调试、操作、故障排除等）于一册，得到农业部农机化司的好评，全文纳入中国农业机械化信息网。2003年刊物发行量达到4万份，从2005年第4期页码增至48页，2006年刊期由双月改为月。2008年《农业技术与装备》入选“全国农家书屋工程”推荐书目。

《农机推广》创办以来，刊物的历任主编为郑大敏（1985—1992）、张新发（1992—1998）、张培增（1998—2001）、马永康（2001—2005）、赵菁（2005— ）。2005年之前编辑部负责人先后为赵广恩、韩永英、乔延丹。

《山西农业》是山西省农业科学院主管主办的一份农业科技普及月刊，1994年正式出刊，1995年取得国内统一刊号。《山西农业》是从《山西农业科学》分化而来，此前的《山西农业科学》是以学术研究为主，兼顾普及，这种格局虽有利于推动农业科研却难以做到面向基层、面向农民，而作为《山西农业科学》的主办者农科院有能力也有义务为农业提供最新的科学技术、种子信息、市场信息。为解决这一矛盾，1993年办起了《农业科技信息》，当年试出3期，效果不错，于是正式起名为《山西农业》。《山西农业》最初为月刊，32开本，定价0.8元，以后随成本和市场变化，价格逐步调至1.7元。到2006年时改为16开本，半月刊，每月两期侧重点不同，上半月保留原刊风貌，主要是技术方面的指导；下半月突出信息，提供从政策到生产、加工、生活、维权等多方面的信息。改版以后发行量有所上升。

《山西农业》创办以来在提高质量、开拓市场、为农民服务方面是下了不少工夫的。如针对发展果业中先是“果树热”，后因效益上不去又是“砍树风”的情况，组织过“果农呼唤市场，市场呼唤质量”的专题系列。在种子市场开放后，《山西农业》辟“有话直说”栏目，专门抨击假冒伪劣现象，发表《大米小麦旱高粱，掀起你的盖头来》、《直言懒棉花与开心棉》等一批文章，顶着压力保护农民利益。但是这十年来农村改革和农业经济变化迅速，“大农业”的生产背景已经动摇，“大农业”的科普概念也越来越不适应现实，所以如何办出与时代吻合、与现实贴近、与农业需求对应的科普期刊一直是《山西农业》面临的课题，2006年的改版走出了尝试性的一步。

《山西农业》也举办和参与过多次活动，如参加科技赠书、“三下乡”活动，还与中药材协会举办中药材培训班，受培训者达万余人次。与烟草办公室合办烟草专栏，为烟草种植户送资料上千册，举办“威科杯”农科知识有奖问答、有奖问卷调查等。《山西农业》主编先是张亮（1993—1999），后是阎文泽（1999— ）。

《农产品加工》创办较晚，它是由山西农机杂志社创办的。2002年，国务院下达《关于促进农产品加工业发展的意见》，农业部编制了《全国主要农产品加工业发展规划》，8月，农业部和国家经济贸易委员会联合召开全国第一次农产品加工业工作会议，农产品加工在国民经济中被提到一个备受重视的地位。山西农机杂志社敏锐地注意到相关信息，认为这为杂志社的发展带来了机遇。此前，杂志社已办有一个《农村大市场》的期刊，其宗旨是“织起城乡信息网，引导农民闯市场”，其中也有农产品加工方面的内容，但毕竟不够集中。何况这只是个内部刊物，虽农业部和山西省有关部门对这一刊物表示关注与支持，刊物的读者反映也还好，但要利用它在农产品加工方面有所作为则没有多大可能，杂志社决定另申办一个《农产品加工》。杂志社派4名采编人员去参加了上述的农产品加工业工作会议，对我国农产品加工业的现状、国家的政策、宏观发展方向及工作保障措施有了一定了解，并借机向农业部、国家经贸委领导汇报想法，取得了支持。随后，走访中国农业大学、中国农机研究院等单位，邀请它们成为拟办刊物的支持单位，又请中国工程院院士卢良恕、中国农业大学副校长李里特等农产品加工研究领域的专家担任刊物顾问，这一系列工作为办刊做了较扎实的准备。

《农产品加工》于2002年10月推出创刊号。创刊号上以特讯的形式就中国农产品加工业的发展战略、农产品加工业会议概况等作了专题报道。创刊号共印1万册，向全国有关企业、科研机构、院校等赠阅，结果广受好评，索刊者接连不断，两个月时间被索取一空。《农产品加工》确定为山西省农业机械发展中心（2004年增挂山西省农机局的牌子）主管，山西省农业机械化科学研究所和山西省农业产业化协会主办，月刊，大16开本，48页，并有彩色插页。内文分为综述、展示、技术、市场、信息等板块，下设16个栏目，在内容上以粮食加工、果蔬加工、畜禽加工、特色农产品等实用技术和市场资讯为重点，以介绍农产品加工业新政策、新经验、新工艺、新技术、新装备为主要内容，以“新颖、实用、有效”为办刊目标。经过两年多实践之后，又在2005年2月由月刊改为半月刊，10月又从半月刊调整为旬刊。每月三期分为三个不同方向：上旬为农产品加工技术，保持已有特色，体现科技普及。中旬为农产品加工经济，从农产品加工扩展至农业经济。下旬为农产品加工学术研究，以农产品加工业的学术或技术研究为主要内容。这一改革具有探索意义，在本质上是期刊性质的拓宽，是利用原有媒体向相近领域的延伸，包含了两个结合：一是科技与经济的结合。科技作为生产力必然要作用于实际生产，从而引起经济新成分的出现。将科技与经济完全分离的做法已不符合现代科技发展的方向。二是科技普及与科技提高相结合。这是使科技体现为生产力，使科技尽快产生实际效益的必然之路。从期刊本身讲，这样有利于细分读者与作者群。尤其是对农产品加工的学术研究提供了一个农产品加工业科技成果交流、展示的平台，受到相关专业科研、教学、生产人群的极大欢迎。

《农产品加工》在办刊中特别注意“借助外力，凝聚内力”。从创办起就有意识地加强与外界的联系，以获取支持，杂志社2003年与中国包装与食品机械总公司协议合作办刊，当年合作方派员直接参与了杂志社工作。2004年被农业部农产品加工领导小组指定为“农产品加工推进行动”专业媒体。杂志社同时与省内外一些企业（如与上海健鹰食品研究所、深圳平湖土特产批发市场等）建立了不同方式的合作伙伴关系。期刊本身运作则成立了农产品加工杂志社，推行项目负责制，员工竞聘上岗，又聘用了兄弟期刊退休的资深科技编辑来帮助年轻编辑人员提高编校水平。

经过这些努力，《农产品加工》已经初步在这一领域树立起形象。4次被全国农机刊物网评为“全国农机优秀科技期刊”，连续3年被评为山西省一级期刊。《农产品加工》主编先后为肖远鸣（2002—2003）、樊亮云（2003—2004）、张成龙（2005— ）。

科普期刊中有的创办之时并非科普性质，而是经过了一个从一般科技期刊逐步演变而来的过程。这种演变体现了一种期刊规律，如果仅作为业内交流式的内部期刊，是不需要去过多顾及受众的多寡的，但作为一种正式期刊（传媒），如果专业面相对窄则注定了难以在社会上生存（当然还有其他因素），于是这类科技刊只有走向其他方向，如走向科普。从《山西地图》到《三晋测绘》再到《大地纵横》就是一个具体例证。

《大地纵横》是2003年10月经国家科技部批准由《三晋测绘》改名而来，原主管、主办单位不变，形态仍是16开本64页，月刊。这时的宗旨成了宣传和普及关于测绘、地图、地理、旅游的相关知识，在栏目上有了“世界遗产”、“神州掠奇”、“天地精华”、“地理故事”、“生态之谜”等。到2005年3月改为半月刊。但是这样一个科普期刊特色并不明显，所以到2005年秋冬进行了新的改版酝酿和准备，2006年与国外传媒机构合作，变成了一本全新的科普期刊《新探索》。在《大地纵横》时期，负责人先是崔杰、黎平，后为刘红。

在山西科普期刊中还有一些与健康有关的，按创办时间顺序有《人人健康》（1982年

6月创刊）、《健康向导》（1989年11月创刊）、《家庭护士》（2003年1月创刊）、《校园心理》（2003年10月创刊）。

《人人健康》创办于1982年6月，当时是32开本，季刊，内部性质，由山西省卫生防疫站主办，是发放给全省各级卫生防疫机构的。1985年1月取得期刊登记公开发行，但内容上仍沿袭了以前。它主要是为卫生防疫系统提供宣教材料，结合季节及全省防疫工作重点介绍一些常见病、多发病、普通病的防治知识，适合基层卫生人员及群众阅读。随着改革的深入，人民的生活状态及生活质量快速变化，健康理念引起关注，《人人健康》也进行了一些调整，试图扩大杂志范围和读者群体。1987年1月改为双月刊，16开本，但整个刊物还没离开卫生防疫的工作范畴，发行范围不大。

1995年6月，山西省卫生厅与山西人民广播电台联合创办全国首家专业卫生健康电台频率——山西健康之声广播，为配合电台开播，同时也是探索一种健康教育的新模式，省卫生厅决定将《人人健康》并入健康之声广播。山西健康之声广播成为期刊的合作单位，卫生厅为主管单位，原办刊人员也转至电台工作，主编由山西省健康教育所副所长张勇进担任。这一变更是《人人健康》发展中的一次变革，在转换主办者的同时制定了刊物的改革意见，在办刊理念、办刊方式、办刊风格等诸方面都提出一系列新的设想。在改革意见实施过程中，《人人健康》呈现出稳步上升态势，它吸取市场上畅销刊物的某些元素，重新包装、定位，采取“扩大宣传，丰富内涵，加强交流，以促带销”的策略走向市场。杂志社在全省11个地市建立了信息网络，通过参与各种活动扩大影响。尤其是1997年的“情系三晋，健康扶贫”活动，刊物组成百名专家顾问团，联系近百家药品、保健品企业，向全省贫困县捐赠药品、保健品、图书等价值1000多万元的物品。这一活动带动了《人人健康》的发行，发行量一度突破10万册。1998年6月，《人人健康》开始与中央电视台“健康之路”栏目合作，这使期刊获得资讯更加多元，吸引专家支持更加广泛，杂志社参加了卫生部与中央电视台联合举办的多场活动，发行也渐向全国扩展。2000年，《人人健康》开始在全省医疗系统作为健康教育促进读物投放，在医疗场所陈列供群众阅读。并经中国健康教育所核准，作为“中国社区健康教育促进读物”向全国社区推荐。

2002年省卫生厅决定将《人人健康》主办单位变更为山西省健康教育研究所，教育所两位负责人兼任杂志社副社长、副主编。《人人健康》再次进行了内容与形式的改革，吸取新闻的语体风格，就医疗卫生改革中的热点及与健康相关的话题反映不同的声音，拉近了医疗卫生人员与普通读者的距离，使健康宣传更为亲和、贴切。2005年上海“人与健康博览会”上，一些媒体被评为健康传媒优秀单位，《人人健康》名列其中。2008年被评为山西省一级期刊。《人人健康》历任主编为王全庆、李贵、张勇进、金朝晖。1995年后社长先后有王志浩、白帆、张勇进。

《健康向导》是1989年11月出创刊号的，当时办内部登记证，双月刊，刊名《健康丛刊》。1990年第3期刊名改为《健康向导》，由中华医学会运城地区分会科普工作委员会主办，中华医学会山西分会主管。这一刊物是运城地区防疫站副站长王天胜倡议办起来的，当时联络了四家单位，每家出一名负责人任杂志社副社长，还出一名编辑人员组成了杂志社。地区卫生局副局长吕谦兼任社长，王天胜兼任主编。

《健康丛刊》16开本，32页，定价0.50元。改为《健康向导》后页码增加为64页，双月出版。1995年经批准取得统一刊号公开发行。主办改为中华医学会山西分会，主管为山西省卫生厅。中华医学会山西分会同意杂志社实行自筹资金、自收自支、自负盈亏。它使这一刊物的运行在相当程度上脱离了传统体制，自然也就影响到这一刊物后来的道路，此后刊物直接面向市场，靠市场来生存和发展。由于该刊在运城编辑出版，主办单位曾一度委托地区相应单位代管，这在一定程度上减弱了主管单位对刊物的管理，所以这一似乎是方便管理和给刊物以更大自主权的措施实际给刊物管理形成了隐患，而以后的发展也证明了这一点。

《健康向导》创刊以来栏目在不断调整，最初设有“热点话题”、“生命奥秘”、“专家谈病”、“妇女康乐”、“老人天地”、“夫妻生活”、“孩子世界”、“心理探秘”、“性爱悄语”等20多个栏目。后来调整为5个板块，即“视觉热读”、“食色风尚”、“午夜飞行”、“家庭医生”、“健康生活”。从市场情况看，它完全面对城镇中等文化水平和经济收入较一般的青年。追求时尚但不追求高档。有一段时间刊物提出“大健康”的概念，在内容上不只固守医学卫生的领域，而且向心理、行为、环境等拓展。在杂志社管理上较早采用了人员聘用制，编辑人员的年轻化使之较方便地引进了一些时尚杂志的元素。它的发行量最高时达到35万册，平均在10万册左右。2003年被中华期刊网评为中华健康类期刊“十佳”之一。《健康向导》自创办至2007年，王天胜一直为主编。2008年杂志社管理及内部组织出现问题，直接影响到期刊的正常出版与发展，主管主办单位采取措施，2008年10月重新组建编辑部，与《实用医技杂志》一并组成新的实用医技杂志社，将出版地移至太原，任命董海原为杂志社社长兼总编。

《家庭护士》是中华护理学会山西分会主办的护理科普期刊，2003年1月创刊，先为双月刊，16开，64页，一年后改为月刊。2006年1月变更为半月刊，2006年10月变更为旬刊，2007年1月起页码由64页增至96页。从容量与刊期看，在四年多的时间里变化是很大的，这既是时代发展的推促，也体现了办刊者为刊物的发展而付出的努力。

《家庭护士》最初是以普及人文关怀、照顾医学及护理学知识为刊物宗旨的。通过“社会适应”、“心理关怀”、“道德健康”、“生理看护”、“生活方式”五大板块及“百姓关注”、“零点护士”、“娜尔丝信箱”等专栏来宣传相关科学知识。问世不到一年，中华期刊展示网主办百种期刊进社区活动，《家庭护士》获得“北京居民最喜爱期刊奖”。2004年“3·15”质量日活动中，《家庭护士》发出“对内容不满意就退款”的承诺，此举在发行渠道引起强烈反响，表明刊物对质量的自信与负责任的态度。当年4月刊物又与山西财经大学团委共同举办了“家庭护士杯”当代大学生如何更好地适应社会的主题演讲比赛。在改为半月刊之后，《家庭护士》尝试分别面对普通读者普及护理知识和面对基层护理人员介绍新技术、交流护理经验。

《家庭护士》创办之始是投入了相当多的人力与财力的，在期刊内容改进以及市场营销上也下了很大工夫，虽有相当成效，但终未达到预期的市场份额。《家庭护士》创办时虽有其自身定位，但与已办多年且占据了相当市场份额的其他同类期刊相比，毕竟存在同质化竞争的因素。从健康和医学角度讲，护理与医治同等重要，甚至对患者的康复及对一般人的保健讲，护理应该更重要，但由于种种原因，这一理念在中国还未被绝大多数人接受，在读者心中自然也造成了“护士”难比“医生”的成见。《家庭护士》创办时的传媒市场与以前已大不相同，新期刊在网络已很发达的环境中占据市场的难度大大增加。在期刊读者群细分、专业程度加深的条件下，《家庭护士》希望兼顾非专业的一般读者与专业的读者的预想也难以做到。基于这种种因素，《家庭护士》在2008年进行了较大调整，改办为面向各级医疗部门医护人员的专业期刊《全科护理》。《家庭护士》自2006年起连续三年被评为山西省一级期刊，一直由韩世范任社长兼主编。

《校园心理》创办时刊名为《医学心理指导》，创刊号出版于2003年10月，由山西省医学会主办，省卫生厅主管。2005年改为现名，同时变双月刊为月刊。心理学及心理问题的研究在中国曾有较长时间被排斥，心理学被划入资产阶级唯心主义的范畴，心理学恢复应有的地位是1990年代之后的事，由于这一历史原因，到20世纪末关于心理学普及方面的书刊还相对较少。《医学心理指导》的创办使国内有了第一本面向大中学生的心理类科普期刊。它的办刊目标是针对学生、老师、家长关注的社会、学习、就业、交友、理想、现实等方面的具体问题，反映青少年心声，帮助他们进行自我心理调节，培养健康的人格。

从筹划这一刊物开始，编辑部坚持认真、求实、创新的工作作风，短短的几年，走出了较为实在的几步。2003年可视为筹备阶段。"调研稿源与宣传同步，用实践指导工作"，用两个月时间进行市场调研和稿源筹集，在14所大中专院校调查5000余人，收回调查问卷4848份。调研主要涉及两大内容：一是对心理科普期刊的期望水平和需求程度（甚至具体到刊物定位、封面设计、价位预设等）；二是这一人群的心理需求、心理现状以及为提高心理健康水平常用的渠道和措施等。这次调查为期刊总体设计提供了重要的依据。2004年为立足阶段。要使《医学心理指导》被读者接受，重在"展示自我特色，发展自我特色"，这年在一批高等院校开展了有奖征文、刊物免费赠阅以及各种联谊活动，同时开通心理咨询电话和邮箱，免费服务。在宣传刊物的同时也收到很多热心读者的意见，给刊物的改进提供了参考。2005年改刊名、刊期，进入改版调整阶段。其重心为"紧贴市场，保持特色，调整进步"。改名后读者定位更明确，在内容上大幅提升了心理部分的含量和质量，同时加强了与院校、团体、知名人士的联系，还与一些学校团体联合举办各种心理素质讲座和心理健康培训，如请香港大学的心理学家岳晓东到山西医科大学、山西科技大学举办讲座。同时利用各种机会谋求发展，2006年5月参加了在香港举行的"第二届国际青年充权会议"（充权为香港用语，等同内地的青年志愿者），《校园心理》中的部分内容被摘编成会议资料发给代表。2007年后可称之为开拓发展阶段。重心表现为"做精做细做好，依托杂志多渠道发展"。尽管期刊市场变动很大，同类或接近的期刊有些已被挤到边缘甚至被挤出市场，但《校园心理》的市场认可度仍稳中有升，逐步发展。《校园心理》在山西省期刊评估中从2006年起连续三年进入一级期刊。《校园心理》2007年为16开，72页，自创办以来杂志社社长兼主编为董海原。

《大众标准化》是山西一份视角独特的综合性科普期刊，它的内容是质量标准化，以"宣传标准，服务大众"为宗旨，创刊于1982年10月。现在主管单位为山西省质量技术监督局，主办单位为山西省质量技术监督信息所（刊物创办时为山西省标准化情报研究所）。

标准化工作是整个国民经济中的基础性工作，但是在很长时间内以及很大程度上，标准化问题并不太被社会所理解和重视，在建设社会主义现代化的目标提出以后，普及各科学领域内有关标准化方面的知识，宣传标准化对经济建设和国民生活的重要作用成为质检系统的一项任务。正是在这一需求之下，《大众标准化》得以创办。创刊号上，发表了中国科协党组书记裴丽生的专文《大家都来关心标准化》。同时通过《征稿启事》表明了刊物的任务是“通过各种题材和体裁，运用生动活泼的表现手法，普及各科学领域内有关标准化方面的知识，宣传标准化在国民经济建设中的地位和作用，介绍标准化与人民日常生活和生产之间广泛的密切关系”。《大众标准化》创办时为16开本，48页，季刊，定价0.35元。1999年改为双月刊和大16开，后又改为月刊，全彩印，60页。刊物发行量最高时曾突破2万份，2000年后保持在3000份。随着时代的发展，《大众标准化》围绕质量标准问题拓宽刊物内容，努力增加信息量与现实性，就实践中与质量有关的问题进行报道，如2006年发表的《“封存”不当引起行政诉讼的安全解析》、《浅谈我国汽车内饰织物质量提高的途径》、《销售不合格啤酒行政诉讼案解析》等。《大众标准化》历任主编为张锡濂、李文秀、吴华栋、张振明、元建龙、于尚仁、武忠生。编辑部负责人先后有李平池、赵淑贞、陈海庆、于淑莲、吴长泽、赵红梅。

《科幻大王》在山西的科普期刊中是一个“另类”。它是唯一的科学文艺期刊，而且是科学文艺中的一个特有种类，即科学幻想小说的专门性刊物。1993年在山西省科学技术协会主席陈震（兼任山西省科普作家协会理事长）的积极倡议下，山西省科普作家协会申办《科幻大王》，当时协会秘书长是在《科学之友》工作的牛二芳，他后来担任了这一刊物的主编。1994年9月《科幻大王》创刊，创办时就获得国内统一刊号。当时主办方为山西省科普作家协会，主管方为山西省科学技术协会。2001年之后为取得更多支持，主办单位又增加了一个由人大代表、政协委员中专家学者作为会员的群众团体“山西省新世纪专家学者协会”。主办也由省科协改至山西省发展和改革委员会。《科幻大王》创刊时为双月刊，48页。1997年改月刊，1998年调整至56页。自创办以来一直为16开本。

《科幻大王》在1994年到1996年间，以卡通画、漫画为主。当时做出这种选择的原因：一是注意到自改革开放以来，国外一些电视卡通片进入中国，其中不少具有科学幻想色彩，这些卡通片极受少年儿童欢迎。二是注意到国内有另一科幻期刊是以文字为主。但当时国内卡通画作者少，总体水平也不高，所以组稿难度较大，整体质量也有不少欠缺，但好处是由于卡通科幻刊物少，所以给读者留下了印象，同时刊物也带动了科幻卡通的创作。以后卡通画的水平提高很快，刊物质量也大有提升，《科幻大王》形成以图为主、占2/3，文为辅、占1/3的格局。1999年全国高考作文题为《假如记忆可以移植》，这是一个科学幻想式的命题，它的出现引起了广大师生对科幻小说的关注。科幻期刊升温，《科幻大王》发行量一度达到2万份。为了适应市场，《科幻大王》在内容上进行了新的调整，从2002年之后逐渐以科幻小说为主，科幻卡通相应减少，形成文占2/3、图占1/3的格局。《科幻大王》经过十多年的运作，已经联系了一批国内最具水平的科幻文学和科幻漫画的作者，科普界的一些权威专家如科学家潘家铮、科普作家叶永烈等也多次以不同方式给予支持。1997年时，中国期刊协会组织“全国百家期刊阅览室”活动，由刊协挑选适合的刊物向一些著名英模单位赠阅，《科幻大王》入选，并按活动规定，向湖南韶山小学、天安门国旗护卫队、雷锋团、南京路上好八连等22个单位赠送期刊连续三年。《科幻大王》从1994年到2007年社长为陈震、主编为牛二芳。2008年《科幻大王》主编改为郝建新。

第十一节　医学期刊的集结

在科技期刊中，医学期刊（包括卫生、健康类期刊）是个很大的门类，全国如此，山西尤为如此。以2006年统计，山西科技期刊共86种，其中与医学相关的25种，占科技期刊总量的29%。这25种刊物基本是1980年代中期以后办起来的，1970年代就有的只有《山西医药杂志》等寥寥几个。这些医学期刊又可分为三种不同性质：一是高校学报性质的，主办者是医学高等院校，其特点重在学术性和教学性；二是医学科普性质的，主办者系医学卫生团体或者相关科技单位，是普及医学常识进行健康教育的，重在通俗性与大众性，这类期刊基本上要靠市场运营；三是其他医学科技性质的，主办者多为医疗卫生机构、团体，属于专业刊物，虽有学术性，但更注重技术性与临床性，对象是医务专业人员。

医学期刊在近20年中发展是很快的，以1990年、1999年、2006年三个年份进行统计，可以看出这一趋势。

山西医学期刊数量发展比较表

年份	总量	类别			备注
		高校学报	医学科普	医学技术	
1990	8	1	2	5	学报为《山西医学院学报》
1999	20	6	2	12	
2006	25	6	4	15	另有《中国药物与临床》，系北京刊号，未统计

由于医学院校所办学报已归入关于学报的相应章节论述，科普类也另设专节，所以本节所讲的医学期刊仅指医学技术类期刊。

山西的医学科技期刊除数量不少外，到2000年以后还呈现了另一个发展特点，就是资源配置相对集中，有的一个期刊社办有多种医学期刊，而且办得都较有成效，在所涉及领域中已具有相当影响力。其中三个最具有代表性的群体是山西医药杂志社、世界胃肠病学杂志社和护理研究杂志社。

山西医药杂志社办有四份期刊:《山西医药杂志》、《中华风湿病学杂志》、《中国药物与临床》、《校园心理》, 2008年底又新建实用医技杂志社，出版《健康向导》、《实用医技杂志》，两个杂志社配合运作。

《山西医药杂志》是1974年2月由《山西医药》更名而来。此前的1972年《山西医药》恢复出版，无论是《山西医药》还是更名之后的《山西医药杂志》都是向全省卫生系统发送。1976年10月,《山西医药杂志》确定为双月刊，并获准正式出版向全国公开发行，当时发行量有1万多册，机构上属于山西卫生报社。1984年杂志独立，独立后有了新的变化。1985年增设胶印插页，主要文章增加中、英文摘要，编排也开始向规范化迈进。1989年与日本东洋医学会建立互换关系,发行量突破2万册,在省级医学期刊中发行量处于前列。1990年代后,《山西医药杂志》刊期缩短，页码几次调整。2008年为半月刊，大16开，96页，定价5.0元。主办方为山西省医学会，主管方为山西省卫生厅。发行量在7000册左右。

《山西医药杂志》面向各级医疗卫生技术人员及相关院校学生，积极传播先进医疗技术与经验。它的内容在相当程度上反映了山西医疗卫生工作的技术水平与研究水平，山西获省部级成果奖的医学科技论文不少首发于此刊,获地市级成果奖者发于此刊的则更多。如获卫生部科技成果一级奖的《ARGM-1型呼吸监测仪的临床与应用》，获山西省科技成果应用一等奖的《消蒙眼膏治疗角膜瘢痕临床疗效观察》、《可复性经输精管注入硅橡胶栓塞法的研究和临床观察》等均首发于《山西医药杂志》。

《山西医药杂志》1992年进入第一版的《中文核心期刊要目总览》，列为综合性医药、卫生类核心期刊，1989年被评为山西省优秀期刊，1993年到2008年间曾10次被评为山西省一级期刊。刊物1995年前主编先后有卫茂泉、徐大毅、杨福好，1995年后为董海原。

《中华风湿病学杂志》是1997年11月创刊的。由山西医药杂志社内设编辑部具体编辑，编辑部主任由杂志社社长董海原兼任。在该杂志正式创办之前，山西医药杂志社在1996年办起了《风湿病学杂志》，当时为内部期刊，赠阅，两年共出2卷8期。主编杨福好。这是针对我国风湿病患者有5000万而全国没有这一病学专业期刊而办的，实际也是争取成为中华医学会系列期刊前的试办与预演。《中华风湿病学杂志》正式创刊时为季刊，16开本，64页，定价3.00元，主编为董怡。1999年改开本为大16开，2000年改刊期为双月，2003年又改为月刊。2008年为大16开，月刊，72页，定价10元，主编为栗占国。

《中华风湿病学杂志》为全国从事风湿病研究和临床的医务工作者提供了交流和学习的园地、接受再教育的课堂，创刊号即发行5700册。创刊号上所载《中国风湿性疾病流行情况的调查报告》很快就被1998年美国"科学引文索引"（SCI）收录。创刊8个月就被多家科技文摘、数据库和检索工具收录。在这一领域，丁海明博士在国际上首次建立了转HLA-B2704基因动物模型，《中华风湿病学杂志》及时予以报道，在医学界引起大的反响。《中华风湿病学杂志》还参与组织了许多医学科研和社会活动。为响应世界卫生组织"骨与关节十年"活动的号召，刊物配合中华医学会风湿病学分会举办"全国骨与关节病专题学术会议"并出版"骨与关节病专辑"。配合卫生部"关节炎防治教育计划"，刊登了《类风湿关节炎诊治指南（草案）》、《骨关节炎诊治指南（草案）》等系列规范，广泛征求临床医生意见，为制定符合我国国情和代表风湿病研究水平并能有效应用的诊治标准做了准备。杂志社还与风湿病学分会合作设立了"优秀论文奖"，在刊物上开辟"继续教育"专栏，帮助一线医生提高诊治水平。还在有关厂商的支持协助下，组织出版"病友专辑"，向患者和医生免费发放，取得了很好的社会效益。

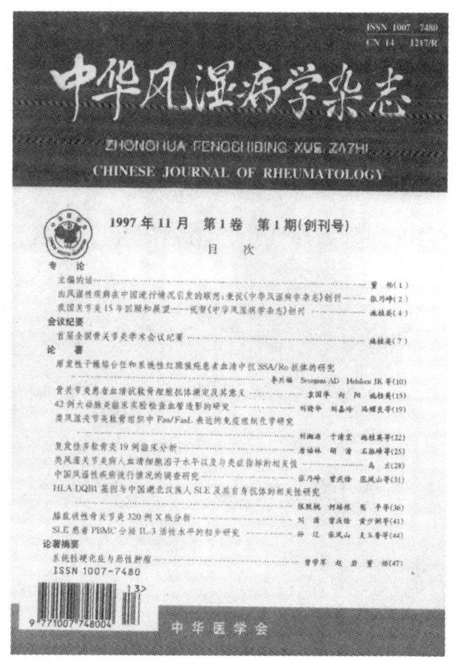
ISSN 1007-7480
CN 14-1217/R
中华风湿病学杂志
ZHONGHUA FENGSHIBING XUE ZAZHI
CHINESE JOURNAL OF RHEUMATOLOGY

1997年11月 第1卷 第1期(创刊号)

目 次

专 论

会议纪要

论 著

论著摘要

ISSN 1007-7480

中华医学会

《中华风湿病学杂志》从2002年起到2008年连续7年被评为山西省一级期刊，2002年被评为华北地区第六届优秀期刊。从2002年到2006年，一直得到中国科协择优支持自然科学学术期刊的专项经费资助每年3万元。2007年，中国科学技术信息研究所根据《2006年度中国科技论文统计结果》发布了“第六届中国百种杰出学术期刊”,《中华风湿病学杂志》列于其中第57位。

《中国药物与临床》是山西医药杂志社承办的另一种杂志，这是受国家科技部委托，2001年承办的。它不是山西地区的刊号，但在山西编辑出版。这一期刊由全国人大常委会副委员长吴阶平任荣誉总编辑，办刊几年，质量不断提高，已成为“中国科技论文统计源”期刊。按照业界通行的说法，山西医药杂志社现在已办有两个“国家级”的科技期刊。

山西医药杂志社从1990年代后期发展比较迅速，这一成绩的取得是与主办单位的正确领导、杂志社全体人员的辛勤奉献分不开的，也是与杂志社社长兼总编董海原所做的努力分不开的。

董海原，1964年生，原籍山西省盂县，从小在青海长大，1985年毕业于山西医学院，1990年调山西医药杂志社，从编辑做起，直至杂志社社长、总编。

在他的倡导下，山西医药杂志社于1996年开始创建“青年文明号”活动，1998年杂志社获得省级“青年文明号”称号。2002年获得共青团中央授予的2001年度全国“青年文明号”称号，成为全国期刊中获此称号的第一家。2004年杂志社又获山西省“青年文明号”活动十年成就奖，2007年被评为全国卫生系统先进集体。董海原2002年获山西省五一劳动奖章，2004年被授予“山西省劳动模范”称号。在他的主持下，新创办了《中华风湿病学杂志》、《医学心理指导》。

1999年秋，董海原患尿毒症晚期，他带病坚持工作，并完成了《中华风湿病学杂志》从季刊改双月刊的一切准备工作。2000年1月，他接受了肾移植手术，术后仅休息一个月就回到工作岗位。2000年8月11日,《山西日报》以《董海原换肾前后》为题报道了他的事迹。8月11日，山西省青年联合会、共青团太原市委等单位联合邀请40余位青年代表就董海原的事迹召开座谈会。8月25日《山西日报》以《当代青年知识分子该有怎样的人生观》为总题编发讨论会发言摘要，山西的多家媒体也对此作了报道。

董海原带头参加科研，从2004年到2007年先后组织申请并完成了山西省卫生厅科技攻关项目的5个课题，他本人在医学与编辑研究方面发表了多篇论文。

2008年2月27日，由国家新闻出版总署组织的首届中国出版政府奖揭晓。这一奖项是我国新闻出版行业新设立的最高奖项，每三年评一次，首届评奖共设6个子项奖，奖励数额总计200个，其中包括100个出版物奖，50个先进出版单位奖和50个优秀出版人物奖。董海原入选，获出版政府奖优秀出版人物奖。在人物奖中，全国期刊界只有6名。

对优秀出版人物，本届出版政府奖评委会给予的颁奖词是——

> 每一个个体的生命，都必然属于一个特定的时代。
>
> 首届中国出版政府奖的个人获奖者们，用自己对中国出版事业的执著、坚毅、忠诚和勤奋，为我们奉献了一大批优秀的出版物，也为我们讲述了一个又一个让人感动、令人振奋的故事，并为中国出版业，这个担当着传承中华文明责任的崇高职业，留下了一批当代人最值得骄傲的名字。
>
> 也许，他们的工作是非常个人化的；但是，他们所创造出的文化成果，却属于整个社会，属于我们正在经历着的这个伟大的时代。

世界胃肠病学杂志社现办有两种期刊，《世界胃肠病学杂志》（英文版）和《世界华人消化杂志》。与山西其他医学期刊的群体相比，这一杂志社与其他杂志社有一些明显的差异，其主要点有：一是基础不同。其他一般都是先有一个已经办若干年的老刊物，有一些过去的管理方式与运作方式需要继承或者改革，现任负责人必须先面对旧的负担，然后才能谈创新。而世界胃肠病学杂志社没有旧“家当”可用，没有旧“规矩”要循，起步就是从创办新刊开始，现任负责人就是新刊创办者。二是结构不同。所办两种期刊是同性质的，编辑工作与其他活动可以“绑”在一起进行。而其他杂志社所办虽都是医学期刊，但没有这一杂志社有如此高的同质化程度。三是体制不同。杂志社多数仍是事业性质，少数有企业管理的成分，而这一杂志社则完全按企业化管理与运行。世界胃肠病学杂志社这两种期刊在期刊管理部门登记主管单位均为山西省科技厅，主办单位为太原消化病研治中心。创刊15年一直是马连生任社长和总编。

《世界华人消化杂志》创刊于1993年，创刊时刊名为《新消化病学杂志》，1998年更名为《华人消化杂志》，1999年更名为《世界华人消化杂志》。在1992年8月，中国中西医结合学会第四届消化系统疾病学术会议在山西临汾召开。当时马连生是临汾地区胃肠病专科医院院长，参与协办这次会议。会议期间，他听中国中西医结合学会消化病专业委员会的危北海讲，想创办一本《新消化病学杂志》，马上表态愿意筹备。这次会议共收到论文530篇，大会宣讲25篇，分组交流232篇，选择会议论文后，1993年1月《新消化病学杂志》印出了创刊号，当时也是内部刊物。就在这本“创刊号”编辑期间，中西医结合学会与武汉协和医院合作办起了《中国中西医结合脾胃病杂志》,《新消化病学杂志》只得另找"婆家",幸运的是当时山西省科学技术委员会主任李镇西支持了这一刊物,于是这个新刊物的主办单位成了临汾地区消化病研治中心,主管单位是省科委(后来机构改革省科委成了省科技厅),主办单位到1996年时变更为太原消化病研治中心。

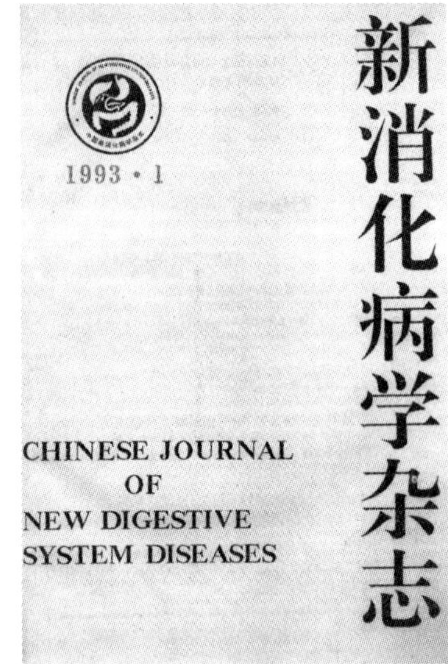

1993年7月,经国家科委批准,《新消化病学杂志》获得正式刊号公开发行。《新消化病学杂志》要在消化病学界站住脚,需要找一条适合自己的办刊之路,办刊人员去拜访国内消化病学界的知名专家,恳请给予帮助。有专家提议把全国划分为若干大区,每区选定一名专家来负责组织审核本区域的稿件。诚意有了回报,杂志社分别邀请到第四军医大学潘伯荣、第二军医大学陈士葆、第一军医大学张万岱、解放军222医院杨思凤、解放军271医院王苑本、解放军总医院纪小龙等一批教授出任大区编辑部主任,并于1994年12月在上海召开了五大区编辑部主任会议,这次会议对刊物的发展起了很关键的作用。世界卫生组织传统医学顾问、中科院院士陈可冀担任了刊物总顾问,并为之题词"盛世出新知",一批知名专家陆续进入刊物编委行列。

从1993年到1995年,《新消化病学杂志》为季刊,每期64页,1994年时改为大16开本。1996年改为月刊,页码也不断增加,1999年增至96页。到2006年又改为旬刊。创刊头几年,每期发行2000册,主要对象是市、县级医院的消化内科医生,虽较适合他们,但高质量的文章相对较少。为了吸引高质量的文章,办成本领域的领先期刊,1999年更名《世界华人消化杂志》。更名后发展势头较好,1995年起八个年度被评为山西省一级期刊。2001年与2003年由中国科学技术信息研究所根据数据库统计,评出这两个年度的"中国百种杰出学术期刊",《世界华人消化杂志》入选。2004年、2008年《世界华人消化杂志》入选《中文核心期刊要目总览》。

《世界胃肠病学杂志(英文版)》创刊于1995年10月,它的动议源于1994年上海《新消化病学杂志》的会议。会上潘伯荣提出我国在消化病学领域没有一本有中国特色的英文版期刊,这对开展国际交流及提高我国的学术水平都有影响,为此,杂志社在次年创办了《中国新消化病学杂志（英文版）》，编辑出版工作与《新消化病学杂志》放在一起进行，请潘伯荣任主编。但办刊三年来并未达到国际化的目标，于是1998年将刊名变更为《世界胃肠病学杂志（英文版）》（*World Journal of Gastroenterology*, *WJG*），主编由潘伯荣、马连生担任，并完全按国际惯例的办刊模式办刊，从内容、编排形式、工作程序进行全面改革，结果1999年就进入美国《科学引文索引》扩展版（SCI–E），影响因子逐年提高，从2000年到2003年分别为0.993、1.445、2.532、3.318。在改刊名前是季刊，1998年改双月刊，2003年改月刊，2004年改半月刊，2005年改为周刊。这样，《世界胃肠病学杂志（英文版）》成了迄今为止世界上该学科唯一的周刊，它同时出版了电子版，每天的点击率已达到了3万人次左右。

《世界胃肠病学杂志（英文版）》的影响走出了国门，在世界这一学科领域开始占有一席之地。以2006年为例，当年出版48期，发表文章1386篇，国外文章占76.05％。按文章类别分，社论87篇，综述73篇，专题70篇，基础及临床研究922篇，病例报告217篇，读者来信17篇。来稿10篇以上的国家和地区24个，其中前5位是：中国332篇，日本180篇，德国97篇，美国96篇，意大利90篇；最后5位是：澳大利亚14篇，波兰13篇，丹麦12篇，巴基斯坦11篇，西班牙11篇。全年退稿817篇，退稿率为42.57%，2006年发表的文章2年后被引用次数最高的一篇为35次。刊物组织了一个分布在60个国家和地区的1155位胃肠病学和肝病学专家组成的编委会，形成一支庞大的专家支持队伍。

《世界胃肠病学杂志（英文版）》2002年度获得国家自然科学基金重点学术期刊专项基金资助，资助期2年，强度为每年8万元。2004年第二次获上述资助，期限2年，强度为每年12万元。2002年、2005年获第二、三届“国家期刊奖百种重点期刊”称号，继2001年后，2002年到2006年被连续列入“中国百种杰出学术期刊”。

《世界华人消化杂志》和《世界胃肠病学杂志（英文版）》在前进之路上也有过迷茫以及失误，但是杂志社能不断探索，不断校正方向。《世界胃肠病学杂志》在2004年一度被SCI-E数据库停止收录，原因是参考文献自引率高，达到94%。杂志社分析后发现，这主要源于按照国际性期刊参考文献普遍在30条左右的标准，《世界胃肠病学杂志（英文版）》也要求发表的论文要列够30条，盲目要求必然带来不良后果。杂志社认真进行了自我整改，终于使2005年自引率下降到15.8%，重新被SCI-E收录。

为了办成国际化刊物，杂志社狠抓两条：一是始终以国际化为目标，参照国际惯例在管理体制、编辑标准、文章质量、在线投稿、专题亮点组稿、同行评议、对外交流、印制、销售等15个方面制定标准和运作模式；二是靠信息化提升，使管理模式、编辑工作运行流程与信息化相匹配。编辑工作形成有十多道工序的流程，并充分实现了在线办公。2006年两刊又进行了全面改版，增加了配发的内容，系有：背景资料、研发前沿、相关报道、创新盘点、应用要点、名词解释、同行评价。

为了充分利用期刊这一平台，促进本领域的发展，也为了促进两期刊的宣传和营销，杂志社不断举办重大学术活动。

1995年10月，第一届全国新消化病学学术大会暨《中国新消化病学杂志（英文版）》首发式在天津举行，与会代表130人，大会收到论文495篇，评出优秀论文7篇。

1997年6月，第三届全国新消化病学学术大会在北京举行，到会30个省、市、自治区及解放军代表179人，收到论文349篇，大会发言43篇，特别演讲6篇。大会特邀20余名著名专家莅会。

1998年10月，经国家科委批准，第一届世界华人消化大会在北京举行，国内外学者1000余人出席，收到论文1986篇。潘伯荣任大会主席，马连生任执行主席。

2000年9月，经国家科技部批准，第二届世界华人消化大会在北京举行，与会代表853人，其中境外代表43人，国内有5位院士到会，收到论文1500篇。徐家裕任大会主席，马连生任执行主席。

世界胃肠病学杂志社按现代企业的管理体制管理，指导思想是数量与质量平行，在分配上实行中高层年薪制、员工计件制。为建设一个敬业有效的团队，杂志社还将人才培养列入每年的工作计划，坚持十多年已取得实效。

以山西省护理学会和山西医科大学第一医院主办的《护理研究》为基础，另外发展了两种期刊，形成了另一个在管理上有分有合的期刊出版团队模式。现在办有三种期刊：

《护理研究》、《中西医结合心脑血管病杂志》、《全科护理》(初创办时为《家庭护士》)。前两种都是经历过不同的曲折历程后归到山西医科大学第一医院的。第三种是山西省护理学会创办并从一开始就完全实行企业化运作的。这三种期刊的行政负责人均为韩世范。

《护理研究》的前身是《山西护理杂志》，是由中华护理学会山西分会和山西省汾阳高级护理学校1987年4月联合创办的。1980年代护理学科呈现出多种学科诸多内容渗透的局面，护理基础理论研究不断深化，管理学、心理学、社会学、美学、社区保健、健康教育等方面的新成果融入护理工作之中，护理研究日显重要。但另一方面，全国护士工作者已近百万，而与护理相关的期刊只有4种。正是这种形势促成了《山西护理杂志》的诞生。期刊创办的具体工作由护校来做，王益锵任主编。1988年办起后先是内部期刊，每季一册，16开本，60页。1989年取得山西省期刊登记。从创办直到1992年，主要靠汾阳护校在办刊经费、人力等多方面给予投入，使这一刊物坚持了下来。但由于办刊地不在省会，而且护校力量有限，刊物发展受到限制。后来经主管单位协调，决定将此刊移交山西医学院第一附属医院，从1992年6月起，主办方改为中华护理学会山西分会和山西医学院第一附属医院。在经济支持、人事管理方面主要由第一医院负责。主编除王益锵外增加王斌全，韩世范作为编辑部负责人主持工作，日常业务由程金莲负责。

1994年《山西护理杂志》改为双月刊。从1994年到1999年,《山西护理杂志》提出“以质量求生存，以信誉求发展”的办刊策略和把刊物做成全国性护理专业期刊的目标,加强了编辑力量，健全了编辑制度，从杜绝人情稿入手提高文章质量。同时改变开本(改为大16开)，增加英文题名、摘要、关键词。编辑部陆续与6种国外期刊及152种国内医学期刊建立了资料交换关系，配置了现代化设备，缩短了编辑周期。发行量逐年提高，1998年达到1万余册。省外作者来稿量增多，1994年至1999年共刊发文章1410篇，来稿18 918篇，来稿刊用率7.3%，刊发文章中山西作者仅占3.7%。1995年至2000年这一刊物连续被评为山西省一级期刊。2000年6月，《山西护理杂志》更名为《护理研究》。

《护理研究》连续缩短刊期，2001年改月刊，2002年改半月刊，2005年改为旬刊。在中华医学会期刊系列中，与护理有关的有《中华实用护理杂志》、《国际护理学杂志》，它们自然在护理学界占有更有利的位置。如何把《护理研究》也打造成这一领域的名牌期刊，编辑部在改名后头几年中不断摸索。择其要者，大致为三点：一是研究对手，借鉴先进。与医学期刊尤其是护理类期刊做比较，吸取别刊好的经验为自己所用。二是研究自身，寻找特色。经过摸索，确定了以临床护理为研究对象，以护理程序为研究手段，以写作新模式为表述要求的目标。护理程序是可以全面开拓护士思维，使护理工作形成独立体系的工作方法，《护理研究》有意识地引导和加强在护理程序方面的研究，形成特色。三是研究市场，建立网络。建立作者、读者的联系网络，在全国29个省、市、自治区发展通讯员252人，对刊物的组稿、发行、经营发挥了不小作用。《护理研究》从2002年到2008年连续被评为山西省一级期刊。为充分开发刊物资源，延伸刊物影响力，《护理研究》还编辑出版了《临床护理论文写作新模式》（山西科技出版社）、《护理研究过程与论文写作》（中国科学技术出版社）、《护理科学研究》（人民卫生出版社）。

《中西医结合心脑血管病杂志》是2003年创办的，它是利用原《中医药研究》的刊号重新定位转型而来，创办后前三年为双月刊，64页（前三卷），2006年（第4卷）起改为月刊，96页。因种种原因，在1990年代末该杂志社运营陷入困境，1999年2月，该刊主管单位山西省新闻出版局与山西医科大学第一医院协商，由医院接收杂志社建制、产权及债务，《中医药研究》正式转换主办单位。山西医科大学第一医院接手后，实行企业化管理，杂志社开始进行一连串人事、业务改革，并岗减员，竞聘上岗，办理员工聘任、保险等手续，建立各项制度，恢复和新建了工作规程，同时利用医院投入的资金，进行刊物的改造。根据医学刊物门类向“专而精”发展的趋势，确定了彻底改变刊名及办刊方向的战略选择。在中国中西医结合学会的支持下，《中医药研究》于2003年更名为《中西医结合心脑血管病杂志》，陈可冀院士兼任主编，一批全国知名专家成为编委。2006年，杂志社与中国中西医结合学会共同举办“2006年全国心脑血管疾病诊断与治疗学术研讨会”，参会代表300多人。会议促进了这一医学领域的交流与合作，也扩大了杂志的影响。会议还大胆引入商业运作，吸引一批相关药品、器械厂商赞助、参会。这次会议在科技期刊与市场结合方面进行了积极的探索。这一刊物具体业务由贾林山负责。

上述三个群体，共办有11种期刊，它们是互不相同的三种体制与运行模式，但都取得了相当大的成功。这说明随着时代的发展，期刊的审批、管理虽基本保持了以往的规则，但在实际运作中科技期刊也出现了多元因素。它们各自不同的经历和经验，为期刊出版的改革发展提供了有价值和研究意义的范例。

山西其他的一些医学期刊，分属不同领域，也取得了值得肯定的成绩。

《肿瘤研究与临床》是山西省肿瘤研究所、山西省肿瘤医院主办的，1995年获正式刊号公开发行，16开，64页，季刊。1999年改为双月刊，大16开，72页。2006年改月刊，大16开，72页。山西省肿瘤研究所和山西省肿瘤防治办公室在1973年12月就创办了不定期内部刊物《肿瘤防治通讯》，到1978年出刊16期。1979年到1981年间又办过《肿瘤防治研究》，1986年在《肿瘤防治研究》停办几年后重新创办了《山西肿瘤通讯》，1986年到1988年共出4期。《肿瘤研究与临床》坚持面向临床、面向基层，提倡“预防为主，中西医并重，引领科技进步，动员全社会参与”，在业内有相当影响。公开发行后1997年到2004年连续被评为山西省一级期刊，1998年被评为第四届华北地区优秀期刊。刊物历任主编为代光寿、朱耀文、吴永嘉、米振国、梁小波，编辑部负责人白润萍、贾力涛。

山西省肿瘤研究所后来还创办了《山西白血病》杂志，这是一个专业性更强的期刊。1992年3月创刊，季刊，64页。1996年更名为《白血病》。1998年改为双月刊，大16开，80页。2001年又更名为《白血病·淋巴瘤》。这一期刊在肿瘤学领域引起关注，有专家称这一期刊的问世“表明我国的肿瘤学期刊已出现一病一刊的先河”，是当代医学学科发展特点高度分化、高度综合的反映（马智《肿瘤学文献的发展趋势》，载《医学情报工作》，1994年第15卷）。刊物创办后主办了一至六届“全国难治性白血病学术研讨会”以及其他相关学术会议，促进了关于难治性白血病诊断标准、治疗建议等方面一些文件的形成，引导了我国血液肿瘤的规范化治疗。刊物连续8年被评为山西省一级期刊。历任主编为王毓銮、陈赛娟，编辑部负责人白润萍、贾力涛。

上述两个期刊由一家主办，编辑部设在一起，事实上也形成一个医学期刊群体。2005年《肿瘤研究与临床》、《白血病·淋巴瘤》登记地迁往北京，成为中华医学会杂志社所属系列杂志。

《中国中西医结合肾病杂志》创刊于2000年9月，由中国科学技术协会主管，中国中西医结合学会主办，山西医科大学第一医院协办，也是中国中西医结合系列期刊之一，创办就成为正式期刊。肾脏疾病近年发病率越来越高，现代医学虽已有各种治疗措施，但传统中医在这方面也有其独到的疗效，中西医结合则更显优势。在中国中西医结合学会

责，创办初期为崔天悦，1996年起为任光荣。

《中医药研究》是1984年由山西省晋光人才开发公司创办的，创刊时名为《中医药研究杂志》。这一公司存在期间曾办过报刊，《中医药研究杂志》是其中之一。

《中医药研究杂志》当时办刊无场地无资金，经费是自筹的，刊物负责人为卢祥之。初创时为季刊，16开本，48页，定价0.38元，发行2000册。创办时薄一波题了刊名，卫生部部长崔月犁写了“代发刊词”，山西省副省长张维庆、中华全国中医学会副会长吕炳奎等都有贺信。1985年下半年刊物改为双月刊，1987年起更名为《中医药研究》。这一时期，杂志社还办起了印刷厂，在经济上给刊物以支持。

1986年，中医药研究杂志社划归山西省出版总社，经济上实行自负盈亏，企业管理。1990年山西省新闻出版局（山西省出版总社已于1987年10月撤销）又将杂志社划归山西科教出版社（1991年5月改名山西科技出版社）。1991年刊物页码增至64页，封面由原先的双色改为彩印，定价调为0.80元。发行量也达到最高峰，突破万册。从1986年到1992年，中医药研究杂志社利用当时的图书市场形势和出版政策，大量从事协作图书的出版发行，每年经营图书几十种，这使杂志社经济实力大为增强，员工队伍扩大，新购办公场所，还创办了国医堂、并州书屋等多个经营实体，而且解决了部分员工的住房。但1992年后情况发生了变化，图书成本增加，协作出版不再如以前容易，图书市场疲软，多个新成立的经济实体因亏损而关闭，人员的膨胀加大了运营成本，加之经营方面的一些失误，到1994年时已步入困境。杂志社采取多种措施以图扭转局面，如分流人员、压缩开支，利用山西科技出版社发行渠道扩大图书经营，虽也有一些成效，但由于积压问题甚多，杂志社没有太大起色。到1999年6月，杂志社转归山西医科大学第一医院。从创办起，卢祥之就任主编至1994年，在归山西省出版总社后范其云也一度任主编。1994年到1998年，先后由王仲举、郭博信任社长、主编。从1999年到2001年《中医药研究》

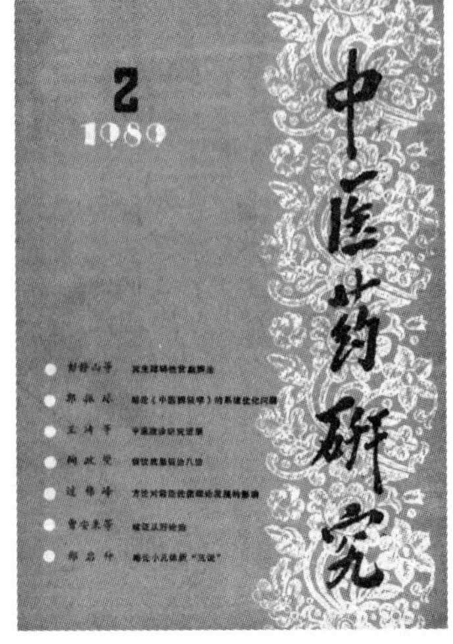

由刘望彭兼任主编，杂志社工作由韩世范负责，以后此刊物改造为《中西医结合心脑血管病杂志》。

《中医外治杂志》也是一份中医期刊，它有两点与其他医学期刊不同：一是办刊地是在山西晋城市，二是它针对中医的一个专门技术作为刊物内容。中医外治是中医的一个专门领域，包括针灸、按摩、熏洗、针刀、敷贴、膏药、脐疗、足疗、耳穴疗等百余种方法，其治疗范围遍及内、外、妇、儿、骨、皮肤、五官、肛肠等科，传统中医有“良工不废外治”之说。继承和发扬中医外治技术对中医如何保持传统又不断创新和走向现代化有很重要的意义。《中医外治杂志》创办者是中国首家中医外治研究所——晋城市中医外治研究所。1991年试办了《中医外治杂志》，当年出一期试刊号。1992年被批准为山西内部期刊，1994年被批准为有国内统一刊号的正式期刊。《中医外治杂志》由山西省卫生厅主管，主办单位为山西省中医药学会，晋城市中医外治研究所承办。《中医外治杂志》从内部期刊创办就得到了中国农工民主党山西省委员会以及中国农工民主党中央的支持，农工党中央主席、全国人大常委会副委员长周谷城题写了刊名。全国多位中医药专家和中医类院校也纷纷给予支持。

《中医外治杂志》1992年到1994年为季刊，1994年8月改为双月刊，1999年改为大16开本，页码增至56页，2006年又增全64页。创刊时发行量不足500册，到1996年时已发行9000余册，从1996年到2000年每年发行量都以20%的幅度递增。《中医外治杂志》创刊以后，多次组织过学术会议，还组织编写过相关图书，承办过全国膏药培训班。2005年至2007年，在世界中医药学会联合会中药新型制剂专业委员会的支持下，《中医外治杂志》在原有外治法特色内容的基础上，发表了一系列经皮给药研究文章，这类研究具有国际水准，属于医学前沿课题。2006年9月，在北京中医药大学建校50周年时，杂志社协办了该校承办的“2006国际传统医药创新与发展态势论坛”，这次论坛有17个国家和地区的120余名代表参会，杂志社朱庆文担任了本次论坛学术组组长。《中医外治杂志》历任主编为朱连学（1991—1994）、王会法（1995—1998）、赵尚华（1999— ），朱庆文自2005年起具体主持编辑部工作。

《实用骨科杂志》是一份“以实用和普及为主兼顾提高”的骨科专业期刊，1994年10

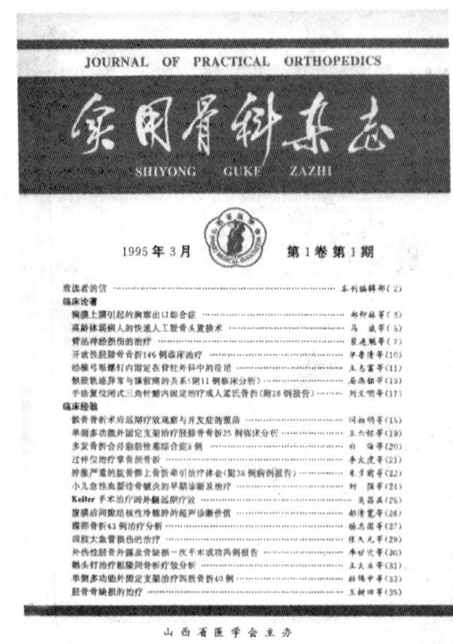

JOURNAL OF PRACTICAL ORTHOPEDICS

实用骨科杂志

SHIYONG GUKE ZAZHI

1995年3月 第1卷第1期

致读者的信 …… 本刊编辑部(2)

临床论著

胸膜上膜引起的胸廓出口综合症 …… 郝钟林等(3)

高龄体弱病人的快速人工股骨头置换术 …… 马 斌等(5)

臂丛神经损伤的治疗 …… 张充魁等(7)

开放性胫腓骨骨折146例临床治疗 …… 申鲁清等(10)

经椎弓根螺钉内固定在脊柱外科中的应用 …… 王志富等(11)

髌股轨迹异常与膝前痛的关系(附11例临床分析) …… 屈燕松等(13)

手法复位闭式三角针髓内固定治疗成人孟氏骨折(附26例报告) …… 刘文明等(17)

临床经验

髌骨骨折术后远期疗效观察与并发症的预防 …… 闫加明等(18)

单侧多功能外固定支架治疗胫腓骨骨折25例临床分析 …… 王六林等(19)

多发骨折合并脂肪栓塞综合症8例 …… 白 瑜等(20)

过伸位治疗掌骨颈骨折 …… 李大虎等(21)

肿胀严重的肱骨髁上骨折牵引治疗体会(附38例病例报告) …… 朱力君等(22)

小儿急性血源性骨髓炎的早期诊断及治疗 …… 刘 强等(24)

Keller手术治疗拇外翻远期疗效 …… 吴昌英(25)

腹膜后间隙结核性冷脓肿的超声诊断价值 …… 郝清宽等(26)

踝部骨折43例治疗分析 …… 杨忠国等(27)

四肢大血管损伤的治疗 …… 张久凡等(29)

外伤性胫骨外露及骨缺损一次手术成功两例报告 …… 秦世忱等(30)

鹅头钉治疗粗隆间骨折疗效分析 …… 王大立等(31)

单侧多功能外固定支架治疗四肢骨折40例 …… 赵伟中等(33)

胫骨骨缺损的治疗 …… 王树田等(35)

山西省医学会主办

月创刊。它的主办者为山西省医学会，承办者为山西医科大学第二医院。山西医科大学第二医院（原山西医学院第二附属医院）从1950年代就以骨科见长，当时该院马景昆、包尚恕等都是在全国骨科界有一定影响的专家。改革开放以后，山西的骨科在临床、教学、科研方面都有了长足发展，某些方面跃入全国先进行列。1986年全国脊柱外科学术研讨会在太原召开，更扩大了山西骨科专业的影响。1993年底山西省医学会骨科专业委员会主任史宝琦、创伤学组组长卢汉生等提出建议，办一份《创伤骨科与内固定杂志》，后经过专家讨论，认为办这份刊物应该立足于帮助大多数医生提高医疗技术，要以实用和普及为主，最后定名为《实用骨科杂志》，于1994年10月创刊，季刊，56页，在行业内部发行。办刊经费来自全省同行业的捐赠。办刊一年后，于1995年底又与北京大学第三医院达成合作协议。1998年11月经科技部批准成为正式期刊向国内外公开发行。这以后《实用骨科杂志》不断发展，2001年改季刊为双月刊，页码从64页增至96页。2007年又改为月刊，64页。

2004年是杂志创办十周年，《实用骨科杂志》进行了改版，全本采用铜版纸印制，增设“骨科史萃”栏目，对骨科界有突出贡献的医生予以介绍，由此展示了骨科学近百年的发展历史。王澍寰、顾玉东、戴尅戎、邱贵兴等院士及其他骨科专家共17人为刊物题词祝贺。以庆祝办刊十周年为契机，杂志社进一步完善了工作制度，建立了网站与读者服务信箱，在编辑工作中严格实行编辑学术双向审读，使刊物质量不断提高。在2005年、2007年均被评为山西省一级期刊。

《实用骨科杂志》创刊以来每年都要组织各种学术会议或学习班。其中具有全国性质的有：1996年与北京协和医院在秦皇岛共同举办“全国骨科新理论新技术学习班”；1998年在太原召开“全国创伤与基础学组会议”；2004年在太原召开“全国骨科新理论新技术新进展学术研讨会”；2006年在广西北海召开“2006年骨科新技术新进展高级学术研讨会”；2008年在太原举办“骨质疏松性骨折及骨科新进展论坛”。《实用骨科杂志》历任主编史宝琦（1994—1998）、肖德富（1999—2003）、卫小春（2004— ），编辑部负责人为卢汉生。

《实用医学影像杂志》是山西另一种以“实用”冠名的医学期刊，作为正式刊物创刊于2000年11月，季刊，64页。而此前，1997年3月就由这一期刊的主办者办过一个内部出版的资料《影像医学》，它先按季出版，在1999年到2000年曾改为半年出版。《实用医学影像杂志》由山西省医学会主办，山西省人民医院承办。医学影像专业范围较小，在初创办的一年里稿源不足，编辑业务也较生疏，以致一时间未达到预定质量，在山西评刊中曾被定为三级。编辑部经过认真整改，刊物面貌开始改观。来稿地区分布广了，作者中高职称、高学历的比例增多了，从2004年起也有了科研基金资助项目的课题论文。该刊2003年改为双月刊，2006年页码增至72页。发行量近1000册。刊物主编为牛汝朴。

《基层医学论坛》是2003年创刊的，它的前身是1999年经批准作为连续内部资料出版的，名称同现名。《基层医学论坛》主办单位为山西省医学会，主管单位为山西省卫生厅。刊物的宗旨可概括为“展示基层医院风采，提高基层医疗水平”。它的创办与其他一些医学期刊不同，不是主办单位或承办单位从行政职能出发申办，筹办动议完全来自行业内的热心人士。他们分属于不同单位，而且不在同一地区。创办之初没有经费，是这几个筹划者找厂家拉赞助自筹资金的。五四一总医院院长高占科对办刊给予了很大的支持，终于使一个内部刊物坚持办了下来，而且稿件来源从山西运城周边扩展到全省。在内刊时期还成立了以山西省卫生厅厅长为主任的编委会，为办一份正式期刊做了多方面的准备。在正式创办前后，还举办了一些学习班或会议，如2001年“山西基层肝病学术会议”、2003年“全国基层肿瘤学术会议”、2007年“全国基层医院院长绵山医改创新论坛”等。《基层医学论坛》创刊时为月刊，2005年改半月刊，2007年又改为旬刊。主编为侯志敏。

《实用中西医结合杂志》1988年6月创刊。月刊，16开64页，由长治医学院、中国中西医结合研究会活血化瘀专业委员会主办，山西省教委主管。1991年主办未变更，主管又增加国家中医药管理局。这一刊物的内容如刊名所示，就是中西医结合的研究和实践，其中重在临床的实用与中西医结合治疗经验的推广。创办以来延聘了国家这方面的专家作名誉总编，先后有陈可冀、郝思亲。刊物的主编先后为郭佩如、翁维良，陈士奎曾任社长。1994年由月刊改半月刊，后又将页码增至96页。1997年，国家科委和新闻出版署共同实施科技期刊治理。全国此批停办117种科技期刊，《实用中西医结合杂志》也在其中。1998年起刊物停办。

《实用医技杂志》2002年创办，月刊，2004年变为半月刊，2007年变为旬刊。医技是医疗系统的一个比较庞杂的辅助性专业，按《医院管理条例》规定，包括检验病理、电生理、核医学、影像医学、药剂、理疗、血库、手术供应、医械应用维修、医技护理、医技管理等。《实用医技杂志》的创办就是为了面向这一专业群体交流经验、刊发论文。主办单位为山西省医学会，主管单位为山西省卫生厅。编辑部设在山西运城，为自收自支性质，主编王天胜，编辑部负责人靳木兰。这一杂志出版至2008年，由于内部管理出现问题，10月山西省医学会对这一杂志的机构、人事进行了调整。

第十二节　发挥社会科学思想库的作用

哲学社会科学的研究，是关系国家和民族的价值体系、精神动力、文明程度、社会信仰的大问题。在建设有中国特色社会主义的过程中，需要繁荣发展哲学社会科学，推进学科体系、学术观点、科研方法创新，使哲学社会科学界为党和人民的事业发挥思想库的作用。而从某种意义上讲，社科类高校学报正是承担着这样的任务，它在推动哲学社会科学出优秀成果的同时，还促进哲学社会科学研究出优秀人才。

从1990年代开始，我国的高校学报在较短时间内有了极大的发展，最明显的是数量的增长。具体到山西，1990年有正式刊号的学报有10种，占全省期刊总量的7%，其中社科学报3种，占全省社科期刊总量（76种）的4%；自然科学学报7种，占全省科技期刊总量（67种）的10.4%。到2006年，学报总数达到47种，占全省期刊总量的23.6%，其中社科学报33种，占全省社科期刊总量（113种）的29.2%；自然科学学报14种，占全省科技期刊总量（86种）的16.2%。社科学报中有少量是综合性的，即一个院校只有一种学报，其中也有自然科学的内容，在期刊管理中都把其归入社科类，这并不影响总量的统计，所以仍然可以看出，山西的学报增长幅度是很大的。可以说，山西的高校学报已经形成了山西期刊中一个不可忽视的学报群。

这一学报群的形成过程可以用“乘势而上”来形容。所谓乘势是借助于四个方面的形势：一是高等教育的迅猛发展。在十来年的时间里，一批中等专业学校升格为高等院校，一批成人教育院校改变为普通高校，高等院校扩大招生、规模扩张，这种形势自然推动了学报的增加。二是教师以及社会各专业领域技术职称的评定。每年的职称评定中对论文的要求成了硬指标，这就催生了大批论文，形成了一个巨大的发表论文的社会需求，不仅评职称要发论文，研究生获得相应学位也要求公开发表论文。在这种形势下，学报作为论文发表的平台受到空前的重视，促使学报一再扩版。也就在这段时间，由于论文发表中版面费的存在，学报虽然发行量不大甚至在下跌，但经济上是足以支持的。三是这些年一系列对学术期刊评比的体系与办法出台。最有代表性的是1990年到1991年一年时间，北京高校图书馆期刊工作研究会与北京大学图书馆等组织了第一次大规模的“中文核心期刊”遴选，以后每四年一次，《中文核心期刊要目总览》到2008年已经出版五版。一些其他系统或单位组织的“核心期刊遴选”也逐渐兴起，有的也形成规模和影响。与各种对期刊的评选同步，一些考核指标进入期刊特别是学术期刊领域，如影响因子、总被引频次、基金论文比等等。这些都成了促进高校学报发展，尤其是提高质量的重要因素。四是新闻出版形势的发展变化给学报开辟了较大的空间。几次全国性的报刊治理整顿、结构调整基本上未对学报有所限制，尤其是1998年国家更将学报列为专门序列管理，国家新闻出版署下文“经过治理的现有全国高校正式学报一并转为高校学报类期刊刊号系列”，使一大批学报较容易地获得了国内统一刊号。一些经过批准的或尚未经过批准的内部印行的学报都“修成正果”。正是由于上述种种形势，使高校学报到21世纪之初时已经形成规模。在内容上，学报涵盖了社会科学、自然科学从基础理论到应用工程技术的方方面面。学报自身的质量，无论是学术水平还是编校、印装水平都有了很大提高，与1980年代时相比，学报从内容到形式都已大相迥异。其中一些办得好的学报更是从准确定位与打造特色入手，使之在某一学科领域成为研究的重镇，获得了较高声誉。当然，一些办得一般的学报，则基本成了教师及其他相关专业人员为评职称而发表文章的园地。

就山西来说，2008年时，社科学报为34种，这些学报可以大致分为六类不同情况，这就是：综合性大学所办社科学报、理工农医院校学报的社科版、党校学报、由专科升为本科的院校所办学报、原先为成人教育的院校所办学报、特别专科学报。

一、综合性大学的社科学报

综合性大学的社科学报，这是社科学报中的骨干，创办历史一般较长，所刊发文章水平也相对要高。这类学报有《山西师大学报（社会科学版）》、《山西大学学报（哲学社会科学版）》、《山西财经大学学报》及《太原师范学院学报（社会科学版）》。

《山西师大学报（社会科学版）》（以下简称《山西师大学报》）在1980年代初是办得很有特色的，以后基本保持了不断发展的势头。在办刊实践中强调“三性”，即论文的学术独创性、现实针对性和理论指导性。以此“三性”为标准，根据本校学报优势以及学报已有的作者资源，逐渐形成了有特色的四个研究方向以及相关栏目。一是以地域文化

为特色的黄河民俗文化与晋文化的研究；二是以本校重点学科为龙头的戏曲文物研究；三是紧扣学校师范性的教师教育研究；四是以新兴学科为突破口的妇女与性别研究。这几方面的栏目在学术理论界引起了较大关注。据全国高校文科学报研究会组织的《中国高校文科学报1992—1995年测评报告》,《山西师大学报》在全国407家文科学报中排名第15位，在全国76所师范院校学报中排名第5位。从1999年起《山西师大学报》蝉联中国人文社会科学学报研究会评定的第一、二、三届"全国百强社科学报"。从1993年到2008年连续16年被评为山西省一级期刊，在全省高校社科学报中这是唯一自评刊以来始终被评为一级期刊的。《山西师大学报》所发文章的被转载率在全省学报中也是居于前列的。2000年所发《中西妇女史研究的回顾与展望》被《新华文摘》转发，2004年所发《二十世纪中国留学生与科技发展》、《从陶寺遗址的考古发现看尧舜禅让》两文被《新华文摘》转载，2005年所发《社科学术期刊编辑应确立新的学术理念》、《中国古代游记的整理与出版》两文被《新华文摘》转载。2000年第4期结合山西师大承办全国高校编辑出版专业联席会议及编辑出版学学科建设研讨会，刊发了4篇相关文章，中国人民大学复印资料《出版工作》就复印了3篇，在全年66种刊物转载排名中位居第10。

《山西师大学报》能在山西社科学报中脱颖而出，其主要经验有三条：

一是坚持开门办刊，打破"内稿为主"的束缚。《山西师大学报》从自身具体条件出发，提出在严格遵循高校学报"学术性"的本质特征和内在规律的前提下，坚定不移地走开门办刊之路，对内稿外稿一视同仁，尤其对那些关注现实、见解独到、材料丰富、观点新颖、方法独特、论证严密的优秀论文更是不论作者是校内还是校外，是资深研究者还是年轻学生，都优先给予发表。要吸引好稿件，除了利用各种渠道主动约稿外，还必须扩大读者面，使更多的人见到这份学报。《山西师大学报》实行了向各大学图书馆赠送样刊的做法，收到很好的效果，各地的投稿量大幅度增加，量的增多保证了质的提高。《山西师大学报》的外稿比率一直较高，1999年至2002年间，共刊发论文399篇，其中内稿

150篇，占37.6%；外稿249篇，占62.4%。

二是寻求特色，找到适合自己又不同于别人的办刊模式。具体讲就是在前述的四方面研究中寻求山西地方优势，寻求本校学科优势，寻求学术研究中的薄弱环节，以利突破。对于在本学报上已形成优势的栏目及研究领域，则不断强化，不断发展，从关注该领域研究的动态中捕捉最新信息，选择最优成果，从而保持学报领先水平，巩固学报特色。

三是苦练内功，在办刊过程中造就编辑人员的学者型素质。编辑人员不仅被要求撰写与所主持栏目的专业相关的文章，还被要求进行编辑出版方面的研究。多年来，编辑人员有变动，但这一传统不变，学报编辑人员在这两方面发表的不少文章在业内外都有一定反响。20年来，山西师大学报编辑部人员先后发表编辑出版、大众传播等方面的文章近80篇。

《山西师大学报》1980年代后期以来历任主编为黄志胜（1987—1990）、曲家源（1990—1995）、陈建中（1995—1999）、齐峰（1999—2003）、畅引婷（2003— ）。1987年至1990年编辑部负责人谢恒山。2004年之前，学报为季刊，16开本，页码96页，定价从1980年时的0.30元陆续有所调整，1998年时达2.00元。2005年改为双月刊，148页，大16开本，定价8.00元。发行量1980年代至1990年代前期在1500份左右。90年代后期受大环境影响有所下降。

《山西大学学报（哲学社会科学版）》（以下简称《山西大学学报》）是山西另一种有较大影响的学报。它依托有百年历史的山西大学，坚持了把学报作为本校教学与科研的“窗口”，在追踪学术前沿、遵循学术规范的原则下不断提高刊物质量，增加刊物的影响力。《山西大学学报》的办刊历程可归纳为四个时期：学报创刊期（1947—1961），复刊探索期（1978—1985），积累提高期（1986—2000），快速发展期（2001—2008）。这表明，在2000年之前，《山西大学学报》坚持“三为主”与“三新”的办刊方针，就是以内稿为主、以学术为主、以提高为主和新观点、新材料、新角度。这一时期为培养中青年教师，在1987年、1989年两年两次与中文系联合推出中青年教师论文专号。也在这一时期，在编排上改变以往文章不分栏目的做法，开始设立栏目，这一时期设立的“争鸣园地”、“高教改革”、“山西人物”、“山大学人传”等都受到好评。在编辑中也开始注意稿件的规范化，在保证文章质量的同时注意了表达格式。

2001年《山西大学学报》改为双月刊。这以后的办刊有三点较为突出。一是有意识地进行栏目与选题的策划。为保证选题的高质量，开始向全国的专家学者约稿，如组织过“纪念中国高校学报创办100周年”、“纪念赵树理诞生100周年”等专栏。在前一个专栏中就发表了北京大学龙协涛、中国人民大学杨焕章等省外专家的文章。二是与一些专业学术团体联合，推出系列专题论文。如与唐代文学研究会联合推出过“唐代文学研究”专栏，精选了全国一批唐代文学专家的文章，在学术界产生了较大反响。三是加强了对学校学科建设的服务。在一些学科申报博士点、硕士点的关键时刻，学报都积极配合，及时刊登这些学科中学术质量最高的文章，以体现本校这一学科的研究水平。

2001年以后的《山西大学学报》办刊风格逐渐成熟，形成了如下特色：首先，追踪学术前沿动态，注重学术论文的原创性表述。新时期以来，赵树理研究再一次受到学界的广泛关注，如何突破既有的研究范式，突破既有的研究中意识形态的束缚，从作品、文本、文化的角度解读赵树理的创作，就成为研究者积极探索的一个课题。《山西大学学报》连续推出8篇论文，分别从文艺学、文学、语言学和哲学的角度研究赵树理的小说艺术和语言特色，其中南开大学刘俐俐的《今天怎样阅读赵树理的小说》以其新颖独到的研究方法，为重新解读赵树理小说提供了一种新的视角。山西大学苏春生的《读新发现的赵树理一篇佚文》以其扎实的考据之功，为赵树理研究又提供了新的素材。这两篇文章发表后被中国人民大学复印报刊资料全文转载。

随着传统文化研究的再次复兴，国学研究的众多领域也逐渐被研究者所关注。《山西大学学报》特别设置“章太炎与国学研究”栏目，先后推出8篇研究论文，对章太炎先生的治学之道及文化影响进行充分的学理思考，取得了较好的社会反响。刘毓庆的《国学的基本素质及当代意义》明确指出：“‘国学’是‘中国文化精神’的载体，国学中的‘经’是中国人的精神，‘史’是中国人的生存方式，‘子’是中国人的思想与智慧，‘集’是中国人的情怀。四者共同构成并展示了中国文化的风采。”从一个新的角度诠释了国学的当代文化意义。

其次，关注重大理论研究命题，关注热点社会问题。“红学”始终是学界关注的热点问题，为此，《山西大学学报》特别开设"'红学'研究与发展"栏目，其中红学大家周汝昌的《五里短亭，十里长亭——"红学"之旅》、梁归智的《误解与知音——从余英时的"两个世界"到"红学探佚学"》两篇论文，以其深厚的学养与理论推衍能力赢得了学界好评。

不仅如此，《山西大学学报》还密切关注国内知名学者的最新研究动态，力争将他们研究的最新成果在学报发表。如科技哲学领域的郭贵春，古代文学领域的叶嘉莹、傅璇琮，语言学领域的陆俭明、邢福义，法学领域的梁慧星，历史学领域的李文海，经济学领域的卫兴华，传播学领域的喻国明等等。他们的最新研究成果都曾在《山西大学学报》发表。

再次，立足本土文化，拓展三晋文化的研究领域。为了更好地突出刊物的区域特色，《山西大学学报》多年来一直专注于三晋文化研究的相关领域，先后开设有"晋商研究"、"西口文化研究"、"《立秋》笔谈"等栏目，特别是"晋文化研究"栏目，一直作为刊物的长效栏目。几年中，"晋文化研究"栏目累计发文量已逾百篇，其中关于陈廷敬研究、关于晋商研究、关于山西的地域特色研究等等，都具有比较高的学术价值。

最后，客观严谨的编辑态度，刊物的编辑技术日臻完善。作为一份学术刊物，其编辑技术也是刊物质量高低的一个重要评价指标。《山西大学学报》在这方面做了大量工作，使其进入21世纪之后较前有了明显的进步。

经过努力，《山西大学学报》的学术影响力不断增强，这可以从影响因子等一些指标的变化反映出来。影响因子是指期刊前两年发表的论文在统计当年的被引用总次数除以该期刊在前两年发表论文的总数，是国际上通用的一种对学术期刊的评价指数。《山西大学学报》在2004年到2006年的影响因子位列全国综合类高校学报第16位，2000年后一直被评为山西省一级期刊。2007年被评为北方优秀期刊，进入中国人文社会科学学报学会评出的"全国三十佳社科学报"。2008年入选《中文核心期刊要目总览》。从1985年起，《山西大学学报》的历任主编为凃荫森（1985—1988）、孟维智（1989—1990）、高仲章（1991—2001）、傅如一（2001—2007）、张培富（2007— ）。1985年至1990年编辑部负责人徐久刚。

1997年10月，在山西高等院校的调整中，山西财经学院与山西经济管理学院合并，成立山西财经大学。原《山西财经学院学报》也随之更名为《山西财经大学学报》。《山西财经学院学报》自创办以来在经济学界是有一定影响的，1992年后连续三次被列入《中文核心期刊要目总览》。《山西财经学院学报》能入选其中，说明该学报当时在全国经济类期刊中还是居于前列的。《山西财经学院学报》从1983年起由褚高峰任专职主编，1988年起由孔祥毅兼主编。两校合并后，学报编辑部由科研处分出单独设立，更名后的学报主编由校长冯子标兼任，程明德任编辑部负责人。2001年起，由王培勤任主编。《山西财经大学学报》继续发挥本校学科优势，同时积极适应改革形势，就经济领域的企业改革、金融改革、建立市场机制等诸多方面刊发了不少有深度的文章，保持了学报较好的发展态势。《山西财经大学学报》从创刊到1997年为16开本，1998年改成大16开本。页码2001年前为80页，2002年后增为144页。

1999年3月，太原师范学院成立，这是由三个院校合并组建的。这三个院校是属于普通专科的太原师范专科学校、属于教师继续教育的山西教育学院和属于本科院校的山西大学师范学院。这三个学院此前各有学报。《太原师范专科学校学报》1986年10月创刊，当年出的是社会科学版的试刊。次年11月，自然科学版也出试刊。这时虽拥有两个不同的版别，但都是内部交流性质，页码、刊期不固定，印数大致为2000份。1988年时经过新闻出版管理部门正式登记，确定为一种综合性学报，季刊，16开本，每期80页，定价0.55元。1998年获得国内统一刊号，仍是季刊，每期定为96页，定价为8.00元，自办发行，印1000册。《太原师范专科学校学报》在内容上以师范教育的相关学科为主，曾设过“学术研究”、“教学研究”、“专题讲座”等栏目。历任主编为李贵仁、杨振发、郑开湘、李思殿。编辑部负责人先后为程佩玉、徐永平。

《山西大学师范学院学报》创刊于1989年，1991年正式登记为季刊。1996年分为两个版出版，社科版为季刊，自然版为半年刊。到1998年底共出社科版（含初期综合版）45期，自然版4期。1998年底获国内统一刊号，刊期为季，页码96页，定价5.00元，印1200份。《山西大学师范学院学报》栏目除与师范学科有关者外，还有“山西区域研究”、“教学服务研究”等。主编先后为汪泊华、张瑞君，编辑部负责人张进峰。

与前两学报相比，《山西教育学院学报》则创办要迟，是在1998年国家统一把学报列为一个期刊序列时才创办的，当年12月出创刊号，1999年按季刊出版，2000年在三校合并过程中还坚持出了4期。主编为宋守鹏，编辑部负责人古四毛。

《太原师范学院学报（社会科学版）》（以下简称《太原师范学院学报》）是在新校成立后办的，因之前已有三种学报，所以新办学报当时就分两个版，有两个刊号。学报创立时就分两版，这在山西高校学报中还是首例。经过三校合并后的学报编辑部组建、人员培训、栏目策划等一系列过程后，2002年9月，《太原师范学院学报》创刊号出版。到2006年又由季刊改为双月刊，172页，定价9.00元。学习兄弟学报的经验，《太原师范学院学报》创刊之后选择了有所为和有所不为的编辑原则，突出几个重点领域，集中在这些领域争取有所突破。如对哲学经典的新解、对家庭文化的研究、对网络文化的研究等都成为亮点。版面设计上更彰显了刊物的个性，如把“不求篇篇是精品，唯愿大师在其中”置于封面，把“大文化观、大科学观、大教育观”标志于扉页。这些都使这份新办学报从创办就显出一定特色。学报主编张瑞君，编辑部负责人古四毛、张进峰。

二、理工农医院校学报的社科版

理工农医院校学报的社科版是社科学报中的另一类，它们创办时间较短，其中有些是从原先为服务教学而办的内刊演变而来，但也有的是为满足这类学校从事非自然科学学科教学的其他人员发表文章而办的。所以总体来讲，其学术水平与办刊质量是不断提高、不断进步的。可以归在这一类的有《山西高等学校社会科学学报》、《太原理工大学学报（社会科学版）》、《中北大学学报（社会科学版）》、《山西财经大学学报（高等教育版）》、《山西医科大学学报（基础医学教育版）》、《山西农业大学学报（社会科学版）》。

《山西高等学校社会科学学报》是山西理工农医类13所高校联合主办的，月刊，大16开本，80页，定价6.00元。它的创办用刊物自己的说法是：“创刊主要动机是为山西省各工科院校的思想政治工作者以及从事人文社会科学教学的教师提供展示研究成果的平台，促进工科院校人文社会科学学科的建设。”学报的主办者以及刊物的刊期是逐步变化的，创办时有四所工科院校，即太原工业大学、山西矿业学院、太原重型机械学院、太原机械学院；1998年增加山西农业大学和华北工学院专科学校；1999年又增加山西医科大学与公安部管理干部学院山西分院（即后来的山西警官高等专科学校）；2000年又增加长治医学院、山西医科大学汾阳学院、阳泉煤炭专科学校；2005年再增加山西中医学院、山西大学工程学院；2006年继续增加广播电影电视管理干部学院。这样参与主办的院校达到14所。后

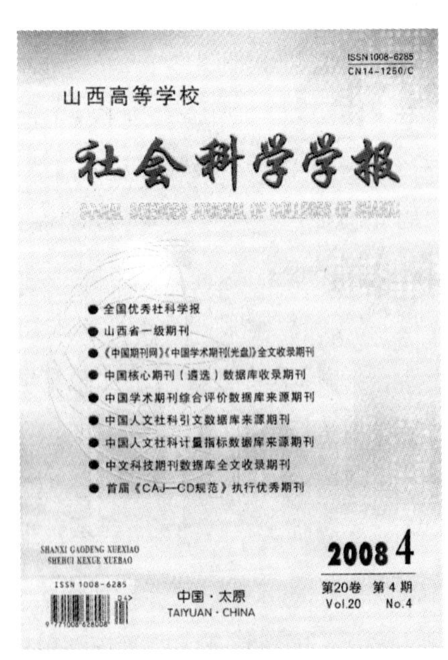

太原理工大学与山西矿业学院合并，故主办者成为13所院校。从刊期看，1989年创刊时为半年刊，1992年改为季刊，1998年改为双月刊，2000年改为月刊。由多所高校联合办刊，且参与联办者逐步增多和刊期逐步缩短，就此两点来说，在山西甚至全国是不多见的。在中国人文社科学报学会的多次会议上，这种办刊模式引起关注，认为有可研究之处。

《山西高等学校社会科学学报》原名《山西高等工科学校社会科学学报》，创刊以后大致分为两个阶段：1989年至1998年为内部刊物阶段。这一阶段主编先后为吴敦礼、李学曾、吴继尧，编辑部负责人范振杰。这一阶段以内稿为主，刊物工作的难点是既要提高质量，又要平衡各参办学校的发稿量。1999年之后获得国内统一刊号，为公开发行办刊阶段。这一阶段主编先后为吴继尧、李远程、姚芝楼，具体负责编辑部的仍为范振杰。这一阶段逐渐打破“内稿为主”，达到内稿与外稿各占一半的比例，作者队伍从国内各省市区扩展到海外留学生及外国学者。

《太原理工大学学报（社会科学版）》创刊于2000年9月，是在山西矿业学院1983年创办的《煤炭高教研究》和太原工业大学1988年创办的《高等工程教育》两份内部刊物的基础上发展起来的。1998年两校合并后创办学报社科版，创办之始就树立了“开放、创新”的办刊理念，立足本校，面向社会，以解决本校社科研究力量薄弱和由于某些方面的政策导向而优质稿件外流的问题。经过几年努力，学报质量有了很大改观。从立足本校更进一步发展为立足本地，如开辟“河东文化”专栏，推出了围绕晋南蒲州地区进行根祖文化和爱情文化研究的成果。学报自创办起主编为杨世春，编辑部负责人彭希京。

《中北大学学报（社会科学版）》创办于2000年，当时名为《华北工学院学报（社会科学版）》，2004年随学院改名而改现名。这一学报的前身可追溯至1985年太原机械学院创办的内部刊物《高教研究》。学报的主要栏目有“思想政治理论”、“法学理论”、“经济管理”、“语言文字研究”、“高教理论”、“图书管理”、“编辑与出版”、“体育与艺术”等。自创办起主编先后为戴隆泽、薛实军。2003年后编辑部负责人张记龙。

《山西财经大学学报（高等教育版）》创刊于1999年10月，此前山西财经学院1983年办了内刊《教研通讯》，后改为《教学研究》，刊期半年，1987年后学院成立高教研究室，此内刊归该室编辑。到1990年又更名为《高等财经教育研究》，从创办到1991年底共出14期。1992年后改为季刊，出版至山西财经学院与山西经济管理学院合并。新办的学报高等教育版为季刊，正式公开发行，16开本，88页，定价3.00元。主编先后为赵旭亮、王培勤。

《山西医科大学学报（基础医学教育版）》1999年创刊，此前也有办内刊的基础，那就是由山西医科大学承办的中国高等基础医学教育学会的会刊《基础医学教育》，1993年创办。1998年学报类期刊建立系列刊号时转为正式学报，改为上述刊名，双月刊，128页。主编为陈进明（1993—1999）、郭政（1999— ）。编辑部负责人先后为陈向伟、李军纪。

《山西农业大学学报（社会科学版）》创办于2002年，季刊，是在《山西农业大学学报》改为自然科学版的同时创办的。2007年、2008年被评为山西省一级期刊。主编董常生，编辑部负责人贺来星。

三、党校学报

党校学报是社科学报中很有特点的一类。可以归入此类的除中共山西省委、太原市委办的党校学报外，还有与民主党派相关的《山西社会主义学院学报》。

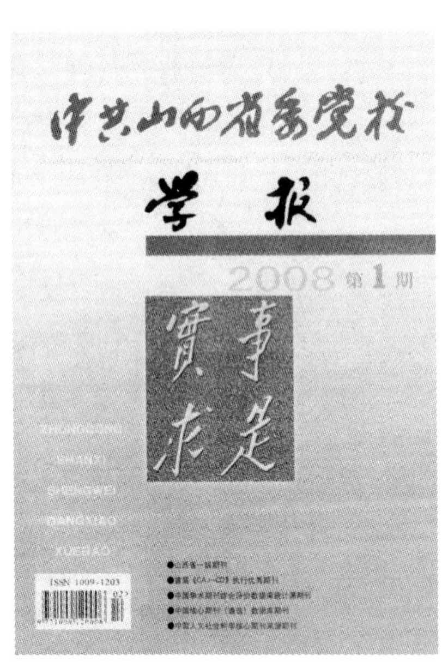

《中共山西省委党校学报》是为学校教学、科研服务的学术理论刊物，创办于1999年，此前党校有办刊的历史，但作为公开出版的学报则是从此开始的。

回顾党校办刊的历史，可分为四个阶段。

一、1960年代时学校资料室不定期编印《经济学简报》与《哲学简报》，内容是就教学中的疑难问题提供参考资料，同时通报党校的教学科研情况，负责人为陈仲平。到“文革”中的1969年，党校解散，编印工作随之结束。

二、1975年时党校为省“五七”干校，资料室开始编印《教学参考资料》，性质仍是为教学科研提供资料，印数只有三四十册，油印。此时林峰负责。1978年改为铅印，并重新排期号，大致为双月一期，印数为三四百册，除本校发放外，还与兄弟党校交流。此时由梁耀先负责。《教学参考资料》第1期（1978年8月出版）共16页，主要是转载中央党校《理论动态》第72期的内容。第2期45页，刊登马克思、恩格斯、列宁、斯大林、毛泽东关于理论与实践统一的部分论述，这与当时开展的真理标准的大讨论是有关的。以后每期也大致是这类内容。

三、1987年8月《教学参考资料》改为《教学参考》，用红色印制封面，有了目录与栏目。1988年经新闻出版管理部门登记为山西内部期刊，16开本，64页，并标有工本费。这时的刊物办得已很有起色，1992年在中国社会科学情报学会举办的情报成果评奖中还获了奖。这时主编为林峰。

四、1999年《教学参考》正式改名为《中共山西省委党校学报》，并获得国内统一刊号，页码增至80页。经过几年实践，学报形成了几个特色栏目"邓小平理论"、"党史党建研究"、"社会主义理论与实践"等。在编辑工作中坚持弘扬主流意识形态，紧密配合党的建设在不同时期的特点，推出了一些有理论深度或实践指导意义的文章，为宣传马克思主义、毛泽东思想、邓小平理论及"三个代表"重要思想作出了贡献。学报编辑部注重编辑工作与科研工作相结合，通过编辑部承担和参与社会科学课题来促进编辑工作能力的提高。学报正式创办以来，已完成山西省社会科学基金课题、山西省软科学课题及中央党校课题十余项，在全校科研方面名列前茅。学报编辑部人员基本为女性，2004年被山西省妇联授予山西"巾帼文明岗"的称号，2005年被全国妇联授予全国"巾帼文明岗"的称号。学报创办后主编先后为安计芳（1999—2003）、原方（2003—2007）、刘宁（2007— ）。

《中共太原市委党校学报》在1985年3月就办了试刊，属内部资料，16开本，季刊，64页。1988年改名为《理论学刊》，到1990年由季刊改为双月刊，主编先后为贾志谊（1988—1989）、刘新春（1990—2002）、贾陆英（2002—2007）、赵润元（2007— ）。编辑部负责人先后为刘连歧、周克庸、邓翠香。1999年再次更名为《中共太原市委党校学报》，并转为正式期刊，双月刊，64页，2000年又改为大16开本。学报作为反映太原市委党校及太原市社科学术成果的阵地，几年内形成并稳定了一些适合学术性又适合太原市情的栏目，如"领导干部论坛"、"热门话题"、"省情市情"、"改革探讨"等，在内容质量上不断有所提高。

《中共山西省委党校省直分校学报》由《党校教育》发展而来，后者是经过正式登记的内部刊物，创办于1993年，目的是为教学科研人员提供学术理论交流平台，当时由

校领导王茂杰兼任主编。这份内刊办至1998年，具体负责人先后为赵凯、任建国，发行范围既包括在校学员，也包括省直机关及其下属企事业单位。1998年后省委党校省直分校办学规模扩大，各类班级发展迅速，这时《党校教育》在努力提高刊物学术性与可读性的同时多方争取转为正式期刊，2000年终于获得国内统一刊号，《党校教育》正式更名为《中共山西省委党校省直分校学报》，定为季刊，48页，定价4.50元。创刊后曾发行到3000册，主编为赵凯，编辑部负责人为张煜，2002年由原淑玲任编辑部负责人。

中共山西省委党校省直分校是一个机关党校，其教学内容和方式与一般党校有所不同，学报自然也有所不同。在成为正式学报之后，首先，确立了“为教学科研服务，为领导决策服务”的办刊指导思想。其次，认真分析了读者及作者的构成，学报定位于省直机关，读者群是公务人员，但公务人员不存在评职称问题，而且从事理论研究的热情相对欠缺，所以来稿较少，这与其他高校学报不同。省直分校学报的作者群必须在高等院校与社会科学工作者中建立，在这种办刊思想和理性分析的基础上，学报设计了更贴近读者、作者的栏目，如“领导访谈”、“决策参考”、“问题透视”、“论古鉴今”、“政策研究”、“公共管理”等。同时加强了编辑人员的政治与业务学习，使学报渐渐有了特色。2007年因单位名称变更而改为《中共山西省直机关党校学报》。

《山西社会主义学院学报》是山西社会主义学院主办的，该学院是中国共产党领导的统一战线性质的政治学院。学报的任务是在推动教学科研以及培养、提高、扩大统战理论研究队伍方面发挥作用。1990年，在山西社会主义学院恢复建制五周年之际，学院创办了《山西社会主义学院院刊》，为16开本，48页，季刊，属内部刊物。1996年9月，第三届全国社会主义学院期刊联席会在太原召开，中央及16个省、市社会主义学院的33名相关人员参会，会议通过了《关于加强社院期刊相互协作的几点意见》。此后山西的“院刊”确立了解放思想、拓宽视野、提高质量、办出特色、服务教学、促进科研的方针，突出统战性，增强资料性、知识性。在栏目和内容上逐渐做到了多层次、有重点、有深度。这一阶段主编先后为张承纲、尹世明。

1998年，院刊转为公开刊物，更名为《山西社会主义学院学报》，改为大16开本，加大了编辑工作中的策划力度，严格了审、编、校、印、发各工作环节。学报结合形势组织系列专题，如“党的第三代领导集体对统一战线的论述和创新”等，刊物逐步走上轨道。2000年以后，又开辟“三晋文化”、“非公有制经济研究”等栏目，就统战理论研究如何为山西经济文化发展服务、非公有制经济人士如何做合格的有中国特色社会主义事业建设者、如何加强非公有制企业党建工作等有新时期特点的统战理论与实践进行探索。论题的创新扩大了刊物影响，刊物的转载率、摘录率等有了很大提升。在这一基础上，更明确了学报要“突出三个‘特’字”，“体现三个‘结合’”，即富有时代特征，具有统战特色，体现山西特点；理论性与实践性相结合，统战性与社会性相结合，学术性与可读性相结合。学报共开设了15个栏目，其中7个为学术性栏目：“本刊特稿”、“政党制度研究”、“新的社会阶层研究”、“民族与宗教研究”、“中华文化与民族凝聚力研究”等，8个为实践性、可读性栏目：“主委笔谈”、“参政党建设”、“回忆与研究”等。为了进一步发挥学报的作用，《山西社会主义学院学报》又在经营与发行上采取了许多新的措施，如成立了学报理事会，开展了与地市统战部的合作，通过各民主党派为本党派人大代表、政协委员订赠刊物等，初步走出了一条使学报走向社会，成为山西统战领域的社会科学综合刊物的路子。在院刊转为正式学报后，主编先后为庞伟民、王宝生、李祥熙。编辑部负责人先后有张秀红、白继英。

四、专科升为本科的院校所办学报

在山西的高等教育系列中，有些建校之初是专科后来升为本科的院校，1998年之后都办起了正式学报，因为办刊时间短及师资科研力量相对薄弱等方面的原因，这些字报基本上是以综合版形式出刊，其中又以文科内容为主。它们有的质量提高较快，已初步形成在某些学科研究领域的优势与特色。

太原大学是1984年成立的，其性质是高等职业教育，培养专科生。开设时是借用别处校舍上马的。1987年建成新校舍，办学条件大为改善，教学走上正轨。此时校长聂嘉恩就有了办学报的想法，但仅凭太原大学的条件显然不够，于是利用华北地区高职院校协作会议之机，发动几校联合办一个教育性、学术性季刊，取名为《华北高等职业教育》。这一提议得到各院校赞同，于是，由唐山大学在河北申办刊号，编辑部设在唐山大学，编委会则由唐山大学、太原大学、天津职业大学、邯郸大学、大同云中大学等组成。编委会每年一次在各校轮流召开，各校编委组织本地稿件，负责任编辑之责。《华北高等职业教育》1988年3月创刊，是河北省内部刊号。1999年在整顿刊物时，“华北”字样不允许使用，联合办刊难以为继，《华北高等职业教育》更名为《唐山大学学报》。

太原大学经过申请，在2000年获得山西省连续性内部资料准印证，2000年3月《太原大学》创刊，季刊，16开本，64页，每期8万字，王琛任主编。这时的《太原大学》已具备学报的雏形。2001年7月，《太原大学》出版6期后更名《太原大学学报》，获得国内统一刊号，进入正式学报系列，页码增至80页，每期字数达12万，到2003年又改为大16开本，主编仍为王琛，编辑部负责人姚晓黎。学报创办之初，沿用了《太原大学》时的一些紧密联系教育的栏目，如“教学内容与方法”、“高等职教理论”、“实践教学”、“师资建设”等，后逐渐拓宽学术视野，开设了“晋商研究”等栏目。

运城学院是2002年由运城高等专科学校升为本科而更名的，运城高等专科学校是1989年12月由运城师范专科学校、运城教育学院、河东大学三校合并而来，这三校中当时就有学报的是运城师范专科学校。

1983年，《运城师专学报》创刊，主编为景克宁，创刊时为季刊，16开本，80页，内部刊物。从1983年到1990年，学报在推出本校学术成果的同时，约来了杜任之、邓韶玉、李燕杰、滕崇德、王雪樵等省内外知名学者的文稿，而且开始注意编排的规范化。1990年学报改名为《运城高等专科学校学报》，由柴继光任主编，编辑部负责人为马重阳。这期间学报提出了一些适合自身条件的办刊理念，如学报要体现学术性、师范性、地方性，以内稿保生存、以外稿求质量等等。在内容上更从基础教育向外拓展，增加了“河东文化研究”、“河东经济论坛”等与地方经济文化相关的栏目。1996年李安纲出任学报主编，为强化学术特色，一度试更名为《河东学刊》，主办者仍是运城高专，但时过不久则在报刊整顿中因建立学报序列获得国内统一刊号，于1998年恢复原名《运城高等专科学校学报》。

公开发行后的《运城高等专科学校学报》为提高学术影响从几个方面进行改革：一是在继续约请知名学者撰稿的同时把眼光投向青年学人，每期作者有1/3是博士、硕士研究生，他们新颖的治学目光与学术见解使刊物顿显生气。二是突出重点学科，学报开辟了“《西游记》文化研究”专栏，连续吸引了这一领域的一批研究成果在学报上发表，形成了全国研究《西游记》的一个学术阵地。随之以学报为依托，策划了三届全国《西游记》文化研讨会。2003年随学院的建立，学报更名为《运城学院学报》，并由季刊改为双月刊，学报内容在文科方面有“《西游记》文化研究”、“河东文化”、“经济管理”、“哲学政法”、“教育教学”等栏目。2006年被中国人文社科学报学会评为“第三届优秀社科学报”。

晋中学院是2004年由晋中师范高等专科学校升格而来的。晋中师范高等专科学校是1998年由晋中师范专科学校和晋中地区教育学院合并组建。在晋中师范专科学校时期就办过学报。《晋中师专学报》创办较早，可追溯到1982年6月，当时未定刊期，16开本，60页，内部印行，到1989年间大致每年一到两期。1989年曾单独出过自然科学版，总期号与前连续。1990年获得山西报刊准印证，刊期也固定下来，社科版、自然版每年各出一期。从1982年到1998年共出版29期。在内刊阶段主编先后为王志华、胡懿安、武世统，编辑部负责人先后为郭建卫、石奇骠。

1999年学报获得国内统一刊号，同时更名为《晋中师范专科学校学报》，季刊，80页。2000年开本改为大16开，当年9月又更名为《晋中师范高等专科学校学报》，页码增至96页，在整体设计上也有了很大改进。学报以学术质量、文化品位、编排水平的全面提升积极配合了学校“专升本”的工作。2002年，学报狠抓了进一步提高稿件质量的工作，还出台了《关于进一步提高学报稿件质量的意见》。随后增设了一些体现地域特点和教学性质的专栏，如“晋商文化研究”、“晋中文史研究”、“学生论坛”，使学报的学术含量有了大幅提高，与地方及学生的联系更加紧密。2005年，《晋中师范高等专科学校学报》更名为《晋中学院学报》，刊期改为双月，页码增至128页。1999年以后，历任学报主编为武世统、邓明、韩士生，编辑部历任负责人为李汝德、李亚珍、许明、李山岗、郭继荣。

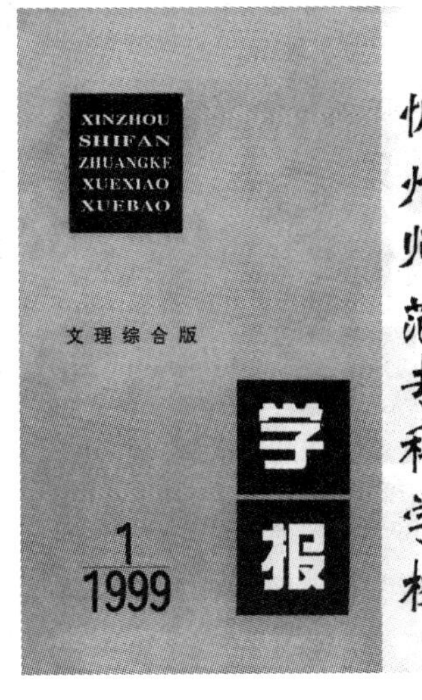

《忻州师范学院学报》用此刊名是在2000年10月。忻州师范学院是由忻州师范高等专科学校与忻州师范学校在2000年合并组建的。其中忻州师范高等专科学校又是1998年由忻州师范专科学校等4所学校合并。其中忻州师范专科学校办有学报。《忻州师范专科学校学报》经过两个阶段，1985年6月到1998年10月系内部期刊，1998

年11月成为正式期刊。创办以来一直为季刊，16开本，96页。忻州是佛教圣地五台山的所在地，也是金代著名学者元好问的故乡，五台山文化研究与元好问研究一直是忻州师专的优势项目，尤其是五台山文化研究，山西省五台山文化研究中心就设在该校。学报自创办以来就注意了以这两大课题为特色。《忻州师范学院学报》，刊期双月，大16开本，2004年时页码又从96页扩至134页。新的学报在继承了原先优势栏目的基础上，根据学校的升级与科研项目的增多而扩充栏目，作为综合性学报，内容涵盖了诸如教育、文学、政法、经济等文科与生化、数理等理科。从作为师专的学报开始，历任主编为连庆昭、王志连、郭丕斌，编辑部负责人先后为王振华、李丹。

雁北师范学院是原先的雁北师范专科学校，1993年由专科升格为本科，改为现名。《雁北师范学院学报》的发展大致经过了内部创办、获得正式批准为内部出版物、批准为正式学报这样三个阶段。1977年雁北师专恢复招生，1981年起两年时间从本校毕业生和其他高校毕业生中选择了一些充实教师队伍，使学校的师资力量迅速增强，办学报有了条件与需求，于是1985年创办了学报。1987年被批准为内部期刊，1999年正式进入学报序列。在刊名上，1985年到1992年为《雁北师专学报》，1993年到1998年为《雁北师院学报》，1999年规范为《雁北师范学院学报》。在版别上，1995年前为文理综合版，1996年后按期分为文科、理科两版，2002年后又分出教育版，全年六期中两期为人文社会科学，两期为教育，两期为自然科学。在刊期上不断变动，半年刊（1985—1990）、季刊（1991—1994）、双月刊（1995年之后），不断缩短了刊期。将综合版的全年六期分为事实上的各为半年刊的三种版是《雁北师范学院学报》2002年之后几年的办刊模式。编辑部认为这样做使学科集中，便于作者读者阅读、收藏和编辑工作的专业化。《雁北师范学院学报》在内刊阶段负责人先后为陈炀炯、景维本、崔向午。成为正式期刊后历任主编为马晋宜、张官禄。编辑部负责人为陈玉林。2007年随学院调整更名为《山西大同大学学报（自然科学版）》，主编郝临山。

《长治学院学报》是由《晋东南师范专科学校学报》变更而来的。晋东南师专在1984年办了学报，当时为内部印发，1987年时获正式内刊许可证。1998年11月转为正式期刊，名称由《晋东南师专学报》更改为《晋东南师范专科学校学报》。2005年时随学校升级而再次更名为《长治学院学报》。在学报内容上，除体现师范性之外也开设了“上党文化”、“上党方言”、“赵树理研究”等与地域特色关系密切的栏目。学报主编历任为李蹊（1984—1990）、傅书华（1991—1994）、梁景德（1995—1998）、赵勇（1999—2000）、李仁和（2000— ）。

《吕梁高等专科学校学报》由位于山西吕梁市的吕梁高等专科学校所办。这一学校是1989年由吕梁师范专科学校、吕梁理工专科学校合并组建的，所以《吕梁高等专科学校学报》的历史可上溯至1985年创办的《吕梁师专学报》。这一学报当时是16开本、86页，半年刊，也是内部印发。1987年时更名《吕梁学刊》，刊期改为季，页码增为96页，并请启功题写了刊名。1999年在获得统一刊号时又更改为现名，系文理综合版。为提高刊物质量，学校及学报编辑部曾多方努力，1999年在全国高校文科学报评比中获“质量进步奖”。《吕梁高等专科学校学报》历任主编为李亮（1990—1993）、任继海（1994—1996）、唐福生（1997—1998）、康序（1999—2007）、赵元（2007— ）。

《山西职业师范专科学校学报》是1998年取得统一刊号的，季刊。这是在临汾的山西职业师范专科学校主办的学报，在成为正式学报之前以《山西职业教育学刊》的名称从1992年就办了内部交流的刊物。与其他学报一样，成为正式期刊后在内容上以本校的教学为切入点，推及同类学校的教学研究，具体讲在这里就是职业技术教育，所以有“职教论坛”、“职业技术推广”、“教材教法”等栏目。学报主编先后为李谦、景栋林。2002年，因山西职业师范专科学校并入山西师范大学，这一学报停办。

五、由成人教育院校而来的高校的学报

高校学报中一批新生力量是在教育改革中改为有普通高校性质的成人教育院校的学报，这一类学报共有10家。它们的共同特点是办学报历史较短，但发展较快，这“快”不仅表现在创办短短几年中就不断扩大容量，刊期缩短，页码增厚，还表现在学报规范化方面也用不长时间取得显著进展，学术质量有了明显提高。

《山西广播电视大学学报》的历史较短，1996年创刊，当时刊名为《远距离教育》，是内部刊物，1999年更改为现名，并获得统一刊号。《山西广播电视大学学报》初为季刊，

大16开本，64页。2002年增至96页。2003年又扩为112页，2004年改为双月刊。

山西广播电视大学虽是综合性院校，但它的基础是成人高校，这就决定了它的学报既应以学术性为目标，又要体现不同于普通高校学报的个性。电大作为从事远程教育的开放式大学，其特点是开放性、系统性和远距离多媒体教学。因此，《山西广播电视大学学报》开辟了“远程教育研究”、“开放教育研究”、“‘导学群’理论探索”、“电大为‘三农’服务探讨”等栏目，形成了学报特色。《山西广播电视大学学报》还开辟了有地方特点的“阎锡山研究”栏目，请省内外专家撰稿，丰富了学报内容，也引起学术界的关注。学报的努力收到了成效，1997年在全国电大系统被评为优秀学报，2002年在全国第二届人文社会科学学报评比中获“质量进步奖”，这在全国电大学报中是唯一的。2005年在由中国科学文献计量评价中心、中国学术期刊（光盘版）杂志社等组织的《中国学术期刊综合引证报告（2004）》中，《山西广播电视大学学报》的影响因子在全国所有电大学报中排名第一。《山西广播电视大学学报》正式出版以来杨荣星为主编。

《太原大学教育学院学报》是2006年因太原市教育学院改为太原大学教育学院而改为现名的，它的前身是《太原教育学院院刊》和《太原教育学院学报》。“院刊”1983年创办，1988年经新闻出版管理部门批准为内部刊物，改名为《太原教育学院学报》。在1999年获国内统一刊号，正式出版发行。在内刊时为季刊，96页；改正式期刊后仍为季刊，124页。

《太原大学教育学院学报》是文理合刊的学术期刊，主要围绕教育科研设置栏目、编发稿件。自作为公开学报以后，编辑部在实施规范化编排方面下了很大工夫，严格执行《中国高等学校社会科学学报编排规范》和《中国学术期刊（光盘版）检索与评价数据规范》。在全国教育学院学报第二届质量评比中获“全国教育学院优秀学报”称号。《太原大学教育学院学报》主编为方贵忠。编辑部负责人先后为张亚静、李红。

山西青年管理干部学院是1994年底建院的，其前身是山西省团校。1987年山西省团校创办校刊《团校之声》，1990年改名为《青年学友》。虽然只是团校的刊物，但从办刊起就倡导一种研究的风气，而不仅是作教学和团组织的工作报道。在创办《团校之声》时，共青团山西省委副书记申维辰发表文章《带头把研究风气树起来》。更名时，共青团山西省委副书记安焕晓发表《学习研究青年学，提高团的工作水平》一文。这种倡导研究的传统为以后的学报打好了基础。1996年《青年学友》更名为《山西青年管理干部学院学报》，1999年又获正式刊号进入高校学报系列。《山西青年管理干部学院学报》很快显示了它与青年同行的活力，形成了鲜明的风格，在办刊上独树自己的理念。

一是把“树研究风气”作为始终如一的办刊理念。他们认为高校学报的基本特征应该是“研究性”，这种“研究性”体现在通过组织、倡导科研，发表科研成果推动学校科研的开展，用“研究性”来提高“学术性”。这些年在学报上发表的文章，研究内容涉及青年问题、共青团工作、政治理论、教学管理等诸多方面。二是把“研究青年，服务青年”当做义不容辞的中心任务。他们认为学报的“根”在于“研究青年、服务青年”，学报“根”扎牢才能办好，所以一直关注青年热点问题，形成了“青年研究”、“共青团理论与实践”、“当代大学生研究”等主干栏目，这些栏目的文章篇目占每期的1/3。三是把“与时俱进”作为生存发展的内在动力。正式成为学报后，如何与社会通行的学术期刊评价体系对接，成了编辑部一个需要认真面对和很快解决的问题。他们从编排规范化、内容学术化入手，提出了“以学术理论研究论文为主体，以教学经验研究文章为辅助”的用稿原则，同时在栏目设置、编校工作、社会“造势”等方面不断提出新举措，使学报踏踏实实地进步，先后被评为全国青年干部院校优秀期刊、全国社科学报青年类优秀期刊和山西省一级期刊。《山西青年管理干部学院学报》主编先后为郝梦祥、孟建伟。

《山西经济管理干部学院学报》是1993年经省新闻出版管理部门批准创办为内部期刊的，当时是半年刊，1999年获得统一刊号进入学报序列，改为季刊，大16开，1993年为60至80页，1999年为80页，2002年增

至96页，2007年又增至120页。作为服务教学的经济类学报，《山西经济管理干部学院学报》以社会主义市场经济理论为基础，开设了“管理科学研究”、“企业论坛”、“企业策划与文化”、“工商管理园地”等栏目。成为正式期刊后由王克勤任主编，编辑部负责人先后为南志珍、张莹。

《山西省政法管理干部学院学报》创刊于1988年，为内部刊物，后刊名在1990年曾改为《法林》。1998年底转为正式刊物时，刊名恢复学报。在《法林》阶段，学报在院长孙广华的直接负责下，曾推出一些有创新、有深度的研究文章，内容基本分为法律研究和法律教学研究两个方面，并以学报为平台带动全校的科研活动，使学院教师在这一阶段完成或参与了相当一些科研课题。进入2000年后因成人教育结构调整，学院机构变动，财力物力紧张等原因，学报工作一度受到较大影响，这一问题引起院领导的重视，学院随之进行了认真整改，积极从人力、财力上给予保证，从2003年起学报有了很大起色，在栏目策划、专题选择、内容质量、编审环节都有了明显进步。《山西省政法管理干部学院学报》1999年后主编先后为姜辰、肖峰昌，编辑部负责人雷梅英。

山西煤炭管理干部学院是1984年创办的成人高校，1988年办了学报并经批准为内部刊物，1999年转为正式刊物即《山西煤炭管理干部学院学报》。从创办到1998年共出版44期，印数在500至800册之间。成正式期刊后印发1000册。山西是能源重化工基地，学报确立了“以煤炭经济和煤炭实用技术为主而兼及其他，文理兼容”的办刊方向，开设了“企业与市场经济”、“教育教学研究”、“煤矿生产技术”、“学术论坛”等栏目，为推动学院整体教学水平的提高和促进山西煤炭经济和煤炭工业的发展尽了一份力量。成正式学报后主编先为郝树龙，后为孟秀峰。

太原城市职业技术学院的前身是太原经济管理干部学院，2003年改现名。2004年原办学报更名《太原城市职业技术学院学报》。太原经济管理干部学院较早就关注于城市经济管理这一在改革开放后日益重要的课题，1986年就尝试办了一个《城市经济管理》的刊物，但始终没有取得正式刊号。1999年以这一内刊为基础办了《太原经济管理干部学院学报》，双月刊，大16开，64页。这虽是一份市级成人院校所办学报，但还是很快呈现出自身特点：一是内容比较集中。即集中于城市经济管理上，城市经济管理是一门新兴的综合性经济学科，它是研究城市经济活动规律和城市经济管理的科学。《太原经济管理干部学院学报》围绕这一学科的理论与实践来组织编发稿件，即便是经济热点问题，也会立足于从城市角度进行研究。二是积极组织外稿。该刊广泛吸引外稿尤其是知名经济学者的论文来弥补本院科研力量的不足。从刊发文章看，大体是院内作者、省内作者、外省作者各占1/3。经济学家厉以宁《我国股份制改革的设想》、王梦奎《股份经济之我见》、饶会林《城市用地问题的战略思考》、朱铁臻《加强城市管理 促进城市发展》等一批文章都在这一学报上发表。一些国家相关部委和省市领导也为学报撰稿，如国家统计局副局长翟立功、国家税务总局副局长杨崇春等在该学报都发过文章。三是使学报兼有一些社会期刊的性质。主要是加强与太原市及其他地级市政府、各职能部门和社会相关学术团体的联系，既利用学报反映它们在城市管理上的成果，也为它们提供理论参考、献计献策，为城市经济的发展起一些促进作用。《太原城市职业技术学院学报》主编先后为李云晋、梅煌、康信、赵存真、杨志家，编辑部负责人韩潮峰。

《大同职业技术学院学报》的发展同样是随学校的发展而来的。1987年大同市云中大学与山西师范大学大同师专班合办过一份《联合学报》，1989年改名《云中大学学报》，1994年又改名为《大同高等专科学校学报》。在这一阶段均为山西省内部期刊。1999年这一内部刊物转为正式学报，获得统一刊号。2000年第2期起再次更名为《大同职业技术学院学报》。学报为文理合刊，季刊，主要栏目有“高职高专教学研究”、“大同地方经济研究”、“北朝史研究”、“明代边防研究”等。2003年在全国市属高校学报研究会举办的评比中被评为“全国市属高校优秀学报”。从内刊到正式出版，主编先后为李峰、夏东辉、樊一发，编辑部负责人赵立人。2007年随学院调整更名为《山西大同大学学报（社会科学版）》，主编郝临山。

《吕梁教育学院学报》从1983年开始办内部期刊，由吴小秋主编。2001年9月获得正式刊号。该学报为文理综合，季刊。在内容上以教育教学研究为主，兼及地方文化。主编先后为李玉江（2003—2007）、白荣欣（2007— ）。2007年后编辑部负责人温智新。

《晋城职业技术学院学报》创办较晚，2008年9月出创刊号，双月刊。虽起步迟，但该学院对学报十分重视，给予较大投入，每期100页，双色印刷，装帧方面达到此时山西所有高校学报的领先水平。晋城市是山西一座新兴的经济强市，历史上产生过清代《康熙字典》总编纂陈廷敬，现代中国文学“山药蛋派”代表人物赵树理等文化名人，有一定的文化积淀。《晋城职业技术学院学报》是晋城市第一份正式期刊。创刊时《主编寄语》提出“本土性、高职性、草根性”作为特色目标，而且更明确提出“学报不会成为晋城职业技术学院的创收工具，也不能成为评职称应景文章的发表平台”，这种定位为学报的健康发展开了个好头。学报文理兼容，设立了“特约专稿”、“地方文史”、“高职教育研究”、“教学改革”、“应用技术研究”、“基础教育研究”等栏目。创刊号首篇发表了美国弗吉尼亚州诺福克市欧道明大学德怀特·艾伦教授《对中国职业技术院校教育的再思考》一文。《晋城职业技术学院学报》主编王维平，编辑部负责人王永革。

六、特别专科院校的学报

在社科学报中有一类可称之为专科学报。所谓专科不是指培养专科生的学校，而是说这类学校既不是文理综合院校，又不是普通的文科专业或理工科专业的院校，而是某一特别学科的高等院校。山西的社科学报中可以归入这一类的有《山西警官高等专科学校学报》、《山西师大体育学院学报》、《山西财政税务专科学校学报》。

山西警官高等专科学校原为山西省公安厅主管的公安部管理干部学院山西分院，这是1988年成立的一所成人教育大专层次的院校。1993年3月，学院创办《警学研究》，虽只是48页码的季刊，但结束了山西公安系统无理论刊物的历史。1999年时正式创办学报，刊名为《公安部管理干部学院山西分院学报》，页码增至64页。2000年9月，公安部管理干部学院山西分院与山西省人民警察学校合建为山西警官高等专科学校，从成人大专改为普通大专，学报也更名为《山西警官高等专科学校学报》。2006年页码又增至96页。学报自创办以来，坚持为公安教学、公安科研、公安实践服务的宗旨，形成了学报的公安特色和学术品位。

《山西警官高等专科学校学报》创办以来大致走过四个阶段。1993年到1994年为初创阶段。1993年时学院专兼职教师不足百人，且结构极不合理，公安基层更缺乏理论研究的力量，山西警学研究基本上处于零敲碎打的状态，更谈不上深度和广度。《警学研究》的创办在公安系统引起重视，省公安厅厅长李玉璋撰文《立足公安实践 加强理论研究》发于创刊号上。1993年的《警学研究》共发文章63篇，出自本院教师的37篇，占总数的58.7%；其中出自公安厅和基层民警的12篇，占19%。这些文章无论是理论层次上或是实际作用上，大都算不上好论文，有的仅是工作经验的总结或是实践的体会，但这些文章的发表和传播，在理论研究薄弱的公安系统发挥的鼓励、引导作用是深远的。这一阶段《警学研究》由张琨负责，宋吉图具体编辑。1995年到1998年是探索阶段。这段时间一是作者队伍扩大，尤其是一些公安政法方面的专家如中共中央党校谢邦宇、北京大学储槐植等都在刊物上发了文章。二是针对公安实践中的热点难点问题开辟了专栏，进行了研究，如组织了《当前我省卖淫嫖娼活动的发展趋势及应采取的措施》、《我国卖淫嫖娼的发展态势、原因及对策研究》、《卖淫嫖娼动机与态度研究》等专题文章，为基层一线打击卖淫嫖娼行为提供了重要的理论支持。这段时间主编为张洪清。1999年到2001年是规范阶段。在正式作为学报后不久又逢学校升级、学报更名，于是学报确定了“规范发展，全面提高”的办刊思路，希望做到“理论性与实践性兼具，参考性与指导性并举”，不仅在栏目上不断结合公安工作重点进行调整，而且加强了专题策划。如1999年第4期，借公安“三基”（抓基层、打基础、苦练基本功）建设理论研讨会在山西阳泉召开之际，进行“三基”建设专题约稿，刊发了北京大学、中国人民公安大学一些专家的研究文章，如《刑事制度变革及犯罪防控》（储槐植，2000年第4期）、《20世纪90年代我国犯罪心理学研究成果盘点》（高峰，2001年第1期）、《系统思维与人类犯罪研究》（张纯俐，2002年第2期）等。为扩大读者视野，学报还刊发了《英国防暴警察》、《以色列边境防暴警察》等研究外国警界情况的系列文章，受到业内广泛关注。在这一阶段还在编排规范化上下了较大力气，编辑部边学边干，到2002年基本达到了规范要求。2002年起迈入跨越式发展阶段。首先办刊思路调整为“准确定位，打造特色”。2006年全面改版，增加页码，开设了“警察行政管理”、“犯罪与对策研究”、“法学研究”等六个固定栏目，又依靠本校特色专业，设立“民爆公共安全研究”、“警察心理学研究”两个新栏目。2006年又出版“刑事侦查与刑事技术”专辑。学报主动介入警界重大活动，先后协办了山西公安机关“执法为民思想理论研讨会”与“执法能力建设理论研讨会”。2007年、2008年连续被评为山西省一级期刊。从1999年起张怀民任主编。

《山西师大体育学院学报》是山西师范大学主办的体育科学综合性学术期刊，前身为《临汾师专学报》。1984年山西省临汾师范专科学校成立，当时学校条件较差，经费

不足，还“寄宿”在另一学校，校级领导班子也未组建。学校筹备组在从临汾各县抽调师资力量，逐步开展教学工作的同时就提出办学报，从有限的经费中拨出专款，组建了张瑞麟为主编的学报机构。1986 年 12 月作为内部刊物的《临汾师专学报》创办。1980 年代末，根据全省高等教育战略调整与改革的需要，临汾师范专科学校与山西师大体育系合并，1989 年成立山西师大体育学院，目标是培养中学体育师资和优秀体育人才。两年后的 1991 年，《临汾师专学报》更名为《山西师大体育学院学报》。1999 年取得国内统一刊号，结束内刊状态，公开出版发行。1999 年山西师大体育学院并入山西师范大学，学报也归由山西师大主办。

《山西师大体育学院学报》调整为综合性体育学术期刊之后，为提高学术性，十分重视特色栏目的设立和组织刊发具有研究深度的课题成果。在“中小学体育教师园地”、“山西地方体育”、“西部体育”、“少数民族传统体育”等栏目都先后发表了在全国体育教学与研究中有一定影响的文章，从 2000 年起五年中平均影响因子达到 0.210，2006 年达到 0.234。《山西师大体育学院学报》为大 16 开本，页码逐步增加，2007 年已至 144 页。从成为正式学报以后，主编先后为吕天赦（1999—2003）、常乃军（2003— ），编辑部负责人为畅引婷、于兴汉。

《山西财政税务专科学校学报》原名《山西财专学报》，1988 年 11 月创刊，当时也是内部期刊，先是季刊，1990 年改为双月刊，1999 年取得国内统一刊号成为学报类期刊，刊期双月。在内刊十年间，发表各类文章有千篇，其中学术论文有 600 余篇，有知名经济学者刘诗白、何振一等的文章。转为正式学报以后，学报的办刊思路和刊物定位实现了一个转变。2002 年之前，以总结教学经验、服务教学和财税经济实践为主，总体上学术含量不够高，编辑水平上也有不少欠缺之处。2003年起则定位于研究财经理论的综合性学术刊物，同时逐步完善审稿、用稿、编辑加工制度，提高规范化水平，使刊物的学术水平、编辑质量有了很大提高，2004年和2005年两年在山西省的期刊评估中都成为一级期刊。学报成为正式刊物后主编为申长平。编辑部历任负责人为程元鑫、曲昭仲、李续智、白丽洪。

第十三节　为“科教兴国”伟大战略服务

1995年5月6日，中共中央、国务院颁布《关于加速科学技术进步的决定》，这一决定总结了新中国成立后特别是改革开放以来我国科学技术发展的实践经验，提出了科教兴国的伟大战略。1996年，八届全国人大四次会议正式提出了《国民经济和社会发展的“九五”计划和2010年远景目标纲要》，“科教兴国”被列为重要方针，成为基本国策。

“科教兴国”战略的确立和实施推动我国科技和教育事业进入新的发展时期。党和国家采取一系列措施解决科技、教育与经济、社会发展不适应与相脱节的问题。各科技、教育相关部门与单位也在这一总的战略指导下规划与实施了各自相应的策略、方针与举措。实施“科教兴国”战略自然会涉及与之有关的期刊出版事业，而关系最密切的当属高等院校的自然科学（含实用技术类）学报。这类学报一面连着科技，一面连着教育，它不仅反映着“科教兴国”战略的推进，而且直接为这一战略的落实服务。所以可以说，从1990年代中期以后，全国高校自然科学学报的任务及作用就是为“科教兴国”伟大战略的实施服务。也正是在这一过程中，学报自身无论是规模还是质量都有了发展与提高。

山西的自然科学学报主要也是在“科教兴国”战略提出之后发展起来的，1990年代初山西正式期刊中自然科学学报只有7种，到2006年已增至14种。山西的自然科学学报由于主办高校的性质、办学报历史长短、学报拥有的信息资源以及学报编辑者的水平等方面的差异而呈现出不同的层次，但总体上讲是在进步的。各个学报为本学校、本地区、本学科的科研、教育都作出了贡献，其中有的更是推动了科技成果向生产力的转化，有些在学报上发表的成果后来投入了生产，创造了有益于国计民生的经济效益。

1990年代中期开始，由于科技评价机制的导向和英语在科技领域优势的增强，使得国内不少学者把目光转向国外，一些优秀稿源流向国外知名期刊，而且这种趋势愈演愈烈，这给国内科技刊物首先是学术性较强的学报形成了一种很不利的局面。然而另一方面，高校研究生的扩招，高校师资由于种种需要而对发表论文的热衷以及学校对学报经济支持力度的加大等又构成了学报发展的有利因素。面对这一变化，调整办刊政策和编辑思想成了学报编者必做的课题。

太原理工大学的前身是太原工业大学和山西矿业学院，太原工业大学的前身是太原工学院，这是山西一所理工科高等院校，是山西唯一首批进入国家“211”工程（指面向21世纪建设100所左右高等学校）的院校。从1979年到1997年近20年间，太原工业大学的学报共出版28卷，94期，主要内容与学校专业相吻合，包括电子、机电、机械、化工、土木、水利以及基础理论、应用技术方面的学术论文、科研报告以及实验研究、综合评述等。学报1994年起主编为杨桂通，1996年后主编为谢克昌。编辑部负责人先后为程明琦、彭龙生。

1997年3月，国家教委批准太原工业大学与山西矿业学院合并组建为太原理工大学。1998年，《太原理工大学学报》创办，由校长谢克昌任学报主编，在创刊号上发表了由其署名的《发刊词》。文中提到了办好学报的四点要求：

> 一是要求“真”。……“真”是学报的生命。我们希望，刊登在《太原理工大学学报》上的论文及其内容是作者自己的而不是他人的，是实际的而不是虚假的。
>
> 二是要求“新”。……有创新意识，有创新的知识基础和思维方法，有从事创新性实践的积极性的作者，才能发现新规律和新现象，也才有可能写出具有创新性的文稿。而这样的文稿能否问世，则还决定于刊物有无具有创新意识和创新能力的编者。我们希望《太原理工大学学报》的编者是这样的编者。
>
> 三是要求“快”。……虽然这种学报不是新闻刊物，但如果具有创新性的文稿迟迟在我们的刊物上变不成论文，或者先于我们在别的刊物上发表，那我们的学报就只具备文集的功能了。我们希望，已成为双月刊的《太原理工大学学报》在论文的发表周期上也再短些。
>
> 四是要求“精”。产品要以质量取胜，效益也以质量为前提，学报是一种产品，同样也要有效益，因此无论作者还是编者都要牢固树立精品意识。作者的高水平文稿能尽快在科学、规范、精美的刊物上发表就是这种精品意识的追

求。我们希望《太原理工大学学报》成为学报丛林中的精品。

新办起的《太原理工大学学报》为双月刊，大16开本，112页，定价6.00元，国内外发行，发行量为1500册。在学术质量、编辑出版质量上都明显比两校合并前的各自学报提高不少，从创办当年到2008年连续10年在山西省期刊质量评估中都被评为一级期刊。2000年、2002年两次被评为华北地区优秀期刊，2004年、2007年在第一届、第二届北方期刊评比中获优秀期刊奖。被《中文科技引文数据库》等18种数据库收录。2006年、2008年获教育部中国高校优秀科技期刊奖。

《太原理工大学学报》推出了一些较快转化为现实生产力的科技成果，如《感应式数字水位传感器》的系列研究文章6篇，这一项目在2001年获国家技术发明二等奖，被列为山西省科技重大发展项目，该技术是山西经济结构调整“1311”规划首批项目，以该技术为核心的设备是太原市产业调整潜力产品。这一技术成功应用于山西引黄（黄河）入晋工程的水位监控中，为工程节约投资1亿多元。该技术研究文章发表后，先后有15家外国公司来联系，希望购买专利，最后太原理工大学决定不向外转让，而以此技术为核心创办高科技公司，成立了“太原理工天成科技股份有限公司”，并成为上市公司。又如，从1998年到2003年间，学报发表国家科技部课题“缓、斜综放采场煤岩组合移动规律及其控制理论研究”系列论文11篇。该项研究2003年被国家煤炭工业局（此时煤炭工业部已撤销）评为2002年国家煤炭科技十大成果之一，后应用于山西潞安矿务局王庄矿产生直接效益达2.3亿元，应用于晋城矿务局古书院矿产生直接效益达1.4亿元。据统计，《太原理工大学学报》发表的论文中，属于本校“211”重点建设项目的占总数的30%，属于常规研究项目的占20%。从作者看，95%是本校，外稿仅占5%。学报创办时，编辑部负责人为程明琦、庞富祥，2004年后庞富祥主持学报编辑部工作。

《山西大学学报（自然科学版）》1987年时开始设置了第一个专职编辑，自然科学版学报的工作逐步走向正规。进入1990年代，学报稿源仍是以内稿为主，而且内稿也主要是自然来稿，编辑工作中还谈不上主动约稿、策划专题。这一时期编辑工作中的主要变化为：一是稿件的处理形成了一套制度，特别是稿件的“三审制度”和“回复制度”。这些制度的形成与落实不仅是编辑工作规范化的表现，而且对提高学术质量和稳定稿源起到了保障作用。二是基本上实现了编排上的规范化，通过学报推动了学术研究成果表达的规范，为成果的数据化传播创造了条件。学报也入编了国内新兴的一些相关数据库，同时有了光盘版、网络版。学报逐渐融入主流学术出版中。当然由于光盘、网络的出现也影响了学报自身的发行量，订数从1500册降至600册左右。

《山西大学学报（自然科学版）》在实践中摸索，走出了一条适合其“刊情”的道路。这可以归纳为“实现三个转变，找到一条路子”。三个转变是：一、工作理念转变。明确了编辑工作应该也是一种管理工作，它包含出版的管理、学术的管理、对稿件的管理和对作者的“管理”，这种管理体现为服务，于是在认识上完成了从“作者有求于我”向“我有求于作者”的转变。二、稿源开发方式的转变。由被动地坐等来稿变为主动约稿，使每期都出现编辑组来的“本期特稿”，在2002年山西大学百年校庆时与2007年学报创办六十周年纪念时都专门组织了专辑。三、办刊作风的转变。这主要表现在从过去只埋头看自己的稿件、办自己的学报转变为关注学科、关注办刊环境、关注评价系统、关注兄弟学报；从过去只知办刊转变为积极宣传自己的刊物，不再认为只要刊物自身提高质量就可以了，明白了在市场经济条件下需要市场营销，宣传自己才有助于增强学报对作者的吸引力，有助于学报在同行中知名度的提高，有助于争取到学校及社会对学报更多的支持。找到一条路子，就是摸索到提高刊物影响的一条途径，就是“蛙跳式”推出精品，具体讲，就是隔几年找一个由头制作一期学术质量高、编排水平也高的精品样刊，一段时间出现一个亮点。这是由于期刊从理论上讲应期期是高质量的精品，但实践中很难做到，而从科研论文产出周期、期刊论文被引用周期、期刊吸引力对稿源的聚集在时间上的影响等方面研究，隔一段时间做一期精品（如两年之内）既在实践上可以办到，又可以在一定时间内对刊物的影响因子保持稳定起到保障作用，而这正是学报本身努力可以做到的。

《山西大学学报（自然科学版）》影响力逐步上升，2002年影响因子为0.145，到2007年的影响因子为0.443。从全国138种综合性大学（包括文理综合、理工综合等）学报的比较来看，与山东大学、南开大学的学报相前后，做到了与全国重点大学学报同步发展。2004年学报获教育部科技司“全国高校科技期刊一等奖”，2006年在“首届中国高校精品·优秀·特色科技期刊”评比中荣获“中国高校优秀期刊”。2008年又获得教育部科技司颁发的“第二届中国高校优秀科技期刊”暨中国高等学校自然科学学报研究会授予的“高等科技期刊先进集体”荣誉称号。2004年进入《中文核心期刊要目总览》，之后很快又入选中国科学引文数据库。《山西大学学报（自然科学版）》的主编一直是兼职的，先后有张永仑（1979—1981）、刘波（1981—1997）、凌元洁（1998—1999）、陈兆斌（1998— ），历任编辑部负责人为徐久刚、高仲章、傅如一、张培富。学报自然版行政上归学报编辑部。业务工作2006年前由兼职主编负责，2006年后由韩志伟负责。

《山西师范大学学报（自然科学版）》是由《山西师大学报》分出来作为独立期刊的。1984年山西师范学院升格为山西师范大学之后，1985年9月就成立学报自然科学版筹备组，负责人为当时学报编辑部主任尹世明。经过近一年的组稿编辑，1986年10月创刊号出版，当时刊名与社科版一样为《山西师大学报》，但注明为“自然科学版”，刊号沿用社科版的刊号，刊期半年，16开本，96页。1987年被批准为省内期刊，1999年转为公开发行的正式期刊，刊名改为《山西师范大学学报（自然科学版）》，与社科版刊名略有区别，刊期为季刊，16开本，页码为96页。2004年页码增至112页，2005年改为大16开本，2007年页码又增至128页，定价由1999年的5.00元逐步上调至8.00元。

《山西师范大学学报（自然科学版）》作为自然科学类综合性学术期刊，坚持学术性、师范性兼备，其中学术性为根本特点。到2006年底，共出版73期正刊和15期专刊，发表近2000篇论文，其内容涉及应用数学、泛函分析、算子理论、数理统计、核能物理、理论物理、材料化学、分析化学、生物基础、生物多样性、区域地理等等。这些多为本校有优势的研究领域，在这些研究方向上大多承担着多项国家级和省级课题，且有较强的后备力量。在办刊实践中，学报努力协调学术性与师范性、内向性与开放性之间的关系，研究学术期刊形成特色的途径和高校学报的特点，从本校优势出发设置栏目，组织内稿与吸引外稿；使学报找到了不断强化特色又不断提升学术水平的路子，不仅做到有助于深刻反映学校的学术水平，也有助于深化学校的学术研究和人才培养。以数学物理方面刊发的论文为例，据不完全统计，相关栏目中被《中国数学文摘》、《中国物理文摘》等较权威检索刊物所摘录者达到该学报总篇数的90%以上。又如生物学栏目开辟的“运城盐湖卤虫研究”专题，受到国内外学者的重视。地理学栏目中的山西地方区域研究有关内容，曾受到山西相关部门的关注，认为对山西的经济发展有参考作用。进入1990年代以来，《山西师范大学学报（自然科学版）》也已成为国内多家不同性质、不同学科数

据库的收录期刊。1987年后学报由侯晋川任主编，2005年起，武海顺任主编。学报自然版行政上归学校编辑部，负责人先后为尹世明、谢恒山、曲家源、陈建中、畅引婷，业务负责人先后有王永明、高仁恒、马志正、王剑波。

《山西矿业学院学报》从1984年成为正式期刊，到1997年停刊，存续14年。1992年《山西矿业学院学报》获全国优秀煤炭科技期刊二等奖，1995年获全国高校自然科学学报优秀一等奖。从山西开始期刊评级到这份学报停办，即1993年到1997年，都被评为山西省一级期刊。1998年，由于高校合并，山西矿业学院与太原工业大学合并，这年这一学报已停办。《山西矿业学院学报》1990年代主编先后为盛剑桓、贺自强。编辑部负责人先后为胡广权、庞富祥。

《太原师范学院学报（自然科学版）》创办较晚。1999年太原师范学院由三所院校合并而成，原三院校各自的学报停办，《太原师范学院学报（自然科学版）》在2002年9月创刊。《太原师范学院学报（自然科学版）》由学院院长王尚义任主编，编辑部负责人古四毛、张进峰。《太原师范学院学报（自然科学版）》与社会科学版一样，坚持有所为有所不为的学术出版原则，选择学校有相当基础的重点专业领域集中力量推出高水平的成果，这样，使学报形成了某些学术领域的优势，一些学术期刊评估指标在短短几年中跨越式扩大，影响因子2004年为0.017，2006年为0.129；学术文献下载率2004年为13.3，2006年为33.5。

《山西农业大学学报》1990年由半年刊改为季刊。1993年，在中国科学院情报研究所《中国科学引文数据库》论文引用统计中，《山西农业大学学报》被确定为农林类核心期刊。2002年为创办社科版，《山西农业大学学报》改为《山西农业大学学报（自然科学版）》，从2003年起连续6年被评为山西省一级期刊。

《山西农业大学学报（自然科学版）》1990年代中期以后注意关注与经济发展关系密切的科研项目，推出相关的阶段性成果或子项目成果。如矿区地形重塑、土壤重构、植被重建是一个直接与山西乃至陕西、内蒙古矿区相关的科研技术体系，重点攻克“矿区新造地水土流失防治与环境灾害控制综合集成技术”、“矿区土壤（地）资源再生利用与生产力快速提高综合集成技术”、“矿区草、灌、乔合理配置与植被重建综合集成技术”，《山西农业大学学报（自然科学版）》2004年第2期到第4期所发白中科、樊文华、马祥爱、李慧峰、李晋川、冯西蕊、王文英等人的研究论文都是与上述技术相关的成果。通过长期试验与示范，这一科技体系已总结出适宜于黄土区采煤废弃地生态重建的理论与方法，推广应用效果明显，尤其在平朔矿区不仅有效地保障了矿山生产，而且重建了比原生态系统还合理、有效的生态体系。这些研究获国家土地管理局科技进步二等奖一项，山西省科学技术进步奖应用研究类一等奖一项，二等奖两项。从1990年起学报主编已有五任，分别为李振吾、李连昌、聂向庭、贺运春、董常生。从创办开始，编辑工作具体负责人为贺来星。

太原机械学院1988年就办有正式学报，1993年改名为华北工学院，随之学报于1994年改名为《华北工学院学报》，当时为季刊，96页，2000年后改为双月刊。2004年华北工学院又改名为中北大学，《华北工学院学报》在2005年6月改名《中北大学学报（自然科学版）》。随着学校专业调整，学报内容也由兵器工业为主向其他领域扩张，到《中北大学学报（自然科学版）》时主要内容已增加为应用基础研究、机械与动力工程、自动化与计算机技术、化工与环境工程、电子与电子信息、材料科学与管理工程等，而且稿源不断增多，稿件反映的研究方向和分支越来越细化。在1999年之前，学报已发表了一批国家科学技术委员会和中国兵器工业总公司获奖项目的成果论文，2000年后学报刊登的论文中获国家级与省级基金资助项目论文量大幅度提高，到2006年已占到论文总数的60%以上。从1979年内部学报算起到2006年底，从《太原机械学院学报》到《中北大学学报》，共出版28卷，110期，发表论文1974篇，发行量由每期500册上升到1200册。学报在国外的影响也在扩大，从被美国《工程索引》网络版收录情况看，1990年到1999年10年被收录145篇，而2004年、2005年两年就被收录168篇，这三年中被收录率均达到发表论文总数的60%以上。

《中北大学学报（自然科学版）》1990年代之后

主编为潘德恒、周汉昌，学报编辑部在2000年之前由赵纪兰负责，2001年起张记龙负责。

中北大学还办有另外一种名称里也有学报字样的期刊，这就是《测试技术学报》，它的名称在1999年到2002年间一度为《华北工学院测试技术学报》。这份刊物创办于1986年，当时并不是公开发行的正式期刊，是在中国兵工学会测试技术专业委员会二届三次扩大会议之后办起来的，主办者是上述委员会，承办者为太原机械学院，当时定为半年刊，但1986年出创刊号后直到1988年才出第2期。国家机械工业委员会主任邹家华对此刊物十分支持，题写了刊名，并题词“一丝不苟”，刊发于第2期上。1998年12月经批准为正式公开发行的期刊，主办单位改为华北工学院，并从1999年第3期改刊名为《华北工学院测试技术学报》，这时为季刊。但三年的实践证明，刊名与主办单位的变更给这一刊物的发展带来一些困难，经过华北工学院的申请，2002年3月刊名恢复为《测试技术学报》，并在2003年经科技部批准，将主办单位改为华北工学院、中国兵工学会。

《测试技术学报》在办刊中坚持了高质量、严要求。以审稿为例，对本校稿件在编辑部审稿前要求先进行三个层次的保密审查：一是课题组审查，确认发表的深度、广度与可否发表；二是校科技处审查，确认项目进展阶段是否可以发表；三是校保密办审查。对外单位稿件则要求提供相应的保密审查证明。经过多年尤其是重新确定刊名之后几年的努力，《测试技术学报》已经在本专业及相关领域中受到高度重视，影响因子由2003年的0.235提高到2007年的0.432。《测试技术学报》历任主编有程官太（1986—1989）、裴思行（1989—1991，1993—1999）、王德祥（1991—1993）、温廷敦（1999—　）。编辑部负责人先后为赵纪兰、张记龙。

太原科技大学是2004年由太原重型机械学院升格而来的，《太原科技大学学报》也是由《太原重型机械学院学报》在2005年更名而来。《太原重型机械学院学报》是1988年获得国内统一刊号的，1995年时曾获全国高校自然科学学报优秀二等奖。新办起来的《太原科技大学学报》在内容上既延续了原先重院学报又有所拓展，包括材料科学、机械工程、化学工程、采矿工程、环境工程、信息工程等。刊期双月，大16开本，80页。现任主编曾建潮。在1990年代以来曾任主编有徐振中、王鹰。历任编辑部负责人有郭占春、贝彦良、孙永刚。

在自然科学学报中医学方面的就有5种，占了这类学报总数的39%，这些学报虽都是医科院校所办，但管理体制上有所不同，其中《山西医科大学学报》、《长治医学院学报》、《大同医学专科学校学报》的主管单位为山西省教育厅，而《山西中医学院学报》、

《山西职工医学院学报》的主管单位是山西省卫生厅。这是由学校的管理体制决定的。

山西医科大学是山西建校时间最长、规模最大的医学高等学校，前身为山西医学院。随着山西医学院的变更，1997年学报更名为《山西医科大学学报》，开本也改为大16开，96页，仍是季刊。从2000年起刊期改为双月，2005年又改为月，开本、页码未变，定价每册6.00元，每期可印发1000册。《山西医科大学学报》一直坚持把学报作为本校教学与科研的窗口，其内容是“报道我校基础医学、预防医学和临床医学的研究成果和工作经验，并适当刊登有关国内外新进展的综述和讲座，以及医学新资料的摘译”。当遴选核心期刊在中国兴起之后，《中国药学文摘》曾把《山西医科大学学报》列为核心期刊。

为提高学报的学术水平与影响，学报编辑部2005年之后采取了多项措施，如建立快速发表通道，凡是国家基金项目或重大的原创性成果，经专家推荐，刊物在两个月内快速发表。而一般文章的发表周期从接到稿件起要4个月，这样提高了学报的竞争力。《山西医科大学学报》1995年后一直被评为山西省一级期刊，2007年被评为北方地区优秀期刊。《山西医科大学学报》进入新时期后历任主编为韩德五、刘望彭、郭政，历任编辑部负责人是杨鲁第、梁静、蒋婉似、李军纪。

长治医学院在1986年前是晋东南医学专科学校，学校在1985年创办了《晋东南医专学报》，是半年刊，内部期刊。学校改名后学报也随之改名为《长治医学院学报》，1993年取得国内统一刊号，刊期缩短为季，页码80页。1999年开本由16开本改为大16开，同时对刊物封面、内文都进行了认真设计，学报外观先有了极大改进。为了提高学术质量和编排上的规范化水平，学报又提出了“科学、真实、新颖、严谨”的目标，使学报整体质量有了较大提高，在一定程度上增强了学院教学、医疗人员的科研意识和学院的学术气氛。《长治医学院学报》发行以国内为主，创刊时发行300册，1999年时发行到800册，以后有所变动，但增减不多。学报历任主编为郝楷、贾宗智、王庸晋。编辑部负责人先后为陈忠义、杨素梅。

《大同医学专科学校学报》最初可追溯至1980年大同医学专科学校办的内部不定期小刊物《医教资料》，1985年更名为《大同医专学报》，1999年8月被批准为国内正式期刊，名称改为《大同医学专科学校学报》，季刊，64页。2001年开本变为大16开。1985年时发行300份左右，1999年底发行增至500份，以后几年又有所增加。2006年大同医专并入新组建的山西大同大学，学报随之停办。此刊号后用于创办《晋城职业技术学院学报》。1998年、2000年两次在全国高职高专学报研究会评比中获三等奖。主编先后为李生祺、贾祉元、马存根。编辑部负责人先后为谢启峻、冀祯祥。

《山西中医学院学报》由山西中医学院主办，1991年创刊，作为内部资料在系统内交流。1999年8月《山西中医学院学报》获得国内统一刊号，2000年起以新的面貌问世。学报从正式发行开始就首先注意外观形象，版式设计独特，整个学报体现了一种典雅、简洁的风格，与过去一些中医类杂志被人视为"土特产"的状况大不相同，受到了业内专家的好评。当时是季刊，2005年时改为双月刊。

《山西中医学院学报》提出了"促进三个相互"的办刊理念，即"促进传统与现代相互融合，中医药科学与现代生命科学相互渗透，科学与文化相互交流"。设置了"中医药文化与科学"、"中医药科学前沿问题"、"历史文献"、"实践中医药学"、"临床研究与经验"、"中药制剂工程"等栏目。学报创办时间不长，但已经推出一批直接推动中医药发展的科研成果。不仅有的获奖，还有的取得专利投入生产。如2000年第1卷第1期由顿颖、冯前进、冯玛莉、贾力莉、牛艳艳、武玉鹏完成的《中药心因性应激反应调节药物研究——情可舒胶囊的药理学作用观察》研究成果"珍苓解郁胶囊"已由国家药监局批准为准字药。2004年第5卷第3期由李新毅、穆俊霞、魏元平、赵建平完成的《复方鹿衔草治疗腔隙性脑梗死80例疗效观察》获2005年山西省科技进步二等奖。

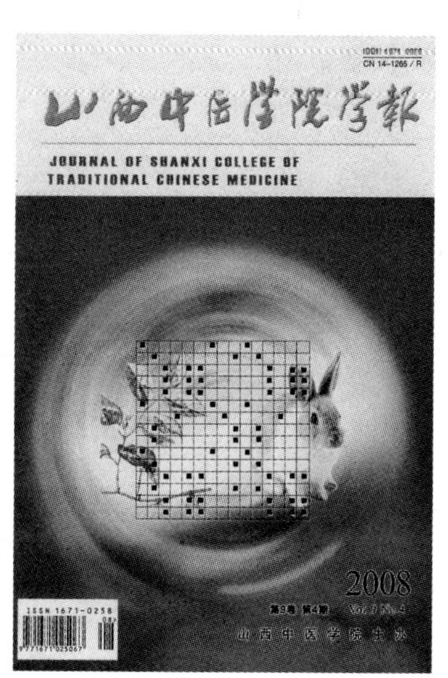

《山西中医学院学报》从2001年参加山西期刊评级，2003年到2008年连续被评为一级。学报主编先后为王世民、冯前进。编辑部负责人先后为施怀生、穆俊霞。

《山西职工医学院学报》与以上医学学报有所不

同，因为学院从事成人医学高等教育，所以学报的宗旨是“以反映学院、教学医院及全国成人高等院校的教学、科研为主，开展国内外学术交流，促进高等医学成人教育事业的发展”。山西职工医学院1987年就创办学报，但出了第一期后到1991年才出第二期。1992年学院设立了科研处，科研处组织各学科专家兼做学报编辑，在1992年推出了第三期。1993年获得省内刊号，1999年8月获得正式刊号，学报也由小16开本、64页扩版为大16开本、80页。由于《山西职工医学院学报》的作者、读者不少是基层的医务工作者，他们对科研论文的写作与发表较为生疏。针对这一情况，《山西职工医学院学报》联系大同、阳泉、晋中、运城等地市的医疗部门，组织了几十场讲座，内容是如何结合临床实践搞科研、如何撰写科研论文、如何达到论文发表的规范性要求等等。这种做法既培养了作者也锻炼了编辑，使学报几年中有了很大改观。《山西职工医学院学报》主编先后为李秀莲、于明江，编辑部负责人先后有杜武成、何峰。

《电力学报》是高校学报中的一个“另类”，这主要体现于两点：一是刊名从来不像一般学报一样前有学校名，二是它的主办者不单是学校一家，而是与其他学术团体合办，这与《测试技术学报》类似。《电力学报》的前身为《电力学刊》，是1986年1月经省出版管理部门批准创办的，主办单位是太原工业大学电力分校，学刊为季刊，16开本，100页，定价每册0.50元。1988年学刊取得国内统一刊号，公开发行。《电力学刊》设了三个栏目：论文、教学研究和译文，内容上是服务于教学与科研的，印发500本。1990年由于学校财力上的不足及稿源不够，由季刊改为半年刊，定价上调为1.00元。1992年时太原工业大学电力分校改为太原电力高等专科学校，《电力学刊》也进行了一番改造，学校与山西省电机工程学会共同研究由双方合办《电力学刊》。主编由学校校长朱广禄和学会秘书长张洪钟兼任，同时在校董事会办学模式的基础上成立了编委会。1993年刊名改为《电力学报》，刊期恢复为季刊，页码减至64页。在刊物内容上取消了教学研究和译文两个栏目，集中定位在科技学术上。这次多方面的改变，为《电力学报》明确了办刊方向与模式，使其逐步成为一本既可面向在校师生又可面向中初级电力技术人员的科技期刊。

1997年年底,《电力学报》进行了第二次改造，编委会吸收了山西各电力企业中一些知名专家，实现生产、教学、科研三方力量合作，1998年改开本为大16开，页码增至80页，刊物的装帧印制也做了大的改进。2005年,《电力学报》进行第三次改造，由山西省电力系统和水利系统处级以上各企业法人代表作为委员组成第三届编委会,这标志着《电力学报》由产业、学校、科研团体合作办刊的模式进一步巩固和深化，同时另一学术团体山西省水力发电工程学会也加入作为合作单位。《电力学报》的办刊实力有了提高，刊物水平也有了提升，刊物从1998年起先后8次在山西省期刊质量评估中进入一级行列，2000年在中国高等学校自然科学学报研究会“三优”评比中获优秀学报二等奖，2006年在全国高职高专学报研究会“三优”评比中获优秀学报一等奖。《电力学报》在学刊时期主编先后为董季兰、徐庆波、朱广禄、张洪钟，改为学报以后历任主编为谢克明、胡彦军、李忱，编辑部负责人先后有徐庆波、巴美艳、高怡祥、许凌云、王琨、王静。

第十四节 “新”期刊潜流涌动

进入21世纪，中国期刊格局发生了极大震荡，这种震荡不但反映在期刊的数量、发行量、广告营业额上，也反映在期刊的内容、人才、运作机制和资本结构上。

产生震荡的根本原因自然是社会的变化，此外，和出版管理政策的影响也有关联。由于办刊理念、期刊内容、运营方式等方面的老化，已有的一些期刊陷入困境，于是急于寻求出路；报刊总量控制和几次整顿使刊号也成为一种稀缺资源，一些掌握信息资源和富余资本又有进入期刊界欲望的社会力量则积极寻求机会，这就促成了一批新期刊的诞生。对这些期刊，不妨加个引号，统称其为“新”期刊。

如果要大致勾勒一下这批期刊的特征，可能有这样一些：一是多涉及新的领域，它们不局限于社科、科技的分界，有时甚至是一种人文与科技的融合。它们涉及的多是改革开放、经济发展带来的新课题，与此相适应，它们针对的也是一些新的社会阶层或者是新的社会群体。二是在形态上多走豪华高档之路，开本也异于寻常，内文彩色精印，版式是不断调整，变中求新，定价普遍较高，有的同时标出人民币和美金价格。三是这批期刊基本上是由原控有刊号单位与另外方合作，合作形式多种多样，有的甚至是资本与人才的全方位介入。从政策层面讲，期刊主办者与其他方合作有的情况是不被许可的，有的是需要经过批准的，但在事实上，报请审批尚未获准或还未申报就进行类似运作的期刊是存在的。2004年国家新闻出版管理部门一篇总结期刊新现象的署名文章中就说：“但是，随着新闻出版领域改革力度加大，媒体融资、引资的口子已经放开，不少投资单位和投资人仍然跃跃欲试……”可见这已不是个别现象。

这些“新刊”数量众多，从全国来说约在200种以上，主要集中于经济、文化相对发达的地区，山西的不算多。山西的“新刊”可分三种情况：一、完全是新创办的，期刊的主办者在报刊调整中得到了划转来的刊号，于是新办一刊。二、利用原刊改名而来，新刊与旧刊主办者并没变化。三、刊名没变，主办者也不变，但有合作方参与之后在形态上、运营上有了新的做法。这里所记述的主要是属于一、二种情况的期刊，它们有创办于2000年的《股市》、《新美域》、《动画乐园》；创办于2001年的《汽车时代》、《母婴世界》、《品牌》、《银行家》、《娱乐》；创办于2002年的《NBA特刊》、《旅游时代》；创办于2005年的《当代金融家》、《教育》、《世界高尔夫》，改版的《黄河之声》；创办于2007年的《映像》、《新探索》。

《股市》是山西较早与省外合作的期刊，由山西人民出版社主办。2000年在报刊整顿和推行“社刊工程”之际，原《银行家与企业家》停办之后刊号划转给山西人民出版社。《股市》曾与某部属出版社合作，但合作方又联系另外的文化公司来操作，一段时间处于失控状态。《股市》2000年12月30日创刊，为旬刊，16开本，48页，违反期刊管理规定在北京运作，当时发行1.7万册，为宣传起见，刊物上号称全国有十多个分印点。《股市》多方面违规，2003年3月，《股市》在上海以报纸形式出版，受到新闻出版管理部门的批评，但主办单位未予重视。2007年8月，山西省新闻出版局根据读者举报对《股市》进行了调查，查出的主要问题有：一、擅自利用《股市》刊号出版《楼市》，变相更改了期刊名称和办刊宗旨。二、未经批准，擅自增加主办单位。三、不向新闻出版行政管理部门缴送样刊。四、违规出版《楼市·房讯》、《楼市·财讯》及地方版。未经批准，一日之内出版两本不同内容的期刊。山西省新闻出版局给予《股市》停业整顿的行政处罚。这时山西出版集团已成立，各出版社所办报刊统一归集团，山西出版集团随后决定停办《股市》，2008年改办《文化产业》。《股市》主编先后为侯新院、周红。

《新美域》的前身是山西画院的《美术耕耘》。2000年《美术耕耘》更名为《新美域》，动机是为了迎合市场，也为了解决长期以来经费不足的问题，于是通过联合社会力量办一个以生活、文化为主的时尚类杂志。《新美域》仍为16开本，除内容上改变外，在形态上没有太多变化。两年之后，由于过分追求商业化而偏离办刊宗旨，2003年7月被责令停刊整顿。山西省文化厅与山西画院吸取教训，调整了期刊社领导班子，重新研究了刊物的编辑方针，经过一年多准备，2005年复刊。

新的《新美域》仍以美术尤其是传统绘画为内容，并从艺术和收藏两个角度去展现、研究美术作品。它提出“关注传统绘画，挖掘尘封历史”的宣传语，采用高档铜版纸全部彩印，开本为大12开（230 mm × 300mm），160页，每册定价28元。刊物设置了“大师专刊”、“艺坛梳理”、“封面名家”、“艺坛点将”、“艺坛新锐”等栏目，组织学术质量较高的研究文章，与精美绘画相映生色。2005年出4期，2006年后按双月刊出版。复刊后已陆续推出李可染、黄胄、萧谦中、溥儒、何海霞、吴湖帆、周思聪、杨善深等现代知名中国画画家的专题研究，在美术界引起关注。刊物也反映了山西画院主办的一些活动，如太行山写生等，起到了推动本省美术创作的作用。《新美域》先后由王朝瑞、王学辉任主编。社长先后为韩雅青、王学辉。

《动画乐园》创刊于2000年10月1日，创办者是山西省动画艺术协会。《动画乐园》以图为主，全部彩印，封面覆膜，铜版纸，内文为胶版纸。大16开本，48页，定价8.60元。《动画乐园》创办以来不断在栏目及设计上进行调整。调整的方向：一是增加中国传统漫画的因素；二是抓时下动漫故事题材的热点，一些栏目如“中国故事会”、“乐乐放映厅”、“黑马剧场”、“玩具总动员”等都已有一定特色。《动画乐园》的创办动机之一是反映我国动画创作和推动我国动画发展，但是，近十几年甚至几十年来，由于种种因素，中国的动画发展并无骄人成就，在银幕、荧屏上活跃的动画（即卡通）形象多为舶来品，作为动画期刊只能是动画艺术的附属和延伸，这就注定了《动画乐园》的发展愿望在现实中必然受阻。《动画乐园》也多次参与或组织过社会活动，如2001年为吕梁贫困地区赠书、赠文具，2002年组织北京动画夏令营，2004年参与共青团山西省委实施的“校园安全行”活动，编写过《小学生安全健康手册》3万册赠给千所小学等等，都取得了一定成效。但作为期刊，尤其是这种完全要靠市场的期刊却始终未达到预期的发行量。《动画乐园》在总体质量上一直较好，2002年获第六届华北优秀期刊奖，2002年至2005年连续被评为山西省一级期刊。《动画乐园》社长兼主编为王冀中。

《汽车时代》是在一本内部刊物《交通纵横》的基础上创办的。这个刊物1993年由山西绛县交通局创办，从创办就是按流行时尚期刊的样子来做，与其他内刊俨然不同。后来《交通纵横》移至太原，由山西省交通厅主管。《交通纵横》的内容不是指导工作，反映行业面貌，而是在试图宣扬一种文化，即交通文化。到1990年代末，中国的交通行业发生了很大变化，汽车产业迅速壮大，已经形成了汽车经济，汽车从过去品类不多、主要用于生产和公务演变为品类繁多、进入民间成为一部分人的生活消费品，有关汽车的车展、车赛也进入中国并催生了一批以年轻人为主的汽车发烧友。《汽车时代》正是顺应这一形势而诞生的。

《汽车时代》作为正式期刊创办于2001年1月19日，月刊，最初64页，采用全铜版纸彩印。它在期刊管理中归于科普类，但事实上是以汽车休闲文化为内容的高档杂志。它努力以前沿视角展示汽车资讯、汽车与生活、汽车与社会科技、汽车与美学等方面的内容，文字之外配以相当数量的图片，使整本期刊新颖性、可读性、观赏性并存，很适应汽车迷们的胃口。《汽车时代》提出了“真实、客观、趣味、实用”的办刊方针，把读者目标锁定在有经济实力又有较高文化水平的爱车人士上。创办以后《汽车时代》不断扩充容量，到2007年已扩至140页，选用异型大16开本（215 mm × 278mm），定价15元。经过几年努力，《汽车时代》逐步打开了市场，也有了一批广告客户资源，发行量在2003年时期平均11.7万册，2004年达到13.5万册。

《汽车时代》由山西省经济委员会主管，山西省交通运输协会主办。2002年省机构编制委员会办公室批准成立汽车时代杂志社，为自收自支事业单位。2008年，《汽车时代》发行已覆盖60多个大中城市，还在全国分片设立10个联络站，负责信息、营销等工作。在运营方面，《汽车时代》与北京考奇广告公司合作；以期刊为依托开展了“看杂志，送车模，奖汽车”、“车模竞赛”、“选题试驾”等活动，扩大了知名度，也带动了发行。杂志社内部管理也进行了改革，新聘的一批懂汽车、会写作、能摄影、活动能力强的年轻编辑记者已成为骨干力量。2007年，《汽车时代》又改为半月刊，每月有一期以“方程式赛车”为主题，进入了一个有关汽车的新领域。《汽车时代》社长、主编先后为王俊继（2001—2005）、高向阳（2005— ）。

《母婴世界》是用《中学课程辅导（初一版）》的刊号创办的。1990年代后期，教育改革使原先凭“与教材同步，分年级办刊”而称雄市场的教辅期刊优势不再时，杂志社决定利用刊号资源向新领域开拓。经过多方调研，确定了做一本与怀孕、分娩、育儿有关的时尚杂志，这就是《母婴世界》。《母婴世界》定位于“年轻妈妈育儿生活的时尚杂志”，读者群设定为“准备怀孕的年轻夫妇，期待新生命的准父母，三岁以下宝宝的父母”，创办之时提出了“新宝宝·新妈妈·新生·新知”的口号和“打造国内母婴类杂志第一刊”的目标。《母婴世界》创刊号于2001年5月问世，16开本，64页，月刊。当年8月在太原举办了《母婴世界》“嘉年华”盛会，吸引了许多婴幼儿用品的商家参与，为所有到来的宝宝及妈妈准备了多项活动，新办的刊物直接与读者见面，也听到了读者的意见。

2002年5月《母婴世界》改版，将16开全铜版纸改为大16开封面铜版纸，内文胶版纸印刷，页码从64页增至96页。在内容上明确要做“有主题”的杂志，每期要体现编辑部的特别策划，而且要尽力多一些有趣的东西，也就是“再特别一点”。在装帧上对封面进行改革，从读者中征集妈妈、宝宝的照片。为了提高图片质量，杂志社逐渐建立起了摄影师、化妆师、服装搭配师等多支队伍。2003年，《母婴世界》在广告经营上加大力度，同北京骊阳千里广告公司合作，又将印刷业务和刊物的经营转到杭州，使期刊的形态和营销状况有了极大改观，融入了更多的时尚元素，发行量出现飞跃。2007年的《母婴世界》为大16开本（210 mm × 285mm），彩色精印，128页，定价10元。每期均有20页左右的彩色广告。《母婴世界》社长、主编为李强。

《品牌》创办于2001年8月，系由《改革先声》改刊而来。《改革先声》主办单位山西省经济体制改革委员会在机构调整中与山西省经济研究中心合并为改革与发展研究中心，中心决定改办《品牌》。创办之初曾与中国财政经济出版社合作，但仅维持一年即解体，刊物遂由杂志社独立操作。《品牌》创办引起过业界关注，当年中国期刊展举行，《中国图书商报》辟专版从全国两年中新办的200种期刊中选出20种进行点评，《品牌》位列其中。

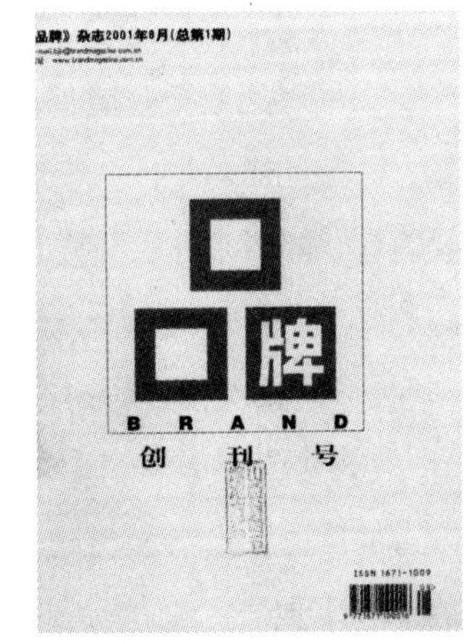

《品牌》初创就按高档期刊来做，大16开，全彩印刷。它选定的目标读者最初是“企业家、品牌经理、品牌策划专业人士”，后来又明确为“高级职业经理人”，即“CEO和准CEO”。这是当时中国经济发展中颇具活力的新阶层。围绕品牌，《品牌》所做大致为研究、普及、宣传三方面，研究品牌相关理论，普及品牌知识，宣传知名品牌。刊物推出了一些见解新颖、论述深刻又有相当可读性的文章，如2002年第1期的《2001年中国最有价值品牌报告》、《乳品市场上的“三国演义”》、《经济的“原子弹”——品牌的力量》等。《品牌》以“记录品牌成长的历程”为封面宣传语，在编辑方针上提出了“问题加答案”的模式，针对目标读者在经营管理中的困惑和挑战，提供解决问题的思路、理念和方略。《品牌》也十分关注本土经济，特别是山西省政府成立品牌战略办公室以后刊物更积极配合，承担了主要的宣传工作，2004年举办“山西创新经营研讨会”，2005年举办“中国·晋城市品牌塑造高峰论坛”，2006年参与了国务院“品牌万里行”山西站的全程报道。2006年后《品牌》连续被评为山西省一级期刊。

《品牌》创办时为月刊，2002年改半月刊，2004年恢复月刊，2008年又改半月刊。2008年为异形大16开（214 mm × 275mm），全彩印刷，96页，定价人民币20元、美元6元。《品牌》发行采取赠阅、自办发行和邮局发行相结合，每期发行约万册。自创办以来陈岱任社长、主编。

《银行家》创办于2001年，是利用《财金贸易》刊号改办的。《银行家》面向中国金融和相关企业的中高级管理层，以专业探讨为主，但也兼及社会文化，特别是相关这一读者层的文化。《银行家》创办时就是铜版彩印，后又改为轻型纸印内文。到2008年为144页，大12开本（230mm × 300mm），定价人民币80元、美元30元。《银行家》以“与中国银行家一道成长”为广告语，对自身的介绍则概括为：“聚焦业内发展的镜头，了解国外动态的窗口，反映中国国情的阵地，总结政策得失的平台，记录精彩人生的档案。”可看出其内容的涵盖面是较广的。

《银行家》主办者为华夏银行太原支行与山西省供销合作社联合社，后者同时又是主管单位。《银行家》组织了近20人的专家指导委员会，主任刘鸿儒、吴晓灵（刘鸿儒是经济学家，吴晓灵是中国人民银行副行长）；组织了70余人的编辑委员会，主任夏斌（国务院发展研究中心金融研究所所长）。用刊物的宣传语讲是：“形成了以主编为核心的研究、编辑团队及广泛的金融业内外人脉资源。”《银行家》设“银行家论坛”、“行长视点”、“特别关注”、“商业银行”、“农村金融”、“思想平台”等栏目。除正常编辑出版外，更以刊物为阵地，对中国金融业进行深度研究，2005年后连续三年推出“中国商业银行竞争力排名”。每年还举行论坛活动，如“中国银行卡论坛”、“房地产金融论坛”、“振兴东北金融论坛”等，扩展了《银行家》作为金融业强势媒体的影响。《银行家》在编辑策划上也颇下工夫，如2008年第1期，以该刊名义推出了“2007年中国十大金融人物”、“2007年中国十大金融事件”、“2008年中国十大金融猜想”，显示了刊物的眼光与气势；而作为刊首语的是主编署名的《2008：世界和中国的几个不确定性》一文，文中谈了“美国、石油价格、台海局势、经济形势”四个问题，表现了刊物预测未来的眼光。《银行家》的发行推广由北京银澳文化发展公司来做，这里也是刊物的市场发展部。该刊发行量2008年已至2万余份。2004年9月，《银行家》获第一届北方优秀期刊奖。2008年9月，《银行家》主办单位改为华夏银行太原分行一家，主管单位变更为中国人民银行太原中心支行。《银行家》社长阎美玲，历任主编刘向东、李扬、王松奇。

《娱乐》创办于2001年，是由山西省文化厅主管、山西省戏剧研究所主办的《戏友》改名而来，原主管主办单位未变。《戏友》存在了近20年（1981年创办），为推动山西的戏剧艺术作过贡献，但随着时代的发展，《戏友》的生存只能靠经济补贴了，于是主办者决定彻底改革，走市场化之路。《娱乐》采取了完全自收自支、人员自行组合的市场运作模式。

《娱乐》初办选择了适应中学生的校园娱乐内容，采用低投入的小开本，以先在市场上求得生存为目标，虽也走了许多弯路，但经过三年的经营，基本上站住了脚跟，也完成了与主办单位承诺的经济指标。2005年，《娱乐》进行全面改造，改为给人们心灵带去美感和启迪的哲理内容，但刊物发行量徘徊于3万册不再前进。为与类似刊物相区别，形式上以漫画表现为主，形成“哲思漫画”，并采用异型开本。但改刊后市场并不认可，一段时间退刊率达到80%，刊社经营陷入困境。经过调查发现，原因在于读者不认可异型开本，而内容定位欠准确、版面松散、阅读量小等也直接导致发行量下滑，这再次证明编者的愿望必须从市场的实际出发，《娱乐》重新调整思路。与此同时，《娱乐》的独特性倒引起市场的注意，相关公司纷纷联系合作事宜，最终《娱乐》在内容上转向网络游戏，以“网络游戏秘笈”的主题重闯市场，并由上海一外资企业代理全国发行。在形式上改用特种纸作封面，轻质纸作内芯，开本为大16开（185 mm × 260mm），112页，定价9元。2006年《娱乐》在山西期刊评级中进入一级。《娱乐》主编先后为李运启、王辉、李岗，周爱萍任社长。

《NBA特刊》是利用《中学课程辅导（初二版）》的刊号创办的，创刊于2002年6月，其主办主管单位均未改变。《NBA特刊》采取版权贸易的方式，在刊物内容上购买美国同

名杂志的版权，版权属美国职篮联盟杂志社，中文版属台湾长升文化事业有限公司，《NBA 特刊》为中国大陆简体字版。《NBA 特刊》原则上仅刊登美国职业篮球赛事方面的报道，采用的是来自美国和中国台湾的专业特约评论，主要有赛程报道、明星球员介绍、球队动态、职篮分析、趣味焦点等，为国内职业篮球、业余球队提供分析美国职篮历史、体制、特色、发展的借鉴。《NBA特刊》创办之初采用摊点海报、高档场所摆放、赠品促销、读者俱乐部等多种方式推广，使发行量从 2003 年的 1.3 万册发展到 2006 年的 3.3 万册。发行量的上升使广告经营得到拉动，刊物经营步入良性轨道。《NBA特刊》为月刊，大 16 开本（210mm × 280mm），96 页，封面为 250 克铜版纸，内文为 105 克铜版纸，全本彩印，定价 12 元。《NBA 特刊》社长、主编为李强。

《旅游时代》是山西第一本旅游资讯类月刊，2002 年 12 月 1 日创办。由《能源基地建设》改刊而来，主办单位为山西大众传播系统工程开发研究所。旅游业是改革开放之后新发展起来的产业，从《能源基地建设》到《旅游时代》，极具山西经济发展的象征意义。《旅游时代》创办之初主要致力于“大旅游”，凡人文、历史、地理、风情、文化艺术、商业信息，只要与旅游有关则予以反映，当时以多方面满足读者资讯要求为目标。2004 年后刊物与山西旅游景区、重点市县合作制作专刊，对山西旅游资源进行深层次推荐。2006 年起又增加旅游理论研究的内容，为旅游的发展提供智力支持。《旅游时代》在形式上 2003 年底从 16 开改为大 16 开，全部铜版纸印刷，2005 年初在封面设计上加红色边框，增加了图片栏目，内容上加强专题策划，尤其增加了刊物独家采访的文章，如“上海旅游”、“山西手工艺”、“临汾旅游”等全由编辑部采编完成。

《旅游时代》在编辑出版中注意总结经验，如通过将长文化整为零使读者兴趣不断起伏延续，通过控制图文版面比例使读者阅读节奏合理舒适等等，形成了一些规律性的认识，促进了刊物质量的提高。《旅游时代》还利用组织业内大型活动来进行宣传，树立形象。代表性的有：2005 年 6 月首届“中国黄河壶口国际合唱节”，参加者中海外华人就达千名；2006 年 9 月“山西首届旅游商标战略高峰论坛”；2006 年 12 月《山西省乡村旅游客栈服务规范》新闻发布会；2007 年 3 月“中国清徐醋文化节”活动等。《旅游时代》从 2002

年起有四次被评为山西省一级期刊，2008年为大16开（215 mm × 285mm），72页，定价10元。社长、主编为王冀中。

《当代金融家》是利用《通俗文学选刊》的刊号创办的，创办于2005年5月5日，主办单位是北岳文艺出版社。鉴于这并非文艺类杂志，所以刊物的运作主要借助于中国人民银行研究生部的资源提供知识、信息、理论等多方面的支持。创刊时由唐旭任主编，同时兼编委会主任。刊物上设有首席学术指导，分别为刘鸿儒、罗伯特·蒙代尔（1999年诺贝尔奖得主），2007年以后主编由夏斌担任。《当代金融家》列有50余人的编委名单，主要是国内各金融机构的负责人。《当代金融家》创刊号160页，以后则降至140页，2008年为大16开本（235mm × 300mm），铜版纸全彩印，定价人民币80元、美元20元。主要栏目有“封面文章”、“宏观经济”、“资本市场”、“农村金融”、“五道口议事厅”等，在办刊方面提出“全球视野，纵深观察，前沿报道，鉴史见证”的办刊原则，力争通过刊物把金融领域最新的理念、趋势、产品最完整、最全面地介绍给读者。中国人民银行研究生部给刊物以很大支持，帮助举办过一系列市场推广活动，如“高端金融沙龙”、“金融早餐会”、“当代金融家高尔夫邀请赛”等，刊物读者定位是金融系统中高层管理人员。刊物先后由杨济东、原琳任社长。

《教育》旬刊，创办于2005年7月，主办者为山西教育出版社，是利用在报刊调整中划转到该社的原《山西劳动与保障》的刊号创办的。《教育》在2005年为双周刊，2006年改为旬刊。《教育》是与中国教育学会教育机制研究分会合作，由北京新华联合文化传播中心代理发行。杂志社社长先后为王宇鸿、康宏，主编徐民和。《教育》定位为综合性教育期刊，它提出“用新闻人的心脏贴近教育，用思想者的眼光观察教育”，定位于“教育领域的深度报道，领导机关的决策参考”，以“为教育者立言，为受教育者代言，为教育事业进言”为办刊理念。办旬刊之后对各旬进行目标内容的细分，上旬为“综合视线”，以发布教育行业的各类新闻为重点，介绍各地教育改革成果，发挥新闻舆论监督作用；中旬为“高教观察”，服务于高等教育事业；下旬为“校长参考”，面向中小学校长，不仅研讨校长们的管理难题，也可供校长们休闲时信手翻阅。《教育》2008年为大16开本（210 mm × 285mm），64页，全彩铜版纸印刷，每册定价10元。2006年，《教育》加大了杂志工作电子化和信息化的进程，先后在“教育新闻网”、“中国电子期刊网”上设立主页，扩大了宣传途径。

《世界高尔夫》创办于2005年10月，月刊，是利用《山西统计》的刊号创办的。2003

年在报刊整顿中《山西统计》停办，当时新闻出版总署正在推行“社刊工程”，要将出版社办期刊形成新的经济增长点，在这一形势下，此刊划转到山西科技出版社。但由于各种原因，有一年多时间这一刊号一直未能使用，到2005年才确定了《世界高尔夫》的选题，开始了将《山西统计》改为《世界高尔夫》的实际运作。

《世界高尔夫》也是采取版权贸易的运作方式，中文的《世界高尔夫》购买英国同类*GOLFPUNK*的版权，然后根据中国的实际选择使用并增加中国的有关内容，在形式上用大16开（225 mm × 300mm），铜版纸全彩印，176页，定价30元。它发行渠道特殊，主要与高尔夫运动的各种组织相配合，发行至高尔夫活动的特定人群，同时在澳门航空等多家航线上成为航机读物，在全国四星级以上酒店以及机场陈列阅读及销售。《世界高尔夫》利用读者优势，吸引高档品牌的商品广告，每期广告可占20页以上。创办两年来还借助杂志的影响组织全国高尔夫大师赛11场，与世界大品牌公司冠名合作了多场赛事，《世界高尔夫》已进入良性运行。自创刊以来，李强任主编，社长先后为焦团平、张梅霞。

《黄河之声》是一份音乐刊物，1985年由《山西歌声》改名而来，1990年代，随着市场经济的发展，《黄河之声》原先的办刊之路越走越窄，刊物质量下降，在山西期刊评估中连续降为三级，省文联党组决定借助社会力量对刊物重新“包装”，探索一条新路。2006年得到北京红色财富网络技术有限公司的资讯支持，《黄河之声》改为大16开本时尚杂志，2007年又改月刊为半月刊，页码增至128页，定价30元，彩色铜版纸印刷。在内容上除与音乐有关外，还进入美术、舞蹈等领域，其目标如同宣传语所说，要办成“音乐、娱乐和时尚者的首选刊物”。2006年时刊物新辟“红色宝贝”栏目，刊发了《红色宝贝之歌》等歌曲。8月又在西柏坡举行首届“全国红色宝贝红色之旅暨2006红色宝贝晋级颁奖大会”活动，毛泽东的女儿李讷参与活动，中央电视台等媒体作了报道，扩大了《黄河之声》的影响。《黄河之声》主编先后有李京利、刘文科。

《映像》创办于2007年1月，是在《今日山西》的基础上新创办的。与《今日山西》一样，主办仍是山西省政府新闻办公室。《映像》是关于影像艺术的高档杂志，双月刊，大16开（215mm × 280mm），页码160页，其中144页为主册，铜版纸全彩印，另有副册16页，开本为210 mm × 280mm，用轻质纸印刷。定价人民币30元、美元20元。《映像》以“打造时尚先锋，引领影像潮流”为理念，《映像》与美国联系图片社合作，并以平遥国际摄影大展作为依托。在创办之时就在文化品位、国际视野、创新精神、服务意识四个方面预设了目标及方案，在栏目设置上分为专题版、影像版、资讯版三大板块，每一版又分为若干具体专栏，如专题版有专题、策展人、事件、人物、对话、观点等，在版式上更是充分利用影像的优势和现代平面设计的元素，封面采取只用开本1/3宽大小，扉页图像则构成封面的有机组成，这些都努力形成一种视觉上的冲击，以彰显其个性。《映像》由王建武任社长、主编，边新文为编辑部负责人。

《新探索》2007年5月创刊，其前身是山西省测绘局办的《大地纵横》。2007年经新闻出版总署批准与法国桦榭菲力柏契出版集团*QUO*杂志进行期刊版权合作。这一期刊在国外是被归于“知识与兴趣类杂志”的，它以“每一个好奇都是力量”为宣传语，是一本高档图文科普期刊。《新探索》为月刊，大16开（215 mm × 275mm），铜版彩印，144页，定价15元。依靠国外发达的图文资讯，《新探索》的内容甚为广泛丰富，以2008年第5期为例，就有《野生动物的欢情》、《虔诚的祈祷》、《揭秘金缕玉衣》、《盘点人体寄生虫》、《原子垃圾场》、《放射科真相》、《核武器4.0》等专题文章，再配以精美图片，大大增强了科普教育的感染力。《新探索》主办单位为山西省测绘行业协会、山西省测绘学会，广告由北京桦榭广告有限公司支持。主编先后为秦炎平、金棣元，社长刘红，编辑业务负责人黎平。

《文化产业》是山西出版集团停办《股市》后利用原刊号创办的，创刊于2008年5月。文化与产业联系起来成为社会的共识有一个过程，1985年国家统计局《关于建立第三产业统计的报告》中，“文化艺术”被列入第三产业范畴，表明当时还只是认为文化艺术可能具有“产业”性质。1991年国家文化部《关于文化事业若干经济政策的意见的报告》中开始出现“文化经济”的说法。1992年国务院办公厅综合司编写的关于发展第三产业的一本书中首次出现“文化产业”的概念。2001年3月，文化产业正式纳入全国“十五”规划纲要，发展文化产业成为国策之一。这之后，有关文化改革为文化产业的尝试从南到北、从东到西在中国大地上铺开。虽然“文化产业”被人们接受和认可，但在社会生活中，如何使文化从计划经济时期的“事业”转换为“产业”，仍有许多理论的、法律的、政策的、市场的问题需要解决。《文化产业》作为期刊，其宗旨是在文化产业方面“进行政策性指导，为区域文化产业发展创建窗口性媒体，为政府对文化产业的宏观决策提供可资参考的素材”。

《文化产业》创刊号发表《三十年改革开放：中国文化产业迎来前所未有的历史机遇》长篇分析报道和《中国动漫凭什么赚钱》之类的调查报道，尝试对文化产业的发展作出历史回顾、政策解读和现实考察。刊物上开设了“观察”、“透视”、“论坛”、“寻踪”、“演艺界”、“书画界”等栏目。《文化产业》为月刊，大16开本（200mm × 265mm），144页，全铜版纸彩印，定价25元。其主管主办单位均为山西出版集团，由中国文化产业（国际）论坛组委会和国家发展与改革委员会国际合作中心文化产业研究所予以支持协助。文化产业杂志社社长琚林勇，主编孙志勇，编辑部负责人陈忱。

第十五节 期刊社团的活跃

2008年10月28日，“首届山西报刊发展高层论坛”在太原举行，400人的会议厅可谓座无虚席。主讲者侃侃而谈，听讲者鸦雀无声。会场外是山西报刊改革开放30年成就展，近300块展板在林荫道上排成长廊，图、表、文字，各报各刊之成就聚于眼前，色彩纷呈，引得人们驻足观看。这次活动的具体承办者是山西期刊界最主要的社团——山西省期刊协会。

山西期刊界的行业性团体有三个，即山西省期刊协会、山西省科技期刊编辑学会、山西省高校学报研究会。从1990年代后期开始，这些社团都很活跃，在不同的范围内发挥了积极作用。

期刊社团的活跃有其主客观方面的原因，主观方面主要是两点：一是社团业务主管单位的重视与支持；二是社团领导核心的成熟与活动积极分子队伍的形成。客观方面也主要是两点：一是随着改革深入、法制健全，政府职能转变，期刊界自律、协调、发展的任务逐渐转到行业组织上来；二是随着社会主义市场经济的建立和新媒体的迅速兴起，作为平面媒体的期刊有许多新的课题需要应对、研究、交流，行业组织在这些方面很需要也更容易有所作为。

山西省期刊协会是山西省期刊出版及相关单位、个人自愿组成的全行业非营利性的社会组织，是经省民政厅批准的法人社团，业务主管部门为山西省新闻出版局。1993年，即中国期刊协会成立的次年，山西省部分期刊界人士与期刊行政管理部门负责人就酝酿成立山西省期刊协会，并做了多方准备，于1994年4月28日经山西省民政厅批准成立。但由于诸多原因，山西省期刊协会在六七年中一直未正式组建。

2001年7月30日，终于召开了山西省期刊协会第一次会员代表大会，会议代表共156

名，来自全省各期刊出版单位及各地新闻出版管理部门。中共山西省委宣传部、山西省新闻出版局、山西省科学技术厅等相关部门的负责人出席了大会。大会通过了《山西省期刊协会章程》，选出理事164人，常务理事47人，第一届理事会选出会长张仁健（《名作欣赏》），副会长田奇越（省委宣传部）、戎晓峰（省新闻出版局）、郭春林（省科技厅）、刘振民（《煤炭转化》）、杨治武（山西青少年报刊社）、唐竞（省科协）。秘书长戎晓峰，副秘书长张启全、廉钢生、董海原、古四毛、庞富祥、孙琇、袁正明。秘书处下设办公室，设在省新闻出版局报刊处。

期刊协会刚刚成立，就投入到参加中国期刊展的准备工作之中，在展台设计、展品汇集、宣传品策划等方面做了许多工作。

2001年11月1日，中国期刊展在北京开幕。山西有12个展位，180余种期刊参展，整个展台格调统一、设计新颖，参展期刊类别明显、重点突出，构成了整体生机蓬勃的形象。以《刊墨流香——山西期刊百年回眸》为题的光盘利用大电视屏循环播放，既简要回顾山西百年期刊发展历史，又突出介绍山西当时期刊的风采，颇引参观者注目。山西展区发放的宣传品是为这次期刊展特制的装有山西名醋的小瓶，瓶上有“山西期刊界向全国同行致意”及企业祝贺中国期刊展之类的宣传语，地方特色使观众对山西展区留下了深刻印象。中共山西省委有关领导在山西省新闻出版局局长谢洪涛、副局长李锐锋的陪同下专程赴京参观了山西展区，慰问了山西期刊代表团。

在期刊展结束的总结表彰会议上，新闻出版总署领导对四个省、市的展团提出表扬，其中就有山西，山西期刊展团荣获中国期刊展的“优秀组织奖”和“优秀设计奖”。2001年11月5日《中国新闻出版报》开辟期刊展专号，在相关文章中评价山西展团是“有备而来，创意多多”，“从山西展团这里，我们可以看到他们做大做强的信心，而且他们要做就要做到最好”。

山西省期刊协会成立以后，一直把工作重心放在团结全省期刊工作者，努力提高全省期刊的总体质量和运作水平，积极应对日益激烈的市场竞争和新兴媒体崛起带来的挑战，以及提高期刊从业队伍的素质，培养适应时代要求的期刊人才上，积极配合新闻出版行政管理部门做了大量的服务与协调工作。主要有：

一、推动山西期刊与全国同行的交流，学习外省先进期刊的办刊理念、运作方式。其间规模最大的活动是2008年10月28日举办的“首届山西报刊发展高层论坛”。论坛在中共山西省委宣传部指导下，由山西省新闻出版局和山西省邮政报刊发行局主办，山西省期刊协会承办。参加论坛的有各市新闻出版管理部门的负责人，省新闻出版局各有关处室负责人，省报协、省刊协、山西日报报业集团和全省各报刊社的负责人。中共山西省委常委、宣传部部长高建民，副省长张平，省政协副主席李潭生，国家新闻出版总署新闻报刊司副司长朱伟峰，中国期刊协会顾问、原会长张伯海等出席了论坛。一些全国传媒界的知名专家作了专题演讲，有梁衡（人民日报社原副总编辑）《改革开放30年，中国的新闻与政治》、张伯海《对我国期刊市场发展的回溯与展望》、朱玉祥（特别关注杂志社社长）《敬畏市场就有出路》、喻国明（中国人民大学新闻学院副院长）《从“增量改革”到“语法革命”》、闵大洪（北京网络媒体协会会长）《报业数字化与数字报业》、张秉礼（宁波日报报业集团社长）《适应传统报业向数字报业变革的时代趋势》、李栓科（中国国家地理杂志社社长兼总编辑）《传统媒体如何发展新媒体》、范以锦（广东省新闻工作者协会主席）《涨价风潮中的困境及营销策略》等。专家们还回答了与会者提出的问题。论坛的举办为山西报刊业的发展起了加油、助力、导航作用。

利用全国书市组织山西期刊界展示山西的期刊出版成就，通过与兄弟省市的交流扩大视野，学习先进的办刊理念和办刊经验，是山西省期刊协会配合行政管理部门做的另一项工作。每届全国书市（2008年后改称全国图书交易博览会），刊协不仅动员有条件的期刊社积极参加，而且还在书市布展、宣传、研讨等方面做了不少有成效的工作。这些年参加的书市计有：2001年9月昆明第12届全国书市，山西170种期刊参展，80余人参会；2002年10月福州第13届全国书市，山西期刊180种参展，50人参会；2004年5月桂林第14届全国书市，山西期刊190种参展，79人参会；2005年5月天津第15届全国书市，山西期刊190种参展，40人参会；2006年6月乌鲁木齐第16届全国书市，山西期刊190种参展，40人参会；2007年4月重庆第17届全国书市，山西期刊190种参展，23人参会；2008年4月郑州第18届图书交易博览会，山西期刊近200种参展，24人参会。

二、协助主管部门组织对期刊出版人员的培训。这种培训又分为两种，一种是结合形势的专题培训，如2004年中宣部、新闻出版总署、中国出版工作者协会决定在全国出版业开展“三个代表”重要思想、马克思主义新闻出版观、职业精神职业道德的学习教育活动（简称“三项学习教育”活动），刊协在2004年6月15日至17日协助期刊管理部门组织了全省期刊社“三项学习教育”培训班，全省155家期刊社的主要负责人参加了培训，推动了这一学习教育活动的深入开展。

另一种是期刊主编、编辑持证上岗培训班。根据中共中央宣传部、新闻出版署、国家教育委员会、人事部1995年12月25日发布的《关于在出版行业开展岗位培训 实施持证上岗制度的规定》和新闻出版总署2002年6月17日发布的《新闻出版行业领导岗位持证上岗实施办法》，山西省新闻出版局在2002年之后连续举办期刊岗位培训班。刊协从组织学员、安排课程、选择师资等方面都积极予以配合。这些年先后举办的培训班计有：2001年12月第四期社科期刊培训班，学员36名；2002年5月第五期社科期刊培训班，学员83名；2002年8月第五期科技期刊培训班，学员60名；2003年10月第六期科技期刊培训班，学员72名；2004年6月第七期科技期刊培训班，学员67名；2005年6月第六期社科期刊培训班，学员96名，有1人未通过；2005年11月第八期科技期刊培训班，学员64名；2006年6月第七期社科期刊培训班，学员169名；2006年10月第九期科技期刊培训班，学员94名；2007年7月第八期社科期刊培训班，学员183名，有5人未通过；2007年11月第十期科技期刊培训班，学员84名。

三、配合报刊行政管理部门完成每年对期刊的质量评估。山西从1993年起对期刊实行评级管理，这一做法对建立期刊的竞争与淘汰机制是一种尝试和探索。山西省期刊协会成立后积极配合这一工作，利用期刊协会拥有的智力资源、人才资源以及在办刊第一线获得的大量实践经验，除每年的评估工作外，更在修订、完善评估标准及评估程序（如2004年、2006年进行的较大规模的标准修订）以及促进评估成果转化等方面都发挥了积极作用。

从2005年起，在年度评估完成后，对三级期刊及部分有明显不足的期刊实行上门指导和服务。期刊协会推荐已退下来的资深主编和优秀期刊的现任主编作为专家参与此项工作，到需要去的期刊编辑部与期刊主办单位的领导及编辑部直接交流，大大推动了这些期刊的改进与提高。

四、参与地区及全国性的期刊评奖工作，预选和推荐山西的优秀期刊参加评比。地区性评奖有2002年第六届华北“十佳”期刊评选，山西省有2种期刊列入“十佳”，11种列入优秀；2004年首届北方地区优秀期刊评选，山西省有2种列入“十佳”，15种列入优秀；2007年第二届北方地区优秀期刊评选，山西有2种列入“十佳”，18种列入优秀。全国性评奖，2003年的第二届和2005年的第三届国家期刊奖评选，山西有1种获得国家期刊奖，2种获得提名奖，3种次列入百种重点期刊。2001年中国期刊方阵评定，山西有1种列入“双奖”期刊，4种列入“双百”期刊，23种列入“双效”期刊。

五、组织《山西期刊史》课题的研究与编辑工作。《山西期刊史》是由山西省新闻出版局与山西省期刊协会共同组织的一个社科研究课题。课题的目的在于梳理和研究山西近代期刊诞生以来的发展脉络，总结经验和教训，探索具有山西地方特色的期刊发展规律。这既是一个基础性的史料积累，也为研究和制定山西期刊此后的发展战略和改进这一阶段的期刊管理工作提供借鉴。这一课题2002年酝酿，2003年启动，虽遭遇“非典”等的干扰，但到2005年已完成资料初稿90余万字，收集图片800余幅，在时间跨度上起于晚清，终于2000年。2006年对已完成的初稿组织了专家审阅，刊协副秘书长以上负责人又进行了多次研究，并听取了其他方面的意见，提出了修改、补充、完善的工作方案。其要点为：1. 体例上以编年体为主，纪事本末体为辅（并非严格意义上的按年度），并尽力体现“刊、文、事、人、论”五要素的结合；2. 除继续查找原始文献外，2007年再次列出提纲，要求各期刊社提供相对完整的文字材料；3. 为体现改革开放的成就将下限延至2008年，并加重对近30年发展的记述。从2007年冬起进入再次整体编撰阶段。

六、组织山西期刊界的联谊活动。2006年1月举办山西期刊界首届体育友谊赛。友谊赛由山西教育报刊社承办，经济师杂志社、山西医药杂志社、教学与管理杂志社、护理研究杂志社、山西老年杂志社、烹调知识杂志社、《临床医药实践》编辑部、《山西水利》编辑部、前进杂志社、农产品加工杂志社、数理报社协办。全省期刊界34个代表队的181名队员参赛，比赛分羽毛球、乒乓球、象棋、华牌和双升5个项目，产生了27名个人奖。2008年1月又举办了第二届体育友谊赛，32个代表队154名队员参加了羽毛球、乒乓球、象棋、华牌4个项目的比赛，产生了21名个人奖。在每年新春到来之际，刊协都组织山西期刊界的迎春联谊会，会上有文艺演出、游艺活动等，每次参加者都在200人以上。

期刊协会是行业性团体，开展活动必须依靠各期刊社的支持和活动积极分子的参与。为了保持刊协的活力，刊协自成立起特别注意了两点：一是不断调整人事和健全组织，二是培养和团结一批期刊界的骨干和积极分子。在人事上根据全省期刊主管单位及负责人的变动，几次调整或增补副会长、副秘书长。2005年3月，增选梁宝印、张浩林为副会长，增补王志文、李和平为副秘书长，孙琇改任常务副秘书长。2006年5月，增选李和平、董海原、庞富祥为副会长，增补岳卫东、桑建中、王燕、李军纪为副秘书长。2006年10月，增补韩世范、畅引婷、陈玉琴为副秘书长。在机构方面主要有2005年设立社科期刊工作委员会和科技期刊工作委员会。协会活动受到各期刊社的大力支持，2008年底，协会表彰了为协会工作作出突出贡献的董海原、张启航、庞富祥、席玉虎、郝建新、孙志勇、孙琇、崔喜功、白尚平、廉钢生、韩世范、王建新、张成龙13位同志，还表彰了王雅利、贾克义、毕来林、高生记、崔云朋、臧长海、杨晋红、吕士忠、贾林山、王海绛10名协会先进工作者。

山西省科技期刊编辑学会1996年12月举行第三次代表大会。第三届理事会选出常务理事21人，理事长谢克昌（太原工业大学），副理事长杨广才（常务）、王慷（山西科技出版社）、袁正明、邢宗熙（北大方正集团），秘书长由袁正明兼任。

2007年1月举行第四次代表大会，第四届理事会选出理事长常建忠（省科学技术厅），副理事长崔忠（省科学技术协会）、王志文（省委宣传部）、戎晓峰（省新闻出版局）、张浩林（省科学技术厅）、郭茂林（省科学技术情报研究所）、王慷、袁正明，秘书长白尚平。学会办公地点设在省科技情报研究所。2007年10月增补庞富祥、董海原、韩世范为副理事长，李敏为副秘书长。同时学会组建了学术委员会、编辑委员会、组织委员会。

1990年代后期，随着市场经济大环境的形成以及排版印制新科技手段的运用，科技期刊如何提高自身质量成了各编辑部都在积极应对的大问题，山西省科技期刊编辑学会第三届理事会从这一形势出发，做了大量的工作。

首先是继续推动科技期刊编排的标准化、规范化。在信息时代，科技期刊编排的标准化、规范化直接影响到科技信息的传播速度与传播效果，也直接关系到科技期刊的质量与影响力，而这方面山西科技期刊以往是较薄弱的。学会以推行编排规范为突破口，来促进各个期刊总体质量的提高。学会对《山西省科技期刊编排规范》进行了修订，于1997年8月以内部图书形式出版，经山西省新闻出版局与山西省科学技术委员会同意，下发各期刊编辑部。以后又在1999年、2000年、2003年进行三次修订，累计印发2000册。在期刊管理部门组织的编辑岗位培训班上，该规范被作为教材之一。这一规范是在国家尚无一套针对科技期刊的编排规范的情况下，从有关文献工作的几十个国家标准、国际标准以及有关期刊的十余部法律、法规中提炼出期刊必须执行的内容综合而成的，对一些国家标准、国际标准及法律、法规未涉及，而科技期刊又会遇到的情况则参照行业约定俗成的做法提出规范。这一规范在全国是首创，它的推行与实施使山西期刊在标准化、规范化方面走在全国前列，多次受到上级有关部门的肯定。1997年后，国家相关部门也在不断颁布各种标准和规范，如《量和单位》、《科技文献的章节编号方法》等。学会利用

“会讯”及时传达有关信息，积极进行推广、宣传，还协助中国科技期刊编辑学会、中国学术期刊（光盘版）杂志社举办了三次有关的宣传贯彻会，使这些国家标准在山西科技期刊的编辑中得到较快贯彻执行。在执行的同时学会也组织对标准、规范进行研讨，并集中大家的意见及时向国家质量技术监督局、全国科学技术名词审定委员会、中国科技期刊编辑学会等单位反映。全国科技名词审定委员会曾来函加以赞赏并解答了相关问题，山西省科技期刊编辑学会的有些建议在制定某些国家标准时被采纳。

其次是继续推动科技期刊编辑理论与实务研究。这方面一是在编辑培训的基础上组织期刊主编、编辑部主任与编辑结合办刊实践把经验上升到理论，撰写成论文，经过学会组织资深编辑筛选、加工，正式出版。1994年以《太原工业大学学报》增刊，1997年、1998年、2000年以《编辑之友》增刊，2001年以《华北工学院学报》增刊的形式出版5个专辑，共发表论文百余篇。二是举办了6次编辑学学术研讨会，其中有的是与湖北、陕西等省兄弟学会共同举办的。学会还组织会员参加了四次中国科技期刊编辑学会的学术研讨会，参加了两次国际科技编辑会议。

第三是完成省科委的软科学课题《山西省科技期刊管理系统》的研究。这一课题是1994年立项的，先后经过现状调研、部分成果发表、案例实验等阶段，于1999年完成，向省科委作了结题报告。由于这时国家有关部门规定对软科学课题不进行评估鉴定，所以课题完成后即直接投入实际使用。完成此课题的是学会理事袁正明、张启全、孙健等人。这一课题建立了山西省科技期刊质量综合评估模型，其中的《山西省科技期刊等级评审表》、《山西省科技期刊执行国家标准计分表》等在课题尚未最后完成的1998年，就在山西省期刊评审及编辑岗位培训中被采用。在此后的几年期刊评审中，学会对《山西省科技期刊管理系统》的相关内容、表格进行多次修订、充实、量化。这一科研成果对山西期刊科学化管理发挥了积极作用，当时国家科委有关部门对山西省科委、省新闻出版局、省科技期刊编辑学会三家合力管理科技期刊、提高期刊质量的做法十分赞赏，曾誉之为“三套马车，并驾齐驱”。

第四是积极开展了学会的其他活动。如省科协组织的10余次科普宣传活动，学会作为所属团体都认真组织会员单位参加，并利用科技期刊覆盖面大、门类多的优势，由各个刊物根据本身熟悉的领域来印发各种科普宣传材料，制作相关的科普展板。为此，学会多次获得省科委表彰。又如学会向省科协推荐优秀科技工作者、推荐优秀科技论文等，学会先后推荐的论文中有11篇获山西省优秀论文一等奖、37篇获二等奖、73篇获三等奖。

再如对中国科技期刊编辑学会组织的学术活动、评比活动等也积极参加，有31人次和13篇论文参加了全国的科技期刊编辑学术研讨会。

山西省科技期刊编辑学会的工作得到了社会的好评，学会被山西省民间组织管理局评为山西省优秀社团，被中国科协两次评为学会之星。

山西省科技期刊编辑学会第四届理事会组成后，继续发挥学会的作用，主要做了三方面工作：一是举办学术报告和研讨会，以开阔科技期刊编辑的视野，推动山西科技期刊水平的提升。2008年5月请清华大学万锦堃讲《科技期刊国际化、数字化、网络化趋势分析》，同年12月请中国科技期刊编辑学会姚希彤讲《中国科技期刊发展方向及趋势分析》，中国科学技术信息研究所潘云涛讲《核心期刊的评价》。还举办过“提高科技期刊编校质量研讨会”、“山西科技期刊发展研讨会”等。二是组织会员参加省与全国的学术论文征集与评选活动，如“第四届中国科技期刊发展论坛”（中国科协、新闻出版总署主办）的论文征集、“山西省第十四届优秀学术论文评选”（省科协、省经委、省科技厅、省农业厅、省卫生厅共同举办）的论文推荐。三是参加省科技厅等举办的“科技活动周”活动及省科协等举办的“科普日”活动。各会员单位提供展板，发放资料，积极参与了活动。

山西省高校学报研究会成立以来正是山西高校学报蓬勃发展的时期，尤其是1998年高校学报单独成为期刊一个系列之后，一批原先只是作为内部期刊存在的学报取得正式刊号，全省学报数量较之研究会成立的1988年增加了一倍。同时，随着高等教育与科研的发展，高校学报纷纷扩版，学术质量及印装水平也都有了极大提高，这为山西省高校学报研究会发挥作用提供了新的基础。

1996年5月26日，研究会在长治召开第三次代表大会，《山西大学学报》高仲章连任第三届理事长，副理事长有赵纪兰、庞富祥、王照光、陈建中、徐永平、冀祯祥，秘书长王照光。

2002年9月13日在榆次举行第四次代表大会，这时高校学报已增到30家，出席会议代表40名。这次代表大会选出《山西大学学报》傅如一为第四届理事长，副理事长有庞富祥、畅引婷、王培勤、赵纪兰、李军纪、王照光、徐永平，秘书长王照光。

2006年6月22日在太谷举行第五次代表大会，高校学报增加到46家，参会代表80人。这次大会产生了第五届理事会，《太原理工大学学报》庞富祥当选第五届理事长，副理事长有畅引婷、贺来星、张记龙、李军纪、李雪枫、王培勤、郭海仙、徐永平、张培富，秘书长畅引婷。

推动高校学报编辑理论研究是高校学报研究会的重点工作。凭借高校学报编辑工作与学术、科研的天然接近，高校学报编辑进行编辑理论研究自然有其优势。进入新时期以来，全国的高校学报编辑也在事实上形成了一支编辑出版理论研究的主要力量。山西高等学校积极参与其中，在1990年代，主要围绕学报编辑的素养、学报编辑部建设、学报编排规范等开展探讨，2000年之后则注重于学报质量评价、学报发展出路、数字网络条件下学报的应对等新课题的研究。一些学报比较注重这方面的工作，如《山西师大学报》在2000年之后就发表了不少研究论文，《社科学术期刊编辑应确立新的学术观念》（潘胡锁，2005）、《学术出版物编辑与学术规范》（畅引婷，2002）、《高校社科学报的史料价值及其挖掘》（畅引婷，2007）、《论编辑主体性创造的本质意义》（王剑波，2001）、《编辑与体育文化的传播》（于兴汉，2004）等都有一定的研究深度和现实意义。

通过学会加强省内外高校学报之间的交流是另一项工作。2002年9月，北京市高校学报研究会与山西部分学报主编在太原进行了交流活动。2005年陕西省高校学报研究会自然科学分会来太原理工大学进行了工作交流。2008年9月举行了晋皖高校学报交流会。同时还通过年会、理事会等形式，由外出参加全国或其他系统学术活动的高校学报主编传达和介绍情况，如傅如一介绍过“全国高校学报2007发展论坛”等。这些活动都促进了山西高校学报学习先进，开阔视野，更新观念，提高学报质量。

高校学报研究会还开展了多次“评优”活动。如1989年、1991年、1993年都组织资深编辑对山西高校学报进行审读评比，1995年推荐山西高校优秀编辑参加了河北、山西、内蒙古三省区的评优与交流。2000年、2003年、2006年分别组织了对山西高校学报优秀主编、优秀编辑、优秀学报和优秀编辑出版论文的评比。研究会还配合山西省的期刊质量评估做对后进学报的帮助、推动工作，使山西高校学报不断有所发展。

2006年第五届理事会组成后，进一步健全了研究会各项工作制度。并将全省高职院校20多家内部学报（内部资料性出版物）吸收为会员，成立了内部期刊专业委员会，还举办了这些内部期刊编辑的培训班，以此来带动这些院校期刊的进步。

第十六节　期刊评估的完善和退出机制的探索

在期刊管理中实行质量评审分级管理是山西首创的，它开始于1993年。2000年起，山西在报纸管理中也建立与实行了同一制度。从1993年到2008年，16年中山西省在期刊管理中不断完善评审工作制度，建立了比较完整和科学的期刊质量评估体系，建立和强化了期刊出版中的激励竞争机制，尝试建立了期刊质量不合格的淘汰退出机制，以此推动全省期刊总体质量的提高，取得明显效果。这一管理办法多次得到中宣部、新闻出版总署的肯定和表扬。2007年1月23日，《中国新闻出版报》在《以质论英雄，报刊有生死》的大标题下用一个整版分单元介绍了山西的经验。

山西省新闻出版局是1987年成立的，从这时到2008年，山西省新闻出版局历任局长为罗广德（1987—1991）、贾鸿鸣（1991—1998）、谢洪涛（1998—2003）、董晓阳（2003—2006）、李锐锋（2006—　），历任分管期刊的局领导为梁肇唐（副局长，1987—1988）、张成德（副局长，1988—1992）、张凤瑞（副局长，1992—1999）、李锐锋（副局长，1999—2003、2004—2006）、吴体刚（助理巡视员，2003—2004）、梁宝印（副局长，2006—　）。山西省期刊管理机构在1988年时是山西省新闻出版局期刊处，历任处长宋富盛（1988—1991）、吴体刚（1991—1995）。1995年后与新闻处合并成立报刊处，处长先后为王中秋（1995—2000）、戎晓峰（2000—　），2000年后报刊处由马瑾亮具体负责有关期刊工作。虽然机构变化，人事更迭，但期刊质量评审的办法仍得到了延续和发展，不但坚持了一年一度的评审，而且标准在不断调整和完善，相关措施逐渐配套，使这一工作成为期刊管理中的一项重要内容。

山西省期刊质量评估管理体系的建立和完善，大体经历了四个阶段：

第一阶段为初创阶段，时间是1993年至1995年。

这一阶段的期刊质量评估标准由山西省自行制定，其内容包括：一级、二级、三级期刊的标准。每个等级的标准都分政治、业务、编辑、出版、效益、管理六个方面，每个方面都有具体的定性或定量的指标和标准。

根据中国图书馆《期刊分类说明》等有关办法，在分为社会科学、科学技术两大类的基础上，社会科学类期刊又具体划分为社科综合类（含学术研究类、政治理论类、管理类、文史类）、社会文化类、经济类、教育类、新闻出版类、文学艺术类（含文学类、艺术类）六类，科学技术类期刊又具体划分为综合类、学术类、技术类、科普类等四类。

根据期刊等级标准，制作了统一的评审表。对不同类别的期刊，在评审时掌握不同的衡量标准。这一阶段的评审，虽然在文摘引文、校对差错率、发行量增长率、盈利情况等方面制定了定量指标，但整个评审仍然侧重于定性的评估，其他配套措施还没有，评级管理处于摸索之中。

这一时期，有31种期刊连续三年被评为山西省一级期刊。

第二阶段为提高阶段，时间为1996年至2000年。

1995年，国家科委出台了《科技期刊质量要求及其评估标准》，1996年，国家新闻出版署出台了《中国社会科学期刊质量标准》。以这两个标准为基础，山西省制定了期刊质量评审标准。

山西社科期刊的评审标准基本上执行了《中国社会科学期刊质量标准》，只是把政治标准、编辑标准、出版标准分别综合为不同类别的同一标准，业务标准则按学术理论、工作指导、时事政治、文学艺术、综合文化生活、教育教学、信息文摘等七大类分别制定。

因《科技期刊质量要求及其评估标准》主要是定性的表述，山西省在制定期刊质量评审标准时，为各项指标确定了分数。尤其是对科技期刊的评估，采取了山西省科技期刊编辑学会完成的课题“山西省科技期刊管理系统”的部分成果，确定了不同项目的评估分值。同时，针对当时山西科技期刊中对规范标准重视不够的问题，专设了“科技期刊编排规范”一项，该项分数所占比例近50%。

这一时期，山西期刊质量明显提高。在1997年1月举办的全国第二届优秀科技期刊评审活动中，《燃料化学学报》、《科学之友》、《山西农机》、《科技情报开发与经济》获得三等奖。1997年底，在由国家新闻出版署组织的首届全国百种重点社科期刊评比中，《名作欣赏》榜上有名。在2000年1月首届国家期刊奖和第二届全国百种重点社科期刊评比中，《名作欣赏》获国家期刊奖，《名作欣赏》、《记者观察》、《小学语文教学》3种期刊入选百种重点社科期刊。这一时期有 13 种期刊连续 8 年被评为山西省一级期刊。

第三阶段为成熟阶段，时间为 2001 年至 2005 年。

随着形势的发展，国家有关部门制定的质量标准逐渐显露出了定量程度不够，部分指标已显落伍等问题；同时，以标准规范为主要导向的科技期刊评审也出现重编辑、轻学术的倾向。如何引导各类期刊质量的全面提高成了新的课题。

2001 年，期刊管理部门多次召开座谈会，广泛征求各期刊社的意见。2001 年 7 月底山西省期刊协会成立，刊协配合管理部门组织有关专家对期刊质量评审标准以及《期刊质量评审表》进行了系统的修订。

新的标准更加注重了期刊的学术品位，业务标准所占分值比例调整为35%至40%，编辑标准所占分值比例降为 25%～30%。同时，引入了影响因子、总被引频次、基金论文比的衡量指标。对于面向市场的综合文化生活类、信息文摘类、科普类期刊，将经营效益和发行量作为主要的衡量指标。为了鼓励品牌期刊脱颖而出，对影响因子和总被引频次或期发行量、经营效益等成绩突出的期刊实行分数奖励制度，保证了某一方面特别突出而其他方面逊色的期刊仍能成为优秀期刊。

这一时期，《名作欣赏》分别于2003年1月、2005年2月获得第二届国家期刊奖提名奖和第三届国家期刊奖，《新型炭材料》入选第三届国家期刊奖提名奖，《世界胃肠病学杂志（英文版）》入选第二、三届国家期刊奖重点期刊。《小学教学设计》、《日用化学品科学》入选第三届国家期刊奖重点期刊。有 9 种期刊连续 13 年被评为山西省一级期刊。

第四阶段为完善阶段，时间为 2006 年以后。

根据新闻出版总署颁布的《期刊出版管理规定》，2006年进一步修订了《山西省社科期刊质量评估标准》和《山西省科技期刊质量评估标准》。

2006 年的标准有以下几个特点：

一是它是充分发扬民主、自下而上的产物，集中了省内不同层面期刊社的意见。许多专家、评委利用各种场合、通过各种渠道，对新标准的修订提出了很多有益的意见和建议，各期刊社的同志也通过参加讨论、打电话、发邮件等多种方式对新标准提出了修改意见。

二是新的质量评估标准反映了这两年中共中央宣传部、新闻出版总署的工作重点。比如，报刊广告的专项整治是这两年工作的重点，这项工作在政治标准中也得到了体现。

三是对这一工作的称谓做了变更。期刊评估工作从 1993 年以后一直被称为“期刊等级评比”。2005 年 9 月，国家新闻出版总署颁布了《期刊出版管理规定》，将此项工作称之为“期刊质量评估”，并作出了一系列的硬性规定。如第五十一条规定：“期刊有下列情形之一的，不予通过年度核验：……（二）期刊出版质量长期达不到规定标准的”，“不予通过年度核验的，由新闻出版总署撤销《期刊出版许可证》，所在地省、自治区、直辖市新闻出版行政部门注销登记”。这一规定，为建立期刊质量退出机制提供了法定依据。因此，山西省也将原“期刊等级评比”改称为“期刊质量评估”。

四是舍去了一些陈旧的、不易准确量化的评价项目，保留或增加了客观的、评委易于掌握的指标，比如，总被引频次、影响因子、他引总引比或经营情况等。

五是以高标准促进发展。新的评估标准以国家期刊奖的评估标准为基础，这将对各期刊社的可持续发展起到积极的引导作用。

六是体现了简洁明了、易于操作的特点。各期刊社需要填报的材料较前几年大幅度减少，有利于提高评估效率和减轻期刊社负担。

七是首次将网站的建设情况纳入评估标准。这一做法，体现了国家新闻出版总署提倡的“积极应对新兴媒体的挑战，打造数字报刊业”的思路。

八是强化了分数奖励制度。这一做法有利于优秀期刊的脱颖而出，激发优秀期刊奋力争先、勇当先锋的动力和热情。

新的《山西省社科期刊质量评估标准》和《山西省科技期刊质量评估标准》已在2006年的期刊质量评估工作中执行。

在十多年的期刊质量评估工作中，山西省新闻出版行政管理部门逐步建立了一整套工作制度和工作程序，并且在不断改进和完善。可以说，这一管理办法也是与时俱进的，它保证了评审工作的严肃和公正，使这一评审在山西期刊界保持了权威性与公信力。

这些制度可以分为三个方面：一是评估的组织，二是评估的进行，三是评估结果的消化吸收、发挥作用。

在评估的组织方面主要有五项制度：

一、领导制度。期刊的质量评估工作由中共山西省委宣传部、山西省新闻出版局、山西省科学技术厅共同组织。评估委员会由省委宣传部分管领导担任主任，省新闻出版局分管领导、省科技厅分管领导担任副主任。委员由省委宣传部、省新闻出版局、省科技厅相关处室负责人和期刊界 10 余名专家学者组成。

参加评估委员会的委员要求具备下列条件：有较高的马克思主义理论修养和政策

水平，具有公道正派的工作作风和良好的职业道德；熟练掌握社会主义新闻出版工作的方针政策、国家有关的法律法规和标准规范；熟练掌握与期刊有关的专业知识，有丰富的编辑出版和经营管理工作经验；专业技术资格为正高职称，原则上从连续多年获得一级期刊且排名靠前或获得全国性优秀期刊的前任或现任的主要负责人中产生。

评估委员会主要职责是：组织修订评估标准，组织实施评估工作。评估委员会委员除了参与评估标准的修订外，主要负责期刊定评阶段的分数审定工作，并确定期刊等级，原则上不参与复评阶段的评估工作。

评估委员会的主任、副主任每次都亲自主持定评会议，对期刊评估工作进行安排和总结，保证了期刊评估的正确方向和工作质量。

二、专家库制度。参加期刊质量评估的评委实行专家库制度。专家库的专家一般在30人以内，其中社科、科技期刊分别不超过15人。

进入专家库的专家需具备以下条件：1. 有较高的马克思主义理论修养和政策水平，有强烈的事业心和良好的职业道德，有较高的经营管理水平和编辑专业水平，有较强的大局意识和全局观念，为人公道正派、廉洁自律；2. 所在期刊一般应为国家或地区优秀期刊，或者在省一级期刊评比中名次在前三分之一；3. 现任或曾任期刊社（编辑部）的主编或常务副主编；4. 有副高以上职称；5. 从事期刊编辑工作五年以上。

三、评委轮换制度。参加质量评估的评委定期轮换，每年轮换比例原则上在三分之一左右。参加复评和定评的评委，分社科和科技两大类，分别组成专家委员会，以无记名投票方式决定重要项目的得分。

四、职责划分制度。专家的主要职责是以认真负责、客观公正的态度进行评估。管理部门主要负责安排部署、沟通协调以及监督控制等，保证评估工作的公平和公正。

五、责任追究制度。如发现某些评委不认真评估或者人为改变评估标准等违纪行为，首先要对评委提出警告；情况严重的，下年度不再聘用。

在评估的进行亦即评估工作过程方面也有五项制度：

一、组织制度。评估工作方案经评估委员会通过以后，由评估委员会办公室即省新闻出版局报刊处具体组织实施。为了保证评估过程的科学公正，将期刊质量评估划分为初评、复评、定评、公示和复议五个阶段。

初评阶段要求参与初评的评委依据期刊质量评审表中的各项标准，对每个参评期刊写出不少于200字的综合评估意见。印刷质量由省印刷质量监督检验站负责检验检查；广告质量由省工商局广告处负责检查；遵守《著作权法》的情况由省版权局负责检查；文字差错率请校对方面的若干专家进行匿名检查，每种期刊均有两名专家分别进行检查。

复评阶段的主要工作是量化打分，每两个评委组成一个小组，每一个小组负责评估标准的若干子项，按统一标准打完所有期刊的分数。

定评阶段的主要工作是由定评评委复核审定复评的分数，通过无记名投票的方式确定期刊的拟定等级。

公示和复议阶段主要是对拟定等级在期刊社范围内进行公示,对评估结果有异议的，可提出复议申请，由评估委员会组织有关评委进行复议。

为了确保评估工作的公平和公正，评估委员会作出了如下规定：

一是除管理部门的领导和协会主要负责人外，其他专家原则上不同时参与复评和定评；在参与复评时，管理部门的领导和协会主要负责人也主要负责组织协调，不参与打分。

二是区分各阶段工作的任务与责任。复评要对初评进行监督，不仅要进行打分，而且有权纠正初评评委不恰当的评估意见。比如，如认为初评差错率失真，可重新任选1万字进行检查，结果以复评的结论为准。定评要对复评进行核查，如认为复评的标准不统一，可进行纠正。

三是明确管理部门和专家的工作侧重点。管理部门在评估工作中，主要发挥计划安排、沟通协调、控制监督等作用，评估的分数由管理部门组织工作人员现场复核累加。要求在初评复评阶段做好保密工作。要求专家以公正的态度和公平的尺度进行评估和打分。

四是实行评委过错责任追究制。对未以公正公平的态度评估或有意放弃原则而照顾某些期刊的评委提出警告；对情节严重或再次出现上述问题的评委，下年度不再聘用。

五是规范期刊社的参与行为。要求期刊社在申报材料时，要一次申报完整。在评估过程中不得再添加评估材料，不得更换样刊，更不得打听评估的中间结果。对不参评的期刊，直接划入三级。

二、复评定评监督制度。复评的主要工作是量化打分，每个评委负责若干项目，按统一标准打完所有期刊的分数。复评是对初评工作的监督，定评是对复评工作的监督。在发现问题后，经专家委员会集体审议通过，有权纠正上一阶段评估工作中存在的问题。

三、评估保密制度。期刊质量评估要求做到客观、公正。评委和工作人员不得接受以审读、座谈等名义进行的可能影响评估工作公平公正的活动和吃请，更不得接受礼金和贵重物品。评委和工作人员必须保守评估机密，不得向期刊社提供任何有关期刊送审情况和质量评估中间情况等需要保密的信息，不得将参与质量评估的评委告诉任何期刊社。

四、公示和复议制度。评估程序前几年只有初评、复评和定评三个阶段，定评确定了以后直接下发关于评估结果的通报文件。这样做最初阶段也出现了一些问题，个别评委由于一时疏忽，打错了分数，甚至工作人员也偶尔出现了分数累加错误的问题，这些问题尽管只是个别现象，但造成的负面影响是不小的。

为解决这一问题，从2001年开始，增加了公示和复议程序。公示时间为一周。公示期间，要求各期刊社派专人到省新闻出版局报刊处查看评估结果，并可将所有的评估意见和打分情况复印回去。如发现误评情况，要求以书面形式提出复议申请。评估委员会组织有关专家进行复议，对确属误评的问题进行纠正。在报请评估委员会主任、副主任批准后，再正式下发评估结果的通报文件。公示期间，还要求各期刊社就评估标准提出修改意见，对评估的组织工作也可提出意见和建议。

公示制度实行以来，期刊社反映良好，认为评估工作做到了透明和公开，有利于期刊社对评估工作和评委的监督，有利于保证评估工作的公平和公正，有利于不断提高评估的组织工作水平和评估质量。同时，也确实纠正了评估中难免出现的误评问题，使各个期刊社对评估结果心服口服。

五、结果反馈制度。为了及时将评估结果反馈给期刊社，以便刊社在下一步的工作中及时加以改进，每次评估结束后，要求各期刊社将评委的评估意见和打分情况复印回去，必要时填写《质量评估反馈意见卡》，寄给各期刊社。在这一工作的实施过程中，不仅二级、三级期刊踊跃前来查看和复印评估结果，不少一级期刊也来查看和复印评估结果。刊社表示，被评为一级不能骄傲，骄傲就会落后，骄傲就会退步。迅速解决存在的问题，将有利于把刊物办得更好，有利于长久保持来之不易的荣誉。

期刊的质量评估不是目的，只是一种方法或手段，要达到目的就必须使评估的结果被参评期刊消化和吸收，于是在这一方面也设立了相应的四项制度。

一、奖惩制度。从1993年第一次开始质量评估起，就明确了评估工作的奖惩制度，并在实施过程中不断加以完善。

对评出的一级期刊，采取了以下四项奖励和支持措施：

一是对一级期刊以省委宣传部、省新闻出版局、省科技厅的名义发给“山西省一级

（优秀）期刊荣誉证书”，并可在期刊封面打上“山西省一级（优秀）期刊”字样；在每轮（3年）评估结束后，对连续三年被评为一级期刊的，发给“山西省连续三年一级（优秀）期刊荣誉证书”和铜质牌匾。

二是将一级期刊作为参加全国及区域性优秀期刊评选的推荐期刊。比如国家期刊奖和华北地区（后扩大为北方地区）优秀期刊的推荐期刊就是从连续三年一级期刊中选出的。

三是在年检、增刊审批等方面予以政策倾斜。在年检时，对一级期刊基本采取一次通过的倾斜政策。在增刊审批时，允许一级期刊出两期增刊。

四是建议一级期刊的主管、主办单位给予有功人员精神和物质奖励，并作为有关同志晋级、评优、职称评定等方面优先考虑的依据。省出版系列职称评定部门也做出了具体规定，对连续三年被评为一级期刊的出版单位负责人，在高级职称的评定中予以优先考虑。

被评为二级的期刊，一年只审批一期增刊。三级期刊不允许出版增刊。

第一次被评为三级期刊的，给予批评，要求有关期刊社写出检查，在规定时间内报送管理部门。连续两年被评为三级期刊的，建议主管、主办单位调整主要负责人。比如《山西省政法管理干部学院学报》2001年、2002年连续两年被评为三级期刊后，学院党委调整了学报机构，专门增设了一名专职副主编负责编辑部日常工作。《山西医科大学学报（基础医学教育版）》2001年、2002年连续两年被评为三级期刊后，学校领导十分重视，对该校主办的几种学报进行了整合，调整了学报的负责人。这两种学报在2003年以后的质量评估中稳定在二级期刊，《山西医科大学学报（基础医学教育版）》2005年以后连续被评为一级期刊。

对连续三年被评为三级的期刊，给予停办或降为内部资料性出版物的处理。1993年至今，已先后停办5种连续三年的三级期刊。在1993至1995年度的期刊质量评估中，《山西计量与测试》、《山西能源》、《山西节能技术》连续三年被评为三级期刊。经上报国家科学技术委员会，注销了这3种期刊。省新闻出版局随后向全省发出通报，要求全省期刊社引以为鉴，努力提高期刊质量。

在1999至2001年度的期刊质量评估中，《山西气象》连续三年被评为三级期刊。在2000年至2002年度的评估中，《蒲剧艺术》连续三年被评为三级期刊。经报请国家新闻出版总署批准，停办了这两种期刊。随后，根据山西省的期刊结构，利用这两个刊号资源分别另办新刊。

二、上门服务和指导制度。在进行质量评估意见反馈以后，有些期刊主动向一级期刊取经学习，并邀请知名专家上门讲课或座谈，质量进步明显。也有一些质量较低的期刊仍在原地踏步，原因一方面是主编对质量重视不够，另一方面是有关期刊社未能准确找到自身存在的问题及其根源。为此，从2004年开始，实行了对三级期刊上门服务和指导制度。由省新闻出版局报刊处和省期刊协会共同组织，每组4至5人，分赴有关期刊社进行上门服务。要求主管、主办单位领导、杂志社社长主编及编辑部全体人员参加。通过上门服务，主管、主办单位领导发现了自身的问题，表示将多关心和支持期刊社的工作，为期刊社创造更好的办刊环境和条件；社长、主编找到了自身的问题，表示将加强内部管理，健全规章制度；编辑们发现了自己的差距，表示要增强责任感，严把质量关，加强业务理论的学习，不断提高编辑水平。

比如《五台山研究》2004年被评为三级期刊，在省新闻出版局报刊处和省期刊协会上门服务后，编辑部及其主管、主办单位山西省社会科学院立即采取了措施：一是充实编辑人员，增聘了一名编辑、一名总校。二是增加办刊经费，由主办单位五台山研究会增拨固定的办刊经费。三是提高编辑素质，决定每周二下午组织相关政策法规的学习，每周四下午组织业务知识的学习。四是切实执行三审三校制度。五是改进设计、印刷、装帧质量。该社负责人讲，上门服务对他们启发很大，受益匪浅，希望能够坚持这一制度。该刊以后变化很大，到2007年、2008年已升为山西省一级期刊。

经上门指导的2004年的15种三级期刊，在2005年的质量评估中，有13种已升级为二级期刊。

在上门指导中发现，这些被评为三级的期刊，问题大多出现在主要负责人的变动期间，由于新老交替、队伍不稳造成质量下滑和波动；有的期刊调整了定位，改革了管理体制，新的体制尚未能正常运转也导致管理放松，引起质量下滑；还有的是新办期刊，经验不足使得质量无法保证。为此，对这些期刊进行密切的质量跟踪并及时提供相应的服务就显得格外重要。

三、研讨交流制度。评估结束后，不定期地组织了一些研讨会，分不同类别进行专门研究。比如先后组织过教辅期刊研讨会、农业期刊研讨会、医学期刊研讨会、文化生活类期刊研讨会。通过研讨，不仅交流办刊的经验，而且探讨了期刊发展的规律和文化体制改革等深层次的问题。

一些评委还将评审工作中发现的有普遍性的问题写成研究论文，发表在省新闻出版局报刊处编发的内部资料《山西报刊》上，针对性地指导了期刊的质量管理工作。

四、培训制度。1993年至1996年，每年都要对三级期刊的负责人进行短期培训。1995年12月，中宣部、新闻出版署等四部委《关于在出版行业开展岗位培训 实施持证上岗制度的规定》发布以后，从1997年开始，对全省期刊社的主编、编辑进行了岗位培训工作。

在课程设计方面，有意安排了期刊质量标准的内容和课程。由于授课的老师大多同时又是期刊评估的评委，老师们在授课时，结合评估中发现的问题进行讲解，使学员们不仅学习了理论，而且找到了自己的差距。同时，还专门组织课后讨论，由全体授课老师面对面和学员们进行讨论、交流，并现场答疑。这样，不仅使学员们增进了友谊，而且取得了良好的学习效果。

山西省实行质量评估分级管理的实践和经验，可以概括为四句话："建立评估标准，完善评估制度，探索退出机制，提高期刊质量。"在某些不合格期刊通过评估被淘汰的同时，也有一批期刊不断崛起，成了在全国有一定影响的品牌刊物。变化最大的如《新型炭材料》，该刊1997年被评为三级期刊，这促使主管、主办单位将期刊的出路列为工作重点，经过论证，刊物重新定位，进行了大幅度的调整改版。不到一年，面貌大变，1999年就进入一级期刊，2005年在第三届国家期刊奖评比中获提名奖。这虽是一个典型刊例，但也反映出山西坚持16年的期刊质量评估工作，在推动山西期刊质量提高、繁荣发展方面所发挥的作用。

附录

关于山西高校
学报现状的调查与思考（节录）

一、基本情况

截至2002年4月底，全省经国家新闻出版总署批准持有国内统一刊号的期刊共有202种，其中高校学报47种，除一种因高校合并刊号暂未注销而实际上已停止出版外，其余46种中，自然科学学报12种，人文社会科学学报34种。在人文社科学报中，一些专科院校的学报大多为一个刊号文理合刊或文理分期出版，但不论在刊期上还是在篇目和篇幅上，社科类的内容都占绝大多数。再从刊期、开本、页码等最基本的出版形式看，各家学报也不尽一致。参见下表：

项目	刊　期			开　本		页　码							
形 态	季刊	双月刊	月刊	大16开	16开	128	112	96	88	80	72	64	48
数 量	32	13	1	38	8	2	5	12	4	9	1	10	3
占总数比例	70%	28%	2%	83%	17%	4%	11%	26%	9%	19%	2%	22%	7%

从上表看，在刊期中季刊最多，占70%；在开本中，大16开占了83%；在页码中，最多的128页，最少的48页，相比之下96页和64页的较多，分别占26%和22%。再从发行量来看，一般在300至2000份之间不等，其中包括校内外的赠阅与交流。如果单从读者订数来讲，没有一家超过1000份的。从发行渠道来讲，一些创刊较早的本科院校的学报多通过邮局订阅发行，而1998年以后新批的一些学报大多为自办发行。实际上这类学报

从人文社科学报与自然科学学报的比较看，高级职称在整体比例上基本接近，但如果将正高和副高分别来看，人文社科学报的正高职称高于自然科学学报13个百分点，副高职称低11个百分点。这种情况可能与自然科学学报100%的兼职主编有关。另外，自然科学学报评定编辑出版系列高级职称的共12人，占编辑高级职称总人数（22人）的55%；而人文社科学报评定编辑出版系列高级职称的也是12人，但百分比明显偏低，占编辑高级职称总人数（68人）的18%。这种情况从一个侧面说明：自然科学学报编辑队伍相对比较稳定，而人文社科学报编辑多是半路出家，有些虽然编制在学报，但事实上身兼数职，甚至主要精力和时间并不在学报的编辑出版上。

3. 年龄结构

学报编辑出版事业的发展有赖于编辑队伍的稳定和编辑人才的培养。而在人才培养方面，梯队建设非常重要。从山西省学报出版队伍的年龄结构看，40岁以上和40岁以下整体上讲两者的比例比较接近。但从人文社科学报和自然科学学报的比较看，人文社科学报编辑的年龄普遍偏大，超过60岁的还有5%，40岁以上的占到60%。而自然科学学报编辑队伍相对年轻，年龄结构也较为合理，40至50岁的占30%，40岁以下的占55%，表明学报出版后继有人。参见下表。

类别	人文社科学报（总120人）				自然科学学报（总40人）		
年龄	60岁以上	50~60岁	40~50岁	40岁以下	50~60岁	40~50岁	40岁以下
数量	6	13	53	48	6	12	22
比例	5%	11%	44%	40%	15%	30%	55%

4. 性别结构

随着社会生产力的发展和女性参与社会活动的日益广泛，以及妇女理论研究的不断深入，“将性别意识纳入决策主流”的观点在学界和政界已基本达成共识。所以，在各类原始材料的统计与分析中，从性别视角给予关注已成为一种重要的方法论原则。

编辑出版行业是女性从业的一个重要领域，从山西省的统计结果看，也基本上反映了这一事实的存在。在学报编辑中，女性共72人，占编辑总人数的45%，这一比例如果与高校中女教师所占比例进行比较，明显要高出许多，因为在教育教学领域，一般来讲学校层次越高，女性比例就越少。而学报作为高校学术研究成果发表的重要阵地，女性比例之高，一方面说明编辑出版事业的发展为女性提供了更多的发展机遇；另一方面也说明如何充分利用女性的人力资源促进编辑出版事业的发展是一项不可忽视的工作，同时也说明编辑出版作为一项技术性很强的工作，更有利于发挥女性仔细、认真、耐心、稳重等特点。

在这次关于性别比例的统计中，本文特将评聘为编辑出版系列中级职称以上的男女编辑人员进行了统计。从文理两科的比较看，自然科学学报男女比例接近（分别为38%和37%），而人文社科学报则比较悬殊，男性评为出版系列中级职称以上的占总人数的18%，而女性则占中级职称以上总人数的45%。这说明在人文社科学报领域，女性在编辑出版岗位上工作时间更长，人员队伍相对比较稳定。参见下表。

类别	人文社科学报（总120人）					自然科学学报（总40人）					
男	67	56%	女	53	44%	男	21	52.5%	女	19	47.5%

四、几点思考

通过以上数据和材料，我们对山西高校学报的基本状况大致可以有一个概括的了解。但若将上述数据进行综合分析，高校学报目前应着重处理好以下几方面的关系：

1. 数量规模与质量效益之间的关系。（下略）

2. 专职编辑与兼职编辑之间的关系。（下略）

3. 编辑学报与研究学报之间的关系。（下略）

4. 主办单位与主管单位之间的关系。（下略）

（注：作者畅引婷，原载《出版发行研究》2002年第12期，本书收录时作者略作修改）

总附录

一、大事记

1902 年

8 月 4 日，《晋报》创办，山西近代第一份报刊，五日刊，主笔程清。该报由于有清山西巡抚衙门的支持，实为民办的“官报”。

1905 年

4 月 8 日，《第一晋话报》创办，月刊，山西留日学生创办的第一份期刊，在日本东京印刷，运回太原发行。该刊主张改变君主专制，建立民主政体。主持者为山西留日学生同乡会会长景定成。

1906 年

10 月 9 日，《晋阳白话报》创办，三日刊，该报既敢切中时弊，关注国是民疾，又大力倡言白话。创办者是郭象升、梁硕光等人。报纸自办发行，本埠由报馆直送，外埠寄发。

1907 年

9 月 15 日，《晋乘》在日本东京创办，不定期出版，由同盟会成员谷思慎、景定成、景耀月等人创办，其宗旨是宣扬革命，抨击“立宪”，主张振兴实业，反映了年轻的资产阶级革命派的思想。

1908 年

5 月 15 日，《并州官报》创办，期刊形式，是山西巡抚衙门的“机关报”。负责人李庆芳，是筹备中的山西省谘议局议员。

1912 年

5 月，《山西实业报》创办，旬刊，民国后山西创办的第一份期刊，也是山西第一种经济类期刊。先后由傅汝枚、陈锦主编，山西实业报社出版发行。

7 月，《山西公报》创刊，日刊，8 页册报，山西省长公署编发，主旨为刊发政令。

10 月，《山西教育报》创办，旬刊，编辑者是山西省行政公署教育司。以选登教育行政文件，研究教育学理并改良社会、开导人民智慧为宗旨。

1913 年

5 月，《宗圣汇志》创办，月刊，由山西宗圣会社出版，主张以孔子学说为根本，恢复封建礼教制度。

1919 年

5 月 4 日，五四运动爆发。高君宇随后返太原，与山西学生联合会联系，并推动创办进步报刊。

8 月，《平民周刊》创办，提出“不断以山西实况报告世人”及“不断将世界思潮输入娘子关内”。主编王振翼，编辑有贺昌等，山西第一份由信奉马克思主义之进步青年所办期刊。1922 年 5 月停刊。

1920 年

5 月，《国语报》创办，半月刊，出版者为山西筹备国语统一会，内容是关于汉语教学和推行汉语注音字母的。

1921 年

1 月，《法政月刊》创办，山西法政专门学校所办，由冯纶主持，登载本校学生关于政治、法律、经济、道德等方面的研究文章。

7 月，《医学杂志》创办，山西创办最早的科技期刊，主办者太原中医改进研究会。重点研究针灸技术，介绍中医秘方。

12 月 10 日，《新共和》创办，不定期出版，山西大学“新共和学会”所办，是综合性文化刊物，刊发过介绍和讨论共产主义、无政府主义和社会主义各流派的文章。

1922 年

5 月,《五一特刊》出版，它是《平民周刊》停刊之后，为庆祝五一劳动节和纪念太原社会主义青年团成立一周年编辑出版的，发表贺昌《庆祝全国劳动者的大团结》等文章。

本年,《北方快览》创办，年刊，内容较杂，既介绍各种工农业生产知识，又刊载当时的政府法令以及文艺作品，属于一种通俗大众文化期刊。出版者署名晋民快览社，名誉社长赵戴文，社长赵丕廉，主持者李炳卫。该刊出版至 1937 年。

1923 年

11 月,《山西平民周刊》创办，是《平民周刊》停刊之后，经高君宇、贺昌策划在北京创办，出版后通过铁路工人秘密运回太原发行。刊物揭露军阀罪恶和列强侵略，介绍列宁主义学说。

1924 年

9 月 1 日,《狂飙》月刊在太原创办，以平民艺术团的名义编辑，发行者署“太原桥头街少年书社”，主持者高长虹。后高长虹又在京沪办了同名报刊。

1925 年

6 月,《铁血周刊》创办，是在上海“五卅惨案”之后，以“太原市民沪案后援会”名义办的。编辑者为中共太原支部的张叔平、纪廷梓。后更名为《雪耻周刊》。

1926 年

5 月,《太原工人》创办，由太原总工会创办，是山西最早的工运报刊。

1927 年

5 月 1 日,《民报》创办，由在山西省公署内任职的樊象离、王尊光主持。1930 年 10 月在阎锡山中原大战失败后停办。

1928 年

7 月,《山西省政公报》创办，月刊，山西省政府编辑出版。其性质是传达政令，报道山西政治要闻。

同月,《山西财政月刊》创办，山西省政府财政厅主办，反映山西财政情况的公报类刊物。

1930 年

9 月，中共山西省委（地下组织）编印《山西红旗》、《工农兵小报》等。

1931 年

10 月，《山西实业公报》创办，月刊，由山西省实业厅主办，内容包括政府法规，有关农林牧副的规则、命令、训令，各机关财政预算等。

1932 年

1 月 1 日，《民报》复刊，负责人周宜。副刊由史纪言、杨蕉圃编辑，发表了不少左翼文化倾向的作品。同年 4 月，报纸因批评当局被查封。

3 月，《山西党讯》创办，是国民党山西省通讯处的机关报，总编辑关民权。其副刊编者中有史纪言、王中青等人，利用副刊不断刊发左翼文化进步作品。

7 月，《山西公报》创刊，月刊，山西省政府秘书处发行，主要刊载国民党中央政府法令以及山西省政治、军事、财政等方面的法令、命令等。

1933 年

6 月，《榴花》创办，是《山西日报》的副刊，以文学为主，兼及艺术，思想激进，主编者为山西在平津的学生赵宗复、唐诃等。当月，鲁迅就榴花社去信予以回复。

同月，《新农村》创办，太原农村教育改进社编，以建设新农村为号召。

1934 年

1 月 1 日，《中华实业月刊》创办，中华实业协会的会刊，倡导“实业救国”，报道山西经济建设动态，并有对现状的分析和对发展思路的探讨。马开衍为编辑主任，曹焕文为副主任。

12 月，《新建设》创办，是一种有关经济的期刊，由山西省立法学院阎云溪等人创办。

1935 年

4 月 1 日，《中外论坛》创办，双月刊，中外语文学会创办，杜任之主持。刊物在宣传阎锡山主张的同时刊发其他翻译文章，在学术研究的名义下介绍和宣传马克思主义。

10 月，《文艺舞台》创办，以艺术通讯社名义主办及出版，内容以戏剧为重点，兼及文艺的其他领域，杜任之主编。

1936 年

10 月，《山西党讯》的副刊《最后一页》组织追悼鲁迅活动，连发专刊 7 期，并于 10 月 25 日组织“太原市追悼鲁迅大会”，到会 700 余人。

11 月，《突击》创办，政治性月刊，编发“西安事变”专号，宣传抗日，主编杜任之。

1937 年

1 月,《牺牲救国》创办，周刊，牺牲救国同盟会主办，宋劭文、裴丽生等编辑。

春,《政治周刊》创办，以山西省军政训练委员会名义出版发行，先期宣传阎锡山的“学说”和主张，后期倾向抗日救亡。日军进攻太原时停刊。

9 月，第二战区民族革命战争战地总动员委员会在太原成立，随之在《山西党讯》开辟《总动员》副刊，9 月 20 日出第一期。

11 月 7 日,《战斗》创刊，是中共晋冀豫区委宣传部主办的对内刊物，主要刊载党内文件，介绍马克思主义理论，传达省委指示，报道各地经验。

1938 年

2 月 20 日,《战线》创刊，不定期，中共晋察冀区党委机关刊，读者对象为县级干部。

4 月 1 日,《自由中国》在湖北汉口创办，是第二战区在省外办的刊物，创刊号上有毛泽东、冯玉祥、郭沫若的题词。

4 月 2 日，中共中央发出《关于党报问题给地方党的指示》，要求“地方党组织必须根据党报、杂志上重要负责同志的论文当作是党的政策和党的工作方针来研究”。

6 月 13 日,《边政导报》创办，晋察冀边区政府的公报，由边区行政委员会秘书处编辑。

7 月 7 日,《政治周刊》在山西吉县复刊。

10 月,《文化哨》创办，月刊，太行根据地在抗战期间的第一本文化期刊，高沐鸿、王玉堂、陈大东等人创办。

1939 年

2 月,《黄河文艺》在陕西宜川创刊，月刊，第二战区的黄河出版社出版。

4 月 1 日,《边区教育》创办，不定期，是晋察冀边区关于教育的期刊。

4 月,《抗战生活》创办，半月刊，反映根据地军民斗争生活的综合性刊物，由太行抗日根据地的太行文化教育出版社编辑，主编张磐石。

6 月 1 日,《抗战建设》创办，是关于边区经济建设的指导性期刊，晋察冀边区行政委员会实业处编辑出版。

6 月,《文化动员》创办，不定期，晋东南文化教育救国总会所办。

7 月 31 日,《新长城》创刊，月刊，晋察冀边区新长城社出版，综合性理论期刊，刊发过中共中央以及八路军负责人毛泽东、朱德、彭德怀等人的文章。

夏,《革命动力》创办，阎锡山的民族革命同志会所办。

9月,《政治周刊》改名《黄河战旗》,周刊,黄河出版社出版。此后出版至12月,其间刊发大量关于建立抗日根据地、发动抗日游击战等方面的文章。

11月15日,《党的生活》创办,半月刊,中共中央北方局的党内刊物。

1940年

3月,晋察冀军区政治部创办《熔炉》,月刊,任务为“进一步加强党在部队中的绝对领导”。

4月15日,《鲁艺校刊》创办,由1940年在山西武乡成立的晋东南鲁迅艺术学校主办。

1941年

1月1日,《支部通讯》创办,中共晋冀豫区党委内部刊物,刊载有关支部建设的简短论文,介绍模范支部、模范党员的事迹。

2月25日,《战教月刊》创办,第二战区教育委员会主办,主编郝树侯,办刊方针为“建组、彻政、精兵、严教”。

3月1日,《抗日战场》创刊,不定期,晋察冀军区军事刊物。

5月1日,《华北文艺》创办,晋冀豫边区文艺月刊,共出6期。以华北文艺社名义编辑,主编蒋弼,由新华书店出版。

5月15日,《党的生活》第36、37期合刊发表邓小平《反对麻木,打开太行区的严重局面》一文,《战斗》也以增刊刊发此文。

7月,《西北文艺》创办,晋绥地区文艺期刊,中华全国文艺界抗敌协会晋西分会所办,主编卢梦。1942年2月,因刊载女作家莫耶的小说《丽萍的烦恼》而引起了一场文艺思想论争,成为晋绥根据地报刊界与文学界整风的内容之一。

8月13日,《边政往来》从《边政导报》分出,不定期出版,面向区级干部,晋察冀边区政府编印。

1942年

1月25日,《华北文化》创办,以新华书店名义出版,主编先后为张秀中、王春。第3期发表李雪峰《关于文化战线上的几个问题》。

7月7日,《晋察冀画报》在河北平山县碾沟村创办,由晋察冀军区政治部主办,社长沙飞,副社长罗光达、石少华。每期有数十幅照片反映八路军及根据地情况,共出版8期。

1943 年

1 月 1 日,《教育阵地》创办，月刊，晋察冀边区点滴社出版，是关于教育的综合性普及刊物，主要面向小学教育工作者。

1945 年

6 月 1 日,《革命政治》创办，由国民党山西省执行部高级干部责任会议秘书长办公室编印，宣传阎锡山“兵农合一”、“物劳学说”等。

8 月 15 日，日本宣布投降，山西各种报刊以重要位置报道抗日战争的胜利。

1946 年

1 月 1 日,《人民时代》创办，半月刊，署名人民时代社编辑，实为晋绥日报编辑部等单位联合编辑，晋绥新华书店发行，是综合性期刊，从内容上可分专论、报道、文艺三类。

1 月 5 日,《人民画报》创办，半月刊，是中共晋绥分局办的通俗性美术刊物，负责人先后为李少言、苏光、力群。

1 月 16 日,《文化与建设月刊》创办，成为阎锡山重返太原后宣传其“学说”和主张，“讨论民族文化及国家建设”的期刊。

4 月 1 日,《西北实业周刊》创办，由阎锡山当局的西北实业公司编审委员会编辑发行，是一本以经济为主兼及技术研究的期刊。

6 月 1 日,《山西合作通讯》创办，山西省经济管理局编辑发行，内容以经济为主，涉及工业、垦荒、修路、办学等方面。

6 月 15 日,《北方杂志》创刊，晋冀鲁豫边区文联主办的综合性月刊。

1947 年

本年,《山大学报》创办，山西大学校长徐士瑚写发刊词，仅出一期。

1949 年

6 月 6 日,《新教育》作为《山西日报》专版创刊，太原市教育局新教育社编辑，出版至当年 9 月。

6 月 23 日,《青年》创办，是《山西日报》的一个专版，中国新民主主义青年团太原市工作委员会编辑，出版 16 期。

10 月 1 日,《山西新教育》创办，不定期，山西省人民政府教育厅主办。1950 年春更名为《文教月报》。

10月10日，《山西政报》创办，月刊，山西省人民政府秘书厅编印，主要刊登山西省人民政府发布的各种政策、法令、指示等。

10月15日，太原市人民政府办公室创办《太原市政》，公报性质。

10月27日，《山西青年》创办，是《山西日报》的专刊，中国新民主主义青年团山西省工作委员会主办。

11月，《前进》创刊，中共山西省委的党内刊物，主要任务是加强全省党员干部马列主义及毛泽东思想的教育，提高干部的政策与策略水平，巩固党的建设。发至区级、营级干部。

12月，《工作通讯》由山西省人民政府办公室创办，内容为政策宣传、工作指导，目的是指导政权建设以及培养干部。

1950年

1月21日，《太原工运》创办，不定期，太原市总工会办公室编印，当年出版"五一劳模大会纪念专号"。

2月5日，《山西画报》创刊，山西省美术工作者协会主办，单张彩印。1954年4月与《山西文艺》合并。

5月1日，《山西文艺》创刊，山西省文学艺术界联合会主办，月刊。出版12期后于次年9月改以《山西日报》文艺副刊形式出版。

1951年

2月，《山西税务通讯》创办，月刊，山西省人民政府税务局所办。

春，《文教月报》停刊，山西省文教厅新办《小教通讯》与《农教通讯》。

本年，中共山西省委宣传部创办《宣传手册》。1953年停刊。

1952年

6月，《小教通讯》和《农教通讯》合并，改为《文教通讯》，半月刊，"全省文教工作综合性的指导刊物"，读者对象主要是小学教师与民校义务教师。由山西省文教厅编辑，山西人民出版社出版。

8月16日，中华人民共和国政务院颁布《管理书刊出版业印刷业发行业暂行条例》和《期刊登记暂行办法》。

12月，山西省文教厅恢复为山西省教育厅，内部机构调整，《文教通讯》停刊，共出版14期。

1953 年

5 月，《创作歌选》创刊，不定期，山西省音乐工作组编，共出版 8 期。

1954 年

4 月，《山西文艺》复刊，由《山西日报》副刊形式的《山西文艺》与《山西画报》合并而来，“任务主要是供给群众各种通俗文艺读物和各种演唱材料”。

1955 年

4 月，《宣传手册》复刊。该刊从 1956 年 1 月交山西人民出版社出版，编辑工作由中共山西省委宣传部负责，发行量 10 万册左右。1957 年 3 月停刊。

10 月，山西医学院创办《译著丛刊》，不定期，是目前所知新中国成立后山西创办最早的科技期刊。

1956 年

10 月，《火花》创刊，月刊，由《山西文艺》与《太原画报》合并而来，山西省文学艺术工作者联合会主办。到 1966 年 7 月，出版 110 期后停刊。《火花》在推动山西文艺创作，尤其是形成当代革命文学流派“山药蛋派”的过程中发挥了重要作用。

11 月，《山西教育》创办，月刊，山西省副省长王中青兼任主编，山西省教育厅编审室编辑，山西人民出版社出版，是指导山西教育事业的期刊。1961 年出版第 2 期后停刊。

1957 年

6 月，《山西医学杂志》创办，季刊，“综合性高级医学杂志”。1966 年 9 月停办，共出 36 期。

7 月，《天龙画刊》创办，月刊，以连环画为主，兼有其他美术体裁作品。1958 年夏改名为《山西画报》。1960 年又改名《山西群众画报》。1961 年 2 月停刊。

11 月，《太原工学院学报》创办，季刊，创刊号曾刊登《〈太原工学院学报〉出版条例》，出版至 1965 年底。

本年，《山西师范学院学报》创办，季刊，山西师范学院（全国院校调整后留在太原的山西大学部分）编辑，山西人民出版社出版，内容偏重于哲学社会科学，也有自然科学。1961 年停刊。

1958 年

5 月，《山西农业建设》创办，半月刊，山西省农业建设厅主办，进行农业技术普及教育，也报道农业“大跃进”情况。1960年底停办，共出66期。

7月，中共山西省委主办的理论刊物《前进》公开发行，月刊，主编由中共山西省委第一书记陶鲁笳兼任。创刊号以陶鲁笳《把丰富的革命实践提高到应有的理论程度》一文代发刊词，创刊号发行15万册。

8月，《星火》创办，由中共晋北地委主办，兼有理论和工作指导性质。到1960年底共出29期后停刊。

9月，《技术研究》创办，月刊，太原市科学技术委员会主办，是一份涵盖面较宽的科技期刊。出版至1965年5月停刊。

10月，《山西冶金》创办，不定期，由山西省冶金厅主办，报道了当时全民大炼钢铁等情况。1959年7月出版12期后停刊。

1959年

1月，《新闻战士》创办，月刊。到1961年2月共出版25期后停刊。

同月，《山西科技》创办，半月刊，由山西省科学技术协会主办，科普性期刊。1961年3月停刊。

同月，《太原文艺》创办，月刊，太原市文学艺术工作者联合会主办，在刊登小说、散文、诗歌的同时也刊登当时兴起的公社史、工厂史。

6月，山西省文化局办的《文化周刊》改名为《山西文化》，半月刊，内容以指导全省文化工作和刊登有关戏曲、演唱作品为主。连同1957年4月创办的《文化周刊》共出137期，1961年停刊。

同月，《山西卫生》创办，半月刊，山西省卫生厅主办。

9月20日，《山西政协》创刊，每年2至4期，政协山西省委员会主办，出版至1966年“文革”开始。

10月，《山西果树通讯》由油印小报改为期刊，月刊，以普及果树技术、交流栽培经验为内容，山西省果树科学研究所主办。共出10期后于1960年7月停刊。

11月，《山西医学院学报》创刊，到1961年共出4期后停刊。

同月，《学术通讯》创办，山西省经济学学会主办，反映学会的组织活动和学术研究动态，介绍全国各地学术讨论情况。1964年停办。

1960年

1月，山西省妇联主办的《山西妇女》创刊，月刊，该刊为“以妇女问题为中心的综合性刊物”，山西第一份妇女期刊。当年停刊，共出12期。

5月，由山西农学院主办的《山西农学院学报》出版，当年出第2期后停刊。

本年，发生山西平陆工地民工集体中毒事件，《山西卫生》除转载《中国青年报》的通讯《为了六十一个阶级弟兄》及社论《又一曲共产主义的凯歌》外，组织多篇文章，深入宣传报道。

1961年

1月，《山西农业科学》创办，月刊，山西省农业科学研究院主办，综合性农业科技期刊。1966年8月出版36期后停刊。

5月1日，《团的工作》创办，半月刊，共青团山西省委主办。到1963年底，共出版64期。

7月1日，《支部建设》创办，月刊，中共山西省委主办。其宗旨为“面向基层，围绕党的中心工作，向党员进行毛泽东思想教育”。出版30期后于1964年1月停刊。

10月，《山西文史资料》创办，其目的是搜集和积累地方文史资料，“以近代史资料为主，同时也征集历代有关资料”。

本年，《宣传手册》再次复刊，读者对象主要面向工矿企业职工。

本年，因全国经济遭遇困难，山西许多期刊停办。

1963年

1月，山西省教育厅创办《山西教育简报》，半月刊，4月下旬恢复《山西教育》刊名。恢复刊名后，当年陆续刊登了全省各地教育系统“学雷锋”的报道、经验和体会的文章。

1964年

1月，《山西青年》创刊，半月刊，共青团山西省委主办。以农村团员和青年为主要对象，兼顾城市青年。任务是用毛泽东思想武装青年，帮助青年做到工作好、学习好、身体好。

同月，《山西教育》逐步分为三个版，即《山西教育（小学版）》、《山西教育（中学版）》、《山西教育（业余教育版）》。

1965年

3月10日，因要办《山西青年报》，《山西青年》出版至本年第5、6期合刊后停刊，该刊出版了15个月，共30期。

1966年

1月，《火花》出版《火花戏剧专刊》，由山西省戏剧工作者协会编印，发表戏曲剧本《三下桃园》。后该剧改名《三上桃峰》，1974年被诬为“否定‘文化大革命’的大毒草”，在全国进行“批判”。

本年，各种期刊都以最大版面转载有关“文化大革命”的文章。随着“文革”全面展开，各期刊全部停办。

1971年

1月，《革命文艺》问世，山西省革命委员会政工组文教办公室编印，不定期出版。

4月25日，《中国共产党山西通讯》创刊，中共山西省委主办，发至基层党委或党支部。

6月，《红小兵》创办，月刊，横32开，彩色胶印，太原市少年宫编辑出版。

8月16日，中共中央批转《关于出版工作座谈会的报告》。文件要求根据需要和可能，逐步恢复和创办一些期刊。

本年，生产秩序开始恢复，一些科技期刊创办，但多属内部交流性质，刊期也不稳定。山西创办或复刊的期刊有《山西农业科学实验》、《果树工作通讯》、《山西水利科技》、《山西电力科技通讯》、《液压技术通讯》等。

1972年

7月，《红小兵》移交山西人民出版社编辑出版。

本年，一些科技期刊创办或复刊，基本为内部刊物，有《山西医药》、《燃料化工》、《国外柴油机》、《林业科技资料》、《农机动态》、《山西机械》、《山西卫生防疫》、《太钢科技》等。

1973年

1月，《教育革命》创刊，月刊，山西省革命委员会教育局主办。次年恢复《山西教育》刊名。

5月，《吕梁文艺》创办，吕梁地区革命委员会文化办公室所办，第1期发表“八场革命现代戏曲《三上桃峰》”。

12月，《山西师院》创刊，由设在临汾的山西师范学院所办，为“综合性的不定期内部刊物”。到1976年，共出版11期。

本年，《革命文艺》改名《山西群众文艺》，主办者改为山西省文化馆，32开本，月刊。

本年，科技期刊增多趋势明显，新创办的有《医卫通讯》、《电镀经验交流》、《山西地震通讯》、《电子技术》、《山西发酵》、《公路科技情报》、《山西塑料》、《煤炭化工设计简讯》、《山西化工》、《钢铁译文》、《山西造纸》。

1974 年

2 月 28 日，《人民日报》发表《评晋剧〈三上桃峰〉》。山西几乎所有相关的刊物都转载该文，并组织刊发“大批判文章”。

本年，《山西冶金》、《山西水土保持科技》、《临床医药》等创办。

1976 年

1 月，《汾水》创办，中国作家协会山西分会主办，综合性的纯文学期刊。1982 年改名为《山西文学》。

5 月，《山西青年》复刊，月刊，共青团山西省委主办。

10 月，“四人帮”被粉碎，《人民日报》、《解放军报》、《红旗》杂志先后发表社论《亿万人民的共同心愿》、《伟大的历史性胜利》。山西当时的期刊予以转载。

本年，《火控技术》等创刊。

1978 年

2 月，《语文教学通讯》创刊，山西师范学院主办，叶圣陶题写刊名并来信支持。该刊是以后创办《语文报》和成立语文报社的基础。

本年，《农机动态》更名为《山西农机》，面向广大农村农机用户的科普期刊。

本年，《山西大学学报（自然科学版）》、《地名知识》、《煤炭综合利用译丛》等创刊。《山西大学学报（哲学社会科学版）》、《太原文艺》等复刊。

1979 年

8 月，《经济问题》作为内部资料出版。这是山西省哲学社会科学研究所在新时期创办的第一份刊物。

本年，《太原机械学院学报》等创刊，《山西文史资料》、《太原工学院学报》等复刊。

1980 年

1 月，《山西青年》第 1 期发表了刘少奇《论共产党员的修养》中的一节《党员个人利益无条件地服从党的利益》。

2月，中共十一届五中全会做出为刘少奇平反的决定。《山西青年》在此前后发表一系列相关报告文学与通讯，主要有《刘少奇长子之死》(第2期)、《笑在最后的家庭——访王光美同志》(第3期)、《少奇同志过晋中》(第4期)、《斩不断的怀念——回忆爸爸刘少奇对我的教育》(第5期)，在读者中引起轰动。

11月，《名作欣赏》创刊，山西人民出版社主办，是我国第一本以文学鉴赏为内容的期刊，开创鉴赏类出版物兴起之先河。

12月，《山西民间文学》创刊，中国民间文艺研究会山西分会主办。这一刊物以其内容朴实丰富、读者定位准确而深受乡镇及农村读者的欢迎。

本年，《科学之友》创刊，山西省科学技术协会主办，大众科普期刊。

本年，《山西地方志通讯》、《晋阳学刊》、《语文研究》、《夜读》、《蒲剧艺术》、《晋阳文艺》、《技术经济与管理研究》、《山西果树》、《山西林业》、《电子工艺技术》、《山西硅酸盐》、《太原重型机械学院学报》、《车用发动机》等创刊或由内部期刊转为公开发行。《燃料化学学报》、《山西政报》等复刊。

1981年

1月，《支部建设》复刊，发表题为《党的基层组织要切实抓好思想政治工作》的复刊词。

9月20日，《山西青年》办的刊授大学在太原举行开学典礼，共青团中央书记处书记陈昊苏专程出席。刊授大学由山西省副省长王中青任校长，共青团山西省委书记路正西任副校长。

10月5日，《语文报》以期刊名义创办，山西师范学院主办。这是中国第一份以一门基础学科为内容的报刊。叶圣陶、苏步青等题词祝贺。

本年，山西教育杂志社在已有《山西教育》的基础上，又创办《成人教育》和《小学语文教学》。

本年，《山西省教育科研通讯》、《山西工艺美术》、《辐射防护通讯》、《山西煤炭》等创办或由内部期刊转为公开发行。《山西医学院学报》等复刊。

1982年

1月，由《汾水》改名而来的《山西文学》第1期出版。

4月，《山西青年》发行量达到101.6万份，创山西期刊出版史上发行量达百万册的纪录。

本年，《人人健康》、《大众标准化》等创刊，《新闻战士》等复刊。

1983 年

4 月,《山西青年》第 4 期刊发彭真来信，信中回顾了自己青年时代党团教育留下的印象。

6 月 6 日，中共中央、国务院发布《关于加强出版工作的决定》，它是改革开放新形势下我国关于出版工作的纲领性文件。

6 月 10 日，薄一波为《山西民间文学》题词：“办好《山西民间文学》，促进精神文明建设。”

本年,《烹调知识》、《山西节能技术》等创刊或由内部期刊转为公开发行。

1984 年

8 月 18 日，中共山西省委、山西省人民政府决定成立山西省出版总社，总社设出版事业管理处，负责全省出版事业的行政管理。

9 月,《中学课程辅导》创刊，是以“紧扣教材，同步辅导”为特点的面向中学生的教学辅导刊物。

11 月,《山西老年》创刊，中共山西省委老干部局主办，是以离退休干部及其他老年群体为读者对象的综合性期刊。

本年,《山西民间文学》试行改革，实行企业化管理，独立核算，自收自支，自负盈亏。改革成效明显，当年发行量突破 100 万册。

本年,《教学与管理》、《理论探索》、《科学技术与辩证法》、《故事精选》、《青少年日记》、《会计之友》、《乡土文学》、《微型机信息》、《山西革命根据地》、《中医药研究》、《财金贸易》、《理论教育》、《山西矿业学院学报》等创刊或由内部期刊转为公开发行,《山西画报》复刊。

1985 年

1 月,《黄河》创办，中国作家协会山西分会主办，是山西第一份大型纯文学期刊。

同月,《对联·民间对联故事》创办，山西日报社主办，这是中国第一份以“对联”这一中华民族特有文化形式为内容的期刊。

2 月,《编辑之友》创办，山西人民出版社主办，是中国第一份倡导“编辑学”，以编辑工作为研究对象的专业刊物。

4 月,《党史文汇》创办，中共山西省委党史研究室主办，是全国第一份宣传普及党史的大众刊物。

5月，《童话大王》创办，该刊全部作品由郑渊洁创作。

12月24日，山西省期刊工作会议召开，45家期刊社的负责人参加会议。会议表彰了《山西文学》、《支部建设》、《山西民间文学》、《名作欣赏》、《山西教育》、《新闻战士》、《晋阳文艺》、《科学之友》、《晋阳学刊》等9家优秀期刊。

本年，《新型碳材料》创办，中科院山西煤炭化学研究所主办。它的创办与新型炭材料及相关材料科学的迅速兴起有关。

本年，《思维科学》、《批评家》、《美术耕耘》、《晋图学刊》、《五台山研究》、《山西水利》、《法制文摘》、《同煤科技》、《潞煤科技》、《热流》、《山西能源》、《人事》、《城市改革理论研究》、《黄河之声》、《山西地震》、《山西农经》、《山西中医》等创刊或由内部期刊转为公开发行。

1986年

1月29日，山西省科技期刊编辑学会召开第一次会员代表大会，通过学会章程，选出第一届理事会。

本年，《经济师》、《中学生文学》、《山西科技研讨》、《电力学刊》等创刊或由内部期刊转为公开发行，《火花》复刊。

1987年

3月29日，中共中央发出《关于坚决、妥善地做好报纸刊物整顿工作的通知》。根据通知要求，山西于本年开始报刊整顿工作。

5月9日，国家新闻出版署发出《关于报纸、期刊和出版社重新登记注册的通知》，根据通知要求，山西所有期刊在出版管理部门重新登记，并首次获得国内统一刊号。

10月16日，山西省人民政府决定成立山西省新闻出版局，作为管理全省新闻出版行业的机构，列入省政府序列，同时撤销山西省出版总社、山西省出版事业管理处。

本年，《生产力研究》、《农机推广》、《山西护理杂志》、《山西财税》等创刊或由内部期刊转为公开发行。

1988年

4月20日，山西省高校学报研究会召开成立大会暨学术交流会，选出第一届理事会。

11月24日，国家新闻出版署发布《期刊管理暂行规定》，自公布之日起施行。

12月26日至28日，山西省科技期刊编辑学会举行第二届学术年会。

本年，《日用化学工业译丛》转为正式期刊，全国日用化学工业科技情报站主办。

1989年

6月10日至15日，山西省高校学报研究会主办的河北、内蒙古、山西三省区学报研究会学术交流会在五台山举行，参会代表近50人。

6月12日，中共山西省委宣传部、山西省新闻出版局、山西省出版工作者协会联合召开山西省首届优秀期刊、优秀编辑、优秀美术设计者评奖表彰大会，共表彰优秀期刊15种，优秀编辑32人，优秀美术设计者10人。

7月11日至13日，山西省新闻出版局召开山西省首届期刊封面设计研讨会，参加者有17家期刊社的负责人、美术编辑以及有关专家。

10月26日，在中国高校自然科学学报研究会组织的1989年度学报质量评比中，《太原工业大学学报》、《太原机械学院学报》、《山西矿业学院学报》获二等奖。

11月20日，山西省新闻出版局下发《关于压缩、整顿非正式期刊，进行换证重新登记的通知》，对我省非正式期刊进行换发“期刊登记证”工作。

本年，根据中共中央办公厅、国务院办公厅《关于压缩、整顿报刊和出版社的通知》和国家新闻出版署《关于压缩、整顿报刊和出版社的实施方案》，经中共山西省委、山西省人民政府同意，《竞争与超越》、《批评家》、《小学语文报》、《中学生文学》、《集体经济》、《思维科学》、《热流》、《乡土文学》、《河东文学》、《云冈》、《城市文学》、《农村发展探索》等期刊停办或转为内部期刊。《初一课程辅导》、《初二课程辅导》、《初三课程辅导》合并，《法制文摘》等归口理顺。

1990年

5月29日至30日，山西省新闻出版局召开1990年山西省期刊主编会议及期刊审读员聘任会，参会者90余人。会议就加强期刊管理、提高期刊质量、繁荣期刊出版提出要求。

5月，山西省新闻出版局制定并印发《关于期刊审读工作的暂行办法》。

6月8日，山西省新闻出版局制定并印发《山西省内部期刊管理暂行规定》。

6月11日，中共山西省委宣传部、山西省新闻出版局联合下发《关于压缩整顿内部报刊的通知》，明确在8月底之前完成此项工作。

7月22日至25日，第一届华北地区期刊管理协作会议在山西五台山举行。会议交流了期刊管理情况，商定了华北地区期刊评奖事宜。参加会议的有山西、北京、河北、内蒙古、天津等五省、自治区、直辖市新闻出版局的有关负责人。

9月2日至9日，首届全国期刊展览在北京举行，山西期刊代表团11人参会，117种期刊参展。在同时举办的期刊评比中，《山西青年》1990年第5期获“整体设计奖”二等奖，《支部建设（农村版）》获“印制质量奖”三等奖。

10月5日，山西省科技期刊编辑学会召开第二次会员代表大会，进行换届选举。

本年，山西省新闻出版局组织了1990年期刊整体设计、印制质量的评比，最后评出整体设计优秀奖1项，整体设计奖10项，印制质量优秀奖1项，印制质量奖11项。整体设计优秀奖为《山西青年》（第5期），整体设计奖为《名作欣赏》（第2期）、《晋阳文艺》（第7期）、《山西文学》（第5期）、《科学之友》（第3期）、《法制文摘》（第7期）、《美术耕耘》（第1期）、《小学生》（第7期）、《童话大王》（第4期）、《搏击》（第5期）、《山西民间文学》（第2期）。印制质量优秀奖为《支部建设（农村版）》，印制质量奖为《山西画报》、《山西青年》、《小学生》、《人人健康》、《新闻采编》、《太原工业大学学报》、《山西地质》、《煤炭综合利用译丛》、《燃料化学学报》、《法制文摘》、《搏击》。

本年，根据中共中央办公厅、国务院办公厅《关于压缩、整顿报刊和出版社的通知》精神，山西省科学技术委员会、山西省新闻出版局联合下发《关于压缩整顿科技期刊的实施意见》，《鸡鸭鹅鹑鸽》、《神州犬业》两种科技期刊被压缩。

1991年

1月9日，山西省新闻出版局印发《山西省新闻出版局重新核发期刊记者证实施办法》。

3月20日，山西省新闻出版局印发《关于审核换发内部期刊登记证的通知》，全面开展对内部期刊的审核、换证工作。

5月17日，山西省新闻出版局印发《关于换发〈期刊登记证〉的通知》，对取得国内统一刊号的期刊进行审核，换发“期刊登记证”。

6月5日，国家科学技术委员会、国家新闻出版署联合发布《科学技术期刊管理办法》，自1991年7月1日起施行。

8月5日，首届华北地区优秀期刊表彰大会在太原举行。国家新闻出版署期刊司负责人及中共山西省委、山西省人大常委会负责人到会，来自华北五省、自治区、直辖市的140多家期刊主编参加大会。这是国内首次在大区范围进行的评刊活动。评选活动历时8个月，从华北地区640多种正式期刊中评出“十佳”期刊10种，优秀期刊15种。山西的《中外故事》、《童话大王》被评为华北地区“十佳”期刊，《山西农机》、《名作欣赏》、《编辑之友》被评为华北地区优秀期刊。

8月13日，山西省正式期刊换发“期刊登记证”工作结束，山西135种期刊中的126种正式期刊通过审核换发新登记证，9种期刊因各种问题暂缓换发。

8月23日，中共山西省委宣传部、山西省新闻出版局、山西省科学技术委员会、山西省出版工作者协会联合组织的1990年度优秀期刊评比结果揭晓，有14种期刊被评为优秀期刊。

11月30日，山西省新闻出版局印发《山西省期刊记者证管理试行办法》。

1992年

5月20日至6月5日，以“发挥优势，促进改革，繁荣市场，服务读者”为宗旨的山西省首届书市在全省各地市同时举办。在书市的主会场，《童话大王》、《山西民间文学》、《中学课程辅导》、《山西青年》等10余种期刊参展，并联合开展“千金买错”活动。

5月28日至30日，中国期刊协会第一届会员代表大会在北京召开，山西有张成德等四位同志当选为理事。

6月14日至16日，全国第二届报刊审读工作研讨会在山西省大同市召开，中共中央宣传部、国家新闻出版署有关负责人参加了会议，18个省、自治区、直辖市的报刊管理部门负责人交流了审读工作经验，研究了进一步加强审读工作、促进报刊发展的措施。

11月4日，中共山西省委宣传部、山西省新闻出版局、山西省科学技术委员会联合下发《关于试行期刊划分等级、分级管理的通知》，分政治、业务、编辑、出版、效益、管理六个项目，制定了每个期刊等级的标准。在全国范围内，山西省首次提出并实行期刊等级管理，是期刊管理方面的创举和对期刊退出机制的探索。

12月13日，由中共山西省委宣传部、山西省新闻出版局、山西省出版工作者协会组织的首届山西省先进出版工作者评选结果揭晓，共35人获“山西省先进出版工作者”称号，其中期刊社25人。

12月26日，全国首届优秀科技期刊评比工作结束，共评出一等奖50种，二等奖100种，三等奖201种。山西的《山西农机》获二等奖，《科学之友》获三等奖。

1993年

5月10日，山西省首次文化综合类期刊研讨会在晋中召开，全省22家文化、文摘、生活、社会综合类期刊的负责人参会。

6月22日，山西省首次期刊等级评比工作结束，参评期刊122种，共评出一级期刊

40种，二级期刊65种，三级期刊17种，并对未参加评比的期刊通报批评。

6月29日，国家新闻出版署发布《关于出版单位的主办单位和主管单位职责的暂行规定》，自公布之日起施行。

8月2日，山西省新闻出版局期刊处与山西电视台共同制作的《期刊如何走向市场》专题片在山西电视台播出。

8月24日，国家新闻出版署在北京召开报刊出版管理调研会。会议充分肯定山西省的期刊分级管理办法，并将山西省的做法推广全国参照试行。

9月27日，"1978—1993中国报刊业发展成就博览会"在北京召开，山西省近40种期刊参加展出。

11月29日至12月3日，举办山西省内部期刊出版管理培训班，40家省内期刊的主编参加。

本年，为搞好期刊划分等级、分级管理工作，山西省新闻出版局对正式期刊的编校质量进行了抽查。这次抽查中，社科类期刊差错率在万分之一以内的有《童话大王》、《戏友》、《经济与社会发展》、《晋阳学刊》、《山西大学学报（哲学社会科学版）》、《中学课程辅导（初二版）》、《小学语文教学》、《经济问题》、《山西师大学报（社会科学版）》、《会计之友》、《山西民间文学》、《新闻出版交流》、《能源基地建设》。

本年，山西省期发行量10万份以上的期刊有：《山西民间文学》20万份，《中外故事》23万份，《童话大王》65万份，《山西教育》16万份，《山西农机》10万份，《中华会计函授》19.2万份，《中学课程辅导》70万份，《对联·民间对联故事》11万份，《青少年日记》10万份，《支部建设》23万份。

1994年

5月3日至9日，中国第一次作为国际书展的主宾国参加第八届日内瓦国际图书沙龙，有15个省、自治区、直辖市的出版单位参加，山西的《山西民间文学》、《童话大王》、《科学之友》、《名作欣赏》等13种期刊参加展示。

6月9日，1994年度山西省期刊等级评比工作结束，本年度参评期刊144种，共评出一级期刊48种，二级期刊77种，三级期刊19种。

8月1日至5日，第二届华北地区"十佳"、优秀期刊评选活动在河北省举办。山西的《名作欣赏》、《烹调知识》被列入"十佳"，8种期刊被评为优秀。

10月14日，国家新闻出版署发布《期刊年度核验暂行办法》，自发布之日起施行。

12月，第二届山西省先进出版工作者评选结果揭晓，共有49名同志荣获“山西省先进出版工作者”称号，其中期刊界32名。

1995年

6月30日，国家新闻出版署发布《社会科学期刊质量管理标准》(试行)，山西省随之依据此标准修订山西期刊评审分级的相关标准。

7月27日，1995年度山西省期刊等级评比工作结束，参评期刊153种，评出一级期刊58种，二级期刊79种，三级期刊16种。

10月19日，国家新闻出版署发布《报刊社社长总编辑（主编）任职条件的暂行规定》，自发布之日起施行。

10月，《中国新消化病学杂志（英文版）》创刊，这是山西第一本英文版期刊。

12月6日，全国首届优秀社会科学期刊奖评选结果揭晓，全国有21种期刊获优秀期刊奖，48种期刊获提名奖，山西的《记者观察》获优秀时事政治期刊奖提名奖。

1996年

1月19日，《山西计量与测试》、《山西能源》、《山西节能技术》因连续三年被评为山西省三级期刊，经上报国家科委批准后被注销刊号。

7月13日至17日，新中国成立以来规模最大的“中国出版成就展”在北京举办，山西有30种优秀期刊参加展出。

8月30日至9月2日，第三届华北地区“十佳”、优秀期刊评选活动在内蒙古自治区举办，山西的《记者观察》获“特别荣誉奖”，《名作欣赏》、《煤炭转化》被列入“十佳”，12种期刊被评为优秀期刊。

1997年

1月14日，第二届全国优秀科技期刊评比结果揭晓，共评出一等奖60种，二等奖119种，三等奖238种。山西的《科技情报开发与经济》、《科学之友》、《燃料化学学报》、《山西农机》获三等奖。

2月1日，国务院发布《出版管理条例》，自1997年2月1日起施行。

3月10日，1996年度山西省期刊等级评比工作结束，参评期刊156种，评出一级期刊51种，二级期刊87种，三级期刊18种。

5月2日至6日，山西期刊代表团参加中国期刊协会在广州举办的“’97羊城期刊文化周”活动。

5月28日，第三届山西省先进出版工作者评选结果揭晓，“十佳”出版工作者中有期刊界6人；受表彰的先进工作者41人，其中期刊界25人。

12月5日，1997年度山西省期刊等级评比工作结束，参评期刊158种，评出一级期刊55种，二级期刊85种，三级期刊18种。

12月11日至25日，山西省举办首期社科期刊主编岗位培训班。41名学员经考试考核，全部领到“岗位培训合格证书”。

12月30日，国家新闻出版署发布《内部资料性出版物管理办法》，自1998年1月1日起施行。该办法施行前制定的有关内部资料、内部报刊管理的文件及核发的准印证一律废止。

1998年

1月23日，首届全国百种重点社科期刊评比结果揭晓，全国102种期刊入选，山西的《名作欣赏》列于其中。

3月18日，中共山西省委宣传部、山西省新闻出版局召开山西省报刊整顿工作会议。

5月12日至21日，山西省举办首期科技期刊岗位培训班，66名学员经考试考核，全部领到“岗位培训合格证书”。

7月20日至8月3日，山西省举办第二期社科期刊主编岗位培训班，41名学员经考试考核，全部领到“岗位培训合格证书”，10名学员的论文被评为优秀论文。

8月28日至9月11日，山西省举办第三期社科期刊主编岗位培训班，54名学员经考试考核，全部领到“岗位培训合格证书”。

9月23日至26日，第四届华北地区优秀期刊评选活动在天津市举办，山西的《名作欣赏》、《煤炭转化》被列入“十佳”，8种期刊被评为优秀。

9月30日，第四届山西省先进出版工作者评选结果揭晓，共评出先进出版工作者33人，其中期刊界21人。

10月9日，山西省1998年度期刊等级评比工作结束，参评期刊152种，评出一级期刊55种，二级期刊79种，三级期刊18种。

12月1日至3日，山西省首届期刊装帧设计研讨会举行。大会进行了论文交流，并评出6篇优秀论文，参评封面中有9种被评为优秀设计。获奖论文作者为王玉峰、赵南南、赵际滦、吴荣春、王桂红（霏霏）、周洪海。获奖封面为《小学生》（第4期）、《山西财税》（第5期）、《名作欣赏》（第5期）、《编辑之友》（第5期）、《山西师大学报（社会科学版)》(第3期)、《人间方圆》(第7期)、《影视圈》(第4期)、《正气》(第8期)、《科学之友》(第9期)。

本年，根据中共中央办公厅、国务院办公厅《关于加强新闻出版广播电视业管理的通知》和国家新闻出版署《关于期刊业治理工作的通知》文件精神，山西省进行了期刊治理整顿工作，在1997年注销《投资导刊》、《银行家与企业家》之后，1998年又注销《城市经济》、《山西成人教育》、《实用中西医结合杂志》、《山西矿业学院学报》、《太化科技》等5种期刊。50种内部期刊被注销，其余263种内部期刊转化为内部资料性出版物。内部期刊管理序列被取消。

根据国家新闻出版署《关于建立高校学报类期刊刊号系列的通知》要求，凡高校学报归于学报系列，一些内部学报取得国内统一刊号，上述情况本年度山西省共涉及27种学报。

1999年

4月1日至15日，山西省举办第四期社科期刊主编岗位培训班，58名学员经考试考核，全部领到“岗位培训合格证书”。

8月，全国高等学校文科学报研究会组织了对全国530余家文科学报的综合评比，设“双十佳”、“百强”、“优秀”和“单项奖”。“百强”中有《山西师大学报(社会科学版)》(名列第12位)、《山西大学学报(哲学社会科学版)》(名列第25位)、《山西财经大学学报》(名列第88位)。《吕梁高等专科学校学报》获“质量进步奖”。

9月11日至20日，山西省举办第二期科技期刊岗位培训班，81名学员经考试考核，全部领到“岗位培训合格证书”。

12月15日，山西省1999年度期刊等级评比工作结束，参评期刊151种，共评出一级期刊63种，二级期刊76种，三级期刊12种。

本年，据中国科技信息研究所发布的《1999年中国科技论文统计分析报告》，1999年的美国《科学引文索引》(*SCI-E*)数据库收录中国科技期刊(不含中国港、澳、台期刊)共56种，山西《世界胃肠病学杂志(英文版)》名列第26位。

本年，对晋版期刊发行量进行了调查，期发行量在5万册以上的有《童话大王》(20万册)、《健康向导》(18万册)、《中学课程辅导(初三版)》(18万册)、《中学课程辅导(初一版)》(17万册)、《中学课程辅导(初二版)》(17万册)、《支部建设》(15万册)、《山西老年》(12万册)、《正气》(11万册)、《中外故事》(10万册)、《小学语文教学》(10万册)、《民间传奇故事》(9万册)、《影视圈》(8万册)、《都市生活》(8万册)、《小学生》(8万册)、《山西农机》(7万册)、《生活潮》(6.8万册)、《税收与企业》(6.7万册)、《记者观察》(5万册)、《语文教学通讯》(5万册)。

2000年

1月6日，首届国家期刊奖及第二届全国百种重点社科期刊评选结果揭晓，山西的《名作欣赏》获国家期刊奖，《名作欣赏》、《记者观察》、《小学语文教学》入选全国百种重点社科期刊。

3月7日至21日，山西省举办首期社科期刊编辑岗位培训班，62名学员经考试考核，全部领到“岗位培训合格证书”。

5月20日至29日，山西省举办第三期科技期刊岗位培训班，78名学员经考试考核，全部领到“岗位培训合格证书”。

6月15日至29日，山西省举办第二期社科期刊编辑岗位培训班，77名学员经考试考核，全部领到“岗位培训合格证书”。

上半年，根据中共中央办公厅、国务院办公厅《关于调整中央国家机关和省、自治区、直辖市厅局报刊结构的通知》和国家新闻出版署《关于落实中央“两办”30号文件调整报刊结构的意见》精神，山西省进行报刊结构调整工作，共划转期刊5种，调整期刊主管、主办单位5种，停办期刊3种(《中国群众体育》、《体育文化月刊》、《城市周刊》)。

8月8日至12日，山西省科技期刊编辑学会主办、《煤炭转化》编辑部承办的全国科技期刊编辑学术研讨会在太原理工大学举行，与会代表80余人。

11月4日至7日，第五届华北地区“十佳”及优秀期刊评选活动在北京市举办，山西的《名作欣赏》获特别荣誉奖，《记者观察》、《小学语文教学》获荣誉奖，《编辑之友》、《煤炭转化》入选“十佳”，有8种期刊被评为优秀期刊。

12月30日，山西省2000年度期刊等级评比工作结束，参评期刊180种，共评出一级期刊67种，二级期刊90种，三级期刊23种。

2001年

2月，山西省新闻出版局报刊处将原编发的《报纸审读》与《期刊审读与指导》合并为《山西报刊》，作为内部资料性出版物，用于对全省报刊工作的指导和经验信息的交流。

3月19日至4月2日，山西省举办第三期社科期刊编辑岗位培训班，74名学员经考试考核，全部领到“岗位培训合格证书”。

4月23日，第五届山西省先进出版工作者评选结果揭晓，受表彰的“十佳”出版工作者中有期刊界2人；受表彰的先进出版工作者43人，其中期刊界14人。

6月5日至14日，山西省举办第四期科技期刊岗位培训班，74名学员经考试考核，全部领到“岗位培训合格证书”。

7月30日，山西省期刊协会成立并召开第一次会员代表大会。大会通过协会章程，选举产生了第一届理事会。

11月1日至4日，中国期刊展在北京举行，山西省180余种期刊参展。山西制作的《刊墨流香——山西期刊百年回眸》光盘在展台大电视上循环播放。

12月10日至31日，山西省举办第四期社科期刊编辑岗位培训班，36名学员经考试考核，全部领到“岗位培训合格证书”。

12月19日，国家新闻出版署公布进入“中国期刊方阵”的期刊名单，山西期刊进入者共28种。

12月25日，国务院发布《出版管理条例》，自2002年2月1日起施行。1997年1月2日国务院发布的《出版管理条例》同时废止。

12月30日，山西省2001年度期刊等级评比工作结束，参评期刊185种，评出一级期刊76种，二级期刊91种，三级期刊18种。

2002年

3月，《新型炭材料》被美国《科学引文索引》(*SCI-E*)数据库收录，标志着我国炭材料研究水平已进入世界先进行列。

5月28日至6月11日，山西省举办第五期社科期刊编辑岗位培训班，83名学员经考试考核，全部领到“岗位培训合格证书”。

8月22日至25日，第六届华北地区优秀期刊评选活动在山西省举办，山西的《名作欣赏》、《煤炭转化》被列入“十佳”，11种期刊被评为优秀期刊。辽宁、吉林、黑龙江三省新闻出版局的负责人以观察员身份参加评选活动。经参加活动的北方八省、自治区、直辖市代表商定，华北地区、东北地区各自的优秀期刊评选将合并为北方地区优秀期刊评选。

8月22日至9月1日，山西省举办第五期科技期刊岗位培训班，60名学员经考试考核，全部领到“岗位培训合格证书”。

9月12日，山西省2002年度期刊等级评比工作结束，参评期刊193种，评出一级期刊79种，二级期刊96种，三级期刊18种。

12月，第六届山西省先进出版工作者评选结果揭晓，受表彰的“十佳”出版工作者中有期刊界3人；受表彰的先进出版工作者50人，其中期刊界17人。

本年，根据中央和山西省关于行政审批制度改革的精神，取消了原先要报新闻出版行政部门审批的若干项目，主要涉及期刊的临时合刊、临时变更页码、变更定价，内部资料性出版物变更开本页码、出版增刊等。

2003年

1月10日，第二届国家期刊奖评选结果揭晓，《名作欣赏》获国家期刊奖提名奖。

7月30日，根据中共中央办公厅、国务院办公厅《关于进一步治理党政部门报刊散滥和利用职权发行，减轻基层和农民负担的通知》，山西省成立报刊治理工作协调领导小组。

10月9日至18日，山西省举办第六期科技期刊岗位培训班，72名学员经考试考核，全部领到“岗位培训合格证书”。

10月29日，中共山西省委办公厅、山西省人民政府办公厅转发《关于进一步治理党政部门报刊散滥和利用职权发行，减轻基层和农民负担的实施意见》，明确了关于制止党政部门利用职权摊派发行报刊的“13个不准”。

11月27日，山西省2003年度期刊等级评比工作结束，参评期刊195种，评出一级期刊91种，二级期刊98种，三级期刊6种。

12月22日，《支部建设》、《正气》、《形势教育月刊》合并，划转至山西日报报业集团，并筹办《先锋队》。

12月26日，中共山西省委办公厅、山西省人民政府办公厅转发《关于进一步治理整顿全省内部资料性出版物的意见》，山西省开始对内部资料性出版物的治理整顿工作。

本年，山西省进行了报刊治理整顿工作。治理前，全省共有期刊206种。在这次治理整顿中，停办期刊3种(《税收与企业》、《新闻出版交流》、《消防世界》)，划转（或合并后划转）期刊7种(《支部建设》、《正气》、《形势教育月刊》、《政府法制》、《山西统计》、《人事》、《山西劳动与保障》)，管办分离期刊7种，免费赠阅期刊2种。

2004年

1月8日，山西省纠正行业不正之风办公室、山西省新闻出版局、山西省农业厅、山西省教育厅制定了山西省乡镇、村级组织、农村中小学校公费订阅报刊的最高限额标准，并联合下发了有关文件。

6月，组织全省期刊社“三项学习教育”（“三个代表”重要思想、马克思主义新闻观、职业精神职业道德等的学习教育）培训班，全省155家期刊社的主要负责人参加了培训。

同月，山西省举办第七期科技期刊岗位培训班，67名学员经考试考核，全部领到“岗位培训合格证书”。

9月6日，中共山西省纪律检查委员会、山西省监察委员会联合出台《关于对党政部门报刊散滥和利用职权摊派行为党纪政纪处分的暂行规定》，为建立报刊治理长效工作机制打下了基础。

9月12日至16日，由北方八省、自治区、直辖市联合举办的第一届北方地区优秀期刊评选活动在河北省举办。山西的《名作欣赏》、《煤炭转化》入选“十佳”，15种期刊被评为优秀。

12月7日，2003年度中国科技论文统计结果发布，《燃料化学学报》、《新型炭材料》影响因子分别列化学类和工程类期刊榜首。

12月8日，第七届山西省先进出版工作者评选工作结束，“十佳”出版工作者中有期刊界3人；受表彰的先进出版工作者50人，其中期刊界15人。

12月27日，山西省2004年度期刊等级评比工作结束，参评期刊199种，评出一级期刊85种，二级期刊99种，三级期刊15种。

2005年

2月22日，第三届国家期刊奖评选结果公布，山西的《名作欣赏》获国家期刊奖，《新型炭材料》获国家期刊奖提名奖，被评为百种重点期刊的有《小学教学设计》、《世界胃肠病学杂志（英文版）》、《日用化学品科学》。

6月28日至7月12日，山西省举办第六期社科期刊岗位培训班，96名学员参加培训，其中95名通过考试考核，领到“岗位培训合格证书”。

9月30日，国家新闻出版总署发布《期刊出版管理规定》，自2005年12月1日起施行。《期刊管理暂行规定》同时废止。

二、山西期刊主要获奖情况

一、国家期刊评奖

1. 全国优秀科技期刊奖

首届（1992年12月26日）

二等奖:《山西农机》

三等奖:《科学之友》

第二届（1997年1月14日）

三等奖:《科技情报开发与经济》、《科学之友》、《燃料化学学报》、《山西农机》

2. 全国首届优秀社科期刊奖（1995年12月6日）

优秀时事政治期刊奖提名奖:《记者观察》

3. 全国百种重点社科期刊

首届（1998年1月23日）

《名作欣赏》

第二届（2000年1月6日）

《名作欣赏》、《记者观察》、《小学语文教学》

4. 国家期刊奖

首届（2000年1月6日）

国家期刊奖:《名作欣赏》

第二届（2003年1月10日）

国家期刊奖提名奖:《名作欣赏》

第三届（2005年2月22日）

国家期刊奖：《名作欣赏》

国家期刊奖提名奖：《新型炭材料》

国家期刊奖百种重点期刊：《小学教学设计》、《日用化学品科学》、《世界胃肠病学杂志（英文版）》

二、中国期刊方阵（2001年12月19日）

1. “双奖”期刊（国家期刊奖、国家期刊奖提名奖期刊）

《名作欣赏》

2. “双百”期刊（全国百种重点社科期刊、全国百种重点科技期刊）

《记者观察》、《小学语文教学》、《世界胃肠病学杂志（英文版）》、《山西农机》

3. “双效”期刊（社会效益、经济效益俱佳期刊）

《编辑之友》、《对联·民间对联故事》、《语文教学通讯》、《山西师大学报（社会科学版）》、《前进》、《教学与管理》、《经济师》、《生活潮》、《语文研究》、《今日山西》、《童话大王》、《法制博览》、《小学生》、《影视圈》、《文物世界》、《民间传奇故事》、《煤炭转化》、《日用化学品科学》、《太原理工大学学报》、《护理研究》、《华北工学院学报》、《新型炭材料》、《燃料化学学报》

三、华北地区“十佳”、优秀期刊评奖

1.首届（1991年8月5日，山西省）

“十佳”期刊：

《中外故事》、《童话大王》

优秀期刊：

《山西农机》、《名作欣赏》、《编辑之友》

2.第二届（1994年8月5日，河北省）

“十佳”期刊：

《名作欣赏》、《烹调知识》

优秀期刊：

《法制文摘》、《煤炭转化》、《记者观察》、《财金贸易》、《科学之友》、《山西农业科学》、《中学课程辅导》、《电脑开发与应用》

3. 第三届（1996年9月2日，内蒙古自治区）

特别荣誉奖：

《记者观察》

“十佳”期刊：

《名作欣赏》、《煤炭转化》

优秀期刊：

《对联·民间对联故事》、《山西师大学报（社会科学版）》、《财金贸易》、《中学课程辅导（初二版）》、《编辑之友》、《山西老年》、《燃料化学学报》、《电脑开发与应用》、《山西果树》、《烹调知识》、《科学之友》、《山西农机》

4. 第四届（1998年9月26日，天津市）

“十佳”期刊：

《名作欣赏》、《煤炭转化》

优秀期刊：

《对联·民间对联故事》、《编辑之友》、《语文研究》、《山西老年》、《山西农机》、《科学之友》、《肿瘤研究与临床》、《科技情报开发与经济》

5. 第五届（2000年11月7日，北京市）

特别荣誉奖：

《名作欣赏》

荣誉奖：

《记者观察》、《小学语文教学》

“十佳”期刊：

《编辑之友》、《煤炭转化》

优秀期刊：

《对联·民间对联故事》、《语文研究》、《语文教学通讯》、《山西师大学报（社会科学版）》、《燃料化学学报》、《中华风湿病学杂志》、《太原理工大学学报》、《山西农机》

6. 第六届（2002年8月25日，山西省）

“十佳”期刊：

《名作欣赏》、《煤炭转化》

优秀期刊：

《记者观察》、《动画乐园》、《山西师大学报（社会科学版）》、《编辑之友》、《语文教学通讯》、《前进》、《新型炭材料》、《山西农机》、《中华风湿病学杂志》、《太原理工大学

学报》、《护理研究》

四、北方优秀期刊评奖

1.第一届（2004年9月16日，河北省）

“十佳”期刊：

《名作欣赏》、《煤炭转化》

优秀期刊：

《动画乐园》、《对联·民间对联故事》、《山西师大学报（社会科学版）》、《教学与管理》、《经济师》、《小学教学设计》、《银行家》、《新作文》、《前进》、《中华风湿病学杂志》、《太原理工大学学报》、《日用化学品科学》、《护理研究》、《烹调知识》、《新型炭材料》

2.第二届（2007年2月3日，黑龙江省）

“十佳”期刊：

《名作欣赏》、《新型炭材料》

优秀期刊：

《山西师大学报（社会科学版）》、《小学教学设计》、《山西大学学报（哲学社会科学版）》、《小学语文教学》、《教学与管理》、《编辑之友》、《记者观察》、《晋阳学刊》、《山西老年》、《前进》、《经济师》、《燃料化学学报》、《太原理工大学学报》、《煤炭转化》、《护理研究》、《日用化学品科学》、《山西医科大学学报》、《中华风湿病学杂志》

三、山西期刊入选《中文核心期刊要目总览》情况表

序号	期刊名称	1992年版	1996年版	2000年版	2004年版	2008年版
1	党史文汇	☆				
2	小学语文教学	☆	☆		☆	
3	语文教学通讯	☆		☆	☆	
4	晋阳学刊	☆			☆	
5	教学与管理				☆	☆
6	教育理论与实践	☆	☆	☆	☆	☆
7	名作欣赏	☆		☆	☆	☆
8	经济问题	☆	☆	☆	☆	☆
9	语文研究	☆	☆	☆	☆	☆
10	科学技术与辩证法	☆		☆	☆	☆
11	会计之友				☆	☆
12	编辑之友	☆	☆	☆	☆	☆
13	经 济 师			☆		
14	新闻采编	☆	☆			
15	理论探索	☆	☆	☆	☆	☆
16	生产力研究	☆	☆		☆	☆
17	山西档案	☆	☆	☆	☆	☆
18	理论教育	☆				
19	财金贸易	☆	☆	☆		

序号	期刊名称	1992年版	1996年版	2000年版	2004年版	2008年版
20	系统辩证学学报					☆
21	税收与企业			☆		
22	山西统计	☆				
23	山西农经	☆				
24	技术经济与管理研究	☆	☆			☆
25	山西财税	☆				
26	戏　　友	☆				
27	地名知识	☆				
28	山西成人教育	☆				
29	山西大学学报(哲学社会科学版)					☆
30	山西师大学报(社会科学版)			☆	☆	☆
31	山西财经大学学报	☆	☆	☆		☆
32	山西煤炭	☆				
33	山西林业科技	☆				
34	山西医药杂志	☆				
35	山西中医		☆			
36	山西农业科学	☆				
37	新型炭材料				☆	☆
38	山西果树	☆	☆			
39	微计算机信息				☆	
40	火力与指挥控制	☆		☆	☆	☆
41	燃料化学学报	☆		☆	☆	☆
42	车用发动机	☆		☆	☆	☆
43	辐射防护	☆		☆	☆	☆
44	煤炭转化	☆		☆	☆	☆
45	量子光学学报				☆	☆
46	中华风湿病学杂志					☆
47	世界华人消化杂志				☆	☆

序号	期刊名称	1992年版	1996年版	2000年版	2004年版	2008年版
48	日用化学工业	☆	☆	☆	☆	☆
49	农机推广	☆				
50	液压气动与密封		☆			
51	山西大学学报(自然科学版)				☆	☆
52	山西矿业学院学报	☆	☆			
53	太原工业大学学报	☆				
54	太原理工大学学报				☆	☆
55	银 行 家				☆	
56	中北大学学报（自然科学版）					☆

四、山西省一级（优秀）期刊一览表

序号	期刊名称	1989	1990	1993	1994	1995	1996	1997	1998	1999	2000	2001	2002	2003	2004	2005	2006	2007	2008
1	山西青年		☆	☆	☆					☆									
2	小 学 生				☆	☆	☆	☆	☆	☆	☆	☆	☆	☆	☆	☆			
3	党史文汇	☆	☆	☆					☆	☆	☆	☆	☆	☆	☆	☆	☆	☆	☆
4	山西老年		☆	☆	☆	☆	☆	☆	☆	☆	☆	☆	☆	☆	☆	☆	☆	☆	☆
5	山西教育	☆													☆	☆	☆	☆	☆
6	小学语文教学							☆	☆	☆	☆	☆	☆	☆	☆	☆	☆	☆	☆
7	语文教学通讯				☆	☆	☆	☆	☆	☆	☆	☆	☆	☆	☆	☆	☆	☆	☆
8	搏　　击	☆																	
9	晋图学刊																	☆	☆
10	教学与管理										☆	☆	☆	☆	☆	☆	☆	☆	☆
11	青少年日记				☆	☆				☆						☆			
12	对联·民间对联故事			☆	☆	☆	☆	☆	☆	☆	☆	☆	☆	☆	☆	☆		☆	
13	教育理论与实践										☆					☆	☆	☆	☆
14	名作欣赏	☆	☆	☆	☆	☆	☆	☆	☆	☆	☆	☆	☆	☆	☆	☆	☆	☆	☆
15	山西文学	☆				☆	☆											☆	☆
16	山西画报		☆	☆	☆	☆	☆					☆	☆	☆	☆	☆			
17	晋阳学刊	☆		☆	☆	☆	☆	☆	☆	☆		☆	☆	☆	☆	☆	☆	☆	☆
18	经济问题			☆				☆	☆	☆	☆	☆					☆	☆	☆
19	语文研究					☆	☆	☆	☆	☆	☆	☆	☆	☆	☆	☆	☆	☆	☆

序号	期刊名称	1989	1990	1993	1994	1995	1996	1997	1998	1999	2000	2001	2002	2003	2004	2005	2006	2007	2008
20	晋阳文艺（1994 年终）		☆																
21	科学技术与辩证法					☆	☆					☆	☆	☆	☆	☆	☆	☆	☆
22	会计之友				☆	☆	☆	☆			☆	☆		☆	☆	☆	☆	☆	☆
23	编辑之友	☆	☆	☆	☆	☆	☆	☆	☆	☆	☆	☆	☆	☆	☆	☆	☆	☆	☆
24	经 济 师			☆		☆	☆	☆	☆	☆	☆	☆	☆	☆	☆	☆	☆	☆	☆
25	新闻采编									☆									
26	山西大学学报（哲学社会科学版）			☆	☆	☆	☆	☆	☆		☆	☆	☆	☆	☆	☆	☆	☆	☆
27	山西师大学报（社会科学版）			☆	☆	☆	☆	☆	☆	☆	☆	☆	☆	☆	☆	☆	☆	☆	☆
28	中外故事		☆	☆															
29	黄 河			☆		☆	☆												
30	理论探索													☆	☆	☆	☆	☆	☆
31	五台山研究					☆												☆	☆
32	童话大王		☆	☆	☆	☆	☆	☆	☆	☆	☆	☆	☆	☆	☆		☆	☆	
33	生产力研究					☆													
34	记者观察（1991 年始）			☆	☆	☆	☆	☆		☆	☆	☆	☆	☆	☆	☆	☆	☆	☆
35	山西档案（1992 年始）							☆		☆					☆		☆	☆	
36	理论教育（1992 年终）	☆																	
37	前进（1992 年始）				☆	☆	☆	☆		☆	☆	☆	☆	☆	☆	☆	☆	☆	☆

序号	期刊名称	1989	1990	1993	1994	1995	1996	1997	1998	1999	2000	2001	2002	2003	2004	2005	2006	2007	2008
38	生活潮（1993 年始）								☆	☆	☆	☆	☆						
39	沧桑（1993 年始）										☆	☆	☆	☆	☆	☆	☆	☆	☆
40	法制文摘（1995 年终）	☆		☆	☆														
41	法制博览（1995 年始）								☆	☆	☆	☆	☆	☆	☆				
42	影视圈（1994 年始）					☆	☆	☆	☆	☆		☆	☆						
43	山西民间文学（1995 年终）	☆		☆	☆	☆													
44	民间传奇故事（1995 年始）									☆	☆	☆	☆	☆	☆	☆		☆	
45	山西财经学院学报（1998 年终）				☆	☆	☆	☆											
46	山西财经大学学报（1998 年始）												☆	☆	☆	☆	☆	☆	☆
47	山西财政税务专科学校学报（1999 年始）														☆	☆			
48	中共山西省委党校学报（1999 年始）														☆	☆	☆	☆	☆
49	小学教学设计（2000 年始）												☆	☆	☆	☆	☆	☆	☆
50	山西青年管理干部学院学报（1999 年始）																	☆	☆
51	山西经济管理干部学院学报（1999 年始）																		☆
52	山西师大体育学院学报（1999 年始）																☆	☆	☆

序号	期刊名称	1989	1990	1993	1994	1995	1996	1997	1998	1999	2000	2001	2002	2003	2004	2005	2006	2007	2008
53	山西高等学校社会科学学报（1999 年始）														☆		☆	☆	☆
54	山西财经大学学报（高等教育版）（1999 年始）																☆	☆	☆
55	山西医科大学学报（基础医学教育版）（1999 年始）															☆	☆	☆	☆
56	文物季刊（1999 年终）				☆	☆	☆	☆		☆									
57	文物世界（2000 年始）										☆	☆	☆	☆	☆	☆			
58	山西政报（1998 年始）										☆	☆	☆	☆					
59	太原理工大学学报（社会科学版）（2000 年始）																	☆	☆
60	动画乐园（2000 年始）												☆	☆	☆	☆			
61	新作文（2000 年始）												☆	☆	☆	☆	☆	☆	☆
62	中外童话故事（2000 年始）												☆	☆	☆	☆	☆		☆
63	娱乐（2001 年始）																☆		
64	文史月刊（2001 年始）												☆	☆	☆	☆	☆	☆	☆
65	山西警官高等专科学校学报（2000 年始）																	☆	☆
66	母婴世界（2001 年始）																☆		
67	品牌（2001 年始）																☆	☆	☆
68	财金贸易（2000 年终）			☆	☆	☆	☆	☆	☆	☆	☆	☆							

序号	期刊名称	1989	1990	1993	1994	1995	1996	1997	1998	1999	2000	2001	2002	2003	2004	2005	2006	2007	2008
69	银行家(2001 年始)													☆	☆	☆	☆	☆	
70	山西经济年鉴(2002 年始)																	☆	
71	太原师范学院学报(社会科学版)(2002 年始)																		☆
72	山西农业大学学报(社会科学版)(2002 年始)																	☆	☆
73	中学课程辅导(初一版)(1992—2001)				☆	☆	☆	☆	☆	☆	☆	☆							
74	中学课程辅导(初二版)(1992—2002)				☆	☆	☆	☆	☆	☆	☆	☆							
75	中学课程辅导(初三版)(1992—2002)				☆	☆	☆	☆	☆	☆		☆							
76	中学课程辅导(1989—1992,2002 年始)			☆										☆	☆	☆	☆	☆	
77	旅游时代(2002 年始)														☆	☆	☆		☆
78	NBA 特刊(2002 年始)													☆					
79	先锋队(2004 年始)															☆	☆	☆	☆
80	新课程(2004 年始)																☆		
81	中北大学学报(社会科学版)(2004 年始)																	☆	☆
82	系统辩证学学报(1993—2005)														☆				
83	系统科学学报(2005 年始)																☆		

序号	期刊名称	1989	1990	1993	1994	1995	1996	1997	1998	1999	2000	2001	2002	2003	2004	2005	2006	2007	2008
84	太原大学教育学院学报（2006 年始）																		☆
85	山西劳动（1998 年终）								☆										
86	山西劳动与保障（1998—2003）									☆	☆	☆	☆	☆	☆				
87	北岳（2003 年终）	☆										☆	☆	☆					
88	人事（2003 年终）			☆	☆	☆	☆							☆					
89	今日山西（1992—2005）							☆	☆	☆	☆	☆	☆	☆	☆				
90	中国方域——行政区划与地名（1993—2008）						☆												
91	人间方圆（1993—2008）						☆		☆	☆	☆	☆	☆	☆					
92	都市（1992 年始）								☆	☆	☆	☆	☆	☆	☆				
93	银行家与企业家（1993—1997）					☆													
94	投资导刊（1993—1997）					☆													
95	支部建设（2003 年终）				☆	☆	☆	☆	☆	☆	☆	☆	☆	☆					
96	正气（1994—2003）							☆	☆	☆	☆	☆	☆	☆					
97	税收与企业（1993—2003）					☆	☆	☆	☆	☆	☆	☆	☆	☆	☆				
98	新闻出版交流（1992—2003）				☆			☆					☆	☆					
99	山西内参（1999—2005）										☆	☆							
100	科学之友	☆	☆	☆	☆	☆	☆	☆	☆	☆	☆			☆	☆				
101	人人健康																		☆

序号	期刊名称	1989	1990	1993	1994	1995	1996	1997	1998	1999	2000	2001	2002	2003	2004	2005	2006	2007	2008
102	烹调知识	☆		☆	☆	☆		☆			☆	☆	☆	☆	☆	☆	☆	☆	☆
103	山西煤炭				☆	☆	☆	☆	☆										
104	山西林业科技								☆		☆	☆							
105	大众标准化															☆		☆	☆
106	山西大学学报（自然科学版）			☆	☆	☆	☆	☆	☆	☆		☆	☆	☆	☆	☆	☆	☆	☆
107	山西地震		☆	☆	☆	☆	☆	☆	☆	☆	☆	☆	☆	☆	☆	☆			
108	山西医药杂志			☆	☆		☆	☆	☆	☆	☆	☆	☆	☆	☆	☆	☆	☆	☆
109	山西化工												☆	☆	☆	☆		☆	☆
110	山西中医			☆	☆				☆		☆	☆	☆	☆	☆	☆	☆	☆	☆
111	山西农业科学			☆	☆	☆		☆	☆	☆		☆		☆	☆		☆		
112	辐射防护通讯							☆											
113	新型炭材料									☆	☆	☆	☆	☆	☆	☆	☆	☆	☆
114	山西水利												☆	☆	☆	☆	☆	☆	☆
115	山西果树			☆	☆	☆						☆		☆			☆	☆	
116	微计算机信息					☆													
117	电脑开发与应用			☆	☆	☆	☆						☆	☆	☆	☆	☆	☆	☆
118	机械管理开发					☆							☆	☆	☆	☆			☆
119	电子工艺技术						☆	☆	☆	☆	☆	☆	☆	☆	☆	☆	☆	☆	☆
120	火力与指挥控制							☆	☆	☆	☆	☆	☆	☆	☆	☆	☆	☆	☆

序号	期刊名称	1989	1990	1993	1994	1995	1996	1997	1998	1999	2000	2001	2002	2003	2004	2005	2006	2007	2008
121	燃料化学学报	☆		☆	☆	☆	☆	☆	☆	☆	☆	☆	☆	☆	☆	☆	☆	☆	☆
122	车用发动机											☆	☆	☆		☆	☆	☆	☆
123	煤 化 工			☆	☆			☆			☆	☆	☆	☆		☆	☆	☆	☆
124	辐射防护			☆	☆	☆	☆	☆				☆	☆		☆				
125	科技情报开发与经济（1991 年始）				☆	☆	☆	☆	☆	☆	☆	☆	☆	☆	☆	☆	☆	☆	☆
126	种子科技（1992 年始）													☆			☆	☆	☆
127	煤炭综合利用译丛（1992 年终）		☆																
128	煤炭转化（1992 年始）			☆	☆	☆	☆	☆	☆	☆	☆	☆	☆	☆	☆	☆	☆	☆	☆
129	山西科技（1992 年始）										☆								
130	煤（1992 年始）						☆	☆	☆	☆	☆	☆	☆	☆		☆	☆	☆	☆
131	中国保健营养（1992 年始）												☆	☆					
132	电力学报（1993 年始）								☆	☆	☆	☆	☆	☆	☆				☆
133	量子光学学报（1995 年始）																		☆
134	中医外治杂志（1994 年始）																☆		☆
135	山西交通科技（1994 年始）							☆		☆	☆	☆	☆	☆	☆	☆	☆	☆	☆
136	科幻大王（1994 年始）								☆										
137	太原科技（1994 年始）						☆	☆	☆	☆	☆	☆	☆	☆	☆	☆	☆	☆	☆
138	山西农业（1995 年始）												☆		☆		☆		

序号	期刊名称	1989	1990	1993	1994	1995	1996	1997	1998	1999	2000	2001	2002	2003	2004	2005	2006	2007	2008
139	日用化学品科学(1995 年始)								☆	☆	☆	☆	☆	☆	☆	☆	☆	☆	☆
140	山西医学院学报(1997 年终)					☆	☆												
141	山西医科大学学报(1997 年始)							☆	☆	☆	☆	☆	☆	☆	☆	☆	☆	☆	☆
142	中华风湿病学杂志(1997 年始)									☆	☆	☆	☆	☆	☆	☆	☆	☆	☆
143	世界胃肠病学杂志(英文版)(1998 年始)									☆	☆	☆	☆	☆	☆	☆	☆	☆	☆
144	太原工业大学学报(1997 年终)		☆	☆	☆	☆													
145	太原理工大学学报(1998 年始)									☆	☆	☆	☆	☆	☆	☆	☆	☆	☆
146	实用骨科杂志(1998 年始)															☆		☆	
147	新消化病学杂志(1993—1998)					☆			☆										
148	世界华人消化杂志(1999 年始)									☆	☆	☆	☆	☆			☆		
149	山西师范大学学报(自然科学版)(1999 年始)													☆	☆				
150	山西中医学院学报(1999 年始)													☆	☆	☆	☆	☆	☆
151	山西护理杂志(1994—2000)					☆	☆	☆	☆	☆	☆								
152	护理研究(2000 年始)												☆	☆	☆	☆	☆	☆	☆

序号	期刊名称	1989	1990	1993	1994	1995	1996	1997	1998	1999	2000	2001	2002	2003	2004	2005	2006	2007	2008
153	中国中西医结合肾病杂志（2000 年始）												☆	☆	☆		☆	☆	
154	山西建筑（2000 年始）														☆	☆	☆	☆	☆
155	建材技术与应用（2001 年始）											☆	☆	☆	☆	☆	☆	☆	☆
156	山西电力技术（1989—2001）									☆	☆	☆							
157	山西电力（2001 年始）													☆		☆	☆	☆	☆
158	山西地质（1994 年终）			☆															
159	华北地质矿产杂志（1994—2001）				☆	☆													
160	实用医技杂志（2002 年始）															☆			
161	临床医药实践（2002 年始）															☆			
162	华北工学院测试技术学报（1999—2002）											☆							
163	测试技术学报（2002 年始）													☆	☆	☆	☆	☆	☆
164	山西农业大学学报（2002 年终）				☆	☆													
165	山西农业大学学报（自然科学版）（2002 年始）													☆	☆	☆	☆	☆	☆
166	农产品加工（2002 年始）																☆	☆	☆
167	中西医结合心脑血管病杂志（2003 年始）																☆	☆	☆
168	山西机械（1992—2004）								☆		☆	☆	☆	☆	☆				

序号	期刊名称	1989	1990	1993	1994	1995	1996	1997	1998	1999	2000	2001	2002	2003	2004	2005	2006	2007	2008
169	机械工程与自动化（2004 年始）															☆	☆	☆	☆
170	日用化学工业（2004 年始）														☆	☆	☆	☆	☆
171	医学心理指导（2003—2005）															☆			
172	校园心理（2005 年始）																☆	☆	☆
173	太原重型机械学院学报（2005 年终）			☆			☆									☆			
174	太原科技大学学报（2005 年始）																☆	☆	
175	太原机械学院学报（1994 年终）			☆	☆	☆													
176	华北工学院学报（1994—2005）						☆	☆	☆	☆	☆	☆	☆	☆	☆	☆			
177	中北大学学报（自然科学版）（2005 年始）																☆	☆	☆
178	山西食品工业（1994—2005）																☆		
179	食品工程（2006 年始）																	☆	☆
180	山西农机（2006 年终）	☆	☆	☆	☆	☆	☆	☆	☆	☆	☆	☆	☆	☆					
181	农机推广与安全（2002—2007）																	☆	
182	家庭护士（2003—2008）																☆	☆	☆
183	铸造设备研究（2008 年终）													☆	☆	☆	☆	☆	

序号	期刊名称	1989	1990	1993	1994	1995	1996	1997	1998	1999	2000	2001	2002	2003	2004	2005	2006	2007	2008
184	山西矿业学院学报（1997 年终）			☆	☆	☆	☆	☆											
185	太化科技(1989—1998）						☆												
186	肿瘤研究与临床（1995—2005)							☆	☆	☆	☆	☆	☆	☆	☆				
187	白血病(1996—2001）							☆	☆	☆	☆								
188	白血病·淋巴瘤(2001—2005)											☆	☆	☆	☆				

注:期刊名称后加注的时间为1989 年至 2008 年在山西省以国内统一连续出版物号（2002年前为国内统一刊号）出版的时间

五、山西省期刊一览表

1. 山西省期刊一览表（1986年1月）

序号	期刊名称	刊期	开本	主办单位	期刊登记证号
1	山西医药杂志	双月	16	山西省卫生厅	1
2	人人健康	季	16	山西省卫生防疫站	2
3	山西中医	双月	16	山西省卫生厅	3
4	山西青年	月	16	山西青少年报刊社	4
5	小 学 生	月	32	山西青少年报刊社	5
6	技术经济与管理研究	双月	16	山西省科学技术协会、山西省技术经济研究中心	6
7	山西教育	月	16	山西省教育厅	7
8	山西文学	月	16	中国作家协会山西分会	8
9	山西大学学报（哲学社会科学版）	季	16	山西大学	9
10	新闻采编	双月	16	山西省新闻工作者协会	10
11	电影介绍	月	32	山西省电影公司、中国电影家协会山西分会	11
12	山西师大学报（社会科学版）	季	16	山西师范大学	12
13	地名知识	双月	16	山西省文史研究馆	13
14	大众标准化	季	16	山西省标准情报所	14
15	城市文学	月	16	太原市文学艺术界联合会	15
16	山西农业科学	月	16	山西省农业科学院	16
17	山西煤炭	季	16	山西省煤炭学会	17
18	语文教学通讯	月	16	山西师范大学	18

序号	期刊名称	刊期	开本	主办单位	期刊登记证号
19	黄河之声	双月	16	中国音乐家协会山西分会	19
20	兵工学报	季	16	中国兵工协会，兵器工业部第七〇所、第二〇一所	20
21	农村发展探索	季双	16	山西省农村发展研究中心	21
22	云　冈	双月	16	大同市文学艺术工作者联合会	22
23	烹调知识	双月	16	太原烹饪学会	23
24	煤炭综合利用译丛	季	16	山西省科学技术情报研究所	24
25	工艺简讯	月	16	电子工业部工艺研究所	25
26	电子工艺技术	月	16	电子工业部工艺研究所	26
27	晋阳学刊	双月	16	山西省社会科学院	27
28	山西果树	季	16	山西省农业科学院果树研究所	29
29	燃料化学学报	季	16	中国科学院山西煤炭化学研究所	30
30	太原工业大学学报	季	16	太原工业大学	32
31	电力学刊	季	16	太原工业大学电力分校	33
32	支部建设	月	16	中共山西省委	34
33	通俗文学选刊	双月	16	北岳文艺出版社	35
34	经济问题	月	16	山西省社会科学院	36
35	科学之友	月	16	山西省科学技术协会	37
36	晋阳文艺	月	16	山西省文化厅	38
37	柔道与摔跤	双月	16	山西省体育运动委员会	39
38	作文周刊	月	16	山西省写作学会	40
39	车用发动机	双月	16	兵器工业部第七〇所	42
40	日用化学工业译丛	季	16	全国日用化学工业科技情报站	43
41	语文研究	季	16	山西省社会科学院	45
42	山西财经学院学报	双月	16	山西财经学院	46
43	名作欣赏	双月	16	北岳文艺出版社	47
44	山西工艺美术	季	16	山西省工艺美术学会	48
45	液压工业	季	16	机械工业部通用基础件工业局	49

序号	期刊名称	刊期	开本	主办单位	期刊登记证号
46	山西文史资料	双月	大32	山西省政协文史资料研究委员会	50
47	支部建设(城市版)	月	16	中共山西省委	51
48	小学语文教学	月	16	山西省教育厅	52
49	成人教育	月	16	山西省教育厅	53
50	山西民间文学	双月	16	中国民间文艺研究会山西分会	54
51	考 试 报	半月	16	太原市教育学院	55
52	山西塑料	半年	16	山西省塑料工业科技情报站	56
53	山西硅酸盐	季	16	山西省建材工业公司、山西省硅酸盐学会	57
54	太原重型机械学院学报	不定期	16	太原重型机械学院	58
55	中华珠算	双月	16	中国珠算协会、山西省珠算协会	59
56	山西农机	双月	16	山西省农业机械化科学研究所	60
57	山西林业	季双	16	山西省林业厅	61
58	山西电力技术	季	16	山西省电机工程学会	63
59	中学生文学	月	20	山西师范大学	64
60	山西农业大学学报	半年	16	山西农业大学	65
61	山西医学院学报	季	16	山西医学院	66
62	教学与管理	双月	16	山西省教育学院	69
63	山西地方志通讯	双月	16	山西省地方志办公室	70
64	山西统计	双月	16	山西省统计学会	71
65	山西经济年鉴	年	16	山西经济年鉴编委会	72
66	山西化工	季	16	山西省化学工业厅、山西省化工学会	73
67	山西矿业学院学报	半年	16	山西矿业学院	74
68	戏 友	双月	16	山西省戏剧研究所	75
69	乡土文学	双月	16	晋中地区文学艺术工作者联合会	76
70	五 台 山	双月	16	忻州地区文学艺术工作者联合会	77

序号	期刊名称	刊期	开本	主办单位	期刊登记证号
71	蒲剧艺术	季	16	山西省临汾蒲剧院	78
72	国外农业科技	月	16	山西省农业科学院	79
73	青少年日记	半月	16	山西日报社	80
74	农业经济效果	双月	16	山西省社会科学院	81
75	科学技术与辩证法	季	16	山西省自然辩证法研究会	82
76	黄　河	季	16	中国作家协会山西分会	83
77	河东文学	双月	16	运城地区文学艺术工作者联合会	84
78	五台山研究	双月	16	五台山研究会	85
79	山西画报	双月	12	山西画报社	86
80	技术研究	月	16	太原市科学技术协会	88
81	编辑之友	季	16	山西人民出版社	89
82	对　联	双月	横32	山西日报社	90
83	国内外教育文摘	月	16	山西省教育科学研究所、山西省教育学会	92
84	教育理论与实践	双月	16	山西省教育科学研究所、山西省教育学会	93
85	故事精选	双月	32	中国民间文艺研究会山西分会	94
86	理论教育	月	16	中共山西省委讲师团	95
87	党史文汇	双月	16	中共山西省委党史研究室	96
88	山西革命根据地	季	16	山西省档案局	97
89	会计之友	双月	16	山西省会计学会	98
90	我的大学	月	16	刊授大学、中国电影刊授学院	100
91	中医药研究	双月	16	山西省晋光人才开发公司	101
92	财金贸易	月	16	山西省财金贸易咨询研究中心	102
93	热　流	月	16	晋城市文学艺术界联合会	103
94	康　乐	双月	16	中华医学会山西分会	105
95	山西水利	双月	16	山西省水利厅	106
96	飞　霞	季	16	长治市文学艺术界联合会	107

序号	期刊名称	刊期	开本	主办单位	期刊登记证号
97	批 评 家	双月	16	中国作家协会山西分会	108
98	法制文摘	月	16	山西青少年报刊社	109
99	山西地质	季	16	山西省地质科学研究所	111
100	北　　岳	双月	16	雁北地区文学艺术工作者联合会	112
101	山西老年	双月	16	中共山西省委老干部局	113
102	娘 子 关	季	16	阳泉市文学艺术界联合会	114
103	城市改革理论研究	双月	16	太原市社会科学研究所	115
104	思维科学	季	16	山西省社科院思维科学研究所	116
105	农村经济管理	双月	16	中共吕梁地委农工部	117
106	生 物 报	半月	16	山西省教育学院、山西省生物技术开发中心	119
107	经济与社会发展	季	16	太原市技术经济研究中心	120
108	山西财税研究	月	16	山西省财政科学研究所	121
109	美术耕耘	季	16	山西省美术院	124
110	中学数学辅导	月	16	太原市教育科学研究所	125－126
111	微计算机信息	季	16	晋东南地区微电脑应用研究所	127
112	火　　花	月	16	山西省文学艺术界联合会	128
113	人　　事	双月	16	山西省人事局	129
114	钢　　城	季	16	太钢文体部	130
115	童话大王	双月	32	刊授大学	131
116	山西农经	季	16	山西省农业经济学会	132
117	山西地震	季	16	山西省地震局、山西省地震学会	133
118	辐射防护通讯	双月	16	核工业部第七研究所	134
119	同煤科技	季	16	大同矿务局	135
120	山西水土保持科技	季	16	山西省水土保持科学研究所	136
121	经 济 师	月	16	山西经济管理学院	137
122	太 行 山	季	16	神剑文学艺术学会山西分会	138
123	山西自学考试	月	16	山西省教育厅	139

序号	期刊名称	刊期	开本	主办单位	期刊登记证号
124	小学课程辅导	月	32	山西省晋光人才开发公司	140
125	搏　　击	双月	16	山西省体育运动委员会	141
126	山西大学学报(自然科学版)	季	16	山西大学	142
127	中学课程辅导	月	16	山西省晋光人才开发公司	143－148
128	春　　秋	月	16	山西省文化厅	149
129	山西年鉴	年	16	山西省地方志编纂委员会	150
130	新型碳材料	季	16	中国科学院山西煤炭化学研究所	151

注：本表来源于山西省出版总社 1986 年 1 月编印的《山西省报纸、期刊一览表》

2. 山西省期刊一览表（1999年5月）

序号	期刊名称	刊期	开本	主办单位	主管单位	国内统一刊号
1	山西青年	月	16	山西青少年报刊社	共青团山西省委	CN14—1003/C
2	小 学 生	月	32	山西青少年报刊社	共青团山西省委	CN14—1004/C
3	山西统计	月	大16	山西省统计局	山西省统计局	CN14—1006/C
4	党史文汇	月	16	山西省史志研究院	山西省史志研究院	CN14—1007/D
5	山西老年	月	16	中共山西省委老干部局	中共山西省委老干部局	CN14—1009/C
6	财金贸易	月	16	山西省供销社	山西省供销社	CN14—1010/F
7	山西财税	月	大16	山西省财政科学研究所	山西省财政厅	CN14—1011/F
8	人 事	月	16	山西省人事厅	山西省人事厅	CN14—1012/C
9	山西教育	月	16	山西省教育委员会	山西省教育委员会	CN14—1014/G4
10	小学语文教学	月	16	山西省教育委员会	山西省教育委员会	CN14—1016/G4
11	语文教学通讯	月	16	山西师范大学	山西省教育委员会	CN14—1017/G4
12	搏 击	月	大16	山西省体育运动委员会	山西省体育运动委员会	CN14—1021/G8
13	晋图学刊	季	16	山西省高等学校图书情报工作委员会、山西省图书馆	山西省教育委员会	CN14—1022/G2
14	山西文史资料	双月	大32	山西省政协文史资料研究委员会	山西省政协	CN14—1023/K
15	教学与管理	月	16	山西省教育学院	山西省教育委员会	CN14—1024/G4
16	青少年日记	月	32	山西日报社	山西日报社	CN14—1025/C
17	对联·民间对联故事	双月	16	山西日报社	山西日报社	CN14—1026/I
18	教育理论与实践	月	16	山西省教育科学研究所	山西省教育委员会	CN14—1027/G4
19	中学课程辅导（初一版）	月	16	山西省出版工作者协会	山西省新闻出版局	CN14—1029/G4
20	中学课程辅导（初二版）	月	16	山西省出版工作者协会	山西省新闻出版局	CN14—1030/G4
21	中学课程辅导（初三版）	月	16	山西省出版工作者协会	山西省新闻出版局	CN14—1031/G4
22	科学之友	月	16	山西省科学技术协会	山西省科学技术协会	CN14—1032/N

序号	期刊名称	刊期	开本	主办单位	主管单位	国内统一刊号
23	人人健康	月	大16	山西人民广播电台健康之声编辑部	山西省卫生厅	CN14—1033/R
24	名作欣赏	双月	16	北岳文艺出版社	山西省新闻出版局	CN14—1034/I
25	山西文学	月	16	山西省作家协会	山西省作家协会	CN14—1035/I
26	火　花	月	大16	山西省文学艺术界联合会	山西省文学艺术界联合会	CN14—1037/I
27	黄河之声	双月	16	山西省音乐家协会	山西省文学艺术界联合会	CN14—1039/J
28	戏　友	双月	16	山西省戏剧研究所	山西省文化厅	CN14—1043/J
29	五台山	双月	16	忻州地区文学艺术工作者联合会	中共忻州地委宣传部	CN14—1046/I
30	北　岳	双月	16	大同市文学艺术界联合会	中共大同市委宣传部	CN14—1047/I
31	蒲剧艺术	季	16	山西省临汾蒲剧院	中共临汾地委宣传部	CN14—1048/J
32	娘子关	季	16	阳泉市文学艺术界联合会	中共阳泉市委宣传部	CN14—1049/I
33	山西画报	双月	大16	山西画报社	山西省新闻出版局	CN14—1052/Z
34	美术耕耘	季	16	山西画院	山西省文化厅	CN14—1053/J
35	技术经济与管理研究	双月	16	山西省政府经济研究中心	山西省政府经济研究中心	CN14—1055/F
36	晋阳学刊	双月	16	山西省社会科学院	山西省社会科学院	CN14—1057/C
37	经济问题	月	16	山西省社会科学院	山西省社会科学院	CN14—1058/F
38	语文研究	季	16	山西省社会科学院	山西省社会科学院	CN14—1059/H
39	科学技术与辩证法	双月	16	山西省自然辩证法研究会	山西省科学技术协会	CN14—1061/G3
40	会计之友	月	大16	山西省社会科学院	山西省社会科学院	CN14—1063/F
41	山西农经	双月	16	山西省农业经济学会	山西省科学技术协会	CN14—1065/F
42	编辑之友	双月	大16	山西人民出版社	山西省新闻出版局	CN14—1066/G2
43	经济师	月	大16	山西省社会科学院	山西省社会科学院	CN14—1069/F
44	新闻采编	双月	16	山西省新闻工作者协会	中共山西省委宣传部	CN14—1070/G2

序号	期刊名称	刊期	开本	主办单位	主管单位	国内统一刊号
45	山西大学学报（哲学社会科学版）	季	16	山西大学	山西省教育委员会	CN14—1071/C
46	山西师大学报（社会科学版）	季	16	山西师范大学	山西省教育委员会	CN14—1072/C
47	中外故事	月	32	山西省民间文艺家协会	山西省文学艺术界联合会	CN14—1075/I
48	黄　河	双月	16	中国作家协会山西分会	中国作家协会山西分会	CN14—1076/I
49	理论探索	双月	16	中共山西省委党校	中共山西省委党校	CN14—1079/C
50	五台山研究	季	16	五台山研究会	山西省社会科学院	CN14—1080/B
51	能源基地建设	双月	16	山西省社会科学院	山西省社会科学院	CN14—1081/C
52	童话大王	月	32	山西省青年教育科技文化服务中心	共青团山西省委	CN14—1085/I
53	漳河水	双月	16	长治市文学艺术界联合会	中共长治市委宣传部	CN14—1086/I
54	烹调知识	月	16	太原市财金贸易委员会	太原市财金贸易委员会	CN14—1087/TS
55	山西煤炭	季	大 16	太原理工大学	山西煤炭工业管理局	CN14—1096/TD
56	山西林业科技	季	16	山西省林业科学研究院	山西省林业厅	CN14—1098/S
57	大众标准化	双月	大 16	山西省技术监督情报研究所	山西省技术监督局	CN14—1101/T
58	西山科技	双月	16	西山煤电（集团）有限责任公司	山西煤炭工业管理局	CN14—1102/TD
59	山西水土保持科技	季	16	山西省水土保持科学研究所	山西省水利厅	CN14—1103/TV
60	山西大学学报（自然科学版）	季	16	山西大学	山西省教育委员会	CN14—1105/N
61	山西地震	季	大 16	山西省地震局	山西省地震局	CN14—1107/P
62	山西医药杂志	双月	大 16	中华医学会山西分会	山西省卫生厅	CN14—1108/R
63	山西化工	季	16	山西省化工厅科技情报中心站	山西省化学工业厅	CN14—1109/TQ
64	山西中医	双月	大 16	山西省中医药学会	山西省卫生厅	CN14—1110/R
65	铸造设备研究	双月	16	太原重型机械学院	太原重型机械学院	CN14—1111/TG

序号	期刊名称	刊期	开本	主办单位	主管单位	国内统一刊号
66	山西农业科学	季	16	山西省农业科学院	山西省农业科学院	CN14—1113/S
67	辐射防护通讯	双月	大16	中国辐射防护研究院	中国辐射防护研究院	CN14—1114/TL
68	山西农业大学学报	季	16	山西农业大学	山西省教育委员会	CN14—1115/S
69	新型炭材料	季	16	中科院山西煤炭化学研究所	中国科学院	CN14—1116/TQ
70	同煤科技	季	16	大同矿务局科学技术协会	大同矿务局	CN14—1117/TD
71	山西农机	双月	16	山西省农机化科学研究所	山西省农业机械管理局	CN14—1119/S
72	山西水利	双月	16	山西省水利厅	山西省水利厅	CN14—1122/TV
73	山西建材	季	大16	山西省建材工业学校	山西省建材工业局	CN14—1123/TU
74	中医药研究	双月	16	山西医科大学第一医院	山西省卫生厅	CN14—1125/R
75	山西果树	季	16	山西省农科院果树研究所	山西省农业科学院	CN14—1127/S
76	微计算机信息	双月	大16	中国计算机用户协会山西分会	长治市科学技术协会	CN14—1128/TP
77	太原重型机械学院学报	季	大16	太原重型机械学院	山西省教育委员会	CN14—1129/TH
78	农机推广	双月	16	山西省农机化技术推广站	山西省农业机械管理局	CN14—1130/S
79	电脑开发与应用	季	大16	北方自动控制技术研究所	中国兵器工业总公司	CN14—1133/TP
80	机械管理开发	季	大16	山西省机械工程学会	山西省机械电子工业厅	CN14—1134/TH
81	电子工艺技术	双月	大16	电子工业部第二研究所	信息产业部	CN14—1136/TN
82	火力与指挥控制	季	16	火力与指挥控制研究会	信息产业部	CN14—1138/TJ
83	燃料化学学报	双月	16	中科院山西煤炭化学研究所	中国科学院	CN14—1140/TQ
84	车用发动机	双月	16	山西车用发动机研究所	中国兵器工业总公司	CN14—1141/TH
85	煤 化 工	季	大16	化工部第二设计院	中国化工信息中心	CN14—1142/TQ

序号	期刊名称	刊期	开本	主办单位	主管单位	国内统一刊号
86	辐射防护	双月	16	中国辐射防护研究院	中国核工业总公司	CN14—1143/TL
87	山西气象	季	16	山西省气象局	山西省气象局	CN14—1144/P
88	生产力研究	双月	16	山西省生产力学会	山西省政府经济研究中心	CN14—1145/F
89	北 岳 风	月	16	北岳文艺出版社	山西省新闻出版局	CN14—1150/I
90	山西电力技术	双月	大16	山西省电力科学研究院	山西省电力公司	CN14—1151/TM
91	记者观察	月	16	新华通讯社山西分社	新华通讯社山西分社	CN14—1155/G2
92	液压气动与密封	双月	16	中国液压气动密封件工业协会	国家机械工业局	CN14—1156/TH
93	科技情报开发与经济	双月	大16	山西省科学技术情报研究所	山西省科学技术委员会	CN14—1157/N
94	种子科技	双月	16	山西省种子协会	山西省农业厅	CN14—1160/S
95	新闻出版交流	双月	大16	山西省新闻出版局	山西省新闻出版局	CN14—1161/G2
96	山西档案	双月	16	山西省档案局	山西省档案局	CN14—1162/G2
97	煤炭转化	季	大16	太原工业大学	山西省科学技术委员会	CN14—1163/TQ
98	体育文化月刊	月	大16	山西省体育运动委员会	山西省体育运动委员会	CN14—1165/G8
99	支部建设	月	16	中共山西省委	中共山西省委	CN14—1166/D
100	山西冶金	季	16	山西省冶金工业厅	山西省冶金工业厅	CN14—1167/TF
101	山西机械	季	16	山西省机电设计研究院	山西省机械电子工业厅	CN14—1168/TH
102	山西科技	双月	大16	山西省科学技术委员会	山西省科学技术委员会	CN14—1169/N
103	政府法制	月	大16	山西省政府法制局	山西省政府法制局	CN14—1170/D
104	煤	双月	大16	潞安矿务局	国家煤炭工业局	CN14—1171/TD
105	中国保健营养	月	大16	国家科学技术部	国家科学技术部	CN14—1172/R
106	前　　进	月	16	中共山西省委	中共山西省委	CN14—1174/D2
107	今日山西	季	大16	中共山西省委对外宣传领导小组办公室	中共山西省委对外宣传领导小组	CN14—1175/G2

序号	期刊名称	刊期	开本	主办单位	主管单位	国内统一刊号
108	都　市	双月	16	太原市文学艺术界联合会	中共太原市委宣传部	CN14—1176/I
109	生活潮	月	大16	山西省妇女联合会	山西省妇女联合会	CN14—1177/C
110	中国方域——行政区划与地名	双月	16	山西省人民政府参事室	山西省政府办公厅	CN14—1178/K
111	中国群众体育	双月	16	国家体育总局群体司	国家体育总局	CN14—1179/G8
112	改革先声	月	大16	山西省经济体制改革委员会	山西省经济体制改革委员会	CN14—1180/F
113	系统辩证学学报	季	16	太原理工大学	山西省教育委员会	CN14—1181/N
114	人间方圆	月	大16	神剑文学艺术学会山西分会	山西省国防科技工业办公室	CN14—1182/G0
115	长治医学院学报	季	大16	长治医学院	山西省教育委员会	CN14—1183/R
116	山西水利科技	季	16	山西省水利学会	山西省水利厅	CN14—1184/TV
117	电力学报	季	大16	太原电力专科学校	山西省电力公司	CN14—1185/TM
118	沧　桑	双月	16	山西省史志研究院	山西省史志研究院	CN14—1186/K
119	量子光学学报	季	16	山西省物理学会	山西省科学技术协会	CN14—1187/O4
120	法制博览	月	16	共青团山西省委	共青团山西省委	CN14—1188/D
121	税收与企业	月	大16	山西省国家税务局	山西省国家税务局	CN14—1189/F
122	山西林业	双月	16	山西省林业厅	山西省林业厅	CN14—1191/S
123	华北地质矿产杂志	季	16	山西地质矿产勘查开发局	国土资源部	CN14—1192/P
124	中医外治杂志	双月	大16	山西省中医药学会	山西省卫生厅	CN14—1195/R
125	影视圈	月	大16	山西省电影公司	山西省文化厅	CN14—1196/J
126	正　气	月	16	中共山西省纪律检查委员会、山西省监察委员会	中共山西省纪律检查委员会、山西省监察委员会	CN14—1197/D
127	山西交通科技	双月	大16	山西省交通科学技术信息中心站	山西省交通厅	CN14—1198/U
128	山西护理杂志	双月	大16	山西医科大学第一医院	山西省卫生厅	CN14—1199/R
129	科幻大王	月	16	山西省科普作家协会	山西省科学技术协会	CN14—1200/N

序号	期刊名称	刊期	开本	主办单位	主管单位	国内统一刊号
130	山西食品工业	季	16	山西省食品工业研究所	山西省轻工业厅	CN14—1202/TS
131	太原科技	双月	16	太原市科学技术情报研究所	太原市科学技术委员会	CN14—1203/N
132	三晋测绘	季	16	山西省测绘行业协会	山西省测绘局	CN14—1204/P
133	华北工学院学报	季	16	华北工学院	中国兵器工业总公司	CN14—1205/TH
134	民间传奇故事	月	16	山西省民间文艺家协会	山西省文学艺术界联合会	CN14—1206/I
135	山西农业	月	32	山西省农业科学院	山西省农业科学院	CN14—1207/S
136	山西临床医药	双月	16	山西医科大学第二医院	山西省卫生厅	CN14—1208/R
137	白 血 病	双月	大16	山西省肿瘤研究所	山西省卫生厅	CN14—1209/R
138	日用化学品科学	双月	大16	中国日用化学工业研究所	中国轻工业信息中心	CN14—1210/TQ
139	健康向导	双月	16	中华医学会山西分会	山西省卫生厅	CN14—1211/R
140	肿瘤研究与临床	双月	大16	山西省肿瘤医院	山西省卫生厅	CN14—1213/R
141	山西电子技术	双月	16	山西省电子工业科学研究所	山西省机械电子工业厅	CN14—1214/TN
142	山西医科大学学报	季	大16	山西医科大学	山西省教育委员会	CN14—1215/R
143	中华风湿病学杂志	季	大16	中华医学会	中国科学技术协会	CN14—1217/R
144	华人消化杂志	月	大16	太原消化病研治中心	山西省科学技术委员会	CN14—1218/R
145	世界胃肠病学杂志（英文版）	双月	大16	太原消化病研治中心	山西省科学技术委员会	CN14—1219/R
146	太原理工大学学报	双月	大16	太原理工大学	山西省教育委员会	CN14—1220/N
147	山西财经大学学报	双月	大16	山西财经大学	全国供销总社	CN14—1221/F
148	山西劳动与保障	月	大16	山西省劳动厅	山西省劳动厅	CN14—1222/F
149	实用骨科杂志	季	大16	中华医学会山西分会	山西省卫生厅	CN14—1223/R
150	雁北师范学院学报	双月	16	雁北师范学院	雁北师范学院	CN14—1224/G4
151	山西职业师范专科学校学报	季	大16	山西省职业师范专科学校	山西省职业师范专科学校	CN14—1225/G4

序号	期刊名称	刊期	开本	主办单位	主管单位	国内统一刊号
152	大同高等专科学校学报	季	16	大同高等专科学校	大同高等专科学校	CN14—1226/G4
153	忻州师范专科学校学报	季	16	忻州师范专科学校	忻州师范专科学校	CN14—1227/G4
154	晋中师范专科学校学报	季	16	晋中师范专科学校	晋中师范专科学校	CN14—1228/G4
155	晋东南师范专科学校学报	季	16	晋东南师范专科学校	晋东南师范专科学校	CN14—1229/G4
156	山西财政税务专科学校学报	双月	16	山西省财政税务专科学校	山西省财政税务专科学校	CN14—1230/F
157	吕梁高等专科学校学报	季	大16	吕梁高等专科学校	吕梁高等专科学校	CN14—1231/G4
158	运城高等专科学校学报	双月	16	运城高等专科学校	运城高等专科学校	CN14—1232/G4
159	山西教育学院学报	季	16	山西省教育学院	山西省教育学院	CN14—1233/G4
160	太原教育学院学报	季	16	太原市教育学院	太原市教育学院	CN14—1234/G4
161	山西广播电视大学学报	季	16	山西广播电视大学	山西广播电视大学	CN14—1235/G4
162	太原师范专科学校学报	季	16	太原师范专科学校	太原师范专科学校	CN14—1236/G4
163	中共山西省委党校学报	双月	16	中共山西省委党校、山西行政学院	中共山西省委党校、山西行政学院	CN14—1237/D
164	中共太原市委党校学报	双月	16	中共太原市委党校	中共太原市委	CN14—1238/D
165	山西社会主义学院学报	季	16	山西社会主义学院	中共山西省委统战部	CN14—1239/D
166	小学教学设计	月	16	山西教育报刊社	山西省教育委员会	CN14—1240/G4
167	都市生活	周二	8	太原市政府经济研究中心	中共太原市委宣传部	CN14—1241/G0
168	公安部管理干部学院山西分院学报	季	16	公安部管理干部学院山西分院	山西省公安厅	CN14—1243/D
169	山西青年管理干部学院学报	季	16	山西青年管理干部学院	共青团山西省委	CN14—1244/D
170	山西经济管理干部学院学报	季	16	山西经济管理干部学院	山西省经济贸易委员会	CN14—1245/F

序号	期刊名称	刊期	开本	主办单位	主管单位	国内统一刊号
171	山西省政法管理干部学院学报	季	16	山西省政法管理干部学院	山西省司法厅	CN14—1246/D
172	山西煤炭管理干部学院学报	季	16	山西煤炭管理干部学院	山西煤炭管理干部学院	CN14—1247/D
173	山西大学师范学院学报	季	16	山西大学师范学院	山西省教育委员会	CN14—1248/D
174	山西师大体育学院学报	季	16	山西师大体育学院	山西省教育委员会	CN14—1249/G8
175	山西高等学校社会科学学报	双月	大16	太原理工大学等	山西省教育委员会	CN14—1250/C
176	山西财经大学学报（高等教育版）	季	16	山西财经大学	山西财经大学	CN14—1251/G4
177	山西医科大学学报（基础医学教育版）	季	大16	山西医科大学	山西医科大学	CN14—1252/R
178	华北工学院测试技术学报	季	16	华北工学院	山西省教育委员会	CN14－1253/TP
179	导弹试验技术	季	16	太原卫星发射中心	太原卫星发射中心	CN14－(J)1001/TJ
180	武警教育	月	16	武警太原指挥学校	武警部队政治部	CN14－(J)1002/G4
181	山西政报	月	16	山西省政府办公厅	山西省政府办公厅	CN14－(G)1001
182	山西内参	周	16	新华通讯社山西分社	新华通讯社	CN14—5001(C)
183	城市周刊	周	8	太原市社会科学院	中共太原市委宣传部	CN14—1254/C
184	文物世界	季	16	山西省文物局	山西省文物局	CN14—1255/K
185	太原年鉴	年	16	中共太原市委、太原市人民政府	中共太原市委、太原市人民政府	CN14—1256/Z
186	太原经济管理干部学院学报	双月	大16	太原经济管理干部学院	太原经济管理干部学院	CN14—1259/F

注：本表来源于山西省新闻出版局报刊处1999年5月编印的《山西省正式期刊一览表》

3. 山西省期刊一览表（2008年12月）

序号	期刊名称	刊期	主办单位	主管单位	国内统一连续出版物号
1	山西青年	月	山西青少年报刊社	共青团山西省委	CN14—1003/C
2	小 学 生	旬	山西青少年报刊社	共青团山西省委	CN14—1004/C
3	党史文汇	月	山西省史志研究院	山西省史志研究院	CN14—1007/D
4	山西老年	月	中共山西省委老干部局	中共山西省委老干部局	CN14—1009/C
5	山西财税	月	山西省财政科学研究所	山西省财政厅	CN14—1011/F
6	山西教育	旬	山西教育报刊社	山西省教育厅	CN14—1014/G4
7	小学语文教学	月	山西教育报刊社	山西教育报刊社	CN14—1016/G4
8	语文教学通讯	旬	山西师范大学	山西省教育厅	CN14—1017/G4
9	搏 击	半月	山西省体育报刊社	山西省体育局	CN14—1021/G8
10	晋图学刊	双月	山西省高校图书情报工作委员会、山西省图书馆	山西省教育厅	CN14—1022/G2
11	教学与管理	旬	太原师范学院	太原师范学院	CN14—1024/G4
12	青少年日记	半月	山西日报报业集团	山西日报报业集团	CN14—1025/C
13	对联·民间对联故事	半月	山西日报报业集团	山西日报报业集团	CN14—1026/I
14	教育理论与实践	旬	山西省教育科学研究院	山西省教育厅	CN14—1027/G4
15	科学之友	旬	山西省科学技术协会	山西省科学技术协会	CN14—1032/N
16	人人健康	月	山西省健康教育所	山西省卫生厅	CN14—1033/R
17	名作欣赏	旬	山西出版集团	山西出版集团	CN14—1034/I
18	山西文学	月	山西省作家协会	山西省作家协会	CN14—1035/I
19	火 花	旬	山西省文联期刊出版管理中心	山西省文学艺术界联合会	CN14—1037/I
20	黄河之声	半月	山西省文联期刊出版管理中心	山西省文学艺术界联合会	CN14—1039/J
21	五 台 山	月	忻州市文学艺术工作者联合会	中共忻州市委宣传部	CN14—1046/I
22	娘 子 关	双月	阳泉市文学艺术界联合会	中共阳泉市委宣传部	CN14—1049/I
23	山西画报	月	山西画报社	山西出版集团	CN14—1052/Z

序号	期刊名称	刊期	主办单位	主管单位	国内统一连续出版物号
24	技术经济与管理研究	双月	山西省政府发展研究中心	山西省政府发展研究中心	CN14—1055/F
25	晋阳学刊	双月	山西省社会科学院	山西省社会科学院	CN14—1057/C
26	经济问题	月	山西省社会科学院	山西省社会科学院	CN14—1058/F
27	语文研究	季	山西省社会科学院	山西省社会科学院	CN14—1059/H
28	科学技术与辩证法	双月	山西省自然辩证法研究会、山西大学	山西省科学技术协会	CN14—1061/G3
29	会计之友	旬	山西省社会科学院	山西省社会科学院	CN14—1063/F
30	山西农经	双月	山西省农业经济学会	山西省科学技术协会	CN14—1065/F
31	编辑之友	双月	山西出版集团	山西出版集团	CN14—1066/G2
32	经 济 师	月	山西省社会科学院	山西省社会科学院	CN14—1069/F
33	新闻采编	双月	山西省新闻工作者协会	中共山西省委宣传部	CN14—1070/G2
34	山西大学学报（哲学社会科学版）	双月	山西大学	山西省教育厅	CN14—1071/C
35	山西师大学报（社会科学版）	双月	山西师范大学	山西省教育厅	CN14—1072/C
36	中外故事	半月	山西省文联期刊出版管理中心	山西省文学艺术界联合会	CN14—1075/I
37	黄　　河	双月	山西省作家协会	山西省作家协会	CN14—1076/I
38	理论探索	双月	中共山西省委党校	中共山西省委党校	CN14—1079/C
39	五台山研究	季	五台山研究会	山西省社会科学院	CN14—1080/B
40	童话大王	半月	山西省青年联合会	共青团山西省委	CN14—1085/I
41	烹调知识	半月	太原市商业经济学会	太原市商务局	CN14—1087/TS
42	山西煤炭	季	太原理工大学、山西省煤炭学会	山西省煤炭工业局	CN14—1096/TD
43	山西林业科技	季	山西省林业科学研究院、山西省林学会	山西省林业厅	CN14—1098/S
44	大众标准化	月	山西省质量技术监督信息所	山西省质量技术监督局	CN14—1101/T
45	山西水土保持科技	季	山西省水土保持科学研究所、山西省水土保持学会	山西省水利厅	CN14—1103/TV

序号	期刊名称	刊期	主办单位	主管单位	国内统一连续出版物号
46	山西大学学报(自然科学版)	季	山西大学	山西省教育厅	CN14—1105/N
47	山西地震	季	山西省地震学会	山西省地震局	CN14—1107/P
48	山西医药杂志	半月	山西省医学会	山西省卫生厅	CN14—1108/R
49	山西化工	双月	山西化工信息中心、山西省化工学会	山西省化工行业管理办公室	CN14—1109/TQ
50	山西中医	月	山西省中医药学会、山西省中医药研究院	山西省卫生厅	CN14—1110/R
51	山西农业科学	月	山西省农业科学院	山西省农业科学院	CN14—1113/S
52	辐射防护通讯	双月	中国辐射防护研究院	中国辐射防护研究院	CN14—1114/TL
53	新型炭材料	季	中国科学院山西煤炭化学研究所	中国科学院	CN14—1116/TQ
54	同煤科技	季	大同煤矿集团有限责任公司技术中心	大同煤矿集团有限责任公司	CN14—1117/TD
55	山西水利	双月	山西水利发展研究中心	山西省水利厅	CN14—1122/TV
56	山西果树	双月	山西省农业科学院果树研究所	山西省农业科学院	CN14—1127/S
57	微计算机信息	旬	中国计算机用户协会山西分会	长治市科学技术协会	CN14—1128/TP
58	电脑开发与应用	月	北方自动控制技术研究所	中国兵器工业集团公司	CN14—1133/TP
59	机械管理开发	双月	山西省机械工程学会	山西省机械电子工业行业管理办公室	CN14—1134/TH
60	电子工艺技术	双月	中国电子科技集团公司第二研究所	工业和信息化部	CN14—1136/TN
61	火力与指挥控制	月	火力与指挥控制研究会、电子工业部火力与指挥控制专业情报网	工业和信息化部	CN14—1138/TJ
62	燃料化学学报	双月	中国科学院山西煤炭化学研究所、中国化学会	中国科学院	CN14—1140/TQ
63	车用发动机	双月	中国北方发动机研究所	中国兵器工业集团公司	CN14—1141/TH
64	煤化工	双月	化学工业第二设计院	化学工业第二设计院	CN14—1142/TQ

序号	期刊名称	刊期	主办单位	主管单位	国内统一连续出版物号
65	辐射防护	双月	中国核学会辐射防护分会	中国核工业集团公司	CN14—1143/TL
66	生产力研究	半月	山西省生产力学会	山西省政府发展研究中心	CN14—1145/F
67	记者观察	旬	山西省文联期刊出版管理中心	山西省文学艺术界联合会	CN14—1155/G2
68	科技情报开发与经济	旬	山西省科学技术情报研究所、山西省科学技术情报学会	山西省科学技术厅	CN14—1157/N
69	种子科技	双月	山西省种子协会、中国种子协会	山西省农业厅	CN14—1160/S
70	山西档案	双月	山西省档案局、山西省档案学会	山西省档案局	CN14—1162/G2
71	煤炭转化	季	太原理工大学、中国科学院煤转化国家重点实验室、上海应用技术学院	太原理工大学	CN14—1163/TQ
72	山西冶金	双月	山西省金属学会、山西省有色金属学会	山西省冶金工业行业管理办公室	CN14—1167/TF
73	山西科技	双月	山西省科技发展战略研究所	山西省科学技术厅	CN14—1169/N
74	政府法制	半月	山西出版集团	山西出版集团	CN14—1170/D
75	煤	月	潞安矿业(集团)有限责任公司	潞安矿业(集团)有限责任公司	CN14—1171/TD
76	中国保健营养	半月	全国卫生产业企业管理协会、山西省卫生产业企业管理协会	卫生部	CN14—1172/R
77	前　进	月	中共山西省委	中共山西省委	CN14—1174/D
78	都　市	半月	太原市文学艺术界联合会	中共太原市委宣传部	CN14—1176/I
79	生活潮	旬	山西省妇女联合会	山西省妇女联合会	CN14—1177/C
80	长治医学院学报	双月	长治医学院	山西省教育厅	CN14—1183/R
81	山西水利科技	季	山西省水利学会	山西省水利厅	CN14—1184/TV
82	电力学报	双月	太原电力高等专科学校、山西省电机工程学会	山西省电力公司	CN14—1185/TM

序号	期刊名称	刊期	主办单位	主管单位	国内统一连续出版物号
83	沧　桑	双月	山西省史志研究院	山西省史志研究院	CN14—1186/K
84	量子光学学报	季	山西省物理学会	山西省科学技术协会	CN14—1187/O4
85	法制博览	半月	共青团山西省委、山西省青少年犯罪研究会	共青团山西省委	CN14—1188/D
86	山西林业	双月	山西省生物多样性研究中心	山西省林业厅	CN14—1191/S
87	中医外治杂志	双月	山西省中医药学会	山西省卫生厅	CN14—1195/R
88	影视圈	旬	山西省电影公司	山西省文化厅	CN14—1196/J
89	山西交通科技	双月	山西省交通科技信息中心站	山西省交通厅	CN14—1198/U
90	科幻大王	月	山西省新世纪专家学者协会	山西省发展和改革委员会	CN14—1200/N
91	太原科技	月	太原市科学技术情报研究所	太原市科学技术局	CN14—1203/N
92	民间传奇故事	旬	山西省文联期刊出版管理中心	山西省文学艺术界联合会	CN14—1206/I
93	山西农业	旬	山西省农业科学院	山西省农业科学院	CN14—1207/S
94	日用化学品科学	月	中国日用化学工业研究院	中国日用化学工业研究院	CN14—1210/TQ
95	健康向导	双月	山西省医学会	山西省卫生厅	CN14—1211/R
96	山西电子技术	双月	山西省电子工业科研院、山西省电子学会	山西省机械电子工业行业管理办公室	CN14—1214/TN
97	山西医科大学学报	月	山西医科大学	山西省教育厅	CN14—1216/R
98	中华风湿病学杂志	月	中华医学会（山西省卫生厅承办）	中国科学技术协会	CN14—1217/R
99	世界胃肠病学杂志（英文版）	周	太原消化病研治中心	山西省科学技术厅	CN14—1219/R
100	太原理工大学学报	双月	太原理工大学	山西省教育厅	CN14—1220/N
101	山西财经大学学报	月	山西财经大学	山西财经大学	CN14—1221/F
102	实用骨科杂志	月	山西省医学会	山西省卫生厅	CN14—1223/R
103	山西财政税务专科学校学报	双月	山西省财政税务专科学校	山西省财政税务专科学校	CN14—1230/F
104	吕梁高等专科学校学报	季	吕梁高等专科学校	吕梁高等专科学校	CN14—1231/G4

序号	期刊名称	刊期	主办单位	主管单位	国内统一连续出版物号
105	山西广播电视大学学报	双月	山西广播电视大学	山西广播电视大学	CN14—1235/G4
106	中共山西省委党校学报	双月	中共山西省委党校、山西行政学院	中共山西省委党校、山西行政学院	CN14—1237/D
107	中共太原市委党校学报	双月	中共太原市委党校	中共太原市委	CN14—1238/D
108	山西社会主义学院学报	季	山西社会主义学院	中共山西省委统战部	CN14—1239/D
109	小学教学设计	旬	山西教育报刊社	山西教育报刊社	CN14—1240/G4
110	都市生活	周	太原市政府经济发展研究中心	中共太原市委宣传部	CN14—1241/G0
111	山西青年管理干部学院学报	季	山西青年管理干部学院	共青团山西省委	CN14—1244/D
112	山西经济管理干部学院学报	季	山西经济管理干部学院	山西省经济委员会	CN14—1245/F
113	山西省政法管理干部学院学报	季	山西省政法管理干部学院	山西省司法厅	CN14—1246/D
114	山西煤炭管理干部学院学报	季	山西煤炭管理干部学院	山西煤炭管理干部学院	CN14—1247/D
115	山西师大体育学院学报	季	山西师范大学	山西省教育厅	CN14—1249/G8
116	山西高等学校社会科学学报	月	太原理工大学等院校	山西省教育厅	CN14—1250/C
117	山西财经大学学报（高等教育版）	季	山西财经大学	山西财经大学	CN14—1251/G4
118	山西医科大学学报（基础医学教育版）	双月	山西医科大学	山西医科大学	CN14—1252/R
119	文物世界	双月	山西省文物局	山西省文物局	CN14—1255/K
120	太原年鉴	年	太原年鉴社	太原市人民政府	CN14—1256/Z
121	山西政报	半月	山西省人民政府办公厅	山西省人民政府办公厅	CN14—1257/D
122	世界华人消化杂志	旬	太原消化病研治中心	山西省科学技术厅	CN14—1260/R
123	山西师范大学学报（自然科学版）	季	山西师范大学	山西省教育厅	CN14—1263/N
124	山西中医学院学报	双月	山西中医学院	山西省卫生厅	CN14—1265/R

序号	期刊名称	刊期	主办单位	主管单位	国内统一连续出版物号
125	山西职工医学院学报	季	山西职工医学院	山西省卫生厅	CN14—1266/R
126	山西能源与节能	季	山西省能源研究会、山西省节能研究会	山西省经济委员会	CN14—1267/TD
127	太原理工大学学报（社会科学版）	季	太原理工大学	太原理工大学	CN14—1269/C
128	动画乐园	月	山西省动画艺术协会	山西省文学艺术界联合会	CN14—1270/N
129	护理研究	旬	山西省护理学会、山西医科大学第一医院	山西省卫生厅	CN14—1272/R
130	新作文	旬	山西出版集团	山西出版集团	CN14—1274/G
131	中外童话故事	半月	山西出版集团	山西出版集团	CN14—1275/I
132	中国中西医结合肾病杂志	月	中国中西医结合学会、中国中西医结合学会肾病专业委员会	中国科学技术协会	CN14—1277/R
133	山西建筑	旬	山西省建筑科学研究院	山西省建设厅	CN14—1279/TU
134	汽车时代	半月	山西省交通运输协会	山西省经济委员会	CN14—1280/TH
135	实用医学影像杂志	双月	山西省医学会	山西省卫生厅	CN14—1281/R
136	新美域	双月	山西画院	山西省文化厅	CN14—1282/J
137	娱乐	半月	山西省戏剧研究所	山西省文化厅	CN14—1284/J
138	文史月刊	月	山西省政协文史资料研究委员会	山西省政协	CN14—1285/K
139	忻州师范学院学报	双月	忻州师范学院	忻州师范学院	CN14—1286/G
140	山西警官高等专科学校学报	季	山西警官高等专科学校	山西省公安厅	CN14—1287/D
141	母婴世界	半月	山西省出版工作者协会	山西省新闻出版局	CN14—1288/R
142	品牌	半月	山西省品牌协会	山西省政府发展研究中心	CN14—1289/F
143	银行家	月	华夏银行太原分行	中国人民银行太原中心支行	CN14—1290/F
144	建材技术与应用	月	山西综合职业技术学院	山西省教育厅	CN14—1291/TU

序号	期刊名称	刊期	主办单位	主管单位	国内统一连续出版物号
145	山西电力	双月	山西电力科学研究院、山西省电机工程学会、山西电力技术院	山西省电力公司	CN14—1293/TK
146	太原大学学报	季	太原大学	太原大学	CN14—1294/G
147	华北国土资源	季	山西省地质矿产科技馆、山西省地质矿产科技评审中心	山西省国土资源厅	CN14—1295/P
148	山西经济年鉴	年	山西经济年鉴社	山西省人民政府	CN14—1296/D
149	吕梁教育学院学报	季	吕梁教育学院	吕梁教育学院	CN14—1297/G4
150	实用医技杂志	月	山西省医学会	山西省卫生厅	CN14—1298/R
151	临床医药实践	月	山西医科大学第二医院	山西省卫生厅	CN14—1300/R
152	测试技术学报	双月	中北大学、中国兵工学会	山西省教育厅	CN14—1301/TP
153	太原师范学院学报（社会科学版）	双月	太原师范学院	太原师范学院	CN14—1303/C
154	太原师范学院学报（自然科学版）	季	太原师范学院	太原师范学院	CN14—1304/N
155	山西农业大学学报（社会科学版）	双月	山西农业大学	山西农业大学	CN14—1305/S
156	山西农业大学学报（自然科学版）	季	山西农业大学	山西农业大学	CN14—1306/N
157	中学课程辅导	旬	山西省出版工作者协会	山西省新闻出版局	CN14—1307/G4
158	旅游时代	月	山西大众传播系统工程开发研究所	山西省社会科学院	CN14—1308/K
159	NBA 特刊	月	山西省出版工作者协会	山西省新闻出版局	CN14—1309/G8
160	农产品加工	旬	山西省农业机械化科学研究院、山西省农业产业化协会	山西省农机局	CN14—1310/S
161	山西焦煤科技	月	山西焦煤集团有限责任公司	山西省煤炭工业局	CN14—1311/TD
162	中西医结合心脑血管病杂志	月	山西医科大学第一医院	山西省卫生厅	CN14—1312/R
163	太原市人民政府公报	半月	太原市人民政府办公厅	太原市人民政府	CN14—1313/D

序号	期刊名称	刊期	主办单位	主管单位	国内统一连续出版物号
164	基层医学论坛	旬	山西省医学会	山西省卫生厅	CN14—1314/R
165	运城学院学报	双月	运城学院	运城学院	CN14—1316/G4
166	小品文选刊	半月	大同市文学艺术界联合会	中共大同市委宣传部	CN14—1318/I
167	机械工程与自动化	双月	山西省机电设计研究院、山西省机械工程学会	山西省机械电子工业行业管理办公室	CN14—1319/TH
168	日用化学工业	双月	中国日用化学工业研究院	山西省科学技术厅	CN14—1320/TQ
169	先锋队	半月	山西日报报业集团	山西日报报业集团	CN14—1322/D
170	太原城市职业技术学院学报	月	太原城市职业技术学院	太原城市职业技术学院	CN14—1323/C
171	新课程	旬	山西出版集团	山西出版集团	CN14—1324/G4
172	当代金融家	月	山西出版集团	山西出版集团	CN14—1325/F
173	校园心理	月	山西省医学会	山西省卫生厅	CN14—1326/R
174	晋中学院学报	双月	晋中学院	晋中学院	CN14—1327/Z
175	长治学院学报	双月	长治学院	长治学院	CN14—1328/Z
176	中北大学学报（社会科学版）	双月	中北大学	中北大学	CN14—1329/C
177	太原科技大学学报	双月	太原科技大学	山西省教育厅	CN14—1330/N
178	教育	旬	山西出版集团	山西出版集团	CN14—1331/G4
179	中北大学学报（自然科学版）	双月	中北大学	山西省教育厅	CN14—1332/TH
180	系统科学学报	季	太原理工大学	山西省教育厅	CN14—1333/N
181	世界高尔夫	月	山西出版集团	山西出版集团	CN14—1334/G8
182	映像	双月	山西省政府新闻办公室	中共山西省委对外宣传领导小组	CN14—1335/G0
183	食品工程	季	山西省食品工业研究所	山西省轻工业行业管理办公室	CN14—1336/TS
184	开心世界	半月	山西省作家协会	山西省作家协会	CN14—1337/I
185	新探索	月	山西省测绘行业协会、山西省测绘学会	山西省测绘局	CN14—1338/TB

序号	期刊名称	刊期	主办单位	主管单位	国内统一连续出版物号
186	当代农机	月	山西省农业机械化科学研究院、山西省农业机械学会	山西省农机局	CN14—1339/S
187	百姓故事	旬	长治市文学艺术界联合会	中共长治市委宣传部	CN14—1340/G2
188	太原大学教育学院学报	季	太原大学教育学院	太原大学教育学院	CN14—1341/G4
189	数学爱好者	旬	山西省期刊协会	山西省新闻出版局	CN14—1342/O1
190	农业技术与装备	月	山西省农机化技术推广总站	山西省农机局	CN14—1343/TH
191	山西大同大学学报（自然科学版）	双月	山西大同大学	山西大同大学	CN14—1344/N
192	山西大同大学学报（社会科学版）	双月	山西大同大学	山西大同大学	CN14—1345/C
193	中共山西省直机关党校学报	双月	中共山西省直机关党校	中共山西省直属机关工作委员会	CN14—1346/D
194	文化产业	月	山西出版集团	山西出版集团	CN14—1347/G2
195	晋城职业技术学院学报	双月	晋城职业技术学院	晋城职业技术学院	CN14—1348/G4
196	全科护理	旬	山西省护理学会	山西省卫生厅	CN14—1349/R
197	新晋商	月	山西出版集团	山西出版集团	CN14—1350/F
198	走遍世界	旬	山西省文联期刊出版管理中心	山西省文学艺术界联合会	CN14—1351/K
199	铸造设备与工艺	双月	太原科技大学	太原科技大学	CN14—1352/TG

注：本表来源于山西省新闻出版局报刊处2008年12月编印的《山西省期刊一览表》

六、山西省期刊历年变更情况

（1988—2008）

1988年

创办5种:《山西气象》(4月),《生产力研究》(8月),《竞争与超越》(10月),《集体经济》(10月),《北岳风》(10月)。

注销2种:《我的大学》(12月),《鹤翔庄气功》(12月)。

更名3种:《山西硅酸盐》更名为《山西建材》(5月),《城市改革理论研究》更名为《城市研究》(11月),《农业经济效果》更名为《乡镇论坛》(11月)。

至年底，山西省共有期刊146种，其中社科期刊86种，科技期刊60种。

1989年

创办4种:《山西电力技术》(4月),《机电安全》(8月),《太化科技》(8月),《山西计量与测试》(8月)。

注销14种:《竞争与超越》(11月),《集体经济》(11月),《批评家》(11月),《小学语文报》(11月),《中学生文学》(11月),《思维科学》(11月),《热流》(11月),《乡土文学》(11月),《河东文学》(11月),《云冈》(11月),《城市文学》(11月),《农村发展探索》(11月),《初一课程辅导》(11月),《初二课程辅导》(11月)。

更名1种:《初三课程辅导》更名为《中学课程辅导》(11月)。

至年底，山西省共有期刊136种，其中社科期刊72种，科技期刊64种。

1990年

创办1种:《记者观察》(9月)。

注销3种:《神州犬业》(7月),《鸡鸭鹅鹑鸽》(7月),《山西工艺美术》(10月)。

至年底，山西省共有期刊134种，其中社科期刊72种，科技期刊62种。

1991年

创办6种:《科技情报开发与经济》(1月),《山西白血病》(4月),《种子科技》(7月),《新闻出版交流》(10月),《山西档案》(10月),《支部建设》(12月)。

注销(或停办)6种:《乡镇论坛》(3月登记地转往北京),《语文报》(5月由期刊登记转为报纸登记),《山西革命根据地》(10月),《山西塑料》(11月),《支部建设(城市版)》(12月),《支部建设(农村版)》(12月)。

更名4种:《液压工业》更名为《液压气动与密封》(2月),《火炸药安全技术》更名为《兵工安全技术》(4月),《煤炭综合利用译丛》更名为《煤炭转化》(11月),《柔道与摔跤》更名为《体育文化月刊》(12月)。

至年底，山西省共有期刊134种，其中社科期刊70种，科技期刊64种。

1992年

创办18种:《山西冶金》(1月),《山西机械》(1月),《城市经济》(2月),《山西核技术通讯》(5月),《煤》(5月),《中国保健营养》(5月),《政府法制》(5月),《今日山西》(6月),《前进》(6月),《都市》(7月),《生活潮》(7月),《中学课程辅导(初一版)》(8月),《中学课程辅导(初二版)》(8月),《中国群众体育》(8月),《改革先声》(8月),《系统辩证学学报》(8月),《中国方域——行政区划与地名》(8月),《人间方圆》(9月)。

注销(或停办)3种:《理论教育》(6月),《地名知识》(8月),《太行山》(9月)。

更名2种:《山西科技研讨》更名为《山西科技》(1月),《中学课程辅导》更名为《中学课程辅导(初三版)》(8月)。

至年底，山西省共有期刊149种，其中社科期刊79种，科技期刊70种。

1993年

创办7种:《山西水利科技》(1月),《长治医学院学报》(1月),《新消化病学杂志》(1月),《税收与企业》(5月),《投资导刊》(8月),《银行家与企业家》(8月),《正气》(9月)。

注销1种:《技术研究》(1月)。

更名5种:《电力学刊》更名为《电力学报》(2月),《山西地方志》更名为《沧桑》

（4月），《绿色天地》更名为《山西林业》（6月），《山西地质》更名为《华北地质矿产杂志》（6月），《电影介绍》更名为《影视圈》（8月）。

至年底，山西省共有期刊155种，其中社科期刊83种，科技期刊72种。

1994年

创办（或增加）7种：《山西交通科技》（1月），《山西护理杂志》（1月），《科幻大王》（1月），《日用化学文摘》（1月登记地转来山西），《中医外治杂志》（6月），《山西食品工业》（6月），《量子光学学报》（9月）。

注销3种：《山西核技术通讯》（3月），《中华会计函授》（6月登记地转往北京），《晋阳文艺》（12月）。

更名5种：《太原科技情报》更名为《太原科技》（6月），《山西地图》更名为《三晋测绘》（6月），《太原机械学院学报》更名为《华北工学院学报》（6月），《山西民间文学》更名为《民间传奇故事》（8月），《法制文摘》更名为《法制博览》（11月）。

至年底，山西省共有期刊159种，其中社科期刊82种，科技期刊77种。

1995年

创办6种：《山西农业》（1月），《山西临床医药》（1月），《健康向导》（6月），《中国新消化病学杂志（英文版）》（6月），《肿瘤研究与临床》（6月），《山西电子技术》（6月）。

注销1种：《机电安全》（3月登记地转往北京）。

更名2种：《山西白血病》更名为《白血病》（1月），《日用化学工业译丛》更名为《日用化学品科学》（2月）。

至年底，山西省共有期刊164种，其中社科期刊82种，科技期刊82种。

1996年

注销4种：《山西节能技术》（1月），《山西能源》（1月），《山西计量与测试》（1月），《日用化学文摘》（2月）。

至年底，山西省共有期刊160种，其中社科期刊82种，科技期刊78种。

1997年

创办1种：《中华风湿病学杂志》（5月）。

注销2种：《投资导刊》（5月），《银行家与企业家》（5月）。

更名1种：《山西医学院学报》更名为《山西医科大学学报》（1月）。

至年底，山西省共有期刊159种，其中社科期刊80种，科技期刊79种。

1998年

创办32种:《山西政报》(8月),《导弹试验技术》(10月),《武警教育》(10月),《实用骨科杂志》(11月),《雁北师范学院学报》(11月),《山西职业师范专科学校学报》(11月),《大同高等专科学校学报》(11月),《忻州师范专科学校学报》(11月),《晋中师范专科学校学报》(11月),《晋东南师范专科学校学报》(11月),《山西财政税务专科学校学报》(11月),《吕梁高等专科学校学报》(11月),《运城高等专科学校学报》(11月),《山西教育学院学报》(11月),《太原教育学院学报》(11月),《山西广播电视大学学报》(11月),《太原师范专科学校学报》(11月),《中共山西省委党校学报》(11月),《中共太原市委党校学报》(11月),《山西社会主义学院学报》(11月),《山西内参》(12月),《公安部管理干部学院山西分院学报》(12月),《山西青年管理干部学院学报》(12月),《山西经济管理干部学院学报》(12月),《山西省政法管理干部学院学报》(12月),《山西煤炭管理干部学院学报》(12月),《山西大学师范学院学报》(12月),《山西师大体育学院学报》(12月),《山西高等学校社会科学学报》(12月),《山西财经大学学报(高等教育版)》(12月),《山西医科大学学报(基础医学教育版)》(12月),《华北工学院测试技术学报》(12月)。

注销7种:《电子工艺简讯》(1月登记地转往北京),《兵工安全技术》(1月登记地转往北京),《山西矿业学院学报》(2月),《实用中西医结合杂志》(2月),《太化科技》(3月),《城市经济》(7月),《山西成人教育》(7月)。

更名6种:《新消化病学杂志》更名为《华人消化杂志》(1月),《中国新消化病学杂志(英文版)》更名为《世界胃肠病学杂志(英文版)》(1月),《太原工业大学学报》更名为《太原理工大学学报》(1月),《山西财经学院学报》更名为《山西财经大学学报》(2月),《山西劳动》更名为《山西劳动与保障》(8月),《经济与社会发展》更名为《都市生活》(12月)。

至年底，山西省共有期刊184种，其中社科期刊108种，科技期刊76种。

1999年

创办8种:《小学教学设计》(3月),《太原年鉴》(4月),《太原经济管理干部学院学报》(5月),《山西职工医学院学报》(8月),《山西中医学院学报》(8月),《大同医学专科学校学报》(8月),《山西师范大学学报(自然科学版)》(8月),《山西能源与节能》(9月)。

注销3种:《互感器通讯》(3月),《导弹试验技术》(5月转往解放军总政宣传部新闻出版局登记),《武警教育》(5月转往解放军总政宣传部新闻出版局登记)。

更名3种:《华人消化杂志》更名为《世界华人消化杂志》(3月),《文物季刊》更名为《文物世界》(5月),《城市研究》更名为《城市周刊》(5月)。

至年底,山西省共有期刊189种,其中社科期刊110种,科技期刊79种。

2000年

创办12种:《中共山西省委党校省直分校学报》(3月),《华北工学院学报(社会科学版)》(3月),《太原理工大学学报(社会科学版)》(3月),《动画乐园》(3月),《新作文》(7月),《中外童话故事》(7月),《股市》(7月),《形势教育月刊》(7月),《山西建筑》(8月),《汽车时代》(8月),《实用医学影像杂志》(8月),《中国中西医结合肾病杂志》(8月)。

注销(或停办)3种:《中国群众体育》(3月),《城市周刊》(6月),《体育文化月刊》(7月)。

更名14种:《大同高等专科学校学报》更名为《大同职业技术学院学报》(1月),《晋中师范专科学校学报》更名为《晋中师范高等专科学校学报》(1月),《山西护理杂志》更名为《护理研究》(5月),《美术耕耘》更名为《新美域》(9月),《北岳风》更名为《通俗文学选刊》(9月),《戏友》更名为《娱乐》(9月),《山西文史资料》更名为《文史月刊》(9月),《忻州师范专科学校学报》更名为《忻州师范学院学报》(9月),《中学课程辅导(初一版)》更名为《母婴世界》(10月),《公安部管理干部学院山西分院学报》更名为《山西警官高等专科学校学报》(11月),《改革先声》更名为《品牌》(11月),《财金贸易》更名为《银行家》(11月),《山西建材》更名为《建材技术与应用》(11月),《白血病》更名为《白血病·淋巴瘤》(11月)。

至年底,山西省共有期刊198种,其中社科期刊115种,科技期刊83种。

2001年

创办4种:《太原大学学报》(7月),《山西经济年鉴》(9月),《吕梁教育学院学报》(9月),《实用医技杂志》(11月)。

更名2种:《山西电力技术》更名为《山西电力》(1月),《华北地质矿产杂志》更名为《华北国土资源》(9月)。

至年底，山西省共有期刊202种，其中社科期刊118种，科技期刊84种。

2002年

创办7种:《医学心理指导》(3月),《旅游时代》(4月),《山西农业大学学报(社会科学版)》(4月),《农产品加工》(7月),《太原市人民政府公报》(8月),《家庭护士》(10月),《基层医学论坛》(10月)。

注销(或停办)4种:《液压气动与密封》(2月登记地转往北京),《山西职业师范专科学校学报》(2月),《太原师范专科学校学报》(4月),《能源基地建设》(4月)。

更名11种:《农机推广》更名为《农机推广与安全》(3月),《山西临床医药》更名为《临床医药实践》(3月),《华北工学院测试技术学报》更名为《测试技术学报》(3月),《山西教育学院学报》更名为《太原师范学院学报(自然科学版)》(4月),《山西大学师范学院学报》更名为《太原师范学院学报(社会科学版)》(4月),《山西农业大学学报》更名为《山西农业大学学报(自然科学版)》(4月),《中学课程辅导(初二版)》更名为《NBA特刊》(5月),《中学课程辅导(初三版)》更名为《中学课程辅导》(6月),《西山科技》更名为《山西焦煤科技》(7月),《中医药研究》更名为《中西医结合心脑血管病杂志》(7月),《运城高等专科学校学报》更名为《运城学院学报》(12月)。

至年底，山西省共有期刊205种，其中社科期刊118种，科技期刊87种。

2003年

创办(或增加)3种:《消防世界》(1月),《日用化学工业》(10月登记地转来山西),《先锋队》(12月)。

注销(或停办)6种:《支部建设》(12月),《正气》(12月),《形势教育月刊》(12月),《消防世界》(12月),《税收与企业》(12月),《新闻出版交流》(12月)。

更名3种:《北岳》更名为《小品文选刊》(3月),《山西机械》更名为《机械工程与自动化》(5月),《三晋测绘》更名为《大地纵横》(10月)。

至年底，山西省共有期刊202种，其中社科期刊114种，科技期刊88种。

2004年

创办1种:《新课程》(5月)。

停办1种:《人事》(5月)。

更名5种:《太原经济管理干部学院学报》更名为《太原城市职业技术学院学报》

（4月），《通俗文学选刊》更名为《当代金融家》（9月），《晋中师范高等专科学校学报》更名为《晋中学院学报》（12月），《晋东南师范专科学校学报》更名为《长治学院学报》（12月），《华北工学院学报（社会科学版）》更名为《中北大学学报（社会科学版）》（12月）。

至年底，山西省共有期刊202种，其中社科期刊114种，科技期刊88种。

2005年

创办3种：《教育》（3月），《世界高尔夫》（8月），《开心世界》（11月）。

注销（或停办）6种：《肿瘤研究与临床》（1月登记地转往北京），《白血病·淋巴瘤》（1月登记地转往北京），《山西劳动与保障》（3月），《山西统计》（8月），《山西内参》（11月），《蒲剧艺术》（11月）。

更名6种：《医学心理指导》更名为《校园心理》（1月），《太原重型机械学院学报》更名为《太原科技大学学报》（2月），《华北工学院学报》更名为《中北大学学报（自然科学版）》（6月），《系统辩证学学报》更名为《系统科学学报》（8月），《今日山西》更名为《映像》（9月），《山西食品工业》更名为《食品工程》（11月）。

至年底，山西省共有期刊199种，其中社科期刊113种，科技期刊86种。

2006年

创办1种：《数学爱好者》（4月）。

停办1种：《山西气象》（4月）。

更名5种：《大地纵横》更名为《新探索》（2月），《山西农机》更名为《当代农机》（2月），《太原教育学院学报》更名为《太原大学教育学院学报》（4月），《漳河水》更名为《百姓故事》（4月），《农机推广与安全》更名为《农业技术与装备》（8月）。

至年底，山西省共有期刊199种，其中社科期刊113种，科技期刊86种。

2007年

更名3种：《雁北师范学院学报》更名为《山西大同大学学报（自然科学版）》（7月），《大同职业技术学院学报》更名为《山西大同大学学报（社会科学版）》（7月），《中共山西省委党校省直分校学报》更名为《中共山西省直机关党校学报》（8月）。

至年底，山西省共有期刊199种，其中社科期刊112种，科技期刊87种。

2008年

创办2种：《晋城职业技术学院学报》（3月），《新晋商》（10月）。

停办2种:《大同医学专科学校学报》(3月),《中国方域——行政区划与地名》(10月)。

更名4种:《股市》更名为《文化产业》(1月),《家庭护士》更名为《全科护理》(8月),《人间方圆》更名为《走遍世界》(11月),《铸造设备研究》更名为《铸造设备与工艺》(11月)。

至年底，山西省共有期刊199种，其中社科期刊113种，科技期刊86种。

注：本附录括号内所注的创办（或增加）、注销（或停办）、更名的时间为国家新闻出版行政部门或国家科学技术行政部门批准的时间。

七、山西省先进出版工作者名录（期刊部分）

1989年6月，中共山西省委宣传部、山西省新闻出版局、山西省出版工作者协会评出优秀期刊编辑32人，名单如下：

王丽萍、李茂盛、朱保全、陈建中、饶九欢、宗士惠、盛传泽、赵军德、卢祥之、张玉兰、胡广权、吴敦礼、杨鲁第、袁正明、王冬生、孙以煜、阎俊仙、李瑞林、沈慧云、汤书明、祝大同、赵岩平、阎晶明、成宵东、赵中悦、李维加、王星荣、王耀伟、张锐锋、段展样、张继峰、曹慧升

同时，评出优秀期刊美术设计者10人，名单为：王纬、钱骥俊、贾庆平、王小钦、蔡军、崔俊恒、单益平、尹福建、康福平、李晓峰

从1992年起，中共山西省委宣传部、山西省新闻出版局、山西省出版工作者协会组织开展山西省先进出版工作者评选活动。现将第一届至第八届先进出版工作者获奖名单（期刊部分）分列如下：

第一届（1992年12月）

张纪仲、杜厚勤、赵岩平、郭华荣、张秉谦、鞠克光、曹慧升、荣明礼、夏立纯、谢克昌、任重远、李万才、张双俊、王玉峰、樊亮云、李兴骏、张承信、牛润喜、吉星、王天胜、宋宝群、郭晋萍、李红星、张仁健、李沁生

第二届（1994年12月）

王志一、吴荣春、巨建国、梁凤梧、王丽萍、颜世平、刘世明、田志耘、刘伯生、聂翠青、刘琦、周欣、李建华、杜世清、廉钢生、李强、康富平、宋崇魁、荆作栋、韩世范、白润萍、白尚平、杨福好、崔天悦、阎文泽、韩晋生、陈克亮、刘振民、薛慧林、郝

建国、原荣立、孟庆珠

第三届（1997年5月）

“十佳”出版工作者：

李强、曹慧升、袁正明、陈建中、刘振民、荣明礼

先进出版工作者：

罗加、解正德、张纪仲、席尚明、张小浩、王照光、董小英、戾锁成、赵纪兰、宋国劳、杜世清、孙全生、李笑白、崔学兰、边新文、霍金林、焦惠生、廉钢生、毕星星、徐则林、刘蜜、白润萍、王东飞、王步贵、梁凤梧

第四届（1998年9月）

李光明、张成龙、韩志伟、魏晓虹、秦广胜、翟晓明、朱德真、邢书良、白尚平、靳保太、王学孝、廉钢生、李瑞林、董海原、刘振民、王燕、张亮、王振华、康宏、张仁健、孙琇

第五届（2001年4月）

“十佳”出版工作者：

廉钢生、董海原

先进出版工作者：

程金莲、张晓薇、王保东、王兴旺、韩克勇、郭握重、钟启元、桑建中、赵少琳、赵凯君、王绍青、聂正平、王玉奎、解正德

第六届（2002年12月）

“十佳”出版工作者：

武岚、畅引婷、臧长海

先进出版工作者：

王巨台、古四毛、白尚平、白润萍、卢泽民、吕士忠、许冰、李菡、李军纪、张晓薇、明祥、庞富祥、孟安邦、席尚明、程金莲、解正德、魏晓虹

第七届（2004年12月）

“十佳”出版工作者：

解正德、古四毛、郝慧琴

先进出版工作者：

韩世范、高智强、潘胡锁、胡若佳、王毅鸣、崔力、高生记、曲志榕、刘改换、张

红霞、张晓冬、杜力、陈玉琴、任永玲、韩志伟

第八届（2006年11月）

“十佳”出版工作者：

韩世范、畅引婷、高智强

先进出版工作者：

付一静、葛虹、李沁生、李菡、曹玉英、董金桃、牟兆兰、李林华、杨永建、李红云、张海宁、霍金林、赵学文

八、台湾山西文献社与《山西文献》

1972年，在台湾的台北市山西同乡会发起成立了山西文献社，旋于1973年创办了《山西文献》双季刊。

关于《山西文献》的宗旨及内容，刊物自称："本刊系一份综合性地方文献刊物"，"以宏扬历史文化刊载山西文献为主旨"，"以服务读者、社会、同乡为主要功能"，"征稿范围如次：甲、有关历史文物者。乙、有关山川舆地者。丙、有关学术文化者。丁、有关乡贤史迹者。戊、有关古迹名胜者。己、有关乡土风俗者"。

《山西文献》组织机构有发行人、社长、总编、编委会。发行人张彝鼎（灵石人，"国防部"总政治部主任、常务次长，"总统府"战略顾问，"国大"代表，"中央评议员"），总编石锺琇，经理卢学礼，编委有王止峻（五寨人，"国大"代表）、卫聚贤（万泉人，考古学家，已故）、方闻（五台人，原太原绥靖公署秘书，"国大"代表）、朱点（五台人，原太原绥靖公署秘书、驻沪办事处处长，"立法委员"）、胡伯岳（永济人，原省党部常委，"国民政府"监委）、张怀文（潞城人，原潞城、陵川党部书记长，原陵川县县长，"国大"代表）、邓励豪（怀仁人，原"政治会议"秘书长、省参议会秘书长，"立法委员"）、韩克温（曲沃人，原省党部常委、平民中学董事长，"国大代表"）、姚大海（原省党部执委）、郭紫峻（崞县人，原中统人员，"国大"代表，"立法委员"）、马济霖（阳曲人，原"三青团中央党部"秘书，"立法委员"）、高向杲（神池人，原《时事新报》总编，《台北中国邮报》主笔，"国际关系所"研究员）、乔家才（交城人，黄埔五期与戴笠同学，军统人员，在台写作颇多）、刘象山（盂县人）、赵正楷（五台人，传记作家）以及郭荣生、王鑫、李壁恒、张锦富、裴西园、李希纯、高崇礼、原德汪、赵宋晨、赵璞、刘震慰、姬镇魁、郭宗泰、缪玉青等。

张彝鼎去世后，石锺琇、郭荣生先后为社长兼总编。编辑委员、经理与副经理也微有变动，2002年邓励豪卸任发行人，由原馥庭接任，社长兼总编席涵静。《山西文献》32开本，每期110页至160页不等，繁体字竖排，使用“民国纪年”，以连续期号编排，刊名系集傅山书法，每期封面载一幅山西名胜古迹之摄影图片。封底刊有“征稿原则”以及出版人姓名，载有登记号：“邮政划拨账号第01037062号、行政院新闻局版志字第0349号登记，中华邮政台字第3623号执照登记，为第一类新闻纸类。”

《山西文献》每年一月、七月各出一期，迄今已有30年历史，累积60期刊物。1997年7月出版的第50期《山西文献》载有《本刊二十五周年纪念献辞》，全文如下：

前言

本刊创刊于中华民国六十二（一九七三）年一月，迄今中华民国八十六（一九九七）年七月，共发行五十期，历时二十五年。在此期间，由诞生到成年，走过了一段虽非很长但亦并不算很短的时间。其经历的各种情况，值得回忆省视，俾有助于今后的改进与发展。

检讨

本刊自创刊以来，碍于条件的不足。故只能本克难作法苦干穷干，以人手言，在事同人，均系义务投效。以物力言，无固定基金及经济来源，亦无稿费报酬。其印制发行等费用，悉赖自由捐助。因之原拟发行季刊之构想，不得不改为双季刊。筚路蓝缕，自力更生，撙节开支，艰苦撑持。

欣慰

面对坎坷境遇，在绝不气馁的信心下，精打细算，能省即省，二十五年来一贯如此。值得欣慰的自创刊以来，按期出版，从无脱期。在内容方面，保持一定的水准。在发行方面，全部赠阅，不向读者收费。只要愿意阅读，本刊即行寄赠。为了争取时间，对海外及大陆以航空邮寄。在此期间并出版了文献丛书十种。由于得到多数读者的爱护和在事人员的苦心经营，在刊物特性、内容水准、印刷外观、准时出刊等方面，均获致好评。其间几位热心参与者如发行人张彝鼎先生，社长兼总编石锺琇先生，编辑委员方闻先生、乔家才先生、赵正楷先生等从创刊到辞世，尽心竭力，捐款供稿，始终如一，难能可贵，值得表扬。

呼吁

关于稿件资料方面——刊物的内容水准，是刊物的灵魂。一份良好的刊物，必须保持充实且具水准的内容。以故首先吁请读者源源提供适合本刊性质的稿件和资料。其要点是：（一）稿件资料性质，符合本刊征稿原则（刊在本刊封底）。（二）富有历史价值，勘供未来史志参考。（三）文词顺畅兼具文艺涵泳，雅不冷僻，俗不低级，俾能引起读者阅读兴致。（四）加强团结、增进乡谊的功能。（五）激励理性道德向上求新的作用。（六）宣导守法受纪有稗（俾）国利民福之积极建议。（七）本刊综合内容与水平可与其他地方文献并驾齐驱。

必须特加说明者，年来本刊稿件资料提供的数量颇多，殊属可喜，但一部分读者对本刊内容不断反映：认为审查过松，有些内容，固然达到了投稿人发表的目的，但并非为大多数读者所欢迎。针对此种两极化现象，一方面吁请投稿人注意客观反应，自我约制；一方面建议编辑委员会适当审查与筛选，统筹兼顾，使两极得到平衡。

审查筛选的程序：先初审——大体审查，再复审——集体审查、讨论决定。审查依据的要点：（一）以是否符合本刊宗旨和需要决定取舍。（二）就重要性及时间性排定优先顺序。（三）就各门类篇幅适当搭配，避免畸重畸轻。（四）依客观准据作必要之删改。（五）其他有关之适当处理。稿件请加分段小标题，并请缮写清楚，加具标点符号。

关于经费收支方面——本刊经费端赖捐助，年来发行数量成长，印刷邮资调涨，入不敷出，年有短绌。长此以往，情况日趋恶化，问题愈益严重，若不增加收入，不仅无力改善，存在亦受威胁。近数期中本刊致读者函迭次呼吁，已获得部分读者注意，但收支差额仍大。曾有热心读者建议缩小免费赠阅范围，除文史图书机构免费赠阅外，一般读者可酌收工本费。亦有关切本刊之人士反映：一些经济情况不恶与本刊颇有情谊本人及子女均经本刊赠阅，而殊少乐捐，甚或迄无捐助，相对于一些景况虽属艰困但仍热心捐助者，有欠公平，似可专函恳劝解囊捐助。类此种种建议，立意均善，盛情可感，但经审慎研究，在尽力设法克服困难原则下，不轻言变更全面赠阅及自由乐捐之办法。本刊相信，只要多数读者注意到此一问题，以现时一般人的经济情况，慷慨解囊，集腋成裘，惠予资助，不难解决。本刊的邮政划拨账号：01037062号。

关于一般改进方面——(一)欢迎对本刊内容、印刷有关的改进意见。(二)如发现内容、排印、装订有错误处，请随时指正。(三)通信处地址门牌如有变更，请及时通知改正。

本刊系一份综合性地方文献刊物，兼具一般性及特别性。读者对象，包括各行业、各阶层、各地区及老中青各种年龄。欲使不同对象皆能接受，则必须顾全整体，尊重多数，妥当配合，保持平衡。而基本精神，厥为确认本刊为全体读者所共有，为全体读者而服务；并非少数人所据有，亦非为少数人而服务。因此，诚恳的盼望读者共同关切，共同参与，使本刊本于宗旨，跟随时代潮流，善尽职责，达成使命，并在广大读者爱护督促下不断进步。

《山西文献》开设的主要栏目有“特载”、“学术志”(“学术文化”)、“地方志”(“物产志”、“军事志”、“文教志”、“胜迹志”)、“人物志”(“乡贤史迹”)、“忆往集”、“探亲归来”、“旅游集锦”、“海外见闻”、“乡情报道”等。“特载”一般刊载一些文献性资料；“学术志”、“地方志”等多为与山西有关的文物方志、文化风情、乡土民俗；“忆往集”、“人物志”等多为一些回忆录及前贤胜绩传说；“探亲归来”、“旅游集锦”多为一些回大陆探亲的感想及游记；“乡情报导”主要报道在台山西乡人的社团活动、动态等。同时，还刊载两岸同胞寻找亲人的“寻人启事”。

据有关报道，在台的山西人主要包括1940年代末随国民党政府的去台人员，约有两万多人，两岸暌隔数十年，意识形态方面的差异较大，加之《山西文献》的创办人多系国民党当局的退休权要，所以对蒋介石、阎锡山、徐永昌、赵戴文、苗培成等人推崇、颂扬有加，然而也为研究民国历史提供了一些材料。随着祖国大陆改革开放的推进，大陆与台湾接触增加，了解沟通渐多，后期刊物敌视祖国大陆的色彩已渐趋淡化。

《山西文献》所刊发的多数稿件充分表达了旅台山西同胞热爱祖国、心系乡梓、渴望统一的情怀，体现了两岸同胞“同根同源，血肉相连，休戚与共”的情感。如第84期卢学礼《祝海峡两岸互利双赢》称，“全体中华儿女都应以旺盛的企图心与强烈的使命感，振作自强，本国家兴亡、匹夫有责、荣辱与共、血肉相连的高度爱国情操，各自努力，精诚团结，加速完成建设新中国大业”，“建设完全统一进步富强文明现代化新中国”。第50期的社论《欣见香港回归中国》，欢呼香港回归，“经过百余年来的牺牲奋斗，梦寐以求的收回失地香港终于一九九七年七月一日实现了。这是全体炎黄子孙一项胜利成果，也是历史上一椿大事，值得欢呼与称庆”。第49期社论《捍卫国家领土主权，向保钓运动英雄致敬》，积极地声援“自发的人民爱国运动”，捍卫祖国领土主权。另有许多文章，表达了抨击台独的观点。第49期《台海两岸由交流到统一》中说：“完成国家统一，建立富强康乐文明的现代化新中国，是所有中华儿女，人同此心，心同此理，共同追求的目标，至极少数别有居心从事台独主张者，又为大多数同胞唾弃及无情反对。”

在大量的“探亲归来”中，充满着海外游子对家乡、故土的亲情。如牛向明的《离家四十年》（第40期）中开篇写道：“我自民国三十三年九月九日（农历）离开家乡长子县，至民国七十七年四月十三日（农历）国历为五月二十八日凌晨回到家里，实际上离家四十三年七个月零四天。题目《离家四十年》求其读起来顺口而已。”离开家乡的年月日准确至“天”，念兹在兹的家乡，在游子心中的分量可想而知。李明元的《乡情散记》（第44期）中说：“前些年新闻曾报道过，日本与韩国之间的海峡，打通了海底隧道。去年又有新闻报道，英国与欧洲之间的英吉利海峡，也打通了海底隧道，我不由得这样联想，台湾海峡的海底隧道，在时隔不久的将来也一定会打通的。”丁士奇的《返乡祭祖》（第45期）中，谈到对“台胞证”的感受时说：“但我自认是地道的老西，怎能被认定是‘台胞’？”在快到家乡时，“当曙光初透，睡意全消之际，突然发现火车已到忻州……内心不免懊悔，为何不充分掌握这短暂机会来欣赏家乡山水风光，竟然和周公谈古论今去了。尽管自艾自怨，仍不住地和故土家园心交神往，默默呐喊着：‘亲爱的故乡啊！我终于回来了！’”

《山西文献》每期“乡情报导”一栏，既介绍台湾山西同乡之活动，也介绍山西的政治、经济、文化、教育等动态。尤其对两岸交流往来每期都有报道。如第53期（1999年）有则为“太原理工大学谢校长等来台学术交流”，文中说：“谢克昌偕副校长郝建功等应台湾科技大学之邀作学术交流，并访问清华大学、交通大学、科学园区……”文末说：“谢校长系前第二战区副司令长官杨爱源上将之外孙。”又如第61期（2003年）有则为：“山西新闻工作者代表团一行十一人由团长申存良先生率领，于七月八日来台访问，本会于七月十五日欢宴。”在报道山西情况方面，如第64期（2004年）有则为：“山西省省长刘振华因工作变动辞职，由副省长张宝顺代理。张宝顺1950年生，籍贯河北省，经济学硕士。将致力于为民谋福利，社会全面发展，依法行政，廉洁从政。”

山西文献社还举办“山西文献基金捐款”，以“财团法人台北市山西文教基金会”的名义，办理每学年度“台、澎、金、马籍学生助学金”，另有“山西省民营事业奖学金基金会”等，集款筹金，以资助山西籍学生的学业。“三十余年来，办理台、澎、金、马地区山西籍学生奖助学金，至八十三年度，累计受奖助学生达二万三千余人次，发出款额计新台币壹千余万元。”从1995年起，该基金将范围做了扩大，“以积极发展山西文教事业，造福桑梓，敦睦乡谊，加强地方现代化为宗旨”，增加了“学术研究之促进”、“发明创作之奖励”、“海峡两岸山西文教交流之策划与配合”等。对学生的奖助已延至大陆，其中还有以个人名义设立的奖学金，如第56期报道，委托山西省代办之陈文英女士奖学金部分，省方组成“台北山西同乡会晋才奖学金”，经审核发给山西大学等十所高校45名学生，每名人民币2000元，受奖同学均表衷诚感谢。消息中详列了这些高校及受奖学生名单。

《山西文献》的作者并不只是在台山西同乡，随着祖国大陆的改革开放，许多身处山西的学人也为之撰稿，近年来就有靳生禾、柴继光、张海瀛、侯文正、孟繁仁、孙安邦、梁志宏、李蓼源、曲润海、降大任等多人的文章出现于该刊之上。

参考文献

〔1〕毛泽东选集．北京：人民出版社，1952

〔2〕毛泽东新闻工作文选．北京：新华出版社，1983

〔3〕周恩来选集．北京：人民出版社，1980

〔4〕邓小平文选．北京：人民出版社，1983

〔5〕鲁迅书信集．北京：人民文学出版社，1976

〔6〕齐鹏飞等主编．当代中国编年史．北京：人民出版社，2007

〔7〕顾亚奇等．伟大的历程——中国改革开放30年．北京：中信出版社，2008

〔8〕王安．25年：1978—2002年中国大陆四分之一世纪巨变的民间观察．北京：世界知识出版社，2003

〔9〕马立诚等．交锋——当代中国三次思想解放实录．北京：今日中国出版社，1998

〔10〕张伯海主编．中国期刊．兰州：甘肃人民出版社，1998

〔11〕孙燕君等．期刊中国．北京：中国社会科学出版社，2003

〔12〕丛林主编．中国编辑学研究述评．济南：齐鲁书社，2004

〔13〕余也鲁．杂志编辑学．香港：海天书楼，1994

〔14〕肖东发．中国图书出版印刷史论．北京：北京大学出版社，2001

〔15〕袁亮．毛泽东邓小平与中国出版．北京：中国书籍出版社，1995

〔16〕林穗芳．中外编辑出版研究．武汉：华中师范大学出版社，1998

〔17〕罗琳主编．中国期刊面面观．北京：中国书籍出版社，1994

〔18〕胡太春．中国近代新闻思想史．太原：山西人民出版社，1987

〔19〕王桧林等主编．中国报刊辞典．太原：书海出版社，1992

〔20〕宋应离主编．中国期刊发展史．开封：河南大学出版社，2000

〔21〕徐柏容．期刊编辑学概论．沈阳：辽宁教育出版社，1995

〔22〕吉少甫主编．中国出版简史．上海：学林出版社，1991

〔23〕宋应离等编．中国当代出版史料．郑州：大象出版社，1999

〔24〕周谷城．中国通史．太原：山西人民出版社，1986

〔25〕周葱秀等．中国近现代文化期刊史．太原：山西教育出版社，1999

〔26〕方汉奇．中国近代报刊史．太原：山西人民出版社，1981

〔27〕胡文启等．期刊出版三人谈．武汉：湖北人民出版社，1998

〔28〕孙景峰．学报编辑工程论．北京：中国科学技术出版社，2000

〔29〕杨荣星．中国学报编辑学导论．西安：三秦出版社，2003

〔30〕李频．期刊策划导论．石家庄：河北教育出版社，2001

〔31〕张宪文主编．中华民国史纲．郑州：河南人民出版社，1985

〔32〕何沁等编．中共党史讲义．北京：中国人民大学出版社，1982

〔33〕山西省史志研究院编．山西通志·新闻出版志·出版篇．北京：中华书局，1999

〔34〕山西省政协文史资料研究委员会编．阎锡山统治山西史实．太原：山西人民出版社，1984

〔35〕降大任．山西史纲．太原：山西人民出版社，2004

〔36〕胡绳．从鸦片战争到五四运动．北京：红旗出版社，1982

〔37〕孙友葵等主编．中华人民共和国大事述评．哈尔滨：黑龙江教育出版社，1989

〔38〕周伟主编．思想原声．北京：光明日报出版社，2005

〔39〕【美】本顿·雷恩·帕特森．期刊编辑．石家庄：河北教育出版社，2004

〔40〕何博传．山坳上的中国．贵阳：贵州人民出版社，1988

〔41〕冯潞．高台上的中国．太原：三晋出版社，2009

〔42〕刘存善编著．山西辛亥革命史．太原：山西人民出版社，1991

〔43〕吕日周．山西省改革开放分析．太原：山西经济出版社，1996

〔44〕新闻出版总署教育培训中心编．期刊出版工作法律法规选编．北京：中国大百科全书出版社，2008

〔45〕潘俊桐等编．山西出版大事记（1949—1999）．太原：山西科学技术出版社，2002

索　引

说明：（1）本索引以报刊名称为主题词检索。

（2）本索引主题词按拼音为序排列，括号外数字为章，括号内数字为节。

A

B

C

D

J

M

N

T

W

X

后 记

《山西期刊史》是由山西省新闻出版局和山西省期刊协会组织的研究课题，从提出设想到最终完成计有八年时间。关于它初期的一些情况，在本书第十章关于社团活动的一节中已有所论及，这里仅再做些补充。

期刊是近现代主要的出版物种类之一，它在山西的产生虽迟于全国发达地区，但也有了百年历史。在不同的历史时期，山西的期刊都有过不俗的表现，尤其是改革开放的30年更是山西期刊有史以来大发展、大繁荣的时期。就山西这一特定地域来回溯、梳理、记录、研究期刊的发展轨迹，无疑是十分有意义但也十分不易的事。意义毋庸赘言，不易则有三：一是虽这些年期刊研究有了长足的进步，但作为地域性期刊专史者还未见到，这就使得《山西期刊史》的编纂无现成样本可参照。二是《山西期刊史》的下限定于2008年，这一做法与历史学家“当代人不修当代史”的惯例相悖。记述当代固然有亲历亲为者尚在的方便，但由于还没有经过时间的沉淀，不少事情与现实之间的联系还十分紧密，要做出客观准确的记录与评价就显得较为困难。三是这一课题的具体实施者是从事期刊出版和期刊行政管理的人员，虽与期刊关系密切但理论储备未必充足，更缺乏治史修史的基本训练，这必然在一定程度上影响编纂工作的效率与质量。《山西期刊史》完成的过程，完全是对一位伟人一句名言的实践，那就是：“从战争学习战争——这是我们的主要方法。”

整个《山西期刊史》的编纂大致经过了收集资料、分析整理、总体编纂、征求意见、修改定稿等五个步骤。通过收集资料，整理出数倍于最终文稿的文字材料，为后来的编纂打下了基础。总体编纂是甄别资料、筛选素材、明确原则、确定体例、执笔编纂，最终形成完整文本。在此基础上多方征求意见，然后集中力量进行了修改。当然，前面所述这些步骤并非完全按时间顺序进行，而是穿插于各个阶段之中。从时间上讲，2002年6月提出设想，2003年启动这一课题，2005年4月完成了基本资料的收集与最初的整理编写。2005年下半年起对不足资料补充收集，对编纂框架反复讨论，并试写了部分章节。2007年6月开始总体编纂，到2009年5月完成了征求意见稿。2009年11月起进行档案文献的核对、资料的再次充实、书稿的最后修改。

治史修史最重要的基础是收集详尽、翔实的资料，作为期刊史需要些什么资料起初并不十分明确。完成后回顾，大致包括了五个方面：一是期刊出版单位自行总结的历史发展材料，这是指目前尚出版的期刊，这种材料先后征集了不止一次，有的刊社也先后提供了不止一份；二是期刊样本原件，尤其时间久远的，找到一册也十分不易，这犹如考古，是实物留存；三是档案，指期刊以往形成的文字材料，这可谓历史文献；四是其他书证，即别的书刊资料中相关的记载和表述，这可算是旁证；五是亲为亲历者的回忆，即史学界所称的“口述历史”，这种追忆虽难免有不准确之处，但往往有可供参考的细节。即使是上述各项，也是在编纂过程中逐渐体会到的。资料之间难免会出现抵牾之处，只能分析推测取其一说，而这一说是否无误恐怕还需要时间的验证。

作为史，在文字表述上应该有“规矩”，也应该有自己的特点，同时应该方便读者使用。如何达到此目的也颇费思量，现在凡提及某刊时尽量把刊名置于相关一段之首，全书之后又做了索引，这种方法是否合适，大约也需要时间的检验。

期刊本身是流动变化的，尽管对期刊的特征和界定有了基本认识，但在记述不同历史条件下的期刊时仍会出现不同的标准与取向，《山西期刊史》在对期刊的选择上就是如此。从山西期刊萌生到“文化大革命”结束，是根据资料选择有代表性的期刊进行记述；对改革开放以后尤其是1990年之后则有刊必录，力争多保留一些史料。另外，在1912年之前基本是报刊并论，这是由于当时虽已有“册报”之称，但报纸与期刊的区分还不明显。从1912年到1949年则是论述期刊之外仍提及报纸，但这时所提及的报纸基本上是作为历史的背景和为与期刊比照而记述的。虽然当时政府已有期刊登记之类的规定，但在特定的历史条件下办刊者未必服从那些规定，所以期刊史在这一阶段的记述并不考虑是否进行过登记之类。从新中国成立到“文化大革命”结束这一时期，鉴于当时期刊管理的现状，无论是公开发行的还是内部发行的，无论是订阅的还是赠送的，只要有资料可据并值得一记的均做了记述。进入改革开放新时期之后，期刊管理逐步规范，这时有了明确的内部期刊（后改称连续性内部资料性出版物）和正式期刊之分，这段期刊史上记述的仅限于正式期刊。对于有些从内部期刊过渡而来的正式期刊，为说明其发展轨迹，对内部期刊阶段适当做了追述。

创办与停刊的时间对期刊来讲比较重要，《山西期刊史》虽力求准确，但实际很难完全做到。早期期刊遇到文献记载不同时，如能找到实物则尽力推断考证。对于先为内部期刊后又转为正式期刊者，则以转为正式期刊之时为创办时间。由于正式期刊的刊号名称也几度变化，所以凡提及正式刊号、国内统一刊号、国内统一连续出版物号等在意义上均为相同。

期刊活动根本上还是人的活动，期刊史也必然要记述到办刊的人，关于涉及的人(尤其是新中国成立以后)原则上只记录主编或社长。记录时又区别为三种情况：对于曾获得国家级奖励者，介绍其简历；对于办刊之中有较明显作为的主编，在记述该刊的文中提及；其他者则列名于该刊相关记述之后。对于可以查清其主持该刊年限者予以标注，因各种原因一时查不清者则按序列名。对于一些由主办单位领导兼任主编者，特别记述了编辑工作专职主持者，对这些专职者因各期刊有执行主编、常务副主编、副主编、编辑部主任等不同称谓，为统一起见，均称为编辑部负责人。

为了使期刊发展脉络清楚，既有概貌又有细节，既有重点又有一般，期刊史以时间之序立章，章下各节以专类、专刊、专题相区别。专类是将具有某一性质或某一特征的期刊放入一节之中；专刊是对在一定时期成绩较突出或性质上不太好与其他期刊归于一类者专门记述；专题则是对某一项与期刊有关的事实进行记述。即使在专类之中，也有重点与一般之分，其中固然有期刊本身的因素，但也不排除资料多寡所限的原因。

在每一章节之后，选择了部分历史文献作为附录，虽只有几件，但窥一斑而知全貌，这或许能使这本期刊史给读者的阅读增加几分真实、几分沧桑和几分遐想。

《山西期刊史》是集体合力的成果，是在中共山西省委、山西省人民政府以及中共山西省委宣传部的领导和支持下完成的。在课题的研究和编纂过程中，还得到了中共山西省委常委、时任宣传部长高建民及中共山西省委宣传部其他领导的关心和支持，他们多次听取了这一课题进展情况的汇报，并做了许多具体明确的指示。山西省新闻出版局历任领导对此也给予高度重视，多次做了具体安排。山西省期刊协会负责同志积极筹划与指导了课题的每一步进展。山西省新闻出版局报刊处则全面组织、协调了整个研究与编纂工作。

在《山西期刊史》的研究和编纂过程中，山西科技报刊总社、山西教育报刊社、山西青少年报刊社、沧桑杂志社、太原理工大学学报编辑部、中共山西省委党校学报编辑部、山西医药杂志社、经济师杂志社、教学与管理杂志社、农产品加工杂志社、科学之友杂志社、山西大学学报编辑部、品牌杂志社、新课程杂志社、太原科技杂志社、中西医结合心脑血管病杂志编辑部、汽车时代杂志社、山西医科大学学报编辑部、农业技术与装备杂志社、村委主任杂志社、新晋商杂志社、党史文汇杂志社等期刊出版单位在不同方面给予了大力支持和帮助。

《山西期刊史》的研究与编纂得到了国家相关期刊组织领导的关心与支持。原国家新闻出版署党组成员、中国期刊协会原会长张伯海不仅对编纂工作提出许多具体建议，更撰写长序予以评介。上海世纪出版集团总裁陈昕提供了其对新时期出版发展脉络的研究成果。山西省的一些兄弟单位也提供了许多帮助，山西省图书馆馆长李小强对资料的收集给予了很多协助，山西省档案馆对查阅档案予以积极配合。报刊收藏家王海勇、老出版人顾棣、老报人郭华荣提供了一些珍贵的报刊原件。所有这些，都对这项课题的完成起到了帮助作用。

在课题的实施中，所有编纂委员会成员都付出了各自的努力。齐荣晋、赵梅生分段进行了前期的资料收集整理和编纂；孙琇承担了总体编纂。除编纂委员会所列编校人员外，李英姿、赵素卿、王雅洁、郭怀印、潘利琴、张宝娟、邢广萍、刘润平、关颖、李娜、张静、邸开宇、崔雪琴、王瑛等也参与了部分编校工作。

山西人民出版社承担了本书的出版任务，社长李广洁对此书非常重视，副总编姚军在编纂前期就积极介入，参与了有关工作，相关编辑人员做了大量具体繁重的编辑工作。他们为本书的问世付出了不少心血。

《山西期刊史》的研究与编纂毕竟是一个尝试，所做的只能是尽力为过去做些总结，为以后留些资料。限于编纂者的能力和条件，虽竭尽全力仍未达到预想的水平。本书的问世只可说是一阶段性成果，经过读者的鉴别、批评、指正，经过后来者的进一步挖掘资料、深入研究，将来必定会出现更为准确、完善、全面的《山西期刊史》。

图书在版编目（CIP）数据

山西期刊史/《山西期刊史》编纂委员会编.—太原：山西人民出版社，2010.7
ISBN 978-7-203-06732-0

Ⅰ.①山… Ⅱ.①山… Ⅲ.①期刊-新闻事业史-山西省-1900~2008 Ⅳ.①G239.29

中国版本图书馆CIP数据核字（2010）第028498号

山西期刊史

编　　者：《山西期刊史》编纂委员会
责任编辑：冯灵芝
助理编辑：高　雷
装帧设计：清晨阳光（谢成）工作室

出 版 者：山西出版集团·山西人民出版社
地　　址：太原市建设南路21号
邮　　编：030012
发行营销：0351-4922220　4955996　4956039
0351-4922127（传真）　4956038（邮购）
E-mail：sxskcb@163.com　发行部
sxskcb@126.com　总编室
网　　址：www.sxskcb.com

经 销 者：山西出版集团·山西人民出版社
承 印 者：山西出版集团·山西新华印业有限公司

开　　本：787mm×1092mm　1/16
印　　张：53.25
字　　数：950千字
印　　数：1-4 000册
版　　次：2010年7月第1版
印　　次：2010年7月第1次印刷
书　　号：ISBN 978-7-203-06732-0
定　　价：180.00元